제5판
판례행정법
Verwaltungsrecht

辛奉起 · 鄭宣均

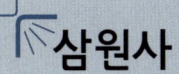

제5판 머리말

출판시장이 많이 위축되었음에도 불구하고 졸저(拙著)에 대한 독자제현(讀者諸賢)의 사랑에 힘입어 5판을 비교적 빨리 출간하게 되었음에 공저자들은 깊은 감사를 드린다. 졸저에 소개된 리딩판례들이 각종 시험에 그대로 출제되는 것을 보면서, 공저자들의 노고(勞苦)가 헛된 것이 아니었음이 증명되어 매우 기쁘다. 앞으로는 특별한 사정이 없는 한 매년 여름에 개정판을 낼 것을 약속드린다.

이번 5판에서는 기존의 체계를 유지하면서 2024년 4월까지 나온 판례를 중요도에 따라 정리하여 소개하였다. 판례 정리작업에 큰 도움을 주신 조현석 변호사에게 감사드리며, 어려운 개정 작업을 한 마음으로 함께 해준 출판사 임직원께 감사의 마음을 전한다.

2024년 6월 15일
辛 奉 起 / 鄭 宣 均

제4판 머리말

그동안 공저자들은 판례행정법과 행정판례백선을 공저로 내왔는데, 두 책의 개정을 별도로 진행하는 것이 여간 쉬운 일이 아니라서 이번부터 판례행정법으로 통합하여 책을 내기로 하였다. 이를 위해 두 책의 내용을 합쳐서 새로운 책으로 만들어야 했는데, 이 작업이 예상보다 길어져서 개정판이 생각보다 늦게 나오게 되었다. 이에 대해서는 독자들께 심심한 양해를 구한다.

이번 전면개정판에는 기존에 판례행정법과 행정판례백선에 소개된 판례 이외에 2022년 말까지 나온 판례를 정리하였으며, 5급공채와 변호사시험 기출문제도 해당 부분에 함께 소개해 입체적인 학습이 가능하도록 하였다.

판례 정리작업에 큰 도움을 주신 조현석 변호사에게 감사드리며, 힘든 개정 작업을 한 마음으로 함께 해준 출판사 임직원께 감사의 마음을 전한다.

2023년 3월 1일
辛 奉 起 / 鄭 宣 均

3판 머리말

　행정법은 다른 어떤 학문보다도 이론과 실무의 변화가 빠르고 실제 재판이나 각종 행정심판 등을 접할 때마다 항상 난해한 느낌이 드는 분야이다. 학문으로서 행정법은 새로운 이론과 판례 및 다양한 쟁점의 등장으로 끊임없이 연구해야 하는 힘든 영역이다. 행정법은 살아서 활동하는(lebendig u. tätig) 학문이라고 한다. 행정법에 온 삶을 바쳐온 학자로서 공저자들은 어쩌면 언제나 새로운 쟁점에 쫓고 쫓기는 삶을 즐겨온 것인지도 모른다. 다른 한편 이러한 가변적·활동적 학문을 시험 방식으로 테스트하는 것은 쉬운 일이 아니다. 연구자들에게도 어려운 분야이지만, 행정법은 수험을 앞둔 이들에게는 가장 까다로운 과목이기도 하다. 공저자들의 고민은 바로 거기에 맞춰져 있다.

　「판례행정법(제3판)」은 판례를 편제별로 구분하는 방식에 그쳤던 제2판의 종래 시스템에 많은 변화를 가져왔다. 기본 방향은 「변호사시험」에 대비한 특화된 판례 기본서의 집필이었다. 한마디로 이 책 하나로써 변호사시험에 있어 선택형과 사례형을 모두 철저히 대비할 수 있음을 의미한다. 그렇다고 실무에서 활동하는 법조인들을 간과하지도 않았다. 언제나 필요한 쟁점이 부각되면 리딩판례와 관련 판례가 준비되어 있도록 고민했다. 이번 제3판에서 공저자들이 역점을 둔 사항은 다음과 같다.

　첫째, 2019년 12월 말일까지의 주요 판례를 수록하되, 특히 최신판례와 변호사시험·사법시험 기출판례를 중심으로 하면서 판례변경이나 법률의 제·개정 등으로 시의성이 떨어지는 판례는 배제하였다.
　둘째, 각 세부 편제와 목차마다 리딩케이스 판례를 소개하면서 사실관계와 쟁점을 함께 수록하였고, 아울러 판결요지의 정리, 유사판례를 소개함으로써 리딩판례 및 관련 판례들을 보다 쉽게 숙지할 수 있도록 하였다.
　셋째, 변호사시험 선택형 문제로 출제된 모든 판례를 수록하면서, 이에 더하여 각 판례가 몇 회 시험에 출제되었는지를 표기하고, 기출된 해당 선택형 지문을 오·엑스(O, X) 형태로 각주에 소개함으로써 판례의 숙지상태에 대한 자가테스트를 할 수 있도록 하였다.
　넷째, 본문의 판례와 별도로, 변호사시험 선택형 문제로 출제된 다양한 지문을 책의 편제에 따라 정리한 후 이를 책의 마지막에 「부록」으로 수록함으로써 종합적인 학습이 가능하도록 하였다.
　다섯째, 주요 판례 옆에 당해 판례를 이용·변형하여 출제된 기출문제와 쟁점을 표기함으로써 변호사시험 사례형 문제, 사법시험 문제, 5급 공채시험 문제 등에서 다루어진 출제의 유형 분석이 가능하도록 하였다.

행정법의 학습은 난해하지만 흥미를 가지면 오히려 고득점 과목이 될 수 있다. 학습량이 많다고 정확한 기억과 좋은 성적이 담보되는 것은 아니다. 공저자들은 이 책의 개정을 하면서 새 책을 발간한다는 마음으로 임했다. 얼마나 공부해야 할 것인지의 양적 접근이 아니라 어떻게 효율적으로 공부할 것인가를 깊이 고민했다. 이러한 의도가 정확히 반영되었는지 판단하는 것은 아직 이르지만, 집필 과정에서 공저자들이 보여준 정성 이상으로 이 책으로 학습한 수험생들의 성공적인 성과를 기원한다.

아울러 특히 코로나19가 덮친 이 시기에 「판례행정법(제3판)」 개정작업 과정에 수고를 아끼지 않은 출판사 임직원 여러분의 노고에 깊이 감사의 마음을 전한다.

2020년 7월 1일

辛奉起 / 鄭宣均

제2판 머리말

행정법은 더 이상 이론법학이 아니다. 행정법의 '헌법구체화법'으로서의 성격에서 실무적 접근의 필요성이 요구되지만, 사안(Sach-u. Rechtslage)의 해결을 위한 개념 및 법령의 해석도 순수한 이론만으로는 답을 찾기 어렵다. 이제는 학문으로서의 행정법의 접근 방법도 달라져야 한다. 논란의 여지가 있겠지만, 행정법은 무엇보다도 사안의 해결을 위한 학문이다. 사안의 해결을 위해 판례와 축적된 이론이 적용되어야 하고, 나아가 보다 정의롭고 합리적인 해결과 권리구제의 공백을 제거하기 위해 꾸준히 새로운 이론적 탐구가 필요하다. 따라서 행정법은 이제 이론과 실무를 위한 법학으로서 자리매김을 다시 해야 할 때가 되었다.

행정법은 국가의 공권력작용을 연구의 중심으로 하는 학문인 점에서 재판실무와 밀접한 관련을 맺지 않을 수 없다. 행정법의 연구에 있어서 판례의 태도나 그 결론에 이른 논거가 특히 중요시되는 것도 바로 이러한 이유 때문이다. 판례의 입장을 끊임없이 추적해 가다 보면, 사안에 대한 판단의 과정 및 결론이 일정한 체계하에서 형성되고 있음을 발견할 수 있는데, 이러한 현상을 연구·분석·평가하는 것은 우리 법학자들과 여러 법조인들의 공동의 책무라고 할 것이다. 『판례행정법』은 이를 위한 지속적 관심의 결과물이다.

『판례행정법』에서는 그 동안 행정법학 영역에서 중점적으로 연구되고 있는 판례 뿐 아니라 중요한 관련판례들을 총합화하였다. 이 책은 행정법학이 갖는 연구분야의 광범성으로 인하여 체계적인 판례

학습을 위한 지침서로서의 기능을 충분히 수행할 수 있을 것으로 판단한다. 이 책을 집필하면서 항상 잊지 않았던 것은 "판례를 통한 행정법 학습"이라는 것이었다. 이에 따라 1) 판례의 전반적인 내용을 교과서의 순서를 크게 흩트리지 않고 체계적으로 정리하되, 정확한 내용 전달을 위해 <일반행정법(행정법서론-행정조직법-행정작용법-행정구제법)-개별행정법>의 순서로 책의 목차를 잡아 설명하였다. 이러한 판덱텐(Pandekten) 체계에 의한 서술은 정교한 사고방식을 요구하는 독일에서 주로 쓰는 방식으로서 공저자들은 이러한 서술체계가 행정판례를 소개하는데 효율적이라는 점에 인식을 같이 하였다. 2) 또한 각 단원마다 간단한 COMMENT를 첨가하여 교과서의 내용과 개별적인 판례가 서로 유기적으로 연결되도록 노력하였다. 3) 각 분야의 내용도 개념과 의의, 법적 성질, 유형과 그에 따른 내용 및 실제 사례, 권리구제 등으로 구분하였으며, 4) 각 판례마다 그 내용을 쉽게 이해할 수 있도록 당해 판례의 요지를 별도로 발췌하여 먼저 밝혔고, 5) 읽기에 어려움이 없도록 판례내용 중에서 중요한 용어나 문구를 짙은 글씨로 처리하였으며, 정도 이상의 긴 문장은 내용의 변화를 가져오지 않는 한도에서 이를 분리하였다. 뿐만 아니라 6) 그동안 중요판례로서 다루어져 온 일부 판례의 경우 그 사실관계를 수록하여 강의 및 학습에 직접 도움이 되도록 하였고, 7) 판례 검색을 위해 판례색인도 포함하였다.

『판례행정법』은 1999년 발간된 주저자의 『행정법강의』 부록에서 그동안의 중요한 판례를 정리했던 것을 증보해오다가 2002년에 『행정법의 주요판례』라는 단행본으로 세상에 빛을 보게 된 것이다. 그 후 매해 증보를 거듭해오면서 판례를 재정리하였고 또 중복되고 오래된 판례들은 과감히 삭제하고 신규 판례를 보강하면서 오늘에까지 오게 된 것이다. 하지만 2015년의 『판례행정법』 초판은 판례가 많아 수험생들이 다소 부담스러워한다는 의견을 수렴하여 다시 분량을 슬림화하여 학습의 부담을 덜어주고자 하였다. 이러한 작업은 공저자들이 끊임없이 의견을 교환하며 진행되었다. 그 과정에서 출판사에 재출간의 부담을 안겨주게 되어 저자들로서는 마음이 무겁지만 새로운 모습으로 출간된 개정판이 그 부담을 덜어줄 것으로 믿는다. 이에 공저자들은 출판사 임직원 여러분들의 노고와 박찬홍 연구위원의 수고에 다시 한번 감사의 마음을 전하면서 부디 이 책이 행정법에 관심이 있는 연구가, 실무가, 그리고 수험생에게 도움이 되기를 소망한다.

2017년 5월 15일
辛奉起 / 鄭宣均

초판 머리말

　　행정법은 더 이상 이론법학이 아니다. 행정법의 '헌법구체화법'으로서의 성격에서 실무적 접근의 필요성이 요구되지만, 사안(Sach-u. Rechtslage)의 해결을 위한 개념 및 법령의 해석도 순수한 이론만으로는 답을 찾기 어렵다. 이제는 학문으로서의 행정법의 접근 방법도 달라져야 한다. 논란의 여지가 있겠지만, 행정법은 무엇보다도 사안의 해결을 위한 학문이다. 사안의 해결을 위해 판례와 축적된 이론이 적용되어야 하고, 나아가 보다 정의롭고 합리적인 해결과 권리구제의 공백을 제거하기 위해 꾸준히 새로운 이론적 탐구가 필요하다. 따라서 행정법은 이제 이론과 실무를 위한 법학으로서 자리매김을 다시 해야 할 때가 되었다.

　　행정법은 국가의 공권력작용을 연구의 중심으로 하는 학문인 점에서 재판실무와 밀접한 관련을 맺지 않을 수 없다. 행정법의 연구에 있어서 판례의 태도나 그 결론에 이른 논거가 특히 중요시되는 것도 바로 이러한 이유 때문이다. 판례의 입장을 끊임없이 추적해 가다 보면, 사안에 대한 판단의 과정 및 결론이 일정한 체계하에서 형성되고 있음을 발견할 수 있는데, 이러한 현상을 연구·분석·평가하는 것은 우리 법학자들과 여러 법조인들의 공동의 책무라고 할 것이다.『판례행정법』은 이를 위한 지속적 관심의 결과물이다.

　　『판례행정법』에서는 그 동안 행정법학 영역에서 중점적으로 연구되고 있는 판례 뿐 아니라 중요한 관련판례들을 총합화하였다. 이 책은 행정법학이 갖는 연구분야의 광범성으로 인하여 체계적인 판례 학습을 위한 지침서로서의 기능을 충분히 수행할 수 있을 것으로 판단한다. 이 책을 집필하면서 항상 잊지 않았던 것은 "판례를 통한 행정법 학습"이라는 것이었다. 이에 따라 1) 판례의 전반적인 내용을 교과서의 순서를 크게 흩트리지 않고 체계적으로 정리하고자 애를 썼고, 2) 각 분야의 내용도 개념과 의의, 법적 성질, 유형과 그에 따른 내용 및 실제사례, 권리구제 등으로 구분하였으며, 3) 독자들의 가독성과 이해력을 최대한 높이기 위하여 여러 색상과 편집의 묘를 발휘하였다. 또한 4) 각 판례마다 그 내용을 쉽게 이해할 수 있도록 당해 판례의 요지를 별도로 발췌하여 먼저 밝혔고, 5) 읽기에 어려움이 없도록 판례내용 중에서 중요한 용어나 문구를 짙은 글씨로 처리하였으며, 정도 이상의 긴 문장은 내용의 변화를 가져오지 않는 한도에서 이를 분리하였다. 뿐만 아니라 6) 그동안 중요판례로서 다루어져 온 일부 판례의 경우 그 사실관계를 수록하여 강의 및 학습에 직접 도움이 되도록 하였고, 7) 판례 검색을 위해 판례색인도 포함하였다.

　　『판례행정법』은 그동안 저자의 개인사정으로 수 년 간 판례의 증보가 유보되었다가 이제야 다시 새로운 모습으로 세상에 나오게 되었다. 그간의 각종 사례형 및 선택형 시험문제들이 이 책의 범주를 크게 벗어나지 못했던 것을 감안할 때, 신간 형식의 발간에 적지 않은 부담감이 있었던 것이 사실이다. 이 과정에서 행정법 분야 박사과정을 수료한 정선균 선생이 합류하여 수험생의 눈높이에 맞춰 저자와 협의하며 작업을 한 것은 큰 수확이었다. 이에 『판례행정법』을 「공저」로 출간하게 되었음을 밝힌다. 이 자리를 빌어 정선균 선생의 학문적 발전도 함께 기원하고자 한다.

　우리나라 출판계 전반의 어려운 사정에도 불구하고 이 책의 발간에 애를 써 주신 출판사와 여러 편집부 임직원들께 감사한 마음을 전한다.

2015년 2월 20일
辛 奉 起 / 鄭 宣 均

CONTENTS

제1편 행정법통론

통치행위 · 3

두산중공업 사건 · 5
  □ 대법원 2018. 10. 25. 선고 2016두33537 판결

공급자관리지침에 근거한 거래제한조치 사건 · 10
  □ 대법원 2020. 5. 28. 선고 2017두66541 판결

1차 TV수신료 사건 · 14
  □ 헌법재판소 1999. 5. 27. 선고 98헌바70 결정

동대문구 주택재개발사업시행인가 사건 · 17
  □ 대법원 2007. 10. 12. 선고 2006두14476 판결

법외노조통보 사건 · 20
  □ 대법원 2020. 9. 3. 선고 2016두32992 판결

천안시 북부 제2지구 건축허가신청반려 사건 · 22
  □ 대법원 2005. 11. 25. 선고 2004두6822,6839,6846 판결

경부고속철도 차량기지 사건 · 25
  □ 대법원 2020. 7. 23. 선고 2020두33824 판결

대순진리회 사건 · 27
  □ 대법원 1997. 9. 12. 선고 96누18380 판결

환수처분 및 급여제한처분 사건 · 30
  □ 대법원 2014. 4. 24. 선고 2013두26552 판결

신규건조저장시설 사업자인정신청반려 사건 · 34
  □ 대법원 2009. 12. 24. 선고 2009두7967 판결

주택사업계획승인과 관련없는 토지기부채납 사건 · 36
  □ 대법원 1997. 3. 11. 선고 96다49650 판결

행정법의 법원(法源) · 37

상속과 공의무의 승계 · 39

사인의 공법행위 · 40

주민등록전입신고 수리거부처분 사건 · 42
  □ 대법원 2009. 6. 18. 선고 2008두10997 전원합의체 판결

건축신고반려처분 사건 · 47
  □ 대법원 2010. 11. 18. 선고 2008두167 전원합의체 판결

건축수리 불가통보 사건 · 49
  □ 대법원 2011. 1. 20. 선고 2010두14954 전원합의체 판결
건축관계자 변경신고반려 사건 · 51
  □ 대법원 2022. 6. 30. 선고 2021두57124 판결
영업자지위승계신고 수리처분 사건 · 52
  □ 대법원 2003. 2. 14. 선고 2001두7015 판결
영업장 면적변경 미신고로 인한 시정명령 사건 · 57
  □ 대법원 2020. 3. 26. 선고 2019두38830 판결

제2편 행정작용법

제1장 행정입법 · 61

농지전용신청불허가 사건 · 61
  □ 대법원 2000. 10. 19. 선고 98두6265 전원합의체 판결
안동댐 사건 · 66
  □ 대법원 1992. 5. 8. 선고 91누11261 판결
태양광발전시설 설치를 위한 개발행위허가신청 사건 · 68
  □ 대법원 2020. 8. 27. 선고 2019두60776 판결
택시 무사고 운전경력자 우대 사건 · 73
  □ 대법원 2009. 7. 9. 선고 2008두11099 판결
시간외 영업 사건 · 75
  □ 대법원 1993. 6. 29. 선고 93누5635 판결
특별사면과 입찰참가자격제한처분 사건 · 77
  □ 대법원 2018. 5. 15. 선고 2016두57984 판결
시외버스운송사업계획 변경인가처분 사건 · 80
  □ 대법원 2006. 6. 27. 선고 2003두4355 판결
안개하우스 사건 · 82
  □ 대법원 2001. 3. 9. 선고 99두5207 판결
레미콘공장 업종변경승인신청 거부 사건 · 84
  □ 대법원 2004. 5. 28. 선고 2002두4716 판결
고시의 법적 성격 · 87

제2장 행정행위······89

개발제한구역 내 용도변경신청 사건······89
□ 대법원 2001. 2. 9. 선고 98두17593 판결

레미콘 생산시설설치허가 연장신청불허가 사건······94
□ 대법원 2004. 3. 25. 선고 2003두12837 판결

양도인의 운전면허취소로 인한 양수인의 운송사업면허취소 사건······98
□ 대법원 2010. 4. 8. 선고 2009두17018 판결

요양기관 업무정지처분 사건······100
□ 대법원 2022. 1. 27. 선고 2020두39365 판결

토지거래허가구역 내 허가신청 사건······102
□ 대법원 1991. 12. 24. 선고 90다12243 전원합의체 판결

건축물대장 용도변경신청거부 사건······108
□ 대법원 2009. 1. 30. 선고 2007두7277 판결

사용검사신청반려 사건······110
□ 대법원 1997. 3. 14. 선고 96누16698 판결

온천개발 사건······115
□ 대법원 1997. 5. 30. 선고 97누2627 판결

공정력(혹은 구성요건적 효력)과 선결문제······116

음주운전으로 인한 기소 후 무면허운전으로 인한 기소 사건······120
□ 대법원 2021. 9. 16. 선고 2019도11826 판결

행정행위의 하자의 구체적 사례······121

취소사유인 과세처분에 따른 압류처분 사건······126
□ 대법원 2012. 2. 16. 선고 2010두10907 전원합의체 판결

개별공시지가결정과 과세처분 사건······129
□ 대법원 1994. 1. 25. 선고 93누8542 판결

표준지공시지가결정과 과세처분 사건······134
□ 대법원 2022. 5. 13. 선고 2018두50147 판결

도시·군계획시설결정과 실시계획인가 사건······135
□ 대법원 2017. 7. 18. 선고 2016두49938 판결

개발부담금부과처분 사건······137
□ 대법원 2001. 6. 26. 선고 99두11592 판결

케이스포츠 사건 · 139
  □ 대법원 2020. 2. 27. 선고 2019두39611 판결

항공사노선배분 사건 · 141
  □ 대법원 2004. 11. 26. 선고 2003두10251,10268 판결

비의료인이 의료기관을 개설하였다는 이유로 한 의사면허취소 사건 · 147
  □ 대법원 2022. 6. 30. 선고 2021두62171 판결

취소(철회)의 취소 · 149
  □ 대법원 2008. 1. 31. 선고 2007도9220 판결

제3장 그 밖의 행정의 주요행위형식 · 151

어업면허 우선순위결정 사건 · 151
  □ 대법원 1995. 1. 20. 선고 94누6529 판결

물류창고 건축 사건 · 153
  □ 대법원 2005. 3. 10. 선고 2002두5474 판결

군관리계획 입안제안신청반려 사건 · 156
  □ 대법원 2020. 9. 3. 선고 2020두34346 판결

국토이용계획변경신청거부 사건 · 158
  □ 대법원 2003. 9. 23. 선고 2001두10936 판결

계약직공무원 채용계약해지 사건 · 160
  □ 대법원 2008. 6. 12. 선고 2006두16328 판결

교도관 참여대상자 지정 사건 · 166
  □ 대법원 2014. 2. 13. 선고 2013두20899 판결

행정지도 · 168

제3편 행정절차/행정정보공개

제1장 행정절차 · 173

직위해제처분과 행정절차법의 적용배제 · 173
  □ 대법원 2014. 5. 16. 선고 2012두26180 판결

육군3사관학교 퇴교 사건 · 176
  □ 대법원 2018. 3. 13. 선고 2016두33339 판결

진급낙천처분취소 사건 ··· 178
  □ 대법원 2007. 9. 21, 선고, 2006두20631 판결
한중네트웍 사건 ··· 180
  □ 대법원 2020. 12. 24. 선고 2018두45633 판결
의사면허자격정지 사건 ·· 182
  □ 대법원 2004. 3. 12. 선고, 2002두7517 판결
3차 조치명령 사건 ·· 184
  □ 대법원 2020. 7. 23. 선고 2017두66602 판결
제11전투비행단 사건 ·· 186
  □ 대법원 2023. 9. 21. 선고 2023두39724 판결
정규임용취소처분취소 사건 ··· 188
  □ 대법원 2009. 1. 30. 선고 2008두16155 판결
일반주류 도매업면허취소 사건 ··· 193
  □ 대법원 1990. 9. 11. 선고 90누1786 판결
구두로 한 시정보완명령 사건 ·· 195
  □ 대법원 2011. 11. 10. 선고 2011도11109 판결
인가공증인 인가신청반려 사건 ··· 197
  □ 대법원 2019. 12. 13. 선고 2018두41907 판결
취소사유에 이르지 않은 절차하자 ··· 199
서희건설 사건 ·· 200
  □ 대법원 2018. 11. 29. 선고 2016두38792 판결

제2장 행정정보공개 ·· 204
  업무추진비 정보공개 사건 ··· 204
    □ 대법원 2003. 3. 11. 선고 2001두6425 판결
  징계처분취소사건과 정보공개의 이익 ··· 210
    □ 대법원 2022. 5. 26. 선고 2022두33439 판결
  정보공개청구 남용 사건 ·· 211
    □ 대법원 2014. 12. 24. 선고 2014두9349 판결

제4편 행정상의 의무이행확보수단

유치원 철제울타리 사건 ··· 219
□ 대법원 1996. 6. 28. 선고 96누4374 판결

대집행의 절차 ··· 223

가설건축물 존치기간 연장신고반려 사건 ··· 225
□ 대법원 2018. 1. 25. 선고 2015두35116 판결

옥제품 판매대금 매출누락 사건 ··· 229
□ 대법원 2017. 3. 16. 선고 2014두8360 판결

행정벌 ··· 233

여객자동차법상 과징금부과처분 사건 ··· 235
□ 대법원 2021. 2. 4. 선고 2020두48390 판결

병역거부자 명단공개 사건 ··· 239
□ 대법원 2019. 6. 27. 선고 2018두49130 판결

제5편 행정구제법

제1장 국가배상 ··· 243

교하지구 택지개발 사건 ··· 243
□ 대법원 2010. 1. 28. 선고 2007다82950,82967 판결

대한변호사협회 사건 ··· 245
□ 대법원 2021. 1. 28. 선고 2019다260197 판결

군산시 윤락업소 화재사망 사건 ··· 252
□ 대법원 2004. 9. 23. 선고 2003다49009 판결

미니컵 젤리 사건 ··· 262
□ 대법원 2010. 9. 9. 선고 2008다77795 판결

개발제한구역 내 건축허가신청거부 사건 ··· 264
□ 대법원 2021. 7. 21. 선고 2021두33838 판결

거창 특별법 사건 ··· 266
□ 대법원 2008. 5. 29. 선고 2004다33469 판결

헌법소원 청구기간 오인 사건 ··· 268
□ 대법원 2003. 7. 11. 선고 99다24218 판결

주한미군이 운전하는 궤도장갑차 사건 · 270
　□ 대법원 2023. 6. 29. 선고 2023다205968 판결

도로결빙 사건 · 272
　□ 대법원 1994. 11. 22. 선고 94다32924 판결

김포공항 항공기 소음 사건 · 276
　□ 대법원 2005. 1. 27. 선고 2003다49566 판결

대전광역시 신호기 고장 사건 · 278
　□ 대법원 1999. 6. 25. 선고 99다11120 판결

광주광역시 폐아스콘 더미 사건 · 281
　□ 대법원 1998. 7. 10. 선고 96다42819 판결

군대 내 총기사고은폐 사건 · 283
　□ 대법원 2016. 6. 9. 선고 2015다200258 판결

긴급조치 사건 · 285
　□ 대법원 2023. 1. 12. 선고 2021다201184 판결

국가배상청구권의 행사의 제한 · 288

제2장 손실보상 · 291

도시계획법 제21조에 대한 위헌소원 사건 · 291
　□ 헌법재판소 1998. 12. 24. 선고 89헌마214, 90헌바16, 97헌바78(병합) 전원재판부 결정

제3장 행정심판 · 295

양천세무서장의 부가가치세 부과·고지 사건 · 295
　□ 대법원 2010. 6. 25. 선고 2007두12514 전원합의체 판결

행정심판법상 집행정지 사건 · 301
　□ 대법원 2022. 2. 11. 선고 2021두40720 판결

주택건설사업계획승인신청서 반려처분 사건 · 303
　□ 대법원 2005. 12. 9. 선고 2003두7705 판결

제4장 행정소송 · 305

산재보험료 변경결정 사건 · 305
　□ 대법원 2020. 4. 9. 선고 2019두61137 판결

GS건설 사건 · 308
　□ 대법원 2023. 2. 2. 선고 2020두48260 판결

롯데마트 창원점 사건 · 310
　□ 대법원 2007. 10. 11. 선고 2007두1316 판결

검사임용신청거부 사건 · 311
　□ 대법원 1991. 2. 12. 선고 90누5825 판결

재임용기간만료통지 사건 · 312
　□ 대법원 2004. 4. 22. 선고 2000두7735 판결

건축허가취소신청거부 사건 · 314
　□ 대법원 1999. 12. 7. 선고 97누17568 판결

기타 거부행위의 처분성 여부 · 316

2차 약물고시 사건 · 320
　□ 대법원 2003. 10. 9. 자 2003무23 결정

공정거래위원회의 행위 · 322

검사에 대한 경고 · 323
　□ 대법원 2021. 2. 10. 선고 2020두47564 판결

법무사사무원 채용승인취소처분 사건 · 325
　□ 대법원 2020. 4. 9. 선고 2015다34444 판결

스티브 유 사건 · 328
　□ 대법원 2019. 7. 11. 선고 2017두38874 판결

제주일보사 사건 · 331
　□ 대법원 2019. 8. 30. 선고 2018두47189 판결

교장승진임용 인사발령제외 사건 · 333
　□ 대법원 2018. 3. 27. 선고 2015두47492 판결

독립유공자 서훈취소결정 사건 · 335
　□ 대법원 2014. 9. 26. 선고 2013두2518 판결

대형마트 영업시간제한 및 의무휴업일지정 사건 · 337
　□ 대법원 2015. 11. 19. 선고 2015두295 전원합의체 판결

용화집단시설지구 기본설계변경승인처분 사건 · 339
　□ 대법원 2001. 7. 27. 선고 99두2970 판결

착공계획서수리 사건 · 341
□ 대법원 2001. 5. 29. 선고 99두10292 판결

어업면허취소처분에 대한 취소재결 사건 · 342
□ 대법원 1995. 6. 13. 선고 94누15592 판결

정로환 사건 · 344
□ 대법원 1998. 4. 24. 선고 97누17131 판결

처분변경명령재결 사건 · 347
□ 대법원 2007. 4. 27. 선고 2004두9302 판결

경기도선거관리위원회 사건 · 349
□ 대법원 2013. 7. 25. 선고 2011두1214 판결

시외버스 운송사업계획변경인가처분 사건 · 352
□ 대법원 2002. 10. 25. 선고 2001두4450 판결

고흥군 LPG 충전소 사건 · 356
□ 대법원 1992. 5. 8. 선고 91누13274 판결

납골당설치 사건 · 359
□ 대법원 2011. 9. 8. 선고 2009두6766 판결

새만금 사건 · 361
□ 대법원 2006. 3. 16. 선고 2006두330 전원합의체 판결

외국인의 원고적격 · 366
□ 대법원 2018. 5. 15. 선고 2014두42506 판결

부지사전승인 사건 · 369
□ 대법원 1998. 9. 4. 선고 97누19588 판결

정식품 사건 · 372
□ 대법원 2015. 2. 12. 선고 2013두987 판결

한림해운 사건 · 374
□ 대법원 2020. 4. 9. 선고 2019두49953 판결

병역감면신청회송 사건 · 376
□ 대법원 2010. 4. 29. 선고 2009두16879 판결

환경영향평가 대행업자 사건 · 377
□ 대법원 2006. 6. 22. 선고 2003두1684 전원합의체 판결

경기학원 임시이사 사건 · 380
  □ 대법원 2007. 7. 19. 선고 2006두19297 전원합의체 판결

대우조선해양 분식회계 사건 · 385
  □ 대법원 2020. 12. 24. 선고 2020두30450 판결

건축공사 완공과 소의 이익 · 387

기타 소의 이익 유무 · 388

근로자에 대한 직위해제 사건 · 391
  □ 대법원 2010. 7. 29. 선고 2007두18406 판결

구제신청 이후에 정년에 도달한 사건 · 393
  □ 대법원 2020. 2. 20. 선고 2019두52386 전원합의체 판결

근로복지공단 서울지역본부장 사건 · 396
  □ 대법원 2006. 2. 23. 자 2005부4 결정

두밀분교폐교조례 사건 · 398
  □ 대법원 1996. 9. 20. 선고 95누7994 판결

예방접종피해보상신청 기각결정 사건 · 401
  □ 대법원 2019. 4. 3. 선고 2017두52764 판결

장해등급 결정내용 게시 · 403
  □ 대법원 2019. 8. 9. 선고 2019두38656 판결

청소년유해매체물결정고시 사건 · 405
  □ 대법원 2007. 6. 14. 선고 2004두619 판결

한국연구재단의 사업비환수처분 사건 · 408
  □ 대법원 2019. 7. 4. 선고 2018두58431 판결

4대강 사건 · 410
  □ 대법원 2011. 4. 21. 자 2010무111 전원합의체 결정

사직2도시환경정비구역 사건 · 414
  □ 대법원 2018. 7. 12. 자 2018무600 결정

기타 행정소송 관련 판례 · 419

이혼확정 후 결혼이민 체류자격허가신청 사건 · 422
  □ 대법원 2019. 7. 4. 선고 2018두66869 판결

관악로지하보도 설치공사 사건 · 426
  □ 대법원 1999. 3. 9. 선고 98두18565 판결

사실상의 도로에 대한 건축신고반려 사건 · 431
□ 대법원 2019. 10. 31. 선고 2017두74320 판결

컨테이너에 대한 원상복구명령 사건 · 433
□ 대법원 2021. 7. 29. 선고 2021두34756 판결

한국퀄컴 사건 · 435
□ 대법원 2019. 1. 31. 선고 2013두14726 판결

종합토지세부과 사건 · 437
□ 대법원 1998. 7. 24. 선고 98다10854 판결

감차명령 사건 · 440
□ 대법원 2016. 3. 24. 선고 2015두48235 판결

종합유선방송사업 승인거부 사건 · 442
□ 대법원 2005. 1. 14. 선고 2003두13045 판결

옥외골프연습장 사건 · 447
□ 대법원 2020. 6. 25. 선고 2019두56135 판결

해운대구 중동 주택건설사업계획승인신청거부 사건 · 450
□ 대법원 2002. 12. 11. 자 2002무22 결정

하수도원인자부담금 사건 · 453
□ 대법원 2008. 3. 20. 선고 2007두6342 전원합의체 판결

과세처분무효확인소송 사건 · 456
□ 대법원 2023. 6. 29. 선고 2020두46073 판결

압수물환부신청 사건 · 458
□ 대법원 1995. 3. 10. 선고 94누14018 판결

광주광역시 승진임용부작위 사건 · 460
□ 대법원 2009. 7. 23. 선고 2008두10560 판결

처분명령재결에 따른 재처분의무 부작위 사건 · 464
□ 대법원 2019. 1. 17. 선고 2014두41114 판결

민주화운동 사건 · 465
□ 대법원 2008. 4. 17. 선고 2005두16185 전원합의체 판결

군인연금법에 따른 사망보상금 청구 사건 · 471
□ 대법원 2021. 12. 16. 선고 2019두45944 판결

진료비 청구 사건 · 473
□ 대법원 1999. 11. 26. 선고 97다42250 판결

감사원의 징계요구 사건 · 475
□ 대법원 2016. 12. 27. 선고 2014두5637 판결

제6편 행정조직법

제1장 행정조직법의 의의 · 481

난지도 휀스설치공사 사건 · 481
□ 대법원 1995. 7. 11. 선고 94누4615 전원합의체 판결

내부위임 사건 · 484
□ 대법원 1993. 5. 27. 선고 93누6621 판결

제2장 지방자치법 · 486

공유수면매립지에 대한 관할 결정 · 486
□ 대법원 2021. 2. 4. 선고 2015추528 판결

1차 사랑의 교회 사건 · 490
□ 대법원 2016. 5. 27. 선고 2014두8490 판결

2차 사랑의 교회 사건 · 493
□ 대법원 2019. 10. 17. 선고 2018두104 판결

인천아시아경기대회 사건 · 496
□ 대법원 2020. 1. 16. 선고 2019두264700 판결

용인경전철 사건 · 498
□ 대법원 2020. 7. 29. 선고 2017두63467 판결

담배자동판매기 설치금지조례 사건 · 500
□ 헌법재판소 1995. 4. 20. 선고 92헌마264,279(병합)

청송군 도시계획 조례 사건 · 501
□ 대법원 2019. 10. 17. 선고 2018두40744 판결

체비지 관리 조례 사건 · 503
□ 대법원 2020. 2. 13. 선고 2017추5039 판결

전라북도 학교급식 조례재의결 무효확인 사건 · 504
 □ 대법원 2005. 9. 9, 선고 2004추10 판결

생계보호지원조례안 사건 · 505
 □ 대법원 1997. 4. 25. 선고 96추244 판결

수원시 차고지확보조례 사건 · 511
 □ 대법원 1997. 4. 25. 선고 96추251 판결

도시가스조례안 사건 · 513
 □ 대법원 2001. 11. 27. 선고 2001추57 판결

학생인권조례안 사건 · 516
 □ 대법원 2015. 5. 14. 선고 2013추98 판결

제주특별자치도 연구위원회 조례안 사건 · 518
 □ 대법원 2009. 9. 24. 선고 2009추53 판결

지방자치법상 분담금 납부의무자 사건 · 522
 □ 대법원 2021. 4. 29. 선고 2016두45240 판결

영주시 행정구역 명칭변경 사건 · 524
 □ 대법원 2016. 7. 22. 선고 2012추121 판결

울산북구청 승진처분취소 사건 · 526
 □ 대법원 2007. 3. 22. 선고 2005추62 전원합의체 판결

전라북도교육청 감사 사건 · 530
 □ 대법원 2015. 9. 10. 선고 2013추517 판결

강화군 조례 사건 · 534
 □ 대법원 2016. 9. 22. 선고 2014추521 전원합의체 판결

제3장 공무원법 · 537

임용결격자 퇴직급여청구반려 사건 · 537
 □ 대법원 1996. 2. 27. 선고 95누9617 판결

명예전역처분 사건 · 541
 □ 대법원 2019. 2. 14. 선고 2017두62587 판결

다주택보유자 축소신고를 이유로 한 강등처분 사건 · 543
 □ 대법원 2024. 1. 4. 선고 2022두65092 판결

중징계의결 요구시 동반되는 직위해제처분 사건 · 545
　□ 대법원 2022. 10. 14. 선고 2022두45623 판결

불문경고 사건 · 547
　□ 대법원 2002. 7. 26. 선고 2001두3532 판결

이문옥 감사관 사건 · 549
　□ 대법원 1996. 10. 11. 선고 94누7171 판결

심재륜 검사장 사건 · 550
　□ 대법원 2001. 8. 24. 선고 2000두7704 판결

군법무관 전역처분 사건 · 553
　□ 대법원 2018. 3. 22. 선고 2012두26401 전원합의체 판결

육군3사관학교 사관생도 퇴학처분 사건 · 557
　□ 대법원 2018. 8. 30. 선고 2016두60591 판결

국립대학교 총장임용제청제외 사건 · 559
　□ 대법원 2018. 6. 15. 선고 2016두57564 판결

법전원 입학면접시간 변경신청거부 사건 · 562
　□ 대법원 2024. 4. 4. 선고 2022두56661 판결

사립학교 부교수 승진임용거부 사건 · 564
　□ 대법원 2023. 10. 26. 선고 2018두55272 판결

사립학교 교수 해임처분 사건 · 566
　□ 대법원 2024. 2. 8. 선고 2022두50571 판결

제7편 특별행정작용법

제1장 경찰행정법 · 571

　청원경찰관의 공무집행방해 사건 · 571
　　□ 대법원 1986. 1. 28. 선고 85도2448 판결

　음주측정불응 사건 · 572
　　□ 대법원 1998. 3. 27. 선고 97누20755 판결

제2장 급부행정법 · 574

제주시 아라일동 시효취득 사건 · 574
□ 대법원 2009. 10. 15. 선고 2009다41533 판결

토지포락 사건 · 576
□ 대법원 2009. 12. 10. 선고 2006다87538 판결

제2롯데월드 사건 · 579
□ 대법원 2019. 1. 17. 선고 2016두56721, 56738 판결

한국자산관리공사의 변상금부과 사건 · 584
□ 대법원 2014. 7. 16. 선고 2011다76402 전원합의체 판결

서울광장 1인시위 무단점유 사건 · 587
□ 대법원 2019. 9. 9. 선고 2018두48298 판결

보조금 반환청구 사건 · 589
□ 대법원 2011. 6. 9. 선고 2011다2951 판결

제3장 공용부담법 · 592

수용재결 이후 협의 사건 · 592
□ 대법원 2017. 4. 13. 선고 2016두64241 판결

수용재결신청청구거부 사건 · 595
□ 대법원 2019. 8. 29. 선고 2018두57865 판결

이주대책에 의한 수분양권 사건 · 601
□ 대법원 1994. 5. 24. 선고 92다35783 전원합의체 판결

호남고속철도 사건 · 606
□ 대법원 2019. 11. 28. 선고 2018두227 판결

용인-서울 고속도로 건설사업 사건 · 609
□ 대법원 2015. 8. 19. 선고 2014다201391 판결

우현1지구 토지구획정리조합 사건 · 611
□ 대법원 2016. 12. 15. 선고 2016다221566 판결

청진구역 재개발 사건 · 613
□ 대법원 2013. 6. 13. 선고 2011두19994 판결

총회결의무효확인 사건 · 618
□ 대법원 2009. 9. 17. 선고 2007다2428 전원합의체 판결

인천 계양구 작전동 재개발 사건 · 623
　□ 대법원 2021. 2. 10. 선고 2020두48031 판결

제4장 지역개발행정법 · 625

군산-새만금 송전선로 사건 · 625
　□ 대법원 2019. 9. 9. 선고 2016다262550 판결

축사건축허가취소 사건 · 627
　□ 대법원 2020. 7. 23. 선고 2019두31839 판결

동물장묘시설 신축을 위한 건축허가신청불허가 사건 · 633
　□ 대법원 2023. 2. 2. 선고 2020두43722 판결

우사 신축 건축 신고 수리 사건 · 636
　□ 대법원 2023. 9. 21. 선고 2022두31143 판결

제5장 환경행정법 · 638

도창리 사격훈련장 사건 · 638
　□ 대법원 2006. 6. 30. 선고 2005두14363 판결

제6장 조세행정법 · 640

주식회사 크라운뷰 사건 · 640
　□ 대법원 2015. 4. 9. 선고 2012다69203 판결

소득세 경정 사건 · 642
　□ 대법원 2013. 2. 14. 선고 2011두25005 판결

부가가치세 환급청구 사건 · 647
　□ 대법원 2013. 3. 21. 선고 2011다95564 전원합의체 판결

판례색인 · 649

판례행정법 제5판

제1편
행정법통론

Verwaltungsrecht

통치행위

1. 대법원

1) 대통령의 비상계엄선포행위 사건

대통령의 비상계엄의 선포나 확대 행위는 고도의 정치적·군사적 성격을 지니고 있는 행위라 할 것이므로, 그것이 누구에게도 일견하여 헌법이나 법률에 위반되는 것으로서 명백하게 인정될 수 있는 등 특별한 사정이 있는 경우라면 몰라도, 그러하지 아니한 이상 그 계엄선포의 요건 구비여부나 선포의 당·부당을 판단할 권한이 사법부에는 없다고 할 것이나, 비상계엄의 선포나 확대가 국헌문란의 목적을 달성하기 위하여 행하여진 경우에는 법원은 그 자체가 범죄행위에 해당하는지의 여부에 관하여 심사할 수 있다(대법원 1997. 4. 17. 선고 96도3376 판결).

2) 남북정상회담의 개최 사건

남북정상회담의 개최는 고도의 정치적 성격을 지니고 있는 행위라 할 것이므로 특별한 사정이 없는 한 그 당부를 심판하는 것은 사법권의 내재적·본질적 한계를 넘어서는 것이 되어 적절하지 못하지만, 남북정상회담의 개최과정에서 재정경제부장관에게 신고하지 아니하거나 통일부장관의 협력사업 승인을 얻지 아니한 채 북한측에 사업권의 대가 명목으로 송금한 행위 자체는 헌법상 법치국가의 원리와 법 앞에 평등원칙 등에 비추어 볼 때 사법심사의 대상이 된다(대법원 2004. 3. 26. 선고 2003도7878 판결).

3) 서훈수여취소 사건

구 상훈법(2011. 8. 4. 법률 제10985호로 개정되기 전의 것) 제8조는 서훈취소의 요건을 구체적으로 명시하고 있고 절차에 관하여 상세하게 규정하고 있다. 그리고 서훈취소는 서훈수여의 경우와는 달리 이미 발생된 서훈대상자 등의 권리 등에 영향을 미치는 행위로서 관련 당사자에게 미치는 불이익의 내용과 정도 등을 고려하면 사법심사의 필요성이 크다. 따라서 기본권의 보장 및 법치주의의 이념에 비추어 보면, 비록 서훈취소가 대통령이 국가원수로서 행하는 행위라고 하더라도 법원이 사법심사를 자제하여야 할 고도의 정치성을 띤 행위라고 볼 수는 없다(대법원 2015. 4. 23. 선고 2012두26920 판결).

2. 헌법재판소

1) 대통령의 긴급재정·경제명령 사건

대통령의 긴급재정경제명령은 국가긴급권의 일종으로서 고도의 정치적 결단에 의하여 발동되는 행위이고 그 결단을 존중하여야 할 필요성이 있는 행위라는 의미에서 이른바 통치행위에 속한다고 할 수 있으나, 통치행위를 포함하여 모든 국가작용은 국민의 기본권적 가치를 실현하기 위한 수단이라는 한계를 반드시 지켜야 하는 것이고, 헌법재판소는 헌법의 수호와 국민의 기본권보장을 사명으로 하는 국가기관이므로 비록 고도의 정치적 결단에 의하여 행해지는 국가작용이라고 할지라도 그것이 국민의 기본권 침해와 직접 관련되는 경우에는 당연히 헌법재판소의 심판대상이 된다(헌법재판소 1996. 2. 29. 선고 93헌마186 결정).

2) 외국에의 국군파견결정 사건

외국에의 국군의 파견결정은 파견군인의 생명과 신체의 안전뿐만 아니라 국제사회에서의 우리나라의 지위와 역할, 동맹국과의 관계, 국가안보문제 등 궁극적으로 국민 내지 국익에 영향을 미치는 복잡하고도 중요한 문제로서 국내 및 국제정치관계 등 제반상황을 고려하여 미래를 예측하고 목표를 설정하는 등 고도의 정치적 결단이 요구되는 사안이다. 따라서 그와 같은 결정은 그 문제에 대해 정치적 책임을 질 수 있는 국민의 대의기관이 관계분야의 전문가들과 광범위하고 심도있는 논의를 거쳐 신중히 결정하는 것이 바람직하며 우리 헌법도 그 권한을 국민으로부터 직접 선출되고 국민에게 직접 책임을 지는 대통령에게 부여하고 그 권한행사에 신중을 기하도록 하기 위해 국회로 하여금 파병에 대한 동의여부를 결정할 수 있도록 하고 있는바, 현행 헌법이 채택하고 있는 대의민주제 통치구조하에서 대의기관인 대통령과 국회의 그와 같은 고도의 정치적 결단은 가급적 존중되어야 한다(헌법재판소 2004. 4. 29. 선고 2003헌마814 결정).

3) 대통령의 국민투표부의 여부에 관한 의사결정 사건

신행정수도건설이나 수도이전의 문제를 국민투표에 붙일지 여부에 관한 대통령의 의사결정이 사법심사의 대상이 될 경우 위 의사결정은 고도의 정치적 결단을 요하는 문제여서 사법심사를 자제함이 바람직하다고는 할 수 있고, 이에 따라 그 의사결정에 관련된 흠을 들어 위헌성이 주장되는 법률에 대한 사법심사 또한 자제함이 바람직하다고는 할 수 있다. 그러나 대통령의 위 의사결정이 국민의 기본권침해와 직접 관련되는 경우에는 헌법재판소의 심판대상이 될 수 있고, 이에 따라 위 의사결정과 관련된 법률도 헌법재판소의 심판대상이 될 수 있다(헌법재판소 2004. 10. 21. 선고 2004헌마554 결정).

두산중공업 사건

□ 대법원 2018. 10. 25. 선고 2016두33537 판결

[사실관계]

甲(두산중공업 주식회사)은 발전설비, 제철·제강설비, 석유화학설비, 기타산업설비 제조업 등을 하는 회사이다. 乙(한국수력원자력 주식회사)은 전력자원의 개발 등을 사업목적으로 하는 회사로서, 「공공기관의 운영에 관한 법률」 제5조에 의해 '기타공공기관'으로 지정되었다가 2011. 1. 24. 공공기관운영법 제6조에 따라 기획재정부 고시 제2011-1호로 '시장형 공기업'으로 변경 지정되었다.

甲은 乙과 원자력발전소 발전설비 납품계약을 체결하고, 丁 등과 하도급계약을 체결한 다음, 하수급업체로부터 해당 부품 및 시험성적서 등을 받았다. 甲은 2008년 6월경부터 2010년 8월경까지 乙에게 배관재, 볼트, 너트 등 발전설비 부품을 납품하면서 하수급업체로부터 받은 관련 시험성적서를 함께 제출하였다.

乙은 2013년 초순경, 위 시험성적서 중 일부가 위·변조 의심 문서라고 판단하고 향후 乙이 실시하는 입찰에 6개월(2014. 4. 25. ~ 2014. 10. 24.)간 참가를 제한하는 처분(이하 '이 사건 입찰참가자격제한처분'이라 한다)을 위한 청문을 실시한다는 처분사전통지를 하고, 2014. 4. 15. 이 사건 입찰참가자격제한처분을 하면서 그 처분서에 처분의 내용으로 '입찰참가자격 제한'을 기재함은 물론 행정심판법 제27조 또는 행정소송법 제20조에 따라 행정심판을 청구하거나 행정소송을 제기함으로써 이에 관하여 불복할 수 있음을 고지하였다.

甲은 제소기간 안에 이 사건 입찰참가자격제한처분에 대하여 취소소송을 제기하였고, 이에 대해 乙은 본안전 항변으로 이 사건 입찰참가자격제한처분은 행정소송의 대상으로서 처분에 해당하지 않는다고 주장하고 있다.

[판결요지]

[1] 입찰참가자격 제한 조치의 처분성 판단방법

공기업·준정부기관이 법령 또는 계약에 근거하여 선택적으로 입찰참가자격 제한 조치를 할 수 있는 경우, 계약상대방에 대한 입찰참가자격 제한 조치가 법령에 근거한 행정처분인지 아니면 계약에 근거한 권리행사인지는 원칙적으로 의사표시의 해석 문제이다. 이때에는 공기업·준정부기관이 계약상대방에게 통지한 문서의 내용과 해당 조치에 이르기까지의 과정을 객관적·종합적으로 고찰하여 판단하여야 한다. 그럼에도 불구하고 공기업·준정부기관이 법령에 근거를 둔 행정처분으로서의 입찰참가자격 제한 조치를 한 것인지 아니면 계약에 근거한 권리행사로서의 입찰참가자격 제한 조치를 한 것인지가 여전히 불분명한 경우에는, 그에 대한 불복방법 선택에 중대한 이해관계를 가지는 그 조치 상대방의 인식가능성 내지 예측가능성을 중요하게 고려하여 규범적으로 이를 확정함이 타당하다.

[2] 이 사건의 경우

피고(한국수력원자력 주식회사)는 입찰참가자격 제한 조치를 하기 전 원고(두산중공업 주식회사)에게 보낸 "부정당업자 제재 관련 처분사전통지"에서 행정절차법의 규정에 따라 공공기관의 운영에 관한 법률(이하 '공공기관운영법'이라 한다) 제39조에 따른 입찰참가자격 제한 처분을 할 계획이라는 취지를 기재하였고, 이에 첨부된

"처분사전통지서"에 그 법적 근거로 공공기관운영법 제39조와 계약상 근거 규정을 함께 기재하였다. 피고는 입찰참가자격 제한 조치를 하면서 원고에게 "부정당업자 입찰참가자격 제한 알림"이라는 제목의 문서를 교부하였는데, 그 서두에는 "공공기관의 운영에 관한 법률 제39조, 공기업·준정부기관 계약사무규칙 제15조 및 국가를 당사자로 하는 계약에 관한 법률 시행령 제76조에 따라 아래와 같이 귀사의 입찰참가자격 제한을 결정하여 알려드리며, 처분에 대한 이의신청 절차도 함께 알려드리니 참고하시기 바랍니다."라고 기재되어 있다. 또한 위 문서의 본문에는 제재 근거로 "계약규정 제26조 제1항, 계약규정 시행규칙 제97조 제1항 제8호 및 [별표 2]의 제10호 (나)목"이, 제재 기간으로 "한수원 6월"이 각 기재되어 있다. 반면 그 불복방법에 관하여는 "행정심판법 제27조 또는 행정소송법 제20조에 따라 소정의 기간 내에 행정심판을 청구하거나 행정소송을 제기할 수 있음을 알려 드립니다. 행정심판 청구 및 행정소송 제기의 제척기간은 다음과 같습니다. 1) 행정심판: 처분이 있음을 알게 된 날로부터 90일 이내에 청구(단, 처분이 있었던 날로부터 180일이 지나면 청구하지 못함) 2) 행정소송: 처분 등이 있음을 안 날로부터 90일 이내에 제기(단, 처분 등이 있는 날로부터 1년을 경과하면 이를 제기하지 못함)"라고 기재되어 있다. 위와 같은 사정들을 앞서 본 법리에 비추어 살펴보면, 피고가 한 입찰참가자격 제한 조치는 계약에 근거한 권리행사가 아니라 공공기관운영법 제39조 제2항에 근거한 행정처분으로 봄이 타당하다.

[관련판례]

❶ 수도권매립지관리공사의 부정당업자제재처분의 행정처분성은 부정된다.

수도권매립지관리공사가 갑에게 입찰참가자격을 제한하는 내용의 부정당업자제재처분을 하자, 甲이 제재처분의 무효확인 또는 취소를 구하는 행정소송을 제기하면서 제재처분의 효력정지신청을 한 사안에서, 수도권매립지관리공사는 행정소송법에서 정한 행정청 또는 그 소속기관이거나 그로부터 제재처분의 권한을 위임받은 공공기관에 해당하지 않으므로 수도권매립지관리공사가 한 위 제재처분은 행정소송의 대상이 되는 행정처분이 아니라 단지 甲을 자신이 시행하는 입찰에 참가시키지 않겠다는 뜻의 사법상의 효력을 가지는 통지에 불과하다(대법원 2010. 11. 26. 자 2010무137 결정).

❷ 입찰참가자격제한처분을 하기 위해서는 입찰공고와 계약서에 미리 계약조건과 그 계약조건을 위반할 경우 입찰참가자격 제한을 받을 수 있다는 사실을 모두 명시해야 한다.

공기업·준정부기관이 입찰을 거쳐 계약을 체결한 상대방에 대해 위 규정들에 따라 계약조건 위반을 이유로 입찰참가자격제한처분을 하기 위해서는 입찰공고와 계약서에 미리 계약조건과 그 계약조건을 위반할 경우 입찰참가자격 제한을 받을 수 있다는 사실을 모두 명시해야 한다. 계약상대방이 입찰공고와 계약서에 기재되어 있는 계약조건을 위반한 경우에도 공기업·준정부기관이 입찰공고와 계약서에 미리 그 계약조건을 위반할 경우 입찰참가자격이 제한될 수 있음을 명시해 두지 않았다면, 위 규정들을 근거로 입찰참가자격제한처분을 할 수 없다(대법원 2021. 11. 11. 선고 2021두43491 판결).

❸ 한국철도시설공단의 공사낙찰적격심사세부기준은 공공기관의 내부규정에 불과하며 및 감점조치의 행정처분성은 부정된다.

피고(한국철도시설공단)가 2008. 12. 31. 원고(주식회사 포스코엔지니어링)에 대하여 한 공사낙찰적격심사 감점처분(이하 '이 사건 감점조치'라 한다)의 근거로 내세운 규정은 피고의 공사낙찰적격심사세부기준(이하 '이 사건 세부기준'이라 한다) 제4조 제2항인 사실, 이 사건 세부기준은 공공기관의 운영에 관한 법률 제39조 제1항, 제3항, 구 공기업·준정부기관 계약사무규칙 제12조에 근거하고 있으나, 이러한 규정은 공공기관이 사인과 사이의 계약관계를 공정하고 합리적·효율적으로 처리할 수 있도록 관계 공무원이 지켜야 할 계약사무처리에 관한 필요한 사항을 규정한 것으로서 공공기관의 내부규정에 불과하여 대외적 구속력이 없는 것임을 알 수 있다.

이러한 사실을 위 법리에 비추어 보면, 피고가 원고에 대하여 한 이 사건 감점조치는 행정청이나 그 소속 기관 또는 그 위임을 받은 공공단체의 공법상의 행위가 아니라 장차 그 대상자인 원고가 피고가 시행하는 입찰에 참가하는 경우에 그 낙찰적격자 심사 등 계약 사무를 처리함에 있어 피고 내부규정인 이 사건 세부기준에 의하여 종합취득점수의 10/100을 감점하게 된다는 뜻의 사법상의 효력을 가지는 통지행위에 불과하다 할 것이고, 또한 피고의 이와 같은 통지행위가 있다고 하여 원고에게 공공기관의 운영에 관한 법률 제39조 제2항, 제3항, 구 공기업·준정부기관 계약사무규칙 제15조에 의한 국가, 지방자치단체 또는 다른 공공기관에서 시행하는 모든 입찰에의 참가자격을 제한하는 효력이 발생한다고 볼 수도 없으므로, 피고의 이 사건 감점조치는 행정소송의 대상이 되는 행정처분이라고 할 수 없다(대법원 2014. 12. 24. 선고 2010두6700 판결).

❹ 계약담당 공무원이 지방계약법 또는 그 시행령 및 세부심사기준에 어긋나게 적격심사를 하여도 그 사유만으로 낙찰자 결정이나 그에 따른 계약이 무효가 되는 것은 아니다.

계약담당 공무원이 입찰절차에서 지방자치단체를 당사자로 하는 계약에 관한 법률 및 그 시행령이나 세부심사기준에 어긋나게 적격심사를 하였다고 하더라도 그 사유만으로 당연히 낙찰자 결정이나 그에 따른 계약이 무효가 되는 것은 아니고, 이를 위반한 하자가 입찰절차의 공공성과 공정성이 현저히 침해될 정도로 중대할 뿐 아니라 상대방도 이러한 사정을 알았거나 알 수 있었을 경우 또는 누가 보더라도 낙찰자 결정 및 계약체결이 선량한 풍속 기타 사회질서에 반하는 행위에 의하여 이루어진 것임이 분명한 경우 등 이를 무효로 하지 않으면 그 절차에 관하여 규정한 위 법률의 취지를 몰각하는 결과가 되는 특별한 사정이 있는 경우에 한하여 무효가 된다(대법원 2022. 6. 30. 선고 2022다209383 판결).

❺ 조달청장의 갑 회사에 대한 6개월의 나라장터 종합쇼핑몰 거래정지 조치는 행정처분에 해당한다.

갑 주식회사가 조달청과 물품구매계약을 체결하고 국가종합전자조달시스템인 나라장터 종합쇼핑몰 인터넷 홈페이지를 통해 요구받은 제품을 수요기관에 납품하였는데, 조달청이 계약이행내역 점검 결과 일부 제품이 계약 규격과 다르다는 이유로 물품구매계약 추가특수조건 규정에 따라 갑 회사에 대하여 6개월의 나라장터 종합쇼핑몰 거래정지 조치를 한 사안에서, 조달청이 계약상대자에 대하여 나라장터 종합쇼핑몰에서의 거래를 일정기간 정지하는 조치는 전자조달의 이용 및 촉진에 관한 법률, 조달사업에 관한 법률 등에 의하여 보호되는 계약상대자의 직접적이고 구체적인 법률상 이익인 나라장터를 통하여 수요기관의 전자입찰에 참가하거나 나라장터 종합쇼핑몰에서 등록된 물품을 수요기관에 직접 판매할 수 있는 지위를 직접 제한하거나 침해하는 행위에 해당하는 점 등을 종합하면, 위 거래정지 조치는 비록 추가특수조건이라는 사법상 계약에 근거한 것이지만 행정청인 조달청이 행하는 구체적 사실에 관한 법집행으로서의 공권력의 행사로서 그 상대방인 갑 회사의 권리·의무에 직접 영향을 미치므로 항고소송의 대상이 되는 행정처분에 해당한다(대법원 2018. 11. 29. 선고 2015두52395 판결).

❻ 조달청장의 '중소기업자 간 경쟁입찰 참여제한 대상기업에 해당하는 경우 물량 배정을 중지하겠다'는 내용의 통보는 행정처분에 해당한다.

조달청장이 '중소기업제품 구매촉진 및 판로지원에 관한 법률 제8조의2 제1항에 해당하는 자는 입찰 참여를 제한하고, 계약체결 후 해당 기업으로 확인될 경우 계약해지 및 기 배정한 물량을 회수한다'는 내용의 레미콘 연간 단가계약을 위한 입찰공고를 하고 입찰에 참가하여 낙찰받은 갑 주식회사 등과 레미콘 연간 단가계약을 각 체결하였는데, 갑 회사 등으로부터 중소기업청장이 발행한 참여제한 문구가 기재된 중소기업 확인서를 제출받고 갑 회사 등에 '중소기업자 간 경쟁입찰 참여제한 대상기업에 해당하는 경우 물량 배정을 중지하겠다'는 내용의 통보를 한 사안에서, 중소기업제품 구매촉진 및 판로지원에 관한 법률 제6조 제1항, 제7조 제1항, 구 중소기업제품 구매촉진 및 판로지원에 관한 법률(이하 '구 판로지원법'이라 한다) 제8조의2 제1항 제2호, 중소기업제품 구매촉진 및 판로지원에 관한 법률 시행령 제9조의3 제2호 (다)목의 규정 체계 및 내용, 입찰공고 및 '물품구매계약 추가 특수조건'의 내용과 구 판로지원법 제8조의2 제1항은 조달청장과 같은 '공공기관의 장'이 경쟁입찰 참여제한 처분의 주체임을 명시하고 있고, 조달청장은 갑 회사 등이 대기업과 지배 또는 종속의 관계에 있다고 최종적으로 판단하여, 위 법률 조항에 의한 집행행위로서 통보를 한 점, 갑 회사 등은 위 통보로 구 판로지원법 제8조의2 제1항, 같은 법 시행령 제9조의3에 따라 중소기업자 간 경쟁입찰에 참여할 수 있는 자격을 획득할 때까지 물량 배정을 받을 수 없게 되고 이는 갑 회사 등의 권리·의무에 직접적인 영향을 미치는 법적 불이익에 해당하는 점 등을 종합하면, 위 통보가 중소기업청장의 확인처분과 구 판로지원법 제8조의2 제1항 등에 근거한 후속 집행행위로서 상대방인 갑 회사 등의 권리·의무에도 직접 영향을 미치므로, 행정청인 조달청장이 행하는 구체적 사실에 관한 법 집행으로서의 공권력의 행사이고 따라서 항고소송의 대상이 된다고 한 사례(대법원 2019. 5. 10. 선고 2015두46987 판결).

❼ 우선협상대상자 선정행위와 우선협상대상자 지위배제행위는 행정처분에 해당한다.

공유재산 및 물품관리법(이하 '공유재산법'이라 한다) 제2조 제1호, 제7조 제1항, 제20조 제1항, 제2항 제2호의 내용과 체계에 관련 법리를 종합하면, 지방자치단체의 장이 공유재산법에 근거하여 기부채납 및 사용·수익허가 방식으로 민간투자사업을 추진하는 과정에서 사업시행자를 지정하기 위한 전 단계에서 공모제안을 받아 일정한 심사를 거쳐 우선협상대상자를 선정하는 행위와 이미 선정된 우선협상대상자를 그 지위에서 배제하는 행위는 민간투자사업의 세부내용에 관한 협상을 거쳐 공유재산법에 따른 공유재산의 사용·수익허가를 우선적으로 부여받을 수 있는 지위를 설정하거나 또는 이미 설정한 지위를 박탈하는 조치이므로 모두 항고소송의 대상이 되는 행정처분으로 보아야 한다(대법원 2020. 4. 29. 선고 2017두31064 판결).

❽ 국가가 당사자가 되는 계약 관련

① 예산회계법1)에 따라 체결되는 계약은 사법상의 계약이라고 할 것이고 동법 제70조의5의 입찰보증금은 낙찰자의 계약체결의무이행의 확보를 목적으로 하여 그 불이행시에 이를 국고에 귀속시켜 국가의 손해를 전보하는 사법상의 손해배상 예정으로서의 성질을 갖는 것이라고 할 것이므로 입찰보증금의 국고귀속조치는 국가가 사법상의 재산권의 주체로서 행위하는 것이지 공권력을 행사하는 것이거나 공권력작용과 일체성을 가진 것이 아니라 할 것이므로 이에 관한 분쟁은 행정소송이 아닌 민사소송의 대상이 될 수밖에 없다고 할 것이다(대법원 1983. 12. 27. 선고 81누366 판결).

---

1) 예산회계법의 내용 중 국가계약에 관한 부분은 현재 '국가를 당사자로 하는 계약에 관한 법률'이 이어받아 규율하고 있다.

② 구 국가를 당사자로 하는 계약에 관한 법률 제11조 규정 내용과 국가가 일방당사자가 되어 체결하는 계약의 내용을 명확히 하고 국가가 사인과 계약을 체결할 때 적법한 절차에 따를 것을 담보하려는 규정의 취지 등에 비추어 보면, 국가가 사인과 계약을 체결할 때에는 국가계약법령에 따른 계약서를 따로 작성하는 등 요건과 절차를 이행하여야 할 것이고, 설령 국가와 사인 사이에 계약이 체결되었더라도 이러한 법령상 요건과 절차를 거치지 아니한 계약은 효력이 없다(대법원 2015. 1. 15. 선고 2013다215133 판결).

❾ 지방자치단체가 당사자가 되는 계약 관련

[1] 지방자치단체가 일방 당사자가 되는 이른바 '공공계약'이 사경제의 주체로서 상대방과 대등한 위치에서 체결하는 사법상 계약에 해당하는 경우 그에 관한 법령에 특별한 정함이 있는 경우를 제외하고는 사적 자치와 계약자유의 원칙 등 사법의 원리가 그대로 적용된다.

[2] 지방자치단체가 계약의 적정한 이행을 위하여 계약상대방과의 계약에 근거하여 계약당사자 사이에 효력이 있는 계약특수조건 등을 부가하는 것이 금지되거나 제한된다고 할 이유는 없고, 사적 자치와 계약자유의 원칙상 관련 법령에 이를 금지하거나 제한하는 내용이 없는데도 그러한 계약내용이나 조치의 효력을 함부로 부인할 것은 아니다. 다만 구 지방자치단체를 당사자로 하는 계약에 관한 법률 제6조 제1항에 따라 공공계약에서 계약상대방의 계약상 이익을 부당하게 제한하는 특약은 효력이 없으나, 이에 해당하기 위해서는 그 특약이 계약상대방에게 다소 불이익하다는 점만으로는 부족하고 지방자치단체 등이 계약상대방의 정당한 이익과 합리적인 기대에 반하여 형평에 어긋나는 특약을 정함으로써 계약상대방에게 부당하게 불이익을 주었다는 점이 인정되어야 한다. 계약상대방의 계약상 이익을 부당하게 제한하는 특약인지는 그 특약에 의하여 계약상대방에게 생길 수 있는 불이익의 내용과 정도, 불이익 발생의 가능성, 전체 계약에 미치는 영향, 당사자들 사이의 계약체결과정, 관계 법령의 규정 등 모든 사정을 종합하여 판단하여야 한다(대법원 2018. 2. 13. 선고 2014두11328 판결).

> **5급21** 건설업을 운영하는 甲 주식회사는 「국가를 당사자로 하는 계약에 관한 법률」에 근거하여 국방부장관이 주관하는 전투지휘훈련센터 시설공사의 기본설계 기술제안 도급계약을 체결한 후 기본설계를 진행하였다. 그 과정에서 甲의 직원인 乙은 입찰 관련 서류를 입찰에 유리하도록 변조하여 제출하였고, 이후 乙은 이와 같은 사실로 인하여 법원에서 사문서변조죄의 유죄판결을 선고받아 이 판결은 그대로 확정되었다. 국방부장관은 즉시 그 계약을 해지하는 한편 甲에게 입찰 관련 서류를 변조하였다는 사유로 「국가를 당사자로 하는 계약에 관한 법률」, 같은 법 시행령·시행규칙에 근거하여 1년간 입찰참가자격을 제한하는 부정당업자 제재통보를 하였다.
> 1) 국가와 甲 사이에 체결된 도급계약의 법적 성격을 검토하시오. **(10점)** - 국가계약의 법적 성질

공급자관리지침에 근거한 거래제한조치 사건

□ 대법원 2020. 5. 28. 선고 2017두66541 판결

[사실관계]

원고(이텍산업 주식회사)는 2004년경부터 2010년경 사이에 피고가 실시한 원자력 발전용 케이블 구매입찰에서 다른 업체들과 물량배분 비율을 정하고, 투찰가격을 공동으로 결정하는 등 담합행위를 하였고, 이를 이유로 2014. 1. 10.경 공정거래위원회로부터「독점규제 및 공정거래에 관한 법률」에 따라 과징금 부과처분을 받았다. 피고(한국수력원자력 주식회사)는 2014. 4. 15. 원고에 대하여 위와 같은 입찰담합행위를 이유로 공공기관의 운영에 관한 법률(이하 '공공기관운영법'이라 한다) 제39조 제2항에 따라 2년의 입찰참가자격제한처분을 하였다.

피고는 2014. 9. 17. 다시 원고에 대하여 부정당업자 제재처분을 받았다는 이유로 피고의 내부 규정인 '공급자관리지침' 제7조 제3호, 제31조 제1항 제11호에 근거하여 '공급자등록 취소 및 10년의 공급자등록제한 조치'를 통보하였다(이하 '이 사건 거래제한조치'라 한다).

[판결요지]

[1] 공공기관의 운영에 관한 법률 제39조 제2항과 그 하위법령에 따른 입찰참가자격제한 조치가 행정처분에 해당하는지 여부(적극) 및 한국수력원자력 주식회사가 법령에 따라 행정처분권한을 위임받은 공공기관으로서 행정청에 해당하는지 여부(적극)

한국수력원자력 주식회사는 한국전력공사법에 의하여 설립된 공법인인 한국전력공사가 종래 수행하던 발전사업 중 수력·원자력 발전사업 부문을 전문적·독점적으로 수행하기 위하여 2000. 12. 23. 법률 제6282호로 제정된 '전력산업 구조개편 촉진에 관한 법률'에 의하여 한국전력공사에서 분할되어 설립된 회사로서, 한국전력공사가 그 주식 100%를 보유하고 있으며, 공공기관운영법 제5조 제3항 제1호에 따라 '시장형 공기업'으로 지정·고시된 '공공기관'이다. 한국수력원자력 주식회사는 공공기관운영법에 따른 '공기업'으로 지정됨으로써 공공기관운영업 제39조 제2항에 따라 입찰참가자격제한처분을 할 수 있는 권한을 부여받았으므로 '법령에 따라 행정처분권한을 위임받은 공공기관'으로서 행정청에 해당한다.

[2] 행정기관이 소속 공무원이나 하급행정기관에 대하여 세부적인 업무처리절차나 법령의 해석·적용 기준을 정해 주는 '행정규칙'이 대외적으로 국민이나 법원을 구속하는 효력이 있는지 여부(원칙적 소극) 및 행정기관의 재량에 속하는 사항에 관한 행정규칙의 경우, 법원은 이를 존중해야 하는지 여부(원칙적 적극) / 상위법령이나 법의 일반원칙을 위반한 행정규칙의 효력(당연무효) 및 이 경우 법원이 위 행정규칙에 따라 행정기관이 한 조치의 당부를 판단하는 방법

행정기관이 소속 공무원이나 하급행정기관에 대하여 세부적인 업무처리절차나 법령의 해석·적용 기준을 정해 주는 '행정규칙'은 상위법령의 구체적 위임이 있지 않는 한 조직 내부에서만 효력을 가질 뿐 대외적으로 국민이나 법원을 구속하는 효력이 없다. 행정규칙이 이를 정한 행정기관의 재량에 속하는 사항에 관한 것인 때에는 그 규정 내용이 객관적 합리성을 결여하였다는 등의 특별한 사정이 없는 한 법원은 이를 존중하는 것이 바람직하다. 그러나 행정규칙의 내용이 상위법령이나 법의 일반원칙에 반하는 것이라면 법치국가원리에서 파생되는 법질서의 통일성과 모순금지 원칙에 따라 그것은 법질서상 당연무효이고, 행정

내부적 효력도 인정될 수 없다. 이러한 경우 법원은 해당 행정규칙이 법질서상 부존재하는 것으로 취급하여 행정기관이 한 조치의 당부를 상위법령의 규정과 입법 목적 등에 따라서 판단하여야 한다.

[3] 한국수력원자력 주식회사의 '공급자관리지침' 중 등록취소 및 그에 따른 일정 기간의 거래제한조치에 관한 규정들이 대외적 구속력이 없는 행정규칙인지 여부(적극)

공공기관의 운영에 관한 법률(이하 '공공기관운영법'이라 한다)이나 그 하위법령은 공기업이 거래상대방 업체에 대하여 공공기관운영법 제39조 제2항 및 공기업·준정부기관 계약사무규칙 제15조에서 정한 범위를 뛰어넘어 추가적인 제재조치를 취할 수 있도록 위임한 바 없다. 따라서 한국수력원자력 주식회사가 조달하는 기자재, 용역 및 정비공사, 기기수리의 공급자에 대한 관리업무 절차를 규정함을 목적으로 제정·운용하고 있는 '공급자관리지침' 중 등록취소 및 그에 따른 일정 기간의 거래제한조치에 관한 규정들은 공공기관으로서 행정청에 해당하는 한국수력원자력 주식회사가 상위법령의 구체적 위임 없이 정한 것이어서 대외적 구속력이 없는 행정규칙이다.

[4] 한국수력원자력 주식회사가 자신의 '공급자관리지침'에 근거하여 등록된 공급업체에 대하여 하는 '등록취소 및 그에 따른 일정 기간의 거래제한조치'가 행정처분에 해당하는지 여부(적극)

한국수력원자력 주식회사가 자신의 '공급자관리지침'에 근거하여 등록된 공급업체에 대하여 하는 '등록취소 및 그에 따른 일정 기간의 거래제한조치'는 행정청이 행하는 구체적 사실에 관한 법집행으로서의 공권력의 행사인 '처분'에 해당한다.

[5] 공공기관의 어떤 제재조치가 계약에 따른 제재조치에 해당하기 위한 요건

계약당사자 사이에서 계약의 적정한 이행을 위하여 일정한 계약상 의무를 위반하는 경우 계약해지, 위약벌이나 손해배상액 약정, 장래 일정 기간의 거래제한 등의 제재조치를 약정하는 것은 상위법령과 법의 일반원칙에 위배되지 않는 범위에서 허용되며, 그러한 계약에 따른 제재조치는 법령에 근거한 공권력의 행사로서의 제재처분과는 법적 성질을 달리한다.

그러나 공공기관의 어떤 제재조치가 계약에 따른 제재조치에 해당하려면 일정한 사유가 있을 때 그러한 제재조치를 할 수 있다는 점을 공공기관과 그 거래상대방이 미리 구체적으로 약정하였어야 한다. 공공기관이 여러 거래업체들과의 계약에 적용하기 위하여 거래업체가 일정한 계약상 의무를 위반하는 경우 장래 일정 기간의 거래제한 등의 제재조치를 할 수 있다는 내용을 계약특수조건 등의 일정한 형식으로 미리 마련하였다고 하더라도, 약관의 규제에 관한 법률 제3조에서 정한 바와 같이 계약상대방에게 그 중요 내용을 미리 설명하여 계약내용으로 편입하는 절차를 거치지 않았다면 계약의 내용으로 주장할 수 없다.

[참고판례]

❶ 공법관계로 본 판례

1) 국유재산의 변상금 부과처분

국유재산법 제51조 제1항은 국유재산의 무단점유자에 대하여는 대부 또는 사용, 수익허가 등을 받은 경우에 납부하여야 할 대부료 또는 사용료 상당액 외에도 그 징벌적 의미에서 국가측이 일방적으로 그 2할 상당액을 추가하여 변상금을 징수토록 하고 있으며 동조 제2항은 변상금의 체납시 국세징수법에 의하여 강제징수토록 하고 있는 점 등에 비추어 보면 국유재산의 관리청이 그 무단점유자에 대하여 하는 변상금부과처분은 순전히 사경제 주체로서 행하는 사법상의 법률행위라 할 수 없고 이는 관리청이 공권력을 가진 우월적 지위에서 행한 것으로서 행정소송의 대상이 되는 행정처분이라고 보아야 한다(대법원 1988. 2. 23. 선고 87누1046·1047 판결).

2) 행정재산의 목적 외 사용에 대한 허가

공유재산의 관리청이 행정재산의 사용·수익에 대한 허가는 순전히 사경제주체로서 행하는 사법상의 행위가 아니라 관리청이 공권력을 가진 우월적 지위에서 행하는 행정처분으로서 특정인에게 행정재산을 사용할 수 있는 권리를 설정하여 주는 강학상 특허에 해당한다. 행정재산의 사용·수익허가처분의 성질에 비추어 국민에게는 행정재산의 사용·수익허가를 신청할 법규상 또는 조리상의 권리가 있다고 할 것이므로 공유재산의 관리청이 행정재산의 사용·수익에 대한 허가신청을 거부한 행위 역시 행정처분에 해당한다(대법원 1998. 2. 27. 선고 97누1105 판결).

3) 농지개량조합 직원에 대한 징계처분

농지개량조합과 그 직원과의 관계는 사법상의 근로계약관계가 아닌 공법상의 특별권력관계이고, 그 조합의 직원에 대한 징계처분의 취소를 구하는 소송은 행정소송사항에 속한다(대법원 1995. 6. 9. 선고 94누10870 판결).

4) 청원경찰에 대한 징계처분

국가나 지방자치단체에 근무하는 청원경찰은 국가공무원법이나 지방공무원법상의 공무원은 아니지만, 다른 청원경찰과는 달리 그 임용권자가 행정기관의 장이고, 국가나 지방자치단체로부터 보수를 받으며, 산업재해보상보험법이나 근로기준법이 아닌 공무원연금법에 따른 재해보상과 퇴직급여를 지급받고, 직무상의 불법행위에 대하여도 민법이 아닌 국가배상법이 적용되는 등의 특질이 있으며 그 외 임용자격, 직무, 복무의무 내용 등을 종합하여 볼 때, 그 근무관계를 사법상의 고용계약관계로 보기는 어려우므로 그에 대한 징계처분의 시정을 구하는 소는 행정소송의 대상이지 민사소송의 대상이 아니다(대법원 1993. 7. 13. 선고 92다47564 판결).

5) '2단계 두뇌한국(BK) 21 사업협약'의 해지통보

과학기술기본법령상 사업 협약의 해지 통보는 단순히 대등 당사자의 지위에서 형성된 공법상 계약을 계약당사자의 지위에서 종료시키는 의사표시에 불과한 것이 아니라 행정청이 우월적 지위에서 연구개발비의 회수 및 관련자에 대한 국가연구개발사업 참여제한 등의 법률상 효과를 발생시키는 행정처분에 해당한다(대법원 2014. 12. 11. 선고 2012두28704 판결).

❷ 사법관계로 본 판례

1) 국유림의 대부행위

국유재산법 제31조, 제32조 제3항, 산림법 제75조 제1항의 규정 등에 의하여 국유의 일반재산(구 잡종재산)에 관한 관리처분의 권한을 위임받은 기관이 일반재산을 대부하는 행위는 국가가 사경제 주체로서 상대방과 대등한 위치에서 행하는 사법상의 계약이고, 행정청이 공권력의 주체로서 상대방의 의사 여하에 불구하고 일방적으로 행하는 행정처분이라고 볼 수 없으며, 국유의 일반재산(구 잡종재산)에 관한 대부료의 납부고지 역시 사법상의 이행청구에 해당하고, 이를 행정처분이라고 할 수 없다(대법원 2000. 2. 11. 선고 99다61675 판결).

2) 토지보상법상 협의취득계약

공익사업을 위한 토지 등의 취득 및 보상에 관한 법령에 의한 협의취득은 사법상의 법률행위이므로 당사자 사이의 자유로운 의사에 따라 채무불이행책임이나 매매대금 과부족금에 대한 지급의무를 약정할 수 있다. 그리고 협의취득을 위한 매매계약을 해석함에 있어서도 처분문서 해석의 일반원칙으로 돌아와 매매계약서에 기재되어 있는 문언대로의 의사표시의 존재와 내용을 인정하여야 하고, 당사자 사이에 계약의 해석을 둘러싸고 이견이 있어 처분문서에 나타난 당사자의 의사해석이 문제되는 경우에는 그 문언의 내용, 그러한 약정이 이루어진 동기와 경위, 그 약정에 의하여 달성하려는 목적, 당사자의 진정한 의사 등을 종합적으로 고찰하여 논리와 경험칙에 따라 합리적으로 해석하여야 한다. 다만 공익사업법은 공익사업의 효율적인 수행을 통하여 공공복리의 증진과 재산권의 적정한 보호를 도모하는 것을 목적으로 하고 협의취득의 배후에는 수용에 의한 강제취득 방법이 남아 있어 토지 등의 소유자로서는 협의에 불응하면 바로 수용을 당하게 된다는 심리적 강박감이 자리 잡을 수밖에 없으며 협의취득 과정에는 여러 가지 공법적 규제가 있는 등 공익적 특성을 고려하여야 한다(대법원 2012. 2. 23. 선고 2010다91206 판결).

3) 사립학교 교원에 대한 징계

[1] 사립학교 교원은 학교법인 또는 사립학교 경영자에 의하여 임면되는 것으로서 사립학교 교원과 학교법인의 관계를 공법상의 권력관계라고는 볼 수 없으므로 사립학교 교원에 대한 학교법인의 해임처분을 취소소송의 대상이 되는 행정청의 처분으로 볼 수 없고, 따라서 학교법인을 상대로 한 불복은 행정소송에 의할 수 없고 민사소송절차에 의할 것이다.

[2] 사립학교 교원에 대한 해임처분에 대한 구제방법으로 학교법인을 상대로한 민사소송 이외 교원지위향상을위한특별법 제7조 내지 10조에 따라 교육부 내에 설치된 교원징계재심위원회에 재심청구를 하고 교원징계재심위원회의 결정에 불복하여 행정소송을 제기하는 방법도 있으나, 이 경우에도 행정소송의 대상이 되는 행정처분은 교원징계재심위원회의 결정이지 학교법인의 해임처분이 행정처분으로 의제되는 것이 아니며 또한 교원징계재심위원회의 결정을 이에 대한 행정심판으로서의 재결에 해당되는 것으로 볼 수는 없다(대법원 1993. 2. 12. 선고 92누13707 판결).

4) 지하철 공사 직원에 대한 징계

서울특별시지하철공사의 임원과 직원의 근무관계의 성질은 지방공기업법의 모든 규정을 살펴보아도 공법상의 특별권력관계라고는 볼 수 없고 사법관계에 속할 뿐만 아니라, 위 지하철공사의 사장이 그 이사회의 결의를 거쳐 제정된 인사규정에 의거하여 소속직원에 대한 징계처분을 한 경우 위 사장은 행정소송법 제13조 제1항 본문과 제2조 제2항 소정의 행정청에 해당되지 않으므로 공권력발동주체로서 위 징계처분을 행한 것으로 볼 수 없고, 따라서 이에 대한 불복절차는 민사소송에 의할 것이지 행정소송에 의할 수는 없다(대법원 1989. 9. 12. 선고 89누2103 판결).

5) 환매권

구 공익사업을 위한 토지 등의 취득 및 보상에 관한 법률 제91조에 규정된 환매권은 상대방에 대한 의사표시를 요하는 형성권의 일종으로서 재판상이든 재판 외이든 위 규정에 따른 기간 내에 행사하면 매매의 효력이 생기는 바(대법원 2008. 6. 26. 선고 2007다24893 판결 참조), 이러한 환매권의 존부에 관한 확인을 구하는 소송 및 구 공익사업법 제91조 제4항에 따라 환매금액의 증감을 구하는 소송 역시 민사소송에 해당한다(대법원 2013. 2. 28. 선고 2010두22368 판결).

1차 TV수신료 사건

□ 헌법재판소 1999. 5. 27. 선고 98헌바70 결정

[사실관계]

한국전력공사는 한국방송공사법(이하 "이 법"이라 한다) 제38조의 규정에 따라 한국방송공사로부터 텔레비전방송수신료의 징수업무를 위탁받아 1998. 2. 2. 甲에 대하여 1998년 2월분 수신료 금 2,500원의 부과처분을 하였다. 甲은 한국전력공사를 상대로 위 부과처분의 취소를 구하는 행정소송을 제기하면서 부과처분의 근거가 된 이 법 제35조, 제36조 제1항이 헌법상 조세법률주의에 위반된다고 주장하면서 위헌심판제청을 신청하였다. 서울행정법원은 1998. 8. 20. 이 사건 위헌심판제청신청을 기각하였고, 甲은 1998. 9. 8. 헌법재판소법 제68조 제2항에 따른 헌법소원심판을 청구하였다. 이에 대해 헌법재판소는 이 법 제35조는 헌법에 위반되지 아니하고, 동법 제36조 제1항은 헌법에 위반되나, 1999. 12. 31.을 시한으로 입법자가 개정할 때까지 한시적으로 그 효력을 지속하도록 하는 헌법불합치 결정을 하였다.

[참조조문]

구 한국방송공사법

제35조(텔레비전수상기의 등록과 수신료 납부의무) 텔레비전방송을 수신하기 위하여 텔레비전수상기(이하 "수상기"라 한다)를 소지한 자는 대통령령이 정하는 바에 따라 공사에 그 수상기를 등록하고 텔레비전방송수신료(이하 "수신료"라 한다)를 납부하여야 한다. 다만, 대통령령이 정하는 수상기에 대하여는 그 등록을 면제하거나 수신료의 전부 또는 일부를 감면할 수 있다.

제36조(수신료의 결정) ① 수신료의 금액은 이사회가 심의·결정하고, 공사가 공보처장관의 승인을 얻어 이를 부과·징수한다.

제38조 (수상기 등록 및 징수의 위탁) ①공사는 제36조의 규정에 의한 수신료의 징수업무를 특별시장·광역시장 또는 도지사에게 위탁할 수 있다.
② 공사는 수상기의 생산자·판매인·수입판매인 또는 공사가 지정하는 자에게 수상기의 등록업무 및 수신료의 징수업무를 위탁할 수 있다.
③공사가 제1항 및 제2항의 규정에 의하여 수신료 징수업무를 위탁한 경우에는 대통령령이 정하는 바에 따라 수수료를 지급하여야 한다.

[결정요지]

[1] 이 법 제35조의 포괄위임금지원칙 위반 여부

이 법 제35조 본문은 수신료 납부의무자의 범위에 관하여 '텔레비전방송을 수신하기 위하여 텔레비전수상기를 소지한 자는 … 텔레비전방송수신료를 납부하여야 한다'라고 규정하고 있는바, 이는 누구라도 수신료 납부의무자의 범위를 잘 알 수 있는 명확한 규정이라 할 것이다. 다만, 같은 조 단서는 등록면제 또는 수신료가 감면되는 수상기의 범위에 관하여 아무런 조건없이 단순히 대통령령이 정하도록 하고 있으나, 등록면제 또는 수신료감면에 관한 규정은 국민에게 이익을 부여하는 수익적 규정에 해당하는 것이어서 이에 대하여 요구되는 위임입법의 구체성·명확성의 정도는 상대적으로 완화될 수 있는 것이고, 또한 수신

료 납부의무자의 범위가 '텔레비전방송을 수신하기 위하여' 수상기를 소지한 자로 되어 있으며, 수신료의 징수목적이 공사의 경비충당에 있다는 점을 감안하면 대통령령에서 정할 수신료감면 대상자의 범위는 텔레비전방송의 수신이 상당한 기간동안 불가능하거나 곤란하다고 볼만한 객관적 사유가 있는 수상기의 소지자, 공사의 경비충당에 지장이 없는 범위안에서 사회정책적으로 수신료를 감면하여 줄 필요가 있는 수상기소지자 등으로 그 범위가 정하여 질 것임을 예측할 수 있다. 따라서 이 법 제35조는 헌법 제75조에 규정된 포괄위임금지의 원칙에 위반되지 아니한다고 할 것이다.

[2] 이 법 제36조 제1항의 법률유보원칙 위반 여부

오늘날 법률유보원칙은 단순히 행정작용이 법률에 근거를 두기만 하면 충분한 것이 아니라, 국가공동체와 그 구성원에게 기본적이고도 중요한 의미를 갖는 영역, 특히 국민의 기본권실현과 관련된 영역에 있어서는 국민의 대표자인 입법자가 그 본질적 사항에 대해서 스스로 결정하여야 한다는 요구까지 내포하고 있다(의회유보원칙). 그런데 텔레비전방송수신료는 대다수 국민의 재산권 보장의 측면이나 한국방송공사에게 보장된 방송자유의 측면에서 국민의 기본권실현에 관련된 영역에 속하고, 수신료금액의 결정은 납부의무자의 범위 등과 함께 수신료에 관한 본질적인 중요한 사항이므로 국회가 스스로 행하여야 하는 사항에 속하는 것임에도 불구하고 한국방송공사법 제36조 제1항에서 국회의 결정이나 관여를 배제한 채 한국방송공사로 하여금 수신료금액을 결정해서 문화관광부장관의 승인을 얻도록 한 것은 법률유보원칙에 위반된다.

[관련판례]

❶ 2차 TV수신료 사건(헌법재판소 2008. 2. 28. 선고 2006헌바70 결정)

[1] 텔레비전 방송수신료의 부과와 그 징수업무의 위탁을 규정한 방송법 제64조, 제67조 등이 법률유보원칙에 위반하는지 여부(소극)

현행 방송법은 첫째, 수신료의 금액은 한국방송공사의 이사회에서 심의·의결한 후 방송위원회를 거쳐 국회의 승인을 얻도록 규정하고 있으며(제65조), 둘째, 수신료 납부의무자의 범위를 '텔레비전방송을 수신하기 위하여 수상기를 소지한 자'로 규정하고(제64조 제1항), 셋째, 징수절차와 관련하여 가산금 상한 및 추징금의 금액, 수신료의 체납 시 국세체납처분의 예에 의하여 징수할 수 있음을 규정하고 있다(제66조). 따라서 수신료의 부과·징수에 관한 본질적인 요소들은 방송법에 모두 규정되어 있다고 할 것이다.

한편, 수신료 징수업무를 한국방송공사가 직접 수행할 것인지 제3자에게 위탁할 것인지, 위탁한다면 누구에게 위탁하도록 할 것인지, 위탁받은 자가 자신의 고유업무와 결합하여 징수업무를 할 수 있는지는 징수업무 처리의 효율성 등을 감안하여 결정할 수 있는 사항으로서 국민의 기본권제한에 관한 본질적인 사항이 아니라 할 것이다. 따라서 방송법 제64조 및 제67조 제2항은 법률유보의 원칙에 위반되지 아니한다.

[2] 수신료 납부의무자의 범위에 대하여 규정한 방송법 제64조가 포괄위임금지 원칙에 위반되는지 여부(소극)

방송법 제64조 단서는 등록면제 또는 수신료가 감면되는 수상기의 범위에 관하여 아무런 조건 없이 단순히 대통령령에서 정하도록 하고 있으나, 등록면제 또는 수신료감면에 관한 규정은 국민에게 이익을 부여하는 수익적 규정에 해당하는 것이어서 이에 대하여 요구되는 위임입법의 구체성·명확성의 정도는 상대적으로 완화될 수 있는 것이고, 또한 수신료 납부의무자의 범위가 '텔레비전방송을 수신하기 위하여' 수상기를 소지한 자로 되어 있으며, 수신료의 징수목적이 공사의 경비충당에 있다는 점을 감안하면 대통령령에서 정할 수신료감면 대상자의 범위는 텔레비전방송의 수신이 상당한 기간 동안 불가능하거나 곤란하다고 볼만한 객관적 사유가 있는 수상기의 소지자, 공사의 경비충당에 지장이 없는 범위 안에서 사회정책적으로 수신료를 감면하여 줄 필요가 있는 수상기소지자 등으로 그 범위가 정하여 질 것임을 예측할 수 있

다. 따라서 방송법 제64조는 포괄위임금지의 원칙에 위반되지 아니한다.

[3] 컴퓨터나 휴대폰 등 다른 방송수신매체에는 수신료를 부과하지 아니하고 텔레비전수상기에 대하여만 수신료를 부과하는 것이 평등원칙에 위반되는지 여부(소극)

방송수신매체가 다양화됨에 따라 어느 범위까지 수신료를 부담시킬 것인지는 각 매체의 특성을 고려하여 입법자가 결정하여야 할 사항에 속한다. 컴퓨터나 이동멀티미디어방송(DMB)을 수신할 수 있는 휴대폰 등의 경우는 방송 수신 외의 다른 목적으로 소지할 가능성이 높고, 이동멀티미디어방송(DMB)의 경우 방송사업의 초기 안정화와 활성화라는 측면에서 수신료를 면제할 필요성이 있다는 점 등을 고려하면 이들 매체에 수신료를 부과하지 않는다고 하여 평등의 원칙에 위반된다고 볼 수 없다.

❷ TV수신료 징수권한 여부를 다투는 소송은 당사자소송(대법원 2008. 7. 24. 선고 2007다25261 판결)

[1] 수신료의 법적 성질 : 특별부담금

텔레비전방송수신료(이하 '수신료'라 한다)는 공영방송사업이라는 특정한 공익사업의 경비조달에 충당하기 위하여 텔레비전수상기를 소지한 특정 집단에 대하여 부과되는 특별부담금에 해당한다.

이러한 특별부담금은, 부담금의 부과를 통하여 수행하고자 하는 특정한 사회적·경제적 과제에 대하여 조세외적 부담을 지울만큼 특별하고 긴밀한 관계가 있는 특정집단에 국한하여 부과되어야 하고, 이와 같이 부과·징수된 부담금은 그 특정과제의 수행을 위하여 별도로 관리·지출되어야 하며 국가의 일반적 재정수입에 포함시켜 일반적 국가과제를 수행하는데 사용되어서는 아니된다.

[2] 수신료 징수권한 여부를 다투는 소송의 성격 : 공법상 당사자소송

원고들은, 피고가 원고들에 대하여 전기요금고지서에 수신료를 통합하여 고지·징수할 권한이 없음의 확인을 민사소송절차를 통하여 구하고 있다.

그러나 수신료의 법적 성격, 피고 보조참가인의 수신료 강제징수권의 내용(구 방송법 제66조 제3항) 등에 비추어 보면 수신료 부과행위는 공권력의 행사에 해당하므로, 피고가 피고 보조참가인으로부터 수신료의 징수업무를 위탁받아 자신의 고유업무와 관련된 고지행위와 결합하여 수신료를 징수할 권한이 있는지 여부를 다투는 이 사건 쟁송은 민사소송이 아니라 공법상의 법률관계를 대상으로 하는 것으로서 행정소송법 제3조 제2호에 규정된 당사자소송에 의하여야 한다고 봄이 상당하다.

[3] 행정사건을 민사사건으로 오해하여 민사소송을 제기한 경우, 수소법원이 취하여야 할 조치

행정소송법 제7조는 원고의 고의 또는 중대한 과실 없이 행정소송이 심급을 달리하는 법원에 잘못 제기된 경우에 민사소송법 제34조 제1항을 적용하여 이를 관할 법원에 이송하도록 규정하고 있을 뿐 아니라, 관할 위반의 소를 부적법하다고 하여 각하하는 것보다 관할 법원에 이송하는 것이 당사자의 권리구제나 소송경제의 측면에서 바람직하므로, 원고가 고의 또는 중대한 과실 없이 행정소송으로 제기하여야 할 사건을 민사소송으로 잘못 제기한 경우, 수소법원으로서는 그 행정소송에 대한 관할을 가지고 있지 아니하다면 당해 소송이 이미 행정소송으로서의 전심절차 및 제소기간을 도과하였거나 행정소송의 대상이 되는 처분 등이 존재하지도 아니한 상태에 있는 등 행정소송으로서의 소송요건을 결하고 있음이 명백하여 행정소송으로 제기되었더라도 어차피 부적법하게 되는 경우가 아닌 이상 이를 부적법한 소라고 하여 각하할 것이 아니라 관할 법원에 이송하여야 한다.

동대문구 주택재개발사업시행인가 사건

□ 대법원 2007. 10. 12. 선고 2006두14476 판결

[사실관계]

원고들은 별지 부동산 목록 기재 각 토지를 단독소유 또는 공유하고 있다. 피고 보조참가인(전농 제3구역 제2지구 주택재개발조합, 이하 '참가인 조합'이라고 한다)은 서울 동대문구 답십리4동 1번지 일대 26,382㎡에 대하여 주택재개발사업(이하 '이 사건 재개발사업'이라고 한다)을 목적으로 2002. 7. 30. 설립되고, 2003. 2. 25. 설립등기를 경료한 재개발조합이고, 원고들은 조합원이다. 참가인 조합은 2005. 4.경 정관 제35조의1을 신설하여 사업시행인가신청시 필요한 조합원 동의율(토지면적의 1/2 이상, 토지 등 소유자의 2/3 이상)에 대한 근거조항을 마련하고(이하 '이 사건 개정 정관조항'이라 한다), 조합원 155명 중 95명으로부터 동의서를 제출받아 이를 피고(동대문구청장)에게 제출하였다. 피고는 2005. 4. 4. 위 정관변경을 인가하였다. 참가인 조합은 이 사건 개정 정관조항에 기초하여 토지면적의 54.2%의 토지소유자의 동의와 토지 등 소유자의 87.5%의 동의를 얻어 2005. 4. 4. 피고에게 사업시행인가신청을 하였다. 피고는 2005. 8. 16. 참가인 조합에 대하여 주택재개발사업시행인가처분을 하였다(이하 '이 사건 처분'이라고 한다). 이에 원고들은 이 사건 처분이 아래와 같은 사유로 위법하다고 주장하면서 취소소송을 제기하였다.

① 원고들은 2005. 3. 18. 개정되기 전의 도시 및 주거환경정비법(이하 '구 도시정비법'이라고 하고, 개정 후 법을 '개정 도시정비법'이라고 한다)의 사업시행인가요건의 적용을 전제로 이 사건 재개발사업과 참가인 조합의 설립에 동의하였다. 그러나 구 도시정비법이 개정되면서 사업시행인가요건이 완화되었고, 그로 인하여 이 사건 재개발사업구역 중 상당부분의 토지(전체면적의 1/3 이상)를 소유하고 있어 참가인 조합의 부당한 조합 활동 등을 제한할 수 있는 권리를 보유하고 있던 원고로서는 그러한 권리를 상실하게 되어 결과적으로 소급입법에 의하여 재산권의 침해를 받게 되었다. 따라서 개정 도시정비법 제28조 제4항은 위헌으로 무효이다. ② 사업시행인가를 신청하기 위한 조합원의 동의요건은 국민이 권리 및 의무에 대하여 직접적인 영향을 미치므로 이를 법률에 직접 규정하거나 시행령에 위임하여야 한다. 그런데 개정 도시정비법 제28조 제4항은 위 동의요건을 법률에 정하거나 시행령에 위임하지 않고 재개발조합의 정관에 위임하고 있는바, 이는 재산권 보장에 관한 헌법 제23조 제1항 및 위임입법의 한계를 규정하고 있는 헌법 제75조에 위배되어 무효이다.

[결정요지]

[1] 법령의 개정시 구 법령의 존속에 대한 당사자의 신뢰를 침해하여 신뢰보호 원칙을 위배하였는지 여부의 판단 기준

법률의 개정에 있어서 구 법률의 존속에 대한 당사자의 신뢰가 합리적이고도 정당하며, 법률의 개정으로 야기되는 당사자의 손해 내지 이익 침해가 극심하여 새로운 법률로 달성하고자 하는 공익적 목적이 그러한 신뢰의 파괴를 정당화할 수 없다면, 입법자는 경과규정을 두는 등 당사자의 신뢰를 보호할 적절한 조치를 하여야 하며, 이와 같은 적절한 조치 없이 새 법률을 그대로 시행하거나 적용하는 것은 허용될 수 없다 할 것인바, 이는 헌법의 기본원리인 법치주의 원리에서 도출되는 신뢰보호의 원칙에 위배되기 때문이다. 이러한 신뢰보호 원칙의 위배 여부를 판단하기 위하여는 한편으로는 침해받은 이익의 보호가치, 침해의 중한 정도, 신뢰가 손상된 정도, 신뢰침해의 방법 등과 다른 한편으로는 새 법률을 통해 실현하고자 하는

공익적 목적을 종합적으로 비교·형량하여야 한다.

[2] 주택재개발 사업시행인가 신청에 필요한 토지 등 소유자의 동의요건을 법률 자체에 정하고 있던 구 도시 및 주거환경정비법 제28조 제4항을 개정하여 그 동의요건을 정관에 위임함으로써 결과적으로 주택재개발 사업시행인가 신청시의 동의요건과 관련된 토지 등 소유자의 지위에 불안을 초래하게 된 것이 부진정 소급입법에서의 신뢰보호의 원칙을 위반하는지 여부(소극)

2005. 3. 18. 법률 제7392호로 개정된 도시 및 주거환경정비법 제28조 제4항 본문은 사업시행자가 신청과 관련하여 토지 등 소유자들로 하여금 사업시행자의 정관이 정하는 바에 따라 그 동의권을 행사하도록 한 것일 뿐 그 동의권 자체를 박탈하고 있는 것은 아니고, 위 규정이 시행됨으로 인하여 사업시행인가 신청시의 동의요건과 관련된 토지 등 소유자의 기존의 지위가 불안정하게 되었다고 하더라도 그것이 위 소유자의 재산권에 대한 직접적이거나 중대한 침해라고 보기 어려운 점, 한편 같은 법 제16조는 주택재개발사업 및 도시환경정비사업을 목적으로 하는 조합을 설립함에 있어 토지 등 소유자의 5분의 4 이상의 동의를 얻도록 규정함으로써 토지 등 소유자의 재산권에 영향을 줄 수 있는 주택재개발사업 등을 목적으로 하는 조합의 설립 자체에 대하여는 엄격한 동의요건을 요구하고 있으나 위와 같은 엄격한 동의요건을 거쳐 조합이 설립된 이상, 사업시행에 있어서는 당해 조합의 실정에 맞게 동의요건을 정하여 조합원들의 자율적이고 민주적인 의사에 따른 신속하고 효율적인 사업진행이 가능하도록 할 필요가 있고, 이와 같은 공익상 요구를 충족하기 위하여 같은 법 제28조 제4항이 마련된 것으로 보이는 점 등에 비추어 볼 때, 구 도시 및 주거환경정비법 제28조 제4항의 존속에 대한 신뢰보호의 필요성이 개정된 도시 및 주거환경정비법 제28조 제4항 본문을 통하여 달성하려고 하는 공익보다 크다고 보기는 어렵다고 할 것이고, 따라서 개정된 도시 및 주거환경정비법 제28조 제4항 본문이 부진정 소급입법에서의 신뢰보호의 원칙을 위반하였다고 할 수 없다.

[3] 법률이 공법적 단체 등의 정관에 자치법적 사항을 위임한 경우 포괄위임입법금지 원칙의 적용 여부(소극) 및 국민의 권리·의무에 관한 기본적이고 본질적인 사항까지 정관에 위임할 수 있는지 여부(소극)

법률이 공법적 단체 등의 정관에 자치법적 사항을 위임한 경우에는 헌법 제75조가 정하는 포괄적인 위임입법의 금지는 원칙적으로 적용되지 않는다고 봄이 상당하고, 그렇다 하더라도 그 사항이 국민의 권리·의무에 관련되는 것일 경우에는 적어도 국민의 권리·의무에 관한 기본적이고 본질적인 사항은 국회가 정하여야 한다.

[4] 사업시행인가 신청시의 토지 등 소유자의 동의요건을 사업시행자의 정관에 위임한 도시 및 주거환경정비법 제28조 제4항 본문이 포괄위임입법금지 원칙에 위배되는지 여부(소극) 및 그 동의요건이 토지 등 소유자의 재산상 권리·의무에 영향을 미치는 것으로서 법률유보 내지 의회유보의 원칙에 위배되는지 여부(소극)

구 도시 및 주거환경정비법상 사업시행자에게 사업시행계획의 작성권이 있고 행정청은 단지 이에 대한 인가권만을 가지고 있으므로 사업시행자인 조합의 사업시행계획 작성은 자치법적 요소를 가지고 있는 사항이라 할 것이고, 이와 같이 사업시행계획의 작성이 자치법적 요소를 가지고 있는 이상, 조합의 사업시행인가 신청시의 토지 등 소유자의 동의요건 역시 자치법적 사항이라 할 것이며, 따라서 2005. 3. 18. 법률 제7392호로 개정된 도시 및 주거환경정비법 제28조 제4항 본문이 사업시행인가 신청시의 동의요건을 조합의 정관에 포괄적으로 위임하고 있다고 하더라도 헌법 제75조가 정하는 포괄위임입법금지의 원칙이 적용되지 아니하므로 이에 위배된다고 할 수 없다. 그리고 조합의 사업시행인가 신청시의 토지 등 소유자의 동의요건이 비록 토지 등 소유자의 재산상 권리·의무에 영향을 미치는 사업시행계획에 관한 것이라고 하더라도, 그 동의요건은 사업시행인가 신청에 대한 토지 등 소유자의 사전 통제를 위한 절차적 요건에 불과하고 토지 등 소유자의 재산상 권리·의무에 관한 기본적이고 본질적인 사항이라고 볼 수 없으므로 법률유보 내지 의회유보의 원칙이 반드시 지켜져야 하는 영역이라고 할 수 없고, 따라서 개정된 도시 및 주거환경정비법 제28조 제4항 본문이 법률유보 내지 의회유보의 원칙에 위배된다고 할 수 없다.

[비교결정]

□ 도시 및 주거환경정비법 제8조 제3항 등 위헌소원 사건

토지등소유자가 도시환경정비사업을 시행하는 경우 사업시행인가 신청시 필요한 토지등소유자의 동의는 개발사업의 주체 및 정비구역 내 토지등소유자를 상대로 수용권을 행사하고 각종 행정처분을 발할 수 있는 행정주체로서의 지위를 가지는 사업시행자를 지정하는 문제로서 그 동의요건을 정하는 것은 국민의 권리와 의무의 형성에 관한 기본적이고 본질적인 사항이므로 국회가 스스로 행하여야 하는 사항에 속하는 것임에도 불구하고 사업시행인가 신청에 필요한 동의정족수를 토지등소유자가 자치적으로 정하여 운영하는 규약에 정하도록 한 것은 법률유보원칙에 위반된다(헌법재판소 2011. 8. 30. 선고 2009헌바128 결정).

[관련판례]

❶ 학칙은 자치규범이므로 구속력이 인정된다.

국립대학의 장(이하 '총장'이라 한다) 후보자 선정 및 학교규칙(이하 '학칙'이라 한다)에 관한 구 교육공무원법(이하 '구 교육공무원법'이라 한다) 제24조 제1항, 제2항, 제3항, 제4항, 교육공무원 임용령 제12조의3 제1항, 고등교육법 제6조, 제19조, 구 고등교육법 시행령 제4조 제1항, 제3항의 체계 및 내용에 더하여, 총장 후보자 선정방식은 국립대학의 조직에 관한 기본적 사항의 하나로서 학칙으로 정할 수 있는 대상인 점, 해당 대학이 법령과 학칙이 정하는 절차에 따라 법령의 범위 내에서 제정 또는 개정한 학칙은 대학의 자치규범으로서 당연히 구속력을 갖는 점 등을 종합하여 보면, 총장 후보자 선정방식을 총장임용추천위원회에서의 선정(간선제)과 해당 대학 교원의 합의된 방식과 절차에 따른 선정(직선제) 중 어느 방법으로 할 것인지는 구 교육공무원법 제24조 제3항에 따라 해당 대학의 자율적 선택에 맡겨져 있어, 해당 대학은 총장 후보자 선정방식을 학칙으로 정할 수 있고, 나아가 학칙에 규정되어 있는 기존의 총장 후보자 선정방식을 학칙의 개정을 통하여 변경할 수 있다(대법원 2015. 6. 24. 선고 2013두26408 판결).

❷ 조례는 자치규범이므로 포괄위임이 허용된다.

법률이 주민의 권리의무에 관한 사항에 관하여 구체적으로 아무런 범위도 정하지 아니한 채 조례로 정하도록 포괄적으로 위임하였다고 하더라도, 행정관청의 명령과는 달라, 조례도 주민의 대표기관인 지방의회의 의결로 제정되는 지방자치단체의 자주법인 만큼, 지방자치단체가 법령에 위반되지 않는 범위 내에서 주민의 권리의무에 관한 사항을 조례로 제정할 수 있는 것이다(대법원 1991. 8. 27. 선고 90누6613 판결).

법외노조통보 사건

□ 대법원 2020. 9. 3. 선고 2016두32992 판결

[사실관계]

피고(고용노동부장관)는 2013. 9. 23. 원고(전국교직원노동조합)에 대하여 '두 차례에 걸쳐 해직자의 조합원 가입을 허용하는 규약을 시정하도록 명하였으나 이행하지 않았고, 실제로 해직자가 조합원으로 가입하여 활동하고 있는 것으로 파악된다'는 이유로 교원노조법 제14조 제1항, 노동조합법 제12조 제3항 제1호, 제2조 제4호 (라)목 및 교원의 노동조합 설립 및 운영 등에 관한 법률 시행령(이하 '교원노조법 시행령'이라 한다) 제9조 제1항, 노동조합 및 노동관계조정법 시행령(이하 '노동조합법 시행령'이라 한다) 제9조 제2항에 의하여 2013. 10. 23.까지 이 사건 부칙 조항을 교원노조법 제2조에 맞게 시정하고 조합원이 될 수 없는 해직자가 가입·활동하지 않도록 조치할 것을 요구하였다(이하 '시정요구'라 한다). 피고는 그 시정요구서에 원고의 조합원으로 가입하여 활동하고 있는 해직 교원 9명을 구체적으로 특정하고, "만약, 위 기한까지 시정요구를 이행하지 아니하는 경우에는 교원노조법에 의한 노동조합으로 보지 아니함을 통보할 예정이니 유념하시기 바랍니다."라고 기재하였다.

그러나 원고는 시정요구에 따른 이행을 하지 않았고, 이에 피고는 2013. 10. 24. 교원노조법 제14조 제1항, 노동조합법 제12조 제3항 제1호, 제2조 제4호 (라)목 및 교원노조법 시행령 제9조 제1항, 노동조합법 시행령 제9조 제2항에 의하여 원고를 '교원노조법에 의한 노동조합으로 보지 아니함'을 통보하였다(이하 줄여 쓸 때에는 노동조합법 또는 교원노조법에 의하여 설립된 노동조합을 '법상 노동조합', 법상 노동조합이 아닌 노동조합을 '법외노조'라 한다. 그리고 노동조합법 또는 교원노조법에 의한 노동조합으로 보지 아니함을 통보하는 것을 '법외노조 통보', 원고에 대한 위 2013. 10. 24.자 법외노조 통보를 '이 사건 법외노조 통보'라 한다).

[판결요지]

[1] 헌법상 법치주의의 핵심적 내용인 법률유보원칙에 내포된 의회유보원칙에서 어떠한 사안이 국회가 형식적 법률로 스스로 규정하여야 하는 본질적 사항에 해당하는지 결정하는 방법 / 국민의 권리·의무에 관한 기본적이고 본질적인 사항 및 헌법상 보장된 국민의 자유나 권리를 제한할 때 그 제한의 본질적인 사항에 관하여 국회가 법률로써 스스로 규율하여야 하는지 여부(적극)

헌법 제37조 제2항은 "국민의 모든 자유와 권리는 국가안전보장·질서유지 또는 공공복리를 위하여 필요한 경우에 한하여 법률로써 제한할 수 있으며, 제한하는 경우에도 자유와 권리의 본질적인 내용을 침해할 수 없다."라고 규정하고 있다. 헌법상 법치주의는 법률유보원칙, 즉 행정작용에는 국회가 제정한 형식적 법률의 근거가 요청된다는 원칙을 핵심적 내용으로 한다. 나아가 오늘날의 법률유보원칙은 단순히 행정작용이 법률에 근거를 두기만 하면 충분한 것이 아니라, 국가공동체와 그 구성원에게 기본적이고도 중요한 의미를 갖는 영역, 특히 국민의 기본권 실현에 관련된 영역에 있어서는 행정에 맡길 것이 아니고 국민의 대표자인 입법자 스스로 그 본질적 사항에 대하여 결정하여야 한다는 요구, 즉 의회유보원칙까지 내포하는 것으로 이해되고 있다. 여기서 어떠한 사안이 국회가 형식적 법률로 스스로 규정하여야 하는 본질적 사항에 해당되는지는, 구체적 사례에서 관련된 이익 내지 가치의 중요성, 규제 또는 침해의 정도와 방법 등을 고려하여 개별적으로 결정하여야 하지만, 규율대상이 국민의 기본권과 관련한 중요성을 가질수록 그리고 그에 관한 공개적 토론의 필요성 또는 상충하는 이익 사이의 조정 필요성이 클수록, 그것이 국회의 법

률에 의하여 직접 규율될 필요성은 더 증대된다. 따라서 국민의 권리·의무에 관한 기본적이고 본질적인 사항은 국회가 정하여야 하고, 헌법상 보장된 국민의 자유나 권리를 제한할 때에는 적어도 그 제한의 본질적인 사항에 관하여 국회가 법률로써 스스로 규율하여야 한다.

[2] 법률의 시행령이 법률에 의한 위임 없이 법률이 규정한 개인의 권리·의무에 관한 내용을 변경·보충하거나 법률에 규정되지 아니한 새로운 내용을 규정할 수 있는지 여부(소극)

헌법 제75조는 "대통령은 법률에서 구체적으로 범위를 정하여 위임받은 사항과 법률을 집행하기 위하여 필요한 사항에 관하여 대통령령을 발할 수 있다."라고 규정하고 있다. 따라서 대통령은 법률에서 구체적으로 범위를 정하여 위임받은 사항과 법률을 집행하기 위하여 필요한 사항에 관하여만 대통령령을 발할 수 있으므로, 법률의 시행령은 모법인 법률에 의하여 위임받은 사항이나 법률이 규정한 범위 내에서 법률을 현실적으로 집행하는 데 필요한 세부적인 사항만을 규정할 수 있을 뿐, 법률에 의한 위임이 없는 한 법률이 규정한 개인의 권리·의무에 관한 내용을 변경·보충하거나 법률에 규정되지 아니한 새로운 내용을 규정할 수는 없다.

[3] 노동조합 및 노동관계조정법 시행령 제9조 제2항이 법률의 위임 없이 법률이 정하지 아니한 법외노조 통보에 관하여 규정함으로써 헌법상 노동3권을 본질적으로 제한하여 그 자체로 무효인지 여부(적극)

[다수의견] 법외노조 통보는 적법하게 설립된 노동조합의 법적 지위를 박탈하는 중대한 침익적 처분으로서 원칙적으로 국민의 대표자인 입법자가 스스로 형식적 법률로써 규정하여야 할 사항이고, 행정입법으로 이를 규정하기 위하여는 반드시 법률의 명시적이고 구체적인 위임이 있어야 한다. 그런데 노동조합 및 노동관계조정법 시행령(이하 '노동조합법 시행령'이라 한다) 제9조 제2항은 법률의 위임 없이 법률이 정하지 아니한 법외노조 통보에 관하여 규정함으로써 헌법상 노동3권을 본질적으로 제한하고 있으므로 그 자체로 무효이다. 구체적인 이유는 아래와 같다.

법외노조 통보는 이미 법률에 의하여 법외노조가 된 것을 사후적으로 고지하거나 확인하는 행위가 아니라 그 통보로써 비로소 법외노조가 되도록 하는 형성적 행정처분이다. 이러한 법외노조 통보는 단순히 노동조합에 대한 법률상 보호만을 제거하는 것에 그치지 않고 헌법상 노동3권을 실질적으로 제약한다. 그런데 노동조합 및 노동관계조정법(이하 '노동조합법'이라 한다)은 법상 설립요건을 갖추지 못한 단체의 노동조합 설립신고서를 반려하도록 규정하면서도, 그보다 더 침익적인 설립 후 활동 중인 노동조합에 대한 법외노조 통보에 관하여는 아무런 규정을 두고 있지 않고, 이를 시행령에 위임하는 명문의 규정도 두고 있지 않다. 더욱이 법외노조 통보 제도는 입법자가 반성적 고려에서 폐지한 노동조합 해산명령 제도와 실질적으로 다를 바 없다. 결국 노동조합법 시행령 제9조 제2항은 법률이 정하고 있지 아니한 사항에 관하여, 법률의 구체적이고 명시적인 위임도 없이 헌법이 보장하는 노동3권에 대한 본질적인 제한을 규정한 것으로서 법률유보원칙에 반한다.

천안시 북부 제2지구 건축허가신청반려 사건

□ 대법원 2005. 11. 25. 선고 2004두6822,6839,6846 판결

[사실관계]

피고 乙(천안시장)은 천안시 북부 제2지구 지구단위계획을 수립하면서 이 사건 원고들의 신청지가 포함된 H지구의 권장용도를 판매·위락·숙박시설로 결정하여 이를 고시하고 관계서류와 도면을 천안시청에 비치하여 이해관계인이 열람할 수 있도록 하였다. 천안시 북부 제2지구는 일반상업지역으로 동서남북이 모두 제2종 일반주거지역으로 둘러싸여 있는데, 이 사건 각 신청지로부터 1km 내지 1.5km 거리 안에 9개의 초·중·고등학교와 25개의 아파트단지와 연립주택 등이 밀집되어 있고, 북부 제2지구 내에도 공원과 대형 마트, 청소년복지회관 등이 이미 들어서 있으며, 피고는 이 사건 처분 이전에 이미 위 북부 제2지구 내에서 30건의 숙박시설 건축을 허가한 바 있다.

원고들은 위 H지구에 속하는 토지를 각 매입하여 그 지상에 지상 7~8층 규모의 숙박시설을 건축하기 위한 각 건축허가신청을 하였으나 피고는 2002.11.27. (구)건축법 제8조 제5항(현 제11조 제4항)의 규정에 의한 건축위원회 심의결과 부결되었다는 이유로 위 각 신청을 모두 반려하였다. 이에 원고들은 이 건축허가신청반려처분에 대해 취소소송을 제기하였다. 이에 원심은 원고의 청구를 기각했고, 원고는 대법원에 상고하였다.

[판결요지]

[1] 행정청의 행위에 대하여 신뢰보호의 원칙이 적용되기 위한 요건

일반적으로 행정상의 법률관계에 있어서 행정청의 행위에 대하여 신뢰보호의 원칙이 적용되기 위하여는, 첫째 행정청이 개인에 대하여 신뢰의 대상이 되는 공적인 견해표명을 하여야 하고, 둘째 행정청의 견해표명이 정당하다고 신뢰한 데에 대하여 그 개인에게 귀책사유가 없어야 하며, 셋째 그 개인이 그 견해표명을 신뢰하고 이에 기해 어떠한 행위를 하였어야 하고, 넷째 행정청이 위 견해표명에 반하는 처분을 함으로써 그 견해표명을 신뢰한 개인의 이익이 침해되는 결과가 초래되는 등의 요건을 필요로 하고, 어떠한 행정처분이 이러한 요건을 충족할 때에는, 공익 또는 제3자의 정당한 이익을 해할 우려가 있는 경우가 아닌 한, 신뢰보호의 원칙에 반하는 행위로서 위법하게 된다고 할 것이므로, 행정처분이 이러한 요건을 충족하는 경우라고 하더라도 행정청이 앞서 표명한 공적인 견해에 반하는 행정처분을 함으로써 달성하려는 공익이 행정청의 공적 견해표명을 신뢰한 개인이 그 행정처분으로 인하여 입게 되는 이익의 침해를 정당화할 수 있을 정도로 강한 경우에는 신뢰보호의 원칙을 들어 그 행정처분이 위법하다고는 할 수 없다.

[2] 학생들의 교육환경과 인근 주민들의 주거환경 보호라는 공익이 숙박시설 건축허가신청을 반려한 처분으로 그 신청인이 잃게 되는 이익의 침해를 정당화할 수 있을 정도로 크므로, 위 반려처분이 신뢰보호의 원칙에 위배되지 않는다고 한 원심의 판단을 수긍한 사례

[3] 행정청이 지구단위계획을 수립하면서 그 권장용도를 판매·위락·숙박시설로 결정하여 고시한 행위를 당해 지구 내에서는 공익과 무관하게 언제든지 숙박시설에 대한 건축허가가 가능하리라는 공적 견해를 표명한 것이라고 평가할 수는 없다고 한 사례

이 사건에서 피고가 위와 같은 계획을 수립하여 고시하고 관련도서를 비치하여 열람하게 한 행위로서 표명한 공적 견해는 숙박시설의 건축허가를 불허하여야 할 중대한 공익상의 필요가 없음을 전제로 숙박시설 건축허가도 가능하다는 것이지, 이를 H지구 내에서는 공익과 무관하게 언제든지 숙박시설에 대한 건축허가가 가능하리라는 취지의 공적 견해를 표명한 것이라고 평가할 수는 없을 것이고, 만일 원고들이 위 고시를 보고 H지구 내에서는 숙박시설 건축허가를 받아 줄 것으로 신뢰하였다면 원고들의 그러한 신뢰에 과실이 있다고 하지 않을 수 없다.

[참고판례]

❶ 폐기물처리업 사업계획에 대한 적정통보는 폐기물처리업허가에 대한 공적견해표명에 해당한다.

폐기물처리업에 대하여 사전에 관할 관청으로부터 적정통보를 받고 막대한 비용을 들여 허가요건을 갖춘 다음 허가신청을 하였음에도 다수 청소업자의 난립으로 안정적이고 효율적인 청소업무의 수행에 지장이 있다는 이유로 한 불허가처분은 신뢰보호의원칙 및 비례의 원칙에 반하는 것으로서 재량권을 남용한 위법한 처분이다(대법원 1999. 5. 8. 선고 98두4061 판결).

❷ 폐기물처리업 사업계획에 대한 적정통보는 국토이용계획변경신청승인에 대한 공적견해표명에 해당하지 않는다.

폐기물관리법령에 의한 폐기물처리업 사업계획에 대한 적정통보와 국토이용관리법령에 의한 국토이용계획변경은 각기 그 제도적 취지와 결정단계에서 고려해야 할 사항들이 다르다는 이유로, 폐기물처리업 사업계획에 대하여 적정통보를 한 것만으로 그 사업부지 토지에 대한 국토이용계획변경신청을 승인하여 주겠다는 취지의 공적인 견해표명을 한 것으로 볼 수 없다(대법원 2005. 4. 28. 선고 2004두8828 판결).

❸ 묵시적 공적견해표명의 요건

국세기본법 제18조 제3항2)에 규정된 비과세관행이 성립하려면, 상당한 기간에 걸쳐 과세를 하지 아니한 객관적 사실이 존재할 뿐만 아니라, 과세관청 자신이 그 사항에 관하여 과세할 수 있음을 알면서도 어떤 특별한 사정 때문에 과세하지 않는다는 의사가 있어야 한다. 위와 같은 공적 견해나 의사는 명시적 또는 묵시적으로 표시되어야 하며, 묵시적 표시가 있다고 하기 위하여는 단순한 과세누락과는 달리 과세관청이 상당 기간의 불과세 상태에 대하여 과세하지 않겠다는 의사표시를 한 것으로 볼 수 있는 사정이 있어야 한다(대법원 2016. 10. 13. 선고 2016두43077 판결).

❹ 주민등록번호와 주민등록증을 부여한 행위는 대한민국 국적을 취득하였다는 공적견해표명에 해당한다.

법적으로 혼인한 상태가 아닌 대한민국 국적인 부와 중화인민공화국 국적인 모 사이에 출생한 甲과 乙이 출생신고에 따라 주민등록번호를 부여받고 가족관계등록부에 등록되었으며 각각 17세 때 주민등록증을 발급받았는데, 관할 행정청이 '외국인 모와의 혼인외자 출생신고'라며 가족관계등록부를 말소하고 출입국관리 행정청이 부모들에게 甲과 乙에 대한 국적 취득 절차를 안내했음에도 이를 진행하지 않다가 성년이 된 후 국적법 제20조에 따라 국적보유판정을 신청했으나, 법무부장관이 대한민국 국적 보유자가 아니라는 이유로 甲과 乙에게 국적비보유 판정을 한 사안에서, 주민등록번호와 주민등록증은 외부에 공시되어 대내외적으로 행정행위의 적법한 존재를 추단하는 중요한 근거가 되는 점에 비추어 행정청이 공신력 있는 주민등록번호와 이에 따른 주민등록증을 부여한 행위는 甲과 乙에게 대한민국 국적을 취득하였다는 공적인 견해를

---

2) 국세기본법 제18조(세법 해석의 기준 및 소급과세의 금지) ③ 세법의 해석이나 국세행정의 관행이 일반적으로 납세자에게 받아들여진 후에는 그 해석이나 관행에 의한 행위 또는 계산은 정당한 것으로 보며, 새로운 해석이나 관행에 의하여 소급하여 과세되지 아니한다.

표명한 것인 점, 미성년자였던 甲과 乙이 자신들이 대한민국 국적을 보유하고 있음을 전제로 반복적으로 이루어진 행정행위를 신뢰하여 국적법 제3조 및 제8조에 따른 국적 취득 절차를 진행하지 않은 채 성인이 된 점, 성인이 된 甲과 乙은 위 판정으로 이제는 국적법 제3조, 제8조에 따라 간편하게 국적을 취득할 기회를 상실하게 되었고, 평생 보유했다고 여긴 대한민국 국적이 부인되고 국적의 취득 여부가 불안정한 상황에 놓이게 된 결과 자신들이 출생하고 성장한 대한민국에 체류할 자격부터 변경되는 등 평생 이어온 생활의 기초가 흔들리는 중대한 불이익을 입게 된 점, 출입국관리 행정청으로부터 부모가 아닌 甲과 乙에 대하여도 국적 취득이 필요하다는 안내가 이루어졌다고 볼 만한 자료가 없는 이상 甲과 乙이 대한민국 국적을 취득하였다고 신뢰한 데에 귀책사유가 있다고 보기 어려운 점을 종합하면, 위 판정은 甲과 乙의 신뢰에 반하여 이루어진 것으로 신뢰보호의 원칙에 위배된다고 한 사례(대법원 2024. 3. 12. 선고 2022두60011 판결).

❺ 귀책사유를 판단할 때 관계인의 범위

일반적으로 행정상의 법률관계에 있어서 행정청의 행위에 대하여 신뢰보호의 원칙이 적용되기 위하여는, 첫째 행정청이 개인에 대하여 신뢰의 대상이 되는 공적인 견해표명을 하여야 하고, 둘째 행정청의 견해표명이 정당하다고 신뢰한 데에 대하여 그 개인에게 귀책사유가 없어야 하며, 셋째 그 개인이 그 견해표명을 신뢰하고 이에 상응하는 어떠한 행위를 하였어야 하고, 넷째 행정청이 그 견해표명에 반하는 처분을 함으로써 그 견해표명을 신뢰한 개인의 이익이 침해되는 결과가 초래되어야 하며, 마지막으로 위 견해표명에 따른 행정처분을 할 경우 이로 인하여 공익 또는 제3자의 정당한 이익을 현저히 해할 우려가 있는 경우가 아니어야 한다. 여기서 둘째 요건에서 말하는 귀책사유라 함은 "행정청의 견해표명의 하자가 상대방 등 관계자의 사실은폐나 기타 사위의 방법에 의한 신청행위 등 부정행위에 기인한 것이거나 그러한 부정행위가 없다고 하더라도 하자가 있음을 알았거나 중대한 과실로 알지 못한 경우 등"을 의미한다고 해석함이 상당하고, 귀책사유의 유무는 상대방과 그로부터 신청행위를 위임받은 수임인 등 관계자 모두를 기준으로 판단하여야 한다(대법원 2002. 11. 8. 선고 2001두1512 판결).

❻ 콘도미니엄 사건

갑 주식회사가 교육환경보호구역에 해당하는 사업부지에 콘도미니엄을 신축하기 위하여 교육환경평가승인신청을 한 데 대하여, 관할 교육지원청 교육장이 갑 회사에 '관광진흥법 제3조 제1항 제2호 (나)목에 따른 휴양 콘도미니엄업이 교육환경 보호에 관한 법률에 따른 금지행위 및 시설로 규정되어 있지는 않으나 성매매 등에 대한 우려를 제기하는 민원에 대한 구체적인 예방대책을 제시하시기 바람'이라고 기재된 보완요청서를 보낸 후 교육감으로부터 '콘도미니엄업에 관하여 교육환경보호구역에서 금지되는 행위 및 시설에 관한 교육환경 보호에 관한 법률(이하 '교육환경법'이라 한다) 제9조 제27호를 적용하라'는 취지의 행정지침을 통보받고 갑 회사에 교육환경평가승인신청을 반려하는 처분을 한 사안에서, 교육장이 보완요청서에서 '휴양 콘도미니엄업이 교육환경법 제9조 제27호에 따른 금지행위 및 시설로 규정되어 있지 않다'는 의견을 밝힌 바 있으나, 이는 교육장이 최종적으로 교육환경평가를 승인해 주겠다는 취지의 공적 견해를 표명한 것이라고 볼 수 없고 오히려 수차례에 걸쳐 갑 회사에 보낸 보완요청서에 의하면 현 상태로는 교육환경평가승인이 어렵다는 취지의 견해를 밝힌 것에 해당하는 점, 갑 회사는 사업 준비 단계에서 휴양 콘도미니엄업을 계획하고 교육장의 보완요청에 따른 추가 검토를 진행한 정도에 불과하여 위 처분으로 침해받는 갑의 이익이 그다지 크다고 보기 어려운 반면 교육환경보호구역에서 휴양 콘도미니엄이 신축될 경우 학생들의 학습권과 교육환경에 미치는 부정적 영향이 매우 큰 점 등에 비추어, 위 처분은 신뢰의 대상이 되는 교육장의 공적 견해표명이 있었다고 보기 어렵고, 교육장의 교육환경평가승인이 공익 또는 제3자의 정당한 이익을 현저히 해할 우려가 있는 경우에 해당하므로 신뢰보호원칙에 반하지 않는다고 한 사례(대법원 2020. 4. 29. 선고 2019두52799 판결).

경부고속철도 차량기지 사건

□ 대법원 2020. 7. 23. 선고 2020두33824 판결

[사실관계]

원고(한국철도공사)는 경부고속철도 서울차량기지·정비창 건설사업(이하 '이 사건 사업'이라 한다)의 시행자이다. 원고는 이 사건 사업과 관련하여 개발제한구역인 고양시 행주내동, 강매동, 행신동, 토당동 일원 740필지에 경부고속철도 차량기지 및 완충녹지를 설치하고자 1995. 12. 29. 피고로부터 1,280,000㎡의 토지형질변경 및 건축물 24개 동(연면적 212,369㎡)의 신축을 위한 개발제한구역 내 행위허가를 받았다(이하 '최초 행위허가'라 한다). 원고는 2000. 10. 14. 고양시 덕양구청장(이하 '덕양구청장'이라 한다)으로부터 토지형질변경 면적을 1,354,122㎡로, 건축 연면적을 204,994㎡로 각 변경하는 내용의 행위허가를 받았고, 이후 2014. 1. 15.까지 여러 차례에 걸쳐 최초 행위허가의 내용을 변경하는 허가 또는 별동 증축을 위한 행위허가를 받음으로써, 토지형질변경 허가를 받은 총면적은 1,314,446㎡로, 건축물 연면적은 206,175.89㎡로 각각 변경되었다.

원고는 최초 행위허가에 의해 토지형질변경이 허가된 면적에 포함되어 있는 고양시 덕양구 (주소 1 생략) 철도용지 98,224㎡에 차륜전삭고[3] 700.32㎡(이하 '이 사건 차륜전삭고'라 한다)를 증축하기 위하여 2017. 7. 11. 덕양구청장에게 추가적인 토지형질변경 없이 건축물 연면적만 700.32㎡ 증가시키는 내용의 개발제한구역 내 행위허가 신청을 하였고, 덕양구청장은 2017. 8. 11. 이를 허가하였다(이하 '이 사건 행위허가'라 한다). 이 사건 행위허가서에 기재된 전체 대지면적은 1,314,446㎡, 건축물 연면적은 206,386.32㎡, 증축 부분(이 사건 차륜전삭고)의 연면적은 700.32㎡이다.

피고(고양시장)는 2017. 8. 21. 원고에게, 원고가 이 사건 행위허가를 받았음을 이유로 「개발제한구역의 지정 및 관리에 관한 특별조치법」(이하 '개발제한구역법'이라 한다) 제21조, 제24조에 따른 개발제한구역 보전 부담금 536,410,100원을 부과하는 처분을 하였다(이하 '이 사건 처분'이라 한다).

이 사건의 쟁점은, (1) 2009. 2. 6. 법률 제9436호 개발제한구역법 개정법률의 부칙 제2조의 해석·적용과 관련하여 이 사건 행위허가가 개발제한구역 보전 부담금의 부과대상이 될 수 있는지 여부, (2) 이 사건 처분이 이 사건 행위허가와 관련하여 부담금을 부과하지 않겠다는 피고 소속 공무원의 공적인 견해표명에 배치되는 것이어서 신뢰보호원칙 위배에 해당하는지 여부이다.

[판결요지]

[1] 개발제한구역의 지정 및 관리에 관한 특별조치법 부칙(2009. 2. 6.) 제2조의 규정 취지 / 2009. 2. 6. 법률 제9436호로 개정된 개발제한구역의 지정 및 관리에 관한 특별조치법 시행 후에 받은 제12조 제1항 단서에 따른 행위허가가 종전에 허가받은 건축연면적을 확대하거나 새로운 건축물의 건축을 최초로 허가하는 내용인 경우, 개정된 법률 제21조 제1항을 적용하여 개발제한구역 보전 부담금을 부과할 수 있는지 여부(적극)

2009. 2. 6. 법률 제9436호 개발제한구역법 개정법률은 부담금의 명칭을 '개발제한구역 보전 부담금'(이하

---

[3] 차륜전삭고란 차륜이 훼손되거나 과도하게 마모되었을 경우 차륜을 일정한 형상이 되도록 전용의 차륜선반으로 절삭하는 시설이다.

'부담금'이라 한다)으로 변경하는 한편, 제21조 제1항에서 제12조 제1항 단서에 따른 개발제한구역 내 행위허가의 경우 '토지의 형질변경허가' 이외에 '건축물의 건축허가'도 부담금 부과대상에 포함하고, 제24조 제2항에서 부담금 산정 기준에 관하여 종전에는 '허가대상토지의 면적'을 기준으로 하였던 것을 '허가받은 토지형질변경 면적과 건축물 바닥면적의 2배 면적'을 기준으로 하도록 하였다. 이를 통해 '토지의 형질변경이 수반되지 않는 건축물의 건축허가'도 부담금 부과대상이 되었는데, 위 개정법률의 부칙 제2조는 "제21조부터 제26조까지의 개정규정은 이 법 시행 후 최초로 개발제한구역에서 해제되어 제4조 제5항에 따라 개발계획의 결정을 하거나 제12조 제1항 단서 또는 제13조에 따른 허가를 받는 분부터 적용한다."라고 규정하였다(이하 '이 사건 부칙조항'이라 한다). 이 사건

부칙조항은 개정법률의 시행일(2009. 8. 7.) 이전에 제12조 제1항 단서에 따른 행위허가를 받았으나 종전 규정에 의하면 부담금 부과대상이 아니었던 경우에는 이미 확정된 법률관계에 개정된 개발제한구역법 제21조 제1항을 적용하여 소급적으로 부담금 부과대상에 포함하지 않기로 함을 분명히 규정함으로써 법적 안정성을 도모하는 데 그 취지가 있다. 개발제한구역의 보전과 관리를 위한 재원을 확보하고자 하는 개발제한구역 보전 부담금 제도 자체의 입법 취지 및 이 사건 부칙조항의 입법 취지를 고려하면, 개정법률 시행 후에 제12조 제1항 단서에 따른 행위허가를 받은 경우라고 하더라도 그 행위허가의 내용이 개정법률의 시행일 이전에 이미 받은 행위허가에 관하여 건축연면적의 규모를 유지하면서 건축계획의 내용만 일부 변경하는 것이거나 단순히 허가기간을 연장하는 등 허가조건을 일부 변경하는 것에 그친다면 개정된 개발제한구역법 제21조 제1항을 적용하여 부담금을 부과할 수 없다고 보아야 한다. 그러나 개정법률 시행 후에 받은 제12조 제1항 단서에 따른 행위허가가 종전에 허가받은 건축연면적을 확대하거나 새로운 건축물의 건축을 최초로 허가하는 내용이라면 개정된 개발제한구역법 제21조 제1항을 적용하여 부담금을 부과하여야 한다.

[2] 특정 사항에 관하여 신뢰보호원칙상 행정청이 그와 배치되는 조치를 할 수 없을 정도의 행정관행이 성립되었다고 하기 위한 요건 및 행정청이 단순한 착오로 어떠한 처분을 계속하다가 추후 오류를 발견하여 합리적인 방법으로 변경하는 경우, 신뢰보호원칙에 위배되는지 여부(소극)

신뢰보호원칙이 적용되기 위해서는, ① 행정청이 개인에 대하여 신뢰의 대상이 되는 공적인 견해표명을 하여야 하고, ② 행정청의 견해표명이 정당하다고 신뢰한 데에 대하여 그 개인에게 귀책사유가 없어야 하며, ③ 그 개인이 그 견해표명을 신뢰하고 이에 상응하는 어떠한 행위를 하였어야 하고, ④ 행정청이 그 견해표명에 반하는 처분을 함으로써 견해표명을 신뢰한 개인의 이익이 침해되는 결과가 초래되어야 하며, ⑤ 그 견해표명에 따른 행정처분을 할 경우 이로 인하여 공익 또는 제3자의 정당한 이익을 현저히 해할 우려가 있는 경우가 아니어야 한다.

특정 사항에 관하여 신뢰보호원칙상 행정청이 그와 배치되는 조치를 할 수 없다고 할 수 있을 정도의 행정관행이 성립되었다고 하려면 상당한 기간에 걸쳐 그 사항에 관하여 동일한 처분을 하였다는 객관적 사실이 존재할 뿐만 아니라, 행정청이 그 사항에 관하여 다른 내용의 처분을 할 수 있음을 알면서도 어떤 특별한 사정 때문에 그러한 처분을 하지 않는다는 의사가 있고 이와 같은 의사가 명시적 또는 묵시적으로 표시되어야 한다. 단순히 착오로 어떠한 처분을 계속한 경우는 이에 해당되지 않고, 따라서 처분청이 추후 오류를 발견하여 합리적인 방법으로 변경하는 것은 신뢰보호원칙에 위배되지 않는다.

대순진리회 사건

□ 대법원 1997. 9. 12. 선고 96누18380 판결

[사실관계]

> 종교법인인 원고 甲(대순진리회)은 종교회관을 건립하기 위하여 충주시에 소재하는 乙 소유의 토지를 매수하기로 하고 피고 충주시장에게 토지거래허가신청을 하였다. 甲은 이 허가신청을 하면서 이용목적이 농지인 이 토지를 대지로 형질변경하여 종교시설인 회관을 건립하기 위한 것이므로 나중에 형질변경이 가능한지를 충주시 소속의 토지거래계약허가업무 담당공무원에게 질의하였다. 담당공무원은 이 사건 토지상에 종교회관을 건축할 수 있는지에 관하여 관련 업무담당부서인 건축과, 산업과 등의 담당공무원들에게 관련법규상 그 건축의 가능여부, 건축의 전제가 되는 토지형질변경의 가능여부 등을 문의한 후 甲에게 나중에 토지의 형질변경이 가능하다는 답변을 해주었다.
>
> 甲은 이를 믿고서 매도인 乙에게 위 토지거래계약허가 직후에 이 사건 토지대금을 모두 지급하고 위 회관의 건축설계를 하는 등으로 그 건축준비에 상당한 자금과 노력을 투자한 후, 충주시장에게 법령상 요구되는 서류를 구비하여 토지형질변경허가신청을 하였다. 그러나 충주시장은 甲에 대하여 이 사건 토지가 같은 법 제17조 소정의 생산녹지지역으로 지정된 곳으로 경지정리된 집단화된 우량농지로서 보전의 필요가 있는 지역이라는 등의 이유로 甲의 위 토지형질변경을 불허가하였다(한편, 이 사건 토지와 같은 동에 있고 이 토지의 인근 번지의 자연녹지지역에는 이미 형질변경을 허가하여 주유소가 건립되어 있으며, 그 바로 옆에 음식점이 건립되어 있다).
>
> 이에 甲은 충주시장의 위 형질변경불허가처분에 대하여 취소소송을 제기하였다.

[판결요지]

[1] 행정행위에 대하여 신뢰보호의 원칙이 적용되기 위한 요건

일반적으로 행정상의 법률관계에 있어서 행정청의 행위에 대하여 신뢰보호의 원칙이 적용되기 위하여는, 첫째 행정청이 개인에 대하여 신뢰의 대상이 되는 공적인 견해표명을 하여야 하고, 둘째 행정청의 견해표명이 정당하다고 신뢰한 데에 대하여 그 개인에게 귀책사유가 없어야 하며, 셋째 그 개인이 그 견해표명을 신뢰하고 이에 어떠한 행위를 하였어야 하고, 넷째 행정청이 위 견해표명에 반하는 처분을 함으로써 그 견해표명을 신뢰한 개인의 이익이 침해되는 결과가 초래되어야 하며, 이러한 요건을 충족할 때에는 행정청의 처분은 신뢰보호의 원칙에 반하는 행위로서 위법하게 된다고 할 것이고, 또한 위 요건의 하나인 행정청의 공적 견해표명이 있었는지의 여부를 판단하는 데 있어 반드시 행정조직상의 형식적인 권한분장에 구애될 것은 아니고 담당자의 조직상의 지위와 임무, 당해 언동을 하게 된 구체적인 경위 및 그에 대한 상대방의 신뢰가능성에 비추어 실질에 의하여 판단하여야 한다.

위 토지거래계약의 허가과정에서 이 사건 토지형질변경이 가능하다는 피고측의 견해표명은 원고의 요청에 의하여 우연히 피고의 소속 담당공무원이 은혜적으로 행정청의 단순한 정보제공 내지는 일반적인 법률상담 차원에서 이루어진 것이라고 보이기 보다는, 이 사건 토지거래계약의 허가와 같이 그 이용목적이 토지

형질변경을 거쳐 건축물을 건축하는 것인 경우 그러한 이용목적이 관계 법령상 허용되는 것인지를 개별적·구체적으로 검토하여 그것이 가능할 경우에만 거래계약허가를 하여 주도록 하는 것이 당시 피고 시청의 실무처리관행이거나 내부업무처리지침이어서 그에 따라 이루어진 것으로 볼 여지가 더 많고, 나아가 위 토지거래허가신청 과정에서 그 허가담당공무원으로부터 이용목적대로 토지를 이용하겠다는 각서까지 제출할 것을 요구받아 이를 제출한 원고로서는 피고측의 위와 같은 견해표명에 대하여 보다 고도의 신뢰를 갖게 되었다고 할 것이다.

사정이 그러하다면, 이는 피고가 위 토지거래계약의 허가를 통하여서나 그 과정에서 그 소속 공무원들을 통하여 원고에 대하여 종교회관 건축을 위한 이 사건 토지의 형질변경이 가능하다는 공적 견해표명을 한 것이라고 볼 여지가 많으며, 한편 기록에 의하면 원고는 그러한 피고의 공적 견해표명을 신뢰한 나머지(그에 있어 원고에게 어떠한 귀책사유가 있음을 인정할 아무런 자료도 없다) 위 토지형질변경 및 종교회관 건축이 당연히 가능하리라 믿고서 위 토지거래계약허가 직후에 이 사건 토지대금을 모두 지급하고 위 회관의 건축설계를 하는 등으로 그 건축준비에 상당한 자금과 노력을 투자하였음에도 피고의 위 공적 견해표명에 반하는 이 사건 처분으로 말미암아 종교법인인 원고의 종교활동에 긴요한 위 종교회관을 건립할 수 없게 되는 등의 불이익을 입게 된 사실을 알 수 있으므로 이 사건 처분은 신뢰보호의 원칙에 반하는 행위로서 위법하다고 보는 것이 옳을 것이다.

[2] 지방자치단체장이 당해 토지에 대한 형질변경을 불허하고 이를 우량농지로 보전하려는 공익보다 형질변경이 가능하리라고 믿은 종교법인이 입게 될 불이익이 더 큰 것이라면 당해 처분이 재량권을 남용한 위법한 처분인지 여부

비록 지방자치단체장이 당해 토지형질변경허가를 하였다가 이를 취소·철회하는 것은 아니라 하더라도 지방자치단체장이 토지형질변경이 가능하다는 공적 견해표명을 함으로써 이를 신뢰하게 된 당해 종교법인에 대하여는 그 신뢰를 보호하여야 한다는 점에서 형질변경허가 후 이를 취소·철회하는 경우를 유추·준용하여 그 형질변경허가의 취소·철회에 상당하는 당해 처분으로써 지방자치단체장이 달성하려는 공익 즉, 당해 토지에 대하여 그 형질변경을 불허하고 이를 우량농지로 보전하려는 공익과 위 형질변경이 가능하리라고 믿은 종교법인이 입게 될 불이익을 상호 비교·교량하여 만약 전자가 후자보다 더 큰 것이 아니라면 당해 처분은 비례의 원칙에 위반되는 것으로 재량권을 남용한 위법한 처분이라고 봄이 상당하다.

기출문제

입시04 甲은 춘천시에 소재하는 녹지지역내의 자신 소유의 농지에 사회복지시설을 건축하기로 하였다. 그런데 당해 토지위에 당해 사회복지시설의 건축이 가능한지 여부에 의심이 있고, 춘천시에서 건축허가를 내줄 것이라는 것에 확신이 없어 사업계획개요서를 작성하여 춘천시 건축과에 당해 토지위에 당해 사회복지시설의 건축이 법상 가능한지 여부와 당해 사회복지시설에 대하여 건축허가를 내줄 수 있는지에 대하여 서면으로 문의하였다. 이에 춘천시 건축과장은 甲에게 관련 법규상 그 건축이 가능하며, 건축허가를 해 줄 수 있다는 취지의 답변을 하였다. 이에 甲은 은행으로부터 건축자금을 융자받고 건축설계를 하여 건축허가를 신청하였다. 그런데 당해 농지는 우량농지 및 녹지지역으로 보전할 필요가 있어 관련법상 개발행위허가를 해줄 수 없는 경우에 해당함이 밝혀졌다. 춘천시장은 이러한 이유로 甲의 건축허가를 거부하였다(참고로 건축법상 건축허가를 받으면 개발행위허가가 의제된다).

이 거부처분의 위법여부를 검토하라. (단, 절차상의 하자는 없는 것으로 본다.) - 신뢰보호의 원칙

5급22 甲은 X 시의 시장 乙에게 X 시에 소재한 자신의 토지에 공동주택의 건설사업을 위한 개발행위허가 신청을 하였다. 乙은 "甲의 신청지는 X 시 도시기본계획상 도시의 자연환경 및 경관을 보호하기 위하여

도시자연공원구역으로 지정이 예정되어 있어 전체적인 개발계획이 수립되지 않은 상태에서 개별적인 공동주택 입지를 위한 개발행위허가는 불합리하다."라는 이유로, 2020. 10. 9. 甲의 신청을 거부하였다(이하 '제1차 거부처분'). 이에 甲은 乙을 상대로 제1차 거부처분의 취소를 구하는 소를 제기하였고, 법원은 제1차 거부처분이 구체적이고 합리적인 근거 없이 甲의 신청을 불허한 것으로 재량권의 일탈·남용이라고 보아 甲의 청구를 인용하는 판결을 하였다. 이 취소판결은 확정되었고, 사실심 변론종결일은 2021. 11. 16.이다. 甲은 위 판결 확정 이후인 2021. 12. 17. 乙에게 위 확정판결에 따른 후속조치의 이행을 촉구하는 내용의 민원을 제기하였는데, 당시 X 시의 담당과장은 민원을 접수하면서 甲에게 "법적으로 가능하다면 개발행위를 허가해 주겠다."라고 구두로 답변하였다. 그러나 乙은 2021. 12. 28. 甲에게 "甲이 신청한 토지는 국토교통부에서 확정 발표한 도시자연공원 확대사업이 반영된 대상지로서 우리 시에서는 체계적인 도시개발 및 난개발 방지를 위해「국토의 계획 및 이용에 관한 법률」에 따라 2021. 10. 26. 개발행위허가 제한지역으로 고시하여 현재 신규 개발행위허가는 불가능하다."라는 사유로 甲의 개발행위를 불허하는 통지를 하였다(이하 '제2차 거부처분'). 다음 물음에 답하시오.

2) 甲은 X 시의 담당과장이 "법적으로 가능하다면 개발행위를 허가해 주겠다."라고 답변한 것을 들어, 제2차 거부처분이 위법하다고 주장한다. 甲의 주장이 타당한지 검토하시오. **(10점)** - 신뢰보호의 원칙

[참고판례]

❶ 실권을 긍정한 사례

택시운전사가 운전면허정지기간중의 운전행위를 하다가 적발되어 형사처벌을 받았으나 행정청으로부터 아무런 행정조치가 없어 안심하고 계속 운전업무에 종사하고 있던 중, 행정청이 위 위반행위가 있은 이후에 장기간에 걸쳐 아무런 행정조치를 취하지 않은채 방치하고 있다가 3년여가 지난 후에 이를 이유로 행정제재를 하면서 가장 무거운 운전면허를 취소하는 행정처분을 하였다면 이는 행정청이 그간 별다른 행정조치가 없을 것이라고 믿은 신뢰의 이익과 그 법적안정성을 빼앗는 것이 되어 매우 가혹할 뿐만 아니라 비록 그 위반행위가 운전면허취소사유에 해당한다 할지라도 그와 같은 공익상의 목적만으로는 위 운전사가 입게 될 불이익에 견줄바 못된다 할 것이다(대법원 1987. 9. 8. 선고 87누373 판결).

❷ 실권을 부정한 사례

교통사고가 일어난지 1년 10개월이 지난 뒤 그 교통사고를 일으킨 택시에 대하여 운송사업면허를 취소하였더라도 처분관할관청이 위반행위를 적발한 날로부터 10일 이내에 처분을 하여야 한다는 교통부령인 자동차운수사업법 제31조등의규정에의한사업면허의취소등의처분에관한규칙 제4조 제2항 본문을 강행규정으로 볼 수 없을 뿐만 아니라 택시 운송사업자로서는 자동차운수사업법의 내용을 잘 알고 있어 교통사고를 낸 택시에 대하여 운송사업면허가 취소될 가능성을 예상할 수도 있었을 터이니, 자신이 별다른 행정조치가 없을 것으로 믿고 있었다 하여 바로 신뢰의 이익을 주장할 수는 없으므로 그 교통사고가 자동차운수사업법 제31조 제1항 제5호 소정의 "중대한 교통사고로 인하여 많은 사상자를 발생하게 한 때"에 해당한다면 그 운송사업면허의 취소가 행정에 대한 국민의 신뢰를 저버리고 국민의 법생활의 안정을 해치는 것이어서 재량권의 범위를 일탈한 것이라고 보기는 어렵다(대법원 1989. 6. 27. 선고 88누6283 판결).

환수처분 및 급여제한처분 사건

□ 대법원 2014. 4. 24. 선고 2013두26552 판결

[사실관계]

원고는 교육과학기술부 소속 국립중앙과학관에서 국가공무원으로 재직하다가 2009. 4. 30. 명예퇴직한 자이다. 원고는 2009. 8. 11. 광주지방법원에서 '2009. 4. 29. 피해자 소외인을 협박하고, 위 피해자를 때려 약 2주간의 치료를 요하는 상해를 가하였다.'는 범죄사실로 징역 6월, 집행유예 2년의 판결을 선고받고, 같은 해 8. 19. 위 판결이 확정되었다. 한편 헌법재판소는 2007. 3. 29. 구 공무원연금법 제64조 제1항 제1호에 대한 2005헌바33호 위헌소원 사건에서 '구법 제64조 제1항 제1호는 헌법에 합치되지 아니한다. 위 법률 조항은 2008. 12. 31.을 시한으로 입법자가 개정할 때까지 그 효력을 지속한다.'는 내용의 헌법불합치결정을 하였으나, 위 헌법불합치결정에서 정한 입법시한이 지나도록 개선입법이 이루어지지 아니함에 따라 위 법률 조항은 2009. 1. 1.부터 효력을 상실하였고, 구법은 2009. 12. 31. 법률 제9905호로 비로소 개정되었는데, 개정된 공무원연금법(이하 '신법'이라 한다)의 부칙 제1조는 '이 법은 공포한 날이 속하는 달의 다음달 1일부터 시행한다. 다만, 제64조의 개정규정은 2009. 1. 1.부터 적용한다.', 제7조 제1항은 '이 법 시행 전에 지급사유가 발생한 급여의 지급은 종전의 규정에 따른다. 다만, (중략) 제64조의 개정규정은 2009. 1. 1. 전의 퇴직연금·조기퇴직연금수급자가 2009. 1. 1. 이후에 받는 퇴직연금·조기퇴직연금 및 2009. 1. 1. 이후에 지급의 사유가 발생한 퇴직급여 및 퇴직수당의 지급에 대하여도 적용한다.'라고 규정하고 있었다.

피고(공무원연금공단)는 신법 시행 직후인 2010. 1. 29. 원고에 대하여 전액 지급하였던 2009. 9.분부터 2009. 12.분까지의 퇴직연금과 퇴직수당의 1/2에 해당하는 돈을 환수하는 처분(이하 '이 사건 급여환수처분'이라 한다) 및 2010. 1.분부터 퇴직연금을 1/2로 감액하여 지급한다는 내용의 급여제한처분(이하 '이 사건 급여제한처분'이라 한다)을 하였고, 이에 원고는 이 사건 각 처분의 취소를 구하는 이 사건 소를 서울행정법원에 제기하고, 제1심 소송계속 중 신법 부칙 제1조 단서, 제7조 제1항 등에 대하여 위헌법률심판 제청신청을 하였으나 위 법원으로부터 기각결정을 받자, 2011. 2. 16. 헌법재판소 2011헌바36호로 헌법소원심판을 청구하였고, 헌법재판소는 2013. 8. 29. 2011헌바36호 등 위헌소원 사건에서 신법 부칙 제1조 단서 및 제7조 제1항 단서 후단에 대하여 위헌결정을 하였다.

이에 원심은 피고가 원고에게 한 급여제한처분을 취소한다는 원고 승소판결을 했으며, 이에 불복한 피고는 대법원에 상고하였다.

[판결요지]

[1] 행정처분의 근거가 되는 개정 법령이 그 시행 전에 완성 또는 종결되지 않은 기존의 사실 또는 법률관계를 적용대상으로 하면서 국민의 재산권과 관련하여 종전보다 불리한 법률효과를 규정하고 있는 경우, 개정 법령의 적용이 소급입법에 의한 재산권 침해인지 여부(원칙적 소극) 및 법령불소급원칙의 적용범위

행정처분은 근거 법령이 개정된 경우에도 경과규정에서 달리 정함이 없는 한 처분 당시 시행되는 법령과 그에 정한 기준에 의하는 것이 원칙이다. 개정 법령이 기존의 사실 또는 법률관계를 적용대상으로 하면서

국민의 재산권과 관련하여 종전보다 불리한 법률효과를 규정하고 있는 경우에도 그러한 사실 또는 법률관계가 개정 법령이 시행되기 이전에 이미 완성 또는 종결된 것이 아니라면 개정 법령을 적용하는 것이 헌법상 금지되는 소급입법에 의한 재산권 침해라고 할 수는 없다. 다만 개정 전 법령의 존속에 대한 국민의 신뢰가 개정 법령의 적용에 관한 공익상의 요구보다 더 보호가치가 있다고 인정되는 경우에 그러한 국민의 신뢰를 보호하기 위하여 적용이 제한될 수 있는 여지가 있을 따름이다.

[2] 공무원연금법에 의한 퇴직연금수급권의 성립요건과 내용

공무원연금법에 의한 퇴직연금수급권은 기초가 되는 퇴직이라는 급여의 사유가 발생함으로써 성립하지만, 내용은 급부의무자의 일회성 이행행위에 의하여 만족되는 것이 아니고 일정기간 계속적으로 이행기가 도래하는 계속적 급부를 목적으로 하는 것이다.

[3] 공무원연금공단이 공무원으로 재직하다가 명예퇴직한 후 재직 중의 범죄사실로 징역형의 집행유예를 선고받고 확정된 갑에게 헌법재판소의 헌법불합치결정에 따라 개정된 공무원연금법 시행 직후 퇴직연금 급여제한처분 등을 하였고, 위 처분에 대한 취소소송 계속 중 다시 헌법재판소가 위 개정된 공무원연금법의 시행일 및 경과조치에 관한 부칙 규정에 대하여 위헌결정을 한 사안에서, 위 처분은 소급입법에 의한 재산권 침해가 문제 되지 않고 갑의 신뢰보호를 위하여 위 개정된 공무원연금법의 적용을 제한할 여지가 없다고 본 사례

공무원연금공단이 공무원으로 재직하다가 명예퇴직한 후 재직 중의 범죄사실로 징역형의 집행유예를 선고받고 확정된 갑에게 헌법재판소의 헌법불합치결정에 따라 개정된 공무원연금법(이하 '신법'이라 한다) 시행 직후 퇴직연금 급여제한처분을 하였고, 위 처분에 대한 취소소송 계속 중 다시 헌법재판소가 신법의 시행일 및 경과조치에 관한 부칙 규정에 대하여 위헌결정을 한 사안에서, 위 처분은 퇴직연금수급권의 기초가 되는 급여의 사유가 이미 발생한 후에 그 퇴직연금수급권을 대상으로 하지만, 이미 발생하여 이행기에 도달한 퇴직연금수급권의 내용을 변경함이 없이 장래 이행기가 도래하는 퇴직연금수급권의 내용만을 변경하는 것에 불과하여, 이미 완성 또는 종료된 과거 사실 또는 법률관계에 새로운 법률을 소급적으로 적용하여 과거를 법적으로 새로이 평가하는 것이 아니므로 소급입법에 의한 재산권 침해가 될 수 없고, 위 헌법불합치 결정에 따라 개선입법이 이루어질 것을 충분히 예상할 수 있으므로 개선입법 후 비로소 이행기가 도래하는 퇴직연금수급권에 대해서까지 급여제한처분이 없으리라는 신뢰가 합리적이고 정당한 것이라고 보기 어려워 갑의 신뢰보호를 위하여 신법의 적용을 제한할 여지가 없음에도, 신법 시행 전에 지급사유가 발생한 퇴직연금수급권에 관해서는 신법 시행 이후에 이행기가 도래하는 부분의 급여에 대하여도 지급을 제한할 수 없다고 보아 위 처분이 위법하다고 본 원심판결에 법리오해의 위법이 있다고 한 사례.

[참고판례]

❶ 변리사 1차 시험 사건 : 신뢰보호원칙 위반

규제개혁위원회의 방침에 따라 변리사 등 전문자격사의 인원을 확대하기 위한 일환으로 변리사 제1, 2차 시험을 종전의 '상대평가제'에서 '절대평가제'로 전환하는 내용의 2002.3.25. 개정 전 구 변리사법시행령이 절대평가제를 도입한 목적과 그 경위, 이전 수년간 상대평가제에 의하여 시행된 제1차 시험의 합격점수, 개정 전 시행령의 공포 후 유예기간, 그 후 제1차 시험을 '절대평가제'에서 '상대평가제'로 환원하는 내용의 2002.3.25. 대통령령 제17551호로 개정된 변리사법시행령의 입법예고와 개정·공포 및 그에 따른 시험공고 등에 관한 일련의 사실관계에 비추어 보면, 합리적이고 정당한 신뢰에 기하여 절대평가제가 요구하는 합격기준에 맞추어 시험준비를 한 수험생들은 제1차 시험 실시를 불과 2개월밖에 남겨놓지 않은 시점에서 개

정 시행령의 즉시 시행으로 합격기준이 변경됨으로 인하여 시험준비에 막대한 차질을 입게 되어 위 신뢰가 크게 손상되었고, 특히 절대평가제에 의한 합격기준인 매 과목 40점 및 전과목 평균 60점 이상을 득점하고도 불합격처분을 받은 수험생들의 신뢰이익은 그 침해된 정도가 극심하며, 그 반면 개정 시행령에 의하여 상대평가제를 도입함으로써 거둘 수 있는 공익적 목적은 개정 시행령을 즉시 시행하여 바로 임박해 있는 2002년의 변리사 제1차 시험에 적용하면서까지 이를 실현하여야 할 합리적인 이유가 있다고 보기 어려우므로, 결국 개정 시행령의 즉시 시행으로 인한 수험생들의 신뢰이익 침해는 개정 시행령의 즉시 시행에 의하여 달성하려는 공익적 목적을 고려하더라도 정당화될 수 없을 정도로 과도하다. 나아가 개정 시행령에 따른 시험준비 방법과 기간의 조정이 2002년의 변리사 제1차 시험에 응한 수험생들에게 일률적으로 적용되었다는 이유로 위와 같은 수험생들의 신뢰이익의 침해를 정당화할 수 없으며, 또한 수험생들이 개정 시행령의 내용에 따라 공고된 2002년의 제1차 시험에 응하였다고 하더라도 사회통념상 그것만으로는 개정 전 시행령의 존속에 대한 일체의 신뢰이익을 포기한 것이라고 볼 수도 없다. 따라서 변리사 제1차 시험의 상대평가제를 규정한 개정 시행령 제4조 제1항을 2002년의 제1차 시험에 시행하는 것은 헌법상 신뢰보호의 원칙에 비추어 허용될 수 없으므로, 개정 시행령 부칙 중 제4조 제1항을 즉시 2002년의 변리사 제1차 시험에 대하여 시행하도록 그 시행시기를 정한 부분은 헌법에 위반되어 무효이다(대법원 2006. 11. 16. 선고 2003두12899 전원합의체 판결).

❷ **한약사 국가시험 사건 : 신뢰보호원칙 위반**

개정 전 약사법 제3조의2 제2항의 위임에 따라 같은 법 시행령 제3조의2에서 한약사 국가시험의 응시자격을 '필수 한약관련 과목과 학점을 이수하고 대학을 졸업한 자'로 규정하던 것을, 개정 시행령 제3조의2에서 '한약학과를 졸업한 자'로 응시자격을 변경하면서, 개정 시행령 부칙이 한약사 국가시험의 응시자격에 관하여 1996학년도 이전에 대학에 입학하여 개정 시행령 시행 당시 대학에 재학중인 자에게는 개정 전의 시행령 제3조의2를 적용하게 하면서도 1997학년도에 대학에 입학하여 개정 시행령 시행 당시 대학에 재학중인 자에게는 개정 시행령 제3조의2를 적용하게 하는 것은 헌법상 신뢰보호의 원칙과 평등의 원칙에 위배되어 허용될 수 없다고 한 사례(대법원 2007. 10. 29. 선고 2005두4649 판결).

❸ **요양급여대상 삭제처분 사건 : 신뢰보호원칙 위반 아님**

[1] 행정처분은 그 근거 법령이 개정된 경우에도 경과규정에서 달리 정함이 없는 한 처분 당시 시행되는 개정 법령과 그에 정한 기준에 의하는 것이 원칙이고, 그 개정 법령이 기존의 사실 또는 법률관계를 적용대상으로 하면서 국민의 재산권과 관련하여 종전보다 불리한 법률효과를 규정하고 있는 경우에도 그러한 사실 또는 법률관계가 개정 법령이 시행되기 이전에 이미 완성 또는 종결된 것이 아니라면 이를 헌법상 금지되는 소급입법에 의한 재산권 침해라고 할 수는 없으며, 그러한 개정 법령의 적용과 관련하여서는 개정 전 법령의 존속에 대한 국민의 신뢰가 개정 법령의 적용에 관한 공익상의 요구보다 더 보호가치가 있다고 인정되는 경우에 그러한 국민의 신뢰를 보호하기 위하여 그 적용이 제한될 수 있는 여지가 있을 따름이다.

[2] 행정청이 약제에 대한 요양급여대상 삭제 처분의 근거 법령으로 삼은 구 국민건강보험 요양급여의 기준에 관한 규칙 제13조 제4항 제6호가 헌법상 금지되는 소급입법에 해당한다고 볼 수 없고, 개정 전 법령의 존속에 대한 제약회사의 신뢰가 공익상의 요구와 비교·형량하여 더 보호가치 있는 신뢰라고 할 수 없어 경과규정을 두지 않았다고 하여 신뢰보호의 원칙에 위배된다고 볼 수도 없다고 한 사례(대법원 2009. 4. 23. 선고 2008두8918 판결).

변시19 2017. 12. 20. 보건복지부령 제377호로 개정된 「국민건강보험 요양급여의 기준에 관한 규칙」 (이하 '요양급여규칙'이라 함)은 비용 대비 효과가 우수한 것으로 인정된 약제에 대해서만 보험급여를 인정해서 보험재정의 안정을 꾀하고 의약품의 적정한 사용을 유도하고자 기존의 보험 적용 약제 중 청구실적이 없는 미청구약제에 대한 삭제제도를 도입하였다. 개정 전의 요양급여규칙은 품목허가를 받은 모든 약제에 대하여 보험급여를 인정하였으나, 개정된 요양급여규칙에 따르면 최근 2년간 보험급여 청구실적이 없는 약제에 대하여 요양급여대상 여부에 대한 조정을 할 수 있다. 보건복지부장관은 위와 같이 개정된 요양급여규칙의 위임에 따라 사단법인 대한제약회사협회 등 의약관련단체의 의견을 받아 보건복지부 고시인 '약제급여목록 및 급여상한금액표'를 개정하여 2018. 9. 23. 고시하면서, 기존에 요양급여대상으로 등재되어 있던 제약회사 甲(이하 '甲'이라 함)의 A약품(1998. 2. 1. 등재)이 2016. 1. 1.부터 2017. 12. 31.까지의 2년간 보험급여 청구실적이 없는 약제에 해당한다는 이유로 위 고시 별지4 '약제급여목록 및 급여상한금액표 중 삭제품목'란(이하 '이 사건 고시'라 함)에 아래와 같이 A약품을 등재하였다. 요양급여대상에서 삭제되면 국민건강보험의 요양급여를 받을 수 없어 해당 약제를 구입할 경우 전액 자기부담으로 구입하여야 하고 해당 약제에 대해 요양급여를 청구하여도 요양급여청구가 거부되므로 해당 약제의 판매 저하가 우려된다.

보건복지부 고시 제2018-○○호(2018. 9. 23.) 약제급여목록 및 급여상한금액표

제1조 (목적) 이 표는 국민건강보험법 …… 및 국민건강보험요양급여의 기준에 관한 규칙 ……의 규정에 의하여 약제의 요양급여대상기준 및 상한금액을 정함을 목적으로 한다.

제2조 (약제급여목록 및 상한금액 등) 약제급여목록 및 상한금액은 [별표1]과 같다.

[별표1]

  별지4 삭제품목

  연번 17. 제조사 甲, 품목 A약품, 상한액 120원/1정

4. 甲은 "개정 전 요양급여규칙이 아니라 개정된 요양급여규칙에 따라 A약품을 요양급여대상에서 삭제한 것은 위법하다."라고 주장한다. 이러한 甲의 주장을 검토하시오. (30점) - 구 법령의 존속에 대한 신뢰보호

신규건조저장시설 사업자인정신청반려 사건

□ 대법원 2009. 12. 24. 선고 2009두7967 판결

[사실관계]

원고 甲(아산농산 영농조합법인)은 2008. 1. 7. 피고 乙(아산시장)에게 신규 건조저장시설(DSC ; Drying Storage Center, 이하 이 사건 건조저장시설이라 한다) 사업자 인정 신청을 하였다. 乙은 2008. 4. 21. 甲에 대하여, 농림사업실시규정(이하 '이 사건 훈령'이라 한다) 제4조에 의한 2008년도 농림사업시행지침서(이하 '이 사건 지침서'라 한다)가 정한 신규 DSC 사업자 인정기준에 적합하지 않다는 이유로 위 신청을 반려하였다(이하 '이 사건 처분'이라 한다).

이에 甲은 이 사건 지침서가 비록 지침의 형식으로 되어 있기는 하나 양곡관리법 제22조 제3항 및 양곡관리법 시행규칙의 위임에 따라 그 규정의 내용을 보충하면서 그와 결합하여 대외적인 구속력이 있는 법규명령으로서의 효력을 가진다고 보아야 하고, 행정의 자기구속의 법리에 의하더라도 이 사건 지침서에 법규성을 인정할 수 있으므로, 이 사건 지침서가 요구하고 있는 원료 벼 확보가능 논 면적 기준을 충족하고 있음에도 지침서에 규정되어 있지도 않은 개소 당 논 면적 확보기준을 들어 甲의 신청을 반려한 이 사건 처분은 위법하다고 주장하며 취소소송을 제기하였다.

[판결요지]

[1] 상급행정기관이 하급행정기관에 발하는 이른바 '행정규칙이나 내부지침'을 위반한 행정처분이 위법하게 되는 경우

상급행정기관이 하급행정기관에 대하여 업무처리지침이나 법령의 해석적용에 관한 기준을 정하여 발하는 이른바 '행정규칙이나 내부지침'은 일반적으로 행정조직 내부에서만 효력을 가질 뿐 대외적인 구속력을 갖는 것은 아니므로 행정처분이 그에 위반하였다고 하여 그러한 사정만으로 곧바로 위법하게 되는 것은 아니다. 다만, 재량권 행사의 준칙인 행정규칙이 그 정한 바에 따라 되풀이 시행되어 행정관행이 이루어지게 되면 평등의 원칙이나 신뢰보호의 원칙에 따라 행정기관은 그 상대방에 대한 관계에서 그 규칙에 따라야 할 자기구속을 받게 되므로, 이러한 경우에는 특별한 사정이 없는 한 그를 위반하는 처분은 평등의 원칙이나 신뢰보호의 원칙에 위배되어 재량권을 일탈·남용한 위법한 처분이 된다.

[2] 시장이 농림수산식품부에 의하여 공표된 '2008년도 농림사업시행지침서'에 명시되지 않은 '시·군별 건조저장시설 개소당 논 면적' 기준을 충족하지 못하였다는 이유로 신규 건조저장시설 사업자 인정신청을 반려한 사안에서, 그 처분이 행정의 자기구속의 원칙 및 행정규칙에 대한 신뢰보호의 원칙에 위배되거나 재량권을 일탈·남용한 위법이 없다고 한 사례.

시장이 농림수산식품부에 의하여 공표된 '2008년도 농림사업시행지침서'에 명시되지 않은 '시·군별 건조저장시설 개소당 논 면적' 기준을 충족하지 못하였다는 이유로 신규 건조저장시설 사업자 인정신청을 반려한 사안에서, 위 지침이 되풀이 시행되어 행정관행이 이루어졌다거나 그 공표만으로 신청인이 보호가치 있는 신뢰를 갖게 되었다고 볼 수 없고, 쌀 시장 개방화에 대비한 경쟁력 강화 등 우월한 공익상 요청에 따라 위 지침상의 요건 외에 '시·군별 건조저장시설 개소당 논 면적 1,000ha 이상' 요건을 추가할 만한 특별한 사정을 인정할 수 있어, 그 처분이 행정의 자기구속의 원칙 및 행정규칙에 관련된 신뢰보호의 원칙

에 위배되거나 재량권을 일탈·남용한 위법이 없다고 한 사례.

[관련판례]

□ 행정관행이 위법한 경우 행정의 자기구속의 원칙은 적용되지 않는다.

평등의 원칙은 본질적으로 같은 것을 자의적으로 다르게 취급함을 금지하는 것이고, 위법한 행정처분이 수차례에 걸쳐 반복적으로 행하여졌다 하더라도 그러한 처분이 위법한 것인 때에는 행정청에 대하여 자기구속력을 갖게 된다고 할 수 없다(대법원 2009. 6. 25. 선고 2008두13132 판결).

기출문제

변시14 甲은 2013. 3. 15. 전 영업주인 乙로부터 등록 대상 석유판매업인 주유소의 사업 일체를 양수받고 잔금지급액에 다소 이견이 있는 상태에서, 2013. 3. 28. 석유 및 석유대체연료 사업법 (이하 '법'이라 함) 제10조 제3항에 따라 관할 행정청인 A시장에게 성명, 주소 및 대표자 등의 변경등록을 한 후 2013. 4. 5.부터 '유정주유소'라는 상호로 석유판매업을 영위하고 있다.

그런데 A시장이 2013. 5. 7. 관할구역 내 주유소의 휘발유 시료를 채취하여 한국석유관리원에 위탁하여 검사한 결과 '유정주유소'와 인근 '상원주유소'에서 취급하는 휘발유에 경유가 1% 정도 혼합된 것으로 밝혀졌다.

(중략)

그런데 甲은 "유정주유소는 X정유사로부터 직접 석유제품을 공급받고, 공급받은 석유제품을 그대로 판매하였으며, 상원주유소도 자신과 마찬가지로 X정유사로부터 직접 석유제품을 구입하여 판매하였는데 그 규모와 판매량이 유사한데다가 甲과 동일하게 1회 위반임에도 상원주유소에 대하여는 사업정지 15일에 그치는 처분을 내렸다. 또한 2013. 5. 초순경에 주유소 지하에 있는 휘발유 저장탱크를 청소하면서 휘발유보다 값이 싼 경유를 사용하여 청소를 하였는데 그때 부주의하여 경유를 모두 제거하지 못하였고, 그러한 상태에서 휘발유를 공급받다 보니 휘발유에 경유가 조금 섞이게 된 것으로, 개업한 후 처음 겪는 일이고 위반의 정도가 경미하다."라고 주장하면서 행정소송을 제기하여 다투려고 한다. (후략)

4. 위 사안에서 밑줄 친 甲의 주장이 사실이라고 전제할 때, 甲이 본안에서 승소할 수 있는지 여부를 검토하시오. (다만, 위 산업통상자원부령 [별표 1] 행정처분의 기준의 법적 성질에 관하여는 대법원 판례의 입장을 따르되, 절차적 위법성 및 소송요건의 구비 여부의 검토는 생략한다.) **(30점)** - 행정의 자기구속의 원칙, 비례의 원칙

주택사업계획승인과 관련없는 토지기부채납 사건

□ 대법원 1997. 3. 11. 선고 96다49650 판결

[사실관계]

원고 甲이 주택사업계획승인신청을 하자 피고 인천시장은 주택사업계획승인을 하면서 그 주택사업과는 아무런 관련이 없는 토지를 기부채납하도록 하는 조건을 붙였다. 인천시장이 승인한 甲의 주택사업계획은 약 1,093억 원의 사업비를 들여 아파트 1,744세대를 건축하는 상당히 큰 규모의 사업임에 반해, 甲이 기부채납한 토지의 가액은 그 100분의 1 상당인 금 12억4천만 원 정도이었다.

甲은 위 조건에 대하여 아무런 이의를 제기하지 아니하다가 인천시장이 업무착오로 위 토지에 대하여 손실보상을 하겠다는 취지의 보상협조요청서를 보내자 그 때서야 위 조건의 무효를 주장하면서 막바로 인천광역시 계양구를 상대로 소유권이전등기말소청구를 제기하였다. 원심은 원고 甲의 청구를 기각했고, 이에 불복한 원고는 대법원에 상고하였다.

[판결요지]

[1] 수익적 행정행위에 부관으로서 적법하게 부담을 붙일 수 있는 한계

수익적 행정행위에 있어서는 법령에 특별한 근거규정이 없다고 하더라도 그 부관으로서 부담을 붙일 수 있으나, 그러한 부담은 비례의 원칙, 부당결부금지의 원칙에 위반되지 않아야만 적법하다.

[2] 부관이 부당결부금지의 원칙에 위반하여 위법하지만 그 하자가 중대하고 명백하여 당연무효라고 볼 수는 없다고 한 사례

지방자치단체장이 사업자에게 주택사업계획승인을 하면서 그 주택사업과는 아무런 관련이 없는 토지를 기부채납하도록 하는 부관을 주택사업계획승인에 붙인 경우, 그 부관은 부당결부금지의 원칙에 위반되어 위법하지만, 지방자치단체장이 승인한 사업자의 주택사업계획은 상당히 큰 규모의 사업임에 반하여, 사업자가 기부채납한 토지가액은 그 100분의 1 상당의 금액에 불과한데다가, 사업자가 그 동안 그 부관에 대하여 아무런 이의를 제기하지 아니하다가 지방자치단체장이 업무착오로 기부채납한 토지에 대하여 보상협조요청서를 보내자 그 때서야 비로소 부관의 하자를 들고 나온 사정에 비추어 볼 때, 부관의 하자가 중대하고 명백하여 당연무효라고는 볼 수 없다.

행정법의 법원(法源)

1. 헌법규정 : O

모든 국민은 인간다운 생활을 할 권리를 가지며 국가는 생활능력 없는 국민을 보호할 의무가 있다는 헌법의 규정은 입법부와 행정부에 대하여는 국민소득, 국가의 재정능력과 정책 등을 고려하여 가능한 범위 안에서 최대한으로 모든 국민이 물질적인 최저생활을 넘어서 인간의 존엄성에 맞는 건강하고 문화적인 생활을 누릴 수 있도록 하여야 한다는 행위의 지침 즉 행위규범으로서 작용하지만, 헌법재판에 있어서는 다른 국가기관 즉 입법부나 행정부가 국민으로 하여금 인간다운 생활을 영위하도록 하기 위하여 객관적으로 필요한 최소한의 조치를 취할 의무를 다하였는지의 여부를 기준으로 국가기관의 행위의 합헌성을 심사하여야 한다는 통제규범으로 작용하는 것이다(헌법재판소 1997. 5. 29. 선고 94헌마33 결정).

2. 법률규정 : O

민법 제155조는 "기간의 계산은 법령, 재판상의 처분 또는 법률행위에 다른 정한 바가 없으면 본장의 규정에 의한다"고 규정하고 있으므로, 기간의 계산에 있어서는 당해 법령 등에 특별한 정함이 없는 한 민법의 규정에 따라야 하고, 한편 광업법 제16조는 "제12조에 따른 광업권의 존속기간이 끝나서 광업권이 소멸하였거나 제35조에 따라 광업권이 취소된 구역의 경우 그 광업권이 소멸한 후 6개월 이내에는 소멸한 광구의 등록광물과 같은 광상에 묻혀 있는 다른 광물을 목적으로 하는 광업권설정의 출원을 할 수 없다"고 규정하고 있으나, 광업법에는 기간의 계산에 관하여 특별한 규정을 두고 있지 아니하므로, 광업법 제16조에 정한 출원제한기간을 계산할 때에도 기간계산에 관한 민법의 규정은 그대로 적용된다(대법원 2009. 11. 26. 선고 2009두12907 판결).

3. 행정관습법 : X

가산세는 본세와 함께 부과하면서 세액만 병기하고, 더구나 가산세의 종류가 여러 가지인 경우에도 그 합계액만 표시하는 것이 오랜 과세관행처럼 되어 있었다. 하지만 가산세라고 하여 적법절차 원칙의 법정신을 완화하여 적용할 합당한 근거는 어디에도 없다. 가산세 역시 본세와 마찬가지 수준으로 그 형식과 내용을 갖추어 세액의 산출근거 등을 밝혀서 고지하여야 하고, 납세고지서를 받는 납세의무자가 따로 법률 규정을 확인하거나 과세관청에 문의해 보지 않고도 무슨 가산세가 부과되었고 세액이 그렇게 된 산출근거가 무엇인지 알 수 있도록 해야 한다. 가산세는 통상 본세와 함께 부과되고 가산세의 과세표준은 본세의 세액이나 과세표준 등을 기초로 산출되는 경우가 많으므로, 가산세의 산출근거 등을 납세고지서에 밝혀 표시하도록 한다고 하여 과세관청의 부담이 감내할 수 없을 정도로 늘어나는 것도 아니다. 그러므로 가산세 부과처분이라고 하여 그 종류와 세액의 산출근거 등을 전혀 밝히지 않고 가산세의 합계액만을 기재한 경우에는 그 부과처분은 위법함을 면할 수 없다(대법원 2012. 10. 18. 선고 2010두12347 전원합의체판결).

4. 국가 사이의 협정 : X

[1] 이 사건 각 협정은 국가와 국가 사이의 권리·의무관계를 설정하는 국제협정으로서, 그 내용 및 성질에 비추어 이와 관련한 법적 분쟁은 협정에서 정한 바에 따라 국가 간 분쟁해결기구에서 해결하는 것이 원칙이고, 특별한 사정이 없는 한 사인에 대하여는 협정의 직접 효력이 미치지 아니한다. 따라서 이 사건 각 협정의 개별 조항 위반을 주장하여 사인이 직접 국내 법원에 해당 국가의 정부를 상대로 그 처분의 취소를 구하는 소를 제기하거나 협정 위반을 처분의 독립된 취소사유로 주장하는 것은 허용되지 아니한다.

[2] 원고들의 상고이유 중에는, 우리나라가 1994. 12. 16. 국회의 비준동의를 얻어 1995. 1. 1. 발효된 '1994년 국제무역기구 설립을 위한 마라케쉬협정'(Marrakesh Agreement Establishing the World Trade Organization, WTO 협정)의 일부인 '1994년 관세 및 무역에 관한 일반협정(General Agreement on Tariffs and Trade, GATT 1994) 제6조의 이행에 관한 협정' 중 그 판시 덤핑규제 관련 규정을 근거로 이 사건 규칙의 적법 여부를 다투는 주장도 포함되어 있으나, 위 협정은 국가와 국가 사이의 권리·의무관계를 설정하는 국제협정으로, 그 내용 및 성질에 비추어 이와 관련한 법적 분쟁은 위 WTO 분쟁해결기구에서 해결하는 것이 원칙이고, 사인에 대하여는 위 협정의 직접 효력이 미치지 아니한다고 보아야 할 것이므로, 위 협정에 따른 회원국 정부의 반덤핑부과처분이 WTO 협정위반이라는 이유만으로 사인이 직접 국내 법원에 회원국 정부를 상대로 그 처분의 취소를 구하는 소를 제기하거나 위 협정위반을 처분의 독립된 취소사유로 주장할 수는 없다(대법원 2009. 1. 30. 선고 2008두17936 판결).

상속과 공의무의 승계

1. 원상복구의무는 일신전속적인 의무가 아니므로 공의무의 승계가 인정된다.

[1] 구 산림법 제90조의2 제1항, 구 산림법 시행규칙 제95조의2는 채석허가를 받은 자(이하 '수허가자'라 한다)의 지위를 승계한 자는 단독으로 관할 행정청에의 명의변경신고를 통하여 수허가자의 명의를 변경할 수 있는 것으로 규정하고, 같은 법 제4조는 법에 의하여 행한 처분 등은 토지소유자 및 점유자의 승계인에 대하여도 그 효력을 미치도록 규정하고 있는 점, 채석허가는 수허가자에 대하여 일반적·상대적 금지를 해제하여 줌으로써 채석행위를 자유롭게 할 수 있는 자유를 회복시켜 주는 것일 뿐 권리를 설정하는 것이 아니라 하더라도, 대물적 허가의 성질을 아울러 가지고 있는 점 등을 감안하여 보면, 수허가자가 사망한 경우 특별한 사정이 없는 한 수허가자의 상속인이 수허가자로서의 지위를 승계한다고 봄이 상당하다.

[2] 구 산림법 제90조 제11항, 제12항이 산림의 형질변경허가를 받지 아니하거나 신고를 하지 아니하고 산림을 형질변경한 자에 대하여 원상회복에 필요한 조치를 명할 수 있고, 원상회복명령을 받은 자가 이를 이행하지 아니한 때에는 행정대집행법을 준용하여 원상회복을 할 수 있도록 규정하고 있는 점에 비추어, 원상회복명령에 따른 복구의무는 타인이 대신하여 행할 수 있는 의무로서 일신전속적인 성질을 가진 것으로 보기 어려운 점, 같은 법 제4조가 법에 의하여 행한 처분·신청·신고 기타의 행위는 토지소유자 및 점유자의 승계인 등에 대하여도 그 효력이 있다고 규정하고 있는 것은 산림의 보호·육성을 통하여 국토의 보전 등을 도모하려는 법의 목적을 감안하여 법에 의한 처분 등으로 인한 권리와 아울러 그 의무까지 승계시키려는 취지인 점 등에 비추어 보면, 산림을 무단형질변경한 자가 사망한 경우 당해 토지의 소유권 또는 점유권을 승계한 상속인은 그 복구의무를 부담한다고 봄이 상당하고, 따라서 관할 행정청은 그 상속인에 대하여 복구명령을 할 수 있다고 보아야 한다(대법원 2005. 8. 19. 선고 2003두9817, 9824 판결).

2. 이행강제금을 납부의무는 일신전속적 의무이므로 공의무의 승계가 부정된다.

구 건축법상의 이행강제금은 구 건축법의 위반행위에 대하여 시정명령을 받은 후 시정기간 내에 당해 시정명령을 이행하지 아니한 건축주 등에 대하여 부과되는 간접강제의 일종으로서 그 이행강제금 납부의무는 상속인 기타의 사람에게 승계될 수 없는 일신전속적인 성질의 것이므로 이미 사망한 사람에게 이행강제금을 부과하는 내용의 처분이나 결정은 당연무효이고, 이행강제금을 부과받은 사람의 이의에 의하여 비송사건절차법에 의한 재판절차가 개시된 후에 그 이의한 사람이 사망한 때에는 사건 자체가 목적을 잃고 절차가 종료한다(대법원 2006. 12. 8. 자 2006마470 결정).

사인의 공법행위

1. 민법 제107조 제1항 단서는 사인의 공법행위에 적용되지 않는다.

이른바 1980년의 공직자숙정계획의 입안과 실행이 전두환 등이 한 내란행위를 구성하는 폭동의 일환에 해당한다는 점만으로 원고의 사직원 제출행위가 강압에 의하여 의사결정의 자유를 박탈당한 상태에서 이루어진 것이라고 할 수는 없고, … 일괄 사직원을 제출하였다가 선별수리하는 형식으로 의원면직되었다고 하더라도 공무원들이 임용권자 앞으로 일괄 사직원을 제출한 경우 그 사직원의 제출은 제출 당시 임용권자에 의하여 수리 또는 반려 중 어느 하나의 방법으로 처리되리라는 예측이 가능한 상태에서 이루어진 것으로서 그 사직원에 따른 의원면직은 그 의사에 반하지 아니하고, 비록 사직원 제출자의 내심의 의사가 사직할 뜻이 아니었다 하더라도 그 의사가 외부에 객관적으로 표시된 이상 그 의사는 표시된 대로 효력을 발하는 것이며, 민법 제107조 제1항 단서의 비진의 의사표시의 무효에 관한 규정은 그 성질상 사인의 공법행위에 적용되지 아니하므로 원고의 사직원을 받아들여 의원면직처분한 것을 당연무효라고 할 수 없다(대법원 2001. 8. 24. 선고 99두9971 판결).

2. 강박의 정도에 따른 사직의 의사표시의 효력

사직서의 제출이 감사기관이나 상급관청 등의 강박에 의한 경우에는 그 정도가 의사결정의 자유를 박탈할 정도에 이른 것이라면 그 의사표시가 무효로 될 것이고 그렇지 않고 의사결정의 자유를 제한하는 정도에 그친 경우라면 그 성질에 반하지 아니하는 한 의사표시에 관한 민법 제110조의 규정을 준용하여 그 효력을 따져보아야 할 것이나, 감사담당 직원이 당해 공무원에 대한 비리를 조사하는 과정에서 사직하지 아니하면 징계파면이 될 것이고 또한 그렇게 되면 퇴직금 지급상의 불이익을 당하게 될 것이라는 등의 강경한 태도를 취하였다고 할지라도 그 취지가 단지 비리에 따른 객관적 상황을 고지하면서 사직을 권고·종용한 것에 지나지 않고 위 공무원이 그 비리로 인하여 징계파면이 될 경우 퇴직금 지급상의 불이익을 당하게 될 것 등 여러 사정을 고려하여 사직서를 제출한 경우라면 그 의사결정이 의원면직처분의 효력에 영향을 미칠 하자가 있었다고는 볼 수 없다(대법원 1997. 12. 12. 선고 97누13962 판결).

3. 무효인 사직원 제출에 기한 면직처분은 위법하다.

중앙정보부가 공무원의 면직 등에 관여할 수 없다 하더라도 그 부원이 사실상 당해 공무원을 구타 위협하는 등으로 관여하여 이로 말미암아 본의 아닌 사직원을 제출케 한 이상 위와 같은 사직원에 의한 공무원의 면직처분은 위법이다(대법원 1968. 4. 30. 선고 68누8 판결).

4. 사직의 의사표시의 철회나 취소는 의원면직처분이 있을 때까지 할 수 있다.

공무원이 한 사직 의사표시의 철회나 취소는 그에 터잡은 의원면직처분이 있을 때까지 할 수 있는 것이고, 일단 면직처분이 있고 난 이후에는 철회나 취소할 여지가 없다(대법원 2001. 8. 24. 선고 99두9971 판결).

 기출문제

5급22 A 도(道) B 시(市) 인사과장 乙은 신임 시장의 취임 직후 B시에 소속된 모든 4급 이상 공무원에게 사직서 제출을 요청하였다. 다음 물음에 답하시오.

1) B시 4급 공무원 甲은 사직서를 제출하면서 자신은 사직 의사가 전혀 없다는 점을 乙에게 분명히 전달하였으나 사직서가 수리되어 의원면직(依願免職)되었다. 甲에 대한 의원면직처분이 적법한지 검토하시오.
  (10점) -사직할 의사가 없는 사직서 제출행위와 의원면직처분의 관계

주민등록전입신고 수리거부처분 사건

□ 대법원 2009. 6. 18. 선고 2008두10997 전원합의체 판결

[사실관계]

원고 甲은 1994. 9.경 서울 서초구 양재2동으로 이사하여 그 무렵부터 현재까지 가족과 함께 위 거주지에서 거주하고 있고, 2007. 4. 22. 피고 乙(서울특별시 서초구 양재 제2동장)에게 세대주로서 본인 및 가족들의 주민등록 전입신고를 하였다. 乙은 2007. 4. 23. 이 사건 거주지 지상 건축물은 무허가 불법 가설물로 즉시 철거대상일 뿐 아니라 이 사건 거주지 일대는 장기전세임대주택 예정지로 甲의 전입신고를 수리할 경우 임대주택 건설을 위한 지장물 보상이나 투기 조장 등의 문제에 영향을 끼칠 우려가 있다는 이유로 甲의 주민등록 전입신고 수리를 거부하였다. 이에 甲은 乙이 甲에 대하여 한 주민등록전입신고수리 거부처분에 대해 취소소송을 제기하였다.

[판결요지]

[1] 시장·군수 또는 구청장의 주민등록전입신고 수리 여부에 관한 심사의 범위와 대상

가. 구 주민등록법에 의하면, 주민등록지는 각종의 공법관계에서 주소로 되고(제17조의7 제1항), 주민등록전입신고를 한 때에는 병역법, 민방위기본법, 인감증명법, 국민기초생활 보장법, 국민건강보험법 및 장애인복지법에 의한 거주지 이동의 전출신고와 전입신고를 한 것으로 간주되어(제14조의2) 주민등록지는 공법관계뿐만 아니라 주민의 일상생활에도 중요한 영향을 미치므로, 이는 전입신고자의 실제 거주지와 일치되어야 할 필요성이 있다. 뿐만 아니라, 주민등록은 이중등록이 금지되는 점(제10조 제2항)과 아울러 시장·군수 또는 구청장(이하 '시장 등'이라 한다)은 전입신고 후라도 허위 신고 여부를 조사하여 사실과 다른 것을 확인한 때에는 일정한 절차를 거쳐 주민등록을 정정 또는 말소하는 권한을 가지고 있는 점(제17조의2) 등을 종합하여 보면, 시장 등은 주민등록전입신고의 수리 여부를 심사할 수 있는 권한이 있다고 봄이 상당하다.

그런데 헌법 제14조, 제37조 제2항의 취지에 비추어 보면, 비록 주민들의 거주지 이동에 따른 주민등록전입신고에 대하여 행정청이 이를 심사하여 그 수리를 거부할 수는 있다고 하더라도, 그러한 행위는 자칫 헌법상 보장된 국민의 거주·이전의 자유를 침해하는 결과를 초래할 수도 있으므로, 시장 등의 주민등록전입신고 수리 여부에 대한 심사는 주민등록법의 입법 목적의 범위 내에서 제한적으로 이루어져야 할 것이다. 이러한 점들을 고려해 보면, 전입신고를 받은 시장 등의 심사 대상은 전입신고자가 30일 이상 생활의 근거로서 거주할 목적으로 거주지를 옮기는지 여부만으로 제한된다고 보아야 할 것이다.

따라서 전입신고자가 거주의 목적 이외에 다른 이해관계에 관한 의도를 가지고 있는지 여부, 무허가건축물의 관리, 전입신고를 수리함으로써 당해 지방자치단체에 미치는 영향 등과 같은 사유는 주민등록법이 아닌 다른 법률에 의하여 규율되어야 할 것이고, 주민등록전입신고의 수리 여부를 심사하는 단계에서는 고려 대상이 될 수 없다.

[2] 무허가 건축물을 실제 생활의 근거지로 삼아 10년 이상 거주해 온 사람의 주민등록전입신고를 거부한 사안에서, 투기나 이주대책 요구 등을 방지할 목적으로 주민등록전입신고를 거부하는 것은 주민등록법의 입법 목적과 취지 등에 비추어 허용될 수 없다고 한 사례.

[관련판례]

주민등록은 단순히 주민의 거주관계를 파악하고 인구의 동태를 명확히 하는 것 외에도 주민등록에 따라 공법관계상의 여러 가지 법률상 효과가 나타나게 되는 것으로서, 주민등록의 신고는 행정청에 도달하기만 하면 신고로서의 효력이 발생하는 것이 아니라 행정청이 수리한 경우에 비로소 신고의 효력이 발생한다. 따라서 주민등록 신고서를 행정청에 제출하였다가 행정청이 이를 수리하기 전에 신고서의 내용을 수정하여 위와 같이 수정된 전입신고서가 수리되었다면 수정된 사항에 따라서 주민등록 신고가 이루어진 것으로 보는 것이 타당하다(대법원 2009. 1. 30. 선고 2006다1785 판결).

[참고판례]

❶ 수리를 요하지 않는 신고로 본 사례

1) 원격평생교육업 신고

구 평생교육법 제22조 제1항, 제2항, 제3항, 구 평생교육법 시행령 제27조 제1항, 제2항, 제3항에 의하면, 정보통신매체를 이용하여 학습비를 받지 아니하고 원격평생교육을 실시하고자 하는 경우에는 누구든지 아무런 신고 없이 자유롭게 이를 할 수 있고, 다만 위와 같은 교육을 불특정 다수인에게 학습비를 받고 실시하는 경우에는 이를 신고하여야 하나, 법 제22조가 신고를 요하는 제2항과 신고를 요하지 않는 제1항에서 '학습비' 수수 외에 교육 대상이나 방법 등 다른 요건을 달리 규정하고 있지 않을 뿐 아니라 제2항에서도 학습비 금액이나 수령 등에 관하여 아무런 제한을 하고 있지 않은 점에 비추어 볼 때, 행정청으로서는 신고서 기재사항에 흠결이 없고 정해진 서류가 구비된 때에는 이를 수리하여야 하고, 이러한 형식적 요건을 모두 갖추었음에도 신고대상이 된 교육이나 학습이 공익적 기준에 적합하지 않는다는 등 실체적 사유를 들어 신고 수리를 거부할 수는 없다(대법원 2011. 7. 28. 선고 2005두11784 판결).

2) 당구장업 신고

체육시설의설치·이용에관한법률 제10조, 제11조, 제22조, 같은법시행규칙 제8조 및 제25조의 각 규정에 의하면, 체육시설업은 등록체육시설업과 신고체육시설업으로 나누어지고, 당구장업과 같은 신고체육시설업을 하고자 하는 자는 체육시설업의 종류별로 같은법시행규칙이 정하는 해당 시설을 갖추어 소정의 양식에 따라 신고서를 제출하는 방식으로 시·도지사에 신고하도록 규정하고 있으므로, 소정의 시설을 갖추지 못한 체육시설업의 신고는 부적법한 것으로 그 수리가 거부될 수밖에 없고 그러한 상태에서 신고체육시설업의 영업행위를 계속하는 것은 무신고 영업행위에 해당할 것이지만, 이에 반하여 적법한 요건을 갖춘 신고의 경우에는 행정청의 수리처분 등 별단의 조처를 기다릴 필요 없이 그 접수시에 신고로서의 효력이 발생하는 것이므로 그 수리가 거부되었다고 하여 무신고 영업이 되는 것은 아니다(대법원 1998. 4. 24. 선고 97도3121 판결).

3) (보통의) 건축신고

구 건축법 제9조 제1항에 의하여 신고를 함으로써 건축허가를 받은 것으로 간주되는 경우에는 건축을 하고자 하는 자가 적법한 요건을 갖춘 신고만 하면 행정청의 수리행위 등 별다른 조치를 기다릴 필요 없이 건축을 할 수 있는 것이므로, 행정청이 위 신고를 수리한 행위가 건축주는 물론이고 제3자인 인근 토지 소유자나 주민들의 구체적인 권리 의무에 직접 변동을 초래하는 행정처분이라 할 수 없다(대법원 1999. 10. 22. 선고 98두18435 판결).

4) 건축주 명의변경 신고

구 건축법 제16조 제1항 본문과 구 건축법 시행령 제12조 제1항 제3호, 제4항 및 구 건축법 시행규칙 제11조 제1항, 제3항의 내용에 비추어 보면, 구 건축법 시행규칙 제11조의 규정은 단순히 행정관청의 사무집행의 편의를 위한 것이 아니라, 허가대상 건축물의 양수인에게 건축주의 명의변경을 신고할 수 있는 공법상의 권리를 인정함과 아울러 행정관청에게는 그 신고를 수리할 의무를 지게 한 것으로 봄이 타당하므로, 허가대상 건축물의 양수인이 구 건축법 시행규칙에 규정되어 있는 형식적 요건을 갖추어 시장·군수 등 행정관청에 적법하게 건축주의 명의변경을 신고한 때에는 행정관청은 그 신고를 수리하여야지 실체적인 이유를 내세워 신고의 수리를 거부할 수는 없다(대법원 2014. 10. 15. 선고 2014두37658 판결).

5) 구 의료법상의 의원개설신고

의료법 제30조 제3항에 의하면 의원, 치과의원, 한의원 또는 조산소의 개설은 단순한 신고사항으로만 규정하고 있고 또 그 신고의 수리여부를 심사, 결정할 수 있게 하는 별다른 규정도 두고 있지 아니하므로 의원의 개설신고를 받은 행정관청으로서는 별다른 심사, 결정없이 그 신고를 당연히 수리하여야 한다.

의료법시행규칙 제22조 제3항에 의하면 의원개설 신고서를 수리한 행정관청이 소정의 신고필증을 교부하도록 되어있다 하여도 이는 신고사실의 확인행위로서 신고필증을 교부하도록 규정한 것에 불과하고 그와 같은 신고필증의 교부가 없다 하여 개설신고의 효력을 부정할 수 없다 할 것이다(대법원 1985. 4. 23. 선고 84도2953 판결).

6) 가설건축물 축조신고

건축법은 가설건축물이 축조되는 지역과 용도에 따라 허가제와 신고제를 구분하면서, 가설건축물 신고와 관련하여서는 국토의 계획 및 이용에 관한 법률에 따른 개발행위허가 등 인·허가 의제 내지 협의에 관한 규정을 전혀 두고 있지 아니하다. 이러한 신고대상 가설건축물 규제 완화의 취지를 고려하면, 행정청은 특별한 사정이 없는 한 개발행위허가 기준에 부합하지 않는다는 점을 이유로 가설건축물 축조신고의 수리를 거부할 수는 없다(대법원 2019. 1. 10. 선고 2017두75606 판결).

❷ 수리를 요하는 신고로 본 사례

1) 체육시설(골프장)의 회원모집계획서 제출

구 체육시설의 설치·이용에 관한 법률 제19조 제1항, 구 체육시설의 설치·이용에 관한 법률 시행령 제18조 제2항 제1호 (가)목, 제18조의2 제1항 등의 규정에 의하면, 위 법 제19조의 규정에 의하여 체육시설의 회원을 모집하고자 하는 자는 시·도지사 등으로부터 회원모집계획서에 대한 검토결과 통보를 받은 후에 회원을 모집할 수 있다고 보아야 하고, 따라서 체육시설의 회원을 모집하고자 하는 자의 시·도지사 등에 대한 회원모집계획서 제출은 수리를 요하는 신고에서의 신고에 해당하며, 시·도지사 등의 검토결과 통보는 수리행위로서 행정처분에 해당한다. 또한 행정처분으로서의 통보에 대하여는 그 직접 상대방이 아닌 제3자라도 그 취소를 구할 법률상의 이익이 있는 경우에는 원고적격이 인정되는바, 회사가 정하는 자격기준에 준하는 자로서 입회승인을 받은 회원은 일정한 입회금을 납부하고 회사가 지정한 시설을 이용할 때에는 회사가 정한 요금을 지불하여야 하며 회사는 회원의 입회금을 상환하도록 정해져 있는 이른바 예탁금회원제 골프장에 있어서, 체육시설업자 또는 그 사업계획의 승인을 얻은 자가 회원모집계획서를 제출하면서 허위의 사업시설 설치공정확인서를 첨부하거나 사업계획의 승인을 받을 때 정한 예정인원을 초과하여 회원을 모집하는 내용의 회원모집계획서를 제출하여 그에 대한 시·도지사 등의 검토결과 통보를 받는다면 이는 기존회원의 골프장에 대한 법률상의 지위에 영향을 미치게 되므로, 이러한 경우 기존회원은 위와 같은 회원모집계획서에 대한 시·도지사의 검토결과 통보의 취소를 구할 법률상의 이익이 있다고 보아야 한다(대법원 2009. 2. 26. 선고 2006두16243 판결).

2) 학교환경 위생정화구역 내에서의 당구장업 신고

학교보건법과 체육시설의 설치이용에 관한 법률은 그 입법목적, 규정사항, 적용범위 등을 서로 달리 하고 있어서 당구장의 설치에 관하여 체육시설의 설치·이용에 관한 법률이 학교보건법에 우선하여 배타적으로 적용되는 관계에 있다고는 해석되지 아니하므로 체육시설의 설치이용에 관한 법률에 따른 당구장업의 신고요건을 갖춘 자라 할지라도 학교보건법 제5조 소정의 학교환경 위생정화구역 내에서는 같은 법 제6조에 의한 별도 요건을 충족하지 아니하는 한 적법한 신고를 할 수 없다고 보아야 한다(대법원 1991. 7. 12. 선고 90누8350 판결).

3) 납골당설치신고

납골당설치신고는 이른바 '수리를 요하는 신고'라 할 것이므로, 납골당설치신고가 구 장사법 관련 규정의 모든 요건에 맞는 신고라 하더라도 신고인은 곧바로 납골당을 설치할 수는 없고, 이에 대한 행정청의 수리처분이 있어야만 신고한 대로 납골당을 설치할 수 있다(대법원 2011. 9. 8. 선고 2009두6766 판결).

4) 노동조합설립신고

노동조합 및 노동관계조정법(이하 '노동조합법'이라 한다)이 행정관청으로 하여금 설립신고를 한 단체에 대하여 같은 법 제2조 제4호 각 목에 해당하는지를 심사하도록 한 취지가 노동조합으로서의 실질적 요건을 갖추지 못한 노동조합의 난립을 방지함으로써 근로자의 자주적이고 민주적인 단결권 행사를 보장하려는 데 있는 점을 고려하면, 행정관청은 해당 단체가 노동조합법 제2조 제4호 각 목에 해당하는지 여부를 실질적으로 심사할 수 있다.

다만 행정관청에 광범위한 심사권한을 인정할 경우 행정관청의 심사가 자의적으로 이루어져 신고제가 사실상 허가제로 변질될 우려가 있는 점, 노동조합법은 설립신고 당시 제출하여야 할 서류로 설립신고서와 규약만을 정하고 있고(제10조 제1항), 행정관청으로 하여금 보완사유나 반려사유가 있는 경우를 제외하고는 설립신고서를 접수받은 때로부터 3일 이내에 신고증을 교부하도록 정한 점(제12조 제1항) 등을 고려하면, 행정관청은 일단 제출된 설립신고서와 규약의 내용을 기준으로 노동조합법 제2조 제4호 각 목의 해당 여부를 심사하되, 설립신고서를 접수할 당시 그 해당 여부가 문제된다고 볼 만한 객관적인 사정이 있는 경우에 한하여 설립신고서와 규약 내용 외의 사항에 대하여 실질적인 심사를 거쳐 반려 여부를 결정할 수 있다(대법원 2014. 4. 10. 선고 2011두6998 판결).

5) 숙박업영업신고

숙박업을 하고자 하는 자가 법령이 정하는 시설과 설비를 갖추고 행정청에 신고를 하면, 행정청은 공중위생관리법령의 위 규정에 따라 원칙적으로 이를 수리하여야 한다. 행정청이 법령이 정한 요건 이외의 사유를 들어 수리를 거부하는 것은 위 법령의 목적에 비추어 이를 거부해야 할 중대한 공익상의 필요가 있다는 등 특별한 사정이 있는 경우에 한한다. 이러한 법리는 이미 다른 사람 명의로 숙박업 신고가 되어 있는 시설 등의 전부 또는 일부에서 새로 숙박업을 하고자 하는 자가 신고를 한 경우에도 마찬가지이다. 기존에 다른 사람이 숙박업 신고를 한 적이 있더라도 새로 숙박업을 하려는 자가 그 시설 등의 소유권 등 정당한 사용권한을 취득하여 법령에서 정한 요건을 갖추어 신고하였다면, 행정청으로서는 특별한 사정이 없는 한 이를 수리하여야 하고, 단지 해당 시설 등에 관한 기존의 숙박업 신고가 외관상 남아있다는 이유만으로 이를 거부할 수 없다(대법원 2017. 5. 30. 선고 2017두34087 판결).

건축신고반려처분 사건

□ 대법원 2010. 11. 18. 선고 2008두167 전원합의체 판결

[사실관계]

원고 甲은 2006. 5. 19.경 청주시 상당구청장(乙)에게 임야인 이 사건 토지를 대지로 형질변경하여 그 지상에 건축면적과 연면적을 각 95.13㎡로 하는 1층 단독주택을 신축하겠다는 내용의 건축신고를 하였다. 이에 乙은 2006. 6. 23. '이 사건 토지에 접하는 진입도로가 완충녹지를 가로지르는데, 관계 법령에 의하면 건축법상 진입로로 사용하기 위하여 완충녹지 점용을 허가할 수 없으므로, 진입로가 확보되지 아니하여 건축신고 등이 불가하다'는 이유로 위 건축신고 등을 반려하였다.
이에 甲은 개발행위불허가 및 건축신고반려처분을 취소하는 소송을 제기하였다.

[판결요지]

[1] 행정청의 행위가 항고소송의 대상이 되는지 여부의 판단 기준

행정청의 어떤 행위가 항고소송의 대상이 될 수 있는지의 문제는 추상적·일반적으로 결정할 수 없고, 구체적인 경우 행정처분은 행정청이 공권력의 주체로서 행하는 구체적 사실에 관한 법집행으로서 국민의 권리의무에 직접적으로 영향을 미치는 행위라는 점을 염두에 두고, 관련 법령의 내용과 취지, 그 행위의 주체·내용·형식·절차, 그 행위와 상대방 등 이해관계인이 입는 불이익과의 실질적 견련성, 그리고 법치행정의 원리와 당해 행위에 관련한 행정청 및 이해관계인의 태도 등을 참작하여 개별적으로 결정하여야 한다.

[2] 행정청의 건축신고 반려행위 또는 수리거부행위가 항고소송의 대상이 되는지 여부(적극)

건축주 등으로서는 신고제하에서도 건축신고가 반려될 경우 당해 건축물의 건축을 개시하면 시정명령, 이행강제금, 벌금의 대상이 되거나 당해 건축물을 사용하여 행할 행위의 허가가 거부될 우려가 있어 불안정한 지위에 놓이게 된다. 따라서 건축신고 반려행위가 이루어진 단계에서 당사자로 하여금 반려행위의 적법성을 다투어 그 법적 불안을 해소한 다음 건축행위에 나아가도록 함으로써 장차 있을지도 모르는 위험에서 미리 벗어날 수 있도록 길을 열어 주고, 위법한 건축물의 양산과 그 철거를 둘러싼 분쟁을 조기에 근본적으로 해결할 수 있게 하는 것이 법치행정의 원리에 부합한다. 그러므로 이 사건 건축신고 반려행위는 항고소송의 대상이 된다고 보는 것이 옳다.

[3] 판례 변경

건축신고의 반려행위 또는 수리거부행위가 항고소송의 대상이 아니어서 그 취소를 구하는 소는 부적법하다는 취지로 판시한 대법원 1967. 9. 19. 선고 67누71 판결, 대법원 1995. 3. 14. 선고 94누9962 판결, 대법원 1997. 4. 25. 선고 97누3187 판결, 대법원 1998. 9. 22. 선고 98두10189 판결, 대법원 1999. 10. 22. 선고 98두18435 판결, 대법원 2000. 9. 5. 선고 99두8800 판결 등을 비롯한 같은 취지의 판결들은 이 판결의 견해와 저촉되는 범위에서 이를 모두 변경하기로 한다.

[참고판례]

□ 착공신고반려의 처분성

구 건축법의 관련 규정에 따르면, 행정청은 착공신고의 경우에도 신고 없이 착공이 개시될 경우 건축주 등에 대하여 공사중지·철거·사용금지 등의 시정명령을 할 수 있고(제69조 제1항), 시정명령을 받고 이행하지 아니한 건축물에 대하여는 당해 건축물을 사용하여 행할 다른 법령에 의한 영업 기타 행위의 허가를 하지 않도록 요청할 수 있으며(제69조 제2항), 요청을 받은 자는 특별한 이유가 없는 한 이에 응하여야 하고(제69조 제3항), 나아가 행정청은 시정명령의 이행을 하지 아니한 건축주 등에 대하여는 이행강제금을 부과할 수 있으며(제69조의2 제1항 제1호), 또한 착공신고를 하지 아니한 자는 200만 원 이하의 벌금에 처해질 수 있다(제80조 제1호, 제9조). 이와 같이 건축주 등으로서는 착공신고가 반려될 경우, 당해 건축물의 착공을 개시하면 시정명령, 이행강제금, 벌금의 대상이 되거나 당해 건축물을 사용하여 행할 행위의 허가가 거부될 우려가 있어 불안정한 지위에 놓이게 된다. 따라서 착공신고 반려행위가 이루어진 단계에서 당사자로 하여금 반려행위의 적법성을 다투어 법적 불안을 해소한 다음 건축행위에 나아가도록 함으로써 장차 있을지도 모르는 위험에서 미리 벗어날 수 있도록 길을 열어 주고, 위법한 건축물의 양산과 철거를 둘러싼 분쟁을 조기에 근본적으로 해결할 수 있게 하는 것이 법치행정의 원리에 부합한다. 그러므로 행정청의 착공신고 반려행위는 항고소송의 대상이 된다고 보는 것이 옳다(대법원 2011. 6. 10. 선고 2010두7321 판결).

건축수리 불가통보 사건

□ 대법원 2011. 1. 20. 선고 2010두14954 전원합의체 판결

[사실관계]

원고 甲은 2009. 3. 3. 피고 乙(용인시 기흥구청장)에게 이 사건 토지 위에 연면적 합계 29.15㎡인 건물 2동을 건축한다는 내용의 건축신고를 하였으나, 乙은 2009. 3. 6. "이 사건 토지는 1991. 7. 24.부터 현재까지 현황도로로 사용하고 있는 토지이며, 타 부지로 진입이 불가한 상태로서 건축법 제2조 제1항 제12호 규정에 의한 현황도로로 인정된 부지에 건축물이 건축될 경우 기존 건축물로의 진출입이 차단되므로 건축신고 불가함"이라는 이유로 위 건축신고 수리가 불가하다고 통보하였다(이하 '이 사건 처분'이라고 한다).

이에 甲은 신축하고자 하는 건축물은 '연면적의 합계가 100㎡ 이하의 건축물'로서 건축법상 건축허가를 받을 필요 없이 단순한 건축신고의 대상에 불과한바, 乙은 건축신고가 있는 경우에는 그 실체적인 요건을 심사함이 없이 이를 당연히 수리하여야 함에도 이 사건 토지가 인근 주민의 통행로로 사용되는 사실상의 도로라는 이유로 건축신고의 수리가 불가하다는 이 사건 처분을 한 것은 위법하다고 주장하며 건축수리 불가통보 처분의 취소를 구하는 소를 제기하였다.

[참조조문]

(구) 건축법

제11조 (건축허가) ⑤ 제1항에 따른 건축허가를 받으면 다음 각 호의 허가 등을 받거나 신고를 한 것으로 보며, 공장건축물의 경우에는 「산업집적활성화 및 공장설립에 관한 법률」 제13조의2와 제14조에 따라 관련 법률의 인·허가등이나 허가등을 받은 것으로 본다.
  3. 「국토의 계획 및 이용에 관한 법률」 제56조에 따른 개발행위허가

제14조 (건축신고) ① 제11조에 해당하는 허가 대상 건축물이라 하더라도 다음 각 호의 어느 하나에 해당하는 경우에는 미리 특별자치도지사 또는 시장·군수·구청장에게 국토해양부령으로 정하는 바에 따라 신고를 하면 건축허가를 받은 것으로 본다.
  1. 바닥면적의 합계가 85제곱미터 이내의 증축·개축 또는 재축
  2. 「국토의 계획 및 이용에 관한 법률」에 따른 관리지역, 농림지역 또는 자연환경보전지역에서 연면적이 200제곱미터 미만이고 3층 미만인 건축물의 건축. 다만, 제2종 지구단위계획구역에서의 건축은 제외한다.
  3. 연면적이 200제곱미터 미만이고 3층 미만인 건축물의 대수선
  4. 주요구조부의 해체가 없는 등 대통령령으로 정하는 대수선
② 제1항에 따른 건축신고에 관하여는 제11조제5항을 준용한다.

[판결요지]

[1] 건축법 제14조 제2항에 의한 인·허가의제 효과를 수반하는 건축신고가, 행정청이 그 실체적 요건에 관한 심사를 한 후 수리하여야 하는 이른바 '수리를 요하는 신고'인지 여부(적극)

  [다수의견] 건축법에서 인·허가의제 제도를 둔 취지는, 인·허가의제사항과 관련하여 건축허가 또는 건

축신고의 관할 행정청으로 그 창구를 단일화하고 절차를 간소화하며 비용과 시간을 절감함으로써 국민의 권익을 보호하려는 것이지, 인·허가의제사항 관련 법률에 따른 각각의 인·허가 요건에 관한 일체의 심사를 배제하려는 것으로 보기는 어렵다. 왜냐하면, 건축법과 인·허가의제사항 관련 법률은 각기 고유한 목적이 있고, 건축신고와 인·허가의제사항도 각각 별개의 제도적 취지가 있으며 그 요건 또한 달리하기 때문이다. 나아가 인·허가의제사항 관련 법률에 규정된 요건 중 상당수는 공익에 관한 것으로서 행정청의 전문적이고 종합적인 심사가 요구되는데, 만약 건축신고만으로 인·허가의제사항에 관한 일체의 요건 심사가 배제된다고 한다면, 중대한 공익상의 침해나 이해관계인의 피해를 야기하고 관련 법률에서 인·허가 제도를 통하여 사인의 행위를 사전에 감독하고자 하는 규율체계 전반을 무너뜨릴 우려가 있다. 또한 무엇보다도 건축신고를 하려는 자는 인·허가의제사항 관련 법령에서 제출하도록 의무화하고 있는 신청서와 구비서류를 제출하여야 하는데, 이는 건축신고를 수리하는 행정청으로 하여금 인·허가의제사항 관련 법률에 규정된 요건에 관하여도 심사를 하도록 하기 위한 것으로 볼 수밖에 없다. 따라서 인·허가의제 효과를 수반하는 건축신고는 일반적인 건축신고와는 달리, 특별한 사정이 없는 한 행정청이 그 실체적 요건에 관한 심사를 한 후 수리하여야 하는 이른바 '수리를 요하는 신고'로 보는 것이 옳다.

[2] 국토의 계획 및 이용에 관한 법률상의 개발행위허가로 의제되는 건축신고가 개발행위허가의 기준을 갖추지 못한 경우, 행정청이 수리를 거부할 수 있는지 여부(적극)

[다수의견] 일정한 건축물에 관한 건축신고는 건축법 제14조 제2항, 제11조 제5항 제3호에 의하여 국토의 계획 및 이용에 관한 법률 제56조에 따른 개발행위허가를 받은 것으로 의제되는데, 국토의 계획 및 이용에 관한 법률 제58조 제1항 제4호에서는 개발행위허가의 기준으로 주변 지역의 토지이용실태 또는 토지이용계획, 건축물의 높이, 토지의 경사도, 수목의 상태, 물의 배수, 하천·호소·습지의 배수 등 주변 환경이나 경관과 조화를 이룰 것을 규정하고 있으므로, 국토의 계획 및 이용에 관한 법률상의 개발행위허가로 의제되는 건축신고가 위와 같은 기준을 갖추지 못한 경우 행정청으로서는 이를 이유로 그 수리를 거부할 수 있다고 보아야 한다.

기출문제

사시12 A는 甲시에 소재하는 「국토의 계획 및 이용에 관한 법률」에 따른 관리지역 내 110㎡ 토지(이하 '이 사건 토지'라 한다) 위에 연면적 29.15㎡인 2층 건축물을 건축하기 위한 신고를 관할 X행정청에 하였다. 그런데 이 건물을 신축하면 이 사건 토지에 위치하고 있는 관정(管井)이 폐쇄됨으로써 인근주민의 유일한 식수원 사용관계에 중대한 위해가 있게 된다. 따라서 관할 X행정청은 A가 신청한 건축물이 건축될 경우 보건상 위해의 염려가 있음을 이유로 당해 건축신고의 수리를 거부하였다.

1. A가 행한 건축신고의 법적 성질은 무엇이며, 건축허가와는 어떻게 다른가? **(15점)** - 신고와 허가의 차이점
2. X행정청이 건축법상 명문의 규정이 없음에도 불구하고 인근주민의 식수사용관계 등 보건상 위해를 이유로 한 건축신고 수리거부는 적법한가? **(15점)** - 인·허가가 의제되는 건축신고반려, 재량의 남용여부

건축관계자 변경신고반려 사건

□ 대법원 2022. 6. 30. 선고 2021두57124 판결

[사실관계]

원고(주식회사 유원전자)는 2020. 5. 11. 제주지방법원 2019타경4566, 7695 부동산임의경매절차에서 서귀포시 (주소 생략) 소재 토지(이하 '이 사건 토지'라 한다) 및 그 지상에 건축 중이던 건물(이하 '이 사건 건물'이라 한다)에 관하여 최고가매수신고인으로서 매각허가결정을 받았고, 매각대금을 납부한 다음 2020. 6. 10. 이 사건 토지에 관하여 소유권이전등기를 마쳤다. 원고가 이 사건 토지 및 건물을 경락받기 이전 소유자였던 소외 1, 소외 2(이하 '소외 1 등'이라 한다)는 2016. 10. 31. 피고(서귀포시장)로부터 이 사건 건물을 건축하기 위한 건축허가를 받았고, 위 건축허가로 농지전용허가가 의제됨에 따라 부과된 농지보전부담금 45,302,400원을 납부하였다.

원고는 2020. 7. 1. 피고에게 이 사건 건물의 건축주를 소외 1 등에서 원고로 변경하는 내용의 건축관계자 변경신고를 하였다. 이에 대하여 피고는 원고에게 이미 납부된 농지보전부담금의 권리에 대한 양도양수를 증명할 수 있는 서류를 제출하도록 요구하였고, 원고가 그 서류를 제출하지 않자 2020. 8. 27. 원고의 건축관계자 변경신고를 반려하였다(이하 '이 사건 처분'이라 한다).

[판결요지]

□ 농지전용허가가 의제되는 건축허가를 받은 토지와 그 지상에 건축 중인 건축물의 소유권을 경매절차에서 양수한 자가 건축관계자 변경신고를 하는 경우, 행정청이 '농지보전부담금의 권리승계를 증명할 수 있는 서류'가 제출되지 않았다는 이유로 신고를 반려할 수 있는지 여부(소극)

농지전용허가가 의제되는 건축허가를 받은 토지와 그 지상에 건축 중인 건축물의 소유권을 경매절차에서 양수한 자가 건축관계자 변경신고를 하는 경우 행정청은 '농지보전부담금의 권리승계를 증명할 수 있는 서류'가 제출되지 않았다는 이유로 그 신고를 반려할 수 없다. 구체적인 이유는 다음과 같다.

① 농지법상 농지보전부담금 부과처분은 농지전용허가에 수반하여 이루어지는 것이므로 농지보전부담금의 납부의무도 농지전용허가 명의자에게 있는 것인데, 당초 농지전용허가가 의제되는 건축허가를 받은 사람이 농지보전부담금을 납부한 상황에서 경매절차를 통해 건축허가대상 건축물에 관한 권리가 변동됨에 따라 건축주가 변경되고, 그에 따라 법률로써 농지전용허가 명의자가 변경된 것으로 의제되면, 종전에 납부된 농지보전부담금은 농지전용허가 명의를 이전받은 자의 의무이행을 위해 납입되어 있는 것으로 보는 것이 타당하다.

② 또한 농지전용허가 명의자의 변경허가는 종전 농지전용허가의 효력이 유지됨을 전제로 단지 그 허가 명의만이 변경되는 것으로 해석하여야 한다. 이러한 관점에서 보아도 기존 농지전용허가 명의자에 대한 허가 및 그가 납부한 농지보전부담금의 효력은 경매절차에서 농지를 양수한 자에게 그대로 승계되었다고 해석하는 것이 타당하다.

영업자지위승계신고 수리처분 사건

□ 대법원 2003. 2. 14. 선고 2001두7015 판결

[사실관계]

피고보조참가인(이하 '참가인'이라 한다)은 1998. 11. 11. 지방세법에 의한 압류재산 매각절차에서 원고 소유의 대전 동구 (주소 생략) 소재 지상3층 지하1층 건물 중 3층 1,160.2㎡(이하 '이 사건 건물부분'이라 한다. 원고는 이 사건 건물부분에서 유흥주점영업을 하여 왔다)를 낙찰받아, 1998. 11. 27. 참가인 명의로 소유권이전등기를 경료하고, 1999. 5. 12. 피고(대전광역시 동구청장)에게 위 유흥주점의 영업자지위승계신고를 하였고, 이에 피고가 1999. 5. 18. 위 신고를 수리하는 이 사건 처분을 하였다. 그런데 피고는 이 사건 처분을 함에 있어서 원고에게 사전통지를 하지 않았고 의견제출의 기회도 제공하지 않았다. 이에 원고는 이 사건 처분에 대한 취소소송을 제기하였다.

[판결요지]

□ 행정청이 구 식품위생법상의 영업자지위승계신고 수리처분을 하는 경우, 종전의 영업자가 행정절차법 제2조 제4호 소정의 '당사자'에 해당하는지 여부(적극) 및 수리처분시 종전의 영업자에게 행정절차법 소정의 행정절차를 실시하여야 하는지 여부(적극)

행정절차법 제21조 제1항, 제22조 제3항 및 제2조 제4호의 각 규정에 의하면, 행정청이 당사자에게 의무를 과하거나 권익을 제한하는 처분을 함에 있어서는 당사자 등에게 처분의 사전통지를 하고 의견제출의 기회를 주어야 하며, 여기서 당사자라 함은 행정청의 처분에 대하여 직접 그 상대가 되는 자를 의미한다 할 것이고, 한편 위 식품위생법 제25조 제2항, 제3항의 각 규정에 의하면, 지방세법에 의한 압류재산 매각절차에 따라 영업시설의 전부를 인수함으로써 그 영업자의 지위를 승계한 자가 관계 행정청에 이를 신고하여 행정청이 이를 수리하는 경우에는 종전의 영업자에 대한 영업허가 등은 그 효력을 잃는다 할 것인데, 위 규정들을 종합하면 위 행정청이 식품위생법 규정에 의하여 영업자지위승계신고를 수리하는 처분은 종전의 영업자의 권익을 제한하는 처분이라 할 것이고 따라서 종전의 영업자는 그 처분에 대하여 직접 그 상대가 되는 자에 해당한다고 봄이 상당하다. 따라서 이 사건의 경우, 피고로서는 이 사건 처분을 함에 있어서 위 행정절차법 규정 소정의 당사자에 해당하는 원고에 대하여 위 규정 소정의 행정절차를 실시하고 이 사건 처분을 하였어야 했다.

그럼에도 불구하고, 원심이 피고가 이 사건 처분을 함에 있어서 원고는 위 행정절차법 규정 소정의 당사자에 해당하지 않고 따라서 피고가 위 규정 소정의 행정절차를 실시하지 않고 이 사건 처분을 하였다 하여 위법한 것이라 할 수 없다고 판단한 것은, 위 식품위생법 소정의 영업자지위승계신고수리 또는 행정절차법 규정 소정의 당사자 등에 관한 법리를 오해하여 판결 결과에 영향을 미친 위법이 있다 할 것이다.

[참고판례]

❶ 지위승계신고는 행정요건적 신고

식품위생법 제25조 제1항, 제3항에 의하여 영업양도에 따른 지위승계신고를 수리하는 허가관청의 행위는 단순히 양도·양수인 사이에 이미 발생한 사법상의 사업양도의 법률효과에 의하여 양수인이 그 영업을 승계하였다는 사실의 신고를 접수하는 행위에 그치는 것이 아니라, 실질에 있어서 양도자의 사업허가를 취소함과 아울러 양수자에게 적법히 사업을 할 수 있는 권리를 설정하여 주는 행위로서 사업허가자의 변경이라는 법률효과를 발생시키는 행위라고 할 것이다(대법원 2001. 2. 9. 선고 2000도2050 판결).

❷ 영업양도 후 지위승계신고 또는 지위승계신고후 수리처분이 있기 전에 양수인의 위반행위를 이유로 양도인에게 제재처분을 할 수 있다.

영업이 양도·양수되었지만 아직 승계신고 및 그 수리처분이 있기 이전에는 여전히 종전의 영업자인 양도인이 영업허가자이고, 양수인은 영업허가자가 되지 못한다 할 것이어서 행정제재처분의 사유가 있는지 여부 및 그 사유가 있다고 하여 행하는 행정제재처분은 영업허가자인 양도인을 기준으로 판단하여 그 양도인에 대하여 행하여야 할 것이고, 한편 양도인이 그의 의사에 따라 양수인에게 영업을 양도하면서 양수인으로 하여금 영업을 하도록 허락하였다면 그 양수인의 영업 중 발생한 위반행위에 대한 행정적인 책임은 영업허가자인 양도인에게 귀속된다고 보아야 할 것이다(대법원 1995. 2. 24. 선고 94누9146 판결).

❸ 영업양도 후 지위승계신고 이전에 양도인의 법위반사유를 이유로 양도인에게 허가취소처분 등의 불이익처분을 한 경우, 양수인이 양도인에 대한 취소처분의 취소소송을 제기할 법률상 이익이 있다.

산림법 제90조의2 제1항, 제118조 제1항, 같은법 시행규칙 제95조의2 등 산림법령이 수허가자의 명의변경제도를 두고 있는 취지는, 채석허가가 일반적·상대적 금지를 해제하여 줌으로써 채석행위를 자유롭게 할 수 있는 자유를 회복시켜 주는 것일 뿐 권리를 설정하는 것이 아니어서 관할 행정청과의 관계에서 수허가자의 지위의 승계를 직접 주장할 수는 없다 하더라도, 채석허가가 대물적 허가의 성질을 아울러 가지고 있고 수허가자의 지위가 사실상 양도·양수되는 점을 고려하여 수허가자의 지위를 사실상 양수한 양수인의 이익을 보호하고자 하는 데 있는 것으로 해석되므로, 수허가자의 지위를 양수받아 명의변경신고를 할 수 있는 양수인의 지위는 단순한 반사적 이익이나 사실상의 이익이 아니라 산림법령에 의하여 보호되는 직접적이고 구체적인 이익으로서 법률상 이익이라고 할 것이고, 채석허가가 유효하게 존속하고 있다는 것이 양수인의 명의변경신고의 전제가 된다는 의미에서 관할 행정청이 양도인에 대하여 채석허가를 취소하는 처분을 하였다면 이는 양수인의 지위에 대한 직접적 침해가 된다고 할 것이므로 양수인은 채석허가를 취소하는 처분의 취소를 구할 법률상 이익을 가진다(대법원 2003. 7. 11. 선고 2001두6289 판결).

❹ 영업양도계약이 무효인 경우에 지위승계신고수리에 대해서 양도인이 무효확인을 구할 법률상 이익이 있다.

사업양도·양수에 따른 허가관청의 지위승계신고의 수리는 적법한 사업의 양도·양수가 있었음을 전제로 하는 것이므로 그 수리대상인 사업양도·양수가 존재하지 아니하거나 무효인 때에는 수리를 하였다 하더라도 그 수리는 유효한 대상이 없는 것으로서 당연히 무효라 할 것이고, 사업의 양도행위가 무효라고 주장하는 양도자는 민사쟁송으로 양도·양수행위의 무효를 구함이 없이 막바로 허가관청을 상대로 하여 행정소송으로 위 신고수리처분의 무효확인을 구할 법률상 이익이 있다(대법원 2005. 12. 23. 선고 2005두3554 판결).

❺ 지위승계신고를 통해 운송사업자의 지위를 승계한 경우, 양수인의 책임범위

화물자동차법 제16조 제4항은 화물자동차 운송사업 영업을 양수하고 신고를 마치면 양수인이 양도인의 '운송사업자로서의 지위'를 승계한다고 규정하고 있다. 이러한 지위 승계 규정은 양도인이 해당 사업에 관련하여 관계 법령상 의무를 위반하여 제재사유가 발생한 후 사업을 양도하는 방법으로 제재처분을 면탈하는 것을 방지하려는 데에도 그 입법 목적이 있다.

화물자동차법에서 '운송사업자'란 화물자동차법 제3조 제1항에 따라 화물자동차 운송사업 허가를 받은 자를 말하므로(제3조 제3항), '운송사업자로서의 지위'란 운송사업 허가에 기인한 공법상 권리와 의무를 의미하고, 그 '지위의 승계'란 양도인의 공법상 권리와 의무를 승계하고 이에 따라 양도인의 의무위반행위에 따른 위법상태의 승계도 포함하는 것이라고 보아야 한다. 불법증차를 실행한 운송사업자로부터 운송사업 영업을 양수하고 화물자동차법 제16조 제1항에 따른 신고를 하여 화물자동차법 제16조 제4항에 따라 운송사업자의 지위를 승계한 경우에는 설령 양수인이 영업양도·양수 대상에 불법증차 차량이 포함되어 있는지를 구체적으로 알지 못하였다 할지라도, 양수인은 불법증차 차량이라는 물적 자산과 그에 대한 운송사업자로서의 책임까지 포괄적으로 승계하는 것이다(헌법재판소 2019. 9. 26. 선고 2017헌바397 등 전원재판부 결정 참조). 따라서 관할 행정청은 양수인의 선의·악의를 불문하고 양수인에 대하여 불법증차 차량에 관하여 지급된 유가보조금의 반환을 명할 수 있다. 다만 그에 따른 양수인의 책임범위는 지위승계 후 발생한 유가보조금 부정수급액에 한정되고, 지위승계 전에 발생한 유가보조금 부정수급액에 대해서까지 양수인을 상대로 반환명령을 할 수는 없다(대법원 2021. 7. 21. 선고 2018두49789 판결).

❻ 회사합병이 있는 경우, 피합병회사의 권리·의무는 원칙적으로 합병으로 존속한 회사에 승계된다.

회사합병이 있는 경우에는 피합병회사의 권리·의무는 사법상의 관계 혹은 공법상의 관계를 불문하고 그 성질상 이전이 허용되지 않는 것을 제외하고는 모두 합병으로 인하여 존속한 회사에 승계되는 것으로 보아야 한다(대법원 2022. 5. 12. 선고 2022두31433 판결).

❼ 회사분할시 신설회사에 대하여 분할하는 회사는 분할 전 위반행위를 이유로 시정조치를 명할 수 없다.

회사 분할 시 특별한 규정이 없는 한 신설회사에 대하여 분할하는 회사의 분할 전 하도급거래 공정화에 관한 법률(이하 '하도급법'이라 한다) 위반행위를 이유로 하도급법 제25조 제1항에 따른 시정조치를 명하는 것은 허용되지 않는다. 구체적인 이유는 아래와 같다.

① 대법원은 2007. 11. 29. 선고 2006두18928 판결에서 법률 규정이 없는 이상 분할하는 회사의 분할 전 독점규제 및 공정거래에 관한 법률(이하 '공정거래법'이라 한다) 위반행위를 이유로 신설회사에 대하여 과징금을 부과하는 것은 허용되지 않는다고 판시하였다. 공정거래법에 따른 과징금 부과처분과 하도급법 제25조 제1항에 따른 시정조치명령 모두 해당 법 규정을 위반한 사업자를 처분 상대방으로 하는 점, 회사분할 전에 공정거래법 위반이나 하도급법 위반이 있는 경우 시정조치의 제재사유는 이미 발생하였고 신설회사로서는 제재사유를 제거할 수 있는 지위에 있지 않은 점(예를 들어 분할하는 회사가 목적물 등의 수령일부터 60일 이내에 하도급대금을 지급하지 않았다면 그 사실만으로 하도급법상 시정조치의 제재사유가 발생하고, 이후 신설회사가 이를 지급하였다고 하여 위 제재사유가 소멸하지는 않는다. 신설회사가 하도급대금 지급채무를 승계하였음에도 그로부터 일정 기한 내에 이를 지급하지 아니하는 경우 이것이 별도의 위반사실이 될 여지가 있을 뿐이다), 공정거래위원회는 사업자에게 하도급법 위반 제재사유가 있는 경우 시정조치 또는 과징금을 선택적으로 부과할 수 있고, 과징금 부과처분의 성격이

공정거래법상의 그것과 다르지 않은바, 제재사유 승계에 관한 특별한 규정이 없음에도 법 위반사유에 대한 처분의 선택에 따라 제재사유의 승계 여부가 달라지는 결과를 초래하는 것은 형평에 맞지 않은 점 등에 비추어 볼 때, 공정거래법상 과징금 부과처분에 관한 위 법리는 아래에서 보는 바와 같이 제재사유의 승계에 관하여 법률 규정을 두고 있지 않은 하도급법상 시정조치명령의 경우에도 그대로 적용되어야 한다.

② 현행 공정거래법은 분할하는 회사의 분할 전 공정거래법 위반행위를 이유로 신설회사에 과징금 부과 또는 시정조치를 할 수 있도록 규정을 신설하였다. 현행 하도급법은 과징금 부과처분에 관하여는 신설회사에 제재사유를 승계시키는 공정거래법 규정을 준용하고 있으나 시정조치에 관하여는 이러한 규정을 두고 있지 않다. 이와 같이 공정거래법과 하도급법이 회사분할 전 법 위반행위에 관하여 신설회사에 과징금 부과 또는 시정조치의 제재사유를 승계시킬 수 있는 경우를 따로 규정하고 있는 이상, 그와 같은 규정을 두고 있지 아니하는 사안, 즉 회사분할 전 법 위반행위에 관하여 신설회사에 시정조치의 제재사유가 승계되는지가 쟁점이 되는 사안에서는 이를 소극적으로 보는 것이 자연스럽다(대법원 2023. 6. 15. 선고 2021두55159 판결).

기출문제

변시14 甲은 2013. 3. 15. 전 영업주인 乙로부터 등록 대상 석유판매업인 주유소의 사업 일체를 양수받고 잔금지급액에 다소 이견이 있는 상태에서, 2013. 3. 28. 석유 및 석유대체연료 사업법(이하 '법'이라 함) 제10조 제3항에 따라 관할 행정청인 A시장에게 성명, 주소 및 대표자 등의 변경등록을 한 후 2013. 4. 5.부터 '유정주유소'라는 상호로 석유판매업을 영위하고 있다. (중략)

5. 乙은 甲에 대한 변경등록처분의 효력을 다투면서 "석유판매업자의 지위 승계에 따른 변경등록처분을 하기에 앞서 A시장이 乙에게 사전에 통지를 하지 않았으며 의견제출의 기회를 주지 않았다."라고 주장한다. 이러한 乙의 주장은 타당한가? **(10점)** – 지위승계의 경우 사전통지와 의견제출

5급:일반행정09 甲은 식품위생법상의 식품접객업영업허가를 받아 유흥주점을 영위하여 오다가 17세의 가출 여학생을 고용하던 중, 식품위생법 제44조 제2항 제1호의 "청소년을 유흥접객원으로 고용하여 유흥행위를 하게 하는 행위"를 한 것으로 적발되었다. 관할행정청이 제재처분을 하기에 앞서 甲은 乙에게 영업관리권만을 위임하였는데 乙은 甲의 인장과 관계서류를 위조하여 관할 행정청에 영업자지위승계 신고를 하였고, 그 신고가 수리되었다. **(총 40점)**

1) 영업자지위승계신고 및 수리의 법적 성질을 검토하시오. **(10점)** – 지위승계신고의 법적 성질과 그 수리의 처분성

2) 甲은 관할 행정청의 영업자지위승계신고의 수리에 대하여 무효확인소송을 제기할 수 있는지 검토하시오. **(15점)** – 제3자의 원고적격, 소의 이익

3) 만약 甲과 乙간의 영업양도가 유효하고 영업자지위승계신고의 수리가 적법하게 이루어졌다고 가정할 경우, 관할 행정청이 甲의 위반행위를 이유로 乙에게 3개월의 영업정지 처분을 하였다면, 그 처분은 적법한지 검토하시오. **(15점)** – 허가의 승계와 행정제재사유의 승계

사시15 甲은 乙로부터 2014. 10. 7. A시 B구 소재 이용원 영업을 양도받고 관할 행정청인 B구 구청장 X에게 영업자 지위승계신고를 하였다. 그런데 甲은 위 영업소를 운영하던 중, 2014. 12. 16. C경찰서 소속 경찰관에 의해 「성매매알선 등 행위의 처벌에 관한 법률」위반으로 적발되었다. 구청장 X는 2014. 12. 19. 甲에 대하여 3월의 영업정지 처분을 하였다. 한편 乙은 이미 같은 법 위반으로 2014년 7월부터 9월까지의 2월의 영업정지처분을 받은 바 있었다. 그 후 2015. 5. 6. B구청 소속 공무원들은 위생관리 실태를 검사하기 위하여 위 영업소에 들어갔다가 甲이 여전히 손님에게 성매매알선 등의 행위를 하는 것을 적발하였다. 이에

구청장 X는 이미 乙이 제1차 영업정지처분을 받았고 甲이 제2차 영업정지처분을 받았음을 이유로, 2015. 5. 6.에 적발된 위법행위에 대하여 甲에게 「공중위생관리법」제11조 제1항 및 제2항, 같은 법 시행규칙 제19조 [별표 7] 행정처분기준에 따라 적법한 절차를 거쳐서 가중된 제재처분인 영업소 폐쇄명령을 내렸다.

2. 甲의 영업소 바로 인근에서 이용업을 행해온 丙은 甲이 이전에 「성매매알선 등 행위의 처벌에 관한 법률」을 위반하여 폐쇄명령을 받은 전력이 있음에도 불구하고 구청장 X가 甲의 영업자 지위승계신고를 받아주었음을 이유로 하여 이를 취소소송으로 다투고자 한다. 구청장 X가 甲의 영업자 지위승계신고를 받아들인 행위는 丙이 제기하는 취소소송의 대상이 되는가? **(10점)** - 지위승계신고의 법적 성질과 그 수리의 처분성

5급20 甲과 乙은 각각 「여객자동차 운수사업법」상 운송사업등록을 하여 전세버스운송사업에 종사하는 자이다. 관할 도지사 A는 甲과 乙에게 2020. 3. 2. 같은 법 제23조제1항제5호에 따라 자동차에 대한 개선명령을 발령하여 그 처분서가 다음 날 송달되었으나, 甲과 乙은 이를 이행하지 아니하였다. 도지사 A는 이를 이유로 같은 법 제85조제1항 및 제88조제1항에 따라 2020. 7. 10. 甲과 乙에게 사업정지에 갈음하는 과징금부과처분을 각각 행하였다. 한편, 乙은 아직 과징금을 납부하지 않은 상태에서 丙에게 자신의 전세버스운송사업을 양도하였고, 관련 지위승계신고가 수리되었다.

3) 丙이 乙에게 부과된 과징금을 납부하여야 할 의무가 있는지를 검토하시오. **(10점)** - 지위승계신고수리의 법적 성질, 공의무의 승계

영업장 면적변경 미신고로 인한 시정명령 사건

□ 대법원 2020. 3. 26. 선고 2019두38830 판결

〔사실관계〕

소외 1은 1972. 3. 5. 피고로부터 영업소 명칭을 '○○○', 소재지를 남양주시 (주소 생략)(이하 통틀어 '이 사건 토지'라고 한다), 영업의 종류를 일반음식점영업으로 하여 영업허가를 받았는데(이하 '이 사건 영업'이라고 한다), 당시 이 사건 토지에 있던 1층 건물(이하 '제1건물'이라고 한다)의 건축물대장상 건축면적은 28.80㎡였다(그 후 일반음식점에 관한 식품위생법상 규제 제도가 1981. 7. 3. 영업신고제로, 1984. 4. 13. 다시 영업허가제로, 1999. 11. 13. 다시 영업신고제로 각 변경되었다).

소외 1은 1998. 11.경 제1건물을 철거한 후 그 자리에 지상 1층 규모의 건물을 신축하였고, 1999. 7.경 그 건물에 2층을 증축하여 그 연면적이 149.22㎡(= 1층 99.66㎡ + 2층 49.56㎡)가 되었다(이하 '제2건물'이라고 한다).

원고는 2015. 12.경 소외 1로부터 실제로는 제2건물에서의 영업을 양수하고서도, 2015. 12. 10. 피고에게 마치 제1건물에서의 이 사건 영업을 양수하여 영업소 명칭만을 '△△△'으로 변경하는 것처럼 영업자 지위승계 신고 및 영업소 명칭 변경신고를 하였다. 그 후 원고의 남편 소외 2는 제2건물을 철거하고 그 자리에 연면적 140.75㎡(= 1층 80.33㎡ + 2층 60.42㎡) 규모의 단독주택 용도의 건물을 건축하여 2016. 5. 13.경 사용승인을 받았다(이하 '제3건물'이라고 한다). 원고는 그 무렵 피고에게 마치 제1건물에서의 이 사건 영업을 계속하면서 그 영업소 명칭만을 다시 '□□□□'로 변경하는 것처럼 영업소 명칭 변경신고를 한 다음, 제3건물에서 일반음식점영업을 시작하였다.

남양주시 식품위생감시원은 2017. 2. 28. 제3건물에서의 일반음식점 영업장 면적이 최초 영업허가된 이 사건 영업의 면적보다 대폭 증가한 사실을 확인하였다. 피고(남양주시장)는 2017. 5. 2. 원고에 대하여 이 사건 영업을 양수한 후 영업장 면적이 변경되었음에도 이를 신고하지 않아 식품위생법 제37조 제4항을 위반하였음을 이유로 식품위생법 제71조 제1항에 따라 그 시정을 명하는 이 사건 시정명령을 하였다.

이 사건의 쟁점은 이 사건 시정명령 당시를 기준으로 원고에게 제3건물에서의 일반음식점영업에 관하여 식품위생법 제37조 제4항에 따른 영업장 면적 변경신고 의무가 있는지 여부이다.

〔판결요지〕

[1] 식품위생법 제39조 제1항, 제3항에 의한 영업양도에 따른 지위승계 신고를 행정청이 수리하는 행위의 법률효과 및 양수인이 영업자 지위승계 신고서를 제출할 때 해당 영업장에서 적법하게 영업할 수 있는 요건을 갖추었다는 점에 관한 소명자료를 첨부해야 하는지 여부(적극) / 식품위생법 제37조 제4항, 식품위생법 시행령 제26조 제4호에 따른 영업장 면적 변경에 관한 신고의무가 이행되지 않은 영업을 양수한 자가 그 신고의무를 이행하지 않은 채 영업을 계속하는 경우, 시정명령 또는 영업정지 등 제재처분의 대상이 되는지 여부(적극)

식품위생법 제39조 제1항, 제3항에 의한 영업양도에 따른 지위승계 신고를 행정청이 수리하는 행위는 단순히 양도·양수인 사이에 이미 발생한 사법상의 영업양도의 법률효과에 의하여 양수인이 그 영업을 승계하였다는 사실의 신고를 접수하는 행위에 그치는 것이 아니라, 양도자에 대한 영업허가 등을 취소함과 아울러 양수자에게 적법하게 영업을 할 수 있는 지위를 설정하여 주는 행위로서 영업허가자 등의 변경이라

는 법률효과를 발생시키는 행위이다. 따라서 양수인은 영업자 지위승계 신고서에 해당 영업장에서 적법하게 영업을 할 수 있는 요건을 모두 갖추었다는 점을 확인할 수 있는 소명자료를 첨부하여 제출하여야 하며, 그 요건에는 신고 당시를 기준으로 해당 영업의 종류에 사용할 수 있는 적법한 건축물(점포)의 사용권원을 확보하고 식품위생법 제36조에서 정한 시설기준을 갖추어야 한다는 점도 포함된다. 영업장 면적이 변경되었음에도 그에 관한 신고의무가 이행되지 않은 영업을 양수한 자 역시 그와 같은 신고의무를 이행하지 않은 채 영업을 계속한다면 시정명령 또는 영업정지 등 제재처분의 대상이 될 수 있다.

[2] 식품위생법상 일반음식점영업을 하려는 자가 건축법상 건축물의 용도를 제2종 근린생활시설로 변경하는 절차를 거치지 않은 채 단독주택에서 일반음식점영업을 할 수 있는지 여부(소극)

건축법 제2조 제2항, 제19조 제2항 제1호, 건축법 시행령 제3조의5 및 [별표 1] 제4호 (자)목, 제14조 제5항에 따르면, 일반음식점은 건축물의 용도가 제2종 근린생활시설이어야 하고, 단독주택(주거업무시설군)에 속하는 건축물의 용도를 제2종 근린생활시설(근린생활시설군)로 변경하려면 시장 등의 허가를 받아야 한다. 따라서 일반음식점영업을 하려는 자는 용도가 제2종 근린생활시설인 건축물에 영업장을 마련하거나, 제2종 근린생활시설이 아닌 건축물의 경우 그 건축물의 용도를 제2종 근린생활시설로 변경하는 절차를 거쳐야 한다. 미리 이러한 건축물 용도변경절차를 거치지 않은 채 단독주택에서 일반음식점영업을 하는 것은 현행 식품위생법과 건축법하에서는 허용될 수 없다.

판례행정법 제5판

제2편
행정작용법

Verwaltungsrecht

제1장 | 행정입법

농지전용신청불허가 사건

□ 대법원 2000. 10. 19. 선고 98두6265 전원합의체 판결

[사실관계]

원고 甲은 농업진흥구역인 경산시 OO읍 OO리 280.5㎡(이 사건 농지라 한다)에 농업인주택을 건립하기 위하여 (구)농지법 제37조 제1항에 의하여 관할 농지관리위원회의 확인을 거쳐 농지전용을 경산시장에게 신고하였다. 그러나 경산시장은 (구)농지법 제37조 제2항의 위임에 의한 동법 시행령 제41조 [별표1]의 제1호에 의거하여, 이 지역은 농업진흥구역 안이므로 신고사항이 아니라 허가사항이라고 하면서 (구)농지법 제39조 제2항 제1호에 따라 우량농지로서의 보존가치가 있는 지역에 포함된다는 이유로 甲의 신청을 불허하는 처분을 하였다. 이에 甲은 경산시장을 상대로 불허가처분에 대하여 취소를 구하는 소송을 제기했다.

[참조조문]

구 농지법 (1997. 8. 22. 법률 제5371호로 개정되기 전의 것)

제34조(용도구역에서의 행위 제한) ① 농업진흥구역에서는 농업 생산 또는 농지 개량과 직접적으로 관련되지 아니한 토지이용행위를 할 수 없다. 다만, 다음 각 호의 토지이용행위는 그러하지 아니하다.
  3. 농업인 주택이나 그 밖에 대통령령으로 정하는 농업용 시설 또는 축산업용 시설의 설치

제36조(농지의 전용허가·협의) ① 농지를 전용하려는 자는 다음 각 호의 어느 하나에 해당하는 경우 외에는 대통령령으로 정하는 바에 따라 그 농지의 소재지를 관할하는 농지관리위원회의 확인을 거쳐 농림수산식품부장관의 허가를 받아야 한다. 허가받은 농지의 면적 또는 경계 등 대통령령으로 정하는 중요 사항을 변경하려는 경우에도 또한 같다.
  3. 제37조에 따라 농지전용신고를 하고 농지를 전용하는 경우

제37조(농지전용신고) ① 농지를 다음 각 호의 어느 하나에 해당하는 시설의 부지로 전용하려는 자는 대통령령으로 정하는 바에 따라 그 농지의 소재지를 관할하는 농지관리위원회의 확인을 거쳐 시장·군수 또는 자치구구청장에게 신고하여야 한다. 신고한 사항을 변경하려는 경우에도 또한 같다.
  1. 농업인 주택, 농축산업용 시설, 농수산물 유통·가공 시설
② 제1항에 따른 신고대상시설의 범위와 규모, 설치자의 범위 등에 관한 사항은 대통령령으로 정한다.

제39조(농지전용허가 등의 제한) ② 농림수산식품부장관, 시장·군수 또는 자치구구청장은 제36조에 따른 농지전용허가 및 협의를 하거나 제38조에 따른 농지의 타용도 일시사용허가 및 협의를 할 때 그 농지가 다음 각 호의 어느 하나에 해당하면 전용을 제한하거나 타용도 일시사용을 제한할 수 있다.
  1. 전용하려는 농지가 농업생산기반이 정비되어 있거나 농업생산기반 정비사업 시행예정 지역으로 편입되어 우량농지로 보전할 필요가 있는 경우

구 농지법 시행령 (1997. 9. 11. 대통령령 제15490호로 개정되기 전의 것)

제41조(신고에 따른 농지전용의 범위) 법 제37조제2항에 따른 농지전용신고대상시설의 범위·규모·설치자의 범위 등은 별표 1과 같다.
[별표 1]

시설의 범위	설치자의 범위	규 모
1. 농업진흥지역 밖에 설치하는 제34조 제4항의 규정에 해당하는 농업인 주택	제34조 제4항 제1호에 해당하는 무주택인세대의 세대주	세대당 660제곱미터 이하

[판결요지]

[1] 대통령령으로 정할 사항에 관한 법률의 위임의 범위 및 판단 기준

헌법 제75조의 규정상 대통령령으로 정할 사항에 관한 법률의 위임은 구체적으로 범위를 정하여 이루어져야 하고, 이 때 구체적으로 범위를 정한다고 함은 위임의 목적·내용·범위와 그 위임에 따른 행정입법에서 준수하여야 할 목표·기준 등의 요소가 미리 규정되어 있는 것을 가리키고, 이러한 위임이 있는지 여부를 판단함에 있어서는 직접적인 위임 규정의 형식과 내용 외에 당해 법률의 전반적인 체계와 취지·목적 등도 아울러 고려하여야 하고, 규율 대상의 종류와 성격에 따라서는 요구되는 구체성의 정도 또한 달라질 수 있으나, 국민의 기본권을 제한하거나 침해할 소지가 있는 사항에 관한 위임에 있어서는 위와 같은 구체성 내지 명확성이 보다 엄격하게 요구된다.

[2] 농지전용신고의 대상이 되는 농업인 주택을 '농업진흥지역 밖에' 설치하는 농업인 주택으로 제한한 구 농지법시행령 제41조 [별표 1] 제1호의 효력(무효)

농지의 전용에 관한 규제는 국민의 재산권 행사에 대한 제약으로서 그에 관하여 시행령에서 정할 사항의 위임은 보다 구체적이고 명확할 것이 요구되는 것인바, 농업인 주택과 같은 시설의 '설치지역'이란 그 문언적 의미에서 보더라도 시설의 범위나 규모 혹은 설치자의 범위에는 속할 수 없는 사항일 뿐만 아니라, 농지 전용의 허부와 관련하여 위와 같은 요소들과는 독립된 별도의 주요 기준에 해당하는 점에 비추어 보면, 농지법 제37조 제2항에서 위임사항으로 규정하고 있는 '신고대상 시설의 범위·규모 또는 설치자의 범위 등에 관한 사항'에는 농업인 주택과 같은 시설의 '설치지역'에 관한 사항은 포함되지 아니하는 것으로 풀이된다 할 것이어서, 같은 법 제37조 제2항에 근거한 구 농지법시행령 제41조 [별표 1] 제1호에서 농지전용신고의 대상이 되는 농업인 주택을 '농업진흥지역 밖에' 설치하는 농업인 주택으로 규정함으로써, 결과적으로 농업진흥지역 내에 설치되는 농업인 주택에 대하여는 같은 법 제39조와 구 같은법시행령 제37조 및 제38조의 규정에 따라 농지로서의 보전가치와 농업경영 및 농어촌 생활환경의 유지라는 측면에서 보다 엄격한 심사가 이루어지는 허가를 받도록 한 것은, 결국 법률의 위임 없이 국민의 재산권 행사를 보다 제한한 것이 되어 효력을 가질 수 없다.

[관련판례]

❶ 위헌·위법 여부에 다툼이 있는 무효인 법규명령에 근거한 처분은 취소사유이다.

행정청이 위헌이거나 위법하여 무효인 시행령을 적용하여 한 행정처분이 당연무효로 되려면 그 규정이 행정처분의 중요한 부분에 관한 것이어서 결과적으로 그에 따른 행정처분의 중요한 부분에 하자가 있는 것으로 귀착되고, 또한 그 규정의 위헌성 또는 위법성이 객관적으로 명백하여 그에 따른 행정처분의 하자가 객관적으로 명백한 것으로 귀착되어야 하는바, 일반적으로 시행령이 헌법이나 법률에 위반된다는 사정은 그 시행령의 규정을 위헌 또는 위법하여 무효라고 선언한 대법원의 판결이 선고되지 아니한 상태에서는 그 시행령 규정의 위헌 내지 위법 여부가 해석상 다툼의 여지가 없을 정도로 명백하였다고 인정되지 아니하는 이상 객관적으로 명백한 것이라 할 수 없으므로, 이러한 시행령에 근거한 행정처분의 하자는 취소사유에 해당할 뿐 무효사유가 되지 아니한다(대법원 2007. 6. 14. 선고 2004두619 판결).

❷ 모법에 위임규정이 없어도 시행령이나 시행규칙이 유효한 경우(이른바 집행명령)

[1] 법률의 시행령이나 시행규칙은 법률에 의한 위임이 없으면 개인의 권리·의무에 관한 내용을 변경·보충하거나 법률이 규정하지 아니한 새로운 내용을 정할 수는 없지만, 법률의 시행령이나 시행규칙의 내용이 모법의 입법 취지와 관련 조항 전체를 유기적·체계적으로 살펴보아 모법의 해석상 가능한 것을 명시한 것에 지나지 아니하거나 모법 조항의 취지에 근거하여 이를 구체화하기 위한 것인 때에는 모법의 규율 범위를 벗어난 것으로 볼 수 없으므로, 모법에 이에 관하여 직접 위임하는 규정을 두지 아니하였다고 하더라도 이를 무효라고 볼 수는 없다. 이러한 법리는 지방자치단체의 교육감이 제정하는 교육규칙과 모법인 상위 법령의 관계에서도 마찬가지이다.

[2] 시교육감이 '중학교 입학자격 검정고시 규칙'에 근거하여 만 12세 이상인 자를 대상으로 하는 '중학교 입학자격 검정고시 시행계획'을 공고하였는데, 초등학교에 재학하다가 취학의무를 유예받아 정원 외로 관리되던 만 9세인 갑이 응시원서를 제출하였다가 응시자격이 없다는 이유로 반려처분을 받은 사안에서, 중학교 입학자격 검정고시 응시자격을 만 12세 이상인 자로 응시연령을 제한하고 있는 위 '중학교 입학자격 검정고시 규칙' 제14조 제2호가 초등학교 취학의무 대상 연령대의 아동에 대하여 중학교 입학자격 검정고시 응시자격을 제한한 것은 구 초·중등교육법 및 구 초·중등교육법 시행령의 해석상 가능한 내용을 구체화한 것으로 볼 수 있으므로, 구 초·중등교육법 시행령 제96조 제2항의 위임 범위에서 벗어났다고 볼 수 없다고 한 사례(대법원 2014. 8. 20. 선고 2012두19526 판결).

❸ 법규명령의 효력 유무에 대한 판단기준

일반적으로 법률의 위임에 의하여 효력을 갖는 법규명령의 경우, 구법에 위임의 근거가 없어 무효였더라도 사후에 법개정으로 위임의 근거가 부여되면 그 때부터는 유효한 법규명령이 되나, 반대로 구법의 위임에 의한 유효한 법규명령이 법개정으로 위임의 근거가 없어지게 되면 그 때부터 무효인 법규명령이 되므로, 어떤 법령의 위임 근거 유무에 따른 유효 여부를 심사하려면 법개정의 전·후에 걸쳐 모두 심사하여야만 그 법규명령의 시기에 따른 유효·무효를 판단할 수 있다(대법원 1995. 6. 30. 선고 93추33 판결).

[참고판례]

❶ **위임명령은 포괄적 위임이 금지된다.**

위임명령은 법률이나 상위명령에서 구체적으로 범위를 정한 개별적인 위임이 있을 때에 가능하고, 여기에서 구체적인 위임의 범위는 규제하고자 하는 대상의 종류와 성격에 따라 달라지는 것이어서 일률적 기준을 정할 수는 없지만, 적어도 위임명령에 규정될 내용 및 범위의 기본사항이 구체적으로 규정되어 있어서 누구라도 당해 법률이나 상위명령으로부터 위임명령에 규정될 내용의 대강을 예측할 수 있어야 하나, 이 경우 그 예측가능성의 유무는 당해 위임조항 하나만을 가지고 판단할 것이 아니라 그 위임조항이 속한 법률이나 상위명령의 전반적인 체계와 취지·목적, 당해 위임조항의 규정형식과 내용 및 관련 법규를 유기적·체계적으로 종합 판단하여야 하고, 나아가 각 규제 대상의 성질에 따라 구체적·개별적으로 검토함을 요한다(대법원 2002. 8. 23. 선고 2001두5651 판결).

❷ **자치조례는 포괄적 위임이 허용된다.**

조례의 제정권자인 지방의회는 선거를 통해서 그 지역적인 민주적 정당성을 지니고 있는 주민의 대표기관이고 헌법이 지방자치단체에 포괄적인 자치권을 보장하고 있는 취지로 볼 때, 조례에 대한 법률의 위임은 법규명령에 대한 법률의 위임과 같이 반드시 구체적으로 범위를 정하여 할 필요가 없으며 포괄적인 것으로 족하다(헌법재판소 1995. 4. 20. 선고 92헌마264 결정).

❸ **공공단체의 정관은 포괄적 위임이 허용된다.**

헌법 제75조, 제95조의 문리해석상 및 법리해석상 포괄적인 위임입법의 금지는 법규적 효력을 가지는 행정입법의 제정을 그 주된 대상으로 하고 있다. 위임입법을 엄격한 헌법적 한계 내에 두는 이유는 무엇보다도 권력분립의 원칙에 따라 국민의 자유와 권리에 관계되는 사항은 국민의 대표기관이 정하는 것이 원칙이라는 법리에 기인한 것이다. 즉, 행정부에 의한 법규사항의 제정은 입법부의 권한 내지 의무를 침해하고 자의적인 시행령 제정으로 국민들의 자유와 권리를 침해할 수 있기 때문에 엄격한 헌법적 기속을 받게 하는 것이다. 그런데 법률이 행정부가 아니거나 행정부에 속하지 않는 공법적 기관의 정관에 특정 사항을 정할 수 있다고 위임하는 경우에는 그러한 권력분립의 원칙을 훼손할 여지가 없다. 이는 자치입법에 해당되는 영역이므로 자치적으로 정하는 것이 바람직하다. 따라서 법률이 정관에 자치법적 사항을 위임한 경우에는 헌법 제75조, 제95조가 정하는 포괄적인 위임입법의 금지는 원칙적으로 적용되지 않는다고 봄이 상당하다(헌법재판소 2006. 3. 30. 선고 2005헌바31 결정).

❹ **전면적 재위임은 허용되지 않는다.**

법률에서 위임받은 사항을 전혀 규정하지 않고 재위임하는 것은 위임금지의 법리에 반할 뿐 아니라 수권법의 내용변경을 초래하는 것이 되고, 부령의 제정·개정 절차가 대통령령에 비하여 보다 용이한 점을 고려할 때 재위임에 의한 부령의 경우에도 위임에 의한 대통령령에 가해지는 헌법상의 제한이 당연히 적용되어야 할 것이므로 법률에서 위임받은 사항을 전혀 규정하지 아니하고 그대로 재위임하는 것은 허용되지 않으며, 위임받은 사항에 관하여 대강을 정하고 그 중의 특정사항을 범위를 정하여 하위법령에 다시 위임하는 경우에만 재위임이 허용된다(헌법재판소 1996. 2. 29. 선고 94헌마213 결정).

❺ 지방공무원보수업무 등 처리지침은 법규명령으로서의 효력을 갖는다.

구 지방공무원보수업무 등 처리지침(이하 '지침'이라 한다) [별표 1] '직종별 경력환산율표 해설'이 정한 민간근무경력의 호봉 산정에 관한 부분은 지방공무원법 제45조 제1항과 구 지방공무원 보수규정 제8조 제2항, 제9조의2 제2항, [별표 3]의 단계적 위임에 따라 행정자치부장관이 행정규칙의 형식으로 법령의 내용이 될 사항을 구체적으로 정한 것이고, 달리 지침이 위 법령의 내용 및 취지에 저촉된다거나 위임 한계를 벗어났다고 보기 어려우므로, 지침은 상위법령과 결합하여 대외적인 구속력이 있는 법규명령으로서의 효력을 갖게 된다(대법원 2016. 1. 28. 선고 2015두53121 판결).

안동댐 사건

□ 대법원 1992. 5. 8. 선고 91누11261 판결

[사실관계]

원고 甲은 안동지역에 거주하는 사람이고, 1976년 안동댐이 건설되었다. 甲은 안동댐이 건설된 이후 급격한 기상, 환경변화로 인체·농작물 피해, 대기·수질오염, 생태계 파괴, 건축물과 각종 생활필수품 등의 부식·부패 등으로 엄청난 손실을 입어 왔다고 주장하고 있다. 특정다목적댐법 제41조는 "다목적댐건설로 인하여 농지·임야·가옥 등이 수몰되거나 기타의 손실을 받은 자가 있을 때에는 건설부장관은 적정한 보상을 하여야 한다"고 규정하고 있고, 동법 제42조는 "이 법의 시행에 관하여 필요한 사항은 대통령령으로 정한다"라고 규정하고 있다. 그런데, 특정다목적댐의 건설로 인한 손실의 보상의 기준, 절차 및 방법을 정하는 대통령령이 규정되지 않고 있었다. 甲은 그들이 받은 손실의 보상을 청구하였지만 손실보상의 절차와 방법을 정하는 시행령이 제정되어 있지 않다는 이유로 손실보상청구가 거부되었다.

이에 甲은 피고(대통령)가 손실보상청구절차 및 방법을 정하지 아니한 것은 행정입법부작위처분에 해당하는 것으로서 위법하다고 주장하면서 이 사건 부작위위법확인소송을 제기했다.

[판결요지]

행정소송은 구체적 사건에 대한 법률상 분쟁을 법에 의하여 해결함으로써 법적 안정을 기하자는 것이므로 부작위위법확인소송의 대상이 될 수 있는 것은 구체적 권리의무에 관한 분쟁이어야 하고 추상적인 법령에 관하여 제정의 여부 등은 그 자체로서 국민의 구체적인 권리의무에 직접적 변동을 초래하는 것이 아니어서 그 소송의 대상이 될 수 없다.

[참고판례]

❶ 행정입법부작위는 헌법소원의 대상이 된다.

법률이 군법무관의 보수를 판사, 검사의 예에 의하도록 규정하면서 그 구체적 내용을 시행령에 위임하고 있다면, 이는 군법무관의 보수의 내용을 법률로써 일차적으로 형성한 것이고, 따라서 상당한 수준의 보수청구권이 인정되는 것이라 해석함이 상당하다. 그러므로 이 사건에서 대통령이 법률의 명시적 위임에도 불구하고 지금까지 해당 시행령을 제정하지 않아 그러한 보수청구권이 보장되지 않고 있다면 그러한 입법부작위는 정당한 이유 없이 청구인들의 재산권을 침해하는 것으로써 헌법에 위반된다(헌법재판소 2004. 2. 26. 선고 2001헌마718 결정).

❷ 행정입법부작위에 대하여 국가배상은 청구할 수 있다.

입법부가 법률로써 행정부에게 특정한 사항을 위임했음에도 불구하고 행정부가 정당한 이유 없이 이를 이

행하지 않는다면 권력분립의 원칙과 법치국가 내지 법치행정의 원칙에 위배되는 것으로서 위법함과 동시에 위헌적인 것이 되는바, 구 군법무관임용법제5조 제3항과 군법무관임용 등에 관한 법률 제6조가 군법무관의 보수를 법관 및 검사의 예에 준하도록 규정하면서 그 구체적 내용을 시행령에 위임하고 있는 이상, 위 법률의 규정들은 군법무관의 보수의 내용을 법률로써 일차적으로 형성한 것이고, 위 법률들에 의해 상당한 수준의 보수청구권이 인정되는 것이므로, 위 보수청구권은 단순한 기대이익을 넘어서는 것으로서 법률의 규정에 의해 인정된 재산권의 한 내용이 되는 것으로 봄이 상당하고, 따라서 행정부가 정당한 이유 없이 시행령을 제정하지 않은 것은 위 보수청구권을 침해하는 불법행위에 해당한다(대법원 2007. 11. 29. 선고 2006다3561 판결).

태양광발전시설 설치를 위한 개발행위허가신청 사건

□ 대법원 2020. 8. 27. 선고 2019두60776 판결

[사실관계]

원고(주식회사 한일에너지)는 2017. 12. 8. 피고(양양군수)에게 강원 양양군 (주소 1 생략) 임야 8,126㎡, (주소 2 생략) 임야 20,470㎡ 중 17,703㎡ 부분 합계 25,829㎡(이하 '이 사건 사업부지'라고 한다)에 태양광발전시설을 설치하기 위하여 국토의 계획 및 이용에 관한 법률(이하 '국토계획법'이라고 한다)에 따른 개발행위(토지형질변경)허가를 신청하였다.

피고는 2018. 6. 1. 원고에게 '이 사건 사업부지 대부분이 고속국도 65호선, 이도 203호선으로부터 100m 이내에 위치하여 구 양양군 개발행위허가 운영지침제6조 제1항 제1호(이하 '이 사건 지침 조항'이라고 한다)에 저촉된다'는 이유로 거부처분을 하였다(이하 '이 사건 처분'이라고 한다).

원고가 이 사건 처분의 취소를 구하는 이 사건 소를 제기하자, 피고는 소송절차에서 이 사건 사업부지에 태양광발전시설이 설치됨으로써 산림이 훼손되고, 주변 경관을 저해하며, 운전자의 눈부심 현상으로 교통 지장 등이 발생할 우려가 있으므로 이 사건 처분은 적법하다고 주장하였다.

[판결요지]

[1] 국토의 계획 및 이용에 관한 법률 제56조 제1항에 따른 개발행위허가 요건에 해당하는지 여부가 행정청의 재량판단 영역에 속하는지 여부(적극) / 환경의 훼손이나 오염을 발생시킬 우려가 있는 개발행위에 대한 행정청의 허가와 관련하여 재량권의 일탈·남용 여부를 심사하는 방법 / '환경오염 발생 우려'와 같이 장래에 발생할 불확실한 상황과 파급효과에 대한 예측이 필요한 요건에 관한 행정청의 재량적 판단은 법원이 존중해야 하는지 여부(원칙적 적극)

국토계획법 제56조 제1항에 의한 개발행위허가는 허가기준 및 금지요건이 불확정개념으로 규정된 부분이 많아 그 요건에 해당하는지 여부는 행정청의 재량판단의 영역에 속한다. 특히 환경의 훼손이나 오염을 발생시킬 우려가 있는 개발행위에 대한 행정청의 허가와 관련하여 재량권의 일탈·남용 여부를 심사할 때에는, 해당 지역 주민들의 토지이용실태와 생활환경 등 구체적 지역 상황과 상반되는 이익을 가진 이해관계자들 사이의 권익 균형 및 환경권의 보호에 관한 각종 규정의 입법 취지 등을 종합하여 신중하게 판단하여야 한다. '환경오염 발생 우려'와 같이 장래에 발생할 불확실한 상황과 파급효과에 대한 예측이 필요한 요건에 관한 행정청의 재량적 판단은 그 내용이 현저히 합리성을 결여하였다거나 상반되는 이익이나 가치를 대비해 볼 때 형평이나 비례의 원칙에 뚜렷하게 배치되는 등의 사정이 없는 한 법원은 이를 존중하는 것이 바람직하다.

[2] 행정규칙의 효력 및 행정규칙에 근거한 처분이 적법한지 판단하는 기준

상급행정기관이 소속 공무원이나 하급행정기관에 대하여 업무처리지침이나 법령의 해석·적용 기준을 정해 주는 '행정규칙'은 일반적으로 행정조직 내부에서만 효력을 가질 뿐 대외적으로 국민이나 법원을 구속하는 효력이 없다. 처분이 행정규칙을 위반하였다고 해서 그러한 사정만으로 곧바로 위법하게 되는 것은 아니고, 처분이 행정규칙을 따른 것이라고 해서 적법성이 보장되는 것도 아니다. 처분이 적법한지는 행정규칙에 적합한지 여부가 아니라 헌법과 법률, 대외적으로 구속력 있는 법령의 규정과 입법 목적, 비례·평등원칙과 같은 법의 일반원칙에 적합한지 여부에 따라 판단해야 한다.

[3] 행정기관의 재량에 속하는 사항에 관한 행정규칙의 경우, 법원은 이를 존중해야 하는지 여부(원칙적 적극)

행정규칙이 이를 정한 행정기관의 재량에 속하는 사항에 관한 것인 때에는 그 규정 내용이 객관적 합리성을 결여하였다는 등의 특별한 사정이 없는 한 법원은 이를 존중하는 것이 바람직하다.

구 국토계획법 시행령 제56조 제1항 [별표 1의2] '개발행위허가기준'은 국토계획법 제58조 제3항의 위임에 따라 제정된 대외적으로 구속력 있는 법규명령에 해당한다. 그러나 구 국토계획법 시행령 제56조 제4항은 국토교통부장관이 제56조 제1항 [별표 1의2]에서 정한 개발행위허가기준에 대한 '세부적인 검토기준'을 정할 수 있다고 규정하였을 뿐이므로, 그에 따라 국토교통부장관이 정한 구 개발행위허가 운영지침은 세부적인 검토기준일 뿐 그 자체가 대외적으로 구속력 있는 규범이라고 볼 수는 없고, 상급행정기관인 국토교통부장관이 소속 공무원이나 하급행정기관에 대하여 개발행위허가업무와 관련하여 국토계획법령에 규정된 개발행위허가기준의 해석·적용에 관한 세부 기준을 정해 주는 '행정규칙'이라고 보아야 한다.

피고가 정한 구 양양군 개발행위허가 운영지침 역시 관계 법령과 구 개발행위허가 운영지침의 범위 안에서 개발행위 허가권자인 피고가 개발행위허가제를 운영하기 위하여 각 지방자치단체의 특성에 맞도록 별도로 마련한 개발행위 허가에 관한 세부적인 검토기준으로, 그 형식 및 내용에 비추어 피고 내부의 사무처리준칙 또는 재량준칙에 불과하므로 일반 국민이나 법원을 구속하는 대외적 구속력은 없다. 한편 태양광 발전시설이 초래할 수 있는 환경훼손의 문제점과 양양군의 지리적·환경적 특성을 고려하면, 이 사건 지침 조항은 양양군 내 발전시설이 주변 환경이나 경관과 조화를 이루고 환경오염·생태계파괴·위해발생 등의 우려가 없도록 국토계획법령의 개발행위허가기준을 구체화한 것이라 볼 수 있고, 발전시설의 이격거리를 100m로 획일적으로 제한하고 있다고 하여 국토계획법령에 반하거나 객관적 합리성을 결여한 것이라고 볼 수 없다.

[4] 항고소송에서 행정청이 처분 당시에 제시한 구체적 사실을 변경하지 않는 범위 내에서 단지 처분의 근거 법령만을 추가·변경하거나 당초의 처분사유를 구체적으로 표시하는 것에 불과한 경우, 새로운 처분사유를 추가·변경하는 것인지 여부(소극)

항고소송에서는 실질적 법치주의와 행정처분의 상대방인 국민에 대한 신뢰보호라는 견지에서 행정청이 당초 처분의 근거로 삼은 사유와 기본적 사실관계에 있어서 동일성이 있다고 인정되지 않는 별개의 사실을 들어 처분사유로 주장함은 허용되지 않는다. 여기서 기본적 사실관계의 동일성 유무는 처분사유를 법률적으로 평가하기 이전의 구체적인 사실에 착안하여 그 기초가 되는 사회적 사실관계가 기본적인 점에서 동일한지 여부에 따라 결정된다(이를 '처분사유 추가·변경 제한 법리'라고 한다). 그러나 행정청이 처분 당시에 제시한 구체적 사실을 변경하지 않는 범위 내에서 단지 처분의 근거 법령만을 추가·변경하거나 당초의 처분사유를 구체적으로 표시하는 것에 불과한 경우에는 새로운 처분사유를 추가하거나 변경하는 것이라고 볼 수 없다.

[5] 개발행위허가신청에 대하여 행정청이 처분서에 불확정개념으로 규정된 법령상의 허가기준 등을 충족하지 못하였다는 취지만 간략히 기재하여 거부처분을 한 경우, 소송절차에서 행정청은 처분사유를 구체화하여야 하는지 여부(적극) 및 개발행위허가 거부처분의 효력을 다투는 원고는 행정청이 제시한 구체적인 판단과 근거에 재량권 일탈·남용의 위법이 있음을 밝히기 위해 추가적인 주장 및 자료를 제출할 필요가 있는지 여부(적극)

개발행위허가신청에 대하여 행정청이 거부처분을 하면서 처분서에 불확정개념으로 규정된 법령상 허가기준을 충족하지 못한다는 취지만을 간략하게 기재하였다면, 소송절차에서 행정청은 그와 같은 판단을 하게 된 근거나 자료 등을 제시하여 처분사유를 구체화하여야 하며, 재량행위인 개발행위허가 거부처분의 효력을 다투는 원고로서는 행정청이 제시한 구체적인 판단과 근거에 재량권 일탈·남용의 위법이 있음을 밝히기 위하여 소송에서 추가적인 주장을 하고 자료를 제출할 필요가 있다.

피고가 이 사건 처분을 하면서 '원고가 시행하려는 사업계획이 이 사건 지침 조항에 저촉된다'는 이유를 제시하였고, 이 사건 소송절차에서 '이 사건 사업부지에 태양광발전시설이 설치됨으로써 산림이 훼손되고, 주변 경관을 저해하며, 운전자에게 눈부심 현상을 발생시키는 등으로 교통 지장이 초래될 우려가 있다'고 주장하였다고 하더라도, 이는 새로운 처분사유를 추가로 주장하는 것이 아니라, 당초 처분사유를 구체적으로 설명한 것에 불과하다고 보아야 한다.

[참고판례]

❶ 상위 법령의 위임 없이 제정된 시행규칙은 행정규칙이다.

1) 노동조합법 시행규칙 제2조 제4호

노동조합 및 노동관계조정법 제10조 제1항, 제12조 제2항, 제3항 제2호, 구 노동조합 및 노동관계조정법 시행규칙 제2조의 내용이나 체계, 취지 등을 종합하면, 구 노동조합법 시행규칙이 제2조 제4호에서 설립신고의 대상이 되는 노동조합이 '2 이상의 사업 또는 사업장의 근로자로 구성된 단위노동조합인 경우 사업 또는 사업장별 명칭, 조합원 수, 대표자의 성명'에 관한 서류를 설립신고서에 첨부하여 제출하도록 규정한 것은 상위 법령의 위임 없이 규정한 것이어서 일반 국민에 대하여 구속력을 가지는 법규명령으로서의 효력은 없다. 따라서 행정관청은 구 노동조합법 시행규칙 제2조 제4호가 정한 사항에 관한 보완이 이루어지지 아니하였다는 사유를 들어 설립신고서를 반려할 수는 없다(대법원 2015. 6. 25. 선고 2007두4995 전원합의체 판결).

2) 공기업 · 준정부기관 계약사무규칙

[1] 법령의 위임이 없음에도 법령에 규정된 처분 요건에 해당하는 사항을 부령에서 변경하여 규정한 경우, 부령 규정의 법적 성격 및 처분의 적법 여부를 판단하는 기준

법령에서 행정처분의 요건 중 일부 사항을 부령으로 정할 것을 위임한 데 따라 시행규칙 등 부령에서 이를 정한 경우에 그 부령의 규정은 국민에 대해서도 구속력이 있는 법규명령에 해당한다고 할 것이지만, 법령의 위임이 없음에도 법령에 규정된 처분 요건에 해당하는 사항을 부령에서 변경하여 규정한 경우에는 그 부령의 규정은 행정청 내부의 사무처리 기준 등을 정한 것으로서 행정조직 내에서 적용되는 행정명령의 성격을 지닐 뿐 국민에 대한 대외적 구속력은 없다고 보아야 한다. 따라서 어떤 행정처분이 그와 같이 법규성이 없는 시행규칙 등의 규정에 위배된다고 하더라도 그 이유만으로 처분이 위법하게 되는 것은 아니라 할 것이고, 또 그 규칙 등에서 정한 요건에 부합한다고 하여 반드시 그 처분이 적법한 것이라고 할 수도 없다. 이 경우 처분의 적법 여부는 그러한 규칙 등에서 정한 요건에 합치하는지 여부가 아니라 일반 국민에 대하여 구속력을 가지는 법률 등 법규성이 있는 관계 법령의 규정을 기준으로 판단하여야 한다.

[2] 공공기관의 운영에 관한 법률 제39조 제3항의 위임에 따라 제정된 기획재정부령인 '공기업 · 준정부기관 계약사무규칙' 제15조 제1항의 법적 성격(=행정규칙)

공공기관의 운영에 관한 법률(이하 '공공기관법'이라 한다) 제39조 제2항, 제3항 및 그 위임에 따라 기획재정부령으로 제정된 '공기업 · 준정부기관 계약사무규칙' 제15조 제1항(이하 '이 사건 규칙 조항'이라 한다)의 내용을 대비해 보면, 입찰참가자격 제한의 요건을 공공기관법에서는 '공정한 경쟁이나 계약의 적정한 이행을 해칠 것이 명백할 것'을 규정하고 있는 반면, 이 사건 규칙 조항에서는 '경쟁의 공정한 집행이나 계약의 적정한 이행을 해칠 우려가 있거나 입찰에 참가시키는 것이 부적합하다고 인정되는 자'라고 규정함으로써, 이 사건 규칙 조항이 법률에 규정된 것보다 한층 완화된 처분요건을 규정하여 그 처분대상을 확대하고 있다.

그러나 공공기관법 제39조 제3항에서 부령에 위임한 것은 '입찰참가자격의 제한기준 등에 관하여 필요한 사항'일 뿐이고, 이는 그 규정의 문언상 입찰참가자격을 제한하면서 그 기간의 정도와 가중·감경 등에 관한 사항을 의미하는 것이지 처분의 요건까지를 위임한 것이라고 볼 수는 없다. 따라서 이 사건 규칙 조항에서 위와 같이 처분의 요건을 완화하여 정한 것은 상위법령의 위임 없이 규정한 것이므로 이는 행정기관 내부의 사무처리준칙을 정한 것에 지나지 않는다(대법원 2013. 9. 12. 선고 2011두10584 판결).

3) 검찰보존사무규칙

구 정보공개법 제7조 제1항 제1호 소정의 '법률에 의한 명령'은 법률의 위임규정에 의하여 제정된 대통령령, 총리령, 부령 전부를 의미한다기보다는 정보의 공개에 관하여 법률의 구체적인 위임 아래 제정된 법규명령(위임명령)을 의미한다고 보아야 할 것인바, 검찰보존사무규칙은 비록 법무부령으로 되어 있으나, 그 중 불기소사건기록 등의 열람·등사에 대하여 제한하고 있는 부분은 위임 근거가 없어 행정기관 내부의 사무처리준칙으로서 행정규칙에 불과하므로, 위 규칙에 의한 열람·등사의 제한을 구 정보공개법 제7조 제1항 제1호의 '다른 법률 또는 법률에 의한 명령에 의하여 비공개사항으로 규정된 경우'에 해당한다고 볼 수 없다(대법원 2004. 9. 23. 선고 2003두1370 판결).

❷ 상위 법령의 위임을 받아 제정된 시행규칙 형식으로 정한 제재처분기준은 행정규칙이다.

도로교통법시행규칙 제53조 제1항이 정한 [별표 16]의 운전면허행정처분기준은 부령의 형식으로 되어 있으나, 그 규정의 성질과 내용이 운전면허의 취소처분 등에 관한 사무처리기준과 처분절차 등 행정청 내부의 사무처리준칙을 규정한 것에 지나지 아니하므로 대외적으로 국민이나 법원을 기속하는 효력이 없으므로, 자동차운전면허취소처분의 적법 여부는 그 운전면허행정처분기준만에 의하여 판단할 것이 아니라 도로교통법의 규정 내용과 취지에 따라 판단되어야 한다(대법원 1997. 5. 30. 선고 96누5773 판결).

❸ 법무부장관이 제정한 공증인의 「집행증서 작성사무 지침」은 행정규칙이다.

[1] 공증인이 직무수행을 하면서 공증인의 감독기관인 법무부장관이 제정한 '집행증서 작성사무 지침'을 위반한 경우, 공증인법 제79조 제1호에 근거한 직무상 명령을 위반한 것인지 여부(적극)

일반적으로 상급행정기관은 소속 공무원이나 하급행정기관에 대하여 업무처리지침이나 법령의 해석·적용 기준을 정해주는 '행정규칙'을 제정할 수 있다. 공증인은 직무에 관하여 공무원의 지위를 가지고, 법무부장관은 공증인에 대한 감독기관이므로 공증인법 제79조 제1호에 근거한 직무상 명령을 개별·구체적인 지시의 형식으로 할 수도 있으나, 행정규칙의 형식으로 일반적인 기준을 제시하거나 의무를 부과할 수도 있다.

법무부장관은 공증인의 '집행증서'(이는 법령상 용어는 아니고 강제집행을 승낙하는 의사표시가 기재되어 민사집행법에 따른 강제집행의 집행권원이 되는 공정증서를 강학상, 실무상으로 지칭하는 용어이다) 작성 사무에 관한 사항을 정하여 그 사무의 적절성과 공정성을 확보하고 집행증서 작성 과정에서 집행채무자의 권리가 부당하게 침해되는 것을 방지함을 목적으로, 2013. 10. 1. '집행증서 작성사무 지침'을 제정하였다. 이는 공증인의 감독기관인 법무부장관이 상위법령의 구체적인 위임 없이 공증인이 직무수행에서 준수하여야 할 세부적인 사항을 규정한 '행정규칙'이라고 보아야 한다. 따라서 공증인이 직무수행에서 위 지침을 위반한 경우에는 공증인법 제79조 제1호에 근거한 직무상 명령을 위반한 것이다.

[2] 행정규칙의 내용이 상위법령에 반하는 경우, 당연무효인지 여부(적극) 및 법원이 위 행정규칙에 따라 행정기관이 한 조치의 당부를 판단하는 방법

'행정규칙'은 상위법령의 구체적 위임이 있지 않는 한 행정조직 내부에서만 효력을 가질 뿐 대외적으로 국민이나 법원을 구속하는 효력이 없다. 다만 행정규칙이 이를 정한 행정기관의 재량에 속하는 사항에 관한 것인 때에는 그 규정 내용이 객관적 합리성을 결여하였다는 등의 특별한 사정이 없는 한 법원은 이를 존중하는 것이 바람직하다. 그러나 행정규칙의 내용이 상위법령에 반하는 것이라면 법치국가원리에서 파생되는 법질서의 통일성과 모순금지 원칙에 따라 그것은 법질서상 당연무효이고, 행정내부적 효력도 인정될 수 없다. 이러한 경우 법원은 해당 행정규칙이 법질서상 부존재하는 것으로 취급하여 행정기관이 한 조치의 당부를 상위법령의 규정과 입법 목적 등에 따라서 판단하여야 한다(대법원 2020. 11. 26. 선고 2020두42262 판결).

❹ 수질오염공정시험기준은 행정규칙이다.

수질오염물질을 측정하는 경우 시료채취의 방법, 오염물질 측정의 방법 등을 정한 구 수질오염공정시험기준은 형식 및 내용에 비추어 행정기관 내부의 사무처리준칙에 불과하므로 일반 국민이나 법원을 구속하는 대외적 구속력은 없다. 따라서 시료채취의 방법 등이 위 고시에서 정한 절차에 위반된다고 하여 그러한 사정만으로 곧바로 그에 기초하여 내려진 행정처분이 위법하다고 볼 수는 없고, 관계 법령의 규정 내용과 취지 등에 비추어 절차상 하자가 채취된 시료를 객관적인 자료로 활용할 수 없을 정도로 중대한지에 따라 판단되어야 한다. 다만 이때에도 시료의 채취와 보존, 검사방법의 적법성 또는 적절성이 담보되어 시료를 객관적인 자료로 활용할 수 있고 그에 따른 실험결과를 믿을 수 있다는 사정은 행정청이 증명책임을 부담하는 것이 원칙이다(대법원 2022. 9. 16. 선고 2021두58912 판결).

❺ 공정거래위원회의 「과징금부과 세부기준 등에 관한 고시」는 재량준칙이다.

독점규제 및 공정거래에 관한 법령(이하 '공정거래법령'이라 한다)은 과징금 산정에 필요한 참작사유를 포괄적·예시적으로 규정하면서 구체적인 고려사항과 세부기준은 공정거래위원회의 고시에 위임하고 있음을 알 수 있다. 공정거래위원회가 구 「과징금부과 세부기준 등에 관한 고시」 Ⅳ. 3. 나. (4)항(이하 '이 사건 고시조항'이라 한다)에서 2차 조정을 위한 가중사유로 "위반사업자 또는 그 소속 임원·종업원이 위반행위 조사를 거부·방해 또는 기피한 경우"를 정한 것은 위와 같은 법령의 규정과 위임에 근거를 두고 있다.

한편 공정거래위원회는 공정거래법령상 과징금 상한의 범위에서 과징금 부과 여부와 과징금 액수를 정할 재량을 가지고 있다. 이 사건 고시조항은 과징금 산정에 관한 재량권 행사의 기준으로 마련된 행정청 내부의 사무처리준칙, 즉 재량준칙이다. 이러한 재량준칙은 그 기준이 헌법이나 법률에 합치되지 않거나 객관적으로 합리적이라고 볼 수 없어 재량권을 남용한 것이라고 인정되지 않는 이상 가급적 존중되어야 한다(대법원 2020. 11. 12. 선고 2017두36212 판결).

택시 무사고 운전경력자 우대 사건

□ 대법원 2009. 7. 9. 선고 2008두11099 판결

[사실관계]

甲은 이 사건 면허신청 공고일 현재 택시 무사고 운전경력 11년 1월 23일에 동일 택시회사 5년 이상 근속경력, 버스 무사고 운전경력 11년 2월 11일, 화물자동차 무사고 운전경력 3년 1월 23일의 운전경력자로서 이 사건 규정 [별표] 제1순위 가.항에 해당하는 자인바, 피고 乙(동해시장)을 상대로 개인택시운송사업 면허신청을 하였다. 乙은 2006. 6. 23. 이 사건 모집공고에 따른 신청자들 중에서 면허발급 제1순위 가.항에 해당하는 택시 무사고 운전경력자들을 택시 무사고 운전경력이 오래된 순서대로 순위를 정하여 그 중 소외인 등 10명을 개인택시운송사업 신규면허 대상자로 확정하는 한편, 같은 날 甲은 11년 1월 23일의 택시 무사고 운전경력자로서 제1순위 가.항에 해당하나 위 소외인 등 10명의 택시 무사고 운전경력자들보다 후순위로서 면허순위가 32위에 해당한다는 이유로 개인택시운송사업 면허대상자에서 제외하는 처분(이하 '이 사건 처분'이라고 한다)을 하였다.

이에 甲은 乙이 甲을 개인택시 운송사업 면허대상자에서 제외한 이 사건 처분이 그 재량권의 범위를 일탈·남용한 것이어서 위법하다고 주장하며 취소소송을 제기하였다.

[판결요지]

[1] 개인택시운송사업면허의 성질

여객자동차 운수사업법에 의한 개인택시운송사업면허는 특정인에게 권리나 이익을 부여하는 행정행위로서 법령에 특별한 규정이 없는 한 재량행위이고, 위 법과 그 시행규칙의 범위 내에서 면허를 위하여 필요한 기준을 정하는 것 역시 행정청의 재량에 속하는 것이므로, 그 설정된 기준이 객관적으로 보아 합리적이 아니라거나 타당하지 않다고 볼 만한 다른 특별한 사정이 없는 이상 행정청의 의사는 가능한 한 존중되어야 할 것인바, 행정청이 개인택시운송사업의 면허를 발급함에 있어 택시 운전경력의 업무적 유사성과 유용성 등 해당 면허와의 상관성에 대한 고려와 함께 당해 행정청 관내 운송사업 및 면허발급의 현황과 장기적인 전망 및 대책 등을 포함한 정책적 고려까지 감안하여 택시 운전경력자를 일정 부분 우대하는 처분을 하게 된 것이라면, 그러한 차별적 취급의 근거로 삼은 행정청의 합목적적 평가 및 정책적 고려 등에 사실의 왜곡이나 현저한 불합리가 인정되지 아니하는 한 그 때문에 택시 이외의 운전경력자에게 반사적인 불이익이 초래된다는 결과만을 들어 그러한 행정청의 조치가 불합리 혹은 부당하여 재량권을 일탈·남용한 위법이 있다고 볼 수는 없다.

[2] 택시운전경력자를 우선하도록 한 이 사건 규정 및 이 사건 처분의 적법여부

피고 시가 관내 개인택시 면허발급의 우선순위를 정함에 있어 1차적으로 버스나 다른 사업용 자동차의 운전경력보다 택시 운전경력을 우대하는 것에 더하여, 동일 순위 내 경합이 있으면 다시 택시운전경력자를 우선하도록 하는 내용의 이 사건 규정을 둔 취지는, 그 면허의 대상이 개인택시운송사업이어서 거기에 종

사하게 될 자를 정함에 있어서는 버스나 다른 사업용 자동차의 운전경력에 비해 업무의 유사성이 높은 택시운전경력이 더욱 유용하다는 판단과 아울러, 피고 시의 지역 실정상 택시기사 부족사태의 해결 및 균형적인 여객운송사업의 발전을 도모하기 위해서는 관내 안정적인 영업 기반을 갖춘 택시회사의 영업활동에 대한 지원이 필요하다는 판단이 주로 고려된 것으로 보이고, 여기에다가 이 사건 규정을 신뢰하고 장기간 근무하고 있는 관내 택시회사 운전자들의 신뢰이익을 보호할 필요가 있으며, 그로 말미암아 원고와 같은 택시 이외의 운전경력자가 입는 불이익은 정당한 행정목적 달성을 위한 수익적 행정행위에 따르는 반사적인 것에 불과하다는 점까지 보태어 보면, 이 사건 규정 제4조 제2항은 합목적적인 행정의 수단 내지 기준으로서 나름대로 합리적이고 타당한 것이라 할 것이고, 위 규정 및 이 사건 면허계획공고에 정한 우선순위에 따라 면허발급대상인원보다 후순위인 원고에 대한 이 사건 제외처분 역시 마찬가지로 적법하다고 보아야 할 것이다.

행정청이 개인택시운송사업의 면허를 발급하면서 택시 운전경력의 업무적 유사성과 유용성 등 해당 면허와의 상관성에 대한 고려와 함께 당해 행정청 관내 운송사업 및 면허발급의 현황과 장기적인 전망 및 대책 등을 포함한 정책적 고려까지 감안하여 '택시' 운전경력자를 일정 부분 우대하는 처분을 하게 된 것이라면, 그러한 차별적 취급의 근거로 삼은 행정청의 합목적적 평가 및 정책적 고려 등에 사실의 왜곡이나 현저한 불합리가 인정되지 않는 한 그 때문에 택시 이외의 운전경력자에게 반사적인 불이익이 초래된다는 결과만을 들어 그러한 행정청의 조치가 불합리 혹은 부당하여 재량권을 일탈·남용한 위법이 있다고 볼 수는 없다.

시간외 영업 사건

□ 대법원 1993. 6. 29. 선고 93누5635 판결

[사실관계]

대중음식업자인 원고 甲은 1992년 2월 11일 02시 10분경까지 지정된 영업시간을 초과하여 시간외 영업을 하였고, 3개의 밀실과 가라오케를 설치하여 식품위생법 제21조, 제31조를 위반하였다. 이에 강남구청장(피고)은 동법 제57조, 제58조 및 동법 시행규칙 제53조에 따른 [별표15]의 처분기준에 따라, 甲이 가라오케 시설을 하여 허가업종을 1차 위반하여 유흥접객업 행위를 한 것은 영업정지 2월, 1차 시간외 영업을 한 것은 영업정지 1월이나 중한 처분기준 2월에 1월의 1/2인 15일을 더하여 2월 15일의 영업정지처분과, 밀실을 설치하여 시설기준을 1차 위반한 것은 시설개수명령을 내렸다.

이에 甲은 2월 15일의 영업정지처분은 재량을 남용한 위법한 처분이라고 하여 취소소송을 제기하였다.

[판결요지]

[1] 식품위생법시행규칙 제53조 별표 15의 법규성 유무

식품위생법시행규칙 제53조에서 별표 15로 같은 법 제58조에 따른 행정처분의 기준을 정하였다 하더라도, 이는 형식은 부령으로 되어 있으나 성질은 행정기관 내부의 사무처리준칙을 규정한 것에 불과한 것으로서 보건사회부장관이 관계행정기관 및 직원에 대하여 직무권한행사의 지침을 정하여 주기 위하여 발한 행정명령의 성질을 가지는 것이지 같은 법 제58조 제1항의 규정에 의하여 보장된 재량권을 기속하는 것이라고 할 수 없고, 대외적으로 국민이나 법원을 기속하는 힘이 있는 것은 아니다.

[2] 수익적 행정처분을 취소할 수 있는 경우

행정청이 수익적 행정처분을 취소하거나 중지시키는 경우에는 이미 부여된 국민의 기득권을 침해하는 것이 되므로 비록 취소 등의 사유가 있더라도 취소권 등의 행사는 기득권의 침해를 정당화할 만한 중대한 공익상 필요 또는 제3자의 이익보호의 필요가 있는 때에 한하여 상대방이 받는 불이익과 비교교량하여 결정하여야 하고 그 처분으로 인하여 공익상 필요보다 상대방이 받게 되는 불이익 등이 막대한 경우에는 재량권의 한계를 일탈한 것으로서 그 자체가 위법임을 면치 못한다.

[3] 별표 15의 행정처분기준을 따르지 아니하고 특정인에 대하여만 그 기준을 초과하는 처분을 한 경우 그 행정처분의 효력

식품위생법시행규칙 제53조에 따른 별표 15의 행정처분기준은 행정기관 내부의 사무처리준칙을 규정한 것에 불과하기는 하지만, 위 규칙 제53조 단서의 식품 등의 수급정책 및 국민보건에 중대한 영향을 미치는 특별한 사유가 없는 한 행정청은 당해 위반사항에 대하여 위 처분기준에 따라 행정처분을 함이 보통이라 할 것이므로, 만일 행정청이 이러한 처분기준을 따르지 아니하고 특정한 개인에 대하여만 위 처분기준을 과도하게 초과하는 처분을 한 경우에는 일응 재량권의 한계를 일탈하였다고 볼 만한 여지가 충분하다고 할 것인바, 기록에 의하면, 피고는 위 시행규칙 제53조에 따른 별표 15의 행정처분기준에 따라, 원고가

가라오케시설을 하여 허가업종을 1차 위반하여 유흥접객업행위를 한 것은 영업정지 2월, 1차 시간외 영업을 한 것은 영업정지 1월, 밀실을 설치하여 시설기준을 1차 위반한 것은 시설개수명령에 각 해당하는 것으로 보아, 영업정지처분사유 중 중한 처분기준인 위 2월에 나머지 경한 처분인 1월의 2분의 1인 15일을 더하여 원고에 대하여 2월 15일의 영업정지처분과 시설개수명령을 한 사실을 엿볼 수 있는데, 원심의 판단과 같이 원고가 허가업종을 위반하여 유흥접객업을 한 것으로 볼 수 없다면, 원고의 나머지 위반사유만으로는 위 행정처분기준에 의하면 1월의 영업정지처분과 시설개수명령에 해당한다고 할 것이어서, 결과적으로 피고는 내부의 사무처리준칙을 따르지 아니하고 원고에 대하여 존재하지 아니하는 위반사유를 추가하여 2월 15일의 영업정지처분과 시설개수명령을 한 셈이 되고, 여기에 원고가 이 사건 영업정지처분을 받게 된 경위, 위반정도, 위 업소의 규모 등 기록에 나타난 제반사정을 참작하여 보면, 비록 원고가 위 업소의 영업허가를 받기 이전부터 1개월이 넘도록 위 업소를 허가 없이 운영하여 왔고 원고의 위 영업시간위반이 2시간이나 넘었다 하더라도 위 행정처분기준을 훨씬 초과하여 2월 15일의 영업정지처분을 한 것은 재량권의 한계를 일탈하였거나 재량권을 남용한 위법을 범하였다는 비난을 면하기 어렵다고 할 것이다.

기출문제

│변시14│ 甲은 2013. 3. 15. 전 영업주인 乙로부터 등록 대상 석유판매업인 주유소의 사업 일체를 양수받고 잔금지급액에 다소 이견이 있는 상태에서, 2013. 3. 28. 석유 및 석유대체연료 사업법 (이하 '법'이라 함) 제10조 제3항에 따라 관할 행정청인 A시장에게 성명, 주소 및 대표자 등의 변경등록을 한 후 2013. 4. 5.부터 '유정주유소'라는 상호로 석유판매업을 영위하고 있다. 그런데 A시장이 2013. 5. 7. 관할구역 내 주유소의 휘발유 시료를 채취하여 한국석유관리원에 위탁하여 검사한 결과 '유정주유소'와 인근 '상원주유소'에서 취급하는 휘발유에 경유가 1% 정도 혼합된 것으로 밝혀졌다. (중략) A시장은 2013. 6. 7. 甲에 대하여 청문 절차를 거치지 아니한 채 법 제13조 제3항 제1제2호에 따라 석유판매업등록을 취소하는 처분(이하 '당초처분'이라 함)을 하였다. (중략)

한편, 법 제13조 제4항은 "위반행위별 처분기준은 산업통상자원부령으로 정한다."라고 되어 있고, 법 시행규칙 [별표 1] 행정처분의 기준 중 개별 기준 2. 다목은 "제29조 제1항 제1호를 위반하여 가짜석유제품을 제조·수입·저장·운송·보관 또는 판매한 경우"에 해당하면 '1회 위반 시 사업정지 1개월, 2회 위반 시 사업정지 3개월, 3회 위반 시 등록취소 또는 영업장 폐쇄'로 규정되어 있다고 가정한다.

1. 위 산업통상자원부령 [별표 1] 행정처분의 기준에 대한 법원의 사법적 통제 방법은? **(25점)** - 시행규칙 형식의 제재처분기준의 법적 성질, 행정규칙에 대한 사법적 통제 방법

특별사면과 입찰참가자격제한처분 사건

□ 대법원 2018. 5. 15. 선고 2016두57984 판결

[사실관계]

원고 금강건설 주식회사는 토목건축공사업을 목적으로, 원고 태하건설 주식회사는 토목공사업을 목적으로 각 설립된 주식회사이다. 원고 금강건설의 대표이사였던 소외 1은 '2011. 10.경부터 2012. 5.경까지 나라장터 전자입찰에서 악성 프로그램을 이용하여 낙찰 하한가를 알아낸 다음 낙찰 가능한 입찰금액으로 투찰하였다'(이하 '이 사건 부정행위'라고 한다)는 범죄사실로 컴퓨터등사용사기죄, 입찰방해죄로 공소제기되어 2014. 2. 13. 징역 2년 집행유예 3년의 유죄판결을 선고받았고, 위 판결은 2014. 2. 21. 확정되었다.

위 나라장터 전자입찰 해킹 부정행위로 인하여 원고들은 다음과 같이 입찰참가자격 제한처분을 받았다. 동해시는 원고들에 대하여 2014. 5. 7.부터 2015. 5. 6.까지 입찰참가자격 제한처분을 내렸는데, 제한기간이 2015. 1. 7.부터 2015. 10. 2.까지로 변경되었다가 원고들의 집행정지신청(2015. 2. 4.부터 2015. 6. 2.까지)이 받아들여져 2015. 6. 3.부터 2016. 1. 29.까지로 재차 변경되었다. 춘천시는 원고 금강토건에 대하여 2014. 5. 12.부터 2015. 5. 11.까지 1년간 입찰참가자격 제한처분을 내렸는데, 원고 금강토건의 집행정지신청이 받아들여져 2016. 3. 14.까지로 변경되었다.

피고는 2015. 12. 29. 원고들에 대하여 지방자치단체를 당사자로 하는 계약에 관한 법률 제31조 제1항, 같은 법 시행령 제92조 제1항 제18호, 같은 법 규칙 제76조 제1항 [별표2]의 20. 나.항에 따라 2016. 1. 11.부터 2016. 6. 10.까지 5개월간의 입찰참가자격제한처분(이하 '이 사건 처분'이라고 한다)을 내렸다.

한편, 2015년 광복 70주년 특별사면조치는 2015. 8. 13. 이전의 처분으로 건설관련업체 및 건설기술자가 받고 있는 입찰참가자격제한 또는 그 입찰참가자격제한의 원인이 되는 처분의 해제를 그 내용으로 한다. 광복 70주년 특별사면조치에 따라 동해시는 원고들에 대하여, 춘천시는 원고 금강토건에 대하여 입찰참가자격제한처분을 해제하였다.

그런데 피고(강원도 철원군수)는 이 사건 특별사면조치 이후인 2015. 12. 29. 이 사건 부정행위를 들어 원고들에 대하여 「지방자치단체를 당사자로 하는 계약에 관한 법률」(이하 '지방계약법'이라고 한다) 제31조 제1항, 같은 법 시행령 제92조 제1항 제18호, 같은 법 시행규칙(이하 '지방계약법 시행규칙'이라고 한다) 제76조 제1항 [별표 2]의 20. 나.항에 따라 2016. 1. 11.부터 2016. 6. 10.까지 5개월간의 입찰참가자격 제한처분(이하 '이 사건 처분'이라고 한다)을 하였다.

이에 원고는 '광복 70주년 특별사면조치는 발생원인사실을 기준으로 해제대상을 정하였는데, 피고는 그의 사정으로 소외 1이 확정판결을 받은 지 2년 가까이 지나도록 행정처분을 하지 않고 있다가 이 사건 특별사면조치 이후에 이 사건 처분을 하였으므로 이 사건 처분은 평등의 원칙 내지 신뢰보호원칙에 반하여 재량권을 일탈·남용한 위법이 있다'고 주장하면서 이 사건 처분에 대한 취소소송을 제기하였다.

[판결요지]

[1] 제재적 행정처분이 재량권의 범위를 일탈·남용하였는지 판단하는 방법 및 제재적 행정처분의 기준이 부령의 형식으로 되어 있는 경우, 그 기준에 따른 처분이 적법한지 판단하는 방법

제재적 행정처분이 재량권의 범위를 일탈하였거나 남용하였는지 여부는 처분사유인 위반행위의 내용과 위반의 정도, 처분에 의하여 달성하려는 공익상의 필요와 개인이 입게 될 불이익 및 이에 따르는 제반 사정 등을 객관적으로 심리하여 공익침해의 정도와 처분으로 인하여 개인이 입게 될 불이익을 비교·교량하여 판단하여야 한다.

이러한 제재적 행정처분의 기준이 부령 형식으로 규정되어 있더라도 그것은 행정청 내부의 사무처리준칙을 규정한 것에 지나지 않아 대외적으로 국민이나 법원을 기속하는 효력이 없다. 따라서 그 처분의 적법 여부는 처분기준만이 아니라 관계 법령의 규정 내용과 취지에 따라 판단하여야 한다. 그러므로 처분기준에 부합한다고 하여 곧바로 처분이 적법한 것이라고 할 수는 없지만, 처분기준이 그 자체로 헌법 또는 법률에 합치되지 않거나 그 기준을 적용한 결과가 처분사유인 위반행위의 내용 및 관계 법령의 규정과 취지에 비추어 현저히 부당하다고 인정할 만한 합리적인 이유가 없는 한, 섣불리 그 기준에 따른 처분이 재량권의 범위를 일탈하였다거나 재량권을 남용한 것으로 판단해서는 안 된다.

[2] 특별사면이 있은 후 행정청이 그 이전의 범죄사실에 따른 입찰참가자격 제한처분을 한 경우, 처분이 지연되지 않았다면 특별사면 대상이 될 수 있었다는 사정만으로 입찰참가자격 제한처분이 위법하다고 볼 수 있는지 여부(소극) 및 이 경우 입찰참가자격 제한처분에 관한 재량권 일탈·남용이 인정되는지 판단하는 방법

특별사면은 사면권자의 고도의 정치적·정책적 판단에 따른 시혜적인 조치이고, 특별사면 진행 여부 및 그 적용 범위는 사전에 예상하기 곤란할 뿐 아니라, 처분청에게 처분상대방이 특별사면 대상이 되도록 신속하게 절차를 진행할 의무까지 인정된다고 보기도 어렵다. 따라서 처분이 지연되지 않았다면 특별사면 대상이 될 수 있었다는 사정만으로 입찰참가자격 제한처분이 위법하다고 볼 수는 없다. 다만 법원으로서는 처분이 지연된 경위, 지연된 처분에 따른 사면 대상 제외 이외에 처분상대방이 입게 된 특별한 불이익이 있는지, 그 밖의 감경사유는 없는지, 처분상대방에 대한 제재의 필요성, 처분상대방이 처분 지연으로 인하여 특별사면의 혜택을 누리게 되지 못한 점이 처분 양정에 고려되었는지, 처분 결과가 비례와 형평에 반하는지 등을 종합적으로 고려하여 입찰참가자격 제한처분에 관한 재량권 일탈·남용이 인정되는지를 판단할 수 있을 따름이다.

[유사판례]

[1] 제재적 행정처분이 재량권의 범위를 일탈하였거나 남용하였는지는 처분사유인 위반행위의 내용과 위반의 정도, 처분에 의하여 달성하려는 공익상의 필요와 개인이 입게 될 불이익 및 이에 따르는 여러 사정 등을 객관적으로 심리하여 공익침해의 정도와 처분으로 개인이 입게 될 불이익을 비교·교량하여 판단하여야 한다. 이러한 제재적 행정처분의 기준이 부령 형식으로 규정되어 있더라도 그것은 행정청 내부의 사무처리준칙을 규정한 것에 지나지 않아 대외적으로 국민이나 법원을 기속하는 효력이 없다. 따라서 그 처분의 적법 여부는 처분기준만이 아니라 관계 법령의 규정 내용과 취지에 따라 판단하여야 한다. 그러므로 처분기준에 부합한다 하여 곧바로 처분이 적법한 것이라고 할 수는 없지만, 처분기준이 그 자체로 헌법 또는 법률에 합치되지 않거나 그 기준을 적용한 결과가 처분사유인 위반행위의 내용 및 관계 법령의 규정과 취지에 비추어 현저히 부당하다고 인정할 만한 합리적인 이유가 없는 한, 섣불리 그 기준에 따른 처분이 재량권의 범위를 일탈하였다거나 재량권을 남용한 것으로 판단해서는 안 된다.

[2] 구 근로자직업능력 개발법(이하 '구 직업능력개발법'이라 한다)이 직업능력개발훈련과정의 인정을 받은 사람이 '거짓이나 그 밖의 부정한 방법으로 비용을 지급받은 경우' 부정수급액의 반환명령 및 추가징수를 통한 환수 외에 '시정명령·훈련과정 인정취소·인정제한'을 할 수 있도록 규정한 취지는, 부정수급자를 엄중하게 제재하여 부정수급 행위를 방지하고 직업능력개발훈련에 대한 건전한 신뢰와 법질서를 확립하며 직업능력개발훈련 지원금 예산의 재정건전성을 유지하고자 함에 있다. 이와 같은 구 직업능력개발법 제24조 제2항, 제3항의 입법 취지나 목적, 그에 따른 인정취소 및 위탁·인정제한의 세부기준을 정한 구 근로자직업능력 개발법 시행규 조항들의 구체적인 내용 등에 비추어 보면, 같은 시행규칙 제8조의2 [별표 2]에서 정한 기준이 그 자체로 헌법 또는 법률에 합치되지 않는다거나 그 처분기준을 적용한 결과가 현저히 부당하다고 보이지 않는다(대법원 2022. 4. 14. 선고 2021두60960 판결).

시외버스운송사업계획 변경인가처분 사건

□ 대법원 2006. 6. 27. 선고 2003두4355 판결

[사실관계]

원고(대우여객자동차 주식회사)는 울산역에서 출발하여 공업탑, 시청, 동강병원, 범서, 언양을 경유하여 덕현(석남사)까지 가는 시내버스노선을 운행하는 울산광역시 시내버스운송사업자이고, 피고 보조참가인(경남버스 주식회사 외 3인, 이하 '참가인'이라 한다)들은 피고(경상남도지사)로부터 각 노선여객자동차운송사업면허를 받아 시외버스운송사업을 하는 사업자들이다.

피고는 1999. 4. 23. 여객자동차운수사업법(2000. 1. 28. 법률 제6240호로 개정되기 전의 것, 이하 "법"이라 한다) 제11조 제1항에 따라 (1) 참가인 경남버스 주식회사 및 주식회사 세원(이하 '경남버스', '세원'이라 한다)에 대하여는 기점은 울산, 경유지는 고속도, 언양, 고속도, 종점은 신평, 거리는 37.8㎞, 횟수는 4회, 수단은 직행인 종전의 운행계통을 1회로 줄이는 한편, 기점은 울산, 경유지는 고속도(언양 무정차), 덕현(또는 석남사), 얼음골, 남명, 종점은 밀양, 거리는 86.1㎞ 또는 86.3㎞, 횟수는 3회로, (2) 참가인 밀성여객자동차 주식회사(이하 '밀성여객'이라 한다)에 대하여는 기점은 밀양, 경유지는 남명, 얼음골, 종점은 덕현(석남사), 거리는 48.6㎞, 횟수는 3회, 수단은 직행인 종전의 운행계통을, 기점은 밀양, 경유지는 남명, 덕현(언양 무정차), 고속도, 종점은 울산, 거리는 86.1㎞, 횟수는 3회로, (3) 참가인 천일여객 주식회사(이하 '천일여객'이라 한다)에 대하여는 기점은 밀양, 경유지는 금곡, 남명, 종점은 덕현(석남사), 거리는 50.3㎞, 횟수는 3회, 수단은 직행인 종전의 운행계통을, 기점은 밀양, 경유지는 금곡, 남명, 덕현(언양 무정차), 고속도, 종점은 울산, 거리는 86.3㎞, 횟수는 3회로, 각 변경하는 내용의 시외버스운송사업계획변경인가처분(이하 "이 사건 처분"이라 한다)을 하였다. 이에 원고는 이 사건 처분에 대하여 취소소송을 제기하였다.

[참조조문]

구 여객자동차 운수사업법 (2000. 1. 28. 법률 제6240호로 개정되기 전의 것)

제11조(사업계획의 변경) ① 제5조 제1항 본문의 규정에 의하여 여객자동차운송사업의 면허를 받은 자가 사업계획을 변경하고자 하는 때에는 건설교통부장관의 인가를 받아야 한다. 다만, 건설교통부령이 정하는 경미한 사항을 변경하고자 하는 때에는 건설교통부장관에게 신고하여야 한다.
④ 제1항 내지 제3항의 규정에 의한 사업계획변경의 절차·기준 기타 필요한 사항은 건설교통부령으로 정한다.

구 여객자동차 운수사업법 시행규칙 (2000. 8. 23. 건설교통부령 제259호 개정되기 전의 것)

제31조(사업계획변경의 기준·절차등) ② 시외버스운송사업의 사업계획변경은 다음 각호의 기준에 의한다.
 1. 노선 및 운행계통을 신설하고자 하는 때에는 운행횟수를 4회이상으로 할 것
 2. 노선 및 운행계통을 연장하고자 하는 때에 그 연장거리는 기존운행계통의 50퍼센트이하로 할 것
 6. 제32조제1항제3호 가목의 규정에 의한 운행횟수의 증감을 초과하는 경우로서 2이상의 시·도에 걸치는 운행횟수의 증감은 관련시외버스운송사업자 또는 관할관청이 참여하여 당해운행계통에 대한 수송수요등을 조사한 후에 변경할 것

[판결요지]

[1] 시외버스운송사업의 사업계획변경 기준 등에 관한 구 여객자동차 운수사업법 시행규칙 제31조 제2항 제1호, 제2호, 제6호의 법적 성질(=법규명령)

구 여객자동차 운수사업법 시행규칙 제31조 제2항 제1호, 제2호, 제6호는 구 여객자동차 운수사업법 제11조 제4항의 위임에 따라 시외버스운송사업의 사업계획변경에 관한 절차, 인가기준 등을 구체적으로 규정한 것으로서, 대외적인 구속력이 있는 법규명령이라고 할 것이고, 그것을 행정청 내부의 사무처리준칙을 규정한 행정규칙에 불과하다고 할 수는 없다.

[2] 이 사건 시외버스운송사업계획변경인가처분의 효력

피고가 이 사건 시외버스운송사업계획변경인가처분(이하 '이 사건 처분'이라 한다)을 함에 있어서 이 사건 각 규정에서 정한 절차나 인가기준 등을 위배하였다면, 이 사건 처분은 위법함을 면하지 못한다고 할 것이다.

한편 원심이 들고 있는 대법원 1995. 10. 17. 선고 94누14148 전원합의체 판결은 제재적 행정처분의 기준에 관한 것으로서 이 사건과는 사안을 달리하여 원용하기에 적절하지 아니함을 지적해 둔다.

[원심판례]

법시행규칙 제31조는 건설교통부령의 형식으로 시외버스운송사업의 사업계획변경에 관한 처분을 함에 있어 그 사무처리기준과 처분절차 등을 규정한 것으로서 행정조직 내부에 있어서의 행정명령의 성격을 지닐 뿐 대외적으로 국민이나 법원을 구속하는 힘이 없다 할 것이므로(대법원 1995. 10. 17. 선고 94누14148 전원합의체 판결 참조), 이 사건 처분이 위에서 본 바와 같이 법시행규칙 제31조의 규정에 위배되는 것이라 하더라도 위법의 문제는 생기지 아니한다 할 것이다. 또 위 규칙에서 정한 기준에 적합하다 하여 바로 그 처분이 적법한 것이라고도 할 수 없으며, 그 처분의 적법 여부는 위 규칙에 적합한지의 여부에 따라 판단할 것이 아니고 관계 법령의 규정 및 그 취지에 적합한 것인지 여부에 따라 개별적·구체적으로 판단하여야 한다(부산고등법원 2003. 4. 11. 선고 2002누5283 판결).

안개하우스 사건

□ 대법원 2001. 3. 9. 선고 99두5207 판결

[사실관계]

원고 甲은 무허가유흥주점(상호 : 안개하우스)을 운영하면서 18세 미만의 청소년 2명을 7일 동안 고용하였다가 적발되어 乙(청소년보호위원회)로부터 과징금 1,600만원(800만원×2명)의 부과처분을 받았다.
이에 甲이 이 처분이 재량권의 범위를 일탈한 위법한 것이라고 주장하며 처분에 대한 취소소송을 제기하였다.

[참조조문]

구 청소년보호법
제49조(과징금) ① 청소년보호위원회는 제50조 및 제51조의 각호의 1에 해당하는 죄를 범하여 이익을 취득한 자에 대하여 대통령령이 정하는 바에 의하여 1천만원이하의 과징금의 납부를 명할 수 있다.
② 제1항의 규정에 의한 과징금의 금액 기타 필요한 사항은 대통령령으로 정한다.

구 청소년보호법시행령
제40조(과징금의 산정기준) 법 제49조제2항의 규정에 의한 과징금을 부과하는 위반행위의 종별에 따른 과징금의 금액은 [별표 6]과 같다.

[별표 6]
위반행위의종별에따른 과징금처분기준(제40조 관련)
    8. 청소년고용금지의무를 위반한 때 : 800만원

[판결요지]

[1] 구 청소년보호법 제49조 제1항, 제2항의 위임에 따른 같은법시행령 제40조 [별표 6]의 위반행위의종별에따른과징금처분기준의 법적 성격(=법규명령) 및 그 과징금 수액의 의미(=최고한도액)

  구 청소년보호법(이하 '법'이라고 한다) 제49조 제1항, 제2항에 따른 법시행령(이하 '시행령'이라고 한다) 제40조 [별표 6]의 위반행위의종별에따른과징금처분기준은 법규명령이기는 하나 모법의 위임규정의 내용과 취지 및 헌법상의 과잉금지의 원칙과 평등의 원칙 등에 비추어 같은 유형의 위반행위라 하더라도 그 규모나 기간·사회적 비난 정도·위반행위로 인하여 다른 법률에 의하여 처벌받은 다른 사정·행위자의 개인적 사정 및 위반행위로 얻은 불법이익의 규모 등 여러 요소를 종합적으로 고려하여 사안에 따라 적정한 과징금의 액수를 정하여야 할 것이므로 그 수액은 정액이 아니라 최고한도액이라고 할 것이다.

[2] 제재적 행정처분이 재량권의 범위를 일탈·남용하였는지 여부의 판단 기준

  제재적 행정처분이 사회통념상 재량권의 범위를 일탈하였거나 남용하였는지 여부는 처분사유로 된 위반행위의 내용과 당해 처분행위에 의하여 달성하려는 공익목적 및 이에 따르는 제반 사정 등을 객관적으로 심리하여 공익침해의 정도와 그 처분으로 인하여 개인이 입게 될 불이익을 비교·교량하여 판단하여야 한다.

따라서 원심이 위 [별표 6]의 기준 금액이 상한액이고, 그 판시와 같이 위반행위가 유흥업소에 청소년 2명을 고용한 것은 결코 가벼운 위반행위는 아니나 그 고용기간이 7일로 비교적 짧고 그로 인하여 얻은 이익이 실제 많지 아니하며, 원고는 동일한 위반행위로 인하여 식품위생법에 따른 15일간의 영업정지처분을 받은 점 등 제반 사정에 비추어 보면 상한액의 2배인 16,000,000원의 과징금을 부과한 이 사건 처분이 재량권의 한계를 일탈한 것으로 위법하다고 판단한 조치는 위 법리에 따른 것으로 수긍이 가고, 거기에 상고이유에서 지적하는 바 위 [별표 6]의 법적 성격, 재량권 일탈이나 남용 등에 관한 법리오해의 위법이 없다.

> **기출문제**
>
> **사시06** 甲은 영리를 목적으로 2006. 5. 10. 22:00경 청소년인 남녀 2인을 혼숙하게 하였는데, 이에 대하여 관할 행정청은 청소년보호법 위반을 이유로 500만원의 과징금부과처분을 하였다. 그러자 甲은 적법한 제소요건을 갖추어 관할 법원에 위 부과처분이 위법하다고 주장하면서 과징금부과처분 취소소송을 제기하였다. 그런데 청소년보호법시행령 제40조 제2항 [별표7] 위반행위의 종별에 따른 과징금 부과기준 제9호는 "법 제26조의2 제8호의 규정에 위반하여 청소년에 대하여 이성혼숙을 하게 하는 등 풍기를 문란하게 하는 영업행위를 하거나 그를 목적으로 장소를 제공하는 행위를 한 때"에 대한 과징금액을 "위반 횟수마다 300만원"으로 규정하고 있다. 위 과징금부과처분은 위법한가? **(15점)** – 대통령령 형식의 제재처분기준의 법적 성격

레미콘공장 업종변경승인신청 거부 사건

□ 대법원 2004. 5. 28. 선고 2002두4716 판결

[사실관계]

원고(주식회사 동양콘크리트)는 김포시 대곶면 대명리 394-4 공장용지 5,037㎡(이하 '이 사건 공장용지'라 한다) 상에서 콘크리트제조공장(벽돌 및 블록 제조)을 운영하고 있던 중, 2000. 4. 27. 피고(김포시장)에게 이 사건 공장용지 상에 제조시설 면적 2,278.6㎡, 부대시설 면적 150㎡의 규모로 레미콘공장(이하 '이 사건 레미콘공장'이라 한다)을 짓고 종업원 25명을 고용하여 레미콘 제조업을 하겠다며, 위 콘크리트제조공장을 레미콘공장으로 업종을 변경하는 것을 승인하여 줄 것을 신청한 것에 대하여, 피고가 2000. 5. 20. 공업배치및공장설립에관한법률(이하 '공업배치법'이라 한다) 제8조 제4호, 산업자원부 장관이 정하여 고시한 공장입지기준(이하 '산업자원부 고시'라 한다) 제5조 제2호 및 김포시장이 정하여 고시한 공장입지제한처리기준(이하 '김포시 고시'라 한다)을 적용하여 원고의 위 공장업종변경승인신청을 거부하였다(이하 '이 사건 거부처분'이라 한다). 이에 원고는 이 사건 거부처분에 대하여 취소를 구하는 소송을 제기하였다.

[참조조문]

산업집적활성화및공장설립에관한법률

제13조(공장설립등의 승인) ① 공장건축면적이 500제곱미터이상인 공장의 신설·증설 또는 업종변경(이하 "공장설립등"이라 한다)을 하고자 하는 자는 대통령령이 정하는 바에 의하여 시장·군수 또는 구청장의 승인을 얻어야 하고, 승인을 얻은 사항을 변경하고자 하는 때에도 또한 같다. 다만, 승인을 얻은 사항중 산업자원부령이 정하는 경미한 사항을 변경하고자 하는 때에는 시장·군수 또는 구청장에게 신고하여야 한다.

산업집적활성화및공장설립에관한법률시행령

제19조(공장설립등의 승인절차) ⑥ 시장·군수 또는 구청장은 법 제13조제1항의 규정에 의하여 공장설립등의 승인을 함에 있어서 필요한 세부적인 기준을 정하여 이를 고시할 수 있다.

[판결요지]

[1] 공장신설승인의 기준을 규정한 김포시 고시 제4조 제1호의 상위법령

피고가 제시한 이 사건 처분의 이유와 근거는 이 사건 레미콘공장이 김포시 고시 제4조 제1호에 규정되어 있는 "레미콘공장은 주택·축사 등의 부지경계선으로부터 직선거리 500m 이상의 이격거리를 둔다."는 규정에 위반될 뿐 아니라 산업자원부 고시 제5조 제2호와 김포시 고시 제5조 제1항에 규정되어 있는 '제한대상시설로서 공장을 설치함으로써 인근 주민 또는 농경지, 기타 당해 지역의 생활 및 자연환경을 현저히 해하게 된다고 판단되는 경우'이기 때문이라는 것임을 알 수 있고, 한편, 공업배치법령의 전반적인 체계와 공업배치법 제8조, 제13조, 제20조, 그 시행령 제19조, 산업자원부 고시 제5조, 김포시 고시 제1조 내지 제8조 등의 관련 규정을 종합하면, 공장신설승인의 기준을 규정한 김포시 고시 제4조 제1호의 상위법령은 공업배치법 제13조 제1항, 그 시행령 제19조 제6항이고, 공장입지제한대상시설을 규정한 김포시 고시 제5조의 상위법령은 공업배치법 제8조 제4호, 산업자원부 고시 제5조 제2호임을 알 수 있다.

[2] 김포시 고시 공장입지제한처리기준 제4조 제1호가 공업배치및공장설립에관한법률 제13조 제1항 및 같은법시행령 제19조 제6항의 위임의 범위를 벗어나는 것으로서 무효인지 여부(적극)

공업배치법은 제20조 등에서 일정한 경우 공장을 신설·증설 또는 이전하거나 업종을 변경하는 행위(이하 '공장설립 등'이라 한다)를 제한하는 규정을 두는 한편, 제13조 제1항 전문은 공장설립 등을 하고자 하는 자는 시장 등의 승인을 얻도록 하면서도 공장설립 등의 승인기준에 관하여 특별한 제한 없이 대통령령에 위임하였고, 그 위임에 따른 그 시행령은 그 제19조에 '공장설립 등의 승인절차'라는 제목하에 공장설립 등의 승인절차를 규정하면서 그 제2항에 시장 등은 공장설립신청 또는 공장설립변경승인신청을 받은 경우에는 그 신청이 법·이 영 기타 관계 법령의 규정에 적합한지 여부를 검토하여 승인 여부를 결정하여야 한다고 규정하고 있으며, 그 제6항에 시장 등은 공장설립 등을 승인함에 있어서 필요한 세부적인 기준을 정하여 고시할 수 있다고 규정하고 있는바, 위 규정의 형식이나 취지에 비추어 보면 공장설립 등의 신청을 받은 시장 등으로서는 그 승인 여부를 결정함에 있어서 그 신청이 공업배치법 제20조 등이나 그 시행령이 규정한 제한기준에 적합한지 여부를 따져보면 되는 것이고, 위 법 제13조나 그 시행령 제19조에 이와 별도의 제한기준을 정한 바 없으므로 위 시행령 제19조 제6항에서 말하는 세부적인 기준은 공장설립 등의 승인에 관한 절차적 기준을 의미하는 것으로 보아야 할 것이다.

따라서 공업배치법시행령 제19조 제6항의 위임에 따른 김포시 고시 제4조 제1호가 "레미콘, 아스콘 공장은 주택·학교·축사·종교시설 등의 부지경계선으로부터 직선거리 500m 이상의 이격거리를 둔다."고 규정한 것은 공장설립 등의 승인에 관한 새로운 제한기준을 추가한 것으로서 위 법 제13조 제1항 및 그 시행령 제19조 제6항의 위임의 범위를 벗어나는 것으로서 위 법령의 규정을 보충하는 효력이 없다고 할 것이다.

[3] 산업자원부 고시 공장입지기준 제5조의 법적 성질 및 김포시 고시 공장입지제한처리기준 제5조 제1항의 법적 성질

산업자원부 고시 제5조는 산업자원부장관이 공업배치법 제8조의 위임에 따라 공장입지의 기준을 구체적으로 정한 것으로서 법규명령으로서 효력을 가진다 할 것이고, 김포시 고시 제5조 제1항은 김포시장이 산업자원부 고시 제5조 제2호의 위임에 따라 공장입지의 보다 세부적인 기준을 정한 것으로서 상위명령의 범위를 벗어나지 아니하므로 그와 결합하여 대외적으로 구속력이 있는 법규명령으로서 효력을 가진다 할 것이다.

따라서 레미콘공장의 설립신청 단계에서 공해방지 사업계획 자체의 실현가능성이나 실효성이 의심된다는 주관적인 사정만을 근거로 레미콘공장의 설립으로 인하여 인근 주변환경에 위해가 발생할 것이라는 이유로 공장설립 자체를 거부한 것은 위법하다.

[참고판례]

❶ 법령보충규칙의 허용성

[1] 오늘날 의회의 입법독점주의에서 입법중심주의로 전환하여 일정한 범위 내에서 행정입법을 허용하게 된 동기가 사회적 변화에 대응한 입법수요의 급증과 종래의 형식적 권력분립주의로는 현대사회에 대응할 수 없다는 기능적 권력분립론에 있다는 점 등을 감안하여 헌법 제40조와 헌법 제75조, 제95조의 의미를 살펴보면, 국회입법에 의한 수권이 입법기관이 아닌 행정기관에게 법률 등으로 구체적인 범위를 정하여 위임한 사항에 관하여는 당해 행정기관에게 법정립의 권한을 갖게 되고, 입법자가 규율의 형식도 선택할 수도 있다 할 것이므로 헌법이 인정하고 있는 위임입법의 형식은 예시적인 것으로 보아야 할 것이고, 그것은

법률이 행정규칙에 위임하더라도 그 행정규칙은 위임된 사항만을 규율할 수 있으므로, 국회입법의 원칙과 상치되지도 않는다. 다만, 형식의 선택에 있어서 규율의 밀도와 규율영역의 특성이 개별적으로 고찰되어야 할 것이고, 그에 따라 입법자에게 상세한 규율이 불가능한 것으로 보이는 영역이라면 행정부에게 필요한 보충을 할 책임이 인정되고 극히 전문적인 식견에 좌우되는 영역에서는 행정기관에 의한 구체화의 우위가 불가피하게 있을 수 있다. 그러한 영역에서 행정규칙에 대한 위임입법이 제한적으로 인정될 수 있다.

[2] 행정규칙은 법규명령과 같은 엄격한 제정 및 개정절차를 요하지 아니하므로, 재산권 등과 같은 기본권을 제한하는 작용을 하는 법률이 입법위임을 할 때에는 "대통령령", "총리령", "부령" 등 법규명령에 위임함이 바람직하고, 금융감독위원회의 고시와 같은 형식으로 입법위임을 할 때에는 적어도 행정규제기본법 제4조 제2항 단서에서 정한 바와 같이 법령이 전문적·기술적 사항이나 경미한 사항으로서 업무의 성질상 위임이 불가피한 사항에 한정된다 할 것이고, 그러한 사항이라 하더라도 포괄위임금지의 원칙상 법률의 위임은 반드시 구체적·개별적으로 한정된 사항에 대하여 행하여져야 한다(헌법재판소 2004. 10. 28. 선고 99헌바91 결정).

❷ 법령보충규칙의 구체적 사례

1) 건설교통부장관의 택지개발업무처리지침

관계 법령의 내용, 형식 및 취지 등을 종합하여 볼 때, 구 택지개발촉진법 제3조 제4항, 제31조, 같은 법 시행령 제7조 제1항 및 제5항에 따라 건설교통부장관이 정한 '택지개발업무처리지침' 제11조가 비록 건설교통부장관의 지침 형식으로 되어 있다 하더라도, 이에 의한 토지이용에 관한 계획은 택지개발촉진법령의 위임에 따라 그 규정의 내용을 보충하면서 그와 결합하여 대외적인 구속력이 있는 법규명령으로서의 효력을 가진다(대법원 2008. 3. 27. 선고 2006두3742·3759 판결).

2) 산지관리법령에 따라 산림청장이 정한 '산지전용허가기준의 세부검토기준에 관한 규정'

산지관리법 제18조 제1항, 제4항, 같은 법 시행령 제20조 제4항에 따라 산림청장이 정한 '산지전용허가기준의 세부검토기준에 관한 규정' 제2조 [별표 3] (바)목 가.의 규정은 법령의 내용이 될 사항을 구체적으로 정한 것으로서 당해 법령의 위임 한계를 벗어나지 않으므로, 그와 결합하여 대외적으로 구속력이 있는 법규명령으로서 효력을 가진다고 한 사례(대법원 2008. 4. 10. 선고 2007두4841 판결).

❸ 법령보충규칙의 헌법소원의 대상성

행정규칙은 일반적으로 행정조직 내부에서만 효력을 가지는 것이나, 행정규칙이 법령의 규정에 의하여 행정관청에 법령의 구체적 내용을 보충할 권한을 부여한 경우나 재량권행사의 준칙인 규칙이 그 정한 바에 따라 되풀이 시행되어 행정관행이 이룩되게 되면, 평등의 원칙이나 신뢰보호의 원칙에 따라 행정기관은 그 상대방에 대한 관계에서 그 규칙에 따라야 할 자기구속을 당하게 되는 경우에는 대외적인 구속력을 가지게 되는바, 이러한 경우에는 헌법소원의 대상이 될 수도 있다(헌법재판소 2001. 5. 31. 선고 99헌마413 결정).

고시의 법적 성격

1. 법규명령인 경우

1) 산업자원부장관이 공업배치법 제8조의 규정에 따라 공장입지의 기준을 구체적으로 정한 고시

법령의 규정이 특정 행정기관에 그 법령내용의 구체적 사항을 정할 수 있는 권한을 부여하면서 그 권한 행사의 절차나 방법을 특정하고 있지 않은 관계로 수임 행정기관이 행정규칙의 형식으로 그 법령의 내용이 될 사항을 구체적으로 정하고 있는 경우에는, 그 행정규칙이 당해 법령의 위임한계를 벗어나지 않는 한, 그와 결합하여 대외적으로 구속력이 있는 법규명령으로서 효력을 가지는 것이므로, 산업자원부장관이 공업배치법 제8조의 규정에 따라 공장입지의 기준을 구체적으로 정한 고시는 법규명령으로서 효력을 가진다(대법원 2003. 9. 26. 선고 2003두2274 판결).

2) 청소년유해매체물의 표시방법에 관한 정보통신부고시

청소년유해매체물의 표시방법에 관한 정보통신부고시는 청소년유해매체물을 제공하려는 자가 하여야 할 전자적 표시의 내용을 정하고 있는데, 이는 정보통신망이용촉진및정보보호등에관한법률 제42조 및 동법 시행령 제21조 제2항, 제3항의 위임규정에 의하여 제정된 것으로서 국민의 기본권을 제한하는 것인바 상위법령과 결합하여 대외적 구속력을 갖는 법규명령으로 기능하고 있는 것이므로 헌법소원의 대상이 된다(헌법재판소 2004. 1. 29. 선고 2001헌마894 결정).

2. 시행규칙으로 정할 사항을 고시로 정한 경우

법령의 규정이 특정 행정기관에게 법령 내용의 구체적 사항을 정할 수 있는 권한을 부여하면서 권한행사의 절차나 방법을 특정하지 아니한 경우에는 수임 행정기관은 행정규칙이나 규정 형식으로 법령 내용이 될 사항을 구체적으로 정할 수 있다. 이 경우 행정규칙 등은 당해 법령의 위임한계를 벗어나지 않는 한 대외적 구속력이 있는 법규명령으로서 효력을 가지게 되지만, 이는 행정규칙이 갖는 일반적 효력이 아니라 행정기관에 법령의 구체적 내용을 보충할 권한을 부여한 법령 규정의 효력에 근거하여 예외적으로 인정되는 것이다. 따라서 그 행정규칙이나 규정이 상위법령의 위임범위를 벗어난 경우에는 법규명령으로서 대외적 구속력을 인정할 여지는 없다. 이는 행정규칙이나 규정 '내용'이 위임범위를 벗어난 경우뿐 아니라 상위법령의 위임규정에서 특정하여 정한 권한행사의 '절차'나 '방식'에 위배되는 경우도 마찬가지이므로, 상위법령에서 세부사항 등을 시행규칙으로 정하도록 위임하였음에도 이를 고시 등 행정규칙으로 정하였다면 그 역시 대외적 구속력을 가지는 법규명령으로서 효력이 인정될 수 없다(대법원 2012. 7. 5. 선고 2010다72076 판결).

3. 행정처분인 경우

1) 청소년유해매체물 결정 및 고시

구 청소년보호법에 따른 청소년유해매체물 결정 및 고시처분은 당해 유해매체물의 소유자 등 특정인만을 대상으로 한 행정처분이 아니라 일반 불특정 다수인을 상대방으로 하여 일률적으로 표시의무, 포장의무, 청소년에 대한 판매·대여 등의 금지의무 등 각종 의무를 발생시키는 행정처분으로서, 정보통신윤리위원회가 특정 인터넷 웹사이트를 청소년유해매체물로 결정하고 청소년보호위원회가 효력발생시기를 명시하여 고시함으로써 그 명시된 시점에 효력이 발생하였다고 봄이 상당하고, 정보통신윤리위원회와 청소년보호위원회가 위 처분이 있었음을 위 웹사이트 운영자에게 제대로 통지하지 아니하였다고 하여 그 효력 자체가 발생하지 아니한 것으로 볼 수는 없다(대법원 2007. 6. 14. 선고 2004두619 판결).

2) 항정신병 치료제의 요양급여 인정기준에 관한 보건복지부 고시

[1] 어떠한 고시가 일반적·추상적 성격을 가질 때에는 법규명령 또는 행정규칙에 해당할 것이지만, 다른 집행행위의 매개 없이 그 자체로서 직접 국민의 구체적인 권리의무나 법률관계를 규율하는 성격을 가질 때에는 항고소송의 대상이 되는 행정처분에 해당한다.

[2] 항정신병 치료제의 요양급여 인정기준에 관한 보건복지부 고시가 다른 집행행위의 매개 없이 그 자체로서 제약회사, 요양기관, 환자 및 국민건강보험공단 사이의 법률관계를 직접 규율한다는 이유로 항고소송의 대상이 되는 행정처분에 해당한다고 한 사례(대법원 2003. 10. 9. 자 2003무23 결정).

기출문제

> **변시15** 甲은 'X가든'이라는 상호로 일반음식점을 운영하는 자로서, 식품의약품안전처 고시인 「식품 등의 표시기준」에 따른 표시사항의 전부가 기재되지 아니한 'Y참기름'을 업소 내에서 보관·사용한 사실이 적발되었다. 관할 구청장 乙은 「식품위생법」 및 「동법 시행규칙」에 근거하여 甲에게 영업정지 1개월과 해당제품의 폐기를 명하였다. (중략)
>
> 1. 위 식품의약품안전처 고시인 「식품 등의 표시기준」의 법적 성질은? (10점) - 법령보충규칙의 법적 성질
>
> **5급:재경10** 약사법 제23조 제6항은 "한약사가 한약을 조제할 때에는 한의사의 처방전에 따라야 한다. 다만, 보건복지부장관이 정하는 한약처방의 종류 및 조제 방법에 따라 조제하는 경우에는 한의사의 처방전 없이도 조제할 수 있다."고 규정하고 있다. 이 조항에 근거하여 보건복지부장관은 한약사가 임의로 조제할 수 있는 한약처방의 종류를 100가지로 제한하는 보건복지부고시('한약처방의 종류 및 조제방법에 관한 규정')를 제정하였다. 그런데 한약사 甲은 보건복지부고시를 위반하여 한약을 조제하였다는 사실이 적발되어 약사법에 따라 乙시장으로부터 약국업무정지 1개월에 갈음하여 2,000만원의 과징금을 납부하라는 통지서를 받았다. 이에 甲은 보건복지부고시가 위헌이며, 따라서 과징금부과처분도 위법이라고 생각한다. 甲이 주장할 수 있는 법적 논거와 그에 대한 자신의 견해를 논술하고 권리구제수단을 설명하시오. **(40점)** - 법령보충규칙의 법적 성질, 법규명령의 통제

제2장 | 행정행위

개발제한구역 내 용도변경신청 사건

□ 대법원 2001. 2. 9. 선고 98두17593 판결

[사실관계]

원고는 개발제한구역에 속한 이 사건 토지상에 신축한 이 사건 주택에 관하여 1997. 11. 24.자로 피고(광주광역시 남구청장)에게 그 용도를 취사용 가스판매장으로 변경하기 위한 용도변경 허가 신청을 하였으나, 피고는 그와 같은 용도변경은 당시 피고가 추진하여 온 '엘피지(LPG) 판매업소 외곽이전 공동화사업'의 취지와 목적에 적합하지 아니하고 또 당초 이 사건 주택에 대한 이축허가는 농업 종사와 농촌소득 증대를 목적으로 한 것이어서 이를 취사용 가스판매장으로 용도를 변경하는 것은 당초 이축허가의 목적상 적합하지 아니하다는 이유를 들어 원고의 용도변경 허가신청을 반려하는 이 사건 불허가처분을 하였다. 이에 원고는 불허가처분에 대한 취소소송을 제기하였다.

[판결요지]

[1] 기속행위 내지 기속재량행위와 재량행위 내지 자유재량행위의 구분 기준 및 그 각각에 대한 사법심사 방식

행정행위가 그 재량성의 유무 및 범위와 관련하여 이른바 기속행위 내지 기속재량행위와 재량행위 내지 자유재량행위로 구분된다고 할 때, 그 구분은 당해 행위의 근거가 된 법규의 체재·형식과 그 문언, 당해 행위가 속하는 행정 분야의 주된 목적과 특성, 당해 행위 자체의 개별적 성질과 유형 등을 모두 고려하여 판단하여야 하고, 이렇게 구분되는 양자에 대한 사법심사는, 전자의 경우 그 법규에 대한 원칙적인 기속성으로 인하여 법원이 사실인정과 관련 법규의 해석·적용을 통하여 일정한 결론을 도출한 후 그 결론에 비추어 행정청이 한 판단의 적법 여부를 독자의 입장에서 판정하는 방식에 의하게 되나, 후자의 경우 행정청의 재량에 기한 공익판단의 여지를 감안하여 법원은 독자의 결론을 도출함이 없이 당해 행위에 재량권의 일탈·남용이 있는지 여부만을 심사하게 되고, 이러한 재량권의 일탈·남용 여부에 대한 심사는 사실오인, 비례·평등의 원칙 위배, 당해 행위의 목적 위반이나 동기의 부정 유무 등을 그 판단 대상으로 한다.

[2] 구 도시계획법상의 개발제한구역 내의 건축물의 용도변경허가의 법적 성질(=재량행위 내지 자유재량행위) 및 그 위법 여부에 대한 사법심사 대상(=재량권 일탈·남용의 유무)

구 도시계획법 제21조와 같은법시행령 제20조 제1, 2항 및 같은법시행규칙 제7조 제1항 제6호 (다)목 등의 규정을 살펴보면, 도시의 무질서한 확산을 방지하고 도시주변의 자연환경을 보전하여 도시민의 건전한

생활환경을 확보하기 위하여 지정되는 개발제한구역 내에서는 구역 지정의 목적상 건축물의 건축이나 그 용도변경은 원칙적으로 금지되고, 다만 구체적인 경우에 위와 같은 구역 지정의 목적에 위배되지 아니할 경우 예외적으로 허가에 의하여 그러한 행위를 할 수 있게 되어 있음이 위와 같은 관련 규정의 체재와 문언상 분명한 한편, 이러한 건축물의 용도변경에 대한 예외적인 허가는 그 상대방에게 수익적인 것에 틀림이 없으므로, 이는 그 법률적 성질이 재량행위 내지 자유재량행위에 속하는 것이라고 할 것이고, 따라서 그 위법 여부에 대한 심사는 재량권 일탈·남용의 유무를 그 대상으로 한다.

[3] 구 도시계획법상의 개발제한구역 내의 건축물의 용도변경허가의 기준 및 그 위법 여부에 대한 사법심사 기준

구 도시계획법상의 개발제한구역 내에서의 건축물 용도변경에 대한 허가가 가지는 예외적인 허가로서의 성격과 그 재량행위로서의 성격에 비추어 보면, 그 용도변경의 허가는 개발제한구역에 속한다는 것 이외에 다른 공익상의 사유가 있어야만 거부할 수가 있고 그렇지 아니하면 반드시 허가를 하여야만 하는 것이 아니라 그 용도변경이 개발제한구역의 지정 목적과 그 관리에 위배되지 아니한다는 등의 사정이 특별히 인정될 경우에 한하여 그 허가가 가능한 것이고, 또 그에 관한 행정청의 판단이 사실오인, 비례·평등의 원칙 위배, 목적위반 등에 해당하지 아니하면 이를 재량권의 일탈·남용이라고 하여 위법하다고 할 수가 없다.

[4] 구 도시계획법상의 개발제한구역 내의 주택에 대하여 농업종사 등의 목적으로 이축허가를 받아 이를 신축한 후 취사용 가스판매장으로 용도변경신청을 하자 행정청이 당시 추진하여 온 '엘피지(LPG) 판매업소 외곽이전 공동화사업'과 그 주택에 대한 당초의 이축허가 목적 등에 적합하지 아니하다는 사유로 불허가처분을 한 경우, 재량권의 일탈·남용의 위법한 처분으로 단정하기 어렵다고 한 사례

【참고판례】

❶ 기속행위와 재량행위의 구별기준

1) 일반적인 기준

행정행위가 그 재량성의 유무 및 범위와 관련하여 이른바 기속행위 내지 기속재량행위와 재량행위 내지 자유재량행위로 구분된다고 할 때, 그 구분은 당해 행위의 근거가 된 법규의 체재·형식과 그 문언, 당해 행위가 속하는 행정 분야의 주된 목적과 특성, 당해 행위 자체의 개별적 성질과 유형 등을 모두 고려하여 판단하여야 한다(대법원 2001. 2. 9. 선고 98두17593 판결).

2) 수익적 처분은 재량행위라고 판시한 사례

구 도시계획법 제21조와 같은법시행령 제20조 및 같은법시행규칙 제7조, 제8조 등의 규정을 종합해 보면, 개발제한구역 내에서는 구역지정의 목적상 건축물의 건축 및 공작물의 설치 등 개발행위가 원칙적으로 금지되고, 다만 구체적인 경우에 이러한 구역지정의 목적에 위배되지 아니할 경우 예외적으로 허가에 의하여 그러한 행위를 할 수 있게 되어 있음이 그 규정의 체제와 문언상 분명하고, 이러한 예외적인 개발행위의 허가는 상대방에게 수익적인 것이 틀림이 없으므로 그 법률적 성질은 재량행위 내지 자유재량행위에 속하는 것이고, 이러한 재량행위에 있어서는 관계 법령에 명시적인 금지규정이 없는 한 행정목적을 달성하기 위하여 조건이나 기한, 부담 등의 부관을 붙일 수 있고, 그 부관의 내용이 이행 가능하고 비례의 원칙 및 평등의 원칙에 적합하며 행정처분의 본질적 효력을 저해하지 아니하는 이상 위법하다고 할 수 없다(대법원 2004. 3. 25. 선고 2003두12837 판결).

❷ 기속행위로 본 사례

1) 교육환경평가서 승인

교육환경 보호에 관한 법령 관련 규정들의 체계와 내용, 교육환경평가서 승인제도의 입법 연혁과 취지, 특성 등을 종합하여 볼 때, 교육환경보호구역에서 건축법 제11조 제1항 단서, 건축법 시행령 제8조 제1항에 따른 건축물(층수가 21층 이상이거나 연면적의 합계가 10만㎡ 이상인 경우)을 건축하려는 자가 제출한 교육환경평가서를 심사한 결과 그 내용 중 교육환경 영향평가 결과와 교육환경 보호를 위한 조치 계획이 교육환경 보호에 관한 법률 시행규칙 제2조 [별표 1]에서 정한 '평가대상별 평가 기준'에 부합하거나 그 이상이 되도록 할 수 있는 구체적인 방안과 대책 등이 포함되어 있다면, 교육감은 원칙적으로 제출된 교육환경평가서를 승인하여야 하고, 다만 교육환경 보호를 위하여 추가로 필요한 사항을 사업계획에 반영할 수 있도록 사업시행자에게 권고하는 한편 사업시행으로 인한 교육환경의 피해를 방지하기 위하여 교육환경평가서의 승인 내용과 권고사항의 이행 여부를 계속적으로 관리·감독할 권한과 의무가 있을 뿐이라고 보아야 한다(대법원 2020. 10. 15. 선고 2019두45739 판결).

2) 급여제한처분 및 급여환수처분

공무원연금법의 명확한 문언과 규정 체계, 입법 취지 등을 종합하면, 공무원연금법 제65조 제1항 제1호에서 정한 사유에 해당하면 행정청은 공무원연금법 시행령 제61조 제1항 제1호에서 정한 비율대로 퇴직급여와 퇴직수당을 감액하여 지급하는 급여제한처분을 할 의무가 있고, 감액 여부 또는 비율을 선택할 재량을 가지지 못한다. 나아가 공무원연금법 제37조 제1항 제1문은 급여를 받은 사람이 거짓이나 그 밖의 부정한 방법으로 급여를 받은 경우, 급여를 받은 후 그 급여의 사유가 소급하여 소멸된 경우, 그 밖에 급여가 잘못 지급된 경우에는 그 급여액(지급받은 급여액과 지급하여야 할 급여액과의 차액이 발생한 경우에는 그 차액)을 환수하여야 한다고 규정하고 있다. 이에 근거한 급여환수처분 역시 기속행위이고, 행정청이 환수 여부 또는 범위를 선택할 재량을 가지지 못한다.

다만 공무원연금법에 따른 급여환수·제한처분에도 '수익적 행정처분 직권취소·철회 제한 법리'가 적용되어, 급여 과오급 발생에 수급인에게 고의 또는 중과실이 없어 선행 급여결정에 관한 수급인의 신뢰에 보호가치가 있는 때에는 급여환수·제한 처분으로 달성하려는 공익과 그로 말미암아 수급인이 입게 될 불이익의 내용·정도를 형량하여 사익이 우월한 경우에는 급여환수·제한처분이 허용되지 않는다는 규범적 제한이 있을 뿐이다(대법원 2021. 8. 12. 선고 2020두40693 판결).

❸ 기속재량을 인정한 사례

1) 건축허가

건축허가권자는 건축허가신청이 건축법 등 관계 법규에서 정하는 어떠한 제한에 배치되지 않는 이상 당연히 같은 법조에서 정하는 건축허가를 하여야 하고, 중대한 공익상의 필요가 없는데도 관계 법령에서 정하는 제한사유 이외의 사유를 들어 요건을 갖춘 자에 대한 허가를 거부할 수는 없다(대법원 2009. 9. 24. 선고 2009두8946 판결).

2) 납골당설치신고 수리

사설납골시설의 설치신고는, 같은 법 제15조 각 호에 정한 사설납골시설설치 금지지역에 해당하지 않고 같은 법 제14조 제3항 및 같은 법 시행령 제13조 제1항의 [별표 3]에 정한 설치기준에 부합하는 한 수리하여야 하나, 보건위생상의 위해를 방지하거나 국토의 효율적 이용 및 공공복리의 증진 등 중대한 공익상 필요가 있는 경우에는 그 수리를 거부할 수 있다고 보는 것이 타당하다(대법원 2010. 9. 9. 선고 2008두22631 판결).

❹ 판례는 판단여지를 인정하는 대신 재량의 문제로 본다.

1) 교과서 검정

교과서검정이 고도의 학술상, 교육상의 전문적인 판단을 요한다는 특성에 비추어 보면, 교과용 도서를 검정함에 있어서 법령과 심사기준에 따라서 심사위원회의 심사를 거치고, 또 검정상 판단이 사실적 기초가 없다거나 사회통념상 현저히 부당하다는 등 현저히 재량권의 범위를 일탈한 것이 아닌 이상 그 검정을 위법하다고 할 수 없다(대법원 1992. 4. 24. 선고 91누6634 판결).

2) 공무원 면접

공무원 임용을 위한 면접전형에서 임용신청자의 능력이나 적격성 등에 관한 판단은 면접위원의 고도의 교양과 학식, 경험에 기초한 자율적 판단에 의존하는 것으로서 오로지 면접위원의 자유재량에 속하고, 그와 같은 판단이 현저하게 재량권을 일탈·남용하지 않은 한 이를 위법하다고 할 수 없다(대법원 2008. 12. 24. 선고 2008두8970 판결).

3) 감정평가사시험의 합격기준

감정평가사시험을 실시함에 있어 어떠한 합격기준을 선택할 것인가는 시험실시기관인 행정청의 고유한 정책적인 판단에 맡겨진 것으로서 자유재량에 속한다(대법원 1996. 9. 20. 선고 96누6882 판결).

4) 의료기술의 안전성·유효성 평가나 신의료기술의 시술로 국민보건에 중대한 위해가 발생하거나 발생할 우려가 있는지에 대하여 한 전문적인 판단

신의료기술의 안전성·유효성 평가나 신의료기술의 시술로 국민보건에 중대한 위해가 발생하거나 발생할 우려가 있는지에 관한 판단은 고도의 의료·보건상의 전문성을 요하므로, 행정청이 국민의 건강을 보호하고 증진하려는 목적에서 의료법 등 관계 법령이 정하는 바에 따라 이에 대하여 전문적인 판단을 하였다면, 판단의 기초가 된 사실인정에 중대한 오류가 있거나 판단이 객관적으로 불합리하거나 부당하다는 등의 특별한 사정이 없는 한 존중되어야 한다. 또한 행정청이 전문적인 판단에 기초하여 재량권의 행사로서 한 처분은 비례의 원칙을 위반하거나 사회통념상 현저하게 타당성을 잃는 등 재량권을 일탈하거나 남용한 것이 아닌 이상 위법하다고 볼 수 없다(대법원 2016. 1. 28. 선고 2013두21120 판결).

5) 폐기물처리사업계획서의 적합 여부 결정

폐기물관리법과 환경정책기본법은 지정폐기물이 아닌 폐기물의 경우에도 폐기물관리법과 환경정책기본법의 입법 목적에 입각하여 환경 친화적으로 폐기물처리업을 영위하도록 요구하고 있다. 폐기물관리법 제25조 제1항, 제2항, 제3항, 환경정책기본법 제12조 제1항, 제13조, 제3조 제1호의 내용과 체계, 입법 취지에 비추어 보면, 행정청은 사람의 건강이나 주변 환경에 영향을 미치는지 여부 등 생활환경과 자연환경에 미치는 영향을 두루 검토하여 폐기물처리사업계획서의 적합 여부를 판단할 수 있으며, 이에 관해서는 행정청에 광범위한 재량권이 인정된다(대법원 2020. 7. 23. 선고 2020두36007 판결).

6) 항공 기상정보 사용료의 결정은 기상청장의 폭넓은 재량과 정책 판단에 맡겨진 사항으로 기상청장의 결정이 가능한 존중되어야 한다.

기상법령은 항공기가 대한민국 공항에 착륙하거나 인천비행정보구역을 통과할 때 매 운항 시마다 항공 기상정보 사용료를 부과·징수할 권한은 항공 기상업무를 수행하는 기관의 장, 즉 하급 행정기관장인 항공기상청장에게 부여한 반면, 그 부과·징수할 항공 기상정보 사용료를 결정할 권한은 중앙행정기관장인 기상청장에게 부여하고 있다. 기상법 시행령 제21조 제2항은 기상청장으로 하여금 결정한 사용료의 산정내역을 공개하도록 하는 외에 사용료 산정에서 준수하여야 할 구체적인 기준이나 방법을 규정하지 않았다. 따라서 항공 기상정보 사용료의 결정은 '사용료 부과기준 정립 행위'로서 기상청장의 폭넓은 재량과 정책 판단에 맡겨진 사항이므로, 기상청장의 사용료 산정내역이 객관적으로 합리적이지 않다거나 타당하지 않다고 볼 만한 특별한 사정이 없는 이상 기상청장의 결정은 가능한 한 존중되어야 한다(대법원 2020. 7. 9. 선고 2020두31798 판결).

기출문제

5급:일반행정10 甲은 숙박시설을 경영하기 위하여 「건축법」등 관계 법령이 정하는 요건을 구비하여 관할 A시 시장 乙에게 건축허가를 신청하였다. 그러나 시장 乙은 「건축법」제11조 제4항에 따라 해당 숙박시설의 규모나 형태 등이 주거환경이나 교육환경 등 주변 환경을 고려할 때 부적합하다는 이유로 건축허가를 거부하였고, 甲은 이에 대해 건축허가거부처분취소소송을 제기하였다.

1) 乙이 제시한 '주거환경이나 교육환경 등 주변환경을 고려할 때 부적법하다'는 거부사유에 대한 사법심사의 가부(可否) 및 한계는? **(10점)** - 판단여지

❺ 감경사유가 있음에도 이를 고려하지 않은 처분은 재량권의 일탈·남용에 해당한다.

행정청이 제재처분 양정을 하면서 공익과 사익의 형량을 전혀 하지 않았거나 이익형량의 고려대상에 마땅히 포함하여야 할 사항을 누락한 경우 또는 이익형량을 하였으나 정당성·객관성이 결여된 경우에는 제재처분은 재량권을 일탈·남용한 것이라고 보아야 한다. 처분상대방에게 법령에서 정한 임의적 감경사유가 있는 경우에, 행정청이 감경사유까지 고려하고도 감경하지 않은 채 개별처분기준에서 정한 상한으로 처분을 한 경우에는 재량권을 일탈·남용하였다고 단정할 수는 없으나, 행정청이 감경사유를 전혀 고려하지 않았거나 감경사유에 해당하지 않는다고 오인하여 개별처분기준에서 정한 상한으로 처분을 한 경우에는 마땅히 고려대상에 포함하여야 할 사항을 누락하였거나 고려대상에 관한 사실을 오인한 경우에 해당하여 재량권을 일탈·남용한 것이라고 보아야 한다(대법원 2020. 6. 25. 선고 2019두52980 판결).

레미콘 생산시설설치허가 연장신청불허가 사건

□ 대법원 2004. 3. 25. 선고 2003두12837 판결

[사실관계]

원고 회사는 1978년에 건설부장관으로부터 1983년 12월까지 5년간 한강 유역 개발제한구역 내 A시에 위치한 25필지에 한강종합개발사업에 따라 채취한 골재를 원료로 하는 레미콘 생산시설 설치허가를 받아 레미콘 생산공장을 건설하였다. 그 후 건설교통부장관은 수차례에 걸쳐(5년×3회+1년×5회) 허가기간을 연장해 주어 甲은 1999년 까지 레미콘을 생산할 수 있었다. 이후 甲은 2001년 까지 위 허가기간을 연장해 줄 것을 건설부장관에게 신청하였으나, 건설부장관은 한강종합개발사업이 완료단계에 이르러 골재채취계획이 없으므로 허가연장 사유가 소멸되었다는 이유로 위 신청을 불허하는 처분을 하였다.

[판결요지]

[1] 구 도시계획법상 개발제한구역 내에서의 건축허가의 법적 성질(=재량행위)과 부관의 허용 여부(적극) 및 그 내용적 한계

구 도시계획법 제21조와 같은법시행령제20조 및 같은법시행규칙 제7조, 제8조 등의 규정을 종합해 보면, 개발제한구역 내에서는 구역지정의 목적상 건축물의 건축 및 공작물의 설치 등 개발행위가 원칙적으로 금지되고, 다만 구체적인 경우에 이러한 구역지정의 목적에 위배되지 아니할 경우 예외적으로 허가에 의하여 그러한 행위를 할 수 있게 되어 있음이 그 규정의 체제와 문언상 분명하고, 이러한 예외적인 개발행위의 허가는 상대방에게 수익적인 것이 틀림이 없으므로 그 법률적 성질은 재량행위 내지 자유재량행위에 속하는 것이고, 이러한 재량행위에 있어서는 관계 법령에 명시적인 금지규정이 없는 한 행정목적을 달성하기 위하여 조건이나 기한, 부담 등의 부관을 붙일 수 있고, 그 부관의 내용이 이행 가능하고 비례의 원칙 및 평등의 원칙에 적합하며 행정처분의 본질적 효력을 저해하지 아니하는 이상 위법하다고 할 수 없다.

[2] 이 사건 허가에 붙은 5년이라는 기한의 성질

일반적으로 행정처분에 효력기간이 정하여져 있는 경우에는 그 기간의 경과로 그 행정처분의 효력은 상실되며, 다만 허가에 붙은 기한이 그 허가된 사업의 성질상 부당하게 짧은 경우에는 이를 그 허가 자체의 존속기간이 아니라 그 허가조건의 존속기간으로 보아 그 기한이 도래함으로써 그 조건의 개정을 고려한다는 뜻으로 해석할 수 있지만, 이와 같이 당초에 붙은 기한을 허가 자체의 존속기간이 아니라 허가조건의 존속기간으로 보더라도 그 후 당초의 기한이 상당 기간 연장되어 연장된 기간을 포함한 존속기간 전체를 기준으로 볼 경우 더 이상 허가된 사업의 성질상 부당하게 짧은 경우에 해당하지 않게 된 때에는 관계 법령의 규정에 따라 허가 여부의 재량권을 가진 행정청으로서는 그 때에도 허가조건의 개정만을 고려하여야 하는 것은 아니고 재량권의 행사로서 더 이상의 기간연장을 불허가할 수도 있는 것이며, 이로써 허가의 효력은 상실된다.

이 사건의 경우 앞서 본 바와 같이 한강종합개발사업과 관련한 골재채취는 이 사건 허가일인 1978. 12. 6.

을 기준으로 보더라도 20년 가량 장기간에 걸쳐 이루어졌는데, 이 사건 허가는 이와 같은 한강종합개발사업에 따른 골재채취와 병행하여 그 골재를 원료로 레미콘을 생산하기 위한 것이었던 점, 레미콘 생산공장은 원래 골재를 원료로 레미콘을 생산하는 그 업종의 성질상 대규모 시설의 설치가 전제되고 어느 정도 장기계속성이 예상되는 것이며, 원고 회사의 레미콘 생산공장 역시 대규모 시설이었던 점 등에 비추어 볼 때, 당초 이 사건 허가에 붙은 5년이라는 기한은 그 허가된 사업의 성질상 부당하게 짧은 경우에 해당하여 이는 이 사건 허가 자체의 존속기간이 아니라 허가조건의 존속기간이라고 보아야 할 것이다.

그러나 앞서 본 바와 같이 한강종합개발사업에 따른 골재채취는 점차 그 채취량이 감소하다가 1999. 이후에는 골재가 전혀 채취되지 않은 점, 이와 같은 한강종합개발사업에 따른 골재채취의 추세에 따라 이 사건 허가의 허가기간이 5년씩 2차례에 걸쳐 연장되었다가 1994. 이후에는 1년씩 5차례에 걸쳐 연장됨으로써 결국 이 사건 허가의 허가기간은 합계 22년에 이르게 된 점 등에 비추어 볼 때, 최종적으로 연장된 허가기간이 종료한 1999. 12. 31. 무렵에는 더 이상 이 사건 허가의 허가기간이 허가된 사업의 성질상 부당하게 짧은 경우에 해당하지 않게 되었다고 보아야 할 것이어서, 이제는 허가조건의 개정이 아닌 기간연장의 불허가도 가능하다고 보아야 할 것이다.

[3] 허가기간 연장 신청 불허가처분이 재량권 일탈·남용인지 여부

개발제한구역 내 개발행위 허가에 대한 재량권을 가진 행정청이 그 허가기간 연장 신청을 불허가하였다고 하여 재량권을 일탈·남용한 것이라고 볼 수 없다.

기출문제

사시13 甲은 개발제한구역 내에 위치한 지역에서 폐기물 처리시설의 설치를 위하여 관할 시장 A에게 개발행위허가를 신청하였다. 위 처리시설의 예정지역에 거주하는 주민 乙은 위 처리시설이 설치되면 주거생활에 심각한 침해를 받는다고 생각하여, 시장 A에게 위 신청을 반려할 것과 주민들의 광범위한 의견을 수렴한 후 다시 허가절차를 밟게 하라고 요구하였다. 그러나 시장 A는 위 처리시설이 필요하고, 개발제한구역이 아닌 지역에 입지하기가 곤란하다는 이유로 위 개발행위를 허가하였다. 다만 민원의 소지를 줄이기 위하여, 위 처리시설로 인하여 환경오염이 심각해질 경우 위 개발행위허가를 취소·변경할 수 있다는 내용의 부관을 붙였다. 그런데 위 처리시설이 가동된 지 얼마 지나지 않아 예상과 달리 폐기물 처리량이 대폭 증가하였다. 이에 주민 乙은 위 처리시설로 인하여 평온한 주거생활을 도저히 영위하기 어렵다고 여겨, 시장 A에게 위 부관을 근거로 위 개발행위허가를 취소·변경하여 줄 것을 요구하였다. 그런데 시장 A는 이를 거부하였다.

1. 위 개발행위허가의 법적 성질을 밝히고, 그 특징을 설명하시오. **(15점)** - 예외적 허가, 재량행위, 철회권 유보부 행정행위, 제3자효 행정행위

[참고판례]

❶ 학교환경위생정화구역 안에서의 금지행위의 해제는 예외적 허가로서 재량행위

학교보건법 제6조 제1항 단서의 규정에 의하여 시·도교육위원회 교육감 또는 교육감이 지정하는 자가 학교환경위생정화구역 안에서의 금지행위 및 시설의 해제신청에 대하여 그 행위 및 시설이 학습과 학교보건에 나쁜 영향을 주지 않는 것인지의 여부를 결정하여 그 금지행위 및 시설을 해제하거나 계속하여 금지(해제거부)하는 조치는 시·도교육위원회 교육감 또는 교육감이 지정하는 자의 재량행위에 속하는 것으로서, 그것이 재량권을 일탈·남용하여 위법하다고 하기 위하여는 그 행위 및 시설의 종류나 규모, 학교에서의

거리와 위치는 물론이고, 학교의 종류와 학생 수, 학교주변의 환경, 그리고 위 행위 및 시설이 주변의 다른 행위나 시설 등과 합하여 학습과 학교보건위생 등에 미칠 영향 등의 사정과 그 행위나 시설이 금지됨으로 인하여 상대방이 입게 될 재산권 침해를 비롯한 불이익 등의 사정 등 여러 가지 사항들을 합리적으로 비교·교량하여 신중하게 판단하여야 한다(대법원 2010. 3. 11. 선고 2009두17643 판결).

❷ 토지의 형질변경행위를 수반하는 건축허가는 재량행위

국토의계획및이용에관한법률에서 정한 도시지역 안에서 토지의 형질변경행위를 수반하는 건축허가는 건축법 8조 1항의 규정에 의한 건축허가와 국토의계획및이용에관한법률 56조 1항 2호의 규정에 의한 토지의 형질변경허가의 성질을 아울러 갖는 것으로 보아야 할 것이고, 같은 법 58조 1항 4호, 3항, 같은법시행령 56조 1항 [별표 1] 1호 (가)목 (3), (라)목 (1), (마)목 (1)의 각 규정을 종합하면, 같은 법 56조 1항 2호의 규정에 의한 토지의 형질변경허가는 그 금지요건이 불확정개념으로 규정되어 있어 그 금지요건에 해당하는지 여부를 판단함에 있어서 행정청에게 재량권이 부여되어 있다고 할 것이므로, 같은 법에 의하여 지정된 도시지역 안에서 토지의 형질변경행위를 수반하는 건축허가는 결국 재량행위에 속한다(대법원 2005. 7. 14. 선고 2004두6181 판결).

❸ 허가 등 행정처분의 위법판단 기준시

1) 신청시와 처분시 사이의 법령 변경 : 처분시가 원칙

① 허가 등의 행정처분은 원칙적으로 처분시의 법령과 허가기준에 의하여 처리되어야 하고 허가신청 당시의 기준에 따라야 하는 것은 아니며, 비록 허가신청 후 허가기준이 변경되었다 하더라도 그 허가관청이 허가신청을 수리하고도 정당한 이유 없이 그 처리를 늦추어 그 사이에 허가기준이 변경된 것이 아닌 이상 변경된 허가기준에 따라서 처분을 하여야 한다(대법원 2006. 8. 25. 선고 2004두2974 판결).

② 행정행위는 처분 당시에 시행중인 법령과 허가기준에 의하여 하는 것이 원칙이고, 인·허가신청 후 처분 전에 관계 법령이 개정 시행된 경우 신법령 부칙에 그 시행 전에 이미 허가신청이 있는 때에는 종전의 규정에 의한다는 취지의 경과규정을 두지 아니한 이상 당연히 허가신청 당시의 법령에 의하여 허가여부를 판단하여야 하는 것은 아니며, 소관 행정청이 허가신청을 수리하고도 정당한 이유 없이 처리를 늦추어 그 사이에 법령 및 허가기준이 변경된 것이 아닌 한 변경된 법령 및 허가기준에 따라서 한 불허가처분은 위법하다고 할 수 없다(대법원 2005. 7. 29. 선고 2003두3550 판결).

2) 처분시와 판결시 사이의 법령 변경 : 처분시가 원칙

항고소송에 있어서 행정처분의 위법 여부를 판단하는 기준 시점에 대하여 판결시가 아니라 처분시라고 하는 의미는 행정처분이 있을 때의 법령과 사실상태를 기준으로 하여 위법 여부를 판단할 것이며 처분 후 법령의 개폐나 사실상태의 변동에 영향을 받지 않는다는 뜻이고 처분 당시 존재하였던 자료나 행정청에 제출되었던 자료만으로 위법 여부를 판단한다는 의미는 아니므로, 처분 당시의 사실상태 등에 대한 입증은 사실심 변론종결 당시까지 할 수 있고, 법원은 행정처분 당시 행정청이 알고 있었던 자료뿐만 아니라 사실심 변론종결 당시까지 제출된 모든 자료를 종합하여 처분 당시 존재하였던 객관적 사실을 확정하고 그 사실에 기초하여 처분의 위법 여부를 판단할 수 있다(대법원 1993. 5. 27. 선고 92누19033 판결).

기출문제

5급:재경09 甲은 A군 관내에 있는 자신의 토지에 가옥을 건축하기 위하여 건축관계 법령상의 건축허가요건을 갖추어 A군의 군수에게 건축허가를 신청하였다. 그러나 A군의 공무원 정기인사로 인하여 업무의 공백이 발생하여 건축허가절차가 지연되면서 그 사이에 건축관계 법령이 개정·시행되었으며, 개정된 법령에 의하면 건축허가 요건을 갖추지 못하게 되었다. 이 경우 A군의 군수는 개정된 법령에 따라 건축허가를 거부할 수 있는가? **(20점)** - 건축허가의 법적성질, 허가신청 후 법령이 변경된 경우 위법판단의 기준시

❹ 판례가 강학상 '허가'로 본 사례

1) 대중음식점 영업허가

식품위생법상 대중음식점영업허가는 성질상 일반적 금지에 대한 해제에 불과하므로 허가권자는 허가신청이 법에서 정한 요건을 구비한 때에는 허가하여야 하고 관계법규에서 정하는 제한사유 이외의 사유를 들어 허가신청을 거부할 수 없다(대법원 1993. 5. 27. 선고 93누2216 판결).

2) 유흥접객업허가

식품위생법의 관계규정의 취지를 종합하여 볼 때, 식품위생법상의 유흥접객업허가는 성질상 일반적 금지에 대한 해제에 불과하므로 허가권자는 허가신청이 법에서 정한 요건을 구비한 때에는 반드시 허가하여야 할 것이고, 허가제한 사유에 관한 같은 법 제24조 제1항 제4호 소정의 공익상 허가를 제한할 필요의 유무를 판단함에 있어서도 허가를 제한하여 달성하려는 공익과 이로 인하여 받게 되는 상대방의 불이익을 교량하여 신중하게 재량권을 행사하여야 한다(대법원 1993. 2. 12. 선고 92누4390 판결).

3) 한의사 면허

한의사 면허는 경찰금지를 해제하는 명령적 행위(강학상 허가)에 해당하고, 한약조제시험을 통하여 약사에게 한약조제권을 인정함으로써 한의사인 원고들의 영업상 이익이 감소되었다고 하더라도 이러한 이익은 사실상의 이익에 불과하고 약사법이나 의료법 등의 법률에 의하여 보호되는 이익이라고는 볼 수 없으므로, 이 사건 소는 원고적격이 없는 자들이 제기한 소로서 부적법하다(대법원 1998. 3. 10. 선고 97누4289 판결).

양도인의 운전면허취소로 인한 양수인의 운송사업면허취소 사건

□ 대법원 2010. 4. 8. 선고 2009두17018 판결

[사실관계]

소외인(丙)이 2007. 12. 18. 원고 甲에게 이 사건 운송사업을 양도하는 계약을 체결하고, 피고 乙(인천광역시 서구청장)은 2008. 1. 9. 위 양도·양수에 관한 인가를 하였다. 丙은 운송사업 양도 계약 체결 이전에 음주운전을 하여 자동차 운전면허가 취소될 상황이었으나 그 사실을 양수인 원고 甲에게는 물론 인가신청 과정에서도 밝히지 않았고, 2008. 1. 21. 그 자동차 운전면허가 취소되었다. 乙은 2008. 4. 8. 운송사업의 양도자인 丙의 운전면허 취소가 운송사업면허의 취소사유에 해당한다는 이유로 甲의 운송사업면허를 취소하는 이 사건 처분을 하였다. 이에 甲은 운송사업 양도·양수 이전에 있었던 丙에 대한 운송사업면허취소사유를 들어 甲의 운송사업면허를 취소하는 것은 위법하다고 주장하며 취소소송을 제기하였다.

[참조조문]

여객자동차운수사업법

제14조 (사업의 양도·양수 등) ① 여객자동차운송사업을 양도·양수하려는 자는 국토교통부령으로 정하는 바에 따라 국토교통부장관 또는 시·도지사에게 신고하여야 한다.
② 대통령령으로 정하는 여객자동차운송사업을 양도·양수하려면 제1항에도 불구하고 국토교통부령으로 정하는 바에 따라 국토교통부장관 또는 시·도지사의 인가를 받아야 한다. 이 경우 국토교통부장관 또는 시·도지사는 국토교통부령으로 정하는 일정 기간 동안 여객자동차운송사업의 양도·양수를 제한할 수 있다.
⑤ 제1항, 제2항 및 제4항에 따른 신고를 하거나 인가를 받은 경우 여객자동차운송사업을 양수한 자는 여객자동차운송사업을 양도한 자의 운송사업자로서의 지위를 승계하며, 합병에 따라 설립되거나 존속되는 법인은 합병에 따라 소멸되는 법인의 운송사업자로서의 지위를 승계한다.

제85조 (면허취소 등) ① 국토교통부장관 또는 시·도지사(터미널사업·자동차대여사업 및 대통령령으로 정하는 여객자동차운송사업인 경우만 해당한다)는 여객자동차 운수사업자가 다음 각 호의 어느 하나에 해당하면 면허·허가·인가 또는 등록을 취소하거나 6개월 이내의 기간을 정하여 사업의 전부 또는 일부를 정지하도록 명하거나 노선폐지 또는 감차 등이 따르는 사업계획 변경을 명할 수 있다. 다만, 제5호·제8호 및 제39호의 경우에는 면허 또는 등록을 취소하여야 한다.
　37. 대통령령으로 정하는 여객자동차운송사업의 경우 운수종사자의 운전면허가 취소되거나 제87조제1항제2호 또는 제3호에 해당되어 운수종사자의 자격이 취소된 경우

[판결요지]

[1] 개인택시 운송사업의 양도·양수에 대한 인가를 한 후, 그 양도·양수 이전에 있었던 양도인에 대한 운송사업면허 취소사유를 들어 양수인의 사업면허를 취소할 수 있는지 여부(적극)

구 여객자동차 운수사업법 제15조 제4항에 의하면 개인택시 운송사업을 양수한 사람은 양도인의 운송사업자로서의 지위를 승계하는 것이므로, 관할관청은 개인택시 운송사업의 양도·양수에 대한 인가를 한 후에도 그 양도·양수 이전에 있었던 양도인에 대한 운송사업면허 취소사유를 들어 양수인의 사업면허를 취소

할 수 있는 것이고, 가사 양도·양수 당시에는 양도인에 대한 운송사업면허 취소사유가 현실적으로 발생하지 않은 경우라도 그 원인되는 사실이 이미 존재하였다면, 관할관청으로서는 그 후 발생한 운송사업면허 취소사유에 기하여 양수인의 사업면허를 취소할 수 있는 것이다.

[2] 개인택시 운송사업면허와 같은 수익적 행정처분을 취소 또는 철회하거나 중지할 수 있는 요건과 그 한계

개인택시 운송사업면허와 같은 수익적 행정처분을 취소 또는 철회하거나 중지하는 경우에는 이미 부여된 그 국민의 기득권을 침해하는 것이 되므로, 비록 취소 등의 사유가 있다고 하더라도 그 취소권 등의 행사는 기득권의 침해를 정당화할 만한 중대한 공익상의 필요 또는 제3자의 이익보호의 필요가 있는 때에 한하여 상대방이 받는 불이익과 비교·교량하여 결정하여야 하고, 그 처분으로 인하여 공익상의 필요보다 상대방이 받게 되는 불이익 등이 막대한 경우에는 재량권의 한계를 일탈한 것으로서 그 자체가 위법하게 된다.

[3] 이 사건 처분의 재량권 일탈·남용 여부

소외인이 2007. 12. 18. 원고에게 이 사건 운송사업을 양도하는 계약을 체결하고, 피고는 2008. 1. 9. 위 양도·양수에 관한 인가를 한 사실, 소외인은 그 이전에 음주운전을 하여 자동차 운전면허가 취소될 상황이었으나 그 사실을 양수인에게는 물론 인가신청 과정에서 밝히지 않았고, 2008. 1. 21. 그 자동차 운전면허가 취소된 사실, 피고는 2008. 4. 8. 이 사건 운송사업의 양도자인 소외인의 운전면허 취소가 운송사업면허의 취소사유에 해당한다는 이유로 이 사건 운송사업면허를 취소하는 이 사건 처분을 한 사실을 각 인정한 후 이 사건 운송사업의 양도·양수 당시에는 운송사업면허 취소사유, 즉 소외인의 운전면허 취소사실이 현실적으로 발생하지 않았더라도 그 원인되는 소외인의 음주운전 사실이 존재하였던 이상 원고는 그러한 소외인의 이 사건 운송사업면허상의 지위를 그대로 승계한 것이고, 그 후 소외인의 운전면허가 취소되었다면 피고는 원고에 대하여 이 사건 운송사업면허를 취소할 수 있다는 취지로 판단하고, 나아가 판시와 같은 사정에 비추어 보면, 이 사건에서 개인택시 운송사업면허자의 면허를 박탈함으로써 개인택시 운송사업의 질서를 확립하여야 할 공익상의 필요가 이 사건 처분으로 말미암아 원고가 입게 될 불이익에 비하여 가볍다고 볼 수 없어 관계 법령에서 정한 기준에 따른 이 사건 처분에 재량을 일탈·남용한 위법도 없다.

[참고판례]

□ 지위승계에는 사업정지 등 제재처분의 승계가 포함되어 그 지위를 승계한 자에 대하여 사업정지 등의 제재처분을 취할 수 있다.

석유판매업 등록은 원칙적으로 대물적 허가의 성격을 갖고, 또 석유판매업자가 같은 법 제26조의 유사석유제품 판매금지를 위반함으로써 같은 법 제13조 제3항 제6호, 제1항 제11호에 따라 받게 되는 사업정지 등의 제재처분은 사업자 개인의 자격에 대한 제재가 아니라 사업의 전부나 일부에 대한 것으로서 대물적 처분의 성격을 갖고 있으므로, 위와 같은 지위승계에는 종전 석유판매업자가 유사석유제품을 판매함으로써 받게 되는 사업정지 등 제재처분의 승계가 포함되어 그 지위를 승계한 자에 대하여 사업정지 등의 제재처분을 취할 수 있다고 보아야 하고, 같은 법 제14조 제1항 소정의 과징금은 해당 사업자에게 경제적 부담을 주어 행정상의 제재 및 감독의 효과를 달성함과 동시에 그 사업자와 거래관계에 있는 일반 국민의 불편을 해소시켜 준다는 취지에서 사업정지처분에 갈음하여 부과되는 것일 뿐이므로, 지위승계의 효과에 있어서 과징금부과처분을 사업정지처분과 달리 볼 이유가 없다(대법원 2003. 10. 23. 선고 2003두8005 판결).

요양기관 업무정지처분 사건

□ 대법원 2022. 1. 27. 선고 2020두39365 판결

[사실관계]

원고는 2010. 7. 12. 서울 용산구 (주소 1 생략)에서 의사 소외 1과 함께 'ㅇㅇ이비인후과의원'(이하 '이 사건 의원'이라 한다)을 개설하여 운영한 의사이다. 이 사건 의원의 개설자는 2011. 1. 3.경 원고와 의사 소외 2로 변경되었고, 그들은 2014. 5. 7.경 이 사건 의원을 폐업하였다. 그 후 원고는 2014. 7. 5.경 세종시 (주소 2 생략)에서 '△△이비인후과의원'을 개설하여 운영하고 있다.

피고(보건복지부장관)는 2017. 5. 29. 원고에게 '원고와 소외 2는 2011. 5.부터 2011. 9.까지 이 사건 의원을 개설·운영하면서 국민건강보험법 제42조 제1항에 따라 요양급여는 의료법에 따라 개설된 의료기관 등에서 실시하여야 그 비용을 청구할 수 있음에도 이 사건 의원이 아닌 □□타운에서 수진자들을 진료한 다음 그 진찰료를 요양급여비용으로 청구하고 위 진료에 관한 원외처방전을 요양급여대상으로 발급하여 약국 약제비를 청구하도록 함으로써 국민건강보험공단에 합계 2,570,180원의 요양급여비용을 부담하게 하였다.'는 이유로 구 국민건강보험법(2011. 12. 31. 법률 제11141호로 전부 개정되기 전의 것, 이하 같다) 제85조 제1항 제1호에 근거하여 '△△이비인후과의원'의 업무를 10일 동안 정지하는 처분(이하 '이 사건 처분'이라 한다)을 하였다.

이 사건의 쟁점은, 구 국민건강보험법 제85조 제1항 제1호의 요양기관 업무정지처분의 법적 성격 및 대상과 관련하여 폐업한 요양기관에서 발생한 위반행위를 이유로 그 요양기관의 개설자가 새로 개설한 요양기관에 대하여 업무정지처분을 할 수 있는지 여부이다.

[판결요지]

□ 구 국민건강보험법 제85조 제1항 제1호에 따른 요양기관 업무정지처분의 법적 성격(=대물적 처분) 및 대상(=요양기관의 업무 자체) / 속임수나 그 밖의 부당한 방법으로 보험자에게 요양급여비용을 부담하게 한 요양기관이 폐업한 경우, 그 요양기관 및 폐업 후 그 요양기관의 개설자가 새로 개설한 요양기관에 대하여 업무정지처분을 할 수 있는지 여부(소극)

구 국민건강보험법제40조 제1항, 제85조 제1항 제1호, 제85조의2 제1항, 국민건강보험법 제98조 제1항 제1호, 구 국민건강보험법 시행령 제21조 제1항 제4호, 제3항, 구 의료법(2016. 5. 29. 법률 제14220호로 개정되기 전의 것, 이하 같다) 제33조 제3항, 제36조, '업무정지처분에 갈음한 과징금 적용기준'(2008. 11. 26. 보건복지가족부고시 제2008-153호) 제2조 제2호 (다)목을 종합하면, 요양기관이 속임수나 그 밖의 부당한 방법으로 보험자에게 요양급여비용을 부담하게 한 때에 구 국민건강보험법 제85조 제1항 제1호에 의해 받게 되는 요양기관 업무정지처분은 의료인 개인의 자격에 대한 제재가 아니라 요양기관의 업무 자체에 대한 것으로서 대물적 처분의 성격을 갖는다. 따라서 속임수나 그 밖의 부당한 방법으로 보험자에게 요양급여비용을 부담하게 한 요양기관이 폐업한 때에는 그 요양기관은 업무를 할 수 없는 상태일 뿐만 아니라 그 처분대상도 없어졌으므로 그 요양기관 및 폐업 후 그 요양기관의 개설자가 새로 개설한 요양기관에 대하여 업무정지처분을 할 수는 없다.

이러한 해석은 침익적 행정행위의 근거가 되는 행정법규는 엄격하게 해석·적용하여야 하고, 입법 취지와 목적 등을 고려한 목적론적 해석이 전적으로 배제되는 것이 아니라고 하더라도 그 해석이 문언의 통상적인 의미를 벗어나서는 아니 된다는 법리에도 부합한다. 더군다나 구 의료법 제66조 제1항 제7호에 의하면 보건복지부장관은 의료인이 속임수 등 부정한 방법으로 진료비를 거짓 청구한 때에는 1년의 범위에서 면허자격을 정지시킬 수 있고 이와 같이 요양기관 개설자인 의료인 개인에 대한 제재수단이 별도로 존재하는 이상, 위와 같은 사안에서 제재의 실효성 확보를 이유로 구 국민건강보험법 제85조 제1항 제1호의 '요양기관'을 확장해석할 필요도 없다.

[관련판례]

□ 의료기관을 개설할 수 없는 자가 개설한 의료기관이 요양급여를 실시하고 요양급여비용을 청구하는 것은 '사위 기타 부당한 방법'에 해당한다.

의료기관을 개설할 수 없는 자가 개설한 의료기관은 국민건강보험법상 요양기관이 될 수 없지만, 이러한 의료기관이라 하더라도 요양기관으로서 요양급여를 실시하고 그 급여비용을 청구한 이상 구 국민건강보험법 제52조 제1항에서 정한 부당이득징수 처분의 상대방인 요양기관에 해당하고, 이러한 의료기관이 요양급여비용을 청구하는 것은 '사위 기타 부당한 방법'에 해당한다(대법원 2020. 6. 4. 선고 2015두39996 판결).

토지거래허가구역 내 허가신청 사건

□ 대법원 1991. 12. 24. 선고 90다12243 전원합의체 판결

[사실관계]

원고 甲은 전남 순천시 소재의 토지를 피고 乙로부터 매수하기로 하는 매매계약을 체결하였다. 이 토지는 구 국토이용관리법상 토지 등의 거래계약에 대하여 허가를 받아야 하는 규제지역에 속하여 있었기 때문에 허가를 얻어야 하지만 아직 허가를 받지 아니하고 있었다. 乙은 허가취득이전에 매매대금의 완불을 주장하면서 토지거래허가절차에 협력하지 않아 원고는 행정청으로부터 토지거래허가를 얻을 수 없었다. 甲은 乙의 협력을 얻어 토지거래허가를 획득하고 소유권이전등기를 하고자 주위적으로 매매계약에 기한 소유권이전등기절차이행청구 소송을, 예비적으로 소유권이전등기절차 협력의무와 조건부 소유권이전등기절차의 이행을 청구하였다.

[판결요지]

[1] 국토이용관리법상의 규제구역 내의 토지에 대하여 허가받을 것을 전제로 체결한 거래계약의 효력(유동적 무효)과 이 경우 허가 후에 새로이 거래계약을 체결할 필요가 있는지 여부(소극)

국토이용관리법상의 규제구역 내의 '토지등의 거래계약' 허가에 관한 관계규정의 내용과 그 입법취지에 비추어 볼 때 토지의 소유권 등 권리를 이전 또는 설정하는 내용의 거래계약은 관할 관청의 허가를 받아야만 그 효력이 발생하고 허가를 받기 전에는 물권적 효력은 물론 채권적 효력도 발생하지 아니하여 무효라고 보아야 할 것인바, 다만 허가를 받기 전의 거래계약이 처음부터 허가를 배제하거나 잠탈하는 내용의 계약일 경우에는 확정적으로 무효로서 유효화될 여지가 없으나 이와 달리 허가받을 것을 전제로 한 거래계약(허가를 배제하거나 잠탈하는 내용의 계약이 아닌 계약은 여기에 해당하는 것으로 본다)일 경우에는 허가를 받을 때까지는 법률상 미완성의 법률행위로서 소유권 등 권리의 이전 또는 설정에 관한 거래의 효력이 전혀 발생하지 않음은 위의 확정적 무효의 경우와 다를 바 없지만, 일단 허가를 받으면 그 계약은 소급하여 유효한 계약이 되고 이와 달리 불허가가 된 때에는 무효로 확정되므로 허가를 받기까지는 유동적 무효의 상태에 있다고 보는 것이 타당하므로 허가받을 것을 전제로 한 거래계약은 허가받기 전의 상태에서는 거래계약의 채권적 효력도 전혀 발생하지 않으므로 권리의 이전 또는 설정에 관한 어떠한 내용의 이행청구도 할 수 없으나 일단 허가를 받으면 그 계약은 소급해서 유효화되므로 허가 후에 새로이 거래계약을 체결할 필요는 없다.

[2] 국토이용관리법 제21조의3 제1항 소정의 "허가"의 법적 성질

국토이용관리법 제21조의3 제1항 소정의 허가가 규제지역 내의 모든 국민에게 전반적으로 토지거래의 자유를 금지하고 일정한 요건을 갖춘 경우에만 금지를 해제하여 계약체결의 자유를 회복시켜 주는 성질의 것이라고 보는 것은 위 법의 입법취지를 넘어선 지나친 해석이라고 할 것이고, 규제지역 내에서도 토지거래의 자유가 인정되나 다만 위 허가를 허가 전의 유동적 무효 상태에 있는 법률행위의 효력을 완성시켜 주는 인가적 성질을 띤 것이라고 보는 것이 타당하다.

[관련판례]

❶ 토지거래허가구역 지정의 법적 성질

국토의 계획 및 이용에 관한 법률의 규정에 의하면, 같은 법에 따라 토지거래계약에 관한 허가구역으로 지정되는 경우, 허가구역 안에 있는 토지에 대하여 소유권이전 등을 목적으로 하는 거래계약을 체결하고자 하는 당사자는 공동으로 행정관청으로부터 허가를 받아야 하는 등 일정한 제한을 받게 되고, 허가를 받지 아니하고 체결한 토지거래계약은 그 효력이 발생하지 아니하며, 토지거래계약허가를 받은 자는 5년의 범위 이내에서 대통령령이 정하는 기간 동안 그 토지를 허가받은 목적대로 이용하여야 하는 의무도 부담하며, 같은 법에 따른 토지이용의무를 이행하지 아니하는 경우 이행강제금을 부과당하게 되는 등 토지거래계약에 관한 허가구역의 지정은 개인의 권리 내지 법률상의 이익을 구체적으로 규제하는 효과를 가져오게 하는 행정청의 처분에 해당하고, 따라서 이에 대하여는 원칙적으로 항고소송을 제기할 수 있다(대법원 2006. 12. 26. 선고 2006두12883 판결).

❷ 기본행위에 하자가 있는 경우, 강학상 인가의 취소를 구할 법률상 이익은 인정되지 않는다.

[1] 주택조합의 조합장 명의변경에 대한 시장, 군수 또는 자치구 구청장의 인가처분은 종전의 조합장이 그 지위에서 물러나고 새로운 조합장이 그 지위에 취임함을 내용으로 하는 주택조합의 조합장 명의변경 행위를 보충하여 그 법률상의 효력을 완성시키는 보충적 행정행위로서 성질상 기본행위인 주택조합의 조합장 명의변경 행위를 떠나 인가처분 자체만으로는 법률상 아무런 효력도 발생할 수 없다.

[2] 강학상의 '인가'에 속하는 행정처분에 있어서 인가처분 자체에 하자가 있다고 다투는 것이 아니라 기본행위에 하자가 있다 하여 그 기본행위의 효력에 관하여 다투는 경우에는 민사쟁송으로서 따로 그 기본행위의 취소 또는 무효확인 등을 구하는 것은 별론으로 하고 기본행위의 불성립 또는 무효를 내세워 바로 그에 대한 감독청의 인가처분의 취소를 구하는 것은 특단의 사정이 없는 한 소구할 법률상의 이익이 있다고 할 수 없다(대법원 1995. 12. 12. 선고 95누7338 판결).

[참고판례]

❶ 판례가 강학상 '인가'로 본 사례

1) 사립학교임원취임에 대한 감독청의 승인처분

사립학교법 제20조 제2항에 의한 학교법인의 임원에 대한 감독청의 취임승인은 학교법인의 임원선임행위를 보충하여 그 법률상의 효력을 완성케 하는 보충적 행정행위로서 성질상 기본행위를 떠나 승인처분 그 자체만으로는 법률상 아무런 효력도 발생할 수 없으므로, 기본행위인 학교법인의 임원선임행위가 불성립 또는 무효인 경우에는 비록 그에 대한 감독청의 취임승인이 있었다 하여도 이로써 무효인 그 선임행위가 유효한 것으로 될 수는 없다(대법원 2001. 5. 29. 선고 99두7432 판결).

2) 사업시행계획인가처분(일반적인 경우)

도시및주거환경정비법 제16조 제2항의 가중된 의결 정족수에 의한 찬성결의로 결정된 재건축결의사항은 대통령령이 정하는 경미한 사항의 변경에 해당하지 않는 한 위 법 제16조 제2항의 가중된 의결 정족수에 의한 찬성결의에 의하지 아니하고는 변경될 수 없고, 따라서 조합의 사업시행계획도 원칙적으로 재건축결의에서 결정된 내용에 따라 작성되어야 하지만, 조합이 사업시행계획을 재건축결의에서 결정된 내용과 달리 작성한 경우 이러한 하자는 기본행위인 사업시행계획 작성행위의 하자이고, 이에 대한 보충행위인 행정청의 인가처분이 그 근거 조항인 위 법 제28조의 적법요건을 갖추고 있는 이상은 그 인가처분 자체에 하자가 있는 것이라 할 수 없다(대법원 2008. 1. 10. 선고 2007두16691 판결).

3) 관리처분계획인가처분

① 관리처분계획 인가처분의 법적 성질 : 강학상 인가

도시재개발법 제41조에 의한 행정청의 인가는 주택개량재개발조합의 관리처분계획에 대한 법률상의 효력을 완성시키는 보충행위로서, 그 기본이 되는 관리처분계획(기본행위)에 하자가 있을 때에는 그에 대한 인가(보충행위)가 있었다 하여도 기본행위인 관리처분계획이 유효한 것으로 될 수 없다(대법원 2001. 12. 11. 선고 2001두7541 판결).

② 관리처분계획의 하자를 이유로 관리처분계획 인가처분의 취소·무효확인을 구할 수 없다.

기본행위인 관리처분계획이 적법유효하고 보충행위인 인가처분 자체에만 하자가 있다면 그 인가처분의 무효나 취소를 주장할 수 있지만, 인가처분에는 하자가 없고 기본행위에만 하자가 있는 경우에는 따로 그 기본행위의 하자를 다투는 것은 별론으로 하고, 기본행위의 무효를 내세워 바로 그에 대한 행정청의 인가처분의 취소 또는 무효확인을 소구할 법률상의 이익이 있다고 할 수 없다(대법원 2001. 12. 11. 선고 2001두7541 판결).

4) 민법상 재단법인의 정관변경 허가

민법 제45조와 제46조에서 말하는 재단법인의 정관변경 "허가"는 법률상의 표현이 허가로 되어 있기는 하나, 그 성질에 있어 법률행위의 효력을 보충해 주는 것이지 일반적 금지를 해제하는 것이 아니므로, 그 법적 성격은 인가라고 보아야 한다(대법원 1996. 5. 16, 95누4810 전원합의체).

❷ 판례가 강학상 '특허'로 본 사례

1) 조합설립인가처분

재개발조합설립 인가신청에 대한 행정청의 조합설립인가처분은 법령상 일정한 요건을 갖출 경우 주택재개발사업의 추진위원회에게 행정주체로서의 지위를 부여하는 일종의 설권적 처분의 성격을 가지고 있다(대법원 2010. 12. 09. 선고 2009두4555 판결).

2) 사업시행계획인가처분(토지소유자들이 직접 도시환경정비사업을 시행하는 경우)

구 도시 및 주거환경정비법 제8조 제3항, 제28조 제1항에 의하면, 토지 등 소유자들이 그 사업을 위한 조합을 따로 설립하지 아니하고 직접 도시환경정비사업을 시행하고자 하는 경우에는 사업시행계획서에 정관 등과 그 밖에 국토교통부령이 정하는 서류를 첨부하여 시장·군수에게 제출하고 사업시행인가를 받아야 하고, 이러한 절차를 거쳐 사업시행인가를 받은 토지 등 소유자들은 관할 행정청의 감독 아래 정비구역 안에서 구 도시정비법상의 도시환경정비사업을 시행하는 목적 범위 내에서 법령이 정하는 바에 따라 일정한 행정작용을 행하는 행정주체로서의 지위를 가진다. 그렇다면 토지 등 소유자들이 직접 시행하는 도시환경정비사업에서 토지 등 소유자에 대한 사업시행인가처분은 단순히 사업시행계획에 대한 보충행위로서의 성질을 가지는 것이 아니라 구 도시정비법상 정비사업을 시행할 수 있는 권한을 가지는 행정주체로서의 지위를 부여하는 일종의 설권적 처분의 성격을 가진다(대법원 2013. 6. 13. 선고 2011두19994 판결).

3) 개발촉진지구 안에서 시행되는 지역개발사업에서 지정권자의 실시계획승인처분

구 지역균형개발 및 지방중소기업 육성에 관한 법률(이하 '구 지역균형개발법'이라 한다)에 의하면, 지정권자가 실시계획을 승인하고자 하는 때에는 미리 관계 행정기관의 장과의 협의를 거쳐야 하고(제17조 제2항), 지정권자가 실시계획을 승인한 경우에는 대통령이 정하는 바에 따라 그 내용을 고시하여야 하며(제17조 제3항), 지정권자가 실시계획을 승인하면서 당해 실시계획에 대한 관계 법률의 인·허가 등에 관하여 관계 행정기관의 장과 협의한 사항에 대하여는 당해 인·허가 등을 받은 것으로 보고, 실시계획이 고시된 때에는 관계 법률에 의한 인·허가 등의 고시·공고가 있은 것으로 본다(제18조 제1항, 제3항). 그리고 시행자는 지구개발사업의 시행에 필요한 토지·건물 또는 토지에 정착한 물건이나 이에 관한 소유권 이외의 권리·광업권·어업권·물의 사용에 관한 권리를 수용 또는 사용할 수 있고(제17조 제4항, 제19조 제1항), 실시계획의 고시가 있은 때에는 공익사업을 위한 토지 등의 취득 및 보상에 관한 법률에 의한 사업인정 및 사업인정의 고시가 있은 것으로 본다(제19조 제2항).

이러한 관계 법령의 내용 및 취지 등에 비추어 보면, 지구개발사업에서 지정권자의 실시계획승인처분은 단순히 시행자가 작성한 실시계획에 대한 보충행위로서의 성질을 가지는 것이 아니라 시행자에게 구 지역균형개발법상 지구개발사업을 시행할 수 있는 지위를 부여하는 일종의 설권적 처분의 성격을 가진 독립된 행정처분으로 보아야 한다(대법원 2014. 9. 26. 선고 2012두5619 판결).

4) 개인택시 운송사업면허의 양도양수에 대한 인가

관할관청의 개인택시 운송사업면허의 양도·양수에 대한 인가에는 양도인과 양수인 간의 양도행위를 보충하여 그 법률효과를 완성시키는 의미에서의 인가처분뿐만 아니라 양수인에 대해 양도인이 가지고 있던 면허와 동일한 내용의 면허를 부여하는 처분이 포함되어 있다고 볼 것이어서, 양수인이 구 자동차운수사업법시행규칙 제15조 제1항 소정의 개인택시 운송사업면허취득의 자격요건인 운전경력에 미달됨이 사후에 밝혀진 경우에는 관할관청은 면허를 받을 자격이 없는 자에 대한 하자 있는 처분으로서 개인택시 운송사업면허 양도·양수인가처분을 취소할 수 있음은 물론 양수인에 대한 개인택시 운송사업면허처분을 취소할 수도 있다(대법원 1994. 8. 23. 선고 94누4882 판결).

5) 여객자동차운송사업의 한정면허

여객자동차 운수사업법 제4조 제1항 단서 및 제2항, 제3항, 여객자동차 운수사업법 시행규칙 제17조 제1항 제1호 (가)목 1), 제5항 및 제6항을 종합하면, 여객자동차운송사업의 한정면허는 특정인에게 권리나 이익을 부여하는 수익적 행정행위로서, 교통수요, 운송업체의 수송 및 공급능력 등에 관한 기술적·전문적 판단이 필요하고, 원활한 운송체계의 확보, 일반 공중의 교통 편의성 제고 등 운수행정을 통한 공익적 측면과 함께 관련 운송사업자들 사이의 이해관계 조정 등 사익적 측면을 고려하는 등 합목적성과 구체적 타당성을 확보하기 위한 적합한 기준에 따라야 하므로, 그 범위 내에서는 법령이 특별히 규정한 바가 없으면 행정청이 재량을 보유하고 이는 한정면허가 기간만료로 실효되어 갱신되는 경우에도 마찬가지이다. 따라서 한정면허가 신규로 발급되는 때는 물론이고 한정면허의 갱신 여부를 결정하는 때에도 관계 법규 내에서 한정면허의 기준이 충족되었는지를 판단하는 것은 관할 행정청의 재량에 속한다. 그러므로 시·도지사가 한정면허의 기준을 충족하였는지 여부를 심사한 것이 객관적으로 합리적이지 않거나 타당하지 않다고 보이지 아니하는 한 그 의사는 가능한 존중되어야 하고, 이에 대한 사법심사는 원칙적으로 재량권의 일탈이나 남용이 있는지 여부만을 대상으로 하며, 사실오인과 비례·평등의 원칙 위반 여부 등이 판단 기준이 된다(대법원 2020. 6. 11. 선고 2020두34384 판결).

6) 체류자격 변경허가

출입국관리법 제10조, 제24조 제1항, 구 출입국관리법 시행령 제12조 [별표 1] 제8호, 제26호 (가)목, (라)목, 출입국관리법 시행규칙 제18조의2 [별표 1]의 문언, 내용 및 형식, 체계 등에 비추어 보면, 체류자격 변경허가는 신청인에게 당초의 체류자격과 다른 체류자격에 해당하는 활동을 할 수 있는 권한을 부여하는 일종의 설권적 처분의 성격을 가지므로, 허가권자는 신청인이 관계 법령에서 정한 요건을 충족하였더라도, 신청인의 적격성, 체류 목적, 공익상의 영향 등을 참작하여 허가 여부를 결정할 수 있는 재량을 가진다. 다만 재량을 행사할 때 판단의 기초가 된 사실인정에 중대한 오류가 있는 경우 또는 비례·평등의 원칙을 위반하거나 사회통념상 현저하게 타당성을 잃는 등의 사유가 있다면 이는 재량권의 일탈·남용으로서 위법하다(대법원 2016. 7. 14. 선고 2015두48846 판결).

7) 귀화허가

국적법 제4조 제1항은 "외국인은 법무부장관의 귀화허가를 받아 대한민국의 국적을 취득할 수 있다."라고 규정하고, 그 제2항은 "법무부장관은 귀화 요건을 갖추었는지를 심사한 후 그 요건을 갖춘 자에게만 귀화를 허가한다."라고 정하고 있다. 국적은 국민의 자격을 결정짓는 것이고, 이를 취득한 사람은 국가의 주권자가 되는 동시에 국가의 속인적 통치권의 대상이 되므로, 귀화허가는 외국인에게 대한민국 국적을 부여함으로써 국민으로서의 법적 지위를 포괄적으로 설정하는 행위에 해당한다. 한편, 국적법 등 관계 법령 어디에도 외국인에게 대한민국의 국적을 취득할 권리를 부여하였다고 볼 만한 규정이 없다. 이와 같은 귀화허가의 근거 규정의 형식과 문언, 귀화허가의 내용과 특성 등을 고려해 보면, 법무부장관은 귀화신청인이 귀화 요건을 갖추었다 하더라도 귀화를 허가할 것인지 여부에 관하여 재량권을 가진다고 보는 것이 타당하다(대법원 2010. 10. 28. 선고 2010두6496 판결).

8) 도로점용허가

도로법 제40조 제1항에 의한 도로점용은 일반공중의 교통에 사용되는 도로에 대하여 이러한 일반사용과는 별도로 도로의 특정부분을 유형적·고정적으로 특정한 목적을 위하여 사용하는 이른바 특별사용을 뜻하는 것이고, 이러한 도로점용의 허가는 특정인에게 일정한 내용의 공물사용권을 설정하는 설권행위로서, 공물관리자가 신청인의 적격성, 사용목적 및 공익상의 영향 등을 참작하여 허가를 할 것인지의 여부를 결정하는 재량행위이다(대법원 2002. 10. 25. 선고 2002두5795 판결).

9) 하천점용허가

하천유수를 본래의 공용목적에 따라 타인의 공동이용을 방해하지 않는 한도에서 자유로이 사용하는 것을 넘어서 일반인에게는 허용되지 않는 특별한 공물사용권을 설정받아 일정기간 배타적으로 사용하기 위해서는 하천법에 의해 하천점용허가를 받아야 한다…이러한 용수계약은 하천점용허가라는 대물적 특허처분에 상응하여 체결된 것이다(대법원 2011. 1. 13. 선고 2009다21058 판결).

10) 공유수면매립면허

공유수면매립면허는 설권행위인 특허의 성질을 갖는 것이므로 원칙적으로 행정청의 자유재량에 속하며, 일단 실효된 공유수면매립면허의 효력을 회복시키는 행위도 특단의 사정이 없는 한 새로운 면허부여와 같이 면허관청의 자유재량에 속한다(대법원 1989. 9. 12. 선고 88누9206 판결).

11) 공유수면 점용·사용허가

구 공유수면관리법에 따른 공유수면의 점·사용허가는 특정인에게 공유수면 이용권이라는 독점적 권리를 설정하여 주는 처분으로서 그 처분의 여부 및 내용의 결정은 원칙적으로 행정청의 재량에 속한다고 할 것이고, 이와 같은 재량처분에 있어서는 그 재량권 행사의 기초가 되는 사실인정에 오류가 있거나 그에 대한 법령적용에 잘못이 없는 한 그 처분이 위법하다고 할 수 없다(대법원 2004. 5. 28. 선고 2002두5016 판결).

12) 가축분뇨 처리방법 변경허가

가축분뇨법에 따른 처리방법 변경허가는 허가권자의 재량행위에 해당한다. 허가권자는 변경허가 신청 내용이 가축분뇨법에서 정한 처리시설의 설치기준(가축분뇨법 제12조의2 제1항)과 정화시설의 방류수 수질기준(제13조)을 충족하는 경우에도 반드시 이를 허가하여야 하는 것은 아니고, 자연과 주변 환경에 미칠 수 있는 영향 등을 고려하여 허가 여부를 결정할 수 있다. 가축분뇨 처리방법 변경 불허가처분에 대한 사법심사는 법원이 허가권자의 재량권을 대신 행사하는 것이 아니라 허가권자의 공익판단에 관한 재량의 여지를 감안하여 원칙적으로 재량권의 일탈·남용이 있는지 여부만을 판단하여야 하고, 사실오인과 비례·평등원칙 위반 여부 등이 판단 기준이 된다(대법원 2021. 6. 30. 선고 2021두35681 판결).

건축물대장 용도변경신청거부 사건

□ 대법원 2009. 1. 30. 선고 2007두7277 판결

[사실관계]

원고 甲은 2006. 1. 26. 피고 乙(부산광역시 사하구청장)에게 甲소유 소재 지상 1층 건물에 대한 건축물대장상 용도를 창고시설에서 위험물저장 및 처리시설로 변경하는 건축물표시 변경신청을 했다. 乙은 2006. 2. 10. 이 사건 건물 소재지가 다수의 주거용 건축물이 밀집된 주거지역으로 인근에 동일업종의 액화가스판매소가 영업 중이고, 주택지가 밀집한 일정지역에 2개소 이상의 액화가스판매소가 설치된다면 위험요소가 한 곳에 집중되어 다수의 인근 주민들에게 심리적·정서적 불안감을 가중시켜 지역주민의 집단 반발 민원이 극렬할 것으로 판단된다는 이유를 들어 이 사건 신청을 거부한다고 결정·통보했다.

이에 甲은 乙의 2006. 2. 10. 건축물표시변경신청 거부처분에 대해 취소소송을 제기하였다.

[판결요지]

구 건축법 제14조 제4항의 규정은 건축물의 소유자에게 건축물대장의 용도변경신청권을 부여한 것이고, 한편 건축물의 용도는 토지의 지목에 대응하는 것으로서 건물의 이용에 대한 공법상의 규제, 건축법상의 시정명령, 지방세 등의 과세대상 등 공법상 법률관계에 영향을 미치고, 건물소유자는 용도를 토대로 건물의 사용·수익·처분에 일정한 영향을 받게 된다. 이러한 점 등을 고려해 보면, 건축물대장의 용도는 건축물의 소유권을 제대로 행사하기 위한 전제요건으로서 건축물 소유자의 실체적 권리관계에 밀접하게 관련되어 있으므로, 건축물대장 소관청의 용도변경신청 거부행위는 국민의 권리관계에 영향을 미치는 것으로서 항고소송의 대상이 되는 행정처분에 해당한다.

[관련판례]

❶ 지목변경신청반려행위는 행정처분

지목은 토지에 대한 공법상의 규제, 개발부담금의 부과대상, 지방세의 과세대상, 공시지가의 산정, 손실보상가액의 산정 등 토지행정의 기초로서 공법상의 법률관계에 영향을 미치고, 토지소유자는 지목을 토대로 토지의 사용·수익·처분에 일정한 제한을 받게 되는 점 등을 고려하면, 지목은 토지소유권을 제대로 행사하기 위한 전제요건으로서 토지소유자의 실체적 권리관계에 밀접하게 관련되어 있으므로 지적공부 소관청의 지목변경신청 반려행위는 국민의 권리관계에 영향을 미치는 것으로서 항고소송의 대상이 되는 행정처분에 해당한다(대법원 2004. 4. 22. 선고 2003두9015 판결).

❷ 건축물대장 직권말소는 행정처분

건축물대장은 건축물에 대한 공법상의 규제, 지방세의 과세대상, 손실보상가액의 산정 등 건축행정의 기초자료로서 공법상의 법률관계에 영향을 미칠 뿐만 아니라, 건축물에 관한 소유권보존등기 또는 소유권이전등기를 신청하려면 이를 등기소에 제출하여야 하는 점 등을 종합해 보면, 건축물대장은 건축물의 소유

권을 제대로 행사하기 위한 전제요건으로서 건축물 소유자의 실체적 권리관계에 밀접하게 관련되어 있으므로, 이러한 건축물대장을 직권말소한 행위는 국민의 권리관계에 영향을 미치는 것으로서 항고소송의 대상이 되는 행정처분에 해당한다(대법원 2010. 5. 27. 선고 2008두22655 판결).

❸ 토지대장 직권말소행위는 행정처분

토지대장은 토지에 대한 공법상의 규제, 개발부담금의 부과대상, 지방세의 과세대상, 공시지가의 산정, 손실보상가액의 산정 등 토지행정의 기초자료로서 공법상의 법률관계에 영향을 미칠 뿐만 아니라, 토지에 관한 소유권보존등기 또는 소유권이전등기를 신청하려면 이를 등기소에 제출하여야 하는 점 등을 종합해 보면, 토지대장은 토지의 소유권을 제대로 행사하기 위한 전제요건으로서 토지 소유자의 실체적 권리관계에 밀접하게 관련되어 있으므로 이러한 토지대장을 직권으로 말소한 행위는 국민의 권리관계에 영향을 미치는 것으로서 항고소송의 대상이 되는 행정처분에 해당한다(대법원 2013. 10. 24. 선고 2011두13286 판결).

❹ 토지대장의 소유자명의변경신청거부는 행정처분이 아님

토지대장에 기재된 일정한 사항을 변경하는 행위는, 그것이 지목의 변경이나 정정 등과 같이 토지소유권 행사의 전제요건으로서 토지소유자의 실체적 권리관계에 영향을 미치는 사항에 관한 것이 아닌 한 행정사무집행의 편의와 사실증명의 자료로 삼기 위한 것일 뿐이어서, 그 소유자 명의가 변경된다고 하여도 이로 인하여 당해 토지에 대한 실체상의 권리관계에 변동을 가져올 수 없고 토지 소유권이 지적공부의 기재만에 의하여 증명되는 것도 아니다. 따라서 소관청이 토지대장상의 소유자명의변경신청을 거부한 행위는 이를 항고소송의 대상이 되는 행정처분이라고 할 수 없다(대법원 2012. 1. 12. 선고 2010두12354 판결).

❺ 무허가건물을 관리대장에 등재·변경 또는 삭제하는 행위는 행정처분이 아님

무허가건물관리대장은 행정관청이 지방자치단체의 조례 등에 근거하여 무허가건물 정비에 관한 행정상 사무처리의 편의와 사실증명의 자료로 삼기 위하여 작성, 비치하는 대장으로서 무허가건물을 무허가건물관리대장에 등재하거나 등재된 내용을 변경 또는 삭제하는 행위로 인하여 당해 무허가 건물에 대한 실체상의 권리관계에 변동을 가져오는 것이 아니고, 무허가건물의 건축시기, 용도, 면적 등이 무허가건물관리대장의 기재에 의해서만 증명되는 것도 아니므로, 관할관청이 무허가건물의 무허가건물관리대장 등재 요건에 관한 오류를 바로잡으면서 당해 무허가건물을 무허가건물관리대장에서 삭제하는 행위는 다른 특별한 사정이 없는 한 항고소송의 대상이 되는 행정처분이 아니다(대법원 2009. 3. 12. 선고 2008두11525 판결).

❻ 자동차운전면허대장에 일정한 사항을 등재하는 행위는 행정처분이 아님

자동차운전면허대장상 일정한 사항의 등재행위는 운전면허행정사무집행의 편의와 사실증명의 자료로 삼기 위한 것일 뿐 그 등재행위로 인하여 당해 운전면허 취득자에게 새로이 어떠한 권리가 부여되거나 변동 또는 상실되는 효력이 발생하는 것은 아니므로 이는 행정소송의 대상이 되는 독립한 행정처분으로 볼 수 없다(대법원 1991. 9. 24. 선고 91누1400 판결).

사용검사신청반려 사건

□ 대법원 1997. 3. 14. 선고 96누16698 판결

[사실관계]

원고 甲(공항지역주택조합)은 피고 乙(서울특별시 강서구청장)에게 주택건설사업계획의 승인을 신청하였다. 이에 피고 乙은 65세대의 공동주택을 건설하려는 甲에게 주택건설촉진법 제33조에 의한 주택건설사업계획의 승인처분을 함에 있어 그 주택단지의 진입도로 부지의 소유권을 확보하여 진입도로 등 간선시설을 설치하고 그 부지 소유권 등을 기부채납하며 그 주택건설사업 시행에 따라 폐쇄되는 인근 주민들의 기존 통행로를 대체하는 통행로를 설치하고 그 부지 일부를 기부채납하는 것을 조건으로 하여 1993. 7. 19.자로 민영주택건설사업계획 승인처분하였다. 그러나 이후 甲은 인근 다른 토지의 주민들도 함께 이용하는 도로 부지를 원고 조합원들만이 비용부담을 하여 기부채납하라는 것은 부당하다는 이유로 기부채납을 거부하였고, 또한 위 아파트 비상계단과 계단참이 잘못 시공된 부분은 시정공사를 하지 아니한 채로 1995. 10. 6. 피고 乙에 대하여 위 아파트에 대한 사용검사신청을 하였다. 이에 피고 乙는 위 사업승인조건의 미이행 및 사업계획과 상이한 시공 부분의 잔존을 이유로 검사신청서를 반려함으로써 사용검사를 거부하는 처분('이 사건 처분'이라 한다)을 내렸다. 이에 대해 원고 甲은 강서구청장을 상대로 사용검사신청반려처분취소소송을 제기하였다.

[판결요지]

[1] 주택건설촉진법상의 주택건설사업계획 승인처분이 재량행위인지 여부(적극)

주택건설촉진법 제33조에 의한 주택건설사업계획의 승인은 상대방에게 권리나 이익을 부여하는 효과를 수반하는 이른바 수익적 행정처분으로서, 법령에 행정처분의 요건에 관하여 일의적으로 규정되어 있지 아니한 이상 행정청의 재량행위에 속한다.

[2] 법령상의 근거 없이도 재량행위에 부관을 붙일 수 있는지 여부(적극) 및 부관의 내용적 한계

재량행위에 있어서는 법령상의 근거가 없다고 하더라도 부관을 붙일 수 있는데, 그 부관의 내용은 적법하고 이행가능하여야 하며 비례의 원칙 및 평등의 원칙에 적합하고 행정처분의 본질적 효력을 해하지 아니하는 한도의 것이어야 한다.

주택건설촉진법에 의한 주택건설사업계획의 승인을 받은 사업주체가 건설하는 주택단지는 기간도로와 접하는 폭 6m 이상의 진입도로가 있어야 하고, 그 주택의 호수가 100호 이상이면서 진입도로의 길이가 200m를 초과하는 경우에만 법령상 진입도로 및 상하수도시설 등의 간선시설의 설치의무가 원칙적으로 지방자치단체에 있을 뿐이므로, 이 사건 주택건설사업이 65세대의 아파트를 건축하는 사업이고 진입도로의 길이는 60m에 불과하여 법령상 진입도로의 설치의무가 지방자치단체에게 있지 아니한 이상, 사업주체인 원고에게 주택단지의 진입도로 등 간선시설을 설치하고 그 부지 소유권 등을 기부채납할 것을 조건으로 하여 주택건설사업계획의 승인을 하였다 하더라도 다른 특별한 사정이 없다면 이를 원고에게 필요한 범위를 넘어 과중한 부담을 지우는 것으로서 형평의 원칙 등에 위배되는 위법한 부관이라고 할 수는 없다 할

것이고, 또한 주택건설사업 시행에 따라 인근 주민들이 공로에 이르기 위하여 이용하여 왔던 기존의 통행로가 폐쇄되는 데 따른 보완조치로서 기존의 통행로를 대체하는 통행로 부지 일부를 기부채납할 것을 조건으로 주택건설사업계획의 승인을 하였다 하더라도 그 역시 형평의 원칙 등에 위배되는 위법한 부관이라고 할 수는 없다.

[참고판례]

❶ 법정부관 : 행정행위의 부관 아님

식품제조영업허가 기준에 관한 보건사회부 고시 소정의 허가기준에 따라 보존음료수제조업허가에 제품 전량 수출 또는 주한 외국인에 대한 판매에 한한다는 내용의 조건을 붙인 경우, 이와 같은 조건은 이른바 법정부관으로서 행정청의 의사에 기하여 붙여지는 본래의 의미에서의 행정행위의 부관은 아니므로, 이와 같은 법정부관에 대하여는 행정행위에 부관을 붙일 수 있는 한계에 관한 일반적인 원칙이 적용되지는 않는다(대법원 1994. 3. 8. 선고 92누1728 판결).

❷ 법률효과 일부배제 : 행정행위의 부관에 해당

행정행위의 부관은 부담의 경우를 제외하고는 독립하여 행정소송의 대상이 될 수 없는 것인바, 행정청이 한 공유수면매립준공인가 중 매립지 일부에 대하여 한 국가귀속처분은 매립준공인가를 함에 있어서 매립의 면허를 받은자의 매립지에 대한 소유권취득을 규정한 공유수면매립법 제14조의 효과 일부를 배제하는 부관을 붙인 것이므로 이러한 행정행위의 부관에 대하여는 독립하여 행정소송의 대상으로 삼을 수 없다(대법원 1991. 12. 13. 선고 90누8503 판결).

❸ 부관의 사항적 한계

1) 기속행위에 법령상 근거 없이 부관을 붙인 경우 그 효력 : 무효

기속행위에 대하여는 법령상 특별한 근거가 없는 한 부관을 붙일 수 없고, 가사 부관을 붙였다 하더라도 이는 무효이다(대법원 1993. 7. 27. 선고 92누13998 판결).

2) 기속재량행위에 법령상 근거 없이 부관을 붙인 경우 그 효력 : 무효

건축허가를 하면서 일정 토지를 기부채납도록 하는 내용의 허가조건은 부관을 붙일 수 없는 기속행위 내지 기속적 재량행위인 건축허가에 붙인 부담이거나 또는 법령상 아무런 근거가 없는 부관이어서 무효이다(대법원 2006. 11. 9. 선고 2006두1227 판결).

3) 법령상의 근거가 없어도 재량행위에는 부관을 붙일 수 있다.

주택건설촉진법 제33조에 의한 주택건설사업계획의 승인은 재량행위이며, 따라서 법령상 근거가 없다고 하더라도 부관(도로부지의 기부채납)을 붙일 수 있다(대법원 1997. 3. 14. 선고 96누16698 판결).

❹ 부담은 행정청이 일방적으로 부가할 수도 있으만 협약의 형식으로 부가할 수도 있다.

수익적 행정처분에 있어서는 법령에 특별한 근거규정이 없다고 하더라도 그 부관으로서 부담을 붙일 수 있고, 그와 같은 부담은 행정청이 행정처분을 하면서 일방적으로 부가할 수도 있지만 부담을 부가하기 이전에 상대방과 협의하여 부담의 내용을 협약의 형식으로 미리 정한 다음 행정처분을 하면서 이를 부가할 수도 있다(대법원 2009. 2. 12. 선고 2005다65500 판결).

❺ 부 담

1) 부담의 처분성

행정행위의 부관은 행정행위의 일반적인 효력이나 효과를 제한하기 위하여 의사표시의 주된 내용에 부가되는 종된 의사표시이지 그 자체로서 직접 법적 효과를 발생하는 독립된 처분이 아니므로 현행 행정쟁송제도 아래서는 부관 그 자체만을 독립된 쟁송의 대상으로 할 수 없는 것이 원칙이나 행정행위의 부관 중에서도 행정행위에 부수하여 그 행정행위의 상대방에게 일정한 의무를 부과하는 행정청의 의사표시인 부담의 경우에는 다른 부관과는 달리 행정행위의 불가분적인 요소가 아니고 그 존속이 본체인 행정행위의 존재를 전제로 하는 것일 뿐이므로 부담 그 자체로서 행정쟁송의 대상이 될 수 있다(대법원 1992. 1. 21. 선고 91누1264 판결).

2) 부담의 불이행과 주된 행정처분의 철회

부담부 행정처분에 있어서 처분의 상대방이 부담를 이행하지 아니한 경우에 처분행정청으로서는 이를 들어 당해 처분을 취소(철회)할 수 있는 것이다(대법원 1989. 10. 24. 89누2431 판결).

2) 부담의 위법여부 판단시 : 처분시

행정청이 수익적 행정처분을 하면서 부가한 부담의 위법 여부는 처분 당시 법령을 기준으로 판단하여야 하고, 부담이 처분 당시 법령을 기준으로 적법하다면 처분 후 부담의 전제가 된 주된 행정처분의 근거 법령이 개정됨으로써 행정청이 더 이상 부관을 붙일 수 없게 되었다 하더라도 곧바로 위법하게 되거나 그 효력이 소멸하게 되는 것은 아니다(대법원 2009. 2. 12, 2005다65500 판결).

❻ 부담의 하자와 이행행위와의 관계

① 행정처분에 부담인 부관을 붙인 경우 부관의 무효화에 의하여 본체인 행정처분 자체의 효력에도 영향이 있게 될 수는 있지만, 그 처분을 받은 사람이 부담의 이행으로 사법상 매매 등의 법률행위를 한 경우에는 그 부관은 특별한 사정이 없는 한 법률행위를 하게 된 동기 내지 연유로 작용하였을 뿐이므로 이는 법률행위의 취소사유가 될 수 있음은 별론으로 하고 그 법률행위 자체를 당연히 무효화하는 것은 아니다. 또한, 행정처분에 붙은 부담인 부관이 제소기간의 도과로 확정되어 이미 불가쟁력이 생겼다면 그 하자가 중대하고 명백하여 당연 무효로 보아야 할 경우 외에는 누구나 그 효력을 부인할 수 없을 것이지만, 부담의 이행으로서 하게 된 사법상 매매 등의 법률행위는 부담을 붙인 행정처분과는 어디까지나 별개의 법률행위이므로 그 부담의 불가쟁력의 문제와는 별도로 법률행위가 사회질서 위반이나 강행규정에 위반되는지 여부 등을 따져보아 그 법률행위의 유효 여부를 판단하여야 한다(대법원 2009. 6. 25, 2006다18174 판결).

② 건축허가를 하면서 일정 토지를 기부채납하도록 하는 내용의 허가조건은 부관을 붙일 수 없는 기속행위 내지 기속적 재량행위인 건축허가에 붙인 부담이거나 또는 법령상 아무런 근거가 없는 부관이어서 무효이다. 위와 같이 허가조건이 무효라고 하더라도 그 부관 및 본체인 건축허가 자체의 효력이 문제됨은 별론으로 하고, 허가신청대행자가 그 소유인 토지를 허가관청에게 기부채납함에 있어 위 허가조건은 증여의사표시를 하게 된 하나의 동기 내지 연유에 불과한 것이고, 위 허가신청대행자가 건축허가를 받은 토지의 일부를 반드시 허가관청에 기부채납하여야 한다는 법령상의 근거규정이 없음에도 불구하고 위 허가조건의 내용에 따라 위 토지를 기부채납하여야만 허가신청인들이 시공한 건축물의 준공검사가 나오는 것으로 믿고 증여계약을 체결하여 허가관청인 시 앞으로 위 토지에 관하여 소유권이전등기를 경료하여 주었다면 이는 일종의 동기의 착오로서 그 허가조건상의 하자가 허가신청대행자의 증여의사표시 자체에 직접 영향을 미치는 것은 아니므로, 이를 이유로 하여 위 시 명의의 소유권이전등기의 말소를 청구할 수는 없다고 한 사례(대법원 1995. 6. 13. 선고 94다56883 판결).

③ 토지소유자가 토지형질변경행위허가에 붙은 기부채납의 부관에 따라 토지를 국가나 지방자치단체에 기부채납(증여)한 경우, 기부채납의 부관이 당연무효이거나 취소되지 아니한 이상 토지소유자는 위 부관으로 인하여 증여계약의 중요부분에 착오가 있음을 이유로 증여계약을 취소할 수 없다(대법원 1999. 5. 25. 선고 98다53134 판결).

❼ 사용·수익허가의 기간에 대하여 독립하여 행정소송을 제기할 수 없다.

행정행위의 부관은 부담인 경우를 제외하고는 독립하여 행정소송의 대상이 될 수 없는바, 기부채납 받은 행정재산에 대한 사용·수익허가에서 공유재산의 관리청이 정한 사용·수익허가의 기간은 그 허가의 효력을 제한하기 위한 행정행위의 부관으로서 이러한 사용·수익허가의 기간에 대해서는 독립하여 행정소송을 제기할 수 없다(대법원 2001. 6. 15. 선고 99두509 판결).

기출문제

변시12 A주식회사는 2000. 3.경 안동시장으로부터 분뇨수집·운반업 허가를 받은 다음 그 무렵 안동시장과 사이에 분뇨수집·운반 대행계약을 맺은 후 통상 3년 단위로 계약을 연장해 왔는데 2009. 3. 18. 계약기간을 그 다음 날부터 2012. 3. 18.까지로 다시 연장하였다. B주식회사는 안동시에서 분뇨수집·운반업을 영위하기 위하여 하수도법 및 같은 법 시행령 소정의 시설, 장비 등을 구비하고 2011. 11. 10. 안동시장에게 분뇨수집·운반업 허가를 신청하여 같은 해 12. 1. 허가처분(이하 '이 사건 처분'이라 한다)을 받았다. (중략) 3. 안동시장은 이 사건 처분을 함에 있어 분뇨수집·운반업 허가에 필요한 조건을 붙일 수 있다는 하수도법 제45조 제5항에 따라 B주식회사에게 안동시립박물관 건립기금 5억 원의 납부를 조건으로 부가하였다.

(1) 위 조건의 법적 성질은?**(7점)** - 부관 중 부담
(2) 위 조건은 위법한가?**(15점)** - 부관의 한계
(3) B주식회사는 위 조건만의 취소 또는 무효확인을 구하는 행정소송을 제기할 수 있는가?**(8점)** - 부관의 독립쟁송가능성

변시16 甲은 서울에서 주유소를 운영하는 자로, 기존 주유소 진입도로 외에 주유소 인근 구미대교 남단 도로(이하 '이 사건 본선도로'라 한다.)에 인접한 도로부지(이하 '이 사건 도로'라 한다.)를 주유소 진·출입을 위한 가·감속차로 용도로 사용하고자 관할구청장 乙에게 도로점용허가를 신청하였다. 乙은 법령에 명시적인 근거가 없음에도 "甲은 丙이 이 사건 도로 지상에 설치한 지상물 철거를

위한 비용을 부담한다."라는 조건을 붙여 甲에게 도로점용기간을 3년으로 하여 도로점용허가를 하였다. 위 조건의 법적 성질 및 적법성 여부를 논하시오. **(15점)** - 조건과 부담의 구별 및 부관의 한계

5급01 乙시장은 도심도로에서의 무질서한 상행위를 근절시키기 위하여 무허가 노점상을 전면 금지함과 동시에 예외적으로 몇 개소를 지정하여 신청자를 상대로 노점시장사용허가를 해 주기로 하였다. 甲은 노점시장사용허가를 신청하였는바, 乙시장은 甲에게 사용허가를 해 주면서,
① 행정청은 공익상 필요에 의하여 언제든지 노점시설사용허가를 철회할 수 있다.
② 노점시설영업을 타인에게 양도할 때에는 시장의 인가를 얻어야 한다.
③ 제세 및 공과금 이외의 영업소득의 20%를 시에 납부하여 도로정비 목적으로 사용하도록 한다.
④ 계약기간은 1년으로 한다.
⑤ 위 사항을 위반할 때에는 언제든지 노점시설사용허가처분을 취소할 수 있다고 하는 내용의 조건을 부가하였다.
이에 甲은 위 조건의 내용이 너무 과중하다고 생각하여 소송으로 다투려고 한다. 그 방법과 승소가능성에 대하여 논하시오. **(50점)** - 부관의 한계, 부관에 대한 행정쟁송

5급16 甲은 2001. 1. A광역시 시장으로부터 「여객자동차 운수사업법」상 개인택시 운송사업면허를 취득하여 영업을 하던 중 2010. 5. 음주운전을 한 사실이 적발되어 관할 지방경찰청장으로부터 2010. 6. 「도로교통법」상 운전면허의 취소처분을 받았다. 그러나 위 운전면허취소의 사실이 A광역시장에게는 통지되지 않아 개인택시운송사업면허의 취소나 정지는 별도로 없었다. 甲은 2011. 7. 운전면허를 다시 취득하여 영업을 하다가 2014. 8. 乙에게 개인택시운송사업을 양도하는 계약을 체결하였고, 이에 대해 2014. 9. A광역시장의 인가처분이 있었다.
3) 만약 A광역시장이 "양도자 및 양수자가 운전면허가 취소되었거나 취소사유가 있는 것으로 확인되었을 때에는 본 인가처분을 취소한다."는 부관을 붙여서 양도·양수 인가처분을 하였다면, 그 부관의 적법성 여부를 부관의 가능성 측면에서 설명하시오. **(20점)** - 철회권의 유보, 부관의 한계

5급17 甲 등은 노후·불량건축물에 해당하는 공동주택이 밀집한 지역에 거주하고 있는데, 그 지역이 도시 및 주거환경정비법에 따라 정비구역으로 지정되어서 재개발사업을 추진하기 위해 재개발조합을 설립하기로 하였다. 그리하여 甲 등은 우선 그 정비구역에 위치한 건축물 및 그 부속토지의 소유자 과반수의 동의를 얻어 조합설립추진위원회를 구성하여 A시장의 승인을 받은 다음, 이 조합설립추진위원회가 상기 소유자 4분의 3 이상의 동의를 받아 A시장으로부터 조합설립인가를 받았다. 그 후 이 재개발조합은 A시장으로부터 재개발사업 시행인가를 받았는데, A시장은 인가조건으로 '지역발전협력기금 10억 원을 기부할 것'을 부가하였다.
3) 재개발사업시행인가에 부가된 지역발전협력기금 기부조건은 어떤 부관에 해당하는가? 이 기부조건은 적법한가? **(20점)** - 부관의 한계

5급20 甲은 A시가 주민들의 복리를 위하여 설치한 시립체육문화회관 내 2층에서 종합스포츠용품판매점을 운영하고자 「공유재산 및 물품 관리법」 제20조제1항에 따라 사용허가를 신청하였다. 이에 A시의 乙시장은 甲에게 사용허가를 하면서, 스포츠용품 구매고객의 증가로 인해 회관 내 주차공간이 부족해질 것을 우려하여 회관 인근에 소재한 甲의 소유 토지 중 일부에 주차대수 규모가 5대인 주차장의 설치를 내용으로 하는 조건을 붙였다. 위 조건의 적법 여부를 검토하시오. **(15점)** - 부관의 한계

사시11 건축업자 A는 공사시행을 위하여 Y시장에게 도로점용허가를 신청하였고, Y시장은 2006.11.23. 소정의 기간을 붙여 점용허가를 하였다. 그 기간 만료 후 A는 공사가 아직 완료되지 않아 새로이 점용허가를 신청하였다. 만약 Y시장이 새로이 점용허가를 하면서 기간을 지나치게 짧게 정한 경우, A의 행정소송상 권리구제방법은? **(20점)** - 부관에 대한 행정쟁송

온천개발 사건

□ 대법원 1997. 5. 30. 선고 97누2627 판결

[사실관계]

소외 부산시장 丙은 온천개발업자인 원고 甲에 대하여 굴착허가처분을 피고 乙(부산광역시 해운대구청장)을 통하여 통보하면서, 해당 토지 중 일정 면적을 기부채납 하도록 하였다(이 기부채납은 甲이 이용하고 남은 온천수를 공동급수할 수 있는 송수관을 설치하기 위한 면적을 확보하기 위한 것이었다). 그러나 甲이 굴착을 예상보다 지나치게 멀리 떨어져 하게 되자, 공동급수를 위한 송수관을 연결하기 위해서는 기부채납할 토지의 길이를 연장하는 것이 불가피하게 되었고, 이에 丙은 기부채납할 면적을 추가하는 변경조치를 乙을 통해 甲에게 하였다.

이에 甲은 乙을 상대로 이 부담의 무효를 구하는 소를 제기하였다.

[판결요지]

□ 부관의 사후변경이 허용되는 범위

행정처분에 이미 부담이 부가되어 있는 상태에서 그 의무의 범위 또는 내용 등을 변경하는 부관의 사후변경은 법률에 명문의 규정이 있거나 그 변경이 미리 유보되어 있는 경우 또는 상대방의 동의가 있는 경우에 한하여 허용되는 것이 원칙이지만, 사정변경으로 인하여 당초에 부담을 부가한 목적을 달성할 수 없게 된 경우에도 그 목적달성에 필요한 범위 내에서 예외적으로 허용된다.

기출문제

변시16 甲은 서울에서 주유소를 운영하는 자로, 기존 주유소 진입도로 외에 주유소 인근 구미대교 남단 도로(이하 '이 사건 본선도로'라 한다.)에 인접한 도로부지(이하 '이 사건 도로'라 한다.)를 주유소 진·출입을 위한 가·감속차로 용도로 사용하고자 관할구청장 乙에게 도로점용허가를 신청하였다. (중략)

3. 乙은 법령에 명시적인 근거가 없음에도 "甲은 丙이 이 사건 도로 지상에 설치한 지상물 철거를 위한 비용을 부담한다."라는 조건을 붙여 甲에게 도로점용기간을 3년으로 하여 도로점용허가를 하였다.

나. 乙이 아무런 조건 없이 도로점용허가를 하였다가 3개월 후 위와 같은 조건을 부가한 경우, 이러한 조건부가행위가 적법한지 여부에 대하여 논하시오. – 부관의 사후 부가 또는 변경

공정력(혹은 구성요건적 효력)과 선결문제

1. 공정력

① 행정행위의 공정력이란 행정행위에 하자가 있더라도 당연무효가 아닌 한 권한 있는 기관에 의하여 취소될 때까지는 잠정적으로 유효한 것으로 통용되는 효력에 지나지 아니하는 것이므로, 행정행위가 취소되지 아니하여 공정력이 인정된다고 하더라도 그 상대방이나 이해관계인은 언제든지 그 행정행위가 위법한 것임을 주장할 수 있다(대법원 1993. 11. 9. 선고 93누14271 판결).

② 이 사건 전출명령이 위법한 것으로서 취소되어야 할 것인 이상 이를 이유로 들어 출근을 거부하는 원고에게 이 사건 전출명령이 적법함을 전제로 하여 내려진 이 사건 징계처분은 비록 이 사건 전출명령이 공정력에 의하여 취소되기 전까지는 유효한 것으로 취급되어야 한다고 하더라도 징계양정에 있어서는 결과적으로 재량권을 일탈한 위법이 있다(대법원 2001. 12. 11. 선고 99두1823 판결).

2. 구성요건적 효력

1) 행정행위의 위법여부가 민사소송의 선결문제인 경우

위법한 행정대집행이 완료되면 그에 대한 무효확인 또는 취소를 구할 소의 이익은 없으나, 그 대집행에 대한 취소판결이 있어야만 그 행정처분의 위법을 이유로 한 손해배상청구를 할 수 있는 것은 아니다(대법원 1972. 4. 28. 선고 72다337 판결).

2) 행정행위의 효력여부가 민사소송의 선결문제인 경우

① 민사소송에서 행정처분의 당연무효 여부가 선결문제가 될 수 있다.

민사소송에 있어서 어느 행정처분의 당연무효 여부가 선결문제로 되는 때에는 이를 판단하여 당연무효임을 전제로 판결할 수 있고 반드시 행정소송 등의 절차에 의하여 그 취소나 무효확인을 받아야 하는 것은 아니다(대법원 2010. 4. 8. 선고 2009다90092 판결).

② 행정행위의 하자가 취소사유라면 부당이득은 성립하지 않는다.

[1] 조세의 과오납이 부당이득이 되기 위하여는 납세 또는 조세의 징수가 실체법적으로나 절차법적으로 전혀 법률상의 근거가 없거나 과세처분의 하자가 중대하고 명백하여 당연무효이어야 하고, 과세처분의 하자가 단지 취소할 수 있는 정도에 불과할 때에는 과세관청이 이를 스스로 취소하거나 항고소송절차에 의하여 취소되지 않는 한 그로 인한 조세의 납부가 부당이득이 된다고 할 수 없다.

[2] 행정처분이 아무리 위법하다고 하여도 그 하자가 중대하고 명백하여 당연무효라고 보아야 할 사유가 있는 경우를 제외하고는 아무도 그 하자를 이유로 무단히 그 효과를 부정하지 못하는 것으로, 이러한 행정행위의 공정력은 판결의 기판력과 같은 효력은 아니지만 그 공정력의 객관적 범위에 속하는 행정행위의 하자가 취소사유에 불과한 때에는 그 처분이 취소되지 않는 한 처분의 효력을 부정하여 그로 인한 이득을

법률상 원인 없는 이득이라고 말할 수 없는 것이다(대법원 1994. 11. 11. 선고 94다28000 판결).

3) 행정행위의 위법여부가 형사소송의 선결문제인 경우

① 시정명령이 당연무효인 경우, 시정명령은 위법하므로 의무위반죄가 성립하지 않는다.

[1] 행정절차법 제24조는 행정청이 처분을 하는 때에는 다른 법령 등에 특별한 규정이 있는 경우를 제외하고는 문서로 하여야 하고 전자문서로 하는 경우에는 당사자 등의 동의가 있어야 하며, 다만 신속을 요하거나 사안이 경미한 경우에는 구술 기타 방법으로 할 수 있다고 규정하고 있는데, 이는 행정의 공정성·투명성 및 신뢰성을 확보하고 국민의 권익을 보호하기 위한 것이므로 위 규정을 위반하여 행하여진 행정청의 처분은 하자가 중대하고 명백하여 원칙적으로 무효이다.

[2] 소방시설 설치유지 및 안전관리에 관한 법률 제9조에 의한 소방시설 등의 설치 또는 유지·관리에 대한 명령을 정당한 사유 없이 위반한 자는 같은 법 제48조의2 제1호에 의하여 행정형벌에 처해지는데, 위 명령이 행정처분으로서 하자가 있어 무효인 경우에는 명령에 따른 의무위반이 생기지 아니하므로 행정형벌을 부과할 수 없다. 한편 행정절차법 제24조는 행정청이 처분을 하는 때에는 다른 법령 등에 특별한 규정이 있는 경우를 제외하고는 문서로 하여야 하고 전자문서로 하는 경우에는 당사자 등의 동의가 있어야 하며, 다만 신속을 요하거나 사안이 경미한 경우에는 구술 기타 방법으로 할 수 있다고 규정하고 있는데, 이는 행정의 공정성·투명성 및 신뢰성을 확보하고 국민의 권익을 보호하기 위한 것이므로 위 규정을 위반하여 행하여진 행정청의 처분은 하자가 중대하고 명백하여 원칙적으로 무효이다(대법원 2011. 11. 10. 선고 2011도11109 판결).

② 조치명령이 당연무효가 아니라 하더라도 위법하다면 의무위반죄가 성립하지 않는다.

구 도시계획법 제92조 제4호, 제78조 제1호, 제4조 제1항 제1호의 각 규정을 종합하면 도시계획구역안에서 허가 없이 토지의 형질을 변경한 경우 행정청은 그 토지의 형질을 변경한 자에 대하여서만 같은 법 제78조 제1항에 의하여 처분이나 원상회복 등의 조치명령을 할 수 있다고 해석되고, 토지의 형질을 변경한 자도 아닌 자에 대하여 원상복구의 시정명령이 발하여진 경우 위 원상복구의 시정명령은 위법하다 할 것이다. 같은 법 제78조 제1항에 정한 처분이나 조치명령을 받은 자가 이에 위반한 경우 이로 인하여 같은 법 제92조에 정한 처벌을 하기 위하여는 그 처분이나 조치명령이 적법한 것이라야 하고, 그 처분이 당연무효가 아니라 하더라도 그것이 위법한 처분으로 인정되는 한 같은 법 제92조 위반죄가 성립될 수 없다(대법원 1992. 8. 18. 선고 90도1709 판결).

4) 행정행위의 효력여부가 형사소송의 선결문제인 경우

연령미달의 결격자인 피고인이 소외인의 이름으로 운전면허시험에 응시, 합격하여 교부받은 운전면허는 당연무효가 아니고 도로교통법 제65조 제3호의 사유에 해당함에 불과하여 취소되지 않는 한 유효하므로 피고인의 운전행위는 무면허운전에 해당하지 아니한다(대법원 1982. 6. 8. 선고 80도2646 판결).

기출문제

변시16 PC방 영업을 하는 丙은 청소년 출입시간을 준수하지 않았다는 이유로 관할 시장으로부터 영업정지 1월의 처분을 받았다. 그런데 관할 시장은 이 처분을 하기 전에 丙에게 처분의 원인이 되는 사실과 의견제출의 방법 등에 관한 「행정절차법」상 사전통지를 하지 아니하였다. 이에 丙은 사전통지 없는 영업정지처분이 위법하다고 주장하며 영업정지명령에 불응하여 계속하여 영업을 하였고, 관할 시장은 「게임산업진흥에 관한 법률」상 영업정지명령위반을 이유로 丙을 고발하였다.
이 사건을 심리하는 형사 법원은 丙에 대해 유죄 판결을 할 수 있겠는가? (20점) - 구성요건적 효력과 선결문제(형사소송, 위법여부)

5급:일반행정06 식품위생법 제58조는 유해식품을 판매한 자에 대해서는 영업허가를 취소하거나 6월 이내의 기간을 정하여 그 영업의 전부 또는 일부를 정지하거나, 영업소의 폐쇄를 명할 수 있다고 규정하고 있다. 그런데 각 지역간 제재처분의 불균형이 문제되자, 보건복지부는 보건복지부령으로 제재처분의 기준을 정하였다. 보건복지부령이 정하고 있는 제재처분기준에는 유해식품 판매금지 1회 위반에 대해서는 1월의 영업정지로 규정되어 있다. 그런데 A시의 시장 甲은 유해식품을 판매하다 처음 적발된 乙에 대하여 3월의 영업정지처분을 내렸다. 그런데 乙에 대한 영업정지처분에 대한 제소기간이 종료되고 영업정지기간도 지난 후 乙이 판매한 식품이 유해하지 않다고 판명되었다. 이에 乙은 영업정지처분의 취소소송과 위법한 영업정지처분으로 인한 손해배상청구소송을 제기하고자 한다.
양자의 인용가능성을 논하시오. (25점) - 제재적 행정처분의 효력이 소멸된 경우 소의 이익, 구성요건적 효력과 선결문제(민사소송, 위법여부)

5급:재경13 정부는 문화한국의 기치를 내걸고 전국에 문화시설을 확충하기로 하였다. 이에 부응하여 국회는 새로 개발되는 지역에는 반드시 일정규모의 문화시설을 갖추도록 하고 문화시설의 용지 확보를 위하여 개발사업지역에서 단독주택 건축을 위한 토지 또는 공동주택 등을 분양받는 자에게 부담금을 부과·징수할 수 있도록 하는 것을 골자로 하는 「문화시설용지 확보에 관한 특례법」(가상의 법률임. 이하 '특례법'이라 한다)을 제정·공포하였고, 특례법은 2012. 1. 1.부터 시행되었다. 이에 A도(道)의 B군수는 A도로부터 A도 조례가 정하는 바에 의하여 권한을 위임받아 「도시 및 주거환경정비법」에 따른 개발사업을 실시하였다. 이에 따라 건축된 관내 C아파트를 분양받은 甲에 대하여 2012. 2. 26. 특례법 제3조 제1항에 따라 문화시설용지 부담금을 부과하는 처분을 하였다. 이에 甲은 위 처분에 따라 부과된 부담금을 납부했다. 그 후 헌법재판소는 2013. 3. 31. "특례법 제3조 제1항 중 같은 법 제2조 제2호가 정한 「도시 및 주거환경정비법」에 의하여 시행하는 개발사업지역에서 공동주택을 분양받은 자에게 문화시설용지 확보를 위하여 부담금을 부과·징수할 수 있다는 부분은 헌법에 위반된다."는 결정을 하였다. 이에 甲은 자신이 이미 납부한 문화시설 용지부담금을 되돌려 받고자 한다. 甲이 취할 수 있는 「행정소송법」상 수단과 그 승소 가능성은? (40점) - 위헌결정의 효력, 무효확인소송의 보충성, 구성요건적 효력과 선결문제(민사소송, 효력유무)

5급14 甲이 할당오염부하량을 초과하여 오염물질을 배출하였음을 이유로 관할 행정청은 수질 및 수생태계 보전에 관한 법률 제4조의7에 근거하여 오염총량초과부과금을 부과하였고, 甲은 이를 납부하였다. 그런데 甲에게 부과된 부과금처분은 관련 법령상 요구되는 의견청취절차를 거치지 아니한 것이었고, 甲은 이를 이유로 이미 납부한 부과금을 반환받고자 하는 경우, 부당이득반환청구소송을 통해 구제받을 수 있는가? (10점) - 절차의 하자, 구성요건적 효력과 선결문제(민사소송, 효력유무)

사시10 A시는 택지개발사업을 위해 관련 법령에 따른 절차를 거쳐 甲 소유의 토지 등을 취득하고자 甲과 보상에 관하여 협의하였으나 협의가 성립되지 않았다. 이에 A시는 관할 토지수용위원회에 재결을 신청하여 "A시는 甲의 토지를 수용하고, 甲은 그 지상 공작물을 이전한다. A시는 甲에게 보상금으로 1억원을 지급한다"라는 취지의 재결을 받았다. 그러나 甲은 보상금이 너무 적다는 이유로 보상금 수령을 거절하였다. 그러자 A시는 보상금을 공탁하였고, A시장은 甲에게 보상 절차가 완료되었음을 이유로 위 토지 상의 공작물을 이전하고 토지를 인도하라고 명하였다.

3. 만약 A 시장이 대집행했을 때, 甲이 "위법한 명령에 기초한 대집행으로 말미암아 손해를 입었다."라고 주장하면서 관할 민사법원에 국가배상청구소송을 제기한다면 민사법원은 위 명령의 위법성을 스스로 심사할 수 있는가? **(12점)** - 구성요건적 효력과 선결문제(민사소송, 위법여부)

사시15 행정청 A는 미성년자에게 주류를 판매한 업주 甲에게 영업정지처분에 갈음하여 과징금부과처분을 하였고, 甲은 부과된 과징금을 납부하였다. 그러나 甲은 이후 과징금부과처분에 하자가 있음을 알게 되었다.

1. A가 권한 없이 과징금부과처분을 한 경우, 甲이 이미 납부한 과징금을 반환 받기 위해 제기할 수 있는 소송유형들을 검토하시오. **(20점)** - 무효확인소송의 보충성, 구성요건적 효력과 선결문제(민사소송, 효력유무), 관련청구소송의 병합

2. A가 처분의 이유를 제시하지 아니한 채 과징금부과처분을 하였고, 甲은 이미 납부한 과징금을 반환 받기 위해 과징금부과처분을 다투고자 한다. 甲이 제기할 수 있는 소송을 설명하시오. **(10점)** - 구성요건적 효력과 선결문제(민사소송, 효력유무), 관련청구소송의 병합

5급20 甲과 乙은 각각 「여객자동차 운수사업법」상 운송사업등록을 하여 전세버스운송사업에 종사하는 자이다. 관할 도지사 A는 甲과 乙에게 2020. 3. 2. 같은 법 제23조제1항제5호에 따라 자동차에 대한 개선명령을 발령하여 그 처분서가 다음 날 송달되었으나, 甲과 乙은 이를 이행하지 아니하였다. 도지사 A는 이를 이유로 같은 법 제85조제1항 및 제88조제1항에 따라 2020. 7. 10. 甲과 乙에게 사업정지에 갈음하는 과징금부과처분을 각각 행하였다. 한편, 乙은 아직 과징금을 납부하지 않은 상태에서 丙에게 자신의 전세버스운송사업을 양도하였고, 관련 지위승계신고가 수리되었다.

2) 甲이 과징금부과처분취소소송을 제기하지 않고 과징금부과처분의 법령위반을 들어 국가배상청구소송을 제기할 경우 수소법원은 과징금부과처분의 위법 여부를 판단할 수 있는지를 설명하시오. 또한, 만약 이 사안에서 국가배상책임이 성립할 경우 도지사 A 개인도 손해배상책임을 지는지를 검토하시오. **(20점)** - 구성요건적 효력과 선결문제(민사소송, 위법여부), 피해자의 선택적 청구권 인정여부

5급21 A군의 군수(이하 'A 군수')는 甲 주식회사에게 「중소기업창업 지원법」 제33조 및 제35조에 따라 관할행정청과의 협의를 거쳐 산지전용허가 등이 의제되는 사업계획을 승인하였다. 산지전용허가가 의제되는 부지 인근에 거주하고 있는 주민 乙은 해당 사업이 실시될 경우 산에서 내려오는 물의 흐름이 막혀 지반이 약한 부분에서 토사유출 및 산사태 위험이 있다며 해당 산지전용허가에 반대하고 있다. 관할행정청은 이후 「산지관리법」 제37조에 따라 재해위험지역 일제점검을 하던 중 甲의 시설공사장에서 토사유출로 인한 산사태 위험을 확인하고, 甲에게 시설물철거 등 재해의 방지에 필요한 조치를 할 것을 명하였다. 다만, 甲에게 통지된 관할행정청의 처분서에는 甲이 충분히 알 수 있도록 처분의 사유와 근거가 구체적으로 명시되지는 않았다.

3) 甲은 관할행정청의 조치명령을 이행하지 아니하여 「산지관리법」 위반으로 형사법원에 기소되었으나 해당 조치명령이 위법하므로 자신이 무죄라고 주장한다. 甲의 주장이 타당한지를 검토하시오. (25점) - 구성요건적 효력과 선결문제(형사소송, 위법여부)

음주운전으로 인한 기소 후 무면허운전으로 인한 기소 사건

□ 대법원 2021. 9. 16. 선고 2019도11826 판결

[사실관계]

경기남부지방경찰청장은 2018. 6. 4. '피고인이 2017. 10. 24. 01:49경 술에 취한 상태에서 자동차를 운전하였다.'(이하 '이 사건 음주운전'이라 한다)는 이유로 구 도로교통법 제93조 제1항 제1호에 따라 피고인에 대한 자동차 운전면허를 취소하였다(이하 '이 사건 취소처분'이라 한다). 피고인은 이 사건 취소처분을 받았음에도 2018. 11. 1. 20:20경 도로에서 자동차를 운전하다가 경찰관에게 적발되었다(이하 '이 사건 무면허운전'이라 한다).
검사는 2018. 9. 18. 피고인을 이 사건 음주운전을 이유로 도로교통법 위반(음주운전)으로 기소하고, 2018. 11. 21. 재차 피고인을 이 사건 무면허운전을 이유로 도로교통법 위반(무면허운전)으로 기소하였다. 제1심은 위 두 사건을 병합하여 심리한 후 이 사건 공소사실 중 도로교통법 위반(음주운전) 부분에 대하여는 범죄의 증명이 부족하다는 이유로 무죄로 판단하고, 나머지 도로교통법 위반(무면허운전) 부분에 대하여는 유죄로 판단하였다. 이에 대하여 피고인과 검사가 각각 항소하였으나, 원심은 제1심판결을 그대로 유지하였다.
피고인은 원심판결 중 도로교통법 위반(무면허운전) 부분에 대하여 상고를 제기하였으나, 검사는 상고를 제기하지 않아 원심판결 중 도로교통법 위반(음주운전) 부분은 무죄가 확정되었다.

[판결요지]

□ 자동차 운전면허 취소처분을 받은 사람이 자동차를 운전하였으나 운전면허 취소처분의 원인이 된 교통사고 또는 법규 위반에 대하여 범죄사실의 증명이 없는 때에 해당한다는 이유로 무죄판결이 확정된 경우, 취소처분이 취소되지 않았더라도 도로교통법에 규정된 무면허운전의 죄로 처벌할 수 있는지 여부(소극)

행정청의 자동차 운전면허 취소처분이 직권으로 또는 행정쟁송절차에 의하여 취소되면, 운전면허 취소처분은 그 처분 시에 소급하여 효력을 잃고 운전면허 취소처분에 복종할 의무가 원래부터 없었음이 확정되므로, 운전면허 취소처분을 받은 사람이 운전면허 취소처분이 취소되기 전에 자동차를 운전한 행위는 도로교통법에 규정된 무면허운전의 죄에 해당하지 아니한다.

위와 같은 관련 규정 및 법리, 헌법 제12조가 정한 적법절차의 원리, 형벌의 보충성 원칙을 고려하면, 자동차 운전면허 취소처분을 받은 사람이 자동차를 운전하였으나 운전면허 취소처분의 원인이 된 교통사고 또는 법규 위반에 대하여 범죄사실의 증명이 없는 때에 해당한다는 이유로 무죄판결이 확정된 경우에는 그 취소처분이 취소되지 않았더라도 도로교통법에 규정된 무면허운전의 죄로 처벌할 수는 없다고 보아야 한다.

행정행위의 하자의 구체적 사례

1. 무효와 취소의 구별기준

하자 있는 행정처분이 당연무효가 되기 위하여는 그 하자가 법규의 중요한 부분을 위반한 중대한 것으로서 객관적으로 명백한 것이어야 하며 하자가 중대하고 명백한 것인지 여부를 판별함에 있어서는 그 법규의 목적, 의미, 기능 등을 목적론적으로 고찰함과 동시에 구체적 사안 자체의 특수성에 관하여도 합리적으로 고찰함을 요한다(대법원 1995. 7. 11. 선고 94누4615 전원합의체판결).

2. 주체에 관한 하자

1) 무권한자의 처분 : 당연무효

운전면허에 대한 정지처분권한은 경찰청장으로부터 경찰서장에게 권한위임된 것이므로 음주운전자를 적발한 단속 경찰관으로서는 관할 경찰서장의 명의로 운전면허정지처분을 대행처리할 수 있을지는 몰라도 자신의 명의로 이를 할 수는 없다 할 것이므로, 단속 경찰관이 자신의 명의로 운전면허행정처분통지서를 작성·교부하여 행한 운전면허정지처분은 비록 그 처분의 내용·사유·근거 등이 기재된 서면을 교부하는 방식으로 행하여졌다고 하더라도 권한 없는 자에 의하여 행하여진 점에서 무효의 처분에 해당한다(대법원 1997. 5. 16. 선고 97누2313 판결).

2) 내부위임 받은 자가 자신의 이름으로 한 처분 : 당연무효

체납취득세에 대한 압류처분권한은 도지사로부터 시장에게 권한위임된 것이고 시장으로부터 압류처분권한을 내부위임받은 데 불과한 구청장으로서는 시장 명의로 압류처분을 대행처리할 수 있을 뿐이고 자신의 명의로 이를 할 수 없다 할 것이므로 구청장이 자신의 명의로 한 압류처분은 권한 없는 자에 의하여 행하여진 위법무효의 처분이다(대법원 1993. 5. 27. 선고 93누6621 판결).

3) 기관위임사무를 조례로 재위임한 경우 그 조례에 근거한 처분 : 취소사유

조례 제정권의 범위를 벗어나 국가사무를 대상으로 한 무효인 서울특별시행정권한위임조례의 규정에 근거하여 구청장이 건설업영업정지처분을 한 경우, 그 처분은 결과적으로 적법한 위임 없이 권한 없는 자에 의하여 행하여진 것과 마찬가지가 되어 그 하자가 중대하나, 지방자치단체의 사무에 관한 조례와 규칙은 조례가 보다 상위규범이라고 할 수 있고, 또한 헌법 제107조 제2항의 "규칙"에는 지방자치단체의 조례와 규칙이 모두 포함되는 등 이른바 규칙의 개념이 경우에 따라 상이하게 해석되는 점 등에 비추어 보면 위 처분의 위임 과정의 하자가 객관적으로 명백한 것이라고 할 수 없으므로 이로 인한 하자는 결국 당연무효사유는 아니라고 봄이 상당하다(대법원 1995. 7. 11. 선고 94누4615 전원합의체 판결).

3. 절차에 관한 하자

1) 사전통지나 의견제출의 기회를 부여하지 않은 임용취소처분 : 취소사유

정규공무원으로 임용된 사람에게 시보임용처분 당시 지방공무원법 제31조 제4호에 정한 공무원임용 결격사유가 있어 시보임용처분을 취소하고 그에 따라 정규임용처분을 취소한 사안에서, 정규임용처분을 취소하는 처분은 성질상 행정절차를 거치는 것이 불필요하여 행정절차법의 적용이 배제되는 경우에 해당하지 않으므로, 그 처분을 하면서 사전통지를 하거나 의견제출의 기회를 부여하지 않은 것은 위법하다고 한 사례(대법원 2009. 1. 30. 선고 2008두16155 판결).

2) 청문을 결여한 영업소 폐쇄명령 : 취소사유

행정청이 영업허가취소 등의 처분을 하려면 반드시 사전에 청문절차를 거쳐야 하고 설사 식품위생법 제26조 제1항 소정의 사유가 분명히 존재하는 경우라 할지라도 당해 영업자가 청문을 포기한 경우가 아닌 한 청문절차를 거치지 않고 한 영업소 폐쇄명령은 위법하여 취소사유에 해당된다(대법원 1983. 6. 14. 선고 83누14 판결).

3) 관계중앙행정기관의 협의를 결여한 택지개발예정지구지정처분 : 취소사유

구 택지개발촉진법 제3조에서 건설부장관이 택지개발예정지구를 지정함에 있어 미리 관계중앙행정기관의 장과 협의를 하라고 규정한 의미는 그의 자문을 구하라는 것이지 그 의견을 따라 처분을 하라는 의미는 아니라 할 것이므로 이러한 협의를 거치지 아니하였다고 하더라도 이는 위 지정처분을 취소할 수 있는 원인이 되는 하자 정도에 불과하고 위 지정처분이 당연무효가 되는 하자에 해당하는 것은 아니다(대법원 2000. 10. 13. 선고 99두653 판결).

4) 학교환경위생정화위원회의 심의를 거치지 않은 금지시설해제 : 취소사유

행정청이 구 학교보건법 소정의 학교환경위생정화구역 내에서 금지행위 및 시설의 해제 여부에 관한 행정처분을 함에 있어 학교환경위생정화위원회의 심의를 거치도록 한 취지는 그에 관한 전문가 내지 이해관계인의 의견과 주민의 의사를 행정청의 의사결정에 반영함으로써 공익에 가장 부합하는 민주적 의사를 도출하고 행정처분의 공정성과 투명성을 확보하려는 데 있고, 나아가 그 심의의 요구가 법률에 근거하고 있을 뿐 아니라 심의에 따른 의결내용도 단순히 절차의 형식에 관련된 사항에 그치지 않고 금지행위 및 시설의 해제 여부에 관한 행정처분에 영향을 미칠 수 있는 사항에 관한 것임을 종합해 보면, 금지행위 및 시설의 해제 여부에 관한 행정처분을 하면서 절차상 위와 같은 심의를 누락한 흠이 있다면 그와 같은 흠을 가리켜 위 행정처분의 효력에 아무런 영향을 주지 않는다거나 경미한 정도에 불과하다고 볼 수는 없으므로, 특별한 사정이 없는 한 이는 행정처분을 위법하게 하는 취소사유가 된다(대법원 2007. 3. 15. 선고 2006두15806 판결).

5) 교통영향평가를 거치지 않은 행정처분 : 취소사유

교통영향평가는 환경영향평가와 그 취지 및 내용, 대상사업의 범위, 사전 주민의견수렴절차 생략 여부 등에 차이가 있고 그 후 교통영향평가가 교통영향분석·개선대책으로 대체된 점, 행정청은 교통영향평가를 배제한 것이 아니라 '건축허가 전까지 교통영향평가 심의필증을 교부받을 것'을 부관으로 하여 실시계획변경 및 공사시행변경 인가 처분을 한 점 등에 비추어, 행정청이 사전에 교통영향평가를 거치지 아니한 채 위와 같은 부관을 붙여서 한 위 처분에 중대하고 명백한 흠이 있다고 할 수 없으므로 이를 무효로 보기는 어렵다(대법원 2010. 2. 25. 선고 2009두102 판결).

6) 체납자 등에게 공매통지를 하지 않았거나 적법하지 않은 공매통지를 한 경우

체납자는 국세징수법 제66조에 의하여 직접이든 간접이든 압류재산을 매수하지 못함에도, 국세징수법이 압류재산을 공매할 때 공고와 별도로 체납자 등에게 공매통지를 하도록 한 이유는, 체납자 등에게 공매절차가 유효한 조세부과처분 및 압류처분에 근거하여 적법하게 이루어지는지 여부를 확인하고 이를 다툴 수 있는 기회를 주는 한편, 국세징수법이 정한 바에 따라 체납세액을 납부하고 공매절차를 중지 또는 취소시켜 소유권 또는 기타의 권리를 보존할 수 있는 기회를 갖도록 함으로써, 체납자 등이 감수하여야 하는 강제적인 재산권 상실에 대응한 절차적인 적법성을 확보하기 위한 것이다. 따라서 체납자 등에 대한 공매통지는 국가의 강제력에 의하여 진행되는 공매에서 체납자 등의 권리 내지 재산상의 이익을 보호하기 위하여 법률로 규정한 절차적 요건이라고 보아야 하며, 공매처분을 하면서 체납자 등에게 공매통지를 하지 않았거나 공매통지를 하였더라도 그것이 적법하지 아니한 경우에는 절차상의 흠이 있어 그 공매처분은 위법하다. 다만, 공매통지의 목적이나 취지 등에 비추어 보면, 체납자 등은 자신에 대한 공매통지의 하자만을 공매처분의 위법사유로 주장할 수 있을 뿐 다른 권리자에 대한 공매통지의 하자를 들어 공매처분의 위법사유로 주장하는 것은 허용되지 않는다(대법원 2008. 11. 20. 선고 2007두18154 판결).

7) 합의제 의결기관의 구성에 있어서 하자가 있는 경우 입지결정처분 : 당연무효

구 폐기물처리시설 설치촉진 및 주변지역 지원 등에 관한 법률에 정한 입지선정위원회가 그 구성방법 및 절차에 관한 같은 법 시행령의 규정에 위배하여 군수와 주민대표가 선정·추천한 전문가를 포함시키지 않은 채 임의로 구성되어 의결을 한 경우, 그에 터잡아 이루어진 폐기물처리시설 입지결정처분의 하자는 중대한 것이고 객관적으로도 명백하므로 무효사유에 해당한다고 한 사례(대법원 2007. 4. 12. 선고 2006두20150 판결).

8) 환경영향평가를 거치지 않은 행정처분

① 당연무효인 경우

환경영향평가를 거쳐야 할 대상사업에 대하여 환경영향평가를 거치지 아니하였음에도 불구하고 승인 등 처분이 이루어진다면, 사전에 환경영향평가를 함에 있어 평가대상지역 주민들의 의견을 수렴하고 그 결과를 토대로 하여 환경부장관과의 협의내용을 사업계획에 미리 반영시키는 것 자체가 원천적으로 봉쇄되는 바, 이렇게 되면 환경파괴를 미연에 방지하고 쾌적한 환경을 유지·조성하기 위하여 환경영향평가제도를 둔 입법 취지를 달성할 수 없게 되는 결과를 초래할 뿐만 아니라 환경영향평가대상지역 안의 주민들의 직접적이고 개별적인 이익을 근본적으로 침해하게 되므로, 이러한 행정처분의 하자는 법규의 중요한 부분을 위반한 중대한 것이고 객관적으로도 명백한 것이라고 하지 않을 수 없어, 이와 같은 행정처분은 당연무효이다(대법원 2006. 6. 30. 선고 2005두14363 판결).

② 취소사유인 경우

[1] 행정청이 어느 법률관계나 사실관계에 대하여 어느 법률의 규정을 적용하여 행정처분을 한 경우에 그 법률관계나 사실관계에 대하여는 그 법률의 규정을 적용할 수 없다는 법리가 명백히 밝혀져 그 해석에 다툼의 여지가 없음에도 행정청이 위 규정을 적용하여 처분을 한 때에는 그 하자가 중대하고도 명백하다고 할 것이나, 그 법률관계나 사실관계에 대하여 그 법률의 규정을 적용할 수 없다는 법리가 명백히 밝혀지지 아니하여 그 해석에 다툼의 여지가 있는 때에는 행정관청이 이를 잘못 해석하여 행정처분을 하였더라도 이는 그 처분 요건사실을 오인한 것에 불과하여 그 하자가 명백하다고 할 수 없다.

[2] 행정청이 사전환경성검토협의를 거쳐야 할 대상사업에 관하여 법의 해석을 잘못한 나머지 세부용도지역이 지정되지 않은 개발사업 부지에 대하여 사전환경성검토협의를 할지 여부를 결정하는 절차를 생략한 채 승인 등의 처분을 한 사안에서, 그 하자가 객관적으로 명백하다고 할 수 없다고 한 사례(대법원 2009. 9. 24. 선고 2009두2825 판결).

4. 형식에 관한 하자

1) 세액의 산출근거를 기재하지 않은 과세처분의 효력 : 취소사유

국세징수법 제9조 제1항은 단순히 세무행정상의 편의를 위한 훈시규정이 아니라 조세행정에 있어 자의를 배제하고 신중하고 합리적인 처분을 행하게 함으로써 공정을 기함과 동시에 납세의무자에게 부과처분의 내용을 상세히 알려 불복여부의 결정과 불복신청에 편의를 제공하려는 데서 나온 강행규정이므로 세액의 산출근거가 기재되지 아니한 물품세 납세고지서에 의한 부과처분은 위법한 것으로서 취소의 대상이 된다(대법원 1984. 5. 9. 선고 84누116 판결).

2) 소방공무원이 구술로 고지한 시정보완명령 : 당연무효

행정절차법 제24조는, 행정청이 처분을 하는 때에는 다른 법령 등에 특별한 규정이 있는 경우를 제외하고는 문서로 하여야 하고 전자문서로 하는 경우에는 당사자 등의 동의가 있어야 하며, 다만 신속을 요하거나 사안이 경미한 경우에는 구술 기타 방법으로 할 수 있다고 규정하고 있는데, 이는 행정의 공정성ㆍ투명성 및 신뢰성을 확보하고 국민의 권익을 보호하기 위한 것이므로 위 규정을 위반하여 행하여진 행정청의 처분은 하자가 중대하고 명백하여 원칙적으로 무효이다(대법원 2011. 11. 10. 선고 2011도11109 판결).

5. 내용에 관한 하자

1) 위법ㆍ무효인 시행령에 근거한 처분의 효력 : 취소사유

구 개발이익환수에관한법률시행령 제9조 제5항 및 제8조 제1항 제2호의 규정은 구 개발이익환수에관한법률 제10조 제3항 단서 및 제9조 제3항 제2호의 규정에 위반되어 무효이고, 그 구법시행령의 규정들을 적용한 개발부담금 부과처분은 사안의 특수성을 고려하여 볼 때 그 중요한 부분에 하자가 있는 것으로 귀착되어 그 하자가 중대하지만, 개발부담금 부과처분 당시(1991. 4. 30.)에는 아직 그 구법 시행령의 규정들이 위법ㆍ무효라고 선언한 대법원의 판결들이 선고되지 아니하였고 또한 그 구법 시행령의 규정들이 그 구법의 규정들에 위반되는 것인지 여부가 해석상 다툼의 여지가 없을 정도로 객관적으로 명백하였다고 보여지지는 아니하는 경우, 그 구법 시행령의 규정들에 따른 개발부담금 부과처분의 하자가 객관적으로 명백하다고 볼 수는 없으므로 그 개발부담금 부과처분은 그 하자가 중대ㆍ명백한 당연무효의 처분이라고 할 수 없다(대법원 1997. 5. 28. 선고 95다15735 판결).

2) 위헌ㆍ무효인 법률에 근거한 처분의 효력 : 취소사유

법률에 근거하여 행정처분이 발하여진 후에 헌법재판소가 그 행정처분의 근거가 된 법률을 위헌으로 결정하였다면 결과적으로 행정처분은 법률의 근거가 없이 행하여진 것과 마찬가지가 되어 하자가 있는 것이 되나, 하자 있는 행정처분이 당연무효가 되기 위하여는 그 하자가 중대할 뿐만 아니라 명백한 것이어야 하는데, 일반적으로 법률이 헌법에 위반된다는 사정이 헌법재판소의 위헌결정이 있기 전에는 객관적으로 명백한 것이라고 할 수는 없으므로 헌법재판소의 위헌결정 전에 행정처분의 근거되는 당해 법률이 헌법에 위반된다는 사유는 특별한 사정이 없는 한 그 행정처분의 취소소송의 전제가 될 수 있을 뿐 당연무효사유는 아니라고 봄이 상당하다. 이처럼 위헌인 법률에 근거한 행정처분이 당연무효인지의 여부는 위헌결정의 소급효와는 별개의 문제로서, 위헌결정의 소급효가 인정된다고 하여 위헌인 법률에 근거한 행정처분이 당연무효가 된다고는 할 수 없고 오히려 이미 취소소송의 제기기간을 경과하여 확정력이 발생한 행정처분에는 위헌결정의 소급효가 미치지 않는다고 보아야 할 것이므로, 어느 행정처분에 대하여 그 행정처분의 근거가 된 법률이 위헌이라는 이유로 무효확인청구의 소가 제기된 경우에는 다른 특별한 사정이 없는 한 법원으로서는 그 법률이 위헌인지 여부에 대하여는 판단할 필요 없이 위 무효확인청구를 기각하여야 할 것이다(대법원 1994. 10. 28. 선고 92누9463 판결).

취소사유인 과세처분에 따른 압류처분 사건

□ 대법원 2012. 2. 16. 선고 2010두10907 전원합의체 판결

[사실관계]

피고(서초세무서장)는 1997. 10. 22. 원고가 구 국세기본법(1998. 12. 28. 법률 제5579호로 개정되기 전의 것, 이하 '구 국세기본법'이라고 한다) 제39조 제1항 제2호 (다)목에 규정된 제2차 납세의무자에 해당한다는 이유로 원고에게 주식회사 경성의 체납국세에 대한 과세처분(이하 '이 사건 과세처분'이라고 한다)을 하였다. 그런데 헌법재판소는 1998. 5. 28. 선고 97헌가13 결정을 통하여 구 국세기본법 제39조 제1항 제2호 (다)목이 헌법에 위반된다고 선언한 하였고, 그 후 피고는 이 사건 과세처분에 따라 당시 유효하게 시행 중이던 국세징수법을 근거로 원고가 체납 중이던 체납액 및 결손액(가산세 포함)을 징수하기 위하여 2005. 10. 11. 원고 명의의 예금채권을 압류(이하 '이 사건 압류처분'이라고 한다)하였다. 이에 원고는 이 사건 압류처분에 대하여 무효확인소송을 제기하였다.

[판결요지]

[1] 과세처분 이후 조세 부과의 근거가 되었던 법률규정에 대하여 위헌결정이 내려진 경우, 그 조세채권의 집행을 위한 체납처분이 당연무효인지 여부(적극) — 다수의견

헌법재판소법 제47조 제1항은 "법률의 위헌결정은 법원 기타 국가기관 및 지방자치단체를 기속한다."고 규정하고 있는데, 이러한 위헌결정의 기속력과 헌법을 최고규범으로 하는 법질서의 체계적 요청에 비추어 국가기관 및 지방자치단체는 위헌으로 선언된 법률규정에 근거하여 새로운 행정처분을 할 수 없음은 물론이고, 위헌결정 전에 이미 형성된 법률관계에 기한 후속처분이라도 그것이 새로운 위헌적 법률관계를 생성·확대하는 경우라면 이를 허용할 수 없다. 따라서 조세 부과의 근거가 되었던 법률규정이 위헌으로 선언된 경우, 비록 그에 기한 과세처분이 위헌결정 전에 이루어졌고, 과세처분에 대한 제소기간이 이미 경과하여 조세채권이 확정되었으며, 조세채권의 집행을 위한 체납처분의 근거규정 자체에 대하여는 따로 위헌결정이 내려진 바 없다고 하더라도, 위와 같은 위헌결정 이후에 조세채권의 집행을 위한 새로운 체납처분에 착수하거나 이를 속행하는 것은 더 이상 허용되지 않고, 나아가 이러한 위헌결정의 효력에 위배하여 이루어진 체납처분은 그 사유만으로 하자가 중대하고 객관적으로 명백하여 당연무효라고 보아야 한다.

[2] 갑 주식회사의 체납국세에 관하여, 과세관청이 구 국세기본법 제39조 제1항 제2호 (다)목에 따라 을에게 과세처분을 하였는데, 이후 위 규정에 대해 헌법재판소의 위헌결정이 있었으나 과세관청이 조세채권의 집행을 위해 을의 예금채권에 압류처분을 한 사안에서, 압류처분이 당연무효라고 본 원심판단의 결론이 정당하다고 한 사례

갑 주식회사의 체납국세에 관하여, 과세관청이 갑 회사 최대주주와 생계를 함께 하는 직계비속 을을 구 국세기본법 제39조 제1항 제2호 (다)목의 제2차 납세의무자로 보아 을에게 과세처분을 하고 처분이 확정되었는데, 이후 위 규정에 대해 헌법재판소의 위헌결정이 있었으나 과세관청이 조세채권의 집행을 위해 을의 예금채권에 압류처분을 한 사안에서, 위헌결정 이후에는 위헌법률의 종국적인 집행을 위한 국가기관의 추가적인 행위를 용납하여서는 안 된다는 전제하에 압류처분이 당연무효라고 본 원심판단의 결론이 정당하다고 한 사례.

[참고판례]

❶ 위헌결정의 소급효가 인정되는 경우

헌법재판소의 위헌결정의 효력은, 위헌제청을 한 당해 사건, 위헌결정이 있기 전에 이와 동종의 위헌여부에 관하여 헌법재판소에 위헌여부심판제청을 하였거나 법원에 위헌여부심판제청신청을 한 경우의 당해 사건과 따로 위헌제청신청은 아니하였지만 당해 법률 또는 법률의 조항이 재판의 전제가 되어 법원에 계속 중인 사건뿐만 아니라 위헌결정 이후에 위와 같은 이유로 제소된 일반사건에도 미친다(대법원 1994. 10. 25. 선고 93다42740 판결).

❷ 위헌결정의 소급효가 인정되지 않는 경우

위헌결정의 효력은 그 결정 이후에 당해 법률이 재판의 전제가 되었음을 이유로 법원에 제소된 일반사건에도 미치므로, 당해 법률에 근거하여 행정처분이 발하여진 후에 헌법재판소가 그 행정처분의 근거가 된 법률을 위헌으로 결정하였다면 결과적으로 행정처분은 법률의 근거가 없이 행하여진 것과 마찬가지가 되어 하자가 있는 것이 되나, 이미 취소소송의 제기기간을 경과하여 확정력이 발생한 행정처분의 경우에는 위헌결정의 소급효가 미치지 않는다고 보아야 할 것이다. 그리고 일반적으로 법률이 헌법에 위반된다는 사정은 헌법재판소의 위헌결정이 있기 전에는 객관적으로 명백한 것이라고 할 수는 없으므로 헌법재판소의 위헌결정 전에 행정처분의 근거되는 당해 법률이 헌법에 위반된다는 사유는 특별한 사정이 없는 한 그 행정처분의 취소소송의 전제가 될 수 있을 뿐 당연무효사유는 아니라고 봄이 상당하다(대법원 2002. 11. 8. 선고 2001두3181 판결).

❸ 위헌인 법률에 근거한 처분의 효력 : 취소사유

법률에 근거하여 행정처분이 발하여진 후에 헌법재판소가 그 행정처분의 근거가 된 법률을 위헌으로 결정하였다면 결과적으로 행정처분은 법률의 근거가 없이 행하여진 것과 마찬가지가 되어 하자가 있는 것이 되나, 하자 있는 행정처분이 당연무효가 되기 위하여는 그 하자가 중대할 뿐만 아니라 명백한 것이어야 하는데, 일반적으로 법률이 헌법에 위반된다는 사정이 헌법재판소의 위헌결정이 있기 전에는 객관적으로 명백한 것이라고 할 수는 없으므로 헌법재판소의 위헌결정 전에 행정처분의 근거되는 당해 법률이 헌법에 위반된다는 사유는 특별한 사정이 없는 한 그 행정처분의 취소소송의 전제가 될 수 있을 뿐 당연무효사유는 아니라고 봄이 상당하다. 이처럼 위헌인 법률에 근거한 행정처분이 당연무효인지의 여부는 위헌결정의 소급효와는 별개의 문제로서, 위헌결정의 소급효가 인정된다고 하여 위헌인 법률에 근거한 행정처분이 당연무효가 된다고는 할 수 없고 오히려 이미 취소소송의 제기기간을 경과하여 확정력이 발생한 행정처분에는 위헌결정의 소급효가 미치지 않는다고 보아야 할 것이므로, 어느 행정처분에 대하여 그 행정처분의 근거가 된 법률이 위헌이라는 이유로 무효확인청구의 소가 제기된 경우에는 다른 특별한 사정이 없는 한 법원으로서는 그 법률이 위헌인지 여부에 대하여는 판단할 필요 없이 위 무효확인청구를 기각하여야 할 것이다(대법원 1994. 10. 28. 선고 92누9463 판결).

기출문제

사시14 A 세무서장은 甲 주식회사에 대하여 1996년 사업연도 귀속 법인세 8억원을 부과하였다. 甲 회사가 이를 체납하고 甲 회사 재산으로는 위 법인세 충당에 부족하자 A 세무서장은 1997. 10. 22. 甲 회사의 최대주주인 乙의 아들 丙에 대하여 과점주주이자 乙과 생계를 같이하는 직계비속인 이유로 구 국세기본법 제39조 제1항 제2호 다.목상 제2차 납세의무자로 지정하고, 위 법인세를 납부하도록 통지하였다. 그 후 위 丙에 대한 법인세부과처분이 확정되자 A 세무서장은 2005. 10. 11. 丙이 체납 중이던 체납액 10억원(가산세 포함)을 징수하기 위하여 丙 명의의 부동산을 압류하였다. 한편, 1998. 5. 28. 헌법재판소는 위 구 국세기본법 제39조 제1항 제2호에 대하여 위헌결정을 하였다.

1. 丙에 대한 위 법인세부과처분의 효력은 어떻게 되는가? (단, 각 처분과 관련된 시효 및 제척기간은 도과되지 않았다고 간주함) **(17점)** – 위헌인 법률에 근거한 처분의 효력, 위헌결정의 소급효
2. A 세무서장의 丙에 대한 압류처분의 효력은 어떻게 되는가? **(13점)** – 위헌인 법률에 근거한 처분의 집행력

개별공시지가결정과 과세처분 사건

□ 대법원 1994. 1. 25. 선고 93누8542 판결

[사실관계]

원고 甲은 이 사건 토지를 취득하였다가 이후 양도하였는데, 이천시장은 이 사건 토지 양도 당시의 기준시가를 이 토지에 대한 개별공시지가로 결정하여 공고하였다. 그런데 이천시장이 이 토지에 대한 개별공시지가를 결정함에 있어서 공부(公簿)상 지목(地目)이 전(田)인 토지 중 일부에 주택이 건립되어 있으나 나머지 부분은 사실상 田으로 이용되고 있는 경우, 토지의 개별공시지가를 결정함에 있어 田으로 이용되고 있는 부분에 대하여는 그 표준지로 유사한 이용가치를 지닌다고 인정되는 지목이 田인 표준지를 선정하여야 할 것임에도 불구하고, 토지 전체가 대지로 이용되고 있다고 보아 田으로 이용되고 있는 부분에 대하여도 지목이 대지인 표준지를 선정하여 개별공시지가를 결정한 것이었다. 이후 이천세무서장은 이 토지에 대한 개별공시지가를 기초로 하여 甲에 대해 양도소득세부과처분을 하였다.

이에 甲은 하자있는 개별공시지가결정을 기초로 한 이 사건 양도소득세부과처분이 위법하다고 주장하면서 이천세무서장을 상대로 양도소득세부과처분의 취소를 구하는 소송을 제기하였다.

[판결요지]

[1] 선행처분과 후행처분이 서로 독립하여 별개의 효과를 목적으로 하는 경우에도 선행처분의 하자를 이유로 후행처분의 효력을 다툴 수 있는 경우

두 개 이상의 행정처분이 연속적으로 행하여진 경우 선행처분과 후행처분이 서로 독립하여 별개의 법률효과를 목적으로 하는 때에는 선행처분에 불가쟁력이 생겨 그 효력을 다툴 수 없게 되면 선행처분의 하자가 중대하고 명백하여 당연무효인 경우를 제외하고는 선행처분의 하자를 이유로 후행처분을 다툴 수 없는 것이 원칙이나, 이 경우에도 선행처분의 불가쟁력이나 구속력이 그로 인하여 불이익을 입게 되는 자에게 수인한도를 넘는 가혹함을 가져오고 그 결과가 당사자에게 예측가능한 것이 아닌 경우에는 국민의 재판받을 권리를 보장하고 있는 헌법의 이념에 비추어 선행처분의 후행처분에 대한 구속력은 인정될 수 없다고 봄이 타당하므로, 선행처분에 위법이 있는 경우에는 그 자체를 행정소송의 대상으로 삼아 위법여부를 다툴 수 있음은 물론 이를 기초로 한 후행처분의 취소를 구하는 행정소송에서도 선행처분의 위법을 독립된 위법사유로 주장할 수 있다.

[2] 과세처분 등 행정처분의 취소를 구하는 행정소송에서 선행처분인 개별공시지가결정의 위법을 독립된 위법사유로 주장할 수 있는지 여부

개별공시지가결정은 이를 기초로 한 과세처분 등과는 별개의 독립된 처분으로서 서로 독립하여 별개의 법률효과를 목적으로 하는 것이나, 개별공시지가는 이를 토지소유자나 이해관계인에게 개별적으로 고지하도록 되어 있는 것이 아니어서 토지소유자 등이 개별공시지가결정 내용을 알고 있었다고 전제하기도 곤란할 뿐만 아니라 결정된 개별공시지가가 자신에게 유리하게 작용될 것인지 또는 불이익하게 작용될 것인지 여부를 쉽사리 예견할 수 있는 것도 아니며, 더욱이 장차 어떠한 과세처분 등 구체적인 불이익이

현실적으로 나타나게 되었을 경우에 비로소 권리구제의 길을 찾는 것이 우리 국민의 권리의식임을 감안하여 볼 때 토지소유자 등으로 하여금 결정된 개별공시지가를 기초로 하여 장차 과세처분 등이 이루어질 것에 대비하여 항상 토지의 가격을 주시하고 개별공시지가결정이 잘못된 경우 정해진 시정절차를 통하여 이를 시정하도록 요구하는 것은 부당하게 높은 주의의무를 지우는 것이라고 아니할 수 없고, 위법한 개별공시지가결정에 대하여 그 정해진 시정절차를 통하여 시정하도록 요구하지 아니하였다는 이유로 위법한 개별공시지가를 기초로 한 과세처분 등 후행 행정처분에서 개별공시지가결정의 위법을 주장할 수 없도록 하는 것은 수인한도를 넘는 불이익을 강요하는 것으로서 국민의 재산권과 재판받을 권리를 보장한 헌법의 이념에도 부합하는 것이 아니라고 할 것이므로, 개별공시지가결정에 위법이 있는 경우에는 그 자체를 행정소송의 대상이 되는 행정처분으로 보아 그 위법 여부를 다툴 수 있음은 물론 이를 기초로 한 과세처분 등 행정처분의 취소를 구하는 행정소송에서도 선행처분인 개별공시지가결정의 위법을 독립된 위법사유로 주장할 수 있다고 해석함이 타당하다.

[비교판례]

❶ 개별공시지가결정과 과세처분 사이의 하자승계를 부정한 사례

원고가 이 사건 토지에 관한 1993년도 개별공시지가 결정에 대하여 재조사청구를 하자, 소외 부산광역시 사하구청장은 이를 감액조정하여 1993. 9. 18. 원고에게 통지하고 같은 달 23. 공고하였으며, 원고는 이에 대하여 더 이상 불복하지 아니한 사실, 원고는 위 재조사청구에 따른 조정결정이 있기 전인 같은 해 8. 19. 부산광역시 사하구에 이 사건 토지를 협의매도한 후 1994. 5. 31. 피고에게 양도가액을 위 조정된 개별공시지가로 하여 산출한 양도소득세를 확정신고한 사실을 인정할 수 있다. 이와 같이 원고가 이 사건 토지를 매도한 이후에 그 양도소득세 산정의 기초가 되는 1993년도 개별공시지가 결정에 대하여 한 재조사청구에 따른 조정결정을 통지받고서도 더 이상 다투지 아니한 경우까지 선행처분인 개별공시지가 결정의 불가쟁력이나 구속력이 수인한도를 넘는 가혹한 것이거나 예측불가능하다고 볼 수 없어, 위 개별공시지가 결정의 위법을 이 사건 과세처분의 위법사유로 주장할 수는 없다(대법원 1998. 3. 13. 선고 96누6059 판결).

❷ 보상금증액청구소송에서 표준지공시지가결정의 위법을 주장할 수 있다.

표준지공시지가결정은 이를 기초로 한 수용재결 등과는 별개의 독립된 처분으로서 서로 독립하여 별개의 법률효과를 목적으로 하지만, 표준지공시지가는 이를 인근 토지의 소유자나 기타 이해관계인에게 개별적으로 고지하도록 되어 있는 것이 아니어서 인근 토지의 소유자 등이 표준지공시지가결정 내용을 알고 있었다고 전제하기가 곤란할 뿐만 아니라, 결정된 표준지공시지가가 공시될 당시 보상금 산정의 기준이 되는 표준지의 인근 토지를 함께 공시하는 것이 아니어서 인근 토지 소유자는 보상금 산정의 기준이 되는 표준지가 어느 토지인지를 알 수 없으므로, 인근 토지 소유자가 표준지의 공시지가가 확정되기 전에 이를 다투는 것은 불가능하다. 더욱이 장차 어떠한 수용재결 등 구체적인 불이익이 현실적으로 나타나게 되었을 경우에 비로소 권리구제의 길을 찾는 것이 우리 국민의 권리의식임을 감안하여 볼 때, 인근 토지소유자 등으로 하여금 결정된 표준지공시지가를 기초로 하여 장차 토지보상 등이 이루어질 것에 대비하여 항상 토지의 가격을 주시하고 표준지공시지가결정이 잘못된 경우 정해진 시정절차를 통하여 이를 시정하도록 요구하는 것은 부당하게 높은 주의의무를 지우는 것이고, 위법한 표준지공시지가결정에 대하여 그 정해진 시정절차를 통하여 시정하도록 요구하지 않았다는 이유로 위법한 표준지공시지가를 기초로 한 수용재결 등 후행 행정처분에서 표준지공시지가결정의 위법을 주장할 수 없도록 하는 것은 수인한도를 넘는 불이익

을 강요하는 것으로서 국민의 재산권과 재판받을 권리를 보장한 헌법의 이념에도 부합하는 것이 아니다. 따라서 표준지공시지가결정이 위법한 경우에는 그 자체를 행정소송의 대상이 되는 행정처분으로 보아 그 위법 여부를 다툴 수 있음은 물론, 수용보상금의 증액을 구하는 소송에서도 선행처분으로서 그 수용대상 토지 가격 산정의 기초가 된 비교표준지공시지가결정의 위법을 독립한 사유로 주장할 수 있다(대법원 2008. 8. 21. 선고 2007두13845 판결).

[참고판례]

❶ 하자승계가 허용되는 유형을 정리한 판례

[1] 2개 이상의 행정처분이 연속적 또는 단계적으로 이루어지는 경우 선행처분과 후행처분이 서로 합하여 1개의 법률효과를 완성하는 때에는 선행처분에 하자가 있으면 그 하자는 후행처분에 승계된다. 이러한 경우에는 선행처분에 불가쟁력이 생겨 그 효력을 다툴 수 없게 되더라도 선행처분의 하자를 이유로 후행처분의 효력을 다툴 수 있다. 그러나 선행처분과 후행처분이 서로 독립하여 별개의 법률효과를 발생시키는 경우에는 선행처분에 불가쟁력이 생겨 그 효력을 다툴 수 없게 되면 선행처분의 하자가 중대하고 명백하여 선행처분이 당연무효인 경우를 제외하고는 특별한 사정이 없는 한 선행처분의 하자를 이유로 후행처분의 효력을 다툴 수 없는 것이 원칙이다. 다만 그 경우에도 선행처분의 불가쟁력이나 구속력이 그로 인하여 불이익을 입게 되는 자에게 수인한도를 넘는 가혹함을 가져오고, 그 결과가 당사자에게 예측가능한 것이 아니라면, 국민의 재판받을 권리를 보장하고 있는 헌법의 이념에 비추어 선행처분의 후행처분에 대한 구속력을 인정할 수 없다.

[2] 이 사건 선행처분인 업무정지처분은 일정 기간 중개업무를 하지 못하도록 하는 처분인 반면, 후행처분인 이 사건 처분은 위와 같은 업무정지처분에 따른 업무정지기간 중에 중개업무를 하였다는 별개의 처분사유를 근거로 중개사무소의 개설등록을 취소하는 처분이다. 비록 이 사건 처분이 업무정지처분을 전제로 하지만, 양 처분은 그 내용과 효과를 달리하는 독립된 행정처분으로서, 서로 결합하여 1개의 법률효과를 완성하는 때에 해당한다고 볼 수 없다. 따라서 원고는 선행처분이 당연무효가 아닌 이상 그 하자를 이유로 후행처분인 이 사건 처분의 효력을 다툴 수 없다. 또한 원고는 업무정지기간 중에 중개업무를 하여서는 안 된다는 것을 인식하고 있었던 점, 원고가 불복기간 내에 업무정지처분의 취소를 구하는 행정심판이나 행정소송을 제기하는 데에 특별히 어려움이 있었다고 인정할 만한 사정 또한 엿보이지 않는 점 등의 사정에 비추어 보면, 업무정지처분의 불가쟁력이나 구속력이 원고에게 수인한도를 넘는 가혹함을 가져오고 그 결과가 예측가능하지 않았던 경우에 해당한다고 볼 수도 없다. 따라서 업무정지처분의 하자는 이 사건 처분에 승계되지 않는다(대법원 2019. 1. 31. 선고 2017두40372 판결).

❷ 하자승계를 인정한 예

체납절차 각 사이(독촉-압류-매각-충당), 대집행절차 각 사이(계고-대집행영장에 의한 통지-대집행의 실행-비용납부명령), 개별공시지가결정과 과세처분 사이(단 개별공시지가결정이 토지소유자 등에게 통지되지 않은 경우), 표준지공시지가결정과 수용보상금에 대한 재결 사이, 친일반민족행위자결정과 독립유공자법 적용배제결정 사이 등.

❸ 하자승계를 부정한 예

과세처분과 독촉 사이, 철거명령과 계고처분 사이 보충역편입처분과 공익근무요원소집처분 사이, 직위해제와 직권면직 사이, 사업인정과 수용재결 사이, 개별공시지가결정과 과세처분 사이(단 개별공시지가결정이 토지소유자 등에게 통지된 경우), 주택재건축조합의 사업시행계획과 관리처분계획 사이, 표준지공시지가결정과 개별공시지가결정 사이, 표준지공시지가와 과세처분 사이 등.

기출문제

변시17 「석유 및 석유대체연료 사업법」상 석유정제업에 대한 등록 및 등록취소 등의 권한은 산업통상자원부장관의 권한이나, 산업통상자원부장관은 같은 법 제43조 및 같은 법 시행령 제45조에 의해 위 권한을 시·도지사에게 위임하였다. 석유정제업 등록 및 등록취소 등의 권한을 위임받은 A도지사는 위임받은 권한 중 석유정제업의 사업정지에 관한 권한을 A도 조례에 의하여 군수에게 위임하였다. 사업정지권한을 위임받은 B군수는, A도 내 B군에서 석유정제업에 종사하는 甲이 같은 법 제27조를 위반하였다는 이유로 같은 법 제13조 제1항 제11호에 따라 6개월의 사업정지처분을 하였다. 甲은 위 사업정지처분에 대해 따로 불복하지 않은 채, 사업정지처분서를 송달받은 후 4개월이 넘도록 위 정지기간 중 석유정제업을 계속하였다. 이에 A도지사는 같은 법 제13조 제5항에 따라 甲의 석유정제업 등록을 취소하였다.

3. 사업정지처분에 대하여 다투지 않은 甲은 A도지사가 한 석유정제업 등록취소처분에 대하여 항고소송을 통해 권리구제를 받을 수 있는가? (20점) - 하자의 승계

변시20 (중략) 위 문화재보호구역 인근에서 관광단지 개발을 위해 2018. 5. 30. 관광진흥법상 사업인정을 받은 사업시행자 C건설은 2019. 8. 5. 문화재보호구역 인근에 소재한 丙 소유 토지의 일부를 수용하기 위해 재결신청을 하였고, 이에 대해 관할 경기도 토지수용위원회는 2019. 11. 20. 위 丙 소유 토지에 대한 수용재결을 하였다. 丙이 수용재결에 대한 불복과정에서 사업인정의 하자를 주장할 수 있는지 검토하시오. (15점) - 하자의 승계

5급:일반행정12 A시의 시장은 건물 소유자인 甲에게 건축법 제79조 및 행정대집행법 제3조에 따라 동 건물이 무허가건물이라는 이유로 일정기간까지 철거할 것을 명함과 아울러 불이행할 때에는 대집행한다는 내용의 계고를 하였다. 그 후 甲이 이에 불응하자 다시 2차계고서를 발송하여 일정기간까지 자진철거를 촉구하고 불이행하면 대집행한다는 내용을 고지하였다. 그러나 甲은 동 건물이 무허가건물이 아니라고 다투고 있다. (단, 대집행 요건의 구비 여부에 대하여는 아래 각 질문사항에 따라서만 검토하기로 한다)

3) 철거명령의 위법을 이유로 계고의 위법을 다툴 수 있는가? **(10점)** - 하자의 승계

5급15 A주식회사는 Y도지사에게 「산업입지 및 개발에 관한 법률」 제11조에 의하여 X시 관내 토지 3,261,281㎡에 대하여 산업단지지정요청서를 제출하였고, 해당 지역을 관할하는 X시장은 요청서에 대한 사전검토 의견서를 Y도지사에게 제출하였다. 이에 Y도지사는 A주식회사를 사업시행자로 하여 위 토지를 '○○ 제2일반지방산업단지'(이하 "산업단지"라고 한다)로 지정·고시한 후, A주식회사의 산업단지개발실시계획을 승인하였다. 그러나 Y도지사는 위 산업단지를 지정하면서, 주민 및 관계 전문가 등의 의견을 청취하지 않았다. 한편, 甲은 X시 관내에 있는 토지소유자로서 甲의 일단의 토지 중 90%가 위 산업단지의 지정·고시에 의해 수용의 대상이 되었다. A주식회사는 甲소유 토지의 취득 등에 대하여 甲과 협의하였으나 협의가 성립되지 아니하였다. 이에 A주식회사는 Y도(道) 지방토지수용위원회에 재결을 신청하였고, 동 위원회는 금 10억 원을 보상금액으로 하여 수용재결을 하였다.

2) 甲은 Y도 지방토지수용위원회의 수용재결에 대하여 취소소송을 제기하면서 Y도지사의 산업단지 지정에 하자가 있다고 주장한다. 산업단지 지정에 대한 취소소송의 제소기간이 도과한 경우에 甲의 주장은 인용될 수 있는가? (단, 소의 적법요건은 충족하였다고 가정한다)**(20점)** - 하자의 승계

사시15 甲은 乙로부터 2014. 10. 7. A시 B구 소재 이용원 영업을 양도받고 관할 행정청인 B구 구청장 X에게 영업자 지위승계신고를 하였다. 그런데 甲은 위 영업소를 운영하던 중, 2014. 12. 16. C경찰서 소속 경찰관에 의해 「성매매알선 등 행위의 처벌에 관한 법률」위반으로 적발되었다. 구청장 X는 2014. 12. 19. 甲에 대하여 3월의 영업정지 처분을 하였다. 한편 乙은 이미 같은 법 위반으로 2014년 7월부터 9월까지의 2월의 영업정지처분을 받은 바 있었다. 그 후 2015. 5. 6. B구청 소속 공무원들은 위생관리 실태를 검사하기 위하여 위 영업소에 들어갔다가 甲이 여전히 손님에게 성매매알선 등의 행위를 하는 것을 적발하였다. 이에 구청장 X는 이미 乙이 제1차 영업정지처분을 받았고 甲이 제2차 영업정지처분을 받았음을 이유로, 2015. 5. 6.에 적발된 위법행위에 대하여 甲에게 「공중위생관리법」제11조 제1항 및 제2항, 같은 법 시행규칙 제19조 [별표 7] 행정처분기준에 따라 적법한 절차를 거쳐서 가중된 제재처분인 영업소 폐쇄명령을 내렸다.

1. 甲은 구청장 X의 영업소 폐쇄명령에 대한 취소소송을 제기하면서, 자신에 대한 제2차 영업정지처분의 위법성을 폐쇄명령의 취소사유로 주장하고 있다. 甲에 대한 제2차 영업정지처분 시에 의견청취절차를 거치지 않았으나, 이를 다투지 않은 채 제소기간이 도과하였다. 이러한 甲의 주장이 타당한지를 검토하시오. **(25점)** - 절차상의 하자, 하자의 승계

5급20 甲과 乙은 각각 「여객자동차 운수사업법」상 운송사업등록을 하여 전세버스운송사업에 종사하는 자이다. 관할 도지사 A는 甲과 乙에게 2020. 3. 2. 같은 법 제23조제1항제5호에 따라 자동차에 대한 개선명령을 발령하여 그 처분서가 다음 날 송달되었으나, 甲과 乙은 이를 이행하지 아니하였다. 도지사 A는 이를 이유로 같은 법 제85조제1항 및 제88조제1항에 따라 2020. 7. 10. 甲과 乙에게 사업정지에 갈음하는 과징금부과처분을 각각 행하였다. 한편, 乙은 아직 과징금을 납부하지 않은 상태에서 丙에게 자신의 전세버스운송사업을 양도하였고, 관련 지위승계신고가 수리되었다.

1) 甲은 과징금부과처분에 대해 취소소송을 제기하고자 한다. 도지사 A의 甲에 대한 개선명령에 「행정절차법」상 요구되는 의견제출절차를 거치지 않은 위법이 있는 경우 甲이 과징금부과처분취소소송에서 승소할 수 있는지를 검토하시오. **(20점)** - 하자의 승계

입시11 X광역시 Y구(區)의 구청장 丙은 「부동산 가격공시 및 감정평가에 관한 법률」제11조 제1항에 따라 개별공시지가를 결정·공시하였다. 甲은 자신의 토지에 대하여 결정·공시된 위 개별공시지가가 합리적인 이유 없이 주변 토지의 시세에 비하여 높게 평가되었음을 주장하면서 재조사청구를 하였다. 이에 丙구청장은 위 개별공시지가를 감액조정하여 2010. 7. 18. 甲에게 통지하고 같은 달 23. 공고하였다. 그러나 甲은 2010년도 개별공시지가 결정에 대하여 한 재조사청구에 따른 조정결정을 통지받고서도 이에 대해 더 이상 다투지 아니하고, 재조사청구에 따른 조정결정이 있기 전인 같은 해 6. 19. Y구에 해당 토지를 협의매도한 후 2011. 3. 31. 양도가액을 위 조정된 개별공시지가로 하여 산출한 양도소득세를 확정신고하고, 乙세무서장으로부터 과세처분을 받았다. 위 개별공시지가 결정에 대한 쟁송제기기간은 이미 도과하였다.

(1) 이 경우 甲은 乙의 과세처분에 대한 취소소송을 제기하면서 조정된 개별공시지가의 위법성을 주장할 수 있는지를 검토하시오. **(30점)** - 하자의 승계

표준지공시지가결정과 과세처분 사건

□ 대법원 2022. 5. 13. 선고 2018두50147 판결

[사실관계]

국토교통부장관은 2015. 2. 25. 성남시 (주소 생략) 토지(이하 '이 사건 토지'라 한다)에 대한 표준지공시지가를 결정·공시하였다. 여객자동차터미널사업 등을 하는 원고는 2015. 3. 18. 강제경매절차에서 이 사건 토지를 대지권의 목적으로 하는 집합건물인 '성남(분당)여객자동차터미널과 복합건물' 중 구분건물 6개 호실(이하 '이 사건 건축물'이라 하고, 이 사건 토지와 함께 '이 사건 부동산'이라 한다)을 취득하였다. 피고(성남시 분당구청장)는 이 사건 건축물에 관하여 구 소득세법제99조 제1항 제1호 나.목에 따라 국세청장이 산정·고시한 2015년도 건물신축가격 기준액을 토대로 아래와 같이 시가표준액을 산정하고, 여기에 구 지방세법 제110조 제1항, 구 지방세법 시행령 제109조 제1호가 정한 공정시장가액비율 70%를 곱한 금액을 과세표준으로 삼아, 2015. 7. 10. 원고에게 2015년 귀속 재산세(건축물) 154,546,980원, 지역자원시설세 142,629,690원, 지방교육세 19,813,700원을 각 부과하였다. 피고는 이 사건 토지에 관하여 공시지가(6,800,000원/㎡)를 기준으로 한 시가표준액 78,263,920,000원에 공정시장가액비율 70%를 곱한 과세표준액 54,784,744,000원을 기준으로 하여, 2015. 9. 8. 원고에게 2015년 재산세(토지) 186,268,120원, 지방교육세 21,913,890원을 각 부과하였다.

원고는 재산세부과처분에 대하여 이의신청 절차를 거쳐 2015. 12. 22. 심판청구를 제기하였으나, 조세심판원은 2016. 3. 15. 원고의 청구를 기각하였다.

[판결요지]

□ 표준지로 선정된 토지의 표준지공시지가에 대한 불복방법 및 그러한 절차를 밟지 않은 채 토지 등에 관한 재산세 등 부과처분의 취소를 구하는 소송에서 표준지공시지가결정의 위법성을 다투는 것이 허용되는지 여부(원칙적 소극)

표준지로 선정된 토지의 표준지공시지가를 다투기 위해서는 처분청인 국토교통부장관에게 이의를 신청하거나 국토교통부장관을 상대로 공시지가결정의 취소를 구하는 행정심판이나 행정소송을 제기해야 한다. 그러한 절차를 밟지 않은 채 토지 등에 관한 재산세 등 부과처분의 취소를 구하는 소송에서 표준지공시지가결정의 위법성을 다투는 것은 원칙적으로 허용되지 않는다.

[이 사건에 대한 판단]

원심이 원용한 대법원 2008. 8. 21. 선고 2007두13845 판결은 표준지 인근 토지의 소유자가 토지 등의 수용 경과 등에 비추어 표준지공시지가의 확정 전에 이를 다투는 것이 불가능하였던 사정 등을 감안하여 사업시행자를 상대로 수용보상금의 증액을 구하는 소송에서 비교표준지공시지가결정의 위법을 독립된 사유로 주장할 수 있다고 본 것으로 이 사건과 사안이 다르므로 이 사건에 원용하기에 적절하지 않다.

도시·군계획시설결정과 실시계획인가 사건

□ 대법원 2017. 7. 18. 선고 2016두49938 판결

[사실관계]

원고 甲은 전라남도 고흥군에서 OO관광호텔을 운영하는 자로서, 호텔부지 중 일부인 이 사건 토지를 소유하고 있다. 전라남도지사는 2012. 6. 27. 이 사건 토지가 포함된 전남 고흥군 도화면 발포리 산 10 일대 102,754㎡에 관하여 용도지역을 계획관리지역으로 변경하고, 청소년수련원을 군계획시설(청소년수련시설)로 신설하는 내용의 군계획시설결정(이하 '이 사건 군계획시설결정'이라 한다)을 하고 이를 고시하였다. 이에 피고 乙(고흥군수)은 2012. 12. 26. 이 사건 군계획시설결정에 따른 군계획시설사업(이하 '이 사건 사업'이라 한다)의 사업시행자로 광주광역시 교육청을 지정하고, 이 사건 사업에 관한 분할 실시계획을 인가(이하 '이 사건 처분'이라 한다)하고 이를 고시하였다.

이에 甲은 전라남도지사가 이 사건 군계획시설결정을 함에 있어 甲이 주차장을 잃게 되어 호텔 운영에 중대한 차질을 빚게 될 것이라는 점을 고려하였어야 함에도 이러한 비교형량을 하지 아니하였거나 잘못된 비교형량을 하여 위법하다고 주장하면서 이 사건 처분에 대한 취소소송을 제기하였다.

[판결요지]

[1] 선행처분과 후행처분이 서로 독립하여 별개의 법률효과를 발생시키는 때에 선행처분에 불가쟁력이 생겨 그 효력을 다툴 수 없게 된 경우, 선행처분의 하자를 이유로 후행처분의 효력을 다툴 수 있는지 여부(원칙적 소극)

2개 이상의 행정처분이 연속적 또는 단계적으로 이루어지는 경우 선행처분과 후행처분이 서로 합하여 1개의 법률효과를 완성하는 때에는 선행처분에 하자가 있으면 그 하자는 후행처분에 승계된다. 이러한 경우에는 선행처분에 불가쟁력이 생겨 그 효력을 다툴 수 없게 되더라도 선행처분의 하자를 이유로 후행처분의 효력을 다툴 수 있다. 그러나 선행처분과 후행처분이 서로 독립하여 별개의 법률효과를 발생시키는 경우에는 선행처분에 불가쟁력이 생겨 그 효력을 다툴 수 없게 되면 선행처분의 하자가 당연무효인 경우를 제외하고는 특별한 사정이 없는 한 선행처분의 하자를 이유로 후행처분의 효력을 다툴 수 없는 것이 원칙이다.

[2] 선행처분인 도시·군계획시설결정에 하자가 있는 경우, 그 하자가 후행처분인 실시계획인가에 승계되는지 여부(원칙적 소극)

국토의 계획 및 이용에 관한 법률(이하 '국토계획법'이라 한다) 제43조 제1항에 따르면, 일정한 기반시설에 관해서는 그 종류·명칭·위치·규모 등을 미리 도시·군관리계획으로 결정해야 한다. 국토계획법 제2조 제7호, 제10호는 이와 같이 도시·군관리계획결정으로 결정된 기반시설을 '도시·군계획시설'로, 도시·군계획시설을 설치·정비 또는 개량하는 사업을 '도시·군계획시설사업'으로 지칭하고 있다.

도시·군계획시설은 도시·군관리계획결정에 따라 설치되는데, 도시·군계획시설결정은 국토계획법령에 따라 도시·군관리계획결정에 일반적으로 요구되는 기초조사, 주민과 지방의회의 의견 청취, 관계 행정기관장과의 협의나 도시계획위원회 심의 등의 절차를 밟아야 한다. 이러한 절차를 거쳐 도시·군계획시설결

정이 이루어지면 도시·군계획시설의 종류에 따른 사업대상지의 위치와 면적이 확정되고, 그 사업대상지에서는 원칙적으로 도시·군계획시설이 아닌 건축물 등의 허가가 금지된다(제64조). 반면 실시계획인가는 도시·군계획시설결정에 따른 특정 사업을 구체화하여 이를 실현하는 것으로서, 시·도지사는 도시·군계획시설사업의 시행자가 작성한 실시계획이 도시·군계획시설의 결정·구조 및 설치의 기준 등에 적합하다고 인정하는 경우에는 이를 인가하여야 한다(제88조 제3항, 제43조 제2항). 이러한 실시계획인가를 통해 사업시행자에게 도시·군계획시설사업을 실시할 수 있는 권한과 사업에 필요한 토지 등을 수용할 수 있는 권한이 부여된다.

결국 도시·군계획시설결정과 실시계획인가는 도시·군계획시설사업을 위하여 이루어지는 단계적 행정절차에서 별도의 요건과 절차에 따라 별개의 법률효과를 발생시키는 독립적인 행정처분이다. 그러므로 선행처분인 도시·군계획시설결정에 하자가 있더라도 그것이 당연무효가 아닌 한 원칙적으로 후행처분인 실시계획인가에 승계되지 않는다.

[비교판례]

☐ 사업시행자 지정이 당연무효라면 실시계획인가도 무효이다.

만일 국토계획법령이 정한 도시계획시설사업의 대상 토지의 소유와 동의 요건을 갖추지 못하였는데도 사업시행자로 지정하였다면, 이는 국토계획법령이 정한 법규의 중요한 부분을 위반한 것으로서 특별한 사정이 없는 한 그 하자가 중대하다고 보아야 한다. 선행처분과 후행처분이 서로 독립하여 별개의 법률효과를 목적으로 하는 때에도 선행처분이 당연무효이면 선행처분의 하자를 이유로 후행처분의 효력을 다툴 수 있다. 도시계획시설사업의 시행자가 작성한 실시계획을 인가하는 처분은 도시계획시설사업 시행자에게 도시계획시설사업의 공사를 허가하고 수용권을 부여하는 처분으로서 선행처분인 도시계획시설사업 시행자 지정 처분이 처분 요건을 충족하지 못하여 당연무효인 경우에는 사업시행자 지정 처분이 유효함을 전제로 이루어진 후행처분인 실시계획 인가처분도 무효라고 보아야 한다(대법원 2017. 7. 11. 선고 2016두35120 판결).

개발부담금부과처분 사건

□ 대법원 2001. 6. 26. 선고 99두11592 판결

[사실관계]

소외인이 원고들 소유의 부산 동래구 (주소 1 생략) 소재 8필지의 토지 8,833㎡(아래에서는 '이 사건 토지'라 한다)를 임차한 후 1994. 6. 17. 건축허가를 받아 그 지상에 자동차 관련시설을 건축하고 1994. 9. 7. 사용승인을 받음으로써 이 사건 토지의 지목이 전에서 잡종지로 변경되었다. 이에 피고(부산광역시 동래구청장)는 1995. 3. 15. 구 개발이익환수에관한법률(이하 '법'이라고 한다) 제10조 제1항 본문에 따라 이 사건 토지의 부과종료시점지가를 산정하여 원고들에게 개발부담금 707,721,130원을 부과하였다가 이 사건 토지에 대한 1995. 1. 1. 기준 개별공시지가가 공시되자 법 제10조 제1항 단서에 따라 부과종료시점지가를 다시 산정하여 1995. 7. 19. 개발부담금을 173,291,070원으로 감액정산하였고(이하 '이 사건 정산처분'이라고 한다), 그 후 1996. 4. 12. 정상지가상승분에 대한 계산 착오를 이유로 개발부담금을 180,041,140원으로 증액경정(이하 '이 사건 증액경정처분'이라고 한다)하였다.

이후 이 사건 토지 중 부산 동래구 (주소 2 생략) 전 707㎡에 대한 1995. 1. 1. 기준 개별공시지가결정이 그 산정절차에 위법사유가 있어 부산고등법원 1996. 12. 4. 선고 96구4671 판결에 따라 취소되었고 1998. 7. 10. 이 판결이 확정되었으며, 이에 피고는 1999. 2. 8. 위 (주소 2 생략) 토지에 대한 1995년도 개별공시지가를 적법한 절차를 거쳐 종전과 같은 금액으로 다시 결정하고 공시하였다. 이에 피고는 이 사건 증액경정처분은 위법한 개별공시지가를 기초로 한 것이어서 위법하지만 그 후 적법한 절차를 거쳐 새로 공시된 개별공시지가를 기초로 하여 산정한 개발부담금이 이 사건 증액경정처분의 개발부담금과 동일한 금액이 된 이상 개발부담금 산정과정에서의 하자는 치유되었다고 주장하고 있다.

[판결요지]

[1] 구 개발이익환수에관한법률 제10조 제1항 단서에 따른 개발부담금의 감액정산의 성질(=감액변경처분) 및 감액정산처분 후 다시 증액경정처분이 있는 경우, 쟁송의 대상(=증액경정처분) 및 당초 부과처분 중 감액정산처분에 의하여 취소되지 아니한 부분의 위법사유도 다툴 수 있는지 여부(적극)

구 개발이익환수에관한법률 제10조 제1항 단서에 따른 개발부담금의 감액정산은 당초 부과처분과 다른 별개의 처분이 아니라 그 감액변경처분에 해당하고, 감액정산처분 후 다시 증액경정처분이 있는 경우에는 감액정산처분에 의하여 취소되지 아니한 부분에 해당하는 당초 부과처분은 증액경정처분에 흡수되어 소멸하고 증액경정처분만이 쟁송의 대상이 되며, 이때 증액경정처분의 위법사유뿐만 아니라 당초 부과처분 중 감액정산처분에 의하여 취소되지 아니한 부분의 위법사유도 다툴 수 있다.

[2] 하자 있는 행정행위에 있어서 하자의 치유의 허용 여부(한정 소극)

하자 있는 행정행위에 있어서 하자의 치유는 행정행위의 성질이나 법치주의의 관점에서 원칙적으로 허용될 수 없고, 행정행위의 무용한 반복을 피하고 당사자의 법적 안정성을 보호하기 위하여 국민의 권익을 침해하지 아니하는 범위 내에서 예외적으로만 허용된다.

[3] 선행처분인 개별공시지가결정이 위법하여 그에 기초한 개발부담금 부과처분도 위법하게 된 경우, 그 후 적법한 절차를 거쳐 공시된 개별공시지가결정이 종전의 위법한 공시지가결정과 그 내용이 동일하다는 사정만으로 그 개발부담금 부과처분의 하자가 치유되어 적법하게 되는지 여부(소극)

선행처분인 개별공시지가결정이 위법하여 그에 기초한 개발부담금 부과처분도 위법하게 된 경우 그 하자의 치유를 인정하면 개발부담금 납부의무자로서는 위법한 처분에 대한 가산금 납부의무를 부담하게 되는 등 불이익이 있을 수 있으므로, 그 후 적법한 절차를 거쳐 공시된 개별공시지가결정이 종전의 위법한 공시지가결정과 그 내용이 동일하다는 사정만으로는 위법한 개별공시지가결정에 기초한 개발부담금 부과처분이 적법하게 된다고 볼 수 없다.

[참고판례]

❶ 하자치유의 시간적 한계

세액산출근거가 누락된 납세고지서에 의한 과세처분의 하자의 치유를 허용하려면 늦어도 과세처분에 대한 불복여부의 결정 및 불복신청에 편의를 줄 수 있는 상당한 기간 내에 하여야 한다고 할 것이므로 위 과세처분에 대한 전심절차가 모두 끝나고 상고심의 계류중에 세액산출근거의 통지가 있었다고 하여 이로써 위 과세처분의 하자가 치유되었다고는 볼 수 없다(대법원 1984. 4. 10. 선고 83누393 판결).

❷ 하자치유의 실체적 한계

하자 있는 행정행위의 치유는 행정행위의 성질이나 법치주의의 관점에서 볼 때 원칙적으로 허용될 수 없는 것이고 예외적으로 행정행위의 무용한 반복을 피하고 당사자의 법적 안정성을 위해 이를 허용하는 때에도 국민의 권리나 이익을 침해하지 않는 범위에서 구체적 사정에 따라 합목적적으로 인정하여야 할 것인데 이 사건에 있어서는 원고의 적법한 허가신청이 참가인들의 신청과 경합되어 있어 이 사건 처분의 치유를 허용한다면 원고에게 불이익하게 되므로 이를 허용할 수 없다(대법원 1992. 5. 8. 선고 91누13274 판결).

기출문제

변시14 (중략) A시장은 2013. 6. 7. 甲에 대하여 청문 절차를 거치지 아니한 채 법 제13조 제3항 제1제2호에 따라 석유판매업등록을 취소하는 처분(이하 '당초처분'이라 함)을 하였고, 甲은 그 다음 날 처분이 있음을 알게 되었다. 甲은 당초처분에 불복하여 2013. 8. 23. 행정심판을 청구하였으며, 행정심판위원회는 2013. 10. 4. 당초처분이 재량권의 범위를 일탈하거나 남용한 것이라는 이유로 당초처분을 사업정지 3개월로 변경하라는 내용의 변경명령재결을 하였고, 그 재결서는 그날 甲에게 송달되었다. 그렇게 되자, A시장은 청문 절차를 실시한 후 2013. 10. 25. 당초처분을 사업정지 3개월로 변경한다는 내용의 처분(이하 '변경처분'이라 함)을 하였고, 그 처분서는 다음날 甲에게 직접 송달되었다. 위 사안에서 청문 절차의 하자가 치유되었는가? **(10점)** - 하자의 치유의 시간적 한계

케이스포츠 사건

□ 대법원 2020. 2. 27. 선고 2019두39611 판결

[사실관계]

원고(재단법인 케이스포츠)는 체육 인재 발굴 및 지원 사업 등을 목적사업으로 하여 2016. 1. 13. 설립허가를 받은 재단법인이다. 피고(문화체육관광부장관)는 ① 원고의 설립 과정에서 공무원의 직무상 범죄행위로 대기업들이 비자발적으로 자본금을 출연하였으므로 원고에 대한 설립허가를 취소해야 할 원시적 하자가 존재하고, ② 원고의 설립 후 운영 과정에서도 소외 1의 사익을 추구하였으므로 원고의 존속 자체가 공익을 해한다는 이유로, 2017. 3. 20. 원고에 대하여 행정처분 직권취소 법리 및 민법 제38조에 근거하여 이 사건 설립허가 취소처분을 하였다.

이 사건의 쟁점은 피고가 이 사건 설립허가 취소처분에서 든 2가지 처분사유가 정당한지 여부, 즉 ① 설립허가에 원시적 하자가 있어 이를 이유로 원고에 대한 설립허가를 직권취소하는 것이 허용되는지 여부, ② 설립 후 운영 과정에서 민법 제38조에서 정한 사유가 발생하여 이를 이유로 원고에 대한 설립허가를 취소하는 것이 허용되는지 여부이다.

[판결요지]

[1] 수익적 행정처분을 취소할 수 있는 경우 / 수익적 행정처분의 하자가 당사자의 사실은폐나 기타 사위의 방법에 의한 신청행위에 기인한 경우, 당사자의 처분에 관한 신뢰이익을 고려해야 하는지 여부(소극)

행정행위를 한 처분청은 그 행위에 하자가 있는 경우에는 별도의 법적 근거가 없더라도 스스로 이를 취소할 수 있다. 다만 수익적 행정처분을 취소할 때에는 이를 취소하여야 할 공익상의 필요와 그 취소로 당사자가 입게 될 기득권과 신뢰보호 및 법률생활 안정의 침해 등 불이익을 비교·교량한 후 공익상의 필요가 당사자가 입을 불이익을 정당화할 만큼 강한 경우에 한하여 취소할 수 있다. 나아가 수익적 행정처분의 하자가 당사자의 사실은폐나 기타 사위의 방법에 의한 신청행위에 기인한 것이라면 당사자는 처분에 의한 이익이 위법하게 취득되었음을 알아 취소가능성도 예상하고 있었다고 보아야 하므로, 그 자신이 처분에 관한 신뢰이익을 원용할 수 없음은 물론 행정청이 이를 고려하지 아니하였더라도 재량권의 남용이라고 볼 수 없다.

원고를 설립하는 과정에서 소외 2 전 대통령, 소외 3 전 청와대 경제수석비서관, 소외 1 등이 공모하여 대통령의 권한을 남용하여 출연을 강요함에 따라 대기업들이 원고의 자본금으로 합계 269억 원을 출연한 행위는 강박에 의한 의사표시로서 취소할 수 있는 법률행위에 해당한다. 따라서 원고는 목적하는 사업을 수행할 수 있는 재정적 기초 확립 요건을 갖추지 못하였음에도 피고가 이러한 사실을 간과한 채 한 설립허가에는 중대한 하자가 있다고 보아야 하고, 원고에 대한 설립허가를 취소함으로써 위법한 공권력 행사의 결과를 제거하고 법질서를 회복하여야 할 공익상 필요가 그로 인하여 원고 및 그 임직원들이 입게 되는 사익 침해보다 훨씬 크므로, 이 사건 설립허가 취소처분에 신뢰보호원칙이나 비례원칙 등을 위반한 위법은 없다.

[2] 행정재판에서 형사재판의 사실 판단과 반대되는 사실을 인정할 수 있는지 여부(원칙적 소극)

행정재판에서 형사재판의 사실인정에 구속되는 것은 아니라고 하더라도 동일한 사실관계에 관하여 이미 확정된 형사판결이 유죄로 인정한 사실은 유력한 증거자료가 되므로 행정재판에서 제출된 다른 증거들에 비추어 형사재판의 사실 판단을 채용하기 어렵다고 인정되는 특별한 사정이 없는 한 이와 반대되는 사실은 인정할 수 없다.

관련 형사재판에서 소외 3, 소외 1 등이 대기업들에 원고의 설립을 위해 출연하도록 요구한 행위가 강요죄의 구성요건인 해악의 고지에 해당한다고 평가하기는 어렵다고 판단된 점(대법원 2019. 8. 29. 선고 2018도13792 전원합의체 판결 참조)에 비추어 보면, 원심이 대기업들의 출연행위가 강박에 의한 의사표시에 해당한다고 본 부분은 적절하지 않다. 그러나 관련 형사재판에서 원고를 설립하는 과정에 소외 2 전 대통령, 소외 3, 소외 1 등이 공모하여 대기업들로 하여금 합계 269억 원을 출연하도록 한 행위가 공무원의 권한을 남용하여 의무 없는 일을 하게 한 행위로서 직권남용죄에 해당한다고 판단된 점(위 2018도13792 전원합의체 판결, 대법원 2019. 8. 29. 선고 2018도14303 전원합의체 판결 참조)에 비추어 보면, 피고가 원고의 설립 과정에 공무원의 직무상 범죄가 개입되어 있다는 사실을 간과한 채 원고의 설립을 허가한 데에는 중대한 하자가 있으므로, 원고에 대한 설립허가를 취소하여 위법한 공권력 행사의 결과를 제거하고 법질서를 회복하여야 할 공익상 필요가 그로 인하여 원고와 그 임직원들이 입게 되는 사익 침해보다 훨씬 크다고 보아야 한다.

따라서 이 사건 설립허가 취소처분이 수익적 행정처분 직권취소의 요건을 갖추어 적법하다고 본 원심의 결론은 정당한 것으로 수긍할 수 있다. 이러한 원심의 판단에 상고이유와 같이 수익적 행정처분 직권취소, 관련 형사판결의 증명력에 관한 법리 등을 오해하거나 논리와 경험칙에 반하여 자유심증주의의 한계를 벗어나 판결에 영향을 미친 위법이 없다.

항공사노선배분 사건

□ 대법원 2004. 11. 26. 선고 2003두10251,10268 판결

[사실관계]

운수권배분을 받은 항공사만이 노선면허를 신청할 수 있는바, 대한민국 정부와 중국 정부가 양국의 항공기 정기편 운항에 관하여 서울-북경 노선을 제외한 특정노선에 양국에서 각 1개의 항공사만을 지정하기로 합의하는 '정기편 운항에 관한 한·중 비밀양해각서를 체결함에 따라, 피고(건설교통부장관)는 1998. 1. 24. 이 사건 비밀양해각서와 노선배분에 관한 원칙과 기준을 정한 피고의 내부지침인 국적항공사경쟁력강화지침(이하 '이 사건 지침'이라고 한다)을 근거로 서울-계림 노선에 대한 운수권을 원고(대한항공)에게 배분하고 이를 중국 항공당국에 통보하였다. 그런데 이 사건 지침에 따르면 노선배분 이후 1년 이상 취항하지 아니하는 경우 노선에 대한 운수권을 회수한다는 방침이 규정되어 있었다.

한편 노선권자인 대한항공은 각 노선의 취항을 위하여 나름대로 여러 가지로 노력하였으나 그 여건상 1년 이내에 상무협상 등의 제반 절차를 모두 마치고 취항한다는 것이 현실적으로 어려웠던 데다가, 전반적인 국제적 경제위기로 노선별 항공수요가 급격히 감소하면서 중국측 항공사들이 자신들의 일방적인 이익만을 고집한 데다가 양자강의 홍수 등으로 인하여 협상에 소극적으로 응하는 바람에 상무협정의 체결을 위한 원활한 협상이 제대로 이루어지지 못하는 등의 사유로 1년이 넘도록 취항하지 못하고 있었으며 피고도 원고가 위 각 노선의 취항에 위와 같은 어려움을 겪고 있음을 잘 알고 있었다. 이에 원고는 수 차례에 걸쳐 공식 및 비공식 접촉을 벌인 결과 1999. 11. 3. 남방항공과 사이에 이 사건 각 노선 중 서울-계림 노선에 대한 상무협정을 체결하였고, 그에 따라 원고는 1999. 11. 12. 이 사건 서울-계림 노선에 관한 국제선 정기항공운송사업(여객) 노선면허 신청을 하였다.

그러나 피고는 1999. 12. 10. 원고가 서울-계림 노선의 운수권을 배분받은 이후 1년 이내에 노선권을 행사하지 않아 운수권 배분의 효력이 상실되어 위 노선에 대한 위 인가신청과 노선면허신청이 불가하다는 이유로 이를 반려하였다. 1999. 12. 16.에는 원고와 참가인 항공사에 대하여 '국제항공노선 운수권 배분 실효 통보'라는 제목의 서면을 통하여 "1997. 2. 20. 1998. 1. 24. 및 1998. 5. 14.자로 배분한 국제항공노선 운수권 중 1년이 경과하도록 취항하지 않은 노선에 대해서는 노선배분의 효력이 상실되었다."고 통보하였다.

그리고 1999. 12. 30. 참가인 항공사(아시아나항공)에 대하여 서울-계림노선에 대한 주 3회의 운수권을 재배분하였다. 이에 참가인 항공사는 2000. 3. 9. 남방항공과 상무협정을 체결하고, 같은 달 10. 피고에게 그에 대한 국제선 정기항공운송사업 노선면허를 신청하여 같은 달 15. 그 면허를 취득하였다.

이에 원고는 2000. 3. 15. 피고의 위 1999. 12. 16.자 이 사건 각 노선의 운수권배분실효처분 취소를 구하는 이 사건 소를 제기하는 외에, 2000. 4. 24. 위 노선에 대한 정기노선면허 및 상무협정 인가를 다시 신청하였으나 피고가 같은 달 26. 원고의 위 각 신청을 반려하자 위 노선에 대한 위 정기노선면허반려처분의 취소를 구하는 이 사건 소를 제기하였다.

[판결요지]

[1] 어떠한 처분의 근거가 행정규칙에 규정되어 있는 경우, 그 처분이 항고소송의 대상이 되는 행정처분에 해당하기 위한 요건

항고소송의 대상이 되는 행정처분이라 함은 원칙적으로 행정청의 공법상 행위로서 특정 사항에 대하여 법규에 의한 권리의 설정 또는 의무의 부담을 명하거나 기타 법률상 효과를 발생하게 하는 등으로 일반 국민의 권리의무에 직접 영향을 미치는 행위를 가리키는 것이지만, 어떠한 처분의 근거가 행정규칙에 규정되어 있다고 하더라도, 그 처분이 상대방에게 권리의 설정 또는 의무의 부담을 명하거나 기타 법적인 효과를 발생하게 하는 등으로 그 상대방의 권리의무에 직접 영향을 미치는 행위라면, 이 경우에도 항고소송의 대상이 되는 행정처분에 해당한다.

[2] 정부 간 항공노선의 개설에 관한 잠정협정 및 비밀양해각서와 건설교통부 내부지침에 의한 항공노선에 대한 운수권 배분처분이 항고소송의 대상이 되는 행정처분에 해당한다고 한 사례

[3] 수익적 행정처분에 대한 취소권 등의 행사의 요건 및 그 한계

행정행위를 한 처분청은 비록 그 처분 당시에 별다른 하자가 없었고, 또 그 처분 후에 이를 철회할 별도의 법적 근거가 없다 하더라도 원래의 처분을 존속시킬 필요가 없게 된 사정변경이 생겼거나 또는 중대한 공익상의 필요가 발생한 경우에는 그 효력을 상실케 하는 별개의 행정행위로 이를 철회할 수 있다고 할 것이나, 수익적 행정처분을 취소 또는 철회하는 경우에는 이미 부여된 그 국민의 기득권을 침해하는 것이 되므로, 비록 취소 등의 사유가 있다고 하더라도 그 취소권 등의 행사는 기득권의 침해를 정당화할 만한 중대한 공익상의 필요 또는 제3자의 이익보호의 필요가 있는 때에 한하여 상대방이 받는 불이익과 비교·교량하여 결정하여야 하고, 그 처분으로 인하여 공익상의 필요보다 상대방이 받게 되는 불이익 등이 막대한 경우에는 재량권의 한계를 일탈한 것으로서 그 자체가 위법하다.

[추가해설]

❶ 운수권배분의 처분성 여부 및 소의 이익 여부

건설교통부장관의 특정 국제항공노선에 대한 운수권 배분 또는 그 취소는 특정 항공사에게 해당 노선의 운항을 위한 면허와 관련된 일정한 내용의 권리를 설정하거나 제한하는 행위임과 동시에 그 운수권이 없는 경우에는 노선면허신청 자체를 제한하는 내용의 처분행위로서 노선면허의 전단계인 중간단계의 행정처분에 해당한다. 즉 강학상 사전결정(=예비결정)에 해당한다.

한편, 건설교통부장관의 위와 같은 운수권 배분처분에 기초하여 해당 노선에 대한 노선면허까지 이루어진 경우에는 위와 같은 중간단계의 운수권 배분처분은 그 독자적인 의의를 상실하고 그 노선면허처분에 흡수되는 것이므로(원자력법상 부지사전승인처분에 대한 판결을 참조할 것-대법원 1998. 9. 4. 선고 97누19588 판결4)) 그러한 경우 항공사가 독립적으로 그 운수권 배분처분의 취소를 구할 소의 이익은 상실된다고 할 것이지만, 아직 노선면허처분까지 나아가지 아니하는 동안에는 중간단계의 행정처분으로서 그 운수권 배분처분의 취소를 구할

---

4) 원자로 및 관계 시설의 부지사전승인처분은 그 자체로서 건설부지를 확정하고 사전공사를 허용하는 법률효과를 지닌 독립한 행정처분이기는 하지만, 건설허가 전에 신청자의 편의를 위하여 미리 그 건설허가의 일부 요건을 심사하여 행하는 사전적 부분 건설허가처분의 성격을 갖고 있는 것이어서 나중에 건설허가처분이 있게 되면 그 건설허가처분에 흡수되어 독립된 존재가치를 상실함으로써 그 건설허가처분만이 쟁송의 대상이 되는 것이므로, 부지사전승인처분의 취소를 구하는 소는 소의 이익을 잃게 되고, 따라서 부지사전승인처분의 위법성은 나중에 내려진 건설허가처분의 취소를 구하는 소송에서 이를 다투면 된다.

소의 이익이 인정된다고 할 것이다.

❷ 건설교통부장관이 특정 국제항공노선에 대한 노선면허신청을 거부하는 노선면허거부처분을 한 경우, 그 전제가 되는 운수권배분실효처분의 위법성을 독립하여 다툴 수 있는지 여부

운수권 배분처분은 노선면허를 받기 위한 중간적인 단계의 처분으로서 그에 기초하여 노선면허가 이루어진 경우에는 그 독자적 의의를 상실하고 노선면허에 흡수되는 관계에 있는 점, 운수권 배분처분 이후에 운수권이 실효되었음을 전제로 하는 노선면허거부처분이 있는 경우 그 노선면허거부처분 자체를 다투는 것 이외에 그 전제가 된 운수권의 실효 여부에 관하여 따로 다툴 아무런 실익이 없는 점을 고려하면, 피고의 위 1999. 12. 10.자 제1차 면허거부처분은 서울-계림노선의 면허를 받기 위한 중간적 단계의 처분인 운수권 배분이 실효되었고 따라서 이를 전제로 한 위 노선에 대한 면허신청을 반려한다는 취지의 처분으로서 위 노선의 운수권배분실효처분과 노선면허거부처분을 한꺼번에 한 것으로 봄이 상당하다.

그렇다면 피고의 원고에 대한 서울-계림 노선의 운수권 배분처분은 위 제1차 면허거부처분으로 그 효력이 상실되었다고 할 것이므로, 피고가 제1차 면허거부처분 이후인 1999. 12. 16. 원고에 대하여 이 사건 각 노선의 운수권배분이 실효되었다고 통보하였다고 하더라도 이는 위 각 노선 중 피고의 제1차 면허거부처분으로 이미 운수권 배분의 효력이 상실된 서울/계림 노선에 대하여는 그 운수권이 실효된 사실을 확인하여 알려주는 사실 또는 관념의 통지에 불과할 뿐이라고 할 것이고, 따라서 피고의 서울/계림 노선의 운수권배분실효통보는 결국 항고소송의 대상이 되는 행정처분이라고 할 수는 없다.

❸ 2000. 4. 26. 자 서울-계림 노선면허신청반려처분(제2차 면허거부처분)의 적법성 여부

거부처분은 당사자의 신청에 대하여 관할행정청이 이를 거절하는 의사를 대외적으로 표시함으로써 성립되는 것인바, 당사자가 한 신청에 대하여 거부처분이 있은 후 당사자가 다시 동일한 신청을 한 경우에 그 신청의 내용이 새로운 신청을 하는 것이라면 관할행정청이 이를 다시 거절한 이상 새로운 거부처분이 있은 것으로 보아야 할 것이므로, 피고의 위 2000. 4. 26.자 제2차 면허거부처분은 제1차 면허거부처분 이후에 원고가 한 새로운 노선면허신청에 대하여 다시 이를 새로이 거부한 처분으로서 별도로 항고소송의 대상이 된다고 할 것이다.

[참고판례]

❶ 취소사유와 철회사유의 구별

행정행위의 취소는 일단 유효하게 성립한 행정행위를 그 행위에 위법 또는 부당한 하자가 있음을 이유로 소급하여 그 효력을 소멸시키는 별도의 행정처분이고, 행정행위의 철회는 적법요건을 구비하여 완전히 효력을 발하고 있는 행정행위를 사후적으로 그 행위의 효력의 전부 또는 일부를 장래에 향해 소멸시키는 행정처분이므로, 행정행위의 취소사유는 행정행위의 성립 당시에 존재하였던 하자를 말하고, 철회사유는 행정행위가 성립된 이후에 새로이 발생한 것으로서 행정행위의 효력을 존속시킬 수 없는 사유를 말한다(대법원 2003. 5. 30. 선고 2003다6422 판결).

❷ 취소권(또는 철회권)의 제한

1) 취소권의 제한

행정처분을 한 처분청은 그 처분에 하자가 있는 경우에는 별도의 법적 근거가 없더라도 스스로 이를 취소할 수 있는 것이지만, 행정청이 수익적 행정처분을 취소할 때에는 비록 취소 등의 사유가 있더라도 이를 취소하여야 할 공익상의 필요와 그 취소로 인하여 당사자가 입게 될 기득권과 신뢰보호 및 법률생활의 안정의 침해 등을 비교·교량한 후, 공익상의 필요가 당사자가 입을 불이익을 정당화할 만큼 강한 경우에 한하여 취소할 수 있다(대법원 2006. 2. 9. 선고 2005두12848 판결).

2) 철회권의 제한

행정행위를 한 처분청은 비록 그 처분 당시에 별다른 하자가 없었고, 또 그 처분 후에 이를 철회할 별도의 법적 근거가 없다 하더라도 원래의 처분을 존속시킬 필요가 없게 된 사정변경이 생겼거나 또는 중대한 공익상의 필요가 발생한 경우에는 그 효력을 상실케 하는 별개의 행정행위로 이를 철회할 수 있다고 할 것이나, 수익적 행정처분을 취소 또는 철회하는 경우에는 이미 부여된 그 국민의 기득권을 침해하는 것이 되므로, 비록 취소 등의 사유가 있다고 하더라도 그 취소권 등의 행사는 기득권의 침해를 정당화할 만한 중대한 공익상의 필요 또는 제3자의 이익보호의 필요가 있는 때에 한하여 상대방이 받는 불이익과 비교·교량하여 결정하여야 하고, 그 처분으로 인하여 공익상의 필요보다 상대방이 받게 되는 불이익 등이 막대한 경우에는 재량권의 한계를 일탈한 것으로서 그 자체가 위법하다(대법원 2004. 11. 26. 선고 2003두10251,10268 판결).

❸ 일부철회

1) 일부철회를 인정한 경우

제1종 보통, 대형 및 특수 면허를 가지고 있는 자가 레이카크레인을 음주운전한 행위는 제1종 특수면허의 취소사유에 해당될 뿐 제1종 보통 및 대형 면허의 취소사유는 아니므로, 3종의 면허를 모두 취소한 처분 중 제1종 보통 및 대형 면허에 대한 부분은 이를 이유로 취소하면 될 것이나, 제1종 특수면허에 대한 부분은 원고가 재량권을 일탈·남용하여 위법하다는 주장을 하고 있음에도, 원심이 그 점에 대하여 심리·판단하지 아니한 채 처분 전체를 취소한 조치는 위법하다(대법원 1995. 11. 16. 선고 95누8850 전원합의체 판결).

2) 일부철회를 부정한 경우 (1)

한 사람이 여러 종류의 자동차운전면허를 취득하는 경우뿐 아니라 이를 취소 또는 정지하는 경우에 있어서도 서로 별개의 것으로 취급하는 것이 원칙이기는 하나, 자동차운전면허는 그 성질이 대인적 면허일뿐만 아니라 도로교통법시행규칙 제26조 별표 14에 의하면, 제1종 대형면허 소지자는 제1종 보통면허로 운전할 수 있는 자동차와 원동기장치자전거를, 제1종 보통면허 소지자는 원동기장치자전거까지 운전할 수 있도록 규정하고 있어서 제1종 보통면허로 운전할 수 있는 차량의 음주운전은 당해 운전면허뿐만 아니라 제1종 대형면허로도 가능하고, 또한 제1종 대형면허나 제1종 보통면허의 취소에는 당연히 원동기장치자전거의 운전까지 금지하는 취지가 포함된 것이어서 이들 세 종류의 운전면허는 서로 관련된 것이라고 할 것이므로 제1종 보통면허로 운전할 수 있는 차량을 음주운전한 경우에 이와 관련된 면허인 제1종 대형면허와 원동기장치자전거면허까지 취소할 수 있는 것으로 보아야 한다(대법원 1994. 11. 25. 선고 94누9672 판결).

3) 일부철회를 부정한 경우 (2)

한 사람이 여러 종류의 자동차운전면허를 취득하는 경우뿐 아니라 이를 취소 또는 정지함에 있어서도 서로 별개의 것으로 취급하는 것이 원칙이기는 하지만, 자동차운전면허는 그 성질이 대인적 면허일 뿐만 아니라 도로교통법시행규칙 제26조 [별표 14]에 의하면, 제1종 보통면허 소지자는 승용자동차만이 아니라 원동기장치자전거까지 운전할 수 있도록 규정하고 있어 제1종 보통면허의 취소에는 원동기장치자전거의 운전까지 금지하는 취지가 포함된 것이어서 이들 차량의 운전면허는 서로 관련된 것이라고 할 것이므로, 제1종 보통면허로 운전할 수 있는 차량을 운전면허정지기간 중에 운전한 경우에는 이와 관련된 원동기장치자전거면허까지 취소할 수 있다(대법원 1997. 5. 16. 선고 97누2313 판결).

4) 일부철회를 부정한 경우 (3)

[1] 운전면허를 받은 사람이 음주운전을 한 경우에 운전면허의 취소 여부는 행정청의 재량행위이나, 음주운전으로 인한 교통사고의 증가와 그 결과의 참혹성 등에 비추어 보면 음주운전으로 인한 교통사고를 방지할 공익상의 필요는 더욱 중시되어야 하고, 운전면허의 취소에서는 일반의 수익적 행정행위의 취소와는 달리 취소로 인하여 입게 될 당사자의 불이익보다는 이를 방지하여야 하는 일반예방적 측면이 더욱 강조되어야 한다.

[2] 갑이 혈중알코올농도 0.140%의 주취상태로 배기량 125cc 이륜자동차를 운전하였다는 이유로 관할 지방경찰청장이 갑의 자동차운전면허[제1종 대형, 제1종 보통, 제1종 특수(대형견인·구난), 제2종 소형]를 취소하는 처분을 한 사안에서, 갑에 대하여 제1종 대형, 제1종 보통, 제1종 특수(대형견인·구난) 운전면허를 취소하지 않는다면, 갑이 각 운전면허로 배기량 125cc 이하 이륜자동차를 계속 운전할 수 있어 실질적으로는 아무런 불이익을 받지 않게 되는 점, 갑의 혈중알코올농도는 0.140%로서 도로교통법령에서 정하고 있는 운전면허 취소처분 기준인 0.100%를 훨씬 초과하고 있고 갑에 대하여 특별히 감경해야 할 만한 사정을 찾아볼 수 없는 점, 갑이 음주상태에서 운전을 하지 않으면 안 되는 부득이한 사정이 있었다고 보이지 않는 점, 처분에 의하여 달성하려는 행정목적 등에 비추어 볼 때, 처분이 사회통념상 현저하게 타당성을 잃어 재량권을 남용하거나 한계를 일탈한 것이라고 단정하기에 충분하지 않음에도, 이와 달리 위 처분 중 제1종 대형, 제1종 보통, 제1종 특수(대형견인·구난) 운전면허를 취소한 부분에 재량권을 일탈·남용한 위법이 있다고 본 원심판단에 재량권 일탈·남용에 관한 법리 등을 오해한 위법이 있다고 한 사례(대법원 2018. 2. 28. 선고 2017두67476 판결).

❹ 망인의 음주운전을 이유로 한 개인택시운송사업면허취소 사건

[1] 구 여객자동차운수사업법 제76조 제1항 제15호, 같은 법 시행령 제29조에는 관할관청은 개인택시운송사업자의 운전면허가 취소된 때에 그의 개인택시운송사업면허를 취소할 수 있도록 규정되어 있을 뿐 그에게 운전면허 취소사유가 있다는 사유만으로 개인택시운송사업면허를 취소할 수 있도록 하는 규정은 없으므로, 관할관청으로서는 비록 개인택시운송사업자에게 운전면허 취소사유가 있다 하더라도 그로 인하여 운전면허 취소처분이 이루어지지 않은 이상 개인택시운송사업면허를 취소할 수는 없다.

[2] 개인택시운송사업자가 음주운전을 하다가 사망한 경우 그 망인에 대하여 음주운전을 이유로 운전면허 취소처분을 하는 것은 불가능하고, 음주운전은 운전면허의 취소사유에 불과할 뿐 개인택시운송사업면허의 취소사유가 될 수는 없으므로, 음주운전을 이유로 한 개인택시운송사업면허의 취소처분은 위법하다고 한 사례

[3] 개인택시운송사업자가 음주운전을 하다가 사망한 후 상속인이 그 지위를 승계하기 위하여 상속 신고를 한 경우에, 망인의 음주운전은 운전면허의 취소사유에 불과할 뿐 개인택시운송사업면허의 취소사유가 될 수 없고, 개인택시운송사업의 양도·양수 인가의 제한에 관한 규정이 개인택시운송사업의 상속 신고에도 적용된다고 볼 근거도 없으므로, 관할관청이 망인의 음주운전을 이유로 상속 신고의 수리를 거부하는 것은 위법하다고 한 사례(대법원 2008. 5. 15. 선고 2007두26001 판결).

기출문제

사시11 X시장이 B에게 가스충전소 건축허가를 한 후 B가 허위, 기타 부정한 방법으로 건축허가 신청을 하였다는 것을 발견하고 건축허가를 취소하였다. 이에, B는 X시장의 허가를 신뢰하여 가스충전소 신축공사계약 체결을 비롯한 새로운 법률관계를 형성하였기 때문에 취소할 수 없다고 주장한다. B의 주장은 타당성이 있는가? **(10점)** - 수익적 행정행위의 직권취소

변시14 20년 무사고 운전 경력의 레커 차량 기사인 甲은 2013. 3. 2. 혈중알코올농도 0.05%의 주취 상태로 레커 차량을 운전하다가 신호대기 중이던 乙의 승용차를 추돌하여 3중 연쇄추돌 교통사고를 일으켰다. 위 교통사고로 乙이 운전하던 승용차 등 3대의 승용차가 손괴되고, 승용차 운전자 2명이 약 10주의 치료가 필요한 상해를 입게 되었다. 서울지방경찰청장은 1개의 운전면허 취소통지서로 도로교통법 제93조 제1항 제1호에 의하여 甲의 운전면허인 제1종 보통·대형·특수면허를 모두 취소하였다. 甲은 자신의 무사고 운전 경력 및 위 교통사고 당시의 혈중알코올농도 등에 비추어 보면 서울지방경찰청장의 甲에 대한 위 운전면허 취소처분은 너무 가혹하다고 변호사 A에게 하소연하며 서울지방경찰청장의 甲에 대한 위 운전면허 취소처분의 취소소송을 의뢰하였다.

甲이 서울지방경찰청장을 상대로 甲에 대한 위 운전면허 취소처분 중 제1종 특수면허취소부분을 제외한 제1종 보통·대형면허취소부분에 대한 취소를 구하는 행정소송을 제기하는 경우, 甲이 승소판결을 받을 가능성이 있는지 여부 및 그 이유를 검토하시오(다만, 제소요건을 다투는 내용을 제외할 것). **(20점)** - 부당결부금지의 원칙, 일부철회

비의료인이 의료기관을 개설하였다는 이유로 한 의사면허취소 사건

□ 대법원 2022. 6. 30. 선고 2021두62171 판결

〔사실관계〕

원고는 1986. 2. 28. 의사면허를 취득하고, 1991. 3. 16. 흉곽외과 전문의자격을 취득한 의사이다. 원고는 2019. 4. 11. 강남구보건소장에 '서울 강남구 (주소 1 생략)'을 소재지로 하고, '(병원명 1 생략)'을 명칭으로 하는 의료기관 개설신고를 하고 위 병원을 운영하다가, 다시 2020. 9. 29. 서울 강남구 (주소 2 생략) 소재 건물에서 '(병원명 2 생략)'이라는 명칭의 의료기관 개설신고를 하고 위 병원을 운영하고 있다.

원고는 '의사가 아닌 소외 1, 소외 2와 공모하여 소외 1, 소외 2는 병원의 전반적인 운영을, 신청인은 진료를 각 담당하기로 하고, 2013. 5. 6. 서울특별시 서초구청에 서울 서초구 (주소 3 생략) 소재 건물에 원고 명의로 (병원명 3 생략)을 개설하겠다는 신고를 한 후 위 건물에서 불특정 다수의 환자들을 진료하는 방법으로 그 무렵부터 2013. 8. 8.경까지 위 병원을 운영함으로써, 의료인이 아닌 자가 의료기관을 개설하였다'는 범죄사실로, 2015. 6. 11. 인천지방법원에서 의료법위반죄로 징역 6월에 집행유예 2년을 선고받았고(인천지방법원 2014고단5145호), 이에 대한 항소(인천지방법원 2015노2310호) 및 상고(대법원 2016도1303호)가 모두 기각되어 위 판결이 2016. 5. 12. 그대로 확정되었다(이하 '관련 형사판결'이라 한다).

피고(보건복지부장관)는 2020. 7. 28. 원고에 대하여 관련 형사판결로 그 형이 확정되어 면허취소사유에 해당한다는 이유로, 구 의료법(2016. 12. 20. 법률 제14438호로 개정되기 전의 것, 이하 같다) 제65조 제1항 제1호 및 제8조 제4호, 구 의료관계 행정처분 규칙(2018. 8. 17. 보건복지부령 제587호로 개정되기 전의 것, 이하 같다) 제4조 [별표] '행정처분기준' 2의 가. 1)항을 법적 근거로 하여 의사면허취소처분(이하 '이 사건 처분'이라 한다)을 하였다.

원고는 2020. 10. 6. 중앙행정심판위원회에 이 사건 처분의 취소를 구하는 행정심판을 청구하였으나, 중앙행정심판위원회는 2020. 12. 22. 원고의 청구를 기각하는 재결을 하였다.

〔판결요지〕

□ 면허취소사유를 정한 구 의료법 제65조 제1항 단서 제1호의 '제8조 각호의 어느 하나에 해당하게 된 경우'가 행정청이 면허취소처분을 할 당시까지 제8조 각호의 결격사유가 유지되어야 한다는 의미인지 여부(소극) 및 의료인이 의료법을 위반하여 금고 이상의 형의 집행유예를 선고받고 유예기간이 지나 형 선고의 효력이 상실된 경우에도 의료법상 면허취소사유에 해당하는지 여부(적극)

구 의료법 제8조는 "다음 각호의 어느 하나에 해당하는 자는 의료인이 될 수 없다."라고 규정하면서, 제4호에서 '이 법을 위반하여 금고 이상의 형을 선고받고 그 형의 집행이 종료되지 아니하였거나 집행을 받지 아니하기로 확정되지 아니한 자' 등을 규정하였다. 구 의료법 제65조 제1항은 "보건복지부장관은 의료인이 다음 각호의 어느 하나에 해당할 경우에는 그 면허를 취소할 수 있다. 다만 제1호의 경우에는 면허를 취소하여야 한다."라고 규정하면서, 제1호에서 '제8조 각호의 어느 하나에 해당하게 된 경우'를 규정하였다.

구 의료법 제8조 제4호의 '금고 이상의 형을 선고받고 그 집행을 받지 아니하기로 확정되지 아니한 자'에는 금고 이상의 형의 집행유예를 선고받고 그 선고의 실효 또는 취소 없이 유예기간이 지나 형 선고의 효력이 상실되기 전까지의 자가 포함되는 것으로, 그 유예기간이 지나 형 선고의 효력이 상실되었다면 더 이

상 의료인 결격사유에 해당하지 아니한다.

다만 면허취소사유를 정한 구 의료법 제65조 제1항 단서 제1호의 '제8조 각호의 어느 하나에 해당하게 된 경우'란 '제8조 각호의 사유가 발생한 사실이 있는 경우'를 의미하는 것이지, 행정청이 면허취소처분을 할 당시까지 제8조 각호의 결격사유가 유지되어야 한다는 의미로 볼 수 없다. 의료인이 의료법을 위반하여 금고 이상의 형의 집행유예를 선고받았다면 면허취소사유에 해당하고, 그 유예기간이 지나 형 선고의 효력이 상실되었다고 해서 이와 달리 볼 것은 아니다. 그 이유는 다음과 같다.

1) 의료법 제8조 제4호는 '이 법을 위반하여 금고 이상의 형을 선고받은 경우'를 의료인 결격사유로 정하는 한편, 그 종기를 '형의 집행이 종료된 때 혹은 집행을 받지 아니하기로 확정된 때'로 정하는 의미를 가진다. 반면, 의료법 제65조 제1항 단서 제1호는 이러한 결격사유에 해당하게 된 경우를 면허취소사유로 규정하였을 뿐 행정청의 면허취소처분 당시까지 결격사유가 유지될 것을 요건으로 규정하지 않았다. 따라서 의료법 제65조 제1항 단서 제1호에서 정한 '제8조 각호의 어느 하나에 해당하게 된 경우'는 '제8조 각호의 사유가 발생한 사실이 있는 경우'를 의미한다고 보는 것이 문언에 따른 자연스러운 해석이다. 이와 달리 행정청이 면허취소처분을 할 당시까지 결격사유가 유지되어야 한다고 보는 것은 위 조항의 문언에 부합하지 않는다.

2) 의료법 제65조 제1항 단서 제1호, 제8조 제4호는 국민보건 향상을 이루고 국민의 건강한 생활 확보에 이바지함을 사명으로 하는 의료인이 의료 관련 법령을 위반하여 금고 이상의 형을 선고받은 경우 그 면허를 취소함으로써, 의료인에 대한 공공의 신뢰를 보호하고자 하는 데에 그 취지가 있다(헌법재판소 2020. 4. 23. 선고 2019헌바118 전원재판부 결정 등 참조). 따라서 의료인이 의료법을 위반하여 금고 이상의 형의 집행유예를 선고받았다면, 그 유예기간이 지났는지 여부에 관계없이 그 면허를 취소하도록 하는 것이 입법 취지에 부합한다.

3) 이러한 해석은 다른 면허취소사유의 경우 의료법 제65조 제1항 제2호 내지 제7호에서 해당 사유가 발생한 사실이 있는 것을 면허취소사유로 규정하고 있는 것과의 균형에 비추어 보아도 타당하다.

원심은, 원고가 의료법 위반죄로 징역 6월에 집행유예 2년의 유죄판결을 선고받고 유예기간이 지난 다음에 피고가 원고의 면허를 취소하는 이 사건 처분을 한 사실을 인정한 다음, 이는 의료법 제65조 제1항 단서 제1호, 제8조 제4호의 면허취소사유에 해당하므로 이 사건 처분은 적법하다고 판단하였다. 앞서 본 법리와 기록에 비추어 살펴보면, 원심의 판단에 의료법 제65조 제1항 단서 제1호의 해석에 관한 법리를 오해한 잘못이 없다.

〔유사판례〕

구 국민체육진흥법 제11조의5 제3호, 제12조 제1항 제4호의 내용, 체계와 입법 취지 등을 고려하면, 구 국민체육진흥법 제12조 제1항 제4호에서 정한 '제11조의5 각호의 어느 하나에 해당하는 경우'는 '제11조의5 각호 중 어느 하나의 사유가 발생한 사실이 있는 경우'를 의미한다고 보아야 하므로, 체육지도자가 금고 이상의 형의 집행유예를 선고받은 경우 행정청은 원칙적으로 체육지도자의 자격을 취소하여야 하고, 집행유예기간이 경과하는 등의 사유로 자격취소처분 이전에 결격사유가 해소되었다고 하여 이와 달리 볼 것은 아니다(대법원 2022. 7. 14. 선고 2021두62287 판결).

취소(철회)의 취소

□ 대법원 2008. 1. 31. 선고 2007도9220 판결

〔사실관계〕

1997. 8. 23. 전라남도 지방경찰청장 乙은 甲이 교통사고 후 구호조치를 하지 않았다는 이유로 甲에게 자동차 운전면허 취소처분(이하 '이 사건 처분'이라 한다)을 함과 동시에 甲의 특정범죄가중처벌등에관한법률 위반(도주차량)의 범행에 대한 수사 종결 후 사건을 창원지방검찰청 진주지청에 송치하였다. 그러나 검찰 조사 결과 甲이 충분한 구호조치를 하였다는 것이 밝혀졌고 그에 따라 관할 진주지청은 위 범행에 대하여 무혐의처분을 하였다. 이에 따라 甲은 다시 자동차를 운전하다가 2007. 4. 9. 경찰관에게 적발되어 도로교통법상 무면허운전죄로 기소되었고, 소송계속 중 乙은 2007. 6. 8. 甲이 위와 같이 무혐의처분을 받았음을 이유로 이 사건 처분을 취소하였다.

〔판결요지〕

❑ 특정범죄 가중처벌 등에 관한 법률 위반(도주차량)으로 운전면허취소처분을 받은 자가 자동차를 운전하였다고 하더라도 그 후 피의사실에 대하여 무혐의 처분을 받고 이를 근거로 행정청이 운전면허 취소처분을 취소하였다면, 위 운전행위는 무면허운전에 해당하지 않는다고 한 사례

제1심판결의 채택증거 및 기록에 의하면, 피고인은 1997. 8. 23. 전라남도 지방경찰청장으로부터 피고인이 특정범죄 가중처벌 등에 관한 법률 위반(도주차량)의 범행을 저질렀다는 이유로 자동차 운전면허 취소처분(이하 '이 사건 운전면허 취소처분'이라 한다)을 받은 사실, 그 후 창원지방검찰청 진주지청은 1997. 11. 28. 피고인의 위 특정범죄 가중처벌 등에 관한 법률 위반(도주차량)의 범행에 대하여 무혐의 처분을 한 사실, 전라남도지방경찰청장은 2007. 6. 8. 피고인이 위와 같이 무혐의처분을 받았음을 이유로 이 사건 운전면허 취소처분을 취소한 사실 등을 알 수 있는바, 이와 같이 피고인이 특정범죄 가중처벌 등에 관한 법률 위반(도주차량)의 범행을 저지른 사실이 없음을 이유로 전라남도 지방경찰청장이 이 사건 운전면허 취소처분을 취소하였다면, 이 사건 운전면허 취소처분은 행정쟁송절차에 의하여 취소된 경우와 마찬가지로 그 처분시에 소급하여 효력을 잃게 되고, 피고인은 그 처분에 복종할 의무가 당초부터 없었음이 후에 확정되었다고 봄이 타당하다.

따라서 피고인이 2007. 4. 9.에 한 자동차 운전행위는 무면허운전에 해당하지 않는데도, 원심은 판시와 같은 이유로 무면허운전에 해당한다고 오인하여 이 사건 공소사실을 유죄로 인정한 제1심판결을 그대로 유지하였으니, 원심판결에는 운전면허 취소처분의 철회의 효력 및 무면허운전에 관한 법리를 오해하여 판결에 영향을 미친 위법이 있고, 이를 지적하는 상고이유의 주장은 이유 있다.

[참고판례]

❶ 부담적 행정행위의 취소의 취소 : 불허

국세기본법 26조 1호는 부과의 취소를 국세납부의무 소멸사유의 하나로 들고 있으나, 그 부과의 취소에 하자가 있는 경우의 부과의 취소의 취소에 대하여는 법률이 명문으로 그 취소요건이나 그에 대한 불복절차에 대하여 따로 규정을 둔 바도 없으므로, 설사 부과의 취소에 위법사유가 있다고 하더라도 당연무효가 아닌 한 일단 유효하게 성립하여 부과처분을 확정적으로 상실시키는 것이므로, 과세관청은 부과의 취소를 다시 취소함으로써 원부과처분을 소생시킬 수는 없고 납세의무자에게 종전의 과세대상에 대한 납부의무를 지우려면 다시 법률에서 정한 부과절차에 좇아 동일한 내용의 새로운 처분을 하는 수밖에 없다(대법원 1995. 3. 10. 선고 94누7027 판결).

❷ 수익적 행정행위의 취소의 취소 : 허용

행정처분이 취소되면 그 소급효에 의하여 처음부터 그 처분이 없었던 것과 같은 효과를 발생하게 되는바, 행정청이 의료법인의 이사에 대한 이사취임승인취소처분(제1처분)을 직권으로 취소(제2처분)한 경우에는 그로 인하여 이사가 소급하여 이사로서의 지위를 회복하게 되고, 그 결과 위 제1처분과 제2처분 사이에 법원에 의하여 선임결정된 임시이사들의 지위는 법원의 해임결정이 없더라도 당연히 소멸된다(대법원 1997. 1. 21. 선고 96누3401 판결).

❸ 이해관계인이 개입된 수익적 행정행위의 취소의 취소 : 불허

일단 취소처분을 한 후에 새로운 이해관계인이 생기기 전에 취소처분을 취소하여 그 광업권의 회복을 시켰다면 모르되 피고(甲)가 본건 취소처분을 한 후에 원고(丙)가 본건 광구에 대하여 선출원을 적법히 함으로써 이해관계인이 생긴 이 사건에 있어서, 피고가 위 광업권 취소처분을 취소하여, 소외인(乙)명의의 광업권을 복구시키는 조처는 원고의 선출원 권리를 침해하는 위법한 처분이다(대법원 1967. 10. 23. 선고 67누126 판결).

제3장 | 그 밖의 행정의 주요행위형식

어업면허 우선순위결정 사건

□ 대법원 1995. 1. 20. 선고 94누6529 판결

[사실관계]

피고 보조참가인 丙은 종전부터 6개의 구어업권 합계 55ha를 보유해오던 자인바, 수산업법이 전면개정되어 보유어장의 면적이 30ha를 초과하게 되는 경우에는 면허를 받을 수 없도록 규정하자, 위 구어업권의 유효기간 만료 후의 어업권을 재신청함에 있어서 개인보유상한면적을 규정하고 있는 법과 시행령을 잠탈하기 위해 1992. 4. 1. 자신과 친인척관계 내지 친분관계가 있는 소외인에게 위 6개 구어업권 중의 각 일부지분을 양도하는 형식으로 어업권변경등록을 하였다. 丙은 소외인들에게 구어업권의 각 일부지분을 양도하는 형식으로 구어업권변경등록을 하기 전에는 물론 그 후에도 단독으로 구어업권 전부를 행사하여 왔다. 그 후 丙은 구 어업권의 유효기간 만료일이 다가오자 1992. 10. 19. 위와 같은 경위로 변경등록된 어업권 등록원부 등을 자료로 첨부하여 자신 및 위 소외인들의 공동명의로 새로운 어업권면허를 신청하였다. 피고 乙(충청남도지사)은 1993. 1. 12. 신어업권의 대상어장에 대하여 丙 및 소외인들을 제1순위자로, 원고 甲(대천시 수산업협동조합 외연도 어촌계)을 제2순위자로 하는 우선순위결정을 하고, 같은 해 4. 30. 위 우선순위결정에 따라 丙등에게 공동명의로 6개의 신어업권면허처분을 하였다(총어장면적 55ha).

이에 甲은 같은 해 5. 6. 위 우선순위결정의 취소 및 자신이 제1순위자임의 확인을 구하는 소송을 제기하였다.

[판결요지]

[1] 어업권면허처분에 선행하는 우선순위결정의 성질

어업권면허에 선행하는 우선순위결정은 행정청이 우선권자로 결정된 자의 신청이 있으면 어업권면허처분을 하겠다는 것을 약속하는 행위로서 강학상 확약에 불과하고 행정처분은 아니므로, 우선순위결정에 공정력이나 불가쟁력과 같은 효력은 인정되지 아니하며, 따라서 우선순위결정이 잘못되었다는 이유로 종전의 어업권면허처분이 취소되면 행정청은 종전의 우선순위결정을 무시하고 다시 우선순위를 결정한 다음 새로운 우선순위결정에 기하여 새로운 어업권면허를 할 수 있다.

[2] 수익적 처분이 상대방의 허위 기타 부정한 방법으로 행하여진 경우에도 그 상대방의 신뢰를 보호하여야 하는지 여부

수익적 처분이 있으면 상대방은 그것을 기초로 하여 새로운 법률관계 등을 형성하게 되는 것이므로, 이러한 상대방의 신뢰를 보호하기 위하여 수익적 처분의 취소에는 일정한 제한이 따르는 것이나, 수익적 처분

이 상대방의 허위 기타 부정한 방법으로 인하여 행하여졌다면 상대방은 그 처분이 그와 같은 사유로 인하여 취소될 것임을 예상할 수 없었다고 할 수 없으므로, 이러한 경우에까지 상대방의 신뢰를 보호하여야 하는 것은 아니라고 할 것이다.

[비교판례]

❶ 확약에 해당하는 내인가를 취소한 경우, 이는 본인가 신청을 거부하는 행정처분이다.

자동차운송사업양도양수계약에 기한 양도양수인가신청에 대하여 피고 시장이 내인가를 한 후 위 내인가에 기한 본인가신청이 있었으나 자동차운송사업 양도양수인가신청서가 합의에 의한 정당한 신청서라고 할 수 없다는 이유로 위 내인가를 취소한 경우, 위 내인가의 법적 성질이 행정행위의 일종으로 볼 수 있든 아니든 그것이 행정청의 상대방에 대한 의사표시임이 분명하고, 피고가 위 내인가를 취소함으로써 다시 본인가에 대하여 따로이 인가 여부의 처분을 한다는 사정이 보이지 않는다면 위 내인가취소를 인가신청을 거부하는 처분으로 보아야 할 것이다(대법원 1991. 6. 28. 선고 90누4402 판결).

❷ 사전결정에 해당하는 부지사전승인은 행정처분이다.

원자력법 제11조 제3항 소정의 부지사전승인제도는 원자로 및 관계 시설을 건설하고자 하는 자가 그 계획 중인 건설부지가 원자력법에 의하여 원자로 및 관계 시설의 부지로 적법한지 여부 및 굴착공사 등 일정한 범위의 공사(이하 '사전공사'라 한다)를 할 수 있는지 여부에 대하여 건설허가 전에 미리 승인을 받는 제도로서, 원자로 및 관계 시설의 건설에는 장기간의 준비·공사가 필요하기 때문에 필요한 모든 준비를 갖추어 건설허가신청을 하였다가 부지의 부적법성을 이유로 불허가될 경우 그 불이익이 매우 크고 또한 원자로 및 관계 시설 건설의 이와 같은 특성상 미리 사전공사를 할 필요가 있을 수도 있어 건설허가 전에 미리 그 부지의 적법성 및 사전공사의 허용 여부에 대한 승인을 받을 수 있게 함으로써 그의 경제적·시간적 부담을 덜어 주고 유효·적절한 건설공사를 행할 수 있도록 배려하려는 데 그 취지가 있다고 할 것이므로, 원자로 및 관계 시설의 부지사전승인처분은 그 자체로서 건설부지를 확정하고 사전공사를 허용하는 법률효과를 지닌 독립한 행정처분이다(대법원 1998. 9. 4. 선고 97누19588 판결).

[참고판례]

☐ 행정청의 확약 또는 공적인 의사표명이 그 자체에서 정한 유효기간을 경과한 이후에는 당연히 실효된다.

행정청이 상대방에게 장차 어떤 처분을 하겠다고 확약 또는 공적인 의사표명을 하였다고 하더라도 그 자체에서 상대방으로 하여금 언제까지 처분의 발령을 신청하도록 유효기간을 두었는데도 그 기간 내에 상대방의 신청이 없었다거나 확약 또는 공적인 의사표명이 있은 후에 사실적·법률적 상태가 변경되었다면, 그와 같은 확약 또는 공적인 의사표명은 행정청의 별다른 의사표시를 기다리지 않고 실효된다(대법원 1996. 8. 20. 선고 95누10877 판결).

물류창고 건축 사건

□ 대법원 2005. 3. 10. 선고 2002두5474 판결

[사실관계]

피고 乙(경기도지사)이 이 사건 토지들을 포함한 성남시 분당구 동원동(지번 생략) 일원 21필지에 대하여 용도지역을 자연녹지지역으로 결정한 후, 원고 甲(롯데제과 주식회사)은 이 사건 토지들의 소유권을 취득하였고, 이 사건 토지들 지상에 물류창고를 건축하기 위한 준비행위를 하였다. 이 후 이 사건 토지들에 대한 용도지역을 자연녹지지역에서 보전녹지지역으로 변경하는 내용의 이 사건 성남도시계획변경결정(이하 '이 사건 결정')이 내려지자, 이에 甲은 행정청의 공적인 견해표명에 반하는 처분을 함으로써 그 견해표명을 신뢰한 개인의 이익이 침해되는 결과가 초래된 것이라고 주장하며, 다른 지역에 대한 규제가 완화되고 있음에도 위 동원동 21필지에 대하여서만 규제내용이 강화되는 방향의 도시계획이 결정되었다는 이유로 형평의 원칙에 위배된다고 주장하였다. 이에 甲은 위 결정의 취소를 구하는 소송을 제기하였다.

[판결요지]

[1] 행정청이 용도지역을 자연녹지지역으로 지정결정하였다가 그보다 규제가 엄한 보전녹지지역으로 지정결정하는 내용으로 도시계획을 변경한 경우, 신뢰보호의 원칙이 적용되지 않는다고 본 원심의 판단을 수긍한 사례

행정청이 용도지역을 자연녹지지역으로 지정결정하였다가 그보다 규제가 엄한 보전녹지지역으로 지정결정하는 내용으로 도시계획을 변경한 경우, 행정청이 용도지역을 자연녹지지역으로 결정한 것만으로는 그 결정 후 그 토지의 소유권을 취득한 자에게 용도지역을 종래와 같이 자연녹지지역으로 유지하거나 보전녹지지역으로 변경하지 않겠다는 취지의 공적인 견해표명을 한 것이라고 볼 수 없고, 토지소유자가 당해 토지 지상에 물류창고를 건축하기 위한 준비행위를 하였더라도 그와 같은 사정만으로는 용도지역을 자연녹지지역에서 보전녹지지역으로 변경하는 내용의 도시계획변경결정이 행정청의 공적인 견해표명에 반하는 처분을 함으로써 그 견해표명을 신뢰한 개인의 이익이 침해되는 결과가 초래된 것이라고도 볼 수 없다는 등의 이유로, 신뢰보호의 원칙이 적용되지 않는다고 본 원심의 판단을 수긍한 사례.

[2] 도시계획법령상 용도지역지정·변경행위의 법적 성질(=행정계획으로서 재량행위) 및 그에 대한 사법심사

도시계획변경결정 당시 도시계획법령에 의하면, 도시계획구역 안에서의 녹지지역은 보건위생·공해방지, 보안과 도시의 무질서한 확산을 방지하기 위하여 녹지의 보전이 필요한 때에 지정되고, 그 중 보전녹지지역은 도시의 자연환경·경관·수림 및 녹지를 보전할 필요가 있을 때에, 자연녹지지역은 녹지공간의 보전을 해하지 아니하는 범위 안에서 제한적 개발이 불가피할 때 각 지정되는 것으로서 위와 같은 용도지역지정행위나 용도지역변경행위는 전문적·기술적 판단에 기초하여 행하여지는 일종의 행정계획으로서 재량행위라 할 것이지만, 행정주체가 가지는 이와 같은 계획재량은 그 행정계획에 관련되는 자들의 이익을 공익과 사익 사이에서는 물론이고 공익 상호간과 사익 상호간에도 정당하게 비교·교량하여야 하고 그 비교·교량은 비례의 원칙에 적합하도록 하여야 하는 것이므로, 만약 행정주체가 행정계획을 입안·결정함에 있어서 이익형량을 전혀 행하지 아니하였거나 이익형량의 고려대상에 마땅히 포함시켜야 할 중요한 사

항을 누락한 경우 또는 이익형량을 하였으나 그것이 비례의 원칙에 어긋나게 된 경우에는 그 행정계획결정은 재량권을 일탈·남용한 것으로 위법하다.

사안의 경우, 도시의 건전한 발전을 도모하고 도시의 무질서한 확산의 방지와 도시의 자연환경 및 녹지보전 등을 위한 차단지대 및 완충지대로서의 기능을 하도록 하기 위하여 이 사건 토지들을 포함한 동원동 85일원 21필지를 보전녹지지역으로 지정할 필요성이 있었고(적합성의 원칙 충족), 이로 인하여 이 사건 토지들에 대한 건축상의 제한이 강화되기는 하였으나 건축이 전면적으로 금지되는 것은 아니어서 그 목적달성에 필요한 합리적인 정도에 그친 점 등에 비추어 볼 때 이 사건 결정은 그 과정에서 충분한 이익형량을 거친 것이라고 할 것이고(필요성의 원칙 충족), 또한 이 결정으로 이 사건 토지들의 이용이 제한된 불이익보다는 이 사건 결정에 의하여 달성하려고 하는 공익상 필요의 정도가 현저하게 크다고 할 것이므로(상당성의 원칙 충족), 결국 이 사건 결정이 비례의 원칙에 반하여 재량권을 일탈·남용한 것으로 볼 수 없다.

[관련판례]

❶ 행정계획의 법적 성질

1) 고시된 도시계획결정(지금의 도시·군 관리계획) : 행정처분

도시계획법 제12조 소정의 도시계획결정이 고시되면 도시계획구역안의 토지나 건물소유자의 토지형질변경, 건축물의 신축·개축 또는 증축 등 권리행사가 일정한 제한을 받게 되는 바, 이런 점에서 볼 때 고시된 도시계획결정은 특정개인의 권리 내지 법률상의 이익을 개별적이고 구체적으로 규제하는 효과를 가져오게 하는 행정청의 처분이라 할 것이고, 이는 행정소송의 대상이 되는 것이라 할 것이다(대법원 1982. 3. 9. 선고 80누105 판결).

2) 4대강 마스터플랜 : 행정처분 아님

국토해양부, 환경부, 문화체육관광부, 농림수산부, 식품부가 합동으로 2009. 6. 8. 발표한 '4대강 살리기 마스터플랜' 등은 4대강 정비사업과 주변 지역의 관련 사업을 체계적으로 추진하기 위하여 수립한 종합계획이자 '4대강 살리기 사업'의 기본방향을 제시하는 계획으로서, 행정기관 내부에서 사업의 기본방향을 제시하는 것일 뿐, 국민의 권리·의무에 직접 영향을 미치는 것이 아니어서 행정처분에 해당하지 않는다(대법원 2011. 4. 21. 자 2010무111 전원합의체 결정).

❷ 계획재량과 형량명령

1) 행정계획이라 함은 행정에 관한 전문적·기술적 판단을 기초로 하여 도시의 건설·정비·개량 등과 같은 특정한 행정목표를 달성하기 위하여 서로 관련되는 행정수단을 종합·조정함으로써 장래의 일정한 시점에 있어서 일정한 질서를 실현하기 위한 활동기준으로 설정된 것으로서, 구 도시계획법 등 관계 법령에는 추상적인 행정목표와 절차만이 규정되어 있을 뿐 행정계획의 내용에 관하여는 별다른 규정을 두고 있지 아니하므로 행정주체는 구체적인 행정계획을 입안·결정함에 있어서 비교적 광범위한 형성의 자유를 가지는 것(=계획재량)이지만, 행정주체가 가지는 이와 같은 형성의 자유는 무제한적인 것이 아니라 그 행정계획에 관련되는 자들의 이익을 공익과 사익 사이에서는 물론이고 공익 상호간과 사익 상호간에도 정당하게 비교교량하여야 한다는 제한(=형량명령)이 있으므로 행정주체가 행정계획을 입안·결정함에 있어서 이익형량을 전혀 행하지 아니하거나(=형량의 해태) 이익형량의 고려 대상에 마땅히 포함시켜야 할 사항을 누락한 경우(=형량의 흠결) 또는 이익형량을 하였으나 정당성과 객관성이 결여된 경우(=오형량)에는 위법하다(대법원 2006. 9. 8. 선고

2003두5426 판결).

2) 도시공원 및 녹지 등에 관한 법률(이하 '공원녹지법'이라 한다) 등 관계 법령에는 추상적인 행정목표와 절차만이 규정되어 있을 뿐 행정계획의 내용에 대하여는 별다른 규정을 두고 있지 않으므로 행정주체는 구체적인 행정계획을 입안·결정하면서 비교적 광범위한 형성의 자유를 가진다. 하지만 행정주체가 가지는 이와 같은 형성의 자유는 무제한적인 것이 아니라 행정계획에 관련되는 자들의 이익을 공익과 사익 사이에서는 물론이고 공익 상호 간과 사익 상호 간에도 정당하게 비교교량해야 한다는 제한이 있다. 따라서 행정주체가 행정계획을 입안·결정하면서 이익형량을 전혀 행하지 않거나 이익형량의 고려 대상에 마땅히 포함시켜야 할 사항을 누락한 경우 또는 이익형량을 하였으나 정당성과 객관성이 결여된 경우에는 그 행정계획결정은 형량에 하자가 있어 위법하다(대법원 2023. 11. 16. 선고 2022두61816 판결).

기출문제

사시09 행정청 乙의 관할 구역 내에 있는 A도시공원을 찾는 등산객이 증가하고 있다. 등산객들이 공원 입구를 주차장처럼 이용하여 공원의 경관과 이미지를 훼손하고 있다. 이에 관할 행정청 乙은 이곳에 휴게 광장을 조성하여 주민들에게 만남의 장소를 제공하고, 도시 경관을 향상시키기 위해 甲의 토지를 포함한 일단의 지역에 대해서 광장의 설치를 목적으로 하는 도시관리계획을 입안·결정하였다. 그런데 행정청 乙은 지역 발전에 대한 의욕이 앞선 나머지 인구, 교통, 환경, 토지이용 등에 대한 기초조사를 하지 않고 도시관리계획을 입안·결정하였다. 甲은 자신의 토지전부를 광장에 포함시키는 乙의 도시관리계획 입안·결정이 법적으로 문제가 있다고 보고, 위 도시관리계획결정의 취소를 구하는 소송을 제기하였다. 위 취소소송에서 甲의 청구는 인용될 수 있는가? **(30점)** - 행정계획의 법적 성격, 계획재량과 형량명령, 절차하자

5급:재경11 A시는 자신의 관할구역 내의 국유하천에 대한 주변자연환경개선계획(이하 '자연환경개선계획')을 발표하면서 관계 A시 소유의 시민체육공원이 포함된 부지를 시민자연생태공원용지로 그 지목과 용도를 변경하여 생태공원을 조성하고 생태학습장 및 환경교육센터 등을 설치한다고 고시하였다. 이러한 자연환경개선계획을 발표하는 과정에서 법령상 정해진 도시계획위원회의 심의는 거치지 않았다. 이 계획에 대해 인근 주민과 환경관련 시민사회단체(NGO) 등은 적극적인 찬성입장을 표명하였으나, 시민체육공원의 위탁관리 주체인 서울올림픽기념국민체육진흥공단(이하 '진흥공단')은 A시의 자연환경개선계획에 대하여 '이는 국가예산의 낭비일 뿐만 아니라 시민체육공원을 정기적, 부정기적으로 이용하는 국민 일반의 권리를 침해하는 것'이라면서 비판하고 있다. 진흥공단이 A시의 자연환경개선계획에 대해서 항고소송을 제기할 경우 당해 소송은 적법한가? **(20점)** - 행정계획의 법적 성격, 원고적격

군관리계획 입안제안신청반려 사건

□ 대법원 2020. 9. 3. 선고 2020두34346 판결

[사실관계]

원고(주식회사 갈월추모공원)는 경기 ○○읍 △△리 (지번 1 생략) 일대에서 장례식장, 묘지, 수목장지, 납골당 등으로 구성된 장사시설인 '□□□□공원'을 운영하고 있다. 원고는 □□□□공원 부지와 인접한 경기 ○○읍 △△리 (지번 2 생략) 외 5필지 중 4,995㎡(이하 '이 사건 토지'라고 한다)에서 도시·군계획시설사업의 시행자로 지정받아 '도시·군계획시설'로서 화장장을 설치·운영하려는 사업계획을 세우고 2018. 5. 10. 피고(양평군수)에게 도시·군관리계획 변경 입안을 제안하였다. 이 사건 토지 중 절반가량은 국토의 계획 및 이용에 관한 법률(이하 '국토계획법'이라고 한다) 제36조 제1항에 따른 '보전관리지역', 나머지는 같은 조항에 따른 '계획관리지역'으로 지정되어 있다. 이 사건 토지에서 약 150m 거리에는 인근 군부대의 군인아파트가 위치해 있고, 약 360m 거리에는 △△◇리 마을회관이 위치해 있다.

피고는, 이 사건 토지가 ○○읍 주도심권과의 거리가 2~3km에 불과하고 인근에 마을과 군부대, 군인아파트가 있으며 전원주택지 개발증가로 거주인구가 지속적으로 증가하는 지역으로서 인근 주거환경이 악화될 것이 우려되므로 화장장 입지로는 부적합하다는 이유로, 2018. 5. 25. 원고의 입안 제안을 거부하는 이 사건 처분을 하였다.

이 사건 쟁점은, 이 사건 처분에 도시·군관리계획 입안에 관한 피고의 재량권을 일탈·남용한 하자가 있는지 여부이다.

[판결요지]

[1] 행정계획의 의미 및 행정주체가 구체적인 행정계획을 입안·결정할 때 가지는 형성의 자유의 한계 / 행정주체가 행정계획을 입안·결정할 때 이익형량을 전혀 하지 않거나 이익형량의 고려 대상에 마땅히 포함시켜야 할 사항을 누락한 경우 또는 이익형량을 하였으나 정당성과 객관성이 결여된 경우, 행정계획 결정이 위법한지 여부(적극)

행정계획은 특정한 행정목표를 달성하기 위하여 전문적·기술적 판단을 기초로 관련되는 행정수단을 종합·조정함으로써 장래의 일정한 시점에 일정한 질서를 실현하기 위한 활동기준으로 설정된 것으로서, 국토계획법 등 관계 법령에서 추상적인 행정목표와 절차가 규정되어 있을 뿐 행정계획의 내용에 관하여는 별다른 규정을 두고 있지 않으므로 행정주체는 구체적인 행정계획의 입안·결정에 관하여 광범위한 형성의 재량을 가진다. 다만 그러한 형성의 재량은 무제한적인 것이 아니라, 관련되는 제반 공익과 사익을 비교·형량하여야 한다는 제한이 있다. 행정주체가 행정계획을 입안·결정할 때 이러한 이익형량을 전혀 하지 않거나 이익형량의 고려 대상에 마땅히 포함시켜야 할 사항을 누락한 경우, 또는 이익형량을 하였으나 정당성과 객관성이 결여된 경우에는 재량권을 일탈·남용한 것으로 위법하다고 보아야 한다.

[2] 어떤 개발사업이 '자연환경·생활환경에 미치는 영향'과 같이 장래에 발생할 불확실한 상황과 파급효과에 대한 예측이 필요한 요건에 관한 행정청의 재량적 판단은 폭넓게 존중되어야 하는지 여부(원칙적 적극) 및 이 경우 행정청의 당초 예측이나 평가와 일부 다른 내용의 감정의견이 제시되었다는 사정만으로 행정청의 판단을 위법하다고 할 수 있는지 여부(소극) / 이때 개발사업의 적합 여부 판단과 관련한 행정청의 재량권 일탈·남용 여부를 심사하는 방법과 대상

어떤 개발사업이 '자연환경·생활환경에 미치는 영향'과 같이 장래에 발생할 불확실한 상황과 파급효과에 대한 예측이 필요한 요건에 관한 행정청의 재량적 판단은 그 내용이 현저히 합리적이지 않다거나 상반되는 이익이나 가치를 대비해 볼 때 형평이나 비례의 원칙에 뚜렷하게 배치되는 등의 사정이 없는 한 폭넓게 존중되어야 한다. 그리고 이 경우 행정청의 당초 예측이나 평가와 일부 다른 내용의 감정의견이 제시되었다는 등의 사정만으로 쉽게 행정청의 판단이 위법하다고 단정할 것은 아니다. 또한 이때 해당 개발사업 자체가 독자적으로 생활환경과 자연환경에 미칠 수 있는 영향을 분리하여 심사대상으로 삼을 것이 아니라, 기존의 주변 생활환경과 자연환경 상태를 기반으로 그에 더하여 해당 개발사업까지 실현될 경우 주변 환경에 총량적·누적적으로 어떠한 악영향을 초래할 우려가 있는지를 심사대상으로 삼아야 한다.

[참고판례]

☐ 행정청이 행정계획을 입안·결정할 때 이익형량을 전혀 하지 않거나 이익형량의 고려 대상에 마땅히 포함시켜야 할 사항을 누락한 경우 또는 이익형량을 하였으나 정당성과 객관성이 결여된 경우, 행정계획 결정이 위법한지 여부(적극) / 산업입지 및 개발에 관한 법률상 산업단지개발계획 변경권자가 산업단지 입주업체 등의 신청에 따라 산업단지개발계획을 변경할 것인지를 결정하는 경우에도 마찬가지 법리가 적용되는지 여부(적극)

행정계획은 특정한 행정목표를 달성하기 위하여 행정에 관한 전문적·기술적 판단을 기초로 관련되는 행정수단을 종합·조정함으로써 장래의 일정한 시점에 일정한 질서를 실현하기 위하여 설정한 활동기준이나 그 설정행위를 말한다. 행정청은 구체적인 행정계획을 입안·결정할 때 비교적 광범위한 형성의 재량을 가진다. 다만 행정청의 이러한 형성의 재량이 무제한적이라고 할 수는 없고, 행정계획에서는 그에 관련되는 자들의 이익을 공익과 사익 사이에서는 물론이고 공익 사이에서나 사익 사이에서도 정당하게 비교·교량하여야 한다는 제한이 있으므로, 행정청이 행정계획을 입안·결정할 때 이익형량을 전혀 행하지 아니하거나 이익형량의 고려 대상에 마땅히 포함시켜야 할 사항을 누락한 경우 또는 이익형량을 하였으나 정당성과 객관성이 결여된 경우에는 그 행정계획 결정은 이익형량에 하자가 있어 위법하게 될 수 있다. 이러한 법리는 산업입지 및 개발에 관한 법률상 산업단지개발계획 변경권자가 산업단지 입주업체 등의 신청에 따라 산업단지개발계획을 변경할 것인지를 결정하는 경우에도 마찬가지로 적용된다(대법원 2021. 7. 29. 선고 2021두33593 판결).

[참고판례]

☐ 도시계획구역 내 토지 등을 소유하고 있는 주민에게 도시계획입안을 요구할 신청권을 인정한 사례

구 도시계획법(2002. 2. 4. 법률 제6655호 국토의계획및이용에관한법률 부칙 제2조로 폐지)은 도시계획의 수립 및 집행에 관하여 필요한 사항을 규정함으로써 공공의 안녕질서를 보장하고 공공복리를 증진하며 주민의 삶의 질을 향상하게 함을 목적으로 하면서도 도시계획시설결정으로 인한 개인의 재산권행사의 제한을 줄이기 위하여, 도시계획시설부지의 매수청구권, 도시계획시설결정의 실효에 관한 규정과 아울러 도시계획 입안권자인 특별시장·광역시장·시장 또는 군수로 하여금 5년마다 관할 도시계획구역 안의 도시계획에 대하여 그 타당성 여부를 전반적으로 재검토하여 정비하여야 할 의무를 지우고, 도시계획입안제안과 관련하여서는 주민이 입안권자에게 '1. 도시계획시설의 설치·정비 또는 개량에 관한 사항 2. 지구단위계획구역의 지정 및 변경과 지구단위계획의 수립 및 변경에 관한 사항'에 관하여 '도시계획도서와 계획설명서를 첨부'하여 도시계획의 입안을 제안할 수 있고, 위 입안제안을 받은 입안권자는 그 처리결과를 제안자에게 통보하도록 규정하고 있는 점 등과 헌법상 개인의 재산권 보장의 취지에 비추어 보면, 도시계획구역 내 토지 등을 소유하고 있는 주민으로서는 입안권자에게 도시계획입안을 요구할 수 있는 법규상 또는 조리상의 신청권이 있다고 할 것이고, 이러한 신청에 대한 거부행위는 항고소송의 대상이 되는 행정처분에 해당한다(대법원 2004. 4. 28. 선고 2003두1806 판결).

국토이용계획변경신청거부 사건

□ 대법원 2003. 9. 23. 선고 2001두10936 판결

[사실관계]

원고(주식회사 진도)는 국토의계획및이용에관한법률상 용도지역이 '농림지역'인 이 사건 토지에서 건설폐기물 처리업을 영위할 목적으로 진안군수에게 폐기물처리업 사업계획서를 제출하였고, 이에 진안군수는 원고에게 사업계획에 대한 적정통보를 하였다. 그 후 원고는 사업계획대상지역을 '도시지역'으로 변경해야 폐기물처리업이 가능하므로 진안군수에게 당해 토지에 대한 용도지역을 '농림지역'에서 '도시지역'으로 변경하여 달라는 국토이용계획변경신청을 하였다. 그러나 진안군수는 당해 토지 일대가 섬진강수계발원지 인근에 위치한 농촌지역으로서 자연환경을 보전해야 할 필요성이 클 뿐만 아니라, 당해 토지에 폐기물처리시설이 들어설 경우 수질오염 등으로 인근 주민의 생활환경에 악영향을 끼칠 가능성이 있다는 이유로 원고의 신청을 거부하였다.

이에 원고는 진안군수를 피고로 하여 국토이용계획변경승인거부처분과 폐기물처리업허가신청반려처분에 대한 취소소송을 제기하였다.

[판결요지]

[1] 행정청이 국민의 신청에 대하여 한 거부행위가 항고소송의 대상인 행정처분이 되기 위한 요건

국민의 적극적 신청행위에 대하여 행정청이 그 신청에 따른 행위를 하지 않겠다고 거부한 행위가 항고소송의 대상이 되는 행정처분에 해당하는 것이라고 하려면, 그 신청한 행위가 공권력의 행사 또는 이에 준하는 행정작용이어야 하고, 그 거부행위가 신청인의 법률관계에 어떤 변동을 일으키는 것이어야 하며, 그 국민에게 그 행위발동을 요구할 법규상 또는 조리상의 신청권이 있어야만 한다.

[2] 국민이 어떤 신청을 한 경우 그에 대한 행정청의 거부행위가 항고소송의 대상이 되는 처분인지 여부를 판단할 때 신청권의 존재 여부를 넘어서 구체적으로 그 신청의 인용 여부까지 판단하여야 하는지 여부(소극)

거부처분의 처분성을 인정하기 위한 전제요건이 되는 신청권의 존부는 구체적 사건에서 신청인이 누구인가를 고려하지 않고 관계 법규의 해석에 의하여 일반 국민에게 그러한 신청권을 인정하고 있는가를 살펴 추상적으로 결정되는 것이고, 신청인이 그 신청에 따른 단순한 응답을 받을 권리를 넘어서 신청의 인용이라는 만족적 결과를 얻을 권리를 의미하는 것은 아니므로, 국민이 어떤 신청을 한 경우에 그 신청의 근거가 된 조항의 해석상 행정발동에 대한 개인의 신청권을 인정하고 있다고 보이면 그 거부행위는 항고소송의 대상이 되는 처분으로 보아야 하고, 구체적으로 그 신청이 인용될 수 있는가 하는 점은 본안에서 판단하여야 할 사항이다.

[3] 국토이용계획변경신청에 대한 거부행위가 항고소송의 대상이 되는 행정처분에 해당하기 위한 요건

구 국토이용관리법상 주민이 국토이용계획의 변경에 대하여 신청을 할 수 있다는 규정이 없을 뿐만 아니라, 국토건설종합계획의 효율적인 추진과 국토이용질서를 확립하기 위한 국토이용계획은 장기성, 종합성이 요구되는 행정계획이어서 원칙적으로는 그 계획이 일단 확정된 후에 어떤 사정의 변동이 있다고 하여 그러한 사유만으로는 지역주민이나 일반 이해관계인에게 일일이 그 계획의 변경을 신청할 권리를 인정하

여 줄 수는 없을 것이지만, 장래 일정한 기간 내에 관계 법령이 규정하는 시설 등을 갖추어 일정한 행정처분을 구하는 신청을 할 수 있는 법률상 지위에 있는 자의 국토이용계획변경신청을 거부하는 것이 실질적으로 당해 행정처분 자체를 거부하는 결과가 되는 경우에는 예외적으로 그 신청인에게 국토이용계획변경을 신청할 권리가 인정된다고 봄이 상당하므로, 이러한 신청에 대한 거부행위는 항고소송의 대상이 되는 행정처분에 해당한다.

[관련판례]

□ 대법원 2005. 4. 28. 선고 2004두8828 판결[5)]

[1] 폐기물처리업 사업계획에 대하여 적정통보를 한 것만으로 그 사업부지 토지에 대한 국토이용계획변경신청을 승인하여 주겠다는 취지의 공적인 견해표명을 한 것으로 볼 수 없다고 한 사례

폐기물관리법령에 의한 폐기물처리업 사업계획에 대한 적정통보와 국토이용관리법령에 의한 국토이용계획변경은 각기 그 제도적 취지와 결정단계에서 고려해야 할 사항들이 다르므로, 피고가 위와 같이 폐기물처리업 사업계획에 대하여 적정통보를 한 것만으로 그 사업부지 토지에 대한 국토이용계획변경신청을 승인하여 주겠다는 취지의 공적인 견해표명을 한 것으로 볼 수 없고, 그럼에도 불구하고 원고가 그 승인을 받을 것으로 신뢰하였다면 원고에게 귀책사유가 있다 할 것이므로, 이 사건 처분이 신뢰보호의 원칙에 위배된다고 할 수 없다.

[2] 폐기물처리업을 위한 국토이용계획변경신청을 폐기물처리시설이 들어설 경우 수질오염 등으로 인근 주민들의 생활환경에 피해를 줄 우려가 있다는 등의 공익상의 이유를 들어 거부한 경우, 그 거부처분이 재량권의 일탈·남용이 아니라고 한 사례

기출문제

변시13 A광역시의 시장 乙은 세수증대, 고용창출 등 지역발전을 위해 폐기물처리업의 관내 유치를 결심하고 甲이 제출한 폐기물처리사업계획서를 검토하여 그에 대한 적합통보를 하였다. 이에 따라 甲은 폐기물처리업 허가를 받기 위해 먼저 도시·군관리계획변경을 신청하였고, 乙은 관계 법령이 정하는 바에 따라 해당 폐기물처리업체가 입지할 토지에 대한 용도지역을 폐기물처리업의 운영이 가능한 용도지역으로 변경하는 것을 내용으로 하는 도시·군관리계획변경안을 입안하여 열람을 위한 공고를 하였다. 그러나 乙의 임기 만료 후 새로 취임한 시장 丙은 폐기물처리업에 대한 인근 주민의 반대가 극심하여 실질적으로 폐기물사업 유치가 어려울 뿐만 아니라, 자신의 선거공약인 '생태중심, 자연친화적 A광역시 건설'의 실현 차원에서 용도지역 변경을 승인할 수 없다는 계획변경승인거부처분을 함과 동시에 해당 지역을 생태학습체험장 조성지역으로 결정하였다. 폐기물처리사업계획 적합통보에 따라 사업 착수를 위한 제반 준비를 거의 마친 甲은 丙을 피고로 하여 관할 법원에 계획변경승인거부처분 취소소송을 제기하였다. 甲이 제기한 취소소송은 적법한가? (단, 제소기간은 준수하였음) **(35점)** - 거부처분의 성립여부

---

5) 이는 위에 소개된 대법원 2003. 9. 23. 선고 2001두10936 판결이 파기환송된 이후, 본안판단과 관련된 판시를 한 판례이다.

계약직공무원 채용계약해지 사건

□ 대법원 2008. 6. 12. 선고 2006두16328 판결

[사실관계]

원고 甲은 건강진단과 전문의 자격을 가진 의사로서 2002. 7. 1. 피고 乙(서울특별시)과 지방계약직공무원 채용계약을 체결하였고 甲은 2002. 7. 1.부터 乙이 운영하는 여성보호센터에서 환자 등에 대한 진료업무 등을 담당하였다. 2004. 1. 30.경 甲의 근무실적평가등급이 "D등급(미흡)"으로 의결됨에 따라 乙은 甲의 보수를 3% 삭감한다는 내용이 담긴 공문을 전자문서로 통보(이하 '이 사건 보수삭감조치'라 한다)함으로써 2004년 3월분부터 보수를 3% 삭감하였다. 여성보호센터소장은 2004. 8. 24.경 여성보호센터운영 개선방안을 수립한 후 이를 토대로 2004. 10. 13. 계약직(의사)직급을 2005. 3. 1.자로 비전임계약직 가급으로 변경하는 직급조정계획(이하 '직급조정계획'이라 한다)을 甲에게 통보하였다. 乙은 甲에 대한 이 사건 채용계약의 기간만료 이후 위 계약을 갱신하지 아니하였을 뿐 아니라 직급조정계획을 2005. 3. 1.자로 실시하여 공고절차를 거쳐 비전임계약직 가급 의사 1명을 채용하였다.

이에 甲은 "직급조정계획은 의료법 제25조에 위배되는 것으로서 무효이고 동시에 이루어진 채용계약해지의 의사표시도 무효이다. 지방계약직공무원규정에 보수를 삭감할 수 있다는 규정을 두고 있지 않음에도 '서울특별시 계약직공무원 인사관리규칙'에 근거한 보수삭감조치는 상위법령에 위배되어 역시 효력이 없고, 보수삭감조치는 원칙적으로 문서로 하여야 할 뿐 아니라 동의 없이 전자문서에 의한 처분을 할 수 없다고 규정한 행정절차법 제24조 제1항에 위배되는 것이다."라고 주장하며, 채용계약 해지의사표시의 무효확인 및 삭감된 보수에 대한 지급을 구하는 청구를 제기하였다.

[판결요지]

[1] 지방계약직공무원에 대하여 지방공무원법 등에 정한 징계절차에 의하지 않고 보수를 삭감할 수 있는지 여부(원칙적 소극)

근로기준법 등의 입법 취지, 지방공무원법과 지방공무원징계및소청규정의 여러 규정에 비추어 볼 때, 채용계약상 특별한 약정이 없는 한, 지방계약직공무원에 대하여 지방공무원법, 지방공무원징계및소청규정에 정한 징계절차에 의하지 않고서는 보수를 삭감할 수 없다고 봄이 상당하다.

[2] 지방계약직공무원의 봉급을 삭감할 수 있도록 규정한 '서울특별시 지방계약직공무원 인사관리규칙' 제8조 제3항이 상위 법령의 위임 한계를 벗어나 무효인지 여부(적극)

지방계약직공무원규정의 시행에 필요한 사항을 규정하기 위한 '서울특별시 지방계약직공무원 인사관리규칙' 제8조 제3항은 근무실적 평가 결과 근무실적이 불량한 사람에 대하여 봉급을 삭감할 수 있도록 규정하고 있는바, 보수의 삭감은 이를 당하는 공무원의 입장에서는 징계처분의 일종인 감봉과 다를 바 없음에도 징계처분에 있어서와 같이 자기에게 이익이 되는 사실을 진술하거나 증거를 제출할 수 있는 등의 절차적 권리가 보장되지 않고 소청 등의 구제수단도 인정되지 아니한 채 이를 감수하도록 하는 위 규정은, 그 자체 부당할 뿐만 아니라 지방공무원법이나 지방계약직공무원규정에 아무런 위임의 근거도 없는 것이거나 위임의 범위를 벗어난 것으로서 무효이다.

[3] 확인의 이익에 관하여

이 사건과 같이 이미 채용기간이 만료되어 소송 결과에 의해 법률상 그 직위가 회복되지 않는 이상 채용계약 해지의 의사표시의 무효확인만으로는 당해 소송에서 추구하는 권리구제의 기능이 있다고 할 수 없고, 침해된 급료지급청구권이나 사실상의 명예를 회복하는 수단은 바로 급료의 지급을 구하거나 명예훼손을 전제로 한 손해배상을 구하는 등의 이행청구소송으로 직접적인 권리구제방법이 있는 이상 무효확인소송은 적절한 권리구제수단이라 할 수 없어 확인소송의 또 다른 소송요건을 구비하지 못하고 있다 할 것이며, 위와 같이 직접적인 권리구제의 방법이 있는 이상 무효확인 소송을 허용하지 않는다고 해서 당사자의 권리구제를 봉쇄하는 것도 아니다.

원심이 같은 취지에서 이 사건 소 중 채용계약 해지의사표시의 무효확인청구부분은 확인의 이익이 없어 부적법하다고 판단한 조치는 수긍이 가고, 거기에 상고이유에서 주장하는 바와 같은 확인의 이익에 관한 법리오해 등의 위법이 없다.

[비교판례]

☐ 이른바 공공계약은 국가 또는 공기업이 사경제의 주체로서 상대방과 대등한 지위에서 체결하는 사법상의 계약이다.

국가를 당사자로 하는 계약이나 공공기관의 운영에 관한 법률의 적용 대상인 공기업이 일방 당사자가 되는 계약(이하 편의상 '공공계약'이라 한다)은 국가 또는 공기업(이하 '국가 등'이라 한다)이 사경제의 주체로서 상대방과 대등한 지위에서 체결하는 사법상의 계약으로서 본질적인 내용은 사인 간의 계약과 다를 바가 없으므로, 법령에 특별한 정함이 있는 경우를 제외하고는 서로 대등한 입장에서 당사자의 합의에 따라 계약을 체결하여야 하고 당사자는 계약의 내용을 신의성실의 원칙에 따라 이행하여야 하는 등[구 국가를 당사자로 하는 계약에 관한 법률(이하 '국가계약법'이라 한다) 제5조 제1항] 사적 자치와 계약자유의 원칙을 비롯한 사법의 원리가 원칙적으로 적용된다.

다만 국가를 당사자로 하는 계약에 관한 법률 시행령(이하 '국가계약법 시행령'이라 한다) 제4조는 '계약담당공무원은 계약을 체결함에 있어서 국가계약법령 및 관계 법령에 규정된 계약상대자의 계약상 이익을 부당하게 제한하는 특약 또는 조건을 정하여서는 아니 된다'고 규정하고 있으므로, 공공계약에서 계약상대자의 계약상 이익을 부당하게 제한하는 특약은 효력이 없다. 여기서 어떠한 특약이 계약상대자의 계약상 이익을 부당하게 제한하는 것으로서 국가계약법 시행령 제4조에 위배되어 효력이 없다고 하기 위해서는 그 특약이 계약상대자에게 다소 불이익하다는 점만으로는 부족하고, 국가 등이 계약상대자의 정당한 이익과 합리적인 기대에 반하여 형평에 어긋나는 특약을 정함으로써 계약상대자에게 부당하게 불이익을 주었다는 점이 인정되어야 한다. 그리고 계약상대자의 계약상 이익을 부당하게 제한하는 특약인지는 그 특약에 의하여 계약상대자에게 생길 수 있는 불이익의 내용과 정도, 불이익 발생의 가능성, 전체 계약에 미치는 영향, 당사자들 사이의 계약체결과정, 관계 법령의 규정 등 모든 사정을 종합하여 판단하여야 한다(대법원 2017. 12. 21. 선고 2012다74076 전원합의체 판결).

[참고판례]

❶ 공법상 계약의 해지의 경우, 행정절차법에 따른 이유제시를 할 필요가 없다.

계약직공무원에 관한 현행 법령의 규정에 비추어 볼 때, 계약직공무원 채용계약해지의 의사표시는 일반공무원에 대한 징계처분과는 달라서 항고소송의 대상이 되는 처분 등의 성격을 가진 것으로 인정되지 아니하고, 일정한 사유가 있을 때에 국가 또는 지방자치단체가 채용계약 관계의 한쪽 당사자로서 대등한 지위에서 행하는 의사표시로 취급되는 것으로 이해되므로, 이를 징계해고 등에서와 같이 그 징계사유에 한하여 효력 유무를 판단하여야 하거나, 행정처분과 같이 행정절차법에 의하여 근거와 이유를 제시하여야 하는 것은 아니다.

계속적 계약은 당사자 상호간의 신뢰관계를 그 기초로 하는 것이므로, 당해 계약의 존속 중에 당사자의 일방이 그 계약상의 의무를 위반함으로써 그로 인하여 계약의 기초가 되는 신뢰관계가 파괴되어 계약관계를 그대로 유지하기 어려운 정도에 이르게 된 경우에는 상대방은 그 계약관계를 막바로 해지함으로써 그 효력을 장래에 향하여 소멸시킬 수 있다고 봄이 타당하다(대법원 2002. 11. 26. 선고 2002두5948 판결).

❷ 공법상 계약의 쟁송절차 : 당사자소송

1) 중소기업 정보화지원사업에 따른 지원금 출연을 위한 관계 행정기관의 장과 사인의 협약은 공법상 계약

행정청이 자신과 상대방 사이의 법률관계를 일방적인 의사표시로 종료시켰다고 하더라도 곧바로 의사표시가 행정청으로서 공권력을 행사하여 행하는 행정처분이라고 단정할 수는 없고, 관계 법령이 상대방의 법률관계에 관하여 구체적으로 어떻게 규정하고 있는지에 따라 의사표시가 항고소송의 대상이 되는 행정처분에 해당하는지 아니면 공법상 계약관계의 일방 당사자로서 대등한 지위에서 행하는 의사표시인지를 개별적으로 판단하여야 한다.

중소기업 정보화지원사업에 따른 지원금 출연을 위하여 중소기업청장이 체결하는 협약은 공법상 대등한 당사자 사이의 의사표시의 합치로 성립하는 공법상 계약에 해당하는 점, 구 중소기업 기술혁신 촉진법 제32조 제1항은 제10조가 정한 기술혁신사업과 제11조가 정한 산학협력 지원사업에 관하여 출연한 사업비의 환수에 적용될 수 있을 뿐 이와 근거 규정을 달리하는 중소기업 정보화지원사업에 관하여 출연한 지원금에 대하여는 적용될 수 없고 달리 지원금 환수에 관한 구체적인 법령상 근거가 없는 점 등을 종합하면, 협약의 해지 및 그에 따른 환수통보는 공법상 계약에 따라 행정청이 대등한 당사자의 지위에서 하는 의사표시로 보아야 하고, 이를 행정청이 우월한 지위에서 행하는 공권력의 행사로서 행정처분에 해당한다고 볼 수는 없다(대법원 2015. 8. 27. 선고 2015두41449 판결).

2) 서울특별시립무용단원의 해촉에 대하여는 공법상 당사자소송으로서 무효확인을 청구할 수 있다.

서울특별시립무용단원의 공연 등 활동은 지방문화 및 예술을 진흥시키고자 하는 서울특별시의 공공적 업무수행의 일환으로 이루어진다고 해석될 뿐 아니라, 단원으로 위촉되기 위하여는 일정한 능력요건과 자격요건을 요하고, 계속적인 재위촉이 사실상 보장되며, 공무원연금법에 따른 연금을 지급받고, 단원의 복무규율이 정해져 있으며, 정년제가 인정되고, 일정한 해촉사유가 있는 경우에만 해촉되는 등 서울특별시립무용단원이 가지는 지위가 공무원과 유사한 것이라면, 서울특별시립무용단 단원의 위촉은 공법상의 계약이라고 할 것이고, 따라서 그 단원의 해촉에 대하여는 공법상의 당사자소송으로 그 무효확인을 청구할 수 있다(대법원 1995. 12. 22. 선고 95누4636 판결).

3) 광주광역시문화예술회관장의 단원 위촉은 공법상 계약

단원의 지위가 지방공무원과 유사한 면이 있으나, 한편 단원의 위촉기간이 정하여져 있고 재위촉이 보장되지 아니하며, 단원에 대하여는 지방공무원의 보수에 관한 규정을 준용하는 이외에는 지방공무원법 기타 관계 법령상의 지방공무원의 자격, 임용, 복무, 신분보장, 권익의 보장, 징계 기타 불이익처분에 대한 행정심판 등의 불복절차에 관한 규정이 준용되지도 아니하는 점 등을 종합하여 보면, 광주광역시문화예술회관장의 단원 위촉은 광주광역시문화예술회관장이 행정청으로서 공권력을 행사하여 행하는 행정처분이 아니라 공법상의 근무관계의 설정을 목적으로 하여 광주광역시와 단원이 되고자 하는 자 사이에 대등한 지위에서 의사가 합치되어 성립하는 공법상 근로계약에 해당한다고 보아야 할 것이다(대법원 2001. 12. 11. 선고 2001두7794 판결).

4) 공중보건의사 채용계약 해지의 의사표시에 대해서는 공법상 당사자소송으로서 무효확인을 청구할 수 있다.

관계 법령의 규정내용에 미루어 보면 현행 실정법이 전문직공무원인 공중보건의사의 채용계약 해지의 의사표시는 일반공무원에 대한 징계처분과는 달라서 항고소송의 대상이 되는 처분 등의 성격을 가진 것으로 인정되지 아니하고, 일정한 사유가 있을 때에 관할 도지사가 채용계약 관계의 한쪽 당사자로서 대등한 지위에서 행하는 의사표시로 취급하고 있는 것으로 이해되므로, 공중보건의사 채용계약 해지의 의사표시에 대하여는 대등한 당사자간의 소송형식인 공법상의 당사자소송으로 그 의사표시의 무효확인을 청구할 수 있는 것이지, 이를 항고소송의 대상이 되는 행정처분이라는 전제하에서 그 취소를 구하는 항고소송을 제기할 수는 없다(대법원 1996. 5. 31. 선고 95누10617 판결).

5) 공법상 계약의 갱신거절의 무효확인을 구하는 소의 피고적격

지방자치법 제9조 제2항 제5호 (가)목의 규정에 의하면, 피고 경기도에 의하여 설립된 이 사건 학교의 활동은 지방자치단체인 피고 경기도의 사무로서 그 공공적 업무수행의 일환으로 이루어진다고 해석되고, 형식적으로는 피고 한국애니메이션학교장과 원고가 근로계약을 체결하였다 하더라도 위 근로계약은 공법상의 근무관계의 설정을 목적으로 하여 피고 경기도와 원고 사이에 대등한 지위에서 의사가 합치되어 성립하는 공법상 근로계약에 해당하므로, 그 갱신 거절의 무효확인을 구하는 소의 피고적격은 경기도에 있다(대법원 2015. 4. 9. 선고 2013두11499 판결).

6) 지방계약직공무원인 옴부즈만 채용행위는 공법상 계약에 해당한다.

지방계약직공무원인 이 사건 옴부즈만 채용행위는 공법상 대등한 당사자 사이의 의사표시의 합치로 성립하는 공법상 계약에 해당한다. 이와 같이 이 사건 옴부즈만 채용행위가 공법상 계약에 해당하는 이상 원고의 채용계약 청약에 대응한 피고의 '승낙의 의사표시'가 대등한 당사자로서의 의사표시인 것과 마찬가지로 그 청약에 대하여 '승낙을 거절하는 의사표시' 역시 행정청이 대등한 당사자의 지위에서 하는 의사표시라고 보는 것이 타당하고, 그 채용계약에 따라 담당할 직무의 내용에 고도의 공공성이 있다거나 원고가 그 채용과정에서 최종합격자로 공고되어 채용계약 성립에 관한 강한 기대나 신뢰를 가지게 되었다는 사정만으로 이를 행정청이 우월한 지위에서 행하는 공권력의 행사로서 행정처분에 해당한다고 볼 수는 없다(대법원 2014. 4. 24. 선고 2013두6244 판결).

❸ 각종 협약 관련 판례

1) 연구개발사업협약 사건 : 연구개발 중단 조치 및 연구비 집행중지 조치는 행정처분

한국환경산업기술원장이 환경기술개발사업 협약을 체결한 갑 주식회사 등에게 연차평가 실시 결과 절대평가 60점 미만으로 평가되었다는 이유로 연구개발 중단 조치 및 연구비 집행중지 조치(이하 '각 조치'라 한다)를 한 사안에서, 각 조치는 갑 회사 등에게 연구개발을 중단하고 이미 지급된 연구비를 더 이상 사용하지 말아야 할 공법상 의무를 부과하는 것이고, 연구개발 중단 조치는 협약의 해약 요건에도 해당하며, 조치가 있은 후에는 주관연구기관이 연구개발을 계속하더라도 그에 사용된 연구비는 환수 또는 반환 대상이 되므로, 각 조치는 갑 회사 등의 권리·의무에 직접적인 영향을 미치는 행위로서 항고소송의 대상이 되는 행정처분에 해당한다(대법원 2015. 12. 24. 선고 2015두264 판결).

2) 정보화지원사업협약 사건 : 협약의 해지 및 그에 따른 환수통보는 행정처분이 아님

중소기업기술정보진흥원장이 갑 주식회사와 중소기업 정보화지원사업 지원대상인 사업의 지원에 관한 협약을 체결하였는데, 협약이 갑 회사에 책임이 있는 사업실패로 해지되었다는 이유로 협약에서 정한 대로 지급받은 정부지원금을 반환할 것을 통보한 사안에서, 중소기업 정보화지원사업에 따른 지원금 출연을 위하여 중소기업청장이 체결하는 협약은 공법상 대등한 당사자 사이의 의사표시의 합치로 성립하는 공법상 계약에 해당하는 점, 구 중소기업 기술혁신 촉진법 제32조 제1항은 제10조가 정한 기술혁신사업과 제11조가 정한 산학협력 지원사업에 관하여 출연한 사업비의 환수에 적용될 수 있을 뿐 이와 근거 규정을 달리하는 중소기업 정보화지원사업에 관하여 출연한 지원금에 대하여는 적용될 수 없고 달리 지원금 환수에 관한 구체적인 법령상 근거가 없는 점 등을 종합하면, 협약의 해지 및 그에 따른 환수통보는 공법상 계약에 따라 행정청이 대등한 당사자의 지위에서 하는 의사표시로 보아야 하고, 이를 행정청이 우월한 지위에서 행하는 공권력의 행사로서 행정처분에 해당한다고 볼 수는 없다(대법원 2015. 8. 27. 선고 2015두41449 판결).

❹ 산업단지 관련 판례

1) 산업단지입주변경계약취소[6] : 행정처분

구 산업집적활성화 및 공장설립에 관한 법률(2013. 3. 23. 법률 제11690호로 개정되기 전의 것) 제13조 제1항, 제2항 제2호, 제30조 제1항 제2호, 제2항 제3호, 제38조 제1항, 제2항, 제40조, 제40조의2, 제42조 제1항 제4호, 제5호, 제2항, 제5항, 제43조, 제43조의3, 제52조 제2항 제5호, 제6호, 제53조 제4호, 제55조 제1항 제4호, 제2항 제9호 규정들에서 알 수 있는 산업단지관리공단의 지위, 입주계약 및 변경계약의 효과, 입주계약 및 변경계약 체결 의무와 그 의무를 불이행한 경우의 형사적 내지 행정적 제재, 입주계약해지의 절차, 해지통보에 수반되는 법적 의무 및 그 의무를 불이행한 경우의 형사적 내지 행정적 제재 등을 종합적으로 고려하면, 입주변경계약 취소는 행정청인 관리권자로부터 관리업무를 위탁받은 산업단지관리공단이 우월적 지위에서 입주기업체들에게 일정한 법률상 효과를 발생하게 하는 것으로서 항고소송의 대상이 되는 행정처분에 해당한다(대법원 2017. 6. 15. 선고 2014두46843 판결).

---

[6] 대법원은 산업단지입주계약해지통보에 대해서도 처분성을 인정하고 있다(대법원 2011. 6. 30. 선고 2010두23859 판결)

2) 산업단지개발계획변경신청거부 : 행정처분

산업입지에 관한 법령은 산업단지에 적합한 시설을 설치하여 입주하려는 자와 토지소유자에게 산업단지 지정과 관련한 산업단지개발계획 입안과 관련한 권한을 인정하고, 산업단지 지정뿐만 아니라 변경과 관련해서도 이해관계인에 대한 절차적 권리를 보장하는 규정을 두고 있다. 또한 산업단지 안에는 다수의 기반시설 등 도시계획시설 등을 포함하고 있고, 국토의 계획 및 이용에 관한 법률의 해석상 도시계획시설부지 소유자에게는 그에 관한 도시·군관리계획의 변경 등을 요구할 수 있는 법규상 또는 조리상 신청권이 인정된다고 해석되고 있다. 헌법상 재산권 보장의 취지에 비추어 보면 토지의 소유자에게 위와 같은 절차적 권리와 신청권을 인정한 것은 정당하다고 볼 수 있다. 이러한 법리는 이미 산업단지 지정이 이루어진 상황에서 산업단지 안의 토지 소유자로서 종전 산업단지개발계획을 일부 변경하여 산업단지개발계획에 적합한 시설을 설치하여 입주하려는 자가 종전 계획의 변경을 요청하는 경우에도 그대로 적용될 수 있다.

그러므로 산업단지개발계획상 산업단지 안의 토지소유자로서 산업단지개발계획에 적합한 시설을 설치하여 입주하려는 자는 산업단지지정권자 또는 그로부터 권한을 위임받은 기관에 대하여 산업단지개발계획의 변경을 요청할 수 있는 법규상 또는 조리상 신청권이 있고, 이러한 신청에 대한 거부행위는 항고소송의 대상이 되는 행정처분에 해당한다고 보아야 한다(대법원 2017. 8. 29. 선고 2016두44186 판결).

❺ 한국연구재단사건

[1] 재단법인 한국연구재단이 갑 대학교 총장에게 연구개발비의 부당집행을 이유로 '해양생물유래 고부가식품·향장·한약 기초소재 개발 인력양성사업에 대한 2단계 두뇌한국(BK)21 사업' 협약을 해지하고 연구팀장 을에 대한 대학자체 징계 요구 등을 통보한 사안에서, 재단법인 한국연구재단이 갑 대학교 총장에게 을에 대한 대학 자체징계를 요구한 것은 법률상 구속력이 없는 권유 또는 사실상의 통지로서 을의 권리, 의무 등 법률상 지위에 직접적인 법률적 변동을 일으키지 않는 행위에 해당하므로, 항고소송의 대상인 행정처분에 해당하지 않는다.

[2] 재단법인 한국연구재단이 갑 대학교 총장에게 연구개발비의 부당집행을 이유로 '해양생물유래 고부가식품·향장·한약 기초소재 개발 인력양성사업에 대한 2단계 두뇌한국(BK)21 사업' 협약을 해지하고 연구팀장 을에 대한 국가연구개발사업의 3년간 참여제한 등을 명하는 통보를 하자 을이 통보의 취소를 청구한 사안에서, 학술진흥 및 학자금대출 신용보증 등에 관한 법률 등의 입법 취지 및 규정 내용 등과 아울러 위 법 등 해석상 국가가 두뇌한국(BK)21 사업의 주관연구기관인 대학에 연구개발비를 출연하는 것은 '연구 중심 대학'의 육성은 물론 그와 별도로 대학에 소속된 연구인력의 역량 강화에도 목적이 있다고 보이는 점, 기본적으로 국가연구개발사업에 대한 연구개발비의 지원은 대학에 소속된 일정한 연구단위별로 신청한 연구개발과제에 대한 것이지, 그 소속 대학을 기준으로 한 것은 아닌 점, 나아가 사업 협약의 해지 통보는 단순히 대등 당사자의 지위에서 형성된 공법상 계약을 계약당사자의 지위에서 종료시키는 의사표시에 불과한 것이 아니라 행정청이 우월적 지위에서 연구개발비의 회수 및 관련자에 대한 국가연구개발사업 참여제한 등의 법률상 효과를 발생시키는 행정처분에 해당하므로 이로 인하여 자신의 법률상 지위에 영향을 받는 연구자 등은 적어도 그 이해관계를 대변하는 연구팀장을 통해서 협약 해지 통보의 효력을 다툴 개별적·직접적·구체적 이해관계가 있다고 보이는 점 등 제반 사정을 앞서 본 법리에 비추어 살펴보면, 을은 위 사업에 관한 협약의 해지 통보의 효력을 다툴 법률상 이익이 있다고 한 사례(대법원 2014. 12. 11. 선고 2012두28704 판결).

교도관 참여대상자 지정 사건

□ 대법원 2014. 2. 13. 선고 2013두20899 판결

[사실관계]

원고 甲은 2009. 5. 28. 특정경제범죄가중처벌등에관한법률위반(횡령)죄 등으로 징역 7년, 공직선거법위반죄로 징역 1년을 선고받고 그 형이 확정되어 복역하다가 2011. 7. 14.부터는 천안교도소에 수용 중인 수형자이다. 피고(천안교도소장)는 원고가 천안교도소에 수감된 무렵, 원고를 '접견내용 녹음·녹화 및 접견 시 교도관 참여대상자'로 지정하였고, 이에 따라 원고의 첫 접견이 있었던 2011. 7. 16.부터 피고의 별도 지시 없이도 원고의 접견 시에 항상 교도관이 참여하여 그 접견내용을 청취·기록하고, 녹음·녹화한 사실 등을 인정하였다.

이에 원고는 피고의 '접견내용 녹음·녹화 및 접견 시 교도관 참여대상자'로 지정행위에 대하여 취소소송을 제기했다.

[판결요지]

□ 교도소장이 수형자 갑을 '접견내용 녹음·녹화 및 접견 시 교도관 참여대상자'로 지정한 사안에서, 위 지정행위는 수형자의 구체적 권리의무에 직접적 변동을 가져오는 행정청의 공법상 행위로서 항고소송의 대상이 되는 '처분'에 해당한다.

행정청의 어떤 행위가 항고소송의 대상이 될 수 있는지의 문제는 추상적·일반적으로 결정할 수 없고, 구체적인 경우 행정처분은 행정청이 공권력의 주체로서 행하는 구체적 사실에 관한 법집행으로서 국민의 권리의무에 직접적으로 영향을 미치는 행위라는 점을 염두에 두고, 관련 법령의 내용과 취지, 그 행위의 주체·내용·형식·절차, 그 행위와 상대방 등 이해관계인이 입는 불이익과의 실질적 견련성, 그리고 법치행정의 원리와 당해 행위에 관련한 행정청 및 이해관계인의 태도 등을 참작하여 개별적으로 결정하여야 한다.

원고는 2009. 5. 28. 특정경제범죄가중처벌등에관한법률위반(횡령)죄 등으로 징역 7년, 공직선거법위반죄로 징역 1년을 선고받고 그 형이 확정되어 복역하다가 2011. 7. 14.부터는 천안교도소에 수용 중인 수형자인 사실, 피고는 원고가 천안교도소에 수감된 무렵, 원고를 '접견내용 녹음·녹화 및 접견 시 교도관 참여대상자'로 지정한 사실, 이에 따라 원고의 첫 접견이 있었던 2011. 7. 16.부터 피고의 별도 지시 없이도 원고의 접견 시에 항상 교도관이 참여하여 그 접견내용을 청취·기록하고, 녹음·녹화한 사실 등을 인정하였다.

나아가 원심은, ① 피고가 위와 같은 지정행위를 함으로써 원고의 접견 시마다 사생활의 비밀 등 권리에 제한을 가하는 교도관의 참여, 접견내용의 청취·기록·녹음·녹화가 이루어졌으므로 이는 피고가 그 우월적 지위에서 수형자인 원고에게 일방적으로 강제하는 성격을 가진 공권력적 사실행위의 성격을 갖고 있는 점, ② 위 지정행위는 그 효과가 일회적인 것이 아니라 이 사건 제1심판결이 선고된 이후인 2013. 2. 13.까지 오랜 기간 동안 지속되어 왔으며, 원고로 하여금 이를 수인할 것을 강제하는 성격도 아울러 가지고 있는 점, ③ 위와 같이 계속성을 갖는 공권력적 사실행위를 취소할 경우 장래에 이루어질지도 모르는 기본권의 침해로부터 수형자들의 기본적 권리를 구제할 실익이 있는 것으로 보이는 점 등을 종합하면, 위와 같은 지정행위는 수형자의 구체적 권리의무에 직접적 변동을 초래하는 행정청의 공법상 행위로서 항고

소송의 대상이 되는 '처분'에 해당한다고 판단하였다.

앞서 본 법리와 법 규정 및 기록에 비추어 살펴보면, 원심의 위와 같은 판단은 정당한 것으로 수긍이 가고, 거기에 상고이유로 주장하는 법리오해 등의 위법이 있다고 할 수 없다.

기출문제

> **사시16** 甲과 乙은 丙 소유의 집에 동거 중이다. 甲은 乙의 외도를 의심하여 식칼로 乙을 수차례 위협하였다. 이를 말리던 乙의 모(母) 丁이 112에 긴급신고함에 따라 출동한 경찰관 X는 신고현장에 진입하고자 대문개방을 요구하였다. 甲이 대문개방을 거절하자 경찰관 X가 시건장치를 강제적으로 해제하고 집 안으로 진입하였고, 그 순간에 甲은 乙의 왼팔을 칼로 찔러 경미한 상처를 입혔다. 경찰관 X는 현행범으로 체포된 甲이 경찰관 X의 요구에 순순히 응하였기 때문에, 甲에게 수갑을 채우지 않았고 신체나 소지품에 대한 수색도 제대로 하지 않은 채 지구대로 연행하였다. 그 후 乙이 피해자 진술을 하기 위해 지구대에 도착하자마자 甲은 경찰관 X의 감시소홀을 틈타 가지고 있던 접이식 칼로 乙의 가슴부위를 찔러 사망하게 하였다. 경찰관 X의 강제적 시건장치 해제의 법적 성격은 무엇인가? – 권력적 사실행위의 처분성

행정지도

1. 정부의 주식매각 종용이 주주에게 제재를 가하는 것이라면 행정지도라고 할 수 없다.

이른바 행정지도라 함은 행정주체가 일정한 행정목적을 실현하기 위하여 권고 등과 같은 비강제적인 수단을 사용하여 상대방의 자발적 협력 내지 동의를 얻어내어 행정상 바람직한 결과를 이끌어내는 행정활동으로 이해되고, 따라서 적법한 행정지도로 인정되기 위하여는 우선 그 목적이 적법한 것으로 인정될 수 있어야 할 것이므로, 주식매각의 종용이 정당한 법률적 근거 없이 자의적으로 주주에게 제재를 가하는 것이라면 이 점에서 벌써 행정지도의 영역을 벗어난 것이라고 보아야 할 것이고 만일 이러한 행위도 행정지도에 해당된다고 한다면 이는 행정지도라는 미명하에 법치주의의 원칙을 파괴하는 것이라고 하지 않을 수 없으며, 더구나 그 주주가 주식매각의 종용을 거부한다는 의사를 명백하게 표시하였음에도 불구하고, 집요하게 위협적인 언동을 함으로써 그 매각을 강요하였다면 이는 위법한 강박행위에 해당한다고 하지 않을 수 없다 하여, 정부의 재무부 이재국장 등이 국제그룹 정리방안에 따라 신한투자금융주식회사의 주식을 주식회사 제일은행에게 매각하도록 종용한 행위가 행정지도에 해당되어 위법성이 조각된다는 주장을 배척한 사례(대법원 1994. 12. 13. 선고 93다49482 판결).

2. 한계를 일탈하지 않은 행정지도로 인하여 상대방에게 손해가 발생한 경우, 행정기관은 손해배상책임이 없다.

행정지도가 강제성을 띠지 않은 비권력적 작용으로서 행정지도의 한계를 일탈하지 아니하였다면, 그로 인하여 상대방에게 어떤 손해가 발생하였다 하더라도 행정기관은 그에 대한 손해배상책임이 없다(대법원 2008. 9. 25. 선고 2006다18228 판결).

3. 한국전력공사가 전기공급의 적법 여부를 조회한 데 대한 관할 구청장의 회신은 권고적 성격의 행위에 불과한 것으로서 항고소송의 대상이 되는 행정처분이라고 볼 수 없다.

무단 용도변경을 이유로 단전조치된 건물의 소유자로부터 새로이 전기공급신청을 받은 한국전력공사가 관할 구청장에게 전기공급의 적법 여부를 조회한 데 대하여, 관할 구청장이 한국전력공사에 대하여 건축법 제69조 제2항, 제3항의 규정에 의하여 위 건물에 대한 전기공급이 불가하다는 내용의 회신을 하였다면, 그 회신은 권고적 성격의 행위에 불과한 것으로서 한국전력공사나 특정인의 법률상 지위에 직접적인 변동을 가져오는 것은 아니므로 항고소송의 대상이 되는 행정처분이라고 볼 수 없다(대법원 1995. 11. 21. 선고 95누9099 판결).

4. 행정지도가 규제적·구속적 성격을 갖는 경우 헌법소원의 대상이 된다.

교육인적자원부장관의 대학총장들에 대한 이 사건 학칙시정요구는 고등교육법 제6조 제2항, 동법시행령 제4조 제3항에 따른 것으로서 그 법적 성격은 대학총장의 임의적인 협력을 통하여 사실상의 효과를 발생시키는 행정지도의 일종이지만, 그에 따르지 않을 경우 일정한 불이익조치를 예정하고 있어 사실상 상대방에게 그에 따를 의무를 부과하는 것과 다를 바 없으므로 <u>단순한 행정지도로서의 한계를 넘어 규제적·구속적 성격을 상당히 강하게 갖는 것으로서 헌법소원의 대상이 되는 공권력의 행사라고 볼 수 있다</u>(헌법재판소 2003. 6. 26. 선고 2002헌마337 결정).

5. 국가인권위원회의 성희롱결정과 이에 따른 시정조치의 권고는 행정처분이다.

구 남녀차별금지및구제에관한법률 제28조에 의하면, 국가인권위원회의 성희롱결정과 이에 따른 시정조치의 권고는 불가분의 일체로 행하여지는 것인데 <u>국가인권위원회의 이러한 결정과 시정조치의 권고는 성희롱 행위자로 결정된 자의 인격권에 영향을 미침과 동시에 공공기관의 장 또는 사용자에게 일정한 법률상의 의무를 부담시키는 것</u>이므로 국가인권위원회의 성희롱결정 및 시정조치권고는 행정소송의 대상이 되는 행정처분에 해당한다고 보지 않을 수 없다(대판 2005. 7. 8. 선고 2005두487 판결).

> **5급18** 가구제조업을 운영하는 甲은 사업상 필요에 의해 자신이 소유하는 산림 50,000 m2 일대에서 입목을 벌채하고자 「산림자원의 조성 및 관리에 관한 법률」 제36조 및 같은 법 시행규칙 제44조의 규정에 따라 관할 행정청 乙시장에게 입목벌채허가를 신청하였다. 이에 대해서 인근 A사찰의 신도들은 해당 산림의 입목벌채로 인하여 사찰의 고적하고 엄숙한 분위기가 저해될 것을 우려하여 乙시장에게 당해 허가를 내주지 말라는 민원을 강력히 제기하였다. 그러나 乙시장은 甲의 입목벌채허가신청이 관계 법령이 정하는 허가요건을 모두 갖추었음을 이유로 입목벌채허가를 하였다. 다음 물음에 답하시오.
>
> 1) 乙시장은 A사찰 신도들의 민원이 계속되자 甲에게 벌채허가구역 중 A사찰의 반대쪽 사면(斜面)에서만 벌채를 하도록 서면으로 권고하였다. 乙시장의 이러한 권고에 상당한 압박감을 느낀 甲은 乙시장의 서면권고행위의 취소를 구하는 소를 제기하였다. 이 소는 적법한가? **(15점)** - 행정지도의 처분성

판례행정법 제5판

제3편
행정절차/행정정보공개

Verwaltungsrecht

제1장 | 행정절차

직위해제처분과 행정절차법의 적용배제

□ 대법원 2014. 5. 16. 선고 2012두26180 판결

[사실관계]

甲은 1979. 7. 2. 고용노동부 7급 주사보로 임용되어 2006. 3. 9. 5급 사무관으로 승진하였다. 고용노동부는 2010. 6.경 중간관리자 역량강화방안을 수립한 후 5급으로 승진한 지 4년 이상이 된 공무원 37명을 대상으로 6급 이하 하급자 130명으로 구성된 평가단의 다면평가를 실시하고, 서울지방고용노동청과 고용노동부의 역량강화 대상자 선정위원회를 차례로 개최하여 甲 등 20명을 역량강화 대상자로 선정하였다. 서울지방고용노동청은 2010. 7.경부터 약 3개월 동안 甲 등 역량강화 대상자들을 상대로 역량강화과정 교육 및 현장지원 활동 등의 프로그램을 시행하였고, 고용노동부가 그 결과평가위원회를 개최하여 甲에 대하여 '미흡'이라는 평가등급을 부여하였다. 이에 따라 고용노동부장관은 2011. 1. 6. 甲에 대하여 甲의 직무수행능력이 현저히 부족하다는 이유로 국가공무원법 제73조의3 제1항 제2호에 따라 이 사건 직위해제처분을 하였다. 이에 甲은 이 사건 직위해제처분 전에 甲에게 처분사유를 통지하고 소명이나 의견진술의 기회를 부여하는 등 행정절차법 소정의 절차를 거치지 않았기 때문에 이 사건 직위해제처분은 위법하여 취소되어야 한다고 주장하면서 이 사건 직위해제처분의 취소를 구하는 소를 제기하였다.

[판결요지]

□ 국가공무원법상 직위해제처분은 구 행정절차법 제3조 제2항 제9호, 구 행정절차법 시행령 제2조 제3호에 의하여 당해 행정작용의 성질상 행정절차를 거치기 곤란하거나 불필요하다고 인정되는 사항 또는 행정절차에 준하는 절차를 거친 사항에 해당하므로, 처분의 사전통지 및 의견청취 등에 관한 행정절차법의 규정이 별도로 적용되지 않는다.

국가공무원법 제75조 및 제76조 제1항에서 공무원에 대하여 직위해제를 할 때에는 그 처분권자 또는 처분제청권자는 처분사유를 적은 설명서를 교부하도록 하고, 처분사유 설명서를 받은 공무원이 그 처분에 불복할 때에는 그 설명서를 받은 날부터 30일 이내에 소청심사청구를 할 수 있도록 함으로써 임용권자가 직위해제처분을 행함에 있어서 구체적이고도 명확한 사실의 적시가 요구되는 처분사유 설명서를 반드시 교부하도록 하여 해당 공무원에게 방어의 준비 및 불복의 기회를 보장하고 임용권자의 판단에 신중함과 합리성을 담보하게 하고 있고, 직위해제처분을 받은 공무원은 사후적으로 소청이나 행정소송을 통하여 충분한 의견진술 및 자료제출의 기회를 보장하고 있다. (이하 생략)

[원심판례]

원고에 대한 직위해제사유인 '직무수행 능력이 부족하거나 근무성적이 극히 나쁜 자'라는 항목은 징계사유에 비하여 그 기준이 일반적·포괄적·상대적인 형식으로 규정되어 있으므로, 처분의 대상이 되는 공무원에게 사전통지 및 의견제출의 기회를 부여할 필요성이 크다고 보이며, 이 사건 처분의 경위 및 내용에 비추어 보면 이 사건 처분은 성질상 처분의 사전통지나 의견청취 등 행정절차를 거치기 곤란하거나 불필요하다고 인정되는 처분에 해당한다고 보기 어렵고, 국가공무원법상 직위해제처분에 관하여 행정절차에 준하는 절차를 거치도록 하는 규정을 두고 있지도 않다는 이유로, 이 사건 처분을 하기 위하여는 행정절차법의 규정에 따라 사전통지 및 의견청취 절차를 거쳐야 하고, 따라서 원고에게 사전통지를 하지 않고 의견제출의 기회를 주지 아니한 이 사건 처분은 행정절차법 제21조 제1항, 제22조 제3항을 위반한 절차상 하자가 있어 위법하다(서울고등법원 2012. 10. 18. 선고 2011누45612 판결).

[비교판례]

❶ 별정직 공무원에 대한 '직권면직'처분에는 행정절차법상의 사전통지 및 의견제출절차가 적용된다.

구 행정절차법 제3조 제2항 제9호, 구 행정절차법 시행령 제2조 제3호의 내용을 행정의 공정성, 투명성 및 신뢰성을 확보하고 국민의 권익을 보호함을 목적으로 하는 행정절차법의 입법 목적에 비추어 보면, 공무원 인사관계 법령에 의한 처분에 관한 사항이라 하더라도 전부에 대하여 행정절차법의 적용이 배제되는 것이 아니라, 성질상 행정절차를 거치기 곤란하거나 불필요하다고 인정되는 처분이나 행정절차에 준하는 절차를 거치도록 하고 있는 처분의 경우에만 행정절차법의 적용이 배제되는 것으로 보아야 하고, 이러한 법리는 '공무원 인사관계 법령에 의한 처분'에 해당하는 별정직 공무원에 대한 직권면직 처분의 경우에도 마찬가지로 적용된다(대법원 2013. 1. 16. 선고 2011두30687 판결).

❷ 군인에 대한 '진급선발취소'처분에는 행정절차법상의 사전통지 및 의견제출절차가 적용된다.

[1] 행정청이 침해적 행정처분을 하면서 당사자에게 행정절차법상의 사전통지를 하거나 의견제출의 기회를 주지 아니하였다면 사전통지를 하지 않거나 의견제출의 기회를 주지 아니하여도 되는 예외적인 경우에 해당하지 아니하는 한 그 처분은 위법하여 취소를 면할 수 없다.

[2] 행정과정에 대한 국민의 참여와 행정의 공정성, 투명성 및 신뢰성을 확보하고 국민의 권익을 보호함을 목적으로 하는 행정절차법의 입법목적과 행정절차법 제3조 제2항 제9호의 규정 내용 등에 비추어 보면, 공무원 인사관계 법령에 의한 처분에 관한 사항 전부에 대하여 행정절차법의 적용이 배제되는 것이 아니라 성질상 행정절차를 거치기 곤란하거나 불필요하다고 인정되는 처분이나 행정절차에 준하는 절차를 거치도록 하고 있는 처분의 경우에만 행정절차법의 적용이 배제된다.

[3] 군인사법령에 의하여 진급예정자명단에 포함된 자에 대하여 의견제출의 기회를 부여하지 아니한 채 진급선발을 취소하는 처분을 한 것이 절차상 하자가 있어 위법하다고 한 사례(대법원 2007. 9. 21. 선고 2006두20631 판결).

[관련판례]

❶ 공정거래위원회의 시정조치 및 과징금납부명령 : 행정절차법 적용 제외

행정절차법 제3조 제2항 제9호, 같은법시행령 제2조 제6호에 의하면 공정거래위원회의 의결·결정을 거쳐 행하는 사항에는 행정절차법의 적용이 제외되게 되어 있으므로 설사 공정거래위원회의 시정조치 및 과징금 납부명령에 행정절차법 소정의 의견청취절차 생략사유가 존재한다고 하더라도, 공정거래위원회는 행정절차법을 적용하여 의견청취절차를 생략할 수는 없다[7](대법원 2001. 5. 8. 선고 2000두10212 판결).

❷ 산업기능요원편입취소처분 : 행정절차법 적용

지방병무청장이 병역법 제41조 제1항 제1호, 제40조 제2호의 규정에 따라 산업기능요원에 대하여 한 산업기능요원 편입취소처분은, 행정처분을 할 경우 '처분의 사전통지'와 '의견제출 기회의 부여'를 규정한 행정절차법 제21조 제1항, 제22조 제3항에서 말하는 '당사자의 권익을 제한하는 처분'에 해당하는 한편, 행정절차법의 적용이 배제되는 사항인 행정절차법 제3조 제2항 제9호, 같은법시행령 제2조 제1호에서 규정하는 '병역법에 의한 소집에 관한 사항'에는 해당하지 아니하므로, 행정절차법상의 '처분의 사전통지'와 '의견제출 기회의 부여' 등의 절차를 거쳐야 한다(대법원 2002. 9. 6. 선고 2002두554 판결).

---

[7] 이 판례는 다소 오해의 여지가 있는바, 공정거래법에 행정절차법상의 의견청취절차 규정으로 정한 것보다도 더 상세한 의견청취절차 규정이 존재하므로 그 절차 생략 사유가 행정절차법을 근거로 생략할 수는 없고 공정거래법상의 생략사유를 근거로 생략해야 한다는 의미이다.

육군3사관학교 퇴교 사건

□ 대법원 2018. 3. 13. 선고 2016두33339 판결

〔사실관계〕

원고는 2014. 2. 17. 육군3사관학교에 입학한 사관생도인데, 2014. 4.경부터 같은 해 8월경까지 사이에 동료 생도들 및 그 여자친구들에 대하여 각종 폭언·욕설·인격모독행위, 성군기 위반 등의 비위행위(이하 '이 사건 비위행위'라고 한다)를 저질렀다는 이유로 징계절차에 회부되었고, 피고(육군3사관학교장)는 「육군3사관학교 학칙」제28조의 위임에 따른 「사관생도 행정예규」제95조 제1호 (다)목에서 정한 생도대 훈육위원회와 학교교육운영위원회의 2단계 심의·의결을 거친 후 2014. 8. 24. 원고에 대하여 퇴학처분(이하 '종전처분'이라 한다)을 하였다.

원고는 소송대리인으로 법무법인 와이비엘(담당변호사 소외인, 위 법무법인과 담당변호사를 구분하지 아니하고 이하 '원고의 소송대리인'이라고만 표시한다)을 선임하여 대구지방법원 2014구합2005호로 종전처분에 대한 취소소송을 제기하였는데, 위 법원은 2015. 3. 25. '징계사유는 대부분 인정되고 징계양정에 재량권 일탈·남용도 없으며 다른 절차상 하자도 없으나, 징계처분서를 교부하지 아니한 하자가 있어 종전처분이 위법하다'는 이유로 종전처분을 취소하는 판결(이하 '종전판결'이라 한다)을 선고하였고, 위 판결은 그 무렵 확정되었다.

종전판결의 취지에 따라 원고에 대하여 절차상 흠을 보완하여 다시 징계처분을 하기 위하여, 육군3사관학교 생도대 훈육위원회 위원장은 2015. 4. 15. 원고에게 출석통지서(갑 제7호증)를 교부함으로써 2015. 4. 20. 11:00에 개최되는 생도대 훈육위원회의 심의에 출석할 것을 통지하였는데, 원고의 소송대리인은 2015. 4. 20. 10:00경 육군3사관학교 정문에 도착하여 위 생도대 훈육위원회 심의에 참석하고자 한다며 출입허가를 요청하였으나 정문 위병소에서 출입이 거부되었고, 생도대 훈육위원회의 심의에는 원고 본인만이 출석하여 진술하였다.

원고의 소송대리인은 2015. 4. 23. 육군3사관학교 생도대장에게 원고의 소송대리인과 부모가 학교교육운영위원회에 참석하는 것을 허가하여 달라고 서면요청서를 제출하였으나, 육군3사관학교 법무실장은 2015. 5. 6.경 원고의 소송대리인에게 '국방부 징계훈령 제14조 및 행정절차법 제12조 제2항, 제1항 제3호, 제11조 제4항의 규정은 사관생도에 대한 퇴학처분에는 적용되지 않으며, 학교교육운영위원회에 징계심의대상자의 대리인이나 부모의 참여권을 인정할 근거 규정이 없으므로 허가할 수 없다'는 내용으로 회신하였고, 2015. 5. 21. 10:30경 개최된 학교교육운영위원회 심의에는 원고 본인만이 출석하여 진술하였으며, 피고(육군3사관학교장)는 학교교육운영위원회의 의결 결과에 따라 2015. 5. 28. 원고에 대한 이 사건 퇴학처분을 하였다.

〔판결요지〕

[1] 행정청이 징계와 같은 불이익처분절차에서 징계심의대상자가 선임한 변호사가 징계위원회에 출석하여 징계심의대상자를 위하여 필요한 의견을 진술하는 것을 거부할 수 있는지 여부(원칙적 소극)

행정절차법 제12조 제1항 제3호, 제2항, 제11조 제4항 본문에 따르면, 당사자 등은 변호사를 대리인으로 선임할 수 있고, 대리인으로 선임된 변호사는 당사자 등을 위하여 행정절차에 관한 모든 행위를 할 수 있

다고 규정되어 있다. 위와 같은 행정절차법령의 규정과 취지, 헌법상 법치국가원리와 적법절차원칙에 비추어 징계와 같은 불이익처분절차에서 징계심의대상자에게 변호사를 통한 방어권의 행사를 보장하는 것이 필요하고, 징계심의대상자가 선임한 변호사가 징계위원회에 출석하여 징계심의대상자를 위하여 필요한 의견을 진술하는 것은 방어권 행사의 본질적 내용에 해당하므로, 행정청은 특별한 사정이 없는 한 이를 거부할 수 없다.

[2] 행정절차법의 적용이 제외되는 공무원 인사관계 법령에 의한 처분에 관한 사항의 의미 및 이러한 법리가 육군3사관학교 생도에 대한 퇴학처분에도 적용되는지 여부(적극) / 생도에 대한 퇴학처분과 같이 신분을 박탈하는 징계처분이 행정절차법의 적용이 제외되는 경우인 행정절차법 시행령 제2조 제8호에 해당하는지 여부(소극)

행정절차법 제3조 제2항, 행정절차법 시행령 제2조 등 행정절차법령 관련 규정들의 내용을 행정의 공정성, 투명성 및 신뢰성을 확보하고 국민의 권익보호를 목적으로 하는 행정절차법의 입법 목적에 비추어 보면, 행정절차법의 적용이 제외되는 공무원 인사관계 법령에 의한 처분에 관한 사항이란 성질상 행정절차를 거치기 곤란하거나 불필요하다고 인정되는 처분이나 행정절차에 준하는 절차를 거치도록 하고 있는 처분에 관한 사항만을 말하는 것으로 보아야 한다. 이러한 법리는 '공무원 인사관계 법령에 의한 처분'에 해당하는 육군3사관학교 생도에 대한 퇴학처분에도 마찬가지로 적용된다. 그리고 행정절차법 시행령 제2조 제8호는 '학교·연수원 등에서 교육·훈련의 목적을 달성하기 위하여 학생·연수생들을 대상으로 하는 사항'을 행정절차법의 적용이 제외되는 경우로 규정하고 있으나, 이는 교육과정과 내용의 구체적 결정, 과제의 부과, 성적의 평가, 공식적 징계에 이르지 아니한 질책·훈계 등과 같이 교육·훈련의 목적을 직접 달성하기 위하여 행하는 사항을 말하는 것으로 보아야 하고, 생도에 대한 퇴학처분과 같이 신분을 박탈하는 징계처분은 여기에 해당한다고 볼 수 없다.

[3] 육군3사관학교 사관생도에 대한 징계절차에서 징계심의대상자가 대리인으로 선임한 변호사가 징계위원회 심의에 출석하여 진술하는 것을 막은 경우, 징계처분이 위법하여 취소되어야 하는지 여부(원칙적 적극) 및 징계처분이 취소되지 않는 예외적인 경우

육군3사관학교의 사관생도에 대한 징계절차에서 징계심의대상자가 대리인으로 선임한 변호사가 징계위원회 심의에 출석하여 진술하려고 하였음에도, 징계권자나 그 소속 직원이 변호사가 징계위원회의 심의에 출석하는 것을 막았다면 징계위원회 심의·의결의 절차적 정당성이 상실되어 그 징계의결에 따른 징계처분은 위법하여 원칙적으로 취소되어야 한다. 다만 징계심의대상자의 대리인이 관련된 행정절차나 소송절차에서 이미 실질적인 증거조사를 하고 의견을 진술하는 절차를 거쳐서 징계심의대상자의 방어권 행사에 실질적으로 지장이 초래되었다고 볼 수 없는 특별한 사정이 있는 경우에는, 징계권자가 징계심의대상자의 대리인에게 징계위원회에 출석하여 의견을 진술할 기회를 주지 아니하였더라도 그로 인하여 징계위원회 심의에 절차적 정당성이 상실되었다고 볼 수 없으므로 징계처분을 취소할 것은 아니다.

진급낙천처분취소 사건

□ 대법원 2007. 9. 21. 선고, 2006두20631 판결

〔사실관계〕

원고 甲은 1981. 2. 23. 학군 제19기로 임관하여 복무하던 중 2003. 9. 19.부터 같은 달 29.까지 실시된 장교진급 선발위원회에서 2004. 12. 1.자로 예정된 대령 진급예정자로 선발되어 2003. 9. 29. 공표되었다(이하 '이 사건 대령진급 선발'이라 한다). 그런데 국방대학교 총장은 2004. 11. 3. 당시 위 대학교 안보대학원 소속인 원고 甲에 대하여, 원고 甲이 2000. 5. 15.부터 2002. 1. 24.까지 육군본부 군수참모부 (상세소속명 생략)대장으로 근무하던 중 군납업자로부터 운영비 지원 및 전별금 명목으로 합계 5,300,000원 상당의 금품을 수수하여 기소유예 처분을 받아 국방대학교의 명예를 훼손하고, 공직자로서 청렴의무를 위반하였다는 등의 이유로 감봉 3월의 징계를 하였고, 육군 참모총장은 국방대학교 총장으로부터 원고 甲에 대한 위 징계사실을 통보받고 2004. 11. 17. 피고 乙(국방부장관)에게 원고에 대한 진급낙천을 건의하였다. 이에 피고 乙은 육군 참모총장의 위 건의에 따라 2004. 11. 30. 구 군인사법(2004. 12. 31. 법률 제7269호로 개정되기 전의 것, 이하 '법'이라 한다) 제31조, 구 군인사법 시행령(2005. 4. 15. 대통령령 제18784호로 개정되기 전의 것, 이하 '시행령'이라 한다) 제39조에 근거하여 원고 甲에 대한 대령진급 선발을 취소(이하, '이 사건 처분'이라 한다)한 다음, 공문으로 국방대학교 총장에게 위 처분 사실을 통지하자 국방대학교의 인사 관련 실무자가 원고 甲에게 구두로 이를 통지하였다. 그런데, 원고 甲은 위와 같은 진급낙천을 건의하는 과정이나 피고 乙(국방부장관)이 원고 甲에 대하여 대령진급 선발을 취소하는 이 사건 처분을 하는 과정에서 따로 의견진술 기회나 소명기회 등을 전혀 부여받지 않았다.

이에 원고 甲은 이에 불복하여 2004. 12. 20. 피고 乙(국방부장관)에게 소청을 제기하였으나, 피고 乙(국방부장관)이 중앙 군인사 소청심사위원회의 심사결과에 따라 2005. 6. 13. 원고의 위 소청을 기각하자 진급낙천처분취소의 소를 제기하였다.

〔판결요지〕

[1] 행정청이 침해적 행정처분을 하면서 당사자에게 행정절차법상의 사전통지를 하거나 의견제출의 기회를 주지 아니한 경우, 그 처분이 위법한 것인지 여부(원칙적 적극)

행정절차법 제21조 제1항, 제4항, 제22조 제1항 내지 제4항에 의하면, 행정청이 당사자에게 의무를 과하거나 권익을 제한하는 처분을 하는 경우에는 미리 처분하고자 하는 원인이 되는 사실과 처분의 내용 및 법적 근거, 이에 대하여 의견을 제출할 수 있다는 뜻과 의견을 제출하지 아니하는 경우의 처리방법 등의 사항을 당사자 등에게 통지하여야 하고, 다른 법령 등에서 필요적으로 청문을 실시하거나 공청회를 개최하도록 규정하고 있지 아니한 경우에도 당사자 등에게 의견제출의 기회를 주어야 하되, "당해 처분의 성질상 의견청취가 현저히 곤란하거나 명백히 불필요하다고 인정될 만한 상당한 이유가 있는 경우" 등에는 처분의 사전통지나 의견청취를 하지 아니할 수 있도록 규정하고 있으므로, 행정청이 침해적 행정처분을 하면서 당사자에게 위와 같은 사전통지를 하거나 의견제출의 기회를 주지 아니하였다면 사전통지를 하지 않거나 의견제출의 기회를 주지 아니하여도 되는 예외적인 경우에 해당하지 아니하는 한 그 처분은 위법하여

취소를 면할 수 없다.

[2] 공무원 인사관계 법령에 의한 처분에 관한 사항에 대하여 행정절차법의 적용이 배제되는 범위

행정절차법 제3조 제2항은 "이 법은 다음 각 호의 1에 해당하는 사항에 대하여는 적용하지 아니한다."고 규정하면서 그 제9호에서 '병역법에 의한 징집·소집, 외국인의 출입국·난민인정·귀화, 공무원 인사관계 법령에 의한 징계 기타 처분 또는 이해조정을 목적으로 법령에 의한 알선·조정·중재·재정 기타 처분 등 당해 행정작용의 성질상 행정절차를 거치기 곤란하거나 불필요하다고 인정되는 사항과 행정절차에 준하는 절차를 거친 사항으로서 대통령령으로 정하는 사항'을 행정절차법의 적용이 제외되는 경우로 규정하고 있고, 그 위임에 기한 행정절차법 시행령 제2조는 "법 제3조 제2항 제9호에서 '대통령령으로 정하는 사항'이라 함은 다음 각 호의 1에 해당하는 사항을 말한다"라고 규정하면서 그 제3호에서 '공무원 인사관계 법령에 의한 징계 기타 처분에 관한 사항'을 규정하고 있는바, 행정과정에 대한 국민의 참여와 행정의 공정성, 투명성 및 신뢰성을 확보하고 국민의 권익을 보호함을 목적으로 하는 행정절차법의 입법목적과 행정절차법 제3조 제2항 제9호의 규정 내용 등에 비추어 보면, 공무원 인사관계 법령에 의한 처분에 관한 사항 전부에 대하여 행정절차법의 적용이 배제되는 것이 아니라 성질상 행정절차를 거치기 곤란하거나 불필요하다고 인정되는 처분이나 행정절차에 준하는 절차를 거치도록 하고 있는 처분의 경우에만 행정절차법의 적용이 배제되는 것으로 보아야 할 것이다.

[3] 이 사건 처분의 적법 여부

원심판결 이유에 의하면, 원고는 2003. 9. 29. 대령진급예정자로 선발·공표된 사실(이하 '이 사건 대령진급 선발'이라 한다), 이 사건 대령진급 선발 이후인 2004. 11. 17. 육군참모총장은 피고에게, 원고가 이 사건 대령진급 선발 이전의 군납업자로부터의 금품수수 등에 기하여 기소유예처분 및 감봉 3월의 징계처분을 받았다는 이유로 원고에 대한 진급낙천을 건의한 사실, 이에 피고는 육군참모총장의 위 건의에 따라 2004. 11. 30. 군인사법 제31조 등에 기하여 원고에 대한 대령진급 선발을 취소하는 이 사건 처분을 한 사실, 원고는 위와 같이 육군참모총장이 피고에게 원고에 대한 진급낙천을 건의하는 과정이나 피고가 원고에 대하여 대령진급 선발을 취소하는 이 사건 처분을 하는 과정에서 따로 의견제출 기회나 소명기회 등을 전혀 부여받지 못한 사실 등을 알 수 있다.

위 법리 및 관계 법령에 비추어 위 사실관계를 살펴보니, 원고와 같이 진급예정자 명단에 포함된 자는 진급예정자명단에서 삭제되거나 진급선발이 취소되지 않는 한 진급예정자 명단 순위에 따라 진급하게 되므로, 이 사건 처분과 같이 진급선발을 취소하는 처분은 진급예정자로서 가지는 원고의 이익을 침해하는 처분이라 할 것이고, 한편 군인사법 및 그 시행령에 이 사건 처분과 같이 진급예정자 명단에 포함된 자의 진급선발을 취소하는 처분을 함에 있어 행정절차에 준하는 절차를 거치도록 하는 규정이 없을 뿐만 아니라 위 처분이 성질상 행정절차를 거치기 곤란하거나 불필요하다고 인정되는 처분이라고 보기도 어렵다고 할 것이어서 이 사건 처분이 행정절차법의 적용이 제외되는 경우에 해당한다고 할 수 없으며, 나아가 원고가 수사과정 및 징계과정에서 자신의 비위행위에 대한 해명기회를 가졌다는 사정만으로 이 사건 처분이 행정절차법 제21조 제4항 제3호, 제22조 제4항에 따라 원고에게 사전통지를 하지 않거나 의견제출의 기회를 주지 아니하여도 되는 예외적인 경우에 해당한다고 할 수 없으므로, 피고가 이 사건 처분을 함에 있어 원고에게 의견제출의 기회를 부여하지 아니한 이상, 이 사건 처분은 절차상 하자가 있어 위법하다고 할 것이다.

한중네트웍 사건

□ 대법원 2020. 12. 24. 선고 2018두45633 판결

[사실관계]

피고(문화체육관광부장관)는 중국 정부에 추천할 '중국 단체관광객 유치 전담여행사'(이하 '전담여행사'라 한다)의 지정 및 관리 등을 시행하기 위하여 '중국 단체관광객 유치 전담여행사 업무 시행지침'(이하 '이 사건 지침'이라 한다)을 제정하였다. 피고는 2013. 5.경 이 사건 지침 제3조의2를 신설하여 2년에 1회 재심사를 통해 전담여행사 지위를 갱신하는 '전담여행사 갱신제'를 도입하였다. 피고는 위와 같이 '전담여행사 갱신제'를 도입할 무렵인 2013. 9.경 각 평가영역·항목·지표에 따른 점수의 합계가 75점 이상인 경우에 전담여행사 지위를 갱신하기로 기준을 정하였고(이하 '종전 처분기준'이라 한다) 이를 한국여행업협회장을 통해 전담여행사들에 공지하였다.

원고(주식회사 한중네트웍)는 2006. 4. 11. 이 사건 지침에 의거해 전담여행사로 신규 지정되었는데, 피고는 종전 처분기준에 따른 갱신심사를 거쳐 2013. 12. 5. 원고의 전담여행사 지위를 갱신하였다. 피고는 그 무렵 원고를 비롯한 전담여행사들에 종전 처분기준에서도 대체로 고려되었던 유치실적, 상품가격, 행정제재이력, 저가상품 여부, 고부가상품 판매비율 등을 지속적으로 모니터링하여 이를 2년마다 실시하는 갱신제 평가에 반영할 것임을 공지하였다. 피고는 일부 전담여행사들이 무자격가이드를 고용하고, 무단이탈보고 의무를 제대로 이행하지 않는 등 위반행위로 인한 폐해가 늘어나자, 이에 대한 제재를 강화하는 차원에서 2016. 3. 23.경 종전 처분기준의 각 평가영역·항목·지표 및 배점 등을 일부 변경하고, ① 평가기준 점수가 70점 미만이거나 ② 70점 이상 업체 중에도 행정처분(무자격가이드 등)으로 6점 이상 감점된 업체에 대해서는 전담여행사 지위를 갱신하지 않기로 결정하였으나(이하 '변경된 처분기준'이라 한다), 이를 미리 공표하지 않은 채 갱신심사에 적용하였다.

원고는 변경된 처분기준에 의할 때 갱신 기준 점수인 70점을 상회하는 77점을 받았으나, 갱신제 평가기간인 2014. 1.경부터 2015. 10.경 사이에 무자격가이드 고용, 무단이탈보고 불이행 등 위반사항으로 받은 행정처분으로 인한 감점이 8점이어서 탈락기준인 6점을 상회하였다. 피고는 당초 2016. 3. 28. 원고에게 전담여행사로 재지정한다고 통지하였으나, 그 후 원고의 행정처분으로 인한 감점이 8점이어서 재지정 탈락기준인 6점을 상회한다는 점을 간과한 사실을 뒤늦게 확인하고, 2016. 11. 4. 다시 원고에 대하여 전담여행사 재지정을 직권으로 취소한다고 통지하였다(이하 '이 사건 처분'이라 한다).

[판결요지]

[1] 행정청이 행정절차법 제20조 제1항의 처분기준 사전공표 의무를 위반하여 미리 공표하지 아니한 기준을 적용하여 처분을 하였다는 사정만으로 해당 처분에 취소사유에 이를 정도의 흠이 존재하는지 여부(소극) / 해당 처분에 적용한 기준이 상위법령의 규정이나 법의 일반원칙을 위반하였거나 객관적으로 합리성이 없다고 볼 수 있는 구체적인 사정이 있는 경우, 해당 처분이 위법한지 여부(적극)

행정청이 행정절차법 제20조 제1항의 처분기준 사전공표 의무를 위반하여 미리 공표하지 아니한 기준을 적용하여 처분을 하였다고 하더라도, 그러한 사정만으로 곧바로 해당 처분에 취소사유에 이를 정도의 흠이 존재한다고 볼 수는 없다. 다만 해당 처분에 적용한 기준이 상위법령의 규정이나 신뢰보호의 원칙 등과 같은 법의 일반원칙을 위반하였거나 객관적으로 합리성이 없다고 볼 수 있는 구체적인 사정이 있다면 해

당 처분은 위법하다고 평가할 수 있다. 구체적인 이유는 다음과 같다.

① 행정청이 행정절차법 제20조 제1항에 따라 정하여 공표한 처분기준은, 그것이 해당 처분의 근거 법령에서 구체적 위임을 받아 제정·공포되었다는 특별한 사정이 없는 한, 원칙적으로 대외적 구속력이 없는 행정규칙에 해당한다.

② 처분이 적법한지는 행정규칙에 적합한지 여부가 아니라 상위법령의 규정과 입법 목적 등에 적합한지 여부에 따라 판단해야 한다. 처분이 행정규칙을 위반하였다고 하여 그러한 사정만으로 곧바로 위법하게 되는 것은 아니고, 처분이 행정규칙을 따른 것이라고 하여 적법성이 보장되는 것도 아니다. 행정청이 미리 공표한 기준, 즉 행정규칙을 따랐는지 여부가 처분의 적법성을 판단하는 결정적인 지표가 되지 못하는 것과 마찬가지로, 행정청이 미리 공표하지 않은 기준을 적용하였는지 여부도 처분의 적법성을 판단하는 결정적인 지표가 될 수 없다.

③ 행정청이 정하여 공표한 처분기준이 과연 구체적인지 또는 행정절차법 제20조 제2항에서 정한 처분기준 사전공표 의무의 예외사유에 해당하는지는 일률적으로 단정하기 어렵고, 구체적인 사안에 따라 개별적으로 판단하여야 한다. 만약 행정청이 행정절차법 제20조 제1항에 따라 구체적인 처분기준을 사전에 공표한 경우에만 적법하게 처분을 할 수 있는 것이라고 보면, 처분의 적법성이 지나치게 불안정해지고 개별법령의 집행이 사실상 유보·지연되는 문제가 발생하게 된다.

[2] 행정청이 관계 법령의 규정이나 자체적인 판단에 따라 처분상대방에게 특정한 권리나 이익 또는 지위 등을 부여한 후 일정한 기간마다 심사하여 갱신 여부를 판단하는 이른바 '갱신제'를 채택하여 운용하는 경우, 처분상대방은 갱신 여부에 관하여 합리적인 기준에 의한 공정한 심사를 요구할 권리를 가지는지 여부(적극) 및 여기서 '공정한 심사'의 의미 / 사전에 공표한 심사기준을 심사대상기간이 이미 경과하였거나 상당 부분 경과한 시점에서 처분상대방의 갱신 여부를 좌우할 정도로 중대하게 변경하는 것이 허용되는지 여부(원칙적 소극)

행정청이 관계 법령의 규정이나 자체적인 판단에 따라 처분상대방에게 특정한 권리나 이익 또는 지위 등을 부여한 후 일정한 기간마다 심사하여 갱신 여부를 판단하는 이른바 '갱신제'를 채택하여 운용하는 경우에는, 처분상대방은 합리적인 기준에 의한 공정한 심사를 받아 그 기준에 부합되면 특별한 사정이 없는 한 갱신되리라는 기대를 가지고 갱신 여부에 관하여 합리적인 기준에 의한 공정한 심사를 요구할 권리를 가진다. 여기에서 '공정한 심사'란 갱신 여부가 행정청의 자의가 아니라 객관적이고 합리적인 기준에 의하여 심사되어야 할 뿐만 아니라, 처분상대방에게 사전에 심사기준과 방법의 예측가능성을 제공하고 사후에 갱신 여부 결정이 합리적인 기준에 의하여 공정하게 이루어졌는지를 검토할 수 있도록 심사기준이 사전에 마련되어 공표되어 있어야 함을 의미한다.

사전에 공표한 심사기준 중 경미한 사항을 변경하거나 다소 불명확하고 추상적이었던 부분을 명확하게 하거나 구체화하는 정도를 뛰어넘어, 심사대상기간이 이미 경과하였거나 상당 부분 경과한 시점에서 처분상대방의 갱신 여부를 좌우할 정도로 중대하게 변경하는 것은 갱신제의 본질과 사전에 공표된 심사기준에 따라 공정한 심사가 이루어져야 한다는 요청에 정면으로 위배되는 것이므로, 갱신제 자체를 폐지하거나 갱신상대방의 수를 종전보다 대폭 감축할 수밖에 없도록 만드는 중대한 공익상 필요가 인정되거나 관계 법령이 제·개정되었다는 등의 특별한 사정이 없는 한, 허용되지 않는다.

의사면허자격정지 사건

□ 대법원 2004. 3. 12. 선고, 2002두7517 판결

[사실관계]

피고 乙(보건복지부장관)은 1999. 8. 31. 대구지방검찰청 안동지청의 원고 甲에 대한 기소유예처분이 있자 같은 해 12. 15. 원고 甲에 대하여 원고 甲이 허위진단서를 작성·교부한 혐의로 기소유예처분이 되었으므로 의사면허자격정지처분이 있을 것임을 사전통지하는 한편, 2000. 1. 6. 14:00경까지 보건복지부 보건자원정책과로 나와 의견을 진술하거나 서면으로 의견을 제출할 것을 통지하였다.

그런데 원고 甲은 위와 같은 처분사전통지가 있게 되자 위 안동지청에 진정하여 원고 甲에 대한 기소유예처분을 재고하여 줄 것을 요청하였고, 이에 따라 피고 乙(보건복지부장관)은 예정된 청문절차를 진행하지 아니한 채 원고 甲에 대한 의사면허자격정지처분을 보류하였다.

그 후 피고 乙은 2001. 3. 19. 안동지청장에게 원고 甲에 대한 처리결과를 회보하여 줄 것을 요청하였다가 같은 달 23. 안동지청장으로부터 원고 甲의 위 진정에 대하여 안동지청이 2000. 3. 31.자로 공람종결처리하였다는 내용의 회보를 받게 되자 같은 해 4. 28. 의사면허자격정지처분(이 사건 처분)을 하게 되었다.

이에 대하여 원고 甲은 이 사건 처분에 앞서 다시 원고 甲에게 처분의 사전통지를 하거나 의견제출의 기회를 주어야 함에도 불구하고 이를 결여한 것은 절차상의 하자에 해당한다는 이유로 의사면허자격정지처분의 취소의 소를 제기하였다.

[판결요지]

[1] 행정청이 침해적 행정처분을 하면서 당사자에게 행정절차법상의 사전통지를 하거나 의견제출의 기회를 주지 아니한 경우, 그 처분이 위법한 것인지 여부(원칙적 적극)

행정절차법 제21조 제1항, 제4항, 제22조 제1항 내지 제4항에 의하면, 행정청이 당사자에게 의무를 과하거나 권익을 제한하는 처분을 하는 경우에는 미리 처분하고자 하는 원인이 되는 사실과 처분의 내용 및 법적 근거, 이에 대하여 의견을 제출할 수 있다는 뜻과 의견을 제출하지 아니하는 경우의 처리방법 등의 사항을 당사자 등에게 통지하여야 하고, 다른 법령 등에서 필요적으로 청문을 실시하거나 공청회를 개최하도록 규정하고 있지 아니한 경우에도 당사자 등에게 의견제출의 기회를 주어야 하되, 당해 처분의 성질상 의견청취가 현저히 곤란하거나 명백히 불필요하다고 인정될 만한 상당한 이유가 있는 경우 등에는 처분의 사전통지나 의견청취를 하지 아니할 수 있도록 규정하고 있으므로, 행정청이 침해적 행정처분을 함에 있어서 당사자에게 위와 같은 사전통지를 하거나 의견제출의 기회를 주지 아니하였다면 사전통지를 하지 않거나 의견제출의 기회를 주지 아니하여도 되는 예외적인 경우에 해당하지 아니하는 한 그 처분은 위법하여 취소를 면할 수 없다고 할 것이다.

[2] 이 사건 처분의 적법여부

이 사건 처분은 피고가 원고에 대한 처분의 사전통지나 의견제출의 기회를 준 바 없어 적법한 청문절차를 거치지 아니한 위법이 있다고 판단한 원심의 위와 같은 인정 및 판단은 수긍이 되고, 거기에 상고이유에서 주장하는 바와 같이 사실을 오인하거나 청문절차에 관한 법리를 오해한 위법이 있다 할 수 없다(원고가 기소유예 처분을 받았고, 그에 대한 원고의 진정이 안동지청에서 공람종결되었다고 하여 이 사건이 청문절차의 예외적 사유로 행정절차법시행령 제13조 제3호가 규정하고 있는 '법원의 판결 등에 의하여 처분의 전제가 되는 사실이 객관적으로 증명되어 처분에 따른 의견청취가 불필요하다고 판단되는 경우'에 해당한다고 볼 수 없다).

기출문제

5급21 건설업을 운영하는 甲 주식회사는 「국가를 당사자로 하는 계약에 관한 법률」에 근거하여 국방부장관이 주관하는 전투지휘훈련센터 시설공사의 기본설계 기술제안 도급계약을 체결한 후 기본설계를 진행하였다. 그 과정에서 甲의 직원인 乙은 입찰 관련 서류를 입찰에 유리하도록 변조하여 제출하였고, 이후 乙은 이와 같은 사실로 인하여 법원에서 사문서변조죄의 유죄판결을 선고받아 이 판결은 그대로 확정되었다. 국방부장관은 즉시 그 계약을 해지하는 한편 甲에게 입찰 관련 서류를 변조하였다는 사유로 「국가를 당사자로 하는 계약에 관한 법률」, 같은 법 시행령·시행규칙에 근거하여 1년간 입찰참가자격을 제한하는 부정당업자 제재통보를 하였다.

2) 국방부장관은 甲의 직원 乙의 사문서변조죄에 대하여 유죄의 확정판결이 있었다는 이유로 사전통지와 의견제출의 기회를 부여하지 않고 입찰참가자격 제한을 하였다. 그 적법 여부를 검토하시오. **(15점)**
    - 사전통지와 의견제출의 예외사유

3차 조치명령 사건

□ 대법원 2020. 7. 23. 선고 2017두66602 판결

[사실관계]

피고(서산시장)는 2009. 8. 12. 원고에게 구 폐기물관리법(이하 '폐기물관리법'이라 한다) 제48조 제1호에 따라 (주소 1 생략) 토지 일원(이하 '이 사건 토지'라 한다)에 장기보관 중인 폐기물을 처리할 것을 명령하는 1차 조치명령을 하였다. 원고는 2010. 7. 22. '1차 조치명령을 불이행하였다'고 하여 폐기물관리법 위반죄의 범죄사실로 유죄판결(징역 10개월, 집행유예 2년, 사회봉사명령 120시간)을 선고받았고, 위 판결은 2011. 9. 8. 확정되었다.

피고는 2013. 6. 19. 원고에게 이 사건 토지에 방치된 폐기물을 적정하게 처리할 것을 명령하는 내용의 2차 조치명령을 하였다. 원고는 2014. 5. 9. '2차 조치명령을 불이행하였다'고 하여 폐기물관리법 위반죄의 범죄사실로 유죄판결(징역 1년, 집행유예 2년, 사회봉사명령 200시간)을 선고받았고, 위 판결은 2015. 4. 3. 확정되었다.

이후 피고 소속 담당공무원들은 원고에게 전화를 하거나 원고를 직접 대면하는 방식으로 여러 차례 이 사건 폐기물을 조속히 처리하라고 촉구하였으나, 원고는 이 사건 폐기물을 처리하지 않겠다는 의사를 표시하였다. 피고는 폐기물 방치 실태를 확인하고 별도의 사전 통지와 의견청취 절차를 밟지 않은 채 2015. 6. 26. 원고에게 폐기물관리법 제48조 제1호에 따라 '2015. 10. 30.까지 (주소 1 생략) 일원에 장기간 방치된 폐기물을 적정하게 처리할 것'을 명령하는 내용의 3차 조치명령(이하 '이 사건 처분'이라 한다)을 하였다.

이 사건의 쟁점은 이 사건 처분이 그 상대방을 잘못 지정하였거나 이유제시, 사전 통지, 의견청취 의무를 위반한 절차상 하자로 무효인지 여부이다.

[판결요지]

[1] 행정청이 침해적 행정처분을 하면서 당사자에게 행정절차법상의 사전 통지를 하거나 의견제출의 기회를 주지 않은 경우, 그 처분이 위법한지 여부(원칙적 적극)

행정절차에 관한 일반법인 행정절차법 제21조, 제22조에서 사전 통지와 의견청취에 관하여 정하고 있다. 행정청이 당사자에게 의무를 부과하거나 권익을 제한하는 처분을 하는 경우에는 미리 '처분의 제목', '처분하려는 원인이 되는 사실과 처분의 내용 및 법적 근거', '이에 대하여 의견을 제출할 수 있다는 뜻과 의견을 제출하지 아니하는 경우의 처리방법', '의견제출기관의 명칭과 주소', '의견제출기한' 등을 당사자 등에게 통지하여야 한다(제21조 제1항). 다른 법령 등에서 필수적으로 청문을 하거나 공청회를 개최하도록 정하고 있지 않은 경우에도 당사자 등에게 의견제출의 기회를 주어야 하고(제22조 제3항), 다만 '해당 처분의 성질상 의견청취가 현저히 곤란하거나 명백히 불필요하다고 인정될 만한 상당한 이유가 있는 경우' 등에 한하여 처분의 사전 통지나 의견청취를 하지 않을 수 있다(제21조 제4항, 제22조 제4항). 따라서 행정청이 침해적 행정처분을 하면서 당사자에게 행정절차법상의 사전 통지를 하거나 의견제출의 기회를 주지 않았다면, 사전 통지를 하지 않거나 의견제출의 기회를 주지 않아도 되는 예외적인 경우에 해당하지 않는 한, 그 처분은 위법하여 취소를 면할 수 없다.

[2] 행정절차법 시행령 제13조 제2호에서 정한 "법원의 재판 또는 준사법적 절차를 거치는 행정기관의 결정 등에 따라 처분의 전제가 되는 사실이 객관적으로 증명되어 처분에 따른 의견청취가 불필요하다고 인정되는 경우"의 의미 및 처분의 전제가 되는 '일부' 사실만 증명된 경우이거나 의견청취에 따라 행정청의 처분 여부나 처분 수위가 달라질 수 있는 경우, 위 예외사유에 해당하는지 여부(소극)

행정절차법 제21조, 제22조, 행정절차법 시행령 제13조의 내용을 행정절차법의 입법 목적과 의견청취 제도의 취지에 비추어 종합적·체계적으로 해석하면, 행정절차법 시행령 제13조 제2호에서 정한 "법원의 재판 또는 준사법적 절차를 거치는 행정기관의 결정 등에 따라 처분의 전제가 되는 사실이 객관적으로 증명되어 처분에 따른 의견청취가 불필요하다고 인정되는 경우"는 법원의 재판 등에 따라 처분의 전제가 되는 사실이 객관적으로 증명되면 행정청이 반드시 일정한 처분을 해야 하는 경우 등 의견청취가 행정청의 처분 여부나 그 수위 결정에 영향을 미치지 못하는 경우를 의미한다고 보아야 한다. 처분의 전제가 되는 '일부' 사실만 증명된 경우이거나 의견청취에 따라 행정청의 처분 여부나 처분 수위가 달라질 수 있는 경우라면 위 예외사유에 해당하지 않는다.

[3] 관할 시장이 갑에게 구 폐기물관리법 제48조 제1호에 따라 토지에 장기보관 중인 폐기물을 처리할 것을 명령하는 1차, 2차 조치명령을 각각 하였고, 갑이 위 각 조치명령을 불이행하였다고 하여 구 폐기물관리법 위반죄로 유죄판결이 각각 선고·확정되었는데, 이후 관할 시장이 폐기물 방치 실태를 확인하고 별도의 사전 통지와 의견청취 절차를 밟지 않은 채 갑에게 폐기물 처리에 관한 3차 조치명령을 한 사안에서, 3차 조치명령은 재량행위로서 행정절차법 시행령 제13조 제2호에서 정한 사전 통지, 의견청취의 예외사유에 해당하지 않는다고 한 사례

관할 시장이 갑에게 구 폐기물관리법 제48조 제1호에 따라 토지에 장기보관 중인 폐기물을 처리할 것을 명령하는 1차, 2차 조치명령을 각각 하였고, 갑이 위 각 조치명령을 불이행하였다고 하여 폐기물관리법 위반죄로 유죄판결이 각각 선고·확정되었는데, 이후 관할 시장이 폐기물 방치 실태를 확인하고 별도의 사전 통지와 의견청취 절차를 밟지 않은 채 갑에게 폐기물 처리에 관한 3차 조치명령을 한 사안에서, 갑이 3차 조치명령 이전에 관할 시장으로부터 1차, 2차 조치명령을 받았고, 형사재판절차에서 위 각 조치명령 불이행의 범죄사실에 관하여 유죄판결을 선고받은 후 그 판결이 확정되었다고 하더라도, 2차 조치명령 당시부터는 물론이고, 2차 조치명령 불이행으로 인한 유죄판결 확정 이후부터 3차 조치명령 당시까지 시간적 간격이 있으므로 사정변경의 여지가 있는데, 위 각 유죄판결에 따라 '갑이 폐기물을 방치하여 1차 및 2차 조치명령을 받았고 이를 불이행하였다'는 사실이 객관적으로 증명된 경우라고 볼 수는 있으나, 나아가 위 유죄판결에 따라 '3차 조치명령 당시 토지에 방치된 폐기물을 적정하게 처리하지 않고 있다'는 처분사유가 객관적으로 증명되었다고 단정하기는 어렵고, 또한 3차 조치명령의 근거 법률인 폐기물관리법 제48조의 문언과 체제에 비추어 보면 이 규정에 따른 폐기물 처리 조치명령은 재량행위에 해당하므로, 3차 조치명령은 법원의 재판 등에 따라 처분의 전제가 되는 사실이 객관적으로 증명되면 행정청이 반드시 일정한 처분을 해야 하는 경우 등 의견청취가 행정청의 처분 여부나 그 수위 결정에 영향을 미치지 못하는 경우에 해당한다고 보기 어려워, 행정절차법 시행령 제13조 제2호에서 정한 사전 통지, 의견청취의 예외사유에 해당하지 않는다고 한 사례.

제11전투비행단 사건

□ 대법원 2023. 9. 21. 선고 2023두39724 판결

[사실관계]

　원고(대한민국) 산하 공군 제11전투비행단(이하 편의상 '원고 비행단'이라고 한다)은 영내에 관사, 독신자숙소, 외래자 숙소를 비롯한 주거시설과 상업시설을 운영하고 있으며, 텔레비전방송을 수신하기 위하여 텔레비전수상기(이하 '수상기'라 한다)를 소지하고 있다. 피고(한국전력공사)는 방송법 제67조 제2항에 따라 피고보조참가인(한국방송공사, 이하 '참가인'이라 한다)으로부터 텔레비전방송수신료(이하 'TV수신료'라 한다)의 징수업무를 위탁받아 전기사용고객에 대하여 매월 발생하는 전기요금고지서에 수신료(1수상기 당 2,500원)를 포함하여 함께 징수하고, 그에 따라 수신료 징수금액 중 일정비율의 수수료를 받아오고 있으며, 수상기를 등록, 관리하는 업무는 참가인이 자체 전산 시스템을 통해 수행하고 있다.

　참가인 산하 대구사업지사 소속 직원이 2016. 8. 10. 원고 비행단이 영내에 보유한 수상기를 확인하기 위하여 현장을 방문하여 그 결과 영내에 스포츠 및 상업시설에 수상기 21대가 있음을 확인하고, 전기차충전소의 전기계량기 번호에 해당 수상기를 등록하여 피고가 2016. 8월부터 위 수상기 21대에 대하여 TV수신료를 부과, 징수하였다.

　참가인 산하 대구사업지사 소속 직원들이 2020. 7. 13. 원고 비행단을 방문한 후 원고 비행단 영내 독신자숙소에 수상기 216대를 추가로 확인하였다는 이유로 피고 또는 참가인은 2020. 7.부터 2020. 9.에 걸쳐 원고 비행단에 위 수상기에 관한 TV수신료 미납분 3,847,500원(=2,500원×216대×8개월)의 납부를 요청하였다. 이에 원고 비행단은 영내 독신자숙소에서 보유하고 있는 수상기는 방송법 시행령 제39조 제10호에 따라 등록이 면제되는 수상기이므로 기납부액의 반환 및 추가 징수의 중단을 요구하였으나, 참가인은 위 수상기 등이 등록이 면제되는 수상기에 해당하지 않는다는 이유로 계속 수신료를 부과할 것임을 밝혔다.

　피고는 2020. 12. 13.부터 2021. 2. 17.까지 원고 비행단 영내 독신자숙소 및 외래자숙소에 위치한 수상기에 관하여 별지1 목록 기재와 같이 TV수신료를 부과하였다(이하 수신료부과처분을 '이 사건 처분'이라 한다). 참가인은 2021. 3. 19. 원고 비행단에게 독신자 숙소 내 수상기 270대를 수신료부과대상에서 제외하는 의사를 전달하고, 2021. 8. 2. 위 수상기에 관하여는 등록을 면제하였으나, 외래자숙소 내 수상기에 관하여는 2021. 7. 13. 미납분 21,610,000원(총액 23,485,000원(=2,500원×154대×61개월) − 기납부액 1,875,000원(=4개월×154대×2,500원+1개월×134대×2,500원))의 납부를 요청하였다.

　이에 원고 비행단과 참가인은 2022. 1. 26. 원고 비행단이 보유하고 있는 수상기 현황을 조사하였고, 이 사건 처분 시 보유현황(외래자 숙소 154대, 독신자 숙소 270대)과 달리 외래자 숙소에 53대, 독신자 숙소에 716대의 수상기를 보유하고 있는 것으로 확인되었다.

【판결요지】

[1] 행정청이 침해적 행정처분을 하면서 행정절차법 제21조 내지 제23조에서 정한 사전 통지, 의견 청취, 이유 제시 절차를 거치지 않은 경우, 그 처분이 위법한지 여부(원칙적 적극)

　행정절차에 관한 일반법인 행정절차법 제21조 내지 제23조에서 사전 통지, 의견청취, 이유 제시에 관하여 정하고 있다. 행정청이 당사자에게 의무를 부과하거나 권익을 제한하는 처분을 하는 경우에는 미리 '처분의 제목', '처분하려는 원인이 되는 사실과 처분의 내용 및 법적 근거', '이에 대하여 의견을 제출할 수 있다는 뜻과 의견을 제출하지 아니하는 경우의 처리방법', '의견제출기관의 명칭과 주소', '의견제출기한' 등의 사항을 당사자 등에게 통지하여야 하고(제21조 제1항), 다른 법령 등에서 필수적으로 청문을 하거나 공청회를 개최하도록 규정하고 있지 않은 경우에도 당사자 등에게 의견제출의 기회를 주어야 하며(제22조 제3항), 행정청이 처분을 할 때에는 원칙적으로 당사자에게 그 근거와 이유를 제시해야 한다(제23조 제1항). 따라서 행정청이 침해적 행정처분을 하면서 위와 같은 절차를 거치지 않았다면 원칙적으로 그 처분은 위법하여 취소를 면할 수 없다.

[2] 국가에 대해 행정처분을 할 때에도 사전 통지, 의견청취, 이유 제시와 관련한 행정절차법이 그대로 적용되는지 여부(적극)

　행정절차법 제2조 제4호에 의하면, '당사자 등'이란 행정청의 처분에 대하여 직접 그 상대가 되는 당사자와 행정청이 직권 또는 신청에 의하여 행정절차에 참여하게 한 이해관계인을 의미하는데, 같은 법 제9조에서는 자연인, 법인, 법인 아닌 사단 또는 재단 외에 '다른 법령 등에 따라 권리·의무의 주체가 될 수 있는 자' 역시 '당사자 등'이 될 수 있다고 규정하고 있을 뿐, 국가를 '당사자 등'에서 제외하지 않고 있다. 또한 행정절차법 제3조 제2항에서 행정절차법이 적용되지 않는 사항을 열거하고 있는데, '국가를 상대로 하는 행정행위'는 그 예외사유에 해당하지 않는다.

　위와 같은 행정절차법의 규정과 행정의 공정성·투명성 및 신뢰성 확보라는 행정절차법의 입법 취지 등을 고려해 보면, 행정기관의 처분에 의하여 불이익을 입게 되는 국가를 일반 국민과 달리 취급할 이유가 없다. 따라서 국가에 대해 행정처분을 할 때에도 사전 통지, 의견청취, 이유 제시와 관련한 행정절차법이 그대로 적용된다고 보아야 한다.

[3] 조세나 부과금 등의 부담금에 관한 법률을 해석하는 방법 / 이는 텔레비전방송수신료의 부과 및 면제요건을 해석할 때에도 마찬가지인지 여부(적극) / '군 영내'에 있는 텔레비전수상기는 사용 목적과 관계없이 등록의무가 면제되는 수상기로서 텔레비전방송수신료를 부과할 수 없는지 여부(적극)

　조세나 부과금 등의 부담금에 관한 법률의 해석에 관하여, 부과요건이거나 감면요건을 막론하고 특별한 사정이 없는 한 법문대로 해석해야 하고 합리적 이유 없이 확장해석하거나 유추해석하는 것은 허용되지 않는다. 이는 텔레비전수상기(이하 '수상기'라 한다)를 소지한 특정 집단에 대하여 부과되는 특별부담금인 텔레비전방송수신료(이하 '수신료'라 한다)의 부과 및 면제요건을 해석할 때에도 마찬가지이다.

　방송법 제64조 단서에 의하면 대통령령으로 정하는 수상기에 대해서는 등록을 면제할 수 있고, 방송법 시행령 제39조 제10호는 '군 및 의무경찰대 영내에 갖추고 있는 수상기'를 등록이 면제되는 수상기로 정하고 있다. 그런데 위 시행령 제39조 각호에서는 등록이 면제되는 수상기를 제10호와 같이 수상기가 위치한 장소만을 요건으로 하는 경우와 제12호, 제13호와 같이 장소 외에 그 용도까지 함께 요건으로 하는 경우를 구분하여 규율하는 방식을 취하고 있다. 따라서 '군 영내'에 있는 수상기는 사용 목적과는 관계없이 등록의무가 면제되는 수상기로서 이에 대하여는 수신료를 부과할 수 없다.

정규임용취소처분취소 사건

□ 대법원 2009. 1. 30. 선고 2008두16155 판결

[사실관계]

원고 甲은 2001. 9. 13. 대전지방법원에서 '특정범죄가중처벌 등에 관한 법률 위반죄' 등으로 징역 10월에 집행유예 2년의 형에 처하는 판결을 선고받아 위 판결이 2001. 9. 21. 확정되었다(이하 '이 사건 전력'이라 한다).

피고 乙(충청북도 옥천교육청 교육장)은 지방공무원법 제31조 소정의 결격사유가 없는 자를 응시자격자로 한 제한경쟁 특별임용시험을 시행하여 2005. 5. 1. 원고 甲을 피고 乙 소속 지방조무원시보로 임용하였고(이하 '이 사건 시보임용처분'이라 한다), 그로부터 6개월 후인 2005. 11. 1. 원고 甲을 정규공무원으로 임용하였다(이하 '이 사건 정규임용처분'이라 한다).

그 후 피고 乙은 이 사건 시보임용처분 당시 원고 甲에게 공무원임용 결격사유인 이 사건 전력이 있었음을 확인하고는 2007. 6. 21. 원고 甲에 대하여 지방공무원법 제31조 제4호에 따라 이 사건 시보임용처분을 취소하고, 그에 따라 2007. 7. 30. 이 사건 정규임용처분을 취소하였다(이하 '이 사건 처분'이라 한다).

이에 원고 甲은 정규임용처분을 취소할 당시에 사전통지를 하거나 의견제출의 기회를 부여받지 못하였다는 점을 이유로 정규임용취소처분을 취소하는 소를 제기하였다.

[판결요지]

[1] 공무원 인사관계 법령에 의한 처분과 행정절차법

행정절차법 제21조 제1항, 제4항, 제22조 제1항 내지 제4항에 의하면, 행정청이 당사자에게 의무를 과하거나 권익을 제한하는 처분을 하는 경우에는 미리 처분하고자 하는 원인이 되는 사실과 처분의 내용 및 법적 근거, 이에 대하여 의견을 제출할 수 있다는 뜻과 의견을 제출하지 아니하는 경우의 처리방법 등의 사항을 당사자 등에게 통지하여야 하고, 다른 법령 등에서 필요적으로 청문을 실시하거나 공청회를 개최하도록 규정하고 있지 아니한 경우에도 당사자 등에게 의견제출의 기회를 주어야 하되, "법령 등에서 요구된 자격이 없거나 없어지게 되면 반드시 일정한 처분을 하여야 하는 경우에 그 자격이 없거나 없어지게 된 사실이 법원의 재판 등에 의하여 객관적으로 증명된 때"(행정절차법 제21조 제4항 제2호, 제22조 제4항), "당해 처분의 성질상 의견청취가 현저히 곤란하거나 명백히 불필요하다고 인정될 만한 상당한 이유가 있는 경우"(행정절차법 제21조 제4항 제3호, 제22조 제4항) 등에는 처분의 사전통지나 의견청취를 하지 아니할 수 있도록 규정하고 있으므로, 행정청이 침해적 행정처분을 하면서 당사자에게 위와 같은 사전통지를 하거나 의견제출의 기회를 주지 아니하였다면 사전통지를 하지 않거나 의견제출의 기회를 주지 아니하여도 되는 예외적인 경우에 해당하지 아니하는 한 그 처분은 위법하여 취소를 면할 수 없다.

한편, 행정절차법 제3조 제2항은 "이 법은 다음 각 호의 1에 해당하는 사항에 대하여는 적용하지 아니한다." 고 규정하면서 그 제9호에서 '병역법에 의한 징집·소집, 외국인의 출입국·난민인정·귀화, 공무원 인사관계 법령에 의한 징계 기타 처분 또는 이해조정을 목적으로 법령에 의한 알선·조정·중재·재정 기타 처분 등 당해 행정작용의 성질상 행정절차를 거치기 곤란하거나 불필요하다고 인정되는 사항과 행정절차에 준하

는 절차를 거친 사항으로서 대통령령으로 정하는 사항'을 행정절차법의 적용이 제외되는 경우로 규정하고 있고, 그 위임에 기한 행정절차법 시행령 제2조는 "법 제3조 제2항 제9호에서 '대통령령으로 정하는 사항'이라 함은 다음 각 호의 1에 해당하는 사항을 말한다."고 규정하면서 그 제3호에서 '공무원 인사관계 법령에 의한 징계 기타 처분에 관한 사항'을 규정하고 있는바, 행정과정에 대한 국민의 참여와 행정의 공정성, 투명성 및 신뢰성을 확보하고 국민의 권익을 보호함을 목적으로 하는 행정절차법의 입법 목적과 행정절차법 제3조 제2항 제9호의 규정 내용 등에 비추어 보면, 공무원 인사관계 법령에 의한 처분에 관한 사항 전부에 대하여 행정절차법의 적용이 배제되는 것이 아니라 성질상 행정절차를 거치기 곤란하거나 불필요하다고 인정되는 처분이나 행정절차에 준하는 절차를 거치도록 하고 있는 처분의 경우에만 행정절차법의 적용이 배제되는 것으로 보아야 할 것이다.

[2] 이 사건의 경우

위 법리 및 관계 법령에 비추어 보면, 이 사건 처분과 같이 정규임용처분을 취소하는 처분은 원고의 이익을 침해하는 처분이라 할 것이고, 한편 지방공무원법 및 그 시행령에는 이 사건 처분과 같이 정규임용처분을 취소하는 처분을 함에 있어 행정절차에 준하는 절차를 거치도록 하는 규정이 없을 뿐만 아니라 위 처분이 성질상 행정절차를 거치기 곤란하거나 불필요하다고 인정되는 처분이라고 보기도 어렵다고 할 것이어서 이 사건 처분이 행정절차법의 적용이 제외되는 경우에 해당한다고 할 수 없으며, 나아가 이 사건 처분은, 지방공무원법 제31조 제4호 소정의 공무원임용 결격사유가 있어 당연무효인 이 사건 시보임용처분과는 달리, 위 시보임용처분의 무효로 인하여 시보공무원으로서의 경력을 갖추지 못하였다는 이유만으로, 위 결격사유가 해소된 후에 한 별도의 정규임용처분을 취소하는 처분이어서 행정절차법 제21조 제4항 및 제22조 제4항에 따라 원고에게 사전통지를 하지 않거나 의견제출의 기회를 주지 아니하여도 되는 예외적인 경우에 해당한다고 할 수도 없다.

그렇다면 피고가 이 사건 처분을 함에 있어 원고에게 처분의 사전통지를 하거나 의견제출의 기회를 부여하지 아니한 이상, 이 사건 처분은 절차상 하자가 있어 위법하다고 할 것이다.

[참고판례]

❶ 신청에 대한 거부처분의 경우에는 사전통지를 할 필요가 없다.

행정절차법 제21조 제1항은 행정청은 당사자에게 의무를 과하거나 권익을 제한하는 처분을 하는 경우에는 미리 처분의 제목, 당사자의 성명 또는 명칭과 주소, 처분하고자 하는 원인이 되는 사실과 처분의 내용 및 법적 근거, 그에 대하여 의견을 제출할 수 있다는 뜻과 의견을 제출하지 아니하는 경우의 처리방법, 의견제출기관의 명칭과 주소, 의견제출기한 등을 당사자 등에게 통지하도록 하고 있는바, 신청에 따른 처분이 이루어지지 아니한 경우에는 아직 당사자에게 권익이 부과되지 아니하였으므로 특별한 사정이 없는 한 신청에 대한 거부처분이라고 하더라도 직접 당사자의 권익을 제한하는 것은 아니어서 신청에 대한 거부처분을 여기에서 말하는 '당사자의 권익을 제한하는 처분'에 해당한다고 할 수 없는 것이어서 처분의 사전통지 대상이 된다고 할 수 없다(대법원 2003. 11. 28. 선고 2003두674 판결).

❷ 도로구역변경결정의 경우 사전통지를 할 필요가 없다.

행정절차법 제2조 제4호가 행정절차법의 당사자를 행정청의 처분에 대하여 직접 그 상대가 되는 당사자로 규정하고, 도로법 제25조 제3항이 도로구역을 결정하거나 변경할 경우 이를 고시에 의하도록 하면서, 그 도면을 일반인이 열람할 수 있도록 한 점 등을 종합하여 보면, 도로구역을 변경한 이 사건 처분은 행정절차법 제21조 제1항의 사전통지나 제22조 제3항의 의견청취의 대상이 되는 처분은 아니라고 할 것이다(대법원 2008. 6. 12. 선고 2007두1767 판결).

❸ 영업자지위승계신고 수리처분을 하는 경우, 종전의 영업자에게 사전통지를 하고 의견제출의 기회를 주어야 한다.

행정절차법 제21조 제1항, 제22조 제3항 및 제2조 제4호의 각 규정에 의하면, 행정청이 당사자에게 의무를 과하거나 권익을 제한하는 처분을 함에 있어서는 당사자 등에게 처분의 사전통지를 하고 의견제출의 기회를 주어야 하며, 여기서 당사자라 함은 행정청의 처분에 대하여 직접 그 상대가 되는 자를 의미한다 할 것이고, 한편 구 식품위생법 제25조 제2항, 제3항의 각 규정에 의하면, 지방세법에 의한 압류재산 매각절차에 따라 영업시설의 전부를 인수함으로써 그 영업자의 지위를 승계한 자가 관계 행정청에 이를 신고하여 행정청이 이를 수리하는 경우에는 종전의 영업자에 대한 영업허가 등은 그 효력을 잃는다 할 것인데, 위 규정들을 종합하면 위 행정청이 구 식품위생법 규정에 의하여 영업자지위승계신고를 수리하는 처분은 종전의 영업자의 권익을 제한하는 처분이라 할 것이고 따라서 종전의 영업자는 그 처분에 대하여 직접 그 상대가 되는 자에 해당한다고 봄이 상당하므로, 행정청으로서는 위 신고를 수리하는 처분을 함에 있어서 행정절차법 규정 소정의 당사자에 해당하는 종전의 영업자에 대하여 위 규정 소정의 행정절차를 실시하고 처분을 하여야 한다(대법원 2003. 2. 14. 선고 2001두7015 판결).

❹ 청문통지서의 반송 또는 처분상대방의 청문일시 불출석이 청문의 예외사유에 해당하지 않는다.

행정절차법 제21조 제4항 제3호는 침해적 행정처분을 할 경우 청문을 실시하지 않을 수 있는 사유로서 '당해 처분의 성질상 의견청취가 현저히 곤란하거나 명백히 불필요하다고 인정될 만한 상당한 이유가 있는 경우'를 규정하고 있으나, 여기에서 말하는 '의견청취가 현저히 곤란하거나 명백히 불필요하다고 인정될 만한 상당한 이유가 있는지 여부'는 당해 행정처분의 성질에 비추어 판단하여야 하는 것이지, 청문통지서의 반송 여부, 청문통지의 방법 등에 의하여 판단할 것은 아니며, 또한 행정처분의 상대방이 통지된 청문일시에 불출석하였다는 이유만으로 행정청이 관계 법령상 그 실시가 요구되는 청문을 실시하지 아니한 채 침해적 행정처분을 할 수는 없을 것이므로, 행정처분의 상대방에 대한 청문통지서가 반송되었다거나, 행정처분의 상대방이 청문일시에 불출석하였다는 이유로 청문을 실시하지 아니하고 한 침해적 행정처분은 위법하다(대법원 2001. 4. 13. 선고 2000두3337 판결).

❺ 처분상대방이 이미 행정청에 위반사실을 시인하였다거나 처분의 사전통지 이전에 의견을 진술할 기회가 있었다는 사실이 의견청취의 예외사유에 해당하지 않는다.

원고는 1996. 3. 27. 제1종 보통 자동차운전면허를 취득하였고, 2013. 6. 18. 개인택시 운송사업면허를 양수하여 개인택시운송사업을 시작하였는데, 2015. 5. 31. 혈중 알콜농도 0.134%의 술에 취한 상태로 위 개인택시를 운전하던 중 경찰에 단속되었고, 그로 인해 2015. 6. 17. 위 자동차운전면허에 대한 취소처분을 받았다. 피고는 2015. 12. 9. '원고의 자동차운전면허가 취소되었음'을 이유로 여객자동차 운수사업법 제85조 제1항 제37호에 따라 원고의 개인택시 운송사업면허를 취소(이하 '이 사건 처분'이라 한다)하였다. 한편 원고는 위 자동차운전면허 취소처분이 있기 전날인 2015. 6. 16. 포항시청 교통행정과를 방문하였다. 피고는 당시 원고에게 관련 법규와 행정처분 절차에 대하여 설명을 한 후 청문절차를 진행하고자 하였으나, 원고는 이 사건 처분의 원인이 되는 자동차운전면허 취소와 관련하여 경찰청을 상대로 구제절차를 진행할 터이니 처분을 좀 연기하여 달라는 내용의 '청문서'라는 제목의 서류를 작성하여 피고에게 제출한 바 있다. 이러한 사실관계를 위 법리에 비추어 살펴보면 행정처분의 사유에 대하여 당사자에게 변명과 유리한 자료를 제출할 기회를 부여함으로써 위법사유의 시정가능성을 고려하고, 처분의 신중과 적정을 기하려는 청문제도의 취지에 비추어 볼 때, 원고가 이 사건 처분 전에 피고의 사무실에 방문하여 피고 소속 공무원에게 '처분을 좀 연기해 달라'는 내용의 서류를 제출한 것을 들어, 여객자동차 운수사업법과 행정절차법이 필요적으로 실시하도록 규정하고 있는 청문을 실시한 것으로 볼 수는 없다. 나아가 관련 법령이 정한 청문 등 의견청취를 하지 아니할 수 있는 예외에 해당하는지는 해당 행정처분의 성질에 비추어 판단하여야 하며, 처분상대방이 이미 행정청에게 위반사실을 시인하였다거나 처분의 사전통지 이전에 의견을 진술할 기회가 있었다는 사정을 고려하여 판단할 것은 아니므로, 앞서 본 대로 원고의 방문 당시 담당공무원이 원고에게 관련 법규와 행정처분 절차에 대하여 설명을 하였다거나 그 자리에서 청문절차를 진행하고자 하였음에도 원고가 이에 응하지 않았다는 사정만으로 '처분의 성질상 의견청취가 현저히 곤란하거나 명백히 불필요하다고 인정될 만한 상당한 이유가 있는 경우'나 또는 '당사자가 의견진술의 기회를 포기한다는 뜻을 명백히 표시한 경우'에 해당한다고 볼 수도 없다.

그러므로 행정청인 피고가 침해적 행정처분인 이 사건 처분을 하면서 원고에게 여객자동차 운수사업법과 행정절차법에 따른 적법한 청문을 실시하였다고 볼 수 없고, 결국 그러한 절차를 결여한 이 사건 처분은 위법하다(대법원 2017. 4. 7. 선고 2016두63224 판결).

❻ 협약의 체결을 통해 의견청취절차를 배제할 수 없다.

청문제도는 행정처분의 사유에 대하여 당사자에게 변명과 유리한 자료를 제출할 기회를 부여함으로써 위법사유의 시정가능성을 고려하고 처분의 신중과 적정을 기하려는 데 그 취지가 있음에 비추어 볼 때, 행정청이 침해적 행정처분을 함에 즈음하여 청문을 실시하지 않아도 되는 예외적인 경우에 해당하지 않는 한 반드시 청문을 실시하여야 하고, 그 절차를 결여한 처분은 위법한 처분으로서 취소사유에 해당한다.

행정청이 당사자와 사이에 도시계획사업의 시행과 관련한 협약을 체결하면서 관계 법령 및 행정절차법에 규정된 청문의 실시 등 의견청취절차를 배제하는 조항을 두었다고 하더라도, 국민의 행정참여를 도모함으로써 행정의 공정성·투명성 및 신뢰성을 확보하고 국민의 권익을 보호한다는 행정절차법의 목적 및 청문제도의 취지 등에 비추어 볼 때, 위와 같은 협약의 체결로 청문의 실시에 관한 규정의 적용을 배제할 수 있다고 볼 만한 법령상의 규정이 없는 한, 이러한 협약이 체결되었다고 하여 청문의 실시에 관한 규정의 적용이 배제된다거나 청문을 실시하지 않아도 되는 예외적인 경우에 해당한다고 할 수 없다(대법원 2004. 7. 8. 선고 2002두8350 판결).

기출문제

5급:일반행정10 甲은 숙박시설을 경영하기 위하여「건축법」등 관계 법령이 정하는 요건을 구비하여 관할 A시 시장 乙에게 건축허가를 신청하였다. 그러나 시장 乙은「건축법」제11조 제4항에 따라 해당 숙박시설의 규모나 형태 등이 주거환경이나 교육환 경 등 주변 환경을 고려할 때 부적합하다는 이유로 건축허가를 거부하였고, 甲은 이에 대해 건축허가거부처분취소송을 제기하였다. 甲이 乙의 거부처분과 관련하여 처분의 법적 근거, 의견제출기한 등을 사전에 통지하지 않았으므로 위법하여 취소되어야 한다고 주장한다면, 법원의 판단은 어떠해야 하는가? **(20점)** - 거부처분에 사전통지절차가 적용되는지 여부

변시13 A광역시의 시장 乙은 세수증대, 고용창출 등 지역발전을 위해 폐기물처리업의 관내 유치를 결심하고 甲이 제출한 폐기물처리사업계획서를 검토하여 그에 대한 적합통보를 하였다. 이에 따라 甲은 폐기물처리업 허가를 받기 위해 먼저 도시·군관리계획변경을 신청하였고, 乙은 관계 법령이 정하는 바에 따라 해당 폐기물처리업체가 입지할 토지에 대한 용도지역을 폐기물처리업의 운영이 가능한 용도지역으로 변경하는 것을 내용으로 하는 도시·군관리계획변경안을 입안하여 열람을 위한 공고를 하였다. 그러나 乙의 임기 만료 후 새로 취임한 시장 丙은 폐기물처리업에 대한 인근 주민의 반대가 극심하여 실질적으로 폐기물사업 유치가 어려울 뿐만 아니라, 자신의 선거공약인 '생태중심, 자연친화적 A광역시 건설'의 실현 차원에서 용도지역 변경을 승인할 수 없다는 계획변경승인거부처분을 함과 동시에 해당 지역을 생태학습체험장 조성지역으로 결정하였다. 폐기물처리사업계획 적합통보에 따라 사업 착수를 위한 제반 준비를 거의 마친 甲은 丙를 피고로 하여 관할 법원에 계획변경승인거부처분 취소소송을 제기하였다.

甲은 위 취소소송의 청구이유로서 계획변경승인거부처분에 앞서 丙이 처분의 내용, 처분의 법적 근거와 사실상의 이유, 의견청취절차 관련 사항 등을 미리 알려주지 않았으므로 위 거부처분이 위법하여 취소되어야 한다고 주장하였다. 甲의 주장은 타당한가? **(15점)** - 거부처분에 사전통지절차가 적용되는지 여부

사시11 건축업자 A는 공사시행을 위하여 Y시장에게 도로점용허가를 신청하였고, Y시장은 2006.11.23. 소정의 기간을 붙여 점용허가를 하였다. 그 기간 만료 후 A는 공사가 아직 완료되지 않아 새로이 점용허가를 신청하였다. Y시장은 도로의 점용이 일반인의 교통을 현저히 방해하지 않음에도 인근 상가 주민의 민원이 있다는 이유로 점용허가를 거부하였다. 그런데 Y시장은 이러한 불허가처분을 하기 전에 '의견을 제출할 수 있다는 뜻과 의견을 제출하지 아니하는 경우의 처리방법'을 알리지 아니하였다. Y시장의 불허가처분은 적법한가? **(15점)** - 거부처분에 사전통지절차가 적용되는지 여부

5급:재경13 甲은 A시에서 공동주택을 건축하기 위하여 주택건설사업계획승인신청을 하였는데, A시장은 해당지역이 용도변경을 추진 중에 있고 일반 여론에서도 보존의 목소리가 높은 지역이라는 이유로 거부처분을 하였다. 이에 甲은 A시장의 거부처분에 있어서 사전통지가 없었으며 이유제시 또한 미흡하다는 이유로 그 거부처분의 무효를 주장한다. 이러한 甲의 주장의 타당 여부를 검토하시오. **(30점)** - 거부처분에 사전통지절차가 적용되는지 여부, 이유제시의 하자, 절차하자의 독자성 여부

5급18 甲은 2009. 9. 1. 징역 10월에 집행유예 2년을 선고받아 그 형이 확정되었다. 행정청 乙은 甲이 임용결격자임을 밝혀내지 못한 채 2013. 5. 1. 7급 국가공무원 시보로 임용하였고, 그로부터 6개월 후인 2013. 11. 1. 정규 공무원으로 임용하였다. 그 후 乙은 시보임용처분 당시 甲에게 공무원임용 결격사유가 있었음을 확인하고는 甲에 대하여 시보임용처분을 취소하고, 그에 따라 정규임용처분도 취소하였다. 甲은 시보임용시에는 임용결격자였지만, 정규임용시에는 임용결격사유가 해소되었다. 乙이 정규임용처분의 취소처분시 甲에게 사전통지를 하지 않거나 의견제출의 기회를 주지 아니하였다면, 위 정규임용처분의 취소처분은 적법한지에 대해 설명하시오. **(10점)** - 행정절차법의 적용제외 여부, 사전통지 및 의견제출의 예외사유 해당여부

일반주류 도매업면허취소 사건

□ 대법원 1990. 9. 11. 선고 90누1786 판결

[사실관계]

피고 남양주세무서장은 원고 甲(유한회사 미금상사)에게 일반주류도매업면허를 하면서 무면허 주류판매업자에게 주류를 판매한 때에는 면허를 취소할 수 있다는 조항을 비롯하여 4개항의 취소권유보 부관을 설정하였다. 甲은 위 면허에 기하여 주류도매상을 경영하던 중 관할 세무서장으로부터 '상기 주류도매장은 무면허 주류판매업자에게 주류를 판매하여 주세법 제11조 및 주세사무처리규정 제26조에 의거 지정조건위반으로 주류판매면허를 취소합니다'라는 내용의 통지서를 받았다.

甲은 거래상대방도 매우 많아 누구를 상대로 한 어떠한 거래행위로 인하여 이러한 면허취소처분이 내려졌는지 알기 어려운 상태이다. 그에 따라 甲은 자신에 대한 면허취소처분에 이유제시의 하자가 있음을 이유로 남양주세무서장을 피고로 하여 면허취소처분에 대한 취소소송을 제기하였다.

[판결요지]

[1] 면허의 취소처분시 사실적시 정도

면허의 취소처분에는 그 근거가 되는 법령이나 취소권 유보의 부관 등을 명시하여야 함은 물론 처분을 받은 자가 어떠한 위반사실에 대하여 당해 처분이 있었는지를 알 수 있을 정도로 사실을 적시할 것을 요하며, 이와 같은 취소처분의 근거와 위반사실의 적시를 빠뜨린 하자는 피처분자가 처분 당시 그 취지를 알고 있었다거나 그후 알게 되었다 하여도 치유될 수 없다고 할 것이다. 왜냐하면 면허등의 취소처분에 그 결정이유를 명시토록 하는 취지는 행정청의 자의적 결정을 배제하고 이해관계인으로 하여 행정구제절차에 적절히 대처할 수 있게 하기 위한 때문이다.

[2] 이 사건 면허취소처분의 적법 여부

세무서장인 피고가 주류도매업자인 원고에 대하여 한 이 사건 일반주류도매업면허취소통지에 "상기 주류도매장은 무면허 주류판매업자에게 주류를 판매하여 주세법 제11조 및 국세법사무처리규정 제26조에 의거 지정조건위반으로 주류판매면허를 취소합니다."라고만 되어 있어서 원고의 영업기간과 거래상대방 등에 비추어 원고가 어떠한 거래행위로 인하여 이 사건 처분을 받았는지 알 수 없게 되어 있다면 이 사건 면허취소처분은 위법하다.

[참고판례]

❶ 거부처분의 경우 이유제시의 구체성의 정도를 완화한 사례

행정절차법 제23조 제1항은 행정청은 처분을 하는 때에는 당사자에게 그 근거와 이유를 제시하여야 한다고 규정하고 있는바, 일반적으로 당사자가 근거규정 등을 명시하여 신청하는 인·허가 등을 거부하는 처분을 함에 있어 당사자가 그 근거를 알 수 있을 정도로 상당한 이유를 제시한 경우에는 당해 처분의 근거 및 이유를 구체적 조항 및 내용까지 명시하지 않았더라도 그로 말미암아 그 처분이 위법한 것이 된다고 할

수 없다(대법원 2007. 5. 10. 선고 2005두13315 판결).

❷ 침해적 처분이지만 이유제시의 구체성의 정도를 완화한 사례

[1] 행정청이 처분을 할 때에는 원칙적으로 당사자에게 그 근거와 이유를 제시하여야 한다(행정절차법 제23조 제1항). 다만 행정청의 자의적 결정을 배제하고 당사자로 하여금 행정구제절차에서 적절히 대처할 수 있도록 하는 처분의 근거 및 이유제시 제도의 취지에 비추어, 처분을 하면서 당사자가 그 근거를 알 수 있을 정도로 이유를 제시한 경우에는 처분의 근거와 이유를 구체적으로 명시하지 않았더라도 그로 말미암아 그 처분이 위법하다고 볼 수는 없다. 이때 '이유를 제시한 경우'는 처분서에 기재된 내용과 관계 법령 및 당해 처분에 이르기까지의 전체적인 과정 등을 종합적으로 고려하여, 처분 당시 당사자가 어떠한 근거와 이유로 처분이 이루어진 것인지를 충분히 알 수 있어서 그에 불복하여 행정구제절차로 나아가는 데 별다른 지장이 없었다고 인정되는 경우를 뜻한다.

[2] 피고 교육부장관의 이 사건 검정도서에 대한 가격 조정 명령 중 이 사건 조항 제3호를 사유로 한 가격 조정 명령의 경우, 원고들이 스스로 적어낸 예상 발행부수와 실제 발행부수를 알고 있었고, 나아가 피고 장관이 처분을 하면서 적용한 기준부수 결정방식 등 조정가격 산정방식과 내역에 관하여 충분히 알 수 있어서 그에 불복하여 행정구제절차로 나아가는 데 별다른 지장이 없었으므로 행정절차법 제23조 제1항 위반의 절차상 하자가 인정되지 않는다(대법원 2019. 1. 31. 선고 2016두64975 판결).

❸ 이유제시의 흠결의 경우 처분의 효력 : 취소사유

과세표준과 세율, 세액, 세액산출근거 등의 필요한 사항을 납세자에게 서면으로 통지하도록 한 세법상의 제 규정들은 단순히 세무행정의 편의를 위한 훈시규정이 아니라 조세행정에 있어 자의를 배제하고 신중하고 합리적인 처분을 행하게 함으로써 공정을 기함과 동시에 납세의무자에게 부과처분의 내용을 상세히 알려서 불복여부의 결정과 불복신청에 편의를 제공하려는데서 나온 강행규정으로서 납세고지서에 그와 같은 기재가 누락되면 그 과세처분 자체가 위법한 처분이 되어 취소의 대상이 된다(대법원 1985. 5. 28. 선고 84누289 판결).

> **기출문제**
>
> **5급:재경12** 甲은 乙로부터 면적 300㎡인 토지에 건축면적 100㎡인 가옥과 담장을 1980. 12. 31일자로 매수하여 등기한 후 소유하고 있었다. 甲은 그 동안 해당 부동산에 대한 세금을 성실히 납부하였다. 그러나 토지가 소재하고 있는 지방자치단체 A시는 2012. 6. 1일자로 甲에게 도로를 침범하고 있는 담장을 철거하라는 통지서를 발부하였다. 철거통지서에는 甲이 점유하고 있는 토지의 30㎡는 A시 소유의 도로로 현재 甲은 이를 불법점유하고 있으므로 2012. 7. 31일까지 위 담장을 철거하라고 기재되어 있었다.
>
> 3) 철거통지서에는 철거 이유에 대한 구체적 적시 없이 불법점유 상태이므로 철거하라고만 기재되어 있었다면, 甲은 이를 근거로 위 철거명령의 취소를 주장할 수 있겠는가? **(15점)** - 이유제시의 정도, 절차하자의 독자적 위법사유 여부

구두로 한 시정보완명령 사건

□ 대법원 2011. 11. 10. 선고 2011도11109 판결

[사실관계]

시흥소방서장은 2010. 4. 1. 경기도 시흥시 대야동 (지번 생략) 소재 ○○빌딩(이하 '이 사건 집합건물'이라 한다)의 소방시설 불량사항에 관하여 소방시설 설치유지 및 안전관리에 관한 법률 제9조에 의거하여 이 사건 집합건물의 소유인인 甲에게 소방시설 불량사항을 시정보완하라는 명령을 하면서, 이를 위하여 별도의 시정보완명령서를 송부하지 아니하고 시흥소방서의 담당 소방공무원이 甲을 방문하도록 하여 구두로 시정보완명령의 내용을 고지하게 하였다. 甲이 위 시정보완명령에 불응하자 시흥소방서장은 소방시설 설치유지 및 안전관리에 관한 법률 제9조 제2항 위반을 이유로 甲을 고발하였다.

[판결요지]

[1] 소방시설 설치유지 및 안전관리에 관한 법률 제9조에 의한 소방시설 등의 설치 또는 유지·관리에 대한 명령이 행정처분으로서 하자가 있어 무효인 경우, 위 명령 위반을 이유로 행정형벌을 부과할 수 있는지 여부(소극)

소방시설 설치유지 및 안전관리에 관한 법률 제9조에 의한 소방시설 등의 설치 또는 유지·관리에 대한 명령을 정당한 사유 없이 위반한 자는 같은 법 제48조의2 제1호에 의하여 행정형벌에 처해지는데, 위 명령이 행정처분으로서 하자가 있어 무효인 경우에는 명령에 따른 의무위반이 생기지 아니하므로 행정형벌을 부과할 수 없다.

[2] 행정청의 처분의 방식을 규정한 행정절차법 제24조를 위반하여 행해진 행정청의 처분이 무효인지 여부(원칙적 적극)

행정절차법 제24조는 행정청이 처분을 하는 때에는 다른 법령 등에 특별한 규정이 있는 경우를 제외하고는 문서로 하여야 하고 전자문서로 하는 경우에는 당사자 등의 동의가 있어야 하며, 다만 신속을 요하거나 사안이 경미한 경우에는 구술 기타 방법으로 할 수 있다고 규정하고 있는데, 이는 행정의 공정성·투명성 및 신뢰성을 확보하고 국민의 권익을 보호하기 위한 것이므로 위 규정을 위반하여 행하여진 행정청의 처분은 하자가 중대하고 명백하여 원칙적으로 무효이다.

[3] 이 사건의 경우

집합건물 중 일부 구분건물의 소유자인 피고인이 관할 소방서장으로부터 소방시설 불량사항에 관한 시정보완명령을 받고도 따르지 아니하였다는 내용으로 기소된 사안에서, 담당 소방공무원이 행정처분인 위 명령을 구술로 고지한 것은 행정절차법 제24조를 위반한 것으로 하자가 중대하고 명백하여 당연 무효이고, 무효인 명령에 따른 의무위반이 생기지 아니하는 이상 피고인에게 명령 위반을 이유로 소방시설 설치유지 및 안전관리에 관한 법률 제48조의2 제1호에 따른 행정형벌을 부과할 수 없는데도, 이와 달리 위 명령이 유효함을 전제로 유죄를 인정한 원심판결에는 행정처분의 무효와 행정형벌의 부과에 관한 법리오해의 위법이 있다고 한 사례.

[참고판례]

☐ 명예전역 선발을 취소하는 처분은 문서로 해야 한다.

행정절차법 제15조 제1항, 제24조 제1항, 공무원임용령 제6조 제3항, 공무원 인사기록·통계 및 인사사무 처리 규정 제26조 제1항의 규정에 따르면, 명예전역 선발을 취소하는 처분은 당사자의 의사에 반하여 예정되어 있던 전역을 취소하고 명예전역수당의 지급 결정 역시 취소하는 것으로서 임용에 준하는 처분으로 볼 수 있으므로, 행정절차법 제24조 제1항에 따라 문서로 해야 한다(대법원 2019. 5. 30. 선고 2016두49808 판결).

인가공증인 인가신청반려 사건

□ 대법원 2019. 12. 13. 선고 2018두41907 판결

[사실관계]

대전지방검찰청 소속 공증인의 정원(공증인법 제10조 제2항, 공증인의 정원 및 신원보증금에 관한 규칙 제2조 [별표1])은 임명공증인 5명, 인가공증인 8명이다. 임명공증인은 당진시, 아산시, 공주시, 서산시, 대전광역시에 각 1명씩이, 인가공증인은 대전광역시에 4명, 천안시에 3명, 충남 홍성군에 1명이 각 사무소를 설치하고 직무를 수행하였는데, 2016. 하반기경 대전광역시에 사무소를 둔 인가공증인 1명의 공증인가가 취소되었다. 원고(법무법인 서산)는 2016. 12. 19.경 사무소 설치(예정)지를 ○○시로 하여 피고(법무부장관)에게 인가공증인 인가신청을 하였다. 한편, 제3자소송참가인(이하 '참가인'이라 한다)은 2017. 2. 21.경 사무소 설치(예정)지를 ○○시로 하여 피고에게 임명공증인 임명신청을 하였다. 피고는 2017. 5. 18. '공증인 적정 배치, 민원인의 편의 등 공익상 이유'로 원고의 인가공증인 인가신청을 반려(이하 '이 사건 반려처분'이라 한다)하였다. 한편, 피고는 ○○시에 사무소를 둔 임명공증인 1명이 2017. 5. 29. 정년에 이르자 2017. 5. 30. 참가인을 임명공증인으로 임명하였다. 참고로 공증인법 제15조의2에 따르면 인가공증인은 변호사 업무를 병행하는 반면 공증인법 제11조에 따른 임명공증인은 겸직이 금지되어 공증사무만을 수행하도록 되어 있다.

이에 원고는 피고가 2017. 5. 18. 원고에게 한 인가공증인 인가신청 반려처분을 취소한다는 내용의 취소소송을 제기했다.

[판결요지]

[1] 법무부장관에게 공증인의 정원을 정하고 임명공증인을 임명하거나 인가공증인을 인가할 수 있는 재량이 주어져 있는지 여부(적극)

공증사무는 국가 사무로서 공증인 인가·임명행위는 국가가 사인에게 특별한 권한을 수여하는 행위이다. 그런데 위와 같이 공증인법령은 공증인 선정에 관한 구체적인 심사기준이나 절차를 자세하게 규율하지 않은 채 법무부장관에게 맡겨두고 있다. 위와 같은 공증인법령의 내용과 체계, 입법 취지, 공증사무의 성격 등을 종합하면, 법무부장관에게는 각 지방검찰청 관할 구역의 면적, 인구, 공증업무의 수요, 주민들의 접근가능성 등을 고려하여 공증인의 정원을 정하고 임명공증인을 임명하거나 인가공증인을 인가할 수 있는 광범위한 재량이 주어져 있다고 보아야 한다.

[2] 행정절차법 제20조 제1항에서 행정청으로 하여금 처분기준을 구체적으로 정하여 공표할 의무를 부과한 취지 및 처분기준 사전공표 의무의 예외를 정한 같은 조 제2항에 따라 처분기준을 따로 공표하지 않거나 개략적으로만 공표할 수 있는 경우

행정절차법 제20조는 제1항에서 "행정청은 필요한 처분기준을 해당 처분의 성질에 비추어 되도록 구체적으로 정하여 공표하여야 한다. 처분기준을 변경하는 경우에도 또한 같다."라고 정하면서, 제2항에서 "제1항에 따른 처분기준을 공표하는 것이 해당 처분의 성질상 현저히 곤란하거나 공공의 안전 또는 복리를 현저히 해치는 것으로 인정될 만한 상당한 이유가 있는 경우에는 처분기준을 공표하지 아니할 수 있다."라고

정하고 있다.

이와 같이 행정청으로 하여금 처분기준을 구체적으로 정하여 공표하도록 한 것은 해당 처분이 가급적 미리 공표된 기준에 따라 이루어질 수 있도록 함으로써 해당 처분의 상대방으로 하여금 결과에 대한 예측가능성을 높이고 이를 통하여 행정의 공정성, 투명성, 신뢰성을 확보하며 행정청의 자의적인 권한행사를 방지하기 위한 것이다. 그러나 처분의 성질상 처분기준을 미리 공표하는 경우 행정목적을 달성할 수 없게 되거나 행정청에 일정한 범위 내에서 재량권을 부여함으로써 구체적인 사안에서 개별적인 사정을 고려하여 탄력적으로 처분이 이루어지도록 하는 것이 오히려 공공의 안전 또는 복리에 더 적합한 경우도 있다. 그러한 경우에는 행정절차법 제20조 제2항에 따라 처분기준을 따로 공표하지 않거나 개략적으로만 공표할 수도 있다.

[3] 처분의 근거와 이유제시에 관한 행정절차법 제23조 제1항의 규정 취지 및 처분서에 근거와 이유가 구체적으로 명시되어 있지 않더라도 처분을 취소해야 할 절차상 하자로 볼 수 없는 경우

행정절차법 제23조 제1항은 "행정청은 처분을 할 때에는 다음 각호의 어느 하나에 해당하는 경우를 제외하고는 당사자에게 그 근거와 이유를 제시하여야 한다."라고 정하고 있다. 이는 행정청의 자의적 결정을 배제하고 당사자로 하여금 행정구제절차에서 적절히 대처할 수 있도록 하는 데 그 취지가 있다. 따라서 처분서에 기재된 내용, 관계 법령과 해당 처분에 이르기까지 전체적인 과정 등을 종합적으로 고려하여, 처분 당시 당사자가 어떠한 근거와 이유로 처분이 이루어진 것인지를 충분히 알 수 있어서 그에 불복하여 행정구제절차로 나아가는 데 별다른 지장이 없었던 것으로 인정되는 경우에는 처분서에 처분의 근거와 이유가 구체적으로 명시되어 있지 않았더라도 이를 처분을 취소하여야 할 절차상 하자로 볼 수 없다.

[4] 행정절차법이나 민원 처리에 관한 법률상 처분·민원의 처리기간에 관한 규정이 강행규정인지 여부(소극) / 행정청이 처리기간을 지나 처분을 한 경우 및 민원 처리에 관한 법률 시행령 제23조에 따른 민원처리진행상황 통지를 하지 않은 경우, 처분을 취소할 절차상 하자로 볼 수 있는지 여부(소극)

행정절차법 제19조 제1항은 "행정청은 신청인의 편의를 위하여 처분의 처리기간을 종류별로 미리 정하여 공표하여야 한다."라고 정하고 있다. 민원 처리에 관한 법률 제17조 제1항은 "행정기관의 장은 법정민원을 신속히 처리하기 위하여 행정기관에 법정민원의 신청이 접수된 때부터 처리가 완료될 때까지 소요되는 처리기간을 법정민원의 종류별로 미리 정하여 공표하여야 한다."라고 정하고 있고, 민원 처리에 관한 법률 시행령(이하 '민원처리법 시행령'이라 한다) 제23조 제1항은 "행정기관의 장은 민원이 접수된 날부터 30일이 지났으나 처리가 완료되지 아니한 경우 또는 민원인의 명시적인 요청이 있는 경우에는 그 처리진행상황과 처리완료 예정일 등을 적은 문서를 민원인에게 교부하거나 정보통신망 또는 우편 등의 방법으로 통지하여야 한다."라고 정하고 있다.

처분이나 민원의 처리기간을 정하는 것은 신청에 따른 사무를 가능한 한 조속히 처리하도록 하기 위한 것이다. 처리기간에 관한 규정은 훈시규정에 불과할 뿐 강행규정이라고 볼 수 없다. 행정청이 처리기간이 지나 처분을 하였더라도 이를 처분을 취소할 절차상 하자로 볼 수 없다. 민원처리법 시행령 제23조에 따른 민원처리진행상황 통지도 민원인의 편의를 위한 부가적인 제도일 뿐, 그 통지를 하지 않았더라도 이를 처분을 취소할 절차상 하자로 볼 수 없다.

취소사유에 이르지 않은 절차하자

1. 개발행위허가신청 불허가처분시 도시계획위원회의 심의를 거치지 않은 경우

국토계획법 제59조 제1항이 일정한 개발행위의 허가에 대하여 사전에 도시계획위원회의 심의를 거치도록 하고 있는 것은 행정기관의 장으로 하여금 개발행위허가를 신중하게 결정하도록 함으로써 난개발을 방지하고자 하는 데에 주된 취지가 있다고 할 것이다. 위와 같은 사정들을 종합하여 볼 때, 개발행위허가에 관한 사무를 처리하는 행정기관의 장이 일정한 개발행위를 허가하는 경우에는 국토계획법 제59조 제1항에 따라 도시계획위원회의 심의를 거쳐야 할 것이나, 개발행위허가의 신청 내용이 허가 기준에 맞지 않는다고 판단하여 개발행위허가신청을 불허가하였다면 이에 앞서 도시계획위원회의 심의를 거치지 않았다고 하여 이러한 사정만으로 곧바로 그 불허가처분에 취소사유에 이를 정도의 절차상 하자가 있다고 보기는 어렵다. 다만 행정기관의 장이 도시계획위원회의 심의를 거치지 아니한 결과 개발행위 불허가처분을 함에 있어 마땅히 고려하여야 할 사정을 참작하지 아니하였다면 그 불허가처분은 재량권을 일탈·남용한 것으로서 위법하다고 평가할 수 있을 것이다(대법원 2015. 10. 29. 선고 2012두28728 판결).

2. 예비타당성조사를 하지 않은 하천공사시행계획 및 각 실시계획승인처분

구 국가재정법 제38조 및 구 국가재정법 시행령 제13조에 규정된 예비타당성조사는 각 처분과 형식상 전혀 별개의 행정계획인 예산의 편성을 위한 절차일 뿐 각 처분에 앞서 거쳐야 하거나 근거 법규 자체에서 규정한 절차가 아니므로, 예비타당성조사를 실시하지 아니한 하자는 원칙적으로 예산 자체의 하자일 뿐, 그로써 곧바로 각 처분의 하자가 된다고 할 수 없어, 예산이 각 처분 등으로써 이루어지는 '4대강 살리기 사업' 중 한 강 부분을 위한 재정 지출을 내용으로 하고 있고 예산의 편성에 절차상 하자가 있다는 사정만으로 각 처분에 취소사유에 이를 정도의 하자가 존재한다고 보기 어렵다(대법원 2015. 12. 10. 선고 2011두32515 판결).

3. 교육환경평가서 승인절차를 거치지 않은 주택건설사업계획승인이나 건축허가

교육환경보호구역에서 건축법 제11조 제1항 단서에 따른 규모(층수가 21층 이상이거나 연면적의 합계가 10만㎡ 이상인 경우를 말하며, 이와 같은 규모에 해당하는 건축물을 이하 '대규모 건축물'이라고 한다)의 건축을 하려는 자는 교육환경평가서를 관할 교육감에게 제출하고 그 승인을 받아야 한다(교육환경법 제6조 제1항 제5호 참조).

그런데 교육환경평가서 승인제도의 입법 취지, 교육환경법령 및 건축법령의 관련 규정의 내용과 체계 등을 종합적으로 고려하면, 대규모 건축물을 건축하려는 자가 위와 같은 교육환경평가서 승인절차를 거치지 아니한 채 주택법상 주택건설사업계획승인이나 건축법상 건축허가 등(이하 건축물 건축에 관한 승인, 허가 등을 통틀어 '건축허가 등'이라고 한다)을 받았더라도 이러한 사유만으로 곧바로 건축허가 등 처분에 취소사유에 이를 정도의 흠이 존재한다고 볼 수는 없다(대법원 2021. 8. 19. 선고 2020두55701 판결).

서희건설 사건

□ 대법원 2018. 11. 29. 선고 2016두38792 판결

〔사실관계〕

피고(거제시장)는 2014. 8. 25. 피고 보조참가인(소동임대주택조합, 이하 '참가인'이라고 한다)과 주식회사 서희건설이 공동사업주체로서 이 사건 임대주택단지에 임대아파트 9개동 686세대를 건축하는 내용의 주택건설사업계획을 승인·고시하면서, 관계 행정청과의 협의 절차를 거쳐 이 사건 지구단위계획결정이 의제 처리되었음을 함께 고시하였다. 이후 피고는 2014. 9. 25. 이 사건 지구단위계획결정에 관한 지형도면 고시를 하였고, 원고는 2014. 12. 17. 이 사건 지구단위계획결정에 대한 취소를 구하는 소를 제기하였다.

〔판결요지〕

[1] 주택건설사업계획 승인처분에 따라 의제된 인허가에 하자가 있어 이해관계인이 위법함을 다투고자 하는 경우, 취소를 구할 대상(=의제된 인허가) 및 의제된 인허가가 주택건설사업계획 승인처분과 별도로 항고소송의 대상이 되는 처분에 해당하는지 여부(적극)

구 주택법 제17조 제1항에 의하면, 주택건설사업계획 승인권자가 관계 행정청의 장과 미리 협의한 사항에 한하여 그 승인처분을 할 때에 인허가 등이 의제될 뿐이고, 그 각호에 열거된 모든 인허가 등에 관하여 일괄하여 사전협의를 거칠 것을 주택건설사업계획 승인처분의 요건으로 규정하고 있지 않다. 따라서 인허가 의제 대상이 되는 처분에 어떤 하자가 있다고 하더라도, 그로써 해당 인허가 의제의 효과가 발생하지 않을 여지가 있게 될 뿐이고, 그러한 사정이 주택건설사업계획 승인처분 자체의 위법사유가 될 수는 없다 또한 의제된 인허가는 통상적인 인허가와 동일한 효력을 가지므로, 적어도 '부분 인허가 의제'가 허용되는 경우에는 그 효력을 제거하기 위한 법적 수단으로 의제된 인허가의 취소나 철회가 허용될 수 있고, 이러한 직권 취소·철회가 가능한 이상 그 의제된 인허가에 대한 쟁송취소 역시 허용된다. 따라서 주택건설사업계획 승인처분에 따라 의제된 인허가가 위법함을 다투고자 하는 이해관계인은, 주택건설사업계획 승인처분의 취소를 구할 것이 아니라 의제된 인허가의 취소를 구하여야 하며, 의제된 인허가는 주택건설사업계획 승인처분과 별도로 항고소송의 대상이 되는 처분에 해당한다.

그런데도 원심은 이와 달리, 이 사건 사업계획 승인처분에 부수하여 의제된 이 사건 지구단위계획결정에 위법이 있는지를 다투려면 이 사건 사업계획 승인처분에 대한 취소소송에서 이 사건 지구단위계획결정의 하자를 이 사건 사업계획 승인처분의 위법사유로 주장하여야 하고, 이 사건 지구단위계획결정은 별도로 취소소송의 대상이 되지 못한다고 판단하였다. 이러한 원심판단에는 의제된 인허가의 처분성에 관한 법리를 오해한 잘못이 있다(원심이 원용한 대법원 2001. 1. 16. 선고 99두10988 판결은 주된 인허가 발급이 거부되어 거부처분 취소소송이 제기된 사안에 대한 것으로, 주된 인허가와 함께 관련 인허가가 의제되어 불이익을 받은 이해관계인이 의제된 인허가에 대한 취소소송을 제기한 이 사건의 사안에 원용하기에는 적절하지 않음을 지적하여 둔다).

[2] 주택건설사업계획 승인권자가 도시·군관리계획 결정권자와 협의를 거쳐 주택건설사업계획을 승인함으로써 도시·군관리계획결정이 이루어진 것으로 의제되기 위해서는 협의 절차와 별도로 국토의 계획 및 이용에 관한 법률 제28조 등에 따른 주민 의견청취 절차를 거쳐야 하는지 여부(소극)

구 주택법 제17조 제1항에 인허가 의제 규정을 둔 입법 취지는, 주택건설사업을 시행하는 데 필요한 각종 인허가 사항과 관련하여 주택건설사업계획 승인권자로 그 창구를 단일화하고 절차를 간소화함으로써 각종 인허가에 드는 비용과 시간을 절감하여 주택의 건설·공급을 활성화하려는 데에 있다. 이러한 인허가 의제 규정의 입법 취지를 고려하면, <u>주택건설사업계획 승인권자가 구 주택법 제17조 제3항에 따라 도시·군관리계획 결정권자와 협의를 거쳐 관계 주택건설사업계획을 승인하면 같은 조 제1항 제5호에 따라 도시·군관리계획결정이 이루어진 것으로 의제되고, 이러한 협의 절차와 별도로 국토계획법 제28조 등에서 정한 도시·군관리계획 입안을 위한 주민 의견청취 절차를 거칠 필요는 없다고 보아야 한다</u> (대법원 1992. 11. 10. 선고 92누1162 판결 참조).

[참고판례]

❶ 인·허가 의제제도의 취지

건축법에서 <u>인·허가의제 제도를 둔 취지는 인·허가의제사항과 관련하여 건축허가 또는 건축신고의 관할 행정청으로 그 창구를 단일화하고 절차를 간소화하며 비용과 시간을 절감함으로써 국민의 권익을 보호하려는 것이지, 인·허가의제사항 관련 법률에 따른 각각의 인·허가 요건에 관한 일체의 심사를 배제하려는 것으로 보기는 어렵다</u>(대법원 2011. 1. 20. 선고 2010두14954 전원합의체 판결).

❷ 인·허가 의제의 범위

① 구 택지개발촉진법 제11조 제1항 제9호에서는 사업시행자가 택지개발사업 실시계획승인을 받은 때 도로법에 의한 도로공사시행허가 및 도로점용허가를 받은 것으로 본다고 규정하고 있는바, 이러한 인허가 의제제도는 목적사업의 원활한 수행을 위해 행정절차를 간소화하고자 하는 데 그 취지가 있는 것이므로 <u>위와 같은 실시계획승인에 의해 의제되는 도로공사시행허가 및 도로점용허가는 원칙적으로 당해 택지개발사업을 시행하는 데 필요한 범위 내에서만 그 효력이 유지된다고 보아야 한다. 따라서 원고가 이 사건 택지개발사업과 관련하여 그 사업시행의 일환으로 이 사건 도로예정지 또는 도로에 전력관을 매설하였다고 하더라도 사업시행완료 후 이를 계속 유지·관리하기 위해 도로를 점용하는 것에 대한 도로점용허가까지 그 실시계획 승인에 의해 의제된다고 볼 수는 없다</u>(대법원 2010. 4. 29. 선고 2009두18547 판결).

② [1] 주된 인허가에 관한 사항을 규정하고 있는 법률에서 주된 인허가가 있으면 다른 법률에 의한 인허가를 받은 것으로 의제한다는 규정을 둔 경우, 주된 인허가가 있으면 다른 법률에 의한 인허가가 있는 것으로 보는 데 그치고, 거기에서 더 나아가 다른 법률에 의하여 인허가를 받았음을 전제로 하는 그 다른 법률의 모든 규정들까지 적용되는 것은 아니다.
[2] 학교용지부담금 부과대상 사업에 관한 구 학교용지 확보 등에 관한 특례법(이하 '학교용지법'이라 한다) 제2조 제2호는 부과대상 사업의 근거 법률로 구 국민임대주택건설 등에 관한 특별조치법(이하 '공공주택건설법'이라 한다)을 들고 있지 아니하다. 그리고 공공주택건설법 제12조 제1항이 단지조성사업 실시계획의 승인이 있는 때에는 도시개발법에 의한 실시계획의 작성·인가(제11호), 주택법에 의한 사업계획의 승인(제20호)을 받은 것으로 본다고 규정하고 있으나, 이는 공공주택건설법상 단지조성사업 실시계획의 승인을 받으면 그와 같은 인가나 승인을 받은 것으로 의제함에 그치는 것이지 더 나아가 그와 같은 인가나 승

인을 받았음을 전제로 하는 도시개발법과 주택법의 모든 규정들까지 적용된다고 보기는 어렵다. 따라서 공공주택건설법에 따른 단지조성사업은 학교용지법 제2조 제2호에 정한 학교용지부담금 부과대상 개발사업에 포함되지 아니하고, 이와 달리 학교용지부담금 부과대상 개발사업에 포함된다고 해석하는 것은 학교용지부담금 부과에 관한 규정을 상대방에게 불리한 방향으로 지나치게 확장해석하거나 유추해석하는 것이어서 허용되지 아니한다(대법원 2016. 11. 24. 선고 2014두47686 판결).

❸ 관련 인허가 사항에 관한 협의가 이루어지지 않은 상태에서 주된 인허가가 효력이 발생한 경우, 상대방은 주된 인허가를 받을 지위만을 가질 뿐 관련 인허가까지 받은 지위를 가지는 것은 아니다.

중소기업창업 지원법(이하 '중소기업창업법'이라 한다) 제35조 제1항, 제4항에 따르면 시장 등이 사업계획을 승인할 때 제1항 각호에서 정한 관련 인허가에 관하여 소관 행정기관의 장과 협의를 한 사항에 대해서는 관련 인허가를 받은 것으로 본다고 정하고 있다. 이러한 인허가 의제 제도는 목적사업의 원활한 수행을 위해 창구를 단일화하여 행정절차를 간소화하는 데 입법 취지가 있고 목적사업이 관계 법령상 인허가의 실체적 요건을 충족하였는지에 관한 심사를 배제하려는 취지는 아니다. 따라서 시장 등이 사업계획을 승인하기 전에 관계 행정청과 미리 협의한 사항에 한하여 사업계획승인처분을 할 때에 관련 인허가가 의제되는 효과가 발생할 뿐이다. 관련 인허가 사항에 관한 사전 협의가 이루어지지 않은 채 중소기업창업법 제33조 제3항에서 정한 20일의 처리기간이 지난 날의 다음 날에 사업계획승인처분이 이루어진 것으로 의제된다고 하더라도, 창업자는 중소기업창업법에 따른 사업계획승인처분을 받은 지위를 가지게 될 뿐이고 관련 인허가까지 받은 지위를 가지는 것은 아니다. 따라서 창업자는 공장을 설립하기 위해 필요한 관련 인허가를 관계 행정청에 별도로 신청하는 절차를 거쳐야 한다. 만일 창업자가 공장을 설립하기 위해 필요한 국토의 계획 및 이용에 관한 법률에 따른 개발행위허가를 신청하였다가 거부처분이 이루어지고 그에 대하여 제소기간이 도과하는 등의 사유로 더 이상 다툴 수 없는 효력이 발생한다면, 시장 등은 공장설립이 객관적으로 불가능함을 이유로 중소기업창업법에 따른 사업계획승인처분을 직권으로 철회하는 것도 가능하다(대법원 2021. 3. 11. 선고 2020두42569 판결).

❹ 의제된 인허가 사항과 관련하여 취소사유가 발생한 경우, 해당 의제된 인허가만을 취소할 수 있다.

구 중소기업창업 지원법(이하 '중소기업창업법'이라 한다) 제35조 제1항, 제33조 제4항, 중소기업창업 지원법 시행령 제24조 제1항, 중소기업청장이 고시한 '창업사업계획의 승인에 관한 통합업무처리지침'(이하 '업무처리지침'이라 한다)의 내용, 체계 및 취지 등에 비추어 보면 다음과 같은 이유로 중소기업창업법에 따른 사업계획승인의 경우 의제된 인허가만 취소 내지 철회함으로써 사업계획에 대한 승인의 효력은 유지하면서 해당 의제된 인허가의 효력만을 소멸시킬 수 있다.

중소기업창업법 제35조 제1항의 인허가의제 조항은 창업자가 신속하게 공장을 설립하여 사업을 개시할 수 있도록 창구를 단일화하여 의제되는 인허가를 일괄 처리하는 데 입법 취지가 있다. 위 규정에 의하면 사업계획승인권자가 관계 행정기관의 장과 미리 협의한 사항에 한하여 승인 시에 그 인허가가 의제될 뿐이고, 해당 사업과 관련된 모든 인허가의제 사항에 관하여 일괄하여 사전 협의를 거쳐야 하는 것은 아니다. 업무처리지침 제15조 제1항은 협의가 이루어지지 않은 인허가사항을 제외하고 일부만을 승인할 수 있다고 규정함으로써 이러한 취지를 명확히 하고 있다. 그리고 사업계획을 승인할 때 의제되는 인허가 사항에 관한 제출서류, 절차 및 기준, 승인조건 부과에 관하여 해당 인허가 근거 법령을 적용하도록 하고 있으므로(업무처리지침 제5조 제1항, 제8조 제5항, 제16조), 인허가의제의 취지가 의제된 인허가 사항에 관한 개별법령상의 절차나 요건 심사를 배제하는 데 있다고 볼 것은 아니다. 사업계획승인으로 의제된 인허가는 통상적인 인허가와 동일한 효력을 가지므로, 그 효력을 제거하기 위한 법적 수단으로 의제된 인허가의 취소나 철회가 허용될 필요가 있다. 특히 업무처리지침 제18조에서는 사업계획승인으로 의제된 인허가 사항의 변경 절차를 두고 있는데, 사업계획승인 후 의제된 인허가 사항을 변경할 수 있다면 의제된 인허가 사항과 관련하여 취소 또는 철회 사유가 발생한 경우 해당 의제된 인허가의 효력만을 소멸시키는 취소 또는 철회도 할 수 있다고 보아야 한다.

이와 같이 사업계획승인으로 의제된 인허가 중 일부를 취소 또는 철회하면, 취소 또는 철회된 인허가를 제외한 나머지 인허가만 의제된 상태가 된다. 이 경우 당초 사업계획승인을 하면서 사업 관련 인허가 사항 중 일부에 대하여만 인허가가 의제되었다가 의제되지 않은 사항에 대한 인허가가 불가한 경우 사업계획승인을 취소할 수 있는 것처럼(업무처리지침 제15조 제2항), 취소 또는 철회된 인허가 사항에 대한 재인허가가 불가한 경우 사업계획승인 자체를 취소할 수 있다(대법원 2018. 7. 12. 선고 2017두48734 판결).

❺ 주된 인·허가에 대한 거부처분 취소소송에서 의제되는 인·허가의 거부사유를 다툴 수 있다.

구 건축법 8조 1항, 3항, 5항에 의하면, 건축허가를 받은 경우에는 구 도시계획법 4조에 의한 토지의 형질변경허가나 농지법 36조에 의한 농지전용허가 등을 받은 것으로 보며, 한편 건축허가권자가 건축허가를 하고자 하는 경우 당해 용도·규모 또는 형태의 건축물을 그 건축하고자 하는 대지에 건축하는 것이 건축법 관련 규정이나 같은 도시계획법 제4조, 농지법 제36조 등 관계 법령의 규정에 적합한지의 여부를 검토하여야 하는 것일 뿐, 건축불허가처분을 하면서 그 처분사유로 건축불허가 사유뿐만 아니라 형질변경불허가 사유나 농지전용불허가 사유를 들고 있다고 하여 그 건축불허가처분 외에 별개로 형질변경불허가처분이나 농지전용불허가처분이 존재하는 것이 아니므로 그 건축불허가처분을 받은 사람은 그 건축불허가처분에 관한 쟁송에서 건축법상의 건축불허가 사유뿐만 아니라 같은 도시계획법상의 형질변경불허가 사유나 농지법상의 농지전용불허가 사유에 관하여도 다툴 수 있는 것이지, 그 건축불허가처분에 관한 쟁송과는 별개로 형질변경불허가처분이나 농지전용불허가처분에 관한 쟁송을 제기하여 이를 다투어야 하는 것은 아니며, 그러한 쟁송을 제기하지 아니하였어도 형질변경불허가 사유나 농지전용불허가 사유에 관하여 불가쟁력이 생기지 아니한다(대법원 2001. 1. 16. 선고 99두10988 판결).

> **기출문제**
>
> **5급21** A군의 군수(이하 'A 군수')는 甲 주식회사에게 「중소기업창업 지원법」 제33조 및 제35조에 따라 관할행정청과의 협의를 거쳐 산지전용허가 등이 의제되는 사업계획을 승인하였다. 산지전용허가가 의제되는 부지 인근에 거주하고 있는 주민 乙은 해당 사업이 실시될 경우 산에서 내려오는 물의 흐름이 막혀 지반이 약한 부분에서 토사유출 및 산사태 위험이 있다며 해당 산지전용허가에 반대하고 있다. 관할행정청은 이후 「산지관리법」 제37조에 따라 재해위험지역 일제점검을 하던 중 甲의 시설공사장에서 토사유출로 인한 산사태 위험을 확인하고, 甲에게 시설물철거 등 재해의 방지에 필요한 조치를 할 것을 명하였다. 다만, 甲에게 통지된 관할행정청의 처분서에는 甲이 충분히 알 수 있도록 처분의 사유와 근거가 구체적으로 명시되지는 않았다.
>
> 1) 甲의 신청이 산지전용허가요건을 완비하지 못한 경우에도, A 군수가 사업계획승인을 할 수 있는지를 검토하시오. **(15점)** - 의제되는 인허가 요건의 심리 범위
> 2) 이해관계인 乙이 산지전용허가를 대상으로 취소소송을 제기할 수 있는지를 검토하시오. (원고적격은 논하지 않는다) **(10점)** - 의제되는 인허가의 실재 여부와 불복

제2장 | 행정정보공개

업무추진비 정보공개 사건

□ 대법원 2003. 3. 11. 선고 2001두6425 판결

[사실관계]

甲은 경북 칠곡군에 거주하는 주민으로서, 1994. 4. 28. 피고 乙(칠곡군수)에 대하여 1995. 7. 1.부터 1999. 3. 31.까지의 업무추진비 세부항목별 집행내역 및 그에 관한 증빙서류(여기에는 행사에 참여하거나 금품을 수령한 공무원이나 개인의 이름과 주민등록번호 등이 포함되어 있었다. 이하 '이 사건 정보'라 한다)에 대한 정보공개를 청구하였다. 이에 乙은 1999. 5. 6. 甲에게 이 사건 정보에는 개인 등 특정인에 관한 정보가 많아 구 공공기관의 정보공개에 관한 법률 제7조(현 제9조) 제1항 제6호, 제7호 소정의 비공개 대상정보에 해당한다는 이유로 이의 공개를 거부하는 이 사건 처분을 하였다. 이에 甲은 乙을 상대로 이 사건 처분의 취소를 구하는 소송을 제기하였다.

[판결요지]

[1] 정보공개거부처분을 받은 청구인이 그 거부처분의 취소를 구할 법률상의 이익이 있는지 여부(적극)

국민의 정보공개청구권은 법률상 보호되는 구체적인 권리이므로, 공공기관에 대하여 정보의 공개를 청구하였다가 공개거부처분을 받은 청구인은 행정소송을 통하여 그 공개거부처분의 취소를 구할 법률상의 이익이 있다.

[2] 공공기관의정보공개에관한법률 제7조 제1항 제6호 단서 (다)목 소정의 '공개하는 것이 공익을 위하여 필요하다고 인정되는 정보'에 해당하는지 여부의 판단 기준

공공기관의정보공개에관한법률 제7조 제1항 제6호 단서 (다)목 소정의 '공개하는 것이 공익을 위하여 필요하다고 인정되는 정보'에 해당하는지 여부는 비공개에 의하여 보호되는 개인의 사생활 보호 등의 이익과 공개에 의하여 보호되는 국정운영의 투명성 확보 등의 공익을 비교·교량하여 구체적 사안에 따라 신중히 판단하여야 한다.

[3] 지방자치단체의 업무추진비 세부항목별 집행내역 및 그에 관한 증빙서류에 포함된 개인에 관한 정보는 '공개하는 것이 공익을 위하여 필요하다고 인정되는 정보'에 해당하지 않는다고 한 사례.

[4] 비공개대상정보에 해당하는 부분과 공개가 가능한 부분이 구별되고 이를 분리할 수 있는 경우, 법원의 판결주문기재 방법

법원이 행정청의 정보공개거부처분의 위법 여부를 심리한 결과 공개를 거부한 정보에 비공개대상정보에 해당하는 부분과 공개가 가능한 부분이 혼합되어 있고 공개청구의 취지에 어긋나지 아니하는 범위 안에서 두 부분을 분리할 수 있음을 인정할 수 있을 때에는, 위 정보 중 공개가 가능한 부분을 특정하고 판결의 주문에 행정청의 위 거부처분 중 공개가 가능한 정보에 관한 부분만을 취소한다고 표시하여야 한다.

[참고판례]

❶ 정보공개법의 적용 배제

① 형사소송법 제59조의2의 내용·취지 등을 고려하면, 형사소송법 제59조의2는 형사재판확정기록의 공개 여부나 공개 범위, 불복절차 등에 대하여 구 공공기관의 정보공개에 관한 법률(이하 '정보공개법'이라고 한다)과 달리 규정하고 있는 것으로 정보공개법 제4조 제1항에서 정한 '정보의 공개에 관하여 다른 법률에 특별한 규정이 있는 경우'에 해당한다. 따라서 형사재판확정기록의 공개에 관하여는 정보공개법에 의한 공개청구가 허용되지 아니한다(대법원 2016. 12. 15. 선고 2013두20882 판결).

② 형사소송법 제59조의2의 내용과 취지 등을 고려하면, 형사소송법 제59조의2는 재판이 확정된 사건의 소송기록, 즉 형사재판확정기록의 공개 여부나 공개 범위, 불복절차 등에 관하여 공공기관의 정보공개에 관한 법률(이하 '정보공개법'이라 한다)과 달리 규정하고 있는 것으로 정보공개법 제4조 제1항에서 정한 '정보의 공개에 관하여 다른 법률에 특별한 규정이 있는 경우'에 해당한다. 따라서 형사재판확정기록의 공개에 관하여는 정보공개법에 의한 공개청구가 허용되지 않는다. 따라서 형사재판확정기록에 관해서는 형사소송법 제59조의2에 따른 열람·등사신청이 허용되고 그 거부나 제한 등에 대한 불복은 준항고에 의하며, 형사재판확정기록이 아닌 불기소처분으로 종결된 기록에 관해서는 정보공개법에 따른 정보공개청구가 허용되고 그 거부나 제한 등에 대한 불복은 항고소송절차에 의한다(대법원 2022. 2. 11.자 2021모3175 결정).

❷ 정보공개청구권자

1) 정보공개를 청구하였다가 거부처분을 받은 것 자체가 법률상 이익의 침해에 해당한다.

정보공개법 제6조(현 제5조) 제1항은 "모든 국민은 정보의 공개를 청구할 권리를 가진다."고 규정하고 있는데, 여기에서 말하는 국민에는 자연인은 물론 법인, 권리능력 없는 사단·재단도 포함되고, 법인, 권리능력 없는 사단·재단 등의 경우에는 설립목적을 불문한다. 한편 정보공개청구권은 법률상 보호되는 구체적인 권리이므로 청구인이 공공기관에 대하여 정보공개를 청구하였다가 거부처분을 받은 것 자체가 법률상 이익의 침해에 해당한다(대법원 2003. 12. 12. 선고 2003두8050 판결).

2) 지방자치단체는 정보공개청구권자에 해당하는지 않는다.

지방자치단체는 공권력의 담당자로서 이러한 국민의 알권리를 보호할 위치에 있다고 보아야 하는 점 등에 비추어 보면 지방자치단체에게는 알권리로서의 정보공개청구권이 인정된다고 보기는 어렵고, 지방자치단체는 공공기관의 정보공개에 관한 법률 제5조에서 정한 정보공개청구권자인 '국민'에 해당되지 아니한다 (서울행정법원 2005. 10. 2. 선고 2005구합10484 판결).

❸ 정보공개의무자

1) 한국증권업협회 : 부정

'한국증권업협회'는 증권회사 상호간의 업무질서를 유지하고 유가증권의 공정한 매매거래 및 투자자보호를 위하여 일정 규모 이상인 증권회사 등으로 구성된 회원조직으로서, 증권거래법 또는 그 법에 의한 명령에 대하여 특별한 규정이 있는 것을 제외하고는 민법 중 사단법인에 관한 규정을 준용 받는 점, 그 업무가 국가기관 등에 준할 정도로 공동체 전체의 이익에 중요한 역할이나 기능에 해당하는 공공성을 갖는다고 볼 수 없는 점 등에 비추어, 공공기관의 정보공개에 관한 법률 시행령 제2조 제4호의 '특별법에 의하여 설립된 특수법인'에 해당한다고 보기 어렵다고 한 사례(대법원 2010. 4. 29. 선고 2008두5643 판결).

2) 한국방송공사 : 긍정

방송법이라는 특별법에 의하여 설립 운영되는 한국방송공사(KBS)는 공공기관의 정보공개에 관한 법률 시행령 제2조 제4호의 '특별법에 의하여 설립된 특수법인'으로서 정보공개의무가 있는 공공기관의 정보공개에 관한 법률 제2조 제3호의 '공공기관'에 해당한다고 판단한 원심판결을 수긍한 사례(대법원 2010. 12. 23. 선고 2008두13101 판결).

3) 사립대학교 : 긍정

정보공개 의무기관을 정하는 것은 입법자의 입법형성권에 속하고, 이에 따라 입법자는 구 공공기관의 정보공개에 관한 법률 제2조 제3호에서 정보공개 의무기관을 공공기관으로 정하였는바, 공공기관은 국가기관에 한정되는 것이 아니라 지방자치단체, 정부투자기관, 그 밖에 공동체 전체의 이익에 중요한 역할이나 기능을 수행하는 기관도 포함되는 것으로 해석되고, 여기에 정보공개의 목적, 교육의 공공성 및 공·사립학교의 동질성, 사립대학교에 대한 국가의 재정지원 및 보조 등 여러 사정을 고려해 보면, 사립대학교에 대한 국비 지원이 한정적·일시적·국부적이라는 점을 고려하더라도, 같은 법 시행령 제2조 제1호가 정보공개의무를 지는 공공기관의 하나로 사립대학교를 들고 있는 것이 모법인 구 공공기관의 정보공개에 관한 법률의 위임 범위를 벗어났다거나 사립대학교가 국비의 지원을 받는 범위 내에서만 공공기관의 성격을 가진다고 볼 수 없다(대법원 2006. 8. 24. 선고 2004두2783 판결).

❹ 공공기관이 보유·관리하지 않는 정보에 대해서는 공개거부의 취소를 구할 소의 이익이 없다.

정보공개제도는 공공기관이 보유·관리하는 정보를 그 상태대로 공개하는 제도라는 점에 비추어 정보공개청구를 거부하는 처분이 있은 후, 대상 정보가 폐기되었다든가 하여 공공기관이 그 정보를 보유·관리하지 않게 된 경우에는 특별한 사정이 없는 한 정보공개거부처분의 취소를 구할 법률상의 이익이 없다(대법원 2003. 4. 25. 선고 2000두7087 판결).

❺ 널리 알려진 정보도 공개청구의 이익이 있다.

국민의 정보공개청구권은 법률상 보호되는 구체적인 권리이므로, 공공기관에 대하여 정보의 공개를 청구하였다가 공개거부처분을 받은 청구인은 행정소송을 통하여 그 공개거부처분의 취소를 구할 법률상의 이익이 있고, 공개청구의 대상이 되는 정보가 이미 다른 사람에게 공개되어 널리 알려져 있다거나 인터넷 등을 통하여 공개되어 인터넷검색 등을 통하여 쉽게 알 수 있다는 사정만으로는 소의 이익이 없다거나 비공개결정이 정당화될 수 없다(대법원 2010. 12. 23. 선고 2008두13101 판결).

❻ 전자적 형태로 보유·관리하는 정보도 공개대상이 된다.

공공기관의 정보공개에 관한 법률에 의한 정보공개제도는 공공기관이 보유·관리하는 정보를 그 상태대로 공개하는 제도이지만, 전자적 형태로 보유·관리되는 정보의 경우에는, 그 정보가 청구인이 구하는 대로는 되어 있지 않다고 하더라도, 공개청구를 받은 공공기관이 공개청구대상정보의 기초자료를 전자적 형태로 보유·관리하고 있고, 당해 기관에서 통상 사용되는 컴퓨터 하드웨어 및 소프트웨어와 기술적 전문지식을 사용하여 그 기초자료를 검색하여 청구인이 구하는 대로 편집할 수 있으며, 그러한 작업이 당해 기관의 컴퓨터 시스템 운용에 별다른 지장을 초래하지 아니한다면, 그 공공기관이 공개청구대상정보를 보유·관리하고 있는 것으로 볼 수 있고, 이러한 경우에 기초자료를 검색·편집하는 것은 새로운 정보의 생산 또는 가공에 해당한다고 할 수 없다(대법원 2010. 2. 11. 선고 2009두6001 판결).

❼ 정보공개청구대상 정보가 원본일 필요는 없다.

정보공개법상 공개청구의 대상이 되는 정보란 공공기관이 직무상 작성 또는 취득하여 현재 보유·관리하고 있는 문서에 한정되는 것이기는 하나, 그 문서가 반드시 원본일 필요는 없다.

검찰보존사무규칙이 검찰청법 제11조에 기하여 제정된 법무부령이기는 하지만, 그 사실만으로 같은 규칙 내의 모든 규정이 법규적 효력을 가지는 것은 아니다. 기록의 열람·등사의 제한을 정하고 있는 같은 규칙 제22조는 법률상의 위임근거가 없어 행정기관 내부의 사무처리준칙으로서 행정규칙에 불과하므로, 위 규칙상의 열람·등사의 제한을 공공기관의 정보공개에 관한 법률 제9조 제1항 제1호의 '다른 법률 또는 법률에 의한 명령에 의하여 비공개사항으로 규정된 경우'에 해당한다고 볼 수 없다(대법원 2006. 5. 25. 선고 2006두3049 판결).

❽ 증명책임

1) 공개를 구하는 정보를 공공기관이 보유·관리하고 있을 상당한 개연성이 있다는 점에 대한 증명책임의 소재(=공개청구자); 그 정보를 더 이상 보유·관리하고 있지 아니하다는 점에 대한 증명책임의 소재(=공공기관)

정보공개제도는 공공기관이 보유·관리하는 정보를 그 상태대로 공개하는 제도로서 공개를 구하는 정보를 공공기관이 보유·관리하고 있을 상당한 개연성이 있다는 점에 대하여 원칙적으로 공개청구자에게 증명책임이 있다고 할 것이지만, 공개를 구하는 정보를 공공기관이 한 때 보유·관리하였으나 후에 그 정보가 담긴 문서등이 폐기되어 존재하지 않게 된 것이라면 그 정보를 더 이상 보유·관리하고 있지 아니하다는 점에 대한 증명책임은 공공기관에게 있다(대법원 2004. 12. 9. 선고 2003두12707 판결).

2) 정보공개를 요구받은 공공기관이 정보공개법 제9조 제1항 몇 호 소정의 비공개사유에 해당하는지를 주장·증명하지 아니한 채 '개괄적인 사유'만을 들어 공개를 거부할 수 없다.

구 공공기관의 정보공개에 관한 법률(이하 '정보공개법'이라 한다) 제13조 제4항은 공공기관이 정보를 비공개하는 결정을 한 때에는 비공개이유를 구체적으로 명시하여 청구인에게 그 사실을 통지하여야 한다고 규정하고 있다. 정보공개법 제1조, 제3조, 제6조는 국민의 알 권리를 보장하고 국정에 대한 국민의 참여와 국정운영의 투명성을 확보하기 위하여 공공기관이 보유·관리하는 정보를 모든 국민에게 원칙적으로 공개하도록 하고 있다. 그러므로 국민으로부터 보유·관리하는 정보에 대한 공개를 요구받은 공공기관으로서는, 정보공개법 제9조 제1항 각호에서 정하고 있는 비공개사유에 해당하지 않는 한 이를 공개하여야 한다. 이를 거부하는 경우라 할지라도, 대상이 된 정보의 내용을 구체적으로 확인·검토하여, 어느 부분이 어떠한 법익 또는 기본권과 충돌되어 정보공개법 제9조 제1항 몇 호에서 정하고 있는 비공개사유에 해당하는지를 주장·증명하여야만 하고, 그에 이르지 아니한 채 개괄적인 사유만을 들어 공개를 거부하는 것은 허용되지 아니한다(대법원 2018. 4. 12. 선고 2014두5477 판결).

❾ 행정규칙으로는 비공개사항을 정할 수 없다.

① 공공기관의 정보공개에 관한 법률 제9조 제1항 본문은 "공공기관이 보유관리하는 정보는 공개대상이 된다"고 규정하면서 그 단서 제1호에서는 "다른 법률 또는 법률이 위임한 명령(국회규칙·대법원규칙·중앙선거관리위원회규칙·대통령령 및 조례에 한한다)에 의하여 비밀 또는 비공개 사항으로 규정된 정보"는 이를 공개하지 아니할 수 있다고 규정하고 있는바, 그 입법 취지는 비밀 또는 비공개 사항으로 다른 법률 등에 규정되어 있는 경우는 이를 존중함으로써 법률 간의 마찰을 피하기 위한 것이고, 여기에서 '법률에 의한 명령'은 대통령령, 총리령, 부령 전부를 의미한다기 보다는 정보의 공개에 관하여 법률의 구체적인 위임 아래 제정된 법규명령(위임명령)을 의미한다(대법원 2010. 6. 10. 선고 2010두2913 판결).

② 검찰보존사무규칙은 법무부령으로 되어 있으나, 그 중 재판확정기록 등의 열람·등사에 대하여 제한하고 있는 부분은 위임근거가 없어 행정기관 내부의 사무처리준칙으로서 행정규칙에 불과하므로, 위 규칙에 의한 열람·등사의 제한을 공공기관의정보공개에관한법률 제4조 제1항의 '정보의 공개에 관하여 다른 법률에 특별한 규정이 있는 경우' 또는 제7조 제1항 제1호의 '다른 법률 또는 법률에 의한 명령에 의하여 비공개사항으로 규정된 경우'에 해당한다고 볼 수는 없다(대법원 2003. 12. 26. 선고 2002두1342 판결).

❿ 공공기관이 공개청구의 대상이 된 정보를 청구인이 신청한 공개방법 이외의 방법으로 공개하기로 하는 결정을 한 경우, 일부 거부처분을 한 것이며 이에 대하여 항고소송으로 다툴 수 있다.

구 공공기관의 정보공개에 관한 법률은, 정보의 공개를 청구하는 이(이하 '청구인'이라고 한다)가 정보공개방법도 아울러 지정하여 정보공개를 청구할 수 있도록 하고 있고, 전자적 형태의 정보를 전자적으로 공개하여 줄 것을 요청한 경우에는 공공기관은 원칙적으로 요청에 응할 의무가 있고, 나아가 비전자적 형태의 정보에 관해서도 전자적 형태로 공개하여 줄 것을 요청하면 재량판단에 따라 전자적 형태로 변환하여 공개할 수 있도록 하고 있다. 이는 정보의 효율적 활용을 도모하고 청구인의 편의를 제고함으로써 구 정보공개법의 목적인 국민의 알 권리를 충실하게 보장하려는 것이므로, 청구인에게는 특정한 공개방법을 지정하여 정보공개를 청구할 수 있는 법령상 신청권이 있다. 따라서 공공기관이 공개청구의 대상이 된 정보를 공개는 하되, 청구인이 신청한 공개방법 이외의 방법으로 공개하기로 하는 결정을 하였다면, 이는 정보공개청구 중 정보공개방법에 관한 부분에 대하여 일부 거부처분을 한 것이고, 청구인은 그에 대하여 항고소송으로 다툴 수 있다(대법원 2016. 11. 10. 선고 2016두44674 판결).

5급:일반행정09 A고등학교 교장인 甲은 소속 교사인 乙의 행실이 못마땅하고, 그 소속 단체인 교사 연구회에 대하여도 반감을 가지고 있던 중에 乙이 신청한 A학교시설의 개방 및 그 이용을 거부하였다. 그러자 평소 甲의 학교운영에 불만을 품고 있던 乙은 학교장 甲의 업무추진비 세부항목별 집행내역 및 그에 관한 증빙서류에 대하여 정보공개를 청구하였다. 이에 甲은 청구된 정보의 내용중에는 개인의 사생활의 비밀 또는 자유를 침해할 우려가 있는 정보가 포함되어 있다는 것을 이유로 乙의 청구에 대하여 비공개 결정하였다.

1) 甲의 비공개결정의 적법성 여부에 대하여 검토하시오. **(15점)** - 비공개대상 여부, 부분공개의 가능성

5급:일반행정11 서울특별시 X구에 위치한 대학입학전문상담사로 근무하는 甲은 과학적이고 체계적인 학생입학지도를 위해 '공공기관의 정보공개에 관한 법률'에 따라 교육과학기술부장관 乙에게 학교별 성적분포도를 포함하여 서울지역 2010년 대학수학능력시험평가 원데이터에 대한 정보(수능시험정보)의 공개를 청구하였다. 이에 대해 乙은 甲의 청구대로 응할 경우 학교의 서열화를 야기할 뿐만 아니라 업무의 공정한 수행에 현저한 지장을 초래한다는 이유로 비공개결정을 하였다. 甲의 권리구제와 관련하여 다음의 질문에 답하시오.(단, 무효확인심판과 무효확인소송은 제외한다.)

1) 甲이 현행 행정쟁송법상 권리구제수단으로 선택할 수 있는 방식에 대하여 기술하시오.**(10점)** - 비공개결정에 대한 행정쟁송법상 권리구제수단(행정심판 및 임시처분, 취소소송 및 집행정지, 의무이행소송 및 임시처분 허용여부)
2) 乙이 비공개결정을 한 이유의 타당성을 검토하시오.**(10점)** - 비공개대상정보 해당여부

징계처분취소사건과 정보공개의 이익

□ 대법원 2022. 5. 26. 선고 2022두33439 판결

[사실관계]

원고는 2019. 11. 26. 피고(제39보병사단장)로부터 품위유지의무 위반 등을 이유로 견책의 징계처분을 받았다(이하 '이 사건 징계처분'이라 한다). 원고는 2020. 11. 18. 창원지방법원 2020구합54140호로 징계처분의 취소 등을 구하는 소를 제기하였다(이하 '징계처분 취소사건'이라 한다). 원고는 2020. 12. 31. 피고에게 징계위원회에 참여한 징계위원의 성명과 직위(이하 '이 사건 정보'라 한다)에 대한 정보공개청구를 하였으나, 피고는 2021. 1. 12. 이 사건 정보가 「공공기관의 정보공개에 관한 법률」 제9조 제1항 제1호, 제2호, 제5호와 제6호에 해당한다는 이유로 공개를 거부하는 처분을 하였다(이하 '이 사건 처분'이라 한다).

한편 징계처분 취소사건에서 2021. 9. 9. 원고의 청구를 모두 기각하는 판결이 선고되었고, 원고가 2022. 1. 19. 항소를 취하하여 위 판결이 그대로 확정되었다.

원심은 원고가 더 이상 이 사건 징계처분의 위법을 다툴 수 없게 되어 이 사건 정보의 공개를 구할 법률상 이익이 없다는 이유로 이 사건 소가 부적법하다고 판단하였다

[판결요지]

[1] 공공기관에 대하여 정보공개를 청구하였다가 공개거부처분을 받은 청구인은 공개거부처분의 취소를 구할 법률상 이익이 인정되는지 여부(적극)

국민의 정보공개청구권은 법률상 보호되는 구체적인 권리이므로, 공공기관에 대하여 정보공개를 청구하였다가 공개거부처분을 받은 청구인은 행정소송을 통해 공개거부처분의 취소를 구할 법률상 이익이 인정되고, 그 밖에 추가로 어떤 이익이 있어야 하는 것은 아니다.

[2] 견책의 징계처분을 받은 갑이 사단장에게 징계위원회에 참여한 징계위원의 성명과 직위에 대한 정보공개청구를 하였으나 위 정보가 공공기관의 정보공개에 관한 법률 제9조 제1항 제1호, 제2호, 제5호, 제6호에 해당한다는 이유로 공개를 거부한 사안에서, 징계처분 취소사건에서 갑의 청구를 기각하는 판결이 확정되었더라도, 갑으로서는 여전히 정보공개거부처분의 취소를 구할 법률상 이익이 있다고 한 사례

견책의 징계처분을 받은 갑이 사단장에게 징계위원회에 참여한 징계위원의 성명과 직위에 대한 정보공개청구를 하였으나 위 정보가 공공기관의 정보공개에 관한 법률 제9조 제1항 제1호, 제2호, 제5호, 제6호에 해당한다는 이유로 공개를 거부한 사안에서, 비록 징계처분 취소사건에서 갑의 청구를 기각하는 판결이 확정되었더라도 이러한 사정만으로 위 처분의 취소를 구할 이익이 없어지지 않고, 사단장이 갑의 정보공개청구를 거부한 이상 갑으로서는 여전히 정보공개거부처분의 취소를 구할 법률상 이익이 있으므로, 이와 달리 본 원심판결에 법리오해의 잘못이 있다고 한 사례.

정보공개청구 남용 사건

□ 대법원 2014. 12. 24. 선고 2014두9349 판결

[사실관계]

원고는 징역 3년 6월을 선고받아 복역 중에 있으면서 수백 회에 걸쳐 여러 국가기관을 상대로 다양한 내용의 정보공개청구를 반복하여 왔고, 정보공개거부처분에 대하여 전국의 각 법원에 취소청구소송(이하 '정보공개청구소송'이라 한다)을 제기하였다. 다수의 사건에서 원고의 정보공개청구에 대하여 행정청이 공개 또는 부분공개의 결정을 하였으나, 원고는 해당 정보를 수령하지 아니하였다. 원고는 이 사건의 원심을 포함한 대다수의 정보공개청구소송에서 특정 변호사를 소송대리인으로 선임하였다. 그런데 원심에서의 원고 소송대리인은 변론기일에 1회 출석하여 항소기각 판결을 구한다고 진술하였을 뿐 준비서면이나 서증을 제출하는 등의 변론행위를 한 바 없다. 원고는 교도소 직원과의 면담에서 정보공개청구소송에서 승소하여 소송비용 확정절차를 거쳐 변호사보수를 지급받으면, 이를 변호사와 자신이 배분하기로 하였다는 취지의 진술을 하기도 하였다. 원고는 수감 중 정보공개청구소송의 변론에 출석하기 위하여 약 90회 이상 전국 법원에 출정하였는데, 그에 따른 수백만 원의 출정비용을 납부하지 아니하고 있다.

[판결요지]

[1] 국민의 정보공개청구가 권리의 남용에 해당하는 것이 명백한 경우, 정보공개청구권의 행사를 허용할 수 없다.

일반적인 정보공개청구권의 의미와 성질, 구 공공기관의 정보공개에 관한 법률(이하 '정보공개법'이라 한다) 제3조, 제5조 제1항, 제6조의 규정 내용과 입법 목적, 정보공개법이 정보공개청구권의 행사와 관련하여 정보의 사용 목적이나 정보에 접근하려는 이유에 관한 어떠한 제한을 두고 있지 아니한 점 등을 고려하면, 국민의 정보공개청구는 정보공개법 제9조에 정한 비공개 대상 정보에 해당하지 아니하는 한 원칙적으로 폭넓게 허용되어야 하지만, 실제로는 해당 정보를 취득 또는 활용할 의사가 전혀 없이 정보공개 제도를 이용하여 사회통념상 용인될 수 없는 부당한 이득을 얻으려 하거나, 오로지 공공기관의 담당공무원을 괴롭힐 목적으로 정보공개청구를 하는 경우처럼 권리의 남용에 해당하는 것이 명백한 경우에는 정보공개청구권의 행사를 허용하지 아니하는 것이 옳다.

[2] 이 사건의 경우

교도소에 복역 중인 갑이 지방검찰청 검사장에게 자신에 대한 불기소사건 수사기록 중 타인의 개인정보를 제외한 부분의 공개를 청구하였으나 검사장이 구 공공기관의 정보공개에 관한 법률 제9조 제1항 등에 규정된 비공개 대상 정보에 해당한다는 이유로 비공개 결정을 한 사안에서, 갑은 위 정보에 접근하는 것을 목적으로 정보공개를 청구한 것이 아니라, 청구가 거부되면 거부처분의 취소를 구하는 소송에서 승소한 뒤 소송비용 확정절차를 통해 자신이 그 소송에서 실제 지출한 소송비용보다 다액을 소송비용으로 지급받아 금전적 이득을 취하거나, 수감 중 변론기일에 출정하여 강제노역을 회피하는 것 등을 목적으로 정보공개를 청구하였다고 볼 여지가 큰 점 등에 비추어 갑의 정보공개청구는 권리를 남용하는 행위로서 허용되지 않는다고 한 사례.

[참고판례]

❶ 공개대상 정보

1) 수용자자비부담물품의 판매수익금과 관련된 정보

수용자자비부담물품의 판매수익금과 관련하여 교도소장이 재단법인 교정협회로 송금한 수익금 총액과 교도소장에게 배당된 수익금액 및 사용내역, 교도소직원회 수지에 관한 결산결과와 사업계획 및 예산서, 수용자 외부병원 이송진료와 관련한 이송진료자 수, 이송진료자의 진료내역별(치료, 검사, 수술) 현황, 이송진료자의 진료비 지급(예산지급, 자비부담) 현황, 이송진료자의 진료비총액 대비 예산지급액, 이송진료자의 병명별 현황, 수용자신문구독현황과 관련한 각 신문별 구독신청자 수 등에 관한 정보는 정보공개법 제7조 제1항 제4호에서 비공개대상으로 규정한 '형의 집행, 교정에 관한 사항으로서 공개될 경우 그 직무수행을 현저히 곤란하게 하는 정보'에 해당하기 어렵다고 한 사례(대법원 2004. 12. 9. 선고 2003두12707 판결).

2) 사법시험 답안지

답안지는 응시자의 시험문제에 대한 답안이 기재되어 있을 뿐 평가자의 평가기준이나 평가 결과가 반영되어 있는 것은 아니므로 응시자가 자신의 답안지를 열람한다고 하더라도 시험문항에 대한 채점위원별 채점 결과가 열람되는 경우와 달리 평가자가 시험에 대한 평가업무를 수행함에 있어서 지장을 초래할 가능성이 적은 점, 답안지에 대한 열람이 허용된다고 하더라도 답안지를 상호비교함으로써 생기는 부작용이 생길 가능성이 희박하고, 열람업무의 폭증이 예상된다고 볼만한 자료도 없는 점 등을 종합적으로 고려하면, 답안지의 열람으로 인하여 시험업무의 수행에 현저한 지장을 초래한다고 볼 수 없다(대법원 2003. 3. 14. 선고 2000두6114 판결).

❷ 비공개대상 정보

1) 국가정보원 직원의 급여

국가정보원법 제12조가 국회에 대한 관계에서조차 국가정보원 예산내역의 공개를 제한하고 있는 것은, 정보활동의 비밀보장을 위한 것으로서, 그 밖의 관계에서도 국가정보원의 예산내역을 비공개 사항으로 한다는 것을 전제로 하고 있다고 볼 수 있고, 예산집행내역의 공개는 예산내역의 공개와 다를 바 없어, 비공개 사항으로 되어 있는 '예산내역'에는 예산집행내역도 포함된다고 보아야 하며, 국가정보원이 그 직원에게 지급하는 현금급여 및 월초수당에 관한 정보는 국가정보원 예산집행내역의 일부를 구성하는 것이므로, 위 현금급여 및 월초수당에 관한 정보는 국가정보원법 제12조에 의하여 비공개 사항으로 규정된 정보로서 공공기관의 정보공개에 관한 법률 제9조 제1항 제1호의 비공개대상정보인 '다른 법률에 의하여 비공개 사항으로 규정된 정보'에 해당한다고 보아야 하고, 위 현금급여 및 월초수당이 근로의 대가로서의 성격을 가진다거나 정보공개청구인이 해당 직원의 배우자라고 하여 달리 볼 것은 아니다(대법원 2010. 12. 23. 선고 2010두14800 판결).

2) 보안관찰관련 통계자료

보안관찰법 소정의 보안관찰 관련 통계자료는 우리나라 53개 지방검찰청 및 지청관할지역에서 매월 보고된 보안관찰처분에 관한 각종 자료로서, 보안관찰처분대상자 또는 피보안관찰자들의 매월별 규모, 그 처분시기, 지역별 분포에 대한 전국적 현황과 추이를 한눈에 파악할 수 있는 구체적이고 광범위한 자료에 해당하므로 '통계자료'라고 하여도 그 함의를 통하여 나타내는 의미가 있음이 분명하여 가치중립적일 수는 없고, 그 통계자료의 분석에 의하여 대남공작활동이 유리한 지역으로 보안관찰처분대상자가 많은 지역을 선택하는 등으로 위 정보가 북한정보기관에 의한 간첩의 파견, 포섭, 선전선동을 위한 교두보의 확보 등 북한의 대남전략에 있어 매우 유용한 자료로 악용될 우려가 없다고 할 수 없으므로, 위 정보는 공공기관의정보공개에관한법률 제7조 제1항 제2호 소정의 공개될 경우 국가안전보장·국방·통일·외교관계 등 국가의 중대한 이익을 해할 우려가 있는 정보, 또는 제3호 소정의 공개될 경우 국민의 생명·신체 및 재산의 보호 기타 공공의 안전과 이익을 현저히 해할 우려가 있다고 인정되는 정보에 해당한다(대법원 2004. 3. 18. 선고 2001두8254 전원합의체 판결).

3) 문제은행 출제방식을 취하고 있는 치과의사 국가시험 문제지와 정답지

치과의사 국가시험에서 채택하고 있는 문제은행 출제방식이 출제의 시간·비용을 줄이면서도 양질의 문항을 확보할 수 있는 등 많은 장점을 가지고 있는 점, 그 시험문제를 공개할 경우 발생하게 될 결과와 시험업무에 초래될 부작용 등을 감안하면, 위 시험의 문제지와 그 정답지를 공개하는 것은 시험업무의 공정한 수행이나 연구·개발에 현저한 지장을 초래한다고 인정할 만한 상당한 이유가 있는 경우에 해당하므로, 공공기관의 정보공개에 관한 법률 제9조 제1항 제5호에 따라 이를 공개하지 않을 수 있다고 한 사례(대법원 2007. 6. 15. 선고 2006두15936 판결).

4) 금융기관의 계좌번호

피고의 업무추진비 집행과 관련한 이 사건 정보 중 법인·단체 또는 개인의 금융기관 계좌번호에 관한 정보는 법인의 영업상 비밀에 관한 사항으로서 법인 등의 이름과 결합하여 공개될 경우 당해 법인 등의 영업상 지위가 위협받을 우려가 있다고 할 것이므로 위 정보는 법 제7조 제1항 제7호의 비공개대상정보에 해당한다(대법원 2003. 4. 22. 선고 2002두9391 판결).

5) 피신조서에 기재된 피해자의 인적사항 이외의 진술내용

정보공개법 제9조 제1항 제6호 본문의 규정에 따라 비공개대상이 되는 정보에는 구 공공기관의 정보공개에 관한 법률의 이름·주민등록번호 등 정보 형식이나 유형을 기준으로 비공개대상정보에 해당하는지를 판단하는 '개인식별정보'뿐만 아니라 그 외에 정보의 내용을 구체적으로 살펴 '개인에 관한 사항의 공개로 개인의 내밀한 내용의 비밀 등이 알려지게 되고, 그 결과 인격적·정신적 내면생활에 지장을 초래하거나 자유로운 사생활을 영위할 수 없게 될 위험성이 있는 정보'도 포함된다고 새겨야 한다. 따라서 불기소처분 기록 중 피의자신문조서 등에 기재된 피의자 등의 인적사항 이외의 진술내용 역시 개인의 사생활의 비밀 또는 자유를 침해할 우려가 인정되는 경우 정보공개법 제9조 제1항 제6호 본문 소정의 비공개대상에 해당한다(대법원 2012. 6. 18. 선고 2011두2361 전원합의체 판결).

6) 한·일 군사정보보호협정 및 한·일 상호군수지원협정과 관련한 각종 회의자료 및 회의록

갑이 외교부장관에게 한·일 군사정보보호협정 및 한·일 상호군수지원협정과 관련하여 각종 회의자료 및 회의록 등의 정보에 대한 공개를 청구하였으나, 외교부장관이 공개 청구 정보 중 일부를 제외한 나머지 정보들에 대하여 비공개 결정을 한 사안에서, 위 정보는 구 공공기관의 정보공개에 관한 법률 제9조 제1항 제2호, 제5호에 정한 비공개대상정보에 해당하고, 공개가 가능한 부분과 공개가 불가능한 부분을 쉽게 분리하는 것이 불가능하여 같은 법 제14조에 따른 부분공개도 가능하지 않다고 본 원심판단이 정당하다고 한 사례(대법원 2019. 1. 17. 선고 2015두46512 판결).

7) 위안부 강제연행의 존부 및 사실인정 문제에 대해 협의한 협상 관련 외교부장관 생산 문서

갑이 외교부장관에게 '2015. 12. 28. 일본군위안부 피해자 합의와 관련하여 한일 외교장관 공동 발표문의 문안을 도출하기 위하여 진행한 협의 협상에서 일본군과 관헌에 의한 위안부 강제연행의 존부 및 사실인정 문제에 대해 협의한 협상 관련 외교부장관 생산 문서'에 대한 공개를 청구하였으나, 외교부장관이 갑에게 '공개 청구 정보가 공공기관의 정보공개에 관한 법률 제9조 제1항 제2호에 해당한다.'는 이유로 비공개결정을 한 사안에서, 12·28 일본군위안부 피해자 합의와 관련된 협의가 비공개로 진행되었고, 대한민국과 일본 모두 그 협의 관련 문서를 비공개문서로 분류하여 취급하고 있는데 우리나라가 그 협의 내용을 일방적으로 공개할 경우 우리나라와 일본 사이에 쌓아온 외교적 신뢰관계에 심각한 타격이 있을 수 있는 점, 이에 따라 향후 일본은 물론 다른 나라와 협상을 진행하는 데에도 큰 어려움이 발생할 수 있는 점, 12·28 일본군위안부 피해자 합의에 사용된 표현이 다소 추상적이고 모호하기는 하나 이는 협상 과정에서 양국이 나름의 숙고와 조율을 거쳐 채택된 표현으로서 그 정확한 의미에 대한 해석이 요구된다기보다 오히려 표현된 대로 이해하는 것이 적절한 점 등을 종합하여, 위 합의를 위한 협상 과정에서 일본군과 관헌에 의한 위안부 '강제연행'의 존부 및 사실인정 문제에 대해 협의한 정보를 공개하지 않은 처분이 적법하다고 본 원심판단이 정당하다고 한 사례(대법원 2023. 6. 1. 선고 2019두41324 판결).

❸ 부분공개

1) 개인에 관한 정보

법 제7조 제1항 제6호는 비공개대상정보의 하나로 '당해 정보에 포함되어 있는 이름·주민등록번호 등에 의하여 특정인을 식별할 수 있는 개인에 관한 정보'를 규정하면서, 같은 호 단서 (다)목으로 '공공기관이 작성하거나 취득한 정보로서 공개하는 것이 공익 또는 개인의 권리구제를 위하여 필요하다고 인정되는 정보'는 제외된다고 규정하고 있는데, 여기에서 '공개하는 것이 개인의 권리구제를 위하여 필요하다고 인정되는 정보'에 해당하는지 여부는 비공개에 의하여 보호되는 개인의 사생활의 비밀 등의 이익과 공개에 의하여 보호되는 개인의 권리구제 등의 이익을 비교·교량하여 구체적 사안에 따라 개별적으로 판단하여야 할 것인바, 이 사건 정보와 같은 수사기록에 들어 있는 특정인을 식별할 있는 개인에 관한 정보로는 통상 관련자들의 이름, 주민등록번호, 주소(주거 또는 근무처 등)·연락처(전화번호 등), 그 외 직업·나이 등이 있을 것인데, 그 중 관련자들의 이름은 수사기록의 공개를 구하는 필요성이나 유용성, 즉 개인의 권리구제라는 관점에서 특별한 사정이 없는 한 원칙적으로 공개되어야 할 것이고, 관련자들의 주민등록번호는 동명이인의 경우와 같이 동일성이 문제되는 등의 특별한 사정이 있는 경우를 제외하고는 개인의 권리구제를 위하여 필요하다고 볼 수는 없으므로 원칙적으로 비공개하여야 할 것이며, 관련자들의 주소·연락처는 공개될 경우 악용될 가능성이나 사생활이 침해될 가능성이 높은 반면, 증거의 확보 등 개인의 권리구제라는 관점에서는 그 공개가 필요하다고 볼 수 있는 경우도 있을 것이므로 개인식별정보는 비공개라는 원칙을 염두에 두고서 구체적 사안에 따라 개인의 권리구제의 필요성과 비교·교량하여 개별적으로 공개 여부를 판단하여야 할 것이고, 그 외 직업, 나이 등의 인적사항은 특별한 경우를 제외하고는 개인의 권리구제를 위하여 필요하다고 볼 수는 없다고 할 것이다(대법원 2003. 12. 26. 선고 2002두1342 판결).

2) 대학수학능력시험 수험생의 원점수정보

대학수학능력시험 수험생의 원점수정보에 관한 공개청구를 행정청이 거부한 사안에서, 원심이, 각 수험생의 인적사항에 관한 정보를 청구인이 공개청구한 것으로 보이지 않으므로 원점수정보가 공공기관의 정보공개에 관한 법률 제9조 제1항 제6호에서 정한 비공개대상정보에 해당하지 아니하고, 이와 달리 보더라도 원점수정보 중 수험생의 수험번호, 성명, 주민등록번호 등 인적사항을 제외한 나머지 부분만을 공개하는 것이 타당하다고 하면서도 주문에서는 원점수정보 공개거부처분의 전부를 취소한 것에 대하여, 당사자의 의사해석을 그르치거나 판결 주문 기재방법 등을 오해한 위법이 있음을 이유로 원심판결을 파기한 사례(대법원 2010. 2. 11. 선고 2009두6001 판결).

3) 교도소의 근무보고서와 징벌위원회 회의록

교도소에 수용 중이던 재소자가 담당 교도관들을 상대로 가혹행위를 이유로 형사고소 및 민사소송을 제기하면서 그 증명자료 확보를 위해 '근무보고서'와 '징벌위원회 회의록' 등의 정보공개를 요청하였으나 교도소장이 이를 거부한 사안에서, 근무보고서는 공공기관의 정보공개에 관한 법률 제9조 제1항 제4호에 정한 비공개대상정보에 해당한다고 볼 수 없고, 징벌위원회 회의록 중 비공개 심사·의결 부분은 위 법 제9조 제1항 제5호의 비공개사유에 해당하지만 재소자의 진술, 위원장 및 위원들과 재소자 사이의 문답 등 징벌절차 진행 부분은 비공개사유에 해당하지 않는다고 보아 분리 공개가 허용된다고 한 사례(대법원 2009. 12. 10. 선고 2009두12785 판결).

4) '비공개대상정보에 해당하는 부분'과 '공개가 가능한 부분'이 구별되고 이를 분리할 수 있는 경우, 법원의 판결주문기재 방법

법원이 행정청의 정보공개거부처분의 위법 여부를 심리한 결과 공개를 거부한 정보에 비공개대상정보에 해당하는 부분과 공개가 가능한 부분이 혼합되어 있고 공개청구의 취지에 어긋나지 아니하는 범위 안에서 두 부분을 분리(分離)할 수 있음을 인정할 수 있을 때에는, 위 정보 중 공개가 가능한 부분을 특정하고 판결의 주문에 행정청의 위 거부처분 중 공개가 가능한 정보에 관한 부분만을 취소한다고 표시하여야 한다(대법원 2003. 3. 11. 선고 2001두6425 판결).

❹ 회의록

1) 도시공원위원회의 회의록 : 대외적 공표행위 이전에는 비공개, 공표행위 이후에는 공개

지방자치단체의 도시공원에 관한 조례에서 규정된 도시공원위원회의 심의사항에 관하여 위 위원회의 심의를 거친 후 시장이나 구청장이 위 사항들에 대한 결정을 대외적으로 공표하기 전에 위 위원회의 회의관련자료 및 회의록이 공개된다면 업무의 공정한 수행에 현저한 지장을 초래한다고 할 것이므로, 위 위원회의 심의 후 그 심의사항들에 대한 시장 등의 결정의 대외적 공표행위가 있기 전까지는 위 위원회의 회의관련자료 및 회의록은 공공기관의정보공개에관한법률 제7조 제1항 제5호에서 규정하는 비공개대상정보에 해당한다고 할 것이고, 다만 시장 등의 결정의 대외적 공표행위가 있은 후에는 이를 의사결정과정이나 내부검토과정에 있는 사항이라고 할 수 없고 위 위원회의 회의관련자료 및 회의록을 공개하더라도 업무의 공정한 수행에 지장을 초래할 염려가 없으므로, 시장 등의 결정의 대외적 공표행위가 있은 후에는 위 위원회의 회의관련자료 및 회의록은 같은 법 제7조 제2항에 의하여 공개대상이 된다고 할 것이다(대법원 2000. 5. 30. 선고 99추85 판결).

2) 학교폭력대책자치위원회의 회의록 : 비공개

학교폭력대책자치위원회에서의 자유롭고 활발한 심의·의결이 보장되기 위해서는 위원회가 종료된 후라도 심의·의결 과정에서 개개 위원들이 한 발언 내용이 외부에 공개되지 않는다는 것이 철저히 보장되어야 한다는 점, 학교폭력예방 및 대책에 관한 법률 제21조 제3항이 학교폭력대책자치위원회의 회의를 공개하지 못하도록 명문으로 규정하고 있는 것은, 회의록 공개를 통한 알권리 보장과 학교폭력대책자치위원회 운영의 투명성 확보 요청을 다소 후퇴시켜서라도 초등학교·중학교·고등학교·특수학교 내외에서 학생들 사이에서 발생한 학교폭력의 예방 및 대책에 관련된 사항을 심의하는 학교폭력대책자치위원회 업무수행의 공정성을 최대한 확보하기 위한 것으로 보이는 점 등을 고려하면, 학교폭력대책자치위원회의 회의록은 공공기관의 정보공개에 관한 법률 제9조 제1항 제5호의 '공개될 경우 업무의 공정한 수행에 현저한 지장을 초래한다고 인정할 만한 상당한 이유가 있는 정보'에 해당한다고 한 사례(대법원 2010. 6. 10. 선고 2010두2913 판결).

3) 독립유공자서훈 공적심사위원회의 회의록 : 비공개

갑이 친족인 망(亡) 을 등에 대한 독립유공자 포상신청을 하였다가 독립유공자서훈 공적심사위원회(이하 '공적심사위원회'라 한다)의 심사를 거쳐 포상에 포함되지 못하였다는 내용의 공적심사 결과를 통지받자 국가보훈처장에게 '망인들에 대한 공적심사위원회의 심의·의결 과정 및 그 내용을 기재한 회의록' 등의 공개를 청구하였는데, 국가보훈처장이 위 회의록은 공공기관의 정보공개에 관한 법률(이하 '정보공개법'이라 한다) 제9조 제1항 제5호에 따라 공개할 수 없다는 통보를 한 사안에서, 독립유공자 등록에 관한 신청당사자의 알권리 보장에는 불가피한 제한이 따를 수밖에 없고 관계 법령에서 제한을 다소나마 해소하기 위해 조치를 마련하고 있는 점, 공적심사위원회의 심사에는 심사위원들의 전문적·주관적 판단이 상당 부분 개입될 수밖에 없는 심사의 본질에 비추어 공개를 염두에 두지 않은 상태에서의 심사가 그렇지 않은 경우보다 더 자유롭고 활발한 토의를 거쳐 객관적이고 공정한 심사 결과에 이를 개연성이 큰 점 등 위 회의록 공개에 의하여 보호되는 알권리의 보장과 비공개에 의하여 보호되는 업무수행의 공정성 등의 이익 등을 비교·교량해 볼 때, 위 회의록은 정보공개법 제9조 제1항 제5호에서 정한 '공개될 경우 업무의 공정한 수행에 현저한 지장을 초래한다고 인정할 만한 상당한 이유가 있는 정보'에 해당한다(대법원 2014. 7. 24. 선고 2013두20301 판결).

판례행정법 제5판

제4편
행정상의 의무이행확보수단

Verwaltungsrecht

유치원 철제울타리 사건

□ 대법원 1996. 6. 28. 선고 96누4374 판결

[사실관계]

원고는 이 사건 유치원을 경영하면서, 위 유치원의 남쪽에 접하고 아파트단지 내 도로에 둘러쌓인 삼각형 모양의 이 사건 토지(당초 유원용현아파트 주민들의 휴식공간으로 사용하기 위하여 설치된 조경시설이다)의 수목을 임의로 제거하고 그 곳에 어린이 놀이시설을 설치한 다음 단지 내 도로와 위 유치원을 차단하는 철제울타리를 설치하였다. 이에 일부 아파트주민들이 위 시설을 철거하여 달라는 민원을 제기하자 피고(인천광역시 남구청장)가 1995. 4. 13.과 같은 해 6. 8. 원고에 대하여 주택건설촉진법 제38조 제2항 등 위반을 이유로 원상복구를 지시하였고, 원고가 이에 응하지 아니하자 같은 해 7. 10. 동일한 이유로 같은 달 15.까지 원상복구할 것을 명하고 만일 위 기한까지 이행하지 않을 때에는 피고가 이를 집행하거나 제3자로 하여금 집행하게 하고 이에 따른 비용은 원고로부터 징수하겠다는 내용의 이 사건 계고처분을 하였다. 이에 원고는 유치원시설물 철거대집행계고처분취소소송을 제기하였다.

[판결요지]

[1] 금지규정에서 작위의무 명령권이 당연히 도출되는지 여부(소극)

행정대집행법 제2조는 대집행의 대상이 되는 의무를 "법률(법률의 위임에 의한 명령, 지방자치단체의 조례를 포함한다. 이하 같다)에 의하여 직접 명령되었거나 또는 법률에 의거한 행정청의 명령에 의한 행위로서 타인이 대신하여 행할 수 있는 행위"라고 규정하고 있으므로, 대집행계고처분을 하기 위하여는 법령에 의하여 직접 명령되거나 법령에 근거한 행정청의 명령에 의한 의무자의 대체적 작위의무 위반행위가 있어야 한다. 따라서 단순한 부작위의무의 위반, 즉 관계 법령에 정하고 있는 절대적 금지나 허가를 유보한 상대적 금지를 위반한 경우에는 당해 법령에서 그 위반자에 대하여 위반에 의하여 생긴 유형적 결과의 시정을 명하는 행정처분의 권한을 인정하는 규정을 두고 있지 아니한 이상, 법치주의의 원리에 비추어 볼 때 위와 같은 부작위의무로부터 그 의무를 위반함으로써 생긴 결과를 시정하기 위한 작위의무를 당연히 끌어낼 수는 없으며, 또 위 금지규정(특히 허가를 유보한 상대적 금지규정)으로부터 작위의무, 즉 위반결과의 시정을 명하는 권한이 당연히 추론되는 것도 아니다.

[2] 권한 없는 자의 원상복구명령에 따른 의무불이행을 이유로 한 계고처분의 효력

행정기관의 권한에는 사무의 성질 및 내용에 따르는 제약이 있고, 지역적·대인적으로 한계가 있으므로 이러한 권한의 범위를 넘어서는 권한유월의 행위는 무권한 행위로서 원칙적으로 무효이고, 선행행위가 부존재하거나 무효인 경우에는 그 하자는 당연히 후행행위에 승계되어 후행행위도 무효로 된다. 그런데 주택건설촉진법 제38조 제2항은 공동주택 및 부대시설·복리시설의 소유자·입주자·사용자 등은 부대시설 등에 대하여 도지사의 허가를 받지 않고 사업계획에 따른 용도 이외의 용도에 사용하는 행위 등을 금지하고(정부조직법 제5조 제1항, 행정권한의위임및위탁에관한규정 제4조에 따른 인천광역시사무위임규칙에 의하여 위 허가권이 구청장에게 재위임되었다), 그 위반행위에 대하여 위 주택건설촉진법 제52조의2 제1호에서 1천만 원 이하의 벌금

에 처하도록 하는 벌칙규정만을 두고 있을 뿐, 건축법 제69조(현 제79조) 등과 같은 부작위의무 위반행위에 대하여 대체적 작위의무로 전환하는 규정을 두고 있지 아니하므로 위 금지규정으로부터 그 위반결과의 시정을 명하는 원상복구명령을 할 수 있는 권한이 도출되는 것은 아니다. 결국 행정청의 원고에 대한 원상복구명령은 권한 없는 자의 처분으로 무효라고 할 것이고, 위 원상복구명령이 당연무효인 이상 후행처분인 계고처분의 효력에 당연히 영향을 미쳐 그 계고처분 역시 무효로 된다.

[참고판례]

❶ 비대체적 작위의무는 대집행의 대상이 되지 않는다.

1) 퇴거의무

도시공원시설인 매점의 관리청이 그 공동점유자 중의 1인에 대하여 소정의 기간 내에 위 매점으로부터 퇴거하고 이에 부수하여 그 판매 시설물 및 상품을 반출하지 아니할 때에는 이를 대집행하겠다는 내용의 계고처분은 그 주된 목적이 매점의 원형을 보존하기 위하여 점유자가 설치한 불법 시설물을 철거하고자 하는 것이 아니라, 매점에 대한 점유자의 점유를 배제하고 그 점유이전을 받는 데 있다고 할 것인데, 이러한 의무는 그것을 강제적으로 실현함에 있어 직접적인 실력행사가 필요한 것이지 대체적 작위의무에 해당하는 것은 아니어서 직접강제의 방법에 의하는 것은 별론으로 하고 행정대집행법에 의한 대집행의 대상이 되는 것은 아니다(대법원 1998. 10. 23. 선고 97누157 판결).

2) 토지의 인도 및 명도의무

토지소유자 등이 사업시행자에 대하여 부담하는 수용대상 토지의 인도의무에 관한 구 토지수용법 제63조(현 토지보상법 제89조) 등 규정에서의 '인도'에는 명도도 포함되는 것으로 보아야 하고, 이러한 명도의무는 그것을 강제적으로 실현하면서 직접적인 실력행사가 필요한 것이지 대체적 작위의무라고 볼 수 없으므로 특별한 사정이 없는 한 행정대집행법에 의한 대집행의 대상이 될 수 있는 것이 아니다(대법원 2005. 8. 19. 선고 2004다2809 판결).

❷ 행정청이 건물철거 대집행 과정에서 부수적으로 건물의 점유자들에 대한 퇴거 조치를 할 수 있다.

행정청이 행정대집행의 방법으로 건물철거의무의 이행을 실현할 수 있는 경우에는 건물철거 대집행 과정에서 부수적으로 건물의 점유자들에 대한 퇴거 조치를 할 수 있고, 점유자들이 적법한 행정대집행을 위력을 행사하여 방해하는 경우 형법상 공무집행방해죄가 성립하므로, 필요한 경우에는 '경찰관 직무집행법'에 근거한 위험발생 방지조치 또는 형법상 공무집행방해죄의 범행방지 내지 현행범체포의 차원에서 경찰의 도움을 받을 수도 있다(대법원 2017. 4. 28. 선고 2016다213916 판결).

❸ 사법상의 의무는 대집행의 대상이 되지 않는다.

행정대집행법상 대집행의 대상이 되는 대체적 작위의무는 공법상 의무이어야 할 것인데, 구 공특법에 따른 토지 등의 협의취득은 공공사업에 필요한 토지 등을 그 소유자와의 협의에 의하여 취득하는 것으로서 공공기관이 사경제주체로서 행하는 사법상 매매 내지 사법상 계약의 실질을 가지는 것이므로, 그 협의취득시 건물소유자가 매매대상 건물에 대한 철거의무를 부담하겠다는 취지의 약정을 하였다고 하더라도 이러한 철거의무는 공법상의 의무가 될 수 없고, 이 경우에도 행정대집행법을 준용하여 대집행을 허용하는 별도의 규정이 없는 한 위와 같은 철거의무는 행정대집행법에 의한 대집행의 대상이 되지 않는다(대법원 2006. 10. 13. 선고 2006두7096 판결).

❹ 대집행이 가능한 경우, 민사소송의 방법으로 시설물의 철거를 구하는 것은 허용되지 않는다.

공유재산 및 물품 관리법 제83조 제1항은 "지방자치단체의 장은 정당한 사유 없이 공유재산을 점유하거나 공유재산에 시설물을 설치한 경우에는 원상복구 또는 시설물의 철거 등을 명하거나 이에 필요한 조치를 할 수 있다."라고 규정하고, 제2항은 "제1항에 따른 명령을 받은 자가 그 명령을 이행하지 아니할 때에는 '행정대집행법'에 따라 원상복구 또는 시설물의 철거 등을 하고 그 비용을 징수할 수 있다."라고 규정하고 있다. 위 규정에 따라 지방자치단체장은 행정대집행의 방법으로 공유재산에 설치한 시설물을 철거할 수 있고, 이러한 행정대집행의 절차가 인정되는 경우에는 민사소송의 방법으로 시설물의 철거를 구하는 것은 허용되지 아니한다(대법원 2017. 4. 13. 선고 2013다207941 판결).

❺ 아무런 권원 없이 국유재산에 설치한 시설물에 대하여 행정청이 행정대집행을 실시하지 않는 경우, 그 국유재산에 대한 사용청구권을 가지고 있는 자가 국가를 대위하여 민사소송으로 그 시설물의 철거를 구할 수 있다.

피고들이 아무런 권원 없이 이 사건 시설물을 설치함으로써 이 사건 토지를 불법점유 하고 있는 이상, 특별한 사정이 없는 한, 국가로서는 소유권에 기한 방해배제청구권을 행사하여 피고들에 대하여 이 사건 시설물의 철거 및 이 사건 토지의 인도를 구할 수 있다고 할 것이나, 이 사건 토지는 잡종재산인 국유재산으로서, 국유재산법 제52조는 "정당한 사유 없이 국유재산을 점유하거나 이에 시설물을 설치한 때에는 행정대집행법을 준용하여 철거 기타 필요한 조치를 할 수 있다."고 규정하고 있으므로, 관리권자인 보령시장으로서는 행정대집행의 방법으로 이 사건 시설물을 철거할 수 있고, 이러한 행정대집행의 절차가 인정되는 경우에는 따로 민사소송의 방법으로 피고들에 대하여 이 사건 시설물의 철거를 구하는 것은 허용되지 않는다고 할 것이다. 다만, 관리권자인 보령시장이 행정대집행을 실시하지 아니하는 경우 국가에 대하여 이 사건 토지 사용청구권을 가지는 원고로서는 위 청구권을 보전하기 위하여 국가를 대위하여 피고들을 상대로 민사소송의 방법으로 이 사건 시설물의 철거를 구하는 이외에는 이를 실현할 수 있는 다른 절차와 방법이 없어 그 보전의 필요성이 인정되므로, 원고는 국가를 대위하여 피고들을 상대로 민사소송의 방법으로 이 사건 시설물의 철거를 구할 수 있다고 보아야 할 것이고, 한편 이 사건 청구 중 이 사건 토지 인도청구 부분에 대하여는 관리권자인 보령시장으로서도 행정대집행의 방법으로 이를 실현할 수 없으므로, 원고는 당연히 국가를 대위하여 피고들을 상대로 민사소송의 방법으로 이 사건 토지의 인도를 구할 수 있다고 할 것이다(대법원 2009. 6. 11. 선고 2009다1122 판결).

❻ 시정명령의 이행을 기대할 수 없는 자에 대한 시정명령은 위법하다.

구 건축법 제79조 제1항에 따른 시정명령은 대지나 건축물이 건축 관련 법령 또는 건축 허가 조건을 위반한 상태를 해소하기 위한 조치를 명하는 처분으로, 건축 관련 법령 등을 위반한 객관적 사실이 있으면 할 수 있고, 원칙적으로 시정명령의 상대방에게 고의·과실을 요하지 아니하며 대지 또는 건축물의 위법상태를 직접 초래하거나 또는 그에 관여한 바 없다고 하더라도 부과할 수 있다. 그러나 건축법상 위법상태의 해소를 목적으로 하는 시정명령 제도의 본질상, 시정명령의 이행을 기대할 수 없는 자, 즉 대지 또는 건축물의 위법상태를 시정할 수 있는 법률상 또는 사실상의 지위에 있지 않은 자는 시정명령의 상대방이 될 수 없다고 보는 것이 타당하다. 시정명령의 이행을 기대할 수 없는 자에 대한 시정명령은 위법상태의 시정이라는 행정목적 달성을 위한 적절한 수단이 될 수 없고, 상대방에게 불가능한 일을 명령하는 결과밖에 되지 않기 때문이다(대법원 2022. 10. 14. 선고 2021두45008 판결).

기출문제

사시10 A시는 택지개발사업을 위해 관련 법령에 따른 절차를 거쳐 甲 소유의 토지 등을 취득하고자 甲과 보상에 관하여 협의하였으나 협의가 성립되지 않았다. 이에 A시는 관할 토지수용위원회에 재결을 신청하여 "A시는 甲의 토지를 수용하고, 甲은 그 지상 공작물을 이전한다. A시는 甲에게 보상금으로 1억원을 지급한다"라는 취지의 재결을 받았다. 그러나 甲은 보상금이 너무 적다는 이유로 보상금 수령을 거절하였다. 그러자 A시는 보상금을 공탁하였고, A시장은 甲에게 보상 절차가 완료되었음을 이유로 위 토지 상의 공작물을 이전하고 토지를 인도하라고 명하였다.

2. 甲이 공작물이전명령 및 토지인도명령에 응하지 않을 경우 A시장은 이를 대집행할 수 있는가? **(8점)** – 대체적 작위의무 해당여부

대집행의 절차

1. 계고처분

1) 계고처분은 재량행위이다.

이 사건 건물 중 위법하게 구조변경을 한 건축물 부분은 제반 사정에 비추어 그 원상복구로 인하여 원고가 받는 불이익의 정도가 그로 인하여 유지하고자 하는 공익상의 필요 또는 제3자의 이익보호의 필요에 비하여 현저히 크다고 할 것이므로 위 건축물 부분에 대한 이 사건 계고처분은 재량권의 범위를 벗어난 위법한 처분이다(대법원 1996. 10. 11. 선고 96누8086 판결).

2) 반복된 계고처분은 행정처분이 아니다.

건물의 소유자에게 위법건축물을 일정기간까지 철거할 것을 명함과 아울러 불이행할 때에는 대집행한다는 내용의 철거대집행 계고처분을 고지한 후 이에 불응하자 다시 제2차, 제3차 계고서를 발송하여 일정기간까지의 자진철거를 촉구하고 불이행하면 대집행을 한다는 뜻을 고지하였다면 행정대집행법상의 건물철거의무는 제1차 철거명령 및 계고처분으로서 발생하였고 제2차, 제3차의 계고처분은 새로운 철거의무를 부과한 것이 아니고 다만 대집행기한의 연기통지에 불과하므로 행정처분이 아니다(대법원 1994. 10. 28. 선고 94누5144 판결).

3) 계고와 철거명령을 한 장의 문서로 동시에 할 수 있다.

계고서라는 명칭의 1장의 문서로서 일정기간 내에 위법건축물의 자진철거를 명함과 동시에 그 소정기한 내에 자진철거를 하지 아니할 때에는 대집행할 뜻을 미리 계고한 경우라도 건축법에 의한 철거명령과 행정대집행법에 의한 계고처분은 독립하여 있는 것으로서 각 그 요건이 충족되었다고 볼 것이다. 이 경우 철거명령에서 주어진 일정기간이 자진철거에 필요한 상당한 기간이라면 그 기간 속에는 계고시에 필요한 '상당한 이행기간'도 포함되어 있다고 보아야 할 것이다(대법원 1992. 4. 12. 선고 91누13564 판결).

4) 대집행할 행위의 내용 및 범위가 대집행계고서에 의하여서만 특정될 필요는 없다.

대집행계고를 함에 있어서 대집행할 행위의 내용 및 범위가 대집행계고서에 의하여서만 특정되어야 하는 것은 아니며, 대집행으로 인한 불이익의 정도가 대집행으로 인하여 유지하고자 하는 공익상의 필요 또는 제3자의 이익보호의 필요에 비하여 현저히 큰 경우에 그 대집행계고처분은 재량권의 범위를 벗어난 위법한 처분이다(대법원 1996. 10. 11. 선고 96누8086 판결).

2. 대집행에 대한 구제수단

1) 대집행 실행과 협의의 소의 이익

대집행계고처분 취소소송의 변론종결 전에 대집행영장에 의한 통지절차를 거쳐 사실행위로서 대집행의 실행이 완료된 경우에는 행위가 위법한 것이라는 이유로 손해배상이나 원상회복 등을 청구하는 것은 별론으로 하고 처분의 취소를 구할 법률상 이익은 없다(대법원 1993. 6. 8. 선고 93누6164 판결).

2) 하자의 승계

① 선행처분인 계고처분이 위법하므로 대집행비용 납부명령도 위법하다고 주장할 수 있다.

대집행의 계고, 대집행영장에 의한 통지, 대집행의 실행, 대집행에 요한 비용의 납부명령 등은 타인이 대신하여 행할 수 있는 행정의무의 이행을 의무자의 비용부담하에 확보하고자 하는, 동일한 행정목적을 달성하기 위하여 단계적인 일련의 절차로 연속하여 행하여지는 것으로서, 서로 결합하여 하나의 법률효과를 발생시키는 것이다. 그러므로 선행처분인 계고처분이 하자가 있는 위법한 처분이라면, 비록 그 하자가 중대하고도 명백한 것이 아니어서 당연무효의 처분이라고 볼 수 없고, 대집행의 실행이 이미 사실행위로서 완료되어 그 계고처분의 취소를 구할 법률상의 이익이 없게 되었으며, 또 대집행비용납부명령 자체에는 아무런 하자가 없다고 하더라도, 후행처분인 대집행비용납부명령의 취소를 청구하는 소송에서 청구원인으로 선행처분인 계고처분이 위법한 것이기 때문에 그 계고처분을 전제로 행하여진 대집행납부명령도 위법한 것이라고 주장을 할 수 있다고 보아야 할 것이다(대법원 1993. 11. 9. 선고 93누14271 판결).

② 철거명령이 당연무효인 경우 후행행위인 대집행계고처분 역시 당연무효이다.

적법한 건축물에 대한 철거명령은 그 하자가 중대하고 명백하여 당연무효라고 할 것이고, 그 후행행위인 건축물철거 대집행계고처분 역시 당연무효라고 할 것이다(대법원 1999. 4. 27. 선고 97누6780 판결).

기출문제

5급:일반행정12 A시의 시장은 건물 소유자인 甲에게 건축법 제79조 및 행정대집행법 제3조에 따라 동 건물이 무허가건물이라는 이유로 일정기간까지 철거할 것을 명함과 아울러 불이행할 때에는 대집행한다는 내용의 계고를 하였다. 그 후 甲이 이에 불응하자 다시 2차계고서를 발송하여 일정기간까지 자진철거를 촉구하고 불이행하면 대집행한다는 내용을 고지하였다. 그러나 甲은 동 건물이 무허가건물이 아니라고 다투고 있다. (단, 대집행 요건의 구비 여부에 대하여는 아래 각 질문사항에 따라서만 검토하기로 한다)
1) 甲은 위 계고에 대하여 취소소송을 제기하려고 한다. 계고의 법적 성질을 논하고, 소송의 대상이 되는 계고가 어느 것인지를 검토하시오. **(15점)** - 계고의 법적 성질, 반복된 계고의 경우 취소소송의 대상
2) 철거명령과 함께 이루어진 1차 계고는 적법한가? **(10점)** - 철거명령과 계고를 한 장의 문서로 할 수 있는지 여부
4) 위 사안에서 대집행에 대한 甲의 구제방안에 대하여 설명하시오. **(15점)** - 항고소송(소의 이익), 집행정지(적법한 본안소송의 계속), 국가배상청구소송(민사법원이 처분의 위법여부를 확인할 수 있는지 여부)

5급:재경12 甲은 乙로부터 면적 300㎡인 토지에 건축면적 100㎡인 가옥과 담장을 1980. 12. 31일자로 매수하여 등기한 후 소유하고 있었다. 甲은 그 동안 해당 부동산에 대한 세금을 성실히 납부하였다. 그러나 토지가 소재하고 있는 지방자치단체 A시는 2012. 6. 1일자로 甲에게 도로를 침범하고 있는 담장을 철거하라는 통지서를 발부하였다.
철거통지서에는 甲이 점유하고 있는 토지의 30㎡는 A시 소유의 도로로 현재 甲은 이를 불법점유하고 있으므로 2012. 7. 31일까지 위 담장을 철거하라고 기재되어 있었다.
2) A시는 담장의 철거를 강제집행 할 수 있겠는가? **(10점)** - 대집행·이행강제금의 부과·직접강제 여부

가설건축물 존치기간 연장신고반려 사건

□ 대법원 2018. 1. 25. 선고 2015두35116 판결

[사실관계]

피고 용산구청장은 2013. 6. 초경 원고들에게 이 사건 가설건축물에 관한 존치기간 연장신고를 하도록 통보하였다. 피고는 2013. 7. 3. 원고들에게 존치기간 만료를 이유로 이 사건 가설건축물의 철거를 명하는 시정명령을 하였다. 원고들은 2013. 7. 5. 이 사건 가설건축물에 관한 존치기간 연장신고를 하였으나, 피고가 대지소유자 전원의 대지사용승낙서를 제출하도록 보완을 요구하자 그 연장신고를 취하하였다. 한편 피고는 2013. 8. 5. 및 2013. 8. 26. 두 차례에 걸쳐 다시 이 사건 가설건축물의 철거를 명하는 시정명령을 하였다. 원고들은 2013. 8. 30. 다시 이 사건 연장신고를 하였으나, 피고는 대지에 관한 일부 공유지분권자의 대지사용승낙서가 제출되지 않았다는 이유를 들어 2013. 9. 30. 이 사건 반려처분을 하였다. 피고는 2013. 10. 1. 원고들의 위 각 시정명령 미이행을 이유로 이 사건 각 이행강제금 부과처분을 하였다.

[판결요지]

[1] 가설건축물 존치기간을 연장하려는 건축주 등이 법령에 규정되어 있는 제반 서류와 요건을 갖추어 행정청에 연장신고를 한 경우, 행정청이 법령에서 요구하지 않은 '대지사용승낙서' 등의 서류가 제출되지 아니하였거나, 대지소유권자의 사용승낙이 없다는 등의 사유를 들어 연장신고의 수리를 거부할 수 있는지 여부(소극)

가설건축물은 건축법상 '건축물'이 아니므로 건축허가나 건축신고 없이 설치할 수 있는 것이 원칙이지만 일정한 가설건축물에 대하여는 건축물에 준하여 위험을 통제하여야 할 필요가 있으므로 신고 대상으로 규율하고 있다. 이러한 신고제도의 취지에 비추어 보면, 가설건축물 존치기간을 연장하려는 건축주 등이 법령에 규정되어 있는 제반 서류와 요건을 갖추어 행정청에 연장신고를 한 때에는 행정청은 원칙적으로 이를 수리하여 신고필증을 교부하여야 하고, 법령에서 정한 요건 이외의 사유를 들어 수리를 거부할 수는 없다. 따라서 행정청으로서는 법령에서 요구하고 있지도 아니한 '대지사용승낙서' 등의 서류가 제출되지 아니하였거나, 대지소유권자의 사용승낙이 없다는 등의 사유를 들어 가설건축물 존치기간 연장신고의 수리를 거부하여서는 아니 된다.

[2] 건축법상 이행강제금의 법적 성격(=행정상 간접강제) 및 시정명령을 받은 의무자가 시정명령에서 정한 기간이 지났으나 이행강제금이 부과되기 전에 의무를 이행한 경우, 이행강제금을 부과할 수 있는지 여부(소극) / 시정명령을 받은 의무자가 시정명령의 취지에 부합하는 의무를 이행하기 위한 정당한 방법으로 행정청에 신청 또는 신고를 하였으나 행정청이 위법하게 이를 거부 또는 반려함으로써 그 처분이 취소된 경우, 시정명령의 불이행을 이유로 이행강제금을 부과할 수 있는지 여부(원칙적 소극)

건축법상의 이행강제금은 시정명령의 불이행이라는 과거의 위반행위에 대한 제재가 아니라, 의무자에게 시정명령을 받은 의무의 이행을 명하고 그 이행기간 안에 의무를 이행하지 않으면 이행강제금이 부과된다는 사실을 고지함으로써 의무자에게 심리적 압박을 주어 의무의 이행을 간접적으로 강제하는 행정상의 간접강제 수단에 해당한다. 이러한 이행강제금의 본질상 시정명령을 받은 의무자가 이행강제금이 부과되기 전에 그 의무를 이행한 경우에는 비록 시정명령에서 정한 기간을 지나서 이행한 경우라도 이행강제금을

부과할 수 없다.

나아가 시정명령을 받은 의무자가 그 시정명령의 취지에 부합하는 의무를 이행하기 위한 정당한 방법으로 행정청에 신청 또는 신고를 하였으나 행정청이 위법하게 이를 거부 또는 반려함으로써 결국 그 처분이 취소되기에 이르렀다면, 특별한 사정이 없는 한 그 시정명령의 불이행을 이유로 이행강제금을 부과할 수는 없다고 보는 것이 위와 같은 이행강제금 제도의 취지에 부합한다.

〔비교판례〕

□ 농지법상 이행강제금 부과처분은 행정처분이 아니다.

농지법은 농지 처분명령에 대한 이행강제금 부과처분에 불복하는 자가 그 처분을 고지받은 날부터 30일 이내에 부과권자에게 이의를 제기할 수 있고, 이의를 받은 부과권자는 지체 없이 관할 법원에 그 사실을 통보하여야 하며, 그 통보를 받은 관할 법원은 비송사건절차법에 따른 과태료 재판에 준하여 재판을 하도록 정하고 있다(제62조 제1항, 제6항, 제7항). 따라서 농지법 제62조 제1항에 따른 이행강제금 부과처분에 불복하는 경우에는 비송사건절차법에 따른 재판절차가 적용되어야 하고, 행정소송법상 항고소송의 대상은 될 수 없다(대법원 2019. 4. 11. 선고 2018두42955 판결).

〔참고판례〕

❶ 위반행위가 없는 경우에는 이행강제금을 부과할 수 없다.

구 건축법 제19조 제7항에 따라 국토계획법 제54조(지구단위계획구역에서 건축물을 건축 또는 용도변경하거나 공작물을 설치하려면 그 지구단위계획에 맞게 하여야 한다)가 준용되는 용도변경 즉, 건축법 제19조 제2항에 따라 관할 행정청의 허가를 받거나 신고하여야 하는 용도변경의 경우에는 국토계획법 제54조를 위반한 행위가 곧 건축법 제19조 제7항을 위반한 행위가 되므로, 이에 대하여 건축법 제79조, 제80조에 근거하여 시정명령과 그 불이행에 따른 이행강제금 부과처분을 할 수 있다. 그러나 국토계획법 제54조가 준용되지 않는 용도변경 즉, 건축법 제19조 제3항에 따라 건축물대장 기재 내용의 변경을 신청하여야 하는 경우나 임의로 용도변경을 할 수 있는 경우에는 국토계획법 제54조를 위반한 행위가 건축법 제19조 제7항을 위반한 행위가 된다고 볼 수는 없으므로 '국토계획법상 지구단위계획에 맞지 아니한 용도변경'이라는 이유만으로 건축법 제79조, 제80조에 근거한 시정명령과 그 불이행에 따른 이행강제금 부과처분을 할 수는 없다(대법원 2017. 8. 23. 선고 2017두42453 판결).

❷ 건축법상 시정명령을 위반한 자에 대하여 대집행과 이행강제금을 선택적으로 활용할 수 있다.

전통적으로 행정대집행은 대체적 작위의무에 대한 강제집행수단으로, 이행강제금은 부작위의무나 비대체적 작위의무에 대한 강제집행수단으로 이해되어 왔으나, 이는 이행강제금제도의 본질에서 오는 제약은 아니며, 이행강제금은 대체적 작위의무의 위반에 대하여도 부과될 수 있다. 현행 건축법상 위법건축물에 대한 이행강제수단으로 대집행과 이행강제금이 인정되고 있는데, 양 제도는 각각의 장·단점이 있으므로 행정청은 개별사건에 있어서 위반내용, 위반자의 시정의지 등을 감안하여 대집행과 이행강제금을 선택적으로 활용할 수 있으며, 이처럼 그 합리적인 재량에 의해 선택하여 활용하는 이상 중첩적인 제재에 해당한다고 볼 수 없다.

건축법 제78조에 의한 무허가 건축행위에 대한 형사처벌과 건축법 제83조 제1항에 의한 시정명령 위반에 대한 이행강제금의 부과는 그 처벌 내지 제재대상이 되는 기본적 사실관계로서의 행위를 달리하며, 또한 그 보호법익과 목적에서도 차이가 있으므로 헌법 제13조 제1항이 금지하는 이중처벌에 해당한다고 할 수 없다(헌법재판소 2004. 2. 26.자 2001헌바80 결정).

❸ 의무 불이행에 따른 이행명령을 받은 의무자가 이행명령에서 정한 기간을 지나서 그 명령을 이행한 경우, 이행명령 불이행에 따른 최초의 이행강제금을 부과할 수 없다.

국토의 계획 및 이용에 관한 법률(이하 '국토계획법'이라고 한다) 제124조의2 제5항이 이행명령을 받은 자가 그 명령을 이행하는 경우에 새로운 이행강제금의 부과를 즉시 중지하도록 규정한 것은 이행강제금의 본질상 이행강제금 부과로 이행을 확보하고자 한 목적이 이미 실현된 경우에는 그 이행강제금을 부과할 수 없다는 취지를 규정한 것으로서, 이에 의하여 부과가 중지되는 '새로운 이행강제금'에는 국토계획법 제124조의2 제3항의 규정에 의하여 반복 부과되는 이행강제금뿐만 아니라 이행명령 불이행에 따른 최초의 이행강제금도 포함된다. 따라서 이행명령을 받은 의무자가 그 명령을 이행한 경우에는 이행명령에서 정한 기간을 지나서 이행한 경우라도 최초의 이행강제금을 부과할 수 없다(대법원 2014. 12. 11. 선고 2013두15750 판결).

❹ 건축주 등이 장기간 시정명령을 이행하지 아니하였으나 그 기간 중에 시정명령의 이행 기회가 제공되지 아니하였다가 뒤늦게 이행 기회가 제공된 경우, 이행 기회가 제공되지 아니한 과거의 기간에 대한 이행강제금까지 한꺼번에 부과할 수 없고 또한 이를 위반하여 이루어진 이행강제금 부과처분은 무효이다.

비록 건축주 등이 장기간 시정명령을 이행하지 아니하였더라도, 그 기간 중에는 시정명령의 이행 기회가 제공되지 아니하였다가 뒤늦게 시정명령의 이행 기회가 제공된 경우라면, 시정명령의 이행 기회 제공을 전제로 한 1회분의 이행강제금만을 부과할 수 있고, 시정명령의 이행 기회가 제공되지 아니한 과거의 기간에 대한 이행강제금까지 한꺼번에 부과할 수는 없다. 그리고 이를 위반하여 이루어진 이행강제금 부과처분은 과거의 위반행위에 대한 제재가 아니라 행정상의 간접강제 수단이라는 이행강제금의 본질에 반하여 구 건축법 제80조 제1항, 제4항 등 법규의 중요한 부분을 위반한 것으로서, 그러한 하자는 중대할 뿐만 아니라 객관적으로도 명백하다(대법원 2016. 7. 14. 선고 2015두46598 판결).

❺ 이행강제금을 부과·징수할 때마다 그에 앞서 시정명령 절차를 다시 거쳐야 할 필요는 없다.

개발제한구역의 지정 및 관리에 관한 특별조치법 제30조 제1항, 제30조의2 제1항 및 제2항의 규정에 의하면 시정명령을 받은 후 그 시정명령의 이행을 하지 아니한 자에 대하여 이행강제금을 부과할 수 있고, 이행강제금을 부과하기 전에 상당한 기간을 정하여 그 기한까지 이행되지 아니할 때에 이행강제금을 부과·징수한다는 뜻을 문서로 계고하여야 하므로, 이행강제금의 부과·징수를 위한 계고는 시정명령을 불이행한 경우에 취할 수 있는 절차라 할 것이고, 따라서 이행강제금을 부과·징수할 때마다 그에 앞서 시정명령 절차를 다시 거쳐야 할 필요는 없다(대법원 2013. 12. 12. 선고 2012두20397 판결).

❻ 시정명령의 이행에 필요한 상당한 이행기한을 정하여 그 기한까지 시정명령을 이행할 수 있는 기회를 준 후가 아니면 이행강제금을 부과할 수 없다.

[1] 건축법 제79조 제1항 및 제80조 제1항에 의하면, 허가권자는 먼저 건축주 등에 대하여 상당한 기간을 정하여 시정명령을 하고, 건축주 등이 그 시정기간 내에 시정명령을 이행하지 아니하면, 다시 그 시정명령

의 이행에 필요한 상당한 이행기한을 정하여 그 기한까지 시정명령을 이행할 수 있는 기회를 준 후가 아니면 이행강제금을 부과할 수 없다.

[2] 2차 시정명령은 1차 시정명령에서 정한 시정기간이 경과한 후에 다시 그 시정명령의 이행에 필요한 상당한 이행기한을 정하여 행해져야 하는데, 이 사건 2차 시정명령은 위와 같은 요건을 갖추지 못하였으므로 이 사건 이행강제금 부과처분은 부과요건 흠결 또는 절차상 흠으로 인하여 위법하다고 한 사례(대판 2010. 6. 24. 선고 2010두3978 판결).

❼ 건축법상 이행강제금 납부의 최초 독촉은 항고소송의 대상이 되는 행정처분에 해당한다.

구 건축법 제69조의2 제6항, 지방세법 제28조, 제82조, 국세징수법 제23조의 각 규정에 의하면, 이행강제금 부과처분을 받은 자가 이행강제금을 기한 내에 납부하지 아니한 때에는 그 납부를 독촉할 수 있으며, 납부독촉에도 불구하고 이행강제금을 납부하지 않으면 체납절차에 의하여 이행강제금을 징수할 수 있고, 이때 이행강제금 납부의 최초 독촉은 징수처분으로서 항고소송의 대상이 되는 행정처분이 될 수 있다(대법원 2009. 12. 24. 선고 2009두14507 판결).

❽ 이행강제금 납부의무는 일신전속적이다.

구 건축법상의 이행강제금은 구 건축법의 위반행위에 대하여 시정명령을 받은 후 시정기간 내에 당해 시정명령을 이행하지 아니한 건축주 등에 대하여 부과되는 간접강제의 일종으로서 그 이행강제금 납부의무는 상속인 기타의 사람에게 승계될 수 없는 일신전속적인 성질의 것이므로 이미 사망한 사람에게 이행강제금을 부과하는 내용의 처분이나 결정은 당연무효이고, 이행강제금을 부과받은 사람의 이의에 의하여 비송사건절차법에 의한 재판절차가 개시된 후에 그 이의한 사람이 사망한 때에는 사건 자체가 목적을 잃고 절차가 종료한다(대법원 2006. 12. 8. 선고 2006마470 판결).

옥제품 판매대금 매출누락 사건

□ 대법원 2017. 3. 16. 선고 2014두8360 판결

[사실관계]

원고가 2005. 4. 16.부터 춘천시 (주소 생략)에서 '○○○유통'이라는 상호로 옥제품 도매업체를 운영하면서 고객들에게 옥제품을 판매하였고, 피고(춘천세무서장) 소속 세무공무원은 원고가 현금매출을 누락하는 등의 수법으로 세금을 탈루한다는 제보를 받고는 '2008. 12. 18.부터 2008. 12. 26.까지 탈세제보에 관한 현지확인을 하되 그 결과 탈세사실이 확인되면 그 즉시 세무조사로 전환하기로 한다'는 내용의 현지확인 계획을 세워 피고로부터 결재를 받았다.

이에 피고 소속 세무공무원 5명은 2008. 12. 18. '총 매출금액 누락 여부 확인'이라는 확인 목적이 기재된 '현지확인출장증'을 소지하고 원고의 사업장을 방문하여 원고의 직원들로부터 컴퓨터 하드디스크를 임의로 제출받고 노트와 메모를 점검하여 차명계좌로 의심되는 계좌에 관한 정보 등을 얻거나 2008. 12. 26. 원고로부터 일별판매전표 및 지로판매에 의한 2005년 제1기부터 2008년 제1기까지의 매출금액에 관한 확인서를 작성받는 등의 현장조사(이하 '이 사건 1차 조사'라 한다)를 하였다.

그 결과 피고는 원고가 타인 명의의 계좌로 옥제품 판매대금을 송금받는 방법으로 부가가치세에 관한 매출을 누락하였다고 보아, '조세대상세목: 부가가치세, 조사대상기간: 2005. 4. 16.~2008. 6. 30., 조사기간: 2009. 2. 2.~2009. 2. 13.'로 한 세무조사(이하 '이 사건 2차 조사'라 한다)에 착수하였다가 금융거래확인을 위하여 조사기간을 연장하고 조사유형을 조세범칙조사로 전환한 후, 2009. 6. 1. 원고에게 2005년 제1기부터 2008년 제1기까지의 부가가치세를 부과하는 이 사건 처분을 하였다.

이에 원고는 이 사건 처분에 대한 취소소송을 제기하였다.

[판결요지]

[1] 세무공무원의 조사행위가 구 국세기본법 제81조의4 제2항에 따라 재조사가 금지되는 '세무조사'에 해당하는지를 판단하는 기준 / 조사행위가 실질적으로 과세표준과 세액을 결정 또는 경정하기 위한 것으로서 납세자 등의 사무실 등에서 납세자 등을 직접 접촉하여 상당한 시일에 걸쳐 질문하거나 일정한 기간 동안의 장부 등을 검사·조사하는 경우, 재조사가 금지되는 '세무조사'로 보는지 여부(원칙적 적극)

세무공무원의 조사행위가 재조사가 금지되는 '세무조사'에 해당하는지 여부는 조사의 목적과 실시경위, 질문조사의 대상과 방법 및 내용, 조사를 통하여 획득한 자료, 조사행위의 규모와 기간 등을 종합적으로 고려하여 구체적 사안에서 개별적으로 판단할 수밖에 없을 것인데, 세무공무원의 조사행위가 사업장의 현황 확인, 기장 여부의 단순 확인, 특정한 매출사실의 확인, 행정민원서류의 발급을 통한 확인, 납세자 등이 자발적으로 제출한 자료의 수령 등과 같이 단순한 사실관계의 확인이나 통상적으로 이에 수반되는 간단한 질문조사에 그치는 것이어서 납세자 등으로서도 손쉽게 응답할 수 있을 것으로 기대되거나 납세자의 영업의 자유 등에도 큰 영향이 없는 경우에는 원칙적으로 재조사가 금지되는 '세무조사'로 보기 어렵지만, 조사행위가 실질적으로 과세표준과 세액을 결정 또는 경정하기 위한 것으로서 납세

자 등의 사무실·사업장·공장 또는 주소지 등에서 납세자 등을 직접 접촉하여 상당한 시일에 걸쳐 질문하거나 일정한 기간 동안의 장부·서류·물건 등을 검사·조사하는 경우에는 특별한 사정이 없는 한 재조사가 금지되는 '세무조사'로 보아야 할 것이다.

[2] 국세청 소속 세무공무원이 옥제품 도매업체를 운영하면서 제품을 판매하는 갑이 현금매출 누락 등의 수법으로 세금을 탈루한다는 제보를 받고 먼저 현장조사를 하고 그 결과 갑이 부가가치세에 관한 매출을 누락하였다고 보아 세무조사를 한 후 부가가치세 부과처분을 한 사안에서, 첫 번째 조사가 실질적으로 포괄적 질문조사권을 행사하고 과세자료를 획득하는 것이어서 재조사가 금지되는 '세무조사'이므로, 두 번째 조사는 구 국세기본법 제81조의4 제2항에 따라 금지되는 재조사이어서 그에 기초한 처분이 위법하다고 한 사례

국세청 소속 세무공무원이 옥제품 도매업체를 운영하면서 제품을 판매하는 갑이 현금매출 누락 등의 수법으로 세금을 탈루한다는 제보를 받고 먼저 현장조사(이하 '제1차 조사'라 한다)를 하고 그 결과 갑이 부가가치세에 관한 매출을 누락하였다고 보아 세무조사(이하 '제2차 조사'라 한다)를 한 후 부가가치세 부과처분을 한 사안에서, 세무공무원이 국세청 훈령인 구 조사사무처리규정에서 정한 '현지확인'의 절차에 따라 제1차 조사를 하였다고 하더라도, 그것은 실질적으로 갑의 총 매출누락 금액을 확인하기 위하여 갑의 사업장에서 갑이나 직원들을 직접 접촉하여 9일간에 걸쳐 매출사실에 대하여 포괄적으로 질문조사권을 행사하고 과세자료를 획득하는 것이어서 재조사가 금지되는 '세무조사'로 보아야 하므로 제2차 조사는 구 국세기본법 제81조의4 제2항에 따라 금지되는 재조사에 해당하므로 그에 기초하여 이루어진 처분이 위법하다.

[참고판례]

❶ 세무조사결정은 항고소송의 대상이 되는 행정처분에 해당한다.

부과처분을 위한 과세관청의 질문조사권이 행해지는 세무조사결정이 있는 경우 납세의무자는 세무공무원의 과세자료 수집을 위한 질문에 대답하고 검사를 수인하여야 할 법적 의무를 부담하게 되는 점, 세무조사는 기본적으로 적정하고 공평한 과세의 실현을 위하여 필요한 최소한의 범위 안에서 행하여져야 하고, 더욱이 동일한 세목 및 과세기간에 대한 재조사는 납세자의 영업의 자유 등 권익을 심각하게 침해할 뿐만 아니라 과세관청에 의한 자의적인 세무조사의 위험마저 있으므로 조세공평의 원칙에 현저히 반하는 예외적인 경우를 제외하고는 금지될 필요가 있는 점, 납세의무자로 하여금 개개의 과태료 처분에 대하여 불복하거나 조사 종료 후의 과세처분에 대하여만 다툴 수 있도록 하는 것보다는 그에 앞서 세무조사결정에 대하여 다툼으로써 분쟁을 조기에 근본적으로 해결할 수 있는 점 등을 종합하면, 세무조사결정은 납세의무자의 권리·의무에 직접 영향을 미치는 공권력의 행사에 따른 행정작용으로서 항고소송의 대상이 된다(대법원 2011. 3. 10. 선고 2009두23617,23624 판결).

❷ 위법한 세무조사에 의하여 수집된 과세자료를 기초로 한 과세처분은 위법하다.

국세기본법은 제81조의4 제1항에서 "세무공무원은 적정하고 공평한 과세를 실현하기 위하여 필요한 최소한의 범위에서 세무조사를 하여야 하며, 다른 목적 등을 위하여 조사권을 남용해서는 아니 된다."라고 규정하고 있다. 이 조항은 세무조사의 적법 요건으로 객관적 필요성, 최소성, 권한 남용의 금지 등을 규정하고 있는데, 이는 법치국가원리를 조세절차법의 영역에서도 관철하기 위한 것으로서 그 자체로서 구체적인 법규적 효력을 가진다. 따라서 세무조사가 과세자료의 수집 또는 신고내용의 정확성 검증이라는 본연의 목적이 아니라 부정한 목적을 위하여 행하여진 것이라면 이는 세무조사에 중대한 위법사유가 있는 경우에 해당하고 이러한 세무조사에 의하여 수집된 과세자료를 기초로 한 과세처분 역시 위법하다. 세무조사가

국가의 과세권을 실현하기 위한 행정조사의 일종으로서 과세자료의 수집 또는 신고내용의 정확성 검증 등을 위하여 필요불가결하며, 종국적으로는 조세의 탈루를 막고 납세자의 성실한 신고를 담보하는 중요한 기능을 수행하더라도 만약 남용이나 오용을 막지 못한다면 납세자의 영업활동 및 사생활의 평온이나 재산권을 침해하고 나아가 과세권의 중립성과 공공성 및 윤리성을 의심받는 결과가 발생할 것이기 때문이다(대법원 2016. 12. 15. 선고 2016두47659 판결).

❸ 음주운전 여부에 대한 조사 과정에서 운전자 본인의 동의를 받지 아니하고 법원의 영장도 없이 이루어진 혈액 채취 조사 결과를 근거로 한 운전면허정지·취소처분은 위법하다.

음주운전 여부에 관한 조사방법 중 혈액 채취(이하 '채혈'이라고 한다)는 상대방의 신체에 대한 직접적인 침해를 수반하는 방법으로서, 이에 관하여 도로교통법은 호흡조사와 달리 운전자에게 조사에 응할 의무를 부과하는 규정을 두지 아니할 뿐만 아니라, 측정에 앞서 운전자의 동의를 받도록 규정하고 있으므로(제44조 제3항), 운전자의 동의 없이 임의로 채혈조사를 하는 것은 허용되지 아니한다. 그리고 수사기관이 범죄 증거를 수집할 목적으로 운전자의 동의 없이 혈액을 취득·보관하는 행위는 형사소송법상 '감정에 필요한 처분' 또는 '압수'로서 법원의 감정처분허가장이나 압수영장이 있어야 가능하고, 다만 음주운전 중 교통사고를 야기한 후 운전자가 의식불명 상태에 빠져 있는 등으로 호흡조사에 의한 음주측정이 불가능하고 채혈에 대한 동의를 받을 수도 없으며 법원으로부터 감정처분허가장이나 사전 압수영장을 발부받을 시간적 여유도 없는 긴급한 상황이 발생한 경우에는 수사기관은 예외적인 요건하에 음주운전 범죄의 증거 수집을 위하여 운전자의 동의나 사전 영장 없이 혈액을 채취하여 압수할 수 있으나 이 경우에도 형사소송법에 따라 사후에 지체 없이 법원으로부터 압수영장을 받아야 한다. 따라서 <u>음주운전 여부에 대한 조사 과정에서 운전자 본인의 동의를 받지 아니하고 또한 법원의 영장도 없이 채혈조사를 한 결과를 근거로 한 운전면허 정지·취소 처분은 도로교통법 제44조 제3항을 위반한 것으로서 특별한 사정이 없는 한 위법한 처분으로 볼 수밖에 없다</u>(대법원 2016. 12. 27. 선고 2014두46850 판결).

기출문제

변시18 법무법인 甲, 乙 및 丙은 2015. 3. 3. 정기세무조사의 대상이 되어 2014 사업연도의 법인세 신고 및 납부내역에 대한 세무조사를 받았다. 정기세무조사는 매년 무작위로 대상자를 추출하여 조사하는 것으로 세무조사로 인한 부담을 덜어주기 위하여 동일한 과세기간에 대해서는 원칙적으로 재조사를 금지하고 있다. 그러나 관할 세무서장은 甲, 乙 및 丙의 같은 세목 및 같은 과세기간에 대하여 재조사 결정 및 이에 따른 통지 후 2016. 5. 20. 재조사를 실시하면서, 재조사 이유에 대해 과거 위 각 법인에서 근무하던 직원들의 제보를 받아 법인세 탈루혐의를 입증할 자료가 확보되었기 때문이라고 밝혔다. 관할 세무서장은 재조사 결과 甲, 乙 및 丙의 법인세 탈루사실이 인정된다고 보아 甲과 乙에 대해서는 2017. 1. 10., 丙에 대해서는 2017. 11. 3. 증액경정된 조세부과처분을 각각 발령하였다. 한편, 甲, 乙 및 丙은 세무조사로서의 재조사에 대하여 제소기간 내에 취소소송을 제기하였다.

1. 甲의 취소소송의 대상적격은 인정되는가? **(15점)** - 세무조사의 법적 성질 및 처분성 여부
4. 위 재조사에 근거하여 발령된 甲에 대한 2017. 1. 10.자 조세부과처분은 적법한가? (단, 하자승계 논의는 제외함) **(20점)** - 위법한 행정조사에 기초한 처분의 위법여부

사시15 甲은 乙로부터 2014. 10. 7. A시 B구 소재 이용원 영업을 양도받고 관할 행정청인 B구 구청장 X에게 영업자 지위승계신고를 하였다. 그런데 甲은 위 영업소를 운영하던 중, 2014. 12. 16. C경찰서 소속

경찰관에 의해 「성매매알선 등 행위의 처벌에 관한 법률」위반으로 적발되었다. 구청장 X는 2014. 12. 19. 甲에 대하여 3월의 영업정지 처분을 하였다. 한편 乙은 이미 같은 법 위반으로 2014년 7월부터 9월까지의 2월의 영업정지처분을 받은 바 있었다. 그 후 2015. 5. 6. B구청 소속 공무원들은 위생관리 실태를 검사하기 위하여 위 영업소에 들어갔다가 甲이 여전히 손님에게 성매매알선 등의 행위를 하는 것을 적발하였다. 이에 구청장 X는 이미 乙이 제1차 영업정지처분을 받았고 甲이 제2차 영업정지처분을 받았음을 이유로, 2015. 5. 6.에 적발된 위법행위에 대하여 甲에게 「공중위생관리법」제11조 제1항 및 제2항, 같은 법 시행규칙 제19조 [별표 7] 행정처분기준에 따라 적법한 절차를 거쳐서 가중된 제재처분인 영업소 폐쇄명령을 내렸다.

3. 만일 甲이 영업소 안에서 문을 잠그고 B구청 소속 공무원들의 영업소 진입에 불응하여, 위 공무원들이 잠금장치와 문을 부수고 강제로 진입하여 위생관리실태를 조사하였다면, 甲이 그에 대하여 취할 수 있는 권리구제 수단에 관하여 설명하시오. **(15점)** - 권력적 행정조사의 처분성

│사시14│ 甲은 A시에서 개인 변호사 사무실을 운영하는 변호사로서 관할 세무서장 乙에게 2010년부터 2012년까지 3년간의 부가가치세 및 종합소득세를 자진신고 납부한 바 있다. 丙은 甲의 변호사 사무실에서 직원으로 근무하다가 2013년 3월경 사무장 직을 그만두면서 사무실의 형사약정서 복사본과 민사사건 접수부를 가지고 나와 이를 근거로 乙에게 甲의 세금탈루사실을 제보하였다. 이에 따라 乙은 2013년 6월 甲에 대하여 세무조사를 하기로 결정하고, 甲에게 조사를 시작하기 10일 전에 조사대상 세목, 조사기간 및 조사 사유, 그 밖에 대통령령으로 정하는 사항을 통지하였다. 그런데 통지를 받은 甲은 장기출장으로 인하여 세무조사를 받기 어렵다는 이유로 乙에게 연기해 줄 것을 신청하였으나 乙은 이를 거부하였다.

(1) 위 사례에서 세무조사와 세무조사결정의 법적 성질은? **(10점)** - 세무조사의 법적 성질 및 세무조사결정의 처분성 여부

(3) 乙은 세무조사를 하면서 당초 사전통지된 기간보다 조사기간을 연장하였으나 이를 甲에게 통지하지 아니하였다. 이 경우 이 세무조사에 근거하여 甲에게 부과된 소득세부과처분은 위법한가? **(10점)** - 위법한 행정조사에 기초한 처분의 위법여부

│변시22│ 혼인하여 3자녀를 둔 5인 가구의 세대주인 甲은 현재 독점적으로 전기를 공급하고 있는 전기판매사업자 S와 전기공급계약을 체결하고 전기를 공급받는 전기사용자이다. S는 甲에게 2016. 7. 3.부터 같은 해 8. 2.까지 甲 가구가 사용한 525kWh의 전기에 대해 131,682원의 전기요금을 부과하였다. 한편 S가 비용을 자의적으로 분류하여 전기요금을 부당하게 산정하였음이 판명되었다. 이에 허가권자는 전기위원회 소속 공무원 丙으로 하여금 그 확인을 위하여 필요한 조사를 지시하였고, 丙은 사실조사를 통해 부당한 전기요금 산정을 확인하였다. 이에 허가권자는 전기사업법령이 정하는 바에 따라 S의 매출액의 100분의 4에 해당하는 금액의 과징금부과처분을 하였다.

(1) 허가권자가 조사 일시·이유·내용 등의 조사계획을 조사대상자에게 전혀 알리지 않은 채 기습적으로 위 사실조사가 행하여진 경우, 위 과징금부과처분의 적법 여부를 검토하시오. **(10점)** - 위법한 행정조사에 기초한 처분의 위법여부

(2) 만약 과징금 액수가 과하게 책정되었음을 이유로 S가 과징금부과처분 취소심판을 제기하였다면, 행정심판위원회는 일부취소재결을 할 수 있는지 검토하시오. **(20점)** - 재량행위에 대한 일부취소 가능성

행정벌

1. 통고처분(범칙금) : 처분성 부정

1) 통고처분은 상대방의 임의의 승복을 그 발효요건으로 하기 때문에 그 자체만으로는 통고이행을 강제하거나 상대방에게 아무런 권리의무를 형성하지 않으므로 행정심판이나 행정소송의 대상으로서의 처분성을 부여할 수 없고, 통고처분에 대하여 이의가 있으면 통고내용을 이행하지 않음으로써 고발되어 형사재판절차에서 통고처분의 위법·부당함을 얼마든지 다툴 수 있기 때문에 관세법 제38조 제3항 제2호가 법관에 의한 재판받을 권리를 침해한다든가 적법절차의 원칙에 저촉된다고 볼 수 없다(헌법재판소 1998. 5. 28. 선고 96헌바4 결정).

2) 도로교통법 제118조에서 규정하는 경찰서장의 통고처분은 행정소송의 대상이 되는 행정처분이 아니므로 그 처분의 취소를 구하는 소송은 부적법하고, 도로교통법상의 통고처분을 받은 자가 그 처분에 대하여 이의가 있는 경우에는 통고처분에 따른 범칙금의 납부를 이행하지 아니함으로써 경찰서장의 즉결심판청구에 의하여 법원의 심판을 받을 수 있게 될 뿐이다(대법원 1995. 6. 29. 선고 95누4674 판결).

2. 과태료

1) 처분성 부정

법원이 비송사건절차법에 따라서 하는 과태료 재판은 관할 관청이 부과한 과태료처분에 대한 당부를 심판하는 행정소송절차가 아니라 법원이 직권으로 개시·결정하는 것이므로, 원칙적으로 과태료 재판에서는 행정소송에서와 같은 신뢰보호의 원칙 위반 여부가 문제로 되지 아니하고, 다만 위반자가 그 의무를 알지 못하는 것이 무리가 아니었다고 할 수 있어 그것을 정당시할 수 있는 사정이 있을 때 또는 그 의무의 이행을 그 당사자에게 기대하는 것이 무리라고 하는 사정이 있을 때 등 그 의무 해태를 탓할 수 없는 정당한 사유가 있는 때에는 이를 부과할 수 없다(대법원 2006. 4. 28.자 2003마715 결정).

2) 일사부재리의 원칙과 관계

행정법상의 질서벌인 과태료의 부과처분과 형사처벌은 그 성질이나 목적을 달리하는 별개의 것이므로 행정법상의 질서벌인 과태료를 납부한 후에 형사처벌을 한다고 하여 이를 일사부재리의 원칙에 반하는 것이라고 할 수는 없다(대법원 1996. 4. 12. 선고 96도158 판결).

3. 일정한 법규 위반 사실이 행정처분의 전제사실이자 형사법규의 위반 사실이 되는 경우, 형사판결 확정에 앞서 행정처분을 하였다고 하여도 절차적 위반이 있다고 할 수 없다.

일정한 법규위반 사실이 행정처분의 전제사실이 되는 한편 이와 동시에 형사법규의 위반 사실이 되는 경우에 행정처분과 형벌은 각기 그 권력적 기초, 대상, 목적을 달리하고 있으므로 동일한 행위에 관하여 독립적으로 행정처분이나 형벌을 과하거나 이를 병과할 수 있는 것이고, 법규가 예외적으로 형사소추 선행

원칙을 규정하고 있지 아니한 이상 형사판결 확정에 앞서 일정한 위반사실을 들어 행정처분을 하였다고 하여 절차적 위반이 있다고 할 수 없다.

소외 1은 원고(학교법인 서남학원)와 그 산하에 설치된 서남대학교를 실질적으로 운영하는 자로서 사립학교법과 사학기관 재무·회계 규칙이 규정하는 절차를 위반하여 서남대학교 교비회계에 속하는 금원을 임의로 인출한 바 있으므로, 피고(교육부장관)가 이러한 사정에 관하여 서남대학교 총장, 회계 담당 직원, 원고의 감사 등에 대한 조사 등을 거친 다음, 소외 1의 횡령 유죄판결이 아직 확정되지 않은 상태에서 원고에 대하여 위와 같이 인출된 금원을 소외 1로부터 회수하여 서남대학교 교비회계로 회복시키도록 시정명령을 한 것은 적법하다(대법원 2017. 6. 15. 선고 2015두39156 판결).

4. 양벌규정에 의한 영업주의 처벌에 있어서 종업원의 범죄성립이나 처벌을 요하는지 여부(소극)

양벌규정에 의한 영업주의 처벌은 금지위반행위자인 종업원의 처벌에 종속하는 것이 아니라 독립하여 그 자신의 종업원에 대한 선임감독상의 과실로 인하여 처벌되는 것이므로 종업원의 범죄성립이나 처벌이 영업주 처벌의 전제조건이 될 필요는 없다(대법원 2006. 2. 24. 선고 2005도7673 판결).

5. 지방자치단체도 자치사무의 경우에는 양벌규정의 적용대상이 되는 법인에 해당할 수 있다.

헌법 제117조, 지방자치법 제3조 제1항, 제9조, 제93조, 도로법 제54조, 제83조, 제86조의 각 규정을 종합하여 보면, 국가가 본래 그의 사무의 일부를 지방자치단체의 장에게 위임하여 그 사무를 처리하게 하는 기관위임사무의 경우에는 지방자치단체는 국가기관의 일부로 볼 수 있는 것이지만, 지방자치단체가 그 고유의 자치사무를 처리하는 경우에는 지방자치단체는 국가기관의 일부가 아니라 국가기관과는 별도의 독립한 공법인이므로, 지방자치단체 소속 공무원이 지방자치단체 고유의 자치사무를 수행하던 중 도로법 제81조 내지 제85조의 규정에 의한 위반행위를 한 경우에는 지방자치단체는 도로법 제86조의 양벌규정에 따라 처벌대상이 되는 법인에 해당한다(대법원 2005. 11. 10. 선고 2004도2657 판결).

여객자동차법상 과징금부과처분 사건

□ 대법원 2021. 2. 4. 선고 2020두48390 판결

[사실관계]

원고(경일여객자동차 주식회사)는 안성시 (주소 생략)을 본점 주소지로 하여 여객자동차 운수사업을 경영하는 법인으로서 여객자동차운송사업자(이하 '운송사업자'라고 한다)이고, 피고(안성시장)는 경기도지사로부터 여객자동차운수사업법(이하 '여객자동차법'이라고 한다)상 과징금 부과처분 권한을 위임받은 행정청이다.

경기도지사는 2017. 9. 12. 피고에게, 원고가 2016. 3. 1.부터 2017. 9. 11.까지 '서울(남부)-○○ 노선'과 '서울(구의)-○○ 노선'(이하 위 두 노선을 '이 사건 제1 노선'이라고 한다)에 관하여 상행노선에서는 종점을, 하행노선에서는 기점을 각 '○○ 시외버스터미널'에서 '△△대 ○○캠퍼스'로 정차지 변경 신고도 없이 노선을 연장운행함으로써 여객자동차법 제4조, 제10조를 위반(이하 '이 사건 제1 위반'이라고 한다)하였다는 이유로 행정처분을 요청하였고, 이에 피고는 2018. 4. 19. 원고에게 이 사건 제1 위반행위에 대하여 여객자동차법 제85조 제1항 제6호, 제12호, 여객자동차법 시행령 제88조, 제46조를 적용하여 과징금 5,000만 원을 부과하는 처분(이하 '이 사건 제1 처분'이라고 한다)을 하였다.

또한 경기도지사는 2018. 2. 13. 피고에게, 원고가 주식회사 □□고속으로부터 양수한 '○○-성남 노선'(이하 '이 사건 제2 노선'이라고 한다)에 대하여 원고가 운송개시일로 신고한 2017. 6. 29.부터 2018. 2. 12.까지 한 번도 운행하지 아니하여 여객자동차법 제10조를 위반(이하 '이 사건 제2 위반'이라고 한다)하였고, '부천-○○ 노선'과 '고양(화정)-○○ 노선'에 대하여는 2017. 7. 10.부터 2018. 2. 12.까지 인가받지 아니하고 두 노선을 통합 운행함으로써 여객자동차법 제10조를 위반(이하 '이 사건 제3 위반'이라고 한다)하였다는 이유로 원고에 대한 행정처분을 요청하였으며, 이에 피고는 2018. 4. 24. 원고에게 이 사건 제2, 3 위반행위에 대하여 여객자동차법 제85조 제1항 제12호, 여객자동차법 시행령 제88조, 제46조를 적용하여 과징금 5,000만 원을 부과하는 처분(이하 '이 사건 제2 처분'이라고 한다)을 하였다.

원고는 이 사건 제1, 2 처분에 대하여 불복하여 행정심판을 각 청구하였으나, 2018. 10. 1. 각 기각 재결을 받았다.

[판결요지]

[1] 여객자동차운수사업자가 범한 여러 가지 위반행위에 대하여 관할 행정청이 사업정지처분을 갈음하는 과징금 부과처분을 하기로 선택하는 경우, 여러 가지 위반행위에 대하여 1회에 부과할 수 있는 과징금 총액의 최고한도액(=5,000만 원) 및 관할 행정청이 여객자동차운송사업자의 여러 가지 위반행위를 인지한 경우, 인지한 여러 가지 위반행위 중 일부에 대해서만 우선 과징금 부과처분을 하고 나머지에 대해서는 차후에 별도의 과징금 부과처분을 할 수 있는지 여부(원칙적 소극)

위반행위가 여러 가지인 경우에 행정처분의 방식과 한계를 정한 관련 규정들의 내용과 취지에다가, 여객자동차운수사업자가 범한 여러 가지 위반행위에 대하여 관할 행정청이 구 여객자동차 운수사업법(2020. 3. 24. 법률 제17091호로 개정되기 전의 것) 제85조 제1항 제12호에 근거하여 사업정지처분을 하기로 선택한 이상 각 위반행위의 종류와 위반 정도를 불문하고 사업정지처분의 기간은 6개월을 초과할 수 없는 점을 종합하

면, 관할 행정청이 사업정지처분을 갈음하는 과징금 부과처분을 하기로 선택하는 경우에도 사업정지처분의 경우와 마찬가지로 여러 가지 위반행위에 대하여 1회에 부과할 수 있는 과징금 총액의 최고한도액은 5,000만 원이라고 보는 것이 타당하다. 관할 행정청이 여객자동차운송사업자의 여러 가지 위반행위를 인지하였다면 전부에 대하여 일괄하여 5,000만 원의 최고한도 내에서 하나의 과징금 부과처분을 하는 것이 원칙이고, 인지한 여러 가지 위반행위 중 일부에 대해서만 우선 과징금 부과처분을 하고 나머지에 대해서는 차후에 별도의 과징금 부과처분을 하는 것은 다른 특별한 사정이 없는 한 허용되지 않는다. 만약 행정청이 여러 가지 위반행위를 인지하여 그 전부에 대하여 일괄하여 하나의 과징금 부과처분을 하는 것이 가능하였음에도 임의로 몇 가지로 구분하여 각각 별도의 과징금 부과처분을 할 수 있다고 보게 되면, 행정청이 여러 가지 위반행위에 대하여 부과할 수 있는 과징금의 최고한도액을 정한 구 여객자동차 운수사업법 시행령 제46조 제2항의 적용을 회피하는 수단으로 악용될 수 있기 때문이다.

[2] 관할 행정청이 여객자동차운송사업자가 범한 여러 가지 위반행위 중 일부만 인지하여 과징금 부과처분을 한 후 그 과징금 부과처분 시점 이전에 이루어진 다른 위반행위를 인지하여 이에 대하여 별도의 과징금 부과처분을 하게 되는 경우, 추가 과징금 부과처분의 과징금액을 산정하는 방법

관할 행정청이 여객자동차운송사업자가 범한 여러 가지 위반행위 중 일부만 인지하여 과징금 부과처분을 하였는데 그 후 과징금 부과처분 시점 이전에 이루어진 다른 위반행위를 인지하여 이에 대하여 별도의 과징금 부과처분을 하게 되는 경우에도 종전 과징금 부과처분의 대상이 된 위반행위와 추가 과징금 부과처분의 대상이 된 위반행위에 대하여 일괄하여 하나의 과징금 부과처분을 하는 경우와의 형평을 고려하여 추가 과징금 부과처분의 처분양정이 이루어져야 한다. 다시 말해, 행정청이 전체 위반행위에 대하여 하나의 과징금 부과처분을 할 경우에 산정되었을 정당한 과징금액에서 이미 부과된 과징금액을 뺀 나머지 금액을 한도로 하여서만 추가 과징금 부과처분을 할 수 있다. 행정청이 여러 가지 위반행위를 언제 인지하였느냐는 우연한 사정에 따라 처분상대방에게 부과되는 과징금의 총액이 달라지는 것은 그 자체로 불합리하기 때문이다.

[참고판례]

❶ 본래적 과징금

구 독점규제법상의 과징금 부과는 비록 제재적 성격을 가진 것이기는 하여도 기본적으로는 같은 법 위반행위에 의하여 얻은 불법적인 경제적 이익을 박탈하기 위하여 부과되는 것이다. 같은 법 제55조의3 제1항에서도 이를 고려하여 과징금을 부과함에 있어서는 위반행위의 내용과 정도, 기간과 횟수 외에 위반행위로 인하여 취득한 이익의 규모 등도 아울러 참작하도록 규정하고 있는 것이다. 그러므로 불공정거래행위에 대하여 부과되는 과징금의 액수는 당해 불공정거래행위의 구체적 태양 등에 기하여 판단되는 그 위법성의 정도 뿐만 아니라 그로 인한 이득액의 규모와도 상호 균형을 이룰 것이 요구되고, 이러한 균형을 상실할 경우에는 비례의 원칙에 위배되어 재량권의 일탈·남용에 해당할 수가 있다(대법원 2001. 2. 9. 선고 2000두6206 판결).

❷ 변형된 과징금

석유사업법 제9조 제3항 및 그 시행령이 규정하는 석유판매업의 적극적 등록요건과 제9조 제4항, 제5조가 규정하는 소극적 결격사유 및 제9조 제4항, 제7조가 석유판매업자의 영업양도, 사망, 합병의 경우뿐만 아니라 경매 등의 절차에 따라 단순히 석유판매시설만의 인수가 이루어진 경우에도 석유판매업자의 지위

승계를 인정하고 있는 점을 종합하여 보면, 석유판매업 등록은 원칙적으로 대물적 허가의 성격을 갖고, 또 석유판매업자가 같은 법 제26조의 유사석유제품 판매금지를 위반함으로써 같은 법 제13조 제3항 제6호, 제1항 제11호에 따라 받게 되는 사업정지 등의 제재처분은 사업자 개인의 자격에 대한 제재가 아니라 사업의 전부나 일부에 대한 것으로서 대물적 처분의 성격을 갖고 있다. 그러므로, 위와 같은 지위승계에는 종전 석유판매업자가 유사석유제품을 판매함으로써 받게 되는 사업정지 등 제재처분의 승계가 포함되어 그 지위를 승계한 자에 대하여 사업정지 등의 제재처분을 취할 수 있다고 보아야 하고, 같은 법 제14조 제1항 소정의 과징금은 해당 사업자에게 경제적 부담을 주어 행정상의 제재 및 감독의 효과를 달성함과 동시에 그 사업자와 거래관계에 있는 일반 국민의 불편을 해소시켜 준다는 취지에서 사업정지처분에 갈음하여 부과되는 것일 뿐이므로, 지위승계의 효과에 있어서 과징금부과처분을 사업정지처분과 달리 볼 이유가 없다(대법원 2003. 10. 23. 선고 2003두8005 판결).

❸ 과징금 부과대상자 및 요건

구 여객자동차 운수사업법 제88조 제1항의 과징금부과처분은 제재적 행정처분으로서 여객자동차 운수사업에 관한 질서를 확립하고 여객의 원활한 운송과 여객자동차 운수사업의 종합적인 발달을 도모하여 공공복리를 증진한다는 행정목적의 달성을 위하여 행정법규 위반이라는 객관적 사실에 착안하여 가하는 제재이므로 반드시 현실적인 행위자가 아니라도 법령상 책임자로 규정된 자에게 부과되고 원칙적으로 위반자의 고의·과실을 요하지 아니하나, 위반자의 의무 해태를 탓할 수 없는 정당한 사유가 있는 등의 특별한 사정이 있는 경우에는 이를 부과할 수 없다(대법원 2014. 10. 15. 선고 2013두5005 판결).

❹ 과징금의 병과

1) 하나의 행위에 대한 다른 종류의 과징금 병과 가능

구 보험업법(이하 '보험업법'이라고 한다) 제111조 제1항 제2호, 제196조 제1항 제5호(이하 '과징금 조항들'이라고 한다), 구 독점규제 및 공정거래에 관한 법률(이하 '공정거래법'이라고 한다) 제23조 제1항 제7호, 제24조의2의 체계와 내용, 위 법률들의 입법 취지와 목적, 대주주에 대한 일정한 자산거래 또는 신용공여를 금지하는 보험업법 규정과 특수관계인에 대한 부당지원행위를 금지하는 공정거래법 규정의 각 보호법익 등을 종합하면, 어느 동일한 행위에 대하여 보험업법상 과징금 조항들과 공정거래법 규정을 중첩적으로 적용하여 과징금을 각각 부과할 수 있다(대법원 2015. 10. 29. 선고 2013두23935 판결).

2) 과징금과 형사처벌의 병과 가능

구 독점규제및공정거래에관한법률 제23조 제1항 제7호, 같은 법 제24조의2 소정의 부당지원행위를 한 지원주체에 대한 과징금은 그 취지와 기능, 부과의 주체와 절차 등을 종합할 때 부당지원행위의 억지라는 행정목적을 실현하기 위한 입법자의 정책적 판단에 기하여 그 위반행위에 대하여 제재를 가하는 행정상의 제재금으로서의 기본적 성격에 부당이득환수적 요소도 부가되어 있는 것이라고 할 것이어서 그것이 헌법 제13조 제1항에서 금지하는 국가형벌권 행사로서의 처벌에 해당한다고 할 수 없으므로 구 독점규제및공정거래에관한법률에서 형사처벌과 아울러 과징금의 부과처분을 할 수 있도록 규정하고 있다 하더라도 이중처벌금지원칙이나 무죄추정원칙에 위반된다거나 사법권이나 재판청구권을 침해한다고 볼 수 없고, 또한 같은 법 제55조의3 제1항에 정한 각 사유를 참작하여 부당지원행위의 불법의 정도에 비례하여 상당한 금액의 범위 내에서만 과징금을 부과할 수 있도록 하고 있음에 비추어 비례원칙에 반한다고 할 수도 없다(대법원 2004. 4. 9. 선고 2001두6197 판결).

❺ 과징금 부과처분은 침익적 처분이므로 처분의 상대방에게 지나치게 불리한 방향으로 해석, 적용되어서는 안된다.

전 세계 이용자들에게 사회관계망 서비스를 제공하는 콘텐츠제공사업자로서 전기통신사업법상 부가통신사업자인 갑 주식회사가 '전기통신설비의 상호접속기준'이 개정되면서 국내통신사에 더 많은 비용을 지급해야 할 상황에 처하자, 일부 접속경로를 국내에서 해외 인터넷서비스제공사업자로 변경하면서 국내 페이스북 이용자들의 페이스북 접속이 지연되거나 동영상이 제대로 재생되지 않는 등의 현상이 발생한 사실에 대하여, 위 접속경로 변경이 '정당한 사유 없이 전기통신서비스의 이용을 제한하는 행위'로서 전기통신이용자의 이익을 현저히 해치는 방식으로 전기통신서비스를 제공하는 행위를 금지하고 있는 구 전기통신사업법 제50조 제1항 제5호 후단, 구 전기통신사업법 시행령 제42조 제1항 [별표 4] 제5호 (나)목 5)(이하 위 시행령 규정을 '쟁점조항'이라 한다)를 위반했다는 이유로 방송통신위원회가 갑 회사에 시정명령과 과징금 납부명령을 한 사안에서, 쟁점조항이 정한 금지행위를 이유로 하는 과징금 부과 등은 침익적 행정처분에 해당하므로, 쟁점조항은 엄격하게 해석·적용해야 하고, 행정처분의 상대방에게 지나치게 불리한 방향으로 해석·적용해서는 안 되는 점, 쟁점조항 중 이용의 '제한 또는 중단'과 관련하여 '일정한 한도를 정하거나 그 한도를 넘지 못하게 막음. 또는 그렇게 정한 한계'로 정의하고 있는 '제한'의 사전적 의미(국립국어원 표준국어대사전)와 '제한'이 '중단'과 병렬적으로 규정되어 있는 점 등을 고려하면, '이용의 제한'은 이용의 시기나 방법, 범위 등에 한도나 한계를 정하여 이용을 못 하게 막거나 실질적으로 그에 준하는 정도로 이용을 못 하게 하는 것을 의미한다고 해석되는 점, 구 전기통신사업법령에서 '제한'이라는 용어를 사용하고 있는 다른 규정들에 비추어 보더라도, 이용 자체는 가능하나 이용이 지연되거나 이용에 불편이 초래된 경우는 이용의 '제한'에 해당한다고 보기 어려운 점 등을 종합하면, 갑 회사의 접속경로 변경행위가 구 전기통신사업법 시행령 제42조 제1항 [별표 4] 제5호 (나)목 5)에서 정한 '이용의 제한'에 해당하지 않는다고 한 사례(대법원 2023. 12. 21. 선고 2020두50348 판결).

병역거부자 명단공개 사건

□ 대법원 2019. 6. 27. 선고 2018두49130 판결

[사실관계]

원고들은 '여호와의 증인' 신도로서 현역 입영 또는 소집 통지를 받고도 병역법 제88조에서 정한 기간 이내에 입영하지 아니하거나 소집에 응하지 아니한 사람들이다. 서울 등 14개 지방병무청장은 원고들을 잠정 공개 대상자로 선정하고 원고들로부터 소명서 등을 제출받은 다음, 위원회의 심의를 거쳐 2016. 12. 12.경 원고들을 공개 대상자로 결정하였다. 피고(병무청장)는 2016. 12. 20. 원고들의 인적사항 등을 병무청 인터넷 홈페이지에 게시하였다. 이에 원고들은 인적사항공개처분의 취소를 구하는 소송을 제기하였다.

[판결요지]

[1] 병무청장이 병역법 제81조의2 제1항에 따라 병역의무 기피자의 인적사항 등을 인터넷 홈페이지에 게시하는 등의 방법으로 공개한 경우, 병무청장의 공개결정이 항고소송의 대상이 되는 행정처분인지 여부(적극)

병무청장이 병역법 제81조의2 제1항에 따라 병역의무 기피자의 인적사항 등을 인터넷 홈페이지에 게시하는 등의 방법으로 공개한 경우 병무청장의 공개결정을 항고소송의 대상이 되는 행정처분으로 보아야 한다. 그 구체적인 이유는 다음과 같다.

① 병무청장이 하는 병역의무 기피자의 인적사항 등 공개는, 특정인을 병역의무 기피자로 판단하여 그 사실을 일반 대중에게 공표함으로써 그의 명예를 훼손하고 그에게 수치심을 느끼게 하여 병역의무 이행을 간접적으로 강제하려는 조치로서 병역법에 근거하여 이루어지는 공권력의 행사에 해당한다.

② 병무청장이 하는 병역의무 기피자의 인적사항 등 공개조치에는 특정인을 병역의무 기피자로 판단하여 그에게 불이익을 가한다는 행정결정이 전제되어 있고, 공개라는 사실행위는 행정결정의 집행행위라고 보아야 한다. 병무청장이 그러한 행정결정을 공개 대상자에게 미리 통보하지 않은 것이 적절한지는 본안에서 해당 처분이 적법한가를 판단하는 단계에서 고려할 요소이며, 병무청장이 그러한 행정결정을 공개 대상자에게 미리 통보하지 않았다거나 처분서를 작성·교부하지 않았다는 점만으로 항고소송의 대상적격을 부정하여서는 아니 된다.

③ 병무청 인터넷 홈페이지에 공개 대상자의 인적사항 등이 게시되는 경우 그의 명예가 훼손되므로, 공개 대상자는 자신에 대한 공개결정이 병역법령에서 정한 요건과 절차를 준수한 것인지를 다툴 법률상 이익이 있다. 병무청장이 인터넷 홈페이지 등에 게시하는 사실행위를 함으로써 공개 대상자의 인적사항 등이 이미 공개되었더라도, 재판에서 병무청장의 공개결정이 위법함이 확인되어 취소판결이 선고되는 경우, 병무청장은 취소판결의 기속력에 따라 위법한 결과를 제거하는 조치를 할 의무가 있으므로 공개 대상자의 실효적 권리구제를 위해 병무청장의 공개결정을 행정처분으로 인정할 필요성이 있다. 만약 병무청장의 공개결정을 항고소송의 대상이 되는 처분으로 보지 않는다면 국가배상청구 외에는 침해된 권리 또는 법률상 이익을 구제받을 적절한 방법이 없다.

④ 관할 지방병무청장의 공개 대상자 결정의 경우 상대방에게 통보하는 등 외부에 표시하는 절차가 관계 법령에 규정되어 있지 않아, 행정실무상으로도 상대방에게 통보되지 않는 경우가 많다. 또한 관할 지방병무청장이 위원회의 심의를 거쳐 공개 대상자를 1차로 결정하기는 하지만, 병무청장에게 최종적으로 공개 여부를 결정할 권한이 있으므로, 관할 지방병무청장의 공개 대상자 결정은 병무청장의 최종적인 결정에 앞서 이루어지는 행정기관 내부의 중간적 결정에 불과하다. 가까운 시일 내에 최종적인 결정과 외부적인 표시가 예정된 상황에서, 외부에 표시되지 않은 행정기관 내부의 결정을 항고소송의 대상인 처분으로 보아야 할 필요성은 크지 않다. 관할 지방병무청장이 1차로 공개 대상자 결정을 하고, 그에 따라 병무청장이 같은 내용으로 최종적 공개결정을 하였다면, 공개 대상자는 병무청장의 최종적 공개결정만을 다투는 것으로 충분하고, 관할 지방병무청장의 공개 대상자 결정을 별도로 다툴 소의 이익은 없어진다.

[2] 행정처분의 무효확인 또는 취소를 구하는 소송 계속 중 처분청이 다툼의 대상이 되는 행정처분을 직권으로 취소한 경우, 그 처분을 대상으로 한 항고소송이 적법한지 여부(원칙적 소극) 및 예외적으로 그 처분의 취소를 구할 소의 이익을 인정할 수 있는 경우

행정처분의 무효확인 또는 취소를 구하는 소가 제소 당시에는 소의 이익이 있어 적법하였더라도, 소송 계속 중 처분청이 다툼의 대상이 되는 행정처분을 직권으로 취소하면 그 처분은 효력을 상실하여 더 이상 존재하지 않는 것이므로, 존재하지 않는 그 처분을 대상으로 한 항고소송은 원칙적으로 소의 이익이 소멸하여 부적법하다. 다만 처분청의 직권취소에도 불구하고 완전한 원상회복이 이루어지지 않아 무효확인 또는 취소로써 회복할 수 있는 다른 권리나 이익이 남아 있거나 또는 동일한 소송 당사자 사이에서 그 행정처분과 동일한 사유로 위법한 처분이 반복될 위험성이 있어 행정처분의 위법성 확인 내지 불분명한 법률문제에 대한 해명이 필요한 경우 행정의 적법성 확보와 그에 대한 사법통제, 국민의 권리구제의 확대 등의 측면에서 예외적으로 그 처분의 취소를 구할 소의 이익을 인정할 수 있을 뿐이다.

☞ 병무청장이 '여호와의 증인' 신도인 원고들을 병역의무 기피자로 판단하여 그 인적사항 등을 인터넷 홈페이지에 게시하자 원고들이 이를 다투는 항고소송을 제기한 사안에서, 원심이 병무청장의 인적사항 등 공개결정이 항고소송의 대상인 '처분'에 해당하지 않는다고 판단한 것은 잘못이지만, 병무청장이 대법원 2018. 11. 1. 선고 2016도10912 전원합의체 판결의 취지를 존중하여 상고심 계속 중에 그 공개결정을 직권으로 취소한 이상 소의 이익이 소멸하였으므로 원고들의 소를 각하한 결론은 결국 정당하다고 보아 상고기각한 사례.

판례행정법 제5판

제5편
행정구제법

Verwaltungsrecht

제1장 | 국가배상

교하지구 택지개발 사건

□ 대법원 2010. 1. 28. 선고 2007다82950,82967 판결

[사실관계]

피고 한국토지공사는 이 사건 토지를 포함한 파주 교하지구 일대의 택지개발사업계획에 대하여 건설교통부장관으로부터 승인을 받아 이 사건 토지를 취득하기 위하여 원고(甲)와 협의하였으나 협의가 성립되지 아니하자 중앙토지수용위원회에 재결을 신청하였고 이에 중앙토지수용위원회는 2002. 4. 15. 원고 소유의 이 사건 토지를 수용하는 재결을 하였다. 이에 원고가 위 수용재결에 따른 손실보상금이 낮다는 이유로 보상금의 수령을 거절하고 이 사건 토지상의 각 건물에 대한 철거를 이행하지 않고 있다. 이에 한국토지공사는 2003. 3. 14. 경부터 원고에서 6차례에 걸쳐 건물을 철거할 것을 요청하는 내용의 계고처분을 하였으나 원고들이 이에 응하지 아니하자, 2004. 2. 5. 대집행하였다.
이에 甲은 일부 영업시설 등에 대한 이전보상이 이루어지지 않았고 적법한 계고절차도 거치지 아니하여 이 사건 대집행은 위법하다고 주장하며 한국토지공사를 상대로 손해배상을 청구하였다.

[판결요지]

한국토지공사는 구 한국토지공사법 제2조, 제4조에 의하여 정부가 자본금의 전액을 출자하여 설립한 법인이고, 같은 법 제9조 제4호에 규정된 한국토지공사의 사업에 관하여는 공익사업을 위한 토지 등의 취득 및 보상에 관한 법률 제89조 제1항, 위 한국토지공사법 제22조 제6호 및 같은 법 시행령 제40조의3 제1항의 규정에 의하여 본래 시·도지사나 시장·군수 또는 구청장의 업무에 속하는 대집행권한을 한국토지공사에게 위탁하도록 되어 있는바, 한국토지공사는 이러한 법령의 위탁에 의하여 대집행을 수권받은 자로서 공무인 대집행을 실시함에 따르는 권리·의무 및 책임이 귀속되는 행정주체의 지위에 있다고 볼 것이지 지방자치단체 등의 기관으로서 국가배상법 제2조 소정의 공무원에 해당한다고 볼 것은 아니다.... 한국토지공사에 대해서도 국가배상법 제2조 소정의 공무원에 포함됨을 전제로 이 사건 대집행에 따른 손해배상책임이 고의 또는 중과실로 인한 경우로 제한된다고 한 원심의 판단에는 손해배상책임의 요건에 관한 법리를 오해한 잘못이 있다.

[관련판례]

□ 공무원의 개인적 배상책임 인정여부

국가배상법 제2조 제1항 본문 및 제2항의 입법 취지는 공무원의 직무상 위법행위로 타인에게 손해를 끼친 경우에는 변제자력이 충분한 국가 등에게 선임감독상 과실 여부에 불구하고 손해배상책임을 부담시켜 국민의 재산권을 보장하되, 공무원이 직무를 수행함에 있어 경과실로 타인에게 손해를 입힌 경우에는 그 직무수행상 통상 예기할 수 있는 흠이 있는 것에 불과하므로, 이러한 공무원의 행위는 여전히 국가 등의 기관의 행위로 보아 그로 인하여 발생한 손해에 대한 배상책임도 전적으로 국가 등에만 귀속시키고 공무원 개인에게는 그로 인한 책임을 부담시키지 아니하여 공무원의 공무집행의 안정성을 확보하고, 반면에 공무원의 위법행위가 고의·중과실에 기한 경우에는 비록 그 행위가 그의 직무와 관련된 것이라고 하더라도 그와 같은 행위는 그 본질에 있어서 기관행위로서의 품격을 상실하여 국가 등에게 그 책임을 귀속시킬 수 없으므로 공무원 개인에게 불법행위로 인한 손해배상책임을 부담시키되, 다만 이러한 경우에도 그 행위의 외관을 객관적으로 관찰하여 공무원의 직무집행으로 보여질 때에는 피해자인 국민을 두텁게 보호하기 위하여 국가 등이 공무원 개인과 중첩적으로 배상책임을 부담하되 국가 등이 배상책임을 지는 경우에는 공무원 개인에게 구상할 수 있도록 함으로써 궁극적으로 그 책임이 공무원 개인에게 귀속되도록 하려는 것이라고 봄이 합당하다(대법원 1996. 2. 15. 선고 95다38677 전원합의체 판결).

□ 경과실이 있는 공무원이 배상한 경우 국가에게 구상권을 행사할 수 있다.

공무원이 직무수행 중 불법행위로 타인에게 손해를 입힌 경우에 국가 등이 국가배상책임을 부담하는 외에 공무원 개인도 고의 또는 중과실이 있는 경우에는 불법행위로 인한 손해배상책임을 지고, 공무원에게 경과실이 있을 뿐인 경우에는 공무원 개인은 손해배상책임을 부담하지 아니한다. 이처럼 경과실이 있는 공무원이 피해자에 대하여 손해배상책임을 부담하지 아니함에도 피해자에게 손해를 배상하였다면 그것은 채무자 아닌 사람이 타인의 채무를 변제한 경우에 해당하고, 이는 민법 제469조의 '제3자의 변제' 또는 민법 제744조의 '도의관념에 적합한 비채변제'에 해당하여 피해자는 공무원에 대하여 이를 반환할 의무가 없고, 그에 따라 피해자의 국가에 대한 손해배상청구권이 소멸하여 국가는 자신의 출연 없이 채무를 면하게 되므로, 피해자에게 손해를 직접 배상한 경과실이 있는 공무원은 특별한 사정이 없는 한 국가에 대하여 국가의 피해자에 대한 손해배상책임의 범위 내에서 공무원이 변제한 금액에 관하여 구상권을 취득한다고 봄이 타당하다(대법원 2014. 8. 20. 선고 2012다54478 판결).

대한변호사협회 사건

□ 대법원 2021. 1. 28. 선고 2019다260197 판결

[사실관계]

원고는 2006. 1. 31. 사법연수원을 제35기로 수료하고 피고 대한변호사협회(이하 '피고 협회'라 한다)에 서울지방변호사회 소속으로 최초 변호사 등록신청을 하여 2006. 3. 9. 변호사등록을 마치고 변호사 개업활동을 해오던 중, 법원의 금전공탁서를 변조한 행위로 공문서변조죄가 인정되어 선고유예 판결(유예된 형: 징역 6월)을 선고받았고, 2015. 9. 15. 위 판결이 확정되었다. 이에 피고 협회는 2015. 9. 22. 변호사법 제18조 제1항 제2호에 따라 원고의 변호사등록을 취소하는 처분을 하였다.

변호사법 제5조 제3호에서 정한 '선고유예 판결에 따른 2년의 변호사등록 결격 기간'이 지나자, 원고는 2017. 9. 19. 서울지방변호사회에 변호사등록신청서를 제출하였는데 당시 위 선고유예 판결의 확정증명원만 첨부하였을 뿐 범죄경력조회서는 첨부하지 않았다. 서울지방변호사회는 2017. 10. 13. 피고 협회에 '2015. 9. 15. 원고에 대한 선고유예 판결이 확정된 후 2년이 경과하여 원고에게는 등록거부사유가 없으므로 변호사등록을 함이 타당하다.'는 의견서를 첨부하여 원고의 등록신청서를 송부하였다. 피고 협회의 장인 피고 2는 2017. 10. 18. 원고에게 변호사법 제8조 제1항에서 정한 등록거부사유가 있다는 전제에서 원고의 변호사등록 여부를 피고 협회의 등록심사위원회의 안건으로 회부하였다. 등록심사위원회는 2017. 11. 21. 및 2017. 12. 11. 개최된 심사기일에서 원고에게 위 공문서변조죄 관련 수사기록 사본을 제출하도록 하여 그 범행 경위와 여죄의 유무를 추궁하였고, 원고가 '비윤리적'이라는 이유로 변호사법 제8조 제1항 제4호(뒤에서 보는 바와 같이 이 규정은 공무원으로 재직하였다가 퇴직한 사람의 변호사 등록거부사유에 해당하여 원고에게 적용될 여지가 없다)를 적용하여 원고의 변호사등록을 거부할 수 있는지 여부까지 심의하였으나, 최종적으로 원고에게는 변호사법 제8조 제1항에서 정한 등록거부사유가 없어 변호사 등록신청을 수리하여야 한다는 취지로 의결하였다. 이에 피고 협회는 2017. 12. 12. 원고의 변호사등록을 마쳤다. 이러한 등록심사 과정에서 안건 회부를 결정한 피고 2나 안건을 심의한 등록심사위원회는 원고가 위 공문서변조죄 이외의 다른 범죄로 유죄의 확정판결을 받았는지를 확인하기 위하여 원고에게 범죄경력조회서를 제출하라고 요구하지는 않았다.

원고는 원고에게 변호사법 제8조 제1항에서 정한 등록거부사유가 없으므로 피고 협회가 원고의 변호사 등록신청을 즉시 수리하여 변호사등록을 마칠 의무가 있음에도 피고 2가 원고의 변호사등록 여부를 등록심사위원회의 안건으로 회부한 조치는 위법하며, 그로 인하여 원고의 변호사등록이 약 2개월간 지연되어 원고에게 그 기간 동안 변호사 개업활동을 하지 못하는 재산상 손해가 발생하였고, 등록심사위원회의 부당한 심사절차로 원고가 정신적 고통을 겪었으므로, 피고 2는 불법행위자로서, 피고 협회는 기관의 불법행위에 대한 법인의 책임을 정한 민법 제35조에 따라 연대하여 원고에게 일실수입 12,829,520원과 위자료 3,000,000원을 배상할 책임이 있다고 주장하면서 이 사건 손해배상청구소송을 제기하였다.

[판결요지]

[1] 공법인이 국가로부터 위탁받은 공행정사무를 집행하는 과정에서 공법인의 임직원이나 피용인이 고의 또는 과실로 법령을 위반하여 타인에게 손해를 입힌 경우, 공법인의 임직원이나 피용인은 고의 또는 중과실이 있는 경우에만 배상책임을 부담하는지 여부(적극) / 공무원의 '중과실'의 의미

공법인이 국가로부터 위탁받은 공행정사무를 집행하는 과정에서 공법인의 임직원이나 피용인이 고의 또는 과실로 법령을 위반하여 타인에게 손해를 입힌 경우에는, 공법인은 위탁받은 공행정사무에 관한 행정주체의 지위에서 배상책임을 부담하여야 하지만, 공법인의 임직원이나 피용인은 실질적인 의미에서 공무를 수행한 사람으로서 국가배상법 제2조에서 정한 공무원에 해당하므로 고의 또는 중과실이 있는 경우에만 배상책임을 부담하고 경과실이 있는 경우에는 배상책임을 면한다. 한편 공무원의 중과실이란 공무원에게 통상 요구되는 정도의 상당한 주의를 하지 않더라도 약간의 주의를 한다면 손쉽게 위법·유해한 결과를 예견할 수 있는 경우임에도 만연히 이를 간과한 경우와 같이, 거의 고의에 가까운 현저한 주의를 결여한 상태를 의미한다.

[2] 변호사법 제8조 제1항 각호에서 정한 등록거부사유가 한정적 열거규정인지 여부(적극)

변호사법의 변호사등록 관련 규정들의 내용과 체계에다가, 변호사등록의 '자격제도'로서의 성격, 입법자가 사회적 필요 내지 공익적 요구에 상응하여 변호사법 제8조 제1항 각호의 등록거부사유를 새롭게 추가하여 왔던 입법 연혁 등을 종합하여 보면, 변호사법 제8조 제1항 각호에서 정한 등록거부사유는 한정적 열거규정으로 봄이 타당하다.

[3] 갑이 선고유예 판결의 확정으로 변호사등록이 취소되었다가 선고유예기간이 경과한 후 대한변호사협회에 변호사 등록신청을 하였는데, 협회장 을이 등록심사위원회에 갑에 대한 변호사등록 거부 안건을 회부하여 소정의 심사과정을 거쳐 대한변호사협회가 갑의 변호사등록을 마쳤고, 이에 갑이 대한변호사협회 및 협회장 을을 상대로 변호사 등록거부사유가 없음에도 위법하게 등록심사위원회에 회부되어 변호사등록이 2개월간 지연되었음을 이유로 손해배상을 구한 사안에서, 대한변호사협회는 을 및 등록심사위원회 위원들이 속한 행정주체의 지위에서 갑에게 변호사등록이 위법하게 지연됨으로 인하여 얻지 못한 수입 상당액의 손해를 배상할 의무가 있는 반면, 을은 경과실 공무원의 면책 법리에 따라 갑에 대한 배상책임을 부담하지 않는다고 한 사례

갑이 선고유예 판결의 확정으로 변호사등록이 취소되었다가 선고유예기간이 경과한 후 대한변호사협회에 변호사 등록신청을 하였는데, 협회장 을이 등록심사위원회에 갑에 대한 변호사등록 거부 안건을 회부하여 소정의 심사과정을 거쳐 대한변호사협회가 갑의 변호사등록을 마쳤고, 이에 갑이 대한변호사협회 및 협회장 을을 상대로 변호사 등록거부사유가 없음에도 위법하게 등록심사위원회에 회부되어 변호사등록이 2개월간 지연되었음을 이유로 손해배상을 구한 사안에서, 대한변호사협회는 등록신청인이 변호사법 제8조 제1항 각호에서 정한 등록거부사유에 해당하는 경우에만 변호사등록을 거부할 수 있고, 그 외 다른 사유를 내세워 변호사등록을 거부하거나 지연하는 것은 허용될 수 없는데, 갑의 선고유예 판결에 따른 결격사유 이외에 변호사법이 규정한 다른 등록거부사유가 있는지 여부를 짧은 시간 안에 명백하게 확인할 수 있었음에도 그러한 확인절차를 거치지 않은 채 단순한 의심만으로 변호사등록 거부 안건을 등록심사위원회에 회부하고, 여죄 유무를 추궁한다며 등록심사기간을 지연시킨 것에 관하여 협회장 을 및 등록심사위원회 위원들의 과실이 인정되므로, 대한변호사협회는 이들이 속한 행정주체의 지위에서 배상책임을 부담하여야 하고, 갑에게 변호사등록이 위법하게 지연됨으로 인하여 얻지 못한 수입 상당액의 손해를 배상할 의무가 있는 반면, 을은 대한변호사협회의 장으로서 국가로부터 위탁받은 공행정사무인 '변호사등록에 관한 사무'를 수행하는 범위 내에서 국가배상법 제2조에서 정한 공무원에 해당하므로 경과실 공무원의 면책 법리에 따라 갑에 대한 배상책임을 부담하지 않는다고 한 사례.

[참고판례]

❶ 공무원의 직무상 불법행위로 인한 국가의 배상책임의 성립요건

[1] 국가배상법 제2조 소정의 '공무원'이라 함은 국가공무원법이나 지방공무원법에 의하여 공무원으로서의 신분을 가진 자에 국한하지 않고, 널리 공무를 위탁받아 실질적으로 공무에 종사하고 있는 일체의 자를 가리키는 것으로서, 공무의 위탁이 일시적이고 한정적인 사항에 관한 활동을 위한 것이어도 달리 볼 것은 아니다.

[2] 국가배상청구의 요건인 '공무원의 직무'에는 권력적 작용만이 아니라 비권력적 작용도 포함되며 단지 행정주체가 사경제주체로서 하는 활동만 제외된다.

[3] 국가배상법 제2조 제1항 소정의 '직무를 집행함에 당하여'라 함은 직접 공무원의 직무집행행위이거나 그와 밀접한 관계에 있는 행위를 포함하고, 이를 판단함에 있어서는 행위 자체의 외관을 객관적으로 관찰하여 공무원의 직무행위로 보여질 때에는 비록 그것이 실질적으로 직무행위에 속하지 않는다 하더라도 그 행위는 공무원이 '직무를 집행함에 당하여' 한 것으로 보아야 한다(대법원 2001. 1. 5. 선고 98다39060 판결).

❷ 국가배상법상 공무원

지방자치단체가 '교통할아버지 봉사활동 계획'을 수립한 후 관할 동장으로 하여금 '교통할아버지'를 선정하게 하여 어린이 보호, 교통안내, 거리질서 확립 등의 공무를 위탁하여 집행하게 하던 중 '교통할아버지'로 선정된 노인이 위탁받은 업무 범위를 넘어 교차로 중앙에서 교통정리를 하다가 교통사고를 발생시킨 경우, 지방자치단체가 국가배상법 제2조 소정의 배상책임을 부담한다고 인정한 원심의 판단을 수긍한 사례(대법원 2001. 1. 5. 선고 98다39060 판결).

❸ 직무집행의 판단기준

울산세관의 통관지원과에서 인사업무를 담당하면서 울산세관 공무원들의 공무원증 및 재직증명서 발급업무를 하는 공무원이 울산세관의 다른 공무원의 공무원증 등을 위조하는 행위는 비록 그것이 실질적으로는 직무행위에 속하지 아니한다 할지라도 적어도 외관상으로는 공무원증과 재직증명서를 발급하는 행위로서 직무집행으로 보여지므로 결국 소외인의 공무원증 등 위조행위는 국가배상법 제2조 제1항 소정의 공무원이 직무를 집행함에 당하여 한 행위로 인정된다(대법원 2005. 1. 14. 선고 2004다26805 판결).

❹ 고의 또는 과실

① 공무원 甲이 내부전산망을 통해 乙에 대한 범죄경력자료를 조회하여 공직선거 및 선거부정방지법 위반죄로 실형을 선고받는 등 실효된 4건의 금고형 이상의 전과가 있음을 확인하고도 乙의 공직선거 후보자용 범죄경력조회 회보서에 이를 기재하지 않은 사안에서, 甲의 중과실을 인정하여 국가배상책임 외에 공무원 개인의 배상책임까지 인정한 원심판단을 수긍한 사례(대법원 2011. 9. 8. 선고 2011다34521 판결).

② 주택임대차보호법상 임차인으로서의 지위와 최선순위 전세권자로서의 지위를 함께 가지고 있는 자가 임차인으로서의 지위에 기하여 배당요구를 하였으나 집행법원이 매각물건명세서를 작성하면서 '등기된 부동산에 관한 권리 또는 가처분으로 매각허가에 의하여 그 효력이 소멸하지 아니하는 것'란에 아무런 기재를 하지 않고 경매를 진행한 사안에서, 위 최선순위 전세권은 경매절차에서의 매각으로 소멸되지 않고 매수인에게 인수되는 것이므로 매각물건명세서를 작성함에 있어서 위 전세권이 인수된다는 취지의 기재

를 하였어야 할 것임에도 위와 같은 매각물건명세서의 잘못된 기재로 인하여 위 전세권이 매수인에게 인수되지 않은 것으로 오인한 상태에서 매수신고가격을 결정하고 매각대상 부동산을 매수하였다가 위 전세권을 인수하여 그 전세금을 반환하여야 하는 손해를 입은 매수인에 대하여 경매담당 공무원 등의 직무집행상의 과실로 인한 국가배상책임을 인정한 사례(대법원 2010. 6. 24 선고 2009다40790 판결).

❺ 법령위반의 의미

국가배상책임에 있어 공무원의 가해행위는 법령을 위반한 것이어야 하고, '법령을 위반하였다' 함은 엄격한 의미의 법령 위반뿐 아니라 인권존중, 권력남용금지, 신의성실과 같이 공무원으로서 마땅히 지켜야 할 준칙이나 규범을 지키지 아니하고 위반한 경우를 포함하여 널리 그 행위가 객관적인 정당성을 결여하고 있음을 뜻하는 것이므로, 경찰관이 범죄수사를 함에 있어 경찰관으로서 의당 지켜야 할 법규상 또는 조리상의 한계를 위반하였다면 이는 법령을 위반한 경우에 해당한다. 따라서 성폭력범죄의 담당 경찰관이 경찰서에 설치되어 있는 범인식별실을 사용하지 않고 공개된 장소인 형사과 사무실에서 피의자들을 한꺼번에 세워 놓고 나이 어린 학생인 피해자에게 범인을 지목하도록 한 행위가 국가배상법상의 '법령 위반' 행위에 해당한다(대법원 2008. 6. 12. 선고 2007다64365 판결).

❻ 구체적 사건

1) 수사기관이 고의 또는 과실로 직무상 의무를 위반하여 피의자신문조서를 작성하게 한 경우

수사기관은 수사 등 직무를 수행할 때에 헌법과 법률에 따라 국민의 인권을 존중하고 공정하게 하여야 하며 실체적 진실을 발견하기 위하여 노력하여야 할 법규상 또는 조리상의 의무가 있고, 특히 피의자가 소년 등 사회적 약자인 경우에는 수사과정에서 방어권 행사에 불이익이 발생하지 않도록 더욱 세심하게 배려할 직무상 의무가 있다. 따라서 경찰관은 피의자의 진술을 조서화하는 과정에서 조서의 객관성을 유지하여야 하고, 고의 또는 과실로 위 직무상 의무를 위반하여 피의자신문조서를 작성함으로써 피의자의 방어권이 실질적으로 침해되었다고 인정된다면, 국가는 그로 인하여 피의자가 입은 손해를 배상하여야 한다(대법원 2020. 4. 29. 선고 2015다224797 판결).

2) 해군본부가 홈페이지 자유게시판에 게시된 항의글 100여 건을 삭제하는 조치를 취하자, 항의글을 게시한 갑 등이 국가를 상대로 손해배상을 구한 사건

해군본부가 해군 홈페이지 자유게시판에 집단적으로 게시된 '제주해군기지 건설사업에 반대하는 취지의 항의글' 100여 건을 삭제하는 조치를 취하자, 항의글을 게시한 갑 등이 위 조치가 위법한 직무수행에 해당하며 표현의 자유 등이 침해되었다고 주장하면서 국가를 상대로 손해배상을 구한 사안에서, 해군 홈페이지 자유게시판이 정치적 논쟁의 장이 되어서는 안 되는 점, 위와 같은 항의글을 게시한 행위는 정부정책에 대한 반대의사 표시이므로 '해군 인터넷 홈페이지 운영규정'에서 정한 게시글 삭제 사유인 '정치적 목적이나 성향이 있는 경우'에 해당하는 점, 해군본부가 집단적 항의글이 위 운영규정 등에서 정한 삭제 사유에 해당한다고 판단한 것이 사회통념상 합리성이 없다고 단정하기 어려운 점, 반대의견을 표출하는 항의 시위의 1차적 목적은 달성되었고 현행법상 국가기관으로 하여금 인터넷 공간에서의 항의 시위의 결과물인 게시글을 영구히 또는 일정 기간 보존하여야 할 의무를 부과하는 규정은 없는 점 등에 비추어 위 삭제 조치가 객관적 정당성을 상실한 위법한 직무집행에 해당한다고 보기 어렵다(대법원 2020. 6. 4. 선고 2015다233807 판결).

3) 갑이 토지 위에 건축물을 신축하면서 을 지방자치단체에 건축신고를 하였는데, 을 지방자치단체 소속 공무원이 위 토지가 폭발물 관련 제한보호구역으로 지정되어 있었음에도 관할부대장에게 협의요청을 하지 않은 채 건축신고를 수리하였고, 이후 관할부대장이 공사중지 등을 요청하여 을 지방자치단체가 갑에게 건축물 신축을 중지하라는 명령을 내리자, 갑이 을 지방자치단체를 상대로 건축신고 수리가 적법하게 이루어진 것으로 믿고 건축물의 신축에 이르렀다가 이를 철거해야 할 의무를 지게 되었다는 이유로 손해배상을 구한 사건

갑 등이 토지 위에 건축물을 신축하면서 을 지방자치단체에 건축신고를 하였는데, 을 지방자치단체 소속 공무원이 위 토지가 군사기지 및 군사시설 보호법상 폭발물 관련 제한보호구역으로 지정되어 있었음에도 관할부대장에게 협의요청을 하지 않은 채 건축신고를 수리하였고, 이후 관할부대장이 공사중지 등을 요청하여 을 지방자치단체가 갑에게 건축물 신축을 중지하라는 명령을 내리자, 갑 등이 을 지방자치단체를 상대로 건축신고 수리가 적법하게 이루어진 것으로 믿고 건축물의 신축에 이르렀다가 이를 철거해야 할 의무를 지게 되었다는 이유로 손해배상을 구한 사안에서, 을 지방자치단체 소속 공무원의 과실은 인정되나, 위 건축물은 원심 변론종결 시점까지 사용승인을 받지 못한 관계로 건축법 제22조 제3항에 따라 위 건축물을 사용하여서는 아니 되는 의무가 부과되고 있을 뿐이고, 종전에 수리된 건축신고가 취소되거나 건축법 제79조 제1항에 따라 위 건축물의 철거를 명하는 시정명령이 내려지지는 않은 상태이며, 이는 그 취소나 시정명령이 후행처분으로서 실제로 이루어질 가능성에 의문을 제기하게 하거나 앞으로도 그와 같은 조치가 이루어지지 아니할 상당한 가능성이 있는 것은 아닌지 의문을 갖게 하는 사정에 해당하므로, 원심 변론종결 시점까지 위 건축물에 관한 사용승인이 반려된 상태가 지속되고 있다는 점만으로 갑 등에게 가까운 장래에 위 건축물의 철거 내지 이를 전제로 하는 손해의 결과가 현실적·확정적으로 발생하였다고 단정하기 어렵다(대법원 2020. 10. 15. 선고 2017다278446 판결).

4) 국가나 지방자치단체가 행정절차를 진행하는 과정에서 주민들의 의견제출 등 절차적 권리를 보장하지 않은 경우

국가나 지방자치단체가 행정절차를 진행하는 과정에서 주민들의 의견제출 등 절차적 권리를 보장하지 않은 위법이 있다고 하더라도 그 후 이를 시정하여 절차를 다시 진행한 경우, 종국적으로 행정처분 단계까지 이르지 않거나 처분을 직권으로 취소하거나 철회한 경우, 행정소송을 통하여 처분이 취소되거나 처분의 무효를 확인하는 판결이 확정된 경우 등에는 주민들이 절차적 권리의 행사를 통하여 환경권이나 재산권 등 사적 이익을 보호하려던 목적이 실질적으로 달성된 것이므로 특별한 사정이 없는 한 절차적 권리 침해로 인한 정신적 고통에 대한 배상은 인정되지 않는다. 다만 이러한 조치로도 주민들의 절차적 권리 침해로 인한 정신적 고통이 여전히 남아 있다고 볼 특별한 사정이 있는 경우에 국가나 지방자치단체는 그 정신적 고통으로 인한 손해를 배상할 책임이 있다. 이때 특별한 사정이 있다는 사실에 대한 주장·증명책임은 이를 청구하는 주민들에게 있고, 특별한 사정이 있는지는 주민들에게 행정절차 참여권을 보장하는 취지, 행정절차 참여권이 침해된 경위와 정도, 해당 행정절차 대상사업의 시행경과 등을 종합적으로 고려해서 판단해야 한다(대법원 2021. 7. 29. 선고 2015다221668 판결).

5) 교정시설에 과밀수용되어 정신적, 육체적 고통을 겪었다고 주장하며 국가를 상대로 위자료 지급을 구한 사안

[1] 국가배상책임에서 공무원의 가해행위는 법령을 위반한 것이어야 하는데, 여기서 법령을 위반하였다 함은 엄격한 의미의 법령 위반뿐 아니라 인권존중, 권력남용금지, 신의성실과 같이 공무원으로서 마땅히 지켜야 할 준칙이나 규범을 지키지 않고 위반한 경우를 포함하여 널리 그 행위가 객관적인 정당성을 결여하고 있음을 뜻한다. 따라서 교정시설 수용행위로 인하여 수용자의 인간으로서의 존엄과 가치가 침해되었다면 그 수용행위는 공무원의 법령을 위반한 가해행위가 될 수 있다.

[2] 구치소 등 교정시설에 수용된 후 출소한 갑 등이 혼거실 등에 과밀수용되어 정신적, 육체적 고통을 겪

었다고 주장하며 국가를 상대로 위자료 지급을 구한 사안에서, 수면은 인간의 생명 유지를 위한 필수적 행위 중 하나인 점, 관계 법령상 수용자에게 제공되는 일반 매트리스의 면적은 약 $1.4m^2$인데, 이는 수용자 1인당 수면에 필요한 최소한의 면적으로 볼 수 있는 점, 교정시설에 설치된 거실의 도면상 면적은 벽, 기둥의 중심선으로 둘러싸인 수평투영면적을 의미하는데, 벽, 기둥 외의 실제 내부 면적 중 사물함이나 싱크대 등이 설치된 공간을 제외하고 수용자가 실제 사용할 수 있는 면적은 그보다 좁을 수밖에 없는 점 등을 고려하면, 수용자 1인당 도면상 면적이 $2m^2$ 미만인 거실에 수용되었는지를 위법성 판단의 기준으로 삼아 갑 등에 대한 국가배상책임을 인정한 원심판단을 수긍한 사례(대법원 2022. 7. 14. 선고 2017다266771 판결).

6) 다수의 성폭력범죄로 위치추적 전자장치를 부착하고 보호관찰을 받고 있던 갑이 을을 강간하고 병을 강간하려다 살해하자, 병의 유족이 국가를 상대로 손해배상을 구한 사건

[1] 공무원의 부작위를 이유로 국가배상책임을 인정하기 위해서는 공무원의 작위로 국가배상책임을 인정하는 경우와 마찬가지로 '공무원이 직무를 집행하면서 고의 또는 과실로 법령을 위반하여 타인에게 손해를 입힌 때'라는 국가배상법 제2조 제1항의 요건이 충족되어야 한다. 여기서 '법령 위반'이란 엄격하게 형식적 의미의 법령에 명시적으로 공무원의 작위의무가 규정되어 있는데도 이를 위반하는 경우만을 의미하는 것은 아니고, 인권존중·권력남용금지·신의성실과 같이 공무원으로서 마땅히 지켜야 할 준칙이나 규범을 지키지 않고 위반한 경우를 포함하여 널리 객관적인 정당성이 없는 행위를 한 경우를 포함한다. 따라서 국민의 생명·신체·재산 등에 관하여 절박하고 중대한 위험상태가 발생하였거나 발생할 우려가 있어서 국민의 생명·신체·재산 등을 보호하는 것을 본래적 사명으로 하는 국가가 초법규적, 일차적으로 그 위험 배제에 나서지 않으면 국민의 생명·신체·재산 등을 보호할 수 없는 경우에는 형식적 의미의 법령에 근거가 없더라도 국가나 관련 공무원에 대하여 그러한 위험을 배제할 작위의무를 인정할 수 있다. 공무원의 부작위를 이유로 국가배상책임을 인정할 것인지가 문제 되는 경우에 관련 공무원에 대하여 작위의무를 명하는 법령 규정이 없다면 공무원의 부작위로 침해된 국민의 법익 또는 국민에게 발생한 손해가 어느 정도 심각하고 절박한 것인지, 관련 공무원이 그와 같은 결과를 예견하여 결과를 회피하기 위한 조치를 취할 가능성이 있는지 등을 종합적으로 고려하여 판단하여야 한다.

[2] 다수의 성폭력범죄로 여러 차례 처벌을 받은 뒤 위치추적 전자장치를 부착하고 보호관찰을 받고 있던 갑이 을을 강간하였고(이하 '직전 범행'이라고 한다), 그로부터 13일 후 병을 강간하려다 살해하였는데, 병의 유족들이 경찰관과 보호관찰관의 위법한 직무수행을 이유로 국가를 상대로 손해배상을 구한 사안에서, 직전 범행의 수사를 담당하던 경찰관이 직전 범행의 특수성과 위험성을 고려하지 않은 채 통상적인 조치만 하였을 뿐 전자장치 위치정보를 수사에 활용하지 않은 것과 보호관찰관이 갑의 높은 재범의 위험성과 반사회성을 인식하였음에도 적극적 대면조치 등 이를 억제할 실질적인 조치를 하지 않은 것은 범죄를 예방하고 재범을 억지하여 사회를 방위하기 위해서 이들에게 부여된 권한과 직무를 목적과 취지에 맞게 수행하지 않았거나 소홀히 수행하였던 것이고, 이는 국민의 생명·신체에 관하여 절박하고 중대한 위험상태가 발생할 우려가 있어 그 위험 배제에 나서지 않으면 이를 보호할 수 없는 상황에서 그러한 위험을 배제할 공무원의 작위의무를 위반한 것으로 인정될 여지가 있으며, 위와 같은 경찰관과 보호관찰관의 직무상 의무 위반은 병의 사망 사이에서 상당인과관계를 인정할 여지가 큰데도, 경찰관과 보호관찰관의 직무수행이 객관적 정당성을 결여하지 않아 위법하지 않다고 본 원심판단에 법리오해의 잘못이 있다고 한 사례(대법원 2022. 7. 14. 선고 2017다290538 판결).

7) 이른바 쌍용자동차 사건

갑 등이 그들이 속한 단체가 개최한 집회와 기자회견에서 있었던 을 등 경찰의 집회 장소 점거 행위와 을의 해산명령이 위법한 공무집행에 해당하고 이로 인해 집회의 자유가 침해되었다며 국가와 을을 상대로 손해배상을 구한 사안에서, 사건 당일 발생한 상황뿐만 아니라 위 집회 장소에서 점거와 농성이 시작된 이후 천막 등 철거의 행정대집행에 이르기까지 다수의 공무집행방해와 손괴행위가 발생하였고 장기간 불법적으로 물건이 설치되었던 일련의 과정을 고려하여 보면, 을 등 경찰의 집회 장소 점거 행위는 불법적인 사태가 반복되는 것을 막기 위한 필요 최소한도의 조치로 볼 수 있고, 경찰이 집회참가자들을 향하여 유형력을 행사하지 않고 소극적으로 자리를 지키고 서 있었을 뿐인데도 일부 집회참가자들이 경찰을 밀치는 행위를 하는 등 당시의 현장 상황에 비추어 보면, 을로서는 집회참가자들이 경찰에 대항하여 공공의 질서 유지를 해치는 행위를 하는 것으로 판단할 수 있는 상황이었으므로, 당시 해산명령이 객관적 정당성을 잃은 것이라고 단정할 수 없는데도, 위 집회 장소 점거 행위와 해산명령을 법적 요건을 갖추지 못한 위법한 경찰력의 행사로 보아 국가와 을의 손해배상책임을 인정한 원심판단에는 국가배상책임의 성립 요건과 위법성 여부에 관한 법리오해 등 잘못이 있다고 사례(대법원 2021. 10. 28. 선고 2017다219218 판결).

군산시 윤락업소 화재사망 사건

□ 대법원 2004. 9. 23. 선고 2003다49009 판결

[사실관계]

소외 1은 처 소외 2, 처남 소외 3, 장모 소외 4(이하 '소외 1 등'이라 한다)과 함께 윤락업소를 운영하기로 하여 건물을 임차하고 윤락녀들을 고용하여 상호 없는 윤락업소(이하 '이 사건 업소'라 한다)를 운영하였다. 소외 1 등은 인근 유흥주점에서 일하던 망인들을 1,080만 원 내지 2,900만 원에 넘겨받아 망인들에 대하여 각 금원 상당의 채권을 가졌음을 전제로 매춘을 할 것을 강요하면서 망인들이 받은 화대를 갈취하였다. 소외 1 등은 망인들을 비롯한 윤락녀들의 윤락행위 장소 및 방으로 사용할 수 있도록 이 사건 업소를 임의로 개조하면서 윤락녀들이 도망가지 못하도록 하기 위하여 각 창문마다 창살을 설치하고 내부 계단을 새로 만들어 1층에 있는 내부 계단 입구에 출입문을 설치하고 출입을 통제하였다. 한편 이 사건 업소 근처에 이 사건 골목 소재 윤락업소들의 감시와 단속을 주된 목적으로 하는 군산경찰서 역전파출소가 설치되어 있는데, 경찰관들은 이 사건 골목 소재 7개 업소에서 윤락영업이 이루어진다는 것을 잘 알면서도 뇌물을 받고 단속 업무를 게을리 하였다. 그러던 중 이 사건 업소에서 화재가 발생하자 망인들은 미처 탈출하지 못하고 사망하였다. 이에 망인들의 가족인 원고들은 대한민국을 상대로 손해배상을 청구하였다.

[판결요지]

[1] 경찰관에게 부여된 권한의 불행사가 직무상의 의무를 위반하여 위법하게 되는 경우

경찰은 범죄의 예방, 진압 및 수사와 함께 국민의 생명, 신체 및 재산의 보호 등과 기타 공공의 안녕과 질서유지도 직무로 하고 있고, 그 직무의 원활한 수행을 위하여 경찰관직무집행법, 형사소송법 등 관계 법령에 의하여 여러 가지 권한이 부여되어 있으므로, 구체적인 직무를 수행하는 경찰관으로서는 제반 상황에 대응하여 자신에게 부여된 여러 가지 권한을 적절하게 행사하여 필요한 조치를 취할 수 있는 것이고, 그러한 권한은 일반적으로 경찰관의 전문적 판단에 기한 합리적인 재량에 위임되어 있는 것이나, 경찰관에게 권한을 부여한 취지와 목적에 비추어 볼 때 구체적인 사정에 따라 경찰관이 그 권한을 행사하여 필요한 조치를 취하지 아니하는 것이 현저하게 불합리하다고 인정되는 경우에는 그러한 권한의 불행사는 직무상의 의무를 위반한 것이 되어 위법하게 된다.

[2] 경찰관이 이러한 감금 및 윤락강요행위를 제지하거나 윤락업주들을 체포·수사하는 등 필요한 조치를 취하지 아니하고 오히려 업주들로부터 뇌물을 수수하며 그와 같은 행위를 방치한 것이 위법하다는 사례

군산 윤락업소 화재 사건으로 사망한 윤락녀의 유족들이 국가를 상대로 제기한 손해배상청구 사건에서, 경찰관의 직무상 의무위반행위를 이유로 국가에게 위자료의 지급책임을 인정한 사례윤락녀들이 윤락업소에 감금된 채로 윤락을 강요받으면서 생활하고 있음을 쉽게 알 수 있는 상황이었음에도, 경찰관이 이러한 감금 및 윤락강요행위를 제지하거나 윤락업주들을 체포·수사하는 등 필요한 조치를 취하지 아니하고 오히려 업주들로부터 뇌물을 수수하며 그와 같은 행위를 방치한 것은 경찰관의 직무상 의무에 위반하여 위법하므로 국가는 이로 인한 정신적 고통에 대하여 위자료를 지급할 의무가 있다고 한 사례.

[관련판례][8]

[1] 공무원의 직무상 의무 위반으로 국가 또는 지방자치단체가 배상책임을 지는 경우의 직무상 의무의 내용 및 상당인과관계 유무의 판단 기준

공무원에게 부과된 직무상 의무의 내용이 단순히 공공 일반의 이익을 위한 것이거나 행정기관 내부의 질서를 규율하기 위한 것이 아니고 전적으로 또는 부수적으로 사회구성원 개인의 안전과 이익을 보호하기 위하여 설정된 것이라면, 공무원이 그와 같은 직무상 의무를 위반함으로 인하여 피해자가 입은 손해에 대하여는 상당인과관계가 인정되는 범위 내에서 국가가 배상책임을 지는 것이고, 이때 상당인과관계의 유무를 판단함에 있어서는 일반적인 결과 발생의 개연성은 물론 직무상 의무를 부과하는 법령 기타 행동규범의 목적이나 가해행위의 태양 및 피해의 정도 등을 종합적으로 고려하여야 하며, 이는 지방자치단체와 그 소속 공무원에 대하여도 마찬가지이다.

[2] 유흥주점에 감금된 채 윤락을 강요받으며 생활하던 여종업원들이 유흥주점에 화재가 났을 때 미처 피신하지 못하고 유독가스에 질식해 사망한 사안에서, 지방자치단체의 담당 공무원이 식품위생법상 취하여야 할 조치를 게을리 한 직무상 의무위반행위와 위 사망의 결과 사이의 상당인과관계를 인정하지 않은 사례

유흥주점에 감금된 채 윤락을 강요받으며 생활하던 여종업원들이 유흥주점에 화재가 났을 때 미처 피신하지 못하고 유독가스에 질식해 사망한 사안에서, 지방자치단체의 담당 공무원이 위 유흥주점의 용도변경, 무허가 영업 및 시설기준에 위배된 개축에 대하여 시정명령 등 식품위생법상 취하여야 할 조치를 게을리 한 직무상 의무위반행위와 위 종업원들의 사망 사이에 상당인과관계가 존재하지 않는다고 한 사례.

[3] 소방공무원의 직무상 의무 위반이 국가배상법 제2조의 위법 요건을 충족하는 경우 및 소방공무원이 재량에 맡겨진 권한을 행사하지 않은 것이 직무상 의무를 위반하여 위법한 것이 되기 위한 요건

구 소방법은 화재를 예방·경계·진압하고 재난·재해 및 그 밖의 위급한 상황에서의 구조·구급활동을 통하여 국민의 생명·신체 및 재산을 보호함으로써 공공의 안녕질서의 유지와 복리증진에 이바지함을 목적으로 하여 제정된 법으로서, 소방법의 규정들은 단순히 전체로서의 공공 일반의 안전을 도모하기 위한 것에서 더 나아가 국민 개개인의 인명과 재화의 안전보장을 목적으로 하여 둔 것이므로, 소방공무원이 소방법 규정에서 정하여진 직무상의 의무를 게을리 한 경우 그 의무 위반이 직무에 충실한 보통 일반의 공무원을 표준으로 할 때 객관적 정당성을 상실하였다고 인정될 정도에 이른 경우에는 국가배상법 제2조에서 말하는 위법의 요건을 충족하게 된다. 그리고 소방공무원의 행정권한 행사가 관계 법률의 규정 형식상 소방공무원의 재량에 맡겨져 있다고 하더라도 소방공무원에게 그러한 권한을 부여한 취지와 목적에 비추어 볼 때 구체적인 상황 아래에서 소방공무원이 그 권한을 행사하지 않은 것이 현저하게 합리성을 잃어 사회적 타당성이 없는 경우에는 소방 공무원의 직무상 의무를 위반한 것으로서 위법하게 된다.

[4] 유흥주점에 감금된 채 윤락을 강요받으며 생활하던 여종업원들이 유흥주점에 화재가 났을 때 미처 피신하지 못하고 유독가스에 질식해 사망한 사안에서, 소방공무원이 위 화재 전 유흥주점에 대하여 구 소방법상 시정조치를 명하지 않은 직무상 의무 위반과 위 사망의 결과 사이의 상당인과관계를 인정한 사례

유흥주점에 감금된 채 윤락을 강요받으며 생활하던 여종업원들이 유흥주점에 화재가 났을 때 미처 피신하지 못하고 유독가스에 질식해 사망한 사안에서, 소방공무원이 위 유흥주점에 대하여 화재 발생 전 실시한 소방점검 등에서 구 소방법상 방염 규정 위반에 대한 시정조치 및 화재 발생시 대피에 장애가 되는 잠금장치의 제거 등 시정조치를 명하지 않은 직무상 의무 위반은 현저히 불합리한 경우에 해당하여 위법하고, 이러한 직무상 의무 위반과 위 사망의 결과 사이에 상당인과관계가 존재한다고 한 사례(대법원 2008. 4. 10. 선고 2005다48994 판결).

---

[8] 위 대법원 2004. 9. 23. 선고 2003다49009 판결(이른바 군산시 윤락가 화재 사건)과 같은 사실관계의 대법원 판결이다.

[참고판례]

❶ 조리에 의한 작위의무 인정여부

① '법령에 위반하여'라고 하는 것이 엄격하게 형식적 의미의 법령에 명시적으로 공무원의 작위의무가 규정되어 있는데도 이를 위반하는 경우만을 의미하는 것은 아니고, 국민의 생명, 신체, 재산 등에 대하여 절박하고 중대한 위험상태가 발생하였거나 발생할 우려가 있어서 국민의 생명, 신체, 재산 등을 보호하는 것을 본래적 사명으로 하는 국가가 초법규적, 일차적으로 그 위험 배제에 나서지 아니하면 국민의 생명, 신체, 재산 등을 보호할 수 없는 경우에는 형식적 의미의 법령에 근거가 없더라도 국가나 관련 공무원에 대하여 그러한 위험을 배제할 작위의무를 인정할 수 있다(대법원 1998. 10. 23. 선고 98다18520 판결).

② [1] 경찰관직무집행법 제5조는 경찰관은 인명 또는 신체에 위해를 미치거나 재산에 중대한 손해를 끼칠 우려가 있는 위험한 사태가 있을 때에는 그 각 호의 조치를 취할 수 있다고 규정하여 형식상 경찰관에게 재량에 의한 직무수행권한을 부여한 것처럼 되어 있으나, 경찰관에게 그러한 권한을 부여한 취지와 목적에 비추어 볼 때 구체적인 사정에 따라 경찰관이 그 권한을 행사하여 필요한 조치를 취하지 아니하는 것이 현저하게 불합리하다고 인정되는 경우에는 그러한 권한의 불행사는 직무상의 의무를 위반한 것이 되어 위법하게 된다.
[2] 경찰관이 농민들의 시위를 진압하고 시위과정에 도로 상에 방치된 트랙터 1대에 대하여 이를 도로 밖으로 옮기거나 후방에 안전표지판을 설치하는 것과 같은 위험발생방지조치를 취하지 아니한 채 그대로 방치하고 철수하여 버린 결과, 야간에 그 도로를 진행하던 운전자가 위 방치된 트랙터를 피하려다가 다른 트랙터에 부딪혀 상해를 입은 사안에서 국가배상책임을 인정한 사례(대법원 1998. 8. 25. 선고 98다16890 판결).

③ [1] 공무원의 부작위로 인한 국가배상책임을 인정하기 위해서는 공무원의 작위로 인한 국가배상책임을 인정하는 경우와 마찬가지로 '공무원이 직무를 집행하면서 고의 또는 과실로 법령을 위반하여 타인에게 손해를 입힌 때'라는 국가배상법 제2조 제1항의 요건이 충족되어야 한다. 여기서 '법령 위반'이란 엄격하게 형식적 의미의 법령에 명시적으로 공무원의 작위의무가 규정되어 있는데도 이를 위반하는 경우만을 의미하는 것은 아니고, 인권존중·권력남용금지·신의성실과 같이 공무원으로서 마땅히 지켜야 할 준칙이나 규범을 지키지 않고 위반한 경우를 포함하여 널리 객관적인 정당성이 없는 행위를 한 경우를 포함한다. 국민의 생명·신체·재산 등에 관하여 절박하고 중대한 위험상태가 발생하였거나 발생할 우려가 있어서 국민의 생명·신체·재산 등을 보호하는 것을 본래적 사명으로 하는 국가가 초법규적, 일차적으로 그 위험 배제에 나서지 않으면 국민의 생명·신체·재산 등을 보호할 수 없는 경우에는 형식적 의미의 법령에 근거가 없더라도 국가나 관련 공무원에 대하여 그러한 위험을 배제할 작위의무를 인정할 수 있다. 그러나 그와 같이 절박하고 중대한 위험상태가 발생하였거나 발생할 우려가 없는 경우에는 원칙적으로 공무원이 관련 법령을 준수하여 직무를 수행하였다면 공무원의 부작위를 가지고 '고의 또는 과실로 법령을 위반'하였다고 할 수는 없다. 따라서 공무원의 부작위로 인한 국가배상책임을 인정할 것인지 여부가 문제 되는 경우에 관련 공무원에 대하여 작위의무를 명하는 법령 규정이 없다면 공무원의 부작위로 인하여 침해된 국민의 법익 또는 국민에게 발생한 손해가 어느 정도 심각하고 절박한 것인지, 관련 공무원이 그와 같은 결과를 예견하여 결과를 회피하기 위한 조치를 취할 가능성이 있는지 등을 종합적으로 고려하여 판단하여야 한다.
[2] 해군 기초군사교육단에 입소하여 교육을 받은 후 하사로 임관한 갑이 해군교육사령부에서 받은 인성검사에서 '부적응, 관심, 자살예측'이라는 결과가 나왔으나, 갑의 소속 부대 당직소대장 을은 위 검

사 결과를 교관 등에게 보고하지 않았고, 갑은 그 후 실시된 면담 및 검사에서 특이사항이 없다는 판정을 받고 신상등급 C급(신상에 문제점이 없는 자)으로 분류되었는데 함선 근무 중 자살한 사안에서, 갑이 해군교육사령부에서 받은 인성검사에서 자살이 예측되는 결과가 나타난 이상 당시 갑에게 자살 가능성이 있음을 충분히 예견할 수 있는 사정이 있었는데도 위 인성검사 결과를 제대로 반영하지 아니한 것은 자살우려자 식별과 신상파악 · 관리 · 처리의 책임이 있는 교관, 지휘관 등 관계자가 자살예방 및 생명존중문화 조성을 위한 법률 및 장병의 자살을 예방하기 위해 마련된 관련 규정들에 따른 조치 등 갑의 자살을 방지하기 위해 필요한 조치를 할 직무상 의무를 과실로 위반한 것이고, 그와 같은 직무상 의무 위반과 위 자살 사고 사이에 상당인과관계가 있다고 보아 국가의 배상책임을 인정한 사례(대법원 2020. 5. 28. 선고 2017다211559 판결).

❷ 사익보호성

1) 사익보호성을 인정한 사례

① [1] 공무원이 고의 또는 과실로 그에게 부과된 직무상 의무를 위반하였을 경우라고 하더라도 국가는 그러한 직무상의 의무 위반과 피해자가 입은 손해 사이에 상당인과관계가 인정되는 범위 내에서만 배상책임을 지는 것이고, 이 경우 상당인과관계가 인정되기 위하여는 공무원에게 부과된 직무상 의무의 내용이 단순히 공공 일반의 이익을 위한 것이거나 행정기관 내부의 질서를 규율하기 위한 것이 아니고 전적으로 또는 부수적으로 사회구성원 개인의 안전과 이익을 보호하기 위하여 설정된 것이어야 한다.
[2] 공직선거법 제49조 제10항에 의하면, 후보자가 되고자 하는 자 또는 정당은 본인 또는 후보자가 되고자 하는 소속 당원의 전과기록을 관할 국가경찰관서의 장에게 조회할 수 있고, 당해 국가경찰관서의 장은 지체 없이 전과기록을 회보하여야 하며, 관할 선거구 선거관리위원회는 확인이 필요하다고 인정되는 후보자에 대하여 후보자등록 마감 후 지체 없이 당해 선거구를 관할하는 검찰청의 장에게 후보자의 전과기록을 조회할 수 있고, 당해 검찰청의 장은 전과기록의 진위 여부를 지체 없이 회보하여야 한다. 그리고 같은 조 제11항, 제12항은 위 전과기록을 누구든지 열람할 수 있고, 이를 선거구민에게 공개하도록 하고 있다. 공직선거법이 위와 같이 후보자가 되고자 하는 자와 그 소속 정당에게 전과기록을 조회할 권리를 부여하고 수사기관에 회보의무를 부과한 것은 단순히 유권자의 알권리 보호 등 공공 일반의 이익만을 위한 것이 아니라, 그와 함께 후보자가 되고자 하는 자가 자신의 피선거권 유무를 정확하게 확인할 수 있게 하고, 정당이 후보자가 되고자 하는 자의 범죄경력을 파악함으로써 부적격자를 공천함으로 인하여 생길 수 있는 정당의 신뢰도 하락을 방지할 수 있게 하는 등 개별적인 이익도 보호하기 위한 것이다(대법원 2011. 9. 3. 선고 2011다34521 판결).

② 주민등록사무를 담당하는 공무원으로서는 만일 개명과 같은 사유로 주민등록상의 성명을 정정한 경우에는 위에서 본 바와 같은 법령의 규정에 따라 반드시 본적지의 관할관청에 대하여 그 변경사항을 통보하여 본적지의 호적관서로 하여금 그 정정사항의 진위를 재확인할 수 있도록 할 직무상의 의무가 있다고 할 것이고, 이러한 직무상 의무는 단순히 공공 일반의 이익을 위한 것이거나 행정기관 내부의 질서를 규율하기 위한 것이 아니고 전적으로 또는 부수적으로 사회구성원 개인의 안전과 이익을 보호하기 위하여 설정된 것이다. 따라서 주민등록사무를 담당하는 공무원이 개명으로 인한 주민등록상 성명정정을 본적지 관할관청에 통보하지 아니한 직무상 의무배행위와 甲과 같은 이름으로 개명허가를 받은 듯이 호적등본을 위조하여 주민등록상 성명을 위법하게 정정한 乙이 甲의 부동산에 관하여 불법적으로 근저당권설정등기를 경료함으로써 甲이 입은 손해 사이에는 상당인과관계가 있다(대법원 2003. 4. 25. 선

고 2001다59842 판결).

③ [1] 공무원에게 부과된 직무상 의무의 내용이 단순히 공공 일반의 이익을 위한 것이거나 행정기관 내부의 질서를 규율하기 위한 것이 아니고 전적으로 또는 부수적으로 사회구성원 개인의 안전과 이익을 보호하기 위하여 설정된 것이라면, 공무원이 그와 같은 직무상 의무를 위반함으로 인하여 피해자가 입은 손해에 대하여는 상당인과관계가 인정되는 범위 내에서 국가가 배상책임을 지는 것이고, 이 때 상당인과관계의 유무를 판단함에 있어서는 일반적인 결과 발생의 개연성은 물론 직무상 의무를 부과하는 법령 기타 행동규범의 목적이나 가해행위의 태양 및 피해의 정도 등을 종합적으로 고려하여야 한다.

[2] 군행형법과 군행형법시행령이 군교도소나 미결수용실(이하 '교도소 등'이라 한다)에 대한 경계 감호를 위하여 관련 공무원에게 각종 직무상의 의무를 부과하고 있는 것은, 일차적으로는 그 수용자들을 격리 보호하고 교정교화함으로써 공공 일반의 이익을 도모하고 교도소 등의 내부 질서를 유지하기 위한 것이라 할 것이지만, 부수적으로는 그 수용자들이 탈주한 경우에 그 도주과정에서 일어날 수 있는 2차적 범죄행위로부터 일반 국민의 인명과 재화를 보호하고자 하는 목적도 있다고 할 것이므로, 국가공무원들이 위와 같은 직무상의 의무를 위반한 결과 수용자들이 탈주함으로써 일반 국민에게 손해를 입히는 사건이 발생하였다면, 국가는 그로 인하여 피해자들이 입은 손해를 배상할 책임이 있다(대법원 2003. 2. 14. 선고 2002다62678 판결).

④ 개별공시지가는 개발부담금의 부과, 토지 관련 조세 부과 등 다른 법령이 정하는 목적을 위해 지가를 산정하는 경우에 그 산정 기준이 되는 관계로 납세자인 국민 등의 재산상 권리·의무에 직접적인 영향을 미치게 되므로, 개별공시지가 산정업무를 담당하는 공무원으로서는 당해 토지의 실제 이용상황 등 토지특성을 정확하게 조사하고 당해 토지와 토지이용상황이 유사한 비교표준지를 선정하여 그 특성을 비교하는 등 법령 및 '개별공시지가의 조사·산정 지침'에서 정한 기준과 방법에 의하여 개별공시지가를 산정하고, 산정지가의 검증을 의뢰받은 감정평가업자나 시·군·구 부동산평가위원회로서는 위 산정지가 또는 검증지가가 위와 같은 기준과 방법에 의하여 제대로 산정된 것인지 여부를 검증, 심의함으로써 적정한 개별공시지가가 결정·공시되도록 조치할 직무상의 의무가 있고, 이러한 직무상 의무는 단순히 공공 일반의 이익을 위한 것이거나 행정기관 내부의 질서를 규율하기 위한 것이 아니고 전적으로 또는 부수적으로 국민 개개인의 재산권 보장을 목적으로 하여 규정된 것이라고 봄이 상당하다. 따라서 개별공시지가 산정업무 담당공무원 등이 그 직무상 의무에 위반하여 현저하게 불합리한 개별공시지가가 결정되도록 함으로써 국민 개개인의 재산권을 침해한 경우에는 그 손해에 대하여 상당인과관계 있는 범위 내에서 그 담당공무원 등이 소속된 지방자치단체가 배상책임을 지게 된다(대법원 2010. 7. 22. 선고 2010다13527 판결).

2) 사익보호성을 부정한 사례

① 상수원수의 수질을 환경기준에 따라 유지하도록 규정하고 있는 관련 법령의 취지·목적·내용과 그 법령에 따라 국가 또는 지방자치단체가 부담하는 의무의 성질 등을 고려할 때, 국가 등에게 일정한 기준에 따라 상수원수의 수질을 유지하여야 할 의무를 부과하고 있는 법령의 규정은 국민에게 양질의 수돗물이 공급되게 함으로써 국민 일반의 건강을 보호하여 공공 일반의 전체적인 이익을 도모하기 위한 것이지, 국민 개개인의 안전과 이익을 직접적으로 보호하기 위한 규정이 아니므로, 국민에게 공급된 수돗물의 상수원의 수질이 수질기준에 미달한 경우가 있고, 이로 말미암아 국민이 법령에 정하여진 수질기준에 미달한 상수원수로 생산된 수돗물을 마심으로써 건강상의 위해 발생에 대한 염려 등에 따른 정신적 고통을 받았다고 하더라도, 이러한 사정만으로는 국가 또는 지방자치단체가 국민에게 손해배상책임을 부담하지 아니한

다. 또한 상수원수 2급에 미달하는 상수원수는 고도의 정수처리 후 사용하여야 한다는 환경정책기본법령 상의 의무 역시 위에서 본 수질기준 유지의무와 같은 성질의 것이므로, 지방자치단체가 상수원수의 수질 기준에 미달하는 하천수를 취수하거나 상수원수 3급 이하의 하천수를 취수하여 고도의 정수처리가 아닌 일반적 정수처리 후 수돗물을 생산·공급하였다고 하더라도, 그렇게 공급된 수돗물이 음용수 기준에 적합하고 몸에 해로운 물질이 포함되어 있지 아니한 이상, 지방자치단체의 위와 같은 수돗물 생산·공급행위가 국민에 대한 불법행위가 되지 아니한다(대법원 2001. 10. 23. 선고 99다36280 판결).

② 산업기술혁신 촉진법 제1조, 제3조, 제16조 제1항, 제17조 제1항 본문 및 구 산업기술혁신 촉진법 시행령 제23조, 제24조, 제25조, 제27조의 목적과 내용 등을 종합하여 보면, 위 법령이 공공기관에 부과한 신제품 인증을 받은 제품(이하 '인증신제품'이라 한다) 구매의무는 기업에 신기술개발제품의 판로를 확보하여 줌으로써 산업기술개발을 촉진하기 위한 국가적 지원책의 하나로 국민경제의 지속적인 발전과 국민의 삶의 질 향상이라는 공공 일반의 이익을 도모하기 위한 것이고, 공공기관이 구매의무를 이행한 결과 신제품 인증을 받은 자가 재산상 이익을 얻게 되더라도 이는 반사적 이익에 불과할 뿐 위 법령이 보호하고자 하는 이익으로 보기는 어렵다. 따라서 공공기관이 위 법령에서 정한 인증신제품 구매의무를 위반하였다고 하더라도, 이를 이유로 신제품 인증을 받은 자에 대하여 국가배상법 제2조가 정한 배상책임이나 불법행위를 이유로 한 손해배상책임을 지는 것은 아니다(대법원 2015. 5. 28. 선고 2013다41431 판결).

❸ 취소소송의 기판력과 국가배상

1) 교수임용제외 사건

[1] 어떠한 행정처분이 후에 항고소송에서 취소되었다고 할지라도 그 소송판결의 기판력에 의하여 당해 행정처분이 곧바로 공무원의 고의 또는 과실로 인한 것으로서 불법행위를 구성한다고 단정할 수는 없고, 그 행정처분의 담당공무원이 일반의 공무원을 표준으로 하여 볼 때 객관적 주의의무를 결하여 그 행정처분이 객관적 정당성을 상실하였다고 인정될 정도에 이른 경우에야 국가배상법 제2조 소정의 국가배상책임의 요건을 충족하였다고 봄이 상당하다. 이때에 객관적 정당성을 상실하였는지 여부는 피침해이익의 종류 및 성질, 침해행위가 되는 행정처분의 성질·태양 및 그 원인, 행정처분의 발동에 대한 피해자측의 관여의 유무, 정도 및 손해의 정도 등 제반 사정을 종합하여 손해의 전보책임을 국가 또는 지방자치단체에게 부담시켜야 할 실질적인 이유가 있는지의 여부에 의하여 판단하여야 한다.

[2] 사립대학이 공립대학으로 바뀜에 따라 교수·부교수의 임용권을 가지게 된 교육부장관 등이 지방자치단체장이 임용제청한 기존 사립대학의 교수·부교수를 모두 공립대학의 교수·부교수로 임용하였으나, 임용제청에 앞서 이루어진 지방자치단체장의 임용심사가 합리적이고 객관적이지 못하여 기존 사립대학의 일부 교수·부교수들이 부당하게 임용제청대상에서 누락됨에 따라 결국 임용에서 제외되게 된 경우, 교육부장관 등의 임용제외처분이 국가가 손해의 전보책임을 부담하는 국가배상법 제2조의 고의 또는 과실에 의한 위법한 행위에 해당하지 아니한다고 본 사례(대법원 2001. 12. 14. 선고 2000다12679 판결).

2) 시험정답오류 사건

[1] 어떠한 행정처분이 항고소송에서 취소되었다고 할지라도 그 기판력으로 곧바로 국가배상책임이 인정될 수는 없고, '공무원이 직무를 집행하면서 고의 또는 과실로 법령을 위반하여 타인에게 손해를 입힌 때'라고 하는 국가배상법 제2조 제1항의 요건이 충족되어야 한다. 보통 일반의 공무원을 표준으로 공무원이 객관적 주의의무를 소홀히 하고 그로 말미암아 객관적 정당성을 잃었다고 볼 수 있으면 국가배상법 제2조

가 정한 국가배상책임이 성립할 수 있다. 객관적 정당성을 잃었는지는 침해행위가 되는 행정처분의 양태와 목적, 피해자의 관여 여부와 정도, 침해된 이익의 종류와 손해의 정도 등 여러 사정을 종합하여 판단하여야 한다.

[2] 법령에 따라 국가가 시행과 관리를 담당하는 시험에서 시험문항의 출제나 정답결정에 대한 오류 등의 위법을 이유로 시험출제에 관여한 공무원이나 시험위원의 고의 또는 과실에 따른 국가배상책임을 인정하기 위해서는, 해당 시험이 응시자에 대하여 일정한 수준을 갖추었는지를 평가하여 특정한 자격을 부여하는 사회적 제도로서 공익성을 가지고 있는지 여부, 국가기관이나 소속 공무원이 시험문제의 출제, 정답결정 등의 결정을 위하여 외부의 전문 시험위원을 법령에서 정한 요건과 절차에 따라 적정하게 위촉하였는지 여부, 위촉된 시험위원들이 최대한 주관적 판단의 여지를 배제하고 객관적 입장에서 해당 과목의 시험을 출제하였으며 시험위원들 사이에 출제된 문제와 정답의 결정과정에 다른 의견은 없었는지 여부, 시험문항의 출제나 정답결정에 대한 오류가 사후적으로 정정되었고 응시자들에게 국가기관이나 소속 공무원이 그에 따른 적절한 구제조치를 하였는지 여부 등의 여러 사정을 종합하여 시험출제에 관여한 공무원이나 시험위원이 객관적 주의의무를 소홀히 하여 시험문항의 출제나 정답결정에 대한 오류 등에 따른 행정처분이 객관적 정당성을 상실하였다고 판단되어야 한다(대법원 2022. 4. 28. 선고 2017다233061 판결).

❹ 공무원의 법령해석과 과실

① 법령에 대한 해석이 복잡, 미묘하여 워낙 어렵고, 이에 대한 학설, 판례조차 귀일되어 있지 않는 등의 특별한 사정이 없는 한 일반적으로 공무원이 관계 법규를 알지 못하거나 필요한 지식을 갖추지 못하고 법규의 해석을 그르쳐 행정처분을 하였다면 그가 법률전문가가 아닌 행정직 공무원이라고 하여 과실이 없다고는 할 수 없다(대법원 2002. 2. 9. 선고 98다52988 판결).

② 어떠한 행정처분이 위법하다고 할지라도 그 자체만으로 곧바로 그 행정처분이 공무원의 고의 또는 과실로 인한 불법행위를 구성한다고 단정할 수는 없고, 공무원의 고의 또는 과실의 유무에 대하여는 별도의 판단을 요한다고 할 것인바, 그 이유는 행정청이 관계 법령의 해석이 확립되기 전에 어느 한 설을 취하여 업무를 처리한 것이 결과적으로 위법하게 되어 그 법령의 부당집행이라는 결과를 빚었다고 하더라도 처분 당시 그와 같은 처리방법 이상의 것을 성실한 평균적 공무원에게 기대하기 어려웠던 경우라면 특별한 사정이 없는 한 이를 두고 공무원의 과실로 인한 것이라고 볼 수는 없기 때문이다(대법원 2004. 6. 11. 선고 2002다31018 판결).

③ 영업허가취소처분이 나중에 행정심판에 의하여 재량권을 일탈한 위법한 처분임이 판명되어 취소되었다고 하더라도 그 처분이 당시 시행되던 공중위생법시행규칙에 정하여진 행정처분의 기준에 따른 것인 이상 그 영업허가취소처분을 한 행정청 공무원에게 그와 같은 위법한 처분을 한 데 있어 어떤 직무집행상의 과실이 있다고 할 수는 없다(대법원 1994. 11. 8. 선고 94다26141 판결).

④ [1] 행정입법에 관여한 공무원이 입법 당시의 상황에서 다양한 요소를 고려하여 나름대로 합리적인 근거를 찾아 어느 하나의 견해에 따라 경과규정을 두는 등의 조치 없이 새 법령을 그대로 시행하거나 적용하였다면, 그와 같은 공무원의 판단이 나중에 대판이 내린 판단과 같지 아니하여 결과적으로 시행령 등이 신뢰보호의 원칙 등에 위배되는 결과가 되었다고 하더라도, 이러한 경우에까지 국가배상법 제2조 제1항에서 정한 국가배상책임의 성립요건인 공무원의 과실이 있다고 할 수는 없다.

[2] 2002. 3. 25. 대통령령 제17551호로 개정된 변리사법 시행령 제4조 제1항이 변리사 제1차 시험을 '절대평가제'에서 '상대평가제'로 변경함에 따라 2002. 5. 26. 상대평가제로 실시된 시험에서 불합격

처분을 받았다가 그 후 위 시행령 부칙 중 위 조항을 공포 즉시 시행하도록 한 부분이 헌법에 위배되어 무효라는 대법원판결이 내려져 추가합격처분을 받은 갑 등이 국가배상책임을 물은 사안에서, 제반 사정에 비추어 위 시행령과 부칙의 입법에 관여한 공무원들은 입법 당시 상황에서 다양한 요소를 고려하여 나름대로 합리적인 근거를 찾아 어느 하나의 견해에 따라 위 시행령을 경과규정 등의 조치 없이 그대로 시행한 것이므로, 비록 대법원판결에서 위 시행령 부칙 중 위 조항을 즉시 시행하도록 한 부분이 헌법에 위배된다고 판단하여 결과적으로 부칙 제정행위가 위법한 것으로 되고 그에 따른 불합격처분 역시 위법하게 되어 위법한 법령의 제정 및 법령의 부당집행이라는 결과를 가져오게 되었더라도, 이러한 경우에까지 국가배상책임의 성립요건인 공무원의 과실이 있다고 단정할 수 없다(대법원 2013. 4. 26. 선고 2011다14428 판결).

기출문제

사시09 A군(郡) 소유의 임야에 25가구가 주택을 지어 살고 있다. 이 주택가 내에는 어린이들의 놀이터로 사용되어 온 약 10여 평 정도의 공터가 있고 공터의 뒤편에는 암벽이 있는데, 이 암벽은 높이가 약 3미터로서 그 상층부가 하단부보다 약 1미터가량 앞으로 튀어나와 있다. 지역 주민들은 이 암벽이 붕괴 위험이 있으므로 이를 보수해달라는 민원을 수차례 제기하였으나, A군은 아무런 조치를 취하지 않았다. 그런데 해빙기에 얼었던 암벽이 녹아 균열이 생기면서 상층부의 암벽이 붕괴되어 이 공터에서 놀던 어린이 3명이 사망하였다. 사고 후 사망한 어린이의 부모 甲등은 A군을 상대로 국가배상청구소송을 제기하였다. 이 경우 A군에 대하여 국가배상법 제2조의 배상책임요건 중 위법·과실을 인정할 수 있는 것인가? (※지방자치단체가 붕괴 위험이 있는 암벽에 대한 안전관리조치를 취하여야 한다는 법령규정은 존재하지 않는다.) (20점) – 부작위로 인한 국가배상책임(작위의무 인정여부), 과실의 객관화 경향

사시10 A시는 택지개발사업을 위해 관련 법령에 따른 절차를 거쳐 甲 소유의 토지 등을 취득하고자 甲과 보상에 관하여 협의하였으나 협의가 성립되지 않았다. 이에 A시는 관할 토지수용위원회에 재결을 신청하여 "A시는 甲의 토지를 수용하고, 甲은 그 지상 공작물을 이전한다. A시는 甲에게 보상금으로 1억원을 지급한다"라는 취지의 재결을 받았다. 그러나 甲은 보상금이 너무 적다는 이유로 보상금 수령을 거절하였다. 그러자 A시는 보상금을 공탁하였고, A시장은 甲에게 보상 절차가 완료되었음을 이유로 위 토지 상의 공작물을 이전하고 토지를 인도하라고 명하였다.

4. 甲이 위 명령에 대해 관할 행정법원에 취소소송을 제기하여 청구기각판결을 받아 그 판결이 확정되었더라도 甲은 후소인 국가배상청구소송에서 위 명령의 위법을 주장할 수 있는가? (10점) – 취소소송의 기판력과 국가배상청구소송의 관계

사시16 甲과 乙은 丙 소유의 집에 동거 중이다. 甲은 乙의 외도를 의심하여 식칼로 乙을 수차례 위협하였다. 이를 말리던 乙의 모(母) 丁이 112에 긴급신고함에 따라 출동한 경찰관 X는 신고현장에 진입하고자 대문개방을 요구하였다. 甲이 대문개방을 거절하자 경찰관 X가 시건장치를 강제적으로 해제하고 집 안으로 진입하였고, 그 순간에 甲은 乙의 왼팔을 칼로 찔러 경미한 상처를 입혔다. 경찰관 X는 현행범으로 체포된 甲이 경찰관 X의 요구에 순순히 응하였기 때문에, 甲에게 수갑을 채우지 않았고 신체나 소지품에 대한 수색도 제대로 하지 않은 채 지구대로 연행하였다. 그 후 乙이 피해자 진술을 하기 위해 지구대에 도착하자마자 甲은 경찰관 X의 감시소홀을 틈타 가지고 있던 접이식 칼로 乙의 가슴부위를 찔러 사망하게 하였다. ※ 丙은 甲, 乙과 가족관계에 있지 않음

2. 사망한 乙의 유일한 유가족인 丁은 국가배상을 청구할 수 있는가? 경찰관 X가 배상금 전액을 丁에게 지급한 경우 경찰관 X는 국가에게 구상할 수 있는가? (15점) – 부작위로 인한 국가배상, 경과실이 있는 공무원의 국가에 대한 구상권

5급:재경11 A시 소재의 유흥주점에서 여종업원 甲이 화재로 인하여 질식·사망하였다. 화재가 발생한 유흥주점은 관할 행정청의 허가를 득하지 아니하고 용도가 변경되었고, 시설기준을 위반하여 개축되었다. 특히 화재 발생시 비상구가 확보되어 있지 않았다.

1) A시 담당공무원 乙이 식품위생법상 유흥주점의 관리·감독과 관련하여 시정명령 등을 취하여야 할 직무상 조치를 해태한 사실이 밝혀진 경우, A시의 배상책임이 인정되는가? **(15점)** - 부작위에 대한 국가배상책임(작위의무 인정여부, 사익보호성)

2) 만약 화재발생 1주일 전에 실시한 점검에서 유흥주점이 관련법령에 위반되었음을 인지하고서도 담당 공무원 乙이 '이상없음'이라는 보고서를 작성하고 시정조치를 취하지 아니한 경우, 乙의 배상책임에 대해 검토하시오. **(15점)** - 피해자의 선택적 청구권 인정여부

5급:일반행정13 일반음식점을 운영하는 업주 甲은 2012. 12. 25. 2명의 청소년에게 주류를 제공한 사실이 경찰의 연말연시 일제 단속에 적발되어 2013. 2. 15. 관할 구청장 乙로부터 영업정지 2개월의 처분을 통지 받았다. 甲은 자신의 업소가 대학가에 소재하고 있어서 주된 고객이 대학생인데, 고등학생이 오는 경우도 있어 신분증으로 나이를 확인하고 출입을 시키도록 종업원 A에게 철저히 교육을 하였다. 그런데 종업원 A는 사건 당일은 성탄절이라 점포 내 많은 손님들로 북적거려서 신분증을 일일이 확인하는 것은 어렵겠다고 판단하여 간헐적으로 신분증 확인을 하였고, 경찰의 단속에서 청소년이 발견된 것이다. 한편 甲은 평소 청소년 선도활동을 활발히 한 유공으로 표창을 받았을 뿐 아니라 지금까지 관계 법령 위반으로 인한 영업정지 등 행정처분과 행정벌을 받은 바가 전혀 없으며, 간암으로 투병중인 남편과 초등학생인 자식 2명을 부양하고 있다.

2) 남편에 대한 간병과 영업정지처분의 충격으로 경황이 없던 甲은 2013. 4. 25. 위 영업정지처분에 대한 취소소송에서 甲이 인용판결을 받아 확정되었고 이에 甲은 위법한 영업정지처분으로 인한 재산적·정신적 손해에 대한 국가배상청구소송을 제기한다면, 법원은 어떤 판결을 내려야 하는가? **(15점)** - 취소소송의 기판력과 국가배상청구소송과의 관계

변시15 甲은 'X가든'이라는 상호로 일반음식점을 운영하는 자로서, 식품의약품안전처 고시인 「식품 등의 표시기준」에 따른 표시사항의 전부가 기재되지 아니한 'Y참기름'을 업소 내에서 보관·사용한 사실이 적발되었다. 관할 구청장 乙은 「식품위생법」 및 「동법 시행규칙」에 근거하여 甲에게 영업정지 1개월과 해당제품의 폐기를 명하였다. 甲은 표시사항의 전부가 기재되지 않은 제품을 보관·사용한 것은 사실이나, 표시사항이 전부 기재되지 아니한 것은 납품업체의 기계작동 상의 오류에 의한 것으로서 자신은 그 사실을 알지 못하였고, 이전에 납품받은 제품에는 위 고시에 따른 표시사항이 전부 기재되어 있었던 점, 인근 일반음식점에 대한 동일한 적발사례에서는 15일 영업정지처분과 폐기명령이 내려진 점 등을 고려할 때, 위 처분은 지나치게 과중하다고 주장하면서, 관할 구청장 乙을 상대로 영업정지 1개월과 해당제품 폐기명령의 취소를 구하는 소송을 제기하였다. 만약 위 취소소송에서 원고 승소판결이 확정된 후에 甲이 영업정지처분으로 인한 손해에 대해 국가배상청구소송을 제기하는 경우, 甲의 청구는 인용될 수 있는가? **(30점)** - 취소소송의 기판력과 국가배상청구소송의 관계

변시18 법무법인 甲, 乙 및 丙은 2015. 3. 3. 정기세무조사의 대상이 되어 2014 사업연도의 법인세 신고 및 납부내역에 대한 세무조사를 받았다. 정기세무조사는 매년 무작위로 대상자를 추출하여 조사하는 것으로 세무조사로 인한 부담을 덜어주기 위하여 동일한 과세기간에 대해서는 원칙적으로 재조사를 금지하고 있다. 그러나 관할 세무서장은 甲, 乙 및 丙의 같은 세목 및 같은 과세기간에 대하여 재조사 결정 및 이에 따른 통지 후 2016. 5. 20. 재조사를 실시하면서, 재조사 이유에 대해 과거 위 각 법인에서 근무하던 직원들의 제보를 받아 법인세 탈루혐의를 입증할 자료가 확보되었기 때문이라고 밝혔다. 관할 세무서장은 재조사 결과 甲, 乙 및 丙의 법인세 탈루사실이 인정된다고 보아 甲과 乙에 대해서는 2017. 1. 10., 丙에 대해서는 2017. 11. 3. 증액경정된 조세부과처분을 각각 발령하였다. 한편, 甲, 乙 및 丙은 세무조사로서의 재조사에 대하여 제소기간 내에 취소소송을 제기하였다.

2. 甲은 연이은 세무조사로 인하여 법무법인으로서의 이미지가 실추되었다고 생각하고 국가배상청구소송을 제기하고자 한다. 위 1.에 의한 취소소송에서 甲의 소송상 청구가 인용되어 그 판결이 확정된 것을 전제로 할 때 국가배상청구소송에서의 위법성 인정 여부를 설명하시오. **(20점)** - 취소소송의 기판력과 국가배상청구소송의 관계

5급21 甲은 만취한 상태로 운전하다가 경찰 검문소 앞에서 음주운전 일제단속에 적발되었다. 당시 근무 경찰관 A는 甲의 차량을 도로변에 정차시킨 다음 운전면허증과 차량 열쇠를 甲으로부터 임의제출 받아 검문소 사무실 서랍에 보관한 후 음주측정을 한 바 혈중알콜농도 0.15%가 측정되었다. 甲이 경찰관 A에게 다른 차들의 교통에 방해가 되지 않도록 도로 밖으로 차량을 이동시키겠다고 말하면서 열쇠의 반환을 요구하자, 경찰관 A는 그 상태에서 운전을 해서는 안 되니 일단 귀가하였다가 술이 깬 후 다음날 오거나 대리운전자를 데리고 와 차를 가져가라고 말한 후 열쇠를 甲에게 주었다. 甲은 단속 경찰관들의 동태를 살피다가 몰래 차량을 운전하여 집으로 가던 중 보행자 乙을 충격하는 사고를 일으켜 乙이 사망하였다. 사고 당시 甲은 제한속도를 시속 30킬로미터나 초과하여 운행하였다. 이 사고로 인해 사망한 乙의 유족은 경찰관 A의 직무상 의무 위반을 이유로「국가배상법」상 손해배상을 청구할 수 있는지를 검토하시 **(25점)** - 부작위로 인한 국가배상책임(작위의무 인정여부, 사익보호성)

미니컵 젤리 사건

□ 대법원 2010. 9. 9. 선고 2008다77795 판결

[사실관계]

　　원고 1은 사망한 소외 1의 아버지이고, 원고 2는 그 어머니, 원고 3은 누나이다. 피고 대한민국 산하 식품의약품안전청은 식품위생의 안전성 확보를 위한 조사·연구, 식품·식품첨가물·기구·용기·포장 등에 관한 안전관리 사항의 종합조정, 의약품 허가 및 임상관리, 의약품 제조 및 수출입품목 허가·신고 업무 관장 등의 업무를 하는 관청이고, 피고 한국뉴초이스푸드 주식회사(이하 '피고 한국뉴초이스푸드'라고만 한다)는 2003년 9회에 걸쳐 트라이코 주식회사(TRIKO FOODS CO., LTD.)를 통하여, 2004. 1. 7.에는 대만의 성향진(SHENG HANG JEN FOODS CO., LTD.)을 통하여 망고맛 미니 과일 젤리(MANGO FLAVOR MINI FRUITY GELS) 등을 수입하여 유통·판매한 회사이다. 한편, 위 트라이코 주식회사는 SHJ(성향진)제품, NC(뉴초이스)제품, TRIKO(트라이코)제품 등 여러 상품을 공급하는 회사이다.

　　소외 1의 어머니인 원고 2가 2003. 12. 하순경 경기 양평군 소재 우리홈마트에서 구입하여 망소외 1에게 택배로 보내 준 젤리는 제품명 망고맛 미니 과일 젤리(MANGO FLAVOR MINI FRUITY GELS), 원산지 및 제조원 대만 성향진(SHENG HSIANG JEN FOODS CO., LTD.), 수입원 및 판매자 피고 한국뉴초이스푸드라고 기재된 라벨이 부착된 플라스틱 통 포장용기에 담겨진 채 그 용기 상단이 비닐로 밀봉된 상품이었다. 망소외 1은 부모인 원고 1,2의 이혼으로 외할머니 소외 2의 거주지인 부산 동구 수정5동 (이하 생략)에서 누나인 원고 3과 함께 소외 2의 보살핌을 받으며 생활하던 중, 2004. 2. 2. 18:00경 저녁식사를 마친 후, 소외 2가 저녁상을 치우는 사이에 원고 3이 냉장고의 냉동실에서 꺼내 온 얼려진 상태의 젤리를 먹다가 젤리가 목에 걸려 기도를 막는 바람에 호흡이 곤란하게 되어 부산 동구 좌천동 68-11 소재 봉생병원으로 옮겨졌으나, 위 병원에 도착하기 직전인 같은 날 18:40경 기도폐쇄로 사망(이하 '이 사건 사고'라 한다)하였다. 망소외 1이 먹은 젤리는 원고 2가 택배로 보낸 플라스틱 통 포장용기 안에 있던 낱개 제품인데, 그 낱개 제품에는 'Mango MINI FRUIT JELLY'(갑 제1호증 사진 제품, 이하 '이 사건 젤리'라 한다)라고 기재되어 있을 뿐 제조원이나 수입원 등에 대하여는 아무런 표시가 되어 있지 아니하다. 이 사건 젤리는 대만의 조조모사(JOJOMO ENTERPRISE CO., LTD.)가 제조한 'Mango MINI FRUIT JELLY' 제품으로, 이 사건 젤리를 제조한 조조모사 제품은 한일식품, 조은식품 등 국내의 여러 수입업체에서 수입하고 있었다.

　　이에 원고들은 대한민국 및 한국뉴초이스푸드를 상대로 손해배상청구소송을 제기하였다.

[판결요지]

[1] 공무원의 직무상 의무 위반으로 국가배상책임이 인정되기 위한 요건

　　공무원이 고의 또는 과실로 그에게 부과된 직무상 의무를 위반하였을 경우라고 하더라도 국가는 그러한 직무상의 의무 위반과 피해자가 입은 손해 사이에 상당인과관계가 인정되는 범위 내에서만 배상책임을 지는 것이고, 이 경우 <u>상당인과관계가 인정되기 위하여는 공무원에게 부과된 직무상 의무의 내용이 단순히 공공 일반의 이익을 위한 것이거나 행정기관 내부의 질서를 규율하기 위한 것이 아니고 전적으로 또는 부수적으로 사회구성원 개인의 안전과 이익을 보호하기 위하여 설정된 것이어야 한다.</u>

[2] 구 식품위생법 제7조, 제9조, 제10조, 제16조가 개인의 안전과 이익을 보호하기 위한 규정인지 여부(적극)

구 식품위생법은 제1조에서 "이 법은 식품으로 인한 위생상의 위해를 방지하고 식품영양의 질적 향상을 도모함으로써 국민보건의 증진에 이바지함을 목적으로 한다."고 규정하고 있고, 같은 법 제7조, 제9조, 제10조, 제16조 등에서는 식품의약품안전청장 등으로 하여금 식품 또는 식품첨가물의 제조 등의 방법과 성분, 용기와 포장의 제조 방법과 그 원재료, 표시 등에 대하여 일정한 기준 및 규격 등을 마련하도록 하고, 그와 같은 기준 및 규격 등을 준수하는지 여부를 확인할 필요가 있거나 위생상 위해가 발생할 우려나 국민보건상의 필요가 있을 경우 수입신고시 식품 등을 검사하도록 규정하고 있다. 위와 같은 구 식품위생법의 관련 규정을 종합하여 보면, 같은 법 제7조, 제9조, 제10조, 제16조는 단순히 국민 전체의 보건을 증진한다고 하는 공공 일반의 이익만을 위한 것이 아니라, 그와 함께 사회구성원 개개인의 건강상의 위해를 방지하는 등의 개별적인 안전과 이익도 도모하기 위하여 설정된 것이라고 할 수 있다.

[3] 식품의약품안전청장 등이 구 식품위생법 제7조, 제9조, 제10조, 제16조 등에 의하여 부여된 권한을 행사하지 않은 것이 직무상 의무를 위반한 것으로 위법하다고 인정되기 위한 요건 및 그 권한 불행사가 위법한 것으로 평가되는 경우 과실도 인정되는지 여부(적극)

구 식품위생법 제7조, 제9조, 제10조, 제16조 등 관련 규정이 식품의약품안전청장 및 관련 공무원에게 합리적인 재량에 따른 직무수행 권한을 부여한 것으로 해석된다고 하더라도, 식품의약품안전청장 등에게 그러한 권한을 부여한 취지와 목적에 비추어 볼 때 구체적인 상황 아래에서 식품의약품안전청장 등이 그 권한을 행사하지 아니한 것이 현저하게 합리성을 잃어 사회적 타당성이 없는 경우에는 직무상 의무를 위반한 것이 되어 위법하게 된다. 그리고 위와 같이 식약청장등이 그 권한을 행사하지 아니한 것이 직무상 의무를 위반하여 위법한 것으로 되는 경우에는 특별한 사정이 없는 한 과실도 인정된다.

[4] 어린이가 '미니컵 젤리'를 먹다가 질식하여 사망한 사안에서, 식품의약품안전청장 등이 그 사고 발생 시까지 구 식품위생법상의 규제 권한을 행사하여 미니컵 젤리의 수입·유통 등을 금지하거나 그 기준과 규격, 표시 등을 강화하고 그에 필요한 검사 등을 실시하는 조치를 취하지 않은 것이 현저하게 합리성을 잃어 사회적 타당성이 없다거나 객관적 정당성을 상실하여 위법하다고 할 수 있을 정도에까지 이르렀다고 보기 어렵고, 그 권한 불행사에 과실이 있다고 할 수도 없다고 한 원심의 판단이 정당하다고 한 사례

어린이가 '미니컵 젤리'를 먹다가 질식하여 사망한 사안에서, 그 사고 발생 전에 미니컵 젤리에 대한 세계 각국의 규제 내용이 주로 곤약 등 미니컵 젤리의 성분과 용기의 규격에 대한 규제에 머물러 있었고, 대한민국 정부도 그 수준에 맞추어 미니컵 젤리의 기준과 규격, 표시 등을 규제하는 조치를 취하여 위 사고 발생 전까지 미니컵 젤리와 관련한 질식사고가 발생하지 않았던 점 등에 비추어, 비록 당시의 과학수준상 미니컵 젤리의 성분에 대하여 허위신고를 하더라도 그 진위를 가려내기 어려웠고, 위 사고 발생 후 시험 등을 통하여 그러한 허위신고의 가능성이 확인되고 곤약 등을 제외한 다른 성분을 함유한 미니컵 젤리로 인한 질식의 위험성이 드러났다고 하더라도, 위 사고 발생 무렵 식품의약품안전청장 및 관계 공무원이 그러한 위험성을 인식하거나 예견하기 어려웠던 점 등 여러 사정을 고려하여 보면, 식품의약품안전청장 및 관계 공무원이 위 사고 발생 시까지 구 식품위생법상의 규제 권한을 행사하여 미니컵 젤리의 수입·유통 등을 금지하거나 그 기준과 규격, 표시 등을 강화하고 그에 필요한 검사 등을 실시하는 조치를 취하지 않은 것이 현저하게 합리성을 잃어 사회적 타당성이 없다거나 객관적 정당성을 상실하여 위법하다고 할 수 있을 정도에까지 이르렀다고 보기 어렵고, 그 권한 불행사에 과실이 있다고 할 수도 없다고 한 원심의 판단이 정당하다고 한 사례.

개발제한구역 내 건축허가신청거부 사건

□ 대법원 2021. 7. 21. 선고 2021두33838 판결

[사실관계]

이 사건 토지는 개발제한구역으로 지정될 당시 그 지목이 대지였고 지상에 건축물이 존재하지 않았는데, 소외인이 2012. 12.경 개발제한구역 내 행위허가를 받아 이 사건 토지 지상에 건물(이하 '종전 건물'이라 한다)을 신축하여 2013. 7.경 사용승인을 받았다.

소외인은 2013. 8.경 종전 건물에 대해 이 사건 이축허가를 받은 후 건축주 명의를 변경하여 종전 건물을 철거하고 개발제한구역 내인 인근 토지 지상에 건물을 신축하여 2014. 2.경 사용승인을 받았다. 한편 이 사건 이축허가 시 행위허가 조건으로 '사용승인 시까지 이 사건 토지는 그 지목을 전·답·과수원, 그 밖에 건축물의 건축을 위한 용도가 아닌 지목으로 변경하여야 한다.'는 내용이 부과된 바 있으나, 이 사건 토지의 지목은 변경되지 않았다.

원고들은 2016. 12.경 임의경매절차를 통해 이 사건 토지를 각 2분의 1 지분씩 매수한 뒤, 2017. 6.경 이 사건 토지 지상에 단독주택을 신축하는 행위에 대한 허가를 신청하였으나, 그 무렵 피고 시흥시장으로부터 불허가 통보를 받았다(이하 '이 사건 처분'이라 한다). 그 이유는, 구 개발제한구역법 시행령 제13조 [별표 1] 제5호 (다)목 가)는 개발제한구역 내 주택을 신축할 수 있는 경우로 '개발제한구역 지정 당시부터 지목이 대인 토지(이축된 건축물이 있었던 토지의 경우에는 개발제한구역 지정 당시부터 그 토지의 소유자와 건축물의 소유자가 다른 경우만 해당한다)'와 '개발제한구역 지정 당시부터 있던 기존의 주택이 있는 토지'를 들고 있는데, 이 사건 토지는 여기에 해당하지 않는다는 것이다.

[판결요지]

[1] 공무원의 부작위로 인한 국가배상책임을 인정하기 위한 요건 및 그중 '법령을 위반하여'의 의미 / 관련 공무원에 대하여 작위의무를 명하는 법령의 규정이 없는 경우, 공무원의 부작위로 인한 국가배상책임을 인정할 것인지 판단하는 방법

공무원의 부작위로 인한 국가배상책임을 인정하기 위해서는 공무원의 작위로 인한 국가배상책임을 인정하는 경우와 마찬가지로 '공무원이 직무를 집행하면서 고의 또는 과실로 법령을 위반하여 타인에게 손해를 입힌 때'라고 하는 국가배상법 제2조 제1항의 요건이 충족되어야 한다. 여기서 '법령을 위반하여'란 엄격하게 형식적 의미의 법령에 명시적으로 공무원의 작위의무가 정하여져 있음에도 이를 위반하는 경우만을 의미하는 것은 아니고, 인권존중·권력남용금지·신의성실과 같이 공무원으로서 마땅히 지켜야 할 준칙이나 규범을 지키지 아니하고 위반한 경우를 포함하여 널리 그 행위가 객관적인 정당성을 결여하고 있는 경우도 포함한다. 따라서 국민의 생명·신체·재산 등에 대하여 절박하고 중대한 위험상태가 발생하였거나 발생할 상당한 우려가 있어서 국민의 생명 등을 보호하는 것을 본래적 사명으로 하는 국가가 초법규적·일차적으로 그 위험의 배제에 나서지 아니하면 국민의 생명 등을 보호할 수 없는 경우에는 형식적 의미의 법령에 근거가 없더라도 국가나 관련 공무원에 대하여 그러한 위험을 배제할 작위의무를 인정할 수 있다.

그러나 그와 같은 절박하고 중대한 위험상태가 발생하였거나 발생할 상당한 우려가 있는 경우가 아닌 한, 원칙적으로 공무원이 관련 법령에서 정하여진 대로 직무를 수행하였다면 그와 같은 공무원의 부작위를 가지고 '고의 또는 과실로 법령을 위반'하였다고 할 수는 없다. 따라서 공무원의 부작위로 인한 국가배상책임을 인정할 것인지가 문제 되는 경우에 관련 공무원에 대하여 작위의무를 명하는 법령의 규정이 없는 때라면 공무원의 부작위로 인하여 침해되는 국민의 법익 또는 국민에게 발생하는 손해가 어느 정도 심각하고 절박한 것인지, 관련 공무원이 그와 같은 결과를 예견하여 그 결과를 회피하기 위한 조치를 취할 수 있는 가능성이 있는지 등을 종합적으로 고려하여 판단하여야 한다.

[2] 구 개발제한구역의 지정 및 관리에 관한 특별조치법 시행령 제22조 [별표 2] 제4호 (마)목을 관련 공무원에 대하여 건축물 이축에 있어 종전 토지의 지목을 건축물의 건축을 위한 용도가 아닌 지목으로 변경하여야 할 적극적인 작위의무를 명하는 규정으로 볼 수 있는지 여부(소극)

구 개발제한구역의 지정 및 관리에 관한 특별조치법 시행령(2018. 2. 9. 대통령령 제28635호로 개정되기 전의 것) 제22조 [별표 2] 제4호 (마)목은 "이주단지를 조성한 후 또는 건축물을 이축한 후의 종전 토지는 다른 사람의 소유인 경우와 공익사업에 편입된 경우를 제외하고는 그 지목을 전·답·과수원, 그 밖에 건축물의 건축을 위한 용도가 아닌 지목으로 변경하여야 한다."라고 규정하면서 그 변경 주체와 절차에 대해서는 아무런 규정을 두고 있지 않다. 따라서 위 규정을 관련 공무원에 대하여 건축물 이축에 있어 종전 토지의 지목을 건축물의 건축을 위한 용도가 아닌 지목으로 변경하여야 할 적극적인 작위의무를 명하는 규정으로 볼 수 없고, 관련 법령에 그와 같은 작위의무 규정을 찾아볼 수도 없다.

거창 특별법 사건

□ 대법원 2008. 5. 29. 선고 2004다33469 판결

〔사실관계〕

1951년 경남 거창군 신원면 일대에서 지리산 공비들이 경찰 등을 습격하여 막대한 피해를 입힌 직후에 피고(대한민국) 소속 육군 제11사단 9연대 3대대 병력은 1951. 2. 9.부터 1951. 2. 11.까지 그 지역주민 수백 명을 사살하였다(이하 '거창사건'이라 한다). 이후 진상조사단이 구성되었으나 국방장관 등의 진상 은폐 기도가 있었고 거창사건 희생자 유족들의 경우 1960년대 초부터 1970년대 말까지 그 유족이라는 이유로 공무원 등에 임용되지 못하고 거창사건의 언급에 관한 감시를 받았다. 그 후 국회는 1995. 12. 18. 거창사건 등 관련자의 명예회복에 관한 특별조치법(이하 '거창특별법'이라 한다)을 제정하였는데, 거창특별법에 의하면 '거창사건 등 관련자명예회복심의위원회'는 사망자 및 유족의 명예회복에 관한 사항 등을 심의·의결하고(제3조), 유족의 합동묘역관리 사업이 추진되는 경우에 정부가 그 비용의 일부를 지원할 수 있도록 규정되어 있으나(제8조), 희생자나 유족들에 대한 배상이나 보상에 관해서는 아무런 규정이 없다. 한편, 거창사건 희생자와 유족에 대하여 보상금 등을 지급하는 것을 주요 내용으로 하는 거창특별법 개정법률안이 2004. 3. 2. 국회 본회의를 통과하였으나, 전쟁 중에 일어난 민간인 희생의 보상에 대해 아직 사회적 공감대가 폭 넓게 형성되지 않았고, 거창사건에 대한 보상이 향후 국가재정에 커다란 부담으로 적용할 것이 예상된다는 점 등을 이유로 위 개정안에 대한 거부권을 행사하였다.

이에 원고들은 그들의 정신적 고통에 관하여 피고에 대해 국가배상법에 따른 손해배상을 요구하였다.

〔판결요지〕

[1] 국가배상법 제2조 제1항에 따른 배상청구권을 5년간 행사하지 아니한 경우, 구 예산회계법 제96조에 의하여 시효 소멸하는지 여부(적극)

국가배상법 제2조 제1항 본문 전단 규정에 따른 배상청구권은 금전의 급부를 목적으로 하는 국가에 대한 권리로서 구 예산회계법 제96조 제2항, 제1항이 적용되므로 이를 5년간 행사하지 아니할 때에는 시효로 인하여 소멸한다.

[2] 국회의 입법행위 또는 입법부작위가 국가배상법 제2조 제1항의 위법행위에 해당하는 경우

우리 헌법이 채택하고 있는 의회민주주의하에서 국회는 다원적 의견이나 각가지 이익을 반영시킨 토론과정을 거쳐 다수결의 원리에 따라 통일적인 국가의사를 형성하는 역할을 담당하는 국가기관으로서 그 과정에 참여한 국회의원은 입법에 관하여 원칙적으로 국민 전체에 대한 관계에서 정치적 책임을 질 뿐 국민 개개인의 권리에 대응하여 법적 의무를 지는 것은 아니므로, 국회의원의 입법행위는 그 입법 내용이 헌법의 문언에 명백히 위배됨에도 불구하고 국회가 굳이 당해 입법을 한 것과 같은 특수한 경우가 아닌 한 국가배상법 제2조 제1항 소정의 위법행위에 해당한다고 볼 수 없고, 같은 맥락에서 국가가 일정한 사항에 관하여 헌법에 의하여 부과되는 구체적인 입법의무를 부담하고 있음에도 불구하고 그 입법에 필요한 상당한 기간이 경과하도록 고의 또는 과실로 이러한 입법의무를 이행하지 아니하는 등 극히 예외적인 사정이 인

정되는 사안에 한정하여 국가배상법 소정의 배상책임이 인정될 수 있으며, 위와 같은 구체적인 입법의무 자체가 인정되지 않는 경우에는 애당초 부작위로 인한 불법행위가 성립할 여지가 없다.

[비교판례]

☐ 행정입법부작위에 대하여 국가배상을 인정한 사례

입법부가 법률로써 행정부에게 특정한 사항을 위임했음에도 불구하고 행정부가 정당한 이유 없이 이를 이행하지 않는다면 권력분립의 원칙과 법치국가 내지 법치행정의 원칙에 위배되는 것으로서 위법함과 동시에 위헌적인 것이 되는바, 구 군법무관임용법 제5조 제3항과 군법무관임용 등에 관한 법률(2000. 12. 26. 법률 제6291호로 개정된 것) 제6조가 군법무관의 보수를 법관 및 검사의 예에 준하도록 규정하면서 그 구체적 내용을 시행령에 위임하고 있는 이상, 위 법률의 규정들은 군법무관의 보수의 내용을 법률로써 일차적으로 형성한 것이고, 위 법률들에 의해 상당한 수준의 보수청구권이 인정되는 것이므로, 위 보수청구권은 단순한 기대이익을 넘어서는 것으로서 법률의 규정에 의해 인정된 재산권의 한 내용이 되는 것으로 봄이 상당하고, 따라서 행정부가 정당한 이유 없이 시행령을 제정하지 않은 것은 위 보수청구권을 침해하는 불법행위에 해당한다(대법원 2007. 11. 29. 선고 2006다3561 판결).

헌법소원 청구기간 오인 사건

□ 대법원 2003. 7. 11. 선고 99다24218 판결

[사실관계]

원고 甲은 이 사건 헌법소원심판청구를 적법한 청구기간 내인 1994. 11. 4. 제기하였는데 헌법재판소 재판관이 그 청구서 접수일을 같은 달 14.로 오인하여 청구기간이 도과하였음을 이유로 이를 각하하는 결정을 하였다. 이에 원고는 대한민국을 상대로 위자료의 지급을 청구하였다.

[판결요지]

[1] 법관의 재판에 대한 국가배상책임이 인정되기 위한 요건

법관의 재판에 법령의 규정을 따르지 아니한 잘못이 있다 하더라도 이로써 바로 그 재판상 직무행위가 국가배상법 제2조 제1항에서 말하는 위법한 행위로 되어 국가의 손해배상책임이 발생하는 것은 아니고, 그 국가배상책임이 인정되려면 당해 법관이 위법 또는 부당한 목적을 가지고 재판을 하였다거나 법이 법관의 직무수행상 준수할 것을 요구하고 있는 기준을 현저하게 위반하는 등 법관이 그에게 부여된 권한의 취지에 명백히 어긋나게 이를 행사하였다고 인정할 만한 특별한 사정이 있어야 한다.

[2] 재판에 대한 불복절차 내지 시정절차의 유무와 부당한 재판으로 인한 국가배상책임 인정 여부

재판에 대하여 따로 불복절차 또는 시정절차가 마련되어 있는 경우에는 재판의 결과로 불이익 내지 손해를 입었다고 여기는 사람은 그 절차에 따라 자신의 권리 내지 이익을 회복하도록 함이 법이 예정하는 바이므로, 불복에 의한 시정을 구할 수 없었던 것 자체가 법관이나 다른 공무원의 귀책사유로 인한 것이라거나 그와 같은 시정을 구할 수 없었던 부득이한 사정이 있었다는 등의 특별한 사정이 없는 한, 스스로 그와 같은 시정을 구하지 아니한 결과 권리 내지 이익을 회복하지 못한 사람은 원칙적으로 국가배상에 의한 권리구제를 받을 수 없다고 봄이 상당하다고 하겠으나, 재판에 대하여 불복절차 내지 시정절차 자체가 없는 경우에는 부당한 재판으로 인하여 불이익 내지 손해를 입은 사람은 국가배상 이외의 방법으로는 자신의 권리 내지 이익을 회복할 방법이 없으므로, 이와 같은 경우에는 배상책임의 요건이 충족되는 한 국가배상책임을 인정하지 않을 수 없다.

[3] 헌법재판소 재판관이 청구기간 내에 제기된 헌법소원심판청구 사건에서 청구기간을 오인하여 각하결정을 한 경우, 이에 대한 불복절차 내지 시정절차가 없는 때에는 국가배상책임(위법성)을 인정할 수 있다고 한 사례.

[4] 헌법소원심판청구가 부당하게 각하되지 아니하였다고 하여도 본안 판단에서 청구기각되었을 사건인 경우, 위자료 인정 여부(적극)

헌법소원심판을 청구한 자로서는 헌법재판소 재판관이 일자 계산을 정확하게 하여 본안판단을 할 것으로 기대하는 것이 당연하고, 따라서 헌법재판소 재판관의 위법한 직무집행의 결과 잘못된 각하결정을 함으로써 청구인으로 하여금 본안판단을 받을 기회를 상실하게 한 이상, 설령 본안판단을 하였더라도 어차피 청구가 기각되었을 것이라는 사정이 있다고 하더라도 잘못된 판단으로 인하여 헌법소원심판 청구인의 위와

같은 합리적인 기대를 침해한 것이고 이러한 기대는 인격적 이익으로서 보호할 가치가 있다고 할 것이므로 그 침해로 인한 정신상 고통에 대하여는 위자료를 지급할 의무가 있다.

[비교판례]

☐ 사법작용에 대하여 국가배상을 부정한 사례

① 법관의 재판에 법령의 규정을 따르지 아니한 잘못이 있다 하더라도 이로써 바로 그 재판상 직무행위가 국가배상법 제2조 제1항에서 말하는 위법한 행위로 되어 국가의 손해배상책임이 발생하는 것은 아니고, 당해 법관이 위법 또는 부당한 목적을 가지고 재판을 하는 등 법관이 그에게 부여된 권한의 취지에 명백히 어긋나게 이를 행사하였다고 인정할 만한 특별한 사정이 있어야 위법한 행위가 되어 국가배상책임이 인정된다고 할 것인바, 압수수색할 물건의 기재가 누락된 압수수색영장을 발부한 법관이 위법·부당한 목적을 가지고 있었다거나 법이 직무수행상 준수할 것을 요구하고 있는 기준을 현저히 위반하였다는 등의 자료를 찾아볼 수 없다면 그와 같은 압수수색영장의 발부행위는 불법행위를 구성하지 않는다(대법원 2001. 10. 12. 선고 2001다47290 판결).

② [1] 법관이 행하는 재판사무의 특수성과 그 재판과정의 잘못에 대하여는 따로 불복절차에 의하여 시정될 수 있는 제도적 장치가 마련되어 있는 점 등에 비추어 보면, 법관의 재판에 법령의 규정을 따르지 아니한 잘못이 있다 하더라도 이로써 바로 그 재판상 직무행위가 국가배상법 제2조 제1항에서 말하는 위법한 행위로 되어 국가의 손해배상책임이 발생하는 것은 아니고, 그 국가배상책임이 인정되려면 당해 법관이 위법 또는 부당한 목적을 가지고 재판을 하는 등 법관이 그에게 부여된 권한의 취지에 명백히 어긋나게 이를 행사하였다고 인정할 만한 특별한 사정이 있어야 한다고 해석함이 상당하다.
[2] 임의경매절차에서 경매담당 법관의 오인에 의해 배당표 원안이 잘못 작성되고 그에 대해 불복절차가 제기되지 않아 실체적 권리관계와 다른 배당표가 확정된 경우, 경매담당 법관이 위법·부당한 목적을 가지고 있었다거나 법이 법관의 직무수행상 준수할 것을 요구하고 있는 기준을 현저히 위반하였다는 등의 자료를 찾아볼 수 없어 국가배상법상의 위법한 행위가 아니라고 한 사례(대법원 2001. 4. 24. 선고 2000다16114 판결).

③ 보전재판의 특성상 신속한 절차진행이 중시되고 당사자 일방의 신청에 따라 심문절차 없이 재판이 이루어지는 경우도 많다는 사정을 고려하여 민사집행법에서는 보전재판에 대한 불복 또는 시정을 위한 수단으로서 즉시항고와 효력정지 신청 등 구제절차를 세심하게 마련해 두고 있다. 재판작용에 대한 국가배상책임에 관한 판례는 재판에 대한 불복절차 또는 시정절차가 마련되어 있으면 이를 통한 시정을 구하지 않고서는 원칙적으로 국가배상을 구할 수 없다는 것으로, 보전재판이라고 해서 이와 달리 보아야 할 이유가 없다(대법원 2022. 3. 17. 선고 2019다226975 판결).

주한미군이 운전하는 궤도장갑차 사건

□ 대법원 2023. 6. 29. 선고 2023다205968 판결

[사실관계]

원고(삼성화재)는 소외 1과 사이에 그 소유의 맥스크루즈 차량(이하 '원고 차량'이라 한다)에 관하여 자동차종합보험계약을 체결한 보험자이다. 소외 2는 2020. 8. 26. 21:30경 혈중알코올농도 0.193%의 술에 취한 상태에서 원고 차량을 운전하여 포천시에 있는 영로대교 다리 편도 1차로를 시속 125km로 진행하던 중 선행하던 주한미군 소속 운전병이 운전하는 M1046 궤도장갑차(이하 '이 사건 차량'이라 한다) 좌측 뒷부분을 원고 차량의 우측 앞부분으로 충격하였다(이하 '이 사건 사고'라 한다). 이 사건 사고로 인하여 원고 차량 운전자 소외 2와 동승자 소외 1, 소외 3, 소외 4가 모두 사망하였다. 원고는 소외 3에 대한 손해배상금으로 150,248,940원, 소외 4에 대한 손해배상금으로 98,237,540원을 각 지급하였다.

이 사건 사고는 야간에 발생하였는데, 이 사건 차량의 후미등은 왼쪽에만 설치되어 있을 뿐 아니라 작고 불빛이 약하여 운전자들이 차량의 후미등으로 인식하기 어려웠던 상태였고, 주한미군 규정(385-11호)은 궤도차량이 공공도로를 이동하는 동안 호송차량에 의해 호송(escort)되도록 정하고 있음에도 이 사건 차량은 이 사건 사고 당시 도로를 이동하면서 호송차량을 동반하지 아니하였다.

[판결요지]

□ '대한민국과 아메리카합중국 간의 상호방위조약 제4조에 의한 시설과 구역 및 대한민국에서의 합중국 군대의 지위에 관한 협정' 제23조 제5항 및 '대한민국과 아메리카합중국 간의 상호방위조약 제4조에 의한 시설과 구역 및 대한민국에서의 합중국 군대의 지위에 관한 협정의 시행에 관한 민사특별법' 제2조에 따라 국가배상법이 적용되는 경우, 미합중국 군대의 공용 차량에 대하여 국가배상법 제2조 제1항 본문 후단의 자동차손해배상 보장법에 따른 손해배상책임 규정이 적용되는지 여부(소극)

'대한민국과 아메리카합중국 간의 상호방위조약 제4조에 의한 시설과 구역 및 대한민국에서의 합중국 군대의 지위에 관한 협정'(이하 'SOFA'라 한다) 제23조 제5항은 공무집행 중인 미합중국 군대의 구성원이나 고용원의 작위나 부작위 또는 미합중국 군대가 법률상 책임을 지는 기타의 작위나 부작위 또는 사고로서 대한민국 안에서 대한민국 정부 이외의 제3자에게 손해를 가한 것으로부터 발생하는 청구권은 대한민국이 이를 처리하도록 규정하고 있으므로 위 청구권의 실현을 위한 소송은 대한민국을 상대로 제기하는 것이 원칙이고, 이에 따른 대한민국에 대한 청구권에 대해서는 '대한민국과 아메리카합중국 간의 상호방위조약 제4조에 의한 시설과 구역 및 대한민국에서의 합중국 군대의 지위에 관한 협정의 시행에 관한 민사특별법'(이하 '주한미군민사법'이라 한다) 제2조에 따라 국가배상법이 적용된다.

국가배상법 제2조 제1항 본문은, 전단에서 국가나 지방자치단체는 공무원 또는 공무를 위탁받은 사인이 직무를 집행하면서 고의 또는 과실로 법령을 위반하여 타인에게 손해를 입힌 경우를 규정하는 것 외에 후단에서 자동차손해배상 보장법(이하 '자동차손배법'이라 한다)에 따라 손해배상의 책임이 있을 때에도 이 법에 따라 그 손해를 배상하여야 한다고 규정하고 있는데, SOFA 제23조 제5항 (가)호, 제24조 및 자동차관리법 제2조 제1호, 제70조 및 같은 법 시행령 제2조 제3호 등 관계 규정을 종합하면, SOFA 제23조 제5항

및 주한미군민사법 제2조에 따라 국가배상법이 적용될 경우 미합중국 군대의 공용 차량에 대해서는 국가배상법 제2조 제1항 본문 후단의 자동차손배법에 따른 손해배상책임 규정은 적용되지 않고, 국가배상법 제2조 제1항 본문 전단에 따른 손해배상책임 규정만 적용된다. 그 이유는 다음과 같다.

① 자동차손배법은 자동차관리법의 적용을 받는 자동차와 건설기계관리법의 적용을 받는 건설기계 중 대통령령으로 정하는 것에 적용된다(자동차손배법 제2조 제1호). 그런데 SOFA 제24조는 '합중국 군대의 구성원, 군속 또는 그들의 가족의 사용 차량'에 대해서는 대한민국 정부가 면허하고 등록한다고 정하고 있으나(제3항) '합중국 군대 및 군속의 공용 차량'에 대해서는 명확한 번호표 또는 이를 용이하게 식별할 수 있는 개별적인 기호를 붙여야 한다.'고 규정하고 있을 뿐이고(제2항), 자동차관리법 역시 제70조 제2호에서 대한민국 주재 '미합중국 군대의 구성원·군무원 또는 그들의 가족이 사적 용도로 사용하는 자동차'에 대해서 특례를 규정하고 있을 뿐 미합중국 군대의 공용 차량에 대해서는 규정을 두고 있지 않다.

② 주한미군의 공무집행상 행위로 인한 손해배상청구권은 대한민국 군대의 행동으로부터 발생하는 청구권에 관한 대한민국의 법령에 따라 제기하고 심사하여 해결하거나 재판하도록 되어 있다[SOFA 제23조 제5항 (가)호]. 그런데 대한민국의 '군수품관리법'에 따른 차량은 자동차관리법 적용제외 대상이므로(자동차관리법 제2조 제1호, 같은 법 시행령 제2조 제3호) 대한민국 군대 소속 차량에 대해서는 자동차손배법이 적용되지 않는다.

도로결빙 사건

□ 대법원 1994. 11. 22. 선고 94다32924 판결

[사실관계]

소외 망 오○○이 택시를 운행하던 중 도로의 지하에 매설되어 있는 상수도관에 균열이 생겨 그 틈으로 새어 나온 물이 도로 위까지 유출되어 노면이 낮은 기온으로 인하여 결빙되어 있는 사실을 모른 채 위 지점을 지나가다가 미끄러지면서 중앙선을 넘어가 마침 반대차선에서 오던 화물차와 충돌하여 사망하였다.

이에 오○○의 가족인 원고 甲은 위 상수도를 설치, 관리하고 위 도로도 관리하고 있는 피고 乙(정주시9))을 상대로 국가배상법 제5조에 의한 손해배상을 청구하였다. 이에 乙은 위 상수도관은 내구연한이 20년 이상인 P.V.C.관으로 1986. 7. 23. 설치된 것이고, 상하수도관리를 위하여 복구차량 등 충분한 장비를 보유하고 비상연락망체계를 확립하여 운영하여 왔으며, 이 사건 사고 직전인 1992. 11. 28.에도 이 사건 상수도관에 대하여 점검한 사실이 있다고 주장하면서 이 사건 상수도관에 대한 설치·관리상에 필요한 주의의무를 다하였다고 항변하였다.

[판결요지]

[1] 국가배상법 제5조 소정의 영조물의 설치·관리상의 하자의 의미

국가배상법 제5조 제1항 소정의 '공공의 영조물'이라 함은 국가 또는 지방자치단체에 의하여 특정 공공의 목적에 공여된 유체물 내지 물적 설비를 말하며, 국가 또는 지방자치단체가 소유권, 임차권 그 밖의 권한에 기하여 관리하고 있는 경우뿐만 아니라 사실상의 관리를 하고 있는 경우도 포함된다. 한편, 영조물의 설치 또는 관리의 하자라 함은 영조물이 그 용도에 따라 통상 갖추어야 할 안전성을 갖추지 못한 상태에 있음을 말하는데, 위와 같은 안전성의 구비 여부를 판단함에 있어서는 당해 영조물의 용도, 그 설치장소의 현황 및 이용 상황 등 제반 사정을 종합적으로 고려하여 설치·관리자가 그 영조물의 위험성에 비례하여 사회통념상 일반적으로 요구되는 정도의 방호조치의무를 다하였는지 여부를 그 기준으로 삼아야 할 것이며, 만일 객관적으로 보아 시간적·장소적으로 영조물의 기능상 결함으로 인한 손해발생의 예견가능성과 회피가능성이 없는 경우, 즉 그 영조물의 결함이 영조물의 설치·관리자의 관리행위가 미칠 수 없는 상황 아래에 있는 경우임이 입증되는 경우라면 영조물의 설치·관리상의 하자를 인정할 수 없다고 할 것이다.

[2] 지방자치단체가 관리하는 도로 지하에 매설되어 있는 상수도관에 균열이 생겨 그 틈으로 새어 나온 물이 도로 위까지 유출되어 노면이 결빙되었다면 도로로서의 안전성에 결함이 있는 상태로서 설치·관리상의 하자가 있다고 한 사례.

[3] 국가 또는 지방자치단체가 영조물의 설치·관리상의 하자로 인하여 타인에게 손해를 가한 경우, 그 손해의 방지에 필요한 주의를 해태하지 아니하였다 하여 면책을 주장할 수 있는지 여부

국가배상법 제5조 소정의 영조물의 설치·관리상의 하자로 인한 책임은 무과실책임이고 나아가 민법 제758조 소정의 공작물의 점유자의 책임과는 달리 면책사유도 규정되어 있지 않으므로, 국가 또는 지방자치

---

9) 1995년 정주시는 정읍군과 통합되어 정읍시가 되었다.

단체는 영조물의 설치·관리상의 하자로 인하여 타인에게 손해를 가한 경우에 그 손해의 방지에 필요한 주의를 해태하지 아니하였다 하여 면책을 주장할 수 없다.

[4] 다른 자연적 사실이나 제3자 또는 피해자의 행위와 경합하여 발생한 손해도 영조물의 설치·관리상의 하자에 의해 발생한 것으로 볼 것인지 여부

영조물의 설치 또는 관리상의 하자로 인한 사고라 함은 영조물의 설치 또는 관리상의 하자만이 손해발생의 원인이 되는 경우만을 말하는 것이 아니고, 다른 자연적 사실이나 제3자의 행위 또는 피해자의 행위와 경합하여 손해가 발생하더라도 영조물의 설치 또는 관리상의 하자가 공동원인의 하나가 되는 이상 그 손해는 영조물의 설치 또는 관리상의 하자에 의하여 발생한 것이라고 해석함이 상당하다.

[참고판례]

❶ 고속국도의 경우

1) 민법 제758조를 적용한 사례

트럭 앞바퀴가 고속도로상에 떨어져 있는 자동차 타이어에 걸려 중앙분리대를 넘어가 사고가 발생한 경우에 있어서 한국도로공사에게 도로의 보존상하자로 인한 손해배상책임(민법 제758조)을 인정하기 위하여는 도로에 타이어가 떨어져 있어 고속으로 주행하는 차량의 통행에 안전상의 결함이 있다는 것만으로 족하지 않고, 위 공사의 고속도로 안전성에 대한 순찰 등 감시체제, 타이어의 낙하시점, 위 공사가 타이어의 낙하사실을 신고받거나 직접 이를 발견하여 그로 인한 고속도로상의 안전성 결함을 알았음에도 사고방지조치를 취하지 아니하고 방치하였는지 여부, 혹은 이를 발견할 수 있었음에도 발견하지 못하였는지 여부 등 제반 사정을 심리하여 고속도로의 하자 유무를 판단하여야 할 것이다(대법원 1992. 9. 14. 선고 92다3243 판결).

2) 국가배상법 제5조를 적용한 사례

고속도로가 사고지점에 이르러 다소 굽어져 있으나, 사고 지점의 차선 밖에 폭 3m의 갓길이 있을 뿐 아니라, 사고 지점 도로변에 야간에 도로의 형태를 식별할 수 있게 하는 시설물들이 기준에 따라 설치되어 있는 경우 도로의 관리자로서는 야간에 차량의 운전자가 사고 지점의 도로에 이르러 차선을 따라 회전하지 못하고 차선을 벗어난 후 갓길마저 지나쳐 도로변에 설치되어 있는 방음벽을 들이받은 사고를 일으킨다고 하는 것은 통상 예측하기 어려우므로 도로의 관리자가 그러한 사고에 대비하여 도로변에 야간에 도로의 형태를 식별할 수 있는 시설물들을 더 많이 설치하지 않고, 방음벽에 충격방지시설을 갖추지 아니하였다고 하여 사고 지점 도로의 설치 또는 관리에 하자가 있다고 볼 수 없다(대법원 2002. 8. 23. 선고 2002다9158 판결).

❷ 설치·관리의 하자를 부정한 예

① 관리청이 하천법 등 관련 규정에 의해 책정한 하천정비기본계획 등에 따라 개수를 완료한 하천 또는 아직 개수 중이라 하더라도 개수를 완료한 부분에 있어서는, 위 하천정비기본계획 등에서 정한 계획홍수량 및 계획홍수위를 충족하여 하천이 관리되고 있다면 당초부터 계획홍수량 및 계획홍수위를 잘못 책정하였다거나 그 후 이를 시급히 변경해야 할 사정이 생겼음에도 불구하고 이를 해태하였다는 등의 특별한 사정이 없는 한, 그 하천은 용도에 따라 통상 갖추어야 할 안전성을 갖추고 있다고 봄이 상당하다 (대법원 2007. 9. 21. 선고 2005다65678 판결).

② 사고지점의 제방은 100년 발생빈도를 기준으로 책정된 계획홍수위보다 30cm 정도 더 높았던 사실, 이

사건 사고 당시 사고지점 상류지역의 강우량은 600년 또는 1,000년 발생빈도의 강우량이어서 이 사건 사고지점의 경우 계획홍수위보다 무려 1.6m 정도가 넘는 수위의 유수가 흘렀다고 추정되는 사실 및 이 사건 사고 이전에는 위 사고지점에 하천이 범람한 적이 없었던 사실을 인정할 수 있는바, 위와 같은 사실에 의하면, 특별히 계획홍수위를 정한 이후에 이를 상향조정할 만한 사정이 없는 한, 계획홍수위보다 높은 제방을 갖춘 위 사고지점을 들어 그 용도에 따라 통상 갖추어야 할 안전성을 갖추지 못한 하자가 있다고 볼 수 없고, 위와 같이 계획홍수위를 훨씬 넘는 유수에 의한 범람은 예측가능성 및 회피가능성이 없는 불가항력적인 재해로 보아 그 영조물의 관리청에게 책임을 물을 수 없다 할 것이다(대법원 2003. 10. 23. 선고 2001다48057 판결).

③ 소외 김OO이 1995. 11. 21. 10:30경 피고가 점유 관리하는 대구 달성군 논공면 삼리 소재 편도 2차선의 국도를 프라이드 승용차를 운전하여 가다가 반대방향 도로 1차선에 떨어져 있던 길이 120㎝, 직경 2㎝ 크기의 U자형 쇠파이프가 번호미상 갤로퍼 승용차 뒷타이어에 튕기어 김OO의 승용차 앞유리창을 뚫고 들어오는 바람에 쇠파이프에 목부분이 찔려 개방성 두개골 골절 등으로 사망한 사실을 인정하고, 그와 같은 쇠파이프가 위 도로에 떨어져 있었다면 일단 도로의 관리에 하자가 있는 것으로 볼 수 있으나, 내세운 증거에 의하면 사고 당일 09:57부터 10:08 사이(사고 발생 33분 내지 22분 전)에 피고 운영의 과적차량 검문소 근무자 교대차량이 사고장소를 통과하였으나 위 쇠파이프를 발견하지 못한 사실을 인정하고 피고가 관리하는 넓은 국도상을 더 짧은 간격으로 일일이 순찰하면서 낙하물을 제거하는 것은 현실적으로 불가능하다 하여 피고에게 국가배상법 제5조 제1항이 정하는 손해배상책임이 없다고 인정한 사례(대법원 1997. 4. 22. 선고 97다3194 판결).

④ 고등학교 3학년 학생이 교사의 단속을 피해 담배를 피우기 위하여 3층 건물 화장실 밖의 난간을 지나다가 실족하여 사망한 사안에서 학교 관리자에게 그와 같은 이례적인 사고가 있을 것을 예상하여 복도나 화장실 창문에 난간으로의 출입을 막기 위하여 출입금지장치나 추락위험을 알리는 경고표지판을 설치할 의무가 있다고 볼 수는 없다는 이유로 학교시설의 설치·관리상의 하자가 없다(대법원 1997. 5. 16. 선고 96다54102 판결).

⑤ 갑 등이 원동기장치자전거를 운전하던 중 'ㅏ' 형태의 교차로에서 유턴하기 위해 신호를 기다리게 되었고, 위 교차로 신호등에는 유턴 지시표지 및 그에 관한 보조표지로서 '좌회전 시, 보행신호 시 / 소형승용, 이륜에 한함'이라는 표지가 설치되어 있었으나, 실제 좌회전 신호 및 좌회전할 수 있는 길은 없었는데, 갑이 위 신호등이 녹색에서 적색으로 변경되어 유턴을 하다가 맞은편 도로에서 직진 및 좌회전 신호에 따라 직진 중이던 차량과 충돌하는 사고가 발생하자, 갑 등이 위 교차로의 도로관리청이자 보조표지의 설치·관리주체인 지방자치단체를 상대로 손해배상을 구한 사안에서, 위 표지는 도로에서의 위험을 방지하고 교통의 안전과 소통을 확보할 목적으로 설치된 교통안전시설이므로 그 내용이 설치 장소의 구조나 상황, 신호체계에 부합되어야 함이 원칙이고, 특히 위 표지는 도로에서 자동차 등을 운전하는 자(이하 '운전자'라고 한다)로 하여금 어떤 신호가 켜져 있을 때 유턴을 할 수 있는지 알리는 역할을 하는 유턴 보조표지이므로 그 표지의 내용으로 인하여 운전자에게 착오나 혼동이 발생하는 경우 교통사고 발생의 위험성이 크게 증가할 수 있다는 측면에서도 더욱 그러한데, 위 표지의 내용으로 인하여 운전자에게 착오나 혼동을 가져올 우려가 있는지 여부는 일반적이고 평균적인 운전자의 인식을 기준으로 판단하여야 하는바, 위 표지에 따르면 좌회전 신호이거나 혹은 보행자 신호등이 녹색 신호일 때 유턴이 가능하다는 의미로 이해되지만, 위 교차로에는 좌회전할 도로가 설치되어 있지 않았고 신호등에도 좌회전 신호가 없었으므로 일반적이고 평균적인 운전자라면 보행자 신호등이 녹색 신호일 때 유턴을 할 것으로 보이는 점, 위 사고 이전에 위 표지가 잘못 설치되었다는 민원이 제기되지 않았고 위

표지로 인한 사고가 발생한 적이 없는 점을 고려하면, 위 표지에 위 신호등의 신호체계 및 위 교차로의 도로구조와 맞지 않는 부분이 있더라도 거기에 통상 갖추어야 할 안전성이 결여된 설치·관리상의 하자가 있다고 보기 어렵다(대법원 2022. 7. 28. 선고 2022다225910 판결).

❸ 설치·관리의 하자를 긍정한 예

① 가변차로에 설치된 신호등의 용도와 오작동시에 발생하는 사고의 위험성과 심각성을 감안할 때, 만일 가변차로에 설치된 두 개의 신호기에서 서로 모순되는 신호가 들어오는 고장을 예방할 방법이 없음에도 그와 같은 신호기를 설치하여 그와 같은 고장을 발생하게 한 것이라면, 그 고장이 자연재해 등 외부요인에 의한 불가항력에 기인한 것이 아닌 한 그 자체로 설치·관리자의 방호조치의무를 다하지 못한 것으로서 신호등이 그 용도에 따라 통상 갖추어야 할 안전성을 갖추지 못한 상태에 있었다고 할 것이고, 따라서 설령 적정전압보다 낮은 저전압이 원인이 되어 위와 같은 오작동이 발생하였고 그 고장은 현재의 기술수준상 부득이한 것이라고 가정하더라도 그와 같은 사정만으로 손해발생의 예견가능성이나 회피가능성이 없어 영조물의 하자를 인정할 수 없는 경우라고 단정할 수 없다고 한 사례(대법원 2001. 7. 27. 선고 2000다56822 판결).

② 편도 2차선 도로의 1차선 상에 교통사고의 원인이 될 수 있는 크기의 돌멩이가 방치되어 있는 경우, 도로의 점유·관리자가 그에 대한 관리 가능성이 없다는 입증을 하지 못하는 한 이는 도로의 관리·보존상의 하자에 해당한다(대법원 1993. 2. 10. 선고 97다32536 판결).

김포공항 항공기 소음 사건

□ 대법원 2005. 1. 27. 선고 2003다49566 판결

[사실관계]

김포공항에서 발생하는 소음 등으로 원고 甲(인근 주민들, 서울지방항공청장이 김포공항 주변에 대하여 소음피해지역 및 소음피해예상지역을 분류하여 지정·고시한 1993. 6. 21. 이후에 자신들의 주거지에 전입한 일부 선정자 포함)이 입은 피해는 사회통념상 수인한도를 넘는 것으로서 김포공항의 설치·관리에 하자에 대하여 피고 乙(대한민국)에게 손해배상을 청구하였다. 이에 대해 피고 乙(대한민국)는 선정자들 중 일부에 대하여 주택방음공사 등 항공기소음대책을 실시하였다는 점과 소음피해지역으로 지정·고시한 이후에 자신들이 그 주거지에 전입한 일부 선정자들은 항공기 소음을 인식하였다는 점을 이유로 면책을 주장하였다.

[판결요지]

[1] 국가배상법 제5조 제1항에 정한 '영조물 설치 또는 관리의 하자'의 의미 및 하자로 볼 수 있는 경우

국가배상법 제5조 제1항에 정하여진 '영조물의 설치 또는 관리의 하자'라 함은 공공의 목적에 공여된 영조물이 그 용도에 따라 갖추어야 할 안전성을 갖추지 못한 상태에 있음을 말하고, 여기서 안전성을 갖추지 못한 상태, 즉 타인에게 위해를 끼칠 위험성이 있는 상태라 함은 당해 영조물을 구성하는 물적 시설 그 자체에 있는 물리적·외형적 흠결이나 불비로 인하여 그 이용자에게 위해를 끼칠 위험성이 있는 경우뿐만 아니라, 그 영조물이 공공의 목적에 이용됨에 있어 그 이용상태 및 정도가 일정한 한도를 초과하여 제3자에게 사회통념상 수인할 것이 기대되는 한도를 넘는 피해를 입히는 경우까지 포함된다고 보아야 할 것이다.

[2] '영조물 설치 또는 하자'에 관한 제3자의 수인한도의 판단 기준

'영조물 설치 또는 하자'에 관한 제3자의 수인한도의 기준을 결정함에 있어서는 일반적으로 침해되는 권리나 이익의 성질과 침해의 정도뿐만 아니라 침해행위가 갖는 공공성의 내용과 정도, 그 지역환경의 특수성, 공법적인 규제에 의하여 확보하려는 환경기준, 침해를 방지 또는 경감시키거나 손해를 회피할 방안의 유무 및 그 난이 정도 등 여러 사정을 종합적으로 고려하여 구체적 사건에 따라 개별적으로 결정하여야 한다.

[3] 김포공항에서 발생하는 소음 등으로 인근 주민들이 입은 피해는 사회통념상 수인한도를 넘는 것으로서 김포공항의 설치·관리에 하자가 있다고 본 사례.

소음 등을 포함한 공해 등의 위험지역으로 이주하여 들어가서 거주하는 경우와 같이 위험의 존재를 인식하면서 그로 인한 피해를 용인하며 접근한 것으로 볼 수 있는 경우에, 그 피해가 직접 생명이나 신체에 관련된 것이 아니라 정신적 고통이나 생활방해의 정도에 그치고 그 침해행위에 고도의 공공성이 인정되는 때에는, 위험에 접근한 후 실제로 입은 피해 정도가 위험에 접근할 당시에 인식하고 있었던 위험의 정도를 초과하는 것이거나 위험에 접근한 후에 그 위험이 특별히 중대하였다는 등의 특별한 사정이 없는 한 가해자의 면책을 인정하여야 하는 경우도 있을 수 있을 것이나, 일반인이 공해 등의 위험지역으로 이주하여 거

주하는 경우라고 하더라도 위험에 접근할 당시에 그러한 위험이 존재하는 사실을 정확하게 알 수 없는 경우가 많고, 그 밖에 위험에 접근하게 된 경위와 동기 등의 여러 가지 사정을 종합하여 그와 같은 위험의 존재를 인식하면서 굳이 위험으로 인한 피해를 용인하였다고 볼 수 없는 경우에는 손해배상액의 산정에 있어 형평의 원칙상 과실상계에 준하여 감액사유로 고려하는 것이 상당하다.

서울지방항공청장이 김포공항 주변에 대하여 소음피해지역 및 소음피해 예상지역을 분류하여 지정·고시한 1993. 6. 21. 이후에 자신들의 주거지에 전입한 일부 선정자들이 항공기 소음으로 인한 피해를 인식하였거나 과실로 인식하지 못한 것만 가지고 소음으로 인한 피해를 용인하였다고 보기는 어렵고, 또한 그것만으로 피고의 위법한 침해행위가 위법하지 않게 된다거나 책임이 소멸한다고는 볼 수 없으며, 다만 손해배상액의 산정에 있어서 형평의 원칙상 위자료의 감액사유로 고려함이 상당하다고 판단하여 이 부분 피고의 면책주장도 배척한 원심의 판단은 정당한 것으로 수긍이 가고, 거기에 상고이유에서 주장하는 바와 같이 손해배상책임의 면제에 관한 법리오해 등의 위법이 있다고 할 수 없다.

대전광역시 신호기 고장 사건

□ 대법원 1999. 6. 25. 선고 99다11120 판결

[사실관계]

대전광역시장은 대전 시내 도로에 이 사건 신호기를 설치하였고, 신호기의 관리권한은 도로교통법시행령에 의하여 충남지방경찰청장에게 위임되어 있다. 어느날 밤, 낙뢰로 이 사건 신호기에 고장이 발생하여 보행자신호기와 차량신호기에 동시에 녹색등이 표시되게 되었는데, 이러한 고장 사실이 다음날까지 3차례에 걸쳐 신고 되었음에도 불구하고 위 신호기가 고장난 채 방치되어 있던 중, 보행자신호기의 녹색등을 보고 횡단보도를 건너던 원고 甲이 차량신호기의 녹색등을 보고 도로를 주행하던 승용차에 충격되어 상해를 입는 교통사고가 발생하였다. 이에 甲은 대한민국을 상대로 손해배상을 청구하는 소송을 제기하였다.

[판결요지]

□ 지방자치단체장이 설치하여 관할 지방경찰청장에게 관리권한이 위임된 교통신호기의 고장으로 인하여 교통사고가 발생한 경우, 지방자치단체뿐만 아니라 국가도 손해배상책임을 지는지 여부(적극)

도로교통법 제3조 제1항은 특별시장·광역시장 또는 시장·군수는 도로에서의 위험을 방지하고 교통의 안전과 원활한 소통을 확보하기 위하여 필요하다고 인정하는 때에는 신호기 및 안전표지를 설치하고 이를 관리하여야 하도록 규정하고, 도로교통법시행령 제71조의2 제1항 제1호는 특별시장·광역시장이 위 법률 규정에 의한 신호기 및 안전표지의 설치·관리에 관한 권한을 지방경찰청장에게 위임하는 것으로 규정하고 있는바, 이와 같이 행정권한이 기관위임된 경우 권한을 위임받은 기관은 권한을 위임한 기관이 속하는 지방자치단체의 산하 행정기관의 지위에서 그 사무를 처리하는 것이므로 사무귀속의 주체가 달라진다고 할 수 없고, 따라서 권한을 위임받은 기관 소속의 공무원이 위임사무처리에 있어 고의 또는 과실로 타인에게 손해를 가하였거나 위임사무로 설치·관리하는 영조물의 하자로 타인에게 손해를 발생하게 한 경우에는 권한을 위임한 관청이 소속된 지방자치단체가 국가배상법 제2조 또는 제5조에 의한 배상책임을 부담하고, 권한을 위임받은 관청이 속하는 지방자치단체 또는 국가가 국가배상법 제2조 또는 제5조에 의한 배상책임을 부담하는 것이 아니므로, 지방자치단체장이 교통신호기를 설치하여 그 관리권한이 도로교통법 제71조의2 제1항의 규정에 의하여 관할 지방경찰청장에게 위임되어 지방자치단체 소속 공무원과 지방경찰청 소속 공무원이 합동근무하는 교통종합관제센터에서 그 관리업무를 담당하던 중 위 신호기가 고장난 채 방치되어 교통사고가 발생한 경우, 국가배상법 제2조 또는 제5조에 의한 배상책임을 부담하는 것은 지방경찰청장이 소속된 국가가 아니라, 그 권한을 위임한 지방자치단체장이 소속된 지방자치단체라고 할 것이나, 한편 국가배상법 제6조 제1항은 같은 법 제2조, 제3조 및 제5조의 규정에 의하여 국가 또는 지방자치단체가 손해를 배상할 책임이 있는 경우에 공무원의 선임·감독 또는 영조물의 설치·관리를 맡은 자와 공무원의 봉급·급여 기타의 비용 또는 영조물의 설치·관리의 비용을 부담하는 자가 동일하지 아니한 경우에는 그 비용을 부담하는 자도 손해를 배상하여야 한다고 규정하고 있으므로 교통신호기를 관리하는 지방경찰청장 산하 경찰관들에 대한 봉급을 부담하는 국가도 국가배상법 제6조 제1항에 의한 배상책임을 부담한다.

[참고판례]

❶ 국가배상법 제6조 제1항 소정 '공무원의 봉급·급여 기타의 비용을 부담하는 자'의 의미

[1] 국가배상법 제6조 제1항 소정의 '공무원의 봉급·급여 기타의 비용'이란 공무원의 인건비만을 가리키는 것이 아니라 당해사무에 필요한 일체의 경비를 의미한다고 할 것이고, 적어도 대외적으로 그러한 경비를 지출하는 자는 경비의 실질적·궁극적 부담자가 아니더라도 그러한 경비를 부담하는 자에 포함된다.
[2] 구 지방자치법 제131조(현행 제158조), 구 지방재정법 제16조 제2항(현행 제18조 제2항)의 규정상, 지방자치단체의 장이 기관위임된 국가행정사무를 처리하는 경우 그에 소요되는 경비의 실질적·궁극적 부담자는 국가라고 하더라도 당해 지방자치단체는 국가로부터 내부적으로 교부된 금원으로 그 사무에 필요한 경비를 대외적으로 지출하는 자이므로, 이러한 경우 지방자치단체는 국가배상법 제6조 제1항 소정의 비용부담자로서 공무원의 불법행위로 인한 같은 법에 의한 손해를 배상할 책임이 있다(대법원 1994. 12. 9. 선고 94다38137 판결).

❷ 국도의 경우 배상책임자

도로법 제22조 제2항에 의하여 지방자치단체의 장인 시장이 국도의 관리청이 되었다 하더라도 이는 시장이 국가로부터 관리업무를 위임받아 국가행정기관의 지위에서 집행하는 것이므로 국가는 도로관리상 하자로 인한 손해배상책임을 면할 수 없다. 반면 시가 국도의 관리상 비용부담자로서 책임을 지는 것은 국가배상법이 정한 자신의 고유한 배상책임이므로 도로의 하자로 인한 손해에 대하여 시는 부진정연대채무자인 공동불법행위자와의 내부관계에서 배상책임을 분담하는 관계에 있으며 국가배상법 제6조 제2항의 규정은 도로의 관리주체인 국가와 그 비용을 부담하는 경제주체인 시 상호간에 내부적으로 구상의 범위를 정하는 데 적용된다(대법원 1993. 1. 26. 선고 92다2684 판결).

❸ 서울특별시 영등포구는 여의도광장에서 차량진입으로 일어난 인신사고에 관하여 국가배상법 제6조 소정 비용부담자로서의 손해배상책임이 있다.

[1] 여의도광장의 관리는 광장의 관리에 관한 별도의 법령이나 규정이 없으므로 서울특별시는 여의도광장을 도로법 제2조 제2항 소정의 "도로와 일체가되어 그 효용을 다하게 하는 시설"로 보고 같은 법의 규정을 적용하여 관리하고 있으며, 그 관리사무 중 일부를 영등포구청장에게 권한위임하고 있어, 여의도광장의 관리청이 본래 서울특별시장이라 하더라도 그 관리사무의 일부가 영등포구청장에게 위임되었다면, 그 위임된 관리사무에 관한 한 여의도광장의 관리청은 영등포구청장이 되고, 같은 법 제56조에 의하면 도로에 관한 비용은 건설부장관이 관리하는 도로 이외의 도로에 관한 것은 관리청이 속하는 지방자치단체의 부담으로 하도록 되어 있어 여의도광장의 관리비용부담자는 그 위임된 관리사무에 관한 한 관리를 위임받은 영등포구청장이 속한 영등포구가 되므로, 영등포구는 여의도광장에서 차량진입으로 일어난 인신사고에 관하여 국가배상법 제6조 소정의 비용부담자로서의 손해배상책임이 있다.
[2] 차량진입으로 인한 인신사고 당시에는 차도와의 경계선 일부에만 이동식쇠기둥이 설치되어 있고 나머지 부분에는 별다른 차단시설물이 없었으며 경비원도 없었던 것은, 평소 시민의 휴식공간으로 이용되는 여의도광장이 통상 요구되는 안전성을 결여하고 있었다 할 것이고, 만약 사고 후에 설치된 차단시설물이 이미 설치되어 있었고 경비원이 배치되어 있었더라면 가해자가 승용차를 운전하여 광장 내로 진입하는 것을 막을 수 있었거나, 설사 차량진입을 완전히 막지는 못하더라도 최소한 진입시에 차단시설물을 충격하

면서 발생하는 소리나 경비원의 경고를 듣고 많은 사람들이 대피할 수 있었다고 보이므로, 차량진입으로 인한 사고와 여의도광장의 관리상의 하자 사이에는 상당인과관계가 있다고 한 사례(대법원 1995. 2. 24. 선고 94다57671 판결).

> **기출문제**
>
> **5급19** A광역시는 2010. 5. 10. 시도인 X도로를 개설하였고, 도로의 관리권한을 B구청장에게 위임하였다. X도로는 빈번한 차량 통행으로 인해 환경법령상 기준을 현저히 초과하는 소음이 상시적으로 발생되고 있다. 甲은 2005. 1. 1.부터 X도로와 인접한 지역에서 거주하고 있고, 乙은 2014. 5. 1.부터 X도로와 인접한 지역으로 이주하여 거주하고 있다. 甲과 乙은 X도로의 도로소음으로 인하여 정상적인 생활이 곤란할 정도로 생활상 및 정신적 피해가 크다는 이유로 「국가배상법」에 따른 손해배상청구소송을 제기하였다.
> 1) 위 사안에서 「국가배상법」에 따른 손해배상책임의 주체에 대하여 논하시오. **(15점)** - 관리사무가 위임된 경우 비용부담자로서의 손해배상책임
> 2) 피고는 甲에 대한 배상책임은 인정하면서도 乙에 대해서는 X도로의 개통 이후 이주하였음을 이유로 배상책임을 부인하고 있다. 피고 주장의 당부를 판단하시오. **(15점)** - 이른바 위험에의 접근이론

광주광역시 페아스콘 더미 사건

□ 대법원 1998. 7. 10. 선고 96다42819 판결

[사실관계]

甲은 화물자동차를 운전하여 광주 소재 국도를 진행하던 중 위 도로에 쌓여 있던 페아스콘 더미를 피하기 위해 중앙선을 침범하여 진행하다가 반대차선에서 마주 오던 화물자동차를 충격하여 사망하였다. 문제의 페아스콘은 도로공사 후 도로변에 적치하여 두었던 것인데, 이 날 내린 집중호우로 인해 도로로 흘러내려 한쪽 차선의 절반 정도를 차지하게 되었으며, 사고 당시 위 도로상에 위와 같은 장애물이 있음을 알리는 경고판이나 위험표지판 등은 세워져 있지 않은 채 장시간 방치되어 있었고 통행제한조치도 취해지지 않았고, 당해 도로는 차량통행량이 특히 많은 구간이었다. 한편 사고가 발생한 도로구간은 광주광역시가 점유·관리하던 국도로서, 사고가 난 도로를 포함한 일부 구간의 포장공사를 건설교통부 국토관리청이 시행하고 이를 준공한 후 광주광역시에 이관하려 하였으나 서류미비 사유로 이관이 이루어지지 않던 중 당해 사고가 발생한 것이었다. 이에 광주광역시는 甲에게 손해배상을 한 후, 국가배상법 제6조 제2항에 근거하여 대한민국에게 구상권을 행사하였다.

[판결요지]

[1] 도로법 제27조(현 제26조)에 의한 상급관청의 공사 대행으로 도로관리청이 변경되는지 여부(소극)

도로법상 일반국도의 관리청은 원칙적으로 건설교통부장관으로 되어 있고(제22조 제1항, 현 제20조 제1항), 광역시 관할구역 안에 있는 일반국도의 경우에는 그 관리청이 광역시장으로 되어 있으며(제22조 제2항, 현 제20조 제2항), 도로의 신설, 개축 및 수선에 관한 공사와 그 유지는 법률에 특별한 규정이 없는 한 당해 도로의 관리청이 이를 행하도록 되어 있고(제24조, 현 제23조), 도로에 관한 비용도 법률에 특별한 규정이 없는 한 관리청이 속하는 지방자치단체가 부담하는 것으로 되어 있으나(제56조, 현 제67조), 다만 상급관청은 특히 필요하다고 인정할 때에 대통령령이 정하는 바에 의하여 관계 행정청이 관리하는 도로공사를 대행할 수 있는데, 이 경우 위 공사의 대행에 의하여 도로관리청이 변경되는 것이 아니고 상급관청이 관리청의 권한 중의 일부를 대행하는 것에 불과하다.

[2] 도로법 제27조(현 제26조)에 의한 상급관청의 공사 대행 개시시부터 이관시까지 도로 관리상의 하자로 교통사고가 발생한 경우, 손해배상책임의 주체

원래 광역시가 점유 및 관리하던 일반국도 중 일부 구간의 포장공사를 건설교통부 국토관리청이 시행하고 이를 준공한 후 광역시에 이관하려 하였으나 서류의 미비 기타의 사유로 이관이 이루어지지 않고 있던 중 도로의 관리상의 하자로 인한 교통사고가 발생하였다면 광역시와 국가가 함께 그 도로의 점유자 및 관리자로서 손해배상책임을 부담한다.

[3] 국가배상법 제6조 소정의 사무귀속자와 비용부담자로서의 지위가 두 행정주체 모두에 중첩된 경우, 내부적 부담 부분의 결정 기준

원래 광역시가 점유 관리하던 일반국도 중 일부 구간의 포장공사를 국가가 대행하여 광역시에 도로의 관리를 이관하기 전에 교통사고가 발생한 경우, 광역시는 그 도로의 점유자 및 관리자, 도로법 제56조, 제55조, 도로법시행령 제30조에 의한 도로관리비용 등의 부담자로서의 책임이 있고, 국가는 그 도로의 점유자 및 관리자, 관리사무귀속자, 포장공사비용 부담자로서의 책임이 있다고 할 것이며, 이와 같이 광역시와 국가 모두가 도로의 점유자 및 관리자, 비용부담자로서의 책임을 중첩적으로 지는 경우에는, 광역시와 국가 모두가 국가배상법 제6조 제2항 소정의 궁극적으로 손해를 배상할 책임이 있는 자라고 할 것이고, 결국 광역시와 국가의 내부적인 부담 부분은, 그 도로의 인계·인수 경위, 사고의 발생 경위, 광역시와 국가의 그 도로에 관한 분담비용 등 제반 사정을 종합하여 결정함이 상당하다.

[참고판례]

☐ 관리주체설(또는 실질적 비용부담자설)을 취하는 것으로 보이는 판례

교통신호기의 관리사무는 원고(안산시)가 안산경찰서장에게 그 권한을 위임한 사무로서 피고(대한민국) 소속 경찰공무원 등은 원고의 사무를 처리하는 지위에 있으므로, 원고가 그 사무에 관하여 선임·감독자에 해당하고, 그 교통신호기 시설은 지방자치법 제132조(현 제158조) 단서의 규정에 따라 원고의 비용으로 설치·관리되고 있으므로, 그 신호기의 설치·관리비용을 실질적으로 부담하는 비용부담자의 지위도 아울러 지니는 반면, 피고는 단지 그 소속 경찰공무원에게 봉급만 지급하고 있을 뿐이므로, 원고(안산시)와 피고(대한민국) 사이에서 이 사건 손해배상의 궁극적인 책임은 전적으로 원고에게 있다고 봄이 상당하다(대법원 2001. 9. 25. 선고 2001다41865 판결).

군대 내 총기사고은폐 사건

□ 대법원 2016. 6. 9. 선고 2015다200258 판결

[사실관계]

　망인은 이 사건 부대에서 상병으로 복무하다가 1979. 8. 13.부터 1979. 8. 18.까지 사이에 대대본부의 위병소에서 경계근무를 하던 중, 하사 乙과 말다툼을 하다가 그로부터 입술 부위에 충격을 받아 사망하였다(이하 '이 사건 사고'라고 한다). 이 사건 사고 직후 이 사건 중대의 인사계 소속 하사관 丙의 관여로 망인의 총기와 군복이 乙의 것으로 교체되었고, 1979. 6.경 이 사건 부대 소대장으로 배치된 甲은 망인의 총기명찰 교체에 관여하였다. 이 사건 중대장이던 丁은 직접 중대 지휘관 회의를 소집하여 이 사건 사고를 망인의 자살로 처리하라고 소속 부대원들에게 주문하는 한편, 乙 등에게 헌병대의 조사과정에서도 같은 취지로 말을 맞추어 진술하라고 지시하였다. 이에 따라 망인의 시체는 헌병대 등이 사고 현장에 도착하여 사고 경위를 파악하기 전에 구급차에 실려 외부로 호송되었으며, 망인의 전투복 상의는 물론 총기와 그에 부착된 명찰도 타인의 것으로 교체되고 총기지급대장에 기재된 망인과 乙의 총기번호도 수정된 상태에서 헌병대 등에 의한 조사가 이루어졌다. 이 사건 부대의 지휘관과 부대원들은 헌병대에서 조사를 받으면서 '망인이 자신의 총으로 자살하였다'는 취지로 진술하였고, 헌병대는 조사를 마친 1979. 8. 31.경 '망인이 1979. 8. 20. 12:20경 하사 乙, 이병 戊와 함께 위병소 근무를 서던 중, 처와 부모 간의 갈등 상황을 비관하여 자신의 M16 소총을 입술 좌측 부분에 발사하여 자살하였다'는 취지의 '중요사건보고서'를 작성하였다. 한편 망인의 유족들은 이 사건 사고 다음 날 이 사건 부대로부터 '망인이 가족 간의 갈등을 비관하여 자살하였다'는 내용의 통보를 받았다.

　군의문사진상규명위원회는 망인의 어머니 A의 진정에 따라 이 사건 부대 관계자들에 대하여 조사한 후, 2008. 10. 29. '망인이 乙이 쏜 총에 맞아 사망하였다'는 취지의 진상규명결정을 내렸고, 국가보훈처는 2009. 5. 7. A를 지원순직군경 유족으로 등록하여 2009. 2. 이후의 유족보상금을 지급하였다. 망인의 어머니 A를 포함한 망인의 유족들은 2009. 3. 6. 이 사건 부대 관계자들이 망인의 사망 원인을 조작·은폐함으로써 유족들로 하여금 유족보상금을 지급받지 못하게 하는 한편 망인의 사망에 대한 죄책감에 시달리게 하는 등의 정신적 고통을 입게 하였다고 주장하며 대한민국을 상대로 국가배상청구소송을 제기하였다. 망인의 유족들에게 손해배상금을 모두 지급한 대한민국은 이 사건 부대 소대장이었던 甲에게 구상금을 청구하였다.

[판결요지]

[1] 국가배상법 제2조 제2항에 따라 국가 또는 지방자치단체가 공무원에게 구상권을 행사할 수 있는 범위

　국가배상법 제2조는 공무원이 직무를 집행하면서 고의 또는 과실로 법령을 위반하여 타인에게 손해를 입힌 때에는 국가나 지방자치단체가 배상책임을 부담하고(제1항), 국가 등이 그 책임을 이행한 경우에 해당 공무원에게 고의 또는 중대한 과실이 있으면 그 공무원에게 구상할 수 있다(제2항)고 규정하고 있다. 이 경우 국가나 지방자치단체는 해당 공무원의 직무내용, 불법행위의 상황과 손해발생에 대한 해당 공무원의 기여 정도, 평소 근무태도, 불법행위의 예방이나 손실분산에 관한 국가 또는 지방자치단체의 배려의 정도 등 제반 사정을 참작하여 손해의 공평한 분담이라는 견지에서 신의칙상 상당하다고 인정되는 한도 내에서 구상권을 행사할 수 있다.

[2] 공무원의 불법행위로 손해를 입은 피해자가 갖는 국가배상청구권의 소멸시효 기간이 지났으나 국가가 소멸시효 완성을 주장하는 것이 신의성실의 원칙에 반하는 권리남용으로 허용될 수 없어 배상책임을 이행한 경우, 국가가 공무원에게 구상권을 행사할 수 없다.

공무원의 직무상 불법행위로 손해를 입은 피해자가 국가배상청구를 하였을 때, 비록 그 소멸시효 기간이 경과하였다고 하더라도 국가가 소멸시효의 완성 전에 피해자의 권리행사나 시효중단을 불가능 또는 현저히 곤란하게 하였거나 객관적으로 피해자가 권리를 행사할 수 없는 장애사유가 있었다는 등의 사정이 있어 국가에게 채무이행의 거절을 인정하는 것이 현저히 부당하거나 불공평하게 되는 등 특별한 사정이 있는 경우에는, 국가가 소멸시효 완성을 주장하는 것은 신의성실 원칙에 반하여 권리남용으로서 허용될 수 없다(대법원 2011. 10. 13. 선고 2011다36091 판결 등 참조).

이와 같이 공무원의 불법행위로 손해를 입은 피해자의 국가배상청구권의 소멸시효 기간이 지났으나 국가가 소멸시효 완성을 주장하는 것이 신의성실의 원칙에 반하는 권리남용으로 허용될 수 없어 배상책임을 이행한 경우에는, 그 소멸시효 완성 주장이 권리남용에 해당하게 된 원인행위와 관련하여 해당 공무원이 그 원인이 되는 행위를 적극적으로 주도하였다는 등의 특별한 사정이 없는 한, 국가가 해당 공무원에게 구상권을 행사하는 것은 신의칙상 허용되지 않는다고 봄이 상당하다.

[관련판례]

□ 국가배상청구권의 장기소멸시효 기간

국가배상법 제2조 제1항 본문 전단 규정에 따른 배상청구권은 금전의 급부를 목적으로 하는 국가에 대한 권리로서 구 예산회계법 제96조 제2항, 제1항이 적용되므로 이를 5년간 행사하지 아니할 때에는 시효로 인하여 소멸한다(대법원 2008. 5. 29. 선고 2004다33469 판결).

□ 수사기관의 위법한 폐기처분으로 인한 국가배상청구권의 장기소멸시효의 기산점

만약 형사재판에서 무죄판결이 선고·확정되었다면, 이 경우 위법한 폐기가 없었더라면 압수물 환부의무가 발생하여 압수물의 환부가 이루어졌을 것이므로 결국 위법한 폐기로 인해 압수물의 환부를 받지 못한 피압수자에게 손해가 발생하였음을 인정할 수 있다. 결국 수사기관의 위법한 폐기처분으로 인한 피압수자의 손해는 형사재판 결과가 확정되기 전까지는 관념적이고 부동적인 상태에서 잠재적으로만 존재하고 있을 뿐 아직 현실화되었다고 볼 수 없으므로, 수사기관의 위법한 폐기처분으로 인한 손해배상청구권에 관한 장기소멸시효[10]의 기산점은 위법한 폐기처분이 이루어진 시점이 아니라 무죄의 형사판결이 확정되었을 때로 봄이 타당하다(대법원 2022. 1. 14. 선고 2019다282197 판결).

---

10) 민법 제766조 (손해배상청구권의 소멸시효)
① 불법행위로 인한 손해배상의 청구권은 피해자나 그 법정대리인이 그 손해 및 가해자를 안 날로부터 3년간 이를 행사하지 아니하면 시효로 인하여 소멸한다. → 단기 소멸시효
② 불법행위를 한 날로부터 10년을 경과한 때에도 전항과 같다. → 장기 소멸시효

긴급조치 사건

□ 대법원 2023. 1. 12. 선고 2021다201184 판결

[사실관계]

원고는 1974년경 피고(대한민국) 소속 수사기관 담당공무원들에 의하여 대통령긴급조치 제1호(이하 '긴급조치 제1호'라 한다) 및 대통령긴급조치 제4호(이하 '긴급조치 제4호'라 한다) 위반 혐의로 영장 없이 체포되어 1974. 4. 23. 구속영장 집행으로 구속되었다. 이후 원고에 대한 기소가 이루어지지 않았고 원고는 공판절차를 거치지 않은 채 1974. 8. 8. 구속이 취소되어 석방되었다.

원고는 민주화운동 관련자 명예회복 및 보상심의위원회(이하 '보상심의위원회'라 한다)로부터 2007. 9. 10. 구「민주화운동 관련자 명예회복 및 보상 등에 관한 법률」(2000. 1. 12. 법률 제6123호로 제정되고 2015. 5. 18. 법률 제13289호로 개정되기 전의 것, 이하 '구 민주화보상법'이라고 한다)상 민주화운동관련자 인정결정을 받아, 2007. 12. 24. 및 2008. 2. 19. 보상심의위원회의 보상금 지급결정에 동의하고 보상금을 수령하였다.

원고는 긴급조치 제1호 및 제4호에 근거한 수사 등이 불법행위에 해당한다고 주장하면서 2019. 5. 10. 국가배상을 구하는 이 사건 소를 제기하였다.

[판결요지]

[1] 대통령긴급조치 제1호, 제4호의 발령·적용·집행으로 강제수사를 받거나 유죄판결을 선고받고 복역함으로써 개별 국민이 입은 손해에 대하여 국가배상책임이 인정되는지 여부(적극)

대통령긴급조치 제1호(1974. 1. 8. 대통령긴급조치 제1호, 이하 '긴급조치 제1호'라고 한다), 제4호(1974. 4. 3. 대통령긴급조치 제4호, 이하 '긴급조치 제4호'라고 한다)는 위헌·무효임이 명백하고 긴급조치 제1호, 제4호 발령으로 인한 국민의 기본권 침해는 그에 따른 강제수사와 공소제기, 유죄판결의 선고를 통하여 현실화되었다. 이러한 경우 긴급조치 제1호, 제4호의 발령부터 적용·집행에 이르는 일련의 국가작용은 전체적으로 보아 공무원이 직무를 집행하면서 객관적 주의의무를 소홀히 하여 그 직무행위가 객관적 정당성을 상실한 것으로서 위법하다고 평가되고, 긴급조치 제1호, 제4호의 적용·집행으로 강제수사를 받거나 유죄판결을 선고받고 복역함으로써 개별 국민이 입은 손해에 대해서는 국가배상책임이 인정될 수 있다.

[2] 진실·화해를 위한 과거사정리 기본법 제2조 제1항 제3호의 '민간인 집단 희생사건', 같은 항 제4호의 '중대한 인권침해사건·조작의혹사건'에서 공무원의 위법한 직무집행으로 입은 손해에 대한 국가배상청구권에 민법 제766조 제2항에 따른 장기소멸시효가 적용되는지 여부(소극)

헌법재판소는 2018. 8. 30. 민법 제166조 제1항, 제766조 제2항 중 '진실·화해를 위한 과거사정리 기본법'(이하 '과거사정리법'이라 한다) 제2조 제1항 제3호의 '민간인 집단 희생사건', 같은 항 제4호의 '중대한 인권침해사건·조작의혹사건'에 적용되는 부분은 헌법에 위반된다는 결정을 선고하였다. 따라서 과거사정리법상 '민간인 집단 희생사건', '중대한 인권침해사건·조작의혹사건'에서 공무원의 위법한 직무집행으로 입은 손해에 대한 국가배상청구권에 대해서는 민법 제766조 제2항에 따른 장기소멸시효가 적용되지 않는다.

[3] 국가배상청구권에 관한 3년의 단기시효기간은 민법 제766조 제1항에서 정한 '손해 및 가해자를 안 날'에 더하여 민법 제166조 제1항에서 정한 '권리를 행사할 수 있는 때'가 도래하여야 시효가 진행하는지 여부(적극)

국가배상청구권에 관한 3년의 단기시효기간 기산에는 민법 제766조 제1항 외에 소멸시효의 기산점에 관한 일반규정인 민법 제166조 제1항이 적용된다. 따라서 3년의 단기시효기간은 그 '손해 및 가해자를 안 날'에 더하여 그 '권리를 행사할 수 있는 때'가 도래하여야 비로소 시효가 진행한다.

[4] 대통령긴급조치 제1호 및 제4호 위반 혐의로 영장 없이 체포되어 구속되었다가 기소되지 않은 채 구속취소로 석방된 갑이 구 민주화운동 관련자 명예회복 및 보상 등에 관한 법률상 민주화운동 관련자 인정결정을 받아 보상금 지급결정에 동의하고 보상금을 수령한 후 국가를 상대로 긴급조치 제1호 및 제4호에 근거한 수사 등이 불법행위에 해당한다며 국가배상을 구한 사안에서, 제반 사정을 종합하면 소 제기 당시까지도 갑이 국가를 상대로 긴급조치 제1호, 제4호에 기한 일련의 국가작용으로 인한 불법행위로 발생한 권리를 행사할 수 없는 장애사유가 있어 소멸시효가 완성되지 않았다고 보는 것이 타당하다고 한 사례

긴급조치 제1호 및 긴급조치 제4호 위반 혐의로 영장 없이 체포되어 구속되었다가 기소되지 않은 채 구속취소로 석방된 갑이 구 민주화운동 관련자 명예회복 및 보상 등에 관한 법률(이하 '구 민주화보상법'이라고 한다)상 민주화운동 관련자 인정결정을 받아 보상금 지급결정에 동의하고 보상금을 수령한 후 국가를 상대로 긴급조치 제1호 및 제4호에 근거한 수사 등이 불법행위에 해당한다며 국가배상을 구한 사안에서, 갑이 긴급조치 제1호, 제4호 위반 혐의로 체포되어 구속되었다가 구속취소로 석방되고 그 이후 자신에 대한 형사처분이 재심대상이 아니어서 형사재심절차를 거치지 아니한 채 국가배상청구에 이르게 된 경위, 긴급조치에 대한 사법적 심사가 이루어진 시기, 긴급조치 제1호, 제4호에 대한 위헌·무효 판단 이후에도 불법행위에 대한 국가배상청구를 원칙적으로 부정했던 대법원 판례의 존재, 민주화운동과 관련한 보상금 등 지급결정 동의에 재판상 화해의 효력을 인정하던 구 민주화보상법 제18조 제2항과 이에 대한 헌법재판소의 위헌 결정 등 제반 사정을 종합하면, 소 제기 당시까지도 갑이 국가를 상대로 긴급조치 제1호, 제4호에 기한 일련의 국가작용으로 인한 불법행위로 발생한 권리를 행사할 수 없는 장애사유가 있어 소멸시효가 완성되지 않았다고 보는 것이 타당하다고 한 사례.

[관련판례]

□ 긴급조치 제9호 사건

구 국가안전과 공공질서의 수호를 위한 대통령긴급조치(1975. 5. 13. 대통령긴급조치 제9호, 이하 '긴급조치 제9호'라고 한다)는 위헌·무효임이 명백하고 긴급조치 제9호 발령으로 인한 국민의 기본권 침해는 그에 따른 강제수사와 공소제기, 유죄판결의 선고를 통하여 현실화되었다. 이러한 경우 긴급조치 제9호의 발령부터 적용·집행에 이르는 일련의 국가작용은, 전체적으로 보아 공무원이 직무를 집행하면서 객관적 주의의무를 소홀히 하여 그 직무행위가 객관적 정당성을 상실한 것으로서 위법하다고 평가되고, 긴급조치 제9호의 적용·집행으로 강제수사를 받거나 유죄판결을 선고받고 복역함으로써 개별 국민이 입은 손해에 대해서는 국가배상책임이 인정될 수 있다(대법원 2022. 8. 30. 선고 2018다212610 전원합의체 판결).

□ 장기 소멸시효가 적용되지 않는 경우

헌법재판소는 2018. 8. 30. 민법 제166조 제1항, 제766조 제2항 중 '진실·화해를 위한 과거사정리 기본법'(이하 '과거사정리법'이라고 한다) 제2조 제1항 제3호의 '민간인 집단 희생사건', 같은 항 제4호의 '중대한 인권침해사건·조작의혹사건'에 적용되는 부분은 헌법에 위반된다는 결정을 선고하였다[11].

위 위헌결정의 효력은 과거사정리법 제2조 제1항 제3호의 '민간인 집단 희생사건'이나 같은 항 제4호의 '중대한 인권침해사건・조작의혹사건'에서 공무원의 위법한 직무집행으로 입은 손해에 대한 배상을 청구하는 소송이 위헌결정 당시까지 법원에 계속되어 있는 경우에도 미친다. 이때 그 손해배상청구권에 대해서는 민법 제166조 제1항, 제766조 제2항에 따른 '객관적 기산점을 기준으로 하는 소멸시효'는 적용되지 않고, 국가에 대한 금전 급부를 목적으로 하는 권리의 소멸시효기간을 5년으로 정한 국가재정법 제96조 제2항 역시 이러한 객관적 기산점을 전제로 하는 경우에는 적용되지 않는다(대법원 2022. 9. 29. 선고 2018다224408 판결).

---

11) 소멸시효의 기산점에 관한 민법 제166조 제1항, 제766조 제2항을 해당 사건에 적용하는 것은 헌법에 위반된다는 결정이었다. 이로 인하여 이러한 사건에 대해서는 5년이나 10년이라는 객관적 시효규정이 적용되지 않는다.

국가배상청구권의 행사의 제한

1. 이중배상금지 관련

① 공익근무요원은 병역법 제2조 제1항 제9호, 제5조 제1항의 규정에 의하면 국가기관 또는 지방자치단체의 공익목적수행에 필요한 경비·감시·보호 또는 행정업무 등의 지원과 국제협력 또는 예술·체육의 육성을 위하여 소집되어 공익분야에 종사하는 사람으로서 보충역에 편입되어 있는 자이기 때문에, 소집되어 군에 복무하지 않는 한 군인이라고 말할 수 없으므로, 비록 병역법 제75조 제2항이 공익근무요원으로 복무 중 순직한 사람의 유족에 대하여 국가유공자 등 예우 및 지원에 관한 법률에 따른 보상을 하도록 규정하고 있다고 하여도, 공익근무요원이 국가배상법 제2조 제1항 단서의 규정에 의하여 국가배상법상 손해배상청구가 제한되는 군인·군무원·경찰공무원 또는 향토예비군대원에 해당한다고 할 수 없다(대법원 1997. 3. 28. 선고 97다4036 판결).

② 현역병으로 입영하여 소정의 군사교육을 마치고 병역법 제25조의 규정에 의하여 전임되어 구 교정시설경비교도대설치법 제3조에 의하여 경비교도로 임용된 자는, 군인의 신분을 상실하고 군인과는 다른 경비교도로서의 신분을 취득하게 되었다고 할 것이어서 국가배상법 제2조 제1항 단서가 정하는 군인 등에 해당하지 아니한다(대법원 1997. 2. 10. 선고 97다45919 판결).

2. 경찰의 일반 직무집행에 대해서도 국가배상법 제2조 제1항 단서가 적용된다.

경찰공무원이 낙석사고 현장 주변 교통정리를 위하여 사고현장 부근으로 이동하던 중 대형 낙석이 순찰차를 덮쳐 사망하자, 도로를 관리하는 지방자치단체가 국가배상법 제2조 제1항 단서에 따른 면책을 주장한 사안에서, 경찰공무원 등이 '전투·훈련 등 직무집행과 관련하여' 순직 등을 한 경우 같은 법 및 민법에 의한 손해배상책임을 청구할 수 없다고 정한 국가배상법 제2조 제1항 단서의 면책조항은 구 국가배상법 제2조 제1항 단서의 면책조항과 마찬가지로 전투·훈련 또는 이에 준하는 직무집행뿐만 아니라 '일반 직무집행'에 관하여도 국가나 지방자치단체의 배상책임을 제한하는 것이라고 해석하여, 위 면책 주장을 받아들인 원심판단을 정당하다고 한 사례(대법원 2011. 3. 10. 선고 2010다85942 판결).

3. 보상금청구권이 시효로 소멸된 경우 국가배상법 제2조 제1항 단서 규정이 적용된다.

[1] 헌법 제29조 제2항 및 이를 근거로 한 국가배상법 제2조 제1항 단서 규정의 입법 취지는, 국가 또는 공공단체가 위험한 직무를 집행하는 군인·군무원·경찰공무원 또는 향토예비군대원에 대한 피해보상제도를 운영하여, 직무집행과 관련하여 피해를 입은 군인 등이 간편한 보상절차에 의하여 자신의 과실 유무나 그 정도와 관계없이 무자력의 위험부담이 없는 확실하고 통일된 피해보상을 받을 수 있도록 보장하는 대신에, 피해 군인 등이 국가 등에 대하여 공무원의 직무상 불법행위로 인한 손해배상을 청구할 수 없게 함으로써, 군인 등의 동일한 피해에 대하여 국가 등의 보상과 배상이 모두 이루어짐으로 인하여 발생할 수 있는 과다한 재정지출과 피해 군인 등 사이의 불균형을 방지하고, 또한 가해자인 군인 등과 피해자인 군인 등의 직무상 잘못을

따지는 쟁송이 가져올 폐해를 예방하려는 데에 있고, 또 군인, 군무원 등 이 법률 규정에 열거된 자가 전투, 훈련 기타 직무집행과 관련하는 등으로 공상을 입은 데 대하여 재해보상금, 유족연금, 상이연금 등 별도의 보상제도가 마련되어 있는 경우에는 이중배상의 금지를 위하여 이들의 국가에 대한 국가배상법 또는 민법상의 손해배상청구권 자체를 절대적으로 배제하는 규정이므로, 이들은 국가에 대하여 손해배상청구권을 행사할 수 없는 것인바, 따라서 국가배상법 제2조 제1항 단서 규정은 다른 법령에 보상제도가 규정되어 있고, 그 법령에 규정된 상이등급 또는 장애등급 등의 요건에 해당되어 그 권리가 발생한 이상, 실제로 그 권리를 행사하였는지 또는 그 권리를 행사하고 있는지 여부에 관계없이 적용된다고 보아야 하고, 그 각 법률에 의한 보상금청구권이 시효로 소멸되었다 하여 적용되지 않는다고 할 수는 없다.

[2] 공상을 입은 군인이 국가배상법에 의한 손해배상청구 소송 도중에 국가유공자등예우및지원에관한법률에 의한 국가유공자 등록신청을 하였다가 인과관계가 없어 공상군경 요건에 해당되지 않는다는 이유로 비해당결정 통보를 받고 이에 불복하지 아니한 후 위 법률에 의한 보상금청구권과 군인연금법에 의한 재해보상금청구권이 모두 시효완성된 경우, 국가배상법 제2조 제1항 단서 소정의 '다른 법령에 의하여 보상을 받을 수 있는 경우'라 하여 국가배상청구를 할 수 없다고 한 사례(대법원 2002. 5. 10. 선고 2000다39735 판결).

4. 군인 등이 먼저 국가배상법에 따라 손해배상금을 지급받은 다음, 국가유공자법에 따른 보상금 지급을 청구하는 경우, 국가배상법에 따라 손해배상을 받았다는 이유로 그 지급을 거부할 수 없다.

전투·훈련 등 직무집행과 관련하여 공상을 입은 군인 등이 먼저 국가배상법에 따라 손해배상금을 지급받은 다음 구 국가유공자법이 정한 보상금 등 보훈급여금의 지급을 청구하는 경우 피고로서는 다음과 같은 사정에 비추어 국가배상법에 따라 손해배상을 받았다는 사정을 들어 보상금 등 보훈급여금의 지급을 거부할 수 없다고 보아야 한다.

국가배상법 제2조 제1항 단서가 명시적으로 '다른 법령에 따라 보상을 지급받을 수 있을 때에는 국가배상법 등에 따른 손해배상을 청구할 수 없다'고 정하고 있는 것과 달리, 구 국가유공자법은 국가배상법에 따른 손해배상금을 지급받은 자를 보상금 등 보훈급여금의 지급대상에서 제외하도록 하는 규정을 두고 있지 아니하다. (중략) 구 국가유공자법 제12조가 정한 공상군경 등에 대한 보상금의 액수는 해당 군인 등의 과실을 묻지 아니하고 상이등급별로 구분하여 정해지고, 그 지급수준도 가계조사통계의 전국가구 가계소비지출액 등을 고려하여 국가유공자의 희생과 공헌의 정도에 상응하게 결정되며, 이와 같이 정하여진 보상금은 매월 사망시점까지 지급되는 반면, 국가배상법에 따른 손해배상에서는 완치 후 장해가 있는 경우에도 그 장해로 인한 노동력 상실 정도에 따라 피해를 입은 당시의 월급액이나 월실수입액 또는 평균임금에 장래의 취업가능기간을 곱한 금액의 장해배상만을 받을 수 있고, 해당 군인 등의 과실이 있는 경우에는 그 과실의 정도에 따라 책임이 제한되므로, 대부분의 경우 구 국가유공자법에 따른 보상금 등 보훈급여금의 규모가 국가배상법상 손해배상금을 상회할 것으로 보인다.

이와 같은 국가배상법 제2조 제1항 단서의 입법 취지, 구 국가유공자법이 정한 보상과 국가배상법이 정한 손해배상의 목적과 산정방식의 차이 등을 고려하면, 구 국가배상법 제2조 제1항 단서가 구 국가유공자법 등에 의한 보상을 받을 수 있는 경우 추가로 국가배상법에 따른 손해배상청구를 하지 못한다는 것을 넘어 국가배상법상 손해배상금을 받은 경우 일률적으로 구 국가유공자법상 보상금 등 보훈급여금의 지급을 금지하는 취지로까지 해석하기는 어렵다(대법원 2017. 2. 3. 선고 2014두40012 판결).

5. 공동불법행위의 경우 사인이 국가에게 구상권을 행사할 수 있는지 여부

1) 헌법재판소 : 긍정

국가배상법 제2조 제1항 단서 중 군인에 관련되는 부분을, 일반국민이 직무집행 중인 군인과의 공동불법행위로 직무집행 중인 다른 군인에게 공상을 입혀 그 피해자에게 공동의 불법행위로 인한 손해를 배상한 다음 공동불법행위자인 군인의 부담부분에 관하여 국가에 대하여 구상권을 행사하는 것을 허용하지 않는다고 해석한다면, 이는 위 단서 규정의 헌법상 근거규정인 헌법 제29조가 구상권의 행사를 배제하지 아니하는데도 이를 배제하는 것으로 해석하는 것으로서 합리적인 이유 없이 일반국민을 국가에 대하여 지나치게 차별하는 경우에 해당하므로 헌법 제11조, 제29조에 위반되며, 또한 국가에 대한 구상권은 헌법 제23조 제1항에 의하여 보장되는 재산권이고 위와 같은 해석은 그러한 재산권의 제한에 해당하며 재산권의 제한은 헌법 제37조 제2항에 의한 기본권제한의 한계 내에서만 가능한데, 위와 같은 해석은 헌법 제37조 제2항에 의하여 기본권을 제한할 때 요구되는 비례의 원칙에 위배하여 일반국민의 재산권을 과잉제한하는 경우에 해당하여 헌법 제23조 제1항 및 제37조 제2항에도 위반된다(헌법재판소 1994. 12. 29. 선고 93헌바2 결정).

2) 대법원 : 부정

공동불법행위자 등이 부진정연대채무자로서 각자 피해자의 손해 전부를 배상할 의무를 부담하는 공동불법행위의 일반적인 경우와 달리 예외적으로 민간인은 피해 군인 등에 대하여 그 손해 중 국가 등이 민간인에 대한 구상의무를 부담한다면 그 내부적인 관계에서 부담하여야 할 부분을 제외한 나머지 자신의 부담부분에 한하여 손해배상의무를 부담하고, 한편 국가 등에 대하여는 그 귀책부분의 구상을 청구할 수 없다고 해석함이 상당하다 할 것이고, 이러한 해석이 손해의 공평·타당한 부담을 그 지도원리로 하는 손해배상제도의 이상에도 맞는다 할 것이다(대법원 2001. 2. 15. 선고 96다42420 전원합의체 판결).

> **기출문제**
>
> **변시19** 丙은 현역병으로 입대하여 4주간의 군사훈련을 받은 후 의무경찰로 복무하던 중 허가 없이 휴대전화를 부대로 반입하여 이를 계속 소지·사용하였다는 사유로 경찰공무원 징계위원회에 회부되었고, 이러한 사유가 「의무경찰 관리규칙」 제94조 제1호(법령위반), 제5호(명령불복종), 제12호(기타 복무규율 위반)에 해당한다는 이유로 영창 15일의 징계처분을 받았다. 丙은 영창 15일의 징계처분을 받은 후 소청심사를 청구하였다. 소청심사청구로 인해 「의무경찰대 설치 및 운영에 관한 법률」 제6조 제2항 단서의 규정에 따라 영창처분의 집행이 정지되었고, 이후 丙의 복무기간이 만료되었다. 그러나 경찰청장은 영창기간은 복무기간에 산입하지 아니한다는 같은 법률 제2조의5 제1항 제2호와 영창처분을 받은 경우 퇴직을 보류한다는 같은 법률 시행령 제34조의2 제4호에 따라 퇴직발령을 아니하였고, 소청심사청구가 기각되자 15일의 영창처분을 집행한 후에야 퇴직발령을 하였다.
>
> 이에 丙은 경찰청장이 법령을 잘못 해석하여 퇴직발령을 하지 아니한 결과 자신이 복무기간을 초과하여 복무하는 손해를 입었으므로, 국가는 「국가배상법」상 배상책임이 있다고 주장한다. 丙의 이러한 주장에 대해 국가는 "丙은 의무경찰대원이므로 「국가배상법」 제2조 제1항 단서에 의해 배상청구를 할 수 없다."라고 항변한다. 丙의 주장과 국가의 항변이 타당한지 각각 검토하시오. **(30점)** - 국가배상법 제2조 제1항 단서의 이중배상금지

제2장 | 손실보상

도시계획법 제21조에 대한 위헌소원 사건

□ 헌법재판소 1998. 12. 24. 선고 89헌마214, 90헌바16, 97헌바78(병합) 전원재판부 결정

[사실관계]

청구인 甲은 도시계획법(이하 "법"이라 한다) 제21조 제1항에 따라 개발제한구역으로 지정된 토지 위에 관할관청의 허가를 받지 아니하고 1978.경부터 1980.경까지 사이에 건축물을 건축하여 소유하고 있다는 이유로 피고 乙(인천 서구청장)로부터 위 건축물에 대한 철거대집행계고처분 등을 받고, 서울고등법원에 乙을 상대로 위 건축물철거대집행계고처분 등의 취소를 구하는 행정소송을 제기하였다. 甲은 위 소송계속중 서울고등법원에 법 제21조가 재판의 전제가 된다고 주장하면서 위헌심판제청을 신청하였으나 위 신청이 기각되자, 1989. 9. 5. 기각결정정본을 송달받고 같은 달 19. 이 사건 헌법소원심판을 청구하였다.

[판결요지]

[1] 토지재산권의 사회적 제약의 한계를 정하는 기준

개발제한구역 지정으로 인하여 토지를 종래의 목적으로도 사용할 수 없거나 또는 더 이상 법적으로 허용된 토지이용의 방법이 없기 때문에 실질적으로 토지의 사용·수익의 길이 없는 경우에는 토지소유자가 수인해야 하는 사회적 제약의 한계를 넘는 것으로 보아야 한다.

[2] 도시계획법 제21조의 위헌 여부(적극)

도시계획법 제21조에 의한 재산권의 제한은 개발제한구역으로 지정된 토지를 원칙적으로 지정 당시의 지목과 토지현황에 의한 이용방법에 따라 사용할 수 있는 한, 재산권에 내재하는 사회적 제약을 비례의 원칙에 합치하게 합헌적으로 구체화한 것이라고 할 것이나, 종래의 지목과 토지현황에 의한 이용방법에 따른 토지의 사용도 할 수 없거나 실질적으로 사용·수익을 전혀 할 수 없는 예외적인 경우에도 아무런 보상없이 이를 감수하도록 하고 있는 한, 비례의 원칙에 위반되어 당해 토지소유자의 재산권을 과도하게 침해하는 것으로서 헌법에 위반된다.

[3] 헌법불합치결정을 하는 이유와 그 의미

도시계획법 제21조에 규정된 개발제한구역제도 그 자체는 원칙적으로 합헌적인 규정인데, 다만 개발제한구역의 지정으로 말미암아 일부 토지소유자에게 사회적 제약의 범위를 넘는 가혹한 부담이 발생하는 예외적인 경우에 대하여 보상규정을 두지 않은 것에 위헌성이 있는 것이고, 보상의 구체적 기준과 방법은 헌법

재판소가 결정할 성질의 것이 아니라 광범위한 입법형성권을 가진 입법자가 입법정책적으로 정할 사항이므로, 입법자가 보상입법을 마련함으로써 위헌적인 상태를 제거할 때까지 위 조항을 형식적으로 존속케 하기 위하여 헌법불합치결정을 하는 것인바, 입법자는 되도록 빠른 시일내에 보상입법을 하여 위헌적 상태를 제거할 의무가 있고, 행정청은 보상입법이 마련되기 전에는 새로 개발제한구역을 지정하여서는 아니 되며, 토지소유자는 보상입법을 기다려 그에 따른 권리행사를 할 수 있을 뿐 개발제한구역의 지정이나 그에 따른 토지재산권의 제한 그 자체의 효력을 다투거나 위 조항에 위반하여 행한 자신들의 행위의 정당성을 주장할 수는 없다.

[4] 보상입법의 의미 및 법적 성격

입법자가 도시계획법 제21조를 통하여 국민의 재산권을 비례의 원칙에 부합하게 합헌적으로 제한하기 위해서는, 수인의 한계를 넘어 가혹한 부담이 발생하는 예외적인 경우에는 이를 완화하는 보상규정을 두어야 한다. 이러한 보상규정은 입법자가 헌법 제23조 제1항 및 제2항에 의하여 재산권의 내용을 구체적으로 형성하고 공공의 이익을 위하여 재산권을 제한하는 과정에서 이를 합헌적으로 규율하기 위하여 두어야 하는 규정이다. 재산권의 침해와 공익간의 비례성을 다시 회복하기 위한 방법은 헌법상 반드시 금전보상만을 해야 하는 것은 아니다. 입법자는 지정의 해제 또는 토지매수청구권 제도와 같이 금전보상에 갈음하거나 기타 손실을 완화할 수 있는 제도를 보완하는 등 여러 가지 다른 방법을 사용할 수 있다.

[참고판례]

❶ 제외지 보상에 대하여 하천법 74조 규정을 유추적용하여 손실보상을 한 사례 (1차 하천법 사건)[12]

구 하천법 2조 1항 2호, 3조에 의하면 제외지는 하천구역에 속하는 토지로서 법률의 규정에 의하여 당연히 그 소유권이 국가에 귀속된다고 할 것인바 한편 동법에서는 위 법의 시행으로 인하여 국유화가 된 제외지의 소유자에 대하여 그 손실을 보상한다는 직접적인 보상규정을 둔 바가 없으나 동법 74조의 손실보상 요건에 관한 규정은 보상사유를 제한적으로 열거한 것이라기 보다는 예시적으로 열거하고 있으므로 국유로 된 제외지의 소유자에 대하여는 위 법조를 유추적용하여 관리청은 그 손실을 보상하여야 한다(대법원 1987. 7. 21. 선고 84누126 판결).

❷ 손실보상청구권의 법적성격 (2차 하천법 사건)[13]

[1] 법률 제3782호 하천법 중 개정법률은 그 부칙 2조 1항에서 개정 하천법의 시행일인 1984. 12. 31. 전에 유수지에 해당되어 하천구역으로 된 토지 및 구 하천법의 시행으로 국유로 된 제외지 안의 토지에 대하여는 관리청이 그 손실을 보상하도록 규정하였고, '법률 제3782호 하천법 중 개정법률 부칙 2조의 규정에 의한 보상청구권의 소멸시효가 만료된 하천구역 편입토지 보상에 관한 특별조치법' 2조는 구 하천법 부칙 2조 1항에 해당하는 토지로서 개정 하천법 부칙 2조 2항에서 규정하고 있는 소멸시효의 만료로 보상청구권이 소멸되어 보상을 받지 못한 토지에 대하여는 시·도지사가 그 손실을 보상하도록 규정하고 있는바, 위 각 규정들에 의한 손실보상청구권은 모두 종전의 하천법 규정 자체에 의하여 하천구역으로 편입되어 국유로 되었으나 그에 대한 보상규정이 없었거나 보상청구권이 시효로 소멸되어 보상을 받지 못한 토지들에 대하여, 국가가 반성적 고려와 국민의 권리구제 차원에서 그 손실을 보상하기 위하여 규정한 것으로서, 그 법적 성질은

---

12) 이때는 하천법에 제외지 보상에 관한 근거가 없었다.
13) 이때는 하천법에 제외지 보상에 관한 근거를 두고 있었다.

하천법 본칙이 원래부터 규정하고 있던 하천구역에의 편입에 의한 손실보상청구권과 하등 다를 바가 없는 것이어서 공법상의 권리임이 분명하므로 그에 관한 쟁송도 행정소송절차에 의하여야 한다.

[2] 하천법 부칙(1989. 12. 30.) 2조와 '법률 제3782호 하천법 중 개정법률 부칙 2조의 규정에 의한 보상청구권의 소멸시효가 만료된 하천구역 편입토지 보상에 관한 특별조치법' 2조, 6조의 각 규정들을 종합하면, 위 규정들에 의한 손실보상청구권은 1984. 12. 31. 전에 토지가 하천구역으로 된 경우에는 당연히 발생되는 것이지, 관리청의 보상금지급결정에 의하여 비로소 발생하는 것은 아니므로, 위 규정들에 의한 손실보상금의 지급을 구하거나 손실보상청구권의 확인을 구하는 소송은 행정소송법 3조 2호 소정의 당사자소송에 의하여야 한다(대법원 2006. 5. 18. 선고 2004다6207 판결).

❸ 손실보상청구권의 발생

구 공유수면매립법 제17조가 "매립의 면허를 받은 자는 제16조 제1항의 규정에 의한 보상이나 시설을 한 후가 아니면 그 보상을 받을 권리를 가진 자에게 손실을 미칠 공사에 착수할 수 없다. 다만, 그 권리를 가진 자의 동의를 받았을 때에는 예외로 한다."고 규정하고 있으나, 손실보상은 공공필요에 의한 행정작용에 의하여 사인에게 발생한 특별한 희생에 대한 전보라는 점에서 그 사인에게 특별한 희생이 발생하여야 하는 것은 당연히 요구되는 것이고, 공유수면 매립면허의 고시가 있다고 하여 반드시 그 사업이 시행되고 그로 인하여 손실이 발생한다고 할 수 없으므로, 매립면허 고시 이후 매립공사가 실행되어 관행어업권자에게 실질적이고 현실적인 피해가 발생한 경우에만 공유수면매립법에서 정하는 손실보상청구권이 발생하였다고 할 것이다(대법원 2010. 12. 9. 선고 22007두6571 판결).

❹ 특별한 희생을 부정한 사례

① 일반 공중의 이용에 제공되는 공공용물에 대하여 특허 또는 허가를 받지 않고 하는 일반사용은 다른 개인의 자유이용과 국가 또는 지방자치단체 등의 공공목적을 위한 개발 또는 관리·보존행위를 방해하지 않는 범위 내에서만 허용된다 할 것이므로, 공공용물에 관하여 적법한 개발행위 등이 이루어짐으로 말미암아 이에 대한 일정범위의 사람들의 일반사용이 종전에 비하여 제한받게 되었다 하더라도 특별한 사정이 없는 한 그로 인한 불이익은 손실보상의 대상이 되는 특별한 손실에 해당한다고 할 수 없다(대법원 2002. 2. 26. 선고 99다35300 판결).

② 도로의 공용개시행위로 인하여 공물로 성립한 사인 소유의 도로부지 등에 대하여 도로법 제5조에 따라 사권의 행사가 제한됨으로써 그 소유자가 손실을 받았다고 하더라도 이와 같은 사권의 제한은 건설교통부장관 또는 기타의 행정청이 행한 것이 아니라 도로법이 도로의 공물로서의 특성을 유지하기 위하여 필요한 범위 내에서 제한을 가하는 것이므로, 이러한 경우 도로부지 등의 소유자는 국가나 지방자치단체를 상대로 하여 부당이득반환청구나 손해배상청구를 할 수 있음은 별론으로 하고 도로법 제79조에 의한 손실보상청구를 할 수는 없다(대법원 2006. 9. 28. 선고 2004두13639 판결).

❺ 보상규정이 없어 보상을 받지 못하는 것을 불법행위로 보고 손해배상을 인정한 사례

정당한 어업허가를 받고 공유수면매립사업지구 내에서 허가어업에 종사하고 있던 어민들에 대하여 손실보상을 할 의무가 있는 사업시행자가 손실보상의무를 이행하지 아니한 채 공유수면매립공사를 시행함으로써 실질적이고 현실적인 침해를 가한 때에는 불법행위를 구성하는 것이고, 이 경우 허가어업자들이 입게 되는 손해는 그 손실보상금 상당액이다(대법원 1999. 11. 23. 선고 98다11529 판결).

❻ 대법원은 수용유사침해이론의 채택여부에 대해 판단을 유보하였다.

수용유사적 침해의 이론은 국가 기타 공권력의 주체가 위법하게 공권력을 행사하여 국민의 재산권을 침해하였고 그 효과가 실제에 있어서 수용과 다름없을 때에는 적법한 수용이 있는 것과 마찬가지로 국민이 그로 인한 손실의 보상을 청구할 수 있다는 내용으로 이해되는데, 과연 우리 법제하에서 그와 같은 이론을 채택할 수 있는 것인가는 별론으로 하더라도 위에서 본 바에 의하여 이 사건에서 피고 대한민국의 이 사건 주식취득이 그러한 공권력의 행사에 의한 수용유사적 침해에 해당한다고 볼 수는 없다(대법원 1993. 10. 26. 선고 93다6409 판결).

❼ 국가가 토지를 시효취득한 경우에도 토지소유자가 손실보상청구권을 행사할 수 있다.

국가가 토지를 20년간 점유하여 취득시효가 완성된 경우, 그 토지의 소유자는 국가에 이를 원인으로 하여 소유권이전등기절차를 이행하여 줄 의무를 부담하므로 국가에 대하여 그 소유권을 행사할 지위에 있다고 보기 어렵다고 할 것이나, 한편 보상청구권의 소멸시효 만료로 인하여 보상을 받지 못한 하천편입토지 소유자에 대한 보상을 목적으로 제정된 특별조치법의 입법 취지 등에 비추어 보면, 점유취득시효기간이 경과하였다는 사정은 토지 소유자가 국가를 상대로 소유권에 기초한 물권적 청구권을 행사하는 데에 지장이 될 수는 있으나, 토지 소유자가 그 소유권의 상실을 전제로 하여 특별조치법에 기한 금전적인 손실의 보상을 청구하는 데에 장애로 작용하지는 않는다고 보아야 한다(대법원 2016. 6. 9. 선고 2014두1369 판결).

제3장 행정심판

양천세무서장의 부가가치세 부과·고지 사건

□ 대법원 2010. 6. 25. 선고 2007두12514 전원합의체 판결

[사실관계]

2005. 4. 1. 피고(양천세무서장)는 금천세무서장으로부터 통보받은 자료를 기초로 하여 원고에 대하여 매출신고 누락분에 대한 부가가치세를 부과, 고지하였다(이하 '이 사건 처분'이라 한다). 원고는 이에 불복하여 피고에게 이의신청을 하였다. 2005. 7. 27. 피고는 원고의 주장이 이유 있는 것으로 판단되므로 실지거래여부를 재조사하여 그 결과에 따라 세액을 경정하도록 한다는 취지의 결정을 하고(이하 '이 사건 재조사결정'이라 한다) 이를 금천세무서장에게 통보하였고, 이에 따라 2005. 7. 29. 원고에게 피고의 2005. 7. 27. 자 결정서가 도달하였다.

금천세무서장은 피고의 재조사결정 통보에 따라 재조사를 하였고, 당초 결정이 정당한 것으로 판단한 금천세무서장은 이를 피고에게 통지하였다. 2005. 10. 24. 피고는 원고에게 당초 결정이 정당하다는 재조사결과를 통보하였고, 2005. 10. 28. 원고는 국세청에 심사청구를 제기하였다.

국세청은 원고의 심사청구는 원고가 이 사건 재조사결정 즉, 재조사하기로 하고 그 결과에 따르기로 한 결정을 통보받은 2005. 7. 29. 로부터 심사청구기간인 90일을 도과하여 제기된 것으로서 부적법하다는 이유로 청구를 각하하는 결정을 하였고, 이에 원고는 이 사건 취소소송을 제기하였다.

[판결요지]

□ 재결청의 재조사결정에 따른 심사청구기간이나 심판청구기간 또는 행정소송의 제소기간의 기산점(=후속 처분의 통지를 받은 날)

이의신청 등에 대한 결정의 한 유형으로 실무상 행해지고 있는 재조사결정은 처분청으로 하여금 하나의 과세단위의 전부 또는 일부에 관하여 당해 결정에서 지적된 사항을 재조사하여 그 결과에 따라 과세표준과 세액을 경정하거나 당초 처분을 유지하는 등의 후속 처분을 하도록 하는 형식을 취하고 있다. 이에 따라 재조사결정을 통지받은 이의신청인 등은 그에 따른 후속 처분의 통지를 받은 후에야 비로소 다음 단계의 쟁송절차에서 불복할 대상과 범위를 구체적으로 특정할 수 있게 된다. 이와 같은 재조사결정의 형식과 취지, 그리고 행정심판제도의 자율적 행정통제기능 및 복잡하고 전문적·기술적 성격을 갖는 조세법률관계의 특수성 등을 감안하면, 재조사결정은 당해 결정에서 지적된 사항에 관해서는 처분청의 재조사결과를 기다려 그에 따른 후속 처분의 내용을 이의신청 등에 대한 결정의 일부분으로 삼겠다는 의사가 내포된 변형결정에 해당한다고 볼 수밖에 없다. 그렇다면 재조사결정은 처분청의 후속 처분에 의하여 그 내용이 보

완됨으로써 이의신청 등에 대한 결정으로서의 효력이 발생한다고 할 것이므로, 재조사결정에 따른 심사청구기간이나 심판청구기간 또는 행정소송의 제소기간은 이의신청인 등이 후속 처분의 통지를 받은 날부터 기산된다고 봄이 타당하다.

[참고판례]

❶ 처분의 제3자의 경우 심판청구기간

행정처분의 직접 상대방이 아닌 제3자는 행정처분이 있음을 곧 알 수 없는 처지이므로 행정심판법 18조 3항 소정의 심판청구의 제척기간내에 처분이 있음을 알았다는 특별한 사정이 없는 한 그 제척기간의 적용을 배제할 같은 조항 단서 소정의 정당한 사유가 있는 때에 해당한다고 볼 수 있다(대법원 1989. 5. 8. 선고 88누5150 판결).

❷ 진정서가 행정심판청구서가 되기 위한 요건

비록 제목이 '진정서'로 되어 있고, 재결청의 표시, 심판청구의 취지 및 이유, 처분을 한 행정청의 고지의 유무 및 그 내용 등 행정심판법 제19조 제2항 소정의 사항들을 구분하여 기재하고 있지 아니하여 행정심판청구서로서의 형식을 다 갖추고 있다고 볼 수는 없으나, 피청구인인 처분청과 청구인의 이름과 주소가 기재되어 있고, 청구인의 기명이 되어 있으며, 문서의 기재 내용에 의하여 심판청구의 대상이 되는 행정처분의 내용과 심판청구의 취지 및 이유, 처분이 있은 것을 안 날을 알 수 있는 경우, 위 문서에 기재되어 있지 않은 재결청, 처분을 한 행정청의 고지의 유무 등의 내용과 날인 등의 불비한 점은 보정이 가능하므로 위 문서를 행정처분에 대한 행정심판청구로 보는 것이 옳다(대법원 2000. 6. 9. 선고 98두2621 판결).

❸ 재결의 기속력의 범위

[1] 재결의 기속력은 재결의 주문 및 그 전제가 된 요건사실의 인정과 판단, 즉 처분 등의 구체적 위법사유에 관한 판단에만 미친다고 할 것이고, 종전 처분이 재결에 의하여 취소되었다 하더라도 종전 처분시와는 다른 사유를 들어서 처분을 하는 것은 기속력에 저촉되지 않는다고 할 것이며, 여기에서 동일 사유인지 다른 사유인지는 종전 처분에 관하여 위법한 것으로 재결에서 판단된 사유와 기본적 사실관계에 있어 동일성이 인정되는 사유인지 여부에 따라 판단되어야 한다.

[2] 새로운 처분의 처분사유와 종전 처분에 관하여 위법한 것으로 재결에서 판단된 사유가 기본적 사실관계에 있어 동일성이 없으므로 새로운 처분이 종전 처분에 대한 재결의 기속력에 저촉되지 않는다고 한 사례(대법원 2005. 12. 9. 선고 2003두7705 판결).

❹ 인용재결에 대하여 피청구인이 불복하여 취소소송을 제기할 수 없다.

행정심판법 제37조 제1항(현 제49조 제1항)에 "재결은 피청구인인 행정청과 그 밖의 관계행정청을 기속한다"고 규정하고 있으므로, 이에 따라 처분행정청은 인용재결에 기속되어 재결의 취지에 따른 처분의무를 부담하게 되므로 이에 불복하여 항고소송을 제기할 수 없다 할 것이며, 이 규정이 지방자치의 내재적 제약의 범위를 일탈하여 헌법상의 지방자치의 제도적 보장을 침해하는 것으로 볼 수 없다(대법원 1998. 5. 8. 선고 97누15432 판결).

❺ 직접처분의 요건

행정심판법 제37조 제2항(현 제50조), 같은법시행령 제27조의2 제1항의 규정에 따라 재결청이 직접처분을 하기 위하여는 처분의 이행을 명하는 재결이 있었음에도 당해 행정청이 아무런 처분을 하지 아니하였어야 한다. 따라서 당해 행정청이 어떠한 처분을 하였다면 그 처분이 재결의 내용에 따르지 아니하였다고 하더라도 재결청이 직접 처분을 할 수는 없다(대법원 2002. 7. 23. 선고 2000두9151 판결).

❻ 고지의무를 이행하지 않아도 처분에 하자가 수반되지 않는다.

고지절차에 관한 규정은 행정처분의 상대방이 그 처분에 대한 행정심판의 절차를 밟는데 있어 편의를 제공하려는데 있으며 처분청이 위 규정에 따른 고지의무를 이행하지 아니하였다고 하더라도 경우에 따라서는 행정심판의 제기기간이 연장될 수 있는 것에 그치고 이로 인하여 심판의 대상이 되는 행정처분에 어떤 하자가 수반된다고 할 수 없다(대법원 1987. 11. 24. 선고 87누529 판결).

❼ 행정심판법상 오고지에 관한 규정은 행정소송에는 적용되지 않는다.

행정청이 법정 심판청구기간보다 긴 기간으로 잘못 알린 경우에 그 잘못 알린 기간 내에 심판청구가 있으면 그 심판청구는 법정 심판청구기간 내에 제기된 것으로 본다는 취지의 행정심판법 18조 5항의 규정(현 제27조 제5항)은 행정심판 제기에 관하여 적용되는 규정이지, 행정소송 제기에도 당연히 적용되는 규정이라고 할 수는 없다(대법원 2001. 5. 8. 선고 2000두6916 판결).

❽ 이의신청 관련

① 지방자치법 제140조 제3항에서 정한 이의신청은 행정청의 위법·부당한 처분에 대하여 행정기관이 심판하는 행정심판과는 구별되는 별개의 제도이나, 이의신청과 행정심판은 모두 본질에 있어 행정처분으로 인하여 권리나 이익을 침해당한 상대방의 권리구제에 목적이 있고, 행정소송에 앞서 먼저 행정기관의 판단을 받는 데에 목적을 둔 엄격한 형식을 요하지 않는 서면행위이므로, 이의신청을 제기해야 할 사람이 처분청에 표제를 '행정심판청구서'로 한 서류를 제출한 경우라 할지라도 서류의 내용에 이의신청 요건에 맞는 불복취지와 사유가 충분히 기재되어 있다면 표제에도 불구하고 이를 처분에 대한 이의신청으로 볼 수 있다(대법원 2012. 3. 29. 선고 2011두26886 판결).

② 개별공시지가에 대하여 이의가 있는 자는 곧바로 행정소송을 제기하거나 부동산 가격공시 및 감정평가에 관한 법률에 따른 이의신청과 행정심판법에 따른 행정심판청구 중 어느 하나만을 거쳐 행정소송을 제기할 수 있을 뿐 아니라, 이의신청을 하여 그 결과 통지를 받은 후 다시 행정심판을 거쳐 행정소송을 제기할 수도 있다고 보아야 하고, 이 경우 행정소송의 제소기간은 그 행정심판 재결서 정본을 송달받은 날부터 기산한다(대법원 2010. 1. 28. 선고 2008두19987 판결).

③ 과세처분에 관한 불복절차과정에서 불복사유가 옳다고 인정하고 이에 따라 필요한 처분을 하였을 경우에는 불복제도와 이에 따른 시정방법을 인정하고 있는 법 취지에 비추어 동일 사항에 관하여 특별한 사유 없이 이를 번복하고 다시 종전의 처분을 되풀이할 수는 없다. 따라서 과세관청이 과세처분에 대한 이의신청절차에서 납세자의 이의신청 사유가 옳다고 인정하여 과세처분을 직권으로 취소하였음에도, 특별한 사유 없이 이를 번복하고 종전 처분을 되풀이하여서 한 과세처분은 위법하다(대법원 2014. 7. 24. 선고 2011두14227 판결).

④ 공공기관의 정보공개에 관한 법률 제18조 제1항, 제3항, 제4항, 제20조 제1항, 행정소송법 제20조 제1항의 규정 내용과 그 취지 등을 종합하여 보면, 청구인이 공공기관의 비공개 결정 또는 부분 공개 결정에 대한 이의신청을 하여 공공기관으로부터 이의신청에 대한 결과를 통지받은 후 취소소송을 제기하는 경우 그 제소기간은 이의신청에 대한 결과를 통지받은 날부터 기산한다고 봄이 타당하다(대법원 2023. 7. 27. 선고 2022두52980 판결).14)

❿ 이의신청에 대한 기각결정의 처분성 여부

1) 원 칙 : 처분성 부정

① 이의신청을 받아들이지 아니하는 내용의 결정은 종전의 결정 내용을 그대로 유지하는 것에 불과한 점, 보훈심사위원회의 심의·의결을 거치는 것도 최초의 국가유공자 등록신청에 대한 결정에서나 이의신청에 대한 결정에서 마찬가지로 거치도록 규정된 절차인 점, 이의신청은 원결정에 대한 행정심판이나 행정소송의 제기에도 영향을 주지 아니하는 점 등을 종합하면, 국가유공자법 제74조의18 제1항이 정한 이의신청을 받아들이지 아니하는 결정은 이의신청인의 권리·의무에 새로운 변동을 가져오는 공권력의 행사나 이에 준하는 행정작용이라고 할 수 없으므로 원결정과 별개로 항고소송의 대상이 되지는 않는다(대법원 2016. 7. 27. 선고 2015두45953 판결).

② [1] 행정소송법 제18조 내지 제20조, 행정심판법 제3조 제1항, 제4조 제1항, 민원사무처리에 관한 법률(이하 '민원사무처리법'이라 한다) 제18조, 같은 법 시행령 제29조 등의 규정들과 그 취지를 종합하여 보면, 민원사무처리법에서 정한 민원 이의신청의 대상인 거부처분에 대하여는 민원 이의신청과 상관없이 행정심판 또는 행정소송을 제기할 수 있으며, 또한 민원 이의신청은 민원사무처리에 관하여 인정된 기본사항의 하나로 처분청으로 하여금 다시 거부처분에 대하여 심사하도록 한 절차로서 행정심판법에서 정한 행정심판과는 성질을 달리하고 또한 사안의 전문성과 특수성을 살리기 위하여 특별한 필요에 따라 둔 행정심판에 대한 특별 또는 특례 절차라 할 수도 없어 행정소송법에서 정한 행정심판을 거친 경우의 제소기간의 특례가 적용된다고 할 수도 없으므로, 민원 이의신청에 대한 결과를 통지받은 날부터 취소소송의 제소기간이 기산된다고 할 수 없다. 그리고 이와 같이 민원 이의신청 절차와는 별도로 그 대상이 된 거부처분에 대하여 행정심판 또는 행정소송을 제기할 수 있도록 보장하고 있는 이상, 민원 이의신청 절차에 의하여 국민의 권익 보호가 소홀하게 된다거나 헌법 제27조에서 정한 재판청구권이 침해된다고 볼 수도 없다.

[2] 민원사무처리에 관한 법률(이하 '민원사무처리법'이라 한다) 제18조 제1항에서 정한 거부처분에 대한 이의신청(이하 '민원 이의신청'이라 한다)은 행정청의 위법 또는 부당한 처분이나 부작위로 침해된 국민의 권리 또는 이익을 구제함을 목적으로 하여 행정청과 별도의 행정심판기관에 대하여 불복할 수 있도록 한 절차인 행정심판과는 달리, 민원사무처리법에 의하여 민원사무처리를 거부한 처분청이 민원인의 신청 사항을 다시 심사하여 잘못이 있는 경우 스스로 시정하도록 한 절차이다. 이에 따라, 민원 이의신청을 받아들이는 경우에는 이의신청 대상인 거부처분을 취소하지 않고 바로 최초의 신청을 받아들이는 새로운 처분을 하여야 하지만, 이의신청을 받아들이지 않는 경우에는 다시 거부처분을 하지 않고 그 결과를 통지함에 그칠 뿐이다. 따라서 이의신청을 받아들이지 않는 취지의 기각 결정 내지는 그 취지의 통지

---

14) 이 사건의 대법원 판결은 행정기본법 제36조가 시행된 이후에 나왔지만, 이 사건 처분이 나왔던 당시에는 행정기본법 제36조가 시행되기 전이므로 행정기본법 제36조 제4항(이의신청에 대한 결과를 통지받은 날부터 취소소송의 제소기간을 진행)이 적용되는 사건은 아니다.

는, 종전의 거부처분을 유지함을 전제로 한 것에 불과하고 또한 거부처분에 대한 행정심판이나 행정소송의 제기에도 영향을 주지 못하므로, 결국 민원 이의신청인의 권리·의무에 새로운 변동을 가져오는 공권력의 행사나 이에 준하는 행정작용이라고 할 수 없어, 독자적인 항고소송의 대상이 된다고 볼 수 없다고 봄이 타당하다(대법원 2012. 11. 15. 선고 2010두8676 판결).

2) 예 외 : 처분성 인정

① [1] 행정소송법 제20조 제1항에 따르면, 취소소송은 처분 등이 있음을 안 날부터 90일 이내에 제기하여야 하는데, 행정심판청구를 할 수 있는 경우에 행정심판청구가 있은 때의 기간은 재결서 정본을 송달받은 날부터 기산한다. 이처럼 취소소송의 제소기간을 제한함으로써 처분 등을 둘러싼 법률관계의 안정과 신속한 확정을 도모하려는 입법 취지에 비추어 볼 때, 여기서 말하는 '행정심판'은 행정심판법에 따른 일반행정심판과 이에 대한 특례로서 다른 법률에서 사안의 전문성과 특수성을 살리기 위하여 특히 필요하여 일반행정심판을 갈음하는 특별한 행정불복절차를 정한 경우의 특별행정심판(행정심판법 제4조)을 뜻한다. 감염병예방법령은 예방접종 피해보상 기각결정에 대한 이의신청에 관하여 아무런 규정을 두고 있지 않으므로 피고가 원고의 이의신청에 대하여 스스로 다시 심사하였다고 하여 행정심판을 거친 경우에 대한 제소기간의 특례가 적용된다고 볼 수 없다.
[2] 수익적 행정행위 신청에 대한 거부처분은 당사자의 신청에 대하여 관할 행정청이 거절하는 의사를 대외적으로 명백히 표시함으로써 성립되고, 거부처분이 있은 후 당사자가 다시 신청을 한 경우에는 신청의 제목 여하에 불구하고 그 내용이 새로운 신청을 하는 취지라면 관할 행정청이 이를 다시 거절하는 것은 새로운 거부처분으로 봄이 원칙이다(대법원 2019. 4. 3. 선고 2017두52764 판결).

② 한국토지주택공사가 택지개발사업의 시행자로서 택지개발예정지구 공람공고일 이전부터 영업 등을 행한 자 등 일정 기준을 충족하는 손실보상대상자들에 대하여 생활대책을 수립·시행하였는데, 직권으로 갑 등이 생활대책대상자에 해당하지 않는다는 결정(이하 '부적격통보'라고 한다)을 하고, 갑 등의 이의신청에 대하여 재심사 결과로도 생활대책대상자로 선정되지 않았다는 통보(이하 '재심사통보'라고 한다)를 한 사안에서, 부적격통보가 심사대상자에 대하여 한국토지주택공사가 생활대책대상자 선정 신청을 받지 아니한 상태에서 자체적으로 가지고 있던 자료를 기초로 일정 기준을 적용한 결과를 일괄 통보한 것이고, 각 당사자의 개별·구체적 사정은 이의신청을 통하여 추가로 심사하여 고려하겠다는 취지를 포함하고 있다면, 갑 등은 이의신청을 통하여 비로소 생활대책대상자 선정에 관한 의견서 제출 등의 기회를 부여받게 되었고 한국토지주택공사도 그에 따른 재심사과정에서 당사자들이 제출한 자료 등을 함께 고려하여 생활대책대상자 선정기준의 충족 여부를 심사하여 재심사통보를 한 것이라고 볼 수 있는 점 등을 종합하면, 비록 재심사통보가 부적격통보와 결론이 같더라도, 단순히 한국토지주택공사의 업무처리의 적정 및 갑 등의 편의를 위한 조치에 불과한 것이 아니라 별도의 의사결정 과정과 절차를 거쳐 이루어진 독립한 행정처분으로서 항고소송의 대상이 된다(대법원 2016. 7. 14. 선고 2015두58645 판결).

③ 갑 시장이 을 소유 토지의 경계확정으로 지적공부상 면적이 감소되었다는 이유로 지적재조사위원회의 의결을 거쳐 을에게 조정금 수령을 통지하자(1차 통지), 을이 구체적인 이의신청 사유와 소명자료를 첨부하여 이의를 신청하였으나, 갑 시장이 지적재조사위원회의 재산정 심의·의결을 거쳐 종전과 동일한 액수의 조정금 수령을 통지한(2차 통지) 사안에서, 구 지적재조사에 관한 특별법 제21조의2가 신설되면서 조정금에 대한 이의신청 절차가 법률상 절차로 변경되었으므로 그에 관한 절차적 권리는 법률상 권리로 볼 수 있는 점, 을이 이의신청을 하기 전에는 조정금 산정결과 및 수령을 통지한 1차 통지만 존재하였고 을은 신청 자체를 한 적이 없으므로 을의 이의신청은 새로운 신청으로 볼 수 있는 점, 2차 통지서의 문언상

종전 통지와 별도로 심의·의결하였다는 내용이 명백하고, 단순히 이의신청을 받아들이지 않는다는 내용에 그치는 것이 아니라 조정금에 대하여 다시 재산정, 심의·의결절차를 거친 결과, 그 조정금이 종전 금액과 동일하게 산정되었다는 내용을 알리는 것이므로, 2차 통지를 새로운 처분으로 볼 수 있는 점 등을 종합하면, 2차 통지는 1차 통지와 별도로 행정쟁송의 대상이 되는 처분으로 보는 것이 타당하다(대법원 2022. 3. 17. 선고 2021두53894 판결).

기출문제

5급:일반행정11 서울특별시 X구에 위치한 대학입학전문상담사로 근무하는 甲은 과학적이고 체계적인 학생입학지도를 위해 '공공기관의 정보공개에 관한 법률'에 따라 교육과학기술부장관 乙에게 학교별 성적분포도를 포함하여 서울지역 2010년 대학수학능력시험평가 원데이터에 대한 정보(수능시험정보)의 공개를 청구하였다. 이에 대해 乙은 甲의 청구대로 응할 경우 학교의 서열화를 야기할 뿐만 아니라 업무의 공정한 수행에 현저한 지장을 초래한다는 이유로 비공개결정을 하였다. 甲의 권리구제와 관련하여 다음의 질문에 답하시오.(단, 무효확인심판과 무효확인소송은 제외한다.)

3) 만약 甲이 행정심판을 제기한 경우에 행정심판위원회는 어떠한 재결을 할 수 있는지 행정심판 유형에 따라 기술하시오.**(10점)** - 인용재결의 종류(취소심판:취소재결, 의무이행심판:처분명령재결)

5급18 A시에서 농사를 짓고 있는 甲 등 주민들은 최근 들어 하천에서 악취가 나고 그 하천수를 농업용수로 사용하는 경작지 작물들이 생육이 늦어지거나 고사하는 문제를 발견하였다. 이에 甲 등 주민들이 인근 대학교에 의뢰하여 해당 하천의 수질을 검사한 결과 「물환경보전법」상 배출허용기준을 초과하는 오염물질이 다량 검출되었다. 현재 甲 등 주민 다수에게는 심각한 소화기통의 질환과 회복할 수 없는 후유증이 발생하였다. 오염물질이 검출된 곳으로부터 2 km 상류 지점에는 큰 규모의 제련소가 위치하고 있다. 甲은 물환경보전법령에 따라 개선명령 권한을 위임받은 A시장 乙에게 위 제련소에 대한 개선명령을 요청하였다. 乙이 위 제련소에 대한 정밀조사를 실시한 결과, 위 제련소가 오염물질의 배출원으로 밝혀졌다. 그러나 乙은 그 제련소가 지역경제에서 차지하는 비중을 고려하여 상당한 기간 동안 별다른 조치를 하지 않고 있다. 甲이 취할 수 있는 「행정심판법」상의 구제수단을 검토하시오. **(30점)** - 의무이행심판, 위원회의 직접 처분 및 간접강제, 위원회의 임시처분

입시14 중학교의 출입문으로부터 직선거리 100미터 지점의 도로에 인접한 3층 상가건물을 소유한 A는 비어 있는 2층 165㎡(약 50평)을 임대하고자 한다. B는 당구장 또는 PC방(인터넷컴퓨터게임시설제공업)을 영위하기 위해 위 건물 2층을 임대받고자 A와 해당건물의 임대차계약을 체결하였다. 위 상가건물 2층에 대하여 당구장영업(또는 PC방영업)의 금지해제를 구하는 B의 신청이 관할 교육청에 접수되었고, 그 신청을 받은 관할 교육청은 모든 절차를 적법하게 거친 후 "현재 위 중학교의 학교환경위생 정화구역 내에는 당구장이나 PC방 등 교육환경을 해치는 업소가 단 하나도 없는 교육청정구역이다."는 점과 "만약 이 건의 금지해제를 받아들이게 되면, 장차 학생들의 학습과 학교보건위생에 나쁜 영향을 줄 수 있는 각종 업소의 난립을 막을 수 없게 된다."는 해당 학교장 및 학교환경위생정화위원회의 반대의견에 따라 그 금지해제 신청을 거부하였다. B는 이 건 거부에 대해 행정심판을 제기하고자 한다. 단, 위 건물이 소재한 지역은 상가지역이며, 해당 중학교의 전체 학생 중 3%만이 해당 건물이 소재한 도로를 통학로로 사용하고 있는 것으로 밝혀졌다.

2) A가 이 건 상가건물에 대한 임대이익을 목적으로 위와 같은 금지의 해제를 신청하였으나 관할 행정청에 의해 거부되었다고 전제할 경우 「행정심판법」상 A의 청구인적격 여부에 대해 설명하시오**(10점)**. - 행정심판법상 청구인적격에 관한 입법과오 여부

4) 만약 B가 행정심판을 거치지 아니하고 행정소송을 제기하여 1심법원에서 인용판결을 받았다고 한다면, 행정심판을 통해 인용재결을 받은 경우와는 어떠한 차이점이 있게 되는지를 설명하시오.**(15점)** - 법원의 간접강제, 위원회의 직접처분과 간접강제

행정심판법상 집행정지 사건

□ 대법원 2022. 2. 11. 선고 2021두40720 판결

[사실관계]

피고(성주군수)는 2015. 6. 8. 원고(주식회사 광진특수)에 대하여 원심판결 별지 2 목록 기재 각 화물자동차(이하 '제2화물자동차'라 한다)를 불법증차하였다는 이유로 구「화물자동차 운수사업법」(2021. 7. 27. 법률 제18355호로 개정되기 전의 것) 제19조 제1항 제2호에 따라 60일(2015. 7. 13.부터 2015. 9. 10.까지)의 운행정지 처분을 하고, 제2화물자동차를 불법증차하고도 거짓이나 부정한 방법으로 유가보조금을 지급받았다는 이유로 같은 법률 제44조의2 제1항 제5호에 따라 6개월(2015. 7. 13.부터 2016. 1. 13.까지)의 유가보조금 지급정지 처분을 하였다.

원고는 이에 불복하여 경상북도행정심판위원회에 행정심판을 청구하였다. 경상북도행정심판위원회는 2015. 7. 13. 위 각 처분의 집행을 행정심판 청구 사건의 재결이 있을 때까지 정지하는 내용의 이 사건 집행정지결정을 하였다가 2015. 8. 31. 유가보조금 지급정지 처분의 취소 청구는 기각하고, 위 운행정지 기간은 30일로 감경하는 이 사건 재결을 하였다(이하 위 유가보조금 지급정지 처분과 위와 같이 감경되고 남은 운행정지 처분을 합하여 '선행처분'이라 한다). 원고는 선행처분에 대하여 법원에 별도로 취소소송을 제기하지 않았다.

피고는 2015. 9. 22. 선행처분의 집행을 피고와 주식회사 대림통운 사이의 대구지방법원 2015구합1245 사건의 판결 시까지 유예한다는 내용의 이 사건 유예 통지서를 작성하여 원고에게 발송하였다. 대구지방법원은 2016. 1. 13. 위 사건에 관하여 판결을 선고하였다.

피고는 2020. 3. 5. 원고에게 선행처분과 동일한 사유로 제2화물자동차에 관하여 30일(2020. 3. 6.부터 2020. 4. 4.까지)의 운행정지, 6개월의 유가보조금 지급정지를 하겠다고 통보하였다(이하 '이 사건 통보'라 한다).

[판결요지]

[1] 효력기간이 정해져 있는 제재적 행정처분에 대한 취소소송에서 법원이 본안소송의 판결 선고 시까지 집행정지결정을 한 경우, 처분에서 정해 둔 효력기간은 판결 선고 시까지 진행하지 않다가 선고된 때에 다시 진행하는지 여부(적극) / 처분에서 정해 둔 효력기간의 시기와 종기가 집행정지기간 중에 모두 경과한 경우에도 마찬가지인지 여부(적극) / 이러한 법리는 행정심판위원회가 행정심판법 제30조에 따라 집행정지결정을 한 경우에도 그대로 적용되는지 여부(적극)

행정소송법 제23조에 따른 집행정지결정의 효력은 결정 주문에서 정한 종기까지 존속하고, 그 종기가 도래하면 당연히 소멸한다. 따라서 효력기간이 정해져 있는 제재적 행정처분에 대한 취소소송에서 법원이 본안소송의 판결 선고 시까지 집행정지결정을 하면, 처분에서 정해 둔 효력기간(집행정지결정 당시 이미 일부 집행되었다면 그 나머지 기간)은 판결 선고 시까지 진행하지 않다가 판결이 선고되면 그때 집행정지결정의 효력이 소멸함과 동시에 처분의 효력이 당연히 부활하여 처분에서 정한 효력기간이 다시 진행한다. 이는 처분에서 효력기간의 시기와 종기를 정해 두었는데, 그 시기와 종기가 집행정지기간 중에 모두 경과한 경우에도 특별한 사정이 없는 한 마찬가지이다. 이러한 법리는 행정심판위원회가 행정심판법 제30조에 따라 집행정지결정을 한 경우에도 그대로 적용된다. 행정심판위원회가 행정심판 청구 사건의 재결이 있을 때까지 처분의 집행을 정지한다고 결정한 경우에는, 재결서 정본이 청구인에게 송달된 때 재결의 효력이 발생하므로(행정심판법 제48조 제2항, 제1항 참조) 그때 집행정지결정의 효력이 소멸함과 동시에 처분의 효력이 부활한다.

[2] 효력기간이 정해져 있는 제재적 행정처분의 효력이 발생한 이후 행정청이 상대방에 대한 별도의 처분으로 효력기간의 시기와 종기를 다시 정할 수 있는지 여부(적극) / 위와 같은 후속 변경처분서에 효력기간의 시기와 종기를 다시 특정하는 대신 처음 행정처분의 집행을 특정 소송사건의 판결 시까지 유예한다고 기재한 경우, 처분의 효력기간은 판결 선고 시까지 집행이 정지되었다가 선고되면 다시 진행하는지 여부(적극)/ 당초의 제재적 행정처분에서 정한 효력기간이 경과한 후 동일한 사유로 다시 후속 변경처분을 하는 것이 위법한 이중처분에 해당하는지 여부(적극)

효력기간이 정해져 있는 제재적 행정처분의 효력이 발생한 이후에도 행정청은 특별한 사정이 없는 한 상대방에 대한 별도의 처분으로써 효력기간의 시기와 종기를 다시 정할 수 있다. 이는 당초의 제재적 행정처분이 유효함을 전제로 그 구체적인 집행시기만을 변경하는 후속 변경처분이다. 이러한 후속 변경처분도 특별한 규정이 없는 한 의사표시에 관한 일반법리에 따라 상대방에게 고지되어야 효력이 발생한다. 위와 같은 후속 변경처분서에 효력기간의 시기와 종기를 다시 특정하는 대신 당초 제재적 행정처분의 집행을 특정 소송사건의 판결 시까지 유예한다고 기재되어 있다면, 처분의 효력기간은 원칙적으로 그 사건의 판결 선고 시까지 진행이 정지되었다가 판결이 선고되면 다시 진행된다. 다만 이러한 후속 변경처분 권한은 특별한 사정이 없는 한 당초의 제재적 행정처분의 효력이 유지되는 동안에만 인정된다. 당초의 제재적 행정처분에서 정한 효력기간이 경과하면 그로써 처분의 집행은 종료되어 처분의 효력이 소멸하는 것이므로 (행정소송법 제12조 후문 참조), 그 후 동일한 사유로 다시 제재적 행정처분을 하는 것은 위법한 이중처분에 해당한다.

[3] 이 사건에 대한 판단

선행처분에서 정한 30일의 운행정지 및 6개월의 유가보조금 지급정지 기간은 이 사건 집행정지결정에 따라 진행이 정지되었다가 이 사건 재결서 정본이 원고에게 송달되면 집행정지결정의 종기가 도래하여 그때부터 다시 진행하고, 이 사건 유예 통지서가 원고에게 고지되면 다시 진행이 정지되었다가 대구지방법원 2015구합1245 사건에서 판결이 선고되면 위 통지서에서 정한 종기가 도래하여 그때부터 다시 진행한다.

주택건설사업계획승인신청서 반려처분 사건

□ 대법원 2005. 12. 9. 선고 2003두7705 판결

[사실관계]

원고(유한회사 한보주택)는 1999. 7. 16. 군산시 나운동 산 173-1 외 5필지 임야 7,498㎡(이하 이 사건 아파트 단지라고 한다) 지상에 공동주택인 아파트 1개동(지하 1층, 지상 6 내지 8층) 256세대를 건설하기 위하여 피고(군산시장)에게 주택사업계획승인신청을 하였으나 피고는 1999. 7. 21. 이 사건 아파트단지는 도시자연공원인 월명공원주변에 위치하여 사업시행시 공원주변의 환경, 풍치, 미관 등이 손상될 우려가 있다는 이유로 주택건설사업계획승인신청서 반려처분을 하였다.

원고는 이에 불복하여 1999. 7. 31. 재결청인 전라북도지사에게 위 반려처분의 취소를 구하는 행정심판을 제기하였고, 재결청인 전라북도지사는 1999. 9. 10. 피고의 위 반려처분은 재량권을 남용한 것이라는 이유로 위 반려처분을 취소하라는 내용의 재결을 하였다.

위 재결에 따라 원고가 1999. 11. 6. 주택건설사업계획승인 촉구 민원을 제출하자, 피고가 1999. 11. 19. 위 전라북도지사의 재결내용을 받아들여 사업계획에 대하여 관계법령에 적합한지 여부를 협의하는 등 사업계획을 재검토한 후, 1999. 12. 27. 원고에게 1차 서류보완요구를 통하여 당초 신청된 주택건설사업계획신청서상 중대한 하자가 드러났다는 이유로 이에 대한 보정을 요구하였다. 피고는 원고가 일부 경미한 부분 외에는 보완요구사항을 이행하지 않아 다시금 2000. 1. 26. 2차로 원고에게 서류보완요구를 하면서 2000. 2. 3.까지 보완서류를 제출하지 않을 때는 민원사무처리규정에 의거하여 민원서류가 반려됨을 통지하였으나 원고가 이에 불응하였다는 이유로 2000. 2. 10. 위 승인신청서를 반려하는 처분(이하 '이 사건 처분'이라고 한다)을 하였다.

이에 원고는 2000. 2. 10. 위 승인신청서를 반려하는 처분은 재결의 기속력에 저촉되는 처분이라는 이유로 취소소송을 제기하였다.

[판결요지]

[1] 대체진입로를 확보하라는 보완요구에 관하여

구 주택건설촉진법 제36조 제1항, 제4항, 같은 법 시행령 제35조 제1항, 제4항 [별표 6] 제1호, 구 주택건설기준 등에 관한 규정 제25조 제1항의 각 규정을 기록에 비추어 살펴보면, 이 사건 주택건설사업계획상의 예정 진입도로의 설치의무는 원고에게 있는 점, 이 사건 공단도로의 현황 및 교통여건 등에 비추어 대안인 우회전 진입과 우회전 진출시 감속 및 가속을 위한 별도의 가감속 차로 확보를 위한 부지의 확보가 필요하지만 그에 대한 원고의 대책이 없는 점, 한편 군경묘지 쪽 등으로 대체 진입도로를 확보하는 것이 불가능하지 않은 것으로 보이는 점(원고는 피고가 대체도로 예정지의 매도나 사용을 거부하였다는 증거를 제시하지 못하고 있음) 등을 알 수 있는바, 사정이 이러하다면, 주택건설사업계획승인권자인 피고가 주택건설사업계획상의 이 사건 예정 진입도로를 공단대로에 직접 연결·설치하는 경우에 예상되는 교통사고발생 위험을 회피하도록 하기 위하여 예정 진입도로의 설치의무자인 원고에게 대체 진입도로를 확보

하도록 보완을 요구하고, 그 보완사항을 이행하지 아니하였음을 이유로 주택건설사업계획승인신청을 거부할 수 있다고 할 것이다.

[2] 재결의 기속력의 범위

재결의 기속력은 재결의 주문 및 그 전제가 된 요건사실의 인정과 판단, 즉 처분 등의 구체적 위법사유에 관한 판단에만 미친다고 할 것이고, 종전 처분이 재결에 의하여 취소되었다 하더라도 종전 처분시와는 다른 사유를 들어서 처분을 하는 것은 기속력에 저촉되지 않는다고 할 것이며, 여기에서 동일 사유인지 다른 사유인지는 종전 처분에 관하여 위법한 것으로 재결에서 판단된 사유와 기본적 사실관계에 있어 동일성이 인정되는 사유인지 여부에 따라 판단되어야 한다.

[3] 사안의 경우

기록에 의하면, 이 사건 종전 처분의 처분사유는 이 사건 사업이 주변의 환경, 풍치, 미관 등을 해할 우려가 있다는 것이고, 그에 대한 재결은 이 사건 사업이 환경, 풍치, 미관 등을 정한 1994. 7. 5. 고시와 군산시건축조례에 위반되지 않고, 환경·풍치·미관 등을 유지하여야 하는 공익보다는 이 사건 사업으로 인한 지역경제 승수효과와 도시서민들을 위한 임대주택 공급이라는 또 다른 공익과 재산권행사의 보장이라는 사익까지 더해 보면 결국 종전 처분은 비례의 원칙에 위배되어 재량권을 남용하였다는 것이므로 종전 처분에 대한 재결의 기속력은 그 주문과 재결에서 판단된 이와 같은 사유에 대해서만 생긴다고 할 것이고, 한편 이 사건 처분의 처분사유는 공단대로 및 교통여건상 예정 진입도로계획이 불합리하여 대체 진입도로를 확보하도록 한 보완요구를 이행하지 아니하였다는 것 등인 사실을 알 수 있는바, 그렇다면 이 사건 처분의 처분사유와 종전 처분에 관하여 위법한 것으로 재결에서 판단된 사유와는 기본적 사실관계에 있어 동일성이 없다고 할 것이므로 이 사건 처분이 종전 처분에 대한 재결의 기속력에 저촉되는 처분이라고 할 수 없다.

그럼에도 불구하고, 원심이 자연환경 등의 손상의 방지와 건강하고 문화적인 생활환경의 유지라는 '공익상 필요'까지도 이 사건 처분의 처분사유의 하나로 본 것은 잘못이라고 할 것이지만, 이 사건 처분이 종전 처분에 대한 재결의 기속력에 저촉되지 않음을 전제로 이 사건 처분이 적법하다 한 결론은 정당한 것으로 옳다.

제4장 | 행정소송

산재보험료 변경결정 사건

□ 대법원 2020. 4. 9. 선고 2019두61137 판결

[사실관계]

원고(창화철강 주식회사)는 1992. 1. 13.경 피고 근로복지공단(이하 '피고'라고 한다)에게 시흥시 ○○공단에 있는 철판코일 가공 공장(이하 '이 사건 사업장'이라고 한다)에 관하여 사업종류를 '도·소매 및 소비자용품 수리업'으로 하여 산재보험관계 성립신고를 하고, 그에 따라 산재보험료를 납부하여 왔다.

피고는 2018. 1. 15. 원고에 대하여 이 사건 사업장의 사업종류를 2014. 1. 1. 기준으로 '도·소매 및 소비자용품 수리업'(산재보험료율 9/1,000)에서 '각종 금속의 용접 또는 용단을 행하는 사업'(산재보험료율 19/1,000)으로 변경한다고 결정하고 이를 통지하였다(이하 '이 사건 사업종류 변경결정'이라고 한다).

이 사건 사업종류 변경결정에 따른 후속조치로서, 원심공동피고 국민건강보험공단은 원고에 대하여 2018. 1. 22. 2014. 1. 1.부터 2016. 12. 31.까지의 기간에 대한 산재보험료로 93,675,300원을, 2018. 2. 21. 위 기간에 대한 산재보험료로 59,912,370원을 각 추가로 납부하라고 고지하였다(이하 두 차례의 납부고지를 통틀어 '이 사건 추가보험료 부과처분'이라고 한다).

원고는 피고를 상대로 이 사건 사업종류 변경결정의 취소를 구하고, 원심공동피고 국민건강보험공단을 상대로 이 사건 추가보험료 부과처분의 취소를 구하는 내용의 이 사건 소를 제기하였다.

[판결요지]

[1] 행정청의 행위가 '처분'에 해당하는지 불분명한 경우, 이를 판단하는 방법

행정청의 행위가 '처분'에 해당하는지가 불분명한 경우에는 그에 대한 불복방법 선택에 중대한 이해관계를 가지는 상대방의 인식가능성과 예측가능성을 중요하게 고려하여 규범적으로 판단하여야 한다.

[2] 근로복지공단이 사업주에 대하여 하는 '개별 사업장의 사업종류 변경결정'이 '처분'에 해당하는지 여부(적극)

근로복지공단이 사업주에 대하여 하는 '개별 사업장의 사업종류 변경결정'은 행정청이 행하는 구체적 사실에 관한 법집행으로서의 공권력의 행사인 '처분'에 해당한다. 그 이유는 다음과 같다.

(1) 사업종류별 산재보험료율은 고용노동부장관이 매년 정하여 고시하므로, 개별 사업장의 사업종류가 구체적으로 결정되면 그에 따라 해당 사업장에 적용할 산재보험료율이 자동적으로 정해진다. 고용산재보험료징수법은 개별 사업장의 사업종류 결정의 절차와 방법, 결정기준에 관하여 구체적으로 규정하거나 하위

법령에 명시적으로 위임하지는 않았으나, 고용산재보험료징수법의 사업종류 변경신고에 관한 규정들과 근로복지공단의 사실조사에 관한 규정들은 개별 사업장의 구체적인 특성을 고려하여 사업종류가 결정되고 그에 따라 산재보험료율이 결정되어야 함을 전제로 하고 있다. 따라서 근로복지공단이 개별 사업장의 사업종류를 결정하는 것은 고용산재보험료징수법을 집행하는 과정에서 이루어지는 행정작용이다.

고용노동부장관의 고시에 의하면, 개별 사업장의 사업종류 결정은 그 사업장의 재해 발생의 위험성, 경제활동의 동질성, 주된 제품·서비스의 내용, 작업공정과 내용, 한국표준산업분류에 따른 사업내용 분류, 동종 또는 유사한 다른 사업장에 적용되는 사업종류 등을 확인한 후, 매년 고용노동부장관이 고시한 '사업종류예시표'를 참고하여 사업세목을 확정하는 방식으로 이루어진다. 1차적으로 사업주의 보험관계 성립신고나 변경신고를 참고하지만, 사업주가 신고를 게을리하거나 그 신고 내용에 의문이 있는 경우에는 산재보험료를 산정하는 행정청인 근로복지공단이 직접 사실을 조사하여 결정하여야 한다. 이러한 사업종류 결정의 주체, 내용과 결정기준을 고려하면, 개별 사업장의 사업종류 결정은 구체적 사실에 관한 법집행으로서 공권력을 행사하는 '확인적 행정행위'라고 보아야 한다.

(2) 개별 사업장의 사업종류가 사업주에게 불리한 내용으로 변경되면 산재보험료율이 인상되고, 사업주가 납부하여야 하는 산재보험료가 증가한다. 따라서 근로복지공단의 사업종류 변경결정은 사업주의 권리·의무에도 직접 영향을 미친다고 보아야 한다. 근로복지공단이 개별 사업장의 사업종류를 변경결정하고 산재보험료를 산정하면, 그에 따라 국민건강보험공단이 이미 지난 기간에 대한 부족액을 추가로 징수하거나 장래의 기간에 대하여 매월 보험료를 부과하는 별도의 처분을 할 것이 예정되어 있기는 하다. 그러나 개별 사업장의 사업종류를 변경하고 산재보험료를 산정하는 판단작용을 하는 행정청은 근로복지공단이며, 국민건강보험공단은 근로복지공단으로부터 그 자료를 넘겨받아 사업주에 대해서 산재보험료를 납부고지하고 징수하는 역할을 수행한다. 따라서 근로복지공단의 사업종류 변경결정의 당부에 관하여 국민건강보험공단으로 하여금 소송행위를 하도록 하기보다는 그 결정의 행위주체인 근로복지공단으로 하여금 소송당사자가 되도록 하는 것이 합리적이다.

어떤 처분을 위법하다고 판단하여 취소하는 확정판결은 소송상 피고가 되는 처분청뿐만 아니라 그 밖의 관계행정청까지 기속한다(행정소송법 제30조 제1항). 처분청과 관계행정청은 취소판결의 기속력에 따라 그 판결에서 확인된 위법사유를 배제한 상태에서 다시 처분을 하거나 그 밖에 위법한 결과를 제거하는 조치를 할 의무가 있다(대법원 2015. 10. 29. 선고 2013두27517 판결 등 참조). 근로복지공단의 사업종류 변경결정을 취소하는 판결이 확정되면, 그 사업종류 변경결정을 기초로 이루어진 국민건강보험공단의 각각의 산재보험료 부과처분은 그 법적·사실적 기초를 상실하게 되므로, 국민건강보험공단은 직권으로 각각의 산재보험료 부과처분을 취소하거나 변경하고, 사업주가 이미 납부한 보험료 중 정당한 액수를 초과하는 금액은 반환하는 등의 조치를 할 의무가 있다. 따라서 사업주로 하여금 국민건강보험공단을 상대로 개개의 산재보험료 부과처분을 다투도록 하는 것보다는, 분쟁의 핵심쟁점인 사업종류 변경결정의 당부에 관해서 그 판단작용을 한 행정청인 근로복지공단을 상대로 다투도록 하는 것이 소송관계를 간명하게 하는 방법일 뿐만 아니라, 분쟁을 조기에 근본적으로 해결하는 방법이기도 하다. 바로 이러한 취지에서 이미 대법원은, 근로복지공단이 사업주의 사업종류 변경 신청을 거부하는 행위가 항고소송의 대상인 '거부처분'에 해당한다고 판시한 바 있다(대법원 2008. 5. 8. 선고 2007두10488 판결).

(3) 한편 근로복지공단의 사업종류 변경결정에 따라 국민건강보험공단이 사업주에 대하여 하는 각각의 산재보험료 부과처분도 항고소송의 대상인 처분에 해당하므로, 사업주는 각각의 산재보험료 부과처분을 별도의 항고소송으로 다툴 수 있다. 그런데 근로복지공단이 사업종류 변경결정을 하면서 개별 사업주에 대하여

사전통지 및 의견청취, 이유제시 및 불복방법 고지가 포함된 처분서를 작성하여 교부하는 등 실질적으로 행정절차법에서 정한 처분절차를 준수함으로써 사업주에게 방어권행사 및 불복의 기회가 보장된 경우에는 그 사업종류 변경결정은 그 내용·형식·절차의 측면에서 단순히 조기의 권리구제를 가능하게 하기 위하여 행정소송법상 처분으로 인정되는 소위 '쟁송법적 처분'이 아니라, 개별·구체적 사안에 대한 규율로서 외부에 대하여 직접적 법적 효과를 갖는 행정청의 의사표시인 소위 '실체법적 처분'에 해당하는 것으로 보아야 한다. 이 경우 사업주가 행정심판법 및 행정소송법에서 정한 기간 내에 불복하지 않아 불가쟁력이 발생한 때에는 그 사업종류 변경결정이 중대·명백한 하자가 있어 당연무효가 아닌 한, 사업주는 그 사업종류 변경결정에 기초하여 이루어진 각각의 산재보험료 부과처분에 대한 쟁송절차에서는 선행처분인 사업종류 변경결정의 위법성을 주장할 수 없다고 봄이 타당하다. 이 경우 근로복지공단의 사업종류 변경결정을 항고소송의 대상인 처분으로 인정하여 행정소송법에 따른 불복기회를 보장하는 것은 '행정법관계의 조기 확정'이라는 단기의 제소기간 제도의 취지에도 부합한다. 다만 근로복지공단이 사업종류 변경결정을 하면서 실질적으로 행정절차법에서 정한 처분절차를 준수하지 않아 사업주에게 방어권행사 및 불복의 기회가 보장되지 않은 경우에는 이를 항고소송의 대상인 처분으로 인정하는 것은 사업주에게 조기의 권리구제기회를 보장하기 위한 것일 뿐이므로, 이 경우에는 사업주가 사업종류 변경결정에 대해 제소기간 내에 취소소송을 제기하지 않았다고 하더라도 후행처분인 각각의 산재보험료 부과처분에 대한 쟁송절차에서 비로소 선행처분인 사업종류 변경결정의 위법성을 다투는 것이 허용되어야 한다.

[참고판례]

☐ 검사의 추징의 집행도 행정처분이다.

공무원범죄몰수법 제9조의2에 따라 추징의 집행을 받은 제3자가 형사소송법 제489조에 따라 집행에 관한 검사의 처분에 대하여 이의신청을 할 수 있다고 하더라도 그와 별도로 행정소송법상 항고소송을 제기하여 처분의 위법성 여부를 다툴 수 있다고 보아야 한다(대법원 2022. 7. 28. 선고 2019두63447 판결).

☐ 친일반민족행위자재산조사위원회의 국가귀속결정은 준법률행위적 행정행위이다.

친일반민족행위자 재산의 국가귀속에 관한 특별법 제3조 제1항 본문, 제9조 규정들의 취지와 내용에 비추어 보면, 같은 법 제2조 제2호에 정한 친일재산은 친일반민족행위자재산조사위원회가 국가귀속결정을 하여야 비로소 국가의 소유로 되는 것이 아니라 특별법의 시행에 따라 그 취득·증여 등 원인행위시에 소급하여 당연히 국가의 소유로 되고, 위 위원회의 국가귀속결정은 당해 재산이 친일재산에 해당한다는 사실을 확인하는 이른바 준법률행위적 행정행위의 성격을 가진다(대법원 2008. 11. 13. 선고 2008두13491 판결).

GS건설 사건

□ 대법원 2023. 2. 2. 선고 2020두48260 판결

〔사실관계〕

피고(공정거래위원회)는 아래와 같이 원고의 벌점 누산점수가 7.0점으로서 하도급거래 공정화에 관한 법률(이하 '하도급법'이라 한다) 제26조 제2항 및 하도급법 시행령 제17조 제2항에 따른 입찰참가자격제한 요청 기준 점수인 5점을 초과하므로 입찰참가자격제한 요청 대상에 해당한다는 이유로, 2019. 4. 23. 원고에 대하여 관계 행정기관의 장에게 입찰참가자격제한을 요청하는 결정을 하였다(이하 '이 사건 입찰참가자격제한 요청 결정'이라 한다).

〔판결요지〕

[1] 행정청의 행위가 항고소송의 대상이 될 수 있는지 결정하는 방법

항고소송의 대상인 '처분'이란 "행정청이 행하는 구체적 사실에 관한 법집행으로서의 공권력의 행사 또는 그 거부와 그 밖에 이에 준하는 행정작용"(행정소송법 제2조 제1항 제1호)을 말한다. 행정청의 행위가 항고소송의 대상이 될 수 있는지는 추상적·일반적으로 결정할 수 없고, 구체적인 경우에 관련 법령의 내용과 취지, 그 행위의 주체·내용·형식·절차, 그 행위와 상대방 등 이해관계인이 입는 불이익 사이의 실질적 견련성, 법치행정의 원리와 그 행위에 관련된 행정청이나 이해관계인의 태도 등을 고려하여 개별적으로 결정하여야 한다.

[2] 공정거래위원회가 구 하도급거래 공정화에 관한 법률 제26조 제2항 후단에 따라 관계 행정기관의 장에게 한 원사업자 또는 수급사업자에 대한 입찰참가자격의 제한을 요청한 결정이 항고소송의 대상이 되는 처분인지 여부(적극)

구 하도급거래 공정화에 관한 법률(이하 '법'이라 한다) 제26조 제2항은 입찰참가자격제한 요청의 요건을 구 하도급거래 공정화에 관한 법률 시행령(이하 '시행령'이라 한다)으로 정하는 기준에 따라 부과한 벌점의 누산점수가 일정 기준을 초과하는 경우로 구체화하고, 위 요건을 충족하는 경우 공정거래위원회는 법 제26조 제2항 후단에 따라 관계 행정기관의 장에게 해당 사업자에 대한 입찰참가자격제한 요청 결정을 하게 되며, 이를 요청받은 관계 행정기관의 장은 특별한 사정이 없는 한 그 사업자에 대하여 입찰참가자격을 제한하는 처분을 해야 하므로, 사업자로서는 입찰참가자격제한 요청 결정이 있으면 장차 후속 처분으로 입찰참가자격이 제한될 수 있는 법률상 불이익이 존재한다. 이때 입찰참가자격제한 요청 결정이 있음을 알고 있는 사업자로 하여금 입찰참가자격제한처분에 대하여만 다툴 수 있도록 하는 것보다는 그에 앞서 직접 입찰참가자격제한 요청 결정의 적법성을 다툴 수 있도록 함으로써 분쟁을 조기에 근본적으로 해결하도록 하는 것이 법치행정의 원리에도 부합한다. 따라서 공정거래위원회의 입찰참가자격제한 요청 결정은 항고소송의 대상이 되는 처분에 해당한다.

[참고판례]

여객자동차 운송사업자 갑 주식회사가 시내버스 노선을 운행하면서 환승요금할인 및 청소년요금할인을 시행한 데에 따른 손실을 보전해 달라며 경기도지사와 광명시장에게 보조금 지급신청을 하였으나, 경기도지사가 갑 회사와 광명시장에게 '갑 회사의 보조금 지급신청을 받아들일 수 없음은 기존에 회신한 바와 같고, 광명시에서는 적의 조치하여 주기 바란다.'는 취지로 통보한 사안에서, 경기도 여객자동차 운수사업 관리 조례 제15조에 따른 보조금 지급사무는 광명시장에게 위임되었으므로 위 신청에 대한 응답은 광명시장이 해야 하고, 경기도지사는 갑 회사의 보조금 지급신청에 대한 처분권한자가 아니며, 위 통보는 경기도지사가 갑 회사의 보조금 신청에 대한 최종적인 결정을 통보하는 것이라기보다는 광명시장의 사무에 대한 지도·감독권자로서 갑 회사에 대하여는 보조금 지급신청에 대한 의견을 표명함과 아울러 광명시장에 대하여는 경기도지사의 의견에 따라 갑 회사의 보조금 신청을 받아들일지를 심사하여 갑 회사에 통지할 것을 촉구하는 내용으로 보는 것이 타당하므로, 경기도지사의 위 통보는 갑 회사의 권리·의무에 직접적인 영향을 주는 것이라고 할 수 없어 항고소송의 대상이 되는 처분으로 볼 수 없다고 한 사례(대법원 2023. 2. 23. 선고 2021두44548 판결).

롯데마트 창원점 사건

□ 대법원 2007. 10. 11. 선고 2007두1316 판결

[사실관계]

원고(롯데쇼핑 주식회사)는 구 건축법 시행령 제5조 제4항 제3호에 의하여 건축위원회의 건축계획심의 대상인 롯데마트 창원점의 신축을 위하여 피고(창원시장)에게 건축계획심의신청을 하였고, 이에 대하여 피고는 이 사건 신청에 앞서 이루어진 경상남도교통영향심의위원회의 심의결과 중 "사업지 남측 중앙로에 지하입체 횡단보도를 개설하고 개설조건 등은 창원시와 협의할 것"이라는 협의 내용과 관련하여 원고가 피고와 그에 관한 협의를 하지 아니하였다는 점 등을 이유로 이 사건 신청을 반려하였다.

이에 원고는 이 사건 반려처분의 취소를 구하는 소를 제기하였다.

[판결요지]

[1] 행정청이 국민의 신청에 대하여 한 거부행위가 항고소송의 대상이 되는 행정처분이 되기 위한 요건으로서 '신청인의 법률관계에 어떤 변동을 일으키는 것'의 의미

국민의 적극적 행위 신청에 대하여 행정청이 그 신청에 따른 행위를 하지 않겠다고 거부한 행위가 항고소송의 대상이 되는 행정처분에 해당하는 것이라고 하려면, 그 신청한 행위가 공권력의 행사 또는 이에 준하는 행정작용이어야 하고, 그 거부행위가 신청인의 법률관계에 어떤 변동을 일으키는 것이어야 하며, 그 국민에게 그 행위발동을 요구할 법규상 또는 조리상의 신청권이 있어야 하는바, 여기에서 '신청인의 법률관계에 어떤 변동을 일으키는 것'이라는 의미는 신청인의 실체상의 권리관계에 직접적인 변동을 일으키는 것은 물론, 그렇지 않다 하더라도 신청인이 실체상의 권리자로서 권리를 행사함에 중대한 지장을 초래하는 것도 포함한다.

[2] 이 사건 반려처분은 객관적으로 행정처분으로 인식할 정도의 외형을 갖추고 있고, 원고도 이를 행정처분으로 인식하고 있는 점, 구 건축법 제4조 제1항은 건축법 및 조례의 시행에 관한 중요사항을 조사·심의하기 위하여 건축위원회를 설치하여야 한다고 규정하고 있는바, 이는 건축행정의 공정성·전문성을 도모하기 위하여 행정청으로 하여금 법령이 정하고 있는 건축물에 대한 건축허가 여부를 결정함에 있어서는 반드시 건축위원회의 심의를 거치도록 한 것으로 보이므로, 이러한 건축계획심의를 거치지 아니한 상태에서는 비록 원고가 이 사건 건축물에 대한 건축허가를 받는다 하더라도 이는 하자 있는 행정행위라 할 것이니, 원고로서는 피고의 이 사건 반려처분으로 인하여 적법한 건축허가를 받기 어려운 불안한 법적 지위에 놓이게 된 점, 피고는 건축위원회의 심의대상이 되는 건축물에 대한 건축허가를 신청하려는 사람으로 하여금 그 신청에 앞서 건축계획심의신청을 하도록 하고, 그 절차를 거치지 아니한 경우 건축허가를 접수하지 아니하고 있어 원고로서는 이 사건 건축물의 건축허가신청에 중대한 지장이 초래된 점 등에 비추어 보면, 피고의 이 사건 반려처분은 원고의 권리·의무나 법률관계에 직접 영향을 미쳤다고 할 것이다.

검사임용신청거부 사건

□ 대법원 1991. 2. 12. 선고 90누5825 판결

[사실관계]

원고 甲은 제27회 사법시험에 합격하였으나(제27회 사법시험 합격자는 통상 사법연수원 제17기로 입소함) 군대 문제로 사법연수원 제18기로 입소함으로써 성적환산순위에 있어 불이익을 받게 되었다. 여하튼 甲은 사법연수원을 수료하고 법무부장관에게 다른 지원자들과 함께 검사임용신청을 하였으나, 임용권자는 임용대상으로 선정한 자에게만 임용의 의사표시를 하여 이를 공표하고, 甲을 비롯한 임용대상에서 제외된 자에 대해서는 아무런 의사표시를 하지 않았다. 이에 甲은 이를 임명거부처분으로 보고 그 거부처분에 대해 재량권을 남용한 위법한 처분이라며 취소소송을 제기하였다.

[판결요지]

[1] 검사 지원자 중 한정된 수의 임용대상자에 대한 임용결정만을 하는 경우 임용대상에서 제외된 자에 대하여 임용거부의 소극적 의사표시를 한 것으로 볼 것인지 여부(적극)

검사지원자 중 한정된 수의 임용대상자에 대한 임용결정은 한편으로는 그 임용대상에서 제외한 자에 대한 임용거부결정이라는 양면성을 지니는 것이므로 임용대상자에 대한 임용의 의사표시는 동시에 임용대상에서 제외한 자에 대한 임용거부의 의사표시를 포함한 것으로 볼 수 있고, 이러한 임용거부의 의사표시는 본인에게 직접 고지되지 않았다고 하여도 본인이 이를 알았거나 알 수 있었을 때에 그 효력이 발생한 것으로 보아야 한다.

[2] 검사임용거부처분의 항고소송대상 여부

검사의 임용에 있어서 임용권자가 임용여부에 관하여 어떠한 내용의 응답을 할 것인지는 임용권자의 자유재량에 속하므로 일단 임용거부라는 응답을 한 이상 설사 그 응답내용이 부당하다고 하여도 사법심사의 대상으로 삼을 수 없는 것이 원칙이나, 적어도 재량권의 한계일탈이나 남용이 없는 위법하지 않는 응답을 할 의무가 임용권자에게 있고 이에 대응하여 임용신청자로서도 재량권의 한계일탈이나 남용이 없는 적법한 응답을 요구할 권리가 있다고 할 것이며, 이러한 응답신청권에 기하여 재량권남용의 위법한 거부처분에 대하여는 항고소송으로서 그 취소를 구할 수 있다고 보아야 하므로, 임용신청자가 임용거부처분이 재량권을 남용한 위법한 처분이라고 주장하면서 그 취소를 구하는 경우에는 법원은 재량권 남용여부를 심리하여 본안에 관한 판단으로서 청구의 인용여부를 가려야 한다.

재임용기간만료통지 사건

□ 대법원 2004. 4. 22. 선고 2000두7735 판결

[사실관계]

원고 甲은 4년의 임용기간으로 서울대학교 미술대학 조교수로 임용된 자이다. 그런데 그 임용기간의 만료기간이 가까워오자 甲은 재임용을 신청하였고, 재임용 심사기관인 서울대학교 미술대학 인사위원회는 심의결과 원고의 연구실적물이 재임용 심사기준에 미달되었다는 것을 이유로 甲을 재임용 대상에서 제외하기로 결정했고, 피고 乙(서울대학교 총장)은 위 결정에 따라 1998. 3. 31.자로 甲에게 甲의 임용기간이 만료되었다는 취지의 통지를 하였다. 이에 원고 甲은 위 통지에 대하여 취소를 구하는 소송을 제기하였다.

[판결요지]

□ 대학교원의 임용권자가 임용기간이 만료된 조교수에 대하여 재임용을 거부하는 취지로 한 임용기간만료의 통지가 행정소송의 대상이 되는 처분에 해당하는지 여부(적극)

기간제로 임용되어 임용기간이 만료된 국·공립대학의 조교수는 교원으로서의 능력과 자질에 관하여 합리적인 기준에 의한 공정한 심사를 받아 위 기준에 부합되면 특별한 사정이 없는 한 재임용되리라는 기대를 가지고 재임용 여부에 관하여 합리적인 기준에 의한 공정한 심사를 요구할 법규상 또는 조리상 신청권을 가진다고 할 것이니, 임용권자가 임용기간이 만료된 조교수에 대하여 재임용을 거부하는 취지로 한 임용기간만료의 통지는 위와 같은 대학교원의 법률관계에 영향을 주는 것으로서 행정소송의 대상이 되는 처분에 해당한다.

[참고판례]

임용지원자가 당해 대학의 교원임용규정 등에 정한 심사단계 중 중요한 대부분의 단계를 통과하여 다수의 임용지원자 중 유일한 면접심사 대상자로 선정되는 등으로 장차 나머지 일부의 심사단계를 거쳐 대학교원으로 임용될 것을 상당한 정도로 기대할 수 있는 지위에 이르렀다면, 그러한 임용지원자는 임용에 관한 법률상 이익을 가진 자로서 임용권자에 대하여 나머지 심사를 공정하게 진행하여 그 심사에서 통과되면 대학교원으로 임용해 줄 것을 신청할 조리상의 권리가 있다고 보아야 할 것이고, 또한 유일한 면접심사 대상자로 선정된 임용지원자에 대한 교원신규채용업무를 중단하는 조치는 교원신규채용절차의 진행을 유보하였다가 다시 속개하기 위한 중간처분 또는 사무처리절차상 하나의 행위에 불과한 것이라고는 볼 수 없고, 유일한 면접심사 대상자로서 임용에 관한 법률상 이익을 가지는 임용지원자에 대한 신규임용을 사실상 거부하는 종국적인 조치에 해당하는 것이며, 임용지원자에게 직접 고지되지 않았다고 하더라도 임용지원자가 이를 알게 됨으로써 효력이 발생한 것으로 보아야 할 것이므로, 이는 임용지원자의 권리 내지 법률상 이익에 직접 관계되는 것으로서 항고소송의 대상이 되는 처분 등에 해당한다(대법원 2004. 6. 11. 선고 2001두7053 판례).

[비교판례]

□ 국립대학교 조교는 공법상 계약

국가공무원법 제2조 제2항 제2호, 교육공무원법 제2조 제1항 제1호, 제3항, 제8조, 제26조 제1항, 제34조 제2항, 교육공무원임용령 제5조의2 제4항에 의하면, 일정한 자격을 갖추고 소정의 절차에 따라 대학의 장에 의하여 임용된 국립대학교 조교는 법정된 근무기간 동안 신분이 보장되는 교육공무원법상의 교육공무원 내지 국가공무원법상의 특정직공무원 지위가 부여되고, 근무관계는 사법상의 근로계약관계가 아닌 공법상 근무관계에 해당한다(대법원 2019. 11. 14. 선고 2015두52531 판결).

기출문제

사시08 甲은 교육공무원법 제11조의3 및 교육공무원임용령 제5조의2 제1항에 의하여 국립 A대학교 소속 단과대학 조교수로 4년의 기간을 정하여 임용되었다. 甲은 임용기간이 만료되기 4개월 전 임용기간의 만료 사실과 재임용 심사를 신청할 수 있음을 임용권자로부터 서면으로 통지받았다. 이에 따라 甲은 재임용 심사를 신청하였으나 임용권자는 국립 대학교 본부인사위원회의 심의를 거쳐 "첫째, 피심사자 甲의 연구 실적이 '국립 A대학교 교원인사규정'상의 재임용 최소요건은 충족하지만 지도학생에 대한 면담을 실시하지 않는 등 학생지도실적이 미흡하다. 둘째, 甲이 국립 A대학교 총장의 비리와 관련된 기사를 신문에 게재하여 교원으로서의 품위 및 학교의 명예를 크게 손상시켰다."라는 이유로 사전통지를 하지 아니한 채 甲에게 임용기간 만료 2개월 전에 재임용 탈락의 통지를 하였다.

한편, 국립 A대학교 총장이 교육공무원법 제11조의3 제5항 및 교육공무원임용령 제5조의2 제3항에 따라 제정한 '국립 A대학교 교원인사규정'에 의하면 교육공무원법 제11조의3 제5항 각호에서 규정하고 있는 사항 이외에 "교원으로서의 품위 및 학교 명예에 관한 사항"을 재임용 심사항목으로 규정하고 있다.

1. 재임용 심사의 세부적인 기준을 정한 '국립 A대학교 교원인사규정'의 법적 성질과 그 효력은? **(10점)** - 법령보충규칙의 법적 성질
2. 甲에 대한 재임용 탈락 통지의 법적 성질은? **(10점)** - 재임용 탈락 통지가 거부처분인지 여부
3. 임용권자가 행한 甲에 대한 재임용 탈락 통지는 적법한가? **(15점)** - 거부처분에도 사전통지절차가 적용되는지 여부
4. 재임용 탈락 통지에 대한 甲의 행정쟁송상 권리구제 수단은? **(15점)** - 소청심사, 의무이행소송 인정여부, 취소소송, 가구제(거부처분에 대한 집행정지 인정여부, 가처분 준용여부)

건축허가취소신청거부 사건

□ 대법원 1999. 12. 7. 선고 97누17568 판결

[사실관계]

원고(삼광화학 주식회사)는 제3자 소유의 건축물에 대하여 건축허가 및 준공검사를 취소할 것을 신청하였으나, 이에 대한 거부를 내용으로 하는 회신(이 사건 회신이라 한다)을 받았다. 이에 원고는 피고(진해시장)에게 주위적 청구로 이 사건 회신의 취소를 구하고, 예비적으로 이 사건 공동주택에 대한 건축허가 및 준공검사를 취소하지 아니하고 철거명령을 하지 아니하는 피고의 부작위에 대한 위법확인을 구하였다.

[판결요지]

[1] 행정청이 국민의 신청에 대하여 한 거부행위가 항고소송의 대상인 행정처분이 되기 위한 요건

국민의 신청에 대한 행정청의 거부행위가 항고소송의 대상이 되는 행정처분에 해당하기 위하여는 국민이 행정청에 대하여 그 신청에 따른 행정행위를 하여 줄 것을 요구할 수 있는 법규상 또는 조리상의 권리가 있어야 한다.

[2] 부작위위법확인의 소의 요건

부작위위법확인의 소에 있어 당사자가 행정청에 대하여 어떠한 행정행위를 하여 줄 것을 요구할 수 있는 법규상 또는 조리상 권리를 갖고 있지 아니한 경우에는 원고적격이 없거나 항고소송의 대상인 위법한 부작위가 있다고 볼 수 없어 그 부작위위법확인의 소는 부적법하다.

[3] 국민이 행정청에 대하여 제3자에 대한 건축허가와 준공검사의 취소 및 제3자 소유의 건축물에 대한 철거명령을 요구할 수 있는 법규상 또는 조리상 권리가 있는지 여부(소극)

구 건축법 및 기타 관계 법령에 국민이 행정청에 대하여 제3자에 대한 건축허가의 취소나 준공검사의 취소 또는 제3자 소유의 건축물에 대한 철거 등의 조치를 요구할 수 있다는 취지의 규정이 없고, 같은 법 제69조 제1항 및 제70조 제1항은 각 조항 소정의 사유가 있는 경우에 시장·군수·구청장에게 건축허가 등을 취소하거나 건축물의 철거 등 필요한 조치를 명할 수 있는 권한 내지 권능을 부여한 것에 불과할 뿐, 시장·군수·구청장에게 그러한 의무가 있음을 규정한 것은 아니므로 위 조항들도 그 근거 규정이 될 수 없으며, 그 밖에 조리상 이러한 권리가 인정된다고 볼 수도 없다.

[비교판례]

□ 행정개입청구권을 제한적으로 긍정한 판례

구체적인 공유수면매립면허에 의하여 매립사업이 진행되는 과정에서 환경 및 생태계 또는 경제성에 있어 예상하지 못한 변화가 발생하였다면, 처분청은 매립기본계획의 타당성을 검토하여야 함이 공유수면매립법의 취지에 부합하는 점, 공유수면매립면허에 의하여 환경영향평가 대상지역 '안'에 거주하는 주민이 수인할 수 없는 환경침해를 받거나 받을 우려가 있어 개별적·구체적 환경이익을 침해당하였다면, 그 이익 침해

의 배제를 위하여 면허의 취소·변경 등을 요구할 위치에 있다고 봄이 상당한 점, 환경영향평가 대상지역 안에 있어 환경상의 이익을 침해당한 개인이 공유수면매립면허가 취소되거나 변경됨으로써 그 이익을 회복하거나 침해를 줄일 수 있다고 주장하면서 그 주장의 당부를 판단하여 주도록 요구하는 재판 청구에 대하여 소송요건 심리에서 이를 배척할 것이 아니라 그 본안에 나아가 판단함이 개인의 권리구제를 본질로 하는 사법국가 원리에도 부합하는 점 등을 종합하면, 환경영향평가 대상지역 안에 거주하는 주민에게는 공유수면매립면허의 처분청에게 공유수면매립법 제32조에서 정한 취소·변경 등의 사유가 있음을 내세워 면허의 취소·변경을 요구할 조리상의 신청권이 있다고 보아야 함이 상당하다(대법원 2006. 3. 16 선고 2006두330 판결).

[참고판례]

□ 제소기간이 도과하여 불가쟁력이 생긴 행정처분에 대하여 국민에게 그 변경을 구할 신청권이 있는지 여부(원칙적 소극)

제소기간이 이미 도과하여 불가쟁력이 생긴 행정처분에 대하여는 개별 법규에서 그 변경을 요구할 신청권을 규정하고 있거나 관계 법령의 해석상 그러한 신청권이 인정될 수 있는 등 특별한 사정이 없는 한 국민에게 그 행정처분의 변경을 구할 신청권이 있다 할 수 없다(대법원 2007. 4. 26. 선고 2005두11104 판결).

기출문제

사시13 甲은 개발제한구역 내에 위치한 지역에서 폐기물 처리시설의 설치를 위하여 관할 시장 A에게 개발행위허가를 신청하였다. 위 처리시설의 예정지역에 거주하는 주민 乙은 위 처리시설이 설치되면 주거생활에 심각한 침해를 받는다고 생각하여, 시장 A에게 위 신청을 반려할 것과 주민들의 광범위한 의견을 수렴한 후 다시 허가절차를 밟게 하라고 요구하였다. 그러나 시장 A는 위 처리시설이 필요하고, 개발제한구역이 아닌 지역에 입지하기가 곤란하다는 이유로 위 개발행위를 허가하였다. 다만 민원의 소지를 줄이기 위하여, 위 처리시설로 인하여 환경오염이 심각해질 경우 위 개발행위허가를 취소·변경할 수 있다는 내용의 부관을 붙였다. 그런데 위 처리시설이 가동된 지 얼마 지나지 않아 예상과 달리 폐기물 처리량이 대폭 증가하였다. 이에 주민 乙은 위 처리시설로 인하여 평온한 주거생활을 도저히 영위하기 어렵다고 여겨, 시장 A에게 위 부관을 근거로 위 개발행위허가를 취소·변경하여 줄 것을 요구하였다. 그런데 시장 A는 이를 거부하였다.

3. 위 부관을 근거로 한 乙의 요구에 대한 시장 A의 거부행위와 관련하여, 乙이 자신의 권익보호를 국가배상청구소송과 행정소송에서 실현할 수 있는지 검토하시오. **(25점)** - 행정개입청구권의 관철수단

5급14 A하천 유역에서 농기계공장을 경영하는 甲은 「수질 및 수생태계 보전에 관한 법률」 제4조의5에 의하여 오염부하량을 할당받은 자이다. 甲의 공장 인근에서 대규모 민물어류양식장을 운영하는 乙의 양식어류 절반가량이 갑자기 폐사하였고, 乙은 그 원인을 추적한 결과 甲의 공장에서 유출된 할당오염부하량을 초과하는 오염물질에 의한 것이라는 강한 의심을 가지게 되었다. 甲의 공장으로부터 오염물질의 배출이 계속되어 나머지 어류의 폐사도 우려되는 상황에서 乙은 동법 제4조의6을 근거로 甲에 대한 수질오염방지시설의 개선 등 필요한 조치를 명할 것을 관할 행정청 丙에게 요구하였다. 그러나 丙은 甲의 공장으로부터의 배출량이 할당오염부하량을 초과하는지 여부가 명백하지 않다는 이유로 이를 거부하였고, 乙은 동 거부처분에 대한 취소소송을 제소기간 내에 관할법원에 제기하였다.

1) 乙의 거부처분취소소송은 적법한가? **(20점)** - 행정개입청구권과 거부처분의 성립

기타 거부행위의 처분성 여부

1. 처분성을 긍정한 사례

1) 문화재보호구역의 지정해제를 요구할 신청권을 인정한 사례

문화재보호법은 문화재를 보존하여 이를 활용함으로써 국민의 문화적 생활의 향상을 도모함과 아울러 인류문화의 발전에 기여함을 목적으로 하면서도, 문화재보호구역의 지정에 따른 재산권행사의 제한을 줄이기 위하여, 행정청에게 보호구역을 지정한 경우에 일정한 기간마다 적정성 여부를 검토할 의무를 부과하고, 그 검토사항 등에 관한 사항은 문화관광부령으로 정하도록 위임하였으며, 검토 결과 보호구역의 지정이 적정하지 아니하거나 기타 특별한 사유가 있는 때에는 보호구역의 지정을 해제하거나 그 범위를 조정하여야 한다고 규정하고 있는 점, 같은 법 제8조 제3항의 위임에 의한 같은법시행규칙 제3조의2 제1항은 그 적정성 여부의 검토에 있어서 당해 문화재의 보존 가치 외에도 보호구역의 지정이 재산권 행사에 미치는 영향 등을 고려하도록 규정하고 있는 점 등과 헌법상 개인의 재산권 보장의 취지에 비추어 보면, 문화재보호구역 내에 있는 토지소유자 등으로서는 위 보호구역의 지정해제를 요구할 수 있는 법규상 또는 조리상의 신청권이 있다고 할 것이고, 이러한 신청에 대한 거부행위는 항고소송의 대상이 되는 행정처분에 해당한다(대법원 2004. 4. 27. 선고 2003두8821 판결).

> **기출문제**
>
> **[변시20]** 경기도지사 乙은 2018. 5. 3. 관할 A군에 소재한 분묘가 조선 초 유명 화가의 묘로 구전되어 오는데다가 그 양식이 학술상 원형보존의 가치가 있다는 이유로 「문화재보호법」 제70조, 「경기도 문화재 보호 조례」 제11조에 따라 이를 도지정문화재로 지정·고시하였다. 또한 乙은 2018. 6. 8. 해당 분묘를 보호하기 위하여 분묘경계선 바깥쪽 10m까지의 총 5필지 5,122㎡를 문화재보호구역으로 지정·고시하였다. 이에 해당 화가의 후손들로 이루어진 종중 B는 해당 화가의 진묘가 따로 존재한다고 주장하면서 乙에게 문화재지정처분을 취소 또는 해제하여 줄 것을 요청하는 청원서를 제출하였다. 이에 대해 乙은 문화재지정처분은 정당하여 그 취소 또는 해제가 불가하다는 회신을 하였다(이하 '불가회신'이라고 한다). 한편, 위 문화재보호구역 내에 위치한 일부 토지를 소유하고 있는 甲은 2019. 3. 14. 재산권 행사의 제한 등을 이유로 乙에게 자신의 소유토지를 대상으로 한 문화재보호구역 지정을 해제해 달라는 신청을 하였다. 그러나 乙은 2019. 6. 5. 甲이 해제를 요구한 지역은 역사적·문화적으로 보존가치가 있을 뿐만 아니라 분묘의 보호를 위하여 문화재보호구역 지정해제가 불가함을 이유로 甲의 신청을 거부하는 회신을 하였다(이하 '거부회신'이라고 한다).
>
> 1. 乙의 불가회신에 대하여 종중 B가 항고소송을 제기하고자 하며, 乙의 거부회신에 대하여 甲이 항고소송을 제기하고자 한다. 항고소송의 대상적격 여부를 각각 검토하시오. **(15점)** - 거부처분과 신청권

2) 도시계획입안을 요구할 신청권을 인정한 사례

구 도시계획법은 도시계획의 수립 및 집행에 관하여 필요한 사항을 규정함으로써 공공의 안녕질서를 보장하고 공공복리를 증진하며 주민의 삶의 질을 향상하게 함을 목적으로 하면서도 도시계획시설결정으로 인

한 개인의 재산권행사의 제한을 줄이기 위하여, 도시계획시설부지의 매수청구권, 도시계획시설결정의 실효에 관한 규정과 아울러 도시계획 입안권자인 특별시장·광역시장·시장 또는 군수로 하여금 5년마다 관할 도시계획구역 안의 도시계획에 대하여 그 타당성 여부를 전반적으로 재검토하여 정비하여야 할 의무를 지우고, 도시계획입안제안과 관련하여서는 주민이 입안권자에게 '1. 도시계획시설의 설치·정비 또는 개량에 관한 사항 2. 지구단위계획구역의 지정 및 변경과 지구단위계획의 수립 및 변경에 관한 사항'에 관하여 '도시계획도서와 계획설명서를 첨부'하여 도시계획의 입안을 제안할 수 있고, 위 입안제안을 받은 입안권자는 그 처리결과를 제안자에게 통보하도록 규정하고 있는 점 등과 헌법상 개인의 재산권 보장의 취지에 비추어 보면, 도시계획구역 내 토지 등을 소유하고 있는 주민으로서는 입안권자에게 도시계획입안을 요구할 수 있는 법규상 또는 조리상의 신청권이 있다고 할 것이고, 이러한 신청에 대한 거부행위는 항고소송의 대상이 되는 행정처분에 해당한다(대법원 2004. 4. 28. 선고 2003두1806 판결).

3) 특별분양신청거부

공공용지의취득및손실보상에관한특례법 제8조에 의하면 사업시행자는 공공사업의 시행에 필요한 토지등을 제공함으로 인하여 생활근거를 상실하게 되는 자를 위하여 이주대책을 수립·실시하는바, 주택개발촉진법에 따른 사업시행을 위하여 토지 등을 제공한 자에 대한 이주대책을 세우는 경우 위 이주대책은 공공사업에 협력한 자에게 특별공급의 기회를 요구할 수 있는 법적인 이익을 부여하고 있는 것이라고 보아야 할 것이므로 그들에게는 특별공급신청권이 인정되며, 따라서 사업시행자(대한주택공사)가 위 조항에 해당함을 이유로 특별분양을 요구하는 자에게 이를 거부한 행위는 항소소송의 대상이 되는 거부처분이라 할 것이다(대법원 1992. 11. 27. 선고 92누3618 판결).

4) 공사중지명령해제신청거부

지방자치단체장이 건축회사에 대하여 당해 신축공사와 관련하여 인근 주택에 공사로 인한 피해를 주지 않는 공법을 선정하고 이에 대하여 안전하다는 전문가의 검토의견서를 제출할 때까지 신축공사를 중지하라는 당해 공사중지명령에 있어서는 그 명령의 내용 자체로 또는 그 성질상으로 명령 이후에 그 원인사유가 해소되는 경우에는 잠정적으로 내린 당해 공사중지명령의 해제를 요구할 수 있는 권리를 위 명령의 상대방에게 인정하고 있다고 할 것이므로, 위 회사에게는 조리상으로 그 해제를 요구할 수 있는 권리가 인정된다(대법원 1997. 12. 26. 선고 96누17745 판결).

5) 건축허가철회신청거부

건축허가는 대물적 성질을 갖는 것이어서 행정청으로서는 허가를 할 때에 건축주 또는 토지 소유자가 누구인지 등 인적 요소에 관하여는 형식적 심사만 한다. 건축주가 토지 소유자로부터 토지사용승낙서를 받아 그 토지 위에 건축물을 건축하는 대물적 성질의 건축허가를 받았다가 착공에 앞서 건축주의 귀책사유로 해당 토지를 사용할 권리를 상실한 경우, 건축허가의 존재로 말미암아 토지에 대한 소유권 행사에 지장을 받을 수 있는 토지 소유자로서는 건축허가의 철회를 신청할 수 있다고 보아야 한다. 따라서 토지 소유자의 위와 같은 신청을 거부한 행위는 항고소송의 대상이 된다(대법원 2017. 3. 15. 선고 2014두41190 판결).

6) 주민등록번호 변경신청거부

피해자의 의사와 무관하게 주민등록번호가 불법 유출된 경우 개인의 사생활뿐만 아니라 생명·신체에 대한 위해나 재산에 대한 피해를 입을 우려가 있고, 실제 유출된 주민등록번호가 다른 개인정보와 연계되어 각종 광고 마케팅에 이용되거나 사기, 보이스피싱 등의 범죄에 악용되는 등 사회적으로 많은 피해가 발생하고 있는 것이 현실인 점, 반면 주민등록번호가 유출된 경우 그로 인하여 이미 발생하였거나 발생할 수 있는 피해 등을 최소화할 수 있는 충분한 권리구제방법을 찾기 어려운데도 구 주민등록법에서는 주민등록번호 변경에 관한 아무런 규정을 두고 있지 않은 점, 주민등록법령상 주민등록번호 변경에 관한 규정이 없다거나 주민등록번호 변경에 따른 사회적 혼란 등을 이유로 위와 같은 불이익을 피해자가 부득이한 것으로 받아들여야 한다고 보는 것은 피해자의 개인정보자기결정권 등 국민의 기본권 보장의 측면에서 타당하지 않은 점, 주민등록번호를 관리하는 국가로서는 주민등록번호가 유출된 경우 그로 인한 피해가 최소화되도록 제도를 정비하고 보완해야 할 의무가 있으며, 일률적으로 주민등록번호를 변경할 수 없도록 할 것이 아니라 만약 주민등록번호 변경이 필요한 경우가 있다면 그 변경에 관한 규정을 두어서 이를 허용해야 하는 점 등을 종합하면, 피해자의 의사와 무관하게 주민등록번호가 유출된 경우에는 조리상 주민등록번호의 변경을 요구할 신청권을 인정함이 타당하고, <u>구청장의 주민등록번호 변경신청 거부행위는 항고소송의 대상이 되는 행정처분에 해당</u>한다고 한 사례(대법원 2017. 6. 15. 선고 2013두2945 판결).

7) 개발부담금 환급신청 거절회신[15]

개발부담금을 부과할 때는 가능한 한 모든 개발비용을 공제함이 마땅하다. 개발공사를 위해 직접 투입되는 순공사비, 조사비, 설계비, 일반관리비 등은 통상 개발부담금의 원칙적인 부과 종료시점인 개발사업의 준공인가일 전에 지출되므로 준공인가일로부터 3개월 이내에 개발부담금을 부과하여도 개발비용으로 공제받는 데 특별한 문제가 없다. 그러나 분양계약 체결 후 납부절차를 밟도록 정하고 있는 학교용지부담금은 준공인가를 받은 후 분양계약이 장기간 지연되거나 분양이 이루어지지 않을 수도 있어 준공인가일로부터 3개월 이내에 납부되지 않을 가능성이 높다. 그럼에도 관련 법령이 일괄적으로 개발사업의 준공인가일로부터 3개월 이내에 개발부담금을 부과하도록 하면서 분양계약 후 실제 납부한 학교용지부담금에 한하여 개발비용으로 공제받을 수 있도록 정하고 있는 바람에, 개발사업에 따른 분양계약이 준공인가일로부터 2개월이 지나 체결된 경우에는 그로부터 1개월 이내에 학교용지부담금 납부절차가 마쳐지지 않아 개발부담금 부과처분 시 학교용지부담금이 공제되지 않을 가능성이 높고, 급기야 준공인가일로부터 3개월 후에 체결된 경우에는 학교용지부담금이 공제될 여지가 아예 없다. 이러한 경우 개발부담금 부과처분 후에 학교용지부담금을 납부한 개발사업시행자는 마땅히 공제받아야 할 개발비용을 전혀 공제받지 못하는 법률상 불이익을 입게 될 수 있는데도 개발이익 환수법령은 그 불복방법에 관하여 아무런 규정을 두지 않고 있다. 위와 같은 사정을 앞서 본 법리에 비추어 보면, 개발사업시행자가 납부한 개발부담금 중 그 부과처분 후에 납부한 학교용지부담금에 해당하는 금액에 대하여는 조리상 개발부담금 부과처분의 취소나 변경 등 개발부담금의 환급에 필요한 처분을 할 것을 신청할 권리를 인정함이 타당하다. 결국 이 사건 거부행위 중 이 사건 부과처분 후에 납부된 학교용지부담금에 해당하는 <u>개발부담금의 환급을 거절한 부분은 항고소송의 대상이 되는 행정처분에 해당한다</u>(대법원 2016. 1. 28. 선고 2013두2938 판결).

8) 연구개발확인서 발급 거부

연구개발확인서 발급은 개발업체가 '업체투자연구개발' 방식 또는 '정부·업체공동투자연구개발' 방식으로 전력지원체계 연구개발사업을 성공적으로 수행하여 군사용 적합판정을 받고 국방규격이 제·개정된 경우에 사업관리기관이 개발업체에게 해당 품목의 양산과 관련하여 경쟁입찰에 부치지 않고 수의계약의 방식

---

[15] 비교 : 조세환급금 환급신청 거부는 행정처분이 아니다(대법원 2009. 11. 26. 선고 2007두4018 판결).

으로 국방조달계약을 체결할 수 있는 지위(경쟁입찰의 예외사유)가 있음을 인정해 주는 '확인적 행정행위'로서 공권력의 행사인 '처분'에 해당하고, 연구개발확인서 발급 거부는 신청에 따른 처분 발급을 거부하는 '거부처분'에 해당한다(대법원 2020. 1. 16. 선고 2019다264700 판결).

9) 수익적 행정처분을 구하는 신청에 대한 거부처분이 있은 후 당사자가 새로운 신청을 하는 취지로 다시 신청을 하였으나 행정청이 이를 다시 거절한 경우

수익적 행정처분을 구하는 신청에 대한 거부처분은 당사자의 신청에 대하여 관할 행정청이 이를 거절하는 의사를 대외적으로 명백히 표시함으로써 성립된다. 거부처분이 있은 후 당사자가 다시 신청을 한 경우에는 신청의 제목 여하에 불구하고 그 내용이 새로운 신청을 하는 취지라면 관할 행정청이 이를 다시 거절하는 것은 새로운 거부처분이라고 보아야 한다. 관계 법령이나 행정청이 사전에 공표한 처분기준에 신청기간을 제한하는 특별한 규정이 없는 이상 재신청을 불허할 법적 근거가 없으며, 설령 신청기간을 제한하는 특별한 규정이 있더라도 재신청이 신청기간을 도과하였는지는 본안에서 재신청에 대한 거부처분이 적법한가를 판단하는 단계에서 고려할 요소이지, 소송요건 심사단계에서 고려할 요소가 아니다(대법원 2021. 1. 14. 선고 2020두50324 판결).

2. 처분성을 부정한 사례

1) 복구준공통보 취소신청거부

산림법령에는 채석허가처분을 한 처분청이 산림을 복구한 자에 대하여 복구설계서승인 및 복구준공통보를 한 경우 그 취소신청과 관련하여 아무런 규정을 두고 있지 않고, 원래 행정처분을 한 처분청은 그 처분에 하자가 있는 경우에는 원칙적으로 별도의 법적 근거가 없더라도 스스로 이를 직권으로 취소할 수 있지만, 그와 같이 직권취소를 할 수 있다는 사정만으로 이해관계인에게 처분청에 대하여 그 취소를 요구할 신청권이 부여된 것으로 볼 수는 없으므로, 처분청이 위와 같이 법규상 또는 조리상의 신청권이 없이 한 이해관계인의 복구준공통보 등의 취소신청을 거부하더라도, 그 거부행위는 항고소송의 대상이 되는 처분에 해당하지 않는다(대법원 2006. 6. 30. 선고 2004두701 판결).

2) 근로복지공단의 사업주 변경 신청에 대한 거부 통지

업무상 재해를 당한 갑의 요양급여 신청에 대하여 근로복지공단이 요양승인 처분을 하면서 사업주를 을 주식회사로 보아 요양승인 사실을 통지하자, 을 회사가 갑이 자신의 근로자가 아니라고 주장하면서 사업주 변경신청을 하였으나 근로복지공단이 거부 통지를 한 사안에서, 산업재해보상보험법, 고용보험 및 산업재해보상보험의 보험료징수 등에 관한 법률 등 관련 법령은 사업주가 이미 발생한 업무상 재해와 관련하여 당시 재해근로자의 사용자가 자신이 아니라 제3자임을 근거로 사업주 변경신청을 할 수 있도록 하는 규정을 두고 있지 않으므로 법규상으로 신청권이 인정된다고 볼 수 없고, 산업재해보상보험에서 보험가입자인 사업주와 보험급여를 받을 근로자에 해당하는지는 해당 사실의 실질에 의하여 결정되는 것일 뿐이고 근로복지공단의 결정에 따라 보험가입자(당연가입자) 지위가 발생하는 것은 아닌 점 등을 종합하면, 사업주 변경신청과 같은 내용의 조리상 신청권이 인정된다고 볼 수도 없으므로, 근로복지공단이 신청을 거부하였더라도 을 회사의 권리나 법적 이익에 어떤 영향을 미치는 것은 아니어서, 위 통지는 항고소송의 대상이 되는 행정처분이 되지 않는다(대법원 2016. 7. 14. 선고 2014두47426 판결).

2차 약물고시 사건

□ 대법원 2003. 10. 9. 자 2003무23 결정

[사실관계]

신청인 甲(한국릴리 주식회사)은 의약품을 수입하여 판매하는 영업활동을 하고 있는데, 이 사건 약물은 건강보험심사평가원의 심의를 거쳐 1차 약물(대체 가능한 가격이 저렴한 유사약물을 먼저 사용한 후 효과가 없거나 부작용이 나타나는 때에 비로소 사용할 경우에만 보험급여를 인정하는 약물을 편의상 2차 약물이라 하고, 그러한 제한이 없는 약물을 1차 약물이라고 통칭한다)로 결정되어 요양기관에 공급되어 왔으나 피신청인 乙(보건복지부장관)이 보건복지부고시(이하 '이 사건 고시'라고 함)를 개정함에 따라 2차 약물로 변경되었다.
이에 甲은 이 사건 고시가 시행될 경우 매출감소 및 기업이미지와 신용에 훼손을 입게 될 소지가 있다는 점 등을 들어 법원에 이 사건 고시의 집행정지를 신청하였다.

[판결요지]

[1] 항정신병 치료제의 요양급여 인정기준에 관한 보건복지부 고시가 항고소송의 대상인지 여부(적극)

어떠한 고시가 일반적·추상적 성격을 가질 때에는 법규명령 또는 행정규칙에 해당할 것이지만, 다른 집행행위의 매개 없이 그 자체로서 직접 국민의 구체적인 권리의무나 법률관계를 규율하는 성격을 가질 때에는 항고소송의 대상이 되는 행정처분에 해당한다.

항정신병 치료제의 요양급여 인정기준에 관한 보건복지부 고시가 다른 집행행위의 매개 없이 그 자체로서 제약회사, 요양기관, 환자 및 국민건강보험공단 사이의 법률관계를 직접 규율한다는 이유로 항고소송의 대상이 되는 행정처분에 해당한다고 한 사례.

[2] 항정신병 치료제를 공급하는 제약회사는 국민건강보험 관련 법규 등에 의하여 보호되는 직접적이고 구체적인 이익을 향유한다는 이유로 그 치료제의 요양급여 인정기준에 관한 보건복지부 고시를 다툴 신청인적격이 인정된다고 한 사례

[3] 행정소송법 제23조 제2항 소정의 행정처분 등의 집행정지 요건인 '회복하기 어려운 손해'의 의미 및 기업의 손해가 이에 해당하기 위한 요건

행정소송법 제23조 제2항에 정하고 있는 행정처분 등의 집행정지 요건인 '회복하기 어려운 손해'라 함은 특별한 사정이 없는 한 금전으로 보상할 수 없는 손해로서 이는 금전보상이 불능인 경우 내지는 금전보상으로는 사회관념상 행정처분을 받은 당사자가 참고 견딜 수 없거나 또는 참고 견디기가 현저히 곤란한 경우의 유형, 무형의 손해를 일컫는다 할 것인바, 당사자가 처분 등이나 그 집행 또는 절차의 속행으로 인하여 재산상의 손해를 입거나 기업 이미지 및 신용이 훼손당하였다고 주장하는 경우에 그 손해가 금전으로 보상될 수 없어 '회복하기 어려운 손해'에 해당한다고 하기 위해서는 그 경제적 손실이나 기업 이미지 및 신용의 훼손으로 인하여 사업자의 자금사정이나 경영전반에 미치는 파급효과가 매우 중대하여 사업자체를 계속할 수 없거나 중대한 경영상의 위기를 맞게 될 것으로 보이는 등의 사정이 존재하여야 한다.

[4] 항정신병 치료제의 요양급여 인정기준에 관한 보건복지부 고시의 효력이 계속 유지됨으로 인한 제약회사의 경제적 손실, 기업 이미지 및 신용의 훼손은 행정소송법 제23조 제2항 소정의 집행정지의 요건인 '회복하기 어려운 손해'에 해당하지 않는다고 한 사례.

[유사판례]

□ 보건복지부고시인 급여상한금액표의 행정처분성

[1] 보건복지부 고시인 약제급여·비급여목록 및 급여상한금액표(보건복지부 고시 제2002-46호로 개정된 것)는 다른 집행행위의 매개 없이 그 자체로서 국민건강보험가입자, 국민건강보험공단, 요양기관 등의 법률관계를 직접 규율하는 성격을 가지므로 항고소송의 대상이 되는 행정처분에 해당한다고 한 사례.

[2] 제약회사가 자신이 공급하는 약제에 관하여 국민건강보험법, 같은 법 시행령, 국민건강보험 요양급여의 기준에 관한 규칙 등 약제상한금액고시의 근거 법령에 의하여 보호되는 직접적이고 구체적인 이익을 향유하는데, 보건복지부 고시인 약제급여·비급여목록 및 급여상한금액표로 인하여 자신이 제조·공급하는 약제의 상한금액이 인하됨에 따라 위와 같이 보호되는 법률상 이익이 침해당할 경우, 제약회사는 위 고시의 취소를 구할 원고적격이 있다고 한 사례(대법원 2006. 9. 22. 선고 2005두2506 판결).

변시19 (생략) 보건복지부장관은 위와 같이 개정된 요양급여규칙의 위임에 따라 사단법인 대한제약회사협회 등 의약관련단체의 의견을 받아 보건복지부 고시인 '약제급여목록 및 급여상한금액표'를 개정하여 2018. 9. 23. 고시하면서, 기존에 요양급여대상으로 등재되어 있던 제약회사 甲(이하 '甲'이라 함)의 A약품(1998. 2. 1. 등재)이 2016. 1. 1.부터 2017. 12. 31.까지의 2년간 보험급여 청구실적이 없는 약제에 해당한다는 이유로 위 고시 별지4 '약제급여목록 및 급여상한금액표 중 삭제품목'란(이하 '이 사건 고시'라 함)에 아래와 같이 A약품을 등재하였다. 요양급여대상에서 삭제되면 국민건강보험의 요양급여를 받을 수 없어 해당 약제를 구입할 경우 전액 자기부담으로 구입하여야 하고 해당 약제에 대해 요양급여를 청구하여도 요양급여 청구가 거부되므로 해당 약제의 판매 저하가 우려된다.

보건복지부 고시 제2018-○○호(2018. 9. 23.)

약제급여목록 및 급여상한금액표
제1조 (목적) 이 표는 국민건강보험법 …… 및 국민건강보험요양급여의 기준에 관한 규칙 ……의 규정에 의하여 약제의 요양급여대상기준 및 상한금액을 정함을 목적으로 한다.
제2조 (약제급여목록 및 상한금액 등) 약제급여목록 및 상한금액은 [별표1]과 같다.
[별표1]
　별지4 삭제품목
　연번 17. 제조사 甲, 품목 A약품, 상한액 120원/1정

제약회사들을 회원으로 하여 설립된 사단법인 대한제약회사협회와 甲은 이 사건 고시가 있은지 1개월 후에야 고시가 있었음을 알았다고 주장하며 이 사건 고시가 있은 날로부터 94일째인 2018. 12. 26. 이 사건 고시에 대한 취소소송을 제기하였다

1. 보건복지부 고시인 '약제급여목록 및 급여상한금액표'의 법적 성질과 이 사건 고시의 취소소송의 대상 여부를 논하시오. **(30점)** – 법령보충규칙의 법적 성질, 고시의 처분성
2. 사단법인 대한제약회사협회와 甲에게 원고적격이 있는지 여부를 논하시오. **(20점)** – 원고적격

공정거래위원회의 행위

1. 공정거래위원회의 경고의결 : 행정처분

구 표시·광고의 공정화에 관한 법률위반을 이유로 한 공정거래위원회의 경고의결은 당해 표시·광고의 위법을 확인하되 구체적인 조치까지는 명하지 않는 것으로 사업자가 장래 다시 표시·광고의 공정화에 관한 법률 위반행위를 할 경우 과징금 부과 여부나 그 정도에 영향을 주는 고려사항이 되어 사업자의 자유와 권리를 제한하는 행정처분에 해당한다(대법원 2013. 12. 26. 선고 2011두4930 판결).

2. 공정거래위원회의 표준약관 사용권장행위 : 행정처분

공정거래위원회의 '표준약관 사용권장행위'는 그 통지를 받은 해당 사업자 등에게 표준약관과 다른 약관을 사용할 경우 표준약관과 다르게 정한 주요내용을 고객이 알기 쉽게 표시하여야 할 의무를 부과하고, 그 불이행에 대해서는 과태료에 처하도록 되어 있으므로, 이는 사업자 등의 권리·의무에 직접 영향을 미치는 행정처분으로서 항고소송의 대상이 된다(대법원 2010. 10. 14. 선고 2008두23184 판결).

3. 공정거래위원회의 고발조치 : 행정처분 아님

이른바 고발은 수사의 단서에 불과할 뿐 그 자체 국민의 권리의무에 어떤 영향을 미치는 것이 아니고, 특히 독점규제및공정거래에관한법률 제71조는 공정거래위원회의 고발을 위 법률위반죄의 소추요건으로 규정하고 있어 공정거래위원회의 고발조치는 사직 당국에 대하여 형벌권 행사를 요구하는 행정기관 상호간의 행위에 불과하여 항고소송의 대상이 되는 행정처분이라 할 수 없으며, 더욱이 공정거래위원회의 고발 의결은 행정청 내부의 의사결정에 불과할 뿐 최종적인 처분은 아닌 것이므로 이 역시 항고소송의 대상이 되는 행정처분이 되지 못한다(대법원 1995. 5. 12. 선고 94누13794 판결).

4. 합의제 행정청인 공정거래위원회에 의한 행정처분의 위법성 판단의 기준시 : 의결일

행정소송에서 행정처분의 위법 여부는 행정처분이 행하여졌을 때의 법령과 사실상태를 기준으로 판단함이 원칙이고, 이는 공정거래법에 따른 공정거래위원회의 과징금 납부명령 등에 대한 판단에서도 마찬가지이다. 따라서 피고의 과징금 납부명령 등이 재량권 일탈·남용으로 위법한지 여부는 다른 특별한 사정이 없는 한 과징금 납부명령 등이 행하여진 '의결일' 당시의 사실상태를 기준으로 판단하여야 한다. 그리고 공정거래법령이 위반사업자의 현실적 부담능력을 임의적 감경사유로 규정한 취지 등에 비추어, 공정거래법 시행령 제61조 제1항 [별표 2] 2의 라. 1)항에 규정된 '위반사업자의 현실적 부담능력 등을 충분히 반영하지 못하여 과중하다고 인정되는 경우'에 해당하는지 여부는, 특별한 사정이 없는 한 자산·자본·부채 상황, 당기순이익 등 손익내용 및 이익잉여금의 규모 등 위반사업자의 전체적인 재정상태를 종합적으로 고려하여 판단하여야 한다(대법원 2019. 1. 31. 선고 2017두68110 판결).

검사에 대한 경고

□ 대법원 2021. 2. 10. 선고 2020두47564 판결

[사실관계]

원고는 (임용일자 생략) 검사로 임용되어 2015. 8.경부터 2018. 2.경까지 ○○지방검찰청에서 근무하였다. 대검찰청 감찰본부는 2017. 10. 30.부터 2017. 11. 2.까지 ○○지방검찰청에 대하여 '2016. 10. 8.부터 2017. 10. 31.까지'를 감사대상기간으로 하여 2017년도 통합사무감사를 실시하였다(이하 '이 사건 사무감사'라 한다).

대검찰청 감찰본부는 2017. 11.경 원고에게 이의신청 기회를 부여한 다음, 2017. 12.경 원고에게 원심판결 별지1 기재 21건의 지적사항 및 이에 대한 평정결과(벌점 합계 10.5점)를 통보하였다. 이를 기초로 피고(검찰총장)는 원고가 21건의 수사사무를 부적정 처리하여 검사로서 직무를 태만히 한 과오가 인정된다는 이유로, 2018. 1. 18. 원고에게 경고장을 송부하였다(이하 '이 사건 경고조치'라 한다).

원고는 2018. 1. 29. 대검찰청 감찰본부에 다시 지적사항에 대한 이의신청을 하였다. 대검찰청 감찰본부는 2018. 2.경 원심판결 별지1 기재 순번 5, 9 지적사항에 대한 이의신청을 받아들여 이 부분에 대한 지적을 취소하였고, 나머지 19건의 지적사항에 대한 이의신청은 기각하였으며, 지적사항 19건에 대한 벌점을 합계 11점으로 정정하였다.

[판결요지]

[1] 처분의 근거나 법적인 효과가 행정규칙에 규정되어 있는 경우, 항고소송의 대상이 되는 행정처분에 해당하기 위한 요건 / 검찰총장이 검사에 대하여 하는 '경고조치'가 항고소송의 대상이 되는 처분인지 여부(적극)

항고소송의 대상이 되는 행정처분이란 원칙적으로 행정청의 공법상 행위로서 특정 사항에 대하여 법규에 의한 권리의 설정 또는 의무의 부담을 명하거나 기타 법률상 효과를 발생하게 하는 등으로 일반 국민의 권리 의무에 직접 영향을 미치는 행위를 가리키는 것이지만, 어떠한 처분의 근거나 법적인 효과가 행정규칙에 규정되어 있다고 하더라도, 그 처분이 행정규칙의 내부적 구속력에 의하여 상대방에게 권리의 설정 또는 의무의 부담을 명하거나 기타 법적인 효과를 발생하게 하는 등으로 그 상대방의 권리 의무에 직접 영향을 미치는 행위라면, 이 경우에도 항고소송의 대상이 되는 행정처분에 해당한다고 보아야 한다.

검사에 대한 경고조치 관련 규정을 위 법리에 비추어 살펴보면, 검찰총장이 사무검사 및 사건평정을 기초로 대검찰청 자체감사규정 제23조 제3항, 검찰공무원의 범죄 및 비위 처리지침 제4조 제2항 제2호 등에 근거하여 검사에 대하여 하는 '경고조치'는 일정한 서식에 따라 검사에게 개별 통지를 하고 이의신청을 할 수 있으며, 검사가 검찰총장의 경고를 받으면 1년 이상 감찰관리 대상자로 선정되어 특별관리를 받을 수 있고, 경고를 받은 사실이 인사자료로 활용되어 복무평정, 직무성과금 지급, 승진·전보인사에서도 불이익을 받게 될 가능성이 높아지며, 향후 다른 징계사유로 징계처분을 받게 될 경우에 징계양정에서 불이익을 받게 될 가능성이 높아지므로, 검사의 권리 의무에 영향을 미치는 행위로서 항고소송의 대상이 되는 처분이라고 보아야 한다.

[2] 검찰총장의 경고처분의 성격 및 검사의 직무상 의무 위반의 정도가 중하지 않아 검사징계법에 따른 '징계사유'에 해당하지 않더라도 징계처분보다 낮은 수준의 감독조치로서 '경고처분'을 할 수 있는지 여부(적극) / 이때 법원은 이를 존중해야 하는지 여부(원칙적 적극)

검찰청법 제7조 제1항, 제12조 제2항, 검사징계법 제2조, 제3조 제1항, 제7조 제1항, 대검찰청 자체감사 규정 제23조 제2항, 제3항, 사건평정기준 제2조 제1항 제2호, 제5조, 검찰공무원의 범죄 및 비위 처리지침 제4조 제2항 제2호, 제3항 [별표 1] 징계양정기준, 제4항, 제5항 등 관련 규정들의 내용과 체계 등을 종합하여 보면, 검찰총장의 경고처분은 검사징계법에 따른 징계처분이 아니라 검찰청법 제7조 제1항, 제12조 제2항에 근거하여 검사에 대한 직무감독권을 행사하는 작용에 해당하므로, 검사의 직무상 의무 위반의 정도가 중하지 않아 검사징계법에 따른 '징계사유'에는 해당하지 않더라도 징계처분보다 낮은 수준의 감독조치로서 '경고처분'을 할 수 있고, 법원은 그것이 직무감독권자에게 주어진 재량권을 일탈·남용한 것이라는 특별한 사정이 없는 한 이를 존중하는 것이 바람직하다.

법무사사무원 채용승인취소처분 사건

□ 대법원 2020. 4. 9. 선고 2015다34444 판결

[사실관계]

원고는 피고(부산지방법무사회)로부터 법무사 사무원 채용승인을 받아 2013. 12. 5.부터 법무사 김○○ 사무소의 사무원으로 채용되어 근무하던 사람이다.

원고는 법무사 김○○ 사무소의 사무원으로 채용되어 근무하기 이전인 2013. 10. 15.부터 같은 달 29.까지 피고로부터 법무사 사무원 채용승인을 받지 않은 상태에서 법무사 이인희 사무소에서 근무하면서 사무원 소외인을 고용하여 부당한 사건 유치 등을 한 바 있다. 이에 피고는 2014. 3. 31. 법무사 사무원 징계위원회(이하 '징계위원회'라 한다)를 개최하여 원고의 위와 같은 행위가 피고의 법무사 사무원 징계규정(이하 '징계규정'이라 한다) 제4조 제2 내지 5호의 징계사유에 해당한다는 이유로 원고에 대하여 종사정지 3월의 징계처분을 하였고, 그 무렵 이를 원고에게 통지하였다.

그런데도 원고가 법무사 김○○ 사무소에서 사무원으로서 계속 근무하자, 피고는 2014. 6. 2. 다시 징계위원회를 개최하여 '원고가 종사정지 3월의 징계처분에 불응하여 징계규정 제4조 제1, 2, 4호의 징계사유에 해당한다'는 이유로 법무사규칙 제37조 제6항에 근거하여 원고가 더 이상 법무사 김○○ 사무소에 채용되어 근무할 수 없도록 사무원 채용승인을 취소하는 결정(이하 '이 사건 채용승인취소'라 한다)을 하고, 그 무렵 이를 법무사 김○○과 원고에게 통지하였다.

원고는 2014. 6. 24. 피고를 상대로 '이 사건 채용승인취소가 무효임을 확인한다'라고 청구하는 이 사건 소를 부산지방법원에 제기하였다.

[판결요지]

[1] 행정청의 행위가 항고소송의 대상이 될 수 있는지 판단하는 기준 / 어떠한 처분에 법령상 근거가 있는지, 행정절차법에서 정한 처분절차를 준수하였는지가 소송요건 심사단계에서 고려할 요소인지 여부(소극)

항고소송의 대상인 '처분'이란 행정청이 행하는 구체적 사실에 관한 법집행으로서의 공권력의 행사 또는 그 거부와 그 밖에 이에 준하는 행정작용(행정소송법 제2조 제1항 제1호)을 말한다. 행정청의 행위가 항고소송의 대상이 될 수 있는지는 추상적·일반적으로 결정할 수 없고, 구체적인 경우에 관련 법령의 내용과 취지, 행위의 주체·내용·형식·절차, 행위와 상대방 등 이해관계인이 입는 불이익 사이의 실질적 견련성, 법치행정의 원리와 행위에 관련된 행정청이나 이해관계인의 태도 등을 고려하여 개별적으로 결정하여야 한다. 또한 어떠한 처분에 법령상 근거가 있는지, 행정절차법에서 정한 처분절차를 준수하였는지는 본안에서 당해 처분이 적법한가를 판단하는 단계에서 고려할 요소이지, 소송요건 심사단계에서 고려할 요소가 아니다.

[2] 행정처분의 직접 상대방이 아닌 자에게 처분의 취소를 구할 원고적격이 인정되는 경우

불이익처분의 상대방은 직접 개인적 이익의 침해를 받은 자로서 원고적격이 인정된다. 행정처분의 직접 상대방이 아닌 자라 하더라도 행정처분의 근거 법규 또는 관련 법규에 의하여 개별적·직접적·구체적으로 보호되는 이익이 있는 경우 처분의 취소를 구할 원고적격이 인정된다.

[3] 행정소송법상 항고소송으로 제기하여야 할 사건을 민사소송으로 잘못 제기하였으나 수소법원이 항고소송에 대한 관할도 동시에 가지고 있는 경우, 법원이 취하여야 할 조치

행정소송법상 항고소송으로 제기하여야 할 사건을 민사소송으로 잘못 제기한 경우에 수소법원이 항고소송에 대한 관할도 동시에 가지고 있다면, 전심절차를 거치지 않았거나 제소기간을 도과하는 등 항고소송으로서의 소송요건을 갖추지 못했음이 명백하여 항고소송으로 제기되었더라도 어차피 부적법하게 되는 경우가 아닌 이상, 원고로 하여금 항고소송으로 소 변경을 하도록 석명권을 행사하여 행정소송법이 정하는 절차에 따라 심리·판단하여야 한다.

[4] 법무사의 사무원 채용승인 신청에 대하여 소속 지방법무사회가 '채용승인을 거부'하는 조치 또는 일단 채용승인을 하였으나 법무사규칙 제37조 제6항을 근거로 '채용승인을 취소'하는 조치가 항고소송의 대상인 '처분'에 해당하는지 여부(적극)

법무사의 사무원 채용승인 신청에 대하여 소속 지방법무사회가 '채용승인을 거부'하는 조치 또는 일단 채용승인을 하였으나 법무사규칙 제37조 제6항을 근거로 '채용승인을 취소'하는 조치는 공법인인 지방법무사회가 행하는 구체적 사실에 관한 법집행으로서 공권력의 행사 또는 그 거부에 해당하므로 항고소송의 대상인 '처분'이라고 보아야 한다. 구체적인 이유는 다음과 같다.

법무사가 사무원을 채용하기 위하여 지방법무사회의 승인을 받도록 한 것은, 그 사람이 법무사법 제23조 제2항 각호에서 정한 결격사유에 해당하는지 여부를 미리 심사함으로써 법무사 사무원의 비리를 예방하고 법무사 직역에 대한 일반국민의 신뢰를 확보하기 위함이다. 법무사 사무원 채용승인은 본래 법무사에 대한 감독권한을 가지는 소관 지방법원장에 의한 국가사무였다가 지방법무사회로 이관되었으나, 이후에도 소관 지방법원장은 지방법무사회로부터 채용승인 사실의 보고를 받고 이의신청을 직접 처리하는 등 지방법무사회의 업무수행 적정성에 대한 감독을 하고 있다. 또한 법무사가 사무원 채용에 관하여 법무사법이나 법무사규칙을 위반하는 경우에는 소관 지방법원장으로부터 징계를 받을 수 있으므로, 법무사에 대하여 지방법무사회로부터 채용승인을 얻어 사무원을 채용할 의무는 법무사법에 의하여 강제되는 공법적 의무이다.

이러한 법무사 사무원 채용승인 제도의 법적 성질 및 연혁, 사무원 채용승인 거부에 대한 불복절차로서 소관 지방법원장에게 이의신청을 하도록 제도를 규정한 점 등에 비추어 보면, 지방법무사회의 법무사 사무원 채용승인은 단순히 지방법무사회와 소속 법무사 사이의 내부 법률문제라거나 지방법무사회의 고유사무라고 볼 수 없고, 법무사 감독이라는 국가사무를 위임받아 수행하는 것이라고 보아야 한다. 따라서 지방법무사회는 법무사 감독 사무를 수행하기 위하여 법률에 의하여 설립과 법무사의 회원 가입이 강제된 공법인으로서 법무사 사무원 채용승인에 관한 한 공권력 행사의 주체라고 보아야 한다.

[5] 지방법무사회가 법무사의 사무원 채용승인 신청을 거부하거나 채용승인을 얻어 채용 중인 사람에 대한 채용승인을 취소한 경우, 그 때문에 사무원이 될 수 없게 된 사람에게 항고소송을 제기할 원고적격이 인정되는지 여부(적극)

지방법무사회가 법무사의 사무원 채용승인 신청을 거부하거나 채용승인을 얻어 채용 중인 사람에 대한 채용승인을 취소하면, 상대방인 법무사로서도 그 사람을 사무원으로 채용할 수 없게 되는 불이익을 입게 될 뿐만 아니라, 그 사람도 법무사 사무원으로 채용되어 근무할 수 없게 되는 불이익을 입게 된다. 법무사규칙 제37조 제4항이 이의신청 절차를 규정한 것은 채용승인을 신청한 법무사뿐만 아니라 사무원이 되려는 사람의 이익도 보호하려는 취지로 볼 수 있다. 따라서 지방법무사회의 사무원 채용승인 거부처분 또는 채용승인 취소처분에 대해서는 처분 상대방인 법무사뿐만 아니라 그 때문에 사무원이 될 수 없게 된 사람도 이를 다툴 원고적격이 인정되어야 한다.

[6] 법률의 시행령이나 시행규칙의 내용이 모법의 입법 취지와 관련 조항 전체를 유기적·체계적으로 살펴보아 모법의 해석상 가능한 것을 명시한 것에 지나지 않거나 모법 조항의 취지에 근거하여 이를 구체화하기 위한 것인 경우, 모법에 직접 위임하는 규정을 두지 않았다고 하여 무효인지 여부(소극)

법률 하위의 법규명령은 법률에 의한 위임이 없으면 개인의 권리·의무에 관한 내용을 변경·보충하거나 법률이 규정하지 아니한 새로운 내용을 정할 수는 없지만, 법률의 시행령이나 시행규칙의 내용이 모법의 입법 취지와 관련 조항 전체를 유기적·체계적으로 살펴보아 모법의 해석상 가능한 것을 명시한 것에 지나지 아니하거나 모법 조항의 취지에 근거하여 이를 구체화하기 위한 것인 때에는 모법의 규율 범위를 벗어난 것으로 볼 수 없으므로, 모법에 이에 관하여 직접 위임하는 규정을 두지 아니하였다고 하더라도 이를 무효라고 볼 수는 없다.

[7] '소속 지방법무사회는 법무사 사무원이 법무사 사무원으로서의 업무수행에 지장이 있다고 인정되는 행위를 하였을 경우에는 그 채용승인을 취소하여야 한다'고 규정한 법무사규칙 제37조 제6항 후단 부분이 모법인 법무사법 제23조 제4항의 위임 범위를 일탈한 것이어서 법률유보원칙에 위배되는지 문제 된 사안에서, 위 규칙조항이 모법의 위임 범위를 일탈한 것으로 볼 수 없다고 한 원심판단을 수긍한 사례

'소속 지방법무사회는 법무사 사무원이 법무사 사무원으로서의 업무수행에 지장이 있다고 인정되는 행위를 하였을 경우에는 그 채용승인을 취소하여야 한다'고 규정한 법무사규칙 제37조 제6항 후단 부분이 모법인 법무사법 제23조 제4항의 위임 범위를 일탈한 것이어서 법률유보원칙에 위배되는지 문제 된 사안에서, 법무사법 제23조 제4항이 변동하는 사회경제 상황에 대처하여 탄력적으로 대응할 수 있도록 법무사 사무원 채용에 관하여 대법원규칙으로 구체화할 사항을 폭넓게 위임하고 있는 점, 위 규칙조항에 다소 추상적인 면이 있더라도 법무사 사무원 채용승인 제도의 입법 목적인 법무사 사무의 공익성·전문성 확보를 위하여 필요하고 법관의 법해석작용을 통하여 그 의미가 구체화·명확화될 수 있는 점 등을 고려하면, 위 규칙조항이 모법의 위임 범위를 일탈한 것으로 볼 수 없다고 한 원심판단을 수긍한 사례.

스티브 유 사건

□ 대법원 2019. 7. 11. 선고 2017두38874 판결

[사실관계]

원고(스티브 유)는 1976. 12. 15. 대한민국에서 출생하였으나 2002. 1. 18. 미국 시민권을 취득함으로써 대한민국 국적을 상실한 재외동포(재외동포는 재외국민과 외국국적동포로 구분되는데, 원고는 외국국적동포에 해당한다)이고, 피고(주 로스엔젤레스 총영사관 총영사)는 법무부장관으로부터 사증발급권한을 위임받은 재외공관장이다.

병무청장은 2002. 1. 28. 법무부장관에게 '원고는 공연을 위하여 병무청장의 국외여행허가를 받고 출국한 후 미국 시민권을 취득함으로써 사실상 병역의무를 면탈하였는데, 원고가 재외동포의 자격으로 입국하여 방송활동, 음반 출반, 공연 등 연예활동을 할 경우 국군 장병들의 사기가 저하되고 청소년들이 병역의무를 경시하게 되며 외국국적 취득을 병역 면탈의 수단으로 악용하는 사례가 빈번히 발생할 것으로 예상되므로 원고가 재외동포 자격으로 재입국하고자 하는 경우 국내에서 취업, 가수활동 등 영리활동을 할 수 없도록 하고, 불가능할 경우 입국 자체를 금지해 달라.'고 요청하였다. 법무부장관은 2002. 2. 1. 출입국관리법 제11조 제1항 제3호, 제4호, 제8호에 따라 원고의 입국을 금지하는 결정을 하고, 그 정보를 내부전산망인 '출입국관리정보시스템'에 입력하였으나, 원고에게 통보를 하지는 않았다(이하 '이 사건 입국금지결정'이라 한다).

원고는 2015. 8. 27. 피고에게 재외동포(F-4) 체류자격의 사증발급을 신청하였다. 피고는 2015. 9. 2. 원고의 아버지 소외인에게 전화로 '원고가 입국규제대상자에 해당하여 사증발급이 불허되었다. 자세한 이유는 법무부에 문의하기 바란다.'고 통보하였고, 그 무렵 여권과 사증발급 신청서를 반환하였을 뿐, 처분이유를 기재한 사증발급 거부처분서를 작성해 주지는 않았다(이하 '이 사건 사증발급 거부처분'이라 한다). 이 사건 소송에서 피고가 밝힌 사증발급 거부처분의 사유는 2002년에 원고에 대한 입국금지결정이 있었다는 점이다. 이에 원고는 이 사건 사증발급 거부처분에 대한 취소소송을 제기하였다.

[판결요지]

[1] 법무부장관의 입국금지결정이 항고소송의 대상으로서 처분인지 여부(소극)

병무청장이 법무부장관에게 '가수 갑이 공연을 위하여 국외여행허가를 받고 출국한 후 미국 시민권을 취득함으로써 사실상 병역의무를 면탈하였으므로 재외동포 자격으로 재입국하고자 하는 경우 국내에서 취업, 가수활동 등 영리활동을 할 수 없도록 하고, 불가능할 경우 입국 자체를 금지해 달라'고 요청함에 따라 법무부장관이 갑의 입국을 금지하는 결정을 하고, 그 정보를 내부전산망인 '출입국관리정보시스템'에 입력하였으나, 갑에게는 통보하지 않은 사안에서, 행정청이 행정의사를 외부에 표시하여 행정청이 자유롭게 취소·철회할 수 없는 구속을 받기 전에는 '처분'이 성립하지 않으므로 법무부장관이 출입국관리법 제11조 제1항 제3호 또는 제4호, 출입국관리법 시행령 제14조 제1항, 제2항에 따라 위 입국금지결정을 했다고 해서 '처분'이 성립한다고 볼 수는 없고, 위 입국금지결정은 법무부장관의 의사가 공식적인 방법으로 외부에 표시된 것이 아니라 단지 그 정보를 내부전산망인 '출입국관리정보시스템'에 입력하여 관리한 것에 지나지 않으므로 위 입국금지결정은 항고소송의 대상이 될 수 있는 '처분'에 해당하지 않는데도, 위 입국금지결정이 처분에 해당하여 공정력과 불가쟁력이 있다고 본 원심판단에 법리를 오해한 잘못이 있다고 한 사례.

[2] 상급행정기관이 소속 공무원이나 하급행정기관에 대하여 업무처리지침이나 법령의 해석·적용 기준을 정해 주는 '행정규칙'이 대외적으로 구속력이 있는지 여부(소극) 및 처분이 행정규칙에 적합한지 여부에 따라 처분의 적법 여부를 판단할 수 있는지 여부(소극) / 상급행정기관이 소속 공무원이나 하급행정기관에 하는 개별·구체적인 지시에 관하여도 마찬가지 법리가 적용되는지 여부(적극)

상급행정기관이 소속 공무원이나 하급행정기관에 대하여 업무처리지침이나 법령의 해석·적용 기준을 정해 주는 '행정규칙'은 일반적으로 행정조직 내부에서만 효력을 가질 뿐 대외적으로 국민이나 법원을 구속하는 효력이 없다. 처분이 행정규칙을 위반하였다고 해서 그러한 사정만으로 곧바로 위법하게 되는 것은 아니고, 처분이 행정규칙을 따른 것이라고 해서 적법성이 보장되는 것도 아니다. 처분이 적법한지는 행정규칙에 적합한지 여부가 아니라 상위법령의 규정과 입법 목적 등에 적합한지 여부에 따라 판단해야 한다.

상급행정기관이 소속 공무원이나 하급행정기관에 하는 개별·구체적인 지시도 마찬가지이다. 상급행정기관의 지시는 일반적으로 행정조직 내부에서만 효력을 가질 뿐 대외적으로 국민이나 법원을 구속하는 효력이 없다. 대외적으로 처분 권한이 있는 처분청이 상급행정기관의 지시를 위반하는 처분을 하였다고 해서 그러한 사정만으로 처분이 곧바로 위법하게 되는 것은 아니고, 처분이 상급행정기관의 지시를 따른 것이라고 해서 적법성이 보장되는 것도 아니다. 처분이 적법한지는 상급행정기관의 지시를 따른 것인지 여부가 아니라, 헌법과 법률, 대외적으로 구속력 있는 법령의 규정과 입법 목적, 비례·평등원칙과 같은 법의 일반원칙에 적합한지 여부에 따라 판단해야 한다.

[3] 행정처분의 처분 방식에 관한 행정절차법 제24조 제1항을 위반한 처분이 무효인지 여부(적극)

행정절차에 관한 일반법인 행정절차법은 제24조 제1항에서 "행정청이 처분을 할 때에는 다른 법령 등에 특별한 규정이 있는 경우를 제외하고는 문서로 하여야 하며, 전자문서로 하는 경우에는 당사자 등의 동의가 있어야 한다. 다만 신속히 처리할 필요가 있거나 사안이 경미한 경우에는 말 또는 그 밖의 방법으로 할 수 있다."라고 정하고 있다. 이 규정은 처분내용의 명확성을 확보하고 처분의 존부에 관한 다툼을 방지하여 처분상대방의 권익을 보호하기 위한 것이므로, 이를 위반한 처분은 하자가 중대·명백하여 무효이다.

[4] 행정절차법 제3조 제2항 제9호, 행정절차법 시행령 제2조 제2호에서 정한 행정절차법의 적용이 제외되는 '외국인의 출입국에 관한 사항'의 의미 및 '외국인의 출입국에 관한 사항'의 경우 행정절차를 거칠 필요가 당연히 부정되는지 여부(소극) / 외국인의 사증발급 신청에 대한 거부처분이 행정절차법 제24조에서 정한 '처분서 작성·교부'를 할 필요가 없거나 곤란하다고 인정되는 사항이거나 행정절차법 제24조에 정한 절차를 따르지 않고 '행정절차에 준하는 절차'로 대체할 수 있는 것인지 여부(소극)

행정절차법 제3조 제2항 제9호, 행정절차법 시행령 제2조 제2호 등 관련 규정들의 내용을 행정의 공정성, 투명성, 신뢰성을 확보하고 처분상대방의 권익보호를 목적으로 하는 행정절차법의 입법 목적에 비추어 보면, 행정절차법의 적용이 제외되는 '외국인의 출입국에 관한 사항'이란 해당 행정작용의 성질상 행정절차를 거치기 곤란하거나 거칠 필요가 없다고 인정되는 사항이나 행정절차에 준하는 절차를 거친 사항으로서 행정절차법 시행령으로 정하는 사항만을 가리킨다. '외국인의 출입국에 관한 사항'이라고 하여 행정절차를 거칠 필요가 당연히 부정되는 것은 아니다.

외국인의 사증발급 신청에 대한 거부처분은 당사자에게 의무를 부과하거나 적극적으로 권익을 제한하는 처분이 아니므로, 행정절차법 제21조 제1항에서 정한 '처분의 사전통지'와 제22조 제3항에서 정한 '의견제출 기회 부여'의 대상은 아니다. 그러나 사증발급 신청에 대한 거부처분이 성질상 행정절차법 제24조에서 정한 '처분서 작성·교부'를 할 필요가 없거나 곤란하다고 일률적으로 단정하기 어렵다. 또한 출입국관리법령에 사증발급 거부처분서 작성에 관한 규정을 따로 두고 있지 않으므로, 외국인의 사증발급 신청에 대한 거부처분을 하면서 행정절차법 제24조에 정한 절차를 따르지 않고 '행정절차에 준하는 절차'로 대체할 수도 없다.

[5] 재외동포에 대한 사증발급이 행정청의 재량행위에 속하는지 여부(적극)

출입국관리법 제7조 제1항, 제8조 제2항, 제3항, 제10조, 제10조의2, 제11조 제1항 제3호, 제4호, 출입국관리법 시행규칙 제9조의2 제2호, 재외동포의 출입국과 법적 지위에 관한 법률(이하 '재외동포법'이라 한다) 제5조 제1항, 제2항과 체계, 입법 연혁과 목적을 종합하면 다음과 같은 결론을 도출할 수 있다. 재외동포에 대한 사증발급은 행정청의 재량행위에 속하는 것으로서, 재외동포가 사증발급을 신청한 경우에 출입국관리법 시행령 [별표 1의2]에서 정한 재외동포체류자격의 요건을 갖추었다고 해서 무조건 사증을 발급해야 하는 것은 아니다. 재외동포에게 출입국관리법 제11조 제1항 각호에서 정한 입국금지사유 또는 재외동포법 제5조 제2항에서 정한 재외동포체류자격 부여 제외사유(예컨대 '대한민국 남자가 병역을 기피할 목적으로 외국국적을 취득하고 대한민국 국적을 상실하여 외국인이 된 경우')가 있어 그의 국내 체류를 허용하지 않음으로써 달성하고자 하는 공익이 그로 말미암아 발생하는 불이익보다 큰 경우에는 행정청이 재외동포체류자격의 사증을 발급하지 않을 재량을 가진다.

[6] 처분의 근거 법령이 행정청에 처분의 요건과 효과 판단에 일정한 재량을 부여하였는데도, 행정청이 처분으로 달성하려는 공익과 처분상대방이 입게 되는 불이익을 전혀 비교형량 하지 않은 채 처분을 한 경우, 재량권 일탈·남용으로 해당 처분을 취소해야 할 위법사유가 되는지 여부(적극)

처분의 근거 법령이 행정청에 처분의 요건과 효과 판단에 일정한 재량을 부여하였는데도, 행정청이 자신에게 재량권이 없다고 오인한 나머지 처분으로 달성하려는 공익과 그로써 처분상대방이 입게 되는 불이익의 내용과 정도를 전혀 비교형량 하지 않은 채 처분을 하였다면, 이는 재량권 불행사로서 그 자체로 재량권 일탈·남용으로 해당 처분을 취소하여야 할 위법사유가 된다.

[7] 처분상대방의 의무위반을 이유로 한 제재처분이 의무위반의 내용에 비하여 과중하여 사회통념상 현저하게 타당성을 잃은 경우, 재량권 일탈·남용에 해당하여 위법한지 여부(적극)

처분상대방의 의무위반을 이유로 한 제재처분의 경우 의무위반 내용과 제재처분의 양정사이에 엄밀하게는 아니더라도 어느 정도는 비례 관계가 있어야 한다. 제재처분이 의무위반의 내용에 비하여 과중하여 사회통념상 현저하게 타당성을 잃은 경우에는 재량권 일탈·남용에 해당하여 위법하다고 보아야 한다.

[8] 병무청장이 법무부장관에게 '가수 갑이 공연을 위하여 국외여행허가를 받고 출국한 후 미국 시민권을 취득함으로써 사실상 병역의무를 면탈하였다'는 이유로 입국 금지를 요청함에 따라 법무부장관이 갑의 입국금지결정을 하였는데, 갑이 재외공관의 장에게 재외동포(F-4) 체류자격의 사증발급을 신청하자 재외공관장이 처분이유를 기재한 사증발급 거부처분서를 작성해 주지 않은 채 갑의 아버지에게 전화로 사증발급이 불허되었다고 통보한 사안에서, 사증발급 거부처분에는 행정절차법 제24조 제1항을 위반한 하자가 있고, 재외공관장이 13년 7개월 전에 입국금지결정이 있었다는 이유만으로 그에 구속되어 사증발급 거부처분을 한 것이 비례의 원칙에 반하는 것인지 판단했어야 함에도, 입국금지결정에 따라 사증발급 거부처분을 한 것이 적법하다고 본 원심판단에 법리를 오해한 잘못이 있다고 한 사례

제주일보사 사건

□ 대법원 2019. 8. 30. 선고 2018두47189 판결

[사실관계]

원고(주식회사 제주일보)는 주식회사 제주일보사(이하 '제주일보사'라 한다)로부터 '제주일보' 명칭 사용을 허락받아 「신문 등의 진흥에 관한 법률」(이하 '신문법'이라 한다)에 따라 등록관청인 피고에게 신문의 명칭 등을 등록하고 제주일보를 발행하였다. 그 후 피고보조참가인(주식회사 제주일보방송, 이하 '참가인'이라 한다)이 제주일보사의 사업을 양수하였음을 원인으로 하여 사업자 지위승계신고를 하자, 피고(제주특별자치도지사)는 이를 수리하고 제주일보의 발행인·편집인 등에 관하여 변경등록을 하였다. 원고가 위와 같은 사업자 지위승계신고수리와 신문사업변경등록에 대한 무효확인이나 취소를 구할 법률상 이익이 있는지 여부가 이 사건 쟁점이다.

[판결요지]

[1] 행정처분에 대한 취소소송에서 원고적격은 취소를 구할 법률상 이익이 있는지에 따라 결정되는지 여부(적극) 및 이때 '법률상 이익'의 의미

행정처분에 대한 취소소송에서 원고적격은 해당 처분의 상대방인지 여부가 아니라 그 취소를 구할 법률상 이익이 있는지 여부에 따라 결정된다. 여기에서 말하는 법률상 이익이란 해당 처분의 근거 법률로 보호되는 직접적이고 구체적인 이익을 가리키고, 간접적이거나 사실적·경제적 이해관계를 가지는 데 불과한 경우는 포함되지 않는다.

[2] 신문 등의 진흥에 관한 법률상 관할 시·도지사가 하는 신문 등록의 법적 성격(=행정처분)

신문을 발행하려는 자는 신문의 명칭('제호'라는 용어를 사용하기도 한다) 등을 주사무소 소재지를 관할하는 시·도지사(이하 '등록관청'이라 한다)에게 등록하여야 하고, 등록을 하지 않고 신문을 발행한 자에게는 2천만 원 이하의 과태료가 부과된다(신문 등의 진흥에 관한 법률 제9조 제1항, 제39조 제1항 제1호). 따라서 <u>등록관청이 하는 신문의 등록은 신문을 적법하게 발행할 수 있도록 하는 행정처분에 해당한다.</u>

[3] 신문 등의 진흥에 관한 법률상 등록에 따라 인정되는 신문사업자의 지위는 사법상 권리인 '특정 명칭의 사용권'과 구별되는 직접적·구체적 이익인지 여부(적극)

신문 등의 진흥에 관한 법률(이하 '신문법'이라 한다)상 신문 등록의 법적 성격, 동일 명칭 이중등록 금지의 내용과 취지 등을 종합하면, 신문의 등록은 단순히 명칭 등을 공적 장부에 등재하여 일반에 공시하는 것에 그치는 것이 아니라 신문사업자에게 등록한 특정 명칭으로 신문을 발행할 수 있도록 하는 것이고, 이처럼 신문법상 등록에 따라 인정되는 신문사업자의 지위는 사법상 권리인 '특정 명칭의 사용권' 자체와는 구별된다.

[4] 이미 등록된 신문의 사업자와 새로운 신문사업자 사이에 명칭 사용 허락과 관련하여 민사상 분쟁이 있는 경우 이를 이유로 등록관청이 신규사업자의 신문 등록을 직권으로 취소·철회할 수 있는지 여부(소극) 및 신규사업자의 신문 등의 진흥에 관한 법률상 지위는 법원의 판단이 있기 전까지 존속하는지 여부(적극)

이미 등록된 신문의 사업자(이하 '기존사업자'라 한다)가 새로운 신문사업자(이하 '신규사업자'라 한다)와 체결한 '명칭 사용 허락에 관한 약정'의 무효, 취소 또는 해지를 주장하거나 허락기간의 종료를 주장하고 신규사업자가 이를 다툼으로써 기존사업자와 신규사업자 모두 적법하게 등록한 동일한 명칭으로 신문을 발행하려고 하는 상황이 발생할 수 있다. 신문 등의 진흥에 관한 법률(이하 '신문법'이라 한다)은 이처럼 동일한 명칭의 신문이 이중으로 등록되어 두 명 이상의 신문사업자가 신문을 발행하려고 하는 경우 이중등록의 효력 또는 이중으로 등록한 신규사업자에 대한 행정 조치에 관하여 직접적인 규정을 두고 있지 않다.

그러나 위와 같이 기존사업자와 신규사업자 사이에 명칭 사용 허락과 관련하여 민사상 분쟁이 있는 경우에는 이를 이유로 등록관청이 신규사업자의 신문 등록을 직권으로 취소·철회할 수는 없고, 그 다툼에 관한 법원의 판단을 기다려 그에 따라 등록취소 또는 변경등록 등의 행정 조치를 할 수 있을 뿐이며, 법원의 판단이 있기 전까지 신규사업자의 신문법상 지위는 존속한다고 보아야 한다.

[5] 갑 주식회사로부터 '제주일보' 명칭 사용을 허락받아 신문 등의 진흥에 관한 법률에 따라 등록관청인 도지사에게 신문의 명칭 등을 등록하고 제주일보를 발행하고 있던 을 주식회사가, 병 주식회사가 갑 회사의 사업을 양수하였음을 원인으로 하여 사업자 지위승계신고 및 그에 따른 발행인·편집인 등의 등록사항 변경을 신청한 데 대하여 도지사가 이를 수리하고 변경등록을 하자, 사업자 지위승계신고 수리와 신문사업변경등록에 대한 무효확인 또는 취소를 구하는 소를 제기한 사안에서, 위 처분은 을 회사가 '제주일보' 명칭으로 신문을 발행할 수 있는 신문 등의 진흥에 관한 법률상 지위를 불안정하게 만드는 것이므로, 을 회사에 무효확인 또는 취소를 구할 법률상 이익이 인정된다고 한 사례.

갑 주식회사로부터 '제주일보' 명칭 사용을 허락받아 신문 등의 진흥에 관한 법률(이하 '신문법'이라 한다)에 따라 등록관청인 도지사에게 신문의 명칭 등을 등록하고 제주일보를 발행하고 있던 을 주식회사가, 병 주식회사가 갑 회사의 사업을 양수하였음을 원인으로 하여 사업자 지위승계신고 및 그에 따른 발행인·편집인 등의 등록사항 변경을 신청한 데 대하여 도지사가 이를 수리하고 변경등록을 하자, 사업자 지위승계신고 수리와 신문사업변경등록에 대한 무효확인 또는 취소를 구하는 소를 제기한 사안에서, 신문사업자의 지위는 신문법상 등록에 따라 보호되는 직접적·구체적인 이익으로 사법상 '특정 명칭의 사용권'과 구별되고, 갑 회사와 을 회사 사이에 신문의 명칭 사용 허락과 관련하여 민사상 분쟁이 있더라도 법원의 판단이 있기 전까지 을 회사의 신문법상 지위는 존재하기 때문에, 위 처분은 을 회사가 '제주일보' 명칭으로 신문을 발행할 수 있는 신문법상 지위를 불안정하게 만드는 것이므로, 을 회사에는 무효확인 또는 취소를 구할 법률상 이익이 인정된다는 이유로, 이와 달리 사법상 권리를 상실하면 신문법상 지위도 당연히 소멸한다는 전제에서 을 회사의 원고적격을 부정한 원심판단에 법리를 오해한 잘못이 있다고 한 사례.

교장승진임용 인사발령제외 사건

□ 대법원 2018. 3. 27. 선고 2015두47492 판결

[사실관계]

원고는 1979. 3. 1. 초등학교 교사로 임용된 후 2011. 9. 1. 교감으로 승진임용되어 ○○△△초등학교 교감으로 재직 중이던 교육공무원이다. 원고는 2013. 10. 21.부터 2013. 11. 15.까지 '2013학년도 제6차 초등교장 자격연수'를 받았다. ○○광역시교육감은 매년 1. 31.을 기준으로 경력, 근무성적, 연수성적을 평정하여 그 평정점을 합산한 점수가 높은 승진후보자의 순서대로 승진후보자 명부를 작성하였는데, 2014학년도 ○○광역시교육청 관내 초등학교 교장 승진예정인원은 14명이었고, ○○광역시교육감이 2014. 1. 31. 작성한 '교육공무원(초등학교 교장) 승진후보자 명부'에는 원고가 순위 10번으로 등재되어 있다.

대통령은 2014. 3. 1. ○○광역시교육청 관내 초등학교 교장 14명을 승진임용하였는데, 원고는 그중에 포함되지 않았다. 소청심사를 통해 권리구제를 받지 못한 원고는 대통령에 의한 처분을 소속 장관의 처분으로 본다는 국가공무원법 제16조 제2항에 따라 교육부장관을 피고로 하여 취소소송을 제기하였다.

[판결요지]

[1] 항고소송의 원고적격 및 불이익처분의 상대방에게 원고적격이 인정되는지 여부(적극)

항고소송은 처분 등의 취소 또는 무효확인을 구할 법률상 이익이 있는 자가 제기할 수 있고(행정소송법 제12조, 제35조), 불이익처분의 상대방은 직접 개인적 이익의 침해를 받은 자로서 원고적격이 인정된다.

[2] 교육공무원법상 승진후보자 명부에 의한 승진심사 방식으로 행해지는 승진임용에서 승진후보자 명부에 포함되어 있던 후보자를 승진임용인사발령에서 제외하는 행위가 항고소송의 대상인 처분에 해당하는지 여부(적극) / 승진후보자 명부에 포함된 후보자를 승진임용에서 제외하는 결정이 공무원의 자격을 정한 관련 법령 규정에 위반되지 아니하고 사회통념상 합리성을 갖춘 사유에 따른 것이라는 주장·증명이 있는 경우, 쉽게 위법하다고 판단할 수 있는지 여부(소극)

교육공무원법 제29조의2 제1항, 제13조, 제14조 제1항, 제2항, 교육공무원 승진규정 제1조, 제2조 제1항 제1호, 제40조 제1항, 교육공무원임용령 제14조 제1항, 제16조 제1항에 따르면 임용권자는 3배수의 범위 안에 들어간 후보자들을 대상으로 승진임용 여부를 심사하여야 하고, 이에 따라 승진후보자 명부에 포함된 후보자는 임용권자로부터 정당한 심사를 받게 될 것에 관한 절차적 기대를 하게 된다. 그런데 임용권자 등이 자의적인 이유로 승진후보자 명부에 포함된 후보자를 승진임용에서 제외하는 처분을 한 경우에, 이러한 승진임용제외처분을 항고소송의 대상이 되는 처분으로 보지 않는다면, 달리 이에 대하여는 불복하여 침해된 권리 또는 법률상 이익을 구제받을 방법이 없다. 따라서 교육공무원법상 승진후보자 명부에 의한 승진심사 방식으로 행해지는 승진임용에서 승진후보자 명부에 포함되어 있던 후보자를 승진임용인사발령에서 제외하는 행위는 불이익처분으로서 항고소송의 대상인 처분에 해당한다고 보아야 한다.

다만 교육부장관은 승진후보자 명부에 포함된 후보자들에 대하여 일정한 심사를 진행하여 임용제청 여부를 결정할 수 있고 승진후보자 명부에 포함된 특정 후보자를 반드시 임용제청을 하여야 하는 것은 아니며,

또한 교육부장관이 임용제청을 한 후보자라고 하더라도 임용권자인 대통령이 반드시 승진임용을 하여야 하는 것도 아니다. 이처럼 공무원 승진임용에 관해서는 임용권자에게 일반 국민에 대한 행정처분이나 공무원에 대한 징계처분에서와는 비교할 수 없을 정도의 광범위한 재량이 부여되어 있다. 따라서 승진후보자 명부에 포함된 후보자를 승진임용에서 제외하는 결정이 공무원의 자격을 정한 관련 법령 규정에 위반되지 아니하고 사회통념상 합리성을 갖춘 사유에 따른 것이라는 주장·증명이 있다면 쉽사리 위법하다고 판단하여서는 아니 된다.

[참고판례]

□ 시험승진후보자명부에서 삭제한 행위는 행정처분이 되지 않는다.

구 경찰공무원법 제11조 제2항, 제13조 제1항, 제2항, 경찰공무원승진임용규정 제36조 제1항, 제2항에 의하면, 경정 이하 계급에의 승진에 있어서는 승진심사와 함께 승진시험을 병행할 수 있고, 승진시험에 합격한 자는 시험승진후보자명부에 등재하여 그 등재순위에 따라 승진하도록 되어 있으며, 같은 규정 제36조 제3항에 의하면 시험승진후보자명부에 등재된 자가 승진임용되기 전에 감봉 이상의 징계처분을 받은 경우에는 임용권자 또는 임용제청권자가 위 징계처분을 받은 자를 시험승진후보자명부에서 삭제하도록 되어 있는바, 이처럼 시험승진후보자명부에 등재되어 있던 자가 그 명부에서 삭제됨으로써 승진임용의 대상에서 제외되었다 하더라도, 그와 같은 시험승진후보자명부에서의 삭제행위는 결국 그 명부에 등재된 자에 대한 승진 여부를 결정하기 위한 행정청 내부의 준비과정에 불과하고, 그 자체가 어떠한 권리나 의무를 설정하거나 법률상 이익에 직접적인 변동을 초래하는 별도의 행정처분이 된다고 할 수 없다(대법원 1997. 11. 14. 선고 97누7325 판결).

독립유공자 서훈취소결정 사건

□ 대법원 2014. 9. 26. 선고 2013두2518 판결

[사실관계]

피고(국가보훈처장)는 1962년 건국훈장 독립장이 수여된 망인에 대하여 일제의 식민지정책을 미화·장려하는 글을 게재하는 등의 친일행적이 확인되었다는 이유로 당시 행정안전부장관에게 망인에 대한 서훈취소에 관한 의안을 국무회의에 제출할 것을 요청하였고, 이에 따라 당시 행정안전부장관이 망인에 대한 서훈취소에 관한 의안을 국무회의에 제출하여 2011. 4. 5. 국무회의에서 망인에 대한 서훈취소가 의결되었으며, 대통령이 2011. 4. 6. 그 서훈취소 문서에 결재함으로써 망인에 대한 서훈취소가 결정되었다. 그 후 피고는 2011. 4. 19. 위 서훈취소에 따라 훈장 등을 환수조치하여 달라는 당시 행정안전부장관의 요청을 받고 망인의 유족인 원고에게 '독립유공자 서훈취소결정 통보'(이하 '이 사건 통보'라고 한다)를 하였다. 이 사건 통보서에는 "망인의 공적에 중대한 흠결이 있는 것이 확인되어 상훈업무를 주관하는 행정안전부에 상훈취소를 요청하였습니다. 이에 2011. 4. 5. 국무회의의 의결을 거쳐 2011. 4. 6. 망인의 서훈이 취소 결정되었음을 알려드립니다."라는 내용과 함께 기존에 전수된 건국훈장 독립장 및 훈장증의 반환을 요구하는 취지가 기재되어 있었다.

이에 원고는 독립유공자서훈취소결정이 무효임을 확인하는 소송을 법원에 제기하였다.

[판결요지]

[1] 망인에게 수여된 서훈을 취소하는 경우, 유족이 서훈취소 처분의 상대방이 되는지 여부(소극) 및 망인에 대한 서훈취소 결정의 효력이 발생하기 위한 요건

헌법 제11조 제3항과 구 상훈법 제2조, 제33조, 제34조, 제39조의 규정 취지에 의하면, 서훈은 서훈대상자의 특별한 공적에 의하여 수여되는 고도의 일신전속적 성격을 가지는 것이다. 나아가 서훈은 단순히 서훈대상자 본인에 대한 수혜적 행위로서의 성격만을 가지는 것이 아니라, 국가에 뚜렷한 공적을 세운 사람에게 영예를 부여함으로써 국민 일반에 대하여 국가와 민족에 대한 자긍심을 높이고 국가적 가치를 통합·제시하는 행위의 성격도 있다. 서훈의 이러한 특수성으로 말미암아 상훈법은 일반적인 행정행위와 달리 사망한 사람에 대하여도 그의 공적을 영예의 대상으로 삼아 서훈을 수여할 수 있도록 규정하고 있다. 그러나 그러한 경우에도 서훈은 어디까지나 서훈대상자 본인의 공적과 영예를 기리기 위한 것이므로 비록 유족이라고 하더라도 제3자는 서훈수여 처분의 상대방이 될 수 없고, 구 상훈법 제33조, 제34조 등에 따라 망인을 대신하여 단지 사실행위로서 훈장 등을 교부받거나 보관할 수 있는 지위에 있을 뿐이다. 이러한 서훈의 일신전속적 성격은 서훈취소의 경우에도 마찬가지이므로, 망인에게 수여된 서훈의 취소에서도 유족은 그 처분의 상대방이 되는 것이 아니다.

이와 같이 망인에 대한 서훈취소는 유족에 대한 것이 아니므로 유족에 대한 통지에 의해서만 성립하여 효력이 발생한다고 볼 수 없고, 그 결정이 처분권자의 의사에 따라 상당한 방법으로 대외적으로 표시됨으로써 행정행위로서 성립하여 효력이 발생한다고 봄이 타당하다.

[2] 국무회의에서 건국훈장 독립장이 수여된 망인에 대한 서훈취소를 의결하고 대통령이 결재함으로써 서훈취소가 결정된 후 국가보훈처장이 망인의 유족 갑에게 '독립유공자 서훈취소결정 통보'를 하자 갑이 국가보훈처장을 상대로 서훈취소결정의 무효확인 등의 소를 제기한 사안에서, 위 소는 피고를 잘못 지정하였다고 한 사례

국무회의에서 건국훈장 독립장이 수여된 망인에 대한 서훈취소를 의결하고 대통령이 결재함으로써 서훈취소가 결정된 후 국가보훈처장이 망인의 유족 갑에게 '독립유공자 서훈취소결정 통보'를 하자 갑이 국가보훈처장을 상대로 서훈취소결정의 무효 확인 등의 소를 제기한 사안에서, 갑이 서훈취소 처분을 행한 행정청(대통령)이 아니라 국가보훈처장을 상대로 제기한 위 소는 피고를 잘못 지정한 경우에 해당하므로, 법원으로서는 석명권을 행사하여 정당한 피고로 경정하게 하여 소송을 진행해야 함에도 국가보훈처장이 서훈취소 처분을 한 것을 전제로 처분의 적법 여부를 판단한 원심판결에 법리오해 등의 잘못이 있다고 한 사례.

[참고판례]

☐ 서훈수여는 통치행위에 해당하지만 서훈취소는 통치행위가 아니다.

구 상훈법 제8조는 서훈취소의 요건을 구체적으로 명시하고 있고 절차에 관하여 상세하게 규정하고 있다. 그리고 서훈취소는 서훈수여의 경우와는 달리 이미 발생된 서훈대상자 등의 권리 등에 영향을 미치는 행위로서 관련 당사자에게 미치는 불이익의 내용과 정도 등을 고려하면 사법심사의 필요성이 크다. 따라서 기본권의 보장 및 법치주의의 이념에 비추어 보면, 비록 서훈취소가 대통령이 국가원수로서 행하는 행위라고 하더라도 법원이 사법심사를 자제하여야 할 고도의 정치성을 띤 행위라고 볼 수는 없다(대법원 2015. 4. 23. 선고 2012두26920 판결).

대형마트 영업시간제한 및 의무휴업일지정 사건

□ 대법원 2015. 11. 19. 선고 2015두295 전원합의체 판결

[사실관계]

대형유통업체와 전통시장 및 중소유통업체 간의 균형발전을 위하여 조례로 대형마트와 준대규모점포의 영업시간을 제한하거나 의무 휴업일을 지정할 수 있다는 내용의 유통산업발전법에 따라 동대문구 의회는 매일 자정부터 오전 8시까지 영업시간을 제한하고 매월 둘째, 넷째 주 일요일을 의무 휴업일로 하는 내용의 조례안을 의결하였다. 이에 대해 서울시장은 위 조례안의 내용 중 영업시간 제한 부분이 규제의 실질이 거의 없다는 점을 지적하면서 동대문구청장에게 재의를 요구를 지시했고, 동대문구청장은 이에 따라 재의요구를 하였으나 동대문구 의회는 종전과 같은 의결을 하여 위 조례안은 확정되었다. 위 조례에 따라 동대문구청장은 2012. 11. 14. 관내에서 대형마트와 준대규모점포를 운영하는 L회사, E회사, H회사에 대하여 그들이 운영하는 점포의 영업제한 시간을 오전 0시부터 오전 8시까지로 정하고(이하 '영업시간 제한 부분'이라 한다) 매월 둘째 주와 넷째 주 일요일을 의무휴업일로 지정하는(이하 '의무휴업일 지정 부분'이라 한다) 내용의 처분을 하였다. 이에 대하여 L회사, E회사, H회사들은 위 처분에 대한 취소를 구하는 소를 서울행정법원에 제기하였고, 이 소송 계속 중 동대문구 의회가 영업시간 제한 부분을 오전 0시부터 오전 10시까지로 변경하는 내용의 조례를 통과시키자 이에 따라 2014. 8. 25. 동대문구청장은 위 원고들을 상대로 영업시간 제한 부분의 시간을 '오전 0시부터 오전 10시'까지로 변경하되, 의무휴업일은 종전과 동일하게 유지하는 내용의 처분(이하 '2014. 8. 25.자 처분'이라 한다)을 다시 하였다.

[판결요지]

[1] 기존의 행정처분을 변경하는 후속처분의 내용이 종전처분의 유효를 전제로 내용 중 일부만을 추가·철회·변경하는 것이고 그 부분이 내용과 성질상 나머지 부분과 불가분적인 것이 아닌 경우, 종전처분이 항고소송의 대상이 된다.

기존의 행정처분을 변경하는 내용의 행정처분이 뒤따르는 경우, 후속처분이 종전처분을 완전히 대체하는 것이거나 주요 부분을 실질적으로 변경하는 내용인 경우에는 특별한 사정이 없는 한 종전처분은 효력을 상실하고 후속처분만이 항고소송의 대상이 되지만, 후속처분의 내용이 종전처분의 유효를 전제로 내용 중 일부만을 추가·철회·변경하는 것이고 추가·철회·변경된 부분이 내용과 성질상 나머지 부분과 불가분적인 것이 아닌 경우에는, 후속처분에도 불구하고 종전처분이 여전히 항고소송의 대상이 된다. 따라서 종전처분을 변경하는 내용의 후속처분이 있는 경우 법원으로서는, 후속처분의 내용이 종전처분 전체를 대체하거나 주요 부분을 실질적으로 변경하는 것인지, 후속처분에서 추가·철회·변경된 부분의 내용과 성질상 나머지 부분과 가분적인지 등을 살펴 항고소송의 대상이 되는 행정처분을 확정하여야 한다.

원심판결 이유 및 기록에 의하면, 피고 동대문구청장은 2012. 11. 14. 원고 롯데쇼핑 주식회사, 주식회사 에브리데이리테일, 주식회사 이마트, 홈플러스 주식회사, 홈플러스스토어즈 주식회사(변경 전 상호: 홈플러스테스코 주식회사, 이하 같다)에 대하여 그들이 운영하는 서울특별시 동대문구 내 대형마트 및 준대규모점포의 영업제한 시간을 오전 0시부터 오전 8시까지로 정하고(이하 '영업시간 제한 부분'이라 한다) 매월 둘째 주와 넷째 주 일요일을 의무휴업일로 지정하는(이하 '의무휴업일 지정 부분'이라 한다) 내용의 처분을 한 사실, 위 처분의 취

소를 구하는 소송이 이 사건 원심에 계속 중이던 2014. 8. 25. 위 피고는 위 원고들을 상대로 영업시간 제한 부분의 시간을 '오전 0시부터 오전 10시'까지로 변경하되, 의무휴업일은 종전과 동일하게 유지하는 내용의 처분(이하 '2014. 8. 25.자 처분'이라 한다)을 한 사실을 알 수 있다. 이러한 사실관계를 앞서 본 법리에 비추어 보면, 2014. 8. 25.자 처분은 종전처분 전체를 대체하거나 그 주요 부분을 실질적으로 변경하는 내용이 아니라, 의무휴업일 지정 부분을 그대로 유지한 채 영업시간 제한 부분만을 일부 변경하는 것으로서, 2014. 8. 25.자 처분에 따라 추가된 영업시간 제한 부분은 그 성질상 종전처분과 가분적인 것으로 여겨진다. 따라서 2014. 8. 25.자 처분으로 종전처분이 소멸하였다고 볼 수는 없고, 종전처분과 그 유효를 전제로 한 2014. 8. 25.자 처분이 병존하면서 위 원고들에 대한 규제 내용을 형성한다고 할 것이다.

[2] 구 유통산업발전법 제12조의2 제1항, 제2항, 제3항에 따라 영업시간 제한 등 규제 대상이 되는 대형마트에 해당하는지는 개설 등록된 형식에 따라 대규모점포를 일체로서 판단해야 하는지 여부(원칙적 적극)

구 유통산업발전법 제2조 제3호, 제3의2호, 제8조 제1항, 제12조의2 제1항, 제2항, 제3항, 구 유통산업발전법 시행령제3조 제1항 [별표 1], 제7조의2의 내용과 체계, 구 유통산업발전법의 입법 목적 등과 아울러, 구 유통산업발전법 제12조의2 제1항, 제2항, 제3항은 기존의 대규모점포의 등록된 유형 구분을 전제로 '대형마트로 등록된 대규모점포'를 일체로서 규제 대상으로 삼고자 하는 데 취지가 있는 점, 대규모점포의 개설 등록은 이른바 '수리를 요하는 신고'로서 행정처분에 해당하고 등록은 구체적 유형 구분에 따라 이루어지므로, 등록의 효력은 대규모점포가 구체적으로 어떠한 유형에 속하는지에 관하여도 미치는 점, 따라서 대규모점포가 대형마트로 개설 등록되었다면 점포의 유형을 포함한 등록내용이 대규모점포를 개설하고자 하는 자의 신청 등에 따라 변경등록되지 않는 이상 대규모점포를 개설하고자 하는 자 등에 대한 구속력을 가지는 점 등에 비추어 보면, 구 유통산업발전법 제12조의2 제1항, 제2항, 제3항에 따라 영업시간 제한 등 규제 대상이 되는 대형마트에 해당하는지는, 일단 대형마트로 개설 등록되었다면 특별한 사정이 없는 한, 개설 등록된 형식에 따라 대규모점포를 일체로서 판단하여야 하고, 대규모점포를 구성하는 개별 점포의 실질이 대형마트의 요건에 부합하는지를 다시 살필 것은 아니다.

> **기출문제**
>
> **사시17** A도 B군의 군수 乙은 대형마트를 유치하기 위하여 대규모점포를 개설등록하면 법률상 재량을 행사하여 일체의 영업시간 제한이나 의무휴업일 지정을 하지 않겠다고 甲에게 약속하였다. 이 말을 믿은 甲은 乙에게 대규모점포의 개설등록을 신청하였고, 개설등록이 되었다. 그런데 개설등록 이후 乙은 오전 0시부터 오전 8시까지 영업시간을 제한하고 매월 둘째 주와 넷째 주 일요일을 의무휴업일로 지정하는 내용의 처분(이하 '제1차 처분'이라 한다)을 하였다. 이에 甲은 이 처분에 대해 취소소송을 제기하였다. 그런데 취소소송의 계속 중에 乙이 영업제한시간을 오전 0시부터 오전 10시까지로 변경하되, 의무휴업일은 종전과 동일하게 유지하는 것을 내용으로 하는 처분(이하 '제2차 처분'이라 한다)을 하였다.
>
> 1. 「유통산업발전법」상 대규모점포 개설등록의 법적 성격을 검토하시오. **(10점)** - 수리를 요하는 신고로서 행정처분
> 3. 제2차 처분으로 제1차 처분은 소멸되었으므로 甲이 제기한 취소소송은 부적법하다는 乙 주장의 당부를 검토하시오. **(10점)** - 변경처분의 경우 취소소송의 대상

용화집단시설지구 기본설계변경승인처분 사건

□ 대법원 2001. 7. 27. 선고 99두2970 판결

〔사실관계〕

국립공원의 관리청인 내무부장관이 피고보조참가인(속리산국립공원 용화온천집단시설지구지주조합)의 신청에 따라, 속리산국립공원 용화집단시설지구 내 시설물기본설계를 승인하는 처분(이하 '이 사건 당초처분')을 하였는데, 그 후 피고 乙(환경처장관)의 회신에 따라 내무부장관은 乙과 환경영향평가협의를 한 후, 시설물기본설계의 기준을 강화하는 내용의 기본설계변경승인처분(이하 '이 사건 변경처분'이라고 한다)을 하였다. 그 후 국립공원관리공단이사장이 참가인에게 용화집단시설지구기반조성 공원사업시행을 허가(이하 '이 사건 허가처분'이라 한다)하였다.

그런데 위 집단시설지구로부터 약 2km 정도 떨어진 지역에 거주하는 주민들인 원고 甲들이 이 사건 변경처분과 공단이사장의 위 공원사업시행허가처분의 각 취소를 구하는 행정심판을 제기하였다. 이에 대하여 재결청인 내무부장관은 1997. 3. 26. 공단이사장의 위 허가처분을 취소한다는 내용의 재결(인용재결) 및 이 사건 변경처분이 취소되면 이 사건 당초처분의 효력이 살아나게 되어 행정심판청구인들에게 더욱 불리한 결과를 초래하게 되고 또 내무부장관이 공단이사장의 공원사업시행허가처분을 취소하는 내용의 재결을 함으로써 이 사건 공원사업시행을 막으려는 행정심판청구인들의 목적이 실질적으로 대부분 달성되었으므로 이 사건 변경처분의 취소를 구할 이익도 없다는 등의 이유로 이 사건 변경처분에 대한 심판청구를 각하하는 내용의 재결(각하재결)을 하였다.

이에 원고들은 각하재결의 취소를 구하는 소송을 제기하였다.

〔판결요지〕

[1] 환경영향평가대상사업에 해당하는 국립공원 집단시설지구개발사업에 있어 그 시설물기본설계 변경승인처분 등과 관련하여 환경영향평가대상지역 안의 주민들이 갖고 있는 환경상의 이익이 주민 개개인에 대하여 개별적으로 보호되는 직접적·구체적인 이익인지 여부(적극) 및 위 주민들에게 그 이익의 침해를 이유로 그 처분 등의 취소를 구할 원고적격이 있는지 여부(적극)

구 자연공원법, 같은법시행령, 같은법시행규칙, 그리고 구 환경영향평가법, 같은법시행령의 각 관련 규정에 의하면, 이 사건 용화집단시설지구개발사업은 조성면적이 10만㎡ 이상이어서 환경영향평가대상사업에 해당하므로 피고가 이 사건 변경처분 등을 함에 있어서는 반드시 자연공원법령 및 환경영향평가법령 소정의 환경영향평가를 거쳐서 그 환경영향평가의 협의내용을 사업계획에 반영시키도록 하여야 한다.

따라서 자연공원법령뿐 아니라, 환경영향평가법령도 이 사건 변경처분 등에 직접적인 영향을 미치는 근거법령이 된다고 볼 수밖에 없고, 환경영향평가에 관한 위 자연공원법령 및 환경영향평가법령상의 관련 규정의 취지는 집단시설지구개발사업으로 인하여 직접적이고 중대한 환경피해를 입으리라고 예상되는 환경영향평가대상지역 안의 주민들이 개발 전과 비교하여 수인한도를 넘는 환경침해를 받지 아니하고 쾌적한 환경에서 생활할 수 있는 개별적 이익까지도 이를 보호하려는 데에 있다 할 것이므로, 위 주민들이 이 사건 변경처분과 관련하여 갖고 있는 위와 같은 환경상의 이익은 주민 개개인에 대하여 개별적으로 보호되

는 직접적·구체적인 이익이라고 보아야 할 것이어서, 이 사건 용화집단시설지구개발사업으로 인하여 직접적이고 중대한 환경피해를 입으리라고 예상되는 환경영향평가대상지역 안의 주민들이 누리고 있는 환경상의 이익이 이 사건 변경처분으로 인하여 침해되거나 침해될 우려가 있는 경우에는 그 주민들에게 이 사건 변경처분과 그 변경처분의 취소를 구하는 행정심판청구를 각하한 이 사건 재결의 취소를 구할 원고적격이 있다고 보아야 할 것이다.

[2] 자연공원사업의 시행에 있어 그 공원시설기본설계 및 변경설계승인의 법적 성질(=재량행위)과 이에 대한 법원의 사법심사의 대상(=재량권 일탈·남용의 위법 유무) 및 행정청의 재량행위가 사실오인 등에 근거한 경우, 재량권 일탈·남용에 해당하여 위법한지 여부(적극)

자연공원사업의 시행은 국토 및 자연의 유지와 환경의 보전에 영향을 미치는 행위로서 그 공원시설기본설계 및 변경설계의 승인 여부는 사업장소의 현상과 위치 및 주위의 상황, 사업시행의 시기 및 주체의 적정성, 사업계획에 나타난 사업의 내용, 규모, 방법과 그것이 자연 및 환경에 미치는 영향 등을 종합적으로 고려하여 결정하여야 하는 일종의 재량행위에 속한다고 할 것이고, 위와 같은 재량행위에 대한 법원의 사법심사는 당해 행위가 사실오인, 비례·평등의 원칙 위배, 당해 행위의 목적 위반이나 부정한 동기 등에 근거하여 이루어짐으로써 재량권을 일탈·남용한 위법이 있는지 여부만을 심사하게 되는 것이나, 법원의 심사결과 행정청의 재량행위가 사실오인 등에 근거한 것이라고 인정된다면 이는 재량권을 일탈·남용한 것으로서 위법하여 그 취소를 면치 못한다 할 것이다.

내무부장관이 이 사건 변경처분을 함에 있어서 피고와의 협의를 거친 이상, 환경영향평가서의 내용이 환경영향평가제도를 둔 입법 취지를 달성할 수 없을 정도로 심히 부실하다는 등의 특별한 사정이 없는 한, 내무부장관이 피고의 환경영향평가에 대한 의견에 반하는 처분을 하였다고 하여 그 처분이 위법하다고 할 수는 없고, 따라서 피고가 이 사건 사업에 관한 부정적인 의견을 회신하였음에도 내무부장관이 이 사건 변경처분을 한 것은 환경영향평가 협의내용을 제대로 반영하지 않은 것으로서 자연공원법령 및 환경영향평가법령에 위배한 하자가 있다는 취지의 원심 판단 부분은 그 설시과정이 다소 적절하지 않다고 보인다.

[3] 행정소송법 제19조 소정의 '재결 자체에 고유한 위법'의 의미 및 적법한 행정심판청구를 각하한 재결은 재결 자체에 고유한 위법이 있는 경우에 해당하는지 여부(적극)

행정소송법 제19조에 의하면 행정심판에 대한 재결에 대하여도 그 재결 자체에 고유한 위법이 있음을 이유로 하는 경우에는 항고소송을 제기하여 그 취소를 구할 수 있고, 여기에서 말하는 '재결 자체에 고유한 위법'이란 그 재결자체에 주체, 절차, 형식 또는 내용상의 위법이 있는 경우를 의미하는데, 행정심판청구가 부적법하지 않음에도 각하한 재결은 심판청구인의 실체심리를 받을 권리를 박탈한 것으로서 원처분에 없는 고유한 하자가 있는 경우에 해당하고, 따라서 위 재결은 취소소송의 대상이 된다고 할 것이다.

착공계획서수리 사건

□ 대법원 2001. 5. 29. 선고 99두10292 판결

〔사실관계〕

원고(한국남용개발 주식회사)는 골프장사업계획승인을 받았다. 이후 원고는 착공계획서를 제출하였고 경기도지사는 이를 수리한다는 통보(수리처분)를 하였다. 이에 대해 인근주민들이 수리처분의 취소를 구하는 행정심판을 제기하였고, 피고(문화관광부장관)는 수리처분을 취소하는 재결을 하였다.
이에 원고는 "피고가 원고에 대한 착공계획서수리처분을 취소한 재결을 취소한다"는 취지의 판결을 구하는 소를 제기하였다.

〔판결요지〕

[1] 구 체육시설의설치·이용에관한법률상 등록체육시설업에 대한 사업계획의 승인을 얻은 자가 제출한 사업시설의 착공계획서를 행정청이 수리하고 이를 통보하는 행위가 항고소송이나 행정심판의 대상이 되는 행정처분인지 여부(소극)

구 체육시설의설치·이용에관한법률 제16조, 제34조, 같은법시행령 제16조의 규정을 종합하여 볼 때, 등록체육시설업에 대한 사업계획의 승인을 얻은 자는 규정된 기한 내에 사업시설의 착공계획서를 제출하고 그 수리 여부에 상관없이 설치공사에 착수하면 되는 것이지, 착공계획서가 수리되어야만 비로소 공사에 착수할 수 있다거나 그 밖에 착공계획서 제출 및 수리로 인하여 사업계획의 승인을 얻은 자에게 어떠한 권리를 설정하거나 의무를 부담케 하는 법률효과가 발생하는 것이 아니므로 행정청이 사업계획의 승인을 얻은 자의 착공계획서를 수리하고 이를 통보한 행위는 그 착공계획서 제출사실을 확인하는 사실행위에 불과하고 그를 항고소송이나 행정심판의 대상이 되는 행정처분으로 볼 수 없다.

[2] 제3자효를 수반하는 행정행위에 대한 행정심판청구에 있어서 그 청구를 인용하는 내용의 재결로 인하여 비로소 권리이익을 침해받게 되는 자가 그 인용재결에 대하여 취소를 구하는 경우, 그 인용재결이 항고소송의 대상이 되는지 여부(적극)

이른바 복효적 행정행위, 특히 제3자효를 수반하는 행정행위에 대한 행정심판청구에 있어서 그 청구를 인용하는 내용의 재결로 인하여 비로소 권리이익을 침해받게 되는 자는 그 인용재결에 대하여 다툴 필요가 있고, 그 인용재결은 원처분과 내용을 달리하는 것이므로 그 인용재결의 취소를 구하는 것은 원처분에는 없는 재결에 고유한 하자를 주장하는 셈이어서 당연히 항고소송의 대상이 된다.

[3] 행정청이 골프장 사업계획승인을 얻은 자의 사업시설 착공계획서를 수리한 것에 대하여 인근 주민들이 그 수리처분의 취소를 구하는 행정심판을 청구하자 재결청이 그 청구를 인용하여 수리처분을 취소하는 형성적 재결을 한 경우, 그 수리처분 취소 심판청구는 행정심판의 대상이 되지 아니하여 부적법 각하하여야 함에도 위 재결은 그 청구를 인용하여 수리처분을 취소하였으므로 재결 자체에 고유한 하자가 있다고 본 사례.

어업면허취소처분에 대한 취소재결 사건

□ 대법원 1995. 6. 13. 선고 94누15592 판결

[사실관계]

충청남도지사는 A에게 일정한 부관을 붙여 양식어업면허처분을 하였고, A가 위 부관을 위반하였다는 것을 이유로 위 어업면허를 취소하였다. 이에 A는 피고(수산청장)에 대하여 어업면허취소처분의 취소를 구하는 행정심판을 청구하였고, 피고는 이를 인용하는 재결을 하였다.
이에 원고는 재결처분의 취소를 구하는 소를 제기하였다.

[판결요지]

[1] 제3자효를 수반하는 행정행위에 대한 행정심판청구의 인용재결에 대하여 제3자가 재결취소를 구할 소의 이익이 있는지 여부

이른바 복효적 행정행위, 특히 제3자효를 수반하는 행정행위에 대한 행정심판청구에 있어서 그 청구를 인용하는 내용의 재결로 인하여 비로소 권리이익을 침해받게 되는 자(예컨대, 제3자가 행정심판청구인인 경우의 행정처분 상대방 또는 행정처분 상대방이 행정심판청구인인 경우의 제3자)는 재결의 당사자가 아니라고 하더라도 그 인용재결의 취소를 구하는 소를 제기할 수 있으나, 그 인용재결로 인하여 새로이 어떠한 권리이익도 침해받지 아니하는 자인 경우에는 그 재결의 취소를 구할 소의 이익이 없다.

[2] 어업면허취소처분에 대한 면허권자의 행정심판청구를 인용한 재결에 대하여 제3자가 재결취소를 구할 소의 이익이 없다고 본 사례

처분상대방이 아닌 제3자가 당초의 양식어업면허처분에 대하여는 아무런 불복조치를 취하지 않고 있다가 도지사가 그 어업면허를 취소하여 처분상대방인 면허권자가 그 어업면허취소처분의 취소를 구하는 행정심판을 제기하고 이에 재결기관인 수산청장이 그 심판청구를 인용하는 재결을 하자 비로소 그 제3자가 행정소송으로 그 인용재결을 다투고 있는 경우, 수산청장의 그 인용재결은 도지사의 어업면허취소로 인하여 상실된 면허권자의 어업면허권을 회복하여 주는 것에 불과할 뿐 인용재결로 인하여 제3자의 권리이익이 새로이 침해받는 것은 없고, 가사 그 인용재결로 인하여 그 면허권자의 어업면허가 회복됨으로써 그 제3자에 대하여 사실상 당초의 어업면허에 따른 효과와 같은 결과를 초래한다고 하더라도 이는 간접적이거나 사실적·경제적인 이해관계에 불과하므로, 그 제3자는 인용재결의 취소를 구할 소의 이익이 없다고 본 사례.

[유사판례]

□ 당사자의 신청을 받아들이지 않은 거부처분이 재결에서 취소된 경우, 재결의 취소를 구할 법률상 이익이 없다.

행정청이 한 처분 등의 취소를 구하는 소송은 처분에 의하여 발생한 위법 상태를 배제하여 원래 상태로 회복시키고 처분으로 침해된 권리나 이익을 구제하고자 하는 것이다. 따라서 해당 처분 등의 취소를 구하는 것보다 실효적이고 직접적인 구제수단이 있음에도 처분 등의 취소를 구하는 것은 특별한 사정이 없는 한

분쟁해결의 유효적절한 수단이라고 할 수 없어 법률상 이익이 있다고 할 수 없다.

그런데 당사자의 신청을 받아들이지 않은 거부처분이 재결에서 취소된 경우에 행정청은 종전 거부처분 또는 재결 후에 발생한 새로운 사유를 내세워 다시 거부처분을 할 수 있다. 그 재결의 취지에 따라 이전의 신청에 대하여 다시 어떠한 처분을 하여야 할지는 처분을 할 때의 법령과 사실을 기준으로 판단하여야 하기 때문이다. 또한 행정청이 재결에 따라 이전의 신청을 받아들이는 후속처분을 하였더라도 후속처분이 위법한 경우에는 재결에 대한 취소소송을 제기하지 않고도 곧바로 후속처분에 대한 항고소송을 제기하여 다툴 수 있다. 나아가 거부처분을 취소하는 재결이 있더라도 그에 따른 후속처분이 있기까지는 제3자의 권리나 이익에 변동이 있다고 볼 수 없고 후속처분 시에 비로소 제3자의 권리나 이익에 변동이 발생하며, 재결에 대한 항고소송을 제기하여 재결을 취소하는 판결이 확정되더라도 그와 별도로 후속처분이 취소되지 않는 이상 후속처분으로 인한 제3자의 권리나 이익에 대한 침해 상태는 여전히 유지된다. 이러한 점들을 종합하면, 거부처분이 재결에서 취소된 경우 재결에 따른 후속처분이 아니라 그 재결의 취소를 구하는 것은 실효적이고 직접적인 권리구제수단이 될 수 없어 분쟁해결의 유효적절한 수단이라고 할 수 없으므로 법률상 이익이 없다(대법원 2017. 10. 31. 선고 2015두45045 판결).

정로환 사건

□ 대법원 1998. 4. 24. 선고 97누17131 판결

[사실관계]

보건복지부장관은 1996. 3. 21. 원고 보령제약주식회사(甲)에게 약사법 제26조의 규정에 의하여 '보령정로환당의정'에 대한 의약품제조품목허가처분을 하였는데, 1983. 2. 5. 의약품제조품목허가를 받아 그 때부터 '동성정로환'을 제조·판매하여 오던 동성제약주식회사(乙)가 보건복지부장관이 甲에게 허가해 준 '보령정로환당의정'은 이미 자신에게 허가해 준 '동성정로환당의정'과 동일·유사한 명칭을 사용하는 것이라는 이유로 1996. 6. 13. 보건복지부장관에게 위 허가처분의 취소를 구하는 행정심판을 제기하였고, 이에 보건복지부장관은 '보령정로환당의정'과 '동성정로환당의정'이 의약품제조품목허가를 하여서는 아니되는 동일·유사한 명칭이라는 이유로 국무총리행정심판위원회의 의결을 거쳐 1997. 1. 11. 위 허가처분을 취소하는 내용의 재결을 하였고, 그 이후 다시 같은 달 23. 甲에게 위 허가처분을 취소하는 처분을 발령하였다.

이에 甲은 허가처분취소처분에 대하여 취소를 구하는 소송을 제기하였다.

[판결요지]

[1] 형성적 재결의 효력

행정심판법 제32조(현 제43조) 제3항에 의하면 재결청은 취소심판의 청구가 이유 있다고 인정할 때에는 처분을 취소·변경하거나 처분청에게 취소·변경할 것을 명한다고 규정하고 있으므로, 행정심판 재결의 내용이 처분청에게 처분의 취소를 명하는 것이 아니라 재결청이 스스로 처분을 취소하는 것일 때에는 그 재결의 형성력에 의하여 당해 처분은 별도의 행정처분을 기다릴 것 없이 당연히 취소되어 소멸되는 것이다.

[2] 원처분에 대한 형성적 취소재결이 확정된 후 처분청이 다시 원처분을 취소한 경우, 위 처분이 항고소송의 대상이 되는 처분인지 여부(소극)

당해 의약품제조품목허가처분취소재결은 보건복지부장관이 재결청의 지위에서 스스로 제약회사에 대한 위 의약품제조품목허가처분을 취소한 이른바 형성재결임이 명백하므로, 위 회사에 대한 의약품제조품목허가처분은 당해 취소재결에 의하여 당연히 취소·소멸되었고, 그 이후에 다시 위 허가처분을 취소한 당해 처분은 당해 취소재결의 당사자가 아니어서 그 재결이 있었음을 모르고 있는 위 회사에게 위 허가처분이 취소·소멸되었음을 확인하여 알려주는 의미의 사실 또는 관념의 통지에 불과할 뿐 위 허가처분을 취소·소멸시키는 새로운 형성적 행위가 아니므로 항고소송의 대상이 되는 처분이라고 할 수 없다.

[3] 원처분의 상대방이 아닌 제3자가 행정심판을 청구하여 재결청이 원처분을 취소하는 형성재결을 한 경우, 위 원처분의 상대방이 할 수 있는 불복방법 및 위 재결의 취소를 구하는 것이 원처분에 없는 재결 고유의 하자를 주장하는 것인지 여부(적극)

당해 사안에서와 같이 원처분의 상대방이 아닌 제3자가 행정심판을 청구하여 재결청이 원처분을 취소하는 형성재결을 한 경우에 그 원처분의 상대방은 그 재결에 대하여 항고소송을 제기할 수밖에 없고, 이 경우

재결은 원처분과 내용을 달리 하는 것이어서 재결의 취소를 구하는 것은 원처분에 없는 재결 고유의 위법을 주장하는 것이 된다.

기출문제

5급:재경09 A시와 B시 구간의 시외버스 운송사업을 하고 있는 甲은 최근 자가용 이용의 급증 등으로 시외버스 운송사업을 하는데 상당한 어려움에 처해 있다. 그런데 관할행정청 X는 甲이 운영하는 노선에 대해 인근에서 대규모 운송사업을 하고 있던 乙에게 새로이 시외버스 운송사업면허를 하였다.

3. 위 사안에서 甲이 乙에 대한 시외버스 운송사업면허의 취소를 구하는 행정심판을 제기하여 인용재결을 받았다면, 乙은 무엇을 대상으로 어떠한 쟁송수단을 강구할 수 있는가? **(15점)** – 제3자효 행정행위에 대한 인용재결의 경우 취소소송의 대상

사시11 X시장은 「개발제한구역의 지정 및 관리에 관한 특별조치법」제12조 제1항 제1호 마목과 동법 시행령 및 동법 시행규칙의 관련 규정에 의거하여, 개발제한구역 내의 간선도로 중 특정 구간에 고시된 선정 기준에 따라 사업자 1인을 선정하여 자동차용 액화석유가스충전소(이하 '가스충전소'라고 한다) 건축을 허가하기로 하는 가스충전소의 배치 계획을 고시하였다. 이에 A와 B는 각자 자신이 고시된 선정 기준에 따른 우선순위자임을 주장하며 가스충전소의 건축을 허가해 줄 것을 신청하였다. 이에 X시장은 각 신청 서류를 검토한 결과 B가 고시된 선정 기준에 따른 우선순위자라고 인정하여 B에 대한 가스충전소 건축을 허가하였다.

2. 만약 A가 X시장의 B에 대한 건축허가처분 취소심판을 제기하여 인용재결이 된 경우, B는 인용재결에 대해 취소소송을 제기할 수 있는가? **(10점)** – 제3자효 행정행위에 대한 인용재결의 경우 취소소송의 대상

[참고판례]

❶ '재결 자체에 고유한 위법' 의미

행정소송법 제19조에 의하면 행정심판에 대한 재결에 대하여도 그 재결 자체에 고유한 위법이 있음을 이유로 하는 경우에는 항고소송을 제기하여 그 취소를 구할 수 있고, 여기에서 말하는 '재결 자체에 고유한 위법'이란 그 재결자체에 주체, 절차, 형식 또는 내용상의 위법이 있는 경우를 의미하는데, 행정심판청구가 부적법하지 않음에도 각하한 재결은 심판청구인의 실체심리를 받을 권리를 박탈한 것으로서 원처분에 없는 고유한 하자가 있는 경우에 해당하고, 따라서 위 재결은 취소소송의 대상이 된다(대법원 2001. 7. 27. 선고 99두2970 판결).

❷ 재결취소소송에 있어 재결 자체에 고유한 위법이 없는 경우 법원이 취할 조치 : 기각판결

행정소송법 제19조는 취소소송은 행정청의 원처분을 대상으로 하되(원처분주의), 다만 "재결 자체에 고유한 위법이 있음을 이유로 하는 경우"에 한하여 행정심판의 재결도 취소소송의 대상으로 삼을 수 있도록 규정하고 있으므로 재결취소소송의 경우 재결 자체에 고유한 위법이 있는지 여부를 심리할 것이고, 재결 자체에 고유한 위법이 없는 경우에는 원처분의 당부와는 상관없이 당해 재결취소소송은 이를 기각하여야 한다 (대법원 1994. 1. 25. 선고 93누16901 판결).

❸ 소청결정이 재량권남용 또는 일탈로서 위법하다는 주장이 소청결정 취소사유가 되는지 여부(소극)

항고소송은 원칙적으로 당해 처분을 대상으로 하나, 당해 처분에 대한 재결 자체에 고유한 주체, 절차, 형식 또는 내용상의 위법이 있는 경우에 한하여 그 재결을 대상으로 할 수 있다고 해석되므로, 징계혐의자에 대한 감봉 1월의 징계처분을 견책으로 변경한 소청결정 중 그를 견책에 처한 조치는 재량권의 남용 또는 일탈로서 위법하다는 사유는 소청결정 자체에 고유한 위법을 주장하는 것으로 볼 수 없어 소청결정의 취소사유가 될 수 없다(대법원 1993. 8. 24. 선고 93누5673 판결).

❹ 국립대학교 교원이 소청심사를 청구하였으나 기각된 경우, 소청심사결정에 사실오인 또는 재량권을 남용·일탈한 위법이 있다는 사유로 소청심사결정의 취소를 구할 수 있는지 여부(소극)

국립대학교 총장의 국립대학교 교원에 대한 징계 등 불리한 처분은 행정처분이므로 국립대학교 교원이 국립대학교 총장의 징계 등 불리한 처분에 대하여 불복이 있으면 교원소청심사위원회에 소청심사를 청구하고 위 심사위원회의 소청심사결정에 불복이 있으면 항고소송으로 이를 다퉈야 할 것인데, 이 경우 그 소송의 대상이 되는 처분은 원칙적으로 원처분인 국립대학교 총장의 처분이고, 국립대학교 총장의 처분이 정당한 것으로 인정되어 소청심사청구를 기각한 소청심사결정 자체에 대한 항고소송은 원처분의 하자를 이유로 주장할 수 없고, 그 소청심사결정 자체에 고유한 주체, 절차, 형식 또는 내용상의 위법이 있는 경우, 즉 원처분에는 없고 소청심사결정에만 있는 교원소청심사위원회의 권한 또는 구성의 위법, 소청심사결정의 절차나 형식의 위법, 내용의 위법 등이 존재하는 때에 한하고, 신청을 기각하는 소청심사결정에 사실오인이나 재량권 남용·일탈 등의 위법이 있다는 사유는 소청심사결정 자체에 고유한 위법을 주장하는 것으로 볼 수 없다(대법원 2009. 10. 15. 선고 2009두11829 판결).

처분변경명령재결 사건

□ 대법원 2007. 4. 27. 선고 2004두9302 판결

[사실관계]

피고(전주시 완산구청장)는 2002. 12. 26. 원고 甲에 대하여 3월의 영업정지처분이라는 이 사건 당초처분을 하였고, 이에 대하여 원고 甲이 행정심판청구를 하자 재결청은 2003. 3. 6. "피고가 2002. 12. 26. 甲에 대하여 한 3월의 영업정지처분을 2월의 영업정지에 갈음하는 과징금부과처분으로 변경하라"는 일부기각(일부인용)의 이행재결을 하였으며, 2003. 3. 10. 그 재결서 정본이 甲에게 도달하였다. 이에 따라 피고는 위 재결취지에 따라 2003. 3. 13. "3월의 영업정지처분을 과징금 560만 원으로 변경한다"는 취지의 이 사건 후속 변경처분을 함으로써 이 사건 당초처분을 甲에게 유리하게 변경하는 처분을 하였다.

이에 甲은 2003. 6. 12. 이 사건 소를 제기하면서 청구취지로써 2003. 3. 13. 과징금부과처분의 취소를 구하였다.

[판결요지]

□ 행정청이 식품위생법령에 따라 영업자에게 행정제재처분을 한 후 당초 처분을 영업자에게 유리하게 변경하는 처분을 한 경우, 취소소송의 대상 및 제소기간 판단 기준이 되는 처분(=당초 처분)

행정청이 식품위생법령에 따라 영업자에게 행정제재처분을 한 후 그 처분을 영업자에게 유리하게 변경하는 처분을 한 경우, 변경처분에 의하여 당초 처분은 소멸하는 것이 아니고 당초부터 유리하게 변경된 내용의 처분으로 존재하는 것이므로, 변경처분에 의하여 유리하게 변경된 내용의 행정제재가 위법하다 하여 그 취소를 구하는 경우 그 취소소송의 대상은 변경된 내용의 당초 처분이지 변경처분은 아니고, 제소기간의 준수 여부도 변경처분이 아닌 변경된 내용의 당초 처분을 기준으로 판단하여야 한다.

[판결이유]

이 사건 후속 변경처분에 의하여 유리하게 변경된 내용의 행정제재인 과징금부과가 위법하다 하여 그 취소를 구하는 이 사건 소송에 있어서 위 청구취지는 이 사건 후속 변경처분에 의하여 당초부터 유리하게 변경되어 존속하는 2002. 12. 26.자 과징금부과처분의 취소를 구하고 있는 것으로 보아야 할 것이고, 일부기각(일부인용)의 이행재결에 따른 후속 변경처분에 의하여 변경된 내용의 당초처분의 취소를 구하는 이 사건 소 또한 행정심판재결서 정본을 송달받은 날로부터 90일 이내 제기되어야 하는데 원고가 위 재결서의 정본을 송달받은 날로부터 90일이 경과하여 이 사건 소를 제기하였다는 이유로 이 사건 소가 부적법하다고 판단한 원심판결은 정당하고... (이하 생략)

│사시09│ A장관은 소속 일반직공무원인 甲이 '재직 중 국가공무원법 제61조 제1항을 위반하여 금품을 받았다'는 이유로 적법한 징계절차를 거쳐 2008. 4. 3. 甲에 대해 해임처분을 하였고, 甲은 2008. 4. 8. 해임처분서를 송달받았다. 이에 甲은 소청심사위원회에 이 해임처분이 위법·부당하다고 주장하며 소청심사를 청구하였다. 소청심사위원회는 2008. 7. 25. 해임을 3개월의 정직처분으로 변경하라는 처분명령재결을 하였고, 甲은 2008. 7. 30. 재결서를 송달받았다. A장관은 2008. 8. 5. 甲에 대해 정직처분을 하였다. 2008. 8. 10. 정직처분서를 송달받은 甲은 취소소송을 제기하고자 한다.

1. 소청심사위원회의 법적 지위와 처분변경명령재결의 효력을 설명하시오. **(10점)**
2. 처분을 대상으로 취소소송을 제기하는 경우 어떠한 처분을 대상으로 할 것인가? 또 이 취소소송에서 어느 시점을 제소기간 준수여부의 기준시점으로 하여야 하는가? **(20점)** - 처분변경명령재결의 경우 소의 대상

│변시14│ (중략) A시장은 2013. 6. 7. 甲에 대하여 청문 절차를 거치지 아니한 채 법 제13조 제3항 제1제2호에 따라 석유판매업등록을 취소하는 처분(이하 '당초처분'이라 함)을 하였고, 甲은 그 다음 날 처분이 있음을 알게 되었다. 甲은 당초처분에 불복하여 2013. 8. 23. 행정심판을 청구하였으며, 행정심판위원회는 2013. 10. 4. 당초처분이 재량권의 범위를 일탈하거나 남용한 것이라는 이유로 당초처분을 사업정지 3개월로 변경하라는 내용의 변경명령재결을 하였고, 그 재결서는 그날 甲에게 송달되었다. 그렇게 되자, A시장은 청문 절차를 실시한 후 2013. 10. 25. 당초처분을 사업정지 3개월로 변경한다는 내용의 처분(이하 '변경처분'이라 함)을 하였고, 그 처분서는 다음날 甲에게 직접 송달되었다. (후략)

3. 甲은 변경처분에도 불구하고 취소소송을 제기하여 다투려고 한다. 이 경우 취소소송의 대상과 제소기간에 대하여 검토하시오. **(25점)** - 처분변경명령재결의 경우 소의 대상 및 제소기간

│변시17│ 甲과 乙은 A시에서 甲 의료기, 乙 의료기라는 상호로 의료기기 판매업을 하는 자들이다. 甲은 전립선 자극기 'J2V'를 공급받아 판매하기 위하여 "전립선에 특수한 효능, 효과로 남자의 자신감이 달라집니다."라는 문구를 사용하여 인터넷 광고를 하였다. 甲의 위 광고에 대하여 A시장은 2016. 7. 1. 甲에게 「의료기기에 관한 법률」(이하 '의료기기법'이라 함) 제24조 위반을 이유로 3개월 업무정지처분을 하였다. 甲은 2016. 7. 11. 위 업무정지처분에 대하여 관할 행정심판위원회에 행정심판을 청구하였고, 동 위원회는 2016. 8. 25. 3개월 업무정지처분을 과징금 500만 원 부과처분으로 변경할 것을 명령하는 재결을 하였으며, 위 재결서 정본은 2016. 8. 29. 甲에게 송달되었다. 그러자 A시장은 2016. 9. 12. 甲에 대한 3개월 업무정지처분을 과징금 500만 원 부과처분으로 변경하였다. 또한, 甲은 2016. 9. 1. 의료기기법 제52조를 근거로 벌금 300만 원의 약식명령을 고지 받자, 정식재판을 청구하였다.

3. 甲은 2016. 12. 5. 관할 행정심판위원회를 피고로 하여 과징금 500만 원 부과처분에 대하여 관할 법원에 취소소송을 제기하였다. 이 소송은 적법한가? **(20점)** - 처분변경명령재결의 경우 소의 대상

│5급20│ (중략) 제2차 직위해제기간 중 중앙징계위원회는 같은 사유로 甲에 대한 해임을 의결하였고, 乙은 2020. 6. 24. 甲을 해임하였다. 이에 甲은 해임에 불복하는 소청을 제기하였고, 소청심사위원회는 2020. 8. 11. 甲에 대한 해임을 정직 3월로 변경하였다. 甲은 소청심사위원회의 변경재결서를 2020. 8. 12. 송달받았다.

1) 甲이 소청심사위원회의 결정에 불복하여 취소소송을 제기하고자 할 경우, 그 소송의 대상과 제소기간을 검토하시오. **(15점)** - 처분변경재결의 경우 소의 대상, 제소기간의 기산점

경기도선거관리위원회 사건

□ 대법원 2013. 7. 25. 선고 2011두1214 판결

[사실관계]

甲은 2003. 2. 1.부터 하남시 선거관리위원회(이하 선거관리위원회는 '선관위'라고만 한다)에서 □□계장으로 근무해 오던 중 2007. 7. 23. 소외 1 등이 하남시장 등을 상대로 주민소환투표의 실시 청구를 하자, 하남시선관위는 2007. 8. 6. 이를 수리하였다. 주민소환 대상인 하남시장 소외 2 외 3인은 하남시선관위를 상대로 수원지방법원 주민소환투표청구 수리처분등 무효확인의 소를 제기하였는바, 위 법원은 2007. 9. 13. 청구사유가 기재되지 아니한 주민소환투표 청구인 서명부에 한 서명은 주민소환에 관한 법률 제27조 제1항, 주민투표법 제12조 제2항 제7호에 따라 무효라는 이유를 들어 하남시선관위원장의 주민소환투표청구 수리처분을 취소하고 동 투표안 공고의 효력을 정지하였으며, 이에 따라 진행 중이던 주민소환투표절차는 모두 중단되었다. 이에 경기도선관위는 이와 같은 사태를 초래한 하남시선관위의 분위기를 쇄신하고 주민소환투표 재청구에 대비하기 위해 2007. 9. 21. 위 주민소환투표 관련 직원에 대한 문책성 전보인사를 단행하였는데, 甲은 위 전보인사에 따라 포천시선관위로 전보되었다(이하 '이 사건 전보명령'이라 한다).

甲은 하남시선관위가 주민투표법을 위반하여 서명부를 제대로 심사하지 아니한 결과 주민소환투표의 관리경비를 부담한 하남시에게 2억여 원의 재산상 손해가 발생하였다며 2008. 3. 31. 국무총리 산하 행정기관인 피고(국민권익위원회)에게 '부패방지 및 국민권익위원회의 설치와 운영에 관한 법률'(이하 '국민권익위원회법'이라 한다)에 따라 부패행위 신고(이하 '이 사건 신고'라 한다)를 하는 한편, 이 사건 전보명령은 甲이 중앙선관위 사무총장에게 하남시 주민소환투표 과정에서 허위 대리행위 등으로 서명부가 조작되었다는 의혹을 제기하고 경기도선관위 소속 직원들이 서명부 심사과정에서 저지른 위법행위를 제보한 데 따른 보복 차원에서 행하여진 것이라며 2008. 6. 13. 피고에게 국민권익위원회법 제62조에 따라 이 사건 전보명령의 취소와 관련자 처벌을 구하는 신분보장조치를 요구하였다.

그 후 중앙선관위는 甲이 하남시 주민소환투표와 관련하여 2008. 4. 9. SBS 방송의 인터뷰에 응하여 선관위의 입장에 반하여 허위로 진술하고 그 인터뷰 내용이 2008. 4. 20.부터 21일까지 SBS 뉴스에 보도되었다는 이유로 甲에 대하여 감사를 실시하려 하였으나, 甲이 3회에 걸쳐 감사의 연기를 요청하자 감사를 거부한 것으로 간주하여 감사를 종결하고 甲에 대한 징계의견을 경기도선관위에 통보하였고, 그에 따른 후속조치로 경기도선관위가 2008. 7. 2. 甲에 대한 중징계의결을 자체징계위원회에 요구하자(이하 '이 사건 징계요구'라 한다) 甲은 2008. 7. 8. 피고(국민권익위원회)에게 이 사건 징계요구의 취소 및 향후 예상되는 신분상 불이익의 예방을 구하는 신분보장조치를 요구하였다. 이에 국민권익위원회 제1분과위원회는 이 사건 신고가 국민권익위원회법 제2조 제4호 (나)목에 규정된 부패행위에 해당함을 전제로, 甲이 이 사건 신고 이후에 이 사건 전보명령 및 이 사건 징계요구와 관련하여 신분보장조치를 요구하였으므로 국민권익위원회법 제63조에 따라 甲이 이 사건 신고와 관련하여 불이익을 당한 것으로 추정된다는 이유로, 2008. 9. 26. 원고에 대하여 국민권익위원회법 제62조 제7항에 기하여 이 사건 징계요구를 취소하고 향후 신고로 인한 신분상 불이익처분 및 근무조건상의 차별을 하지 말 것을 요구하기로 의결하였고, 그에 따라 피고의 위원장이 피고를 대표하여 2008. 9. 30. 원고에게 위 의결 내용을 통지하였다(이하 '이 사건 처분'이라 한다).

이에 원고(경기도 선거관리위원회 위원장)은 피고를 상대로 이 사건 처분의 취소를 구하는 소를 제기하였다.

[판결요지]

❑ 국가기관인 을에게 위 조치요구의 취소를 구하는 소를 제기할 당사자능력, 원고적격 및 법률상 이익을 인정한 원심판단을 정당하다고 한 사례

갑이 국민권익위원회에 부패방지 및 국민권익위원회의 설치와 운영에 관한 법률(이하 '국민권익위원회법'이라 한다)에 따른 신고와 신분보장조치를 요구하였고, 국민권익위원회가 갑의 소속기관 장인 을 시·도선거관리위원회 위원장에게 '갑에 대한 중징계요구를 취소하고 향후 신고로 인한 신분상 불이익처분 및 근무조건상의 차별을 하지 말 것을 요구'하는 내용의 조치요구를 한 사안에서, 국가기관 일방의 조치요구에 불응한 상대방 국가기관에 국민권익위원회법상의 제재규정과 같은 중대한 불이익을 직접적으로 규정한 다른 법령의 사례를 찾아보기 어려운 점, 그럼에도 을이 국민권익위원회의 조치요구를 다툴 별다른 방법이 없는 점 등에 비추어 보면, 처분성이 인정되는 위 조치요구에 불복하고자 하는 을로서는 조치요구의 취소를 구하는 항고소송을 제기하는 것이 유효·적절한 수단이므로 비록 을이 국가기관이더라도 당사자능력 및 원고적격을 가진다고 보는 것이 타당하고, 을이 위 조치요구 후 갑을 파면하였다고 하더라도 조치요구가 곧바로 실효된다고 할 수 없고 을은 여전히 조치요구를 따라야 할 의무를 부담하므로 을에게는 위 조치요구의 취소를 구할 법률상 이익도 있다고 본 원심판단을 정당하다고 한 사례.

[유사판례]

[1] 법령이 특정한 행정기관 등으로 하여금 다른 행정기관을 상대로 제재적 조치를 취할 수 있도록 하면서, 그에 따르지 않으면 그 행정기관에 대하여 과태료를 부과하거나 형사처벌을 할 수 있도록 정하는 경우, 제재적 조치의 상대방인 행정기관 등에게 항고소송 원고로서의 당사자능력과 원고적격을 인정할 수 있는지 여부(한정 적극)

국가기관 등 행정기관(이하 '행정기관 등'이라 한다) 사이에 권한의 존부와 범위에 관하여 다툼이 있는 경우에 이는 통상 내부적 분쟁이라는 성격을 띠고 있어 상급관청의 결정에 따라 해결되거나 법령이 정하는 바에 따라 '기관소송'이나 '권한쟁의심판'으로 다루어진다. 그런데 법령이 특정한 행정기관 등으로 하여금 다른 행정기관을 상대로 제재적 조치를 취할 수 있도록 하면서, 그에 따르지 않으면 그 행정기관에 대하여 과태료를 부과하거나 형사처벌을 할 수 있도록 정하는 경우가 있다. 이러한 경우에는 단순히 국가기관이나 행정기관의 내부적 문제라거나 권한 분장에 관한 분쟁으로만 볼 수 없다. 행정기관의 제재적 조치의 내용에 따라 '구체적 사실에 대한 법집행으로서 공권력의 행사'에 해당할 수 있고, 그러한 조치의 상대방인 행정기관이 입게 될 불이익도 명확하다. 그런데도 그러한 제재적 조치를 기관소송이나 권한쟁의심판을 통하여 다툴 수 없다면, 제재적 조치는 그 성격상 단순히 행정기관 등 내부의 권한 행사에 머무는 것이 아니라 상대방에 대한 공권력 행사로서 항고소송을 통한 주관적 구제대상이 될 수 있다고 보아야 한다. 기관소송 법정주의를 취하면서 제한적으로만 이를 인정하고 있는 현행 법령의 체계에 비추어 보면, 이 경우 항고소송을 통한 구제의 길을 열어주는 것이 법치국가 원리에도 부합한다. 따라서 이러한 권리구제나 권리보호의 필요성이 인정된다면 예외적으로 그 제재적 조치의 상대방인 행정기관 등에게 항고소송 원고로서의 당사자능력과 원고적격을 인정할 수 있다.

[2] 국민권익위원회가 소방청장에게 인사와 관련하여 부당한 지시를 한 사실이 인정된다며 이를 취소할 것을 요구하기로 의결하고 그 내용을 통지하자 소방청장이 국민권익위원회 조치요구의 취소를 구하는 소송을 제기한 사안에서, 처분성이 인정되는 국민권익위원회의 조치요구에 불복하고자 하는 소방청장으로서는 조치요구의 취소를 구하는 항고소송을 제기하는 것이 유효·적절한 수단으로 볼 수 있으므로 소방청장이 예외적으로 당사자능력과 원고적격을 가진다고 한 사례

국민권익위원회가 소방청장에게 인사와 관련하여 부당한 지시를 한 사실이 인정된다며 이를 취소할 것을

요구하기로 의결하고 그 내용을 통지하자 소방청장이 국민권익위원회 조치요구의 취소를 구하는 소송을 제기한 사안에서, 행정기관인 국민권익위원회가 행정기관의 장에게 일정한 의무를 부과하는 내용의 조치요구를 한 것에 대하여 그 조치요구의 상대방인 행정기관의 장이 다투고자 할 경우에 법률에서 행정기관 사이의 기관소송을 허용하는 규정을 두고 있지 않으므로 이러한 조치요구를 이행할 의무를 부담하는 행정기관의 장으로서는 기관소송으로 조치요구를 다툴 수 없고, 위 조치요구에 관하여 정부 조직 내에서 그 처분의 당부에 대한 심사·조정을 할 수 있는 다른 방도도 없으며, 국민권익위원회는 헌법 제111조 제1항 제4호에서 정한 '헌법에 의하여 설치된 국가기관'이라고 할 수 없으므로 그에 관한 권한쟁의심판도 할 수 없고, 별도의 법인격이 인정되는 국가기관이 아닌 소방청장은 질서위반행위규제법에 따른 구제를 받을 수도 없는 점, 부패방지 및 국민권익위원회의 설치와 운영에 관한 법률은 소방청장에게 국민권익위원회의 조치요구에 따라야 할 의무를 부담시키는 외에 별도로 그 의무를 이행하지 않을 경우 과태료나 형사처벌까지 정하고 있으므로 위와 같은 조치요구에 불복하고자 하는 '소속기관 등의 장'에게는 조치요구를 다툴 수 있는 소송상의 지위를 인정할 필요가 있는 점에 비추어, 처분성이 인정되는 국민권익위원회의 조치요구에 불복하고자 하는 소방청장으로서는 조치요구의 취소를 구하는 항고소송을 제기하는 것이 유효·적절한 수단으로 볼 수 있으므로 소방청장은 예외적으로 당사자능력과 원고적격을 가진다고 한 사례(대법원 2018. 8. 1. 선고 2014두35379 판결).

[참고판례]

□ 건축협의취소의 처분성

구 건축법 제29조 제1항, 제2항, 제11조 제1항 등의 규정 내용에 의하면, 건축협의의 실질은 지방자치단체 등에 대한 건축허가와 다르지 않으므로, 지방자치단체 등이 건축물을 건축하려는 경우 등에는 미리 건축물의 소재지를 관할하는 허가권자인 지방자치단체의 장과 건축협의를 하지 않으면, 지방자치단체라 하더라도 건축물을 건축할 수 없다. 그리고 구 지방자치법 등 관련 법령을 살펴보아도 지방자치단체의 장이 다른 지방자치단체를 상대로 한 건축협의 취소에 관하여 다툼이 있는 경우에 법적 분쟁을 실효적으로 해결할 구제수단을 찾기도 어렵다.

따라서 건축협의 취소는 상대방이 다른 지방자치단체 등 행정주체라 하더라도 '행정청이 행하는 구체적 사실에 관한 법집행으로서의 공권력 행사'(행정소송법 제2조 제1항 제1호)로서 처분에 해당한다고 볼 수 있고, 지방자치단체인 원고가 이를 다툴 실효적 해결 수단이 없는 이상, 원고는 건축물 소재지 관할 허가권자인 지방자치단체의 장을 상대로 항고소송을 통해 건축협의 취소의 취소를 구할 수 있다(대법원 2014. 2. 27. 선고 2012두22980 판결).

시외버스 운송사업계획변경인가처분 사건

□ 대법원 2002. 10. 25. 선고 2001두4450 판결

[사실관계]

원고 甲(대우여객자동차 주식회사)은 A시에서 시내버스운송사업을 하고 있는 자이다. 그런데 피고(경상남도지사)는 수송수요 등을 조사하지도 아니하고 乙(경남버스 주식회사)에게 甲의 노선과 동일한 구간을 지나가는 시외버스운송사업 계획변경인가처분을 하자, 이용승객이 줄어들어 운행수익이 감소한 甲은 위 계획변경인가처분을 취소하고자 소송을 제기하였다.

[판결요지]

[1] 기존의 업자가 경업자에 대한 면허나 인·허가 등 수익적 행정처분의 취소를 구할 당사자적격이 있는 경우

일반적으로 면허나 인·허가 등의 수익적 행정처분의 근거가 되는 법률이 해당 업자들 사이의 과당경쟁으로 인한 경영의 불합리를 방지하는 것도 그 목적으로 하고 있는 경우, 다른 업자에 대한 면허나 인·허가 등의 수익적 행정처분에 대하여 미리 같은 종류의 면허나 인·허가 등의 수익적 행정처분을 받아 영업을 하고 있는 기존의 업자는 경업자에 대하여 이루어진 면허나 인·허가 등 행정처분의 상대방이 아니라 하더라도 당해 행정처분의 취소를 구할 당사자적격이 있다.

[2] 시외버스운송사업계획변경인가처분으로 시외버스 운행노선 중 일부가 기존의 시내버스 운행노선과 중복하게 되어 기존 시내버스사업자의 수익감소가 예상되는 경우, 기존의 시내버스운송사업자에게 위 처분의 취소를 구할 법률상의 이익이 있는지 여부(적극)

구 여객자동차운수사업법 제6조 제1항 제1호에서 '사업계획이 당해 노선 또는 사업구역의 수송수요와 수송력공급에 적합할 것'을 여객자동차운송사업의 면허기준으로 정한 것은 여객자동차운송사업에 관한 질서를 확립하고 여객자동차운송사업의 종합적인 발달을 도모하여 공공의 복리를 증진함과 동시에 업자 간의 경쟁으로 인한 경영의 불합리를 미리 방지하자는 데 그 목적이 있다 할 것이고, 한편 같은 법 제3조 제1항 제1호와 같은법 시행령 제3조 제1호, 같은법 시행규칙 제7조 제3항, 제4항등의 각 규정을 종합하여 보면, 시내버스운송사업과 시외버스운송사업은 다 같이 운행계통을 정하고 여객을 운송하는 노선여객자동차운송사업에 속하므로, 위 두 운송사업이 면허기준, 준수하여야 할 사항, 중간경유지, 기점과 종점, 운행방법, 이용요금 등에서 달리 규율된다는 사정만으로 본질적인 차이가 있다고 할 수는 없으며, 시외버스운송사업계획변경인가처분으로 인하여 기존의 시내버스운송사업자의 노선 및 운행계통과 시외버스운송사업자들의 그것들이 일부 중복되게 되고 기존업자의 수익감소가 예상된다면, 기존의 시내버스운송사업자와 시외버스운송사업자들은 경업관계에 있는 것으로 봄이 상당하다 할 것이어서 기존의 시내버스운송사업자에게 시외버스운송사업계획변경인가처분의 취소를 구할 법률상의 이익이 있다.

〔유사판례〕

한정면허를 받은 시외버스운송사업자라고 하더라도 다 같이 운행계통을 정하고 여객을 운송하는 노선여객자동차운송사업을 한다는 점에서 일반면허를 받은 시외버스운송사업자와 본질적인 차이가 없으므로, 일반면허를 받은 시외버스운송사업자에 대한 사업계획변경 인가처분으로 인하여 기존에 한정면허를 받은 시외버스운송사업자의 노선 및 운행계통과 일반면허를 받은 시외버스운송사업자의 그것이 일부 중복되게 되고 기존업자의 수익감소가 예상된다면, 기존의 한정면허를 받은 시외버스운송사업자와 일반면허를 받은 시외버스운송사업자는 경업관계에 있는 것으로 보는 것이 타당하고, 따라서 기존의 한정면허를 받은 시외버스운송사업자는 일반면허 시외버스운송사업자에 대한 사업계획변경인가처분의 취소를 구할 법률상의 이익이 있다(대법원 2018. 4. 26. 선고 2015두53824 판결).

〔관련판례〕

❶ 분뇨처리업 사건

[1] 구 오수·분뇨및축산폐수의처리에관한법률과 동법시행령의 관계 규정에 의하면, 분뇨(오수처리시설 및 단독정화조의 청소과정에서 발생하는 오니 중 탈수되지 아니한 것을 포함한다) 및 축산폐수(분뇨와 축산폐수를 '분뇨등'이라 함)의 수집·운반 등은 시장·군수·구청장(이하 '시장 등')의 업무이고, 시장 등은 이를 스스로 처리하거나 당해 지방자치단체의 조례가 정하는 바에 따라 법 제35조의 규정에 의한 분뇨등 관련 영업자인 분뇨등 수집·운반업자 및 정화조청소업자 등에게 영업을 허가하여 그 수집·운반 등을 대행하게 할 수 있는 것으로서 분뇨등의 수집·운반 등은 공익성이 강하게 요청되는 사업에 해당하는 점, 위 분뇨등 관련 영업의 허가를 받기 위한 요건으로서 시행령에서 '시설·장비 및 기술능력 등에 관한 최소한도'를 정해 두었을 뿐 그 영업이 분뇨의 수집·운반대행에 적정한지의 여부에 대하여는 일률적으로 확정하여 규정하는 형식을 취하지 아니함으로써 그 적정 여부에 대하여 재량의 여지를 남겨두고 있으므로, 시장 등은 분뇨등 수집·운반업 및 정화조청소업에 대한 허가 여부를 결정함에 있어서 분뇨등의 수집·운반대행이 적정하게 이루어질 수 있도록 시행령에 규정된 허가요건 이외에 분뇨등의 처리계획, 관할구역 안에서의 현재 및 장래의 분뇨등의 발생량, 현재의 분뇨등의 처리상황 등을 고려할 수 있는 점, 당해 지방자치단체 내의 분뇨등의 발생량에 비하여 기존 분뇨등 수집·운반업 및 정화조청소업에 종사하는 업체의 시설이 과다하여 신규허가를 한다면 업체 간의 과당경쟁 및 무계획적인 수집·운반으로 인하여 분뇨등의 수집·운반에 관한 안정적이고 효율적인 책임행정의 이행이 불가능하게 될 것으로 예상되고, 또한 법 제35조 제3항에 의하여 영업구역 등 조건을 붙이더라도 이를 해결할 수 없는 상태라고 판단되면 분뇨등 수집·운반업 및 정화조청소업의 신규허가를 제한할 수 있다고 보이는 점, 위와 같이 법과 시행령의 관계 규정이 당해 지방자치단체 내의 분뇨등의 발생량에 비하여 기존 업체의 시설이 과다한 경우 일정한 범위 내에서 분뇨등 수집·운반업 및 정화조청소업에 대한 허가를 제한할 수 있도록 하고 있는 것은 분뇨등을 적정하게 처리하여 자연환경과 생활환경을 청결히 하고 수질오염을 감소시킴으로써 국민보건의 향상과 환경보전에 이바지한다는 공익목적을 달성하고자 함과 동시에 업자 간의 과당경쟁으로 인한 경영의 불합리를 미리 방지하자는 데 그 목적이 있는 점 등 제반 사정에 비추어 보면, 업종을 '분뇨등 수집·운반업 및 정화조청소업'으로 하여 분뇨등 관련 영업허가를 받아 영업을 하고 있는 기존업자의 이익은 단순한 사실상의 반사적 이익이 아니고 법률상 보호되는 이익이라고 해석된다.

[2] 기록에 의하면, 은평구에서는 오로지 원고만이 '분뇨등 수집·운반업 및 정화조청소업'을 업종으로 한 분뇨등 관련 영업허가를 받아 독점적으로 분뇨등 수집·운반 및 정화조청소 영업을 하고 있던 중 소외 1

주식회사와 소외 2 주식회사에 대하여 원고와 같은 업종에 관한 이 사건 각 분뇨등 관련영업허가처분을 한 사실을 알 수 있는바, 위와 같은 사실관계에 의하면, 원고와 소외 회사들은 경업자 관계에 있다. 따라서 기존 업자인 원고는 새로운 경업자인 소외 회사들에 대하여 이루어진 이 사건 각 처분의 상대방이 아니라 하더라도 당해 처분의 취소를 구할 원고적격이 있다(대법원 2006. 7. 28. 선고 2004두6716 판결).

❷ 담배사업법 사건

담배사업법과 그 시행령 및 시행규칙의 관계 규정에 의하면, 담배소매인을 일반소매인과 구내소매인으로 구분하여, 일반소매인 사이에서는 그 영업소 간에 군청, 읍·면사무소가 소재하는 리 또는 동지역에서는 50m, 그 외의 지역에서는 100m 이상의 거리를 유지하도록 규정하는 등 일반소매인의 영업소 간에 일정한 거리제한을 두고 있는데, 이는 담배유통구조의 확립을 통하여 국민의 건강과 관련되고 국가 등의 주요 세원이 되는 담배산업 전반의 건전한 발전 도모 및 국민경제에의 이바지라는 공익목적을 달성하고자 함과 동시에 일반소매인 간의 과당경쟁으로 인한 불합리한 경영을 방지함으로써 일반소매인의 경영상 이익을 보호하는 데에도 그 목적이 있다고 보이므로, 일반소매인으로 지정되어 영업을 하고 있는 기존업자의 신규 일반소매인에 대한 이익은 단순한 사실상의 반사적 이익이 아니라 법률상 보호되는 이익으로서 기존 일반소매인이 신규 일반소매인 지정처분의 취소를 구할 원고적격이 있다고 보아야 할 것이나(대법원 2008. 3. 27. 선고 2007두23811 판결 참조), 한편 구내소매인과 일반소매인 사이에서는 구내소매인의 영업소와 일반소매인의 영업소 간에 거리제한을 두지 아니할 뿐 아니라 건축물 또는 시설물의 구조·상주인원 및 이용인원 등을 고려하여 동일 시설물 내 2개소 이상의 장소에 구내소매인을 지정할 수 있으며, 이 경우 일반소매인이 지정된 장소가 구내소매인 지정대상이 된 때에는 동일 건축물 또는 시설물 안에 지정된 일반소매인은 구내소매인으로 보고, 구내소매인이 지정된 건축물 등에는 일반소매인을 지정할 수 없으며, 구내소매인은 담배진열장 및 담배소매점 표시판을 건물 또는 시설물의 외부에 설치하여서는 아니 된다고 규정하는 등 일반소매인의 입장에서 구내소매인과의 과당경쟁으로 인한 경영의 불합리를 방지하는 것을 그 목적으로 할 수 있다고 보기 어려우므로, 일반소매인으로 지정되어 영업을 하고 있는 기존업자의 신규 구내소매인에 대한 이익은 법률상 보호되는 이익이 아니라 단순한 사실상의 반사적 이익이라고 해석함이 상당하므로, 기존 일반소매인은 신규 구내소매인 지정처분의 취소를 구할 원고적격이 없다(대법원 2008. 4. 10. 선고 2008두402 판결).

기출문제

변시12 A주식회사는 2000. 3.경 안동시장으로부터 분뇨수집·운반업 허가를 받은 다음 그 무렵 안동시장과 사이에 분뇨수집·운반 대행계약을 맺은 후 통상 3년 단위로 계약을 연장해 왔는데 2009. 3. 18. 계약기간을 그 다음 날부터 2012. 3. 18.까지로 다시 연장하였다.
B주식회사는 안동시에서 분뇨수집·운반업을 영위하기 위하여 하수도법 및 같은 법 시행령 소정의 시설, 장비 등을 구비하고 2011. 11. 10. 안동시장에게 분뇨수집·운반업 허가를 신청하여 같은 해 12. 1. 허가처분(이하 '이 사건 처분'이라 한다)을 받았다.
A주식회사는 과거 안동시 전역에서 단독으로 분뇨 관련 영업을 하던 기득권이 전혀 인정되지 않은데다가 수익성이 낮은 구역을 배정받은 데 불만을 품고, B주식회사에 대한 이 사건 처분은 허가기준에 위배되는 위법한 처분이라고 주장하면서 안동시장을 상대로 2011. 12. 20. 관할 법원에 그 취소를 구하는 행정소송을 제기하였다.
　1. 위 소송에서 A주식회사에게 원고적격이 인정되는가? **(30점)** - 경업자의 원고적격

5급:재경09 A시와 B시 구간의 시외버스 운송사업을 하고 있는 甲은 최근 자가용 이용의 급증 등으로 시외버스 운송사업을 하는데 상당한 어려움에 처해 있다. 그런데 관할행정청 X는 甲이 운영하는 노선에 대해 인근에서 대규모 운송사업을 하고 있던 乙에게 새로이 시외버스 운송사업면허를 하였다.

1. 甲은 X의 乙에 대한 시외버스 운송사업면허에 대하여 행정소송을 제기할 수 있는가? **(15점)** - 경업자의 원고적격

[참고판례]

❶ 기본권인 경쟁의 자유가 법률상 이익이 된다고 한 헌법재판소 결정례

국세청장의 지정행위의 근거규범인 이 사건 조항들이 단지 공익만을 추구할 뿐 청구인 개인의 이익을 보호하려는 것이 아니라는 이유로 청구인에게 취소소송을 제기할 법률상 이익을 부정한다고 하더라도, 국세청장의 지정행위는 행정청이 병마개 제조업자들 사이에 특혜에 따른 차별을 통하여 사경제 주체간의 경쟁조건에 영향을 미치고 이로써 기업의 경쟁의 자유를 제한하는 것임이 명백한 경우에는 국세청장의 지정행위로 말미암아 기업의 경쟁의 자유를 제한받게 된 자들은 적어도 보충적으로 기본권에 의한 보호가 필요하다. 따라서 일반법규에서 경쟁자를 보호하는 규정을 별도로 두고 있지 않은 경우에도 기본권인 경쟁의 자유가 바로 행정청의 지정행위의 취소를 구할 법률상의 이익이 된다 할 것이다(헌법재판소 1998. 4. 30. 선고 97헌마141 결정).

❷ 법인의 주주의 원고적격

일반적으로 법인의 주주는 당해 법인에 대한 행정처분에 관하여 사실상이나 간접적인 이해관계를 가질 뿐이어서 스스로 그 처분의 취소를 구할 원고적격이 없는 것이 원칙이라고 할 것이지만, 그 처분으로 인하여 궁극적으로 주식이 소각되거나 주주의 법인에 대한 권리가 소멸하는 등 주주의 지위에 중대한 영향을 초래하게 되는데도 그 처분의 성질상 당해 법인이 이를 다툴 것을 기대할 수 없고 달리 주주의 지위를 보전할 구제방법이 없는 경우에는 주주도 그 처분에 관하여 직접적이고 구체적인 법률상 이해관계를 가진다고 보이므로 그 취소를 구할 원고적격이 있다(대법원 2004. 12. 23. 선고 2000두2648 판결).

고흥군 LPG 충전소 사건

□ 대법원 1992. 5. 8. 선고 91누13274 판결

[사실관계]

액화석유가스 충전사업의 허가기준을 정한 전라남도 고시에 의하면, 고흥군 내에는 당시 1개소에 한하여 L.P.G. 충전사업의 신규허가가 가능하였고, 또한 자연녹지의 경우에는 충전소의 외벽으로부터 100미터 내에 있는 건물주의 동의를 받도록 규정되어 있었다.

피고 행정청(고흥군수)은 원고 甲(운암가스산업 주식회사)이 한 허가신청에 대해서는 그 설치예정지로부터 80미터에 위치한 건물주의 동의가 없다는 이유로 이를 반려하였으나, 위 건물은 가스저장시설의 외벽으로부터 100미터를 벗어난 지점에 위치하고 있으므로 甲의 위 허가신청은 위 고시가 정한 기준에 위배되지 않은 것이었다. 오히려 피고보조참가인 乙의 허가신청은 충전소설치예정지로부터 100미터 이내에 농협창고가 위치하고 있어 위 고시의 규정에 따라 그 건물주의 동의를 받아야 하는 것임에도 그 동의가 없이 요건을 갖추지 못한 신청이었고, 乙은 이를 알고 있었음에도 불구하고 신청을 하였는데 행정청은 乙에 대해 허가처분을 발하였다.

이에 甲은 乙에 대하여 내려진 충전사업 허가처분에 대한 취소소송을 제기하였다.

[판결요지]

[1] 경원관계에 있어서 경원자에 대하여 이루어진 허가 등 처분의 상대방이 아닌 자가 그 처분의 취소를 구할 당사자적격이 있는지 여부

행정소송법 제12조는 취소소송은 처분 등의 취소를 구할 법률상의 이익이 있는 자가 제기할 수 있다고 규정하고 있는바, 인·허가 등의 수익적 행정처분을 신청한 수인이 서로 경쟁관계에 있어서 일방에 대한 허가 등의 처분이 타방에 대한 불허가 등으로 귀결될 수밖에 없는 때(이른바 경원관계에 있는 경우로서 동일대상지역에 대한 공유수면매립면허나 도로점용허가 혹은 일정지역에 있어서의 영업허가 등에 관하여 거리제한규정이나 업소개수제한규정 등이 있는 경우를 그 예로 들 수 있다) 허가 등의 처분을 받지 못한 자는 비록 경원자에 대하여 이루어진 허가 등 처분의 상대방이 아니라 하더라도 당해 처분의 취소를 구할 당사자적격이 있다 할 것이고, 다만 구체적인 경우에 있어서 그 처분이 취소된다 하더라도 허가 등의 처분을 받지 못한 불이익이 회복된다고 볼 수 없을 때에는 당해 처분의 취소를 구할 정당한 이익이 없다고 할 것이다.

[2] 액화석유가스충전사업의 허가에 있어 합리적인 근거 없는 인근 주민들의 반대를 이유로 허가를 거부할 수 없다고 한 사례

액화석유가스충전사업의 허가에 있어 인근 주민들이 반대한다는 사정만으로 특별한 사정이 없는 한 액화석유가스의안전및사업관리법시행령 제3조 제1항 제2호 소정의 공공의 안전과 이익을 저해한다고 볼 수 없을 것이고, 또한 위 전라남도 고시에서 그 허가시 여론을 검토하도록 한 취지는 사회통념상 액화석유가스의 폭발 또는 화재로 인하여 위해우려의 부담을 안게 되는 일정구역 내의 주민들의 의견을 반영하여 이를 허가 여부를 결정함에 있어 참작하고자 함에 있는 것이므로 합리적인 근거에서 나온 것이 아닌 인근 주민들의 반대를 이유로 허가를 거부할 수 없다고 한 사례.

[3] 하자 있는 행정행위의 치유의 허용 여부

하자 있는 행정행위의 치유는 행정행위의 성질이나 법치주의의 관점에서 볼 때 원칙적으로 허용될 수 없는 것이고 예외적으로 행정행위의 무용한 반복을 피하고 당사자의 법적 안정성을 위해 이를 허용하는 때에도 국민의 권리나 이익을 침해하지 않는 범위에서 구체적 사정에 따라 합목적으로 인정하여야 할 것이다.

[4] 처분의 하자가 당사자의 사실은폐 내지 사위의 방법에 의한 신청에 기인한 것이어서 수익적 행정행위인 액화석유가스충전사업허가처분의 취소에 위법이 없다고 한 사례

충전소설치예정지로부터 100m 내에 있는 건물주의 동의를 모두 얻지 아니하였음에도 불구하고 이를 갖춘 양 허가신청을 하여 그 허가를 받아낸 것으로서, 처분의 하자가 당사자의 사실은폐 내지 사위의 방법에 의한 신청행위에 기인한 것이라 할 것이어서 그 처분에 의한 이익이 위법하게 취득되었음을 알아 그 취소가능성도 능히 예상하고 있었다고 보아야 할 것이므로 수익적 행정행위인 액화석유가스충전사업허가처분의 취소에 위법이 없다고 한 사례.

[참고판례]

□ 인가・허가 등 수익적 행정처분을 신청한 여러 사람이 서로 경원관계에 있는 경우, 허가 등 처분을 받지 못한 사람이 자신에 대한 거부처분의 취소를 구할 원고적격과 소의 이익이 있다.

인가・허가 등 수익적 행정처분을 신청한 여러 사람이 서로 경원관계에 있어서 한 사람에 대한 허가 등 처분이 다른 사람에 대한 불허가 등으로 귀결될 수밖에 없을 때 허가 등 처분을 받지 못한 사람은 신청에 대한 거부처분의 직접 상대방으로서 원칙적으로 자신에 대한 거부처분의 취소를 구할 원고적격이 있고, 취소판결이 확정되는 경우 판결의 직접적인 효과로 경원자에 대한 허가 등 처분이 취소되거나 효력이 소멸되는 것은 아니더라도 행정청은 취소판결의 기속력에 따라 판결에서 확인된 위법사유를 배제한 상태에서 취소판결의 원고와 경원자의 각 신청에 관하여 처분요건의 구비 여부와 우열을 다시 심사하여야 할 의무가 있으며, 재심사 결과 경원자에 대한 수익적 처분이 직권취소되고 취소판결의 원고에게 수익적 처분이 이루어질 가능성을 완전히 배제할 수는 없으므로, 특별한 사정이 없는 한 경원관계에서 허가 등 처분을 받지 못한 사람은 자신에 대한 거부처분의 취소를 구할 소의 이익이 있다(대법원 2015. 10. 29. 선고 2013두27517 판결).

기출문제

5급14 A시 시장은 지역문화발전을 도모하는 비영리적 전통문화육성・개발사업을 지원하기 위하여 제정한 「A시 전통문화육성・개발사업지원에 관한 조례」에 따라 보조금을 받고자 하는 사업자를 공모하였다. 비영리법인 甲은 A시의 전통문화상품인 모시를 재료로 한 의복을 개발하기로 하고 A시의 공모에 응하였다. 한편 주식회사 乙은 전통시장의 현대화사업을 추진하려는 목적으로 위 공모에 응하였다. A시 시장은 甲을 사업자로 선정하고 보조금을 지급하기로 결정하였다. 乙은 응모사업이 영리성이 강하고 보조금예산이 한정되어 있으며 평가점수가 甲보다 낮음을 이유로 사업자로 선정되지 못하였다.

2) 乙이 甲에 대한 보조금지급결정의 취소소송을 제기할 경우, 그 소송은 적법한가? **(15점)** - 경원자의 원고적격, 협의의 소의 이익

5급:재경08 甲은 LPG 충전사업허가를 신청하였다. 이에 대하여 乙시장은 인근 주민들의 반대여론이 있

고 甲의 사업장이 교통량이 많은 대로변에 있어서 교통사고시 위험이 초래될 수 있다는 이유로 사업허가를 거부하였다. 한편, 乙시장은 丙이 신청한 LPG 충전사업에 대하여 허가를 하였다. 관련 법령에 의하면 乙시장의 관할구역에는 1개소의 LPG 충전사업만이 가능하고, 충전소의 외벽으로부터 100m 이내에 있는 건물주의 동의를 받도록 되어 있다. 그런데 丙은 이에 해당하는 건물주로부터 동의를 얻지 아니한 채 위의 허가신청을 하였다.

1) 乙시장의 丙에 대한 허가처분에 대하여 甲은 취소소송을 제기할 수 있는가? **(30점)** -경원자의 원고적격, 협의의 소의 이익
2) 만약 丙이 처분이 내려진 후에 인근 주민의 동의를 받았다면 위의 허가처분에 대한 하자는 치유되는 것인가? **(20점)** - 하자의 치유

│ 사시11 │ X시장은 「개발제한구역의 지정 및 관리에 관한 특별조치법」제12조 제1항 제1호 마목과 동법 시행령 및 동법 시행규칙의 관련 규정에 의거하여, 개발제한구역 내의 간선도로 중 특정 구간에 고시된 선정 기준에 따라 사업자 1인을 선정하여 자동차용 액화석유가스충전소(이하 '가스충전소'라고 한다) 건축을 허가하기로 하는 가스충전소의 배치 계획을 고시하였다. 이에 A와 B는 각자 자신이 고시된 선정 기준에 따른 우선순위자임을 주장하며 가스충전소의 건축을 허가해 줄 것을 신청하였다. 이에 X시장은 각 신청 서류를 검토한 결과 B가 고시된 선정 기준에 따른 우선순위자라고 인정하여 B에 대한 가스충전소 건축을 허가하였다.

1. A는 우선순위자 결정의 하자를 주장하면서 X시장의 B에 대한 건축허가 결정을 다투려고 한다. 이 경우 A는 행정소송법상 원고적격이 있는가? **(15점)** - 경원자의 원고적격

납골당설치 사건

□ 대법원 2011. 9. 8. 선고 2009두6766 판결

【사실관계】

피고 파주시장(乙)은 2007. 5. 15. 납골당설치 신고를 한 피고보조참가인(이하 '참가인'이라고 한다) 대한예수교장로회 금광교회에게 '구 장사법령에 따라 관리사무실 등 필요한 시설을 설치하고 유골을 안전하게 보관할 수 있는 설비를 갖추어야 하며, 진입도로에 편입되는 농지에 대한 농지전용허가, 산지관리법에 의한 산지전용허가, 국토의 계획 및 이용에 관한 법률에 의한 개발행위허가, 건축법에 의한 안전조치 및 건축허가, 소하천정비종합계획에 의한 비관리청 사업시행허가 등 관계 법률에 따른 허가 및 준수사항 등을 이행하여야 한다. 이 이행통지 내용의 이행 여부 확인 후 신고필증을 교부할 예정이고, 신고필증을 교부받기 전에 납골을 봉안할 수 없다'는 등을 내용으로 하는 납골당설치 신고사항 이행통지(이하 '이 사건 이행통지'라고 한다)를 하였다.

이에 원고인 납골당 설치장소에서 500m 내의 지역에 거주하는 주민들이 납골당 설치에 대하여 환경 이익의 침해 또는 침해 우려가 있다고 주장하며 乙의 납골당 설치 수리처분에 대해 항고소송을 제기하였다.

【판결요지】

[1] 납골당설치 신고가 '수리를 요하는 신고'인지 여부(적극) 및 수리행위에 신고필증 교부 등 행위가 필요한지 여부(소극)

구 장사 등에 관한 법률(이하 '구 장사법'이라 한다) 제14조 제1항, 구 장사 등에 관한 법률 시행규칙 제7조 제1항 [별지 제7호 서식]을 종합하면, 납골당설치 신고는 이른바 '수리를 요하는 신고'라 할 것이므로, 납골당설치 신고가 구 장사법 관련 규정의 모든 요건에 맞는 신고라 하더라도 신고인은 곧바로 납골당을 설치할 수는 없고, 이에 대한 행정청의 수리처분이 있어야만 신고한 대로 납골당을 설치할 수 있다. 한편 수리란 신고를 유효한 것으로 판단하고 법령에 의하여 처리할 의사로 이를 수령하는 수동적 행위이므로 수리행위에 신고필증 교부 등 행위가 꼭 필요한 것은 아니다.

[2] 파주시장이 갑 교회에 이행통지를 함으로써 납골당설치 신고수리를 하였다고 보는 것이 타당하고, 이를 수리처분과 별도로 항고소송 대상이 되는 다른 처분으로 볼 수 없다고 한 사례

파주시장이 종교단체 납골당설치 신고를 한 갑 교회에, '구 장사 등에 관한 법률(이하 '구 장사법'이라 한다) 등에 따라 필요한 시설을 설치하고 유골을 안전하게 보관할 수 있는 설비를 갖추어야 하며 관계 법령에 따른 허가 및 준수 사항을 이행하여야 한다'는 내용의 납골당설치 신고사항 이행통지를 한 사안에서, 이행통지는 납골당설치 신고에 대하여 파주시장이 납골당설치 요건을 구비하였음을 확인하고 구 장사법령상 납골당설치 기준, 관계 법령상 허가 또는 신고 내용을 고지하면서 신고한 대로 납골당 시설을 설치하도록 한 것이므로, 파주시장이 갑 교회에 이행통지를 함으로써 납골당설치 신고수리를 하였다고 보는 것이 타당하고, 이행통지가 새로이 갑 교회 또는 관계자들의 법률상 지위에 변동을 일으키지는 않으므로 이를 수리처분과 별도로 항고소송 대상이 되는 다른 처분으로 볼 수 없다고 한 사례.

[3] 납골당 설치장소에서 500m 내에 20호 이상의 인가가 밀집한 지역에 거주하는 주민들의 경우, 납골당이 누구에 의하여 설치되는지와 관계없이 납골당 설치에 대하여 환경 이익 침해 또는 침해 우려가 있는 것으로 사실상 추정되어 원고적격이 인정되는지 여부(적극)

구 장사 등에 관한 법률 제14조 제3항, 구 장사 등에 관한 법률 시행령 제13조 제1항 [별표 3]에서 납골묘, 납골탑, 가족 또는 종중·문중 납골당 등 사설납골시설의 설치장소에 제한을 둔 것은, 이러한 사설납골시설을 인가가 밀집한 지역 인근에 설치하지 못하게 함으로써 주민들의 쾌적한 주거, 경관, 보건위생 등 생활환경상의 개별적 이익을 직접적·구체적으로 보호하려는 데 취지가 있으므로, 이러한 납골시설 설치장소에서 500m 내에 20호 이상의 인가가 밀집한 지역에 거주하는 주민들은 납골당 설치에 대하여 환경상 이익 침해를 받거나 받을 우려가 있는 것으로 사실상 추정된다. 다만 사설납골시설 중 종교단체 및 재단법인이 설치하는 납골당에 대하여는 그와 같은 설치 장소를 제한하는 규정을 명시적으로 두고 있지 않지만, 종교단체나 재단법인이 설치한 납골당이라 하여 납골당으로서 성질이 가족 또는 종중, 문중 납골당과 다르다고 할 수 없고, 인근 주민들이 납골당에 대하여 가지는 쾌적한 주거, 경관, 보건위생 등 생활환경상의 이익에 차이가 난다고 볼 수 없다. 따라서 납골당 설치장소에서 500m 내에 20호 이상의 인가가 밀집한 지역에 거주하는 주민들에게는 납골당이 누구에 의하여 설치되는지를 따질 필요 없이 납골당 설치에 대하여 환경 이익 침해 또는 침해 우려가 있는 것으로 사실상 추정되어 원고적격이 인정된다고 보는 것이 타당하다.

[참고판례]

☐ 납골당설치신고수리는 기속재량행위이다.

사설납골시설의 설치신고는, 같은 법 제15조 각 호에 정한 사설납골시설설치 금지지역에 해당하지 않고 같은 법 제14조 제3항 및 같은 법 시행령 제13조 제1항의 [별표 3]에 정한 설치기준에 부합하는 한 수리하여야 하나, 보건위생상의 위해를 방지하거나 국토의 효율적 이용 및 공공복리의 증진 등 중대한 공익상 필요가 있는 경우에는 그 수리를 거부할 수 있다고 보는 것이 타당하다(대법원 2010. 9. 9. 선고 2008두22631 판결).

새만금 사건

□ 대법원 2006. 3. 16. 선고 2006두330 전원합의체 판결

[사실관계]

　농림수산부에서는 1986. 6.경부터 1989. 8.경까지 새만금간척종합개발사업(이하 '새만금사업'이라 한다) 시행으로 인한 환경영향평가를 실시하였으며 환경청에 보완된 환경영향평가서를 제출하고 관련법령에 따른 소정의 협의를 마쳤다. 피고 乙(농림수산부장관)은 새만금사업 기본계획을 확정(1989. 11. 6.)하고 시행계획을 수립하여 고시(1991. 8. 19.)하였다. 아울러 乙은 새만금사업과 관련하여 공유수면매립면허처분을 하고 이를 1991. 10. 17. 고시하였다. 또한 乙은 사업시행자의 지위에서 새만금사업 시행인가처분을 하고 이를 1991. 11. 13. 고시하였다.

　원고 甲은 2001. 3. 21. 새만금사업에 대한 사업목적, 환경영향평가, 경제성 분석 등에 있어서 감사원 특별감사에서 지적된 문제점을 근거로 공유수면매립법 제32조, 농어촌정비법 제98조 제1항 소정의 취소사유가 발생하였음을 들어 乙에게 이 사건 공유수면매립면허 및 농지개량사업시행인가처분을 취소하여 줄 것을 신청하였다. 이에 대하여 乙은 2001. 5. 24. 구체적인 사유를 들어 甲의 위 취소신청에 대하여 거부하는 회신을 하였다.

　이에 따라 甲은 乙이 1991. 10. 17.에 한 공유수면매립면허처분 및 1991. 11. 13.에 한 새만금사업 시행인가처분이 각각 무효임을 확인하고 이와 선택적으로 공유수면매립면허 및 새만금사업 시행인가처분 취소신청 거부처분을 취소하는 소송을 제기하였다.

[판결요지]

[1] 행정처분의 직접 상대방이 아닌 제3자가 행정처분의 무효확인을 구할 수 있는 요건으로서 '법률상 보호되는 이익'의 의미

　행정처분의 직접 상대방이 아닌 제3자라 하더라도 당해 행정처분으로 인하여 법률상 보호되는 이익을 침해당한 경우에는 그 처분의 무효확인을 구하는 행정소송을 제기하여 그 당부의 판단을 받을 자격이 있다 할 것이며, 여기에서 말하는 법률상 보호되는 이익이라 함은 당해 처분의 근거 법규 및 관련 법규에 의하여 보호되는 개별적·직접적·구체적 이익이 있는 경우를 말하고, 공익보호의 결과로 국민 일반이 공통적으로 가지는 일반적·간접적·추상적 이익이 생기는 경우에는 법률상 보호되는 이익이 있다고 할 수 없다.

[2] 환경영향평가 대상지역 안의 주민에게 공유수면매립면허처분과 농지개량사업 시행인가처분의 무효확인을 구할 원고적격이 인정되는지 여부(적극) 및 환경영향평가 대상지역 밖의 주민에게 그 원고적격이 인정되기 위한 요건

　공유수면매립면허처분과 농지개량사업 시행인가처분의 근거 법규 또는 관련 법규가 되는 구 공유수면매립법, 구 농촌근대화촉진법, 구 환경보전법, 구 환경보전법 시행령, 구 환경정책기본법, 구 환경정책기본법 시행령의 각 관련 규정의 취지는, 공유수면매립과 농지개량사업시행으로 인하여 직접적이고 중대한 환경피해를 입으리라고 예상되는 환경영향평가 대상지역 '안'의 주민들이 전과 비교하여 수인한도를 넘는 환경침해를 받지 아니하고 쾌적한 환경에서 생활할 수 있는 개별적 이익까지도 이를 보호하려는 데에 있다고 할 것이므로, 위 주민들이 공유수면매립면허처분 등과 관련하여 갖고 있는 위와 같은 환경상의 이익은 주민 개개인에 대하여 개별적으로 보호되는 직접적·구체적 이익으로서 그들에 대하여는 특단의 사정이 없

는 한 환경상의 이익에 대한 침해 또는 침해우려가 있는 것으로 「사실상 추정」되어 공유수면매립면허처분 등의 무효확인을 구할 원고적격이 인정된다.

한편, 환경영향평가 대상지역 '밖'의 주민이라 할지라도 공유수면매립면허처분 등으로 인하여 그 처분 전과 비교하여 수인한도를 넘는 환경피해를 받거나 받을 우려가 있는 경우에는, 공유수면매립면허처분 등으로 인하여 환경상 이익에 대한 침해 또는 침해우려가 있다는 것을 「입증」함으로써 그 처분 등의 무효확인을 구할 원고적격을 인정받을 수 있다.

[3] 환경영향평가 대상지역 밖에 거주하는 주민에게 헌법상의 환경권 또는 환경정책기본법에 근거하여 공유수면매립면허처분과 농지개량사업 시행인가처분의 무효확인을 구할 원고적격이 없다고 한 사례

헌법 제35조 제1항에서 정하고 있는 환경권에 관한 규정만으로는 그 권리의 주체·대상·내용·행사방법 등이 구체적으로 정립되어 있다고 볼 수 없고, 환경정책기본법 제6조도 그 규정 내용 등에 비추어 국민에게 구체적인 권리를 부여한 것으로 볼 수 없다는 이유로, 환경영향평가 대상지역 '밖'에 거주하는 주민에게 헌법상 환경권 또는 환경정책기본법에 근거하여 공유수면매립면허처분과 농지개량사업 시행인가처분의 무효확인을 구할 원고적격이 없다고 한 사례.

[참고판례]

❶ 제주풍력발전소 사건

[1] 행정처분의 근거 법규 등에 그 처분으로 환경상 침해를 받으리라고 예상 되는 영향권의 범위가 구체적으로 규정된 경우, 행정처분의 직접 당사자가 아닌 그 영향권 내의 주민과 영향권 밖의 주민에게 행정처분의 취소 등을 구할 원고적격이 인정되기 위한 요건

행정처분의 직접 상대방이 아닌 자로서 그 처분에 의하여 자신의 환경상 이익이 침해받거나 침해받을 우려가 있다는 이유로 취소나 무효확인을 구하는 제3자는, 자신의 환경상 이익이 그 처분의 근거 법규 또는 관련 법규에 의하여 개별적·직접적·구체적으로 보호되는 이익, 즉 법률상 보호되는 이익임을 입증하여야 원고적격이 인정된다. 다만 그 행정처분의 근거 법규 또는 관련 법규에 그 처분으로써 이루어지는 행위 등 사업으로 인하여 환경상 침해를 받으리라고 예상되는 영향권의 범위가 구체적으로 규정되어 있는 경우에는, 그 영향권 내의 주민들에 대하여는 당해 처분으로 인하여 직접적이고 중대한 환경피해를 입으리라고 예상할 수 있고, 이와 같은 환경상의 이익은 주민 개개인에 대하여 개별적으로 보호되는 직접적·구체적 이익으로서 그들에 대하여는 특단의 사정이 없는 한 환경상 이익에 대한 침해 또는 침해 우려가 있는 것으로 사실상 추정되어 법률상 보호되는 이익으로 인정됨으로써 원고적격이 인정되며, 그 영향권 밖의 주민들은 당해 처분으로 인하여 그 처분 전과 비교하여 수인한도를 넘는 환경피해를 받거나 받을 우려가 있다는 자신의 환경상 이익에 대한 침해 또는 침해 우려가 있음을 입증하여야만 법률상 보호되는 이익으로 인정되어 원고적격이 인정된다.

[2] 행정처분의 근거 법규 등에 의하여 환경상 이익에 대한 침해 또는 침해 우려가 있는 것으로 사실상 추정되어 원고적격이 인정되는 사람의 범위

환경상 이익에 대한 침해 또는 침해 우려가 있는 것으로 사실상 추정되어 원고적격이 인정되는 사람에는 환경상 침해를 받으리라고 예상되는 영향권 내의 주민들을 비롯하여 그 영향권 내에서 농작물을 경작하는 등 현실적으로 환경상 이익을 향유하는 사람도 포함된다. 그러나 단지 그 영향권 내의 건물·토지를 소유하거나 환경상 이익을 일시적으로 향유하는 데 그치는 사람은 포함되지 않는다.

❷ 물금취수장 사건

[1] 구 산업집적활성화 및 공장설립에 관한 법률 제8조 제4호, 구 국토의 계획 및 이용에 관한 법률 시행령 제56조 제1항 [별표 1] 제1호 (라)목 (2) 등의 규정 취지 및 수돗물을 공급받아 마시거나 이용하는 주민들이 환경상 이익의 침해를 이유로 공장설립승인처분의 취소 등을 구할 원고적격을 인정받기 위한 요건

공장설립승인처분의 근거 법규 및 관련 법규인 구 산업집적활성화 및 공장설립에 관한 법률 제8조 제4호가 산업자원부장관으로 하여금 관계 중앙행정기관의 장과 협의하여 '환경오염을 일으킬 수 있는 공장의 입지제한에 관한 사항'을 정하여 고시하도록 규정하고 있고, 이에 따른 산업자원부 장관의 공장입지기준고시(제2004-98호) 제5조 제1호가 '상수원 등 용수이용에 현저한 영향을 미치는 지역의 상류'를 환경오염을 일으킬 수 있는 공장의 입지제한지역으로 정할 수 있다고 규정하고, 국토의 계획 및 이용에 관한 법률 제58조 제3항의 위임에 따른 구 국토의 계획 및 이용에 관한 법률 시행령 제56조 제1항 [별표 1] 제1호 (라)목 (2)가 '개발행위로 인하여 당해 지역 및 그 주변 지역에 수질오염에 의한 환경오염이 발생할 우려가 없을 것'을 개발사업의 허가기준으로 규정하고 있는 취지는, 공장설립승인처분과 그 후속절차에 따라 공장이 설립되어 가동됨으로써 그 배출수 등으로 인한 수질오염 등으로 직접적이고도 중대한 환경상 피해를 입을 것으로 예상되는 주민들이 환경상 침해를 받지 아니한 채 물을 마시거나 용수를 이용하며 쾌적하고 안전하게 생활할 수 있는 개별적 이익까지도 구체적·직접적으로 보호하려는 데 있다. 따라서 수돗물을 공급받아 이를 마시거나 이용하는 주민들로서는 위 근거 법규 및 관련 법규가 환경상 이익의 침해를 받지 않은 채 깨끗한 수돗물을 마시거나 이용할 수 있는 자신들의 생활환경상의 개별적 이익을 직접적·구체적으로 보호하고 있음을 '증명'하여 원고적격을 인정받을 수 있다.

[2] 김해시장이 낙동강에 합류하는 하천수 주변의 토지에 구 산업집적활성화 및 공장설립에 관한 법률 제13조에 따라 공장설립을 승인하는 처분을 한 사안에서, 공장설립으로 수질오염 등이 발생할 우려가 있는 취수장에서 물을 공급받는 부산광역시 또는 양산시에 거주하는 주민들도 위 처분의 근거 법규 및 관련 법규에 의하여 법률상 보호되는 이익이 침해되거나 침해될 우려가 있는 주민으로서 원고적격이 인정된다고 한 사례

김해시장이 소감천을 통해 낙동강에 합류하는 하천수 주변의 토지에 구 산업집적활성화 및 공장설립에 관한 법률 제13조에 따라 공장설립을 승인하는 처분을 한 사안에서, 상수원인 물금취수장이 소감천이 흘러내려 낙동강 본류와 합류하는 지점 근처에 위치하고 있는 점, 수돗물은 수도관 등 급수시설에 의해 공급되는 것이어서 거주지역이 물금취수장으로부터 다소 떨어진 곳이라고 하더라도 수돗물의 수질악화 등으로 주민들이 갖게 되는 환경상 이익의 침해나 그 우려는 그 수돗물을 공급하는 취수시설이 입게 되는 수질오염 등의 피해나 그 우려와 동일하게 평가될 수 있는 점 등에 비추어, 공장설립으로 수질오염 등이 발생할 우려가 있는 물금취수장에서 취수된 물을 공급받는 부산광역시 또는 양산시에 거주하는 주민들도 위 처분의 근거 법규 및 관련 법규에 의하여 개별적·구체적·직접적으로 보호되는 환경상 이익, 즉 법률상 보호되는 이익이 침해되거나 침해될 우려가 있는 주민으로서 원고적격이 인정된다고 한 사례(대법원 2010. 4. 15. 선고 2007두16127 판결).

❸ 생태·자연도 등급변경처분 사건

환경부장관이 생태·자연도 1등급으로 지정되었던 지역을 2등급 또는 3등급으로 변경하는 내용의 생태·자연도 수정·보완을 고시하자, 인근 주민 갑이 생태·자연도 등급변경처분의 무효 확인을 청구한 사안에서, 갑은 무효 확인을 구할 원고적격이 없다고 한 사례

환경부장관이 생태·자연도 1등급으로 지정되었던 지역을 2등급 또는 3등급으로 변경하는 내용의 생태·

자연도 수정·보완을 고시하자, 인근 주민 갑이 생태·자연도 등급변경처분의 무효 확인을 청구한 사안에서, 생태·자연도의 작성 및 등급변경의 근거가 되는 구 자연환경보전법 제34조 제1항 및 그 시행령 제27조 제1항, 제2항에 의하면, 생태·자연도는 토지이용 및 개발계획의 수립이나 시행에 활용하여 자연환경을 체계적으로 보전·관리하기 위한 것일 뿐, 1등급 권역의 인근 주민들이 가지는 생활상 이익을 직접적이고 구체적으로 보호하기 위한 것이 아님이 명백하고, 1등급 권역의 인근 주민들이 가지는 이익은 환경보호라는 공공의 이익이 달성됨에 따라 반사적으로 얻게 되는 이익에 불과하므로, 인근 주민에 불과한 갑은 생태·자연도 등급권역을 1등급에서 일부는 2등급으로, 일부는 3등급으로 변경한 결정의 무효 확인을 구할 원고적격이 없다고 본 원심판단을 수긍한 사례(대법원 2014. 2. 21. 선고 2011두29052 판결).

❹ 강정마을 사건

국방부 민·군 복합형 관광미항(제주해군기지) 사업시행을 위한 해군본부의 요청에 따라 제주특별자치도지사가 절대보존지역이던 서귀포시 강정동 해안변지역에 관하여 절대보존지역을 변경(축소)하고 고시한 사안에서, 절대보존지역의 유지로 지역주민회와 주민들이 가지는 주거 및 생활환경상 이익은 지역의 경관 등이 보호됨으로써 반사적으로 누리는 것일 뿐 근거 법규 또는 관련 법규에 의하여 보호되는 개별적·직접적·구체적 이익이라고 할 수 없다는 이유로 지역주민회 등은 위 처분을 다툴 원고적격이 없다고 본 원심판단을 정당하다고 한 사례

원심은 피고의 이 사건 처분이 국방부장관의 제주해군기지 실시계획 승인처분 등을 위한 전제로 행하여진 것이라 하더라도 위 승인처분과는 독립된 별개의 행정처분이므로 행정처분의 적법 여부는 물론이고 행정처분을 다투는 절차 역시 별개로 보아야 한다고 하면서, 원고들에게 이 사건 처분의 근거가 되는 법규 및 관련 법규에 의하여 보호되는 법률상 이익이 있는지 여부에 관하여 ① 절대보존지역의 해제는 소유권에 가한 제한을 해제하는 처분에 해당하는 것으로 그 자체로 인근 주민의 생활환경에 영향을 주는 사업의 시행이나 시설의 설치를 내포하고 있는 것이 아닌 점, ②「구 제주특별자치도 설치 및 국제자유도시 조성을 위한 특별법」및「구 제주특별자치도 보전지역 관리에 관한 조례」에 따라 절대보존지역으로 지정되어 보호되는 대상은 인근 주민의 주거 및 생활환경 등이 아니라 제주의 지하수·생태계·경관 그 자체인 점, ③ 위 조례 제3조 제1항은 절대보전지역의 지정 및 변경에는 주민들의 의견을 듣도록 하고 있으나 보전지역을 축소하는 경우에는 예외로 한다고 규정함으로써 그 절차에서도 절대보전지역 지정으로 인하여 환경상 혜택을 받는 주민들이 아니라 권리의 제한을 받게 되는 주민들을 주된 보호의 대상으로 하고 있는 점 등에 비추어 보면, 이 사건 처분 대상인 서귀포시 강정동 해안변지역 105,295㎡가 절대보전지역으로 유지됨으로써 원고들이 가지는 주거 및 생활환경상 이익은 그 지역의 경관 등이 보호됨으로써 반사적으로 누리는 것일 뿐 근거 법규 또는 관련 법규에 의하여 보호되는 개별적·직접적·구체적 이익이라고 할 수 없다고 판단하였다. 나아가 원심은 원고들이 주장하는 헌법상의 생존권, 행복추구권, 환경권만으로는 그 권리의 주체·대상·내용·행사방법 등이 구체적으로 정립되어 있다고 볼 수 없으므로 이에 근거하여 이 사건 처분을 다툴 원고적격이 있다고 할 수도 없다고 판단하였다. 앞서 본 법리와 기록에 비추어 살펴보면, 원심의 위와 같은 판단은 정당한 것으로 수긍할 수 있고, 거기에 상고이유 주장과 같은 행정소송의 원고적격에 관한 법리오해의 위법 등이 없다(대법원 2012. 7. 5. 선고 2011두13187,13194 판결).

❺ 개발제한구역안 공장설립승인처분 사건

구 산업집적활성화 및 공장설립에 관한 법률 제13조 제1항, 제13조의2 제1항 제16호, 제14조, 제50조, 제13조의5 제4호의 규정을 종합하면, 공장설립승인처분이 있고 난 뒤에 또는 그와 동시에 공장건축허가처분

을 하는 것이 허용되므로, 공장설립승인처분이 취소된 경우에는 그 승인처분을 기초로 한 공장건축허가처분 역시 취소되어야 하고, 공장설립승인처분에 근거하여 토지의 형질변경이 이루어진 경우에는 원상회복을 해야 함이 원칙이다. 따라서 개발제한구역 안에서의 공장설립을 승인한 처분이 위법하다는 이유로 쟁송취소되었다고 하더라도 그 승인처분에 기초한 공장건축허가처분이 잔존하는 이상, 공장설립승인처분이 취소되었다는 사정만으로 인근 주민들의 환경상 이익이 침해되는 상태나 침해될 위험이 종료되었다거나 이를 시정할 수 있는 단계가 지나버렸다고 단정할 수는 없고, 인근 주민들은 여전히 공장건축허가처분의 취소를 구할 법률상 이익이 있다고 보아야 한다(대법원 2018. 7. 12. 선고 2015두3485 판결).

❻ 광업권설정허가처분 사건

광업권설정허가처분의 근거 법규 또는 관련 법규의 취지는 광업권설정허가처분과 그에 따른 광산 개발과 관련된 후속 절차로 인하여 직접적이고 중대한 재산상·환경상 피해가 예상되는 토지나 건축물의 소유자나 점유자 또는 이해관계인 및 주민들이 전과 비교하여 수인한도를 넘는 재산상·환경상 침해를 받지 아니한 채 토지나 건축물 등을 보유하며 쾌적하게 생활할 수 있는 개별적 이익까지도 보호하려는 데 있으므로, 광업권설정허가처분과 그에 따른 광산 개발로 인하여 재산상·환경상 이익의 침해를 받거나 받을 우려가 있는 토지나 건축물의 소유자와 점유자 또는 이해관계인 및 주민들은 그 처분 전과 비교하여 수인한도를 넘는 재산상·환경상 이익의 침해를 받거나 받을 우려가 있다는 것을 증명함으로써 그 처분의 취소를 구할 원고적격을 인정받을 수 있다(대법원 2008. 9. 11. 선고 2006두7577 판결).

❼ 공유수면 점용·사용허가 사건

공유수면법의 관련 규정 및 입법 취지 등을 앞에서 본 원고적격에 관한 법리에 비추어 보면, 공유수면법 제12조 및 공유수면법 시행령 제12조 제1항, 제4항의 취지는 공유수면 점용·사용허가로 인하여 인접한 토지를 적정하게 이용할 수 없게 되는 등의 피해를 받을 우려가 있는 인접 토지 소유자 등의 개별적·직접적·구체적 이익까지도 보호하려는 것이라고 할 수 있고, 따라서 공유수면 점용·사용허가로 인하여 인접한 토지를 적정하게 이용할 수 없게 되는 등의 피해를 받을 우려가 있는 인접 토지 소유자 등은 공유수면 점용·사용허가처분의 취소 또는 무효확인을 구할 원고적격이 인정된다(대법원 2014. 9. 4. 선고 2014두2164 판결).

❽ 집합건물 공용부분 대수선 사건

건축법은 집합건물의 공용부분을 대수선하려는 자로 하여금 구분소유자 전원을 구성원으로 하는 관리단집회에서 구분소유자 2/3 이상 및 의결권 2/3 이상의 결의로써 그 대수선에 동의하였다는 사정을 증명해야 대수선에 관한 허가를 받을 수 있도록 규정하고 있다(건축법 제11조 제11항 제5호, 집합건물법제15조 제1항). 이와 같은 건축법 규정은 구분소유자들이 공유하고 각자 그 용도에 따라 사용할 수 있는 공용부분의 대수선으로 인하여 공용부분의 소유·사용에 제한을 받을 수 있는 구분소유자의 개별적 이익을 구체적이고 직접적으로 보호하는 규정으로 볼 수 있다. 따라서 집합건물 공용부분의 대수선과 관련한 행정청의 허가, 사용승인 등 일련의 처분에 관하여는 처분의 직접 상대방 외에 해당 집합건물의 구분소유자에게도 취소를 구할 원고적격이 인정된다고 보는 것이 타당하다(대법원 2024. 3. 12. 선고 2021두58998 판결).

외국인의 원고적격

□ 대법원 2018. 5. 15. 선고 2014두42506 판결

[사실관계]

대한민국 국민인 소외인은 국제결혼중개업체를 통해 2010. 3. 6.부터 4박 5일간 중국을 방문하여 중국 국적자인 원고를 소개받은 후, 소외인이 2010. 4. 5. 한국에서 혼인신고를, 원고가 2010. 4. 26. 중국에서 혼인신고를 마쳤다. 원고는 소외인과 혼인하였음을 이유로, 2010. 5.경부터 2013. 5.경 사이에 매년 1차례씩 피고(주 선양한국총영사관 총영사)에게 결혼이민(F-6) 체류자격의 사증발급을 네 차례 신청하였다. 그러나 피고는 매번 소외인의 거주지를 관할하는 출입국관리사무소 소속 공무원의 실태조사를 거쳐, '소외인의 가족부양능력 결여' 등을 이유로 원고에 대한 사증발급을 네 차례 모두 거부하였다(그 중 피고가 2013. 7. 16. 원고에 대하여 한 네 번째 사증발급거부행위를 '이 사건 거부처분'이라 한다).

[판결요지]

□ 외국인에게 사증발급 거부처분의 취소를 구할 법률상 이익이 인정되는지 여부(소극)

사증발급의 법적 성질, 출입국관리법의 입법 목적, 사증발급 신청인의 대한민국과의 실질적 관련성, 상호주의원칙 등을 고려하면, 우리 출입국관리법의 해석상 외국인에게는 사증발급 거부처분의 취소를 구할 법률상 이익이 인정되지 않는다.

[판결이유]

구 출입국관리법(이하 '출입국관리법'이라 한다)은 외국인이 입국할 때에는 원칙적으로 유효한 여권과 대한민국의 법무부장관이 발급한 사증을 가지고 있어야 하고(제7조 제1항), 입국하는 출입국항에서 출입국관리공무원의 입국심사를 받아야 한다고(제12조 제1항) 규정하고 있다. 따라서 외국인이 이미 사증을 발급받은 경우에도 출입국항에서 입국심사가 면제되지는 않는다. 사증발급은 외국인에게 대한민국에 입국할 권리를 부여하거나 입국을 보장하는 완전한 의미에서의 입국허가결정이 아니라, 외국인이 대한민국에 입국하기 위한 예비조건 내지 입국허가의 추천으로서의 성질을 가진다고 봄이 타당하다.

한편 출입국관리법은, 입국하려는 외국인은 대통령령으로 정하는 체류자격을 가져야 하고(제10조 제1항), 사증발급에 관한 기준과 절차는 법무부령으로 정한다고(제8조 제3항) 규정하고 있다. 그 위임에 따라 출입국관리법 시행령 제12조 [별표 1]은 외국인의 다양한 체류자격을 규정하면서, 그중 결혼이민(F-6) 체류자격을 "국민의 배우자"[(가)목], "국민과 혼인관계(사실상의 혼인관계를 포함한다)에서 출생한 자녀를 양육하고 있는 부 또는 모로서 법무부장관이 인정하는 사람"[(나)목], "국민인 배우자와 혼인한 상태로 국내에 체류하던 중 그 배우자의 사망이나 실종, 그 밖에 자신에게 책임이 없는 사유로 정상적인 혼인관계를 유지할 수 없는 사람으로서 법무부장관이 인정하는 사람"[(다)목]이라고 규정하고 있다(제28조의4호). 그런데 외국인에게는 입국의 자유를 인정하지 않는 것이 세계 각국의 일반적인 입법 태도이다. 그리고 우리 출입국관리법의 입법 목적

은 "대한민국에 입국하거나 대한민국에서 출국하는 모든 국민 및 외국인의 출입국관리를 통한 안전한 국경관리와 대한민국에 체류하는 외국인의 체류관리 및 난민의 인정절차 등에 관한 사항을 규정"하는 것이다(제1조). 체류자격 및 사증발급의 기준과 절차에 관한 출입국관리법과 그 하위법령의 위와 같은 규정들은, 대한민국의 출입국 질서와 국경관리라는 공익을 보호하려는 취지일 뿐, 외국인에게 대한민국에 입국할 권리를 보장하거나 대한민국에 입국하고자 하는 외국인의 사익까지 보호하려는 취지로 해석하기는 어렵다.

사증발급 거부처분을 다투는 외국인은, 아직 대한민국에 입국하지 않은 상태에서 대한민국에 입국하게 해달라고 주장하는 것으로, 대한민국과의 실질적 관련성 내지 대한민국에서 법적으로 보호가치 있는 이해관계를 형성한 경우는 아니어서, 해당 처분의 취소를 구할 법률상 이익을 인정하여야 할 법정책적 필요성도 크지 않다. 반면, 국적법상 귀화불허가처분이나 출입국관리법상 체류자격변경 불허가처분, 강제퇴거명령 등을 다투는 외국인은 대한민국에 적법하게 입국하여 상당한 기간을 체류한 사람이므로, 이미 대한민국과의 실질적 관련성 내지 대한민국에서 법적으로 보호가치 있는 이해관계를 형성한 경우이어서, 해당 처분의 취소를 구할 법률상 이익이 인정된다고 보아야 한다.

나아가 중화인민공화국(이하 '중국'이라 한다) 출입경관리법 제36조 등은 외국인이 사증발급 거부 등 출입국 관련 제반 결정에 대하여 불복하지 못하도록 명문의 규정을 두고 있으므로, 국제법의 상호주의원칙상 대한민국이 중국 국적자에게 우리 출입국관리 행정청의 사증발급 거부에 대하여 행정소송 제기를 허용할 책무를 부담한다고 볼 수는 없다.

이와 같은 사증발급의 법적 성질, 출입국관리법의 입법 목적, 사증발급 신청인의 대한민국과의 실질적 관련성, 상호주의원칙 등을 고려하면, 우리 출입국관리법의 해석상 외국인에게는 사증발급 거부처분의 취소를 구할 법률상 이익이 인정되지 않는다고 봄이 타당하다.

[비교판례]

원고(스티브 유)는 대한민국에서 출생하여 오랜 기간 대한민국 국적을 보유하면서 거주한 사람이므로 이미 대한민국과 실질적 관련성이 있거나 대한민국에서 법적으로 보호가치 있는 이해관계를 형성하였다고 볼 수 있다. 또한 재외동포의 대한민국 출입국과 대한민국 안에서의 법적 지위를 보장함을 목적으로 「재외동포의 출입국과 법적 지위에 관한 법률」(이하 '재외동포법'이라 한다)이 특별히 제정되어 시행 중이다. 따라서 원고는 이 사건 사증발급 거부처분의 취소를 구할 법률상 이익이 인정되므로 원고적격 또는 소의 이익이 없어 이 사건 소가 부적법하다는 피고의 주장은 이유 없다(대법원 2019. 7. 11. 선고 2017두38874 판결).

[참고판례]

❶ 외국인의 국가배상청구권

국가배상법 제7조는 우리나라만이 입을 수 있는 불이익을 방지하고 국제관계에서 형평을 도모하기 위하여 외국인의 국가배상청구권의 발생요건으로 '외국인이 피해자인 경우에는 해당 국가와 상호보증이 있을 것'을 요구하고 있는데, 우리나라와 외국 사이에 국가배상청구권의 발생요건이 현저히 균형을 상실하지 아니하고 외국에서 정한 요건이 우리나라에서 정한 그것보다 전체로서 과중하지 아니하여 중요한 점에서 실질적으로 거의 차이가 없는 정도라면 국가배상법 제7조가 정하는 상호보증의 요건을 구비하였다고 봄이 타당하다. 그리고 상호보증은 외국의 법령, 판례 및 관례 등에 의하여 발생요건을 비교하여 인정되면 충분하고 반드시 당사국과의 조약이 체결되어 있을 필요는 없으며, 당해 외국에서 구체적으로 우리나라 국민에게 국가배상청구를 인정한 사례가 없더라도 실제로 인정될 것이라고 기대할 수 있는 상태이면 충분하다(대법원 2015. 6. 11. 선고 2013다208388 판결).

❷ 법인의 원고적격

재단법인 갑 수녀원이, 매립목적을 택지조성에서 조선시설용지로 변경하는 내용의 공유수면매립목적 변경 승인처분으로 인하여 법률상 보호되는 환경상 이익을 침해받았다면서 행정청을 상대로 처분의 무효 확인을 구하는 소송을 제기한 사안에서, 공유수면매립목적 변경 승인처분으로 갑 수녀원에 소속된 수녀 등이 쾌적한 환경에서 생활할 수 있는 환경상 이익을 침해받는다고 하더라도 이를 가리켜 곧바로 갑 수녀원의 법률상 이익이 침해된다고 볼 수 없고, 자연인이 아닌 갑 수녀원은 쾌적한 환경에서 생활할 수 있는 이익을 향수할 수 있는 주체가 아니므로 위 처분으로 위와 같은 생활상의 이익이 직접적으로 침해되는 관계에 있다고 볼 수도 없으며, 위 처분으로 환경에 영향을 주어 갑 수녀원이 운영하는 쨈 공장에 직접적이고 구체적인 재산적 피해가 발생한다거나 갑 수녀원이 폐쇄되고 이전해야 하는 등의 피해를 받거나 받을 우려가 있다는 점 등에 관한 증명도 부족하다는 이유로, 갑 수녀원에 처분의 무효 확인을 구할 원고적격이 없다고 한 사례(대법원 2012. 6. 28. 선고 2010두2005 판결).

부지사전승인 사건

□ 대법원 1998. 9. 4. 선고 97누19588 판결

[사실관계]

피고보조참가인 丙(한국전력공사)이 원심 판시 토지에 '원자로등건설사업'(영광원자력발전소 5·6호기 건설사업)을 시행하기 위하여 그 건설허가를 받기에 앞서 1996. 2. 10. 원자력법 제11조 제3항에 의하여 피고 乙(과학기술처장관)로부터 위 토지를 원자로 및 관계 시설의 건설부지로 확정하고 그 곳에 굴착·콘크리트공사 등의 사전공사를 할 수 있도록 하는 내용의 이 사건 부지사전승인처분을 받았다.

이에 이 사건 '원자로등건설사업' 부지 인근의 주민인 원고 甲들이 방사성물질에 의한 재해를 받지 아니할 이익과 원전냉각수 순환시 발생되는 온배수로 인한 해양환경침해를 받지 아니할 이익을 주장하며 이 사건 부지사전승인처분의 취소를 구하는 소를 제기하였다. 그런데 丙이 이 사건 부지사전승인처분을 받은 후 이 사건 소송이 계속중이던 1997. 6. 14. 건설허가처분을 받았다.

[판결요지]

[1] 구 원자력법 제12조 제2호, 제3호 소정의 원자로 및 관계 시설의 허가기준이 같은 법 제11조 제3항에 근거한 부지사전승인처분의 기준이 되는지 여부(적극)

원자로시설부지사전승인처분의 근거 법률인 구 원자력법 제11조 제3항에 근거한 원자로 및 관계 시설의 부지사전승인처분은 원자로 등의 건설허가 전에 그 원자로 등 건설예정지로 계획중인 부지가 원자력법의 관계 규정에 비추어 적법성을 구비한 것인지 여부를 심사하여 행하는 사전적 부분 건설허가처분의 성격을 가지고 있는 것이므로, 원자력법 제12조 제2호, 제3호로 규정한 원자로 및 관계 시설의 허가기준에 관한 사항은 건설허가처분의 기준이 됨은 물론 부지사전승인처분의 기준으로도 된다.

[2] 원자로 시설부지 인근 주민들에게 방사성물질 등에 의한 생명·신체의 안전침해를 이유로 부지사전승인처분의 취소를 구할 원고적격이 있는지 여부(적극)

원자력법 제12조 제2호(발전용 원자로 및 관계 시설의 위치·구조 및 설비가 대통령령이 정하는 기술수준에 적합하여 방사성물질 등에 의한 인체·물체·공공의 재해방지에 지장이 없을 것)의 취지는 원자로 등 건설사업이 방사성물질 및 그에 의하여 오염된 물질에 의한 인체·물체·공공의 재해를 발생시키지 아니하는 방법으로 시행되도록 함으로써 방사성물질 등에 의한 생명·건강상의 위해를 받지 아니할 이익을 일반적 공익으로서 보호하려는 데 그치는 것이 아니라 방사성물질에 의하여 보다 직접적이고 중대한 피해를 입으리라고 예상되는 지역 내의 주민들의 위와 같은 이익을 직접적·구체적 이익으로서도 보호하려는 데에 있다 할 것이므로, 위와 같은 지역 내의 주민들에게는 방사성물질 등에 의한 생명·신체의 안전침해를 이유로 부지사전승인처분의 취소를 구할 원고적격이 있다.

[3] 환경영향평가대상지역 안의 원자로 시설부지 인근 주민들이 방사성물질 이외의 원인에 의한 환경침해를 받지 아니하고 생활할 수 있는 이익이 직접적·구체적 이익인지 여부(적극) 및 위 주민들에게 이를 이유로 원자로시설부지사전승인처분의 취소를 구할 원고적격이 있는지 여부(적극)

원자력법 제12조 제3호(발전용 원자로 및 관계시설의 건설이 국민의 건강·환경상의 위해방지에 지장이 없을 것)의 취지와 원자력법 제11조의 규정에 의한 원자로 및 관계 시설의 건설사업을 환경영향평가대상사업으로 규정하고 있는 구 환경영향평가법 제4조, 구 환경영향평가법시행령 제2조 제2항 [별표 1]의 다의 (4) 규정 및 환경영향평가서의 작성, 주민의 의견 수렴, 평가서 작성에 관한 관계 기관과의 협의, 협의내용을 사업계획에 반영한 여부에 대한 확인·통보 등을 규정하고 있는 위 법 제8조, 제9조 제1항, 제16조 제1항, 제19조 제1항 규정의 내용을 종합하여 보면, 위 환경영향평가법 제7조에 정한 환경영향평가대상지역 안의 주민들이 방사성물질 이외의 원인에 의한 환경침해를 받지 아니하고 생활할 수 있는 이익도 직접적·구체적 이익으로서 그 보호대상으로 삼고 있다고 보이므로, 위 환경영향평가대상지역 안의 주민에게는 방사성물질 이외에 원전냉각수 순환시 발생되는 온배수로 인한 환경침해를 이유로 부지사전승인처분의 취소를 구할 원고적격도 있다.

[4] 원자력법 제11조 제3항 소정의 부지사전승인제도의 취지 및 이에 터잡은 건설허가처분이 있는 경우, 선행의 부지사전승인처분의 취소를 구할 소의 이익 유무(소극)

원자력법 제11조 제3항 소정의 부지사전승인제도는 원자로 및 관계 시설을 건설하고자 하는 자가 그 계획중인 건설부지가 원자력법에 의하여 원자로 및 관계 시설의 부지로 적법한지 여부 및 굴착공사 등 일정한 범위의 공사(이하 '사전공사'라 한다)를 할 수 있는지 여부에 대하여 건설허가 전에 미리 승인을 받는 제도로서, 원자로 및 관계 시설의 건설에는 장기간의 준비·공사가 필요하기 때문에 필요한 모든 준비를 갖추어 건설허가신청을 하였다가 부지의 부적법성을 이유로 불허가될 경우 그 불이익이 매우 크고 또한 원자로 및 관계 시설 건설의 이와 같은 특성상 미리 사전공사를 할 필요가 있을 수도 있어 건설허가 전에 미리 그 부지의 적법성 및 사전공사의 허용 여부에 대한 승인을 받을 수 있게 함으로써 그의 경제적·시간적 부담을 덜어 주고 유효·적절한 건설공사를 행할 수 있도록 배려하려는 데 그 취지가 있다고 할 것이므로, 원자로 및 관계 시설의 부지사전승인처분은 그 자체로서 건설부지를 확정하고 사전공사를 허용하는 법률효과를 지닌 독립한 행정처분이기는 하지만, 건설허가 전에 신청자의 편의를 위하여 미리 그 건설허가의 일부 요건을 심사하여 행하는 사전적 부분 건설허가처분의 성격을 갖고 있는 것이어서 나중에 건설허가처분이 있게 되면 그 건설허가처분에 흡수되어 독립된 존재가치를 상실함으로써 그 건설허가처분만이 쟁송의 대상이 되는 것이므로, 부지사전승인처분의 취소를 구하는 소는 소의 이익을 잃게 되고, 따라서 부지사전승인처분의 위법성은 나중에 내려진 건설허가처분의 취소를 구하는 소송에서 이를 다투면 된다.

[참고판례]

❶ 부적정통보의 처분성·사전결정의 취지

[1] 폐기물관리법 관계 법령의 규정에 의하면 폐기물처리업의 허가를 받기 위하여는 먼저 사업계획서를 제출하여 허가권자로부터 사업계획에 대한 적정통보를 받아야 하고, 그 적정통보를 받은 자만이 일정기간 내에 시설, 장비, 기술능력, 자본금을 갖추어 허가신청을 할 수 있으므로, 결국 부적정통보는 허가신청 자체를 제한하는 등 개인의 권리 내지 법률상의 이익을 개별적이고 구체적으로 규제하고 있어 행정처분에 해당한다.

[2] 폐기물관리법 26조 1항, 2항 및 같은법시행규칙 17조 1항 내지 5항의 규정에 비추어 보면 폐기물처리업의 허가에 앞서 사업계획서에 대한 적정·부적정 통보 제도를 두고 있는 것은 폐기물처리업을 하고자 하는 자가 스스로 시설 등을 설치하여 허가신청을 하였다가 허가단계에서 그 사업계획이 부적정하다고 판명되어 불허가되면 허가신청인이 막대한 경제적·시간적 손실을 입게 되므로, 이를 방지하는 동시에 허가관청으로 하여금 미리 사업계획서를 심사하여 그 적정·부적정통보 처분을 하도록 하고, 나중에 허가단계에서는 나머지 허가요건만을 심사하여 신속하게 허가업무를 처리하는데 그 취지가 있다(대법원 1998. 4. 28. 선고 97누21086 판결).

❷ 법학전문대학원 설치 예비인가 거부결정의 성격

예비인가제도는 법학전문대학원을 설치하고자 하는 대학이 자신이 수립한 법학전문대학원의 설치계획 및 준비 중인 시설 등이 법학전문대학원을 설치함에 있어 충분한지 여부에 대하여 본인가 전에 미리 승인을 받는 제도이다. 그러므로 예비인가 대상으로 선정된 대학들은 '입학전형계획 개요 발표'를 통해 법학전문대학원의 개원을 위한 준비작업에 착수할 수 있고, 설치인가 신청서를 수정·보완할 수 있으며, 법학전문대학원 협의회에 가입할 수 있는 등 본인가를 받기 위한 절차를 진행할 수 있다. 이에 반하여, 예비인가를 받지 못한 대학들은 본인가를 위한 신청서의 수정·보완, 이행점검이나 현지조사 등 후속절차에 참여할 수 있는 기회를 박탈당하여 사실상 법학전문대학원 설치인가를 받을 수 없게 된다. 이처럼 이 사건 예비인가 거부결정(피청구인이 2008.2.4. 청구인들에 대하여 한 법학전문대학원 설치 예비인가 거부결정)은 법학전문대학원 설치인가 이전에 청구인들의 법적 지위에 영향을 주는 것으로 법학전문대학원 설치인가 거부결정과는 구별되는 별도의 독립한 처분이므로, 행정청이 행하는 구체적 사실에 관한 법집행으로서의 공권력 행사의 거부(행정소송법 제2조 제1항 제1호)에 해당한다(헌법재판소 2009. 2. 26. 선고 2008헌마371·373·374(병합)).

정식품 사건

□ 대법원 2015. 2. 12. 선고 2013두987 판결

[사실관계]

피고(공정거래위원회)가 2011. 6. 9. 원고(주식회사 정식품)와 학교법인 삼육학원, 매일유업 주식회사가 부당한 공동행위를 하였다는 이유로 공정거래법에 따라 각각 과징금 납부명령(이하 '제1처분'이라 한다)을 하였다가, 2011. 7. 18. 원고가 자진신고자라는 이유로 당초 과징금을 50% 감액하는 처분(이하 '제2처분'이라 한다)을 하였다. 이에 원고는 제1처분에 대하여 취소를 구하는 소송을 제기하였다.

[판결요지]

❏ 공정거래위원회가 부당한 공동행위를 한 사업자에게 과징금 부과처분(선행처분)을 한 뒤, 다시 자진신고 등을 이유로 과징금 감면처분(후행처분)을 한 경우, 선행처분의 취소를 구하는 소가 적법한지 여부(소극)

공정거래위원회가 부당한 공동행위를 행한 사업자로서 구 독점규제 및 공정거래에 관한 법률 제22조의2에서 정한 자진신고자나 조사협조자에 대하여 과징금 부과처분(이하 '선행처분'이라 한다)을 한 뒤, 독점규제 및 공정거래에 관한 법률 시행령 제35조 제3항에 따라 다시 자진신고자 등에 대한 사건을 분리하여 자진신고 등을 이유로 한 과징금 감면처분(이하 '후행처분'이라 한다)을 하였다면, 후행처분은 자진신고 감면까지 포함하여 처분 상대방이 실제로 납부하여야 할 최종적인 과징금액을 결정하는 종국적 처분이고, 선행처분은 이러한 종국적 처분을 예정하고 있는 일종의 잠정적 처분으로서 후행처분이 있을 경우 선행처분은 후행처분에 흡수되어 소멸한다. 따라서 위와 같은 경우에 선행처분의 취소를 구하는 소는 이미 효력을 잃은 처분의 취소를 구하는 것으로 부적법하다.

[관련판례]

❏ 공정거래위원회가 과징금 부과처분과 별도의 처분서로 감면기각처분을 하였다면, 원칙적으로 2개의 처분이 각각 성립한 것이다.

구 독점규제 및 공정거래에 관한 법률(이하 '공정거래법'이라 한다) 제22조의2 제1항, 제3항, 구 독점규제 및 공정거래에 관한 법률 시행령(이하 '공정거래법 시행령'이라 한다) 제35조 제1항, 제3항, 제4항, 구 부당한 공동행위 자진신고자 등에 대한 시정조치 등 감면제도 운영고시 제12조 제1항의 취지와 공정거래위원회의 시정명령 및 과징금 부과처분(이하 통칭하여 '과징금 등 처분'이라 한다)과 자진신고 등에 따른 감면신청에 대한 감면기각처분은 근거조항이 엄격히 구분되고, 자진신고 감면인정 여부에 대한 결정은 공정거래법령이 정한 시정조치의 내용과 과징금산정 과정에 따른 과징금액이 결정된 이후, 자진신고 요건 충족 여부에 따라 결정되므로, 과징금 등 처분과 자진신고 감면요건이 구별되는 점, 이에 따라 공정거래위원회로서는 자진신고가 있는 사건에서 시정명령 및 과징금 부과의 요건과 자진신고 감면 요건 모두에 대하여 심리·의결할 의무를 부담하는 점, 감면기각처분은 자진신고 사업자의 감면신청에 대한 거부처분의 성격을 가지는 점 등

을 종합하면, 공정거래위원회가 시정명령 및 과징금 부과와 감면 여부를 분리 심리하여 별개로 의결한 후 과징금 등 처분과 별도의 처분서로 감면기각처분을 하였다면, 원칙적으로 2개의 처분, 즉 과징금 등 처분과 감면기각처분이 각각 성립한 것이고, 처분의 상대방으로서는 각각의 처분에 대하여 함께 또는 별도로 불복할 수 있다. 따라서 과징금 등 처분과 동시에 감면기각처분의 취소를 구하는 소를 함께 제기했더라도, 특별한 사정이 없는 한 감면기각처분의 취소를 구할 소의 이익이 부정된다고 볼 수 없다(대법원 2016. 12. 27. 선고 2016두43282 판결).

[비교판례]

☐ 당초처분에 하자가 있음을 이유로 과징금을 감액하는 경우, 감액된 부분에 대한 부과처분 취소청구는 소의 이익이 없다

행정처분을 한 처분청은 처분에 하자가 있는 경우에는 별도의 법적 근거가 없더라도 스스로 이를 취소하거나 변경할 수 있는바, 과징금 부과처분에서 행정청이 납부의무자에 대하여 부과처분을 한 후 부과처분의 하자를 이유로 과징금의 액수를 감액하는 경우에 감액처분은 감액된 과징금 부분에 관하여만 법적 효과가 미치는 것으로서 당초 부과처분과 별개 독립의 과징금 부과처분이 아니라 실질은 당초 부과처분의 변경이고, 그에 의하여 과징금의 일부취소라는 납부의무자에게 유리한 결과를 가져오는 처분이므로 당초 부과처분이 전부 실효되는 것은 아니다. 따라서 감액처분에 의하여 감액된 부분에 대한 부과처분 취소청구는 이미 소멸하고 없는 부분에 대한 것으로서 소의 이익이 없어 부적법하다(대법원 2017. 1. 12. 선고 2015두2352 판결).

한림해운 사건

□ 대법원 2020. 4. 9. 선고 2019두49953 판결

[사실관계]

 세종해운 주식회사(이하 '세종해운'이라고 한다)는 1999. 3. 4.경 피고(인천해양경찰서장)로부터 구 「유선 및 도선사업법」(2008. 6. 5. 법률 제9095호로 개정되기 전의 것) 제3조 등에 따라 인천 중구 ○○동 △△도와 인천 옹진군 □□면 ◇도 및 ☆☆도에 각 도선장을 두고 영업구역으로 '중구 ○○동 △△도~옹진군 □□면 ◇도(1.8km)~옹진군 □□면 ☆☆도(6.5km)'(이하 '이 사건 항로'라고 한다)에 도선을 운항하는 내용의 도선사업면허(사업기간: 1999. 3. 4.~영구)를 받았고, 이후 면허사항을 일부 변경하는 내용의 도선사업면허 변경처분을 여러 차례 받았다(이하 2017. 4. 6. 당시까지 변경되어 유효한 면허의 내용을 '기존 도선사업면허'라고 한다). 세종해운은 이 사건 항로에서 운항하던 ▽▽▽호(319t, 정원 394명)의 선령이 20년에 이르러 노후화되자, 2017. 4. 6. 피고에게 기존에 면허받은 ▽▽▽호를 새로운 대형 선박인 ◎◎◎호(715t, 정원 504명)로 교체하는 내용의 기존 도선사업면허 변경을 신청하였고, 피고는 이를 받아들여 2017. 4. 12. ◎◎◎호의 운항개시일을 2017. 4. 12.로 정하여 도선사업면허 변경처분을 하였다(이하 '1차 변경처분'이라고 한다).
 원고(유한회사 한림해운)는 이 사건 항로에서 해운법에 따른 해상여객운송사업을 영위하여 세종해운과 경쟁관계에 있다. 원고는 세종해운에 대하여 1차 변경처분이 내려진 사실을 뒤늦게 알게 되자, 2017. 12. 14. 이 사건 소를 제기하여 1차 변경처분이 원고의 해상여객운송사업 영업권을 침해하여 위법하므로 취소되어야 한다고 주장하였다. 이 사건 1심은 원고의 이러한 주장을 받아들여, 1차 변경처분이 세종해운이 이 사건 항로에서 운항하는 도선의 척수에는 변경을 초래하지 않으나, 그중 1척의 정원을 크게 늘림으로써 원고의 해상여객운송사업 영업권을 침해하여 위법하다고 판단하고, 1차 변경처분을 취소하는 판결을 2018. 8. 16. 선고하였다.
 이에 세종해운은 1심판결이 지적한 위법요소를 제거하면서도 노후화된 ▽▽▽호를 신형 ◎◎◎호로 교체한다는 점 자체는 유지하려는 취지에서, 2018. 8. 31. 피고에게 1차 변경처분의 다른 내용은 그대로 유지하면서도 ◎◎◎호의 정원을 종전 504명에서 1차 변경처분이 이루어지기 전의 ▽▽▽호 정원 394명보다 적은 393명으로 감축하는 내용의 도선사업면허 변경을 신청하였고, 피고는 2018. 9. 3. 이를 받아들이는 내용의 도선사업면허 변경처분을 하였다(이하 '2차 변경처분'이라고 한다).
 피고는 항소하여, 2차 변경처분으로 1차 변경처분의 효력이 소멸하였으므로 원고가 1차 변경처분의 취소를 구할 소의 이익이 없고, 2차 변경처분으로 1심판결이 지적한 위법요소가 제거되었으므로 2차 변경처분은 적법하다고 주장하였다. 이에 원고는 이 사건 항소심 계속 중 2019. 2. 26. 2차 변경처분에 대하여 주위적으로 무효확인, 예비적으로 취소를 청구하는 내용으로 청구취지를 추가하였다.
 이 사건의 쟁점은 이 사건 소 중 1차 변경처분에 대한 취소청구 부분이 제소기간을 도과하였거나 소의 이익이 소멸하여 부적법한지 여부와 이 사건 소 중 2차 변경처분에 대한 주위적·예비적 청구가 소의 이익이 없어 부적법한지 여부이다.

[판결요지]

[1] 행정처분의 무효확인 또는 취소소송 계속 중 처분청이 다툼의 대상이 되는 행정처분을 직권으로 취소한 경우, 그 처분을 대상으로 한 항고소송이 적법한지 여부(원칙적 소극) / 이때 처분청의 직권취소에도 예외적으로 그 처분의 취소를 구할 소의 이익이 인정되는 경우

행정처분을 다툴 소의 이익은 개별·구체적 사정을 고려하여 판단하여야 한다. 행정처분의 무효확인 또는 취소를 구하는 소가 제소 당시에는 소의 이익이 있어 적법하였더라도, 소송 계속 중 처분청이 다툼의 대상이 되는 행정처분을 직권으로 취소하면 그 처분은 효력을 상실하여 더 이상 존재하지 않는 것이므로, 존재하지 않는 처분을 대상으로 한 항고소송은 원칙적으로 소의 이익이 소멸하여 부적법하다고 보아야 한다.

다만 처분청의 직권취소에도 완전한 원상회복이 이루어지지 않아 무효확인 또는 취소로써 회복할 수 있는 다른 권리나 이익이 남아 있거나 또는 동일한 소송 당사자 사이에서 그 행정처분과 동일한 사유로 위법한 처분이 반복될 위험성이 있어 행정처분의 위법성 확인 내지 불분명한 법률문제에 대한 해명이 필요한 경우 행정의 적법성 확보와 그에 대한 사법통제, 국민의 권리구제의 확대 등의 측면에서 예외적으로 그 처분의 취소를 구할 소의 이익을 인정할 수 있다.

[2] 선행처분의 내용을 변경하는 후행처분이 있는 경우, 선행처분의 효력 존속 여부

선행처분의 주요 부분을 실질적으로 변경하는 내용으로 후행처분을 한 경우에 선행처분은 특별한 사정이 없는 한 효력을 상실하지만, 후행처분이 선행처분의 내용 중 일부만을 소폭 변경하는 정도에 불과한 경우에는 선행처분은 소멸하는 것이 아니라 후행처분에 의하여 변경되지 아니한 범위 내에서는 그대로 존속한다.

[3] 면허나 인허가 등의 수익적 행정처분의 근거가 되는 법률이 해당 업자들 사이의 과당경쟁에 따른 경영의 불합리 방지를 목적으로 하고 있는 경우, 면허나 인허가 등의 수익적 행정처분을 받아 영업을 하고 있는 기존의 업자가 경업자에 대한 면허나 인허가 등의 수익적 행정처분의 무효확인 또는 취소를 구할 이익이 있는지 여부(적극) / 경업자에 대한 행정처분이 경업자에게 불리한 내용인 경우, 기존의 업자가 행정처분의 무효확인 또는 취소를 구할 이익이 있는지 여부(원칙적 소극)

일반적으로 면허나 인허가 등의 수익적 행정처분의 근거가 되는 법률이 해당 업자들 사이의 과당경쟁으로 인한 경영의 불합리를 방지하는 것도 목적으로 하고 있는 경우, 다른 업자에 대한 면허나 인허가 등의 수익적 행정처분에 대하여 미리 같은 종류의 면허나 인허가 등의 수익적 행정처분을 받아 영업을 하고 있는 기존의 업자는 경업자에 대하여 이루어진 면허나 인허가 등 행정처분의 상대방이 아니라고 하더라도 당해 행정처분의 무효확인 또는 취소를 구할 이익이 있다. 그러나 경업자에 대한 행정처분이 경업자에게 불리한 내용이라면 그와 경쟁관계에 있는 기존의 업자에게는 특별한 사정이 없는 한 유리할 것이므로 기존의 업자가 그 행정처분의 무효확인 또는 취소를 구할 이익은 없다고 보아야 한다.

병역감면신청회송 사건

□ 대법원 2010. 4. 29. 선고 2009두16879 판결

〔사실관계〕

공익근무소집대상자인 원고가 2008. 3. 18. 피고(부산지방병무청장)에게 생계유지곤란 사유로 병역감면신청을 하자, 피고는 같은 달 24일 '동일한 내용의 민원에 관한 서류를 정당한 사유 없이 3회 이상 반복하여 제출한 경우'에 해당한다는 이유로 '민원사무처리에 관한 법률 시행령' 제21조 제1항에 따라 그 신청서를 회송하는 이 사건 병역감면신청서 회송처분을 한 후, 2008. 7. 22. 이 사건 공익근무요원 소집통지를 하였고 이에 원고가 이 사건 공익근무요원 소집통지의 취소를 구하는 이 사건 소를 제기하자(이후 원심에서 이 사건 병역감면신청서 회송처분의 무효확인을 구하는 예비적 청구를 추가하였다), 피고는 2008. 8. 8. 원고에게 민원인의 권익보호 차원에서 재검토가 필요하다고 판단되어 원고 가족의 가사상황·재산·소득 등을 조사하고자 한다면서, 앞서 회송했던 서류를 다시 제출해 줄 것을 요청하였다. 이에 따라 원고가 2009. 3. 24. 병역감면신청서를 제출하자, 피고는 병역감면요건 구비 여부를 심사하여 이 사건 상고 제기 후인 2009. 9. 21. 병역감면 거부처분을 하고, 같은 달 25일 다시 공익근무요원 소집통지를 하였다. 이에 원고는 주위적으로 공익근무요원 소집통지의 취소를 청구하고 예비적으로 병역면제신청서 회송처분의 무효확인을 청구하였다.

〔판결요지〕

[1] 취소되어 더 이상 존재하지 않는 행정처분을 대상으로 한 취소소송에 소의 이익이 있는지 여부(소극)

행정처분이 취소되면 그 처분은 효력을 상실하여 더 이상 존재하지 않는 것이고, 존재하지 않는 행정처분을 대상으로 한 취소소송은 소의 이익이 없어 부적법하다.

[2] 절차상 또는 형식상 하자로 무효인 행정처분에 대하여 행정청이 적법한 절차 또는 형식을 갖추어 동일한 행정처분을 한 경우, 종전의 무효인 행정처분에 대하여 무효확인을 구할 법률상 이익이 있는지 여부(소극)

절차상 또는 형식상 하자로 무효인 행정처분에 대하여 행정청이 적법한 절차 또는 형식을 갖추어 다시 동일한 행정처분을 하였다면, 종전의 무효인 행정처분에 대한 무효확인 청구는 과거의 법률관계의 효력을 다투는 것에 불과하므로 무효확인을 구할 법률상 이익이 없다.

[3] 병역감면신청서 회송처분과 공익근무요원 소집처분이 직권으로 취소되었는데, 이에 대한 무효확인과 취소를 구하는 소는 더 이상 존재하지 않는 행정처분을 대상으로 하거나 과거의 법률관계의 효력을 다투는 것에 불과하므로 소의 이익이 없어 부적법하다고 한 사례

지방병무청장이 병역감면요건 구비 여부를 심사하지 않은 채 병역감면신청서 회송처분을 하고 이를 전제로 공익근무요원 소집통지를 하였다가, 병역감면신청을 재검토하기로 하여 신청서를 제출받아 병역감면요건 구비 여부를 심사한 후 다시 병역감면 거부처분을 하고 이를 전제로 다시 공익근무요원 소집통지를 한 경우, 병역감면신청서 회송처분과 종전 공익근무요원 소집처분은 직권으로 취소되었다고 볼 수 있으므로, 그에 대한 무효확인과 취소를 구하는 소는 더 이상 존재하지 않는 행정처분을 대상으로 하거나 과거의 법률관계의 효력을 다투는 것에 불과하므로 소의 이익이 없어 부적법하다고 한 사례.

환경영향평가 대행업자 사건

□ 대법원 2006. 6. 22. 선고 2003두1684 전원합의체 판결

[사실관계]

원고 甲(주식회사 유신코퍼레이션)은 철도, 항만, 공항 등의 설계와 감리를 수행하는 토목 분야의 설계·감리 전문업체이자, 환경영향평가 대행업자이다. 甲은 피고 乙(경인지방환경청장)으로부터 환경영향평가서를 부실하게 작성하였다는 이유로 1월의 환경영향평가대행업무정지처분을 받아, 위 처분의 취소를 구하는 행정소송을 제기하고서는 위 업무정지처분기간 중 환경영향평가대행계약을 신규로 체결하고 그 대행업무를 계속하고 있다가 위 항소심 재판계속 중 1월의 기간이 모두 경과하였다.

[판결요지]

□ 제재적 행정처분이 그 처분에서 정한 제재기간의 경과로 인하여 그 효과가 소멸되었으나, 부령인 시행규칙 또는 지방자치단체의 규칙의 형식으로 정한 처분기준에서 제재적 행정처분을 받은 것을 가중사유나 전제요건으로 삼아 장래의 제재적 행정처분을 하도록 정하고 있는 경우, 선행처분인 제재적 행정처분을 받은 상대방이 그 처분에서 정한 제재기간이 경과하였다 하더라도 그 처분의 취소를 구할 법률상 이익이 있는지 여부(한정 적극)

제재적 행정처분이 그 처분에서 정한 제재기간의 경과로 인하여 그 효과가 소멸되었으나, 부령인 시행규칙 또는 지방자치단체의 규칙(이하 이들을 '규칙'이라고 한다)의 형식으로 정한 처분기준에서 제재적 행정처분(이하 '선행처분'이라고 한다)을 받은 것을 가중사유나 전제요건으로 삼아 장래의 제재적 행정처분(이하 '후행처분'이라고 한다)을 하도록 정하고 있는 경우, 제재적 행정처분의 가중사유나 전제요건에 관한 규정이 법령이 아니라 규칙의 형식으로 되어 있다고 하더라도, 그러한 규칙이 법령에 근거를 두고 있는 이상 그 법적 성질이 대외적·일반적 구속력을 갖는 법규명령인지 여부와는 상관없이, 관할 행정청이나 담당공무원은 이를 준수할 의무가 있으므로 이들이 그 규칙에 정해진 바에 따라 행정작용을 할 것이 당연히 예견되고, 그 결과 행정작용의 상대방인 국민으로서는 그 규칙의 영향을 받을 수밖에 없다. 따라서 그러한 규칙이 정한 바에 따라 선행처분을 받은 상대방이 그 처분의 존재로 인하여 장래에 받을 불이익, 즉 후행처분의 위험은 구체적이고 현실적인 것이므로, 상대방에게는 선행처분의 취소소송을 통하여 그 불이익을 제거할 필요가 있다.

또한, 나중에 후행처분에 대한 취소소송에서 선행처분의 사실관계나 위법 등을 다툴 수 있는 여지가 남아 있다고 하더라도, 이러한 사정은 후행처분이 이루어지기 전에 이를 방지하기 위하여 직접 선행처분의 위법을 다투는 취소소송을 제기할 필요성을 부정할 이유가 되지 못한다. 그러한 쟁송방법을 막는 것은 여러 가지 불합리한 결과를 초래하여 권리구제의 실효성을 저해할 수 있기 때문이다. 오히려 앞서 본 바와 같이 행정청으로서는 선행처분이 적법함을 전제로 후행처분을 할 것이 당연히 예견되므로, 이러한 선행처분으로 인한 불이익을 선행처분 자체에 대한 소송에서 사전에 제거할 수 있도록 해 주는 것이 상대방의 법률상 지위에 대한 불안을 해소하는 데 가장 유효적절한 수단이 된다고 할 것이고, 또한 그 소송을 통하여 선행처분의 사실관계 및 위법 여부가 조속히 확정됨으로써 이와 관련된 장래의 행정작용의 적법성을 보장함과 동시에 국민생활의 안정을 도모할 수 있다. 이상의 여러 사정과 아울러, 국민의 재판청구권을 보장한 헌법 제27조 제1항의 취지와 행정처분으로 인한 권익침해를 효과적으로 구제하려는 행정소송법의 목적 등에 비

추어 행정처분의 존재로 인하여 국민의 권익이 실제로 침해되고 있는 경우는 물론이고 권익침해의 구체적·현실적 위험이 있는 경우에도 이를 구제하는 소송이 허용되어야 한다는 요청을 고려하면, 규칙이 정한 바에 따라 선행처분을 가중사유 또는 전제요건으로 하는 후행처분을 받을 우려가 현실적으로 존재하는 경우에는, 선행처분을 받은 상대방은 비록 그 처분에서 정한 제재기간이 경과하였다 하더라도 그 처분의 취소소송을 통하여 그러한 불이익을 제거할 권리보호의 필요성이 충분히 인정된다고 할 것이므로, 선행처분의 취소를 구할 법률상 이익이 있다고 보아야 한다.

[유사판례]

- 가중적 제재처분기준이 법률에 있는 경우, 기간이 경과하여 효력이 소멸된 업무정지처분의 취소를 구할 이익이 있는지 여부(적극)

  건축사법 제28조 제1항이 건축사 업무정지처분을 연 2회 이상 받고 그 정지기간이 통산하여 12월 이상이 될 경우에는 가중된 제재처분인 건축사사무소 등록취소처분을 받게 되도록 규정하여 건축사에 대한 제재적인 행정처분인 업무정지명령을 더 무거운 제재처분인 사무소등록취소처분의 기준요건으로 규정하고 있으므로, 건축사 업무정지처분을 받은 건축사로서는 위 처분에서 정한 기간이 경과하였다 하더라도 위 처분을 그대로 방치하여 둠으로써 장래 건축사사무소 등록취소라는 가중된 제재처분을 받을 우려가 있어 건축사로서 업무를 행할 수 있는 법률상 지위에 대한 위험이나 불안을 제거하기 위하여 건축사 업무정지처분의 취소를 구할 이익이 있다(대법원 2000. 4. 21. 선고 98두10080 판결).

[관련판례]

- 제재적 행정처분의 기준이 부령의 형식으로 규정되어 있는 경우, 그 기준에 따른 처분의 적법성에 관한 판단 방법

  제재적 행정처분의 기준이 부령의 형식으로 규정되어 있더라도 그것은 행정청 내부의 사무처리준칙을 정한 것에 지나지 아니하여 대외적으로 국민이나 법원을 기속하는 효력이 없고, 당해 처분의 적법 여부는 위 처분기준만이 아니라 관계 법령의 규정 내용과 취지에 따라 판단되어야 하므로, 위 처분기준에 적합하다 하여 곧바로 당해 처분이 적법한 것이라고 할 수는 없지만, 위 처분기준이 그 자체로 헌법 또는 법률에 합치되지 아니하거나 위 처분기준에 따른 제재적 행정처분이 그 처분사유가 된 위반행위의 내용 및 관계 법령의 규정 내용과 취지에 비추어 현저히 부당하다고 인정할 만한 합리적인 이유가 없는 한 섣불리 그 처분이 재량권의 범위를 일탈하였거나 재량권을 남용한 것이라고 판단해서는 안 된다(대법원 2007. 9. 20. 선고 2007두6946 판결).

기출문제

변시15 甲은 'X가든'이라는 상호로 일반음식점을 운영하는 자로서, 식품의약품안전처 고시인 「식품 등의 표시기준」에 따른 표시사항의 전부가 기재되지 아니한 'Y참기름'을 업소 내에서 보관·사용한 사실이 적발되었다. 관할 구청장 乙은 「식품위생법」 및 「동법 시행규칙」에 근거하여 甲에게 영업정지 1개월과 해당제품의 폐기를 명하였다. 甲은 표시사항의 전부가 기재되지 않은 제품을 보관·사용한 것은 사실이나, 표시사항이 전부 기재되지 아니한 것은 납품업체의 기계작동 상의 오류에 의한 것으로서 자신은 그 사실을 알지 못하였고, 이전에 납품받은 제품에는 위 고시에 따른 표시사항이 전부 기재되어 있었던 점, 인근 일반음식점에 대한 동일한 적발사례에서는 15일 영업정지처분과 폐기명령이 내려진 점 등을 고려할 때, 위 처분은 지나치

게 과중하다고 주장하면서, 관할 구청장 乙을 상대로 영업정지 1개월과 해당제품 폐기명령의 취소를 구하는 소송을 제기하였다. 위 취소소송 계속 중 해당제품이 폐기되었고, 1개월의 영업정지처분 기간도 도과되었다면 위 취소소송은 소의 이익이 있는가? **(30점)** – 협의의 소의 이익

5급:일반행정13 일반음식점을 운영하는 업주 甲은 2012. 12. 25. 2명의 청소년에게 주류를 제공한 사실이 경찰의 연말연시 일제 단속에 적발되어 2013. 2. 15. 관할 구청장 乙로부터 영업정지 2개월의 처분을 통지 받았다. 甲은 자신의 업소가 대학가에 소재하고 있어서 주된 고객이 대학생인데, 고등학생이 오는 경우도 있어 신분증으로 나이를 확인하고 출입을 시키도록 종업원 A에게 철저히 교육을 하였다. 그런데 종업원 A는 사건 당일은 성탄절이라 점포 내 많은 손님들로 북적거려서 신분증을 일일이 확인하는 것은 어렵겠다고 판단하여 간헐적으로 신분증 확인을 하였고, 경찰의 단속에서 청소년이 발견된 것이다. 한편 甲은 평소 청소년 선도활동을 활발히 한 유공으로 표창을 받았을 뿐 아니라 지금까지 관계 법령 위반으로 인한 영업정지 등 행정처분과 행정벌을 받은 바가 전혀 없으며, 간암으로 투병중인 남편과 초등학생인 자식 2명을 부양하고 있다. 남편에 대한 간병과 영업정지처분의 충격으로 경황이 없던 甲은 2013. 4. 25. 위 영업정지처분에 대한 취소소송을 제기하였다. 甲의 소송상 청구의 인용가능성을 설명하시오. **(25점)** – 기간이 경과하여 효력이 소멸된 처분에 대한 취소를 구할 이익, 비례의 원칙

사시13 甲은 100% 국내산 유기농재료를 사용하여 미백과 주름방지에 특효가 있는 기능성상품을 개발하였다고 광고하여 엄청난 판매수익을 올리고, 나아가 '**로션'이라는 상표등록까지 마쳤다. 그런데 식품의약품안전처장 乙은 甲이 값싼 외국산 수입재료를 국내산 유기농재료로 속여 상품을 제조·판매하였음을 이유로 3월의 영업정지처분을 하였다. 한편, 영업정지의 처분기준에는 위반횟수에 따라 가중처분을 하도록 되어 있다. 이미 3월의 영업정지기간이 도과한 후, 甲이 위 영업정지처분의 취소를 구할 법률상 이익이 있는지를 검토하시오. **(20점)** – 기간이 경과하여 효력이 소멸된 처분에 대한 취소를 구할 이익

변시23 甲은 이 사건 처분에 대한 취소소송을 제기하면서 그 효력정지신청을 하여 수소법원으로부터 이 사건의 제1심 본안판결 선고 시까지 이 사건 처분의 효력을 정지한다는 결정을 2021. 1. 15. 받았다. 이후 2022. 1. 18. 승소판결이 선고되어 A시장이 이에 불복, 항소하였으나 추가로 이 사건 처분의 집행이나 효력이 정지된 바 없다. 2022. 2. 24. 현재 기준 소송이 계속 중이다. 甲은 취소소송을 계속할 수 있는가? **(15점)** – 기간이 경과하여 효력이 소멸된 처분에 대한 취소를 구할 이익

경기학원 임시이사 사건

□ 대법원 2007. 7. 19. 선고 2006두19297 전원합의체 판결

[사실관계]

피고 乙(교육인적자원부장관)은 2004. 12. 24. 학교법인 경기학원의 이사인 원고 甲에 대하여 임원취임승인을 취소하면서 X를 경기학원의 임시이사로 선임하는 처분을 하였다. 이에 甲은 자신에 대한 임원취임승인취소처분에 대한 취소소송과 X에 대한 임시이사선임처분에 대한 취소소송을 병합제기하였다.
한편 임시이사로 선임된 X는 원심변론종결일 이전에 모두 새로운 임시이사로 교체되었고, 甲은 이 사건 원심변론종결일 이전에 임기가 만료되었다.

[판결요지]

[1] 임기가 만료된 학교법인의 이사나 감사가 후임이사나 감사의 선임시까지 종전 직무를 계속 수행할 긴급처리권이 인정되는지 여부(원칙적 적극) 및 위 긴급처리권에 후임 정식이사를 선임할 권한이 포함되는지 여부(적극)

학교법인의 이사나 감사 전원 또는 그 일부의 임기가 만료되었다고 하더라도, 그 후임이사나 후임감사를 선임하지 않았거나 또는 그 후임이사나 후임감사를 선임하였다고 하더라도 그 선임결의가 무효이고 임기가 만료되지 아니한 다른 이사나 감사만으로는 정상적인 학교법인의 활동을 할 수 없는 경우, 임기가 만료된 구 이사나 감사로 하여금 학교법인의 업무를 수행케 함이 부적당하다고 인정할 만한 특별한 사정이 없는 한, 민법 제691조를 유추하여 구 이사나 감사에게는 후임이사나 후임감사가 선임될 때까지 종전의 직무를 계속하여 수행할 긴급처리권이 인정된다고 할 것이며, 학교법인의 경우 민법상 재단법인과 마찬가지로 이사를 선임할 수 있는 권한은 이사회에 있으므로, 임기가 만료된 이사들의 참여 없이 후임 정식이사들을 선임할 수 없는 경우 임기가 만료된 이사들로서는 위 긴급처리권에 의하여 후임 정식이사들을 선임할 권한도 보유하게 된다.

[2] 학교법인 임원취임승인의 취소처분 후 그 임원의 임기가 만료되고 구 사립학교법 제22조 제2호 소정의 임원결격사유기간마저 경과한 경우 또는 위 취소처분에 대한 취소소송 제기 후 임시이사가 교체되어 새로운 임시이사가 선임된 경우, 위 취임승인취소처분 및 당초의 임시이사선임처분의 취소를 구할 소의 이익이 있는지 여부(적극)

비록 취임승인이 취소된 학교법인의 정식이사들에 대하여 원래 정해져 있던 임기가 만료되고 구 사립학교법 제22조 제2호 소정의 임원결격사유기간마저 경과하였다 하더라도, 그 임원취임승인취소처분이 위법하다고 판명되고 나아가 임시이사들의 지위가 부정되어 직무권한이 상실되면, 그 정식이사들은 후임이사 선임시까지 민법 제691조의 유추적용에 의하여 직무수행에 관한 긴급처리권을 가지게 되고 이에 터잡아 후임 정식이사들을 선임할 수 있게 되는바, 이는 감사의 경우에도 마찬가지이다.

제소 당시에는 권리보호의 이익을 갖추었는데 제소 후 취소 대상 행정처분이 기간의 경과 등으로 그 효과가 소멸한 때, 동일한 소송 당사자 사이에서 동일한 사유로 위법한 처분이 반복될 위험성이 있어 행정처분의 위법성 확인 내지 불분명한 법률문제에 대한 해명이 필요하다고 판단되는 경우, 그리고 선행처분과 후

행처분이 단계적인 일련의 절차로 연속하여 행하여져 후행처분이 선행처분의 적법함을 전제로 이루어짐에 따라 선행처분의 하자가 후행처분에 승계된다고 볼 수 있어 이미 소를 제기하여 다투고 있는 선행처분의 위법성을 확인하여 줄 필요가 있는 경우 등에는 행정의 적법성 확보와 그에 대한 사법통제, 국민의 권리구제의 확대 등의 측면에서 여전히 그 처분의 취소를 구할 법률상 이익이 있다.

임시이사 선임처분에 대하여 취소를 구하는 소송의 계속중 임기만료 등의 사유로 새로운 임시이사들로 교체된 경우, 선행 임시이사 선임처분의 효과가 소멸하였다는 이유로 그 취소를 구할 법률상 이익이 없다고 보게 되면, 원래의 정식이사들로서는 계속중인 소를 취하하고 후행 임시이사 선임처분을 별개의 소로 다툴 수밖에 없게 되며, 그 별소 진행 도중 다시 임시이사가 교체되면 또 새로운 별소를 제기하여야 하는 등 무익한 처분과 소송이 반복될 가능성이 있으므로, 이러한 경우 법원이 선행 임시이사 선임처분의 취소를 구할 법률상 이익을 긍정하여 그 위법성 내지 하자의 존재를 판결로 명확히 해명하고 확인하여 준다면 위와 같은 구체적인 침해의 반복 위험을 방지할 수 있을 뿐 아니라, 후행 임시이사 선임처분의 효력을 다투는 소송에서 기판력에 의하여 최초 내지 선행 임시이사 선임처분의 위법성을 다투지 못하게 함으로써 그 선임처분을 전제로 이루어진 후행 임시이사 선임처분의 효력을 쉽게 배제할 수 있어 국민의 권리구제에 도움이 된다.

그러므로 취임승인이 취소된 학교법인의 정식이사들로서는 그 취임승인취소처분 및 임시이사 선임처분에 대한 각 취소를 구할 법률상 이익이 있고, 나아가 선행 임시이사 선임처분의 취소를 구하는 소송 도중에 선행 임시이사가 후행 임시이사로 교체되었다고 하더라도 여전히 선행 임시이사 선임처분의 취소를 구할 법률상 이익이 있다.

[참고판례]

❶ 사립학교 이사에 대한 감독청의 취임승인의 법적 성격 : 강학상 인가

사립학교법 제20조 제2항의 규정 및 학교법인의 정관에 의한 이사에 대한 감독청의 취임승인은 학교법인의 이사선임행위를 보충하여 그 법률상의 효력을 완성케 하는 보충적 행정행위로서, 성질상 그 기본행위를 떠나 승인처분 그 자체만으로는 법률상 아무런 효력도 발생할 수 없는 것이므로, 기본행위인 학교법인의 이사선임행위가 불성립 또는 무효인 경우에는 비록 그에 대한 감독청의 취임승인이 있었다 하여도 이로써 무효인 그 선임행위가 유효한 것으로 될 수는 없다(대법원 1995. 4. 14. 선고 94다12371 판결).

❷ 퇴임한 종전 이사에게 긴급처리권이 인정되는 경우라도 관할청은 임시이사를 선임할 수 있다.

사립학교법 제25조 제1항 제1호는 학교법인이 이사의 결원을 보충하지 아니하여 학교법인의 정상적 운영이 어렵다고 판단되는 경우 관할청이 임시이사를 선임하도록 규정하고 있다. 한편 학교법인의 이사 임기가 만료되었더라도, 적법한 후임이사의 선임이 없어 임기가 만료되지 아니한 다른 이사만으로는 정상적인 학교법인의 활동을 할 수 없는 경우, 임기가 만료된 구 이사로 하여금 학교법인의 업무를 수행하게 함이 부적당하다고 인정할 만한 특별한 사정이 없는 한, 민법 제691조를 유추하여 구 이사에게 후임이사가 선임될 때까지 종전의 직무를 계속하여 수행할 긴급처리권이 인정되고, 긴급처리권에는 후임이사 선임에 관여할 권한도 포함된다. 퇴임한 종전 이사에게 긴급처리권이 인정되는 경우라도, 사립학교법 제25조 제1항 제1호에 정한 임시이사 선임사유의 존재가 반드시 부정되는 것은 아니다. 이유는 다음과 같다.

① 앞서 본 사립학교법 제25조 제1항 제1호의 문언은 이사의 결원을 보충하지 않아 학교법인의 정상적 운

영이 어렵다고 판단될 것을 요건으로 하고 있을 뿐, 종전 이사의 긴급처리권 유무에 따라 임시이사 선임 여부를 달리해야 한다고 정하고 있지 않다. ② 위 조항이 정한 임시이사 선임 제도는 이사의 결원으로 이사회의 의사결정 기능에 장애가 생겨 학교법인의 목적을 달성할 수 없거나 손해가 생길 염려가 있는 경우, 관할청이 임시이사를 선임하게 하여 그가 임시의 위기관리자로서 학교법인 운영을 담당하게 하는 데에 취지가 있다. 퇴임한 종전 이사에게 긴급처리권이 인정되더라도, 이사회의 의사결정 기능이 유지되지 않고 조속히 회복되기를 기대하기도 어려운 사정이 있어 학교법인의 정상적 운영이 어렵다고 판단되는 경우에는 관할청이 사립학교법 제25조 제1항 제1호에 따라 임시이사를 선임할 수 있다고 보는 것이 제도의 취지에도 합치된다. ③ 학교법인은 민법상 재단법인으로서 사적 자치의 자유와 함께 헌법상 기본권인 사립학교 운영의 자유를 가지고 있으므로 국가가 사립학교법에 따라 학교법인의 운영에 개입함에는 비례의 원칙을 준수하여야 한다. 따라서 이사의 결원이 생겨서 남은 이사들만으로는 학교법인의 사무를 처리할 수 없는 경우라 하더라도, 퇴임한 종전 이사의 긴급처리권을 통하여 학교법인 스스로 이사회 기능을 유지·회복할 수 있다면, 학교법인의 정상적 운영이 어렵다고 판단되는 경우라고 할 수 없으므로 임시이사 선임사유가 존재한다고 보기 어렵다. 그러나 법적·규범적 측면에서 퇴임한 종전 이사에게 긴급처리권이 인정될지라도, 실제로는 긴급처리권이 원활하게 작동하지 않아 학교법인의 정상적 운영이 어렵다고 판단되는 경우라면, 사립학교법 제25조 제1항 제1호의 임시이사 선임사유의 존재가 인정될 수 있다.

이와 같이 퇴임한 종전 이사의 긴급처리권 유무에 따라 바로 임시이사 선임사유의 존부가 결정되는 것이라 할 수 없고, 종전 이사의 긴급처리권 유무는 임시이사 선임사유가 존재하는지 판단하는 데에 고려하여야 하는 하나의 요소라고 보아야 한다.(대법원 2022. 8. 25. 선고 2022두35671 판결).

❸ 학교법인의 임원취임승인신청 반려처분에 대하여, 임원으로 선임된 사람은 이를 다툴 수 있는 원고적격이 있다.

구 사립학교법 제20조 제1항, 제2항은 학교법인의 이사장·이사·감사 등의 임원은 이사회의 선임을 거쳐 관할청의 승인을 받아 취임하도록 규정하고 있는바, 관할청의 임원취임승인행위는 학교법인의 임원선임행위의 법률상 효력을 완성케 하는 보충적 법률행위이다. 따라서 관할청이 학교법인의 임원취임승인신청에 대하여 이를 반려하거나 거부하는 경우 학교법인에 의하여 임원으로 선임된 사람은 학교법인의 임원으로 취임할 수 없게 되는 불이익을 입게 되는바, 이와 같은 불이익은 간접적이거나 사실상의 불이익이 아니라 직접적이고도 구체적인 법률상의 불이익이라 할 것이므로 학교법인에 의하여 임원으로 선임된 사람에게는 관할청의 임원취임승인신청 반려처분을 다툴 수 있는 원고적격이 있다(대법원 2007. 12. 27. 선고 2005두9651 판결).

❹ 사립학교 설립자나 퇴임한 종전이사는 임시이사 해임 및 이사 선임에 관하여 법률상 이익이 없다.

[1] 사립학교를 위하여 출연된 재산에 대한 소유권은 학교법인에 있고, 설립자는 학교법인이 설립됨으로써, 그리고 종전이사는 퇴임함으로써 각각 학교운영의 주체인 학교법인과 더 이상 구체적인 법률관계가 지속되지 않게 되므로, 설립자나 종전이사가 사립학교 운영에 대하여 가지는 재산적 이해관계는 법률적인 것이 아니라 사실상의 것에 불과하다.

[2] 갑 학교법인의 정상화 과정에서 서울특별시교육감이 임시이사들을 해임하고 정식이사를 선임한 사안에서, 을 학교법인을 그로부터 분리되어 나온 갑 법인의 설립자로 볼 수 없을 뿐 아니라, 사립학교법 제25조의3 제1항이 학교법인을 정상화하기 위하여 임시이사를 해임하고 이사를 선임하는 절차에서 이해관계인

에게 어떠한 청구권 또는 의견진술권을 부여하고 있지 않으므로, 설령 을 법인이 갑 법인의 설립자로서 사립학교법 제25조 제1항에 따라 임시이사 선임을 청구할 수 있는 '이해관계인'에 해당한다고 보더라도, 임시이사 해임 및 이사 선임에 관하여 사립학교법에 의해 보호받는 법률상 이익이 없다고 본 원심판단을 수긍한 사례(대법원 2014. 1. 23. 선고 2012두6629 판결).

❺ **학교법인의 임시이사 선임에 관한 교육감의 권한은 자치사무이다.**

지방자치법 제22조, 제9조에 따르면, 지방자치단체가 조례를 제정할 수 있는 사항은 지방자치단체의 고유사무인 자치사무와 개별 법령에 따라 지방자치단체에 위임된 단체위임사무에 한정된다. 국가사무가 지방자치단체의 장에게 위임되거나 상위 지방자치단체의 사무가 하위 지방자치단체의 장에게 위임된 기관위임사무에 관한 사항은 원칙적으로 조례의 제정범위에 속하지 않는다. 법령상 지방자치단체의 장이 처리하도록 규정하고 있는 사무가 자치사무인지 기관위임사무인지를 판단할 때 그에 관한 법령의 규정 형식과 취지를 우선 고려하여야 하지만, 그 밖에도 사무의 성질이 전국적으로 통일적인 처리가 요구되는 사무인지 여부나 그에 관한 경비부담과 최종적인 책임귀속의 주체 등도 아울러 고려하여야 한다.

지방자치법, 지방교육자치에 관한 법률 및 사립학교법의 관련 규정들의 형식과 취지, 임시이사 선임제도의 내용과 성질 등을 앞에서 본 법리에 비추어 살펴보면, 사립 초등학교·중학교·고등학교 및 이에 준하는 각종 학교를 설치·경영하는 학교법인의 임시이사 선임에 관한 교육감의 권한은 자치사무라고 보는 것이 타당하다(대법원 2020. 9. 3. 선고 2019두58650 판결).

❻ **교수협의회와 총학생회는 이사선임처분을 다툴 법률상 이익이 있지만, 학교직원들로 구성된 전국대학노동조합 대학교지부는 법률상 이익이 없다.**

교육부장관이 사학분쟁조정위원회의 심의를 거쳐 갑 대학교를 설치·운영하는 을 학교법인의 이사 8인과 임시이사 1인을 선임한 데 대하여 갑 대학교 교수협의회와 총학생회 등이 이사선임처분의 취소를 구하는 소송을 제기한 사안에서, 임시이사제도의 취지, 교직원·학생 등의 학교운영에 참여할 기회를 부여하기 위한 개방이사 제도에 관한 법령의 규정 내용과 입법 취지 등을 종합하여 보면, 구 사립학교법과 구 사립학교법 시행령 및 을 법인 정관 규정은 헌법 제31조 제4항에 정한 교육의 자주성과 대학의 자율성에 근거한 갑 대학교 교수협의회와 총학생회의 학교운영참여권을 구체화하여 이를 보호하고 있다고 해석되므로, 갑 대학교 교수협의회와 총학생회는 이사선임처분을 다툴 법률상 이익을 가지지만, 고등교육법령은 교육받을 권리나 학문의 자유를 실현하는 수단으로서 학생회와 교수회와는 달리 학교의 직원으로 구성된 노동조합의 성립을 예정하고 있지 아니하고, 노동조합은 근로자가 주체가 되어 자주적으로 단결하여 근로조건의 유지·개선 기타 근로자의 경제적·사회적 지위의 향상을 도모하기 위하여 조직된 단체인 점 등을 고려할 때, 학교의 직원으로 구성된 노동조합이 교육받을 권리나 학문의 자유를 실현하는 수단으로서 직접 기능한다고 볼 수는 없으므로, 개방이사에 관한 구 사립학교법과 구 사립학교법 시행령 및 을 법인 정관 규정이 학교직원들로 구성된 전국대학노동조합을 대학교지부의 법률상 이익까지 보호하고 있는 것으로 해석할 수는 없다고 한 사례(대법원 2015. 7. 23. 선고 2012두19496,19502 판결).

기출문제

5급17 교육부장관은 A학교법인의 이사 甲에게 「고등교육법」 위반사유가 있음을 이유로, A학교법인에 대하여 甲의 임원취임승인을 취소하면서 乙을 임시이사로 선임하는 처분을 하였다. 甲은 교육부장관을 상대로 본인에 대한 임원취임승인 취소처분과 乙에 대한 임시이사선임처분의 취소를 구하는 소송을 제기하였다. 소송 진행 중 임시이사 乙의 임기가 만료되어 임시이사는 丙으로 변경되었고, 甲의 원래 임기가 만료되었을 뿐만 아니라 甲에 대한 「사립학교법」 제22조 제2호 소정의 임원결격사유기간도 경과하였다. 甲이 제기한 취소소송에 대하여 다음 물음에 답하시오.

1) 甲에게는 원고적격이 인정되는가? **(10점)**
2) 甲이 제기한 취소소송은 '협의의 소의 이익'이 있는가? **(15점)**

대우조선해양 분식회계 사건

□ 대법원 2020. 12. 24. 선고 2020두30450 판결

[사실관계]

원고(안진 회계법인)는 회계감사업무 등을 목적으로 설립된 법인으로, 대우조선해양 주식회사(이하 '대우조선해양'이라 한다)의 제11기(2010회계연도)부터 제16기(2015회계연도)까지의 재무제표에 관하여 구 「주식회사의 외부감사에 관한 법률」(이하 '구 외부감사법'이라 한다)에 따른 외부감사를 실시한 감사인이다(이하 위 각 외부감사를 통틀어 '이 사건 각 감사'라 하며, 원고 소속 공인회계사로 구성되어 이 사건 각 감사를 진행한 감사팀을 '이 사건 감사팀'이라 한다).

대우조선해양의 분식회계 의혹, 이 사건 감사팀의 부실감사 의혹이 제기됨에 따라, 금융감독원은 2015. 12. 10. 대우조선해양을 감리대상으로 선정하고, 이 사건 각 감사 등에 관한 감리에 착수하였다. 이러한 감리 결과 등을 바탕으로 증권선물위원회는 2017. 3. 24. 구 외부감사법 제16조 제1항 등에 따라 '이 사건 각 감사 과정에서의 외부감사법 및 회계감사기준 위반'을 이유로 원고에 대하여 '12개월의 업무정지 처분'을 할 것을 피고에게 건의하였다.

이에 피고(금융위원회)는 2017. 4. 5. 원고에 대하여 ① '대우조선해양의 2014. 4. 8.자, 2015. 3. 9.자, 2016. 12. 13.자 증권신고서에 첨부된 2013년도, 2014년도, 2015년도 감사보고서에서 원고가 감사절차 소홀로 대우조선해양의 거짓 재무제표에 관하여 적정 의견을 표명하였다'는 사유로 「자본시장과 금융투자업에 관한 법률」 제429조 제1항, 제119조에 따른 과징금 16억 원 부과처분을 하고, 그와 동시에 ② '이 사건 감사팀이 대우조선해양의 2010년도부터 2015년도까지의 재무제표에 대한 감사를 실시하면서 대우조선해양의 회계처리기준 위반사실을 확인하고도 이를 합리화하기 위한 논리를 개발하여 제공하거나 대우조선해양에 허위의 근거자료를 적극 요청하여 대우조선해양의 회계처리기준 위반을 묵인하였고, 원고의 품질관리실은 감사품질관리를 형식적으로 수행하여 이 사건 감사팀이 대우조선해양의 회계처리기준 위반을 묵인하는 것을 방조하였다'는 사유로 공인회계사법 제39조 제1항 제5호에 따른 업무정지 12개월 처분을 하였다(이하 '이 사건 업무정지 처분'이라 한다).

원고는 2017. 6. 30. 이 사건 업무정지 처분에 대해서만 취소를 구하는 이 사건 소를 제기하였는데, 별도로 집행정지 신청을 하지 않음에 따라 업무정지기간이 2017. 4. 5.부터 개시되어 2018. 4. 4. 만료되었다.

[판결요지]

[1] 행정소송법 제12조 제2문에서 정한 법률상 이익, 즉 행정처분을 다툴 협의의 소의 이익 유무를 판단하는 방법

행정소송법 제12조는 "취소소송은 처분 등의 취소를 구할 법률상 이익이 있는 자가 제기할 수 있다. 처분 등의 효과가 기간의 경과, 처분 등의 집행 그 밖의 사유로 인하여 소멸된 뒤에도 그 처분 등의 취소로 인하여 회복되는 법률상 이익이 있는 자의 경우에는 또한 같다."라고 규정하고 있다. 행정소송법 제12조 제2문에서 정한 법률상 이익, 즉 행정처분을 다툴 협의의 소의 이익은 개별·구체적 사정을 고려하여 판단하여야 한다.

[2] 행정처분의 무효 확인 또는 취소를 구하는 소송계속 중 해당 행정처분이 기간의 경과 등으로 효과가 소멸한 때에 처분이 취소되어도 원상회복은 불가능하더라도 예외적으로 처분의 취소를 구할 소의 이익을 인정할 수 있는 경우 및 그 예외 중 하나인 '그 행정처분과 동일한 사유로 위법한 처분이 반복될 위험성이 있는 경우'의 의미

행정처분의 무효 확인 또는 취소를 구하는 소가 제소 당시에는 소의 이익이 있어 적법하였는데, 소송계속 중 해당 행정처분이 기간의 경과 등으로 그 효과가 소멸한 때에 처분이 취소되어도 원상회복이 불가능하다고 보이는 경우라도, 무효 확인 또는 취소로써 회복할 수 있는 다른 권리나 이익이 남아 있거나 또는 그 행정처분과 동일한 사유로 위법한 처분이 반복될 위험성이 있어 행정처분의 위법성 확인 내지 불분명한 법률문제에 대한 해명이 필요한 경우에는 행정의 적법성 확보와 그에 대한 사법통제, 국민의 권리구제 확대 등의 측면에서 예외적으로 그 처분의 취소를 구할 소의 이익을 인정할 수 있다. 여기에서 '그 행정처분과 동일한 사유로 위법한 처분이 반복될 위험성이 있는 경우'란 불분명한 법률문제에 대한 해명이 필요한 상황에 대한 대표적인 예시일 뿐이며, 반드시 '해당 사건의 동일한 소송 당사자 사이에서' 반복될 위험이 있는 경우만을 의미하는 것은 아니다.

건축공사 완공과 소의 이익

1. 건축허가취소처분을 받은 건축물 소유자는 건축물 완공 후에도 취소처분의 취소를 구할 소의 이익이 있다.

건축허가를 받아 건축물을 완공하였더라도 건축허가가 취소되면 그 건축물은 철거 등 시정명령의 대상이 되고 이를 이행하지 않은 건축주 등은 건축법 제80조에 따른 이행강제금 부과처분이나 행정대집행법 제2조에 따른 행정대집행을 받게 되며, 나아가 건축법 제79조 제2항에 의하여 다른 법령상의 인·허가 등을 받지 못하게 되는 등의 불이익을 입게 된다. 따라서 건축허가취소처분을 받은 건축물 소유자는 그 건축물이 완공된 후에도 여전히 위 취소처분의 취소를 구할 법률상 이익을 가진다고 보아야 한다(대법원 2015. 11. 12. 선고 2015두47195 판결).

2. 이미 건축공사가 완료되었다면 인접한 대지의 소유자는 건축허가처분의 취소를 구할 소의 이익이 없다.

건축허가가 건축법 소정의 이격거리를 두지 아니하고 건축물을 건축하도록 되어 있어 위법하다 하더라도 그 건축허가에 기하여 건축공사가 완료되었다면 그 건축허가를 받은 대지와 접한 대지의 소유자인 원고가 위 건축허가처분의 취소를 받아 이격거리를 확보할 단계는 지났으며 민사소송으로 위 건축물 등의 철거를 구하는 데 있어서도 위 처분의 취소가 필요한 것이 아니므로 원고로서는 위 처분의 취소를 구할 법률상의 이익이 없다고 한 사례(대법원 1992. 4. 24. 선고 91누11131 판결).

3. 주택법상 입주자나 입주예정자는 사용검사처분의 무효확인 또는 취소를 구할 법률상 이익이 없다.

건물의 사용검사처분은 건축허가를 받아 건축된 건물이 건축허가 사항 대로 건축행정 목적에 적합한지 여부를 확인하고 사용검사필증을 교부하여 줌으로써 허가받은 사람으로 하여금 건축한 건물을 사용·수익할 수 있게 하는 법률효과를 발생시키는 것이다. 이러한 사용검사처분은 건축물을 사용·수익할 수 있게 하는 데 그치므로 건축물에 대하여 사용검사처분이 이루어졌다고 하더라도 그 사정만으로는 건축물에 있는 하자나 건축법 등 관계 법령에 위배되는 사실이 정당화되지는 아니하며, 또한 건축물에 대한 사용검사처분의 무효확인을 받거나 처분이 취소된다고 하더라도 사용검사 전의 상태로 돌아가 건축물을 사용할 수 없게 되는 것에 그칠 뿐 곧바로 건축물의 하자 상태 등이 제거되거나 보완되는 것도 아니다. 그리고 입주자나 입주예정자들은 사용검사처분의 무효확인을 받거나 처분을 취소하지 않고도 민사소송 등을 통하여 분양계약에 따른 법률관계 및 하자 등을 주장·증명함으로써 사업주체 등으로부터 하자의 제거·보완 등에 관한 권리구제를 받을 수 있으므로, 사용검사처분의 무효확인 또는 취소 여부에 의하여 법률적인 지위가 달라진다고 할 수 없으며, 구 주택공급에 관한 규칙에서 주택공급계약에 관하여 사용검사와 관련된 규정을 두고 있다고 하더라도 달리 볼 것은 아니다. 위와 같은 사정들을 종합하여 볼 때, 구 주택법상 입주자나 입주예정자는 사용검사처분의 무효확인 또는 취소를 구할 법률상 이익이 없다(대법원 2015. 1. 29. 선고 2013두24976 판결).

기타 소의 이익 유무

1. 소의 이익을 긍정한 사례

1) 사업양도의 하자를 이유로 지위승계신고수리에 대한 무효확인소송을 제기한 경우

사업양도·양수에 따른 허가관청의 지위승계신고의 수리는 적법한 사업의 양도·양수가 있었음을 전제로 하는 것이므로 그 수리대상인 사업양도·양수가 존재하지 아니하거나 무효인 때에는 수리를 하였다 하더라도 그 수리는 유효한 대상이 없는 것으로서 당연히 무효라 할 것이고, 사업의 양도행위가 무효라고 주장하는 양도자는 민사쟁송으로 양도·양수행위의 무효를 구함이 없이 막바로 허가관청을 상대로 하여 행정소송으로 위 신고수리처분의 무효확인을 구할 법률상 이익이 있다(대법원 2005. 12. 23. 선고 2005두3554 판결).

2) 조합결의의 하자를 이유로 조합설립인가처분에 대한 항고소송을 제기한 경우

행정청이 도시정비법 등 관련 법령에 근거하여 행하는 조합설립인가처분은 단순히 사인들의 조합설립행위에 대한 보충행위로서의 성질을 갖는 것에 그치는 것이 아니라 법령상 요건을 갖출 경우 도시정비법상 주택재건축사업을 시행할 수 있는 권한을 갖는 행정주체(공법인)로서의 지위를 부여하는 일종의 설권적 처분의 성격을 갖는다고 보아야 한다. 그리고 그와 같이 보는 이상 조합설립결의는 조합설립인가처분이라는 행정처분을 하는 데 필요한 요건 중 하나에 불과한 것이어서, 조합설립결의에 하자가 있다면 그 하자를 이유로 직접 항고소송의 방법으로 조합설립인가처분의 취소 또는 무효확인을 구하여야 하고, 이와는 별도로 조합설립결의 부분만을 따로 떼어내어 그 효력 유무를 다투는 확인의 소를 제기하는 것은 원고의 권리 또는 법률상의 지위에 현존하는 불안·위험을 제거하는 데 가장 유효·적절한 수단이라 할 수 없어 특별한 사정이 없는 한 확인의 이익은 인정되지 아니한다(대법원 2009. 9. 24. 선고 2008다60568 판결).

3) 고등학교에서 퇴학처분을 당한 후 고등학교졸업학력검정고시에 합격한 경우

고등학교졸업이 대학입학자격이나 학력인정으로서의 의미밖에 없다고 할 수 없으므로 고등학교졸업학력검정고시에 합격하였다 하여 고등학교 학생으로서의 신분과 명예가 회복될 수 없는 것이니 퇴학처분을 받은 자로서는 퇴학처분의 위법을 주장하여 그 취소를 구할 소송상의 이익이 있다(대법원 1992. 7. 14. 선고 91누4737 판결).

4) 현역입영대상자가 입영한 후에 현역병입영통지처분의 취소를 구한 경우

병역법 제2조 제1항 제3호에 의하면 '입영'이란 병역의무자가 징집·소집 또는 지원에 의하여 군부대에 들어가는 것이고, 같은 법 제18조 제1항에 의하면 현역은 입영한 날부터 군부대에서 복무하도록 되어 있으므로 현역병입영통지처분에 따라 현실적으로 입영을 한 경우에는 그 처분의 집행은 종료되지만, 한편, 입영으로 그 처분의 목적이 달성되어 실효되었다는 이유로 다툴 수 없도록 한다면, 병역법상 현역입영대상자로서는 현역병입영통지처분이 위법하다 하더라도 법원에 의하여 그 처분의 집행이 정지되지 아니하는 이상 현실적으로 입영을 할 수밖에 없으므로 현역병입영통지처분에 대하여는 불복을 사실상 원천적으로 봉쇄하는 것이 되고, 또한 현역입영대상자가 입영하여 현역으로 복무하는 과정에서 현역병입영통지처분

외에는 별도의 다른 처분이 없으므로 입영한 이후에는 불복할 아무런 처분마저 없게 되는 결과가 되며, 나아가 입영하여 현역으로 복무하는 자에 대한 병적을 당해 군 참모총장이 관리한다는 것은 입영 및 복무의 근거가 된 현역병입영통지처분이 적법함을 전제로 하는 것으로서 그 처분이 위법한 경우까지를 포함하는 의미는 아니라고 할 것이므로, 현역입영대상자로서는 현실적으로 입영을 하였다고 하더라도, 입영 이후의 법률관계에 영향을 미치고 있는 현역병입영통지처분 등을 한 관할지방병무청장을 상대로 위법을 주장하여 그 취소를 구할 소송상의 이익이 있다(대법원 2003. 12. 26. 선고 2003두1875 판결).

5) 해임처분 항고소송 계속 중 임기가 만료된 경우

해임처분 무효확인 또는 취소소송 계속 중 임기가 만료되어 해임처분의 무효확인 또는 취소로 지위를 회복할 수는 없다고 할지라도, 그 무효확인 또는 취소로 해임처분일부터 임기만료일까지 기간에 대한 보수지급을 구할 수 있는 경우에는 해임처분의 무효확인 또는 취소를 구할 법률상 이익이 있다. 해임권자와 보수지급의무자가 다른 경우에도 마찬가지이다(대법원 2012. 2. 23. 선고 2011두5001 판결).

기출문제

5급20 중앙행정기관의 5급 공무원 甲은 무단결근으로 경고처분을 받았다. 乙장관은 위 경고처분에도 불구하고 甲의 근무태도가 개선되지 아니하자, 「국가공무원법」 제73조의3 제1항 제2호에 따라 甲에 대하여 2020. 3. 5. 제1차 직위해제처분을 하였다. 이후 甲은 감독 대상 업체들로부터 상품권 등을 수수하고 감독 업무를 부실하게 한 혐의로 관할 수사기관에서 수사를 받았다. 乙은 수사기관으로부터 甲에 대한 수사상황을 통보받고, 중앙징계위원회에 뇌물수수 및 직무유기 등의 사유로 甲에 대한 징계 의결을 요구하면서, 그 사실을 甲에게 문서로 통지하였다. 이후 乙은 2020. 5. 19. 「국가공무원법」 제73조의3 제1항 제3호의 사유로 甲에게 제2차 직위해제처분을 하였다. 제2차 직위해제기간 중 중앙징계위원회는 같은 사유로 甲에 대한 해임을 의결하였고, 乙은 2020. 6. 24. 甲을 해임하였다. 이에 甲은 해임에 불복하는 소청을 제기하였고, 소청심사위원회는 2020. 8. 11. 甲에 대한 해임을 정직 3월로 변경하였다. 甲은 소청심사위원회의 변경재결서를 2020. 8. 12. 송달받았다.

2) 甲이 제1차 직위해제 및 제2차 직위해제 처분의 취소를 구하는 소송을 제기할 경우 각각 소의 이익이 있는지를 검토하시오. (10점) - 협의의 소의 이익

6) 도시개발사업실시계획인가처분 등을 다투는 중에 공사가 완료된 경우

도시개발사업의 시행에 따른 도시계획변경결정처분과 도시개발구역지정처분 및 도시개발사업실시계획인가처분은 도시개발사업의 시행자에게 단순히 도시개발에 관련된 공사의 시공권한을 부여하는 데 그치지 않고 당해 도시개발사업을 시행할 수 있는 권한을 설정하여 주는 처분으로서 위 각 처분 자체로 그 처분의 목적이 종료되는 것이 아니고 위 각 처분이 유효하게 존재하는 것을 전제로 하여 당해 도시개발사업에 따른 일련의 절차 및 처분이 행해지기 때문에 위 각 처분이 취소된다면 그것이 유효하게 존재하는 것을 전제로 하여 이루어진 토지수용이나 환지 등에 따른 각종의 처분이나 공공시설의 귀속 등에 관한 법적 효력은 영향을 받게 되므로, 도시개발사업의 공사 등이 완료되고 원상회복이 사회통념상 불가능하게 되었더라도 위 각 처분의 취소를 구할 법률상 이익은 소멸한다고 할 수 없다(대법원 2005. 9. 9. 선고 2003두5402,5419 판결).

2. 소의 이익을 부정한 사례

1) 기본행위의 하자를 이유로 강학상 인가에 대한 취소소송을 제기한 경우

기본행위인 이사선임결의가 적법·유효하고 보충행위인 임원(이사)취임승인처분 자체에만 하자가 있다면 그 승인처분의 무효확인이나 그 취소를 주장할 수 있지만, 이 사건 임원취임승인처분에 대한 무효확인이나 그 취소의 소처럼 기본행위인 임시이사들에 의한 이사선임결의의 내용 및 그 절차에 하자가 있다는 이유로 이사선임결의의 효력에 관하여 다툼이 있는 경우에는 민사쟁송으로서 그 기본행위에 해당하는 위 이사선임결의의 무효확인을 구하는 등의 방법으로 분쟁을 해결할 것이지 그 이사선임결의에 대한 보충적 행위로서 그 자체만으로는 아무런 효력이 없는 승인처분만의 무효확인이나 그 취소를 구하는 것은 특단의 사정이 없는 한 분쟁해결의 유효적절한 수단이라 할 수 없으므로, 임원취임승인처분의 무효확인이나 그 취소를 구할 법률상 이익이 없다(대법원 2002. 5. 24. 선고 2000두3641 판결).

2) 거부처분을 취소하는 재결이 나와 그 재결에 대한 취소소송을 제기하는 경우

당사자의 신청을 받아들이지 않은 거부처분이 재결에서 취소된 경우에 행정청은 종전 거부처분 또는 재결 후에 발생한 새로운 사유를 내세워 다시 거부처분을 할 수 있다. 그 재결의 취지에 따라 이전의 신청에 대하여 다시 어떠한 처분을 하여야 할지는 처분을 할 때의 법령과 사실을 기준으로 판단하여야 하기 때문이다. 또한 행정청이 재결에 따라 이전의 신청을 받아들이는 후속처분을 하였더라도 후속처분이 위법한 경우에는 재결에 대한 취소소송을 제기하지 않고도 곧바로 후속처분에 대한 항고소송을 제기하여 다툴 수 있다. 나아가 거부처분을 취소하는 재결이 있더라도 그에 따른 후속처분이 있기까지는 제3자의 권리나 이익에 변동이 있다고 볼 수 없고 후속처분 시에 비로소 제3자의 권리나 이익에 변동이 발생하며, 재결에 대한 항고소송을 제기하여 재결을 취소하는 판결이 확정되더라도 그와 별도로 후속처분이 취소되지 않는 이상 후속처분으로 인한 제3자의 권리나 이익에 대한 침해 상태는 여전히 유지된다. 이러한 점들을 종합하면, 거부처분이 재결에서 취소된 경우 재결에 따른 후속처분이 아니라 그 재결의 취소를 구하는 것은 실효적이고 직접적인 권리구제수단이 될 수 없어 분쟁해결의 유효적절한 수단이라고 할 수 없으므로 법률상 이익이 없다(대법원 2017. 10. 31. 선고 2015두45045 판결).

근로자에 대한 직위해제 사건

□ 대법원 2010. 7. 29. 선고 2007두18406 판결

[사실관계]

피고보조참가인 乙(국민건강보험공단)은 원고 甲이 노동조합 인터넷 게시판에 참가인 이사장을 모욕하는 내용의 글을 게시하여 인사규정상의 직원의 의무를 위반하고 품위를 손상하였다는 사유로 원고에 대하여 이 사건 직위해제처분을 한 후 동일한 사유로 이 사건 해임처분을 하였다.

원고 甲은 이 사건 직위해제처분으로 인하여 승진·승급에 제한을 받고 보수가 감액되는 등의 인사상 불이익을 받는 상태에 있다고 주장하며 지방노동위원회와 중앙노동위원회에 각각 구제신청 및 재심신청을 하였으나 구제받지 못하자, 중앙노동위원회위원장을 상대로 재심판정취소의 소를 제기하였다.

[판결요지]

[1] 근로자를 직위해제한 후 동일한 사유를 이유로 징계처분을 한 경우, 직위해제처분이 효력을 상실하는지 여부(적극) 및 근로자가 직위해제처분에 대한 구제를 신청할 이익이 있는지 여부(한정 적극)

직위해제처분은 근로자로서의 지위를 그대로 존속시키면서 다만 그 직위만을 부여하지 아니하는 처분이므로 만일 어떤 사유에 기하여 근로자를 직위해제한 후 그 직위해제 사유와 동일한 사유를 이유로 징계처분을 하였다면 뒤에 이루어진 징계처분에 의하여 그 전에 있었던 직위해제처분은 그 효력을 상실한다. 여기서 직위해제처분이 효력을 상실한다는 것은 직위해제처분이 소급적으로 소멸하여 처음부터 직위해제처분이 없었던 것과 같은 상태로 되는 것이 아니라 사후적으로 그 효력이 소멸한다는 의미이다. 따라서 직위해제처분에 기하여 발생한 효과는 당해 직위해제처분이 실효되더라도 소급하여 소멸하는 것이 아니므로, 인사규정 등에서 직위해제처분에 따른 효과로 승진·승급에 제한을 가하는 등의 법률상 불이익을 규정하고 있는 경우에는 직위해제처분을 받은 근로자는 이러한 법률상 불이익을 제거하기 위하여 그 실효된 직위해제처분에 대한 구제를 신청할 이익이 있다.

[2] 노동조합 인터넷 게시판에 국민건강보험공단 이사장을 모욕하는 내용의 글을 게시한 근로자에 대하여 인사규정상 직원의 의무를 위반하고 품위를 손상하였다는 사유로 직위해제처분을 한 후 동일한 사유로 해임처분을 한 사안에서, 직위해제처분이 해임처분에 의하여 효력을 상실하였다고 하더라도 근로자에게 위 직위해제처분에 대한 구제를 신청할 이익이 있음에도, 이와 다르게 본 원심판결에 법리오해의 위법이 있다고 한 사례

노동조합 인터넷 게시판에 국민건강보험공단 이사장을 모욕하는 내용의 글을 게시한 근로자에 대하여 인사규정상 직원의 의무를 위반하고 품위를 손상하였다는 사유로 직위해제처분을 한 후 동일한 사유로 해임처분을 한 사안에서, 근로자는 위 직위해제처분으로 인하여 승진·승급에 제한을 받고 보수가 감액되는 등의 인사상·급여상 불이익을 입게 되었고, 위 해임처분의 효력을 둘러싸고 다툼이 있어 그 효력 여하가 확정되지 아니한 이상 근로자의 신분을 상실한다고 볼 수 없어 여전히 인사상 불이익을 받는 상태에 있으므로, 비록 직위해제처분이 해임처분에 의하여 효력을 상실하였다고 하더라도 근로자에게 위 직위해제처분에 대한 구제를 신청할 이익이 있음에도, 이와 다르게 본 원심판결에 법리오해의 위법이 있다고 한 사례.

기출문제

5급:일반행정11 甲은 A 공단 소속 근로자로서 노동조합 인터넷 게시판에 A 공단 이사장을 모욕하는 내용의 글을 게시하였고, A 공단은 甲이 인사규정상 직원의 의무를 위반하고 품위를 손상하였다는 사유로 甲에 대하여 직위해제처분을 한 후 동일한 사유로 해임처분을 하였다. A 공단의 인사규정은 직위해제기간을 승진소요 최저연수 및 승급소요 최저 근무기간에 산입하지 않도록 하여 직위해제처분이 있는 경우 승진 승급에 제한을 가하고 있고, A 공단의 보수규정은 직위해제기간 동안 보수의 2할(직위해제기간이 3개월을 경과하는 경우에는 5할)을 감액하도록 규정하고 있다. 甲은 중앙노동위원회에 직위해제처분 및 해임처분에 대해 부당해고 재심판정을 구하였으나 기각되었다. 이후 甲은 중앙노동위원회에 직위해제처분 및 해임처분에 대해 부당해고 재심판정 중에서 해임처분의 취소를 구하는 소송을 제기하여 다투고 있는 중이다.

1) 직위해제처분의 법적 성격과 해임처분이 직위해제처분에 미치는 효과에 대하여 검토하시오.**(10점)** - 근로자에 대한 직위해제
2) 만약 甲이 위 해임처분에 관한 취소소송과는 별도로, 재심판정 중에서 직위해제 부분의 취소를 구하는 소송을 제기하는 경우 이러한 소의 제기는 적법한가?**(15점)** - 구제신청의 이익

구제신청 이후에 정년에 도달한 사건

□ 대법원 2020. 2. 20. 선고 2019두52386 전원합의체 판결

[사실관계]

원고는 지방자치연구소 주식회사(이하 '참가인'이라 한다)과 기간의 정함이 없는 근로계약을 체결하고 근무하던 중 2016. 12.경 참가인으로부터 해고를 통보받았다. 원고는 2017. 1. 17. 서울지방노동위원회에 부당해고 구제신청을 하였고, 그 후 근로기준법 제30조 제3항에 따라 원직복직 대신 임금 상당액 이상의 금품지급명령(이하 '금품지급명령'이라 한다)을 구하는 것으로 신청취지를 변경하였다. 서울지방노동위원회는 원고에 대한 해고에 정당한 이유가 있다고 보아 구제신청을 기각하였고, 중앙노동위원회도 같은 이유로 원고의 재심신청을 기각하였다(이하 '이 사건 재심판정'이라 한다). 원고는 2017. 9. 22. 이 사건 재심판정의 취소를 구하는 소(이하 '이 사건 소'라 한다)를 제기하였다.

참가인은 2017. 9. 19. 근로자 과반수의 동의를 얻어 취업규칙을 개정하여 이 사건 소가 제1심법원에 계속 중이던 2017. 10. 1.부터 시행하였다(이하 '개정 취업규칙'이라 한다). 정년 규정이 없던 개정 전 취업규칙과 달리 개정 취업규칙에는 근로자가 만 60세에 도달하는 날을 정년으로 하고, 정년 규정은 개정 취업규칙 시행일 이전에 입사한 직원에게도 적용되는 것으로 정하였다.

[판결요지]

□ 근로자가 부당해고 구제신청을 하여 해고의 효력을 다투던 중 정년에 이르거나 근로계약기간이 만료하는 등의 사유로 원직에 복직하는 것이 불가능하게 되었으나 해고기간 중의 임금 상당액을 지급받을 필요가 있는 경우, 구제신청을 기각한 중앙노동위원회의 재심판정을 다툴 소의 이익이 있는지 여부(적극) / 위 법리는 근로자가 근로기준법 제30조 제3항에 따라 금품지급명령을 신청한 경우에도 마찬가지로 적용되는지 여부(적극)

부당해고 구제명령제도에 관한 근로기준법의 규정 내용과 목적 및 취지, 임금 상당액 구제명령의 의의 및 법적 효과 등을 종합적으로 고려하면, 근로자가 부당해고 구제신청을 하여 해고의 효력을 다투던 중 정년에 이르거나 근로계약기간이 만료하는 등의 사유로 원직에 복직하는 것이 불가능하게 된 경우에도 해고기간 중의 임금 상당액을 지급받을 필요가 있다면 임금 상당액 지급의 구제명령을 받을 이익이 유지되므로 구제신청을 기각한 중앙노동위원회의 재심판정을 다툴 소의 이익이 있다고 보아야 한다. 상세한 이유는 다음과 같다. ① 부당해고 구제명령제도는 부당한 해고를 당한 근로자에 대한 원상회복, 즉 근로자가 부당해고를 당하지 않았다면 향유할 법적 지위와 이익의 회복을 위해 도입된 제도로서, 근로자 지위의 회복만을 목적으로 하는 것이 아니다. 해고를 당한 근로자가 원직에 복직하는 것이 불가능하더라도, 부당한 해고라는 사실을 확인하여 해고기간 중의 임금 상당액을 지급받도록 하는 것도 부당해고 구제명령제도의 목적에 포함된다. ② 부당한 해고를 당한 근로자를 원직에 복직하도록 하는 것과, 해고기간 중의 임금 상당액을 지급받도록 하는 것 중 어느 것이 더 우월한 구제방법이라고 말할 수 없다. 근로자를 원직에 복직하도록 하는 것은 장래의 근로관계에 대한 조치이고, 해고기간 중의 임금 상당액을 지급받도록 하는 것은 근로자가 부당한 해고의 효력을 다투고 있던 기간 중의 근로관계의 불확실성에 따른 법률관계를 정리하기 위한 것으로 서로 목적과 효과가 다르기 때문에 원직복직이 가능한 근로자에 한정하여 임금 상당액을 지급

받도록 할 것은 아니다. ③ 근로자가 구제명령을 통해 유효한 집행권원을 획득하는 것은 아니지만, 해고기간 중의 미지급 임금과 관련하여 강제력 있는 구제명령을 얻을 이익이 있으므로 이를 위해 재심판정의 취소를 구할 이익도 인정된다고 봄이 타당하다. ④ 해고기간 중의 임금 상당액을 지급받기 위하여 민사소송을 제기할 수 있다는 사정이 소의 이익을 부정할 이유가 되지는 않는다. ⑤ 종래 대법원이 근로자가 구제명령을 얻는다고 하더라도 객관적으로 보아 원직에 복직하는 것이 불가능하고, 해고기간에 지급받지 못한 임금을 지급받기 위한 필요가 있더라도 민사소송절차를 통하여 해결할 수 있다는 등의 이유를 들어 소의 이익을 부정하여 왔던 판결들은 금품지급명령을 도입한 근로기준법 개정 취지에 맞지 않고, 기간제근로자의 실효적이고 직접적인 권리구제를 사실상 부정하는 결과가 되어 부당하다.

위와 같은 법리는 근로자가 근로기준법 제30조 제3항에 따라 금품지급명령을 신청한 경우에도 마찬가지로 적용된다.

[비교판례]

☐ 근로자가 부당해고 구제신청을 할 당시 이미 정년에 이르거나 근로계약기간 만료, 폐업 등의 사유로 근로계약관계가 종료하여 근로자의 지위에서 벗어난 경우, 노동위원회의 구제명령을 받을 이익이 소멸하였는지 여부(적극)

근로자가 부당해고 구제신청을 할 당시 이미 정년에 이르거나 근로계약기간 만료, 폐업 등의 사유로 근로계약관계가 종료하여 근로자의 지위에서 벗어난 경우에는 노동위원회의 구제명령을 받을 이익이 소멸하였다고 봄이 타당하다. 그 이유는 다음과 같다.

(1) 근로기준법(이하 줄여 쓸 때에는 '법'이라 한다) 제28조 이하에서 정한 부당해고 등 구제명령제도는 해고, 휴직, 정직, 전직, 감봉, 그 밖의 징벌 등과 같이 사용자의 징계권 내지 인사권의 행사로 인해 근로자에게 발생한 신분상·경제적 불이익에 대하여, 민사소송을 통한 통상적인 권리구제방법보다 좀 더 신속·간이하고 경제적이며 탄력적인 권리구제수단을 마련하는 데에 그 제도적 취지가 있다. 따라서 부당해고 등 구제신청을 할 당시 이미 근로자의 지위에서 벗어난 경우라면, 과거의 부당해고 등으로 인한 손해를 보상받을 목적으로 행정적 구제절차를 이용하는 것은 부당해고 등 구제명령제도 본래의 보호범위를 벗어난 것으로 보아야 한다.

(2) 법 제28조 제1항은 "사용자가 근로자에게 부당해고 등을 하면 근로자는 노동위원회에 구제를 신청할 수 있다."라고 규정하여 '근로자'에게 구제신청권을 부여하고 있다. 근로자란 직업의 종류와 관계없이 임금을 목적으로 사업이나 사업장에 근로를 제공하는 사람을 말하므로(법 제2조 제1항 제1호), 부당해고 등 구제신청을 할 당시 이미 다른 사유로 근로계약관계가 종료한 경우에는 더 이상 법에서 정한 근로자의 지위에 있다고 볼 수 없고, 부당해고 등 구제신청을 하기 전에 그 사용자와 사이에 근로계약관계가 있었다는 사정만으로 근로자의 범위에 포함된다고 해석하기는 어렵다.

(3) 노동위원회는 부당해고 등 구제신청에 따른 심문을 끝내고 부당해고 등이 성립한다고 판정하면 사용자에게 구제명령을 하여야 한다(법 제30조 제1항). 구제명령이 내려지면 사용자는 이를 이행하여야 할 공법상의 의무를 부담하고, 이행하지 아니할 경우에는 3천만 원 이하의 이행강제금이 부과되며(법 제33조), 확정된 구제명령을 이행하지 아니한 사용자는 형사처벌의 대상이 된다(법 제111조).

침익적 행정처분은 상대방의 권익을 제한하거나 상대방에게 의무를 부과하는 것이므로 헌법상 요구되는 명확성의 원칙에 따라 그 근거가 되는 행정법규를 더욱 엄격하게 해석·적용해야 하고, 행정처분의 상대방에게 지나치게 불리한 방향으로 확대해석이나 유추해석을 할 수 없으므로(대법원 2021. 11. 11. 선고 2021두

43491 판결 등 참조), 부당해고 등 구제신청을 할 당시 이미 근로계약관계가 종료한 경우에도 근로자의 구제이익을 인정하여 사용자에게 공법상 의무의 부과 또는 형사처벌의 범위를 확대하는 것은 위와 같은 행정법규 해석 원칙 등에 반할 우려가 있다.

(4) 대법원 2020. 2. 20. 선고 2019두52386 전원합의체 판결은 근로자가 부당해고 구제신청을 기각한 재심판정에 대해 소를 제기하여 해고의 효력을 다투던 중 정년에 이르거나 근로계약기간이 만료하는 등의 사유로 원직에 복직하는 것이 불가능하게 된 경우에도 해고기간 중의 임금 상당액을 지급받을 필요가 있다면 임금 상당액 지급의 구제명령을 받을 소의 이익이 유지된다는 취지이다. 따라서 근로자가 부당해고 등 구제신청을 하기 전에 이미 근로자의 지위에서 벗어난 경우까지 위와 같은 법리가 그대로 적용된다고 할 수 없다.

(5) 근로자의 보호나 절차경제적 측면에서 보더라도, 근로자가 신속한 구제를 받기 위해 행정적 구제절차를 이용했는데 중간에 근로계약관계가 종료되었다는 이유로 그 신청인을 구제절차에서 배제하거나 그동안 노동위원회가 진행한 조사나 그 조사결과를 토대로 내린 판정을 모두 무위로 돌리는 것은 바람직하지 않을 것이나, 구제신청 당시 이미 근로계약관계가 종료된 경우에는 그러한 고려를 할 필요성이 크지 않다. 근로계약관계가 종료된 시점을 구제신청 이전과 이후로 구분하여 구제명령을 구할 이익의 판단을 달리 하는 것은 충분히 합리적이다.

(6) 근로기준법(2021. 5. 18. 법률 제18176호로 개정된 것)은 제30조 제4항으로 "노동위원회는 근로계약기간의 만료, 정년의 도래 등으로 근로자가 원직복직(해고 이외의 경우는 원상회복을 말한다)이 불가능한 경우에도 제1항에 따른 구제명령이나 기각결정을 하여야 한다. 이 경우 노동위원회는 부당해고 등이 성립한다고 판정하면 근로자가 해고기간 동안 근로를 제공하였더라면 받을 수 있었던 임금 상당액에 해당하는 금품(해고 이외의 경우에는 원상회복에 준하는 금품을 말한다)을 사업주가 근로자에게 지급하도록 명할 수 있다."라는 조항을 신설하였다. 위 조항은 부당해고 등 구제절차 도중 근로계약기간의 만료, 정년의 도래 등으로 근로자의 원직복직이 불가능한 경우에도 근로자에게 임금 상당액 지급의 구제명령을 받을 이익을 인정해야 한다는 취지이고, 구제신청 당시 이미 근로계약관계가 소멸하여 근로자의 지위에서 벗어난 경우에까지 구제이익을 인정해야 한다는 의미로는 해석되지 않는다(대법원 2022. 7. 14. 선고 2020두54852 판결).

근로복지공단 서울지역본부장 사건

□ 대법원 2006. 2. 23. 자 2005부4 결정

[사실관계]

근로복지공단은 그 산하에 지역본부와 지사 등을 설치하고 있고, 내부규정인 권한위임규정 제6조에 의하여 이사장의 권한 중 일부를 소속기관에서 처리할 수 있도록 위임규정을 두고 있다. 그런데 근로복지공단의 이사장은 위 위임규정에 근거하여 그 산하 지역본부장과 지사장에게 보험급여의 결정 및 지급 보험료 부과 및 징수 등에 관한 대리권을 부여하였고, 이와 같이 보험료의 부과 등에 관한 대리권을 수여받은 지역본부장이 대리의 취지를 명시적으로 표시하지 않고서 산재보험료 부과처분을 하였다. 그러나 그러한 관행이 약 10년간 계속되어 왔고, 지역본부장은 물론 그 상대방 등도 근로복지공단과 지역본부장의 대리관계를 알고 받아들였다. 원고(에스케이건설 주식회사)는 근로복지공단을 피고로 하여 산재보험료부과처분취소소송을 제기하였다가 피고를 '근로복지공단 서울지역본부장'으로 경정해줄 것을 신청하였고, 원심은 이를 허가하였다. 이에 대하여 피고는 대법원에 특별항고를 하였다.

[판결요지]

[1] 대리권을 수여받은 행정청이 대리관계를 밝힘이 없이 자신의 명의로 행정처분을 한 경우, 그 행정처분에 대한 항고소송의 피고적격

대리권을 수여받은 데 불과하여 그 자신의 명의로는 행정처분을 할 권한이 없는 행정청의 경우 대리관계를 밝힘이 없이 그 자신의 명의로 행정처분을 하였다면 그에 대하여는 처분명의자인 당해 행정청이 항고소송의 피고가 되어야 하는 것이 원칙이지만, 비록 대리관계를 명시적으로 밝히지는 아니하였다 하더라도 처분명의자가 피대리 행정청 산하의 행정기관으로서 실제로 피대리 행정청으로부터 대리권한을 수여받아 피대리 행정청을 대리한다는 의사로 행정처분을 하였고 처분명의자는 물론 그 상대방도 그 행정처분이 피대리 행정청을 대리하여 한 것임을 알고서 이를 받아들인 예외적인 경우에는 피대리 행정청이 피고가 되어야 한다.

[2] 근로복지공단의 이사장으로부터 보험료의 부과 등에 관한 대리권을 수여받은 지역본부장이 대리의 취지를 명시적으로 표시하지 않고서 산재보험료 부과처분을 한 경우, 그러한 관행이 약 10년간 계속되어 왔고, 실무상 근로복지공단을 상대로 산재보험료 부과처분에 대한 항고소송을 제기하여 온 점 등에 비추어 지역본부장은 물론 그 상대방 등도 근로복지공단과 지역본부장의 대리관계를 알고 받아들였다는 이유로, 위 부과처분에 대한 항고소송의 피고적격이 근로복지공단에 있다고 한 사례.

[참고판례]

❶ 내부위임의 경우 항고소송에서의 피고

행정처분의 취소 또는 무효확인을 구하는 행정소송은 다른 법률에 특별한 규정이 없는 한 그 처분을 행한 행정청을 피고로 하여야 하며, 행정처분을 행할 적법한 권한 있는 상급행정청으로부터 내부위임을 받은 데 불과한 하급행정청이 권한 없이 행정처분을 한 경우에도 실제로 그 처분을 행한 하급행정청을 피고로 하여야 할 것이지 그 처분을 행할 적법한 권한 있는 상급행정청을 피고로 할 것은 아니다(대법원 1994. 8. 12. 선고 94누2763 판결).

❷ 내부위임 받은 데 불과한 하급행정청이 권한 없이 행정처분을 한 경우, 그 처분의 효력

체납취득세에 대한 압류처분권한은 도지사로부터 시장에게 권한위임된 것이고 시장으로부터 압류처분권한을 내부위임받은 데 불과한 구청장으로서는 시장 명의로 압류처분을 대행처리할 수 있을 뿐이고 자신의 명의로 이를 할 수 없다 할 것이므로 구청장이 자신의 명의로 한 압류처분은 권한 없는 자에 의하여 행하여진 위법무효의 처분이다(대법원 1993. 5. 27. 선고 93누6621 판결).

> **기출문제**
>
> **사시14** A시의 X구(자치구 아닌 구) 주민들은 노후 주택재개발을 위하여 추진위원회를 구성하여 조합설립준비를 하였다. 추진위원회는 토지소유자 4분의 3 이상의 동의를 받아 조합설립결의를 거쳐 설립인가를 신청하였다. 한편, A시 시장 乙은 법령상 위임규정이 없으나, X구 구청장 丙에게 조합설립인가에 관한 권한을 내부위임하고 이에 따라 丙이 자신의 이름으로 조합설립인가를 하였다.
> 2. 甲 등이 丙이 한 조합설립인가처분의 효력을 다투고자 행정소송을 제기하는 경우에, 피고적격과 승소가능성을 검토하시오. **(10점)** - 내부위임 받은 데 불과한 하급행정청이 권한 없이 행정처분을 한 경우 피고적격 및 처분의 효력

❸ 권한의 승계와 피고적격

근로복지공단이 갑 지방자치단체에 고용보험료 부과처분을 하자, 갑 지방자치단체가 구 고용보험 및 산업재해보상보험의 보험료징수 등에 관한 법률 제4조 등에 따라 국민건강보험공단을 상대로 위 처분의 무효확인 및 취소를 구한 사안에서, 근로복지공단이 갑 지방자치단체에 대하여 고용보험료를 부과·고지하는 처분을 한 후, 국민건강보험공단이 위 법 제4조에 따라 종전 근로복지공단이 수행하던 보험료의 고지 및 수납 등의 업무를 수행하게 되었고, 위 법 부칙 제5조가 '위 법 시행 전에 종전의 규정에 따른 근로복지공단의 행위는 국민건강보험공단의 행위로 본다'고 규정하고 있어, 갑 지방자치단체에 대한 근로복지공단의 고용보험료 부과처분에 관계되는 권한 중 적어도 보험료의 고지에 관한 업무는 국민건강보험공단이 그 명의로 고용노동부장관의 위탁을 받아서 한 것으로 보아야 하므로, 위 처분의 무효확인 및 취소소송의 피고는 국민건강보험공단이 되어야 함에도(행정소송법 제13조 제1항 단서), 이와 달리 위 처분의 주체는 여전히 근로복지공단이라고 본 원심판결에 고용보험료 부과고지권자와 항고소송의 피고적격에 관한 법리를 오해한 위법이 있다고 한 사례(대법원 2013. 2. 28. 선고 2012두22904 판결).

두밀분교폐교조례 사건

□ 대법원 1996. 9. 20. 선고 95누7994 판결

[사실관계]

경기도의회는 경기도립학교설치조례 제2조의 [별표1] 가평군 란 중 '상색국민학교 두밀분교장(敎場)'란을 삭제하는 내용의 개정조례를 의결하였고 경기도교육감이 이를 공포함으로써 경기도 가평군 상색국민학교 두밀분교는 폐지되기에 이르렀다. 위 조례 공포 후 교육감은 두밀분교장의 폐쇄, 직원에 대한 인사이동 및 급식학교의 변경지정 등 일련의 조치를 단행하였다.

이에 두밀분교 학생 원고 甲은 경기도 교육감을 상대로 위 두밀분교 폐교처분의 취소를 주위적 청구로 하고, 위 조례의 무효확인을 예비적 청구로 하여 소송을 제기하였다.

[판결요지]

[1] 학교폐지 조례 공포 후 교육감이 한 분교장의 폐쇄, 직원의 인사이동, 급식학교의 변경 등 행위가 항고소송의 대상이 되는 행정처분인지 여부(소극)

공립초등학교 분교의 폐지는 지방의회가 이를 폐지하는 내용의 개정조례를 의결하고 교육감이 이를 공포하여 그 효력이 발생함으로써 완결되고, 그 조례 공포 후 교육감이 하는 분교장의 폐쇄, 직원에 대한 인사이동 및 급식학교의 변경지정 등 일련의 행위는 분교의 폐지에 따르는 사후적인 사무처리에 불과할 뿐이므로, 이를 독립하여 항고소송의 대상이 되는 행정처분으로서의 폐교처분이라고 할 수 없다.

[2] 경기도의회가 초등학교 두밀분교를 폐교하기로 한 조례가 재량권의 범위를 일탈하거나 교육을 받을 권리를 침해하였다고 볼 수 없다고 한 원심판결을 수긍한 사례

경기도 가평군 상색초등학교 두밀분교의 폐지로 인한 교육조건 및 통학조건의 변화, 학교의 적정규모, 폐교로 인하여 지역사회에 미치는 영향 등의 제반 사정을 검토한 후, 두밀분교의 아동들이 상색초등학교에서 교육을 받음으로써 발생하는 긍정적인 교육효과를 고려한다면 분교의 폐지로 인한 통학조건이 다소 악화되는 등의 부정적인 효과는 그다지 크다고 할 수 없으므로, 경기도의회의 두밀분교 통폐합에 관한 조례는 재량권의 범위를 일탈한 것이라거나 분교 학생들의 교육을 받을 권리 또는 의무교육을 받을 권리를 침해한 것이라고 볼 수 없다고 한 원심판결을 수긍한 사례.

[관련판례]

□ 대법원 1996. 9. 20. 선고 95누8003 판결

[1] 조례가 항고소송의 대상이 되는 행정처분에 해당되는 경우 및 그 경우 조례무효확인 소송의 피고적격(지방자치단체의 장)

조례가 집행행위의 개입 없이도 그 자체로서 직접 국민의 구체적인 권리의무나 법적 이익에 영향을 미치는 등의 법률상 효과를 발생하는 경우 그 조례는 항고소송의 대상이 되는 행정처분에 해당하고, 이러한 조

례에 대한 무효확인소송을 제기함에 있어서 행정소송법 제38조 제1항, 제13조에 의하여 피고적격이 있는 처분 등을 행한 행정청은, 행정주체인 지방자치단체 또는 지방자치단체의 내부적 의결기관으로서 지방자치단체의 의사를 외부에 표시한 권한이 없는 지방의회가 아니라, 구 지방자치법 제19조 제2항, 제92조에 의하여 지방자치단체의 집행기관으로서 조례로서의 효력을 발생시키는 공포권이 있는 지방자치단체의 장이다.

[2] 교육에 관한 조례 무효확인소송에 있어서 피고적격(교육감)

구 지방교육자치에관한법률 제14조 제5항, 제25조에 의하면 시·도의 교육·학예에 관한 사무의 집행기관은 시·도 교육감이고 시·도 교육감에게 지방교육에 관한 조례안의 공포권이 있다고 규정되어 있으므로, 교육에 관한 조례의 무효확인소송을 제기함에 있어서는 그 집행기관인 시·도 교육감을 피고로 하여야 한다.

[참고판례]

❶ 지방의회의장에 대한 지방의회의 불신임의결은 행정처분이다

지방의회를 대표하고 의사를 정리하며 회의장 내의 질서를 유지하고 의회의 사무를 감독하며 위원회에 출석하여 발언할 수 있는 등의 직무권한을 가지는 지방의회 의장에 대한 불신임의결은 의장으로서의 권한을 박탈하는 행정처분의 일종으로서 항고소송의 대상이 된다(대법원 1994. 10. 11. 선고 94두23 판결).

❷ 지방의회 의장선거는 행정처분이다.

지방의회의 의장은 지방자치법 제43조, 제44조의 규정에 의하여 의회를 대표하고 의사를 정리하며, 회의장 내의 질서를 유지하고 의회의 사무를 감독할 뿐만 아니라 위원회에 출석하여 발언할 수 있는 등의 직무권한을 가지는 것이므로, 지방의회의 의사를 결정·공표하여 그 당선자에게 이와 같은 의장으로서의 직무권한을 부여하는 지방의회의 의장선거는 행정처분의 일종으로서 항고소송의 대상이 된다고 할 것이다(대법원 1995. 1. 12. 선고 94누2602 판결).

❸ 지방의회 의원에 대한 징계의결은 행정처분이다.

지방자치법 제78조 내지 제81조의 규정에 의거한 지방의회의 의원징계의결은 그로 인해 의원의 권리에 직접 법률효과를 미치는 행정처분의 일종으로서 행정소송의 대상이 되고, 그와 같은 의원징계의결의 당부를 다투는 소송의 관할법원에 관하여는 동법에 특별한 규정이 없으므로 일반법인 행정소송법의 규정에 따라 지방의회의 소재지를 관할하는 고등법원이 그 소송의 제1심 관할법원이 된다(대법원 1993. 11. 26. 선고 93누7341 판결).

❹ 지방의회 의원에 대한 제명의결 취소소송 중 임기가 만료되어도 제명의결의 취소를 구할 법률상 이익이 인정된다.

지방의회 의원에 대한 제명의결 취소소송 계속중 의원의 임기가 만료된 사안에서, 제명의결의 취소로 의원의 지위를 회복할 수는 없다 하더라도 제명의결시부터 임기만료일까지의 기간에 대한 월정수당의 지급을 구할 수 있는 등 여전히 그 제명의결의 취소를 구할 법률상 이익이 있다고 본 사례(대법원 2009. 1. 30. 선고 2007두13487 판결).

기출문제

5급:재경09 Y구 의회의원 甲은 평소 의원간담회나 각종 회의 때 동료의원의 의견을 무시한 채 자기만의 독단적인 발언과 주장으로 회의분위기를 망치고, 'Y구 의회는 탄압의회'라고 적힌 현수막을 Y구 청사현관에 부착하고 홀로 철야농성을 하였으며, 만취한 상태에서 공무원의 멱살을 잡는 등 추태를 부려 의원으로서의 품위를 현저히 손상하였다. 이에 Y구 의회는 甲을 의원직에서 제명하는 의결을 하였다.

(1) 甲은 위 제명의결에 대하여 행정소송을 제기할 수 있는가? **(10점)** - 제명의결의 처분성
(2) 만일 법원이 甲의 취소소송을 받아들여 소송의 계속 중 甲의 임기가 만료되었다면, 수소법원은 어떠한 판결을 하여야 하는가? **(10점)** - 협의의 소의 이익

예방접종피해보상신청 기각결정 사건

□ 대법원 2019. 4. 3. 선고 2017두52764 판결

[사실관계]

甲은 2013. 9. 3. 16:00경 서울시 ○○구에 있는 ○○보건소에서 폐렴구균 예방접종을 받았다. 甲은 같은 날 저녁부터 발열증상을 느끼고 숙면을 취하지 못하였고, 좌측안면에 마비증상이 나타났다. 甲은 2014. 1. 29. 예방접종 피해신청을 하였고, 질병관리본부장 乙은 2014. 3. 27. 피해보상 기각결정을 하였으며, 위 처분서는 2014. 4. 10.경 甲에게 송달되었다(이하 '제1차 거부통보'라 한다). 2014. 7. 17.경 甲은 乙이 내부적으로 정한 절차에 따라 관련 자료 등을 추가하여 이의신청을 하였으나(참고로 감염병의 예방 및 관리에 관한 법률에는 이의신청에 대한 규정이 존재하지 않는다) 乙은 예방접종피해보상 전문위원회의 의견을 들은 후, 2014. 9. 29. 이의신청을 기각하였으며 위 처분서는 2014. 10. 16.경 甲에게 송달되었다(이하 '제2차 거부통보'라 한다). 이후 甲은 2014. 12. 23. 제2차 거부통보에 대하여 중앙행정심판위원회에 행정심판을 청구하였고, 2015. 8. 7. 기각재결을 송달받았다. 이에 甲은 2015. 10. 8. 乙을 상대로 제2차 거부통보의 취소를 구하는 이 사건 소를 제기하였다.

[판결요지]

[1] 제소기간에 관한 행정소송법 제20조 제1항에서 말하는 '행정심판'의 의미

행정소송법 제20조 제1항에 따르면, 취소소송은 처분 등이 있음을 안 날부터 90일 이내에 제기하여야 하는데, 행정심판청구를 할 수 있는 경우에 행정심판청구가 있은 때의 기간은 재결서 정본을 송달받은 날부터 기산한다. 이처럼 취소소송의 제소기간을 제한함으로써 처분 등을 둘러싼 법률관계의 안정과 신속한 확정을 도모하려는 입법 취지에 비추어 볼 때, 여기서 말하는 '행정심판'은 행정심판법에 따른 일반행정심판과 이에 대한 특례로서 다른 법률에서 사안의 전문성과 특수성을 살리기 위하여 특히 필요하여 일반행정심판을 갈음하는 특별한 행정불복절차를 정한 경우의 특별행정심판(행정심판법 제4조)을 뜻한다.

감염병예방법령은 예방접종 피해보상 기각결정에 대한 이의신청에 관하여 아무런 규정을 두고 있지 않으므로 피고가 원고의 이의신청에 대하여 스스로 다시 심사하였다고 하여 행정심판을 거친 경우에 대한 제소기간의 특례가 적용된다고 볼 수 없다. 따라서 제1차 거부통보에 대한 제소기간은 원고가 그 처분이 있음을 알았던 2014. 4. 10.부터 기산되므로, 이 사건 소 제기 당시 이미 그에 대한 제소기간을 도과하였다.

[2] 수익적 행정행위 신청에 대한 거부처분이 있은 후 당사자가 다시 신청하고 행정청이 이를 다시 거절한 경우, 새로운 거부처분인지 여부(원칙적 적극)

수익적 행정행위 신청에 대한 거부처분은 당사자의 신청에 대하여 관할 행정청이 거절하는 의사를 대외적으로 명백히 표시함으로써 성립되고, 거부처분이 있은 후 당사자가 다시 신청을 한 경우에는 신청의 제목 여하에 불구하고 그 내용이 새로운 신청을 하는 취지라면 관할 행정청이 이를 다시 거절하는 것은 새로운 거부처분으로 봄이 원칙이다.

감염병예방법령에는 이의신청에 관한 명문의 규정이 없고, 소멸시효 또는 권리 행사기간의 제한에 관한 규정도 없으므로, 원고는 언제든지 재신청을 할 수 있다. 원고의 이의신청은 민원 처리에 관한 법률상 이의신청 기간이 도과된 후에야 제기되었다. 피고는 원고의 이의신청에 따라 추가로 제출된 자료 등을 예방접종피해보상 전문위원회에서 새로 심의하도록 하여 그 의견을 들은 후 제2차 거부통보를 하였다. 따라서 이와 같이 원고가 당초에 쟁송대상으로 삼은 제2차 거부통보의 처분성을 인정할 수 있고, 그에 대한 제소기간도 도과하지 않았다. 그런데도 제1심법원은 이와 다른 전제하에 이미 제소기간이 도과한 제1차 거부통보를 쟁송대상으로 삼도록 석명권을 행사하였고, 원심 역시 이를 제대로 따져보지 않은 채 제1차 거부통보에 대한 본안판단에 나아가고 말았다. 그렇다면 환송 후 원심으로서는 적절하게 석명권을 행사하여 원고가 취소를 구하는 대상 처분이 제1차 거부통보인지 제2차 거부통보인지를 명확히 한 후 그 의사에 따라 청구취지를 정정하도록 할 필요가 있음을 지적하여 둔다.

기출문제

변시21 甲은 A시 보건소에서 의사 乙로부터 폐렴구균 예방접종을 받았는데, 예방접종을 받은 당일 저녁부터 발열증상과 함께 안면부의 마비증상을 느껴 병원에서 입원 치료를 받았다. 이에 甲은 「감염병의 예방 및 관리에 관한 법률」(이하 '감염병예방법') 제71조에 따라 진료비와 간병비에 대한 예방접종 피해보상을 청구하였는데, 질병관리청장 B는 2020. 9. 15. 이 사건 예방접종과 甲의 증상 사이에 인과관계가 불분명하다는 이유로 예방접종 피해보상 거부처분(이하 '제1처분')을 하였다. 그러나 甲은 이 사건 예방접종을 받기 이전에는 안면마비 증상이 없었는데 예방접종 당일 바로 발열과 함께 안면마비 증상이 나타났으며 위 증상은 乙의 과실에 따른 이 사건 예방접종에 의하여 발생한 것이라고 주장하면서 피해보상을 재신청하였고, B는 2020. 11. 10. 재신청에 대하여서도 거부처분을 하였다(이하 '제2처분'). 그리고 위 각 처분은 처분 다음날 甲에게 적법하게 송달되었다. 한편 A시 보건소는 丙회사로부터 폐렴예방접종에 사용되는 의약품을 조달받아 왔다. 그런데 A시장은 丙회사가 위 의약품을 관리·조달하면서 조달계약을 부실하게 이행하였음을 이유로 丙회사에 의약품조달계약 해지를 통보하였다.

(1) 甲이 2020. 12. 30. B가 행한 처분의 취소를 구하는 취소소송을 제기하는 경우, 취소소송의 대상과 제소기간의 준수 여부를 검토하시오. **(20점)** - 반복된 거부처분
(2) 甲은 자신의 예방접종 피해가 예방접종에 사용되는 의약품의 관리 소홀과 乙의 부주의에 기한 것이라고 주장하고, B는 예방접종과 甲이 주장하는 증상 사이에 인과관계가 명확하지 않다고 주장한다. 행정상 손해전보제도로서 감염병예방법 제71조 '예방접종 등에 따른 피해의 국가보상'의 의의와 법적 성질을 설명하고, 위 규정에 기초하여 甲과 B의 각 주장을 검토하시오. **(20점)** - 희생보상청구권
(3) 丙회사는 A시장이 의약품조달계약을 해지하면서「행정절차법」상의 사전통지 및 의견청취를 하지 않았음을 이유로 당해 통보가 위법하다고 주장한다. 丙회사 주장의 타당성을 검토하시오. **(20점)** - 공법상 계약과 행정절차법의 적용여부

장해등급 결정내용 게시

□ 대법원 2019. 8. 9. 선고 2019두38656 판결

[사실관계]

甲은 ○○지방경찰청 △△△△담당관실에서 근무하던 자로, 2003. 1. 6. 퇴근 후 같은 아파트에 사는 친구 집에 저녁식사 초대를 받아 식사를 하던 중 갑자기 신체에 마비증세가 나타나 병원으로 이송되어 '뇌출혈' 진단 하에 치료를 받다 '만성신부전증'(이하 '이 사건 상병'이라 한다)이 발견되어 함께 치료를 받았고, 이 사건 상병(傷病)에 관하여 2017. 1. 30. 장애가 확정되었다. 甲은 2017. 4. 30. 명예퇴직한 후 2017. 6. 7. 공무원연금공단(이하 '공단'이라 한다)에게 장해연금을 청구하였고, 공단은 2017. 6. 29. 甲의 장애등급이 제5급 제3호에 해당한다는 처분(이하 '이 사건 처분'이라 한다)을 하고 이를 인터넷 홈페이지에 게시하였으나 甲에게 별도로 통지하지는 않았다. 다만 甲은 2017. 7. 10. 공단의 인터넷 홈페이지에 접속하여 공단이 게시해 둔 이 사건 처분의 내용을 알게 되었다.

이후 甲은 2017. 8. 21. 중앙행정심판위원회에 이 사건 처분의 취소를 구하는 행정심판을 청구하면서 행정심판 청구서의 '처분이 있음을 안 날'란에 '2017. 7. 10.'이라고 기재하였다. 중앙행정심판위원회는 2018. 3. 26. 甲에게 '행정심판청구서를 공무원연금급여재심위원회(현 공무원재해보상연금위원회)로 이송하였다'고 통보하고, 甲이 제출한 행정심판청구서 등 관련 자료를 공무원연금급여재심위원회가 설치된 인사혁신처로 보냈다. 인사혁신처장은 2018. 3. 28. 공단에게 중앙행정심판위원회로부터 받은 甲의 행정심판청구서 등 관련 자료를 보냈고, 공단은 2018. 3. 30. 이를 받았다. 甲은 2018. 4. 4. 공단에게 심사청구서를 제출하였고, 공단은 2018. 4. 13. 공무원연금급여재심위원회에 甲의 심사청구서 등 관련 자료를 보냈다.

공무원연금급여재심위원회는 '심사청구가 이 사건 처분이 있은 날로부터 180일이 지난 2018. 4. 4. 제기되었다'는 이유로 2018. 6. 21. 甲의 심사청구를 각하한다는 결정을 하였다. 甲은 위 각하결정서를 송달받은 날부터 90일 내인 2018. 7. 3. 공무원연금공단을 상대로 이 사건 처분에 대한 취소소송을 제기하였다.

[판결요지]

[1] 상대방 있는 행정처분은 상대방에게 고지되어야 효력이 발생하는지 여부(원칙적 적극) 및 상대방 있는 행정처분이 상대방에게 고지되지 않았으나 상대방이 다른 경로를 통해 행정처분의 내용을 알게 된 경우, 행정처분의 효력이 발생하는지 여부(소극)

상대방 있는 행정처분은 특별한 규정이 없는 한 의사표시에 관한 일반법리에 따라 상대방에게 고지되어야 효력이 발생하고, 상대방 있는 행정처분이 상대방에게 고지되지 아니한 경우에는 상대방이 다른 경로를 통해 행정처분의 내용을 알게 되었다고 하더라도 행정처분의 효력이 발생한다고 볼 수 없다.

[2] 취소소송의 제소기간 기산점으로 행정소송법 제20조 제1항이 정한 '처분 등이 있음을 안 날'과 같은 조 제2항이 정한 '처분 등이 있은 날'의 의미 및 이러한 법리가 행정심판의 청구기간에 관해서도 마찬가지로 적용되는지 여부(적극)

취소소송의 제소기간 기산점으로 행정소송법 제20조 제1항이 정한 '처분 등이 있음을 안 날'은 유효한 행정처분이 있음을 안 날을, 같은 조 제2항이 정한 '처분 등이 있은 날'은 그 행정처분의 효력이 발생한 날을

각 의미한다. 이러한 법리는 행정심판의 청구기간에 관해서도 마찬가지로 적용된다.

[3] 구 공무원연금법상 공무원연금급여 재심위원회에 대한 심사청구 제도의 법적 성격(=특별행정심판)

구 공무원연금법 제80조에 의하면, 급여에 관한 결정 등에 관하여 이의가 있는 자는 급여에 관한 결정 등이 있었던 날부터 180일, 그 사실을 안 날부터 90일 이내에 '공무원연금급여 재심위원회'에 심사를 청구할 수 있을 뿐이고(제1항, 제2항), 행정심판법에 따른 행정심판을 청구할 수는 없다(제4항).

이와 같은 공무원연금급여 재심위원회에 대한 심사청구 제도의 입법 취지와 심사청구기간, 행정심판법에 따른 일반행정심판의 적용 배제, 구 공무원연금법 제80조 제3항의 위임에 따라 구 공무원연금법 시행령 제84조 내지 제95조의2에서 정한 공무원연금급여 재심위원회의 조직, 운영, 심사절차에 관한 사항 등을 종합하면, 구 공무원연금법상 공무원연금급여 재심위원회에 대한 심사청구 제도는 사안의 전문성과 특수성을 살리기 위하여 특히 필요하여 행정심판법에 따른 일반행정심판을 갈음하는 특별한 행정불복절차(행정심판법 제4조 제1항), 즉 특별행정심판에 해당한다.

[4] 이 사건에 대한 판단

이 사건 처분은 상대방 있는 행정처분에 해당한다. 구 공무원연금법에서 급여에 관한 결정의 고지 방법을 따로 정하지 않았으므로, 이 사건 처분은 상대방인 원고에게 행정절차법 제14조에서 정한 바에 따라 송달하는 등의 방법으로 고지하여야 비로소 효력이 발생한다고 볼 수 있다. 기록에 의하면, 원고는 제1심에서부터 일관하여, 2017. 7. 10. 피고의 인터넷 홈페이지에 접속하여 피고가 게시해 둔 처분 내용을 알게 되었고, 그날을 행정심판청구서에 '처분이 있음을 안 날'로 기재하였을 뿐 피고로부터 처분서를 송달받지 못했다고 주장해 왔음을 알 수 있다. 그런데 피고가 인터넷 홈페이지에 이 사건 처분의 결정 내용을 게시한 것만으로는 행정절차법 제14조에서 정한 바에 따라 송달이 이루어졌다고 볼 수 없고, 원고가 그 홈페이지에 접속하여 결정 내용을 확인하여 알게 되었다고 하더라도 마찬가지이다. 또한 피고가 이 사건 처분서를 행정절차법 제14조 제1항에 따라 원고 또는 그 대리인의 주소·거소·영업소·사무소로 송달하였다거나 같은 조 제3항 또는 제4항에서 정한 요건을 갖추어 정보통신망을 이용하거나 혹은 관보, 공보, 게시판, 일간신문 중 하나 이상에 공고하고 인터넷에도 공고하는 방법으로 송달하였다는 점에 관한 주장·증명도 없다. 따라서 이 사건 처분은 상대방인 원고에게 고지되어 효력이 발생하였다고 볼 수 없으므로, 이에 관하여 구 공무원연금법 제80조 제2항에서 정한 심사청구기간이나 행정소송법 제20조 제1항, 제2항에서 정한 취소소송의 제소기간이 진행한다고 볼 수 없다. 그런데도 제1심과 원심은, 이 사건 처분에 관한 결정이 이루어진 날인 2017. 6. 29.이 구 공무원연금법 제80조 제2항에서 정한 '급여에 관한 결정이 있은 날'에, 원고가 행정심판청구서에 '처분이 있음을 안 날'로 기재한 2017. 7. 10.이 같은 항에서 정한 '급여에 관한 결정이 있음을 안 날'에 각 해당한다고 전제하고서, 이 사건 심사청구가 이 사건 처분이 있음을 안 날인 2017. 7. 10.부터 90일의 심사청구기간이 도과한 후에 제기된 것이어서 부적법하고, 이 사건 심사청구가 부적법한 이상 공무원급여 재심위원회의 결정서를 송달받은 날 또는 결정이 있은 날을 기준으로 취소소송의 제소기간을 기산할 수 없다고 보아 이 사건 소가 부적법하다고 판단하였다. 이러한 원심판단에는 '상대방 있는 행정처분의 효력발생요건' 등에 관한 법리를 오해하여 판결에 영향을 미친 잘못이 있다. 이 점을 지적하는 상고이유 주장은 이유 있다.

청소년유해매체물결정고시 사건

□ 대법원 2007. 6. 14. 선고 2004두619 판결

[사실관계]

원고 甲은 1997. 6. 6.부터 인터넷 사이트인 http://(상세 생략).com(이하 '이 사건 사이트'라 한다)를 운영해 왔는데, 위 이 사건 사이트는 국내에서 최초로 개설된 게이웹사이트로 동성애자 생활의 가이드와 동성애자들의 삶을 공유한다는 취지를 표방하고 있었다.

이에 대해 정보통신윤리위원회는 2000. 8. 25. "이 사건 사이트는 청소년 유해매체물 심의기준 중 '동성애 등 변태성행위 기타 사회통념상 허용되지 아니한 성관계를 조장하는 것'에 해당한다."는 이유로 청소년보호법 제10조, 동법 시행령 제7조에 의하여 청소년 유해매체물로 심의·결정하였고, 피고 청소년보호위원회는 정보통신윤리위원회의 요청에 따라 2000. 9. 20. 효력발생일을 2000. 9. 27.로 하여 이 사건 사이트가 청소년유해매체물에 해당한다는 내용의 고시를 하였다.

이에 원고는 청소년보호위원회를 상대로 주위적으로는 고시처분의 무효확인을, 예비적으로는 고시처분을 취소를 청구하였다.

[판결요지]

[1] 구 청소년보호법에 따른 청소년유해매체물 결정·고시의 법적 성격 및 그 효력발생의 요건과 시기

구 청소년보호법에 따른 청소년유해매체물 결정 및 고시처분은 당해 유해매체물의 소유자 등 특정인만을 대상으로 한 행정처분이 아니라 일반 불특정 다수인을 상대방으로 하여 일률적으로 표시의무, 포장의무, 청소년에 대한 판매·대여 등의 금지의무 등 각종 의무를 발생시키는 행정처분으로서, 정보통신윤리위원회가 특정 인터넷 웹사이트를 청소년유해매체물로 결정하고 청소년보호위원회가 효력발생시기를 명시하여 고시함으로써 그 명시된 시점에 효력이 발생하였다고 봄이 상당하고, 정보통신윤리위원회와 청소년보호위원회가 위 처분이 있었음을 위 웹사이트 운영자에게 제대로 통지하지 아니하였다고 하여 그 효력 자체가 발생하지 아니한 것으로 볼 수는 없다.

[2] 위헌·위법한 시행령에 근거한 행정처분이 당연무효가 되기 위한 요건 및 그 시행령의 무효를 선언한 대법원판결이 없는 상태에서 그에 근거하여 이루어진 처분을 당연무효라 할 수 있는지 여부(원칙적 소극)

하자 있는 행정처분이 당연무효로 되려면 그 하자가 법규의 중요한 부분을 위반한 중대한 것이어야 할 뿐 아니라 객관적으로 명백한 것이어야 하고, 행정청이 위헌이거나 위법하여 무효인 시행령을 적용하여 한 행정처분이 당연무효로 되려면 그 규정이 행정처분의 중요한 부분에 관한 것이어서 결과적으로 그에 따른 행정처분의 중요한 부분에 하자가 있는 것으로 귀착되고, 또한 그 규정의 위헌성 또는 위법성이 객관적으로 명백하여 그에 따른 행정처분의 하자가 객관적으로 명백한 것으로 귀착되어야 하는바, 일반적으로 시행령이 헌법이나 법률에 위반된다는 사정은 그 시행령의 규정을 위헌 또는 위법하여 무효라고 선언한 대법원의 판결이 선고되지 아니한 상태에서는 그 시행령 규정의 위헌 내지 위법 여부가 해석상 다툼의 여지가 없을 정도로 명백하였다고 인정되지 아니하는 이상 객관적으로 명백한 것이라 할 수 없으므로, 이러한 시행령에 근거한 행정처분의 하자는 취소사유에 해당할 뿐 무효사유가 되지 아니한다.

[3] '동성애를 조장하는 것'을 청소년유해매체물 개별 심의기준으로 규정하고 있는 구 청소년보호법 시행령 조항의 위헌·위법 여부가 객관적으로 명백한지 여부(소극) 및 위 규정에 따른 청소년유해매체물 결정·고시처분이 무효인지 여부(소극)

구 청소년보호법 제10조 제3항의 위임에 따라 같은 법 시행령 제7조와 [별표 1]의 제2호 (다)목은 '동성애를 조장하는 것'을 청소년유해매체물 개별 심의기준의 하나로 규정하고 있는바, 현재까지 위 시행령 규정에 관하여 이를 위헌이거나 위법하여 무효라고 선언한 대법원의 판결이 선고된 바는 없는 점, 한편 동성애에 관하여는 이를 이성애와 같은 정상적인 성적 지향의 하나로 보아야 한다는 주장이 있는 반면 이성간의 성적 결합과 이를 기초로 한 혼인 및 가족생활을 정상적인 것으로 간주하는 전통적인 성에 대한 관념 및 시각에 비추어 이를 사회통념상 허용되지 않는 것으로 보는 견해도 있는 점, 동성애를 유해한 것으로 취급하여 그에 관한 정보의 생산과 유포를 규제하는 경우 성적 소수자인 동성애자들의 인격권·행복추구권에 속하는 성적 자기결정권 및 알 권리, 표현의 자유, 평등권 등 헌법상 기본권을 제한할 우려가 있다는 견해도 있으나, 또한 동성애자가 아닌 다수의 청소년들에 있어서는 동성애에 관한 정보의 제공이 성적 자기정체성에 대한 진지한 성찰의 계기를 제공하는 것이 아니라 성적 상상이나 호기심을 불필요하게 부추기거나 조장하는 부작용을 야기하여 인격형성에 지장을 초래할 우려 역시 부정할 수 없다 할 것인 점 등에 비추어 보면, 이 사건 청소년유해매체물 결정 및 고시처분 당시 위 시행령의 규정이 헌법이나 모법에 위반되는 것인지 여부가 해석상 다툼의 여지가 없을 정도로 객관적으로 명백하였다고 단정할 수 없고, 따라서 위 시행령의 규정에 따른 위 처분의 하자가 객관적으로 명백하다고 볼 수 없다.

[4] 고시 또는 공고에 의하여 행정처분을 하는 경우, 그에 대한 취소소송 제소기간의 기산일(=고시 또는 공고의 효력발생일)

통상 고시 또는 공고에 의하여 행정처분을 하는 경우에는 그 처분의 상대방이 불특정 다수인이고 그 처분의 효력이 불특정 다수인에게 일률적으로 적용되는 것이므로, 그 행정처분에 이해관계를 갖는 자가 고시 또는 공고가 있었다는 사실을 현실적으로 알았는지 여부에 관계없이 고시가 효력을 발생하는 날 행정처분이 있음을 알았다고 보아야 한다.

[비교판례]

□ 특정인에 대한 행정처분을 주소불명 등의 이유로 송달할 수 없어 관보 등에 공고한 경우, 상대방이 그 처분이 있음을 안 날(=현실적으로 안 날)

행정소송법 제20조 제1항 소정의 제소기간 기산점인 '처분이 있음을 안 날'이라 함은 당사자가 통지, 공고 기타의 방법에 의하여 당해 처분이 있었다는 사실을 현실적으로 안 날을 의미하는바, 특정인에 대한 행정처분을 주소불명 등의 이유로 송달할 수 없어 관보·공보·게시판·일간신문 등에 공고한 경우에는, 공고가 효력을 발생하는 날에 상대방이 그 행정처분이 있음을 알았다고 볼 수는 없고, 상대방이 당해 처분이 있었다는 사실을 현실적으로 안 날에 그 처분이 있음을 알았다고 보아야 한다(대법원 2006. 4. 28. 선고 2005두14851 판결).

변시19 2017. 12. 20. 보건복지부령 제377호로 개정된 「국민건강보험 요양급여의 기준에 관한 규칙」 (이하 '요양급여규칙'이라 함)은 비용 대비 효과가 우수한 것으로 인정된 약제에 대해서만 보험급여를 인정해서 보험재정의 안정을 꾀하고 의약품의 적정한 사용을 유도하고자 기존의 보험 적용 약제 중 청구실적이 없는 미청구약제에 대한 삭제제도를 도입하였다. 개정 전의 요양급여규칙은 품목허가를 받은 모든 약제에 대하여 보험급여를 인정하였으나, 개정된 요양급여규칙에 따르면 최근 2년간 보험급여 청구실적이 없는 약제에 대하여 요양급여대상 여부에 대한 조정을 할 수 있다. 보건복지부장관은 위와 같이 개정된 요양급여규칙의 위임에 따라 사단법인 대한제약회사협회 등 의약관련단체의 의견을 받아 보건복지부 고시인 '약제급여목록 및 급여상한금액표'를 개정하여 2018. 9. 23. 고시하면서, 기존에 요양급여대상으로 등재되어 있던 제약회사 甲(이하 '甲'이라 함)의 A약품(1998. 2. 1. 등재)이 2016. 1. 1.부터 2017. 12. 31.까지의 2년간 보험급여 청구실적이 없는 약제에 해당한다는 이유로 위 고시 별지4 '약제급여목록 및 급여상한금액표 중 삭제품목' 란(이하 '이 사건 고시'라 함)에 아래와 같이 A약품을 등재하였다. 요양급여대상에서 삭제되면 국민건강보험의 요양급여를 받을 수 없어 해당 약제를 구입할 경우 전액 자기부담으로 구입하여야 하고 해당 약제에 대해 요양급여를 청구하여도 요양급여청구가 거부되므로 해당 약제의 판매 저하가 우려된다.

> 보건복지부 고시 제2018-○○호(2018. 9. 23.)
>
> **약제급여목록 및 급여상한금액표**
>
> **제1조 (목적)** 이 표는 국민건강보험법 …… 및 국민건강보험요양급여의 기준에 관한 규칙 ……의 규정에 의하여 약제의 요양급여대상기준 및 상한금액을 정함을 목적으로 한다.
>
> **제2조 (약제급여목록 및 상한금액 등)** 약제급여목록 및 상한금액은 [별표1]과 같다.
>
> [별표1]
>
> 별지4 삭제품목
>
> 연번 17. 제조사 甲, 품목 A약품, 상한액 120원/1정

제약회사들을 회원으로 하여 설립된 사단법인 대한제약회사협회와 甲은 이 사건 고시가 있은지 1개월 후에야 고시가 있었음을 알았다고 주장하며 이 사건 고시가 있은 날로부터 94일째인 2018. 12. 26. 이 사건 고시에 대한 취소소송을 제기하였다.

3. 사단법인 대한제약회사협회와 甲이 제기한 이 사건 소가 제소기간을 준수하였는지를 검토하시오. (20점) - 처분이 고시 또는 공고된 경우의 제소기간의 기산점

한국연구재단의 사업비환수처분 사건

□ 대법원 2019. 7. 4. 선고 2018두58431 판결

〔사실관계〕

재단법인 한국연구재단(이하 '한국연구재단'이라고 한다)은 수신자를 '서울대학교 총장(경유) 산학협력단장'으로 하여, 2015. 4.경 이 사건 연구과제에 관한 2015년 연구비 집행 정밀정산 현장점검 실시 알림을, 2015. 8.경 소명자료 검토결과 알림을 각 통지하였다. 한편 원고(서울대학교 산학협력단)는 국립대학법인 서울대학교(이하 '서울대학교'라고 한다)가 산학협력법에 근거하여 설립한 법인이고, 위 현장점검은 원고에 대하여 실시되었다. 한국연구재단은 2016. 3. 15. 원심 공동원고 소외인(이하 '소외인'이라고 한다)과 서울대학교에 피고의 승인을 받은 제재조치 평가단의 심의결과를 각 통보하였다(이하 '제재조치 결과 통보'라고 한다). 위 각 통보에는, 처분주체는 '미래창조과학부장관', 처분대상자는 '소외인(서울대학교)', 처분사항은 '(참여제한) 국가연구개발사업 참여제한 3년, (환수금액) 총 126,356,839원 ※ 제재부가금 116,667원 포함'이라고 각 기재되어 있다. 피고(과학기술정보통신부장관)는 2016. 5. 27. 소외인에게 3년간의 국가연구개발사업 참여제한 처분을 하는 한편, 같은 날 수신자를 '서울대학교 총장'으로 기재하여 연구비 126,240,172원(제재부가금 116,667원 별도)의 환수처분을 통지하였다(이하 '이 사건 각 처분'이라 하고, 그중 환수처분을 '선행 처분'이라고 한다).

원고와 소외인은 이 사건 각 처분을 통지받은 날부터 90일 이내인 2016. 6. 10. 피고와 한국연구재단을 상대로 2016. 3. 15.자 제재조치 결과 통보의 취소를 구하는 소를 제기하면서, 소장에서 '한국연구재단이 피고로부터 처분의 권한까지 위임받았는지 여부 등이 불분명하므로, 피고들이 처분의 주체 및 처분의 상대방을 분명히 소명하는 경우 소취하 등을 통하여 청구취지를 정리하겠다'는 의사를 표시하였다. 피고와 한국연구재단은 답변서에서 제재조치 결과 통보를 이 사건 처분이라고 칭하면서, 제재조치 결과 통보는 피고가 소외인에 대하여 한 국가연구개발사업 참여제한 처분, 원고에 대하여 한 사업비 환수처분이라고 답변하였다. 피고는 이 사건 소송 중인 2016. 8. 31. 선행 처분을 '처분상대방을 서울대학교 총장으로 오기하였다'는 이유로 직권취소하고 재처분의 사전 통지를 하면서, 관련 규정으로 처분의 사전 통지에 관한 행정절차법 제21조와 처분의 정정에 관한 행정절차법 제25조를 기재하였다. 피고는 2016. 9. 20. 원고에 선행 처분과 동일한 내용의 사업비 환수처분을 하였다(이하 '이 사건 후행 처분'이라고 한다).

피고는 원심 소송계속 중인 2018. 5. 9.자 준비서면에서 비로소 '제재조치 결과 통보는 처분이 아니라 처분의 사전통지이고, 이 사건 각 처분이 대외적인 처분에 해당하며, 원고에 대하여는 선행 처분을 직권취소하고 이 사건 후행 처분을 하였으므로, 이 사건 소 중 원고의 제재조치 결과 통보 취소 청구 부분은 각하되어야 한다'는 본안전항변을 하였다. 이에 원고는 2018. 5. 21. 이 사건 후행 처분의 취소를 구하는 것으로 청구취지 및 원인 변경신청서를 제출하였다.

〔판결요지〕

□ 행정소송법상 취소소송에서 청구취지를 변경하여 구 소가 취소되고 새로운 소가 제기된 것으로 변경된 경우, 새로운 소에 대한 제소기간 준수 여부를 판단하는 기준시점(=소의 변경이 있은 때) / 제소기간 내에 적법하게 제기된 선행 처분에 대한 취소소송 계속 중에 행정청이 선행 처분서 문언의 일부 오기를 정정할 수 있음에도 선행 처분을 직권 취소하고 실질적으로 동일한 내용의 후행 처분을 함으로써 두 처분 사이에 밀접한 관련성이 있고 선행 처분에

존재한다고 주장되는 위법사유가 후행 처분에도 존재할 수 있는 관계인 경우, 후행 처분의 취소를 구하는 소변경의 제소기간 준수 여부를 따로 따져야 하는지 여부(소극)

행정소송법상 취소소송은 처분 등이 있음을 안 날부터 90일 이내에 제기하여야 하고, 처분 등이 있은 날부터 1년을 경과하면 제기하지 못한다(행정소송법 제20조 제1항, 제2항). 그리고 청구취지를 변경하여 구 소가 취하되고 새로운 소가 제기된 것으로 변경되었을 때에 새로운 소에 대한 제소기간의 준수 등은 원칙적으로 소의 변경이 있은 때를 기준으로 하여야 한다. 그러나 선행 처분에 대하여 제소기간 내에 취소소송이 적법하게 제기되어 계속 중에 행정청이 선행 처분서 문언에 일부 오기가 있어 이를 정정할 수 있음에도 선행 처분을 직권으로 취소하고 실질적으로 동일한 내용의 후행 처분을 함으로써 선행 처분과 후행 처분 사이에 밀접한 관련성이 있고 선행 처분에 존재한다고 주장되는 위법사유가 후행 처분에도 마찬가지로 존재할 수 있는 관계인 경우에는 후행 처분의 취소를 구하는 소변경의 제소기간 준수 여부는 따로 따질 필요가 없다.

[참고판례]

☐ 선행 처분이 잠정적 처분으로서 후행 처분에 흡수되어 소멸되는 관계에 있고, 선행 처분의 취소를 구하는 소에 후행 처분의 취소를 구하는 취지도 포함되어 있는 경우, 후행 처분의 취소를 구하는 소의 제소기간 준수 여부를 판단하는 기준시점 : 선행 처분의 취소를 구하는 최초의 소가 제기된 때

청구취지를 추가하는 경우, 청구취지가 추가된 때에 새로운 소를 제기한 것으로 보므로, 추가된 청구취지에 대한 제소기간 준수 등은 원칙적으로 청구취지의 추가・변경 신청이 있는 때를 기준으로 판단하여야 한다. 그러나 선행 처분의 취소를 구하는 소를 제기하였다가 이후 후행 처분의 취소를 구하는 청구취지를 추가한 경우에도, 선행 처분이 종국적 처분을 예정하고 있는 일종의 잠정적 처분으로서 후행 처분이 있을 경우 선행 처분은 후행 처분에 흡수되어 소멸되는 관계에 있고, 당초 선행 처분에 존재한다고 주장되는 위법사유가 후행 처분에도 마찬가지로 존재할 수 있는 관계여서 선행 처분의 취소를 구하는 소에 후행 처분의 취소를 구하는 취지도 포함되어 있다고 볼 수 있다면, 후행 처분의 취소를 구하는 소의 제소기간은 선행 처분의 취소를 구하는 최초의 소가 제기된 때를 기준으로 정하여야 한다(대법원 2018. 11. 15. 선고 2016두48737 판결).

☐ 취소소송으로 제기해야 할 사건을 민사소송으로 잘못 제기한 경우, 그 취소소송에 대한 제소기간의 준수 여부의 판단하는 기준시점 : 처음에 소를 제기한 때

행정소송법 제8조 제2항은 "행정소송에 관하여 이 법에 특별한 규정이 없는 사항에 대하여는 법원조직법과 민사소송법 및 민사집행법의 규정을 준용한다."라고 규정하고 있고, 민사소송법 제40조 제1항은 "이송결정이 확정된 때에는 소송은 처음부터 이송받은 법원에 계속된 것으로 본다."라고 규정하고 있다. 한편 행정소송법 제21조 제1항, 제4항, 제37조, 제42조, 제14조 제4항은 행정소송 사이의 소 변경이 있는 경우 처음 소를 제기한 때에 변경된 청구에 관한 소송이 제기된 것으로 보도록 규정하고 있다. 이러한 규정 내용 및 취지 등에 비추어 보면, 원고가 행정소송법상 항고소송으로 제기해야 할 사건을 민사소송으로 잘못 제기한 경우에 수소법원이 그 항고소송에 대한 관할을 가지고 있지 아니하여 관할법원에 이송하는 결정을 하였고, 그 이송결정이 확정된 후 원고가 항고소송으로 소 변경을 하였다면, 그 항고소송에 대한 제소기간의 준수 여부는 원칙적으로 처음에 소를 제기한 때를 기준으로 판단하여야 한다(대법원 2022. 11. 17. 선고 2021두44425 판결).

4대강 사건

□ 대법원 2011. 4. 21. 자 2010무111 전원합의체 결정

[사실관계]

국토해양부, 환경부, 문화체육관광부, 농림수산식품부 등 4개부는 2009. 6. 8. 4대강 정비사업의 기본방향을 제시하기 위하여 4대강 살리기 마스터플랜을 발표하였고, 4대강 살리기 추진본부는 2009. 8. 24. 4대강 살리기 마스터플랜의 최종보고서를 발간·배포하였다. 4대강 살리기 마스터플랜에 따른 한강 살리기 사업(이하 '이 사건 사업')은 남한강수계 중 남한강 하류 구간으로 경기 양평군 남종면 분원리 팔당댐 직상 지점을 시점으로 경기 여주군 강천면 섬감 합류 지점을 종점으로 한 연장 69.7㎞에 대한 하천의 이용 및 개발사업이 대상사업이다. 구체적으로는 한강 유역에 0.5억㎥의 퇴적토 준설, 2개의 강변저류지 설치, 131㎞의 노후제방 보강, 3개의 다기능 보 설치(강천보, 여주보, 이포보 : 보간 평균 길이 11㎞, 보 높이 7m 내외, 보 3개의 평균 최소 수심은 3 내지 3.5m), 12개의 농업용저수지 증고, 55개의 하·폐수처리장 등 환경기초시설 확충 및 고도화, 13㎞의 하천 내 농경지 정리 및 생태습지 조성, 193㎞의 수계 내 생태하천 조성, 305㎞의 자전거 도로 설치 등을 주요 내용으로 한다.

이 사건 사업을 위한 세부계획으로 한강 유역을 여러 공구로 나눈 다음 각 공구별로 구체적인 사업시행계획을 담아, 피신청인 서울지방국토관리청장은 2009. 10. 23. 고시 제2009-310호, 311호로 한강살리기 3, 4공구 사업, 2009. 10. 28. 고시 제2009-317호로 한강살리기 6공구 사업에 대한 각 하천공사시행계획을 고시하고, 2009. 11. 12. 고시 제2009-337호 내지 339호로 한강살리기 3, 4, 6공구 사업에 대한 하천공사시행계획(변경)을 고시하였으며, 2009. 11. 17. 고시 제2009-334호 내지 336호로 한강살리기 2, 5, 9공구 사업, 2010. 1. 21. 고시 제2010-14호로 한강살리기 1공구 사업에 대한 각 하천공사시행계획을 고시하였다. 4대강 사업 중 한강에서의 공사는 2011. 12.경 준공을 예정으로 2009. 11. 27. 착공되었다.

피신청인 국토해양부장관은 2009. 11. 23. 국토해양부 고시 제2009-1084호로 한강살리기 7공구 사업, 2009. 12. 1. 고시 제2009-1112호, 1121호, 1122호로 한강살리기 6, 3, 4공구 사업에 대한 각 실시계획을 승인한 다음 이를 고시하고, 2010. 2. 5. 고시 제2010-57호 내지 60호로 한강살리기 3, 4, 6, 7공구 사업에 대한 각 실시계획변경(1차)을 승인한 다음 이를 고시하였다

신청인은 4대강 살리기 마스터플랜 및 각 공구별 사업실시계획승인처분에 대한 취소소송을 제기하면서 각 행위에 대한 효력정지를 신청하였다.

[판결요지]

[1] 항고소송 대상이 되는 처분의 의미

항고소송 대상이 되는 행정청의 처분이란 원칙적으로 행정청의 공법상 행위로서 특정사항에 대하여 법규에 의한 권리의 설정 또는 의무의 부담을 명하거나 기타 법률상 효과를 직접 발생하게 하는 등 국민의 권리의무에 직접 관계가 있는 행위를 말하므로, 행정청의 내부적인 의사결정 등과 같이 상대방 또는 관계자들의 법률상 지위에 직접 법률적 변동을 일으키지 않는 행위는 그에 해당하지 아니한다.

[2] 국토해양부, 환경부, 문화체육관광부, 농림수산부, 식품부가 합동으로 2009. 6. 8. 발표한 '4대강 살리기 마스터플랜' 등은 행정기관 내부에서 사업의 기본방향을 제시하는 계획일 뿐 국민의 권리·의무에 직접 영향을 미치는 것이 아니어서, 행정처분에 해당하지 않는다고 한 사례

국토해양부, 환경부, 문화체육관광부, 농림수산부, 식품부가 합동으로 2009. 6. 8. 발표한 '4대강 살리기 마스터플랜' 등은 4대강 정비사업과 주변 지역의 관련 사업을 체계적으로 추진하기 위하여 수립한 종합계획이자 '4대강 살리기 사업'의 기본방향을 제시하는 계획으로서, 행정기관 내부에서 사업의 기본방향을 제시하는 것일 뿐, 국민의 권리·의무에 직접 영향을 미치는 것이 아니어서 행정처분에 해당하지 않는다고 한 사례.

[3] 행정소송법 제23조 제2항의 효력정지 요건인 '회복하기 어려운 손해'의 의미 및 '처분 등이나 그 집행 또는 절차의 속행으로 인하여 생길 회복하기 어려운 손해를 예방하기 위하여 긴급한 필요'가 있는지의 판단 기준

행정소송법 제23조 제2항에서 정하고 있는 효력정지 요건인 '회복하기 어려운 손해'란, 특별한 사정이 없는 한 금전으로 보상할 수 없는 손해로서 금전보상이 불가능한 경우 내지는 금전보상으로는 사회관념상 행정처분을 받은 당사자가 참고 견딜 수 없거나 참고 견디기가 현저히 곤란한 경우의 유형, 무형의 손해를 일컫는다. 그리고 '처분 등이나 그 집행 또는 절차의 속행으로 인하여 생길 회복하기 어려운 손해를 예방하기 위하여 긴급한 필요'가 있는지는 처분의 성질과 태양 및 내용, 처분상대방이 입는 손해의 성질·내용 및 정도, 원상회복·금전배상의 방법 및 난이 등은 물론 본안청구의 승소가능성 정도 등을 종합적으로 고려하여 구체적·개별적으로 판단하여야 한다.

[4] 국토해양부 등에서 발표한 '4대강 살리기 마스터플랜'에 따른 '한강 살리기 사업' 구간 인근에 거주하는 주민들이 각 공구별 사업실시계획승인처분에 대한 효력정지를 신청한 사안에서, 토지 소유권 수용 등으로 인한 손해는 행정소송법 제23조 제2항의 효력정지 요건인 금전으로 보상할 수 없거나 사회관념상 금전보상으로는 참고 견디기 어렵거나 현저히 곤란한 경우의 유·무형 손해에 해당하지 않는다고 본 원심판단을 수긍한 사례

국토해양부 등에서 발표한 '4대강 살리기 마스터플랜'에 따른 '한강 살리기 사업' 구간 인근에 거주하는 주민들이 각 공구별 사업실시계획승인처분에 대한 효력정지를 신청한 사안에서, 위 사업구간에 편입되는 팔당지역 농지 대부분이 국가 소유의 하천부지이고, 유기농업에 종사하는 주민들 대부분은 국가로부터 하천점용허가를 받아 경작을 해온 점, 위 점용허가의 부관에 따라 허가를 한 행정청은 공익상 또는 법령이 정하는 것에 따르거나 하천정비사업을 시행하는 경우 허가변경·취소 등을 할 수 있는 점 등에 비추어, 주민들 중 환경영향평가대상지역 및 근접 지역에 거주하거나 소유권 기타 권리를 가지고 있는 사람들이 위 사업으로 인하여 토지 소유권 기타 권리를 수용당하고 이로 인하여 정착지를 떠나 타지로 이주를 해야 하며 더 이상 농사를 지을 수 없게 되고 팔당지역의 유기농업이 사실상 해체될 위기에 처하게 된다고 하더라도, 그러한 손해는 행정소송법 제23조 제2항에서 정하고 있는 효력정지 요건인 금전으로 보상할 수 없거나 사회관념상 금전보상으로는 참고 견디기 어렵거나 현저히 곤란한 경우의 유·무형 손해에 해당하지 않는다고 본 원심판단을 수긍한 사례.

[참고판례]

❶ 집행정지의 요건

1) 적법한 본안소송의 계속

① 행정처분의 효력정지나 집행정지를 구하는 신청사건에서는 행정처분 자체의 적법 여부는 원칙적으로 판단의 대상이 아니고, 그 행정처분의 효력이나 집행을 정지할 것인가에 관한 행정소송법 제23조 제2

항에서 정한 요건의 존부만이 판단의 대상이 되는 것이다. 다만, 집행정지는 행정처분의 집행부정지원칙의 예외로서 인정되는 것이고, 또 본안에서 원고가 승소할 수 있는 가능성을 전제로 한 권리보호수단이라는 점에 비추어 보면, 집행정지사건 자체에 의하여도 <u>신청인의 본안청구가 적법한 것이어야 한다는 것을 집행정지의 요건에 포함시키는 것이 옳다</u>(대법원 2010. 11. 26. 자 2010무137 결정).

② 행정처분의 집행정지는 행정처분집행 부정지의 원칙에 대한 예외로서 인정되는 일시적인 응급처분이라 할 것이므로 집행정지결정을 하려면 이에 대한 본안소송이 법원에 제기되어 계속 중임을 요건으로 하는 것이므로 집행정지결정을 한 후에라도 <u>본안소송이 취하되어 소송이 계속하지 아니한 것으로 되면 집행정지결정은 당연히 그 효력이 소멸되는 것이고 별도의 취소조치를 필요로 하는 것이 아니다</u>(대법원 1975. 11. 11. 선고 75누97 판결).

2) 회복하기 어려운 손해예방의 필요 및 긴급한 필요의 존재

이 사건 고시의 성질과 태양 및 내용, 처분상대방인 신청인이 입는 손해의 성질·내용 및 정도, 원상회복·금전배상의 방법 및 난이, 이 사건 본안소송의 경과 등 제반 사정을 종합하여 보면, 신청인은 이 사건 고시의 효력이 계속 유지되는 경우 이로 인한 매출액의 감소, 시장점유율 및 판매신장률의 감소, 거래처의 감소, 신약의 공급중단위기가능성, 이 사건 약제들의 적정한 상한금액을 확보하지 못할 위험성 등의 경제적 손실과 기업 이미지 및 신용의 훼손 등을 입게 되어 앞서 본 신청인의 경영상황에 비추어 볼 때 경영상의 위기를 맞게 될 수도 있으므로, 이러한 손해는 금전보상이 불능인 경우 내지 금전보상으로는 신청인으로 하여금 참고 견딜 수 없거나 또는 참고 견디기가 현저히 곤란한 경우의 유형·무형의 손해로서 <u>행정소송법 제23조 제2항의 '회복하기 어려운 손해'에 해당한다고 볼 것이고</u>, <u>신청인의 위와 같은 손해를 예방하기 위하여서는 이 사건 고시의 효력을 정지하는 것 외에 다른 적당한 방법이 없으므로, 위 고시의 효력을 정지할 긴급한 필요도 있다고 보아야 할 것이다</u>(대법원 2004. 5. 12. 자 2003무41 결정).

3) 공공복리에 중대한 영향을 미칠 우려가 없을 것

[1] 행정소송법 제23조 제3항에서 규정하고 있는 집행정지의 장애사유로서의 '공공복리에 중대한 영향을 미칠 우려'라 함은 일반적·추상적인 공익에 대한 침해의 가능성이 아니라 당해 처분의 집행과 관련된 구체적·개별적인 공익에 중대한 해를 입힐 개연성을 말하는 것으로서 <u>이러한 집행정지의 소극적 요건에 대한 주장·소명책임은 행정청에게 있다</u>.

[2] 행정소송법 제23조 제3항이 집행정지의 요건으로 '공공복리에 중대한 영향을 미칠 우려가 없을 것'을 규정하고 있는 취지는, 집행정지 여부를 결정하는 경우 신청인의 손해뿐만 아니라 공공복리에 미칠 영향을 아울러 고려하여야 한다는데 있고, 따라서 공공복리에 미칠 영향이 중대한지의 여부는 절대적 기준에 의하여 판단할 것이 아니라, <u>신청인의 '회복하기 어려운 손해'와 '공공복리' 양자를 비교·교량하여, 전자를 희생하더라도 후자를 옹호하여야 할 필요가 있는지 여부에 따라 상대적·개별적으로 판단하여야 한다</u>(대법원 2010. 5. 14. 자 2010무48 결정).

4) 본안청구가 이유없음이 명백하지 않을 것

행정처분의 효력정지나 집행정지를 구하는 신청사건에서 행정처분 자체의 적법 여부는 궁극적으로 본안재판에서 심리를 거쳐 판단할 성질의 것이므로 원칙적으로는 판단할 것이 아니고 그 행정처분의 효력이나 집행을 정지할 것인가에 대한 행정소송법 제23조 제2항, 제3항에 정해진 요건의 존부만이 판단의 대상이 된다고 할 것이지만, 효력정지나 집행정지는 신청인이 본안소송에서 승소판결을 받을 때까지 그 지위를 보호함과 동시에 후에 받을 승소판결을 무의미하게 하는 것을 방지하려는 것이어서 본안소송에서 처분의 취소가능성이 없음에도 처분의 효력이나 집행의 정지를 인정한다는 것은 제도의 취지에 반하므로 효력정지나 집행정지사건 자체에 의하여도 신청인의 본안청구가 이유 없음이 명백하지 않아야 한다는 것도 효력정지나 집행정지의 요건에 포함시켜야 한다(대법원 1997. 4. 28. 선고 96두75 판결; 대법원 1992. 8. 7. 선고 92두30 판결).

❷ 효력정지의 보충성

산업기능요원 편입 당시 지정업체의 해당 분야에 종사하지 아니하였음을 이유로 산업기능요원의 편입이 취소된 사람은 편입되기 전의 신분으로 복귀하여 현역병으로 입영하게 하거나 공익근무요원으로 소집하여야 하는 것으로 되어 있는데, 그 취소처분에 의하여 생기는 손해로서 그 동안의 근무실적이 산업기능요원으로서 종사한 것으로 인정받지 못하게 된 손해 부분은 본안소송에서 그 처분이 위법하다고 하여 취소하게 되면 그 취소판결의 소급효만으로 그대로 소멸되게 되므로, 그 부분은 그 처분으로 인하여 생기는 회복할 수 없는 손해에 해당한다고 할 수가 없고, 결국 그 취소처분으로 인하여 입게 될 회복할 수 없는 손해는 그 처분에 의하여 산업기능요원 편입이 취소됨으로써 편입 이전의 신분으로 복귀하여 현역병으로 입영하게 되거나 혹은 공익근무요원으로 소집되는 부분이라고 할 것이며, 이러한 손해에 대한 예방은 그 처분의 효력을 정지하지 아니하더라도 그 후속절차로 이루어지는 현역병 입영처분이나 공익근무요원 소집처분 절차의 속행을 정지함으로써 달성할 수가 있으므로, 산업기능요원편입취소처분에 대한 집행정지로서는 그 후속절차의 속행정지만이 가능하고 그 처분 자체에 대한 효력정지는 허용되지 아니한다(대법원 2000. 1. 8. 자 2000무35 결정).

사직2도시환경정비구역 사건

□ 대법원 2018. 7. 12. 자 2018무600 결정

[사실관계]

피신청인 서울특별시장(이하 '피신청인 시장'이라 한다)은 2009. 11. 19. 서울 종로구 사직동 311-10 일대 34,261.5㎡를 사직2도시환경정비구역(이하 '이 사건 정비구역'이라 한다)으로 지정하였다. 재항고인(사직제2구역도시환경정비사업조합)은 이 사건 정비구역을 사업시행예정구역으로 한 도시환경정비사업을 시행할 목적으로 설립된 조합으로 2010. 7. 19. 피신청인 서울특별시 종로구청장(이하 '피신청인 구청장'이라 한다)으로부터 설립인가를 받았고, 2012. 9. 21. 피신청인 구청장으로부터 사업시행인가를 받았다.

피신청인 시장은 2016. 10. 26. 이 사건 정비구역이 서울특별시 도시 및 주거환경정비조례 제4조의3 제3항 제6호의 '도시계획위원회에서 구역지정 이후 여건변화에 따라 해당구역 및 주변지역의 역사·문화적 가치 보전이 필요하다고 인정하는 경우'에 해당한다며 직권해제 대상구역으로 공고하였다. 피신청인 시장은 2017. 3. 30. 구 도시 및 주거환경정비법(이하 '구 도시정비법'이라 한다) 제4조의3을 근거로 이 사건 정비구역을 해제하고 개발행위를 제한하는 내용을 고시하였고(이하 '이 사건 해제고시'라 한다), 피신청인 구청장은 2017. 4. 13. 구 도시정비법 제16조의2 제1항 제3호를 근거로 재항고인에 대한 조합설립인가를 취소하였다(이하 '이 사건 인가취소처분'이라 하고, 이 사건 해제고시와 합하여 '이 사건 각 처분'이라 한다).

재항고인은 서울행정법원 2017구합63986호로 피신청인들을 상대로 이 사건 해제고시의 무효확인과 이 사건 인가취소처분의 취소를 구하는 소를 제기하면서, 각 처분에 대한 효력정지를 신청하였다.

[판결요지]

[1] 행정소송법 제23조 제2항에서 정한 '회복하기 어려운 손해'의 의미 및 '처분 등이나 그 집행 또는 절차의 속행으로 인하여 생길 회복하기 어려운 손해를 예방하기 위하여 긴급한 필요'가 있는지 판단하는 방법

행정소송법 제23조 제2항은 '취소소송이 제기된 경우에 처분 등이나 그 집행 또는 절차의 속행으로 인하여 생길 회복하기 어려운 손해를 예방하기 위하여 긴급한 필요가 있다고 인정할 때에는 처분 등의 효력 등을 정지할 수 있다.'고 정하고 있다. 여기에서 '회복하기 어려운 손해'는 특별한 사정이 없는 한 금전으로 보상할 수 없는 손해로서 금전보상이 불가능한 경우 또는 금전보상으로는 사회관념상 행정처분을 받은 당사자가 참고 견딜 수 없거나 참고 견디기가 현저히 곤란한 경우의 유형, 무형의 손해를 일컫는다. 그리고 '처분 등이나 그 집행 또는 절차의 속행으로 인하여 생길 회복하기 어려운 손해를 예방하기 위하여 긴급한 필요'가 있는지는 처분의 성질, 양태와 내용, 처분상대방이 입는 손해의 성질·내용과 정도, 원상회복·금전배상의 방법과 난이도 등은 물론 본안청구의 승소가능성 정도 등을 종합적으로 고려하여 구체적·개별적으로 판단하여야 한다.

[2] 시장이 도시환경정비구역을 지정하였다가 해당구역 및 주변지역의 역사·문화적 가치 보전이 필요하다는 이유로 정비구역을 해제하고 개발행위를 제한하는 내용을 고시함에 따라 사업시행예정구역에서 설립 및 사업시행인가를 받았던 갑 도시환경정비사업조합에 대하여 구청장이 조합설립인가를 취소하자, 갑 조합이 해제 고시의 무효확인과 인가취소처분의 취소를 구하는 소를 제기하고 판결 선고 시까지 각 처분의 효력 정지를 신청한 사안에서, 각 처분의 효력을 정지하지 않을 경우 갑 조합에 특별한 귀책사유가 없는데도 정비사업의 진행이 법적으로 불가능해져 갑 조합에 회복하기 어려운 손해가 발생할 우려가 있으므로 이러한 손해를 예방하기 위하여 각 처분의 효력을 정지할 긴급한 필요가 있다고 한 사례

시장이 도시환경정비구역을 지정하였다가 해당구역 및 주변지역의 역사·문화적 가치 보전이 필요하다는 이유로 정비구역을 해제하고 개발행위를 제한하는 내용을 고시함에 따라 사업시행예정구역에서 설립 및 사업시행인가를 받았던 갑 도시환경정비사업조합에 대하여 구청장이 조합설립인가를 취소하자, 갑 조합이 해제 고시의 무효확인과 인가취소처분의 취소를 구하는 소를 제기하고 판결 선고 시까지 각 처분의 효력 정지를 신청한 사안에서, 정비구역 지정이 취소되고 이에 대하여 불가쟁력이 발생하는 경우 정비사업 시행을 전제로 하는 후속 처분들은 모두 그 의미를 상실하게 되고 갑 조합에 대한 조합설립인가 취소처분은 갑 조합이 적법하게 취득한 공법인의 지위를 갑 조합의 귀책사유 없이 사후적 사정변경을 이유로 박탈하는 것이어서 신중하게 판단해야 하므로 위 각 처분의 위법성에 관하여 갑 조합이 본안소송에서 주장·증명할 기회가 충분히 보장되어야 하는 점, 각 처분의 효력을 정지하지 않을 경우 갑 조합이 정비사업과 관련한 후속 조치를 실행하는 데 사실상, 법률상 장애가 있게 될 뿐 아니라 시장 및 구청장이나 관계 행정청이 정비사업의 진행을 차단하기 위한 각종 불이익 조치를 할 염려가 있는 점 등을 종합하면, 각 처분의 효력을 정지하지 않을 경우 갑 조합에 특별한 귀책사유가 없는데도 정비사업의 진행이 법적으로 불가능해져 갑 조합에 회복하기 어려운 손해가 발생할 우려가 있으므로 이러한 손해를 예방하기 위하여 각 처분의 효력을 정지할 긴급한 필요가 있다.

[참고판례]

❶ 집행정지신청을 인용한 사례

① 현역병입영처분의 효력이 정지되지 아니한 채 본안소송이 진행된다면 신청인은 입영하여 다시 현역병으로 복무하지 않을 수 없는 결과 병역의무를 중복하여 이행하는 셈이 되어 불이익을 입게 되고 상당한 정신적 고통을 받게 될 것임은 짐작하기 어렵지 아니하며 이와 같은 손해는 쉽게 금전으로 보상할 수 있는 성질의 것이 아니어서 '회복하기 어려운 손해'에 해당된다(대법원 1992. 4. 29. 자 92두7 결정).

② 사업여건의 악화 및 막대한 부채비율로 인하여 외부자금의 신규차입이 사실상 중단된 상황에서 285억원 규모의 과징금을 납부하기 위하여 무리하게 외부자금을 신규차입하게 되면 주거래은행과의 재무구조개선약정을 지키지 못하게 되어 사업자가 중대한 경영상의 위기를 맞게 될 것으로 보이는 경우, 이 사건 처분이 신청인의 자금사정이나 경영전반에 미치는 파급효과는 매우 중대하다고 할 것이므로, 그로 인한 신청인의 손해는 비록 그 성질이나 태양이 재산상의 손해에 속한다고 하더라도 사회관념상 사후의 금전보상으로는 참고 견딜 수 없거나 또는 견디기가 현저히 곤란한 손해라고 할 것이어서 효력정지 내지 집행정지의 적극적 요건인 '회복하기 어려운 손해'에 해당한다고 할 것이고 신청인의 손해가 회복하기 어려운 것인 이상 신청인에게는 이를 예방하기 위한 긴급한 필요도 있다고 할 것이다(대법원 2001. 10. 10. 자 2001무29 결정).

❷ 집행정지신청을 기각한 사례

① 재항고인이 이 사건 영업을 위하여 거의 전재산인 금 1억 5천만원을 투자하고 영업을 하여 온 까닭에 그 영업허가취소처분의 효력이 정지되지 않는다면 위 업소경영에 절대적인 타격을 입게 되고 그로 인하여 재항고인은 물론 그 가족 및 종업원들의 생계까지 위협받게 되는 결과가 초래될 수 있다는 등의 사정은 이 사건 처분의 존속으로 재항고인에게 금전으로 보상할 수 없는 손해가 생길 우려가 있는 경우에 해당한다고 볼 수 없으며 그밖에 기록을 살펴보아도 이 사건 처분의 존속으로 말미암아 재항고인에게 회복할 수 없는 손해가 생길 우려가 있음을 인정할 만한 자료가 발견되지 아니하므로 원심이 위와 같은 취지에서 이 사건 효력정지신청을 기각한 조치는 정당하고 논지는 이유 없다(대법원 1995. 11. 23. 선고 95두53 판결).

② 상대방이 이 사건 신청원인으로 내세운 사유는 이 사건 과세처분에 따라 납부한 세액 중 취소판결이 선고된 부분에 해당하는 세액을 환급받고자 한다는 것으로서, 이와 같이 단순히 취소판결 확정 이전에 기납부세액을 조기에 환급받고자 한다는 사유만으로는 위에서 본 '회복하기 어려운 손해'에 해당한다고 도저히 볼 수가 없고, 그 밖에 기록을 살펴보아도 이 사건 과세처분 부분의 존속으로 인하여 상대방에게 회복하기 어려운 손해가 생길 우려가 있다고 볼 만한 자료도 찾아볼 수 없다(대법원 1998. 8. 23. 자 99무15 결정).

❸ 집행정지신청을 각하한 사례

① 허가신청에 대한 거부처분은 그 효력이 정지되더라도 그 처분이 없었던 것과 같은 상태를 만드는 것에 지나지 아니하는 것이고 그 이상으로 행정청에 대하여 어떠한 처분을 명하는 등 적극적인 상태를 만들어 내는 경우를 포함하지 아니하는 것이므로, 교도소장이 접견을 불허한 처분에 대하여 효력정지를 한다 하여도 이로 인하여 위 교도소장에게 접견의 허가를 명하는 것이 되는 것도 아니고 또 당연히 접견이 되는 것도 아니어서 접견허가거부처분에 의하여 생길 회복할 수 없는 손해를 피하는 데 아무런 보탬도 되지 아니하니 접견허가거부처분의 효력을 정지할 필요성이 없다(대법원 1991. 5. 2. 자 91두15 결정).

② 사행행위등규제법 제7조 제2항의 규정에 의하면 사행행위영업허가의 효력은 유효기간 만료 후에도 재허가신청에 대한 불허가처분을 받을 때까지 당초 허가의 효력이 지속된다고 볼 수 없으므로 허가갱신신청을 거부한 불허처분의 효력을 정지하더라도 이로 인하여 유효기간이 만료된 허가의 효력이 회복되거나 행정청에게 허가를 갱신할 의무가 생기는 것도 아니라 할 것이니 투전기업소갱신허가불허처분의 효력을 정지하더라도 불허처분으로 입게 될 손해를 방지하는 데에 아무런 소용이 없고 따라서 불허처분의 효력정지를 구하는 신청은 이익이 없어 부적법하다(대법원 1993. 2. 10. 자 92두72 결정).

❹ 집행정지의 효력

① 일정한 납부기한을 정한 과징금부과처분에 대하여 '회복하기 어려운 손해'를 예방하기 위하여 긴급한 필요가 있고 달리 공공복리에 중대한 영향을 미치지 아니한다는 이유로 집행정지결정이 내려졌다면 그 집행정지기간 동안은 과징금부과처분에서 정한 과징금의 납부기간은 더 이상 진행되지 아니하고 집행정지결정이 당해 결정의 주문에 표시된 시기의 도래로 인하여 실효되면 그 때부터 당초의 과징금부과처분에서 정한 기간(집행정지결정 당시 이미 일부 진행되었다면 그 나머지 기간)이 다시 진행하는 것으로 보아야 한다(대법원 2003. 7. 11. 선고 2002다48023 판결).

② 행정소송법 제23조에 의한 효력정지결정의 효력은 결정주문에서 정한 시기까지 존속하고 그 시기의 도래와 동시에 효력이 당연히 소멸하므로, 보조금 교부결정의 일부를 취소한 행정청의 처분에 대하여 법원이 효력정지결정을 하면서 주문에서 그 법원에 계속 중인 본안소송의 판결 선고 시까지 처분의 효력을 정지한다고 선언하였을 경우, 본안소송의 판결 선고에 의하여 정지결정의 효력은 소멸하고 이와 동시에 당초의 보조금 교부결정 취소처분의 효력이 당연히 되살아난다. 따라서 효력정지결정의 효력이 소멸하여 보조금 교부결정 취소처분의 효력이 되살아난 경우, 특별한 사정이 없는 한 행정청으로서는 보조금법 제31조 제1항에 따라 취소처분에 의하여 취소된 부분의 보조사업에 대하여 효력정지기간 동안 교부된 보조금의 반환을 명하여야 한다(대법원 2017. 7. 11. 선고 2013두25498 판결).

③ 집행정지결정의 효력은 결정 주문에서 정한 기간까지 존속하다가 그 기간이 만료되면 장래에 향하여 소멸한다. 집행정지결정은 처분의 집행으로 회복하기 어려운 손해를 예방하기 위하여 긴급한 필요가 있고 달리 공공복리에 중대한 영향을 미치지 않을 것을 요건으로 하여 본안판결이 있을 때까지 해당 처분의 집행을 잠정적으로 정지함으로써 위와 같은 손해를 예방하는 데 취지가 있으므로, 항고소송을 제기한 원고가 본안소송에서 패소확정판결을 받았더라도 집행정지결정의 효력이 소급하여 소멸하지 않는다.

그러나 제재처분에 대한 행정쟁송절차에서 처분에 대해 집행정지결정이 이루어졌더라도 본안에서 해당 처분이 최종적으로 적법한 것으로 확정되어 집행정지결정이 실효되고 제재처분을 다시 집행할 수 있게 되면, 처분청으로서는 당초 집행정지결정이 없었던 경우와 동등한 수준으로 해당 제재처분이 집행되도록 필요한 조치를 취하여야 한다. 집행정지는 행정쟁송절차에서 실효적 권리구제를 확보하기 위한 잠정적 조치일 뿐이므로, 본안 확정판결로 해당 제재처분이 적법하다는 점이 확인되었다면 제재처분의 상대방이 잠정적 집행정지를 통해 집행정지가 이루어지지 않은 경우와 비교하여 제재를 덜 받게 되는 결과가 초래되도록 해서는 안 된다. 반대로, 처분상대방이 집행정지결정을 받지 못했으나 본안소송에서 해당 제재처분이 위법하다는 것이 확인되어 취소하는 판결이 확정되면, 처분청은 그 제재처분으로 처분상대방에게 초래된 불이익한 결과를 제거하기 위하여 필요한 조치를 취하여야 한다(대법원 2020. 9. 3. 선고 2020두34070 판결).

기출문제

변시13 A광역시의 시장 乙은 세수증대, 고용창출 등 지역발전을 위해 폐기물처리업의 관내 유치를 결심하고 甲이 제출한 폐기물처리사업계획서를 검토하여 그에 대한 적합통보를 하였다. 이에 따라 甲은 폐기물처리업 허가를 받기 위해 먼저 도시·군관리계획변경을 신청하였고, 乙은 관계 법령이 정하는 바에 따라 해당 폐기물처리업체가 입지할 토지에 대한 용도지역을 폐기물처리업의 운영이 가능한 용도지역으로 변경하는 것을 내용으로 하는 도시·군관리계획변경안을 입안하여 열람을 위한 공고를 하였다. 그러나 乙의 임기 만료 후 새로 취임한 시장 丙은 폐기물처리업에 대한 인근 주민의 반대가 극심하여 실질적으로 폐기물사업 유치가 어려울 뿐만 아니라, 자신의 선거공약인 '생태중심, 자연친화적 A광역시 건설'의 실현 차원에서 용도지역 변경을 승인할 수 없다는 계획변경승인거부처분을 함과 동시에 해당 지역을 생태학습체험장 조성지역으로 결정하였다. 폐기물처리사업계획 적합통보에 따라 사업 착수를 위한 제반 준비를 거의 마친 甲은 丙을 피고로 하여 관할 법원에 계획변경승인거부처분 취소소송을 제기하였다.

2. 폐기물처리사업계획 적합통보에 따라 이미 상당한 투자를 한 甲이 위 취소소송의 본안판결 이전에 잠정적인 권리구제를 도모할 수 있는 행정소송 수단에 관하여 검토하시오. **(20점)** - 거부처분에 대한 집행정지 인정여부, 민사집행법상 가처분 허용여부

변시20 A국 국적의 외국인인 甲은 자국 정부로부터 정치적 박해를 받고 있었다. 甲은 2018. 11. 20. 인천국제공항에 도착하여 입국 심사 과정에서 난민신청의사를 밝히고 난민법상 출입국항에서의 난민인정신청을 하였다. 인천국제공항 출입국관리공무원은 2018. 11. 20. 甲에 대하여 입국목적이 사증에 부합함을 증명하지 못하였다는 이유로 입국불허결정을 하고, 甲이 타고 온 외국항공사에 대하여 甲을 국외로 송환하라는 송환지시서를 발부하였다. 이에 甲은 출입국 당국의 결정에 불만을 표시하며 자신을 난민으로 인정해 달라고 요청하였고, 당국은 甲에게 난민심사를 위하여 일단 인천공항 내 송환대기실에 대기할 것을 명하였다. 인천공항 송환대기실은 입국이 불허된 외국인들이 국외송환에 앞서 임시로 머무는 곳인데, 이 곳은 외부와의 출입이 통제되는 곳으로 甲이 자신의 의사에 따라 대기실 밖으로 나갈 수 없는 구조로 되어 있었다. 출입국 당국은 2018. 11. 26. 甲에 대하여 난민 인정 거부처분을 하였고, 甲은 이에 불복하여 2018. 11. 28. 난민 인정 거부처분 취소의 소를 제기하는 한편, 2018. 12. 19. 자신에 대한 수용(收容)을 해제할 것을 요구하는 인신보호청구의 소를 제기하였다. 한편 난민 전문 변호사로 활동하고 있는 乙은 甲의 변호인으로 선임된 후, 2019. 4. 1. 송환대기실에서 생활 중이던 甲에 대한 접견을 당국에 신청하였으나, 당국은 송환대기실 내 수용된 입국불허자에게 접견권을 인정할 법적 근거가 없다는 이유로 이를 거부하였다. 실제로 송환대기실 수용자의 접견에 관한 관련법상 조항은 없다.

4. 甲의 난민 인정 거부처분 취소소송 중 잠정적으로 甲의 권리를 보전할 수 있는 가구제 수단을 검토하시오. **(15점)** - 거부처분에 대한 집행정지 인정여부, 민사집행법상 가처분 허용여부

사시04 사행행위 영업의 하나인 투전기영업허가를 받은 甲은 3년의 허가유효기간이 얼마 남지 아니하여 허가관청에 대하여 허가갱신신청을 하였으나 거부당하였다. 이에 甲은 허가갱신거부처분 취소소송을 제기함과 동시에 허가갱신거부처분의 집행정지결정을 신청하였다. 甲의 집행정지 주장의 당부와 그 논거를 제시하시오. **(25점)** - 거부처분에 대한 집행정지 인정여부

기타 행정소송 관련 판례

1. 행정소송의 심리

① 행정소송에서 기록상 자료가 나타나 있다면 당사자가 주장하지 않았더라도 판단할 수 있고, 당사자가 제출한 소송자료에 의하여 법원이 처분의 적법 여부에 관한 합리적인 의심을 품을 수 있음에도 단지 구체적 사실에 관한 주장을 하지 아니하였다는 이유만으로 당사자에게 석명을 하거나 직권으로 심리·판단하지 아니함으로써 구체적 타당성이 없는 판결을 하는 것은 행정소송법 제26조의 규정과 행정소송의 특수성에 반하므로 허용될 수 없다(대법원 2010. 2. 11. 선고 2009두18035 판결).

② 행정소송에 있어서 특별한 사정이 있는 경우를 제외하면 당해 행정처분의 적법성에 관하여는 행정청이 이를 주장·입증하여야 할 것이나 행정소송에 있어서 직권주의가 가미되어 있다고 하더라도 여전히 변론주의를 기본구조로 하는 이상 행정처분의 위법을 들어 그 취소를 청구함에 있어서는 직권조사사항을 제외하고는 그 취소를 구하는 자가 위법사유에 해당하는 구체적 사실을 먼저 주장하여야 한다(대법원 2000. 3. 23. 선고 98두2768 판결).

2. 관련청구소송의 병합

① 행정소송법 제10조는 처분의 취소를 구하는 취소소송에 당해 처분과 관련되는 부당이득반환소송을 관련청구로 병합할 수 있다고 규정하고 있는바, 이 조항을 둔 취지에 비추어 보면, 취소소송에 병합할 수 있는 당해 처분과 관련되는 부당이득반환소송에는 당해 처분의 취소를 선결문제로 하는 부당이득반환청구가 포함되고, 이러한 부당이득반환청구가 인용되기 위해서는 그 소송절차에서 판결에 의해 당해 처분이 취소되면 충분하고 그 처분의 취소가 확정되어야 하는 것은 아니라고 보아야 한다(대법원 2009. 4. 9. 선고 2008두23153 판결).

② 택지개발사업지구 내 비닐하우스에서 화훼소매업을 하던 갑과 을이 재결절차를 거치지 않고 사업시행자를 상대로 주된 청구인 영업손실보상금 청구에 생활대책대상자 선정 관련청구소송을 병합하여 제기한 사안에서, 영업손실보상금청구의 소가 재결절차를 거치지 않아 부적법하여 각하되는 이상, 이에 병합된 생활대책대상자 선정 관련청구소송 역시 소송요건을 흠결하여 부적법하므로 각하되어야 한다고 한 사례 (대법원 2011. 9. 29. 선고 2009두10963 판결)[16]

---

[16] [비교판례] 취소소송 등을 제기한 당사자가 당해 처분 등에 관계되는 사무가 귀속되는 국가 또는 공공단체에 대한 당사자소송을 행정소송법 제10조 제2항에 의하여 관련 청구로서 병합한 경우 위 취소소송 등이 부적법하다면 당사자는 위 당사자소송의 병합청구로서 같은 법 제21조 제1항에 의한 소변경을 할 의사를 아울러 가지고 있었다고 봄이 상당하고, 이러한 경우 법원은 청구의 기초에 변경이 없는 한 당초의 청구가 부적법하다는 이유로 병합된 청구까지 각하할 것이 아니라 병합청구 당시 유효한 소변경청구가 있었던 것으로 받아들여 이를 허가함이 타당하다(대법원 1992. 12. 24. 선고 92누3335 판결).

3. 민사소송의 항고소송으로의 소변경

[1] 구 의료보호법 제1조, 제4조, 제6조, 제11조, 제21조, 같은법시행령 제17조 제1항, 제2항, 제21조, 같은법시행규칙 제28조, 제29조에 따른 의료보호의 목적, 의료보호대상자의 선정절차, 기금의 성격과 조성방법 및 운용절차, 보호기관의 심사결정의 내용과 성격, 진료기관의 보호비용의 청구절차 등에 비추어 볼 때, 진료기관의 보호기관에 대한 진료비지급청구권은 계약 등의 법률관계에 의하여 발생하는 사법상의 권리가 아니라 법에 의하여 정책적으로 특별히 인정되는 공법상의 권리라고 할 것이고, 법령의 요건에 해당하는 것만으로 바로 구체적인 진료비지급청구권이 발생하는 것이 아니라 보호기관의 심사결정에 의하여 비로소 구체적인 청구권이 발생한다 할 것이므로, 진료기관은 법령이 규정한 요건에 해당하여 진료비를 지급받을 추상적인 권리가 있다 하더라도 진료기관의 보호비용 청구에 대하여 보호기관이 심사 결과 지급을 거부한 경우에는 곧바로 민사소송은 물론 공법상 당사자소송으로도 지급 청구를 할 수는 없고, 지급거부 결정의 취소를 구하는 항고소송을 제기하는 방법으로 구제받을 수밖에 없다.

[2] 행정소송법 제7조는 원고의 고의 또는 중대한 과실 없이 행정소송이 심급을 달리하는 법원에 잘못 제기된 경우에 민사소송법 제31조 제1항을 적용하여 이를 관할 법원에 이송하도록 규정하고 있을 뿐 아니라 관할 위반의 소를 부적법하다고 하여 각하하는 것보다 관할 법원에 이송하는 것이 당사자의 권리 구제나 소송경제의 측면에서 바람직하므로, 원고가 고의 또는 중대한 과실 없이 행정소송으로 제기하여야 할 사건을 민사소송으로 잘못 제기한 경우 수소법원으로서는 만약 그 행정소송에 대한 관할도 동시에 가지고 있는 경우라면, 행정소송으로서의 전심절차 및 제소기간을 도과하였거나 행정소송의 대상이 되는 처분 등이 존재하지도 아니한 상태에 있는 등 행정소송으로서의 소송요건을 결하고 있음이 명백하여 행정소송으로 제기되었더라도 어차피 부적법하게 되는 경우가 아닌 이상, 원고로 하여금 항고소송으로 소 변경을 하도록 하여 그 1심법원으로 심리·판단하여야 한다(대법원 1999. 11. 26. 선고 97다42250 판결).

4. 원고가 행정소송법상 항고소송으로 제기해야 할 사건을 민사소송으로 잘못 제기하여 수소법원이 관할법원에 이송하는 결정을 하고 이송결정이 확정된 후 원고가 항고소송으로 소 변경을 한 경우, 그 항고소송에 대한 제소기간 준수 여부를 판단하는 기준 시기(=구소제기시)

행정소송법 제8조 제2항은 "행정소송에 관하여 이 법에 특별한 규정이 없는 사항에 대하여는 법원조직법과 민사소송법 및 민사집행법의 규정을 준용한다."라고 규정하고 있고, 민사소송법 제40조 제1항은 "이송결정이 확정된 때에는 소송은 처음부터 이송받은 법원에 계속된 것으로 본다."라고 규정하고 있다. 한편 행정소송법 제21조 제1항, 제4항, 제37조, 제42조, 제14조 제4항은 행정소송 사이의 소 변경이 있는 경우 처음 소를 제기한 때에 변경된 청구에 관한 소송이 제기된 것으로 보도록 규정하고 있다. 이러한 규정 내용 및 취지 등에 비추어 보면, 원고가 행정소송법상 항고소송으로 제기해야 할 사건을 민사소송으로 잘못 제기한 경우에 수소법원이 그 항고소송에 대한 관할을 가지고 있지 아니하여 관할법원에 이송하는 결정을 하였고, 그 이송결정이 확정된 후 원고가 항고소송으로 소 변경을 하였다면, 그 항고소송에 대한 제소기간의 준수 여부는 원칙적으로 처음에 소를 제기한 때를 기준으로 판단하여야 한다(대법원 2022. 11. 17. 선고 2021두44425 판결).

5. 본안에 대한 종국판결이 있은 후 소를 취하한 사람이더라도 민사소송법 제267조 제2항의 취지에 반하지 아니하고 소를 제기할 필요가 있는 정당한 사정이 있다면 다시 소를 제기할 수 있다.

갑 등이 운영하는 병원에서 부당한 방법으로 보험자 등에게 요양급여비용을 부담하게 하였다는 이유로 보건복지부장관이 갑 등에 대하여 구 국민건강보험법 제98조 제1항 제1호에 따라 40일의 요양기관 업무정지 처분을 하자, 갑 등이 위 업무정지 처분의 취소를 구하는 소송(전소)을 제기하였다가 패소한 뒤 항소하였는데, 보건복지부장관이 항소심 계속 중 같은 법 제99조 제1항에 따라 위 업무정지 처분을 과징금 부과처분으로 직권 변경하자, 갑 등이 과징금 부과처분의 취소를 구하는 소송(후소)을 제기한 후 업무정지 처분의 취소를 구하는 소를 취하한 사안에서, 전소는 처분의 변경으로 인해 효력이 소멸한 '업무정지 처분'의 취소를 구하는 것이고, 후소는 후행처분인 '과징금 부과처분'의 취소를 구하는 것이므로 전소와 후소의 소송물이 같다고 볼 수 없고, 전소의 소송물인 '업무정지 처분의 위법성'이 과징금 부과처분의 위법성을 소송물로 하는 후소와의 관계에서 항상 선결적 법률관계 또는 전제에 있다고 보기도 어려워, 결국 갑 등에게 업무정지 처분과는 별도로 과징금 부과처분의 위법성을 소송절차를 통하여 다툴 기회를 부여할 필요가 있으므로, 위 과징금 부과처분의 취소를 구하는 소의 제기는 재소금지 원칙에 위반된다고 할 수 없음에도 이와 달리 본 원심판결에 법리오해의 잘못이 있다고 한 사례(대법원 2023. 3. 16. 선고 2022두58599 판결).

이혼확정 후 결혼이민 체류자격허가신청 사건

□ 대법원 2019. 7. 4. 선고 2018두66869 판결

[사실관계]

　원고는 베트남 국적의 여성으로서, 국제결혼중매업체를 통해 대한민국 국민인 소외 1과 맞선을 보고 결혼식을 올린 다음 2015. 7. 1. 혼인신고를 마치고, 2015. 12. 4. 결혼이민[F-6 (가)목] 체류자격으로 대한민국에 입국하여 소외 1과 혼인생활을 시작하였다. 원고 부부는 인천 서구 (주소 생략) ○○○○호 8평 규모의 오피스텔에 거주하였는데, 바로 그 옆에 있는 1016호 오피스텔에서 소외 1의 모 소외 2가 거주하였다. 소외 2는 거주지 인근에서 24시간 편의점을 운영하였고, 소외 1은 그 편의점에서 일하고 소외 2에게서 많지 않은 월급을 받아 생활을 하였다. 원고는 시어머니 소외 2의 요구로 2016. 1.경부터 편의점에서 일했다. 편의점에 다른 직원을 고용하지 않고 가족 세 명이 번갈아 가며 일하는 방식이어서, 근무시간이 일정하지는 않았다. 원고는 일한 만큼 보수를 받기를 희망하였으나, 소외 2는 원고에게 전혀 보수를 지급하지 않았다. 원고는 2016. 2. 중순 무렵 임신을 하였으나 평소처럼 편의점에서 일했다. 원고는 임신 5주 4일째인 2016. 2. 25. 유산증후(질출혈)가 있어 소외 2와 함께 거주지에서 약 1.2km 거리에 위치한 □□□□병원까지 걸어가서 진료를 받았다. 당시 의사로부터 유산을 방지하기 위하여 안정과 휴식을 취해야 한다는 설명을 들었음에도, 소외 2는 원고에게 입원치료를 받도록 하지 아니한 채 다시 걸어서 귀가하도록 하였다. 원고는 그날 저녁에도 소외 2의 요구로 편의점에서 일하다가 다시 질출혈이 발생하였고, 다음 날 □□□□병원에서 유산하였다는 진단을 받았다. 그 후 원고는 약 1주일간 집에서 휴식을 취한 다음, 다시 평소처럼 편의점에서 일했다. 원고는 편의점에서 일했음에도 소외 2에게서 어떠한 보수도 받지 못하였고, 소외 1로부터 매월 고정적인 생활비를 지급받지도 못하였으며 매번 돈 쓸 일이 있을 때마다 소외 1에게서 신용카드를 받아 사용한 다음 즉시 반환하여야 하는 등 평소 자신이 임의로 쓸 수 있는 돈이 전혀 없는 것에 불만이 있어 자신이 직접 돈을 벌기 위하여, 소외 1과 소외 2의 허락을 받아 2016. 5. 말경부터 인삼면세점에 출근하여 일했다. 원고 없이 소외 2와 소외 1이 맞교대로 일하며 편의점을 운영하기가 힘들자, 소외 2는 원고에게 인삼면세점 근무를 그만두고 편의점에서 일하기를 종용하였다. 이에 원고가 2016. 7. 12. 소외 2에게 자신이 편의점에서 일할 경우 소외 1에 대한 급여와 원고에 대한 급여를 합하여 매월 부부에게 1,900,000원의 고정급여를 줄 것을 요구하였으나, 소외 2는 원고 부부에게 매월 1,500,000원의 급여를 주겠다고 제안하였고, 원고가 이를 거부하자, 소외 2는 원고에게 '편의점에서 일하지 않을 것이면 집에서 나가라, 이혼하라'고 큰소리를 쳤다. 그날 저녁 소외 1은 원고에게 '당분간 친척 언니 집에 가서 지내라'고 하면서 여행가방에 원고의 옷가지를 싸주었고, 다음 날 아침 원고를 친척 언니 집에 데려다주었는데, 원고가 집을 떠날 때 소외 2는 원고로부터 핸드폰을 빼앗았다. 그로부터 이틀 후인 2016. 7. 15. 소외 1은 인천출입국관리사무소에 '원고가 가출하여 소재불명이어서 신원보증을 철회한다'는 신고서를 작성하여 제출한 다음, 원고에게 소외 2의 뜻이라며 이혼을 요구하였다.
　원고는 변호사를 소송대리인으로 선임하여 2016. 7. 28. 소외 1을 상대로 인천가정법원에 이혼소송을 제기하였고, 소외 1도 변호사를 소송대리인으로 선임하여 응소하였다. 원고의 소송대리인은 소외 1의 소송대리인에게 '소외 1이 순순히 혼인파탄의 귀책사유를 인정하여 소송이 조기에 종결될 경우, 원고 승소 판결이 선고되더라도 소외 1로부터 실제 위자료나 소송비용은 받지 않겠다'는 취지의 제안을 하였고, 소외 1의 소송대리인은 이를 소외 1에게 전달하면서 패소할 경우 소외 1이 원고의 소송대리인 선임비용까지 물어내야 한다고 설명

하였다. 이에 소외 1은 자신의 소송대리인에게 자신의 책임을 인정하는 준비서면을 제출하도록 하였다. 인천가정법원은 원고가 제출한 각종 증거들에다가 소외 1이 자신의 책임을 인정하는 내용의 준비서면을 제출한 점을 종합하여, 원고가 소외 1과 시어머니의 부당대우로 유산하게 된 사실, 시어머니가 축출하여 집에서 나오게 된 사실, 소외 1은 그 후로 원고를 보살피지 않은 사실을 인정하고, 소외 1의 주된 귀책사유로 혼인관계가 파탄되었다고 판단하여, '원고와 소외 1은 이혼하고, 소외 1은 원고에게 위자료로 1,000,000원을 지급하라'는 내용의 판결을 선고하였고 그 판결은 쌍방이 항소하지 않아 그대로 확정되었다(인천가정법원 2017. 1. 25. 선고 2016드단 107561 판결, 이하 '이 사건 이혼확정판결'이라 한다).

원고가 2017. 5. 18. 피고(서울남부출입국·외국인사무소장)에게 결혼이민[F-6 (다)목] 체류자격 허가신청을 하자, 그 무렵 피고 소속의 공무원들은 원고와 소외 1을 면담하여 이혼 경위를 청취하는 방식으로 실태조사를 실시하였는데, 당시 소외 1은 '원고가 직장에 출근하는 문제로 소외 2와 갈등하다가 스스로 짐을 싸서 집을 나갔고, 이혼소송에서 원고의 변호사로부터 자신이 책임을 인정하지 않으면 원고가 한국에서 살 수 없다는 말을 듣고 자신의 책임을 인정하는 준비서면을 가정법원에 제출하였다'는 취지로 진술하였다. 이에 피고는 이 사건 이혼확정판결 자체에 의하더라도 소외 1에게 주된 귀책사유가 있다는 것일 뿐 전적인 귀책사유가 있는 것은 아니고, 실태조사에서의 소외 1의 진술에 의하면 이 사건 이혼확정판결의 판단 내용에도 신빙성이 떨어진다고 보아, 2017. 6. 20. 원고에 대하여 '소외 1에게 혼인파탄에 관한 전적인 귀책사유가 없다'는 이유로 이 사건 거부처분을 하였다. 이에 원고는 이 사건 거부처분에 대한 취소소송을 제기하였다.

[판결요지]

[1] 결혼이민[F-6 (다)목] 체류자격을 신청한 외국인에 대하여 행정청이 그 요건을 충족하지 못하였다는 이유로 거부처분을 하는 경우, 처분사유 / 결혼이민[F-6 (다)목] 체류자격 거부처분 취소소송에서 위 처분사유에 관한 증명책임의 소재(=행정청)

결혼이민[F-6 (다)목] 체류자격을 신청한 외국인에 대하여 행정청이 그 요건을 충족하지 못하였다는 이유로 거부처분을 하는 경우에는 '그 요건을 갖추지 못하였다는 판단', 다시 말해 '혼인파탄의 주된 귀책사유가 국민인 배우자에게 있지 않다는 판단' 자체가 처분사유가 된다. 부부가 혼인파탄에 이르게 된 여러 사정들은 그와 같은 판단의 근거가 되는 기초 사실 내지 평가요소에 해당한다. 결혼이민[F-6 (다)목] 체류자격 거부처분 취소소송에서 원고와 피고 행정청은 각자 자신에게 유리한 평가요소들을 적극적으로 주장·증명하여야 하며, 수소법원은 증명된 평가요소들을 종합하여 혼인파탄의 주된 귀책사유가 누구에게 있는지를 판단하여야 한다. 수소법원이 '혼인파탄의 주된 귀책사유가 국민인 배우자에게 있다'고 판단하게 되는 경우에는, 해당 결혼이민[F-6 (다)목] 체류자격 거부처분은 위법하여 취소되어야 하므로, 이러한 의미에서 결혼이민[F-6 (다)목] 체류자격 거부처분 취소소송에서도 그 처분사유에 관한 증명책임은 피고 행정청에 있다. 일반적으로 혼인파탄의 귀책사유에 관한 사정들이 혼인관계 당사자의 지배영역에 있는 것이어서 피고 행정청이 구체적으로 파악하기 곤란한 반면, 혼인관계의 당사자인 원고는 상대적으로 쉽게 증명할 수 있는 측면이 있음을 고려하더라도 달리 볼 것은 아니다. 피고 행정청은 처분 전에 실태조사를 통해 혼인관계 쌍방 당사자의 진술을 청취하는 방식으로 혼인파탄의 귀책사유에 관한 사정들을 파악할 수 있고, 원고의 경우에도 한국의 제도나 문화에 대한 이해나 한국어 능력이 부족하여 평소 혼인파탄의 귀책사유에 관하여 자신에게 유리한 사정들을 증명할 수 있는 증거를 제대로 수집·확보하지 못한 상황에서 별거나 이혼을 하게 되는 경우가 있기 때문이다.

[2] 행정소송의 수소법원이 관련 확정판결에서 인정한 사실과 반대되는 사실을 인정할 수 있는지 여부(원칙적 소극) 및 출입국관리행정청이나 행정소송의 수소법원은 결혼이민[F-6 (다)목] 체류자격 부여에 관하여 가정법원이 이혼확정판결에서 내린 판단을 존중해야 하는지 여부(원칙적 적극)

행정소송의 수소법원이 관련 확정판결의 사실인정에 구속되는 것은 아니지만, 관련 확정판결에서 인정한 사실은 행정소송에서도 유력한 증거자료가 되므로, 행정소송에서 제출된 다른 증거들에 비추어 관련 확정판결의 사실 판단을 채용하기 어렵다고 인정되는 특별한 사정이 없는 한, 이와 반대되는 사실은 인정할 수 없다. 나아가 '혼인파탄의 주된 귀책사유가 누구에게 있는지'라는 문제는 우리의 사법제도에서 가정법원의 법관들에게 가장 전문적인 판단을 기대할 수 있으므로, 결혼이민[F-6 (다)목] 체류자격 부여에 관하여 출입국관리행정청이나 행정소송의 수소법원은 특별한 사정이 없는 한 가정법원이 이혼확정판결에서 내린 판단을 존중함이 마땅하다. 이혼소송에서 당사자들이 적극적으로 주장·증명하지 않아 이혼확정판결의 사실인정과 책임판단에서 누락된 사정이 일부 있더라도 그러한 사정만으로 이혼확정판결의 판단 내용을 함부로 뒤집으려고 해서는 안 되며, 이혼확정판결과 다른 내용의 판단을 하는 데에는 매우 신중해야 한다.

[참고판례]

❶ 행정청이 복수의 민간공원추진자로부터 공원조성계획 입안 제안을 받은 후 도시·군계획시설사업 시행자지정 및 협약체결 등을 위하여 순위를 정하여 그 제안을 받아들이거나 거부하는 행위 또는 특정 제안자를 우선협상자로 지정하는 행위의 효력을 다투는 소송에서, 법원은 행정청이 공원조성계획 입안 제안의 수용 여부를 결정하기 위하여 마련한 심사기준에 대한 행정청의 해석이 재량권을 일탈·남용하였는지 여부만을 심사하여야 하는지 여부(적극) 및 행정청의 심사기준에 대한 법원의 독자적인 해석을 근거로 그에 관한 행정청의 판단이 위법하다고 단정할 수 있는지 여부(소극) / 위 재량권 일탈·남용에 관한 증명책임의 소재(=행정행위의 효력을 다투는 사람)

도시공원 및 녹지 등에 관한 법률(이하 '공원녹지법'이라 한다) 제16조 제3항, 제4항, 제21조 제1항, 제21조의2 제1항, 제8항, 제12항의 내용과 취지, 공원녹지법령이 공원조성계획 입안 제안에 대한 심사기준 등에 대하여 특별한 규정을 두고 있지 않은 점, 쾌적한 도시환경을 조성하여 건전하고 문화적인 도시생활을 확보하고 공공의 복리를 증진시키는 데 이바지하기 위한 공원녹지법의 목적 등을 종합하여 볼 때, 행정청이 복수의 민간공원추진자로부터 자기의 비용과 책임으로 공원을 조성하는 내용의 공원조성계획 입안 제안을 받은 후 도시·군계획시설사업 시행자지정 및 협약체결 등을 위하여 순위를 정하여 그 제안을 받아들이거나 거부하는 행위 또는 특정 제안자를 우선협상자로 지정하는 행위는 재량행위로 보아야 한다.

그리고 공원조성계획 입안 제안을 받은 행정청이 제안의 수용 여부를 결정하는 데 필요한 심사기준 등을 정하고 그에 따라 우선협상자를 지정하는 것은 원칙적으로 도시공원의 설치·관리권자인 시장 등의 자율적인 정책 판단에 맡겨진 폭넓은 재량에 속하는 사항이므로, 그 설정된 기준이 객관적으로 합리적이지 않다거나 타당하지 않다고 볼 만한 특별한 사정이 없는 이상 행정청의 의사는 가능한 한 존중되어야 하고, 심사기준을 마련한 행정청의 심사기준에 대한 해석 역시 문언의 한계를 벗어나거나, 객관적 합리성을 결여하였다는 등의 특별한 사정이 없는 한 존중되어야 한다.

따라서 법원은 해당 심사기준의 해석에 관한 독자적인 결론을 도출하지 않은 채로 그 기준에 대한 행정청의 해석이 객관적인 합리성을 결여하여 재량권을 일탈·남용하였는지 여부만을 심사하여야 하고, 행정청의 심사기준에 대한 법원의 독자적인 해석을 근거로 그에 관한 행정청의 판단이 위법하다고 쉽사리 단정하여서는 아니 된다. 한편 이러한 재량권 일탈·남용에 관하여는 그 행정행위의 효력을 다투는 사람이 주장·증명책임을 부담한다(대법원 2019. 1. 10. 선고 2017두43319 판결).

❷ 국가유공자 인정요건에 대한 증명책임(=국가유공자 등록신청인) 및 국가유공자 비해당결정의 처분사유에 대한 증명책임(=처분청)

국가유공자 인정 요건, 즉 공무수행으로 상이를 입었다는 점이나 그로 인한 신체장애의 정도가 법령에 정한 등급 이상에 해당한다는 점은 국가유공자 등록신청인이 증명할 책임이 있지만, 그 상이가 '불가피한 사유 없이 본인의 과실이나 본인의 과실이 경합된 사유로 입은 것'이라는 사정, 즉 지원대상자 요건에 해당한다는 사정은 국가유공자 등록신청에 대하여 지원대상자로 등록하는 처분을 하는 처분청이 증명책임을 진다고 보아야 한다. 이러한 점과 더불어 공무수행으로 상이를 입었는지 여부와 그 상이가 불가피한 사유 없이 본인의 과실이나 본인의 과실이 경합된 사유로 입은 것인지 여부는 처분의 상대방의 입장에서 볼 때 방어권 행사의 대상과 방법이 서로 다른 별개의 사실이고, 그에 대한 방어권을 어떻게 행사하는지 등에 따라 국가유공자에 해당하는지 지원대상자에 해당하는지에 관한 판단이 달라져 법령상 서로 다른 처우를 받을 수 있는 점 등을 종합해 보면, 같은 국가유공자 비해당결정이라도 그 사유가 공무수행과 상이 사이에 인과관계가 없다는 것과 본인 과실이 경합되어 있어 지원대상자에 해당할 뿐이라는 것은 기본적 사실관계의 동일성이 없다고 보아야 한다. 따라서 처분청이 공무수행과 사이에 인과관계가 없다는 이유로 국가유공자 비해당결정을 한 데 대하여 법원이 그 인과관계의 존재는 인정하면서 직권으로 본인 과실이 경합된 사유가 있다는 이유로 그 처분이 정당하다고 판단하는 것은 행정소송법이 허용하는 직권심사주의의 한계를 벗어난 것으로서 위법하다(대법원 2013. 8. 22. 선고 2011두26589 판결).

❸ 요양기관 등이 서류제출명령의 대상인 급여 관계 서류를 생성·작성하였다고 볼 만한 사정에 대해 증명했다면, 급여 관계 서류가 폐기되었다는 사정은 이를 주장하는 측인 요양기관 등이 증명하여야 한다

구 국민건강보험법과 의료급여법은 요양기관 내지 의료급여기관(이하 '요양기관 등'이라 한다)의 서류제출명령에 응할 의무와 서류보존의무를 별도로 규정하면서 각각의 위반 정도를 달리 보고 있다. 따라서 구 국민건강보험법의 제97조 제2항, 제98조 제1항 제2호, 제116조, 의료급여법 제28조 제1항 제3호, 제32조 제2항, 제35조 제5항의 내용, 체계와 함께 서류제출명령의 실효성 제고 등을 위한 구 국민건강보험법 및 의료급여법의 입법 취지 등을 종합하면, 요양기관 등이 이미 서류보존의무를 위반하여 요양·약제의 지급 등 보험급여 내지 진료·약제의 지급 등 의료급여에 관한 서류(이하 '급여 관계 서류'라 한다)를 보존하고 있지 않음을 이유로 서류제출명령에 응할 수 없는 경우에는 처분청이 요양기관 등에 서류제출명령 불이행을 이유로 제재를 할 수 없음이 원칙이지만, 요양기관 등이 서류제출명령을 받을 것을 예상하였거나 실제 서류제출명령이 부과되었음에도 이를 회피할 의도에서 급여 관계 서류를 폐기하는 경우에는 처분청이 요양기관 등에 서류제출명령 불이행을 이유로 제재처분을 부과할 수 있다고 보는 것이 타당하다.

한편 항고소송에서 해당 처분의 적법성에 대한 증명책임은 원칙적으로 처분의 적법을 주장하는 처분청에 있지만, 처분청이 주장하는 해당 처분의 적법성에 관하여 합리적으로 수긍할 수 있는 정도로 증명이 있는 경우에는 그 처분은 정당하고, 이와 상반되는 예외적인 사정에 대한 주장과 증명은 상대방에게 책임이 돌아간다. 따라서 급여 관계 서류의 보존행위가 요양기관 등의 지배영역 안에 있고, 요양기관 등이 서류보존의무기간 내에 이를 임의로 폐기하는 것 자체가 이례적이라는 사실에 비추어 볼 때, 요양기관 등이 서류제출명령의 대상인 급여 관계 서류를 생성·작성하였다고 볼 만한 사정에 대해 처분청이 합리적으로 수긍할 수 있는 정도로 증명했다면, 처분청의 서류제출명령과 무관하게 급여 관계 서류가 폐기되었다는 사정은 이를 주장하는 측인 요양기관 등이 증명하여야 한다(대법원 2023. 12. 21. 선고 2023두42904 판결).

관악로지하보도 설치공사 사건

□ 대법원 1999. 3. 9. 선고 98두18565 판결

[사실관계]

원고 甲은 1997. 4. 1. 乙(관악구청장)이 발주한 관악로지하보도설치공사를 수주하여 위 공사를 시공하던 중, 甲의 당시 대표이사가 같은 달 24. 乙 산하 재무과 계약담당 주임에게 기성금의 조속한 지급 등 각종 편의를 제공하여 달라면서 금 3천만원을 뇌물로 공여한 혐의로 같은 해 9. 25. 서울지방법원에서 벌금 1천만원을 선고받았고 형이 확정되었다. 그런데, 乙이 1997. 12. 30. 위 대표이사의 위 뇌물공여를 이유로 하여, 계약의 수행 중 뇌물수수 등이 있는 경우를 계약의 해지사유로 규정하고 있는 공사계약일반조건 제44조 제1항 제5호에 의하여, 甲에게 위 공사계약의 해지를 통보하고, 연대보증인인 건설회사로 하여금 나머지 공사를 시공하게 함에 따라 甲은 부득이 위 공사를 이행하지 못하였다.

한편 乙은 甲에 대하여 이와는 별도로 1998. 5. 20. 甲이 乙로부터 관악로지하보도설치공사를 도급받고서도 정당한 이유 없이 그 계약을 이행하지 아니하였다는 사유로 지방재정법 제63조에 따라 국가를 당사자로 하는 계약에 관한 법률 제27조 제1항, 같은법시행령 제76조 제1항 제6호를 적용하여 甲에게 1998. 5. 21.부터 같은 해 11. 20.까지 6월간 입찰참가자격을 제한하는 내용의 이 사건 부정당업자제재처분을 내렸고, 이에 대해 甲은 취소소송을 제기하였다.

[판결요지]

[1] 항고소송에서 당초의 처분 사유와 기본적 사실관계의 동일성이 없는 별개의 사실을 처분사유로 주장할 수 있는지 여부(소극) 및 그 기본적 사실관계의 동일성 유무의 판단 기준

행정처분의 취소를 구하는 항고소송에 있어서는 실질적 법치주의와 행정처분의 상대방인 국민에 대한 신뢰보호라는 견지에서 처분청은 당초처분의 근거로 삼은 사유와 기본적 사실관계가 동일성이 있다고 인정되는 한도 내에서만 다른 사유를 추가하거나 변경할 수 있을 뿐, 기본적 사실관계와 동일성이 인정되지 않는 별개의 사실을 들어 처분사유로 주장함은 허용되지 아니하고, 여기서 기본적 사실관계의 동일성 유무는 처분사유를 법률적으로 평가하기 이전의 구체적인 사실에 착안하여 그 기초가 되는 사회적 사실관계가 기본적인 점에서 동일한지 여부에 따라 결정된다.

[2] 입찰참가자격을 제한시킨 당초의 처분 사유인 정당한 이유 없이 계약을 이행하지 않은 사실과 항고소송에서 새로 주장한 계약의 이행과 관련하여 관계 공무원에게 뇌물을 준 사실은 기본적 사실관계의 동일성이 없다고 한 사례.

[3] 법원이 직권으로 사정판결을 할 수 있는지 여부(적극) 및 사정판결을 하기 위한 요건인 현저히 공공복리에 적합하지 아니한지 여부의 판단 기준

행정처분이 위법한 경우에는 이를 취소하는 것이 원칙이나, 예외적으로 그 위법한 처분을 취소·변경하는 것이 도리어 현저히 공공복리에 적합하지 아니하는 경우에는 그 취소를 허용하지 아니하는 사정판결을 할 수 있다. 이러한 사정판결은 당사자의 명백한 주장이 없는 경우에도 기록에 나타난 여러 사정을 기초로 직권으로 할 수 있는 것이나, 그 요건인 현저히 공공복리에 적합하지 아니한지 여부는 위법한 행정처분을 취

소·변경하여야 할 필요와 그 취소·변경으로 인하여 발생할 수 있는 공공복리에 반하는 사태 등을 비교·교량하여 판단하여야 한다.

[4] 계약이행과 관련하여 관계 공무원에게 뇌물을 준 업체에 대한 입찰참가자격제한처분을 취소하는 것이 현저히 공공복리에 적합하지 아니한 경우에 해당하지 않는다고 본 사례.

[관련판례]

❶ 항고소송에서 행정청이 처분의 근거 사유를 추가하거나 변경하기 위한 요건인 '기본적 사실관계의 동일성'은 행정심판 단계에서도 적용된다.

행정처분의 취소를 구하는 항고소송에서 처분청은 당초 처분의 근거로 삼은 사유와 기본적 사실관계가 동일성이 있다고 인정되는 한도 내에서만 다른 사유를 추가 또는 변경할 수 있고, 이러한 기본적 사실관계의 동일성 유무는 처분사유를 법률적으로 평가하기 이전의 구체적 사실에 착안하여 그 기초인 사회적 사실관계가 기본적인 점에서 동일한지에 따라 결정되므로, 추가 또는 변경된 사유가 처분 당시에 이미 존재하고 있었다거나 당사자가 그 사실을 알고 있었다고 하여 당초의 처분사유와 동일성이 있다고 할 수 없다. 그리고 이러한 법리는 행정심판 단계에서도 그대로 적용된다(대법원 2014. 5. 16. 선고 2013두26118 판결).

❷ 처분청 내부의 자율적 시정절차(이른바 이의신청)의 경우에는 기본적 사실관계의 동일성이 인정되지 않는 사유라도 처분사유로 추가·변경할 수 있다.

산업재해보상보험법 규정의 내용, 형식 및 취지 등에 비추어 보면, 산업재해보상보험법상 심사청구에 관한 절차는 보험급여 등에 관한 처분을 한 근로복지공단으로 하여금 스스로의 심사를 통하여 당해 처분의 적법성과 합목적성을 확보하도록 하는 근로복지공단 내부의 시정절차에 해당한다고 보아야 한다. 따라서 처분청이 스스로 당해 처분의 적법성과 합목적성을 확보하고자 행하는 자신의 내부 시정절차에서는 당초 처분의 근거로 삼은 사유와 기본적 사실관계의 동일성이 인정되지 않는 사유라고 하더라도 이를 처분의 적법성과 합목적성을 뒷받침하는 처분사유로 추가·변경할 수 있다고 보는 것이 타당하다(대법원 2012. 9. 13. 선고 2012두3859 판결).

❸ 기본적 사실관계의 동일성을 긍정한 사례

① 행정처분이 적법한가의 여부는 특별한 사정이 없는 한 처분당시의 사유를 기준으로 판단하면 되는 것이고 처분청이 처분당시에 적시한 구체적 사실을 변경하지 아니하는 범위 내에서 단지 그 처분의 근거법령만을 추가변경하는 것은 새로운 처분사유의 추가라고 볼 수 없으므로 이와 같은 경우에는 처분청이 처분당시에 적시한 구체적 사실에 대하여 처분후에 추가변경한 법령을 적용하여 그 처분의 적법여부를 판단하여도 무방하다 할 것이다. 따라서 원심이 피고가 교통사고로 개인택시 운송사업면허의 기본요건인 자동차면허가 취소되었음을 이유로 원고에 대한 이 사건 개인택시 운송사업면허취소처분을 하면서 처음에는 그것이 자동차운수사업법 제31조 제1항 제3호 소정의 면허취소사유에 해당한다고 보아 같은 법조를 적용하였다가 이 사건 소제기에 즈음하여 그 구체적 사실을 변경하지 아니하는 범위내에서 적용법조만을 같은 법 제31조와 같은 법시행규칙 제15조로 바꾸어 원고에게 통고한 사실을 확정한 다음 위와 같은 취지에서 이는 단순한 법령적용의 오류를 정정한 것일뿐 그에 의하여 취소사유를 달리하는 것은 아니라고 판시하고 나서 처분당시에 적시한 구체적 사실인 원고의 자동차운전면허가 취소된 점에 관하여 피고가 처분후에 추가로 통고한 근거법령인 자동차운수사업법 제31조 제1항 제1호 또

는 제4호를 적용하여 그 처분의 적법여부를 판단한 것은 정당하다(대법원 1987. 12. 8. 선고 87누632 판결).

② 주택신축을 위한 산림형질변경허가신청에 대하여 행정청이 거부처분을 하면서 당초 거부처분의 근거로 삼은 준농림지역에서의 행위제한이라는 사유와 나중에 거부처분의 근거로 추가한 자연경관 및 생태계의 교란, 국토 및 자연의 유지와 환경보전 등 중대한 공익상의 필요라는 사유는 그 내용이 모두 이 사건 임야가 준농림지역에 위치하고 있다는 점을 공통으로 하고 있을 뿐 아니라 그 취지 또한 자연환경의 보전을 위하여 개발행위를 제한할 필요가 있어서 산림형질변경을 불허한다는 것으로서 기본적 사실관계에 있어서 동일성이 인정된다(대법원 2004. 11. 26. 선고 2004두4482 판결).

③ 토지형질변경 불허가처분의 당초의 처분사유인 국립공원에 인접한 미개발지의 합리적인 이용대책 수립시까지 그 허가를 유보한다는 사유와 그 처분의 취소소송에서 추가하여 주장한 처분사유인 국립공원 주변의 환경·풍치·미관 등을 크게 손상시킬 우려가 있으므로 공공목적상 원형유지의 필요가 있는 곳으로서 형질변경허가 금지 대상이라는 사유는, 그 내용이 모두 이 사건 신청지가 북한산국립공원에 인접하여 있다는 점을 공통으로 하고 있을 뿐만 아니라 그 취지도 도시환경의 보전 등 중대한 공익상의 필요가 있어 형질변경을 불허한다는 것으로서, 당초 이 사건 처분의 근거로 삼은 사유와 변경된 처분사유는 기본적 사실관계에 있어서 동일성이 인정된다(대법원 2001. 9. 28. 선고 2000두8684 판결).

④ 피고가 그 정보공개거부처분의 당초 처분사유 근거로 내세운 검찰보존사무규칙 제20조는 재판확정기록의 열람·등사를 피고인이었던 자에게만 일반적으로 허용하고, 나머지 사건 관계자들(고소인·고발인·피해자 및 참고인 또는 증인으로 진술한 자)에 대하여는 본인의 진술이 기재되거나 본인이 제출한 서류 등에 대하여만 열람·등사를 허용하는 내용으로서, 전체적으로 보아 특정인을 식별할 수 있는 개인에 관한 정보를 본인 이외의 자에게 공개하지 아니하겠다는 취지이므로, 결국 원고가 위 규칙 제20조에 해당하는 자가 아니라는 당초의 처분사유는 정보공개법 제7조 제1항 제6호의 사유와 그 기초적 사실관계를 같이 한다(대법원 2003. 12. 11. 선고 2003두8395 판결).

⑤ 과세관청이 과세대상 소득에 대하여 이자소득이 아니라 대금업에 의한 사업소득에 해당한다고 처분사유를 변경한 것은 처분의 동일성이 유지되는 범위 내에서의 처분사유 변경에 해당하여 허용되며, 또 그 처분사유의 변경이 국세부과의 제척기간이 경과한 후에 이루어졌는지 여부에 관계없이 국세부과의 제척기간이 경과되었는지 여부는 당초의 처분시를 기준으로 판단하여야 한다고 한 사례(대법원 2002. 3. 12. 선고 2000두2181 판결).

⑥ 이 사건 입찰에 참가하지 않거나 참가하여 낙찰되더라도 계약체결을 하지 않기로 합의하고, 위 합의에 따라 피고가 2005. 4. 2. 및 2005. 4. 13. 실시한 이 사건 입찰에 참가하지 않거나 소외 2 합자회사만 단독으로 응찰하여 이 사건 입찰이 모두 유찰된 사실 등 그 판시와 같은 사실을 인정한 다음, 피고가 원심 심리 중에 당초의 처분사유인 국가를 당사자로 하는 계약에 관한 법률(이하 '국가계약법'이라 한다) 시행령 제76조 제1항 제12호 소정의 '담합을 주도하거나 담합하여 입찰을 방해하였다'는 것으로부터 같은 항 제7호 소정의 '특정인의 낙찰을 위하여 담합한 자'로 이 사건 처분의 사유를 변경한 것은, 그 변경 전후에 있어서 같은 행위에 대한 법률적 평가만 달리하는 것일 뿐 기본적 사실관계를 같이 하는 것이므로 허용된다(대법원 2008. 2. 28. 선고 2007두13791 판결).

❹ 기본적 사실관계의 동일성을 부정한 사례

① 피고는 이 사건 주류면허에 붙은 지정조건 제6호에 따라 원고의 무자료 주류 판매 및 위장거래 금액이

부가가치세 과세기간별 총 주류판매액의 100분의 20 이상에 해당한다는 이유로 피고에게 유보된 취소권을 행사하여 위 면허를 취소하였음이 분명한바, 피고가 이 사건 소송에서 위 면허의 취소사유로 새로 내세우고 있는 위 지정조건 제2호 소정의 무면허 판매업자에게 주류를 판매한 때 해당한다는 것은 피고가 당초 위 면허취소처분의 근거로 삼은 사유와 기본적 사실관계가 다른 사유이므로 피고는 이와 같은 사유를 위 면허취소처분의 근거로 주장할 수 없다(대법원 1996. 9. 6. 선고 96누7427 판결).

② 공공기관의 정보공개에 관한 법률 제7조 제1항에 있어서 제4호의 위 정보를 비공개대상정보로 하고 있는 것은 범죄의 일방예방 및 특별예방, 원활한 수사 및 교정행정의 원활성을 보호하고자 함에, 제5호의 위 의사결정과정 또는 내부검토과정에 있는 사항 등을 비공개대상정보로 하고 있는 것은 공개로 인하여 공공기관의 의사결정이 왜곡되거나 외부의 부당한 영향과 압력을 받을 가능성을 차단하여 중립적이고 공정한 의사결정이 이루어지도록 하고자 함에, 제6호의 개인식별정보를 비공개대상정보로 하고 있는 것은 개인의 사생활의 비밀과 자유의 존중 및 개인의 자신에 대한 정보통제권을 보장하는 등 정보공개로 인하여 발생할 수 있는 제3자의 법익침해를 방지하고자 함에 각 그 취지가 있어 그 각 정보를 비공개대상정보로 한 근거와 입법취지가 다른 점 등 여러 사정을 합목적적으로 고려하여 보면, 피고가 처분사유로 추가한 법 제7조 제1항 제5호의 사유와 당초의 처분사유인 같은 항 제4호 및 제6호의 사유는 기본적 사실관계가 동일하다고 할 수 없다(대법원 2003. 12. 11. 선고 2001두8827 판결).

③ 원고의 이 사건 토석채취허가신청에 대하여 피고는 인근주민들의 동의서를 제출하지 아니하였음을 이유로 이를 반려하였음이 분명하고 피고가 이 사건 소송에서 위 반려사유로 새로이 추가하는 처분사유는 이 사건 허가신청지역은 전남 나주군 문평면에 소재한 백용산의 일부로서 토석채취를 하게 되면 자연경관이 심히 훼손되고 암반의 발파시 생기는 소음, 토석운반차량의 통행시 일어나는 소음, 먼지의 발생, 토석채취장에서 흘러 내리는 토사가 부근의 농경지를 매몰할 우려가 있는 등 공익에 미치는 영향이 지대하고 이는 산림내토석채취사무취급요령 제11조 소정의 제한사유에도 해당되기 때문에 위 반려처분이 적법하다는 것인 바, 이는 피고가 당초 위 반려처분의 근거로 삼은 사유와는 그 기본적 사실관계에 있어서 동일성이 인정되지 아니하는 별개의 사유라고 할 것이므로 피고는 이와 같은 사유를 이 사건 반려처분의 근거로 추가할 수 없다고 보아야 할 것이다(대법원 1992. 8. 18. 선고 91누3659 판결).

④ 경제개혁연대와 소속 연구원 갑이 금융위원회위원장 등에게 금융위원회의 론스타에 대한 외환은행 발행주식의 동일인 주식보유한도 초과보유 승인과 론스타의 외환은행 발행주식 초과보유에 대한 반기별 적격성 심사와 관련된 정보 등의 공개를 청구하였으나, 금융위원회위원장 등이 현재 대법원에 재판 진행 중인 사안이 포함되어 있다는 이유로 공공기관의 정보공개에 관한 법률 제9조 제1항 제4호에 따라 공개를 거부한 사안에서, 금융위원회위원장 등이 위 정보가 대법원 재판과 별개 사건인 서울중앙지방법원에 진행 중인 재판에 관련된 정보에도 해당한다며 처분사유를 추가로 주장하는 것은 당초의 처분사유와 기본적 사실관계가 동일하다고 할 수 없는 사유를 추가하는 것이어서 허용될 수 없다고 본 원심판단을 정당하다고 한 사례(대법원 2011. 11. 24. 선고 2009두19021 판결).

⑤ 시외버스(공항버스) 운송사업을 하는 갑 주식회사가 청소년요금 할인에 따른 결손 보조금의 지원 대상이 아님에도 청소년 할인 보조금을 지급받음으로써 여객자동차 운수사업법 제51조 제3항에서 정한 '부정한 방법으로 보조금을 지급받은 경우'에 해당한다는 이유로 관할 시장이 보조금을 환수하고 구 경기도 여객자동차 운수사업 관리 조례 제18조 제4항을 근거로 보조금 지원 대상 제외처분을 하였다가 처분에 대한 취소소송에서 구 지방재정법 제32조의8 제7항(지방자치단체의 장은 제1항제1호부터 제3호까지의 어느 하나에 해당하여 지방보조금 교부결정이 취소된 자에 대해서는 5년의 범위에서 지방보조금 교부

를 제한할 수 있다)을 처분사유로 추가한 사안에서, 도 보조금 지원 대상에 관한 제외처분을 재량성의 유무 및 범위와 관련하여 위 조례 제18조 제4항은 기속행위로, 구 지방재정법 제32조의8 제7항은 재량행위로 각각 달리 규정하고 있는 점, 근거 법령의 추가를 통하여 위 제외처분의 성질이 기속행위에서 재량행위로 변경되고, 그로 인하여 위법사유와 당사자들의 공격방어방법 내용, 법원의 사법심사방식 등이 달라지며, 특히 종래의 법 위반 사실뿐만 아니라 처분의 적정성을 확보하기 위한 양정사실까지 새로 고려되어야 하므로, 당초 처분사유와 소송 과정에서 시장이 추가한 처분사유는 기초가 되는 사회적 사실관계의 동일성이 인정되지 않는 점, 시장이 소송 도중에 위와 같이 제외처분의 근거 법령으로 위 조례 제18조 제4항 외에 구 지방재정법 제32조의8 제7항을 추가하는 것은 갑 회사의 방어권을 침해하는 것으로 볼 수 있는 점을 종합하면, 관할 시장이 처분의 근거 법령을 추가한 것은 기본적 사실관계의 동일성이 인정되지 않는 별개의 사실을 들어 주장하는 것으로서 처분사유 추가·변경이 허용되지 않는다(대법원 2023. 11. 30. 선고 2019두38465 판결).

기출문제

5급:일반행정09 A고등학교 교장인 甲은 소속 교사인 乙의 행실이 못마땅하고, 그 소속 단체인 교사 연구회에 대하여도 반감을 가지고 있던 중에 乙이 신청한 A학교시설의 개방 및 그 이용을 거부하였다. 그러자 평소 甲의 학교운영에 불만을 품고 있던 乙은 학교장 甲의 업무추진비 세부항목별 집행내역 및 그에 관한 증빙서류에 대하여 정보공개를 청구하였다. 이에 甲은 청구된 정보의 내용중에는 개인의 사생활의 비밀 또는 자유를 침해할 우려가 있는 정보가 포함되어 있다는 것을 이유로 乙의 청구에 대하여 비공개 결정하였다.
2) 甲의 비공개결정에 대하여 乙이 취소소송을 제기하여 다투고 있던 중, 甲은 위 사유 이외에 학교장의 업무추진비에 관한 정보 중에는 법인·단체의 경영상의 비밀이 포함되어 있다는 것을 비공개결정 사유로 추가하려고 한다. 그 허용 여부에 대하여 검토하시오. **(15점)** - 처분사유의 추가변경

5급18 (중략) 乙시장은 甲의 입목벌채허가신청이 관계 법령이 정하는 허가요건을 모두 갖추었음을 이유로 입목벌채허가를 하였다. 다음 물음에 답하시오.
2) A사찰 신도들의 민원이 계속되자 乙시장은 민원을 이유로 甲에 대한 입목벌채허가를 취소하였고, 이에 대해 甲은 입목벌채허가취소처분 취소소송을 제기하였다. 乙시장은 취소소송 계속 중에 A사찰이 유서가 깊은 사찰로 보존가치가 높고 사찰 인근의 산림이 수려하여 보호의 필요가 있다는 처분사유를 추가하였다. 이러한 처분사유의 추가가 허용되는가? **(15점)** - 처분사유의 추가변경

변시23 법무부장관이 甲에 대하여 업무정지명령을 할 당시 甲은 위 특정범죄가중처벌등에관한법률위반(도주치상)죄뿐만 아니라 무고죄로도 공소제기되어 있었는데, 위 업무정지명령 처분서에는 특정범죄가중처벌등에관한법률위반(도주치상)죄로 공소제기된 사실만 적시되어 있었다. 법무부장관은 甲이 제기한 업무정지명령에 대한 취소소송이 진행되던 중에 위 처분사유만으로는 부족하다고 판단하고, '甲이 현재 무고죄로 공소제기되어 있다'는 처분사유를 추가하고자 한다. 이러한 처분사유의 추가가 허용되는지 판단하시오. **(15점)** -처분사유의 추가변경

사실상의 도로에 대한 건축신고반려 사건

□ 대법원 2019. 10. 31. 선고 2017두74320 판결

[사실관계]

분할 전 서울 동대문구 (주소 2 생략) 대 566㎡ 토지는 원래 동일인이 소유하였는데, 1975. 3. 21. ① (주소 2 생략) 대 132㎡, ② (주소 3 생략) 대 136㎡, ③ (주소 1 생략) 대 126㎡(이 사건 토지), ④ (주소 4 생략) 대 172㎡로 분할되었고, 그 무렵 ①, ②, ④토지는 양도되어 양수인이 각자 건축허가를 받아 그 지상에 단독주택을 건축하였으며, 그 무렵부터 이 사건 토지는 '사실상 도로'로서 인근 주민들의 통행로로 이용되어 왔으며, 이 사건 토지의 지하에는 하수관로가 매설되어 있다. 원고는 이러한 이 사건 토지의 이용상황을 알면서도 이 사건 토지를 매수한 다음, 2016. 8. 4. 이 사건 토지에 2층 규모의 주택을 신축하겠다는 내용의 건축신고서를 제출하였다. 이 사건 토지에 원고의 건축계획대로 주택을 건축하는 경우 ②토지는 공로로 출입할 수 있는 통행로가 사라져 맹지가 되고, ①토지는 맹지가 되는 것은 아니지만 그 지상 주차장으로 자동차가 출입할 수 없게 되며, ④토지는 맹지가 되는 것은 아니지만 그 지상 건물의 보조출입문을 출입할 수 없게 된다.

이에 피고(동대문구청장)는 2016. 8. 19. 원고에 대하여 '이 사건 토지는 건축법상 도로에 해당하여 건축을 허용할 수 없다'는 사유로 건축신고수리 거부처분을 하였다(이하 '이 사건 처분'이라고 한다).

이에 원고는 이 사건 처분에 대한 취소소송을 제기했고, 제1심법원이 이 사건 토지를 건축법상 도로에 해당하지 않는다는 이유로 원고의 청구를 인용하는 판결을 선고하자, 피고는 항소하여 '이 사건 토지는 1975년 분필된 후로 인근 주민들의 통행에 제공된 사실상의 도로인데, 원고가 이 사건 토지에 주택을 건축하여 인근 주민들의 통행을 막는 것은 사회공동체와 인근 주민들의 이익에 반하므로 원고의 주택 건축은 허용되어서는 안 되며, 따라서 이 사건 처분은 공익에 부합하는 적법한 처분이라고 보아야 하고, 원고의 건축신고나 이 사건 행정소송 제기는 권리남용이라고 보아야 한다'는 주장을 추가하였다.

[판결요지]

[1] 건축신고가 건축법 등 관계 법령에서 정하는 명시적인 제한에 배치되지 않지만, 건축을 허용하지 않아야 할 중대한 공익상 필요가 있는 경우, 건축허가권자가 건축신고의 수리를 거부할 수 있는지 여부(적극)

건축허가권자는 건축신고가 건축법, 국토의 계획 및 이용에 관한 법률 등 관계 법령에서 정하는 명시적인 제한에 배치되지 않는 경우에도 건축을 허용하지 않아야 할 중대한 공익상 필요가 있는 경우에는 건축신고의 수리를 거부할 수 있다.

[2] 갑이 '사실상의 도로'로서 인근 주민들의 통행로로 이용되고 있는 토지를 매수한 다음 2층 규모의 주택을 신축하겠다는 내용의 건축신고서를 제출하였으나, 구청장이 '위 토지가 건축법상 도로에 해당하여 건축을 허용할 수 없다'는 사유로 건축신고수리 거부처분을 하자 갑이 처분의 취소를 구하는 소송을 제기하였는데, 1심법원이 위 토지가 건축법상 도로에 해당하지 않는다는 이유로 갑의 청구를 인용하는 판결을 선고하자 구청장이 항소하여 '위 토지가 인근 주민들의 통행에 제공된 사실상의 도로인데, 주택을 건축하여 주민들의 통행을 막는 것은 사회공동체와 인근 주민들의 이익에 반하므로 갑의 주택 건축을 허용할 수 없다'는 주장을 추가한 사안에서, 구청장이 원심에서 추가한 처분사유는 당초 처분사유와 기본적 사실관계가 동일하고, 정당하여 결과적으로 위 처분이 적법한 것으로 볼 여지가

있다고 한 사례.

갑이 '사실상의 도로'로서 인근 주민들의 통행로로 이용되고 있는 토지를 매수한 다음 2층 규모의 주택을 신축하겠다는 내용의 건축신고서를 제출하였으나, 구청장이 '위 토지가 건축법상 도로에 해당하여 건축을 허용할 수 없다'는 사유로 건축신고수리 거부처분을 하자 갑이 처분에 대한 취소를 구하는 소송을 제기하였는데, 1심법원이 위 토지가 건축법상 도로에 해당하지 않는다는 이유로 갑의 청구를 인용하는 판결을 선고하자 구청장이 항소하여 '위 토지가 인근 주민들의 통행에 제공된 사실상의 도로인데, 주택을 건축하여 주민들의 통행을 막는 것은 사회공동체와 인근 주민들의 이익에 반하므로 갑의 주택 건축을 허용할 수 없다'는 주장을 추가한 사안에서, 당초 처분사유와 구청장이 원심에서 추가로 주장한 처분사유는 위 토지상의 사실상 도로의 법적 성질에 관한 평가를 다소 달리하는 것일 뿐, 모두 토지의 이용현황이 '도로'이므로 거기에 주택을 신축하는 것은 허용될 수 없다는 것이므로 기본적 사실관계의 동일성이 인정되고, 위 토지에 건물이 신축됨으로써 인근 주민들의 통행을 막지 않도록 하여야 할 중대한 공익상 필요가 인정되고 이러한 공익적 요청이 갑의 재산권 행사보다 훨씬 중요하므로, 구청장이 원심에서 추가한 처분사유는 정당하여 결과적으로 위 처분이 적법한 것으로 볼 여지가 있음에도 이와 달리 본 원심판단에 법리를 오해한 잘못이 있다고 한 사례.

컨테이너에 대한 원상복구명령 사건

□ 대법원 2021. 7. 29. 선고 2021두34756 판결

[사실관계]

원고들은 2019. 4.경부터 이 사건 부지 지상에 이 사건 컨테이너를 설치하여 일부는 사무실, 식당, 화장실로 사용하고, 나머지는 창고로 임대하기 시작하였다. 피고(하남시장)는 2019. 4. 29. 원고들에 대하여 건축허가를 받지 아니하고 이 사건 컨테이너를 설치한 것이 구 건축법 제11조 위반이라는 이유로 원상복구의 시정명령을 할 것임을 사전통지하면서 의견이 있을 경우 2019. 5. 14.까지 제출할 것을 통보하였다. 원고들은 2019. 5. 14. 피고에게 이 사건 컨테이너 중 창고로 이용되는 부분은 불법시설물로 볼 수 없으므로 다시 한번 검토해줄 것을 요청하면서, 이 사건 컨테이너 중 사무실, 식당, 화장실로 이용되는 부분은 2019. 6. 30.까지 원상복구하고 증빙자료를 제출하겠다는 의견을 제출하였다.

피고는 2019. 5. 20. 원고들에게 이 사건 컨테이너가 건축법 제2조 제1항 제2호의 건축물에 해당함에도 같은 법 제11조에 따른 건축허가를 받지 아니하고 이를 건축하였다는 이유로 건축법 제79조에 근거하여 원상복구를 명하면서, 만약 위 기한 내에 원상복구를 하지 않을 경우에는 행정대집행을 통하여 이 사건 컨테이너를 철거할 것임을 계고하였다(이하 '이 사건 처분'이라고 한다).

원고들은 2019. 6. 10. 피고에게 이 사건 부지 지상에 이 사건 컨테이너를 축조하는 내용의 가설건축물 축조신고를 하였다. 그러나 피고는 2019. 6. 25. 원고들에게 이 사건 컨테이너는 건축법 제2조 제1항 제2호에 따른 건축물에 해당하므로 건축법 제11조에 따른 건축허가를 받아야 한다는 등의 이유로 위 축조신고를 반려하였다.

[판결요지]

[1] 처분청이 처분 당시 적시한 구체적 사실을 변경하지 않는 범위 내에서 처분의 근거 법령만을 추가·변경하는 것에 불과한 경우, 행정청이 처분 당시 적시한 구체적 사실에 대하여 처분 후에 추가·변경한 법령을 적용하여 처분의 적법 여부를 판단할 수 있는지 여부(적극) 및 처분의 근거 법령을 변경하는 것이 허용되지 않는 경우

처분청이 처분 당시에 적시한 구체적 사실을 변경하지 아니하는 범위 내에서 단지 그 처분의 근거 법령만을 추가·변경하는 것에 불과한 경우에는 새로운 처분사유의 추가라고 볼 수 없으므로 행정청이 처분 당시에 적시한 구체적 사실에 대하여 처분 후에 추가·변경한 법령을 적용하여 그 처분의 적법 여부를 판단할 수 있다. 그러나 처분의 근거 법령을 변경하는 것이 종전 처분과 동일성을 인정할 수 없는 별개의 처분을 하는 것과 다름없는 경우에는 허용될 수 없다.

[2] 기본적 사실관계의 동일성이 인정되지 않는 별개의 사실을 들어 처분사유로 주장하는 것이 허용되지 않는다고 해석하는 이유와 취지

기본적 사실관계의 동일성이 인정되지 않는 별개의 사실을 들어 처분사유로 주장하는 것이 허용되지 않는다고 해석하는 이유는 행정처분의 상대방의 방어권을 보장함으로써 실질적 법치주의를 구현하고 행정처분의 상대방에 대한 신뢰를 보호하고자 함에 그 취지가 있다.

[3] 컨테이너를 설치하여 사무실 등으로 사용하는 갑 등에게 관할 시장이 건축법 제2조 제1항 제2호의 건축물에 해당함에도 같은 법 제11조의 따른 건축허가를 받지 않고 건축하였다는 이유로 원상복구명령 및 계고처분을 하였다가 이에 대한 취소소송에서 같은 법 제20조 제3항 위반을 처분사유로 추가한 사안에서, <u>당초 처분사유인 '건축법 제11조 위반'과 추가한 추가사유인 '건축법 제20조 제3항 위반'은 위반행위의 내용이 다르고 위법상태를 해소하기 위하여 거쳐야 하는 절차, 건축기준 및 허용가능성이 달라지므로 그 기초인 사회적 사실관계가 동일하다고 볼 수 없어 처분사유의 추가·변경이 허용되지 않는다고 한 사례.</u>

한국퀄컴 사건

□ 대법원 2019. 1. 31. 선고 2013두14726 판결

[사실관계]

원고 퀄컴 인코포레이티드는 이동통신방식 중 (CDMA) 코드분할다중접속방식의 원천기술 소유자임과 동시에 이 기술을 이용하여 휴대폰 부품인 모뎀칩과 무선송수신칩(RF칩) 등을 제조·판매하는 미국회사이다. 원고 한국퀄컴 주식회사는 국내에서 CDMA 기술사용료와 관련한 서비스를 제공하는 회사이고, 원고 퀄컴씨디엠에이테크날러지코리아 유한회사는 원고 퀄컴이 제조한 모뎀칩과 RF칩 등의 국내 판매와 사후 서비스 제공과 관련된 업무를 수행하는 회사이다.

피고(공정거래위원회)는 원고들이 시장지배적 사업자 지위남용행위를 하였다는 이유로 독점규제 및 공정거래에 관한 법률 제3조의2 제1항 제3호, 제5호, 제5조, 제6조를 적용하여 원고들에게 시정명령과 과징금 납부명령을 하였다. 이에 원고는 시정명령 및 과징금 납부명령에 대한 취소소송을 제기하였다.

[판결요지]

공정거래위원회가 위반행위에 대한 과징금을 부과하면서 여러 개의 위반행위에 대하여 외형상 하나의 과징금 납부명령을 하였으나 여러 개의 위반행위 중 일부의 위반행위에 대한 과징금 부과만이 위법하고 소송상 그 일부의 위반행위를 기초로 한 과징금액을 산정할 수 있는 자료가 있는 경우에는, 하나의 과징금 납부명령일지라도 그 일부의 위반행위에 대한 과징금액에 해당하는 부분만을 취소하여야 한다.

[참고판례]

❶ 일부취소판결을 긍정한 사례

① 과세처분취소소송의 처분의 적법 여부는 과세액이 정당한 세액을 초과하느냐의 여부에 따라 판단되는 것으로서 당사자는 사실심 변론종결시까지 객관적인 조세채무액을 뒷받침하는 주장과 자료를 제출할 수 있고 이러한 자료에 의하여 적법하게 부과될 정당한 세액이 산출되는 때에는 그 정당한 세액을 초과하는 부분만 취소하여야 할 것이고 전부를 취소할 것이 아니다(대법원 2000. 6. 13. 선고 98두5811 판결).

② 법원이 행정기관의 정보공개거부처분의 위법 여부를 심리한 결과 공개를 거부한 정보에 비공개대상 정보에 해당하는 부분과 공개가 가능한 부분이 혼합되어 있고 공개청구의 취지에 어긋나지 아니하는 범위 안에서 두 부분을 분리할 수 있음을 인정할 수 있을 때에는 청구취지의 변경이 없더라도 공개가 가능한 정보에 관한 부분만의 일부취소를 명할 수 있다(대법원 2003. 10. 10. 선고 2003두7767 판결).

③ 국가유공자 등 예우 및 지원에 관한 법률 제4조 제1항 제6호, 제6조의3 제1항, 제6조의4 등 관련 법령의 해석상, 여러 개의 상이에 대한 국가유공자 요건 비해당결정처분에 대한 취소소송에서 그중 일부 상

이에 대해서만 국가유공자 요건이 인정될 경우에는 비해당결정처분 중 요건이 인정되는 상이에 대한 부분만을 취소하여야 하고, 비해당결정처분 전부를 취소할 것은 아니다(대법원 2016. 8. 30. 선고 2014두46034 판결).

❷ 일부취소판결을 부정한 사례

① 행정청이 영업정지처분을 함에 있어서 그 정지기간을 어느 정도로 할 것인지는 행정청의 재량권에 속하는 사항인 것이며, 다만 그것이 공익의 원칙이나 평등의 원칙 또는 비례의 원칙등에 위반하여 재량권의 한계를 벗어난 재량권 남용에 해당하는 경우에만 위법한 처분으로서 사법심사의 대상이 되는 것이나, 법원으로서는 영업정지처분이 재량권 남용이라고 판단될 때에는 위법한 처분으로서 그 처분의 취소를 명할 수 있을 뿐이고, 재량권의 한계내에서 어느 정도가 적정한 영업정지 기간인지를 가리는 일은 사법심사의 범위를 벗어난다(대법원 1982. 9. 28. 선고 82누2 판결).

② 자동차운수사업면허조건 등을 위반한 사업자에 대하여 행정청이 행정제재수단으로 사업 정지를 명할 것인지, 과징금을 부과할 것인지, 과징금을 부과키로 한다면 그 금액은 얼마로 할 것인지에 관하여 재량권이 부여되었다 할 것이므로 과징금부과처분이 법이 정한 한도액을 초과하여 위법할 경우 법원으로서는 그 전부를 취소할 수밖에 없고, 그 한도액을 초과한 부분이나 법원이 적정하다고 인정되는 부분을 초과한 부분만을 취소할 수 없다(대법원 1998. 4. 10. 선고 98두2270 판결).

기출문제

사시06 甲은 영리를 목적으로 2006. 5. 10. 22:00경 청소년인 남녀 2인을 혼숙하게 하였는데, 이에 대하여 관할 행정청은 청소년보호법 위반을 이유로 500만원의 과징금부과처분을 하였다. 그러자 甲은 적법한 제소요건을 갖추어 관할 법원에 위 부과처분이 위법하다고 주장하면서 과징금부과처분 취소소송을 제기하였다. 그런데 청소년보호법시행령 제40조 제2항 [별표7] 위반행위의 종별에 따른 과징금 부과기준 제9호는 "법 제26조의2 제8호의 규정에 위반하여 청소년에 대하여 이성혼숙을 하게 하는 등 풍기를 문란하게 하는 영업행위를 하거나 그를 목적으로 장소를 제공하는 행위를 한 때"에 대한 과징금액을 "위반 횟수마다 300만원"으로 규정하고 있다.

(3) 위 사안에서 관할 법원은 과징금부과처분이 위법하다고 인정하는 경우 일부취소판결을 할 수 있는가? **(10점)**
 - 일부취소판결

종합토지세부과 사건

□ 대법원 1998. 7. 24. 선고 98다10854 판결

[사실관계]

원고(한국관광공사)는 서귀포시장의 종합토지세부과처분의 취소를 구하는 소를 제기하였으나, 기각하는 판결이 확정되었다. 그 후 원고는 이 사건 과세처분이 무효라 하여 그 무효확인을 구하면서 아울러 그 처분이 무효임을 전제로 납부한 세금의 반환을 구하는 소를 서귀포시를 상대로 제기하였다.

[판결요지]

[1] 과세처분 취소소송에서 청구가 기각된 확정판결의 기판력이 과세처분 무효확인소송에 미치는지 여부(적극)

과세처분의 취소소송은 과세처분의 실체적, 절차적 위법을 그 취소원인으로 하는 것으로서 그 심리의 대상은 과세관청의 과세처분에 의하여 인정된 조세채무인 과세표준 및 세액의 객관적 존부, 즉 당해 과세처분의 적부가 심리의 대상이 되는 것이며, 과세처분 취소청구를 기각하는 판결이 확정되면 그 처분이 적법하다는 점에 관하여 기판력이 생기고 그 후 원고가 이를 무효라 하여 무효확인을 소구할 수 없는 것이어서 과세처분의 취소소송에서 청구가 기각된 확정판결의 기판력은 그 과세처분의 무효확인을 구하는 소송에도 미친다.

[2] 처분청을 피고로 한 과세처분 취소소송의 기판력이 당해 처분이 귀속하는 국가 또는 지방자치단체에 미치는지 여부(적극)

과세처분 취소소송의 피고는 처분청이므로 행정청을 피고로 하는 취소소송에 있어서의 기판력은 당해 처분이 귀속하는 국가 또는 공공단체에 미친다.

[참고판례]

❶ 기판력의 의미

① 확정판결의 기판력이라 함은 확정판결의 주문에 포함된 법률적 판단의 내용은 이후 그 소송당사자의 관계를 규율하는 새로운 기준이 되는 것이므로, 동일한 사항이 소송상 문제가 되었을 때 이에 저촉되는 주장을 할 수 없고 법원도 이에 저촉되는 판단을 할 수 없는 구속력을 의미하는 것이다(대법원 1987. 6. 9. 선고 86다카2756 판결).

② 기판력이라 함은 기판력 있는 전소판결의 소송물과 동일한 후소를 허용하지 않는 것임은 물론, 후소의 소송물이 전소의 소송물과 동일하지 않다고 하더라도 전소의 소송물에 관한 판단이 후소의 선결문제가 되거나 모순관계에 있을 때에는 후소에서 전소판결의 판단과 다른 주장을 하는 것을 허용하지 않는 작용을 하는 것이다(대법원 2001. 1. 16. 선고 2000다41349 판결).

❷ 기판력의 객관적 범위

기판력의 객관적 범위는 그 판결의 주문에 포함된 것 즉 소송물로 주장된 법률관계의 존부에 관한 판단의 결론 그 자체에만 미치는 것이고 판결이유에 설시된 그 전제가 되는 법률관계의 존부에까지 미치는 것은 아니다(대법원 1987. 6. 9. 선고 86다카2756 판결).

❸ 공사중지명령이 적법한 것으로 판결에 의해 확정된 경우, 공사중지명령의 상대방은 그 명령의 해제신청을 거부한 처분의 취소를 구하는 소송에서 그 명령의 적법성을 다툴 수 없다.

행정청이 관련 법령에 근거하여 행한 공사중지명령의 상대방이 명령의 취소를 구한 소송에서 패소함으로써 그 명령이 적법한 것으로 이미 확정되었다면, 이후 이러한 공사중지명령의 상대방은 그 명령의 해제신청을 거부한 처분의 취소를 구하는 소송에서 그 명령의 적법성을 다툴 수 없다(대법원 2014. 11. 27. 선고 2014두37665 판결).

❹ 각하판결의 기판력

소송판결의 기판력은 그 판결에서 확정한 소송요건의 흠결에 관하여 미치며(대법원 1996. 11. 15. 선고 96다31406 판결, 대법원 1997. 12. 9. 선고 97다25521 판결 등 참조), 확정된 종국판결의 사실심 변론종결 이전에 발생하고 제출할 수 있었던 사유에 기인한 주장이나 항변은 확정판결의 기판력에 의하여 차단되므로 당사자가 그와 같은 사유를 원인으로 확정판결의 내용에 반하는 주장을 새로이 하는 것은 허용되지 아니한다(대법원 2015. 10. 29. 선고 2015두44288 판결).

❺ 행정처분의 위법 여부를 판단하는 기준 시점이 처분시라는 의미

항고소송에 있어서 행정처분의 위법 여부를 판단하는 기준 시점에 대하여 판결시가 아니라 처분시라고 하는 의미는 행정처분이 있을 때의 법령과 사실상태를 기준으로 하여 위법 여부를 판단할 것이며 처분 후 법령의 개폐나 사실상태의 변동에 영향을 받지 않는다는 뜻이고 처분 당시 존재하였던 자료나 행정청에 제출되었던 자료만으로 위법 여부를 판단한다는 의미는 아니므로, 처분 당시의 사실상태 등에 대한 입증은 사실심 변론종결 당시까지 할 수 있고, 법원은 행정처분 당시 행정청이 알고 있었던 자료뿐만 아니라 사실심 변론종결 당시까지 제출된 모든 자료를 종합하여 처분 당시 존재하였던 객관적 사실을 확정하고 그 사실에 기초하여 처분의 위법 여부를 판단할 수 있다(대법원 1993. 5. 27. 선고 92누19033 판결).

❻ 납부의무자가 개발비용 공제를 위한 자료의 제출기한이 지나도록 관련 자료를 제출하지 않았더라도 재건축부담금 부과처분을 다투는 항고소송에서까지 그 자료를 증거로 제출할 수 없게 되는 것은 아니다.

항고소송에서 행정처분의 위법 여부는 행정처분이 있을 때의 법령과 사실 상태를 기준으로 판단하여야 하고, 법원은 행정처분 당시 행정청이 알고 있었던 자료뿐만 아니라 사실심 변론종결 당시까지 제출된 모든 자료를 종합하여 처분 당시 존재하였던 객관적 사실을 확정하고 그 사실에 기초하여 처분의 위법 여부를 판단할 수 있다.

구 재건축이익환수법 제20조가 공제할 개발비용의 산정에 필요한 자료의 제출기한을 규정하고 있고, 같은 법 제24조가 그 제출을 게을리한 자에 대하여 과태료를 부과하는 규정을 두고 있기는 하나, 구 재건축이

익환수법이 위와 같이 개발비용을 뒷받침할 자료의 제출기한을 규정한 취지는 재건축부담금의 신속한 산정 및 부과를 통한 행정의 원활한 수행을 보장하고자 함에 있을 뿐, 이미 부과된 재건축부담금의 적법 여부를 다투는 항고소송에서 개발비용의 산정에 반영할 수 있는 증명자료의 범위를 제한하려는 것이라고 해석할 수는 없다.

따라서 납부의무자가 개발비용 공제를 위한 자료의 제출기한이 지나도록 관련 자료를 제출하지 않았더라도, 구 재건축이익환수법 제24조에 따라 해태기간에 비례한 과태료가 부과되는 것을 넘어서 재건축부담금 부과처분을 다투는 항고소송에서까지 그 자료를 증거로 제출할 수 없게 되는 것은 아니다(대법원 2023. 12. 28. 선고 2020두49553 판결).

감차명령 사건

□ 대법원 2016. 3. 24. 선고 2015두48235 판결

[사실관계]

원고 신미운수 주식회사(이하 '원고 신미운수'라고 한다)는 101대의 택시를, 원고 주호교통 주식회사(이하 '원고 주호교통'이라고 한다)는 101대의 택시를 각 보유하여 일반택시운송사업을 하고 있다. 피고(서울특별시장)는 2008. 5. 22. '원고들이 2007. 11. 합계 48대(원고 신미운수 25대, 원고 주호교통 23대)의 택시를 도급제 형태로 운영하여 다른 사람으로 하여금 여객자동차 운송사업을 경영하게 하였다'는 사유로, 원고들에게 구 여객자동차 운수사업법 제13조 제1항, 제76조 제1항 제13호 등에 의해 위 각 택시에 대하여 감차명령(이하 '종전 처분'이라고 한다)을 하였다. 이에 원고들은 서울행정법원 2008구합22549호로 종전 처분의 취소를 구하는 소를 제기하였고, 위 법원은 2009. 7. 9. 원고들의 택시 48대 운영행위가 명의이용행위에 해당한다고 보기 어렵다는 사유로 종전 처분을 취소하는 내용의 원고들 승소판결을 선고하였다. 이에 피고가 불복하여 서울고등법원 2009누22623호로 항소하였으나, 항소심 법원은 2010. 1. 27. 그 변론을 종결하여 같은 해 2. 10. 항소기각 판결을 선고하였다. 피고가 이에 상고하였으나 2010. 5. 27. 상고기각되어 그 무렵 위 원고들 승소판결이 확정되었다(이하 확정된 위 원고들 승소판결을 '이 사건 확정판결'이라고 한다).

그 후 피고는 2013. 3. 22. 원고들에 대하여 "원고들이 2006. 7. 3.부터 2010. 9. 14.까지 소외 1에게 차량 1대당 일정 임대료를 매월 지급받는 방법으로 총 263회에 걸쳐 원고들의 차량을 임대하고, 원고 신미운수는 같은 방법으로 2007. 3.경부터 2010. 9. 30.까지 소외 2에게 총 233회, 2007. 4.경부터 2010. 9. 30.까지 소외 3에게 총 294회, 2007. 7.경부터 2008. 12. 31.까지 소외 4에게 79회에 걸쳐 원고 신미운수의 차량을 임대하여 소외 1과 소외 2, 소외 3, 소외 4(이하 '소외 2 등'이라고 한다)로 하여금 여객자동차 운송사업을 경영하게 하였다"는 이유로 감차명령(이하 '이 사건 처분'이라고 한다)을 하였다. 이에 원고들은 이 사건 처분에 대한 취소소송을 제기하였다.

[판결요지]

[1] 행정소송법 제30조 제1항이 규정하는 취소 확정판결의 '기속력'과 같은 법 제8조 제2항에 의하여 행정소송에 준용되는 민사소송법 제216조, 제218조가 규정하는 '기판력'의 의미

행정소송법 제30조 제1항은 "처분 등을 취소하는 확정판결은 그 사건에 관하여 당사자인 행정청과 그 밖의 관계행정청을 기속한다."라고 규정하고 있다. 이러한 취소 확정판결의 '기속력'은 취소 청구가 인용된 판결에서 인정되는 것으로서 당사자인 행정청과 그 밖의 관계행정청에게 확정판결의 취지에 따라 행동하여야 할 의무를 지우는 작용을 한다. 이에 비하여 행정소송법 제8조 제2항에 의하여 행정소송에 준용되는 민사소송법 제216조, 제218조가 규정하고 있는 '기판력'이란 기판력 있는 전소 판결의 소송물과 동일한 후소를 허용하지 않음과 동시에, 후소의 소송물이 전소의 소송물과 동일하지는 않더라도 전소의 소송물에 관한 판단이 후소의 선결문제가 되거나 모순관계에 있을 때에는 후소에서 전소 판결의 판단과 다른 주장을 하는 것을 허용하지 않는 작용을 한다.

[2] 종전 처분이 판결에 의하여 취소된 경우, 종전 처분과 다른 사유를 들어 새로이 처분을 하는 것이 기속력에 저촉되는지 여부(소극) 및 이때 동일 사유인지 다른 사유인지 판단하는 기준 / 취소 확정판결의 당사자인 처분 행정청이 종전 처분 후에 발생한 새로운 사유를 내세워 다시 처분을 할 수 있는지 여부(적극) 및 새로운 처분의 사유가 종전 처분의 사유와 기본적 사실관계에서 다르지만 종전 처분 당시 이미 존재하고 있었고 당사자가 알고 있었던 경우, 이를 내세워 새로이 처분을 하는 것이 확정판결의 기속력에 저촉되는지 여부(소극)

취소 확정판결의 기속력은 판결의 주문 및 전제가 되는 처분 등의 구체적 위법사유에 관한 판단에도 미치나, 종전 처분이 판결에 의하여 취소되었더라도 종전 처분과 다른 사유를 들어서 새로이 처분을 하는 것은 기속력에 저촉되지 않는다. 여기에서 동일 사유인지 다른 사유인지는 확정판결에서 위법한 것으로 판단된 종전 처분사유와 기본적 사실관계에서 동일성이 인정되는지 여부에 따라 판단되어야 하고, 기본적 사실관계의 동일성 유무는 처분사유를 법률적으로 평가하기 이전의 구체적인 사실에 착안하여 그 기초인 사회적 사실관계가 기본적인 점에서 동일한지에 따라 결정된다. 또한 행정처분의 위법 여부는 행정처분이 행하여진 때의 법령과 사실을 기준으로 판단하므로 확정판결의 당사자인 처분 행정청은 종전 처분 후에 발생한 새로운 사유를 내세워 다시 처분을 할 수 있고, 새로운 처분의 처분사유가 종전 처분의 처분사유와 기본적 사실관계에서 동일하지 않은 다른 사유에 해당하는 이상, 처분사유가 종전 처분 당시 이미 존재하고 있었고 당사자가 이를 알고 있었더라도 이를 내세워 새로이 처분을 하는 것은 확정판결의 기속력에 저촉되지 않는다.

〔판결이유〕

이 사건 처분사유 가운데 종전 처분의 대상이었던 이 사건 중복차량 중 일부 차량의 위 기간 동안의 명의이용행위 부분은 종전 처분사유와 그 기본적 사실관계가 동일하다고 보아야 하므로, 피고가 이 사건 처분을 하면서 이 부분까지도 위반행위에 포함시킨 것은 이 사건 확정판결의 기속력에 저촉된다 할 것이다. 그러나 이 사건 처분사유 가운데 종전 처분의 대상이었던 위 기간 동안의 명의이용행위를 제외한 나머지 부분은 법률적으로 평가하기 이전의 구체적인 사실에 착안하여 볼 때, 종전 처분사유와 그 기간을 달리함으로써 기본적 사실관계에 있어 동일성이 인정되지 않는다고 봄이 타당하므로 피고가 위 부분 위반행위를 이 사건 처분의 처분사유로 삼았다 하더라도 이 사건 확정판결의 기속력에 저촉되는 것은 아니다.

그리고 이 사건 확정판결의 기판력은 그 소송물이었던 종전 처분의 위법성 존부에 관한 판단 그 자체에만 미치는 것이고, 이 사건 처분을 대상으로 하여 그 소송물을 달리하는 이 사건 소에는 미치지 않는다. 그럼에도 원심은 이와 달리, 여객자동차 운수사업법 제12조 제1항에서 금지된 명의이용행위의 경우 그 행위의 반복이 예상된다는 법률적·규범적 요소를 위주로 기본적 사실관계에 있어 동일성 여부를 판단하여야 한다는 등 그 판시와 같은 이유로 이 사건 처분 중 이 사건 중복차량에 관한 부분 전부가 이 사건 확정판결의 기속력 내지 기판력에 위배되어 위법하다고 판단하였다. 이러한 원심판결에는 확정판결의 기속력 내지 기판력에 관한 법리를 오해하여 판결 결과에 영향을 미친 잘못이 있다. 이를 지적하는 피고의 이 부분 상고이유는 이유 있다.

종합유선방송사업 승인거부 사건

□ 대법원 2005. 1. 14. 선고 2003두13045 판결

[사실관계]

피고 乙(방송위원회)은 2000. 12. 30. 53개 종합유선방송 사업구역에 대하여 전환승인신청에 관한 사항을 공고하고, 위 53개 사업구역 중 하나인 충남 천안시·아산시·연기군 지역의 중계유선방송사업자인 원고로부터 전환승인신청을 받았는데, 2001. 4. 30. 이 사건 방송구역에 대하여 전환승인신청을 한 다른 중계유선방송사업자인 피고 보조참가인 주식회사 한국케이블티.브이.천안방송(이하 '참가인 丙'이라고 한다)을 승인예정사업자로 선정하고 원고 甲(아산케이블방송 주식회사)의 이 사건 전환승인신청을 승인하지 아니하는 처분을 하였다. 그런데 이 사건 종전 승인거부처분 이전인 2001. 4. 2. 구 방송법(2003. 5. 29. 법률 제6905호로 개정되기 전의 것, 이하 '구 법'이라고 한다) 제8조 제4항의 적용 여부가 문제되었음에도, 피고는 참가인을 승인예정사업자로 선정한 다음 같은 해 10. 22. 참가인에게 이 사건 방송구역에 관한 전환승인처분(이하 '이 사건 종전 승인처분'이라고 하고, 이 사건 종전 승인거부처분과 합하여 '이 사건 각 종전처분'이라고 한다)을 하였다. 원고는 2001. 5. 29. 서울행정법원 2001구20659호로 이 사건 종전 승인거부처분의 취소를 구하는 소송을 제기하였고, 이에 대하여 서울행정법원은 같은 해 12. 26. "실체적으로 승인처분을 할 수 없는 결격자인 참가인에 대한 승인예정사업자 선정 및 승인처분으로서 위법하고, 절차적으로도 참가인과 원고에 대하여 다른 기준시점을 적용하여 심사하여 위법하다는 등 이 사건 종전 승인거부처분은 재량권을 일탈·남용한 것이다."는 취지로, 위 종전 승인거부처분을 취소하는 판결을 선고하였고, 위 판결은 2002. 1. 13. 확정되었다.

피고는 2002. 7. 3. 참가인에게 한 이 사건 종전 승인처분을 직권으로 취소하고, 재심사위원회를 구성하여 위 확정판결(이하 '이 사건 확정판결'이라고 한다) 변론종결일 이후 변경된 사정도 고려하여 재심사를 한 결과 참가인이 더 높은 점수를 얻자, 같은 해 7. 30. 참가인에게 전환승인을 하기로 결정하고 원고의 전환승인신청을 승인하지 아니하는 처분(이하 '이 사건 재승인거부처분'이라고 한다)을 하고, 같은 해 8. 16. 참가인에게 전환승인처분(이하 '이 사건 재승인처분'이라고 하고, 이 사건 재승인거부처분과 합하여 '이 사건 각 재처분'이라고 한다)을 하였다.

이에 원고는 이 사건 각 재처분에 대한 취소소송을 제기하였다.

[판결요지]

[1] 행정청이 확정판결의 취지에 따라 절차, 방법의 위법사유를 보완하여 다시 종전의 신청에 대한 거부처분을 할 수 있는지 여부(적극) 및 그러한 처분도 행정소송법 제30조 제2항에 규정된 재처분에 해당하는지 여부(적극)

행정소송법 제30조 제2항의 규정에 의하면 행정청의 거부처분을 취소하는 판결이 확정된 경우에는 그 처분을 행한 행정청이 판결의 취지에 따라 이전의 신청에 대하여 재처분할 의무가 있다고 할 것이나, 그 취소사유가 행정처분의 절차, 방법의 위법으로 인한 것이라면 그 처분 행정청은 그 확정판결의 취지에 따라 그 위법사유를 보완하여 다시 종전의 신청에 대한 거부처분을 할 수 있고, 그러한 처분도 위 조항에 규정된 재처분에 해당한다.

[2] 방송위원회가 중계유선방송사업자에게 한 종합유선방송사업 승인거부처분이 심사의 기준시점을 경원자와 달리하여 평가한 것이 위법이라는 사유로 취소하는 확정판결의 취지에 따라 재처분 무렵을 기준으로 재심사한 결과에 따라 이루어진 재승인거부처분도 행정소송법 제30조 제2항에 규정된 재처분에 해당한다고 한 사례

[3] 방송법 제9조 제3항에 따라 중계유선방송사업자로 하여금 종합유선방송사업을 할 수 있도록 하는 방송위원회의 전환승인처분이 위법하게 되는 경우

방송법 제9조 제3항에 의한 전환승인은 중계유선방송사업자로 하여금 종합유선방송사업을 할 수 있도록 하는 행정행위이고, 방송위원회는 전문성 및 사회 각 분야의 대표성을 갖춘 9인의 방송위원으로 구성되어 방송에 관한 전반적인 사항을 심의·의결하는 합의제 행정기관이라는 점 및 방송법의 관계 규정에 비추어 보면, 방송위원회는 시청자의 권익보호와 민주적 여론형성 및 국민문화의 향상을 도모하고 방송의 발전과 공공복리의 증진에 이바지한다는 법의 목적 및 위와 같은 전환승인제도를 둔 취지를 고려하여 시청자의 의견청취 및 그 의견의 반영 여부 공표 등의 절차를 거쳐 전환승인의 구체적인 심사기준 및 방법 등을 정할 수 있다고 할 것이고, 이렇게 정해진 기준 및 방법에 따라 심사가 이루어졌음에도 불구하고 그 심사결과에 따른 처분이 위법하다고 하기 위해서는 그 기준 자체가 법령의 규정에 위반되거나 방송법의 목적 및 전환승인제도의 취지에 비추어 객관적으로 합리성 또는 타당성을 현저히 결여한 것이라거나, 그 심사기준에 설정된 각 항목별 평가가 타당성 없이 이루어졌다는 등의 사정이 있어야 한다.

[4] 방송위원회가 중계유선방송사업자에게 한 종합유선방송사업으로의 전환승인처분이 재량권의 일탈·남용이 아니라고 한 사례

[참고판례]

❶ 법령개정과 재처분

행정처분의 적법 여부는 그 행정처분이 행하여 진 때의 법령과 사실을 기준으로 하여 판단하는 것이므로 거부처분 후에 법령이 개정·시행된 경우에는 개정된 법령 및 허가기준을 새로운 사유로 들어 다시 이전의 신청에 대한 거부처분을 할 수 있으며 그러한 처분도 행정소송법 제30조 제2항에 규정된 재처분에 해당된다(대법원 1998. 1. 7. 선고 97두22 판결).

❷ 기본적 사실관계의 동일성과 재처분

[1] 행정소송법 제30조 제2항에 의하면, 행정청의 거부처분을 취소하는 판결이 확정된 경우에는 처분을 행한 행정청이 판결의 취지에 따라 이전 신청에 대하여 재처분을 할 의무가 있다. 행정처분의 적법 여부는 행정처분이 행하여진 때의 법령과 사실을 기준으로 판단하는 것이므로 확정판결의 당사자인 처분 행정청은 종전 처분 후에 발생한 새로운 사유를 내세워 다시 거부처분을 할 수 있고, 그러한 처분도 위 조항에 규정된 재처분에 해당한다. 여기에서 '새로운 사유'인지는 종전 처분에 관하여 위법한 것으로 판결에서 판단된 사유와 기본적 사실관계의 동일성이 인정되는 사유인지에 따라 판단되어야 하고, 기본적 사실관계의 동일성 유무는 처분사유를 법률적으로 평가하기 이전의 구체적인 사실에 착안하여 그 기초인 사회적 사실관계가 기본적인 점에서 동일한지에 따라 결정되며, 추가 또는 변경된 사유가 처분 당시에 그 사유를 명기하지 않았을 뿐 이미 존재하고 있었고 당사자도 그 사실을 알고 있었다고 하여 당초 처분사유와 동일성이 있는 것이라고 할 수는 없다.

[2] 고양시장이 갑 주식회사의 공동주택 건립을 위한 주택건설사업계획승인 신청에 대하여 미디어밸리 조성을 위한 시가화예정 지역이라는 이유로 거부하자, 갑 회사가 거부처분의 취소를 구하는 소송을 제기하

여 승소판결을 받았고 위 판결이 그대로 확정되었는데, 이후 고양시장이 해당 토지 일대가 개발행위허가 제한지역으로 지정되었다는 이유로 다시 거부하는 처분을 한 사안에서, 재거부처분은 종전 거부처분 후 해당 토지 일대가 개발행위허가 제한지역으로 지정되었다는 새로운 사실을 사유로 하는 것으로, 이는 종전 거부처분 사유와 내용상 기초가 되는 구체적인 사실관계가 달라 기본적 사실관계가 동일하다고 볼 수 없다는 이유로, 행정소송법 제30조 제2항에서 정한 재처분에 해당하고 종전 거부처분을 취소한 확정판결의 기속력에 반하는 것은 아니라고 본 원심판단을 수긍한 사례(대법원 2011. 10. 27. 선고 2011두14401 판결).

❸ **거부처분 취소의 확정판결을 받은 행정청이 사실심 변론종결 이후 발생한 새로운 사유를 내세워 다시 이전의 신청에 대하여 거부처분을 한 경우, 행정소송법 제30조 제2항 소정의 재처분에 해당한다.**

행정소송법 제30조 제2항 의 규정에 의하면 행정청의 거부처분을 취소하는 판결이 확정된 경우에는 그 처분을 행한 행정청이 판결의 취지에 따라 이전의 신청에 대하여 재처분할 의무가 있으나, 이 때 확정판결의 당사자인 처분 행정청은 그 행정소송의 사실심 변론종결 이후 발생한 새로운 사유를 내세워 다시 이전의 신청에 대한 거부처분을 할 수 있고 그러한 처분도 위 조항에 규정된 재처분에 해당된다고 할 것이다.
토지형질변경 및 건축허가신청 반려처분의 취소판결이 확정되었음에도 확정판결의 취지에 따른 재처분을 하지 아니하여 간접강제절차가 진행 중 새로이 그 지역에 건축법 제12조 제2항에 따라 건축허가제한 공고를 하고 그에 따라 다시 한 거부처분이 행정소송법 제30조 제2항 소정의 재처분에 해당한다고 한 사례(대법원 2004. 1. 15. 자 2002무30 결정).

기출문제

변시13 A광역시의 시장 乙은 세수증대, 고용창출 등 지역발전을 위해 폐기물처리업의 관내 유치를 결심하고 甲이 제출한 폐기물처리사업계획서를 검토하여 그에 대한 적합통보를 하였다. 이에 따라 甲은 폐기물처리업 허가를 받기 위해 먼저 도시·군관리계획변경을 신청하였고, 乙은 관계 법령이 정하는 바에 따라 해당 폐기물처리업체가 입지할 토지에 대한 용도지역을 폐기물처리업의 운영이 가능한 용도지역으로 변경하는 것을 내용으로 하는 도시·군관리계획변경안을 입안하여 열람을 위한 공고를 하였다. 그러나 乙의 임기 만료 후 새로 취임한 시장 丙은 폐기물처리업에 대한 인근 주민의 반대가 극심하여 실질적으로 폐기물사업 유치가 어려울 뿐만 아니라, 자신의 선거공약인 '생태중심, 자연친화적 A광역시 건설'의 실현 차원에서 용도지역 변경을 승인할 수 없다는 계획변경승인거부처분을 함과 동시에 해당 지역을 생태학습체험장 조성지역으로 결정하였다. 폐기물처리사업계획 적합통보에 따라 사업 착수를 위한 제반 준비를 거의 마친 甲은 丙을 피고로 하여 관할 법원에 계획변경승인거부처분 취소소송을 제기하였다.
4. 법원은 위 취소소송에서 甲의 소송상 청구를 인용하였고, 그 인용판결은 丙의 항소 포기로 확정되었다. 그럼에도 불구하고 丙은 재차 계획변경승인거부처분을 발령하였는데, 그 사유는 취소소송의 계속 중 A광역시의 관련 조례가 개정되어 계획변경을 승인할 수 없는 새로운 사유가 추가되었다는 것이었다. 丙의 재거부처분은 적법한가? (단, 개정된 조례의 합헌·적법을 전제로 함) **(20점)** – 취소판결의 기속력 중 재처분의무

변시20 경기도지사 乙은 2018. 5. 3. 관할 A군에 소재한 분묘가 조선 초 유명 화가의 묘로 구전되어 오는데다가 그 양식이 학술상 원형보존의 가치가 있다는 이유로「문화재보호법」제70조,「경기도 문화재 보호 조례」제11조에 따라 이를 도지정문화재로 지정·고시하였다. 또한 乙은 2018. 6. 8. 해당 분묘를 보호하기 위하여 분묘경계선 바깥쪽 10m까지의 총 5필지 5,122㎡를 문화재보호구역으로 지정·고시하였다. 이에 해

당 화가의 후손들로 이루어진 종중 B는 해당 화가의 진묘가 따로 존재한다고 주장하면서 乙에게 문화재지정처분을 취소 또는 해제하여 줄 것을 요청하는 청원서를 제출하였다. 이에 대해 乙은 문화재지정처분은 정당하여 그 취소 또는 해제가 불가하다는 회신을 하였다(이하 '불가회신'이라고 한다). 한편, 위 문화재보호구역 내에 위치한 일부 토지를 소유하고 있는 甲은 2019. 3. 14. 재산권 행사의 제한 등을 이유로 乙에게 자신의 소유토지를 대상으로 한 문화재보호구역 지정을 해제해 달라는 신청을 하였다. 그러나 乙은 2019. 6. 5. 甲이 해제를 요구한 지역은 역사적・문화적으로 보존가치가 있을 뿐만 아니라 분묘의 보호를 위하여 문화재보호구역 지정해제가 불가함을 이유로 甲의 신청을 거부하는 회신을 하였다(이하 '거부회신'이라고 한다).

2. 乙의 거부회신에 대하여 甲이 제기한 항고소송에서 甲이 승소하여 판결이 확정되었음에도 乙이 재차 문화재보호구역해제 신청을 거부할 수 있을지 검토하시오. **(15점)** - 취소판결의 기속력 중 재처분의무

사시07 유흥주점 영업허가를 받아 주점을 경영하는 甲은 청소년인 乙을 유흥접객원으로 고용하여 유흥행위를 하게 하였다는 이유로 관할 행정청인 A로부터 위 유흥주점 영업허가를 취소하는 처분을 받았다. 甲은 이에 불복하여 행정소송을 제기하여 위 취소처분을 취소하는 판결을 선고받아 그 판결이 확정되었다. 다음의 경우 A의 처분의 위법 여부와 그 논거를 검토하시오. **(30점)** - 취소판결의 기속력 중 반복금지효

(1) 위 확정판결은 A가 청문절차를 거치지 않았다는 점을 이유로 위 영업허가취소처분을 취소하는 것이었다. A는 위 판결 확정 후 청문절차를 거친 다음 다시 위 영업허가를 취소하는 처분을 하였다.

(2) 위 확정판결은 乙이 청소년임을 인정할 증거가 없다는 이유로 위 영업허가취소처분을 취소하는 것이었다. A는 위 판결 확정 후 乙이 청소년임을 인정할 만한 증거가 새로이 발견되었다는 이유로 다시 위 영업허가를 취소하는 처분을 하였다.

(3) 위 확정판결은 乙을 유흥접객원으로 고용하였다는 점을 인정할 증거가 없다는 이유로 위 영업허가취소처분을 취소하는 것이었다. A는 甲이 청소년 丙을 유흥접객원으로 고용하여 유흥행위를 하게 한 사실이 있었다는 이유로 다시 위 영업허가를 취소하는 처분을 하였다.

(4) 위 확정판결은 영업허가취소처분이 甲에게는 지나치게 가혹하여 재량권을 일탈`남용하였다는 이유로 취소하는 것이었다. A는 위 판결 확정 후 새로이 甲에게 영업정지 3개월의 처분을 하였다.

사시09 행정청 乙의 관할 구역 내에 있는 A도시공원을 찾는 등산객이 증가하고 있다. 등산객들이 공원 입구를 주차장처럼 이용하여 공원의 경관과 이미지를 훼손하고 있다. 이에 관할 행정청 乙은 이곳에 휴게 광장을 조성하여 주민들에게 만남의 장소를 제공하고, 도시 경관을 향상시키기 위해 甲의 토지를 포함한 일단의 지역에 대해서 광장의 설치를 목적으로 하는 도시관리계획을 입안・결정하였다. 그런데 행정청 乙은 지역발전에 대한 의욕이 앞선 나머지 인구, 교통, 환경, 토지이용 등에 대한 기초조사를 하지 않고 도시관리계획을 입안・결정하였다. 甲은 자신의 토지전부를 광장에 포함시키는 乙의 도시관리계획 입안・결정이 법적으로 문제가 있다고 보고, 위 도시관리계획결정의 취소를 구하는 소송을 제기하였다.

2. 甲의 청구가 인용된 경우에 행정청 乙은 동일한 내용의 도시관리계획결정을 할 수 있는가? **(20점)** - 취소판결의 기속력 중 반복금지효

사시03 甲은 여관을 건축하기 위하여 관할 군수 乙에게 건축허가 신청을 하였으나 乙은 관계법령에 근거가 없는 사유를 들어 거부처분을 하였다. 이에 甲은 乙을 상대로 거부처분취소소송을 제기하여 승소하였고 이 판결은 확정되었다. 그런데도 乙은 위 판결의 취지에 따른 처분을 하지 아니하였다. 다음의 물음에 대하여 논하시오.

(2) 위 승소판결 확정 후 관계법령이 개정되어 위 건축허가를 거부할 수 있는 근거가 마련되자 乙은 이에 의거하여 다시 거부처분을 하였다. 乙이 한 새로운 거부처분은 적법한가? **(10점)** - 취소판결의 기속력

(3) 만일 위 (2)항의 개정법령에서 당해 개정법령의 시행 당시 이미 건축허가를 신청 중인 경우에는 종전 규정에 따른다는 경과규정을 두었다면, 乙이 한 새로운 거부처분의 효력은? **(10점)** - 취소판결의 기속력

5급:일반행정10 甲은 숙박시설을 경영하기 위하여 「건축법」등 관계 법령이 정하는 요건을 구비하여 관

할 A시 시장 乙에게 건축허가를 신청하였다. 그러나 시장 乙은 「건축법」 제11조 제4항에 따라 해당 숙박시설의 규모나 형태 등이 주거환경이나 교육환경 등 주변 환경을 고려할 때 부적합하다는 이유로 건축허가를 거부하였고, 甲은 이에 대해 건축허가거부처분취소소송을 제기하였다.

3) 한편, 甲의 취소소송은 인용되었으나, 동 소송의 계속 중 A시 건축조례가 개정되어 건축허가 요건으로 「건축법」 제49조 등 건축법령의 규정보다 강화된 피난시설의 구비를 요구하게 되었으며, 甲이 허가 신청한 건축물은 현재에도 여전히 이를 구비하지 못한 상태이다. 이 경우 시장 乙은 위 취소소송의 인용판결에도 불구하고 강화된 피난시설요건의 미비를 이유로 甲에게 재차 건축허가거부처분을 할 수 있는가? (단, A시 개정건축조례가 적법함을 전제로 함) **(20점)** - 취소판결의 기속력 중 재처분의무

5급14 A하천 유역에서 농기계공장을 경영하는 甲은 「수질 및 수생태계 보전에 관한 법률」 제4조의5에 의한 오염부하량을 할당받은 자이다. 甲의 공장 인근에서 대규모 민물어류양식장을 운영하는 乙의 양식어류 절반가량이 갑자기 폐사하였고, 乙은 그 원인을 추적한 결과 甲의 공장에서 유출된 할당오염부하량을 초과하는 오염물질에 의한 것이라는 강한 의심을 가지게 되었다. 甲의 공장으로부터 오염물질의 배출이 계속되어 나머지 어류의 폐사도 우려되는 상황에서 乙은 동법 제4조의6을 근거로 甲에 대한 수질오염방지시설의 개선 등 필요한 조치를 명할 것을 관할 행정청 丙에게 요구하였다. 그러나 丙은 甲의 공장으로부터의 배출량이 할당오염부하량을 초과하는지 여부가 명백하지 않다는 이유로 이를 거부하였고, 乙은 동 거부처분에 대한 취소소송을 제소기간 내에 관할법원에 제기하였다.

2) 乙의 거부처분취소소송에 대하여 인용판결이 내려지고 동 판결은 확정되었다. 그럼에도 불구하고 丙은 개선명령 등의 조치가 재량행위임을 이유로 상당한 기간이 지났음에도 아무런 조치를 취하지 않고 있는바 이러한 丙의 태도는 적법한가? 만약 적법하지 않다면 이에 대한 현행 행정소송법상 乙의 대응수단은? **(20점)** - 취소판결의 기속력 중 재처분의무, 간접강제

옥외골프연습장 사건

□ 대법원 2020. 6. 25. 선고 2019두56135 판결

[사실관계]

피고(서울특별시장)가 1991. 12. 26. 영동(1, 2지구) 토지구획정리사업의 환지처분을 함에 따라, 한국토지개발공사가 그 사업구역에 포함되어 있던 서울 서초구 (주소 1 생략) 학교용지 10,562.3㎡(이하 '이 사건 부지'라고 한다)를 환지로 배정받아 소유권을 취득하였다. 한편 이 사건 부지와 이에 접한 (주소 2 생략) 학교용지 2,614.6㎡ 합계 13,176.9㎡(이하 '이 사건 학교용지'라고 한다)에 관하여는 1986. 5. 17. 서울특별시 고시 제308호로 도시계획시설(학교)결정이 이루어진 상태였다.

원고는 2001. 4. 12. 한국토지개발공사로부터 이 사건 부지를 매수한 다음, 그 무렵 서울특별시 서초구청장(이하 '서초구청장'이라고 한다)으로부터 가설건축물 건축허가를 받아 이 사건 부지에 근린생활시설(A동)과 운동시설(B동)(이하 통틀어 '이 사건 가설건축물'이라고 한다)을 건축한 후 그 존치기간을 계속 연장하면서 옥외골프연습장 등을 운영하고 있다. 원고는 2014. 10. 24. 서초구청장에게 이 사건 부지에 관하여 도시계획시설(학교)결정을 폐지하고 이 사건 가설건축물의 건축용도를 유지하는 내용의 지구단위계획안을 입안 제안하였고, 서초구청장은 이 제안을 사실상 그대로 수용하는 내용으로 지구단위계획안(이하 '이 사건 계획안'이라고 한다)을 입안하였는데, 피고가 2016. 1. 28. 서초구청장을 통해 원고에 대하여 이 사건 계획안에 공공기여 25%를 반영하고 옥외골프연습장을 불허용도에 포함시키지 않았음을 이유로 이 사건 계획안대로 지구단위계획을 수립하길 거부한다는 통보를 하였다(이하 '종전 거부처분'이라고 한다).

이에 원고가 피고를 상대로 종전 거부처분의 취소를 구하는 소를 제기하였고, 종전 거부처분은 다음과 같은 두 가지 점에서 이익형량에 하자가 있어 위법하다는 이유로 종전 거부처분을 취소하는 판결이 선고, 확정되었다(서울행정법원 2016. 9. 23. 선고 2016구합54916 판결, 서울고등법원 2017. 2. 23. 선고 2016누70255 항소기각 판결, 이하 '선행판결'이라고 한다).

① 피고는 원고가 이 사건 부지를 매수할 당시 이 사건 부지에 도시계획제한이 설정되어 있다는 사실을 알고 있었고, 지역실정에 비추어 기반시설 확충을 위한 기부채납이 필요하다는 등의 사유로 이 사건 계획안에 공공기여 25%를 반영할 것을 요구하였는데, 이는 개발계획의 수립이라는 측면만 우선시하고 토지소유자의 불이익을 해소한다는 측면을 무시한 것이므로 정당성과 객관성을 갖춘 이익형량에 기초한 것이라고 보기 어렵다.

② 피고는 아파트지구 내에서는 「서울특별시 아파트지구개발기본계획 수립에 관한 조례」(이하 '아파트지구 조례'라고 한다)에 따라 옥외골프연습장이 허용되지 않는다는 등의 사유로 이 사건 계획안에 옥외골프연습장을 불허용도에 포함시킬 것을 요구하였는데, 피고가 기존의 아파트지구를 점진적으로 해제하는 방향으로 정책을 수립하였고, 이 사건 계획안 역시 이 사건 부지를 아파트지구에서 제외하는 것을 전제로 하고 있는 점 등에 비추어 보면, 이는 정당성과 객관성을 갖춘 이익형량에 기초한 것이라고 보기 어렵다.

피고는 2017. 11. 16. ① 기존 도시계획시설(학교)결정을 폐지하고 이 사건 학교용지를 특별계획구역으로 지정하는 내용의 도시관리계획결정(서울특별시 고시 제2017-411호), ② 반포아파트지구 중 이 사건 학교용지에 관한 토지이용계획을 도시계획시설용지(학교용지)에서 기타용지로 변경하되 건축물 규제사항은 서울특별시 고시 제2017-411호에 의하도록 하는 내용의 반포아파트지구 개발기본계획 및 반포아파트지구 3주구 정비계획(경미한) 변경결정(서울특별시 고시 제2017-418호)을 고시하였다(이하 통틀어 '이 사건 결정'이라고 한다).

피고는 이 사건 결정에서 '도시계획시설(학교)결정 폐지에 따른 대규모 필지의 효율적 토지이용 및 주변 지역의 개발현황(계획)과 연계한 체계적 도시관리계획 수립 필요, 현재 수립 중인 반포아파트지구 지구단위계획 및 주변지역 특성을 고려한 구체적 개발계획을 통해 주변에 미치는 부영향 최소화계획 필요'를 특별계획구역 결정사유로 명시하였고, 특별계획구역지침 부분에서 용적률에 관하여 '기준용적률 120% 이하, 허용용적률 150% 이하, 상한용적률 200% 이하, 상한용적률 = 기준(허용)용적률 × (1 + 1.3 × a) 이하'로 결정하였다.

이 사건의 쟁점은 이 사건 결정이 선행판결의 기속력에 위배되는지 여부이다.

[판결요지]

[1] 위법한 행정처분에 대한 취소판결이 확정된 경우, 행정청이 취할 조치

행정소송법 제30조에 의하면, 처분 등을 취소하는 확정판결은 그 사건에 관하여 당사자인 행정청과 그 밖의 관계행정청을 기속하고(제1항), 판결에 의하여 취소되는 처분이 당사자의 신청을 거부하는 것을 내용으로 하는 경우에는 그 처분을 행한 행정청은 판결의 취지에 따라 다시 이전의 신청에 대한 처분을 하여야 한다(제2항). 따라서 어떤 행정처분을 위법하다고 판단하여 취소하는 판결이 확정되면 행정청은 취소판결의 기속력에 따라 그 판결에서 확인된 위법사유를 배제한 상태에서 다시 처분을 하거나 그 밖에 위법한 결과를 제거하는 조치를 할 의무가 있다.

[2] 행정계획의 의미 및 행정주체가 구체적인 행정계획을 입안·결정할 때 가지는 형성의 자유의 한계 / 행정청이 행정계획을 입안·결정할 때 이익형량을 전혀 하지 않거나 이익형량의 고려 대상에 마땅히 포함시켜야 할 사항을 누락한 경우 또는 이익형량을 하였으나 정당성과 객관성이 결여된 경우, 행정계획 결정이 위법한지 여부(적극) / 행정청이 주민 등의 도시관리계획 입안 제안을 받아들여 도시관리계획결정을 할 것인지 결정하는 경우에도 마찬가지 법리가 적용되는지 여부(적극)

행정계획은 도시의 건설·정비·개량 등과 같은 특정한 행정목표를 달성하기 위하여 행정에 관한 전문적·기술적 판단을 기초로 관련되는 행정수단을 종합·조정함으로써 장래의 일정한 시점에 일정한 질서를 실현하기 위하여 설정한 활동기준이나 그 설정행위를 말한다. 행정청은 구체적인 행정계획을 입안·결정할 때 비교적 광범위한 형성의 재량을 가진다. 다만 행정청의 이러한 형성의 재량이 무제한적이라고 할 수는 없고, 행정계획에서는 그에 관련되는 자들의 이익을 공익과 사익 사이에서는 물론이고 공익 사이에서나 사익 사이에서도 정당하게 비교·교량하여야 한다는 제한이 있으므로, 행정청이 행정계획을 입안·결정할 때 이익형량을 전혀 행하지 아니하거나 이익형량의 고려 대상에 마땅히 포함시켜야 할 사항을 누락한 경우 또는 이익형량을 하였으나 정당성과 객관성이 결여된 경우에는 그 행정계획 결정은 이익형량에 하자가 있어 위법하게 될 수 있다. 이러한 법리는 행정청이 「국토의 계획 및 이용에 관한 법률」(이하 '국토계획법'이라고 한다)에 따라 주민 등의 도시관리계획 입안 제안을 받아들여 도시관리계획결정을 할 것인지를 결정하는 경우에도 마찬가지로 적용된다.

[3] 주민 등의 도시관리계획 입안 제안을 거부한 처분에 이익형량의 하자가 있어 위법하다고 판단하여 취소하는 판결이 확정된 경우, 행정청에 그 입안 제안을 그대로 수용하는 내용의 도시관리계획을 수립할 의무가 있는지 여부(소극) 및 행정청이 다시 새로운 이익형량을 하여 도시관리계획을 수립한 경우, 취소판결의 기속력에 따른 재처분의 의무를 이행한 것인지 여부(적극) / 이때 행정청이 다시 적극적으로 수립한 도시관리계획의 내용이 계획재량의 한계를 일탈한 것인지 여부는 별도로 심리·판단하여야 하는지 여부(적극)

취소 확정판결의 기속력의 범위에 관한 법리 및 도시관리계획의 입안·결정에 관하여 행정청에 부여된 재량을 고려하면, 주민 등의 도시관리계획 입안 제안을 거부한 처분을 이익형량에 하자가 있어 위법하다고

판단하여 취소하는 판결이 확정되었더라도 행정청에 그 입안 제안을 그대로 수용하는 내용의 도시관리계획을 수립할 의무가 있다고는 볼 수 없고, 행정청이 다시 새로운 이익형량을 하여 적극적으로 도시관리계획을 수립하였다면 취소판결의 기속력에 따른 재처분의무를 이행한 것이라고 보아야 한다. 다만 취소판결의 기속력 위배 여부와 계획재량의 한계 일탈 여부는 별개의 문제이므로, 행정청이 적극적으로 수립한 도시관리계획의 내용이 취소판결의 기속력에 위배되지는 않는다고 하더라도 계획재량의 한계를 일탈한 것인지의 여부는 별도로 심리·판단하여야 한다.

해운대구 중동 주택건설사업계획승인신청거부 사건

□ 대법원 2002. 12. 11. 자 2002무22 결정

[사실관계]

신청인(갑인건설 주식회사)은 상대방(부산광역시 해운대구청장)에게 부산 해운대구 중동 000번지(이하 '이 사건 토지'라 한다)에 주택건설사업계획승인신청(이하 '이 사건 사업승인신청')을 하였고 상대방은 이를 반려하였다. 이에 신청인은 이 반려처분의 취소를 구하는 소를 제기하여 승소판결을 선고받았다. 이후 상대방은 위 승소판결에 불복하여 항소하는 한편, 도시계획법 등 관련규정에 따라 이 사건 토지를 포함한 부산 해운대구 중동 일부지역을 개발행위허가제한구역으로 결정, 고시하였다(단, 당시 도시계획법 시행령은 개발행위허가를 신청중인 경우에는 당해 개발행위에 관하여는 종전의 규정을 적용한다는 경과규정을 두고 있었다).

상대방은 다시 이 사건 토지가 개발행위허가제한구역으로 결정·고시되었다는 사유를 들어 이 사건 사업승인신청을 반려하였고, 이에 신청인은 간접강제를 신청하였다. 원심은 신청을 배척했고, 이에 불복한 신청인은 대법원에 재항고하였다.

[판결요지]

[1] 거부처분취소판결의 간접강제신청에 필요한 요건

거부처분에 대한 취소의 확정판결이 있음에도 행정청이 아무런 재처분을 하지 아니하거나, 재처분을 하였다 하더라도 그것이 종전 거부처분에 대한 취소의 확정판결의 기속력에 반하는 등으로 당연무효라면 이는 아무런 재처분을 하지 아니한 때와 마찬가지라 할 것이므로 이러한 경우에는 행정소송법 제30조 제2항, 제34조 제1항 등에 의한 간접강제신청에 필요한 요건을 갖춘 것으로 보아야 한다.

[2] 주택건설사업 승인신청 거부처분의 취소를 명하는 판결이 확정되었음에도 행정청이 그에 따른 재처분을 하지 않은 채 위 취소소송 계속중에 도시계획법령이 개정되었다는 이유를 들어 다시 거부처분을 한 사안에서, 개정된 도시계획법령에 그 시행 당시 이미 개발행위허가를 신청 중인 경우에는 종전 규정에 따른다는 경과규정을 두고 있으므로 위 사업승인신청에 대하여는 종전 규정에 따른 재처분을 하여야 함에도 불구하고 개정 법령을 적용하여 새로운 거부처분을 한 것은 확정된 종전 거부처분 취소판결의 기속력에 저촉되어 당연무효라고 한 사례.

[참고판례]

❶ 간접강제결정에 기한 배상금의 성질

행정소송법 34조 소정의 간접강제결정에 기한 배상금은 거부처분취소판결이 확정된 경우 그 처분을 행한 행정청으로 하여금 확정판결의 취지에 따른 재처분의무의 이행을 확실히 담보하기 위한 것으로서, 확정판결의 취지에 따른 재처분의무 내용의 불확정성과 그에 따른 재처분에의 해당 여부에 관한 쟁송으로 인하여 간접강제결정에서 정한 재처분의무의 기한 경과에 따른 배상금이 증가될 가능성이 자칫 행정청으로 하여금 인용처분을 강제하여 행정청의 재량권을 박탈하는 결과를 초래할 위험성이 있는 점 등을 감안하면, 이는 확정판결의 취지에 따른 재처분의 지연에 대한 제재나 손해배상이 아니고 재처분의 이행에 관한 심

리적 강제수단에 불과한 것으로 보아야 하므로, 특별한 사정이 없는 한 <u>간접강제결정에서 정한 의무이행 기한이 경과한 후에라도 확정판결의 취지에 따른 재처분의 이행이 있으면 배상금을 추심함으로써 심리적 강제를 꾀할 목적이 상실되어 처분상대방이 더 이상 배상금을 추심하는 것은 허용되지 않는다</u>(대법원 2003. 1. 15. 선고 2002두2444 판결).

❷ 무효확인판결이 나온 경우 간접강제는 허용되지 않는다.

행정소송법 38조 1항이 무효확인 판결에 관하여 취소판결에 관한 규정을 준용함에 있어서 같은 법 30조 2항을 준용한다고 규정하면서도 같은 법 34조는 이를 준용한다는 규정을 두지 않고 있으므로, <u>행정처분에 대하여 무효확인 판결이 내려진 경우에는 그 행정처분이 거부처분인 경우에도 행정청에 판결의 취지에 따른 재처분의무가 인정될 뿐 그에 대하여 간접강제까지 허용되는 것은 아니라고 할 것이다</u>(대법원 1998. 12. 24. 선고 98무37 판결).

❸ 부작위위법확인판결이 나온 경우 간접강제의 요건 : 무응답

신청인은 피신청인(광주광역시장)을 상대로 제기한 부작위위법확인소송에서 신청인의 제2 예비적 청구를 받아들이는 내용의 확정판결을 받았다. 그 판결의 취지는 피신청인이 신청인의 광주광역시 지방부이사관 승진임용신청에 대하여 아무런 조치를 취하지 아니하는 것 자체가 위법함을 확인하는 것일 뿐이다. 따라서 피신청인이 신청인을 승진임용하는 처분을 하는 경우는 물론이고, 승진임용을 거부하는 처분을 하는 경우에도 위 확정판결의 취지에 따른 처분을 하였다고 볼 것이다(대법원 2010. 2. 5. 자 2009무153 결정).

> **기출문제**
>
> **변시13** A광역시의 시장 乙은 세수증대, 고용창출 등 지역발전을 위해 폐기물처리업의 관내 유치를 결심하고 甲이 제출한 폐기물처리사업계획서를 검토하여 그에 대한 적합통보를 하였다. 이에 따라 甲은 폐기물처리업 허가를 받기 위해 먼저 도시·군관리계획변경을 신청하였고, 乙은 관계 법령이 정하는 바에 따라 해당 폐기물처리업체가 입지할 토지에 대한 용도지역을 폐기물처리업의 운영이 가능한 용도지역으로 변경하는 것을 내용으로 하는 도시·군관리계획변경안을 입안하여 열람을 위한 공고를 하였다. 그러나 乙의 임기 만료 후 새로 취임한 시장 丙은 폐기물처리업에 대한 인근 주민의 반대가 극심하여 실질적으로 폐기물사업 유치가 어려울 뿐만 아니라, 자신의 선거공약인 '생태중심, 자연친화적 A광역시 건설'의 실현 차원에서 용도지역 변경을 승인할 수 없다는 계획변경승인거부처분을 함과 동시에 해당 지역을 생태학습체험장 조성지역으로 결정하였다. 폐기물처리사업계획 적합통보에 따라 사업 착수를 위한 제반 준비를 거의 마친 甲은 丙을 피고로 하여 관할 법원에 계획변경승인거부처분 취소소송을 제기하였다.
>
> 5. 위 취소소송의 인용판결이 확정되었음에도 불구하고 丙이 아무런 조치를 취하지 않을 경우 甲이 행정소송법상 취할 수 있는 효과적인 권리구제 수단을 설명하시오. **(10점)** - 법원의 간접강제
>
> **5급:일반행정11** 서울특별시 X구에 위치한 대학입학전문상담사로 근무하는 甲은 과학적이고 체계적인 학생입학지도를 위해 '공공기관의 정보공개에 관한 법률'에 따라 교육과학기술부장관 乙에게 학교별 성적분포도를 포함하여 서울지역 2010년 대학수학능력시험평가 원데이터에 대한 정보(수능시험정보)의 공개를 청구하였다. 이에 대해 乙은 甲의 청구대로 응할 경우 학교의 서열화를 야기할 뿐만 아니라 업무의 공정한 수행에 현저한 지장을 초래한다는 이유로 비공개결정을 하였다. 甲의 권리구제와 관련하여 다음의 질문에 답하시오.(단, 무효확인심판과 무효확인소송은 제외한다.)

4) 만약 甲이 취소소송을 제기하여 인용판결이 확정되었음에도 불구하고 乙이 계속 정보를 공개하지 않을 경우 甲의 권리구제를 위한 행정소송법상 실효성 확보수단과 그 요건 및 성질에 대해 기술하시오. **(10점)** - 법원의 간접강제

│사시03│ 甲은 여관을 건축하기 위하여 관할 군수 乙에게 건축허가 신청을 하였으나 乙은 관계법령에 근거가 없는 사유를 들어 거부처분을 하였다. 이에 甲은 乙을 상대로 거부처분취소소송을 제기하여 승소하였고 이 판결은 확정되었다. 그런데도 乙은 위 판결의 취지에 따른 처분을 하지 아니하였다. 다음의 물음에 대하여 논하시오.

(1) 乙이 위 판결의 취지에 따른 처분을 하지 않고 있는 동안, 甲이 강구할 수 있는 행정소송법상 구제방법은? **(10점)**
  - 법원의 간접강제

│5급22│ 甲은 X 시의 시장 乙에게 X 시에 소재한 자신의 토지에 공동주택의 건설사업을 위한 개발행위허가 신청을 하였다. 乙은 "甲의 신청지는 X 시 도시기본계획상 도시의 자연환경 및 경관을 보호하기 위하여 도시자연공원구역으로 지정이 예정되어 있어 전체적인 개발계획이 수립되지 않은 상태에서 개별적인 공동주택 입지를 위한 개발행위허가는 불합리하다."라는 이유로, 2020. 10. 9. 甲의 신청을 거부하였다(이하 '제1차 거부처분'). 이에 甲은 乙을 상대로 제1차 거부처분의 취소를 구하는 소를 제기하였고, 법원은 제1차 거부처분이 구체적이고 합리적인 근거 없이 甲의 신청을 불허한 것으로 재량권의 일탈·남용이라고 보아 甲의 청구를 인용하는 판결을 하였다. 이 취소판결은 확정되었고, 사실심 변론종결일은 2021. 11. 16.이다. 甲은 위 판결 확정 이후인 2021. 12. 17. 乙에게 위 확정판결에 따른 후속조치의 이행을 촉구하는 내용의 민원을 제기하였는데, 당시 X 시의 담당과장은 민원을 접수하면서 甲에게 "법적으로 가능하다면 개발행위를 허가해 주겠다."라고 구두로 답변하였다. 그러나 乙은 2021. 12. 28. 甲에게 "甲이 신청한 토지는 국토교통부에서 확정 발표한 도시자연공원 확대사업이 반영된 대상지로서 우리 시에서는 체계적인 도시개발 및 난개발 방지를 위해 「국토의 계획 및 이용에 관한 법률」에 따라 2021. 10. 26. 개발행위허가 제한지역으로 고시하여 현재 신규 개발행위허가는 불가능하다."라는 사유로 甲의 개발행위를 불허하는 통지를 하였다(이하 '제2차 거부처분'). 다음 물음에 답하시오.

1) 甲은 제2차 거부처분이 확정된 취소판결의 취지에 따르지 아니한 것으로 보아 「행정소송법」상 간접강제를 신청하였다. 그 신청의 인용 가능성을 검토하시오. **(30점)** - 법원의 간접강제, 취소판결의 기속력

하수도원인자부담금 사건

□ 대법원 2008. 3. 20. 선고 2007두6342 전원합의체 판결

[사실관계]

원고 甲은 1998. 5. 16. 한국토지공사로부터 수원시 영통구 영통동 (지번 및 면적 생략) 대(垈) 203.9㎡를 매수하여, 2003. 6. 21. 피고 乙(수원시장)로부터 이 사건 토지 위에 건축면적 137.40㎡, 건축연면적 674.79㎡의 지상 6층 근린생활시설(이하 '이 사건 건물'이라 한다)에 대한 건축허가를 받아 이 사건 건물을 신축하였다. 乙(수원시장)은 위 건축허가 당시 "하수종말처리구역 내에서 오수처리시설을 설치하지 않는 건축물은 완공 이전까지 하수도시설 원인자부담금을 납부하고 사용승인 신청시 그 납부영수증 사본을 제출하셔야 합니다"라는 허가조건을 부가하였고, 甲이 이 사건 건물에 대한 사용승인을 신청하자, 2004. 5. 13. 甲에게 하수도 원인자부담금 14,932,620원을 납부하라는 납입고지서를 발부하였고, 甲은 이에 따라 납부하였다.

한편 한국토지공사는 수원영통지구내의 주택지역뿐만 아니라 이 사건 건물의 부지가 위치한 상업지역, 학교, 공공의 청사 및 공공시설, 종합의료시설, 공원 및 녹지 등 다른 용도지역에서 발생할 오수량이 모두 포함된 수원영통지구 1일 계획오수발생량을 기초로 체결된 이 사건 협약에 따라, 乙에게 하수도 원인자부담금을 모두 납부하였으므로, 이로써 甲에 대한 구 하수도법 제32조 제2항에 따른 하수도 원인자부담금의 부과사유는 소멸하였다는 것이 밝혀졌다.

이에 甲은 주위적으로는 부담금부과처분의 취소를, 예비적으로는 부담금부과처분의 무효를 확인하는 취지의 소를 제기하였다.

[판결요지]

□ 행정소송법 제35조에 규정된 '무효확인을 구할 법률상 이익'이 있는지를 판단할 때 행정처분의 무효를 전제로 한 이행소송 등과 같은 직접적인 구제수단이 있는지를 따져보아야 하는지 여부(소극)

행정소송은 행정청의 위법한 처분 등을 취소·변경하거나 그 효력 유무 또는 존재 여부를 확인함으로써 국민의 권리 또는 이익의 침해를 구제하고 공법상의 권리관계 또는 법 적용에 관한 다툼을 적정하게 해결함을 목적으로 하므로, 대등한 주체 사이의 사법상 생활관계에 관한 분쟁을 심판대상으로 하는 민사소송과는 목적, 취지 및 기능 등을 달리한다. 또한 행정소송법 제4조에서는 무효확인소송을 항고소송의 일종으로 규정하고 있고, 행정소송법 제38조 제1항에서는 처분 등을 취소하는 확정판결의 기속력에 관한 행정소송법 제30조를 무효확인소송에도 준용하고 있으므로 무효확인판결 자체만으로도 실효성을 확보할 수 있다. 그리고 무효확인소송의 보충성을 규정하고 있는 외국의 일부 입법례와는 달리 우리나라 행정소송법에는 명문의 규정이 없어 이로 인한 명시적 제한이 존재하지 않는다. 이와 같은 사정을 비롯하여 행정에 대한 사법통제, 권익구제의 확대와 같은 행정소송의 기능 등을 종합하여 보면, 행정처분의 근거 법률에 의하여 보호되는 직접적이고 구체적인 이익이 있는 경우에는 행정소송법 제35조에 규정된 '무효확인을 구할 법률상 이익'이 있다고 보아야 하고, 이와 별도로 무효확인소송의 보충성이 요구되는 것은 아니므로 행정처분의 무효를 전제로 한 이행소송 등과 같은 직접적인 구제수단이 있는지 여부를 따질 필요가 없다고 해석함이 상당하다.

[유사판례]

□ 압류처분무효확인 사건

국세청이 국세체납을 이유로 토지를 압류한 후 공매처분한 경우, 그 소유권자는 국가 또는 매수인을 상대로 부당이득반환청구의 소나 소유권이전등기말소청구의 소를 제기하여 직접 위법상태를 제거할 수 있는지 여부에 관계없이 압류처분 및 매각처분에 대한 무효확인을 구할 수 있다고 한 사례

원심은 이 사건 압류처분 및 매각처분의 당연무효 확인을 구하고, 예비적으로 이 사건 매각처분의 취소를 구하는 원고의 청구에 대하여, 이 사건 매각처분에 의하여 매각대금이 완납되고 매수인에게 이 사건 토지에 관한 소유권이전등기까지 경료된 이상, 원고로서는 직접 민사소송으로 매각처분에 의하여 충당된 세액에 대하여 국가를 상대로 부당이득 반환을 구하거나 소외인을 상대로 매각처분에 의하여 경료된 소유권이전등기의 말소를 구하는 것이 분쟁해결에 있어 직접적이고도 유효·적절한 방법이고, 이는 공매절차에 하자가 있다 하더라도 마찬가지라는 이유로, 원고는 이 사건 압류처분 및 매각처분에 대하여 무효확인을 구하거나, 이 사건 매각처분의 취소를 구할 소의 이익이 없다고 판단하여, 원고의 피고들에 대한 소를 모두 각하한 제1심판결을 그대로 유지하였다.

그러나 앞서 본 법리에 비추어 살펴보면, 원고로서는 부당이득반환청구의 소나 소유권이전등기말소청구의 소로써 직접 원고가 주장하는 위법상태의 제거를 구할 수 있는지 여부에 관계없이, 이 사건 압류처분 및 매각처분의 근거 법률에 의하여 보호되는 직접적이고 구체적인 이익을 가지고 있어 행정소송법 제35조에 규정된 '무효확인을 구할 법률상 이익'을 가지는 자에 해당하고, 따라서 이 사건 압류처분 및 매각처분에 대하여 무효확인을 구할 수 있으며, 나아가 이 사건 매각처분이 위법하지만 당연 무효는 아닌 경우에 대비하여 그 취소를 구할 수도 있으므로, 이 사건 소는 모두 적법하다(대법원 2008. 6. 12. 선고 2008두3685 판결).

□ 상수도원인자 부담금부과처분 사건

[1] 원고가 상수도원인자부담금 납부의무를 부담하는지 여부

택지개발사업은 '일단의 토지를 활용하여 주택건설 및 주거생활이 가능한 택지를 조성하는 사업'으로서(택지개발촉진법 제2조 제4호 참조), 사업의 시행 과정에서 택지개발계획 승인 등을 통해 조성되는 택지에 건축되는 건축물 등의 규모 및 용도가 예정되어 있다. 조성된 택지 가운데 주택건설사업계획의 승인을 받아 주택과 그 부대시설 및 복리시설을 건설하거나 대지를 조성하는 데 사용되는 일단의 토지는 '주택단지'에 해당한다(주택법 제2조 제12호 참조). 주택단지 조성 등을 위한 택지개발사업이 시행되는 경우, '수도시설의 신설이나 증설 등의 원인'은 택지개발행위를 하였을 때 발생하는 것이지, 택지개발사업의 시행자가 직접 또는 그로부터 주택건설용지 등을 분양받은 주택건설사업자가 조성된 택지에 주택 등의 건축물을 건축하였을 때에 비로소 발생한다고 볼 것은 아니다. 따라서 택지개발사업으로 조성된 택지에 그 개발계획에서 정해진 규모 및 용도에 따라 건축물이 건축된 경우 수도법령에 따른 상수도원인자부담금 납부의무는 택지개발사업의 사업시행자가 부담하는 것이 원칙이고, 해당 건축물이 원래 택지개발사업에서 예정된 범위를 초과하는 등의 특별한 사정이 없는 한 택지를 분양받아 건축물의 건축행위를 한 자는 별도로 상수도원인자부담금 납부의무를 부담하지 않는다고 보아야 한다.

이 사건에서 한국토지주택공사가 이 사건 택지개발사업을 시행하였고, 원고는 한국토지주택공사가 조성한 택지 중 한 구역인 이 사건 사업지구를 분양받아 이 사건 주택건설사업을 시행한 주택건설사업자이다. 따라서 이 사건 사업지구에서 이 사건 택지개발사업에서 예정된 범위를 초과하는 규모의 건축물이 건축되었다는

등의 특별한 사정이 없는 한, 이 사건 사업지구와 관련하여 수도법 제71조 제1항과 그 하위 법령에 따른 상수도원인자부담금 납부의무를 부담하는 자는 이 사건 택지개발사업을 시행하여 '수도공사를 하는 데에 비용 발생의 원인을 제공한 자'에 해당하는 한국토지주택공사이고, 원고는 상수도원인자부담금 납부의무자가 아니라고 보아야 한다.

[2] 이 사건 처분의 하자가 중대·명백한지 여부

하자 있는 행정처분이 당연무효가 되기 위해서는 그 하자가 법규의 중요한 부분을 위반한 중대한 것일 뿐만 아니라 객관적으로 명백한 것이어야 한다. 하자가 중대하고 명백한지를 판단할 때에는 그 법규의 목적, 의미, 기능 등을 목적론적으로 고찰함과 동시에 구체적 사안 자체의 특수성도 합리적으로 고찰하여야 한다.

원심은 이 사건 사업지구에 관한 상수도원인자부담금의 납부의무자는 이 사건 택지개발사업의 시행자인 한국토지주택공사인데, 그 납부의무자가 아닌 원고에 대하여 상수도원인자부담금을 부과한 이 사건 처분은 그 하자가 중대·명백하여 당연무효라고 판단하였다. 이러한 원심판단은 앞서 본 법리에 기초한 것으로서(대법원 2008. 3. 20. 선고 2007두6342 전원합의체 판결 참조) 거기에 상고이유 주장과 같이 행정처분의 당연무효에 관한 법리를 오해한 잘못이 없다(대법원 2020. 7. 29. 선고 2019두30140 판결).

[참고판례]

❶ 무효확인소송에서의 입증책임 : 원고

행정처분의 당연무효를 구하는 소송에 있어서 그 무효를 구하는 사람에게 그 행정처분에 존재하는 하자가 중대하고 명백하다는 것을 주장 입증할 책임이 있다(대법원 1984. 2. 28. 선고 82누154 판결).

❷ 무효확인소송에서는 사정판결을 할 수 없다.

당연무효의 행정처분을 소송목적물로 하는 행정소송에서는 존치시킬 효력이 있는 행정행위가 없기 때문에 행정소송법 제28조 소정의 사정판결을 할 수 없다(대법원 1996. 3. 22. 선고 95누5509 판결).

❸ 무효확인판결이 나온 경우 간접강제는 허용되지 않는다.

행정소송법 제38조 제1항이 무효확인 판결에 관하여 취소판결에 관한 규정을 준용함에 있어서 같은 법 제30조 제2항을 준용한다고 규정하면서도 같은 법 제34조는 이를 준용한다는 규정을 두지 않고 있으므로, 행정처분에 대하여 무효확인 판결이 내려진 경우에는 그 행정처분이 거부처분인 경우에도 행정청에 판결의 취지에 따른 재처분의무가 인정될 뿐 그에 대하여 간접강제까지 허용되는 것은 아니라고 할 것이다(대법원 1998. 12. 24. 자 98무37 결정).

과세처분무효확인소송 사건

□ 대법원 2023. 6. 29. 선고 2020두46073 판결

[사실관계]

원고는 국내에서 사업자등록을 하여 사업을 영위하던 중 1995. 8. 3. 출국하였다. 한편 서초세무서장은 원고에게 1996. 6. 15. 종합소득세 4,282,070원, 1997. 6. 14. 증권거래세 412,500원, 1997. 11. 6. 양도소득세 9,102,900원, 2000. 2. 2. 종합소득세 80,614,340원, 2000. 2. 2. 종합소득세 721,753,630원을 부과하였고, 서울특별시 서초구청장은 1998. 4. 1. 주민세 1,092,340원, 2000. 5. 10. 주민세 54,131,520원, 2000. 6. 10. 주민세 7,255,280원을 각각 부과하였다(이하 '이 사건 각 처분'이라 한다).

원고는 2018년에 와서야 피고들이 이 사건 각 처분을 함에 있어 원고에게 납세고지서를 송달하지 않았고, 공시송달에 관한 자료도 존재하지 않는다는 이유로 이 사건 각 처분에 대한 무효확인소송을 제기하였다.

[판결요지]

[1] 항고소송에서 처분의 적법성에 대한 증명책임의 소재(=피고) / 행정처분의 무효 확인을 구하는 행정소송에서 행정처분의 무효 사유에 대한 증명책임의 소재(=원고) 및 이는 무효 확인을 구하는 뜻에서 행정처분의 취소를 구하는 소송에 있어서도 마찬가지인지 여부(적극) / 행정처분의 무효확인을 구하는 소에서 해당 행정처분의 취소를 구할 수 있는 경우, 무효사유가 증명되지 아니한 때에 법원은 취소사유에 해당하는 위법이 있는지도 심리하여야 하는지 여부(적극) / 조세행정소송에서 위법사유로 무엇을 주장하는지 또는 무효사유의 주장에 취소사유를 주장하는 취지가 포함되어 있는지에 따라 증명책임이 분배되는지 여부(적극)

민사소송법이 준용되는 행정소송에서 증명책임은 원칙적으로 민사소송의 일반원칙에 따라 당사자 간에 분배되고, 항고소송은 그 특성에 따라 해당 처분의 적법성을 주장하는 피고에게 적법사유에 대한 증명책임이 있으나, 예외적으로 행정처분의 당연무효를 주장하여 무효 확인을 구하는 행정소송에서는 원고에게 행정처분이 무효인 사유를 주장·증명할 책임이 있고, 이는 무효 확인을 구하는 뜻에서 행정처분의 취소를 구하는 소송에 있어서도 마찬가지이다.

한편 행정처분의 무효 확인을 구하는 소에는 특단의 사정이 없는 한 취소를 구하는 취지도 포함되어 있다고 보아야 하므로, 해당 행정처분의 취소를 구할 수 있는 경우라면 무효사유가 증명되지 아니한 때에 법원으로서는 취소사유에 해당하는 위법이 있는지 여부까지 심리하여야 한다. 나아가 과세처분에 대한 취소소송과 무효확인소송은 모두 소송물이 객관적인 조세채무의 존부확인으로 동일하다. 결국 과세처분의 위법을 다투는 조세행정소송의 형식이 취소소송인지 아니면 무효확인소송인지에 따라 증명책임이 달리 분배되는 것이라기보다는 위법사유로 취소사유와 무효사유 중 무엇을 주장하는지 또는 무효사유의 주장에 취소사유를 주장하는 취지가 포함되어 있는지 여부에 따라 증명책임이 분배된다.

[2] 과세관청은 소송 중이라도 사실심 변론종결 시까지 처분의 동일성이 유지되는 범위 내에서 처분사유를 교환·변경할 수 있는지 여부(적극) / 구 법인세법 제32조 제5항에 대한 헌법재판소의 위헌결정으로 과세단위가 단일한 종합소득세의 세목 아래에서 같은 금액의 소득이 현실적으로 귀속되었음을 이유로 과세근거 규정을 달리 주장하는 것이 처분의 동일성이 유지되는 범위 내의 처분사유의 교환·변경에 해당하는지 여부(적극) / 무효확인소송에서 원고가 당초의 처분사유에 대하여 무효사유를 증명한 경우, 과세관청이 교환·변경된 처분사유를 근거로 하는 처분의 적법성에 대한 증명책임을 부담하는지 여부(적극)

과세처분의 무효확인소송에서 소송물은 객관적인 조세채무의 존부확인이므로, 과세관청은 소송 중이라도 사실심 변론종결 시까지 해당 처분에서 인정한 과세표준 또는 세액의 정당성을 뒷받침하기 위하여 처분의 동일성이 유지되는 범위 내에서 처분사유를 교환·변경할 수 있다.

특히 구 법인세법 제32조 제5항에 따라 법인세 과세표준을 경정하면서 익금에 산입한 금액을 그 귀속자에게 소득 처분하였음을 이유로 그 의제소득에 대하여 종합소득세를 부과하는 처분에 관하여, 구 법인세법 제32조 제5항에 대한 헌법재판소의 위헌결정(헌법재판소 1995. 11. 30. 선고 93헌바32 전원재판부 결정 등)이 있었음을 이유로 처분사유를 교환·변경하면서, 과세단위가 단일한 종합소득세의 세목 아래에서 같은 금액의 소득이 현실적으로 귀속되었음을 이유로 들어 과세근거 규정을 달리 주장하는 것은 처분의 동일성이 유지되는 범위 내의 처분사유의 교환·변경에 해당하므로 허용된다.

그런데 과세처분의 적법성에 대한 증명책임은 과세관청에 있는바, 위와 같이 교환·변경된 사유를 근거로 하는 처분의 적법성 또는 그러한 처분사유의 전제가 되는 사실관계에 관한 증명책임 역시 과세관청에 있고, 특히 무효확인소송에서 원고가 당초의 처분사유에 대하여 무효사유를 증명한 경우에는 과세관청이 그처럼 교환·변경된 처분사유를 근거로 하는 처분의 적법성에 대한 증명책임을 부담한다.

압수물환부신청 사건

□ 대법원 1995. 3. 10. 선고 94누14018 판결

[사실관계]

A는 이 사건 물건을 외국에서 구입하여 휴대하고 이 날 귀국하던 중 관세법 위반 혐의로 입건되어 기소되었다. 이 사건 물건은 피고(서울지방검찰청 남부지청 검사)에 의하여 서울지방검찰청 남부지청 압제329호로 압수되었다. 한편 A는 원고로부터 금 7천만원을 차용하면서 변제기까지 위 차용금을 변제하지 못하는 경우 압수된 이 사건 물건을 원고에게 대물변제하기로 약정하였고 A는 변제기까지 위 차용금을 변제하지 못하였다. 이후 A는 서울고등법원으로부터 무죄선고를 받았고 이에 원고는 A로부터 이 사건 물건에 대한 압수물환부청구권을 양도받았음을 내세워 피고에게 압수물환부신청을 하였으나 피고는 이에 대한 아무런 결정이나 통지도 하지 아니하였다.

이에 원고는 피고를 상대로 주위적으로 부작위위법확인소송과 예비적으로 압수물 환부를 이행하라는 판결을 구하는 이행소송을 제기하였다.

[참조조문]

형사소송법
제332조(몰수의 선고와 압수물) 압수한 서류 또는 물품에 대하여 몰수의 선고가 없는 때에는 압수를 해제한 것으로 간주한다.

[판결요지]

[1] 검사가 압수 해제된 것으로 간주된 압수물의 환부신청에 대하여 아무런 결정·통지도 하지 아니한 경우, 부작위위법확인소송의 대상이 되는지 여부

형사본안사건에서 무죄가 선고되어 확정되었다면 형사소송법 제332조 규정에 따라 검사가 압수물을 제출자나 소유자 기타 권리자에게 환부하여야 할 의무가 '당연히' 발생한 것이고, 권리자의 환부신청에 대한 검사의 환부결정 등 어떤 처분에 의하여 비로소 환부의무가 발생하는 것은 아니므로 압수가 해제된 것으로 간주된 압수물에 대하여 피압수자나 기타 권리자가 민사소송으로 그 반환을 구함은 별론으로 하고 검사가 피압수자의 압수물 환부신청에 대하여 아무런 결정이나 통지도 하지 아니하고 있다고 하더라도 그와 같은 부작위는 현행 행정소송법상의 부작위위법확인소송의 대상이 되지 아니한다.

[2] 검사에 대한 압수물 환부이행청구소송이 허용되는지 여부

검사에게 압수물 환부를 이행하라는 청구는 행정청의 부작위에 대하여 일정한 처분을 하도록 하는 의무이행소송으로 현행 행정소송법상 허용되지 아니한다.

[참고판례]

□ 행정청의 부작위를 구하는 청구의 적부(예방적 금지소송)

건축건물의 준공처분을 하여서는 아니된다는 내용의 부작위를 구하는 청구는 행정소송에서 허용되지 아니하는 것이므로 부적법하다(대법원 1987. 3. 24. 선고 86누182 판결).

기출문제

사시13 甲은 개발제한구역 내에 위치한 지역에서 폐기물 처리시설의 설치를 위하여 관할 시장 A에게 개발행위허가를 신청하였다. 위 처리시설의 예정지역에 거주하는 주민 乙은 위 처리시설이 설치되면 주거생활에 심각한 침해를 받는다고 생각하여, 시장 A에게 위 신청을 반려할 것과 주민들의 광범위한 의견을 수렴한 후 다시 허가절차를 밟게 하라고 요구하였다. 그러나 시장 A는 위 처리시설이 필요하고, 개발제한구역이 아닌 지역에 입지하기가 곤란하다는 이유로 위 개발행위를 허가하였다. 다만 민원의 소지를 줄이기 위하여, 위 처리시설로 인하여 환경오염이 심각해질 경우 위 개발행위허가를 취소·변경할 수 있다는 내용의 부관을 붙였다. 그런데 위 처리시설이 가동된 지 얼마 지나지 않아 예상과 달리 폐기물 처리량이 대폭 증가하였다. 이에 주민 乙은 위 처리시설로 인하여 평온한 주거생활을 도저히 영위하기 어렵다고 여겨, 시장 A에게 위 부관을 근거로 위 개발행위허가를 취소·변경하여 줄 것을 요구하였다. 그런데 시장 A는 이를 거부하였다.

2. 乙이 위 개발행위허가가 행해지기 전에 고려할 수 있는 행정소송상의 수단을 검토하시오. **(10점)** - 예방적 금지소송

변시12 A주식회사는 2000. 3.경 안동시장으로부터 분뇨수집·운반업 허가를 받은 다음 그 무렵 안동시장과 사이에 분뇨수집·운반 대행계약을 맺은 후 통상 3년 단위로 계약을 연장해 왔는데 2009. 3. 18. 계약기간을 그 다음 날부터 2012. 3. 18.까지로 다시 연장하였다. B주식회사는 안동시에서 분뇨수집·운반업을 영위하기 위하여 하수도법 및 같은 법 시행령 소정의 시설, 장비 등을 구비하고 2011. 11. 10. 안동시장에게 분뇨수집·운반업 허가를 신청하여 같은 해 12. 1. 허가처분(이하 '이 사건 처분'이라 한다)을 받았다. 안동시장은 이 사건 처분 후 안동시 전역을 2개 구역으로 나누어 A, B주식회사에 한 구역씩을 책임구역으로 배정하고 각각 2014. 12. 31.까지를 대행기간으로 하는 새로운 대행계약을 체결하였다. A주식회사는 과거 안동시 전역에서 단독으로 분뇨 관련 영업을 하던 기득권이 전혀 인정되지 않은데다가 수익성이 낮은 구역을 배정받은 데 불만을 품고, B주식회사에 대한 이 사건 처분은 허가기준에 위배되는 위법한 처분이라고 주장하면서 안동시장을 상대로 2011. 12. 20. 관할 법원에 그 취소를 구하는 행정소송을 제기하였다.

2. 만약, 이 사건 처분의 절차가 진행 중인 상태에서 A주식회사가 안동시장을 상대로 "안동시장은 B주식회사에게 분뇨수집·운반업을 허가하여서는 아니 된다."라는 판결을 구하는 행정소송을 관할 법원에 제기하였다면 이러한 소송이 현행 행정소송법상 허용될 수 있는가? **(10점)** - 예방적 금지소송

광주광역시 승진임용부작위 사건

□ 대법원 2009. 7. 23. 선고 2008두10560 판결

[사실관계]

　피고(광주광역시장)는 2004. 3.경 2명의 3급 승진요인이 발생하자 국가서기관(4급)으로서 광주광역시 기획관으로 근무하던 원고를 포함한 8명의 4급 공무원을 지방부이사관 승진후보자로 선정한 다음, 광주광역시 인사위원회에 3급 승진 대상자 2명을 선정하여 주도록 요청하였다.

　위 인사위원회는 2004. 3. 31. 현직급 경력, 초임과장 보직일, 시정의 공헌도 등을 종합적으로 고려하되, 정책판단, 종합기획, 조정능력, 조직통솔력 등 관리자로서의 능력과 자질을 구비하였는지를 심사하여 원고와 다른 1명을 3급 승진대상자로 선정하였다.

　이에 피고는 2004. 4. 1.자로 원고를 지방부이사관(3급)으로 승진하여 재단법인 광주○○○ 사무국장으로 파견한다는 취지의 인사발령문을 작성하여 대내외에 공표하는 한편, 원고로부터 지방공무원으로의 전출동의서를 받은 후 행정자치부장관에게 그 전출명령을 제청하였고, 대통령권한대행인 국무총리가 2004. 4. 14. 원고에 대하여 광주광역시 지방공무원 전출을 명하였다.

　원고가 광주○○○의 사무국장으로 근무하던 2004. 7. 초경 피고는 광주○○○ 이사장과 사무총장이 2차례에 걸쳐 사무국장인 원고가 충분한 지원역할을 못하고 오히려 업무추진에 걸림돌이 되고 있다는 이유로 사무국장의 교체를 요구하자, 2004. 7. 20. 원고에 대하여 광주○○○ 사무국장 파견복귀 및 대기를 명하였다.

　그 후 피고는 위 인사위원회에 원고의 지방부이사관 승진의결 재심의를 요구하였고, 위 인사위원회는 2004. 7. 31. 원고에 대한 2004. 3. 31.자 승진임용예정 철회를 의결하였으며, 피고는 2004. 8. 1.자 인사발령을 하면서 원고를 제외한 나머지 부이사관 승진예정자에 대한 승진발령을 하고, 2004. 8. 9. 원고를 지방서기관으로 보하는 시립민속박물관장으로 발령하였다.

　원고는 2004. 8. 1. 이후의 인사발령에서도 승진발령을 받지 못하게 되자, 2005. 9. 30. 광주광역시 소청심사위원회에 원고의 의사에 반하는 불리한 부작위를 이유로 자신을 지방부이사관으로 승진임용하라는 소청심사를 청구하였으나 2006. 2. 20. 기각되었다. 원고는 2006. 3. 8. 이 사건 부작위법확인의 소(이하 '이 사건 제2 예비적 청구'라 한다)를 제기하였다. 이후 1심 법원은 원고의 신청을 받아 2006. 8. 17. 이 사건 제2 예비적 청구를 '피고가 2006. 3. 30.자로 원고에 대하여 한 지방부이사관승진임용거부처분은 취소한다'는 취지의 취소소송으로 교환적으로 변경하였다가, 2007. 7. 26. 이 사건 제2 예비적 청구로 추가적으로 변경하였다.

[판결요지]

[1] 인사위원회의 심의를 거쳐 3급 승진대상자로 결정된 사실이 대내외에 공표된 4급 공무원으로부터 소청심사를 통한 승진임용신청을 받은 행정청이 그에 대하여 적극적 또는 소극적 처분을 하지 않는 경우, 그러한 행정청의 부작위가 위법한 것인지 여부(적극)

　4급 공무원이 당해 지방자치단체 인사위원회의 심의를 거쳐 3급 승진대상자로 결정되고 임용권자가 그 사실을 대내외에 공표까지 하였다면, 그 공무원은 승진임용에 관한 법률상 이익을 가진 자로서 임용권자에

대하여 3급 승진임용을 신청할 조리상의 권리가 있고, 이러한 공무원으로부터 소청심사청구를 통해 승진임용신청을 받은 행정청으로서는 상당한 기간 내에 그 신청을 인용하는 적극적 처분을 하거나 각하 또는 기각하는 등의 소극적 처분을 하여야 할 법률상의 응답의무가 있다. 그럼에도, 행정청이 위와 같은 권리자의 신청에 대해 아무런 적극적 또는 소극적 처분을 하지 않고 있다면 그러한 행정청의 부작위는 그 자체로 위법하다.

[2] 부작위위법확인의 소의 제소기간

부작위위법확인의 소는 부작위상태가 계속되는 한 그 위법의 확인을 구할 이익이 있다고 보아야 하므로 원칙적으로 제소기간의 제한을 받지 않는다. 그러나 행정소송법 제38조 제2항이 제소기간을 규정한 같은 법 제20조를 부작위위법확인소송에 준용하고 있는 점에 비추어 보면, 행정심판 등 전심절차를 거친 경우에는 행정소송법 제20조가 정한 제소기간 내에 부작위위법확인의 소를 제기하여야 한다.

[3] 당사자가 적법한 제소기간 내에 부작위위법확인의 소를 제기한 후, 동일한 신청에 대하여 소극적 처분이 있다고 보아 처분취소소송으로 소를 교환적으로 변경한 후 부작위위법확인의 소를 추가적으로 병합한 경우, 제소기간을 준수한 것으로 볼 수 있는지 여부(적극)

당사자가 동일한 신청에 대하여 부작위위법확인의 소를 제기하였으나 그 후 소극적 처분이 있다고 보아 처분취소소송으로 소를 교환적으로 변경한 후 여기에 부작위위법확인의 소를 추가적으로 병합한 경우, 최초의 부작위위법확인의 소가 적법한 제소기간 내에 제기된 이상 그 후 처분취소소송으로의 교환적 변경과 처분취소소송에의 추가적 변경 등의 과정을 거쳤다고 하더라도 여전히 제소기간을 준수한 것으로 봄이 상당하다.

[판결이유]

부작위위법확인의 소는 부작위상태가 계속되는 한 그 위법의 확인을 구할 이익이 있다고 보아야 하므로 원칙적으로 제소기간의 제한을 받지 않으나, 행정소송법 제38조 제2항이 제소기간을 규정한 같은 법 제20조를 부작위위법확인소송에 준용하고 있는 점에 비추어 보면, 행정심판 등 전심절차를 거친 경우에는 행정소송법 제20조가 정한 제소기간 내에 부작위위법확인의 소를 제기하여야 할 것이다.

하지만, 당사자의 법규상 또는 조리상의 권리에 기한 신청에 대하여 행정청이 부작위의 상태에 있는지 아니면 소극적 처분을 하였는지는 동일한 사실관계를 토대로 한 법률적 평가의 문제가 개입되어 분명하지 않은 경우가 있을 수 있고, 부작위위법확인소송의 계속중 소극적 처분이 있게 되면 부작위위법확인의 소는 소의 이익을 잃어 부적법하게 되고 이 경우 소극적 처분에 대한 취소소송을 제기하여야 하는 등 부작위위법확인의 소는 취소소송의 보충적 성격을 지니고 있으며, 부작위위법확인소송의 이러한 보충적 성격에 비추어 동일한 신청에 대한 거부처분의 취소를 구하는 취소소송에는 특단의 사정이 없는 한 그 신청에 대한 부작위위법의 확인을 구하는 취지도 포함되어 있다고 볼 수 있다. 이러한 사정을 종합하여 보면, 당사자가 동일한 신청에 대하여 부작위위법확인의 소를 제기하였으나 그 후 소극적 처분이 있다고 보아 처분취소소송으로 소를 교환적으로 변경한 후 여기에 부작위위법확인의 소를 추가적으로 병합한 경우 최초의 부작위위법확인의 소가 적법한 제소기간 내에 제기된 이상 그 후 처분취소소송으로의 교환적 변경과 처분취소소송에의 추가적 변경 등의 과정을 거쳤다고 하더라도 여전히 제소기간을 준수한 것으로 봄이 상당하다.

원심이 적법하게 확정한 사실 및 기록에 의하면, 원고는 2004. 9. 30. 광주광역시 소청심사위원회에 '피고는 원고를 지방부이사관(3급)으로 승진임용하라'는 취지의 소청심사청구를 하였는데, 위 소청심사위원회는 2006. 2. 20. 원고의 소청심사청구를 기각하였고, 원고는 그 무렵 그 결정문을 송달받은 사실, 원고는 위 결정문을 송달받은 날부터 적법한 제소기간 내인 2006. 3. 8. 이 사건 제2 예비적 청구를 청구취지로 한 이 사건 부작위위법확인의 소를 제기한 사실, 그 후 2006. 8. 17. 제1심 제1회 변론기일에 이 사건 제2 예비적 청구가 '피고가 2006. 3. 30.자로 원고에 대하여 한 지방부이사관승진임용거부처분은 취소한다'는 취지의 취소소송으로 교환적으로 변경되었다가, 2007. 7. 26. 환송 전 원심 제1회 변론기일에 이 사건 제2 예비적 청구가 추가적으로 변경된 사실, 그 후 이 사건 환송판결로 원고가 취소소송으로 구한 2006. 3. 30.자 승진임용거부처분은 존재하지 않는 것으로 판명된 사실 등을 알 수 있는바, 위 법리에 비추어 보면, 이 사건 부작위위법확인의 소는 앞에서 본 바와 같이 소청심사결정이 있은 2006. 2. 20.부터 적법한 제소기간 내인 2006. 3. 8. 제기되었음은 역수상 명백하므로, 그 후 위와 같은 내용의 청구취지의 교환적·추가적 변경이 있었다는 사정만으로 적법하게 제기된 부작위위법확인의 소가 부적법하게 되는 것은 아니다.

[관련판례]

☐ 부작위위법확인판결이 나온 경우 간접강제의 요건 : 무응답

신청인은 피신청인(광주광역시장)을 상대로 제기한 부작위위법확인소송에서 신청인의 제2 예비적 청구를 받아들이는 내용의 확정판결을 받았다. 그 판결의 취지는 피신청인이 신청인의 광주광역시 지방부이사관 승진임용신청에 대하여 아무런 조치를 취하지 아니하는 것 자체가 위법함을 확인하는 것일 뿐이다. 따라서 피신청인이 신청인을 승진임용하는 처분을 하는 경우는 물론이고, 승진임용을 거부하는 처분을 하는 경우에도 위 확정판결의 취지에 따른 처분을 하였다고 볼 것이다(대법원 2010. 2. 5. 자 2009무153 결정).

[참고판례]

❶ 추상적인 법령의 제정 여부 등은 부작위위법확인소송의 대상이 될 수 없다.

행정소송은 구체적 사건에 대한 법률상 분쟁을 법에 의하여 해결함으로써 법적 안정을 기하자는 것이므로 부작위위법확인소송의 대상이 될 수 있는 것은 구체적 권리의무에 관한 분쟁이어야 하고 추상적인 법령에 관하여 제정의 여부 등은 그 자체로서 국민의 구체적인 권리의무에 직접적 변동을 초래하는 것이 아니어서 그 소송의 대상이 될 수 없다(대법원 1992. 5. 8. 선고 91누11261 판결).

❷ 부작위위법확인소송의 소의 이익

① 부작위위법확인의 소는 행정청이 국민의 법규상 또는 조리상의 권리에 기한 신청에 대하여 상당한 기간 내에 그 신청을 인용하는 적극적 처분 또는 각하하거나 기각하는 등의 소극적 처분을 하여야 할 법률상의 응답의무가 있음에도 불구하고 이를 하지 아니하는 경우, 판결(사실심의 구두변론 종결)시를 기준으로 그 부작위의 위법을 확인함으로써 행정청의 응답을 신속하게 하여 부작위 내지 무응답이라고 하는 소극적인 위법상태를 제거하는 것을 목적으로 하는 것이고, 나아가 당해 판결의 구속력에 의하여 행정청에게 처분 등을 하게 하고 다시 당해 처분 등에 대하여 불복이 있는 때에는 그 처분 등을 다투게 함으로써 최종적으로는 국민의 권리이익을 보호하려는 제도이므로 소제기의 전후를 통하여 판결시까지 행정청이 그 신청에 대하여 적극 또는 소극의 처분을 함으로써 부작위상태가 해소된 때에는 소의 이익을 상실하게 되어 당해 소는 각하를 면할 수가 없는 것이다(대법원 1990. 9. 25. 선고 89누4758 판결).

② [1] 부작위위법확인의 소는 행정청이 당사자의 법규상 또는 조리상의 권리에 기한 신청에 대하여 상당한 기간 내에 그 신청을 인용하는 적극적 처분을 하거나 각하 또는 기각하는 등의 소극적 처분을 하여

야 할 법률상의 응답의무가 있음에도 불구하고 이를 하지 아니하는 경우, 그 부작위의 위법을 확인함으로써 행정청의 응답을 신속하게 하여 부작위 내지 무응답이라고 하는 소극적인 위법상태를 제거하는 것을 목적으로 하는 것이고, 나아가 그 인용 판결의 기속력에 의하여 행정청으로 하여금 적극적이든 소극적이든 어떤 처분을 하도록 강제한 다음, 그에 대하여 불복이 있을 경우 그 처분을 다투게 함으로써 최종적으로는 당사자의 권리와 이익을 보호하려는 제도이므로, 당사자의 신청이 있은 이후 당사자에게 생긴 사정의 변화로 인하여 위 부작위가 위법하다는 확인을 받는다고 하더라도 종국적으로 침해되거나 방해받은 권리와 이익을 보호·구제받는 것이 불가능하게 되었다면 그 부작위가 위법하다는 확인을 구할 이익은 없다.

[2] 지방자치단체가 조례를 통하여 노동운동이 허용되는 사실상의 노무에 종사하는 공무원의 구체적 범위를 규정하지 않고 있는 것에 대하여 버스전용차로 통행위반 단속업무에 종사하는 자가 부작위위법확인의 소를 제기하였으나 상고심 계속중에 정년퇴직한 경우, 위 조례를 제정하지 아니한 부작위가 위법하다는 확인을 구할 소의 이익이 상실되었다고 한 사례(대법원 2002. 6. 28. 선고 2000두4750 판결).

기출문제

변시15 甲은 2012. 10. 10. 「민법」 제844조 친생자추정 조항에 대하여 위헌확인을 구하는 헌법소원심판을 청구하였다(이하 'A청구'라 한다). 국회는 2011. 9. 9. 임기만료로 퇴임한 J 헌법재판관의 후임자를 선출하지 아니하여 헌법재판관의 공석상태가 계속되고 있다. 위 J 헌법재판관은 국회에서 선출하여 대통령이 임명한 자이다. 甲은 위 헌법소원심판 계속 중 국회가 후임 헌법재판관을 선출하지 아니하고 있는 것이 자신의 기본권을 침해한다고 주장하면서 2013. 3. 3. 국회를 피청구인으로 하여 헌법소원심판을 청구하였다(이하 'B청구'라 한다). 헌법재판소는 국회가 후임 헌법재판관을 선출하지 아니한 상태에서 2013. 6. 30. A청구에 대하여 재판관 5(인용) : 3(기각)의 의견으로 청구를 기각하는 결정을 하였다. B청구는 심판계속 중이다.

2. 국회가 후임 헌법재판관을 선출하지 아니하고 있는 것이 항고소송의 대상이 되는가? **(10점)**
   - 부작위위법확인소송의 대상으로서 부작위의 성립여부

처분명령재결에 따른 재처분의무 부작위 사건

□ 대법원 2019. 1. 17. 선고 2014두41114 판결

[사실관계]

원고는 피고에 대하여 2012. 1. 5. 접대비 등 사용내역 등에 대한 정보공개신청을 하였으나 피고(서울산업은행)는 법령이 정한 기간 내에 공개 여부를 결정하지 않아 비공개결정이 있는 것으로 간주되었다.17) 이에 원고는 2013. 1. 15. 중앙행정심판위원회로부터 위 정보공개신청의 대상 정보를 공개하라는 이 사건 재결을 받았으나, 피고는 원고의 주장을 적극적으로 다투면서 2012. 1. 5. 정보공개신청에 대하여 이 사건 재결의 취지에 따른 정보공개를 전혀 하지 않고 있다. 이에 원고는 이 사건 정보공개청구소송을 제기했다.

[판결요지]

[1] 행정소송법 제4조 제3호에 규정된 부작위위법확인의 소의 취지

행정소송법 제4조 제3호에 규정된 부작위위법확인의 소는 행정청이 당사자의 법규상 또는 조리상의 권리에 기한 신청에 대하여 상당한 기간 내에 그 신청을 인용하는 적극적 처분 또는 각하하거나 기각하는 등의 소극적 처분을 하여야 할 법률상의 응답의무가 있음에도 불구하고 이를 하지 아니하는 경우에 그 부작위가 위법하다는 것을 확인함으로써 행정청의 응답을 신속하게 하여 부작위 또는 무응답이라고 하는 소극적인 위법상태를 제거하는 것을 목적으로 하는 제도이다.

[2] 이 사건에 대한 판단

원심은 ① 원고는 피고(한국산업은행)에 대하여 2012. 1. 5. 정보공개신청을 하였으나 피고는 법령이 정한 기간 내에 공개 여부를 결정하지 않아 비공개결정이 있는 것으로 간주된 점, ② 이에 원고는 2013. 1. 15. 중앙행정심판위원회로부터 위 정보공개신청의 대상 정보를 공개하라는 이 사건 재결을 받았으나, 피고는 원고의 주장을 적극적으로 다투면서 2012. 1. 5. 정보공개신청에 대하여 이 사건 재결의 취지에 따른 정보공개를 전혀 하지 않고 있는 점, ③ 행정심판법 제49조 제1항, 제2항18)이 규정하고 있는 바와 같이, 피고는 이 사건 재결의 기속력에 의하여 원고의 이전 신청에 따라 원고가 구하는 정보를 공개할 의무가 있는 점, ④ 원고의 부작위위법확인 청구가 인용될 경우, 행정소송법 제38조 제2항, 제34조 제1항의 간접강제 등에 의한 권리구제가 가능한 점 등을 이유로, 피고는 이 사건 재결의 취지에 따라 2012. 1. 5. 정보공개신청에 대하여 그 해당 정보를 공개하여야 할 의무가 있고, 원고의 부작위위법확인 청구가 사실상 작위의무확인 청구에 해당한다고 볼 수 없으며, 그 확인을 구할 이익도 있다고 보아, 원고의 부작위위법확인 청구가 별도의 신청 없이 사실상 작위의무의 확인을 구하는 것으로 부적법하다는 피고의 주장을 배척하였다. 원심판결 이유를 관련 법리와 기록에 비추어 살펴보면, 원심의 위와 같은 판단은 정당하고, 거기에 상고이유 주장과 같이 부작위위법확인의 소의 적법요건에 관한 법리를 오해한 잘못이 없다.

---

17) 이 당시는 정보공개신청에 대해 20일이 경과하도록 응답이 없는 경우, 비공개결정으로 보는 규정이 존재하였다.
18) 지금은 행정심판법 제49조 제3항

민주화운동 사건

□ 대법원 2008. 4. 17. 선고 2005두16185 전원합의체 판결

[사실관계]

원고 甲의 남편인 소외 망인은 서울대학교 재학중에 권위주의 정권에 항거하여 교련반대시위를 주동하고 민청학련사건과 관계된 불온유인물을 소지하였다는 등의 이유로 수배를 받아오다가 1972년 수사기관에 체포되었다. 당시 수사기관은 망인을 간첩으로 조작하려는 의도하에 자백을 받아내기 위하여 집단으로 구타하는 등 망인에게 고문을 가하여 망인의 앞니와 어금니 등 치아 4개가 부러졌다. 그 후 망인은 친구들조차 망인을 알아보지 못할 정도로 체중이 감소하였을 뿐 아니라 길을 걷거나 얘기를 하는 도중에도 갑자기 사지가 뒤틀리고 입이 벌어지며 턱이 아래로 빠지는 등 안면근육의 경련과 전신마비 증세가 발생하여 제대로 걷지 못하고 길에서 쓰러지곤 하다가 1993. 10. 8. 사망하였기 때문에 甲이 乙(민주화운동관련자 명예회복 및 보상심의위원회)에 대하여 보상금지급을 신청하였다. 그런데 망인의 치아상실 부분만 민주화 운동과 관련하여 입은 상이로 인정하고, 안면근육의 경련과 전신마비증세에 대하여는 乙이 甲의 신청을 기각하는 결정(=민주화운동관련자불인정처분)을 하였다. 이에 원고 甲은 위 기각결정에 대한 취소를 구하는 소송을 제기하였다.

[판결요지]

□ '민주화운동관련자 명예회복 및 보상 심의위원회'의 보상금 등의 지급 대상자에 관한 결정이 행정처분인지 여부(적극) 및 '민주화운동관련자 명예회복 및 보상 등에 관한 법률'에 따른 보상금 등의 지급을 구하는 소송의 형태(=취소소송)

(가) '민주화운동관련자 명예회복 및 보상 등에 관한 법률' 제2조 제1호, 제2호 본문, 제4조, 제10조, 제11조, 제13조 규정들의 취지와 내용에 비추어 보면, 같은 법 제2조 제2호 각 목은 민주화운동과 관련한 피해 유형을 추상적으로 규정한 것에 불과하여 제2조 제1호에서 정의하고 있는 민주화운동의 내용을 함께 고려하더라도 그 규정들만으로는 바로 법상의 보상금 등의 지급 대상자가 확정된다고 볼 수 없고, '민주화운동관련자 명예회복 및 보상 심의위원회'에서 심의·결정을 받아야만 '비로소' 보상금 등의 지급 대상자로 확정될 수 있다. 따라서 그와 같은 심의위원회의 결정은 국민의 권리의무에 직접 영향을 미치는 행정처분에 해당하므로, 관련자 등으로서 보상금 등을 지급받고자 하는 신청에 대하여 심의위원회가 관련자 해당 요건의 전부 또는 일부를 인정하지 아니하여 보상금 등의 지급을 기각하는 결정을 한 경우에는 신청인은 심의위원회를 상대로 그 결정의 취소를 구하는 소송을 제기하여 보상금 등의 지급대상자가 될 수 있다.

(나) '민주화운동관련자 명예회복 및 보상 등에 관한 법률' 제17조는 보상금 등의 지급에 관한 소송의 형태를 규정하고 있지 않지만, 위 규정 전단에서 말하는 보상금 등의 지급에 관한 소송은 '민주화운동관련자 명예회복 및 보상 심의위원회'의 보상금 등의 지급신청에 관하여 전부 또는 일부를 기각하는 결정에 대한 불복을 구하는 소송이므로 취소소송을 의미한다고 보아야 하며, 후단에서 보상금 등의 지급신청을 한 날부터 90일을 경과한 때에는 그 결정을 거치지 않고 위 소송을 제기할 수 있도록 한 것은 관련자 등에 대한 신속한 권리구제를 위하여 위 기간 내에 보상금 등의 지급 여부 등에 대한 결정을 받지 못한 때에는 지급

거부 결정이 있는 것으로 보아 곧바로 법원에 심의위원회를 상대로 그에 대한 취소소송을 제기할 수 있다고 규정한 취지라고 해석될 뿐, 위 규정이 보상금 등의 지급에 관한 처분의 취소소송을 제한하거나 또는 심의위원회에 의하여 관련자 등으로 결정되지 아니한 신청인에게 국가를 상대로 보상금 등의 지급을 구하는 이행소송을 직접 제기할 수 있도록 허용하는 취지라고 풀이할 수는 없다.

[참고판례]

❶ 광주민주화운동사건 : 당사자소송

[1] 광주민주화운동관련자보상 등에 관한 법률에 의거하여 관련자 및 유족들이 갖게 되는 보상 등에 관한 권리는 헌법 제23조 제3항에 따른 재산권침해에 대한 손실보상청구나 국가배상법에 따른 손해배상청구와는 그 성질을 달리하는 것으로서 법률이 특별히 인정하고 있는 공법상의 권리라고 하여야 할 것이므로 그에 관한 소송은 행정소송법 제3조 제2호 소정의 당사자소송에 의하여야 할 것이며 보상금 등의 지급에 관한 법률관계의 주체는 대한민국이다.

[2] 취소소송 등을 제기한 당사자가 당해 처분 등에 관계되는 사무가 귀속되는 국가 또는 공공단체에 대한 당사자소송을 행정소송법 제10조 제2항에 의하여 관련 청구로서 병합한 경우 위 취소소송 등이 부적법하다면 당사자는 위 당사자소송의 병합청구로서 같은 법 제21조 제1항에 의한 소변경을 할 의사를 아울러 가지고 있었다고 봄이 상당하고, 이러한 경우 법원은 청구의 기초에 변경이 없는 한 당초의 청구가 부적법하다는 이유로 병합된 청구까지 각하할 것이 아니라 병합청구 당시 유효한 소변경청구가 있었던 것으로 받아들여 이를 허가함이 타당하다(대법원 1992. 12. 24. 선고 92누3335 판결).

❷ 연금청구 관련

1) 항고소송을 제기하여야 한다고 본 사례

구 공무원연금법 제19조의3 등의 각 규정을 종합하면, 구 공무원연금법에 의한 퇴직수당 등의 급여를 받을 권리는 법령의 규정에 의하여 직접 발생하는 것이 아니라 위와 같은 급여를 받으려고 하는 자가 소속하였던 기관장의 확인을 얻어 신청함에 따라 공무원연금관리공단이 그 지급결정을 함으로써 구체적인 권리가 발생한다. 여기서 공무원연금관리공단이 하는 급여지급결정의 의미는 단순히 급여수급 대상자를 확인·결정하는 것에 그치는 것이 아니라 구체적인 급여수급액을 확인·결정하는 것까지 포함한다. 따라서 구 공무원연금법령상 급여를 받으려고 하는 자는 우선 관계 법령에 따라 공단에 급여지급을 신청하여 공무원연금관리공단이 이를 거부하거나 일부 금액만 인정하는 급여지급결정을 하는 경우 그 결정을 대상으로 항고소송을 제기하는 등으로 구체적 권리를 인정받은 다음 비로소 당사자소송으로 그 급여의 지급을 구하여야 하고, 구체적인 권리가 발생하지 않은 상태에서 곧바로 공무원연금관리공단 등을 상대로 한 당사자소송으로 급여의 지급을 소구하는 것은 허용되지 않는다(대법원 2010. 5. 27. 선고 2008두5636 판결).

2) 당사자소송을 제기하여야 한다고 본 사례

공무원연금관리공단의 인정에 의하여 퇴직연금을 지급받아 오던 중 공무원연금법령의 개정 등으로 퇴직연금 중 일부 금액의 지급이 정지된 경우에는 당연히 개정된 법령에 따라 퇴직연금이 확정되는 것이지 구 공무원연금법 제26조 제1항에 정해진 공무원연금관리공단의 퇴직연금 결정과 통지에 의하여 비로소 그 금액이 확정되는 것이 아니므로, 공무원연금관리공단이 퇴직연금 중 일부 금액에 대하여 지급거부의 의사표시를 하였다고 하더라도 그 의사표시는 퇴직연금 청구권을 형성·확정하는 행정처분이 아니라 공법상의 법률관계의 한쪽 당사자로서 그 지급의무의 존부 및 범위에 관하여 나름대로의 사실상·법률상 의견을 밝힌 것에 불과하다고 할 것이어서, 이를 행정처분이라고 볼 수는 없고, 그리고 이러한 미지급 퇴직연금에 대한 지급청구권은 공법상 권리로서 그 지급을 구하는 소송은 공법상의 법률관계에 관한 소송인 공법상 당사자소송에 해당한다(대법원 2004. 12. 24. 선고 2003두15195 판결).

❸ 명예퇴직한 법관의 미지급 명예퇴직수당액의 지급을 구하는 소송은 당사자소송이다.

[1] 명예퇴직수당 지급대상자의 결정과 수당액 산정 등에 관한 구 국가공무원법 제74조의2 제1항, 제4항, 구 법관 및 법원공무원 명예퇴직수당 등 지급규칙(이하 '명예퇴직수당규칙'이라 한다) 제3조 제1항, 제2항, 제7조, 제4조 [별표 1]의 내용과 취지 등에 비추어 보면, 명예퇴직수당은 명예퇴직수당 지급신청자 중에서 일정한 심사를 거쳐 피고가 명예퇴직수당 지급대상자로 결정한 경우에 비로소 지급될 수 있지만, 명예퇴직수당 지급대상자로 결정된 법관에 대하여 지급할 수당액은 명예퇴직수당규칙 제4조 [별표 1]에 산정 기준이 정해져 있으므로, 위 법관은 위 규정에서 정한 정당한 산정 기준에 따라 산정된 명예퇴직수당액을 수령할 구체적인 권리를 가진다. 따라서 위 법관이 이미 수령한 수당액이 위 규정에서 정한 정당한 명예퇴직수당액에 미치지 못한다고 주장하며 차액의 지급을 신청함에 대하여 법원행정처장이 거부하는 의사를 표시했더라도, 그 의사표시는 명예퇴직수당액을 형성·확정하는 행정처분이 아니라 공법상의 법률관계의 한쪽 당사자로서 지급의무의 존부 및 범위에 관하여 자신의 의견을 밝힌 것에 불과하므로 행정처분으로 볼 수 없다. 결국 명예퇴직한 법관이 미지급 명예퇴직수당액에 대하여 가지는 권리는 명예퇴직수당 지급대상자 결정 절차를 거쳐 명예퇴직수당규칙에 의하여 확정된 공법상 법률관계에 관한 권리로서 그 지급을 구하는 소송은 행정소송법의 당사자소송에 해당하며, 그 법률관계의 당사자인 국가를 상대로 제기하여야 한다.

[2] 공법상의 법률관계에 관한 당사자소송에서는 그 법률관계의 한쪽 당사자를 피고로 하여 소송을 제기하여야 한다(행정소송법 제3조 제2호, 제39조). 다만 원고가 고의 또는 중대한 과실 없이 당사자소송으로 제기하여야 할 것을 항고소송으로 잘못 제기한 경우에, 당사자소송으로서의 소송요건을 결하고 있음이 명백하여 당사자소송으로 제기되었더라도 어차피 부적법하게 되는 경우가 아닌 이상, 법원으로서는 원고가 당사자소송으로 소 변경을 하도록 하여 심리·판단하여야 한다(대법원 2016. 5. 24. 선고 2013두14863 판결).

❹ 보험료 납부의무 부존재확인소송은 공법상 당사자소송이고, 이때의 피고는 근로복지공단이다.

[1] 고용보험 및 산업재해보상보험의 보험료징수 등에 관한 법률 제4조, 제16조의2, 제17조, 제19조, 제23조의 각 규정에 의하면, 사업주가 당연가입자가 되는 고용보험 및 산재보험에서 보험료 납부의무 부존재확인의 소는 공법상의 법률관계 자체를 다투는 소송으로서 공법상 당사자소송이다.

[2] 갑에게서 주택 등 신축 공사를 수급한 을이 사업주를 갑으로 기재한 갑 명의의 고용보험·산재보험관계성립신고서를 근로복지공단에 작성·제출하여 갑이 고용·산재보험료 일부를 납부하였고, 국민건강보험공단이 갑에게 나머지 보험료를 납부할 것을 독촉하였는데, 갑이 국민건강보험공단을 상대로 이미 납부한 보험료는 부당이득으로서 반환을 구하고 국민건강보험공단이 납부를 독촉하는 보험료채무는 부존재확인을 구하는 소를 제기한 사안에서, 이는 행정소송인 공법상 당사자소송과 행정소송법 제10조 제2항, 제44조 제2항에 규정된 관련청구소송으로서 부당이득반환을 구하는 민사소송이 병합하여 제기된 경우에 해당하므로, 원심법원인 인천지방법원 합의부는 항소심으로서 민사소송법 제34조 제1항,[19] 법원조직법 제28조 제1호[20])에 따라 사건을 관할법원인 서울고등법원에 이송했어야 옳다고 한 사례.

[3] 고용보험 및 산업재해보상보험의 보험료징수 등에 관한 법률 제4조는 고용보험법 및 산업재해보상보험법에 따른 보험사업에 관하여 이 법에서 정한 사항은 고용노동부장관으로부터 위탁을 받아 근로복지공단이 수행하되, 보험료의 체납관리 등의 징수업무는 국민건강보험공단이 고용노동부장관으로부터 위탁을 받아 수행한다고 규정하고 있다. 따라서 고용·산재보험료의 귀속주체, 즉 사업주가 각 보험료 납부의무를 부담하는 상대방은 근로복지공단이고, 국민건강보험공단은 단지 각 보험료의 징수업무를 수행하는 데에 불과하므로, 고용·산재보험료 납부의무 부존재확인의 소는 근로복지공단을 피고로 하여 제기하여야 한다. 그리고 행정소송법상 당사자소송에서 원고가 피고를 잘못 지정한 때에는 법원은 원고의 신청에 의하여 결정으로써 피고의 경정을 허가할 수 있으므로(행정소송법 제44조 제1항, 제14조), 원고가 피고를 잘못 지정한 것으로 보이는 경우 법원으로서는 마땅히 석명권을 행사하여 원고로 하여금 정당한 피고로 경정하게 하여 소송을 진행하도록 하여야 한다(대법원 2016. 10. 13. 선고 2016다221658).

❺ **부가가치세 환급세액 지급청구소송은 당사자소송**

부가가치세법령이 환급세액의 정의 규정, 그 지급시기와 산출방법에 관한 구체적인 규정과 함께 부가가치세 납세의무를 부담하는 사업자(이하 '납세의무자'라 한다)에 대한 국가의 환급세액 지급의무를 규정한 이유는, 입법자가 과세 및 징수의 편의를 도모하고 중복과세를 방지하는 등의 조세 정책적 목적을 달성하기 위한 입법적 결단을 통하여, 최종 소비자에 이르기 전의 각 거래단계에서 재화 또는 용역을 공급하는 사업자가 그 공급을 받는 사업자로부터 매출세액을 징수하여 국가에 납부하고, 그 세액을 징수당한 사업자는 이를 국가로부터 매입세액으로 공제·환급받는 과정을 통하여 그 세액의 부담을 다음 단계의 사업자에게 차례로 전가하여 궁극적으로 최종 소비자에게 이를 부담시키는 것을 근간으로 하는 전단계세액공제 제도를 채택한 결과, 어느 과세기간에 거래징수된 세액이 거래징수를 한 세액보다 많은 경우에는 그 납세의무자가 창출한 부가가치에 상응하는 세액보다 많은 세액이 거래징수되게 되므로 이를 조정하기 위한 과세기술상, 조세 정책적인 요청에 따라 특별히 인정한 것이라고 할 수 있다. 따라서 이와 같은 부가가치세법령의 내용, 형식 및 입법 취지 등에 비추어 보면, 납세의무자에 대한 국가의 부가가치세 환급세액 지급의무는 그 납세의무자로부터 어느 과세기간에 과다하게 거래징수된 세액 상당을 국가가 실제로 납부받았는지와 관계없이 부가가치세법령의 규정에 의하여 직접 발생하는 것으로서, 그 법적 성질은 정의와 공평의 관념에서 수익자와 손실자 사이의 재산상태 조정을 위해 인정되는 부당이득 반환의무가 아니라 부가가치세법령에 의하여 그 존부나 범위가 구체적으로 확정되고 조세 정책적 관점에서 특별히 인정되는 공법상 의무라고 봄이 타당하다. 그렇다면 납세의무자에 대한 국가의 부가가치세 환급세액 지급의무에 대응하는 국가에 대한 납세의무자의 부가가치세 환급세액 지급청구는 민사소송이 아니라 행정소송법 제3조 제2호에 규정된 당사자소송의 절차에 따라야 한다(대법원 2013. 3. 21. 선고 2011다95564 전원합의체 판결).[21]

❻ **납세의무부존재확인소송은 당사자소송이며, 이때의 피고적격은 국가·공공단체 등 권리주체가 갖는다.**

납세의무부존재확인의 소는 공법상의 법률관계 그 자체를 다투는 소송으로서 당사자소송이라 할 것이므로

---

19) 민사소송법 제34조 (관할위반 또는 재량에 따른 이송) ① 법원은 소송의 전부 또는 일부에 대하여 관할권이 없다고 인정하는 경우에는 결정으로 이를 관할법원에 이송한다.
20) 법원조직법 제28조 (심판권) 고등법원은 다음의 사건을 심판한다.
   1. 지방법원 합의부, 가정법원 합의부, 회생법원 합의부 또는 행정법원의 제1심 판결·심판·결정·명령에 대한 항소 또는 항고사건
21) 다만 대법원은 여전히 과오납금반환청구소송은 민사소송으로 보고 있다(대법원 1990. 2. 13. 선고 88누6610 판결 등).

행정소송법 제3조 제2호, 제39조에 의하여 그 법률관계의 한쪽 당사자인 국가·공공단체 그 밖의 권리주체가 피고적격을 가진다(대법원 2000. 9. 8. 선고 99두2765 판결).

❼ 당사자소송의 가구제수단으로서 민사집행법상 가처분에 관한 규정이 준용된다.

도시 및 주거환경정비법(이하 '도시정비법'이라 한다)상 행정주체인 주택재건축정비사업조합을 상대로 관리처분계획안에 대한 조합 총회결의의 효력을 다투는 소송은 행정처분에 이르는 절차적 요건의 존부나 효력 유무에 관한 소송으로서 소송결과에 따라 행정처분의 위법 여부에 직접 영향을 미치는 공법상 법률관계에 관한 것이므로, 이는 행정소송법상 당사자소송에 해당한다. 그리고 이러한 당사자소송에 대하여는 행정소송법 제23조 제2항의 집행정지에 관한 규정이 준용되지 아니하므로(행정소송법 제44조 제1항 참조), 이를 본안으로 하는 가처분에 대하여는 행정소송법 제8조 제2항에 따라 민사집행법상 가처분에 관한 규정이 준용되어야 한다(대법원 2015. 8. 21. 자 2015무26 결정).

❽ 당사자소송으로서의 채용계약해지의사표시의 무효확인소송을 제기한 경우, 보충성이 요구된다.

지방자치단체와 채용계약에 의하여 채용된 계약직공무원이 그 계약기간 만료 이전에 채용계약 해지 등의 불이익을 받은 후 그 계약기간이 만료된 때에는 그 채용계약해지의 의사표시의 무효확인만으로는 당해 소송에서 추구하는 권리구제의 기능이 있다고 할 수 없고, 침해된 급료지급청구권이나 사실상의 명예를 회복하는 수단은 바로 급료의 지급을 구하거나 명예훼손을 전제로 한 손해배상을 구하는 등의 이행청구소송으로 직접적인 권리구제방법이 있는 이상 무효확인소송은 적절한 권리구제수단이라 할 수 없어 확인소송의 또 다른 소송요건을 구비하지 못하고 있다 할 것이며, 위와 같이 직접적인 권리구제의 방법이 있는 이상 무효확인 소송을 허용하지 않는다고 해서 당사자의 권리구제를 봉쇄하는 것도 아니다.

원심이 같은 취지에서 이 사건 소 중 채용계약 해지의사표시의 무효확인청구부분은 확인의 이익이 없어 부적법하다고 판단한 조치는 수긍이 가고, 거기에 상고이유에서 주장하는 바와 같은 확인의 이익에 관한 법리오해 등의 위법이 없다(대법원 2008. 6. 12. 선고 2006두16328 판결).

❾ 토지의 일시 사용에 대한 동의의 의사표시를 할 의무의 존부에 관한 소송은 행정소송법상 당사자소송이며 및 사인을 피고로 하는 당사자소송이 허용된다.

국토의 계획 및 이용에 관한 법률 제130조 제3항에서 정한 토지의 소유자·점유자 또는 관리인(이하 '소유자 등'이라 한다)이 사업시행자의 일시 사용에 대하여 정당한 사유 없이 동의를 거부하는 경우, 사업시행자는 해당 토지의 소유자 등을 상대로 동의의 의사표시를 구하는 소를 제기할 수 있다. 이와 같은 토지의 일시 사용에 대한 동의의 의사표시를 할 의무는 '국토의 계획 및 이용에 관한 법률'에서 특별히 인정한 공법상의 의무이므로, 그 의무의 존부를 다투는 소송은 '공법상의 법률관계에 관한 소송으로서 그 법률관계의 한쪽 당사자를 피고로 하는 소송', 즉 행정소송법 제3조 제2호에서 규정한 당사자소송이라고 보아야 한다.

행정소송법 제39조는, "당사자소송은 국가·공공단체 그 밖의 권리주체를 피고로 한다."라고 규정하고 있다. 이것은 당사자소송의 경우 항고소송과 달리 '행정청'이 아닌 '권리주체'에게 피고적격이 있음을 규정하는 것일 뿐, 피고적격이 인정되는 권리주체를 행정주체로 한정한다는 취지가 아니므로 이 규정을 들어 사인을 피고로 하는 당사자소송을 제기할 수 없다고 볼 것은 아니다.

그리고 당사자소송에 대하여는 행정소송법 제8조 제2항에 따라 민사집행법상 가처분에 관한 규정이 준용되므로, 사업시행자는 민사집행법 제300조 제2항에 따라 현저한 손해를 피하기 위해 필요한 경우 '임시의 지위를 정하기 위한 가처분'을 통하여 공익사업을 신속하고 원활하게 수행할 수 있다.

기출문제

변시13 甲은 1992년 3월부터 공무원으로 재직하면서 공무원연금법상 보수월액의 65/1000에 해당하는 기여금을 매달 납부하여 오다가 2012년 3월 31일자로 퇴직을 하여 최종보수월액의 70%에 해당하는 퇴직연금을 지급받아 오던 자이다. 그런데 국회는 2012년 8월 6일 공무원연금의 재정상황이 날로 악화되어 2030년부터는 공무원연금의 재정이 고갈될 것이라고 하는 KDI의 보고서를 근거로 공무원연금 재정의 안정성을 도모하기 위한 조치로 공무원연금법 개혁을 단행하기로 하였다. 이에 따라 같은 날 공무원연금법을 개정하여, (1) 공무원연금법상 재직 공무원들이 납부해야 할 기여금의 납부율을 보수월액의 85/1000로 인상하고, (2) 퇴직자들에게 지급할 퇴직연금의 액수도 종전 최종보수월액의 70%에서 일률적으로 최종보수월액의 50%만 지급하며, (3) 공무원의 보수인상률에 맞추어 연금액을 인상하던 것을 공무원의 보수인상률과 전국소비자물가변동률의 차이가 3% 이상을 넘지 않도록 재조정하였다. (4) 그리고 경과규정으로, 재직기간과 상관없이 개정 당시 재직 중인 모든 공무원들에게 개정법률을 적용하는 부칙 조항(이 사건 부칙 제1조)과, 퇴직연금 삭감조항은 2012년 1월 1일 이후에 퇴직하는 모든 공무원에게 소급하여 적용하는 부칙 조항(이 사건 부칙 제2조)을 두었으며 동 법률은 2012년 8월 16일 공포되어 같은 날부터 시행되었다. 공무원연금관리공단은 개정법률의 시행에 따라 2012년 8월부터 甲에게 최종보수월액의 70%를 50%로 삭감하여 퇴직연금을 지급하였다. 甲은 공무원연금관리공단을 상대로 2012년 8월 26일 자신에게 종전대로 최종보수월액의 70%의 연금을 지급해 줄 것을 신청하였으나, 공무원연금관리공단은 2012년 9월 5일 50%를 넘는 부분에 대하여는 개정법률에 따라 그 지급을 거부하였다. 이에 甲은 감액된 연금액을 지급받기 위하여 위 거부행위를 대상으로 하여 서울행정법원에 그 취소를 구하는 행정소송을 제기하였다. 한편, 乙은 1992년 3월부터 20년 넘게 공무원으로 재직하여 오던 중 임용당시 공무원 결격사유가 있었던 사실이 발견되었고, 乙은 이를 이유로 2012년 3월 31일 당연퇴직의 통보를 받게 되었다. (이상 공무원연금법의 내용은 가상의 것임을 전제로 함)

1. 甲이 제기한 행정소송은 적법한가? 만약 적법하지 않다면 甲이 취할 조치는? **(10점)** - 항고소송과 당사자소송의 구별기준, 지급거부결정의 처분성 부정, 당사자소송으로 소변경 신청

변시24 「공무원연금법」상 퇴직연금수급자였던 乙과 丙은 2018. 6. 전국동시지방선거에서 각각 지방의회의원으로 당선되어, 2018. 7. 취임하였다. 공무원연금공단은 2020. 1. 20. 乙과 丙에게 개정된 법률에 따라 퇴직연금지급정지대상자가 되었다는 사실을 통보하여 연금지급 거부의사를 표시하였다. 乙은 2020. 3. 30. 공무원연금공단을 상대로 퇴직연금지급거부에 대하여 취소소송(이하 '이 사건 취소소송'이라 한다)을 관할 법원에 제기하였다. 乙이 제기한 이 사건 취소소송의 대상적격을 검토하시오. 또한 2024. 1. 9. 丙이 지방의회의원 재직기간 중 지급정지된 퇴직연금을 받기 위하여 제기할 수 있는 소송유형을 검토하시오. **(30점)**
- 항고소송과 당사자소송의 구별

군인연금법에 따른 사망보상금 청구 사건

□ 대법원 2021. 12. 16. 선고 2019두45944 판결

[사실관계]

원고의 아들인 공소외인은 2013. 4. 15. 군에 입대하여, 2013. 8. 11. 부대 화장실에서 목을 맨 상태로 발견되었고, 같은 날 사망하였다. 원고는 피고(대한민국)를 상대로 국가배상을 청구하는 소를 제기하여 일부 인용 판결을 받았다(서울중앙지방법원 2016. 2. 17. 선고 2015가단5326535 판결, 쌍방이 항소하지 않아 그대로 확정되었다). 이에 따라 원고는 2016. 3. 16. 피고(대한민국)로부터 국가배상금을 받았다.

공소외인은 당초 군인사법 제54조의2 제1항 제3호에서 정한 '일반사망자'로 분류되었으나, 국방부 중앙전공사망심사위원회는 2016. 7. 22. 공소외인을 같은 항 제2호 (다)목의 '순직자(순직Ⅲ형)'에 해당한다고 결정하였고, 육군참모총장은 2016. 8. 5. 경기남부보훈지청장(국방부장관으로부터 구 군인연금법상 사망보상금의 지급사무를 위탁받았다)에게 '원고가 구 군인연금법상 사망보상금 지급대상자에 해당하고 사망보상금 지급 시 공제사항을 해당기관에 확인할 것'을 통보하였다.

원고는 2016. 8. 11. 경기남부보훈지청장에게 구 군인연금법에 의한 사망보상금의 지급을 청구하였다. 경기남부보훈지청의 보상과장은 2016. 10. 18. '원고가 구 군인연금법상 사망보상금의 액수를 초과하는 국가배상금을 받았으므로 이를 공제하면 지급할 사망보상금이 없다.'는 내부결재문건에 결재를 하였고, 원고에게 사망보상금이 지급되지 않았다. 이에 원고는 당사자소송으로 피고를 상대로 사망보상금의 지급을 청구하는 이 사건 소를 제기하였다.

[판결요지]

[1] 군 복무 중 사망한 사람의 유족이 국가배상을 받은 경우, 국가보훈처장 등이 사망보상금에서 정신적 손해배상금까지 공제할 수 있는지 문제 된 사안에서, 사망보상금에서 소극적 손해배상금 상당액을 공제할 수 있을 뿐 이를 넘어 정신적 손해배상금까지 공제할 수 없다고 한 사례

군 복무 중 사망한 사람의 유족이 국가배상을 받은 경우, 국가보훈처장 등이 사망보상금에서 정신적 손해배상금까지 공제할 수 있는지 문제 된 사안에서, 구 군인연금법이 정하고 있는 급여 중 사망보상금은 일실손해의 보전을 위한 것으로 불법행위로 인한 소극적 손해배상과 같은 종류의 급여이므로, 군 복무 중 사망한 사람의 유족이 국가배상을 받은 경우 국가보훈처장 등은 사망보상금에서 소극적 손해배상금 상당액을 공제할 수 있을 뿐, 이를 넘어 정신적 손해배상금까지 공제할 수 없다고 한 사례.

[2] 구 군인연금법령상 급여를 받으려고 하는 사람이 관계 법령에 따라 국방부장관 등에게 급여지급을 청구하였으나 국방부장관 등이 이를 거부하거나 일부 금액만 인정하는 급여지급결정을 하는 경우, 그 결정을 대상으로 항고소송을 제기하는 등으로 구체적 권리를 인정받지 않은 상태에서 곧바로 국가를 상대로 한 당사자소송으로 급여의 지급을 소구할 수 있는지 여부(소극)

구 군인연금법에 의한 사망보상금 등의 급여를 받을 권리는 법령의 규정에 따라 직접 발생하는 것이 아니라 급여를 받으려고 하는 사람이 소속하였던 군의 참모총장의 확인을 얻어 청구함에 따라 국방부장관 등이 지

급결정을 함으로써 구체적인 권리가 발생한다[구 군인연금법 제10조 제1항, 제11조 제1항, 제2항, 제31조 제1항, 구 군인연금법 시행령 제21조 제2항, 제23조 제1항 제1호, 제4항, 구 군인연금법 시행규칙 제5조 제1항 참조].

국방부장관 등이 하는 급여지급결정은 단순히 급여수급 대상자를 확인·결정하는 것에 그치는 것이 아니라 구체적인 급여수급액을 확인·결정하는 것까지 포함한다. 구 군인연금법령상 급여를 받으려고 하는 사람은 우선 관계 법령에 따라 국방부장관 등에게 급여지급을 청구하여 국방부장관 등이 이를 거부하거나 일부 금액만 인정하는 급여지급결정을 하는 경우 그 결정을 대상으로 항고소송을 제기하는 등으로 구체적 권리를 인정받은 다음 비로소 당사자소송으로 그 급여의 지급을 구해야 한다. 이러한 구체적인 권리가 발생하지 않은 상태에서 곧바로 국가를 상대로 한 당사자소송으로 급여의 지급을 소구하는 것은 허용되지 않는다.

[3] 법원이 국가·공공단체 그 밖의 권리주체를 피고로 하는 당사자소송을 그 처분 등을 한 행정청을 피고로 하는 항고소송으로 변경하는 것이 타당하다고 인정할 경우, 소의 변경을 허가할 수 있는지 여부(원칙적 적극) 및 원고가 고의 또는 중대한 과실 없이 항고소송으로 제기해야 할 것을 당사자소송으로 잘못 제기한 경우, 법원이 취할 조치

법원은 국가·공공단체 그 밖의 권리주체를 피고로 하는 당사자소송을 그 처분 등을 한 행정청을 피고로 하는 항고소송으로 변경하는 것이 타당하다고 인정할 때에는 청구의 기초에 변경이 없는 한 사실심 변론종결 시까지 원고의 신청에 의하여 결정으로써 소의 변경을 허가할 수 있다(행정소송법 제42조, 제21조). 다만 원고가 고의 또는 중대한 과실 없이 항고소송으로 제기해야 할 것을 당사자소송으로 잘못 제기한 경우에, 항고소송의 소송요건을 갖추지 못했음이 명백하여 항고소송으로 제기되었더라도 어차피 부적법하게 되는 경우가 아닌 이상, 법원으로서는 원고가 항고소송으로 소 변경을 하도록 석명권을 행사하여 행정청의 처분이나 부작위가 적법한지 여부를 심리·판단해야 한다.

[비교판례]

□ 육군 부사관으로 전역하면서 국가에 퇴직수당을 청구하였는데 국군재정관리단장이 甲이 군인복지기금에서 대부받은 민간주택임대자금의 상환지연이자를 퇴직수당에서 공제하여 지급하였고 이에 甲이 국가를 상대로 공제된 퇴직수당의 지급을 구한 사안에서, 甲은 공법상 당사자소송을 제기하여야 한다.

이 사건 소는 갑이 육군 부사관으로 전역하면서 국가에 퇴직수당을 청구하였는데, 퇴직수당의 결정에 관하여 국방부장관의 위임을 받은 국군재정관리단장은 갑이 군인복지기금에서 대부받은 민간주택임대자금의 상환지연이자를 퇴직수당에서 공제하여 지급하였고, 이에 갑이 국가를 상대로 공제된 퇴직수당의 지급을 구한 사안으로, 국방부장관 등이 구체적인 급여수급액을 확인·결정함에 따라 공법상 권리가 된 퇴직수당 중 일부금의 지급을 청구하는 것으로, 그 법률관계의 한쪽 당사자를 피고로 하는 소송이므로 행정소송법상 당사자소송에 해당한다(대법원 2021. 12. 16. 선고 2019두45944 판결 등 참조). 한편 행정사건 제1심판결에 대한 항소사건은 고등법원이 심판해야 하고(법원조직법 제28조 제1호), 원고가 고의나 중대한 과실 없이 행정소송으로 제기하여야 할 사건을 민사소송으로 잘못 제기하고 단독판사가 제1심판결을 선고한 경우에도 그에 대한 항소사건은 고등법원의 전속관할이다(대법원 2016. 10. 13. 선고 2016다221658 판결 참조). 따라서 지방법원 합의부로서 행정사건 제1심판결에 대한 항소사건을 심판한 원심은 전속관할을 위반한 잘못이 있다(대법원 2022. 1. 27. 선고 2021다219161 판결).

진료비 청구 사건

□ 대법원 1999. 11. 26. 선고 97다42250 판결

[사실관계]

의료보호법상 원고 甲(전북대학교병원)의 보호비용 청구에 대하여 전주시 완산구청장이 심사 결과 지급을 거부하였다. 이에 원고 甲(전북대학교병원)가 같은 달 29. 행정심판을 제기하였으며, 완산구청장이 같은 해 9. 29. 행정심판을 기각하는 취지의 기각재결을 하였다. 이에 대하여 원고 甲(전북대학교병원)은 피고 乙(전주시22))을 상대로 민사소송으로 진료비를 청구하였다.

[판결요지]

[1] 의료보호법상 진료기관의 보호비용 청구에 대하여 보호기관이 심사 결과 지급을 거부한 경우, 진료기관의 구제 방법(=항고소송)

구 의료보호법 제1조, 제4조, 제6조, 제11조, 제21조, 같은법시행령 제17조 제1항, 제2항, 제21조, 같은법시행규칙 제28조, 제29조에 따른 의료보호의 목적, 의료보호대상자의 선정절차, 기금의 성격과 조성방법 및 운용절차, 보호기관의 심사결정의 내용과 성격, 진료기관의 보호비용의 청구절차 등에 비추어 볼 때, 진료기관의 보호기관에 대한 진료비지급청구권은 계약 등의 법률관계에 의하여 발생하는 사법상의 권리가 아니라 법에 의하여 정책적으로 특별히 인정되는 공법상의 권리라고 할 것이고, 법령의 요건에 해당하는 것만으로 바로 구체적인 진료비지급청구권이 발생하는 것이 아니라 보호기관의 심사결정에 의하여 비로소 구체적인 청구권이 발생한다고 할 것이므로, 진료기관은 법령이 규정한 요건에 해당하여 진료비를 지급받을 추상적인 권리가 있다 하더라도 진료기관의 보호비용 청구에 대하여 보호기관이 심사 결과 지급을 거부한 경우에는 곧바로 민사소송은 물론 공법상 당사자소송으로도 지급 청구를 할 수는 없고 지급거부 결정의 취소를 구하는 항고소송을 제기하는 방법으로 구제받을 수밖에 없다고 할 것이다.

[2] 고의 또는 중과실 없이 행정소송으로 제기하여야 할 사건을 민사소송으로 잘못 제기하고 수소법원이 그 행정소송에 대한 관할도 동시에 가지고 있는 경우, 수소법원이 취하여야 할 조치

행정소송법 제7조는 원고의 고의 또는 중대한 과실 없이 행정소송이 심급을 달리하는 법원에 잘못 제기된 경우에 민사소송법 제31조 제1항을 적용하여 이를 관할 법원에 이송하도록 규정하고 있을 뿐 아니라 관할위반의 소를 부적법하다고 하여 각하하는 것보다 관할 법원에 이송하는 것이 당사자의 권리 구제나 소송경제의 측면에서 바람직하므로, 원고가 고의 또는 중대한 과실 없이 행정소송으로 제기하여야 할 사건을 민사소송으로 잘못 제기한 경우 수소법원으로서는 만약 그 행정소송에 대한 관할도 동시에 가지고 있는 경우라면, 행정소송으로서의 전심절차 및 제소기간을 도과하였거나 행정소송의 대상이 되는 처분 등이 존재하지도 아니한 상태에 있는 등 행정소송으로서의 소송요건을 결하고 있음이 명백하여 행정소송으로 제기되었더라도 어차피 부적법하게 되는 경우가 아닌 이상, 원고로 하여금 항고소송으로 소 변경을 하도록 하여 그 1심법원으로 심리·판단하여야 한다고 할 것이다.

---

22) 완산구는 자치구가 아니므로 공법인이 아니다. 따라서 완산구가 속한 전주시를 상대로 민사소송을 제기한 사건이다.

[비교판례]

☐ 공법상 당사자소송도 청구의 기초가 바뀌지 아니하는 한도 안에서 민사소송으로 소 변경이 가능하다.

공법상 당사자소송의 소 변경에 관하여 행정소송법은, 공법상 당사자소송을 항고소송으로 변경하는 경우(행정소송법 제42조, 제21조) 또는 처분변경으로 인하여 소를 변경하는 경우(행정소송법 제44조 제1항, 제22조)에 관하여만 규정하고 있을 뿐, 공법상 당사자소송을 민사소송으로 변경할 수 있는지에 관하여 명문의 규정을 두고 있지 않다. 그러나 공법상 당사자소송에서 민사소송으로의 소 변경이 금지된다고 볼 수 없다.

이유는 다음과 같다.

① 행정소송법 제8조 제2항은 행정소송에 관하여 민사소송법을 준용하도록 하고 있으므로, 행정소송의 성질에 비추어 적절하지 않다고 인정되는 경우가 아닌 이상 공법상 당사자소송의 경우도 민사소송법 제262조에 따라 청구의 기초가 바뀌지 아니하는 한도 안에서 변론을 종결할 때까지 청구의 취지를 변경할 수 있다.

② 한편 대법원은 여러 차례에 걸쳐 행정소송법상 항고소송으로 제기해야 할 사건을 민사소송으로 잘못 제기한 경우 수소법원으로서는 원고로 하여금 항고소송으로 소 변경을 하도록 석명권을 행사하여 행정소송법이 정하는 절차에 따라 심리·판단해야 한다고 판시해 왔다. 이처럼 민사소송에서 항고소송으로의 소 변경이 허용되는 이상, 공법상 당사자소송과 민사소송이 서로 다른 소송절차에 해당한다는 이유만으로 청구기초의 동일성이 없다고 해석하여 양자 간의 소 변경을 허용하지 않을 이유가 없다.

③ 일반 국민으로서는 공법상 당사자소송의 대상과 민사소송의 대상을 구분하기가 쉽지 않고 소송 진행 도중의 사정변경 등으로 인해 공법상 당사자소송으로 제기된 소를 민사소송으로 변경할 필요가 발생하는 경우도 있다. 소 변경 필요성이 인정됨에도, 단지 소 변경에 따라 소송절차가 달라진다는 이유만으로 이미 제기한 소를 취하하고 새로 민사상의 소를 제기하도록 하는 것은 당사자의 권리 구제나 소송경제의 측면에서도 바람직하지 않다.

따라서 공법상 당사자소송에 대하여도 청구의 기초가 바뀌지 아니하는 한도 안에서 민사소송으로 소 변경이 가능하다고 해석하는 것이 타당하다(대법원 2023. 6. 29. 선고 2022두44262 판결).

감사원의 징계요구 사건

□ 대법원 2016. 12. 27. 선고 2014두5637 판결

[사실관계]

피고(감사원)는 헌법 제97조 및 감사원법에 따라 설치된 감사기관으로 2011. 3. 3.부터 2011. 3. 25.까지 서울특별시 관악구에 대하여 기관운영감사를 실시하였다.

피고는 2011. 10. 17. 서울특별시 관악구청장(이하 '관악구청장'이라 한다)에게 위 감사결과, "소외 1, 소외 2, 원고 1이 각각 서울특별시 관악구 도시관리국 ○○○○과 팀장, 같은 과 과장, 같은 구 부구청장으로 재직하던 중 각각 그 직위에서 체비지 관리·매각업무를 담당 또는 총괄하면서, 봉천 제12-1구역 주택재개발정비사업조합(이하 '이 사건 재개발 조합'이라 한다) 정비구역 내 서울특별시 소유의 체비지(이하 '이 사건 체비지'라 한다)를 저가에 매각하여 지방공무원법 제48조의 성실의무를 위반하였다"는 이유로 감사원법(2013. 3. 23. 법률 제11690호로 개정되기 전의 것, 이하 같다) 제32조 제1항, 제10항에 의하여 위 3명에 대한 징계를 요구하였다(소외 2, 소외 1에 대하여는 징계의 종류를 정하지 않았고, 원고 1에 대하여는 징계의 종류를 정직으로 정하여 징계를 요구하였다. 이하 '이 사건 징계요구'라 한다).

이에 원고 서울특별시장은 감사원법 제36조 제2항에 따라 피고에게 재심의를 청구하였고, 피고는 2012. 3. 15. 위 재심의 청구를 기각하였다(이하 '이 사건 재심의 결정'이라 한다). 피고가 재심의청구를 기각하자 소외인이 감사원의 징계 요구와 그에 대한 재심의결정의 취소를 구하고 원고가 피고의 재심의결정 취소를 구하는 소를 제기하였다.

[판결요지]

□ 갑 시장이 감사원으로부터 감사원법 제32조에 따라 을에 대하여 징계의 종류를 정직으로 정한 징계 요구를 받게 되자 감사원에 징계 요구에 대한 재심의를 청구하였고, 감사원이 재심의청구를 기각하자 을이 감사원의 징계 요구와 그에 대한 재심의결정의 취소를 구하고 갑 시장이 감사원의 재심의결정 취소를 구하는 소를 제기한 사안에서, 감사원의 징계 요구와 재심의결정이 항고소송의 대상이 되는 행정처분이라고 할 수 없고, 갑 시장이 제기한 소송이 기관소송으로서 감사원법 제40조 제2항에 따라 허용된다고 볼 수 없다고 한 사례

갑 시장이 감사원으로부터 감사원법 제32조에 따라 을에 대하여 징계의 종류를 정직으로 정한 징계 요구를 받게 되자 감사원법 제36조 제2항에 따라 감사원에 징계 요구에 대한 재심의를 청구하였고, 감사원이 재심의청구를 기각하자 을이 감사원의 징계 요구와 그에 대한 재심의결정의 취소를 구하고 갑 시장이 감사원의 재심의결정 취소를 구하는 소를 제기한 사안에서, 징계 요구는 징계 요구를 받은 기관의 장이 요구받은 내용대로 처분하지 않더라도 불이익을 받는 규정도 없고, 징계 요구 내용대로 효과가 발생하는 것도 아니며, 징계 요구에 의하여 행정청이 일정한 행정처분을 하였을 때 비로소 이해관계인의 권리관계에 영향을 미칠 뿐, 징계 요구 자체만으로는 징계 요구 대상 공무원의 권리·의무에 직접적인 변동을 초래하지도 아니하므로, 행정청 사이의 내부적인 의사결정의 경로로서 '징계 요구, 징계 절차 회부, 징계'로 이어지는 과정에서의 중간처분에 불과하여, 감사원의 징계 요구와 재심의결정이 항고소송의 대상이 되는 행정처분이라고 할 수 없고, 감사원법 제40조 제2항을 갑 시장에게 감사원을 상대로 한 기관소송을 허용하는 규

정으로 볼 수는 없고 그 밖에 행정소송법을 비롯한 어떠한 법률에도 갑 시장에게 '감사원의 재심의 판결'에 대하여 기관소송을 허용하는 규정을 두고 있지 않으므로, 갑 시장이 제기한 소송이 기관소송으로서 감사원법 제40조 제2항에 따라 허용된다고 볼 수 없다고 한 사례.

[판결이유]

1) 이 사건 징계 요구를 받은 원고 서울특별시장에 대한 측면에서는, ① 감사원법에, 징계 사유에 해당하는 공무원에 대하여 그 소속장관 또는 임용권자에게 징계를 요구할 수 있고(제32조 제1항), 징계 요구를 받은 기관의 장은 감사원이 정한 날까지 해당 절차에 따라 처분을 하여야 한다(제32조 제11항)고 규정하고 있을 뿐, 징계 요구를 받은 기관의 장이 요구받은 내용대로의 징계를 하여야 한다고 규정하고 있지 않은 점, ② 감사원법상 징계 요구 중 파면 요구에 대하여는, 파면 요구를 받은 소속 장관 또는 임용권자는 그 요구를 받은 날부터 10일 이내에 해당 징계위원회 또는 인사위원회 등에 그 의결을 요구하여야 하고, 그 의결이 있은 날부터 15일 이내에 감사원에 통보하여야 하며(제32조 제2항), 파면 요구를 한 사항이 파면 의결이 되지 아니한 경우 감사원은 해당 징계위원회 등이 설치된 기관의 바로 위 상급기관에 설치된 징계위원회 등에 직접 그 심의 또는 재심의를 요구할 수 있다(제32조 제3항)고 규정하고 있어, 감사원법도 징계 요구한 내용대로 징계가 이루어지지 않는 경우를 상정하고 있고, 파면 외의 징계 요구에 대하여는 위와 같은 규정조차 없는 점, ③ 징계 요구를 받은 기관의 장이 요구받은 내용대로의 징계를 하지 아니하거나 징계 절차에 나아가지 않아도, 그러한 기관의 장에게 과태료나 형사처벌 등 제재나 불이익을 부과하는 규정이 없는 점, ④ 감사원법 제31조에 따른 변상처분과는 달리, 징계 요구를 받은 임용권자 등이 해당 절차에 따라 처분을 하지 않을 경우, 징계 요구 자체만으로 어떠한 법률상 효력이 발생하는 규정이 없는 점, ⑤ 감사원 스스로도 징계 요구를 받은 임용권자 등은 감사원의 징계 요구에 따를 의무가 없고, 그에 따르지 않더라도 이를 강제할 수 없다고 주장하고 있는 점 등을 종합하여 보면, 이 사건 징계 요구는, 징계 요구를 받은 원고 서울특별시장의 인사권한 등 구체적 권리 · 의무에 직접적인 법률적 변동을 일으킨다고 보기 어렵다.

이 사건 징계 요구의 대상이 된 공무원인 원고 1에 대한 측면에서도, ① 징계가 이루어지는 경우라면, 대상 공무원으로서는 징계처분의 효력을 다투면 충분하고, ② 징계가 이루어지지 않는 경우라면, 징계 절차에 회부되어 징계위원회 등에 징계 의결이 요구 중인 기간에는 그 대상 공무원이 승진임용의 대상에서 제외되는 등의 효력이 발생하나, 이는 징계 절차 회부에 따른 효력이지 징계 요구 자체만으로 발생하는 효력이 아닐 뿐만 아니라, 징계 절차 회부에 따른 일시적이거나 잠정적인 효과에 불과하여, 징계 요구 그 자체만으로 대상 공무원인 원고 1의 구체적인 권리 · 의무에 직접적 변동을 초래한다고 보기 어렵다.

결국 이 사건 징계 요구는, 징계 요구를 받은 기관의 장이 요구받은 내용대로 처분하지 않더라도 불이익을 받는 규정도 없고, 징계 요구 내용대로 효과가 발생하는 것도 아니며, 징계 요구에 의하여 행정청이 일정한 행정처분을 하였을 때 비로소 이해관계인의 권리관계에 영향을 미칠 뿐, 징계 요구 그 자체만으로는 징계 요구 대상 공무원의 권리 · 의무에 직접적인 변동을 초래하지도 아니하므로, 행정청 사이의 내부적인 의사결정의 경로로서(대법원 1978. 11. 14. 선고 78누320 판결 참조), '징계 요구, 징계절차 회부, 징계'로 이어지는 과정에서의 중간처분에 불과하여, 항고소송의 대상이 되는 행정처분이라고 할 수 없고, 징계 요구 자체의 취소를 구할 실익도 없다.

2) 한편 감사원법상 해당 기관의 장 등은 제31조에 따른 변상판정, 제32조, 제33조 및 제34조에 따른 처분요구에 대하여 감사원에 재심의를 청구할 수 있는데(제36조 제1항, 제2항), 제40조 제2항에, "감사원의 재

심의 판결에 대하여는 감사원을 당사자로 하여 행정소송을 제기할 수 있다."라고 규정되어 있다. 그런데 감사원법 제40조 제2항 규정은, 감사원법 제31조에 따른 변상판정, 제32조, 제33조, 제34조에 따른 처분요구에 대한 재심의 결과에 대하여, 일반적인 소송요건이 갖추어지는 것을 전제로 재심의의 대상이 되었던 변상판정 등에 대하여는 변상판정 등을 대상으로 하는 것이 아니라 그에 대한 '재심의 판결'에 대하여 '감사원'을 당사자로 하여 행정소송을 제기할 수 있다는 규정이라고 볼 것이지, 위 규정만으로 당사자능력, 소의 이익, 항고소송에서의 대상적격 등 일반적인 소송요건과 무관하게 무조건 행정소송을 제기할 수 있다는 규정으로 해석할 것은 아니다.

기관소송은 "국가 또는 공공단체의 기관 상호 간에 있어서의 권한의 존부 또는 그 행사에 관한 다툼이 있을 때에 이에 대하여 제기하는 소송"으로(행정소송법 제3조 제4호) 행정의 적법성 보장을 목적으로 하는 객관적 소송이고, 법률이 정한 경우 법률에 정한 자에 한하여 제기할 수 있다(행정소송법 제45조). 감사원법 제40조 제2항에 "감사원의 재심의 판결에 대하여는 감사원을 당사자로 하여 행정소송을 제기할 수 있다."라고 규정되어 있으나, 위와 같은 기관소송의 성격과 내용, 앞서 본 바와 같이 감사원의 징계 요구나 그에 대한 재심의결정은 그 자체로는 법률적 구속력을 발생시킨다고 보기 어려운 점, 감사원법 제40조 제2항이 기관소송에 관한 규정이라면 기관소송에서의 제소기간 등이 함께 규정되었어야 할 것이나 그러한 규정이 없는 점, 감사원법 제40조 제2항의 규정 형식과 내용, 연혁, 관련 규정의 체계 등을 종합하여 보면, 감사원법 제40조 제2항을 원고 서울특별시장에게 감사원을 상대로 한 기관소송을 허용하는 규정으로 볼 수는 없다. 그 밖에 행정소송법을 비롯한 어떠한 법률에도 원고 서울특별시장에게 '감사원의 재심의 판결'에 대하여 기관소송을 허용하는 규정을 두고 있지 않다. 따라서 원고 서울특별시장이 제기한 이 사건 소송이 기관소송으로서 감사원법 제40조 제2항에 따라 허용된다고 볼 수 없다.

판례행정법 제5판

제6편
행정조직법

Verwaltungsrecht

제1장 | 행정조직법의 의의

난지도 휀스설치공사 사건

□ 대법원 1995. 7. 11. 선고 94누4615 전원합의체 판결

[사실관계]

피고(영등포구청장)는 1993. 7. 9. 서울특별시 난지도 관리사업소가 발주하는 난지도 주변 휀스설치공사에 관하여 원고(주식회사 덕명건설)가 1992. 12. 8. 조달청과 공사도급계약을 체결하고도 이를 소외 화성휀스실업 주식회사에 일괄 하도급주었다는 이유로 건설업법(이하 '법'이라고 한다) 제22조, 제50조 제2항 제3호, 같은법 시행령 제32조에 따라 원고에 대하여 1993. 7. 7.부터 같은 해 11. 6.까지 4개월 동안 영업을 정지하는 처분(이하 '이 사건 처분'이라 한다)을 하였다.

이에 원고는 이 사건 처분에 대하여 무효확인을 구하는 소송을 제기하였다.

[판결요지]

[1] 구 건설업법 제50조 제2항 제3호 소정의 영업정지 등 처분권한을 위임받은 시·도지사가 이를 구청장 등에게 재위임할 수 있는지 여부

구 건설업법 제57조 제1항, 같은법 시행령 제53조 제1항 제1호에 의하면 건설부장관의 권한에 속하는 같은 법 제50조 제2항 제3호 소정의 영업정지 등 처분권한은 서울특별시장·직할시장 또는 도지사에게 위임되었을 뿐 시·도지사가 이를 구청장·시장·군수에게 재위임할 수 있는 근거규정은 없으나, 정부조직법 제5조(현재 6조) 제1항과 이에 기한 행정권한의위임및위탁에관한규정 제4조에 재위임에 관한 일반적인 근거규정이 있으므로 시·도지사는 그 재위임에 관한 일반적인 규정에 따라 위임받은 위 처분권한을 구청장 등에게 재위임할 수 있다.

[2] 이른바 기관위임사무를 지방자치단체의 조례에 의하여 재위임할 수 있는지 여부

[1]항의 영업정지 등 처분에 관한 사무는 국가사무로서 지방자치단체의 장에게 위임된 이른바 기관위임사무에 해당하므로 시·도지사가 지방자치단체의 조례에 의하여 이를 구청장 등에게 재위임할 수는 없고 행정권한의위임및위탁에관한규정 제4조에 의하여 위임기관의 장의 승인을 얻은 후 지방자치단체의 장이 제정한 규칙이 정하는 바에 따라 재위임하는 것만이 가능하다.

[3] 하자 있는 행정처분이 당연무효인지를 판별하는 기준

[다수의견] 하자 있는 행정처분이 당연무효가 되기 위하여는 그 하자가 법규의 중요한 부분을 위반한 중대

한 것으로서 객관적으로 명백한 것이어야 하며 하자가 중대하고 명백한 것인지 여부를 판별함에 있어서는 그 법규의 목적, 의미, 기능 등을 목적론적으로 고찰함과 동시에 구체적 사안 자체의 특수성에 관하여도 합리적으로 고찰함을 요한다.

[반대의견] 행정행위의 무효사유를 판단하는 기준으로서의 명백성은 행정처분의 법적 안정성 확보를 통하여 행정의 원활한 수행을 도모하는 한편 그 행정처분을 유효한 것으로 믿은 제3자나 공공의 신뢰를 보호하여야 할 필요가 있는 경우에 보충적으로 요구되는 것으로서, 그와 같은 필요가 없거나 하자가 워낙 중대하여 그와 같은 필요에 비하여 처분 상대방의 권익을 구제하고 위법한 결과를 시정할 필요가 훨씬 더 큰 경우라면 그 하자가 명백하지 않더라도 그와 같이 중대한 하자를 가진 행정처분은 당연무효라고 보아야 한다.

[4] 처분권한의 근거 조례가 무효인 경우, 그 근거 규정에 기하여 한 행정처분이 당연무효인지 여부(소극)

조례 제정권의 범위를 벗어나 국가사무를 대상으로 한 무효인 서울특별시행정권한위임조례의 규정에 근거하여 구청장이 건설업영업정지처분을 한 경우, 그 처분은 결과적으로 적법한 위임 없이 권한 없는 자에 의하여 행하여진 것과 마찬가지가 되어 그 하자가 중대하나, 지방자치단체의 사무에 관한 조례와 규칙은 조례가 보다 상위규범이라고 할 수 있고, 또한 헌법 제107조 제2항의 "규칙"에는 지방자치단체의 조례와 규칙이 모두 포함되는 등 이른바 규칙의 개념이 경우에 따라 상이하게 해석되는 점 등에 비추어 보면 위 처분의 위임 과정의 하자가 객관적으로 명백한 것이라고 할 수 없으므로 이로 인한 하자는 결국 당연무효사유는 아니라고 봄이 상당하다.

[참고판례]

❶ 자치사무는 조례에 의하여 재위임이 가능하다는 사례

[1] 도지사가 하천구역에서의 점용료나 부당이득금 등의 징수권을 행사하는 것은 국가기관의 지위에서 수행하는 사무가 아니라 지방자치단체 자체의 사무이므로, 구 지방자치법 제95조(현 제104조) 제2항에 따라 조례 또는 규칙에 의하여 시장·군수에게 그 권한의 위임이 가능하다.

[2] 구 하천법 제33조에서는 직할하천의 경우에도 그 하천을 유지·관리하는 도지사로 하여금 점용료와 부당이득금 등을 징수하도록 규정하고 있고, 같은 법 제64조 제2항에서는 위와 같이 징수한 점용료 등은 당해 도의 수입으로 하도록 규정하고 있으며, 구 지방자치법 제9조(현 제11조) 제2항 제1호 (바)목에서는 지방세와 지방세외 수입의 부과 및 징수사무를 지방자치단체의 사무로 예시하고 있는바, 경기도지사가 이 사건 하천구역에서의 점용료나 부당이득금 등의 징수권을 행사하는 것은 국가기관의 지위에서 수행하는 사무가 아니라 지방자치단체 자체의 사무이므로, 구 지방자치법 제95조 제2항에 따라 조례 또는 규칙에 의하여 시장·군수에게 그 권한의 위임이 가능하다 할 것이다. 그런데 이 사건 부당이득금 부과처분 당시의 경기도 하천·공유수면 점용료 및 사용료 징수조례 제7조 제1항은 "도지사는 점용료 등의 징수에 관한 업무를 시장 또는 군수에게 위임할 수 있다."고 규정하고 있고, 이에 터잡은 위 징수조례 시행규칙 제2조에서 이를 시장 또는 군수에게 위임하고 있으므로, 이 사건 처분은 피고가 경기도지사로부터 적법하게 권한을 위임받아 행사한 것이라 할 것이다(대법원 2006. 9. 8. 선고 2004두947 판결).

❷ 기관위임사무는 조례에 의하여 재위임이 불가능하다는 사례

[1] 도시재개발법 제41조 소정의 관리처분계획인가 등 처분권한을 위임받은 시·도지사가 이를 구청장 등에게 재위임할 수 있는지 여부

도시재개발법 제8조, 같은법시행령 제58조 제1항 제12호에 의하면 건설부장관의 권한에 속하는 도시재개발법 제41조의 규정에 의한 관리처분계획의 인가 등 처분권한은 시·도지사에게 위임되었을 뿐 시·도지사가 이를 구청장·시장·군수에게 재위임할 수 있는 근거규정은 없으나, 정부조직법 제5조 제1항과 이에 기한 행정권한의위임및위탁에관한규정 제4조에 재위임에 관한 일반적인 근거규정이 있으므로, 시·도지사는 그 재위임에 관한 일반적인 규정에 따라 위임받은 위 처분권한을 구청장 등에게 재위임할 수 있다.

[2] 이른바 기관위임사무를 지방자치단체의 조례에 의하여 재위임할 수 있는지 여부

위 관리처분계획의 인가 등에 관한 사무는 국가사무로서 지방자치단체의 장에게 위임된 이른바 기관위임사무에 해당하므로, 시·도지사가 지방자치단체의 조례에 의하여 이를 구청장 등에게 재위임할 수는 없고, 행정권한의위임및위탁에관한규정 제4조에 의하여 위임기관의 장의 승인을 얻은 후 지방자치단체의 장이 제정한 규칙이 정하는 바에 따라 재위임하는 것만이 가능하다.

[3] 처분권한의 재위임에 관한 조례 부분이 조례제정권의 범위를 벗어나 무효라고 한 사례

서울특별시장이 건설부장관으로부터 위임받은 관리처분계획의 인가 등 처분권한을 행정권한의위임및위탁에관한규정 제4조에 의하여 규칙을 제정해서 구청장에게 재위임하지 아니하고, 서울특별시행정권한위임조례 제5조 제1항 [별표]에 의하여 구청장에게 재위임하였다면, 서울특별시행정권한위임조례 중 위 처분권한의 재위임에 관한 부분은 조례제정권의 범위를 벗어난 국가사무(기관위임사무)를 대상으로 한 것이어서 무효이다(대법원 1995. 8. 22. 선고 94누5694 전원합의체 판결).

> **기출문제**
>
> **변시17** 「석유 및 석유대체연료 사업법」상 석유정제업에 대한 등록 및 등록취소 등의 권한은 산업통상자원부장관의 권한이나, 산업통상자원부장관은 같은 법 제43조 및 같은 법 시행령 제45조에 의해 위 권한을 시·도지사에게 위임하였다. 석유정제업 등록 및 등록취소 등의 권한을 위임받은 A도지사는 위임받은 권한 중 석유정제업의 사업정지에 관한 권한을 A도 조례에 의하여 군수에게 위임하였다. 사업정지권한을 위임받은 B군수는, A도 내 B군에서 석유정제업에 종사하는 甲이 같은 법 제27조를 위반하였다는 이유로 같은 법 제13조 제1항 제11호에 따라 6개월의 사업정지처분을 하였다. 甲은 위 사업정지처분에 대해 따로 불복하지 않은 채, 사업정지처분서를 송달받은 후 4개월이 넘도록 위 정지기간 중 석유정제업을 계속하였다. 이에 A도지사는 같은 법 제13조 제5항에 따라 甲의 석유정제업 등록을 취소하였다.
> 1. B군수에 대한 A도지사의 권한 재위임은 적법한가? **(30점)** – 조례에 의한 권한 재위임의 적법여부
> 2. B군수가 甲에 대하여 한 사업정지처분의 효력에 대하여 검토하시오. **(30점)** – 무효인 조례에 근거한 처분의 효력

내부위임 사건

□ 대법원 1993. 5. 27. 선고 93누6621 판결

[사실관계]

피고 울산시 남구청장 乙이 소외 영보주택주식회사에 대하여 부과고지한 취득세가 체납되자, 그 취득세와 가산금의 강제징수를 위하여 원고 甲이 분양받아 대금을 완납하였으나 아직 위 소외 회사 명의로 소유권보존등기가 되어 있는 이 사건 부동산에 관하여 乙 자신의 명의로 압류처분을 하였다. 그러나 지방세법 및 경상남도세조례의 각 관련규정을 종합하면 이 사건 체납취득세에 대한 압류처분권한은 경상남도지사로부터 울산시장에게 권한위임된 것이고, 乙은 울산시장으로부터 압류처분권한을 내부위임을 받은 데 불과하여 울산시장의 명의로 압류처분을 대행처리할 수 있을 뿐이었다.

이에 원고 甲은 이 사건 압류처분이 권한없는 자에 의하여 행하여진 처분이라고 주장하면서 압류처분취소소송을 제기하였다.

[판결요지]

체납취득세에 대한 압류처분권한은 도지사로부터 시장에게 권한위임된 것이고 시장으로부터 압류처분권한을 내부위임받은 데 불과한 구청장으로서는 시장 명의로 압류처분을 대행처리할 수 있을 뿐이고 자신의 명의로 이를 할 수 없다 할 것이므로 구청장이 자신의 명의로 한 압류처분은 권한 없는 자에 의하여 행하여진 위법무효의 처분이다.

[비교판례]

❏ 행정관청 내부의 사무처리규정에 불과한 전결규정에 위반하여 원래의 전결권자 아닌 보조기관 등이 처분권자인 행정관청의 이름으로 행정처분을 한 경우, 그 처분은 당연무효라고 할 수 없다.

전결과 같은 행정권한의 내부위임은 법령상 처분권자인 행정관청이 내부적인 사무처리의 편의를 도모하기 위하여 그의 보조기관 또는 하급 행정관청으로 하여금 그의 권한을 사실상 행사하게 하는 것으로서 법률이 위임을 허용하지 않는 경우에도 인정되는 것이므로, 설사 행정관청 내부의 사무처리규정에 불과한 전결규정에 위반하여 원래의 전결권자 아닌 보조기관 등이 처분권자인 행정관청의 이름으로 행정처분을 하였다고 하더라도 그 처분이 권한 없는 자에 의하여 행하여진 무효의 처분이라고는 할 수 없다(대법원 1998. 2. 27. 선고 97누1105 판결).

[참고판례]

❶ 권한의 위임과 권한의 내부위임

　행정권한의 위임은 행정관청이 법률에 따라 특정한 권한을 다른 행정관청에 이전하여 수임관청의 권한으로 행사하도록 하는 것이어서 권한의 법적인 귀속을 변경하는 것임에 대하여, 행정권한의 내부위임은 행정관청의 내부적인 사무처리의 편의를 도모하기 위하여 보조기관 또는 하급행정관청으로 하여금 그의 권한을 사실상 행하도록 하는데 그치는 것이므로, 권한위임의 경우에는 수임관청이 자기의 이름으로 그 권한을 행사할 수 있지만, 내부위임의 경우에는 수임관청은 위임관청의 이름으로만 그 권한을 행사할 수 있을 뿐 자기의 이름으로는 그 권한을 행사할 수 없는 것이다(대법원 1989. 9. 12. 선고 89누671 판결).

❷ 내부위임을 받은데 불과한 하급행정청이 권한없이 행한 행정처분에 대한 취소소송의 피고적격

　행정처분의 취소 또는 무효확인을 구하는 행정소송은 다른 법률에 특별한 규정이 없는 한 그 처분을 행한 행정청을 피고로 하여야 하며, 행정처분을 행할 적법한 권한 있는 상급행정청으로부터 내부위임을 받은데 불과한 하급행정청이 권한없이 행정처분을 한 경우에도 실제로 그 처분을 행한 하급행정청을 피고로 할 것이지 그 상급행정청을 피고로 할 것은 아니다(대법원 1989. 11. 14. 선고 89누4765 판결).

제2장 | 지방자치법

공유수면매립지에 대한 관할 결정

□ 대법원 2021. 2. 4. 선고 2015추528 판결

〔사실관계〕

평택지방해양수산청장은 '평택항'의 부두, 지원시설로서 도로, 제방, 잡종지의 조성을 위해 2003. 12. 12.부터 2009. 10. 1.까지 평택시 포승읍 신영리 앞 해상 공유수면에서 평택항 외항 및 내항 매립지 축조 사업을 시행하였고, 그로 인해 별지 기재와 같이 매립지(이하 '이 사건 매립지'라고 한다)가 조성되었다.

헌법재판소는 당진시와 피고 보조참가인 평택시(이하 '평택시'라고 한다) 간의 권한쟁의심판 사건에 관한 2004. 9. 23. 선고 2000헌라2 전원재판부 결정에서, 국립지리원이 간행한 지형도상의 해상경계선은 불문법상의 해상경계가 되며 특정 지방자치단체의 관할구역이었던 공유수면을 매립하여 조성한 매립지는 그 공유수면을 관할하였던 지방자치단체의 관할구역에 자동적으로 귀속되어야 한다는 이유로 순번 ① 매립지(당진시 (지번 7 생략) 제방 32,834.8㎡)에 대한 관할권한은 당진시에 있다고 결정하였다. 그에 따라 2004. 12. 30. 대통령령 제18624호로 항만법 시행령 제2조 [별표 1]이 개정되면서 평택항의 명칭이 '평택·당진항'으로 변경되었다. 그 후 당진시는 순번 ⑨, ⑩을 제외한 나머지 매립지(순번 ②~⑧, ⑪)에 대하여 지적등록을 마쳤다.

이에 피고 보조참가인 평택시장(이하 '평택시장'이라고 한다)은 2010. 2. 9.부터 2010. 8. 24.까지 순차로 피고(행정안전부장관)에게 지방자치법 제4조 제4항에 근거하여 순번 ⑤~⑩ 매립지가 속할 지방자치단체를 평택시로 결정해 줄 것을 신청하였다. 그리고 평택지방해양수산청장은 2012. 4. 2. 피고에게 순번 ⑪ 매립지가 속할 지방자치단체를 결정해 줄 것을 신청하였다. 피고 소속 지방자치단체 중앙분쟁조정위원회(이하 '위원회'라고 한다)는 2015. 4. 13. 아래 사정들을 종합하여 순번 ⑤~⑪ 기재 매립지 중 헌법재판소 2004. 9. 23. 선고 2000헌라2 전원재판부 결정으로 당진시에 관할권한이 있다고 결정된 곳은 충청남도 당진시의 관할구역으로 정하고, 나머지 매립지 총 679,589.8㎡는 경기도 평택시의 관할구역으로 정하는 의결을 하였다. 피고는 2015. 5. 4. 위원회의 의결과 같은 내용으로 순번 ⑤~⑪ 매립지가 속할 지방자치단체를 정하는 결정을 하고(이하 '이 사건 결정'이라고 한다) 원고들과 평택시장, 평택지방해양수산청장, 피고 보조참가인 경기도지사에게 통보하였다.

원고들은 2015. 5. 18. 이 사건 결정 중 청구취지 기재와 같이 평택시 관할구역 부분의 취소를 구하는 이 사건 소를 제기하였다.

[판결요지]

[1] 지방자치법 제4조 제3항(현 제5조 제4항)부터 제7항(현 제8항)에서 행정안전부장관 및 소속 위원회의 매립지 관할 귀속에 관한 의결·결정의 실체적 결정기준이나 고려요소를 구체적으로 규정하지 않은 것이 헌법상 보장된 지방자치제도의 본질을 침해하거나 명확성원칙, 법률유보원칙에 반하는지 여부(소극)

지방자치단체의 관할구역은 본래 지방자치제도 보장의 핵심영역, 본질적 부분에 속하는 것이 아니라 입법형성권의 범위에 속하는 점, 해상 공유수면 매립지의 경우 국가의 결정에 의하여 비로소 관할 지방자치단체가 정해지는 것인 점, 2009. 4. 1. 법률 제9577호로 개정된 지방자치법 제4조는 제1항에서 지방자치단체의 관할구역은 법령으로 정하는 것을 원칙으로 하면서도, 제3항에서 예외적으로 공유수면 매립지의 경우 종전에 헌법재판소의 권한쟁의심판 절차를 통해 해상경계선을 기준으로 관할 지방자치단체가 결정됨에 따라 발생하는 문제들을 해소하기 위하여 특별히 행정안전부장관으로 하여금 일정한 의견청취 절차를 거쳐 신중하게 관할 귀속 결정을 할 수 있는 권한을 위임한 것인 점, 국가는 해상 공유수면 매립지의 관할 지방자치단체를 결정할 때 관련 지방자치단체나 주민들의 이해관계 외에도 국토의 효율적이고 균형 있는 이용·개발과 보전(헌법 제120조 제2항, 제122조), 지역 간의 균형 있는 발전(헌법 제123조 제2항)까지도 고려하여 비교형량하여야 하는데 이러한 고려요소나 실체적 결정기준을 법률에 더 구체적으로 규정하는 것은 입법기술적으로도 곤란한 측면이 있는 점 등을 종합하면, 지방자치법 제4조 제3항부터 제7항이 행정안전부장관 및 그 소속 위원회의 매립지 관할 귀속에 관한 의결·결정의 실체적 결정기준이나 고려요소를 구체적으로 규정하지 않았다고 하더라도 지방자치제도의 본질을 침해하였다거나 명확성원칙, 법률유보원칙에 반한다고 볼 수 없다.

[2] 매립지 관할 귀속에 관하여 이해관계가 있는 매립면허관청이나 관련 지방자치단체의 장이 준공검사 전까지 행정안전부장관에게 관할 귀속 결정을 신청하도록 한 지방자치법 제4조 제4항(현 제5조 제5항)의 입법 취지 및 위 규정에서 정한 대로 매립면허관청이나 관련 지방자치단체의 장이 준공검사 전까지 관할 귀속 결정을 신청하지 않은 것이 행정안전부장관의 관할 귀속 결정을 취소해야 할 위법사유인지 여부(소극)

지방자치법 제4조 제4항, 공유수면 관리 및 매립에 관한 법률 제45조, 공간정보의 구축 및 관리 등에 관한 법률 제2조 제29호, 제77조, 제87조, 공간정보의 구축 및 관리 등에 관한 법률 시행령 제63조, 공간정보의 구축 및 관리 등에 관한 법률 시행규칙 제81조 제1항 제2호와 국가가 매립지가 속할 지방자치단체를 결정하지 않은 상태에서, 토지소유자 또는 매립면허취득자가 임의로 특정 지방자치단체의 장에게 토지 신규등록을 신청하여 마친 지적공부 등록의 효력(당연무효)에 관한 법리를 종합하면, 지방자치법 제4조 제4항은 매립지 관할 귀속에 관하여 이해관계가 있는 매립면허관청이나 관련 지방자치단체의 장이 준공검사 전까지 행정안전부장관에게 관할 귀속 결정을 신청하도록 함으로써 행정안전부장관으로 하여금 가급적 신속하고 적절한 시점에 매립지 관할 귀속 결정을 하도록 촉구하고, 이를 통해 행정안전부장관의 매립지 관할 귀속 결정 전에 토지소유자 또는 매립면허취득자가 임의로 특정 지방자치단체의 장에게 토지 신규등록을 신청하여 당연무효인 지적공부 등록이 이루어지는 상황을 예방하려는 데에 입법 취지가 있다. 해상 공유수면 매립지의 경우 지방자치법 제4조 제1항 본문에 의하여 법률의 형식으로 관할 지방자치단체를 정하지 않는 이상 지방자치법 제4조 제3항에 의하여 행정안전부장관의 관할 귀속 결정이 반드시 있어야 하므로, 지방자치법 제4조 제4항이 정한 대로 신청이 이루어지지 않았다고 하더라도 해당 매립지에 관하여 관할 귀속 결정을 하여야 할 행정안전부장관의 권한·의무에 어떤 영향을 미친다고 볼 수 없다. 매립면허관청이나 관련 지방자치단체의 장이 준공검사 전까지 관할 귀속 결정을 신청하지 않았다고 하더라도 그것이 행정안전부장관의 관할 귀속 결정을 취소하여야 할 위법사유는 아니라고 보아야 한다.

[3] 지방자치법 제4조 제4항(현 제5조 제5항)에서 매립지 관할 귀속 결정의 신청권자로 규정한 '관련 지방자치단체의 장'에 기초 지방자치단체의 장이 포함되는지 여부(적극)

2009. 4. 1. 지방자치법 제4조 개정 전에는 공유수면 매립지의 관할 귀속이 주로 '기초 지방자치단체들 상호 간'의 권한쟁의심판 절차를 통해 결정되었고, 그에 따른 문제점을 해소하기 위하여 2009. 4. 1. 지방자치법 제4조가 개정되어 행정안전부장관의 매립지 관할 귀속 결정 절차가 신설된 점, 우리나라에서는 지방자치단체를 두 가지 종류로 구분하여 특별시, 광역시, 특별자치시, 도, 특별자치도와 같은 광역 지방자치단체 안에 시·군·구와 같은 기초 지방자치단체를 두고 있으므로(지방자치법 제2조 제1항, 제3조 제2항), 어떤 매립지가 특정 기초 지방자치단체의 관할구역으로 결정되면 그와 동시에 그 기초 지방자치단체가 속한 광역 지방자치단체의 관할구역에도 포함되는 것으로 보아야 하는 점 등을 고려하면, 지방자치법 제4조 제4항에서 매립지 관할 귀속 결정의 신청권자로 규정한 '관련 지방자치단체의 장'에는 해당 매립지와 인접해 있어 그 매립지를 관할하는 지방자치단체로 결정될 가능성이 있는 '기초 및 광역 지방자치단체의 장'을 모두 포함한다.

[4] 행정안전부장관 및 소속 위원회가 매립지가 속할 지방자치단체를 정할 때 폭넓은 형성의 재량을 가지는지 여부(적극) 및 그 재량의 한계 / 행정안전부장관 및 소속 위원회가 매립지가 속할 지방자치단체를 결정할 때 고려할 사항

2009. 4. 1. 법률 제9577호로 지방자치법 제4조를 개정하여 행정안전부장관이 매립지가 속할 지방자치단체를 결정하는 제도를 신설한 입법 취지에 비추어 보면, 행정안전부장관 및 소속 위원회는 매립지가 속할 지방자치단체를 정할 때 폭넓은 형성의 재량을 가진다. 다만 그 형성의 재량은 무제한적인 것이 아니라, 관련되는 제반 이익을 종합적으로 고려하여 비교·형량하여야 하는 제한이 있다. 행정안전부장관 및 소속 위원회가 그러한 이익형량을 전혀 하지 않았거나 이익형량의 고려 대상에 마땅히 포함해야 할 사항을 누락한 경우 또는 이익형량을 하였으나 정당성·객관성이 결여된 경우에는 그 관할 귀속 결정은 재량권을 일탈·남용한 것으로 위법하다.

위와 같은 지방자치법의 개정 취지 등을 고려하면, 행정안전부장관 및 소속 위원회가 매립지가 속할 지방자치단체를 결정할 때에는 일반적으로 다음과 같은 사항을 포함하여 고려하여야 한다. 특히 하나의 계획으로 전체적인 매립사업계획이 수립되고 그 구도하에서 사업내용이나 지구별로 단계적·순차적으로 진행되는 매립사업에서는 매립이 완료된 부분에 대한 행정적 지원의 필요 등으로 전체 매립대상지역이 아니라 매립이 완료된 일부 지역에 대한 관할 귀속 결정을 먼저 할 수밖에 없는 경우에도 그 부분의 관할 귀속 결정은 나머지 매립 예정 지역의 관할 결정에 상당한 영향을 미칠 수 있다. 따라서 일부 구역에 대해서만 관할 귀속 결정을 할 경우에도 해당 매립사업의 전체적 추진계획, 매립지의 구역별 토지이용계획 및 용도, 항만의 조성과 이용계획 등을 종합적으로 고려하여 매립예정지역의 전체적인 관할 구도의 틀을 감안한 관할 귀속 결정이 이루어지도록 하여야 한다. 만일 전체적인 관할 구도에 비추어 부적절한 관할 귀속 결정이 부분적으로 이루어지게 되면, 해당 매립사업의 전체적 추진계획 및 매립지의 세부 토지이용계획 등이 반영되지 못하게 될 위험이 있을 뿐만 아니라, 관할 귀속 결정이 이루어질 때마다 지방자치단체 사이에 분쟁이 생길 수 있고, 이로 인하여 국가 및 그 지역사회 차원에서 사회적·경제적 비용이 늘어나게 되며, 사회통합에도 장애가 되어 바람직하지 못하다. 게다가 특정 매립완료지역에 대하여 일단 분리 결정이 되면 그 부분의 관할권을 가지게 된 지방자치단체의 기득권처럼 인식되어 각 단계마다 새로이 이해관계 조정이 이루어지게 됨으로써 전체적인 이익형량을 그르치거나 불필요한 소모적 다툼이 연장될 우려도 배제할 수 없다. 이와 같은 제반 사정에 비추어 매립대상지역 중 완공이 된 일부 지역에 대하여 관할 귀속 결정을 할 경우에도 전체 매립대상지역의 관할 구분 구도에 어긋나지 않게 관할 귀속 결정이 이루어져야 한다.

① 매립지 내 각 지역의 세부 토지이용계획 및 인접 지역과의 유기적 이용관계 등을 고려하여 관할구역을

결정하여 효율적인 신규토지의 이용이 가능하도록 하여야 한다.

② 공유수면이 매립되어 육지화된 이상 더는 해상경계선만을 기준으로 관할 귀속 결정을 할 것은 아니고, 매립지와 인근 지방자치단체 관할구역의 연결 형상, 연접관계 및 거리, 관할의 경계로 쉽게 인식될 수 있는 도로, 하천, 운하 등 자연지형 및 인공구조물의 위치 등을 고려하여 매립지가 토지로 이용되는 상황을 전제로 합리적인 관할구역 경계를 설정하여야 한다.

③ 매립지와 인근 지방자치단체의 연접관계 및 거리, 도로, 항만, 전기, 수도, 통신 등 기반시설의 설치·관리, 행정서비스의 신속한 제공, 긴급상황 시 대처능력 등 여러 요소를 고려하여 행정의 효율성이 현저히 저해되지 않아야 한다.

④ 매립지와 인근 지방자치단체의 교통관계, 외부로부터의 접근성 등을 고려하여 매립지 거주 주민들의 입장에서 어느 지방자치단체의 관할구역에 편입되는 것이 주거생활 및 생업에 편리할 것인지를 고려하여야 한다.

⑤ 매립공사의 시행으로 인근 지방자치단체와 주민들이 인접 공유수면을 상실하게 되므로 이로 인하여 잃게 되는 지방자치단체들의 해양 접근성에 대한 연혁적·현실적 이익 및 주민들의 생활기반과 경제적 이익을 감안하여야 한다.

1차 사랑의 교회 사건

□ 대법원 2016. 5. 27. 선고 2014두8490 판결

[사실관계]

 S교회는 교회 건물의 신축을 위해 2009. 6. 1. 당시 지구단위계획구역으로 지정되어 있던 서울 서초구 (주소 생략) 일대 토지 중 서초구역(꽃마을지역) 특별계획구역Ⅱ 토지 6,861.2㎡를 매수하였고, 서울특별시장은 2010. 2. 4. S교회의 위 사업 시행을 위한 지구단위계획 변경제안 등에 따라 서초구역(꽃마을지역) 특별계획구역Ⅱ 지구단위(세부개발) 변경계획을 결정·고시하였다. S교회는 위와 같이 매수한 특별계획구역Ⅱ 부지에 교회 건물 신축을 추진하는 과정에서 위 지구단위변경계획에 의하여 위 교회 건물 부지에 접한 대로인 서초로·반포로의 도로변이 차량출입 금지 구간으로 설정됨에 따라 그 반대편에 위치한 서울특별시 서초구 소유의 국지도로인 참나리길 지하에 지하주차장 진입 통로를 건설하고, 위 건물 부지 지하공간에 건축되는 예배당 시설의 일부로 사용할 목적으로 서울특별시 서초구청장 乙에게 위 참나리길 지하 부분에 대한 도로점용허가를 신청하였다. 이에 乙은 2010. 4. 6. 신축 교회 건물 중 남측 지하 1층 325㎡를 어린이집으로 기부채납할 것을 내용으로 하는 부관(이하 '이 사건 기부채납부관'이라고 한다)을 붙여 위 참나리길 중 지구단위계획상 S교회가 확장하여 乙에게 기부채납하도록 예정되어 있는 너비 4m 부분을 합한 총 너비 12m 가운데 '너비 7m × 길이 154㎡'의 도로 지하 부분을 2010. 4. 9.부터 2019. 12. 31.까지 S교회가 점용할 수 있도록 하는 내용의 도로점용허가처분(이하 '이 사건 도로점용허가'라고 한다)을 하였다. 위 도로부지에 대한 점용허가에 따라 乙은 S교회의 점용기간 중 도로법 및 서울특별시 조례에 의하여 그 점용료(2012년을 기준으로 할 때, 235,240,000원이다)를 지급받게 된다.

 한편 甲을 포함한 서초구 주민 293명은 2011. 12. 7. 서울특별시장에게 이 사건 도로점용허가처분에 대한 시정조치를 요구하는 취지의 감사청구를 하였고, 이에 서울특별시장은 2012. 4. 9. 서울특별시 감사청구심의회의 심의를 거쳐, ① S교회의 지하예배당은 보통의 시민들이 모두 이용할 수 있는 공공용 시설이 아닐 뿐만 아니라 도로점용허가를 받을 수 있는 공작물·물건, 그 밖의 시설의 종류를 정하고 있는 「도로법 시행령」 제28조 제5항 중 제5호 소정의 '지하실'에 해당하지 않고, ② 기부채납에는 조건을 붙이거나 부당한 특혜를 주어서는 아니 됨에도 이 사건 어린이집 부분을 서초구에 기부채납하는 조건으로 이루어졌다는 이유를 들어 이 사건 도로점용허가처분이 위법·부당하다고 판단한 다음, 2012. 6. 1. 乙에 대하여 2개월 이내에 이 사건 도로점용허가처분을 시정(이하 '이 사건 시정명령'이라고 한다)하고, 이 사건 도로점용허가처분에 관여한 공무원들로서 이미 임기가 만료되었거나 정년퇴직한 자를 제외한 2명에 대하여는 경징계에 처할 사안이나 징계시효가 경과되었으므로 구두로 훈계할 것을 요구하였고, 같은 날 감사청구인들의 대표자인 甲에게 위 감사결과 및 조치요구내용을 통지하고 이를 공표하였다. 이에 대하여 乙은 2012. 7. 31. 서울특별시장에게 위 조치요구에 불복하며 주민소송의 결과를 기다려보겠다는 의사를 표시하였고, 이에 甲은 2012. 8. 29. 「지방자치법」 제17조 제1항에 따라 서울행정법원에 이 사건 주민소송을 제기하였다.

〔판결요지〕

☐ 주민소송 제도의 목적 및 지방자치법 제17조(현 제22조) 제1항에서 주민소송의 대상으로 규정한 '재산의 취득 · 관리 · 처분에 관한 사항'에 해당하는지 판단하는 기준 / 점용허가가 도로 등의 본래 기능 및 목적과 무관하게 그 사용가치를 실현 · 활용하기 위한 것으로 평가되는 경우, 주민소송의 대상이 되는 재산의 관리 · 처분에 해당한다.

주민소송 제도는 지방자치단체 주민이 지방자치단체의 위법한 재무회계행위의 방지 또는 시정을 구하거나 그로 인한 손해의 회복 청구를 요구할 수 있도록 함으로써 지방자치단체의 재무행정의 적법성과 지방재정의 건전하고 적정한 운영을 확보하려는 데 목적이 있다. 그러므로 주민소송은 원칙적으로 지방자치단체의 재무회계에 관한 사항의 처리를 직접 목적으로 하는 행위에 대하여 제기할 수 있고, 지방자치법 제17조 제1항에서 주민소송의 대상으로 규정한 '재산의 취득 · 관리 · 처분에 관한 사항'에 해당하는지도 그 기준에 의하여 판단하여야 한다. 특히 도로 등 공물이나 공공용물을 특정 사인이 배타적으로 사용하도록 하는 점용허가가 도로 등의 본래 기능 및 목적과 무관하게 그 사용가치를 실현 · 활용하기 위한 것으로 평가되는 경우에는 주민소송의 대상이 되는 재산의 관리 · 처분에 해당한다.

〔참고판례〕

☐ 이행강제금의 부과 및 징수를 게을리한 사건

[1] 지방자치법 제17조 제1항에서 정한 주민소송의 대상이 되는 '재산의 관리 · 처분에 관한 사항'이나 '공금의 부과 · 징수를 게을리한 사항'의 의미와 범위

주민소송 제도는 주민으로 하여금 지방자치단체의 위법한 재무회계행위의 방지 또는 시정을 구할 수 있도록 함으로써 지방재무회계에 관한 행정의 적법성을 확보하려는 데 목적이 있다. 그러므로 지방자치법 제17조 제1항, 제2항 제2호, 제3호 등에 따라 주민소송의 대상이 되는 '재산의 관리 · 처분에 관한 사항'이나 '공금의 부과 · 징수를 게을리한 사항'이란 지방자치단체의 소유에 속하는 재산의 가치를 유지 · 보전 또는 실현함을 직접 목적으로 하는 행위 또는 그와 관련된 공금의 부과 · 징수를 게을리한 행위를 말하고, 그 밖에 재무회계와 관련이 없는 행위는 그것이 지방자치단체의 재정에 어떤 영향을 미친다고 하더라도, 주민소송의 대상이 되는 '재산의 관리 · 처분에 관한 사항' 또는 '공금의 부과 · 징수를 게을리한 사항'에 해당하지 않는다.

[2] 이행강제금의 부과 · 징수를 게을리한 행위가 주민소송의 대상이 되는 공금의 부과 · 징수를 게을리한 사항에 해당한다.

이행강제금은 지방자치단체의 재정수입을 구성하는 재원 중 하나로서 '지방세외수입금의 징수 등에 관한 법률'에서 이행강제금의 효율적인 징수 등에 필요한 사항을 특별히 규정하는 등 그 부과 · 징수를 재무회계 관점에서도 규율하고 있으므로, 이행강제금의 부과 · 징수를 게을리한 행위는 주민소송의 대상이 되는 공금의 부과 · 징수를 게을리한 사항에 해당한다(대법원 2015. 9. 10. 선고 2013두16746 판결).

기출문제

5급17 A시에서 B백화점을 경영하고 있는 甲은 A시의 乙시장에게 A시 소유 지하도에서 B백화점으로 연결하는 연결통로 및 에스컬레이터 설치를 위한 도로점용허가를 신청하였고, 乙 시장은 위 시설물을 건설하여 이를 A시에 기부채납할 것을 조건으로 20년간 도로점용을 허가하였다. 甲은 위 시설물을 건설하여 A시에 기부채납하였고, 그 시설물은 일반 공중의 교통에도 일부 이용되었지만 주로 백화점 고객들이 이용하고 있다. 그 후 새로 A시 시장으로 취임한 丙은 A시 관할의 도로점용허가 실태에 대하여 조사를 실시한 결과 甲이 원래 허가 받은 것보다 3분의 1 정도 더 넓은 면적의 도로를 점용하고 있을 뿐만 아니라 연결통로의 절반에 해당하는 면적에 B백화점의 매장을 설치하여 이용하고 있음을 확인하고 甲에게 「도로법」 제72조에 근거하여 변상금을 부과하였다.

2) 한편 주민 丁은 A시 乙시장의 甲에 대한 도로점용허가가 사실상 도로의 영구점용을 허용하는 것이므로 도로점용허가 자체가 위법하다고 주장하면서 A시를 관할하는 도지사에게 감사청구를 하였으나, 그 주장은 받아들여지지 아니하였다. 丁은 「지방자치법」상의 주민소송을 제기할 수 있는가? **(15점)** – 주민소송

5급16 甲은 B광역시장의 허가를 받지 아니하고 B광역시에 공장 건물을 증축하여 사용하고 있다. 이에 B광역시장은 甲에 대하여 증축한 부분을 철거하라는 시정명령을 내렸으나 甲은 이를 이행하지 아니하고 있다. 다음 물음에 답하시오.

1) B광역시장은 상당한 기간이 경과하였음에도 甲에 대하여 이행강제금을 부과·징수하지 않고 있다. 이에 대하여 B광역시 주민 乙은 부작위위법확인소송을 통하여, 주민 丙은 적법한 절차를 거쳐 주민소송을 통하여 다투려고 한다. B광역시장이 甲에 대하여 이행강제금을 부과·징수하지 않고 있는 행위는 부작위위법확인소송 및 주민소송의 대상이 되는가? **(10점)** – 부작위의 성립여부, 주민소송

사시10 B군에서는 정부의 자유무역협정체결에 대응하여 지역특산물인 녹차산업을 진흥하고 이를 통해 지역 경제를 육성하고자 「녹차산업 육성 및 지원에 관한 조례」를 제정, 공포하였다. 이 조례에는 녹차산업 지원을 위한 기술지도 및 보조금 지급에 관한 내용이 포함되어 있다. 이에 주민 甲은 이 조례에 근거하여 녹차원료 생산을 위한 보조금을 신청하여 지원받았다. 그러나 주민 乙은 위 보조금 지급행위가 甲과 군수의 인척관계에 기인했을 뿐만 아니라 위 보조금지급제도가 군수의 인기영합 정책에 의한 부당한 재정지출의 원인이 된다고 생각하고 있다.

2. 주민 乙이 취할 수 있는 「지방자치법」에 의한 쟁송수단에 관하여 설명하시오. **(15점)** – 주민소송

변시21 甲은 2010. 6. 실시된 지방선거에서부터 2018. 6. 실시된 지방선거에서까지 세 차례 연속하여 A시의 시장으로 당선되어 2022. 6.까지 12년간 연임하게 되었다. 한편, 甲의 후원회 회장은 자신이 운영하는 주유소 확장 공사를 위하여 보도의 상당 부분을 점하는 도로점용허가를 신청하였고, 甲은 이를 허가하였다. A시의 주민 丙은 甲이 도로 본래의 기능과 목적을 침해하는 과도한 범위의 도로점용을 허가하였다고 주장하며, 이 도로점용허가(이하 '이 사건 허가'라 한다)에 대하여 다투고자 한다.

4. 丙은 취소소송과는 별도로 주민소송을 제기하고자 한다. 이때 주민소송이 가능한 요건을 검토하고, 주민소송이 가능하다면 어떤 종류의 주민소송을 제기하여야 하는지 검토하시오. **(15점)** – 주민소송

2차 사랑의 교회 사건

□ 대법원 2019. 10. 17. 선고 2018두104 판결

[사실관계]

피고 보조참가인(대한예수교장로회 사랑의 교회)은 2009. 6. 1. 당시 지구단위계획구역으로 지정되어 있던 서울 서초구 (주소 생략) 일대 토지 중 ○○구역(△△△지역) 특별계획구역Ⅱ 토지 6,861.2㎡를 매수한 후 교회 건물을 신축하는 과정에서, 서울특별시 서초구 소유의 국지도로인 참나리길 지하에 지하주차장 진입 통로를 건설하고 지하공간에 건축되는 예배당 시설 부지의 일부로 사용할 목적으로, 피고(서울특별시 서초구청장)에게 위 참나리길 지하 부분에 대한 도로점용허가를 신청하였다.

이에 피고는 2010. 4. 6. 신축 교회 건물 중 남측 지하 1층 325㎡를 어린이집으로 기부채납할 것을 내용으로 하는 부관을 붙여, 위 참나리길 중 지구단위계획상 피고 보조참가인이 확장하여 피고에게 기부채납하도록 예정되어 있는 너비 4m 부분을 합한 총너비 12m 가운데 '너비 7m × 길이 154㎡'의 도로(이하 '이 사건 도로'라 한다) 지하 부분을 2010. 4. 9.부터 2019. 12. 31.까지 피고 보조참가인이 점용할 수 있도록 하는 내용의 이 사건 도로점용허가처분을 하였다.

피고 보조참가인은 이 사건 도로점용허가 이후 이 사건 도로 지하 부분을 포함한 신축 교회 건물 지하에 지하 1층부터 지하 5층까지 본당(예배당), 영상예배실, 교리공부실, 성가대실, 방송실 등의 시설을, 지하 6층부터 지하 8층까지 주차장, 기계실, 창고 등의 시설을 설치하였다.

이에 원고는 [1. 주위적으로 피고가 2010. 4. 9. 피고보조참가인(이하 '참가인'이라 한다)에 대하여 한 도로점용허가처분이 무효임을 확인한다. 예비적으로 피고가 2010. 4. 9. 참가인에 대하여 한 도로점용허가처분을 취소한다. 2. 피고는 제1항 기재 도로점용허가처분과 관련하여 소외 1, 소외 2 등을 포함하여 위 처분에 관여한 서울특별시 서초구청 공무원들, 참가인에 대하여 손해배상청구의 소 제기를 이행하라.] 는 내용의 소송을 제기하였다.

[판결요지]

[1] 위법한 행정처분에 대한 취소판결이 확정된 경우, 행정청이 취할 조치 및 행정처분이 불복기간의 경과로 확정될 경우, 그 효력으로서 확정력의 의미

어떤 행정처분을 위법하다고 판단하여 취소하는 판결이 확정되면 행정청은 취소판결의 기속력에 따라 그 판결에서 확인된 위법사유를 배제한 상태에서 다시 처분을 하거나 그 밖에 위법한 결과를 제거하는 조치를 할 의무가 있다(행정소송법 제30조). 그리고 행정처분이 불복기간의 경과로 인하여 확정될 경우 그 확정력은, 처분으로 인하여 법률상 이익을 침해받은 자가 해당 처분이나 재결의 효력을 더 이상 다툴 수 없다는 의미일 뿐, 더 나아가 판결에 있어서와 같은 기판력이 인정되는 것은 아니어서 처분의 기초가 된 사실관계나 법률적 판단이 확정되고 당사자들이나 법원이 이에 기속되어 모순되는 주장이나 판단을 할 수 없게 되는 것은 아니다.

[2] 지방자치법 제17조(현 제22조) 제1항에 따른 주민소송에서 다툼의 대상이 된 처분의 위법성을 판단하는 기준 및 주민소송에서 처분의 위법성은 해당 처분으로 지방자치단체의 재정에 손실이 발생하였는지만을 기준으로 판단해야 하는지 여부(소극)

지방자치법 제16조, 제17조 제1항, 제2항 제2호, 제17항의 내용과 체계에다가 주민소송 제도의 입법 취지와 법적 성질 등을 종합하면, 주민소송에서 다툼의 대상이 된 처분의 위법성은 행정소송법상 항고소송에서와 마찬가지로 헌법, 법률, 그 하위의 법규명령, 법의 일반원칙 등 객관적 법질서를 구성하는 모든 법규범에 위반되는지 여부를 기준으로 판단하여야 하는 것이지, 해당 처분으로 지방자치단체의 재정에 손실이 발생하였는지만을 기준으로 판단할 것은 아니다.

[3] 공유재산에 해당하는 도로에 관하여 적용할 법률로서 공유재산 및 물품 관리법과 도로법의 관계

구 공유재산 및 물품 관리법 제1조, 제2조, 도로법 제1조 등 관련 규정들의 내용과 체계에다가 두 법률의 입법 목적 등을 종합하면, 공유재산 및 물품 관리법은 공유재산 및 물품의 취득, 관리·처분에 대한 사항 일반을 규율하는 일반법의 성격을 지니는 반면, 도로법은 일반 공중의 교통에 제공되는 시설이라는 도로의 기능적 특성을 고려하여 그 소유관계를 불문하고 특수한 공법적 규율을 하는 법률로서 도로가 공유재산에 해당하는 경우 공유재산 및 물품 관리법보다 우선적으로 적용되는 특별법에 해당한다.

[4] 도로의 점용에 관하여 우선 적용될 법령 및 그 경우 구 공유재산 및 물품 관리법 제13조가 적용되는지 여부(소극)

구 도로법 제38조, 구 도로법 시행령 제28조 제5항 각호, 그리고 도로점용허가의 대상이 되는 공작물 또는 시설의 구조기준을 정한 구 도로법 시행령 제28조 제1항 [별표 1의2]의 내용과 체계에다가 구 공유재산 및 물품 관리법(이하 '구 공유재산법'이라 한다)과 도로법의 관계 등을 종합하면, 도로법령은 구 공유재산법 제13조에 대한 특별 규정이므로, 도로의 점용에 관해서는 위 도로법령의 규정들이 우선적으로 적용되고 구 공유재산법 제13조는 적용되지 않는다.

[5] 갑 교회가 지구단위계획구역으로 지정되어 있던 토지 중 일부를 매수한 후 교회 건물을 신축하는 과정에서 을 구 소유 국지도로 지하에 지하주차장 진입 통로를 건설하고 지하공간에 건축되는 예배당 시설 부지의 일부로 사용할 목적으로 을 구청장에게 위 도로 지하 부분에 대한 도로점용허가를 신청하였고, 을 구청장이 위 도로 중 일부 도로 지하 부분을 갑 교회가 점용할 수 있도록 하는 내용의 도로점용허가처분을 하자, 갑 교회가 위 도로 지하 부분을 포함한 신축 교회 건물 지하에 예배당 등의 시설을 설치한 사안에서, 위 도로점용허가가 비례·형평의 원칙을 위반하였다고 본 원심판단을 수긍한 사례

갑 교회가 지구단위계획구역으로 지정되어 있던 토지 중 일부를 매수한 후 교회 건물을 신축하는 과정에서 을 구 소유 국지도로 지하에 지하주차장 진입 통로를 건설하고 지하공간에 건축되는 예배당 시설 부지의 일부로 사용할 목적으로 을 구청장에게 위 도로 지하 부분에 대한 도로점용허가를 신청하였고, 을 구청장이 위 도로 중 일부 도로 지하 부분을 2010. 4. 9.부터 2019. 12. 31.까지 갑 교회가 점용할 수 있도록 하는 내용의 도로점용허가처분을 하자, 갑 교회가 위 도로 지하 부분을 포함한 신축 교회 건물 지하에 예배당 등의 시설을 설치한 사안에서, 예배당, 성가대실, 방송실과 같은 지하구조물 설치를 통한 지하의 점유는 원상회복이 쉽지 않을 뿐 아니라 유지·관리·안전에 상당한 위험과 책임이 수반되고, 이러한 형태의 점용을 허가하여 줄 경우 향후 유사한 내용의 도로점용허가신청을 거부하기 어려워져 도로의 지하 부분이 무분별하게 사용되어 공중안전에 대한 위해가 발생할 우려가 있으며, 위 도로 지하 부분이 교회 건물의 일부로 사실상 영구적·전속적으로 사용되게 됨으로써 도로 주변의 상황 변화에 탄력적·능동적으로 대처할 수 없게 된다는 등의 사정을 들어, 위 도로점용허가가 비례·형평의 원칙을 위반하였다고 본 원심판단을 수긍한 사례.

[6] 취소소송에 의한 행정처분 취소의 경우에도 수익적 행정처분의 취소·철회 제한에 관한 법리가 적용되는지 여부(소극)

수익적 행정처분에 대한 취소권 등의 행사는 기득권의 침해를 정당화할 만한 중대한 공익상의 필요 또는 제3자의 이익보호의 필요가 있는 때에 한하여 허용될 수 있다는 법리는, 처분청이 수익적 행정처분을 직권으로 취소·철회하는 경우에 적용되는 법리일 뿐 쟁송취소의 경우에는 적용되지 않는다.

[7] 법문언에 모호함이 내포되어 있으나 법관의 보충적인 가치판단을 통해서 법문언의 의미 내용을 확인할 수 있고 그러한 보충적 해석이 해석자의 개인적인 취향에 따라 좌우될 가능성이 없는 경우, 명확성원칙에 반한다고 할 수 있는지 여부(소극)

법치국가 원리의 한 표현인 명확성원칙은 모든 기본권제한 입법에 대하여 요구되나, 명확성원칙을 산술적으로 엄격히 관철하도록 요구하는 것은 입법기술상 불가능하거나 현저히 곤란하므로 입법기술상 추상적인 일반조항과 불확정개념의 사용은 불가피하다. 따라서 법문언에 어느 정도의 모호함이 내포되어 있다고 하더라도 법관의 보충적인 가치판단을 통해서 법문언의 의미 내용을 확인할 수 있고 그러한 보충적 해석이 해석자의 개인적인 취향에 따라 좌우될 가능성이 없다면 명확성원칙에 반한다고 할 수 없다.

[8] 지방자치법 제17조 제1항 중 '재산의 취득·관리·처분에 관한 사항' 부분이 명확성원칙에 반하는지 여부(소극)

지방자치법 제17조 제1항 중 '재산의 취득·관리·처분에 관한 사항' 부분이 '재산의 취득·관리·처분'이라는 일반·추상적 용어를 사용하고 있더라도, '재산', '취득', '관리', '처분' 개념은 다수의 법률에서 널리 사용하는 용어이고, 특히 지방자치단체의 재산에 관한 사항을 규율하고 있는 지방자치법과 구 공유재산 및 물품 관리법 등 관련 법률의 조항들을 통해 의미를 파악하는 것이 가능하며, 어떤 '재산의 취득·관리·처분'에 관한 행위가 주민소송의 대상이 되는지는 결국 법원이 주민소송 제도의 입법 취지를 고려하여 구체적으로 심리하여 판단해야 할 영역이다.

나아가 대법원은 "도로 등 공물이나 공공용물을 특정 사인이 배타적으로 사용하도록 하는 점용허가가 도로 등의 본래 기능 및 목적과 무관하게 그 사용가치를 실현·활용하기 위한 것으로 평가되는 경우에는 주민소송의 대상이 되는 재산의 관리·처분에 해당한다고 보아야 한다."라고 판시하여 주민소송의 대상에 관하여 구체적인 판단 기준을 제시한 바 있다.

따라서 지방자치법 제17조 제1항 중 '재산의 취득·관리·처분에 관한 사항' 부분은 명확성원칙에 반하지 아니한다.

인천아시아경기대회 사건

□ 대법원 2020. 1. 16. 선고 2019두264700 판결

[사실관계]

　소외인은 2010. 7.경부터 2014. 6.경까지 제5대 인천광역시장을 지낸 사람이며, 피고 보조참가인(이하 '참가인'이라고 한다)은 요트장, 휴양시설 운영을 목적으로 2011. 11. 7. 설립된 회사이다.
　원고(주식회사 왕산레저개발)들을 포함한 인천시민 396명은 2015. 3. 9. 문화체육관광부장관에게 '인천광역시가 소외인의 시장 재직 중에 2014년 인천아시아경기대회를 준비하면서 ○○○○○ 요트경기장 조성사업을 위하여 참가인에게 167억 원을 지원하였는데(이하 '이 사건 지원행위'라고 한다), 이는 2011대구세계육상선수권대회, 2013충주세계조정선수권대회, 2014인천아시아경기대회, 2014인천장애인아시아경기대회 및 2015광주하계유니버시아드대회 지원법(이하 '국제대회지원법'이라고 한다) 제23조 제1항, 제2항, 같은 법 시행령 제13조 제1항을 위반한 부당지원행위에 해당한다'는 이유로 위 지원금의 반환을 요구하는 주민감사를 청구하였다(이하 '이 사건 감사청구'라고 한다).
　2016. 5. 27. 열린 문화체육관광부 소속 감사청구심의회는 이 사건 감사청구의 내용이 주민감사 대상사무에 해당하고 주소나 주민등록번호, 이름 등이 불일치하는 사람을 제외하더라도 청구인 수가 300명 이상에 해당하여 주민감사청구의 다른 적법요건은 갖추었다고 보면서도, 이 사건 지원행위가 국제대회지원법령에 위반되지 않는다고 판단하여 이 사건 감사청구를 각하하기로 심의·의결하였다. 그에 따라 문화체육부장관은 2016. 5. 31. 주민감사청구의 대표청구인이었던 원고 5에게 위와 같은 심의·의결 결과를 통보하였다(감사청구심의회의 심의·의결은 행정내부적인 행위이며, 이를 그대로 따라 대외적으로 표시한 문화체육부장관의 결정 이하 '이 사건 각하결정'이라고 한다).
　이에 원고들은 2016. 8. 26. 피고(인천광역시장)를 상대로 지방자치법 제17조 제1항 제2호, 제2항 제4호에 의하여 이 사건 지원행위 당시에 인천광역시의 시장이었던 소외인과 이 사건 지원행위의 상대방이었던 참가인에게 손해배상청구를 할 것을 요구하는 이 사건 주민소송을 제기하였다.
　이 사건의 쟁점은, 감사기관인 문화체육관광부장관이 이 사건 감사청구에 대하여 이 사건 각하결정을 하였음에도 불구하고 이 사건 주민소송이 지방자치법 제17조 제1항에서 정한 '주민감사청구 전치 요건'을 충족한 것으로 볼 수 있는지 여부이다.

[판결요지]

[1] 지방자치법 제16조(현 제21조) 제1항에 따라 주민감사를 청구할 때 '해당 사무의 처리가 법령에 반하거나 공익을 현저히 해친다고 인정될 것'이 주민감사청구 또는 주민소송의 적법요건인지 여부(소극)

　지방자치법 제16조 제1항에서 규정한 '해당 사무의 처리가 법령에 위반되거나 공익을 현저히 해친다고 인정되면'이란 감사기관이 감사를 실시한 결과 피감기관에 대하여 시정요구 등의 조치를 하기 위한 요건 및 주민소송에서 법원이 본안에서 청구를 인용하기 위한 요건일 뿐이고, 주민들이 주민감사를 청구하거나 주민소송을 제기하는 단계에서는 '해당 사무의 처리가 법령에 반하거나 공익을 현저히 해친다고 인정될 가능

성'을 주장하는 것으로 족하며, '해당 사무의 처리가 법령에 반하거나 공익을 현저히 해친다고 인정될 것'이 주민감사청구 또는 주민소송의 적법요건이라고 볼 수는 없다. 왜냐하면 '해당 사무의 처리가 법령에 위반되거나 공익을 현저히 해친다고 인정되는지 여부'는 감사기관이나 주민소송의 법원이 구체적인 사실관계를 조사·심리해 보아야지 비로소 판단할 수 있는 사항이기 때문이다. 만약 이를 주민감사청구의 적법요건이라고 볼 경우 본안의 문제가 본안 전 단계에서 먼저 다루어지게 되는 모순이 발생할 뿐만 아니라, 주민감사를 청구하는 주민들로 하여금 주민감사청구의 적법요건으로서 '해당 사무의 처리가 법령에 위반되거나 공익을 현저히 해친다고 인정될 것'을 증명할 것까지 요구하는 불합리한 결과가 야기될 수 있다.

[2] 주민감사청구가 지방자치법에서 정한 적법요건을 모두 갖추었음에도, 감사기관이 해당 주민감사청구가 부적법하다고 오인하여 더 나아가 구체적인 조사·판단을 하지 않은 채 각하하는 결정을 한 경우, 감사청구한 주민은 위법한 각하결정 자체를 별도의 항고소송으로 다툴 필요 없이, 지방자치법이 규정한 다음 단계의 권리구제절차인 주민소송을 제기할 수 있는지 여부(적극)

지방자치법 제17조 제1항은 주민감사를 청구한 주민에 한하여 주민소송을 제기할 수 있도록 하여 '주민감사청구 전치'를 주민소송의 소송요건으로 규정하고 있으므로, 주민감사청구 전치 요건을 충족하였는지 여부는 주민소송의 수소법원이 직권으로 조사하여 판단하여야 한다. 주민소송이 주민감사청구 전치 요건을 충족하였다고 하려면 주민감사청구가 지방자치법 제16조에서 정한 적법요건을 모두 갖추고, 나아가 지방자치법 제17조 제1항 각호에서 정한 사유에도 해당하여야 한다. 지방자치법 제17조 제1항 제2호에 정한 '감사결과'에는 감사기관이 주민감사청구를 수리하여 일정한 조사를 거친 후 주민감사청구사항의 실체에 관하여 본안판단을 하는 내용의 결정을 하는 경우뿐만 아니라, 감사기관이 주민감사청구가 부적법하다고 오인하여 위법한 각하결정을 하는 경우까지 포함한다. 주민감사청구가 지방자치법에서 정한 적법요건을 모두 갖추었음에도 감사기관이 해당 주민감사청구가 부적법하다고 오인하여 더 나아가 구체적인 조사·판단을 하지 않은 채 각하하는 결정을 한 경우에는 감사청구한 주민은 위법한 각하결정 자체를 별도의 항고소송으로 다툴 필요 없이, 지방자치법이 규정한 다음 단계의 권리구제절차인 주민소송을 제기할 수 있다고 보아야 한다.

용인경전철 사건

□ 대법원 2020. 7. 29. 선고 2017두63467 판결

[사실관계]

용인경전철 민간투자사업(이하 '이 사건 사업'이라 함)은 구 민간투자법에 따라 BTO 방식으로 약 18km 구간에 경량 도시철도를 건설하여 운영하는 사업이고, 피고가 주무관청이다. 피고(용인시장)는 2000. 9. 6. 한국교통연구원에 '건설 타당성 분석 및 실행플랜 수립'에 관한 용역을 의뢰하였고, 2001. 9. 5. 한국교통연구원으로부터 수요예측조사결과가 포함된 용역보고서를 제출받았다.

피고는 2002. 9. 3. 캐나다 건설회사인 '봄바디어'(Bombardier Inc.) 등으로 구성된 컨소시엄(이후 특수목적법인인 '용인경전철 주식회사'를 설립함. 이하 '용인경전철'이라 함)을 우선협상대상자로 지정한 후 2004. 7. 27. 용인경전철과 사이에 이 사건 사업에 관한 실시협약(이하 '이 사건 실시협약'이라 함)을 체결했다. 이 사건 실시협약에 따라, 총사업비 6,970억 원, 운영비 7,450억 원, 2008년 기준 1일 예상교통수요 13만 9,000명을 기준으로 30년간 90%의 최소운영수입보장(MRG) 등이 정해졌다. 용인경전철은 건설공사를 완료한 뒤 2010. 7. 5.부터 3회에 걸쳐 용인시에 준공보고서를 제출하였으나, 피고는 준공보고서를 모두 반려하였고, 이에 용인경전철은 2011. 1. 11. 이 사건 실시협약을 해지한 뒤, 2011. 2. 18. 국제상업회의소(ICC) 산하 국제중재법원(ICA)에 국제중재를 신청함. 국제중재법원은 2011. 9. 26.(1차)과 2012. 6. 11.(2차) 두 차례에 걸쳐 '용인시는 용인경전철에게 미지급 공사비 5,158억 9,100만 원과 기회비용 명목 2,627억 7,200억 원을 지급하라'는 내용의 중재판정을 했다. 피고와 용인경전철은 2차 중재판정 직전인 2012. 4. 19. 이 사건 실시협약의 해지를 철회하고, 최소운영수입보장 방식에서 연간 사업운영비 보전 방식으로 사업구조를 변경하는 등의 양해계약 및 재가동약정을 체결했다.

이에 용인경전철은 2013. 4. 26.부터 경전철 운행을 개시하였는데, 운영 첫 해인 2013년의 실제 이용수요는 1일 평균 약 9천 명에 불과하였고, 2017년의 실제 이용수요는 1일 평균 27천 명이었고, 원고들을 비롯한 용인시 주민들은 2013. 4. 11. 이 사건 사업에 관한 주민 감사를 청구하였고, 이후 이 사건 사업과 관련하여 2011년 당시까지 투입된 1조 32억 원 등을 용인시가 입은 손해로 보아 2013. 10. 10. 피고에게 그 손해를 끼친 이정문, 서정석, 김학규(이상 용인시 전 시장), 관련 공무원들, 한국교통연구원 등을 상대방으로 하여 손해배상청구 등을 할 것을 요구하는 취지로 주민소송을 제기했다.

[판결요지]

[1] 지방자치법 제17조(현 제22조) 제1항에서 주민소송의 대상으로 규정한 '재산의 취득·관리·처분에 관한 사항', '해당 지방자치단체를 당사자로 하는 계약의 체결·이행에 관한 사항' 등에 해당하는지 판단하는 기준

주민소송 제도는 지방자치단체 주민이 지방자치단체의 위법한 재무회계행위의 방지 또는 시정을 구하거나 그로 인한 손해의 회복 청구를 요구할 수 있도록 함으로써 지방자치단체 재무행정의 적법성, 지방재정의 건전하고 적정한 운영을 확보하려는 데 목적이 있다. 그러므로 주민소송은 원칙적으로 지방자치단체의 재무회계에 관한 사항의 처리를 직접 목적으로 하는 행위에 대하여 제기할 수 있고, 지방자치법 제17조 제1

항에서 주민소송의 대상으로 규정한 '재산의 취득·관리·처분에 관한 사항', '해당 지방자치단체를 당사자로 하는 계약의 체결·이행에 관한 사항' 등에 해당하는지 여부도 그 기준에 의하여 판단하여야 한다.

[2] 지방자치법 제17조 제1항에서 정한 주민소송의 대상은 주민감사를 청구한 사항과 반드시 동일해야 하는지 여부(소극) 및 주민소송의 대상이 주민감사를 청구한 사항과 관련성이 있는지 결정하는 기준

주민감사청구가 '지방자치단체와 그 장의 권한에 속하는 사무의 처리'를 대상으로 하는 데 반하여, 주민소송은 '그 감사청구한 사항과 관련이 있는 위법한 행위나 업무를 게을리한 사실'에 대하여 제기할 수 있는 것이므로, 주민소송의 대상은 주민감사를 청구한 사항과 관련이 있는 것으로 충분하고, 주민감사를 청구한 사항과 반드시 동일할 필요는 없다. 주민감사를 청구한 사항과 관련성이 있는지는 주민감사청구사항의 기초인 사회적 사실관계와 기본적인 점에서 동일한지에 따라 결정되는 것이며 그로부터 파생되거나 후속하여 발생하는 행위나 사실은 주민감사청구사항과 관련이 있다고 보아야 한다.

[3] 지방자치법 제17조 제2항 제4호 주민소송을 제기하는 자는 상대방, 재무회계행위의 내용, 감사청구와의 관련성, 상대방에게 요구할 손해배상금 내지 부당이득금 등을 특정하여야 하는지 여부(적극)

지방자치법 제17조 제2항 제1호부터 제3호까지의 주민소송은 해당 지방자치단체의 장을 상대방으로 하여 위법한 재무회계행위의 방지, 시정 또는 확인 등을 직접적으로 구하는 것인 데 반하여, 제4호 주민소송은 감사청구한 사항과 관련이 있는 위법한 행위나 업무를 게을리한 사실에 대하여 지방자치단체의 장 및 직원, 지방의회의원, 해당 행위와 관련이 있는 상대방(이하 '상대방'이라 통칭한다)에게 손해배상청구, 부당이득반환청구, 변상명령 등을 할 것을 요구하는 소송이다. 따라서 제4호 주민소송 판결이 확정되면 지방자치단체의 장인 피고는 상대방에 대하여 판결에 따라 결정된 손해배상금이나 부당이득반환금의 지불 등을 청구할 의무가 있으므로, 제4호 주민소송을 제기하는 자는 상대방, 재무회계행위의 내용, 감사청구와의 관련성, 상대방에게 요구할 손해배상금 내지 부당이득금 등을 특정하여야 한다.

[4] 지방자치법 제17조 제2항 제4호 주민소송에 따른 손해배상청구의 경우, 위법한 재무회계행위와 관련이 있는 상대방인 지방자치단체의 장이나 공무원에게 위법행위에 대한 고의 또는 중대한 과실이 있어야 손해배상책임이 성립하는지 여부(적극)

지방자치단체의 장은 지방자치법 제17조 제2항 제4호 주민소송에 따라 손해배상청구나 부당이득반환청구를 명하는 판결 또는 회계관계직원 등의 책임에 관한 법률(이하 '회계직원책임법'이라 한다)에 따른 변상명령을 명하는 판결이 확정되면 위법한 재무회계행위와 관련이 있는 상대방에게 손해배상금이나 부당이득반환금을 청구하여야 하거나 변상명령을 할 수 있다(지방자치법 제17조 제2항 제4호, 제18조 제1항, 회계직원책임법 제6조 제1항). 그리고 이에 더 나아가 상대방이 손해배상금 등의 지급을 이행하지 않으면 지방자치단체의 장은 손해배상금 등을 청구하는 소송을 제기하여야 한다(지방자치법 제18조 제2항). 이때 상대방인 지방자치단체의 장이나 공무원은 국가배상법 제2조 제2항, 회계직원책임법 제4조 제1항의 각 규정 내용 및 취지 등에 비추어 볼 때, 그 위법행위에 대하여 고의 또는 중대한 과실이 있는 경우에 제4호 주민소송의 손해배상책임을 부담하는 것으로 보아야 한다.

담배자동판매기 설치금지조례 사건

□ 헌법재판소 1995. 4. 20. 선고 92헌마264,279(병합)

[사실관계]

지방자치단체인 부천시와 서울 강남구는 각 지방의회의 의결을 거쳐 부천시 담배자동판매기설치금지조례(부천시 조례 제1197호, 이하 "부천시조례"라 한다)와 강남구 담배자동판매기설치금지조례(강남구 조례 제207호, 이하 "강남구 조례"라 한다)를 제정하여, 부천시조례는 1992.8.12.자로, 강남구조례는 같은 해 10.16.자로 공포·시행되었다.

청구인들(담배소매업자)은 자판기의 설치를 제한하고 설치된 자판기를 철거하도록 한 부천시조례 제4조 및 부칙 제2항과 같은 내용의 강남구조례 제4조 및 부칙 제2항은 위임입법의 한계를 벗어난 무효의 규정으로서 청구인들(담배소매업자)의 헌법상 보장된 직업선택의 자유 등 기본권을 침해하고 있다고 하여, 각 해당조례에 대하여 헌법재판소에 이 사건 헌법소원심판을 각 청구하였다.

[결정요지]

[1] 조례가 헌법소원의 대상이 될 수 있는지 여부

조례는 지방자치단체가 그 자치입법권에 근거하여 자주적으로 지방의회의 의결을 거쳐 제정한 법규이기 때문에 조례 자체로 인하여 기본권을 침해받은 자는 그 권리구제의 수단으로서 조례에 대한 헌법소원을 제기할 수 있다고 할 것이다. 다만 이 경우에 그 적법요건으로서 조례가 별도의 구체적인 집행행위를 기다리지 아니하고 직접 그리고 현재 자기의 기본권을 침해하는 것이어야 함을 요한다.

[2] 사안의 경우

이 사건 심판대상규정은 담배소매인 지정신청인에게 적용되는 기준일 뿐만 아니라 현재 담배소매업을 하고 있는 청구인들에게도 추가적인 자판기 설치를 금지하고 이미 설치한 자판기마저 철거하도록 하고 있으므로 집행행위를 기다리지 아니하고 바로 자유를 제한하고 의무를 부과하는 규정이어서 자기관련성, 현재성 및 직접성의 요건을 모두 갖추고 있다고 할 것이다.

그리고 이 사건의 경우와 같이 조례 자체에 의한 직접적인 기본권침해가 문제될 때에는 그 조례 자체의 효력을 직접 다투는 것을 소송물로 하여 일반법원에 구제를 구할 수 있는 절차가 있는 경우가 아니어서 다른 구제절차를 거칠 것 없이 바로 헌법소원심판을 청구할 수 있는 것이므로 이 사건 헌법소원심판청구는 보충성의 원칙에 반하지 아니하는 적법한 소원심판청구라 할 것이다.

청송군 도시계획 조례 사건

□ 대법원 2019. 10. 17. 선고 2018두40744 판결

[사실관계]

아래 표의 양도인들은 2015. 12. 15. 설비용량 496.8kW의 태양광발전사업을 위한 발전사업 허가를 받았고, 2016. 9. 30. 같은 표의 양수인들(이 사건의 원고들)은 양도인들로부터 각 발전사업을 양도받아 그 변경 허가를 받았다(이하 각 회사들의 상호에서 '유한회사', '주식회사'는 생략하기로 한다).

순번	양도인	양수인	태양광발전소
1	항목태양광발전소	원고 문천태양광	감연4호기
2	에스비태양광발전소	원고 선민태양광	감연1호기
3	해아름	원고 청선태양광	감연3호기
4	존포태양광발전소	원고 주진태양광	감연2호기

원고들은 2016. 10. 31. 경북 청송군 (주소 생략)(이하 '이 사건 신청지'라 한다)에 태양광발전소 건축을 위해 국토의 계획 및 이용에 관한 법률(이하 '국토계획법'이라 한다) 제56조에 따른 개발행위허가신청(이하 '이 사건 신청'이라 한다)을 하였다. 피고(청송군수)는 2016. 11. 11. 원고들에 대하여 '이 사건 신청지가 청송군 도시계획조례 제23조의2 제1항 제1호, 제2호에 저촉되어 태양광발전시설물 설치가 불가하다'는 이유로 이 사건 신청을 반려하였다(이하 '이 사건 처분'이라 한다).

원고들은 이 사건 처분에 불복하여 경상북도 행정심판위원회에 행정심판을 청구하였으나, 2017. 3. 27. 그 심판청구가 기각되었다. 이에 원고들은 피고가 2016. 11. 11. 원고들에 대하여 한 개발행위허가신청 반려처분을 모두 취소한다는 내용의 취소소송을 제기했다.

[판결요지]

[1] 법률이 주민의 권리의무에 관한 사항에 관하여 구체적으로 범위를 정하지 않은 채 조례로 정하도록 포괄적으로 위임한 경우, 주민의 권리의무에 관한 사항을 조례로 제정할 수 있는지 여부(한정 적극)

헌법 제117조 제1항은 지방자치단체에 포괄적인 자치권을 보장하고 있으므로, 자치사무와 관련한 조례에 대한 법률의 위임은 법규명령에 대한 법률의 위임과 같이 구체적으로 범위를 정하여서 할 엄격성이 반드시 요구되지는 않는다. 법률이 주민의 권리의무에 관한 사항에 관하여 구체적으로 범위를 정하지 않은 채 조례로 정하도록 포괄적으로 위임한 경우에도 지방자치단체는 법령에 위반되지 않는 범위 내에서 각 지역의 실정에 맞게 주민의 권리의무에 관한 사항을 조례로 제정할 수 있다.

[2] 주요도로와 주거 밀집지역 등으로부터 일정한 거리 내에 태양광발전시설의 입지를 제한함으로써 토지의 이용·개발을 제한하고 있는 청송군 도시계획 조례 제23조의2 제1항 제1호, 제2호의 법률상 위임근거가 있는지 문제 된 사안에서, 위 조례 조항은 국토의 계획 및 이용에 관한 법령이 위임한 사항을 구체화한 것이라고 한 사례

주요도로와 주거 밀집지역 등으로부터 일정한 거리 내에 태양광발전시설의 입지를 제한함으로써 토지의

이용·개발을 제한하고 있는 청송군 도시계획 조례 제23조의2 제1항 제1호, 제2호의 법률상 위임근거가 있는지 문제 된 사안에서, 비록 국토의 계획 및 이용에 관한 법률(이하 '국토계획법'이라 한다)이 태양광발전시설 설치의 이격거리 기준에 관하여 조례로써 정하도록 명시적으로 위임하고 있지는 않으나, 조례에의 위임은 포괄 위임으로 충분한 점, 도시·군계획에 관한 사무의 자치사무로서의 성격, 국토계획법령의 다양한 규정들의 문언과 내용 등을 종합하면, 위 조례 조항은 국토계획법령이 위임한 사항을 구체화한 것이라고 한 사례.

[3] 특정 사안과 관련하여 법령에서 조례에 위임을 한 경우, 조례가 위임의 한계를 준수하고 있는지 판단하는 기준

특정 사안과 관련하여 법령에서 조례에 위임을 한 경우 조례가 위임의 한계를 준수하고 있는지를 판단할 때에는, 해당 법령 규정의 입법 목적과 규정 내용, 규정의 체계, 다른 규정과의 관계 등을 종합적으로 살펴야 하고, 위임 규정의 문언에서 의미를 명확하게 알 수 있는 용어를 사용하여 위임의 범위를 분명히 하고 있는데도 그 의미의 한계를 벗어났는지, 수권 규정에서 사용하고 있는 용어의 의미를 넘어 그 범위를 확장하거나 축소함으로써 위임 내용을 구체화하는 데에서 벗어나 새로운 입법을 한 것으로 볼 수 있는지 등도 아울러 고려해야 한다.

[4] 청송군 도시계획 조례 제23조의2 제1항 제1호, 제2호가 상위법령의 위임한계를 일탈하였는지 문제 된 사안에서, 위 조례 조항이 국토의 계획 및 이용에 관한 법령에서 위임한 한계를 벗어난 것이라고 볼 수 없다고 한 사례

청송군 도시계획 조례 제23조의2 제1항 제1호, 제2호가 상위법령의 위임한계를 일탈하였는지 문제 된 사안에서, 위 조례 조항의 위임근거가 되는 국토의 계획 및 이용에 관한 법령 규정들의 문언과 내용, 체계, 입법 취지 및 지방자치단체가 개발행위에 관한 세부기준을 조례로 정할 때 형성의 여지가 보다 넓게 인정되어야 하는 점, 태양광발전시설이 가져올 수 있는 환경훼손의 문제점과 청송군의 지리적·환경적 특성, 조례 조항에 따른 이격거리 기준을 적용하지 않는 예외사유를 인정하고 있는 점, 국토의 계획 및 이용에 관한 법령에서 개발행위허가기준의 대강과 한계만을 정하고 구체적인 세부기준은 각 지방자치단체가 지역의 특성, 주민 의견 등을 고려하여 지방자치단체의 실정에 맞게 정할 수 있도록 위임하고 있는 취지 등을 관련 법리에 비추어 살펴보면, 위 조례 조항이 '고속도로, 국도, 지방도, 군도, 면도 등 주요도로에서 1,000미터 내'와 '10호 이상 주거 밀집지역, 관광지, 공공시설 부지 경계로부터 500미터 내'의 태양광발전시설 입지를 제한하고 있다고 하여 국토의 계획 및 이용에 관한 법령에서 위임한 한계를 벗어난 것이라고 볼 수 없다고 한 사례.

체비지 관리 조례 사건

□ 대법원 2020. 2. 13. 선고 2017추5039 판결

[사실관계]

피고(서울특별시의회)는 2015. 7. 30. 「서울특별시 도시개발 체비지 관리 조례」를 개정하여, 제16조 제1항 단서로 '1973년 이전 도심지 정비사업과 수해지역 불량주택 철거민 등을 위해 지방자치단체가 이주시킨 집단이주정착용 체비지'(이하 '집단이주정착용 체비지'라고 한다)의 대부요율을 주거의 경우 1,000분의 10, 주거 이외의 경우 1,000분의 20으로 낮추었다(이하 '이 사건 특례규정'이라고 한다). 피고는 2016. 9. 9. 「서울특별시 도시개발 체비지 관리 조례 일부개정 조례안」(이하 '이 사건 조례안'이라고 한다)을 의결하여 원고(서울특별시장)에게 이송하였다. 이 사건 조례안은 이 사건 특례규정에 관한 적용례를 부칙 제2조로 신설하여 "집단이주정착용 체비지 중 이 조례 시행 후 최초로 부과하는 변상금부터 적용한다."라고 규정하고 있다(이하 '이 사건 부칙규정'이라고 한다). 원고는 2016. 9. 27. 이 사건 조례안이 법령에 위반된다는 이유로 피고에게 그 재의를 요구하였으나 피고는 2017. 3. 3. 이 사건 조례안을 그대로 재의결하였다.

한편 이 사건 특례규정이 적용되는 집단이주정착용 체비지는 서울 관악구 (주소 생략) 일대 토지만 해당되는데, 위 토지는 최근까지도 사용·수익허가나 대부계약이 체결되지 않은 채로 점유·사용되고 있는 것으로 보인다.

[판결요지]

□ '서울특별시 도시개발 체비지 관리 조례 일부개정 조례안'에서 규정하고 있는 공유재산의 무단점유로 인한 변상금 부과·징수가 지방자치단체의 자치사무인지 여부(적극) / 지방자치단체는 자치사무에 관하여 법령의 범위 안에서 조례를 제정할 수 있는지 여부(원칙적 적극) 및 이때 '법령의 범위 안에서'의 의미 / 조례가 법령에 위반되는지 판단하는 방법

공유재산법 제81조 제1항 본문과 같은 법 시행령 제81조 제1항 본문은 지방자치단체의 장은 공유재산 또는 물품을 무단으로 점유한 자에 대하여 무단점유 기간에 대하여 회계연도별로 산정한 사용료 또는 대부료 합계액의 100분의 120에 해당하는 변상금을 부과·징수한다고 규정하고 있다. 공유재산법 제32조 제1항과 같은 법 시행령 제31조 제1항은 일반재산의 대부료는 시가를 반영한 해당 재산 평정가격의 연 1천분의 10 이상의 범위에서 지방자치단체의 조례로 정하도록 규정하고 있다. 이러한 규정들과 지방자치법 제9조 제2항 제1호 (자)목 등을 종합하여 보면, 이 사건 조례안에서 규정하고 있는 공유재산의 무단점유로 인한 변상금 부과·징수는 공유재산관리에 관한 사무로서 지방자치단체의 자치사무에 해당한다. 나아가 지방자치단체는 원칙적으로 자치사무에 관하여 법령의 범위 안에서 조례를 제정할 수 있고, 여기서 말하는 '법령의 범위 안에서'는 '법령에 위반되지 않는 범위 내에서'를 의미한다. 조례가 법령에 위반되는지 여부는 법령과 조례의 각 규정 취지, 규정의 목적과 내용 및 효과 등을 비교하여 양자 사이에 모순·저촉이 있는지 여부에 따라서 개별적·구체적으로 판단하여야 한다.

전라북도 학교급식 조례재의결 무효확인 사건

□ 대법원 2005. 9. 9. 선고 2004추10 판결

[사실관계]

2003. 10. 30. 피고 전라북도의회가 학교급식을 위해 국내 우수농산물(전라북도에서 생산되는 우수 농수축산물과 이를 재료로 사용하는 가공식품)을 사용하는 자에게 식재료나 구입비의 일부를 지원하는 것 등을 내용으로 하는 지방자치단체의 조례안을 의결하여 원고 전라북도교육감에게 이송하였다. 원고는 같은 해 11. 14. 이 사건 조례안이 '1994년 관세 및 무역에 관한 일반협정'(General Agreement on Tariffs and Trade 1994, 이하 'GATT'라 한다) 제3조 제1항, 제4항 등에 위반된다는 이유로 피고에게 재의를 요구하였으나, 피고는 같은 해 12. 16. 이 사건 조례안을 원안대로 재의결함으로써 이 사건 조례안은 확정되었다. 이에 전라북도교육감은 이 조례안이 내국민대우원칙을 규정한 GATT 제3조 제1항, 제4항에 위반된다는 이유로 지방자치법 제107조(현 제120조) 제3항에 따라 그 무효확인을 구하는 소를 대법원에 제기하였다.

[판결요지]

[1] '1994년 관세 및 무역에 관한 일반협정'(General Agreement on Tariffs and Trade 1994, 이하 'GATT'라 한다)은 1994. 12. 16. 국회의 동의를 얻어 같은 달 23. 대통령의 비준을 거쳐 같은 달 30. 공포되고 1995. 1. 1. 시행된 조약인 '세계무역기구(WTO) 설립을 위한 마라케쉬협정'(Agreement Establishing the WTO)(조약 1265호)의 부속 협정(다자간 무역협정)이고, '정부조달에 관한 협정'(Agreement on Government Procurement, 이하 'AGP'라 한다)은 1994. 12. 16. 국회의 동의를 얻어 1997. 1. 3. 공포시행된 조약(조약 1363호, 복수국가간 무역협정)으로서 각 헌법 제6조 제1항에 의하여 국내법령과 동일한 효력을 가지므로 지방자치단체가 제정한 조례가 GATT나 AGP에 위반되는 경우에는 그 효력이 없다.

[2] 특정 지방자치단체의 초·중·고등학교에서 실시하는 학교급식을 위해 위 지방자치단체에서 생산되는 우수 농수축산물과 이를 재료로 사용하는 가공식품(이하 '우수농산물'이라고 한다)을 우선적으로 사용하도록 하고 그러한 우수농산물을 사용하는 자를 선별하여 식재료나 식재료 구입비의 일부를 지원하며 지원을 받은 학교는 지원금을 반드시 우수농산물을 구입하는 데 사용하도록 하는 것을 내용으로 하는 위 지방자치단체의 조례안이 내국민대우원칙을 규정한 '1994년 관세 및 무역에 관한 일반협정'(General Agreement on Tariffs and Trade 1994)에 위반되어 그 효력이 없다고 한 사례.

생계보호지원조례안 사건

□ 대법원 1997. 4. 25. 선고 96추244 판결

〔사실관계〕

광주광역시 동구의회(피고)는 1996. 11. 7. 광주광역시 동구 저소득주민 생계보호지원조례안을 의결한 후 같은 달 8. 원고에게 이송하였고, 광주광역시 동구청장(원고)은 지방자치법 제159조(현 제192조) 제1항의 규정에 의한 광주광역시장의 재의요구지시에 따라 같은 달 27. 피고에게 재의를 요구하였으나, 피고는 같은 해 12. 13. 위 재의요구에 대하여 원의결대로 수정 없이 재의결하였다.

재의결된 조례안은, 2년 이상 당해 지방자치단체의 관내에 거주하는 자로서 법률상 부양의무자가 있으나 부양의무를 이행할 수 없는 자로 인정되어 사실상 생활에 어려움이 있는 자활보호대상자 중 65세 이상의 노쇠자·18세 미만의 아동·임산부·폐질 또는 심신장애로 인하여 근로능력이 없는 자(제3조)를 이 조례에 의하여 보호를 받는 보호대상자(제2조 제1호)로 결정하여 그들에게 생활보호법 소정의 생계비 수준에 준하여 구 예산의 범위 내에서 생계비를 지원(제4조 제2항)하며, 구청장에게 매년 일반회계 예산에서 보호대상자의 생계비 지원에 필요한 비용을 확보할 의무를 지우는 것(제10조)을 내용으로 하고 있다.

이에 원고는 이 사건 조례안은 조례로써 생활보호법이 정하고 있는 보호의 대상 및 방법을 확대한 것이어서 상위법규인 생활보호법의 규정에 위배되는 것이라는 등의 주장을 하며 대법원에 소를 제기하였다.

〔판결요지〕

[1] 일정한 자활보호대상자에 대한 생계비 지원을 규정한 조례가 지방재정법 제14조의 규정에 위배되는지 여부(소극)

지방의회가 2년 이상 당해 지방자치단체의 관내에 거주하는 자로서 법률상 부양의무자가 있으나 부양의무를 이행할 수 없는 자로 인정되어 사실상 생활에 어려움이 있는 자활보호대상자 중 65세 이상의 노쇠자·18세 미만의 아동·임산부·폐질 또는 심신장애로 인하여 근로능력이 없는 자를 보호대상자로 결정하여 그들에게 생활보호법 소정의 생계비 수준에 준하여 당해 지방자치단체 예산의 범위 내에서 생계비를 지원하도록 하는 내용의 저소득주민생계보호지원조례안을 의결한 경우, 당해 조례안의 규정에 의하여 결정된 보호대상자에 대한 생계비의 보조는 지방자치법 제9조 제2항 제2호 (다)목 소정의 '생활곤궁자의 보호 및 지원'에 해당하여 지방자치단체의 사무에 속하는 것임이 분명하고, 따라서 이는 지방자치단체가 개인 또는 공공기관이 아닌 단체에 기부·보조 또는 기타 공금의 지출을 할 수 있는 경우를 규정한 지방재정법 제14조 제1항 제1호 소정의 '법률의 규정이 있는 경우'에 해당한다.

[2] 조례로 정하고자 하는 특정사항에 관하여 이미 법령이 존재하는 경우, 조례의 적법 요건

지방자치단체는 법령에 위반되지 아니하는 범위 내에서 그 사무에 관하여 조례를 제정할 수 있는 것이고, 조례가 규율하는 특정사항에 관하여 그것을 규율하는 국가의 법령이 이미 존재하는 경우에도 조례가 법령과 별도의 목적에 기하여 규율함을 의도하는 것으로서 그 적용에 의하여 법령의 규정이 의도하는 목적과 효과를 전혀 저해하는 바가 없는 때, 또는 양자가 동일한 목적에서 출발한 것이라고 할지라도 국가의 법령

이 반드시 그 규정에 의하여 전국에 걸쳐 일률적으로 동일한 내용을 규율하려는 취지가 아니고 각 지방자치단체가 그 지방의 실정에 맞게 별도로 규율하는 것을 용인하는 취지라고 해석되는 때에는 그 조례가 국가의 법령에 위반되는 것은 아니다.

[3] 일정한 자활보호대상자에 대한 생계비 지원을 규정한 조례가 생활보호법상의 자활보호대상자 보호제도와 모순·저촉되지 않는다고 본 사례

위 [1]항의 조례안의 내용은 생활유지의 능력이 없거나 생활이 어려운 자에게 보호를 행하여 이들의 최저생활을 보장하고 자활을 조성함으로써 구민의 사회복지의 향상에 기여함을 목적으로 하는 것으로서 생활보호법과 그 목적 및 취지를 같이 하는 것이나, 보호대상자 선정의 기준 및 방법, 보호의 내용을 생활보호법의 그것과는 다르게 규정함과 동시에 생활보호법 소정의 자활보호대상자 중에서 사실상 생계유지가 어려운 자에게 생활보호법과는 별도로 생계비를 지원하는 것을 그 내용으로 하는 것이라는 점에서 생활보호법과는 다른 점이 있고, 당해 조례안에 의하여 생활보호법 소정의 자활보호대상자 중 일부에 대하여 생계비를 지원한다고 하여 생활보호법이 의도하는 목적과 효과를 저해할 우려는 없다고 보여지며, 비록 생활보호법이 자활보호대상자에게는 생계비를 지원하지 아니하도록 규정하고 있다고 할지라도 그 규정에 의한 자활보호대상자에게는 전국에 걸쳐 일률적으로 동일한 내용의 보호만을 실시하여야 한다는 취지로는 보이지 아니하고, 각 지방자치단체가 그 지방의 실정에 맞게 별도의 생활보호를 실시하는 것을 용인하는 취지라고 보아야 할 것이라는 이유로, 당해 조례안의 내용이 생활보호법의 규정과 모순·저촉되는 것이라고 할 수 없다고 본 사례.

〔참고판례〕

❶ 정선군 세자녀이상 세대양육비등 지원에 관한 조례안

[1] 지방자치단체가 세 자녀 이상 세대 양육비 등 지원에 관한 조례안을 제정함에 있어서 법률의 개별적 위임이 필요한지 여부(소극)

지방자치법 제15조(현 제28조)에 의하면 지방자치단체는 그 내용이 주민의 권리의 제한 또는 의무의 부과에 관한 사항이거나 벌칙에 관한 사항이 아닌 한 법률의 위임이 없더라도 그의 사무에 관하여 조례를 제정할 수 있는바, 지방자치단체의 세자녀 이상 세대 양육비 등 지원에 관한 조례안은 저출산 문제의 국가적·사회적 심각성을 십분 감안하여 향후 지방자치단체의 출산을 적극 장려토록 하여 인구정책을 보다 전향적으로 실효성 있게 추진하고자 세 자녀 이상 세대 중 세 번째 이후 자녀에게 양육비 등을 지원할 수 있도록 하는 것으로서, 위와 같은 사무는 지방자치단체 고유의 자치사무 중 주민의 복지증진에 관한 사무를 규정한 지방자치법 제9조 제2항 제2호 (라)목에서 예시하고 있는 아동·청소년 및 부녀의 보호와 복지증진에 해당되는 사무이고, 또한 위 조례안에는 주민의 편의 및 복리증진에 관한 내용을 담고 있어 그 제정에 있어서 반드시 법률의 개별적 위임이 따로 필요한 것은 아니다.

[2] 조례로 정하고자 하는 특정사항에 관하여 이미 법령이 존재하는 경우, 조례의 적법 요건

지방자치단체는 법령에 위반되지 아니하는 범위 내에서 그 사무에 관하여 조례를 제정할 수 있는 것이고, 조례가 규율하는 특정사항에 관하여 그것을 규율하는 국가의 법령이 이미 존재하는 경우에도 조례가 법령과 별도의 목적에 기하여 규율함을 의도하는 것으로서 그 적용에 의하여 법령의 규정이 의도하는 목적과 효과를 전혀 저해하는 바가 없는 때, 또는 양자가 동일한 목적에서 출발한 것이라고 할지라도 국가의 법령이 반드시 그 규정에 의하여 전국에 걸쳐 일률적으로 동일한 내용을 규율하려는 취지가 아니고 각 지방자치단체가 그 지방의 실정에 맞게 별도로 규율하는 것을 용인하는 취지라고 해석되는 때에는 그 조례가 국

가의 법령에 위반되는 것은 아니다.

[3] 군민의 출산을 적극 장려하기 위하여 세 자녀 이상의 세대 중 세 번째 이후 자녀에게 양육비 등을 지원할 수 있도록 하는 내용의 '정선군세자녀이상세대양육비등지원에관한조례안'이 법령에 위반되지 않는다고 한 사례(대법원 2006. 10. 12. 선고 2006추38 판결).

❷ 인천광역시 남동구 학교급식시설 지원에 관한 조례안

[1] 학교급식시설의 지원에 관한 사무가 기초단체의 사무인지 여부(적극)

학교급식의 실시에 관한 사항은 고등학교 이하 각급 학교의 설립·경영·지휘·감독에 관한 사무로서 지방자치단체 중 특별시·광역시·도의 사무에 해당하나, 학교급식시설의 지원에 관한 사무는 고등학교 이하 각급 학교에서 학교급식의 실시에 필요한 경비의 일부를 보조하는 것이어서 그것이 곧 학교급식의 실시에 관한 사무에 해당한다고 보기 어려울 뿐만 아니라, 지방교육재정교부금법 제11조 제5항은 "시·군·자치구가 관할구역 안에 있는 고등학교 이하 각급 학교의 교육에 소요되는 경비의 일부를 보조할 수 있다"고 규정하고 있으므로, 학교급식시설의 지원에 관한 사무는 시·군·자치구의 자치사무에 해당한다.

[2] 학교급식시설의 지원 대상학교를 확대하고 있는 조례안이 법령에 위반되지 아니한다고 본 사례

시·군및자치구의교육경비보조에관한규정 제2조 제5호는 고등학교 이하 각급 학교의 교육에 소요되는 경비를 보조할 수 있는 보조사업의 하나로서 '기타 시장·군수·자치구청장이 필요하다고 인정하는 학교교육여건 개선사업' 등을 규정하고 있으므로, 시·군·자치구는 위 규정 소정의 학교교육여건 개선사업으로서 학교급식법 제4조 소정의 학교급식 대상학교 중 초등학교·중학교 외의 학교에 대하여도 급식시설·설비경비를 지원할 수 있고, 따라서 학교급식시설의 지원에 관하여 규정하고 있는 조례안은 지방교육재정교부금법 제11조 제5항 및 시·군및자치구의교육경비보조에관한규정 제2조에 위반된 것이라고 할 수 없다(대법원 1996. 11. 29. 선고 96추84 판결).

❸ 사무의 성격에 따른 지방자치단체의 법적성질 및 사무유형의 판단방법

[1] 지방자치단체가 양벌규정에 의한 처벌대상이 되는 법인에 해당하는지 여부

국가가 본래 그의 사무의 일부를 지방자치단체의 장에게 위임하여 처리하게 하는 기관위임사무의 경우 지방자치단체는 국가기관의 일부로 볼 수 있고, 지방자치단체가 그 고유의 자치사무를 처리하는 경우 지방자치단체는 국가기관의 일부가 아니라 국가기관과는 별도의 독립한 공법인으로서 양벌규정에 의한 처벌대상이 되는 법인에 해당한다.

[2] 자치사무인지 기관위임사무인지 여부의 판단 방법

법령상 지방자치단체의 장이 처리하도록 하고 있는 사무가 자치사무인지, 기관위임사무에 해당하는지 여부를 판단하는 때에는 그에 관한 법령의 규정 형식과 취지를 우선 고려하여야 하며, 그 외에도 그 사무의 성질이 전국적으로 통일적인 처리가 요구되는 사무인지 여부나 그에 관한 경비부담과 최종적인 책임귀속의 주체 등도 아울러 고려하여 판단하여야 한다(대법원 2009. 6. 11. 선고 2008도6530 판결).

❹ 지방자치단체의 조례제정권의 범위

1) 지방자치단체가 기관위임사무에 관하여 조례를 제정할 수 있는지 여부

지방자치법 제9조(현 제13조)에 의하면, 지방자치단체가 자치조례를 제정할 수 있는 사항은 지방자치단체의 고유사무인 자치사무와 개별법령에 의하여 지방자치단체에 위임된 단체위임사무에 한하는 것이고, 국가사무가 지방자치단체의 장에게 위임된 기관위임사무는 원칙적으로 자치조례의 제정범위에 속하지 않는다 할 것이고, 다만 기관위임사무에 있어서도 그에 관한 개별법령에서 일정한 사항을 조례로 정하도록 위임하고 있는 경우에는 위임받은 사항에 관하여 개별법령의 취지에 부합하는 범위 내에서 이른바 위임조례를 정할 수 있다(대법원 2000. 5. 30. 선고 99추85 판결).

2) 지방자치단체의 자치사무에 관한 조례 제정의 한계

지방자치단체가 그 자치사무에 관하여 조례로 제정할 수 있다고 하더라도 상위 법령에 위배할 수는 없고, 특별한 규정이 없는 한 지방자치법이 규정하고 있는 지방자치단체의 집행기관과 지방의회의 고유권한에 관하여는 조례로 이를 침해할 수 없고, 나아가 지방의회가 지방자치단체장의 고유권한이 아닌 사항에 대하여도 그 사무집행에 관한 집행권을 본질적으로 침해하는 것은 지방자치법의 관련 규정에 위반되어 허용될 수 없다(대법원 2001. 11. 27. 선고 2001추57 판결).

3) 교원의 지위에 관한 사항은 국가사무이므로 법령의 위임 없는 조례는 위법하다.

교원의 지위에 관한 사항은 법률로 정하여 전국적으로 통일적인 규율이 필요하고 또 국가가 이를 위하여 상당한 경비를 부담하고 있으므로, 이에 관한 사무는 국가사무로 보아야 한다. 교원인사에 관한 사항을 심의하기 위하여 공립학교에 교원인사자문위원회를 두도록 하고 그 심의사항에 관하여 규정한 '광주광역시 학교자치에 관한 조례안'에 대하여 교육부장관의 재의요구지시에 따라 교육감이 재의를 요구하였으나 시의회가 원안대로 재의결한 사안에서, 위 조례안은 국가사무에 관하여 법령의 위임 없이 조례로 정한 것으로 조례제정권의 한계를 벗어나 위법하다고 한 사례(대법원 2016. 12. 29. 선고 2013추36 판결).

4) 조례가 법률로부터 위임받은 사항을 다시 지방자치단체장이 정하는 '규칙' 등에 재위임하는 경우 지켜야할 내용

위임명령은 법률이나 상위명령에서 구체적으로 범위를 정한 개별적인 위임이 있을 때에 가능하고, 여기에서 구체적인 위임의 범위는 규제하고자 하는 대상의 종류와 성격에 따라 달라지는 것이어서 일률적 기준을 정할 수는 없지만, 적어도 위임명령에 규정될 내용 및 범위의 기본사항이 구체적으로 규정되어 있어서 누구라도 당해 법률이나 상위법령으로부터 위임명령에 규정될 내용의 대강을 예측할 수 있어야 한다. 하지만 이 경우 그 예측가능성의 유무는 당해 위임조항 하나만을 가지고 판단할 것이 아니라 그 위임조항이 속한 법률의 전반적인 체계와 취지 및 목적, 당해 위임조항의 규정형식과 내용 및 관련 법규를 유기적·체계적으로 종합하여 판단하여야 하며, 나아가 각 규제 대상의 성질에 따라 구체적·개별적으로 검토함을 요한다. 이러한 법리는 조례가 법률로부터 위임받은 사항을 다시 지방자치단체장이 정하는 '규칙' 등에 재위임하는 경우에도 적용된다(대법원 2022. 4. 14. 선고 2020추5169 판결).

5) 약국개설자에 대한 업무정지나 과징금을 부과하는 사무는 자치사무

[1] 약국개설자가 구 약사법을 위반한 경우 시장·군수 또는 구청장이 업무의 정지를 명하거나 과징금을 부과하는 사무가 지방자치단체 고유의 자치사무인지 여부(적극)

구 약사법 제76조 제1항 제3호, 제81조 제1항에 의하면, 시장·군수 또는 구청장(이하 '시장 등'이라고 한다)은 약국개설자가 구 약사법을 위반한 경우 업무의 정지를 명하거나 그 업무정지처분을 갈음하여 과징금을 부과할 수 있는바, 이러한 시장 등의 사무는 구 지방자치법 제9조 제2항 제2호 (가)목의 '주민복지에 관한 사업'으로서 주민의 복지증진에 관한 사무에 해당한다고 볼 수 있는 점, 그 사무의 성질이 반드시 전국적으로 통일적인 처리가 요구되는 사무라고 볼 수 없는 점, 과징금을 내야 할 자가 납부하지 않는 경우 지방세 체납처분의 예에 따라 징수하고(구 약사법 제81조 제4항) 징수한 과징금은 징수한 시장 등이 속한 지방자치단체에 귀속되는 점(구 약사법 제81조 제5항) 등을 고려하면, 지방자치단체 고유의 자치사무라고 보는 것이 타당하다.

[2] 시장 등의 구 약사법에 따른 권한 일부를 보건소장에게 대통령령으로 정하는 바에 따라 위임할 수 있도록 한 구 약사법 제84조 제1항이 권한의 위임에 관하여 구 지방자치법의 적용을 배제하고 반드시 대통령령으로 정하는 바에 따라야 한다는 취지인지 여부(소극)

구 지방자치법 제104조(현 제117조) 제1항은 지방자치단체의 장은 조례나 규칙으로 정하는 바에 따라 그 권한에 속하는 사무의 일부를 보조기관, 소속 행정기관 또는 하부행정기관에 위임할 수 있다고 규정하고 있고, 이에 근거하여 서울특별시 강서구 사무위임 조례 제5조 제1항 [별표] 제10호 (차)목, (타)목(이하 '이 사건 조례조항'이라고 한다)은 구청장의 약국개설자에 대한 업무정지 및 이를 갈음하는 과징금의 부과 등의 사무를 보건소장에게 위임한다고 규정하고 있다.

한편 구 약사법 제84조 제1항은 시장 등의 구 약사법에 따른 권한의 일부를 보건소장에게 대통령령으로 정하는 바에 따라 위임할 수 있다고 규정하고 있으나, 그 조항의 문언과 취지, 구 지방자치법과 구 약사법의 관계 등에 비추어 보면, 위 구 약사법 규정이 그 법에 따른 시장 등의 권한의 위임에 관하여 구 지방자치법의 적용을 배제하고 반드시 대통령령으로 정하는 바에 따라야 한다는 취지로 볼 수 없다.

이와 같은 약국개설자에 대한 시장 등의 업무정지 및 과징금 부과 사무의 성격, 그 권한의 위임에 관한 각 규정의 취지 등에 비추어 보면, 시장 등의 위 권한은 구 지방자치법 제104조 제1항과 이 사건 조례조항에 근거하여 적법하게 피고에게 위임되었다고 봄이 타당하다(대법원 2014. 10. 27. 선고 2012두15920 판결).

❺ 지방자치단체 장의 재의요구에도 불구하고 조례안이 원안대로 재의결되었을 때에는 지방자치법 제120조 제3항에 근거하여 제소할 수 있다.

지방자치법 제26조(현 제32조) 제3항은 지방의회의 의결사항 중 하나인 조례안에 대하여 지방자치단체의 장에게 재의요구권을 폭넓게 인정한 것으로서 지방자치단체의 장의 재의요구권을 일반적으로 인정한 지방자치법 제107조(현 제120조) 제1항에 대한 특별규정이라고 할 것이므로, 지방자치단체의 장의 재의요구에도 불구하고 조례안이 원안대로 재의결되었을 때에는 지방자치단체의 장은 지방자치법 제107조 제3항에 따라 그 재의결에 법령위반이 있음을 내세워 대법원에 제소할 수 있는 것이다(대법원 1999. 4. 27. 선고 99추23 판결).

기출문제

변시15 조례로 정하고자 하는 특정사항에 관하여 이미 법률이 그 사항을 규율하고 있는 경우에, 지방자치단체는 법률이 정한 기준보다 더 강화되거나 더 약화된 기준을 조례로 제정할 수 있는가? **(20점)** - 조례의 내용적 한계

사시10 B군에서는 정부의 자유무역협정체결에 대응하여 지역특산물인 녹차산업을 진흥하고 이를 통해 지역 경제를 육성하고자 「녹차산업 육성 및 지원에 관한 조례」를 제정, 공포하였다. 이 조례에는 녹차산업 지원을 위한 기술지도 및 보조금 지급에 관한 내용이 포함되어 있다. 이에 주민 甲은 이 조례에 근거하여 녹차 원료 생산을 위한 보조금을 신청하여 지원받았다. 그러나 주민 乙은 위 보조금 지급행위가 甲과 군수의 인척관계에 기인했을 뿐만 아니라 위 보조금지급제도가 군수의 인기영합 정책에 의한 부당한 재정지출의 원인이 된다고 생각하고 있다.

1. 위 조례의 제정가능성에 대하여 논하시오. **(15점)** - 조례의 한계

5급:일반행정15 X광역시 Y구의회는 「X광역시 Y구 행정사무감사 및 조사에 관한 조례 중 일부 개정조례안」을 의결하여 Y구청장에게 이송하였다. 위 조례안의 개정 취지는 지방의회가 의결로 집행기관 소속 특정 공무원에 대하여 의원의 자료제출 요구에 성실히 이행하지 않았다는 구체적인 징계사유를 들어 징계를 요구할 수 있다는 것이다. 이에 Y구청장은 위 개정조례안이 법령에 없는 새로운 견제장치를 만들어 지방의회가 집행기관의 고유권한을 침해하는 것으로 위법하다고 주장하였다. 위 개정조례안에 대한 Y구청장의 통제방법을 검토하고, Y구청장의 주장이 타당한지를 논하시오. **(20점)** - 재의요구(지방자치법 32조), 대법원의 제소 및 집행정지 신청(지방자치법 120조 3항), 조례의 한계

사시04 A郡은 포도 등 과일의 주산지로 이들 과일의 생산에 의하여 전체 농가소득의 대부분을 올리고 있다. 그런데 관상용으로 주택, 가로 또는 묘지 등에 심은 X나무가 포도 등 과일나무에 해로운 영향을 미치고 있으므로 X나무의 식재(植栽)를 금지하여야 한다는 여론이 제기되었다. 이에 A郡 의회는 이러한 여론을 수렴하여 "1) A郡에서는 X나무를 심거나 기르지 못한다. 2) 기존의 X나무에 대하여 소유권 등 권리가 있는 자는 1년 안에 X나무를 제거하여야 하며, 이를 이행하지 않는 자는 300만원 이하의 과태료에 처한다"라는 내용의 'X나무 식재 금지에 관한 조례(안)'을 의결하였다.

가. 위 의결된 조례(안)에 대한 군수 및 도지사의 통제방법을 논하시오. **(15점)** - 조례에 대한 통제
나. 위 조례가 공포·시행된 후 A郡 관내에서 X나무 묘목을 생산·판매하는 甲이 취할 수 있는 권리구제수단을 논하시오. **(15점)** - 집행적 조례의 처분성 여부, 헌법소원 가능여부, 조례개폐청구권

수원시 차고지확보조례 사건

□ 대법원 1997. 4. 25. 선고 96추251 판결

[사실관계]

피고(수원시 의회)는 수원시자동차차고지확보등에관한조례안(이하 '이 사건 조례안'이라 한다)을 의결하였다. 이 사건 조례안은 차고지확보 대상을 자가용자동차 중 승차정원 16인 미만의 승합자동차와 적재정량 2.5t 미만의 화물자동차까지로 정하여 자동차운수사업법령이 정한 기준보다 확대하고, 차고지확보 입증서류의 미제출을 자동차등록거부사유로 정하여 자동차관리법령이 정한 자동차 등록기준보다 더 높은 수준의 기준을 부가하는 것이었다. 이 후 피고는 수원시장에게 이송하였고, 수원시장은 지방자치법 제159조(현 제192조) 제1항에 의한 원고(경기도지사)의 재의요구지시에 따라 피고에게 재의요구를 하였으나 피고는 원안대로 조례안을 재의결하였고, 이에 원고가 수원시장에게 제소지시를 하였으나 수원시장이 이에 응하지 아니하자, 원고는 지방자치법 제159조 제4항(현 제192조 제5항)에 근거하여 대법원에 조례안재의결무효확인의 소를 제기하였다.

[참조조문]

구 도시교통정비촉진법

제19조의10(교통수요관리의 시행) ① 시장등은 도시교통의 원활한 소통과 교통시설의 효율적인 이용을 위하여 관할지역 안의 일정한 지역에서 다음 각호의 교통수요관리를 시행할 필요가 있다고 인정되는 때에는 지방도시교통정책심의위원회의 심의를 거쳐 이를 시행할 수 있다.
  1. 제20조의 규정에 의한 자동차의 운행제한에 관한 사항
  2. 제20조의2의 규정에 의한 혼잡통행료의 부과·징수에 관한 사항
  3. 기타 통행량의 분산 또는 감소를 위하여 대통령령이 정하는 사항
② 시장등은 제1항의 규정에 의한 교통수요관리를 시행할 경우 공청회등을 거쳐 충분히 의견을 수렴하여야 한다.
③ 제1항의 규정에 의한 교통수요관리에 관하여는 이 법에 정한 사항을 제외하고는 조례가 정하는 바에 의한다.

[판결요지]

[1] 조례에 의한 차고지확보제도는 법률의 위임이 있어야 하는지 여부(적극)

차고지확보제도 조례안이 자동차·건설기계의 보유자에게 차고지확보의무를 부과하는 한편 자동차관리법에 의한 자동차등록(신규·변경·이전) 및 건설기계관리법에 의한 건설기계등록·변경신고를 하려는 자동차·건설기계의 보유자에게 차고지확보 입증서류의 제출의무를 부과하고 그 입증서류의 미제출을 위 등록 및 신고수리의 거부사유로 정함으로써 결국 등록·변경신고를 하여 자동차·건설기계를 운행하려는 보유자로 하여금 차고지를 확보하지 아니하면 자동차·건설기계를 운행할 수 없도록 하는 것을 그 내용으로 하고 있다면, 이는 주민의 권리를 제한하고 주민에게 의무를 부과하는 것임이 분명하므로 지방자치법 제15조(현 제28조) 단서의 규정에 따라 그에 관한 법률의 위임이 있어야만 적법하다.

[2] 도시교통정비촉진법 제19조의10 제3항이 조례에 의한 차고지확보제도의 법률적 위임근거가 되는지 여부(적극)

도시교통정비촉진법 제19조의10 제3항에서 교통수요관리에 관하여 법에 정한 사항을 제외하고는 조례로 정하도록 규정하고 있고, 차고지확보제도는 차고지를 확보하지 아니한 자동차·건설기계의 보유자로 하여금 그 자동차·건설기계를 운행할 수 없도록 하는 것으로서 결과적으로 자동차 등의 통행량을 감소시키는 교통수요관리(그 중 주차수요관리) 방안의 하나에 해당하므로, 같은 법 제19조의10 제3항의 규정은 비록 포괄적이고 일반적인 것이기는 하지만 차고지확보제도를 규정한 조례안의 법률적 위임근거가 된다.

[3] 차고지확보제도를 규정한 조례안이 법률의 위임근거는 있으나, 그 내용이 자동차 등록기준 및 차고지 확보기준에 관한 상위법령의 제한범위를 초과하여 무효라고 한 사례

차고지확보 대상을 자가용자동차 중 승차정원 16인 미만의 승합자동차와 적재정량 2.5t 미만의 화물자동차까지로 정하여 자동차운수사업법령이 정한 기준보다 확대하고, 차고지확보 입증서류의 미제출을 자동차 등록 거부사유로 정하여 자동차관리법령이 정한 자동차 등록기준보다 더 높은 수준의 기준을 부가하고 있는 차고지확보제도에 관한 조례안은 비록 그 법률적 위임근거는 있지만 그 내용이 차고지 확보기준 및 자동차등록기준에 관한 상위법령의 제한범위를 초과하여 무효라고 한 사례.

[참고판례]

❶ 조례에 대해서는 포괄적 위임이 허용된다.

법률이 주민의 권리의무에 관한 사항에 관하여 구체적으로 아무런 범위도 정하지 아니한 채 조례로 정하도록 포괄적으로 위임하였다고 하더라도, 행정관청의 명령과는 달리, 조례도 주민의 대표기관인 지방의회의 의결로 제정되는 지방자치단체의 자주법인 만큼, 지방자치단체가 법령에 위반되지 않는 범위 내에서 주민의 권리의무에 관한 사항을 조례로 제정할 수 있는 것이다(대법원 1991. 8. 27. 선고 90누6613 판결).

❷ 조례의 일부가 위법한 경우 전부가 무효이다.

의결의 일부에 대한 효력의 배제는 결과적으로 전체적인 의결의 내용을 변경하는 것에 다름 아니어서 의결기관인 지방의회의 고유권한을 침해하는 것이 될 뿐 아니라, 그 일부만의 효력배제는 자칫 전체적인 의결내용을 지방의회의 당초의 의도와는 다른 내용으로 변질시킬 우려가 있으며, 또한 재의 요구가 있는 때에는 재의 요구에서 지적한 이의사항이 의결의 일부에 관한 것이라고 하여도 의결 전체가 실효되고 재의결만이 의결로서 효력을 발생하는 것이어서 의결의 일부에 대한 재의 요구나 수정재의 요구가 허용되지 않는 점에 비추어 보면, 재의결의 내용 전부가 아니라 그 일부만이 위법한 경우에도 그 재의결 전부의 효력을 부인하여야 한다(대법원 1994. 5. 10. 선고 93추144 판결).

Verwaltungsrecht

도시가스조례안 사건

□ 대법원 2001. 11. 27. 선고 2001추57 판결

[사실관계]

피고 乙(인천광역시의회)이 2001. 5. 28. '도시가스공급안정에관한조례안'(이하 '이 사건 조례안'이라고 한다)을 의결하였고, 이를 이송받은 원고 甲(인천광역시장)은 상급관청인 행정자치부장관의 지시에 의하여 2001. 6. 15. 이 사건 조례안의 제4조 제2항, 제5조 제1항, 제2항이 도시가스사업법, 지방자치법 등 상위 법령에 위반된다는 사유로 재의를 요구하자, 피고가 2001. 7. 9. 제92회 제5차 본회의에서 당초 원안과 동일하게 재의결(이하 '이 사건 재의결'이라고 한다)을 하였다.

이에 원고 甲(인천광역시장)은 이 사건 청구원인으로, 가스공급시설의 공사계획 수립과 도시가스 공급규정 승인에 관한 업무는 기관위임사무에 해당하여 그에 관하여 지방자치단체의 조례로 정할 수 없는 것일 뿐만 아니라, 이 사건 조례안 제4조 제2항, 제6조 제1항, 제2항은 지방자치단체의 장의 고유한 집행권을 사전적·본질적으로 침해하고 상위 법령인 법 제18조, 제18조의3 제2항 단서, 제40조 등과 지방자치법 관련 조항의 위임 범위를 벗어난 사항을 규정하고 있으므로 그 제정을 위한 이 사건 재의결은 효력이 없다는 이유로 대법원에 조례안재의결무효확인의 소를 제기하였다.

[판결요지]

[1] 지방자치단체의 조례제정권의 범위와 한계

헌법 제117조 제1항과 지방자치법 제15조에 의하면 지방자치단체는 법령의 범위 안에서 그 사무에 관하여 자치조례를 제정할 수 있으나 이 때 사무란 지방자치법 제9조 제1항에서 말하는 지방자치단체의 자치사무와 법령에 의하여 지방자치단체에 속하게 된 단체위임사무를 가리키므로 지방자치단체가 자치조례를 제정할 수 있는 것은 원칙적으로 이러한 자치사무와 단체위임사무에 한한다. 그러므로 국가사무가 지방자치단체의 장에게 위임된 기관위임사무와 같이 지방자치단체의 장이 국가기관의 지위에서 수행하는 사무일 뿐 지방자치단체 자체의 사무라고 할 수 없는 것은 원칙적으로 자치조례의 제정 범위에 속하지 않는다.

[2] 법령상 지방자치단체의 장이 처리하도록 규정하고 있는 사무가 자치사무 또는 기관위임사무에 해당하는지 여부의 판단 방법

법령상 지방자치단체의 장이 처리하도록 규정하고 있는 사무가 자치사무인지 기관위임사무에 해당하는지 여부를 판단함에 있어서는 그에 관한 법령의 규정 형식과 취지를 우선 고려하여야 할 것이지만 그 외에도 그 사무의 성질이 전국적으로 통일적인 처리가 요구되는 사무인지 여부나 그에 관한 경비부담과 최종적인 책임귀속의 주체 등도 아울러 고려하여 판단하여야 할 것이다.

[3] 시·도지사의 지역별 가스공급시설의 공사계획 수립·공고나 도시가스의 공급조건에 관한 공급규정의 승인에 관한 업무가 기관위임사무에 해당하는지 여부(소극)

도시가스사업법 제3조, 제9조, 제10조, 제11조, 제18조, 제18조의3, 제20조 등 관련 규정을 종합하면, 시·도지사의 지역별 가스공급시설의 공사계획 수립·공고나 도시가스의 요금 및 기타 공급조건에 관한

공급규정의 승인에 관한 사항은 지방자치법 제9조, 제35조 제1항 제11호에 의하여 법령에 의하여 지방자치단체의 사무에 속한 사항으로 조례로 제정할 수 있고, 일정한 경우 지방의회의 의결사항으로 할 수도 있다고 할 것이지 국가사무로 시·도지사에게 기관위임된 사무라고 할 것은 아니다.

다만, 이는 국가의 지방자치단체에 대한 일반적인 지도·감독의 범위에 속한다고 할 것이어서 위 규정만으로 시·도지사가 가지는 지역별 가스공급시설의 공사계획 수립·공고나 도시가스의 요금 및 기타 공급조건에 관한 공급규정의 승인에 관한 업무의 성질이 달라지는 것은 아니다.

[4] 지방자치단체의 자치사무에 관한 조례 제정의 한계

지방자치단체가 그 자치사무에 관하여 조례로 제정할 수 있다고 하더라도 상위 법령에 위배할 수는 없고(지방자치법 제15조[23])), 특별한 규정이 없는 한 지방자치법이 규정하고 있는 지방자치단체의 집행기관과 지방의회의 고유권한에 관하여는 조례로 이를 침해할 수 없고, 나아가 지방의회가 지방자치단체장의 고유권한이 아닌 사항에 대하여도 그 사무집행에 관한 집행권을 본질적으로 침해하는 것은 지방자치법의 관련 규정에 위반되어 허용될 수 없다고 할 것이다.

[5] 시장으로 하여금 가스사업자에 대하여 가스공급계획에 의한 가스공급시설의 미설치 승인시 일정 규모 이상의 가스공급시설을 추가 설치할 수 있도록 가스공급계획을 변경하도록 하고, 가스공급시설 설치지역의 우선 순위도 민원을 제기한 지역의 주민의 수만으로 결정하도록 규정한 지방자치단체의 조례안이 시장의 집행권을 본질적으로 침해하는 것으로 법령에 위배되는지 여부(적극)

도시가스사업법 제18조의3은 제1항과 이사건 조례안 제4조 제2항이 비록 시장에게 당초 수립·공고한 지역별 가스공급시설의 공사계획을 변경하도록 하는 의미로 볼 수 있다고 하더라도, 법 제18조의3 제2항에 의하면 시장에 의하여 수립·공고된 지역별 가스공급시설의 공사계획에 의하여, 일반도시가스업자는 그 가스공급시설의 설치의무를 부담하게 되는바, 그 미설치 승인 후에도 그 장애사유가 제거되면 바로 설치하게 하는 것이 타당한 경우가 있을 수 있음에도 일률적으로 이를 배제하고 시장으로 하여금 가스공급시설의 공사계획을 변경하여 다른 곳에 그 정도 규모 이상의 가스공급시설을 설치하게 하는 것은 당초 가스공급이 예정된 주민의 이익을 침해할 우려가 있고, 일반도시가스사업자에게 절대적인 대체적 작위 의무를 부과하는 것일 뿐만 아니라, 가스공급시설 설치지역의 우선 순위도 그 시설 설치를 위한 공사비 소요 규모, 기존 공급시설과의 거리, 공사의 난이도, 가스 수요의 예상량, 가스공급의 사업성 여부 등에 대한 고려 없이 민원을 제기한 지역의 주민의 수만으로 결정하게 하는 것은 시장의 공급시설 설치지역과 규모 등에 관한 우선 순위 결정에 관한 집행기관으로서의 권한을 본질적으로 침해하는 것으로 위 관련 법령에 위배된다고 할 것이다.

[6] 시장으로 하여금 가스공급시설 공사계획의 수립 또는 도시가스의 공급조건에 관한 공급규정의 승인이나 변경시 시의회에 보고하고 의견을 청취하도록 규정한 지방자치단체의 조례안이 시장의 집행권을 본질적으로 침해하는 것으로 법령에 위배되는지 여부(소극)

이 사건 조례안 제6조 제1항에서 원고가 법 제18조의3의 규정에 의한 가스공급시설 공사계획을 수립하고자 할 때에 시의회 소관 상임위원회에 보고하게 하고 있으나, 이는 그 공사계획의 적정성 여부에 대한 통제수단으로 비록 그 수립 전에 사전적으로 통제하는 것이기는 하나 매년 당해 연도를 포함한 2년간의 계획을 수립하는 것이고 이미 제출된 일반도시가스사업자의 가스공급계획을 기초로 수립되는 것이며, 보고 후 반드시 시의회의 의결이나 의견에 따라야 하는 등 법적 구속도 없으므로 지방자치단체장의 고유한 집행권을 침해한 것이라고 할 수 없다.

---

23) 현 지방자치법 제28조

또한, 원고가 법 제20조의 규정에 따라 도시가스의 요금 및 기타 공급조건에 관한 공급규정을 승인하거나 상당한 기간을 정하여 변경을 요구하는 경우에도 먼저 위 공급규정이 법 제20조 제2항 각 호의 기준에 적합한지 여부에 대하여 사전 검토가 선행될 것이고 그 검토 의견 또한 공개되어야 할 사항이며, 반드시 시의회의 의결이나 의견에 따라야 하는 공급규정의 승인이나 변경 요구를 하여야 하는 등 법적 구속도 없으므로, 이 사건 조례안 제6조 제2항에서 그 공급규정의 승인이나 변경 요구 전에 시의회에 보고하고 의견을 청취하도록 규정하였다고 하여 지방자치단체장의 집행권을 본질적으로 침해한 것이라고 할 수 없고, 법 제20조 제3항에 규정된 산업자원부장관의 시·도지사에 대한 공급규정의 내용변경을 위한 필요한 명령권한을 박탈하거나 배제하는 것이 아니어서 그에 직접적으로 위배된다고 할 수도 없다.

[7] 조례안의 일부가 위법한 경우, 그에 대한 재의결 전부의 효력이 부인되는지 여부(적극)

조례안의 일부 조항이 법령에 위반되어 위법한 경우에는 그 조례안에 대한 재의결은 그 전체의 효력을 부인할 수밖에 없다.

이 사건 조례안 제4조 제2항이 법령에 위반되어 위법한 이상 제6조 제1항, 제2항 등 나머지 조항이 법령에 위반되지 아니하다고 하더라도, 이 사건 조례안에 대한 재의결의 효력 배제를 구하는 원고의 이 사건 청구는 결국 이유 있다 할 것이다.

학생인권조례안 사건

☐ 대법원 2015. 5. 14. 선고 2013추98 판결

[사실관계]

이 사건 조례안은 대한민국헌법, 「국제연합 아동의 권리에 관한 협약」, 교육기본법, 초·중등교육법에 근거하여 학생의 인권이 학교 교육과정과 학교생활에서 실현될 수 있도록 하는 것을 목적으로 하고 있다(제1조). 그 주요내용은 학생의 학습에 관한 권리(제5조), 정규교과 이외 교육활동의 자유(제6조), 폭력으로부터 자유로울 권리(제9조), 휴식을 취할 권리(제11조), 개성을 실현할 권리(제12조), 사생활의 자유(제13조), 정보에 관한 권리(제15조), 표현의 자유(제17조), 자치활동의 권리(제18조), 정책결정에 참여할 권리(제20조), 복지에 관한 권리(제21조), 급식에 대한 권리(제24조) 등 학교생활과 학교 교육과정에서 보장되어야 할 학생의 권리를 확인하는 한편, 학생인권의 보장에 관한 학교의 설립자와 경영자, 학교의 장, 교직원의 의무(제27조, 제30조, 제31조)를 규정하고, 그 구체적 실현을 위한 조치로서 학생 인권교육을 실시하고 관련 행정기구 및 자문기관으로 학생인권심의위원회, 학생인권교육센터, 학생인권옹호관을 두도록 하는 것(제40조, 제42조, 제43조, 제47조) 등이다.

이러한 내용의 조례안을 피고(전라북도 의회)는 2013. 6. 25. 의결하여 2013. 6. 26. 피고보조참가인(전라북도 교육감)에게 이송하였고, 이에 원고(교육부장관)는 2013. 7. 11. 피고보조참가인에게 이 사건 조례안 중 학생의 학습에 관한 권리를 정한 규정(제5조)을 비롯하여 여러 규정이 법령에 위반되고 피고보조참가인의 조례안 제안권을 침해하였다는 등의 이유로 재의요구를 하도록 요청하였으나, 피고보조참가인은 이에 따르지 아니하고 2013. 7. 12. 전라북도 학생인권조례를 공포하였다. 이에 원고는 지방교육자치에 관한 법률 제3조에 의하여 준용되는 지방자치법 제172조 제7항(현 제192조 제8항)에 따라 이 사건 조례안 의결의 효력 배제를 구하는 이 사건 소를 직접 대법원에 제기하였다.

[판결요지]

[1] 학기당 2시간 정도의 인권교육의 편성·실시가 지방자치법 제9조 제2항 제5호에서 지방자치단체의 사무로 예시한 교육에 관한 사무로서 초등학교·중학교·고등학교 등의 운영·지도에 관한 사무에 속한다.

초·중등교육법 제7조, 제23조, 교육부장관이 고시한 '초·중등학교 교육과정' Ⅱ. 4. 가. (1)항, Ⅲ. 1. 나. (15)항의 내용 및 체계와 아울러, 학교는 교육과정을 운영하는 주체로서 대통령령이 정하는 교과를 포함하여 교육부장관이 고시하는 기본적인 교육과정을 구성하는 과목 외의 내용을 교육내용에 포함시킬 수 있는 재량이 있다고 보이는 점, 교육감은 지방자치단체의 교육·학예에 관한 사무를 담당하는 주체로서 교육부장관이 정한 교육과정의 범위 안에서 지역의 실정에 맞는 교육과정의 기준과 내용을 정할 수 있을 뿐만 아니라 관할구역 내 학교의 교육과정 운영에 대한 장학지도를 할 수 있는 점, 교육부장관이 정한 기본적인 교육과정과 대통령령에 정한 교과 외의 교육내용에 관한 결정 및 그에 대한 지도는 전국적으로 통일하여 규율되어야 할 사무가 아니라 각 지역과 학교의 실정에 맞는 규율이 허용되는 사무라고 할 것인 점 등에 비추어 보면, 학기당 2시간 정도의 인권교육의 편성·실시는 지방자치법 제9조(현 제13조) 제2항 제5호가 지방자치단체의 사무로 예시한 교육에 관한 사무로서 초등학교·중학교·고등학교 등의 운영·지도에 관한 사무에 속한다.

[2] 교육부장관이 관할 교육감에게, 갑 지방의회가 의결한 학생인권조례안에 대하여 재의요구를 하도록 요청하였으나 교육감이 이를 거절하고 학생인권조례를 공포하자, 조례안 의결에 대한 효력 배제를 구하는 소를 제기한 사안에서, 위 조례안이 국민의 기본권이나 주민의 권리 제한에서 요구되는 법률유보원칙에 위배된다고 할 수 없고, 내용이 법령의 규정과 모순·저촉되어 법률우위원칙에 어긋난다고 볼 수 없다.

교육부장관이 관할 교육감에게, 갑 지방의회가 의결한 학생인권조례안에 대하여 재의요구를 하도록 요청하였으나 교육감이 이를 거절하고 학생인권조례를 공포하자, 조례안 의결에 대한 효력 배제를 구하는 소를 제기한 사안에서, 위 조례안은 전체적으로 헌법과 법률의 테두리 안에서 이미 관련 법령에 의하여 인정되는 학생의 권리를 열거하여 그와 같은 권리가 학생에게 보장되는 것임을 확인하고 학교생활과 학교 교육과정에서 학생의 인권 보호가 실현될 수 있도록 내용을 구체화하고 있는 데 불과할 뿐, 법령에 의하여 인정되지 아니하였던 새로운 권리를 학생에게 부여하거나 학교운영자나 학교의 장, 교사 등에게 새로운 의무를 부과하고 있는 것이 아니고, 정규교과 시간 외 교육활동의 강요 금지, 학생인권 교육의 실시 등의 규정 역시 교육의 주체인 학교의 장이나 교사에게 학생의 인권이 학교 교육과정에서 존중되어야 함을 강조하고 그에 필요한 조치를 권고하고 있는 데 지나지 아니하여, 그 규정들이 교사나 학생의 권리를 새롭게 제한하는 것이라고 볼 수 없으므로, 국민의 기본권이나 주민의 권리 제한에서 요구되는 법률유보원칙에 위배된다고 할 수 없고, 내용이 법령의 규정과 모순·저촉되어 법률우위원칙에 어긋난다고 볼 수 없다고 한 사례.

[3] 조례안재의결 무효확인소송에서 심리대상의 범위 및 이러한 법리는 주무부장관이 지방자치법 제172조 제7항(현 제192조 제8항)에 따라 지방의회의 의결에 대하여 직접 제소함에 따른 조례안의결 무효확인소송에도 마찬가지로 적용된다.

조례안재의결 무효확인소송에서의 심리대상은 지방자치단체의 장이 지방의회에 재의를 요구할 당시 이의사항으로 지적하여 재의결에서 심의의 대상이 된 것에 국한된다. 이러한 법리는 주무부장관이 지방자치법 제172조 제7항에 따라 지방의회의 의결에 대하여 직접 제소함에 따른 조례안의결 무효확인소송에도 마찬가지로 적용되므로, 조례안의결 무효확인소송의 심리대상은 주무부장관이 재의요구 요청에서 이의사항으로 지적한 것에 한정된다.

제주특별자치도 연구위원회 조례안 사건

□ 대법원 2009. 9. 24. 선고 2009추53 판결

[사실관계]

피고(제주특별자치도의회)는 2008. 12. 24. 그 소속 의원이 발의한 '제주특별자치도 연구위원회 설치 및 운영에 관한 조례안'(이하 '이 사건 조례안'이라 한다)을 의결하여 원고(제주특별자치도지사)에게 이송하였고, 이에 대하여 원고는 2009. 1. 9. 이 사건 조례안이 법령에 위반된다는 이유로 피고에게 그 재의를 요구하였으나, 피고는 2009. 2. 25. 이 사건 조례안을 그대로 재의결하였다.
이에 원고는 대법원에 이 사건 재의결에 대한 무효확인소송을 제기하였다.

[판결요지]

[1] 지방의회가 합의제 행정기관의 설치에 관한 조례안을 발의하여 이를 의결, 재의결하는 것이 허용되는지 여부(소극)

지방자치법상 지방자치단체의 집행기관과 지방의회는 서로 분립되어 각기 그 고유권한을 행사하되 상호 견제의 범위 내에서 상대방의 권한 행사에 대한 관여가 허용되나, 지방의회는 집행기관의 고유권한에 속하는 사항의 행사에 관하여는 견제의 범위 내에서 소극적·사후적으로 개입할 수 있을 뿐 사전에 적극적으로 개입하는 것은 허용되지 않는다. 이에 더하여, 지방자치법 제116조(현 제129조)에 그 설치의 근거가 마련된 합의제 행정기관은 지방자치단체의 장이 통할하여 관리·집행하는 지방자치단체의 사무를 일부 분담하여 수행하는 기관으로서 그 사무를 독립하여 수행한다 할지라도 이는 어디까지나 집행기관에 속하는 것이지 지방의회에 속한다거나 집행기관이나 지방의회 어디에도 속하지 않는 독립된 제3의 기관에 해당하지 않는 점, 지방자치단체의 행정기구와 정원기준 등에 관한 규정 제3조 제1항의 규정에 비추어 지방자치단체의 장은 집행기관에 속하는 행정기관 전반에 대하여 조직편성권을 가진다고 해석되는 점을 종합해 보면, 지방자치단체의 장은 합의제 행정기관을 설치할 고유의 권한을 가지며 이러한 고유권한에는 그 설치를 위한 조례안의 제안권이 포함된다고 봄이 상당하므로, 지방의회가 합의제 행정기관의 설치에 관한 조례안을 발의하여 이를 그대로 의결, 재의결하는 것은 지방자치단체장의 고유권한에 속하는 사항의 행사에 관하여 지방의회가 사전에 적극적으로 개입하는 것으로서 관련 법령에 위반되어 허용되지 않는다.

[2] 지방의회가 집행기관의 인사권을 독자적으로 행사하거나 동등한 지위에서 합의하여 행사할 수 있는지 및 그에 관하여 사전에 적극적으로 개입하는 것이 허용되는지 여부(소극)

지방의회가 집행기관의 인사권에 관하여 견제의 범위 내에서 소극적·사후적으로 개입하는 것은 허용되나, 집행기관의 인사권을 독자적으로 행사하거나 동등한 지위에서 합의하여 행사할 수는 없고, 그에 관하여 사전에 적극적으로 개입하는 것도 원칙적으로 허용되지 아니한다.

[3] 제주특별자치도의회가 발의하여 의결 및 재의결한 '제주특별자치도 연구위원회 설치 및 운영에 관한 조례안'은, 제주특별자치도지사의 고유권한에 속하는 사항과 인사권에 관하여 제주특별자치도의회가 사전에 적극적으로 개입한 것으로서 그 일부가 법령에 위배되어 위법하므로, 그 조례안에 대한 재의결은 효력이 없다고 한 사례.

[참고판례]

❶ 지방의회의 사전적·적극적 개입에 해당하여 허용되지 않는 경우

① 지방의회가 집행기관의 인사권에 관하여 소극적 사후적으로 개입하는 것은 그것이 견제의 범위 안에 드는 경우에는 허용되나, 집행기관의 인사권을 독자적으로 행사하거나 동등한 지위에서 합의하여 행사할 수는 없으며, 사전에 적극적으로 개입하는 것도 원칙적으로 허용되지 아니하므로 조례안에 규정된 행정불만처리조정위원회 위원의 위촉, 해촉에 지방의회의 동의를 받도록 한 것은 사후에 소극적으로 개입하는 것으로서 지방의회의 집행기관에 대한 견제권의 범위에 드는 적법한 규정이라고 보아야 될 것이나, 그 일부를 지방의회 의장이 위촉하도록 한 것은 지방의회가 집행기관의 인사권에 사전에 적극적으로 개입하는 것으로서 지방자치법이 정한 의결기관과 집행기관 사이의 권한분리 및 배분의 취지에 배치되는 위법한 규정이며, 또 집행기관의 인사권에 의장 개인의 자격으로는 관여할 수 있는 권한이 없고 조례로써 이를 허용할 수도 없으며, 따라서 의장 개인이 위원의 일부를 위촉하도록 한 조례안의 규정은 그 점에서도 위법하다(대법원 1994. 4. 26. 선고 93추175 판결).

② 조례안에서 지방자치단체의 장이 재단법인 광주비엔날레의 업무수행을 지원하기 위하여 소속 지방공무원을 위 재단법인에 파견함에 있어 그 파견기관과 인원을 정하여 지방의회의 동의를 얻도록 하고, 이미 위 재단법인에 파견된 소속 지방공무원에 대하여는 조례안이 조례로서 시행된 후 최초로 개회되는 지방의회에서 동의를 얻도록 규정하고 있는 경우, 그 조례안 규정은 지방자치단체의 장의 고유권한에 속하는 소속 지방공무원에 대한 임용권 행사에 대하여 지방의회 동의 절차를 통하여 단순한 견제의 범위를 넘어 적극적으로 관여하는 것을 허용하고 있다는 이유로 법령에 위반된다고 한 사례(대법원 2001. 2. 23. 선고 2000추67 판결).

③ 지방자치법령은 지방자치단체의 장으로 하여금 지방자치단체의 대표자로서 당해 지방자치단체의 사무와 법령에 의하여 위임된 사무를 관리·집행하는 데 필요한 행정기구를 설치할 고유한 권한과 이를 위한 조례안의 제안권을 가지도록 하는 반면, 지방의회로 하여금 지방자치단체의 장의 행정기구의 설치 권한을 견제하도록 하기 위하여 지방자치단체의 장이 조례안으로서 제안한 행정기구의 축소, 통폐합의 권한을 가지는 것으로 하고 있으므로, 지방의회의원이 지방자치단체의 장이 조례안으로서 제안한 행정기구를 종류 및 업무가 다른 행정기구로 전환하는 수정안을 발의하여 지방의회가 의결 및 재의결하는 것은 지방자치단체의 장의 고유 권한에 속하는 사항의 행사에 관하여 사전에 적극적으로 개입하는 것으로서 허용되지 아니한다(대법원 2005. 8. 19. 선고 2005추48 판결).

④ 지방의회는 조례의 제정 및 개폐, 예산의 심의·확정, 결산의 승인, 기타 구 지방자치법 제35조에 규정된 사항에 대한 의결권을 가지는 외에 구 지방자치법 제36조 등의 규정에 의하여 지방자치단체사무에 관한 행정사무감사 및 조사권 등을 가진다. 지방의회는 이와 같이 법령에 의하여 주어진 권한의 범위 내에서 집행기관을 견제할 수 있는 것이고, 법령에 규정이 없는 새로운 견제장치를 만드는 것은 집행기관의 고유권한을 침해하는 것이 되어 허용될 수 없다(대법원 2009. 4. 9. 선고 2007추103 판결).

❷ 지방의회가 이미 설치된 교육청의 직속기관의 명칭을 변경하는 것은 허용된다.

전라북도의회가 의결한 '전라북도교육청 행정기구 설치 조례 일부 개정조례안'에 대하여 전라북도 교육감이 재의를 요구하였으나 전라북도의회가 위 조례 개정안을 원안대로 재의결함으로써 확정한 사안에서, 위 조례 개정안은 직속기관들이 전라북도교육청 소속임을 분명하게 하기 위하여 해당 직속기관의 명칭에 '교

육청'을 추가하거나 지역 명칭을 일부 변경하는 것에 불과한데, 관계 법령의 규정 내용에 따르면, 직속기관의 명칭을 결정하는 것이 교육감의 고유 권한에 해당한다고 볼 만한 근거가 없는 반면, 지방의회가 '이미 설치된 교육청의 직속기관'의 명칭을 변경하는 것은 사후적·소극적 개입에 해당하므로, 위 조례 개정안이 자치사무에 관하여 법령의 범위 안에서 조례를 제정할 수 있는 '지방의회의 포괄적인 조례 제정 권한'의 한계를 벗어난 것이라고 보기는 어렵다는 이유로, 위 조례 개정안이 교육감의 지방교육행정기관 조직편성권을 부당하게 침해한다고 볼 수 없다고 한 사례(대법원 2021. 9. 16. 선고 2020추5138 판결).

❸ **지방의회의 통제권을 제한·박탈하는 조례는 위법하다.**

지방자치단체의 집행기관의 사무집행에 관한 감시·통제기능은 지방의회의 고유권한이므로 이러한 지방의회의 권한을 제한·박탈하거나 제3의 기관 또는 집행기관 소속의 어느 특정 행정기관에 일임하는 내용의 조례를 제정한다면 이는 지방의회의 권한을 본질적으로 침해하거나 그 권한을 스스로 저버리는 내용의 것으로서 지방자치법령에 위반되어 무효이다(대법원 1997. 4. 11. 선고 96추138 판결).

❹ **지방의회의원에 대하여 유급 보좌 인력을 두는 것은 국회가 법률로 규정하여야 할 입법사항이다.**

지방의회의원에 대하여 유급 보좌 인력을 두는 것은 지방의회의원의 신분·지위 및 처우에 관한 현행 법령상의 제도에 중대한 변경을 초래하는 것으로서 국회의 법률로 규정하여야 할 입법사항이다(대법원 2017. 3. 30. 선고 2016추5087 판결).

❺ **지방의회의원에게 지급하는 월정수당은 직무활동에 대한 대가로 지급되는 보수에 해당한다.**

지방자치법 제32조(현 제40조) 제1항은 지방의회 의원에게 지급하는 비용으로 의정활동비(제1호)와 여비(제2호) 외에 월정수당(제3호)을 규정하고 있는바, 이 규정의 입법연혁과 함께 특히 월정수당(제3호)은 지방의회 의원의 직무활동에 대하여 매월 지급되는 것으로서, 지방의회 의원이 전문성을 가지고 의정활동에 전념할 수 있도록 하는 기틀을 마련하고자 하는 데에 그 입법 취지가 있다는 점을 고려해 보면, 지방의회 의원에게 지급되는 비용 중 적어도 월정수당(제3호)은 지방의회 의원의 직무활동에 대한 대가로 지급되는 보수의 일종으로 봄이 상당하다(대법원 2009. 1. 30. 선고 2007두13487 판결).

❻ **도의회가 자료를 요구할 경우 도지사는 업무협약에 비밀조항을 둔 경우라도 이를 거부할 수 없도록 규정한 조례는 무효이다.**

경상남도지사가 '경상남도 업무협약 체결 및 관리에 관한 조례안' 중 도의회가 지방자치법 제48조, 제49조에 따라 자료를 요구할 경우 도지사는 업무협약에 비밀조항을 둔 경우라도 이를 거부할 수 없도록 규정한 제6조 제1항이 법률유보원칙 등에 위반된다며 재의를 요구하였으나 도의회가 원안대로 재의결함으로써 이를 확정한 사안에서, 지방자치단체의 장이 지방의회의 요구에 따라 지방의회에 제출할 자료 중에 직무상 알게 된 비밀이 포함된 경우, 위 조례안 제6조 제1항에 따르면 지방자치단체의 장이 이를 지방의회에 제출하여야 하는 반면, 지방공무원법 제52조 등에 따르면 지방자치단체의 장이 지방의회의 제출요구를 거부함으로써 직무상 알게 된 비밀을 엄수해야 한다는 측면에서 위 조례안 제6조 제1항이 지방공무원법 제52조 등과 충돌한다고 볼 여지가 큰 점, 공공기관의 정보공개에 관한 법률은 법인 등의 경영상·영업상 비밀에 관한 사항으로서 공개될 경우 법인 등의 정당한 이익을 현저히 해칠 우려가 있다고 인정되는 정보를 비공개 대상 정보로 규정하고(제9조 제1항 제7호), 사회기반시설에 대한 민간투자법 역시 사업시행자의 경영상·영업상 비밀에 해당하는 정보는 비공개하도록 규정하여 사업시행자의 정당한 이익을 보호하는 범위 내에서 정보공개를 의무화하고 있는데(제51조의3 제1항), 위 조례안 제6조 제1항은 서류제출 요구에 응할 경우 기업의 자유 등이 침해될 수 있다는 점에 대한 어떠한 고려도 없이 도지사에게 도의회의 서류제출 요구에 응하도록 하고 있어 기본권에 의한 한계를 규정하고 있는 위 법률조항들과도 충돌하는 점 등을 종합하면, 위 조례안 제6조 제1항은 공무원의 비밀유지의무를 규정한 지방공무원법 제52조, 공공기관의 정보공개에 관한 법률 제9조 제1항 제7호, 사회기반시설에 대한 민간투자법 제51조의3 제1항 등에 위반되므로 조례안에 대한 재의결은 효력이 없다고 한 사례(대법원 2023. 7. 13. 선고 2022추5149 판결).

지방자치법상 분담금 납부의무자 사건

□ 대법원 2021. 4. 29. 선고 2016두45240 판결

[사실관계]

건설교통부장관은 2007. 3. 19. 원고, 진주시, 경상남도개발공사를 공동 사업시행자로 하여 진주시 (주소 생략) 일원을 '경남진주 혁신도시 개발예정지구'로 지정하였다.

원고(한국토지주택공사)는 위 혁신도시 개발사업을 시행하고 그중 A-1, A-4, A-5 구역에 아파트를 신축하는 건축사업을 시행하는 과정에서 피고(진주시장)에게 급수공사를 신청하였다. 피고는 2013. 8. 5.부터 2014. 5. 20.까지 3회에 걸쳐 원고에게 지방자치법 제138조, 제139조 제1항의 위임에 따른 구「진주시 수도 급수조례」 (이하 '이 사건 조례'라 한다) 제14조에 근거하여 상수도시설분담금(이하 '이 사건 시설분담금'이라 한다)을 부과하는 이 사건 처분을 하였다. 한편 원고는 성남시에 주된 사무소를 두고 있다가 2015. 4. 30. 진주시로 이전하였다.

쟁점은 이 사건 처분 당시 진주시에 주된 사무소나 본점을 두고 있지 않은 원고가 지방자치법 제138조(현 제155조)에 따른 분담금 납부의무의 주체가 될 수 있는지 여부이다.

[판결요지]

□ 법인이 해당 지방자치단체에서 인적·물적 설비를 갖추고 계속적으로 사업을 영위하면서 해당 지방자치단체의 재산 또는 공공시설의 설치로 특히 이익을 받는 경우, 지방자치법 제138조에 따른 분담금 납부의무자가 될 수 있는지 여부(적극)

지방자치법은 여러 조항에서 권리·의무의 주체이자 법적 규율의 상대방으로서 '주민'이라는 용어를 사용하고 있다. 지방자치법에 '주민'의 개념을 구체적으로 정의하는 규정이 없는데, 그 입법 목적, 요건과 효과를 달리하는 다양한 제도들이 포함되어 있는 점을 고려하면, 지방자치법이 단일한 주민 개념을 전제하고 있는 것으로 보기 어렵다. 자연인이든 법인이든 누군가가 지방자치법상 주민에 해당하는지는 개별 제도별로 제도의 목적과 특성, 지방자치법뿐만 아니라 관계 법령에 산재해 있는 관련 규정들의 문언, 내용과 체계 등을 고려하여 개별적으로 판단할 수밖에 없다.

지방자치법 제13조 제2항, 제14조, 제15조, 제16조, 제17조, 제20조에 따른 참여권 등의 경우 지방자치법 자체나 관련 법률에서 일정한 연령 이상 또는 주민등록을 참여자격으로 정하고 있으므로(공직선거법 제15조, 주민투표법 제5조, 주민소환에 관한 법률 제3조 참조) 자연인만을 대상으로 함이 분명하고, 제12조는 기본적으로 제2장에서 정한 다양한 참여권 등을 행사할 수 있는 주민의 자격을 명확히 하려는 의도로 만들어진 규정이라고 볼 수 있다. 그러나 제13조(현 제17조) 제1항에서 정한 재산·공공시설 이용권, 균등한 혜택을 받을 권리와 제21조(현 제27조)에서 정한 비용분담 의무의 경우 자연인만을 대상으로 한 규정이라고 볼 수 없다.

지방자치법 제138조(현 제155조)에 따른 분담금 제도의 취지와 균등분 주민세 제도와의 관계 등을 고려하면, 지방자치법 제138조에 따른 분담금 납부의무자인 '주민'은 균등분 주민세의 납부의무자인 '주민'과 기본적으로 동일하되, 다만 '지방자치단체의 재산 또는 공공시설의 설치로 주민의 일부가 특히 이익을 받은 경우'로 한정된다는 차이점이 있을 뿐이다. 따라서 법인의 경우 해당 지방자치단체의 구역 안에 주된 사무소 또

는 본점을 두고 있지 않더라도 '사업소'를 두고 있다면 지방자치법 제138조에 따른 분담금 납부의무자인 '주민'에 해당한다.

지방자치법 제12조가 '주민의 자격'을 '지방자치단체의 구역 안에 주소를 가진 자'로 정하고 있으나 이는 위에서 본 바와 같이 주로 자연인의 참여권 등을 염두에 두고 만들어진 규정이고, 지방자치법은 주소의 의미에 관하여 별도의 규정을 두고 있지 않다. 민법 제36조가 '법인의 주소'를 '주된 사무소의 소재지'로, 상법 제171조는 '회사의 주소'를 '본점 소재지'로 정하고 있으나, 이는 민법과 상법의 적용에서 일정한 장소를 법률관계의 기준으로 삼기 위한 필요에서 만들어진 규정이다. 따라서 지방자치법 제138조에 따른 분담금 납부의무와 관련하여 법인의 주소가 주된 사무소나 본점의 소재지로 한정된다고 볼 것은 아니다.

어떤 법인이 해당 지방자치단체에서 인적·물적 설비를 갖추고 계속적으로 사업을 영위하면서 해당 지방자치단체의 재산 또는 공공시설의 설치로 특히 이익을 받는 경우에는 지방자치법 제138조에 따른 분담금 납부의무자가 될 수 있다. 특히 지방자치법 제138조에 근거하여 분담금 제도를 구체화한 조례에서 정한 분담금 부과 요건을 충족하는 경우에는 부담금 이중부과 등과 같은 특별한 사정이 없는 한 조례 규정에 따라 분담금을 납부할 의무가 있다.

[관련판례]

☐ 수도법상 '원인자부담금'과 구 지방자치법상 '시설분담금'은 각각 근거 법령, 부과 목적·대상, 산정기준 등을 달리하는 것인지 여부(적극)

[1] 수도법 제71조 및 수도법 시행령 제65조에서 정한 '원인자부담금'은 주택단지 등의 시설이 설치됨에 따라 상수도시설의 신설·증설 등이 필요한 경우에 그 원인을 제공한 자를 상대로 새로운 급수지역 내에서 설치하는 상수도시설의 공사비용을 부담시키는 것이고, 구 지방자치법 제138조, 제139조 및 이에 근거한 조례에서 정한 '시설분담금'은 이미 상수도시설이 설치된 급수지역 내에서 전용급수설비의 신설 등 새롭게 급수를 신청하는 자를 상대로 기존 상수도시설의 잔존가치를 기준으로 그 공사에 소요된 건설비를 징수하는 것이어서, 각각 근거 법령, 부과 목적·대상, 산정기준 등을 달리한다.

[2] 구 지방자치법 제138조에 따른 분담금 납부의무자인 '주민'은 구 지방세법에서 정한 균등분 주민세의 납부의무자인 '주민'과 기본적으로 동일한 의미이므로, 법인이 해당 지방자치단체의 구역 안에 주된 사무소 또는 본점을 두고 있지 않더라도 '사업소'를 두고 있다면 구 지방자치법 제138조에 따른 분담금 납부의무자인 '주민'에 해당한다.

따라서 어떤 법인이 특정한 지방자치단체에서 인적·물적 설비를 갖추고 계속적으로 사업을 영위하면서 해당 지방자치단체의 재산 또는 공공시설의 설치로 특히 이익을 받는 경우에는 구 지방자치법 제138조에 따른 분담금 납부의무자가 될 수 있고, 구 지방자치법 제138조에 따라 분담금 제도를 구체화한 조례에서 정한 부과 요건을 충족하는 경우에는 이중부과 등과 같은 특별한 사정이 없는 한 그 조례에 따라 분담금을 납부할 의무가 있다(대법원 2022. 4. 14. 선고 2020두58427 판결).

영주시 행정구역 명칭변경 사건

□ 대법원 2016. 7. 22. 선고 2012추121 판결

[사실관계]

소백산 국립공원은 영주시, 경상북도 봉화군과 충청북도 단양군에 걸쳐 있는데, 그중 약 51.6%에 해당하는 면적이 영주시에, 47.7%에 해당하는 면적이 단양군에 위치하고 있고, 영주시 단산면은 소백산 국립공원 면적의 17%를 차지하고 있다.

한편 영주시는 2011. 12. 6. 단산면장으로부터 행정구역 명칭을 '영주시 단산면'에서 '영주시 소백산면'으로 변경할 것을 요청하는 주민청원서를 제출받고 2012. 1. 3.부터 2012. 1. 25.까지 입법예고를 거쳐, 2012. 3. 15. 지방자치법 제4조의2 제1항 단서에 따라 영주시 읍·면·동 중 '단산면'의 명칭을 '소백산면'으로 바꾸는 내용으로 '영주시 읍·면·동 명칭과 구역에 관한 조례'(이하 '이 사건 조례'라 한다)를 개정·공포하였고, 그 부칙에서 이 사건 조례를 2012. 7. 1.부터 시행하기로 하였다. 이에 단양군에서는 위 입법예고 기간 중에 명칭 변경에 반대하는 취지의 의견서를 제출하는 등 이 사건 조례 개정에 반대하였으나, 이 사건 조례가 영주시의회에서 의결될 단계에 이르자 단양군수 丙은 2012. 2. 20. 행정자치부장관 乙에게 영주시에서 '소백산'을 행정구역 명칭으로 사용하지 않도록 해달라는 분쟁조정신청을 하였다. 乙은 지방자치단체중앙분쟁조정위원회(이하 '중앙분쟁조정위원회'라 한다)에 의결을 요구하였고 중앙분쟁조정위원회는 2012. 6. 14. 이 사건 조례가 행정구역 명칭조정에 관한 조례 제정권의 한계를 넘어섰고, 지방자치단체 상호 간의 협력의무를 위반하였으며, 관할구역 밖의 다른 국민의 법률상 이익을 침해하였고, 지방자치의 한계를 벗어났다는 등의 이유로 '丙이 영주시에서 단산면을 소백산면으로 사용하지 않도록 조정하여 줄 것을 요구한 이 사건 분쟁조정신청을 인용한다'고 결정(이하 '이 사건 분쟁조정결정'이라 한다)하는 의결을 하였다.

이에 따라 乙은 2012. 6. 18. 영주시장 甲에게 이 사건 분쟁조정결정을 통보하면서 지방자치법 제148조에 의하여 조치하고 같은 법 시행령 제86조에 의한 이행계획서를 제출할 것을 요구하였다. 이에 甲은 2012. 6. 20.부터 행정구역 명칭변경 시행을 중단하고 관계기관에 이를 통보하였으며 영주시 인터넷 홈페이지에 명칭 변경 시행 중단을 홍보하였고, 이러한 취지의 이행계획서를 乙에게 제출하였다. 그러나 乙은 2012. 6. 26. 甲의 이행계획서에 이 사건 조례의 개정에 관한 이행계획이 없어 분쟁조정결정의 이행의사가 부족하다고 판단된다는 이유로 甲에게 2012. 8. 10.까지 이 사건 조례를 개정하도록 하는 이 사건 직무이행명령을 하였다. 이에 甲은 ① 이 사건 조례에 의한 행정구역 명칭변경은 자치사무로서 단양군이나 단양군민의 법률상 이익을 침해하지 않아 중앙분쟁조정위원회의 심의·의결 대상에 해당하지 않으므로 이 사건 분쟁조정결정은 위법하고 이를 전제로 한 이 사건 직무이행명령 역시 위법하다고 주장하고 있으며, ② 甲은 이 사건 분쟁조정결정에서 정한 조정결정사항을 이행하였으므로 이 사건 직무이행명령은 위법하다고 주장하고 있다.

이에 원고는 이 사건 직무이행명령에 대한 취소소송을 대법원에 제기하였다.

[판결요지]

[1] 지방자치단체의 자치사무가 다른 지방자치단체나 그 주민의 보호할 만한 가치가 있는 이익을 침해하는 경우, 분쟁조정 대상 사무가 될 수 있다.

지방자치법 제148조(현 제165조) 제1항, 제3항, 제4항의 내용 및 체계에다가 지방자치법이 분쟁조정절차를 둔 입법 취지가 지방자치단체 상호 간이나 지방자치단체의 장 상호 간 사무처리 과정에서 분쟁이 발생하는 경우 당사자의 신청 또는 직권으로 구속력 있는 조정절차를 진행하여 이를 해결하고자 하는 데 있는 점, 분쟁조정 대상에서 자치사무를 배제하고 있지 않은 점 등을 종합하면, 지방자치단체의 자치사무라도 당해 지방자치단체에 내부적인 효과만을 발생시키는 것이 아니라 그 사무로 인하여 다른 지방자치단체나 그 주민의 보호할 만한 가치가 있는 이익을 침해하는 경우에는 지방자치법 제148조에서 정한 분쟁조정 대상 사무가 될 수 있다.

[2] 지방자치법 제148조에서 정한 분쟁조정 대상 사무인 자치사무에 관하여 분쟁조정결정이 있었으나 지방자치 단체가 조정결정을 성실히 이행하지 않은 경우, 지방자치단체의 장에 대하여 조정결정사항의 이행을 위한 직무이행명령을 할 수 있다.

지방자치법 제148조 제7항, 제170조 제1항에 의하면, 지방자치법 제148조에서 정한 분쟁조정 대상 사무가 될 수 있는 자치사무에 관하여 분쟁조정결정이 있었음에도 조정결정사항을 성실히 이행하지 않은 지방자치단체에 대하여는 제148조 제7항에 따라 제170조(현 제189조)를 준용하여 지방자치단체를 대표하는 지방자치단체의 장에 대하여 조정결정사항의 이행을 위하여 직무이행명령을 할 수 있다.

[관련판례]

☐ 행정자치부장관이나 시·도지사의 분쟁조정결정 자체의 취소를 구하는 소송을 대법원에 제기하는 것은 지방자치법상 허용되지 않는다.

지방자치법 제148조 제4항, 제7항, 제170조 제3항의 내용과 체계, 지방자치법 제148조 제1항에 따른 지방자치단체 또는 지방자치단체의 장 상호 간 분쟁에 대한 조정결정(이하 '분쟁조정결정'이라 한다)의 법적 성격 및 분쟁조정결정과 이행명령 사이의 관계 등에 비추어 보면, 행정자치부장관이나 시·도지사의 분쟁조정결정에 대하여는 후속의 이행명령을 기다려 대법원에 이행명령을 다투는 소를 제기한 후 그 사건에서 이행의무의 존부와 관련하여 분쟁조정결정의 위법까지 함께 다투는 것이 가능할 뿐, 별도로 분쟁조정결정 자체의 취소를 구하는 소송을 대법원에 제기하는 것은 지방자치법상 허용되지 아니한다. 나아가 분쟁조정결정은 상대방이나 내용 등에 비추어 행정소송법상 항고소송의 대상이 되는 처분에 해당한다고 보기 어려우므로, 통상의 항고소송을 통한 불복의 여지도 없다(대법원 2015. 9. 24. 선고 2014추613 판결).

울산북구청 승진처분취소 사건

□ 대법원 2007. 3. 22. 선고 2005추62 전원합의체 판결

[사실관계]

정부는 각 지방자치단체의 장들에게 전국공무원노동조합(이하 전공노)의 불법집단행위에 대하여 엄정하게 대처하여 줄 것을 요구하는 서한을 보냈다. 이에 따라 울산광역시장 甲은 관할 구·군에 '파업참가자에 대한 징계업무지침'을 하달하였다. 그 후 전공노의 총파업이 3일간 있었는바, 甲은 전공노 총파업에 참여한 소속공무원들에게 직위해제와 함께 징계의결요구를 하라고 관할 구·군에 수차에 걸쳐 지시하였다. 그런데 관할 구인 북구청장 乙은 소속정당의 정책과 대량징계로 인한 업무차질우려 등을 고려하여 이에 응하지 아니하고 오히려 전공노 총파업에 무단으로 참여하였던 승진예정자 7급 공무원 丙을 6급으로 승진임용 발령하였다. 이에 甲은 乙에게 丙에 대한 승진처분을 취소하도록 지시하였으나 乙이 이에 응하지 아니하였다. 그러자 甲은 乙이 지방공무원법상 징계의결요구대상자를 오히려 승진임용 발령한 것은 재량권의 범위를 일탈하였다는 이유로 지방자치법 제157조(현 제169조) 제1항에 근거하여 乙이 행한 승진처분을 취소하였다.
이에 乙은 甲을 상대로 승진처분취소에 대한 취소를 구하는 소송을 대법원에 제기하였다.

[판결요지]

[1] 지방자치법 제157조 제1항에서 정한 지방자치단체장의 명령·처분의 취소 요건인 '법령위반'에 '재량권의 일탈·남용'이 포함되는지 여부(적극)

지방자치법 제157조 제1항(현 제188조 제5항) 전문은 "지방자치단체의 사무에 관한 그 장의 명령이나 처분이 법령에 위반되거나 현저히 부당하여 공익을 해한다고 인정될 때에는 시·도에 대하여는 주무부장관이, 시·군 및 자치구에 대하여는 시·도지사가 기간을 정하여 서면으로 시정을 명하고 그 기간 내에 이행하지 아니할 때에는 이를 취소하거나 정지할 수 있다"고 규정하고 있고, 같은 항 후문은 "이 경우 자치사무에 관한 명령이나 처분에 있어서는 법령에 위반하는 것에 한한다"고 규정하고 있는바, 지방자치법 제157조 제1항 전문 및 후문에서 규정하고 있는 지방자치단체의 사무에 관한 그 장의 명령이나 처분이 법령에 위반되는 경우라 함은 명령이나 처분이 현저히 부당하여 공익을 해하는 경우, 즉 합목적성을 현저히 결하는 경우와 대비되는 개념으로, 시·군·구의 장의 사무의 집행이 명시적인 법령의 규정을 구체적으로 위반한 경우뿐만 아니라 그러한 사무의 집행이 재량권을 일탈·남용하여 위법하게 되는 경우를 포함한다고 할 것이므로, 시·군·구의 장의 자치사무의 일종인 당해 지방자치단체 소속 공무원에 대한 승진처분이 재량권을 일탈·남용하여 위법하게 된 경우 시·도지사는 지방자치법 제157조 제1항 후문에 따라 그에 대한 시정명령이나 취소 또는 정지를 할 수 있다.

[2] 하급 지방자치단체장이 전국공무원노동조합의 불법 총파업에 참가한 소속 지방공무원들에 대하여 징계의결을 요구하지 않은 채 승진임용하는 처분을 한 것이 재량권의 범위를 현저히 일탈한 것으로서 위법한 처분인지 여부(적극) 및 상급 지방자치단체장이 지방자치법 제157조 제1항에 따라 위 승진임용처분을 취소한 것이 적법한지 여부(적극)

지방공무원법에서 정한 공무원의 집단행위금지의무 등에 위반하여 전국공무원노동조합의 불법 총파업에

참가한 지방자치단체 소속 공무원들의 행위는 임용권자의 징계의결요구 의무가 인정될 정도의 징계사유에 해당함이 명백하므로, 임용권자인 하급 지방자치단체장으로서는 위 공무원들에 대하여 지체 없이 관할 인사위원회에 징계의결의 요구를 하여야 함에도 불구하고 상급 지방자치단체장의 여러 차례에 걸친 징계의결요구 지시를 이행하지 않고 오히려 그들을 승진임용시키기에 이른 경우, 하급 지방자치단체장의 위 승진처분은 법률이 임용권자에게 부여한 승진임용에 관한 재량권의 범위를 현저하게 일탈한 것으로서 위법한 처분이라 할 것이다. 따라서 상급 지방자치단체장이 하급 지방자치단체장에게 기간을 정하여 그 시정을 명하였음에도 이를 이행하지 아니하자 지방자치법 제157조 제1항에 따라 위 승진처분을 취소한 것은 적법하고, 그 취소권 행사에 재량권 일탈·남용의 위법이 있다고 할 수 없다.

[관련판례]

❶ 주무부장관이 시·도에 대하여 행한 시정명령에 대한 취소를 구하는 소송은 허용되지 않는다.

[1] 주무부장관이 지방자치법 제169조 제1항에 따라 시·도에 대하여 행한 시정명령의 취소를 구하는 소송이 허용되는지 여부(소극)

지방교육자치에 관한 법률 제3조에 의하여 준용되는 지방자치법 제169조 제2항(현 제188조 제6항)은 자치사무에 관한 명령이나 처분의 취소 또는 정지에 대하여서만 소를 제기할 수 있다고 규정하고, 주무부장관이 지방자치법 제169조 제1항에 따라 시·도에 대하여 행한 시정명령에 대하여도 대법원에 소를 제기할 수 있다는 규정을 두고 있지 않으므로, 시정명령의 취소를 구하는 소송은 허용되지 않는다.

[2] 학교의 장이 행하는 학교생활기록의 작성에 관한 사무의 성질 및 교육감의 학교생활기록부 작성에 관한 지도·감독 사무가 국가사무로서 교육감에게 위임된 기관위임사무인지 여부(적극)

학교생활기록에 관한 초·중등교육법, 고등교육법 및 각 시행령의 규정 내용에 의하면, 어느 학생이 시·도를 달리하여 또는 국립학교와 공립·사립학교를 달리하여 전출하는 경우에 학교생활기록의 체계적·통일적인 관리가 필요하고, 중학생이 다른 시·도 지역에 소재한 고등학교에 진학하는 경우에도 학교생활기록은 고등학교의 입학전형에 반영되며, 고등학생의 학교생활기록은 교육부장관의 지도·감독을 받는 대학교의 입학전형자료로 활용되므로, 학교의 장이 행하는 학교생활기록의 작성에 관한 사무는 국민 전체의 이익을 위하여 통일적으로 처리되어야 할 성격의 사무이다. 따라서 전국적으로 통일적 처리를 요하는 학교생활기록의 작성에 관한 사무에 대한 감독관청의 지도·감독 사무도 국민 전체의 이익을 위하여 통일적으로 처리되어야 할 성격의 사무라고 보아야 하므로, 공립·사립학교의 장이 행하는 학교생활기록부 작성에 관한 교육감의 지도·감독 사무는 국가사무로서 교육감에 위임된 사무이다(대법원 2014. 2. 27. 선고 2012추183 판결).

❷ 지방자치법 제188조 제1항에 따른 자치사무에 관한 명령이나 처분에 대한 취소 또는 정지의 적용대상은 항고소송의 대상이 되는 행정처분으로 제한되지 않는다.

[1] 지방자치법 제169조 제1항에 따른 자치사무에 관한 명령이나 처분에 대한 취소 또는 정지의 적용대상이 항고소송의 대상이 되는 행정처분으로 제한되는지 여부(소극)

행정소송법상 항고소송은 행정청이 행하는 구체적 사실에 관한 법집행으로서의 공권력의 행사 또는 거부와 그 밖에 이에 준하는 행정작용을 대상으로 하여 위법상태를 배제함으로써 국민의 권익을 구제함을 목적으로 하는 것과 달리, 지방자치법 제169조(제188조) 제1항은 지방자치단체의 자치행정 사무처리가 법령 및 공익의 범위 내에서 행해지도록 감독하기 위한 규정이므로 적용대상을 항고소송의 대상이 되는 행정처분으로 제한할 이유가 없다.

[2] 지방자치단체 인사위원회위원장이 시간선택제임기제공무원 40명을 '정책지원요원'으로 임용하여 지방의회 사무처에 소속시킨 후 상임위원회별 입법지원요원(입법조사관)에 대한 업무지원 업무를 담당하도록 한다는 내용의 채용공고를 하자, 행정자치부장관이 위 채용공고가 법령에 위반된다며 지방자치단체장에게 채용공고를 취소하라는 내용의 시정명령을 하였으나 이에 응하지 않자 채용공고를 직권으로 취소한 사안에서, 위 공무원의 임용은 국회의 법률로 규정하여야 할 입법사항인데 위 공무원을 지방의회에 둘 수 있는 법적 근거가 없어 그 임용을 위한 채용공고는 위법하고, 이에 대한 직권취소처분이 적법하다고 한 사례

지방자치단체 인사위원회위원장이 시간선택제임기제공무원 40명을 '정책지원요원'으로 임용하여 지방의회 사무처에 소속시킨 후 상임위원회별 입법지원요원(입법조사관)에 대한 업무지원 업무를 담당하도록 한다는 내용의 채용공고를 하자, 행정자치부장관이 위 채용공고가 법령에 위반된다며 지방자치단체장에게 채용공고를 취소하라는 내용의 시정명령을 하였으나 이에 응하지 않자 채용공고를 직권으로 취소한 사안에서, 위 공무원의 담당업무, 채용규모, 전문위원을 비롯한 다른 사무직원들과의 업무 관계와 채용공고의 경위 등을 종합하면, 지방의회에 위 공무원을 두어 의정활동을 지원하게 하는 것은 지방의회의원에 대하여 전문위원이 아닌 유급 보좌 인력을 두는 것과 마찬가지로 보아야 하므로, 위 공무원의 임용은 개별 지방의회에서 정할 사항이 아니라 국회의 법률로써 규정하여야 할 입법사항에 해당하는데, 지방자치법은 물론 다른 법령에서도 위 공무원을 지방의회에 둘 수 있는 법적 근거를 찾을 수 없으므로, 위 공무원의 임용을 위한 채용공고는 위법하고, 이에 대한 직권취소처분이 적법하다고 한 사례(대법원 2017. 3. 30. 선고 2016추5087 판결).

❸ 기관위임사무에 대한 시정명령에 대해서는 지방자치법 제188조 제6항에 따른 소송을 제기할 수 없다.

[1] 구 교원 등의 연수에 관한 규정 제18조에 따른 교원능력개발평가 사무와 관련된 법령의 규정 내용과 취지, 그 사무의 내용 및 성격 등에 비추어 보면, 교원능력개발평가는 국가사무로서 각 시·도 교육감에게 위임된 기관위임사무라고 보는 것이 타당하다.

[2] 교육부장관이 '2011년 교원능력개발평가제 시행 기본계획(이하 '2011년 기본계획'이라 한다)'을 수립한 후 각 시·도에 대하여 교원능력개발평가제 추진계획을 제출하게 하자 전라북도교육감이 '2011년 교원능력개발평가제 추진계획(이하 '전북추진계획'이라 한다)'을 제출하였으나 교육부장관이 전북추진계획이 교원 등의 연수에 관한 규정(이하 '교원연수규정'이라고 한다) 등에 위반된다는 이유로 위 추진계획을 취소하고 시정하여 새로 제출하라는 시정명령과 2011년 전북교육청 교원능력개발평가 추진계획에 대한 직무이행명령을 한 사안에서, 위 시정명령은 기관위임사무에 관하여 행하여진 것이어서, 지방자치법 제169조 제2항(현 제188조 제6항) 소정의 소를 제기할 수 있는 대상에 해당하지 않으므로, 시정명령에 대한 취소청구 부분은 부적법하고, 전북추진계획이 여러 항목에서 교원연수규정과 이에 따른 2011년 기본계획에 반하므로, 전라북도교육감으로서는 교원연수규정 및 2011년 기본계획을 준수한 2011년 교원능력개발평가 추진계획을 제출하지 않았다고 볼 수 있고 전라북도교육감이 교육부장관으로부터 교원연수규정 등을 준수한 추진계획을 제출하라는 취지의 시정명령을 받았으나 이를 제대로 이행하지 않았으므로, 전라북도교육감은 기관위임사무인 교원능력개발평가 사무의 관리와 집행을 명백히 게을리하였다고 인정할 수 있어 직무이행명령은 지방자치법 제170조(현 제189조) 제1항에 정해진 요건을 충족한 것으로서 적법하다고 한 사례(대법원 2013. 5. 23. 선고 2011추56 판결).

 기출문제

5급:재경10 K도지사 甲은 공무원의 근무기강 확립차원에서 K도 내의 시장·군수에게 '근무지 이탈자에 대한 징계업무처리지침'을 시달하여 소속 공무원이 업무시간에 개인업무를 처리하기 위하여 자리를 비우는 일이 없도록 복무관리를 철저히 할 것을 당부하였다. 그런데 K도 Y시의 공무원 A가 근무시간 중에 자리를 비운 것이 사회적 문제가 되자 甲은 Y시 시장 乙에게 A에 대하여 징계의결을 요구할 것을 지시하였다. 그러나 乙은 오히려 근무성적평정이 양호한 것을 이유로 A에 대한 승진임용처분을 행하였다.

1) 乙의 승진임용처분에 대한 甲의 취소가능 여부를 논하시오. – 승진임용처분의 법적성질(자치사무, 재량행위), 지방자치법 제188조 제5항의 법령위반에 재량권의 일탈·남용도 포함되는지 여부
2) 만일 A에 대한 승진임용처분이 甲에 의하여 취소된 경우 乙이 다툴 수 있는 방법에 대해 논하시오. – 지방자치법 제189조 제6항

5급22 A 도(道) B 시(市) 인사과장 乙은 신임 시장의 취임 직후 B시에 소속된 모든 4급 이상 공무원에게 사직서 제출을 요청하였다. 다음 물음에 답하시오.

2) 乙의 일괄 사직서 제출 요청행위는 「지방공무원법」상 징계의결요구를 하여야 할 징계사유에 해당함에도 불구하고, B시 시장은 오히려 乙을 4급에서 3급으로 승진임용하였다. 행정안전부장관이 B 시 시장의 乙에 대한 승진임용처분을 취소할 수 있는지 검토하시오. –승진임용처분의 법적성질(자치사무, 재량행위), 지방자치법 제188조 제6항의 법령위반에 재량권의 일탈·남용도 포함되는지 여부, 장관이 기초자치단체장의 처분을 취소할 수 있는지 여부

변시24 B군수는 이 사건 소송 중 이 사건 거부처분을 직권취소하고 甲에게 개발행위허가처분을 하였다. 이에 A도지사는 B군수의 개발행위허가처분을 취소하기 위하여 필요한 조치를 하려 한다. A도지사가 취할 수 있는 「지방자치법」상 조치를 검토하고, 그에 대한 B군수의 「지방자치법」상 불복수단을 설명하시오. **(30점)** –지방자치법 제188조의 감독청의 시정명령 및 취소정지

전라북도교육청 감사 사건

□ 대법원 2015. 9. 10. 선고 2013추517 판결

[사실관계]

피고(교육부장관)는 2012. 1. 27. 학교생활기록부에 학교폭력예방 및 대책에 관한 법률 제17조 제1항 각 호에 규정된 학교폭력대책자치위원회의 학교폭력 가해학생에 대한 조치사항을 기록하여 생활지도 및 상급학교 진학 자료로 활용하도록 하기 위하여 교육과학기술부 훈령 제239호로 「학교생활기록 작성 및 관리지침」을 개정하였는데, 그 주요 내용은 다음과 같다.

1) 학교생활기록부 기재방법

'학적사항'의 특기사항란에 전학, 퇴학처분을, '출결상황'의 특기사항란에 사회봉사, 특별교육이수 또는 심리치료, 10일 이내의 출석정지를, '행동특성 및 종합의견'에 서면사과, 접촉·협박 및 보복행위의 금지, 학교에서의 봉사, 학급교체를 각 기재한다.

2) 학교생활기록부 보존기간

학교생활기록부에 기록된 가해학생에 대한 조치사항은 초등학교와 중학교는 졸업 후 5년간 보존하고, 고등학교는 10년간 보존한다.

피고는 2012. 6. 29. 교육과학기술부 훈령 제257호로 「학교생활기록 작성 및 관리지침」을 다시 개정하여, 고등학교의 경우에도 학교생활기록부 보존기간을 초등학교, 중학교와 마찬가지로 졸업 후 10년에서 졸업 후 5년으로 변경하였다.

한편 국가인권위원회는 2012. 7. 9. 전원위원회를 개최하여 '인권친화적 학교문화 조성을 위한 종합정책권고' 결정을 하였고, 그 내용에는 '학교생활기록부 학교폭력 기록에 대하여 졸업 전 삭제심의제도나 중간삭제제도 등을 도입하는 등 학교생활기록부 학교폭력 기재가 또 다른 인권침해가 되지 않도록 개정하여야 한다'는 부분이 포함되어 있다. 이에 따라 원고(전라북도교육감)는 2012. 8. 20. 관내 초·중·고등학교 및 특수학교에 '학교폭력대책자치위원회 조치결과의 학교생활기록부 기재와 관련하여 기재대상과 방법을 다음과 같이 안내합니다'는 공문을 보냈는데, 원고가 안내한 내용은 다음과 같다(이하 '이 사건 기재요령 안내'라 한다).

1) 기재대상: 법원에서 형사범죄 확정판결을 받은 학생

2) 기재방법: 학교생활기록부를 출력, 해당 내용을 수기

3) 관리: 인성인권부장, 교감 또는 교장이 대외비로 관리하고 해당 학생이 졸업하면 폐기

4) 정보공개: 원칙적으로 학부모와 학생 본인의 동의 없이 외부에 제공할 수 없음

이에 피고는 2012. 8. 21. 원고에게, (1) 귀 교육청에서 학교에 안내한 학교생활기록부 기재 관련 대상과 방법 등을 즉시 취소하고, (2) 법령에 따라 학교폭력 가해학생 조치사항을 학교생활기록부에 기재하도록 관내 학교 및 교육지원청에 2012. 8. 22.까지 안내 공문 시행 후, 이를 2012. 8. 23.까지 교육과학기술부에 제출하라는 내용의 시정명령을 하였다. 원고가 위 시정명령에 응하지 아니하자, 피고는 2012. 8. 24. 이 사건 기재요령 안내가 초·중등교육법 제25조, 「학교생활기록의 작성 및 관리에 관한 규칙」, 「학교생활기록 작성 및 관리지침」을 위반하였다는 등의 이유를 들어 원고의 이 사건 기재요령 안내를 직권으로 취소하였다. 한편 피고는 2012. 8. 23.부터 2012. 9. 13.까지 전라북도교육청에 대한 특정감사를 실시하여, ① 학교폭력 가해학생 학교

생활기록부 기재 관련 업무 처리 부당, ② 학교폭력 가해학생 조치사항 학교생활기록부 기재 관련 공문서 처리 부당, ③ 학교폭력 가해학생 조치사항 학교생활기록부 기재 거부, ④ 감사자료 제출 거부 등 감사 방해를 지적하고, 2012. 10. 16. 원고에게 특정감사 결과에 따라 관계 공무원들에 대하여 징계의결요구 또는 징계의결요구신청 등의 처분을 할 것을 요구하였다. 원고가 위 처분 요구에 응하지 아니하자, 피고는 2012. 11. 22. 원고에게 지방자치법 제170조에 따라 2012. 11. 27.을 기한으로 교육과학기술부 특별징계위원회 관할 징계사건 대상자에 대하여 교육과학기술부에 징계의결요구를 신청할 것을 내용으로 하는 직무이행명령을 하였다(이하 학교폭력 가해학생 학교생활기록부 기재 관련 업무 처리 부당에 관한 징계의결요구 신청 부분에 대한 직무이행명령).

이후 피고는 2012. 12. 5.부터 2012. 12. 14.까지 전라북도교육청에 대한 제2차 특정감사를 실시하였고 이에 대해 원고는 감사를 거부하였으나 감사를 진행하여 그 결과에 따라 2013. 1. 11. 전라북도교육청에 기관경고 처분을 하고 그 외 처분사항에 대하여는 교육감 책임으로 조치한 후 그 결과를 제출하도록 하는 한편, ① 전라북도교육청 소속 징계대상자 중 일반징계위원회 관할 징계대상인 학교장 등을 전라북도교육청에 설치된 일반징계위원회에 1개월 이내에 징계의결 요구하여 징계조치하고, ② 교육과학기술부 특별징계위원회 관할 징계사건 대상자인 '교육장, 시·도 교육청 교육국장 및 그 하급자'에 대하여는 교육공무원법 제51조 제1항의 규정에 따라 지체 없이 교육과학기술부로 징계의결요구를 신청하며, ③ 사립학교 교원에 대한 징계는 해당 학교법인에 징계 등 신분상 조치하도록 요구할 것 등의 처분 요구를 하였다. 이에 원고는 2013. 2. 8. 피고에게 제2차 특정감사에 따른 처분 요구에 대하여 재심의 신청을 하였으나, 피고는 2013. 2. 28. 원고의 재심의신청을 기각하였다. 그리고 피고는 2013. 4. 10. 원고에게 '학교폭력 학교생활기록부 기재 관련 제2차 특정감사 결과, 교육공무원 특별징계위원회 관할 징계사건 대상자인 도교육청 교육국장 및 그 하급자에 대하여는 교육공무원법 제51조 제1항의 규정에 따라 지체 없이 우리 부로 징계의결요구를 신청하도록 요청한 바 있으나, 원고가 이에 응하지 않는다'는 이유로 지방자치법 제170조(현 제189조)에 따라 2013. 4. 18.을 기한으로 교육부 특별징계위원회 관할 징계사건 대상자에 대해 교육부에 징계의결 요구를 신청할 것을 내용으로 하는 이 사건 직무이행명령을 하였다(이하 감사거부에 관한 징계의결요구 신청 부분에 대한 직무이행명령).

이에 원고는 지방자치법 제170조 제3항(현 제189조 제6항)에 따라 대법원에 각 직무이행명령의 취소를 구하는 소를 제기하였다.

[판결요지]

[1] 교육감의 담당 교육청 소속 국가공무원인 도교육청 교육국장 및 그 하급자들에 대한 징계의결요구 신청 사무가 기관위임 국가사무인지 여부(적극)

교육공무원 징계사무의 성격, 권한의 위임에 관한 교육공무원법령의 규정 형식과 내용 등에 비추어 보면, 국가공무원인 도교육청 교육국장 및 그 하급자인 장학관, 장학사에 대한 징계는 국가사무이고, 그 일부인 징계의결요구의 신청 역시 국가사무에 해당한다. 따라서 교육감이 담당 교육청 소속 국가공무원인 도교육청 교육국장 및 그 하급자들에 대하여 하는 징계의결요구 신청 사무는 기관위임 국가사무라고 보아야 한다.

[2] 공립·사립학교의 장이 행하는 학교생활기록부 작성에 관한 교육감의 지도·감독 사무가 시·도 교육감에게 위임된 국가사무인지 여부(적극)

학교생활기록에 관한 초·중등교육법, 고등교육법 및 각 시행령의 규정 내용에 의하면, 어느 학생이 시·도 상호 간 또는 국립학교와 공립·사립학교 상호 간 전출하는 경우에 학교생활기록의 체계적·통일적인 관리가 필요하고, 중학생이 다른 시·도 지역에 소재한 고등학교에 진학하는 경우에도 학교생활기록은 고등학교의 입학전형에 반영되며, 고등학생의 학교생활기록은 피고의 지도·감독을 받는 대학교의 입학전형

자료로 활용되므로, 학교의 장이 행하는 학교생활기록의 작성에 관한 사무는 국민 전체의 이익을 위하여 통일적으로 처리되어야 할 성격의 사무이다.

따라서 전국적으로 통일적 처리를 요하는 학교생활기록의 작성에 관한 사무에 대한 감독관청의 지도·감독 사무도 국민 전체의 이익을 위하여 통일적으로 처리되어야 하므로, 공립·사립학교의 장이 행하는 학교생활기록부 작성에 관한 교육감의 지도·감독 사무는 국립학교의 장이 행하는 학교생활기록부 작성에 관한 교육부장관의 지도·감독 사무와 마찬가지로 국가사무로서, 시·도 교육감에 위임된 사무이다.

[3] 교육감이 학교생활기록 작성 사무에 대한 지도·감독 사무의 성격에 관한 선례 등이 확립되지 않은 상황에서 이를 자치사무로 보아 사무를 집행하였는데 사후에 기관위임 국가사무임이 밝혀진 경우, 기존에 행한 사무의 구체적인 집행행위가 징계사유에 해당하는지 여부(소극)

교육감의 학교생활기록의 작성에 관한 사무에 대한 지도·감독 사무는 기관위임 국가사무에 해당하지만, 지방자치법 제169조(현 제188조)에 규정된 취소처분에 대한 이의소송의 입법 취지 등을 고려할 때, 교육감이 지도·감독 사무의 성격에 관한 선례나 학설, 판례 등이 확립되지 않은 상황에서 이를 자치사무라고 보아 사무를 집행하였는데, 사후에 사법절차에서 그 사무가 기관위임 국가사무임이 밝혀졌다는 이유만으로는 곧바로 기존에 행한 사무의 구체적인 집행행위가 위법하다고 보아 징계사유에 해당한다고 볼 수는 없다.

[4] 감사대상 시·도교육청 소속 공무원이 교육부장관이나 감사활동 수행자의 감사활동에 협조할 의무를 부담하는지 여부(적극) 및 시·도교육청 소속 공무원이 이러한 법령상 의무를 위반하여 감사를 거부한 행위가 징계사유를 구성하는지 여부(적극)

감사절차에 관한 국가공무원법 제56조, 지방자치법 제167조, 제171조, 제171조의2, 구 지방자치단체에 대한 행정감사규정 제11조 제1항 제1호, 제2호, 제3호, 제12조 제1항, 제2항, 제3항의 규정 내용, 형식 및 입법 취지 등을 고려할 때, 감사대상 시·도교육청 소속 공무원은 교육부장관이나 감사활동 수행자의 감사활동에 협조할 의무를 부담한다. 따라서 징계대상자들이 이러한 법령상 의무를 위반하여 감사를 거부한 행위는 징계사유를 구성한다.

[5] 교육감이 '특별한 사정'이 없이 의무에 속한 국가위임사무를 이행하지 않는 경우, 지방자치법 제170조 제1항에서 정한 '국가위임사무의 관리와 집행을 명백히 게을리하고 있다'는 요건을 충족하는지 여부(적극) / 여기서 '특별한 사정'의 의미 및 교육감이 특정 국가위임사무를 관리·집행할 의무가 있는지에 관하여 교육부장관과 다른 견해를 취하여 이를 이행하고 있지 아니한 사정이 이에 해당하는지 여부(소극)

지방교육자치에 관한 법률 제3조, 지방자치법 제170조(현 제189조) 제1항에 따르면, 교육부장관은 교육감이 의무에 속하는 국가위임사무의 관리와 집행을 명백히 게을리하고 있다고 인정되면 교육감에게 이행할 사항을 명할 수 있다.

여기서 '국가위임사무의 관리와 집행을 명백히 게을리하고 있다'는 요건은 국가위임사무를 관리·집행할 의무가 성립함을 전제로 하는데, 교육감은 의무에 속한 국가위임사무를 이행하는 것이 원칙이므로, 교육감이 특별한 사정이 없이 의무를 이행하지 아니한 때에는 이를 충족한다. 여기서 특별한 사정이란, 국가위임사무를 관리·집행할 수 없는 법령상 장애사유 또는 지방자치단체의 재정상 능력이나 여건의 미비, 인력의 부족 등 사실상의 장애사유를 뜻하고, 교육감이 특정 국가위임사무를 관리·집행할 의무가 있는지에 관하여 교육부장관과 다른 견해를 취하여 이를 이행하고 있지 아니한 사정은 이에 해당한다고 볼 것이 아니다.

[관련판례]

❶ 지방자치법 제189조에 따라 직무이행명령의 대상이 되는 사무는 기관위임사무를 말한다.

지방교육자치에 관한 법률 제3조, 지방자치법 제170조(현 제189조) 제1항에 따르면, 교육부장관이 교육감에 대하여 할 수 있는 직무이행명령의 대상사무는 '국가위임사무의 관리와 집행'이다. 그 규정의 문언과 함께 직무이행명령 제도의 취지, 즉 교육감이나 지방자치단체의 장 등, 기관에 위임된 국가사무의 통일적 실현을 강제하고자 하는 점 등을 고려하면, 여기서 국가위임사무란 교육감 등에 위임된 국가사무, 즉 기관위임 국가사무를 뜻한다고 보는 것이 타당하다(대법원 2013. 6. 27. 선고 2009추206 판결).

❷ 국가가 기관위임사무의 처리에 관하여 지방자치단체의 장을 상대로 취소소송을 제기할 수 없다.

건설교통부장관은 지방자치단체의 장이 기관위임사무인 국토이용계획 사무를 처리함에 있어 자신과 의견이 다를 경우 행정협의조정위원회에 협의·조정 신청을 하여 그 협의·조정 결정에 따라 의견불일치를 해소할 수 있고, 법원에 의한 판결을 받지 않고서도 행정권한의 위임 및 위탁에 관한 규정이나 구 지방자치법에서 정하고 있는 지도·감독을 통하여 직접 지방자치단체의 장의 사무처리에 대하여 시정명령을 발하고 그 사무처리를 취소 또는 정지할 수 있으며, 지방자치단체의 장에게 기간을 정하여 직무이행명령을 하고 지방자치단체의 장이 이를 이행하지 아니할 때에는 직접 필요한 조치를 할 수도 있으므로 국가가 국토이용계획과 관련한 지방자치단체의 장의 기관위임사무의 처리에 관하여 지방자치단체의 장을 상대로 취소소송을 제기하는 것은 허용되지 않는다(대법원 2007. 9. 20. 선고 2005두6935 판결).

❸ 직무이행명령의 요건 중 '법령의 규정에 따라 지방자치단체의 장에게 특정 국가위임사무나 시·도위임사무를 관리·집행할 의무가 있는지' 여부의 판단대상은 문언대로 법령상 의무의 존부이지, 지방자치단체의 장이 사무의 관리·집행을 하지 아니한 데 합리적 이유가 있는지 여부가 아니다.

직무이행명령 및 이에 대한 이의소송 제도의 취지는 국가위임사무나 시·도위임사무의 관리·집행에서 위임기관과 수임기관 사이의 지위와 권한, 상호 관계 등을 고려하여, 수임기관인 지방자치단체의 장이 해당 사무에 관한 사실관계의 인식이나 법령의 해석·적용에서 위임기관과 견해를 달리하여 해당 사무의 관리·집행을 하지 아니할 때, 위임기관에는 사무집행의 실효성을 확보하기 위하여 수임기관인 지방자치단체의 장에 대한 직무이행명령과 그 불이행에 따른 후속 조치를 할 권한을 부여하는 한편, 해당 지방자치단체의 장에게는 직무이행명령에 대한 이의의 소를 제기할 수 있도록 함으로써, 위임사무의 관리·집행에 관한 양 기관 사이의 분쟁을 대법원의 재판을 통하여 합리적으로 해결하고 사무집행의 적법성과 실효성을 보장하려는 데 있다. 따라서 직무이행명령의 요건 중 '법령의 규정에 따라 지방자치단체의 장에게 특정 국가위임사무나 시·도위임사무를 관리·집행할 의무가 있는지' 여부의 판단대상은 문언대로 법령상 의무의 존부이지, 지방자치단체의 장이 사무의 관리·집행을 하지 아니한 데 합리적 이유가 있는지 여부가 아니다. 법령상 의무의 존부는 원칙적으로 직무이행명령 당시의 사실관계에 관련 법령을 해석·적용하여 판단하되, 직무이행명령 이후의 정황도 고려할 수 있다(대법원 2020. 3. 27. 선고 2017추5060 판결).

강화군 조례 사건

□ 대법원 2016. 9. 22. 선고 2014추521 전원합의체 판결

[사실관계]

피고(강화군 의회)는 2013. 12. 20. 「강화군 도서 주민 정주생활지원금 지원 조례안」(이하 '이 사건 조례안'이라 한다)을 의결하여 강화군수에게 이송하였다. 강화군수는 이 사건 조례안에 대한 인천광역시장의 재의요구 지시에 따라 피고에게 이 사건 조례안에 대한 재의를 요구하였고, 피고는 2014. 2. 10. 이 사건 조례안을 원안대로 재의결하였다.

원고(행정자치부 장관)는 2014. 3. 7. 강화군수에게 재의결된 이 사건 조례안에 대한 제소를 지시하였으나 강화군수가 이에 응하지 아니하자, 2014. 3. 21. 이 사건 소를 대법원에 제기하였다.

[판결요지]

지방의회 의결의 재의와 제소에 관한 지방자치법 제172조 제4항(현 제192조 제5항), 제6항(현 제7항)의 문언과 입법 취지, 제·개정 연혁 및 지방자치법령의 체계 등을 종합적으로 고려하여 보면, 아래에서 보는 바와 같이 지방자치법 제172조 제4항, 제6항에서 지방의회 재의결에 대하여 제소를 지시하거나 직접 제소할 수 있는 주체로 규정된 '주무부장관이나 시·도지사'는 시·도에 대하여는 주무부장관을, 시·군 및 자치구에 대하여는 시·도지사를 각 의미한다.

[판결이유]

지방의회의 재의결에 대한 주무부장관이나 시·도지사의 제소 지시 또는 직접 제소는 지방자치단체의 장의 재의요구에 대하여 지방의회가 전과 같은 내용으로 재의결을 한 경우 비로소 할 수 있으므로 지방의회의 재의결에 대한 제소 지시 또는 직접 제소 권한(이하 '제소 등 권한'이라고 한다)은 관련 의결에 관하여 지방자치단체의 장을 상대로 재의요구를 지시할 권한이 있는 기관에만 있다고 해석하는 것이 지방자치법 제172조의 체계에 부합한다.

[참고판례]

❶ 교육·학예에 관한 시·도의회의 의결사항에 대한 감독기관인 교육부장관의 재의요구 요청 권한이 교육감의 재의요구 권한과 별개의 독립된 권한인지 여부(적극)와 재의요구 요청기간(=시·도의회의 의결사항을 이송받은 날부터 20일 이내)

구 지방교육자치에 관한 법률 제28조 제1항, 제3조, 지방자치법 제172조(현 제192조) 제1항, 제7항(현 제8항)의 내용, 형식, 체제 및 취지와 헌법이 지방자치를 보장하는 취지 등을 함께 종합해 보면, 교육·학예에 관한 시·도의회의 의결사항에 대한 교육감의 재의요구 권한과 교육부장관의 재의요구 요청 권한은 별개

의 독립된 권한이다. 한편 교육부장관의 재의요구 요청이 있는 경우 교육감이 그 요청에 따라 재의요구를 할 수 있어야 하므로, 교육부장관의 재의요구 요청기간은 교육감의 재의요구기간과 마찬가지로 시·도의회의 의결사항을 이송받은 날부터 20일 이내라고 보아야 한다. 따라서 교육부장관이 시·도의회의 의결사항에 대하여 대법원에 직접 제소하기 위해서는 교육감이 그 의결사항을 이송받은 날부터 20일 이내에 시·도의회에 재의를 요구할 것을 교육감에게 요청하였음에도 교육감이 원고의 재의요구 요청을 이행하지 아니한 경우이어야 한다(대법원 2013. 11. 28. 선고 2012추15 판결).

❷ 지방의회에 의하여 재의결된 사항이 둘 이상의 부처와 관련되거나 주무부장관이 불분명하면 행정안전부장관이 재의요구 또는 제소를 지시하거나 직접 제소와 집행정지결정을 신청할 수 있도록 한 지방자치법 제192조 제9항의 규정 취지

[1] 지방자치법 제172조 제8항(현 제192조 제9항)의 규정 취지

지방의회에 의하여 재의결된 사항이 법령에 위반된다고 판단되면 주무부장관이 지방자치단체의 장에게 대법원에 제소를 지시하거나 직접 제소할 수 있다(지방자치법 제172조 제4항[24]). 다만 재의결된 사항이 둘 이상의 부처와 관련되거나 주무부장관이 불분명하면 행정안전부장관이 재의요구 또는 제소를 지시하거나 직접 제소와 집행정지결정을 신청할 수 있다(지방자치법 제172조 제8항[25]). 이는 주무부처가 중복되거나 주무부장관이 불분명한 경우에 행정안전부장관이 소송상의 필요에 따라 재량으로 주무부장관의 권한을 대신 행사할 수 있다는 것일 뿐이고, 언제나 주무부장관의 권한행사를 배제하고 오로지 행정안전부장관만이 그러한 권한을 전속적으로 행사하도록 하려는 취지가 아니다.

[2] 교육부장관이 전자파 취약계층의 보호를 위해 경기도 내 유치원 및 초등학교 등을 전자파 안심지대로 지정하고 그곳에서는 누구든지 기지국을 설치할 수 없도록 하는 내용의 '경기도교육청 전자파 취약계층보호 조례안'에 대하여 법령에 반한다는 이유로 재의결을 요구하였으나 경기도의회가 원안대로 재의결한 사안에서, 위 조례안이 법률의 위임 없이 주민의 권리 제한에 관한 사항을 규정하였다는 이유로 효력을 인정할 수 없다고 한 사례

교육부장관이 전자파 취약계층의 보호를 위해 경기도 내 유치원 및 초등학교 등을 전자파 안심지대로 지정하고 그곳에서는 누구든지 기지국을 설치할 수 없도록 하는 내용의 '경기도교육청 전자파 취약계층보호 조례안'에 대하여 법령에 반한다는 이유로 재의결을 요구하였으나 경기도의회가 원안대로 재의결한 사안에서, 위 조례안 중 지방자치단체의 공유재산이 아니고 초·중등교육법의 적용대상도 아닌 '사립유치원과 개인이 소유하거나 관리하는 복합 건물'에 관한 부분은 기지국 설치와 관련하여 기지국 설치자가 가지는 영업의 자유와 그 상대방이 가지는 계약의 자유를 제한할 수 있도록 조례에 위임하는 법령 규정이 존재하지 않으므로, 사립유치원과 복합 건물에 관하여 법률의 위임 없이 주민의 권리 제한에 관한 사항을 규정하였다는 이유로 효력을 인정할 수 없다고 한 사례(대법원 2017. 12. 5. 선고 2016추5162 판결).

---

24) 현 제192조 제5항
25) 현 제192조 제9항

기출문제

변시18 A도 교육청 교육감 甲은 교육의 경제적 효율성을 제고하고 인구절벽이라는 시대상황을 정책에 반영하기 위하여, ① 전체 재학생수가 10명 미만인 초등학교의 경우 인근 학교와의 적극적인 통·폐합을 추진하고, ② 전체 재학생수가 3명 미만인 경우에는 해당 학교를 폐지하기 위한 작업을 준비하였다. 또한 A도 의회는 2016. 12. 20. 'A도 학교설치 조례' 제2조의 [별표 1] 란 중 "다동초등학교"란을 삭제하는 내용의 'A도 학교설치조례 개정안'을 의결하였다. 이 조례는 2016. 12. 31. 공포되었고, 이 조례에 대해서는 어떠한 재의요구도 없었다. 한편 A도 도지사 乙은 도내 교육 행정의 최종적 권한은 지방자치단체인 A도가 보유하는 것이고, 위 조례가 현재로서는 시기상조임을 지적하며 문제를 제기하였다. 위 조례 공포 후 乙은 2017. 1. 8. A도 교육청에 대하여 '재학생 10명 미만 재적 초등학교의 폐지에 관한 업무 추진 실태'에 관한 감사실시 계획을 통보하였다. 이에 교육감 甲은 A도의 감사계획 통보는 甲의 학교폐지에 관한 권한을 침해하였다고 주장하면서, 2017. 2. 28. 헌법재판소에 A도를 상대로 권한쟁의심판을 청구하였다. 다른 한편 A도의 도민인 다동초등학교의 학부모 丙과 丙의 자녀인 丁은 2017. 1. 10. 위 조례에 대하여 통학조건의 변화로 인한 기본권 침해를 주장하며 헌법소원심판을 청구하였다.

4. 교육부장관 戊는 위 학교폐지사무는 조례의 제정대상이 아니라고 주장한다.
 (1) 학교폐지사무의 법적 성격을 검토하시오. **(10점)** - 자치사무
 (2) 위 조례에 대한 戊의 지방자치법상 쟁송수단을 설명하시오. **(10점)** - 지방자치법 제192조

제3장 | 공무원법

임용결격자 퇴직급여청구반려 사건

□ 대법원 1996. 2. 27. 선고 95누9617 판결

[사실관계]

원고 甲은 경찰공무원으로 임용된 후 70일 만에 원고가 선고받은 형(刑)이 사면 등으로 실효되어 결격사유가 소멸된 후 30년 3개월 동안 사실상 공무원으로 계속 근무를 하였다. 이 과정에서 1982.경에 원고가 임용 당시 결격자였다는 사실이 밝혀졌는데도 서울특별시 경찰국장이 일반사면령 등의 공포로 현재 결격사유에 해당하지 아니한다는 이유로 원고의 당연퇴직은 불가하다는 조치를 내려서 원고가 그 후 정년퇴직시까지 계속 사실상 근무할 수 있었다.

이에 원고는 피고(공무원연금관리공단)에게 퇴직연금을 청구하였으나 반려당하자 퇴직급여청구반려처분의 취소를 구하는 소를 제기하였다.

[판결요지]

[1] 임용결격자가 공무원으로 임용되어 사실상 근무하여 온 경우, 공무원연금법 소정의 퇴직급여 등을 청구할 수 있는지 여부(소극)

공무원연금법에 의한 퇴직급여 등은 적법한 공무원으로서의 신분을 취득하여 근무하다가 퇴직하는 경우에 지급되는 것이고, 당연무효인 임용결격자에 대한 임용행위에 의하여 공무원의 신분을 취득할 수는 없으므로, 임용결격자가 공무원으로 임용되어 사실상 근무하여 왔다고 하더라도 적법한 공무원으로서의 신분을 취득하지 못한 자로서는 공무원연금법 소정의 퇴직급여 등을 청구할 수 없으며, 나아가 임용결격사유가 소멸된 후에 계속 근무하여 왔다고 하더라도 그때부터 무효인 임용행위가 유효로 되어 적법한 공무원의 신분을 회복하고 퇴직급여 등을 청구할 수 있다고 볼 수는 없다.

[2] 공무원 임용 결격사유가 소멸된 후 계속 근무하였다고 하더라도 묵시적 임용처분 내지 무효 행위를 추인하였다거나 새로운 임용을 한 것으로 볼 수 없다고 한 사례

경찰공무원으로 임용된 후 70일 만에 선고받은 형이 사면 등으로 실효되어 결격사유가 소멸된 후 30년 3개월 동안 사실상 공무원으로 계속 근무를 하였다고 하더라도 그것만으로는 임용권자가 묵시적으로 새로운 임용처분을 한 것으로 볼 수 없고, 임용 당시 결격자였다는 사실이 밝혀졌는데도 서울특별시 경찰국장이 일반사면령 등의 공포로 현재 결격사유에 해당하지 아니한다는 이유로 당연퇴직은 불가하다는 조치를 내려서 그 후 정년퇴직시까지 계속 사실상 근무하도록 한 것이 임용권자가 일반사면령의 시행으로

공무원자격을 구비한 후의 근무행위를 유효한 것으로 추인하였다거나 장래에 향하여 그를 공무원으로 새로 임용하는 효력이 있다고 볼 수 없을 뿐만 아니라, 1982. 당시 경장이었던 그의 임용권자는 당시 시행된 경찰공무원법 및 경찰공무원임용령의 규정상 서울특별시장이지 경찰국장이 아니었음이 분명하여, 무효인 임용행위를 임용권자가 추인하였다거나 장래에 향하여 공무원으로 임용하는 새로운 처분이 있었던 것으로 볼 수 없다고 한 사례.

[관련판례]

❶ 당초 임용 당시 공무원 결격사유가 있었던 자를 그 후의 공무원 경력을 바탕으로 특별임용하였으나 특별임용 당시에는 공무원 결격사유가 없는 경우, 위 특별임용은 당연무효가 아니다.

당초 임용 이래 공무원으로 근무하여 온 경력에 바탕을 두고 구 지방공무원법제27조 제2항 제3호 등을 근거로 하여 특별임용 방식으로 임용이 이루어졌다면 이는 당초 임용과는 별도로 그 자체가 하나의 신규임용이라고 할 것이므로, 그 효력도 특별임용이 이루어질 당시를 기준으로 판단하여야 할 것인데, 당초 임용 당시에는 집행유예 기간중에 있었으나 특별임용 당시 이미 집행유예 기간 만료일로부터 2년이 경과하였다면 같은 법 제31조 제4호에서 정하는 공무원 결격사유에 해당할 수 없고, 다만 당초 임용과의 관계에서는 공무원 결격사유에 해당하여 당초 처분 이후 공무원으로 근무하였다고 하더라도 그것이 적법한 공무원 경력으로 되지 아니하는 점에서 특별임용의 효력에 영향을 미친다고 할 수 있으나, 위 특별임용의 하자는 결국 소정의 경력을 갖추지 못한 자에 대하여 특별임용시험의 방식으로 신규임용을 한 하자에 불과하여 취소사유가 된다고 함은 별론으로 하고, 그 하자가 중대·명백하여 특별임용이 당연무효로 된다고 할 수는 없다(대법원 1998. 10. 23. 선고 98두12932 판결).

❷ 임용권자의 과실에 의한 임용결격자에 대한 경찰공무원 임용행위도 당연무효이다.

경찰공무원법에 규정되어 있는 경찰관임용 결격사유는 경찰관으로 임용되기 위한 절대적인 소극적 요건으로서 임용 당시 경찰관임용 결격사유가 있었다면 비록 임용권자의 과실에 의하여 임용결격자임을 밝혀내지 못하였다 하더라도 그 임용행위는 당연무효로 보아야 한다(대법원 2005. 7. 28. 선고 2003두469 판결).

[참고판례]

❶ 공무원관계 설정시점 및 공무원임용결격사유가 있는지 여부의 판단기준

국가공무원법에 규정되어 있는 공무원임용결격사유는 공무원으로 임용되기 위한 절대적인 소극적 요건으로서 공무원관계는 국가공무원법 제38조, 공무원임용령 제11조의 규정에 의한 채용후보자 명부에 등록한 때가 아니라 국가의 임용이 있는 때에 설정되는 것이므로 공무원임용결격사유가 있는지의 여부는 채용후보자 명부에 등록한 때가 아닌 임용당시에 시행되던 법률을 기준으로 하여 판단하여야 한다(대법원 1987. 4. 14. 선고 86누459 판결).

❷ 결격사유 있는 자에 대한 임용행위 취소통지는 사실행위에 불과하다.

국가가 공무원임용결격사유가 있는 자에 대하여 결격사유가 있는 것을 알지 못하고 공무원으로 임용하였다가 사후에 결격사유가 있는 자임을 발견하고 공무원 임용행위를 취소하는 것은 당사자에게 원래의 임용

행위가 당초부터 당연무효이었음을 통지하여 확인시켜 주는 행위에 지나지 아니하는 것이다(대법원 1987. 4. 14. 선고 86누459 판결).

❸ 임용 결격자가 공무원으로 임용되어 사실상 근무하여 온 경우, 공무원연금법 소정의 퇴직급여 등을 청구할 수 있는지 여부(소극) 및 당연퇴직 후의 사실상의 근무기간이 공무원연금법상의 재직기간에 합산되는지 여부(소극)

공무원연금법에 의한 퇴직급여 등은 적법한 공무원으로서의 신분을 취득하여 근무하다가 퇴직하는 경우에 지급되는 것이고, 임용 당시 공무원임용결격사유가 있었다면 그 임용행위는 당연무효이며, 당연무효인 임용행위에 의하여 공무원의 신분을 취득할 수는 없으므로 임용결격자가 공무원으로 임용되어 사실상 근무하여 왔다고 하더라도 적법한 공무원으로서의 신분을 취득하지 못한 자로서는 공무원연금법 소정의 퇴직급여 등을 청구할 수 없고, 또 당연퇴직사유에 해당되어 공무원으로서의 신분을 상실한 자가 그 이후 사실상 공무원으로 계속 근무하여 왔다고 하더라도 당연퇴직 후의 사실상의 근무기간은 공무원연금법상의 재직기간에 합산될 수 없다(대법원 2003. 5. 16. 선고 2001다61012 판결).

❹ 임용결격자에 의한 사실상의 근로에 대하여 국가 또는 지방자치단체는 부당이득반환의무를 진다.

[1] 임용결격자가 공무원으로 임용되어 사실상 근무하여 온 경우, 공무원연금법이나 근로자퇴직급여 보장법에서 정한 퇴직급여를 청구할 수 있는지 여부(소극) 및 이와 같은 법리는 임용행위의 하자로 임용행위가 취소되어 소급적으로 지위를 상실한 경우에도 마찬가지로 적용되는지 여부(적극)

공무원연금법이나 근로자퇴직급여 보장법에서 정한 퇴직급여는 적법한 공무원으로서의 신분을 취득하거나 근로고용관계가 성립하여 근무하다가 퇴직하는 경우에 지급되는 것이다. 임용 당시 공무원 임용결격사유가 있었다면, 비록 국가의 과실에 의하여 임용결격자임을 밝혀내지 못하였다 하더라도 임용행위는 당연무효로 보아야 하고, 당연무효인 임용행위에 의하여 공무원의 신분을 취득한다거나 근로고용관계가 성립할 수는 없다. 따라서 임용결격자가 공무원으로 임용되어 사실상 근무하여 왔다 하더라도 적법한 공무원으로서의 신분을 취득하지 못한 자로서는 공무원연금법이나 근로자퇴직급여 보장법에서 정한 퇴직급여를 청구할 수 없다. 나아가 이와 같은 법리는 임용결격사유로 인하여 임용행위가 당연무효인 경우뿐만 아니라 임용행위의 하자로 임용행위가 취소되어 소급적으로 지위를 상실한 경우에도 마찬가지로 적용된다.

[2] 임용행위가 당연무효이거나 취소된 공무원의 임용 시부터 퇴직 시까지의 사실상의 근로에 대하여 국가 또는 지방자치단체가 부당이득반환의무를 지는지 여부(적극) 및 이때 국가 또는 지방자치단체의 이득액과 임용결격공무원 등이 입은 손해의 내용 / 임용결격공무원 등이 입은 손해가 국가 또는 지방자치단체의 이득액인 공무원연금법상 퇴직급여 상당액을 넘는 경우, 국가 또는 지방자치단체가 반환하여야 할 부당이득액이 공무원연금법상 퇴직급여 상당액으로 제한되는지 여부(적극)

임용행위가 당연무효이거나 취소된 공무원(이하 이를 통칭하여 '임용결격공무원 등'이라 한다)의 공무원 임용 시부터 퇴직 시까지의 사실상의 근로(이하 '이 사건 근로'라 한다)는 법률상 원인 없이 제공된 것으로서, 국가 및 지방자치단체는 이 사건 근로를 제공받아 이득을 얻은 반면 임용결격공무원 등은 이 사건 근로를 제공하는 손해를 입었다 할 것이므로, 손해의 범위 내에서 국가 및 지방자치단체는 위 이득을 민법 제741조에 의한 부당이득으로 반환할 의무가 있다.

즉, 국가 또는 지방자치단체는 공무원연금법이 적용될 수 있었던 임용결격공무원 등의 이 사건 근로 제공과 관련하여 매월 지급한 월 급여 외에 공무원연금법상 퇴직급여의 지급을 면하는 이익을 얻는데, 퇴직급여 가운데 임용결격공무원 등이 스스로 적립한 기여금 관련 금액은 임용기간 중의 이 사건 근로의 대가에 해당하고, 기여금을 제외한 나머지 금액 중 순수한 근로에 대한 대가로서 지급되는 부분(공무원의 지위에 대한 공로보상적, 사회보장적 차원에서 지급되는 부분을 제외하는 취지이다) 상당액이 퇴직에 따라 이 사건 근로의 대가로 지급되는 금액이라 할 수 있다.

한편 근로자퇴직급여 보장법 제8조에서 정한 퇴직금 제도는 퇴직하는 근로자의 근로조건에 대한 최하한의 기준으로서 본질적으로 근로제공의 대가인 후불적 임금의 성질을 지니고 있음에 비추어 보면, 퇴직에 따라 지급받을 수 있는 이 사건 근로의 대가라고 평가될 수 있는 금액은 적어도 근로자퇴직급여 보장법상 퇴직금 상당액으로 볼 수 있으므로, 임용결격공무원 등은 이 사건 근로를 제공함으로써 그 상당의 손해를 입는다고 할 수 있다.

그리고 앞에서 본 것과 같이 부당이득은 손해액과 이득액 중 적은 범위 내에서 반환의무를 지므로, 위와 같이 임용결격공무원 등이 입은 손해, 즉 임용기간 중 이 사건 근로의 대가로서의 손해액에 해당하는 공무원연금법상 기여금 관련 금액 및 퇴직에 따라 지급받을 수 있는 이 사건 근로의 대가로서의 손해액에 해당하는 근로자퇴직급여 보장법상 퇴직금 상당액의 합계가 국가 또는 지방자치단체의 이득액에 해당하는 공무원연금법상 퇴직급여 상당액을 넘는 경우에, 국가 또는 지방자치단체가 반환하여야 할 부당이득액은 공무원연금법상 퇴직급여 상당액으로 제한된다(대법원 2017. 5. 11. 선고 2012다200486 판결).

기출문제

변시13 乙은 1992년 3월부터 20년 넘게 공무원으로 재직하여 오던 중 임용당시 공무원 결격사유가 있었던 사실이 발견되었고, 乙은 이를 이유로 2012년 3월 31일 당연퇴직의 통보를 받게 되었다.

2. 乙에 대한 공무원 임용행위에 관하여, 만약 乙에 대한 공무원 임용행위가 당연무효가 아니라면, 乙은 퇴직연금 등의 지급을 청구할 수 있는가? 만약 乙에 대한 공무원 임용행위가 당연무효라면, 乙은 퇴직연금 등의 지급을 청구할 수 있는가? **(15점)** - 공무원 임용행위의 효력에 따른 퇴직급여청구권의 행사 가부

5급18 甲은 2009. 9. 1. 징역 10월에 집행유예 2년을 선고받아 그 형이 확정되었다. 행정청 乙은 甲이 임용결격자임을 밝혀내지 못한 채 2013. 5. 1. 7급 국가공무원 시보로 임용하였고, 그로부터 6개월 후인 2013. 11. 1. 정규 공무원으로 임용하였다.

1) 위 시보임용처분의 법적 효력에 대해 설명하시오. **(10점)** - 결격사유 있는 자에 대한 임용행위의 효력

5급:재경13 甲은 1995. 1. 18. 서울특별시 지방공무원으로 임용된 후 근무하고 있다. 甲이 지방공무원으로 근무하던 중 업무와 관련하여 청탁을 받고 뇌물을 수수하였다는 이유로 서울북부지방법원에 기소되었다.

1) 甲이 위 사안으로 2011. 7. 5. 징역 8월에 집행유예 2년을 선고받고 이후 그 판결은 확정되었다. 서울특별시장은 위 사실을 뒤늦게 알고 2013. 4. 9. 퇴직처분을 하였다. 이 경우 甲이 공무원의 신분을 유지하기 위하여 어떤 구제수단을 취할 수 있는지, 그리고 甲이 그 집행유예 판결이 확정된 이후에도 공무원으로서 각종 처분을 하여 왔는데, 그 처분의 효력은? **(20점)** - 결격사유자가 한 행정처분 효력

명예전역처분 사건

□ 대법원 2019. 2. 14. 선고 2017두62587 판결

[사실관계]

원고는 1983. 1. 7. 육군에 입대하여 1983. 3. 28. 하사관 후보생에 임명되었고, 1983. 6. 18. 단기복무 하사관, 1986. 6. 1. 장기복무 하사관에 임용되었다. 그 후 원고가 육군에서 원사로 진급하여 복무하던 중 군인사법 제53조의2 규정에 따른 명예전역을 신청하였고, 피고 육군참모총장은 2015. 9. 23. 원고에 대하여 2015. 12. 31.부로 명예전역을 명하였다(이하 '이 사건 명예전역명령'이라 한다).

피고 육군참모총장은, 원고가 1982. 12. 30. 대구지방법원에서 1982. 7.부터 9.경까지의 폭력행위 등 처벌에 관한 법률 위반 등 범죄사실(이하 '종전 범죄'라 한다)로 징역 1년, 집행유예 3년의 형을 선고받아 그 판결이 확정된 사실을 확인하고 그 후속조치를 지시하였다. 이에 따라 피고 육군종합군수학교장은 2016. 1. 29. 원고에 대한 단기복무 하사관 임용을 무효로 하는 인사명령을 발령하였다.

원고는 명예전역수당 및 퇴직급여(퇴직연금일시금)를 지급받다가 2016. 8. 19. 국군재정관리단장으로부터 위와 같은 '단기복무 하사관 임용'의 무효를 이유로 위 전역수당 및 퇴직급여 환수처분을 받았다. 원고는 위 환수처분의 취소를 구하는 소를 제기하여 2017. 4. 6. "구 군인사법(1989. 3. 22. 법률 제4085호로 개정되기 전의 것, 이하 '구 군인사법'이라 한다) 제10조 제3항에 따라 원고의 군복무기간은 그 효력을 잃지 않으므로, 원고는 '군인으로서 20년 이상 복무'한 경우에 해당하여 군인연금법에 따른 퇴역연금일시금 및 군인사법에 따른 명예전역수당을 수령할 수 있는 요건을 충족한다."라는 이유로 승소판결(서울행정법원 2016구합80243 판결, 이하 '관련판결'이라 한다)을 받았다. 이 판결은 그대로 확정되었다.

원고는 관련판결이 확정된 다음 2017. 6. 21. 국군재정관리단에 퇴역연금을 신청하였으나, 국군재정관리단은 원고에 대한 단기복무 하사관 임용을 무효로 하는 인사명령이 유효하게 지속 중이라는 이유로 퇴역연금의 지급을 거부하고 있다. 이에 원고는 피고가 행한 명예전역처분에 대한 취소소송을 제기했다.

[판결요지]

[1] 임용 당시 구 군인사법 제10조 제2항 제5호에 따른 임용결격사유가 있는데도 장교·준사관 또는 하사관으로 임용된 경우, 임용행위가 당연무효인지 여부(적극)

구 군인사법 제10조 제2항 제5호는 금고 이상의 형을 받고 집행유예 중에 있거나 그 집행유예기간이 종료된 날부터 2년이 지나지 않은 자가 장교·준사관 및 하사관으로 임용될 수 없도록 정하고 있다. 임용 당시 구 군인사법 제10조 제2항 제5호에 따른 임용결격사유가 있는데도 장교·준사관 또는 하사관으로 임용된 경우 그러한 임용행위는 당연무효가 된다.

[2] 과거 소년이었을 때 죄를 범하여 형의 집행유예를 선고받은 사람이 장교·준사관 또는 하사관으로 임용된 경우, 그 임용이 유효한지 여부(적극)

구 소년법은 20세 미만인 자를 대상으로 하여(제2조), 소년으로 범한 죄에 의하여 형의 선고를 받은 자가 집행을 종료하거나 집행의 면제를 받은 때에는 자격에 관한 법령의 적용에서는 장래에 향하여 형의 선고를 받

지 않은 것으로 본다고 정하고 있었다(제60조). 그런데 구 소년법이 1988. 12. 31. 법률 제4057호로 전부 개정되면서 제60조가 그 내용을 그대로 유지한 채 제67조로 이전되었고, 헌법재판소는 2018. 1. 25. 구 소년법 제67조에 대하여 집행유예를 선고받은 경우에 대해서는 이와 같은 특례조항을 두지 않은 것이 평등원칙에 위반된다는 이유로 헌법불합치 결정을 하였다.

2018. 9. 18. 법률 제15757호로 개정된 소년법(이하 '소년법'이라 한다)은 제67조 제1항 제2호로 '소년이었을 때 범한 죄에 의하여 형의 선고유예나 집행유예를 선고받은 경우, 자격에 관한 법령을 적용할 때 장래에 향하여 형의 선고를 받지 않은 것으로 본다.'는 규정을 신설하였다. 아울러 소년법 부칙(2018. 9. 18.) 제2조는 "제67조의 개정규정은 이 법 시행 전 소년이었을 때 범한 죄에 의하여 형의 집행유예나 선고유예를 받은 사람에게도 적용한다."라고 정하여 개정된 소년법 제67조 제1항 제2호를 소급하여 적용하도록 하고 있다.

따라서 과거 소년이었을 때 죄를 범하여 형의 집행유예를 선고받은 사람이 장교·준사관 또는 하사관으로 임용된 경우에는, 구 군인사법 제10조 제2항 제5호에도 불구하고 소년법 제67조 제1항 제2호와 부칙 제2조에 따라 그 임용이 유효하게 된다.

다주택보유자 축소신고를 이유로 한 강등처분 사건

□ 대법원 2024. 1. 4. 선고 2022두65092 판결

[사실관계]

경기도는 정부의 부동산 정책에 관한 도민의 신뢰를 얻기 위하여 2020. 12. 7.부터 2020. 12. 10.까지 고위공직자(4급 이상 공무원)에 대한 주택보유조사를 실시하였고, 그 연장선에서 2020. 12. 17.부터 2020. 12. 18.까지 4급 승진후보자(5급)에 대하여도 주택보유조사를 실시하였다. 지방행정사무관(5급)으로서 4급 승진후보자였던 원고는 당시 주택 2채(자녀 명의 1채, 매각 진행 중 1채) 및 오피스텔 분양권 2건을 보유하고 있었음에도, 주택보유조사 담당관에게 주택 2채만 보유 중이라는 내용의 답변서를 제출하였다. 원고는 2021. 2. 1. 지방서기관(4급)으로 승진하였는데, 피고(경기도지사)는 주택보유조사 결과를 승진 등 인사자료로 활용하였고, 그 결과 원고와 같이 주택보유조사에 응한 4급 승진후보자 132명 중 다주택 보유자로 신고한 35명은 모두 4급으로 승진하지 못하였다.

피고는 2021. 6. 21. 원고가 주택보유조사 시 오피스텔 분양권 2건을 고의로 누락하여 4급 승진인사에 영향을 미치는 결과를 초래하였다는 이유로 징계의결을 요구하였고, 경기도 인사위원회는 2021. 7. 21. 원고에 대하여 지방공무원법 제48조의 성실의무 위반을 이유로 지방공무원법 제69조 제1항 제1호에 따라 '강등 징계'를 의결하였으며, 피고는 2021. 8. 9. 위 의결에 따라 원고에 대하여 이 사건 강등처분을 하였다.

원고는 이 사건 강등처분에 대하여 소청심사를 청구하였고, 경기도 소청심사위원회는 2021. 9. 27. 이를 기각하였다.

[판결요지]

[1] 헌법 제7조가 보장하는 직업공무원제도의 운영 및 기본적 요소에 해당하는 공무원의 임용·보직·승진에 바탕이 되는 원칙 / 지방공무원법이 정한 신분 보장·승진 등 인사 운영 관련 규정을 해석·적용할 때 고려할 사항

대한민국 헌법(이하 '헌법'이라 한다) 제7조가 정한 직업공무원제도는 공무원이 집권세력의 논공행상의 제물이 되는 엽관제도를 지양하고 정권교체에 따른 국가작용의 중단과 혼란을 예방하며 일관성 있는 공무수행의 독자성을 유지하기 위하여 헌법과 법률에 따라 공무원의 신분이 보장되는 공직구조에 관한 제도이다. 이러한 직업공무원제도를 운영함에 있어서는 인사의 공정성을 유지하는 장치가 중요하고, 공무원의 정치적 중립과 신분보장은 그 핵심적 요소라고 할 수 있다. 특히 직업공무원에게는 정치적 중립과 더불어 공무를 효율적으로 수행할 수 있는 능력이 요구되므로, 헌법 제7조가 보장하는 직업공무원제도의 운영 및 기본적 요소에 해당하는 공무원의 임용·보직·승진에는 공무원의 능력·성적·전문성 등을 반영한 능력주의·성과주의가 바탕이 되어야 한다. 또한, 헌법 제7조 제2항은 '공무원의 신분과 정치적 중립성은 법률이 정하는 바에 의하여 보장된다.'라고 하여, 직업공무원제도가 정치적 중립성과 신분보장을 중추적 요소로 하는 민주적이고 법치주의적인 공직제도임을 천명하면서도 구체적 내용을 법률로 정하도록 위임하였으므로, 이러한 헌법의 위임 및 기속적 방향 제시에 따른 지방공무원법이 정한 신분보장·승진 등 인사 운영 관련 규정을 해석·적용할 때에도 헌법상 직업공무원제도의 취지·목적과 함께 능력주의·성과주의 원칙을 고려하여야 한다.

[2] 지방공무원의 임용권자가 5급 공무원을 4급 공무원으로 승진임용하기 위한 절차와 방법 / 이때 승진임용에 관하여 임용권자에게 부여된 재량권과 한계 / 임용권자가 4급 공무원 승진후보자명부를 작성하거나 승진임용 여부를 심사·결정하는 과정에서 법령상 근거 없이 직무수행능력과 무관한 요소로서 근무성적평정·경력평정 및 능력의 실증에 해당한다고 보기 어려운 사정을 주된 평정 사유로 반영하였거나 이러한 사정을 승진임용에 관한 일률적인 배제사유 또는 소극요건으로 삼을 수 있는지 여부(소극)

지방공무원법 제6조 제1항, 제25조 본문, 제38조 제1항 본문, 제39조 제3항, 제4항, 제5항, 지방공무원 임용령 제31조의2 제1항, 제4항, 제31조의6 제1항, 제32조 제1항, 제2항, 제3항에 따르면, 지방공무원의 임용권자가 5급 공무원을 4급 공무원으로 승진임용을 하기 위해서는 승진 예정 대상자인 5급 공무원에 대하여 직급별로 지방공무원 임용령에서 정한 바에 따라 근무성적평정·경력평정 및 능력의 실증을 반영한 승진후보자명부를 작성하여 인사위원회 사전심의를 거친 다음 승진후보자명부의 높은 순위에 있는 후보자부터 차례로 승진임용 여부를 심사하여 결정해야 한다. 이때 임용권자에게는 승진임용에 관하여 일반 국민에 대한 행정처분이나 공무원에 대한 징계처분에서와는 비교할 수 없을 정도의 매우 광범위한 재량이 부여되어 있으므로 승진후보자 명부의 높은 순위에 있는 후보자를 반드시 승진임용해야 하는 것은 아니지만, 승진후보자명부의 작성 또는 승진임용 여부를 심사·결정하는 과정에서 아무런 제한 없는 재량권이 인정되는 것은 아니다. 즉, 임용권자가 승진후보자명부의 작성 및 승진임용을 할 때에는 지방공무원법 제25조, 제38조 제1항 및 제39조 제5항에 따라 근무성적평정·경력평정 및 그 밖의 능력의 실증에 따라야 하는 의무를 부담하므로, 4급 공무원으로 승진임용을 하기 위하여 승진후보자명부를 작성하거나 승진임용 여부를 심사·결정하는 과정에서 법령상 근거 없이 직무수행능력과 무관한 요소로서 근무성적평정·경력평정 및 능력의 실증에 해당한다고 보기 어려운 사정을 주된 평정 사유로 반영하였거나 이러한 사정을 승진임용에 관한 일률적인 배제사유 또는 소극요건으로 삼았다면, 이는 임용권자가 법령상 근거 없이 자신의 주관적 의사에 따라 임용권을 자의적으로 행사한 것으로 헌법상 직업공무원제도의 취지·목적 및 능력주의 원칙은 물론 지방공무원법령 규정에 반하는 것이어서 허용될 수 없다.

[관련판례]

지방공무원의 승진임용에 관해서는 임용권자에게 일반 국민에 대한 행정처분이나 공무원에 대한 징계처분에서와는 비교할 수 없을 정도의 광범위한 재량이 부여되어 있다. 따라서 승진임용자의 자격을 정한 관련 법령 규정에 위배되지 아니하고 사회통념상 합리성을 갖춘 사유에 따른 것이라는 일응의 주장·증명이 있다면 쉽사리 위법하다고 판단하여서는 아니 된다. 특히 임용권자의 인사와 관련한 행위에 대하여 형사처벌을 하는 경우에는 임용권자의 광범위한 인사재량권을 고려하여 해당 규정으로 인하여 임용권자의 인사재량을 부당히 박탈하는 결과가 초래되지 않도록 처벌규정을 엄격하게 해석·적용하여야 할 것이다. 따라서 "누구든지 시험 또는 임용에 관하여 고의로 방해하거나 부당한 영향을 미치는 행위를 하여서는 아니 된다."라고 규정하는 지방공무원법 제42조의 '임용에 관하여 부당한 영향을 미치는 행위'에 해당하는지를 판단함에 있어서도 임용권자가 합리적인 재량의 범위 내에서 인사에 관한 행위를 하였다면 쉽사리 구성요건 해당성을 인정하여서는 아니 된다.

징계에 관해서는 인사위원회의 징계의결 결과에 따라 징계처분을 하여야 한다고 분명하게 규정하고 있는 반면(지방공무원법 제69조 제1항), 승진임용에 관해서는 인사위원회의 사전심의를 거치도록 규정하였을 뿐 그 심의·의결 결과에 따라야 한다고 규정하고 있지 않으므로, 임용권자는 인사위원회의 심의·의결 결과와는 다른 내용으로 승진대상자를 결정하여 승진임용을 할 수 있다(대법원 2022. 2. 11. 선고 2021도13197 판결).

중징계의결 요구시 동반되는 직위해제처분 사건

□ 대법원 2022. 10. 14. 선고 2022두45623 판결

〔사실관계〕

국토교통부장관은 2017. 2. 28. 중앙징계위원회에 원고에 대하여 중징계의결을 요구함과 동시에 원고에 대하여 국가공무원법 제73조의3 제1항 제3호에 따른 직위해제처분을 하였고, 중앙징계위원회는 2018. 2. 23. 원고에 대하여 경징계의결(감봉 2개월)을 하였다. 국토교통부장관은 2018. 3. 13. 중앙징계위원회에 위 경징계의결에 대한 재심사 청구를 하였으나, 중앙징계위원회는 2018. 6. 22. 이를 기각하였으며, 국토교통부장관은 2018. 7. 11. 원고에게 감봉 2개월의 징계처분을 하였다.

〔판결요지〕

[1] 국가공무원법 제73조의3 제1항에서 정한 직위해제의 의미 / 직위해제의 요건 및 효력 상실·소멸시점 등을 해석하는 방법

국가공무원법 제73조의3 제1항에서 정한 직위해제는 당해 공무원이 장래에 계속 직무를 담당하게 될 경우 예상되는 업무상의 장애 등을 예방하기 위하여 일시적으로 당해 공무원에게 직위를 부여하지 아니함으로써 직무에 종사하지 못하도록 하는 잠정적인 조치로서, 임용권자가 일방적으로 보직을 박탈시키는 것을 의미한다. 이러한 직위해제는 공무원의 비위행위에 대한 징벌적 제재인 징계와 법적 성질이 다르지만, 해당 공무원에게 보수·승진·승급 등 다양한 측면에서 직간접적으로 불리한 효력을 발생시키는 침익적 처분이라는 점에서 그것이 부당하게 장기화될 경우에는 결과적으로 해임과 유사한 수준의 불이익을 초래할 가능성까지 내재되어 있으므로, 직위해제의 요건 및 효력 상실·소멸시점 등은 문언에 따라 엄격하게 해석해야 하고, 특히 헌법 제7조 제2항 및 국가공무원법 제68조에 따른 공무원에 대한 신분보장의 관점은 물론 헌법상 비례원칙에 비추어 보더라도 직위해제처분의 대상자에게 불리한 방향으로 유추·확장해석을 해서는 안 된다.

[2] 국가공무원법 제73조의3 제1항 제3호에서 정한 직위해제의 목적 및 직위해제 요건의 충족 여부 등을 판단하는 방법

국가공무원법 제73조의3 제1항 제3호는 파면·해임·강등 또는 정직에 해당하는 징계의결(이하 '중징계의결'이라 한다)이 요구 중인 자에 대하여 직위해제처분을 할 수 있음을 규정하였는바, 이는 중징계의결 요구를 받은 공무원이 계속 직위를 보유하고 직무를 수행한다면 공무집행의 공정성과 그에 대한 국민의 신뢰를 저해할 구체적인 위험이 생길 우려가 있으므로 이를 사전에 방지하고자 하는 데 목적이 있다. 이러한 직위해제제도의 목적 및 취지는 물론 이로 인한 불이익의 정도와 침익적 처분의 성질에 비추어 보면, 단순히 '중징계의결 요구'가 있었다는 형식적 이유만으로 직위해제처분을 하는 것이 정당화될 수는 없고, 직위해제처분의 대상자가 중징계처분을 받을 고도의 개연성이 인정되는 경우임을 전제로 하여, 대상자의 직위·보직·업무의 성격상 그가 계속 직무를 수행함으로 인하여 공정한 공무집행에 구체적인 위험을 초래하는지 여부 등에 관한 제반 사정을 면밀히 고려하여 그 요건의 충족 여부 등을 판단해야 한다.

[3] 국가공무원법 제73조의3 제2항의 직위해제 사유의 소멸과 관련하여 같은 조 제1항 제3호에서 정한 '중징계의결이 요구 중인 자'는 같은 법 제82조 제1항 및 공무원 징계령 제12조에 따른 징계의결이 이루어질 때까지로 한정되는지 여부(적극)

국가공무원법 제73조의3 제2항은 직위해제처분을 한 경우에도 그 사유가 소멸되면 지체 없이 직위를 부여하여야 함을 명시하였다. 이는 같은 조 제1항 제3호의 요건 중 하나인 '중징계의결이 요구 중인 자'의 의미 및 '중징계의결 요구'의 종기에 관한 해석과 관계된다. 국가공무원법은 '징계의결 요구(제78조), 징계의결(제82조 제1항), 징계의결 통보(공무원 징계령 제18조), 징계처분(제78조 및 공무원 징계령 제19조) 또는 심사·재심사 청구(제82조 제2항 및 공무원 징계령 제24조)' 등 징계절차와 그 각 단계를 명확히 구분하여 규정하였고, '재징계의결 요구(제78조의3)'는 징계처분이 무효·취소된 경우에 한하는 것으로 명시함으로써 '심사·재심사 청구'가 이에 포함되지 않는다는 점 역시 문언상 분명하다. 이러한 관련 규정의 문언 내용·체계에 비추어 보면, '중징계의결이 요구 중인 자'는 국가공무원법 제82조 제1항 및 공무원 징계령 제12조에 따른 징계의결이 이루어질 때까지로 한정된다고 보는 것이 타당하다.

[4] 이 사건에 대한 판단

원고에 대한 직위해제처분의 요건·사유에 해당하는 '중징계의결이 요구 중인 자'의 의미는 원고에 대한 징계의결이 이루어진 2018. 2. 23.까지에 한정되고, 특히 원고에 대하여 경징계에 해당하는 감봉 2개월의 징계의결이 이루어졌으므로 적어도 그다음 날인 2018. 2. 24.부터는 '중징계처분을 받을 고도의 개연성'이라는 직위해제처분의 요건·사유가 소멸·상실되었다고 볼 수 있다. 그러므로 원고에 대한 직위해제처분은 2017. 7. 28.부터 2018. 2. 23.까지만 그 효력이 적법하게 유지된다고 봄이 타당하다.

그럼에도 원심은 판시와 같은 이유만으로, 원고에 대한 직위해제처분의 효력이 2017. 7. 28.부터 국토교통부장관의 재심사 청구에 관한 기각결정이 내려진 2018. 6. 22.까지 여전히 유지된다고 보아, 이를 전제로 미지급 보수액을 산정하였는바, 이러한 원심의 판단에는 직위해제 효력의 종기에 관한 법리를 오해함으로써 판결에 영향을 미친 잘못이 있다.

불문경고 사건

□ 대법원 2002. 7. 26. 선고 2001두3532 판결

[사실관계]

함양군 인사위원회는 소속 지방공무원인 원고 甲에게 지방공무원법 제48조 소정의 성실의무를 위반하였다는 징계사유를 들어, 함양군지방공무원징계양정에관한규칙(이하 '이 사건 규칙'이라 한다) 제2조 제1항 및 [별표1] '징계양정기준'에 의하여 그 비위사실에 대하여는 견책으로 징계를 하여야 할 것이지만, 같은 규칙 제4조 1항 제2호 및 [별표3] '징계양정감경기준'에 따라 甲에게 표창을 받은 공적이 있음을 이유로 그 징계를 감경하여 불문으로 하고, 다만 甲에게 경고할 것을 권고하는 의결을 하였다. 이에 따라 함양군수가 원고에게 '불문경고' 처분을 하였다('이 사건 규칙'에 따르면 불문경고를 받은 자는 징계감경사유로 사용될 수 있는 표창공적의 사용가능성을 소멸시키는 효과와 1년 동안 인사기록카드에 등재됨으로서 그 동안은 표창에서 제외되는 효과가 규정되어 있다).

이에 원고는 함양군수의 불문경고처분의 취소를 구하는 소송을 제기하였다.

[판결요지]

[1] 어떠한 처분의 근거나 법적인 효과가 행정규칙에 규정되어 있는 경우, 그 처분이 항고소송의 대상이 되는 행정처분에 해당하기 위한 요건

항고소송의 대상이 되는 행정처분이라 함은 원칙적으로 행정청의 공법상 행위로서 특정 사항에 대하여 법규에 의한 권리의 설정 또는 의무의 부담을 명하거나 기타 법률상 효과를 발생하게 하는 등으로 일반 국민의 권리 의무에 직접 영향을 미치는 행위를 가리키는 것이지만, 어떠한 처분의 근거나 법적인 효과가 행정규칙에 규정되어 있다고 하더라도, 그 처분이 행정규칙의 내부적 구속력에 의하여 상대방에게 권리의 설정 또는 의무의 부담을 명하거나 기타 법적인 효과를 발생하게 하는 등으로 그 상대방의 권리 의무에 직접 영향을 미치는 행위라면, 이 경우에도 항고소송의 대상이 되는 행정처분에 해당한다.

[2] 행정규칙에 의한 징계처분이 항고소송의 대상이 되는 행정처분에 해당한다고 한 사례

행정규칙에 의한 '불문경고조치'가 비록 법률상의 징계처분은 아니지만 위 처분을 받지 아니하였다면 차후 다른 징계처분이나 경고를 받게 될 경우 징계감경사유로 사용될 수 있었던 표창공적의 사용가능성을 소멸시키는 효과와 1년 동안 인사기록카드에 등재됨으로써 그 동안은 장관표창이나 도지사표창 대상자에서 제외시키는 효과 등이 있다는 이유로 항고소송의 대상이 되는 행정처분에 해당한다고 한 사례.

[참고판례]

❶ 금융감독원장의 문책경고 : 행정처분

금융기관검사및제재에관한규정(이하 '제재규정'이라 한다) 제22조는 금융기관의 임원이 문책경고를 받은 경우에는 금융업 관련 법 및 당해 금융기관의 감독 관련 규정에서 정한 바에 따라 일정기간 동안 임원선임의 자격제한을 받는다고 규정하고 은행법상 은행업감독규정에 의하면 문책경고를 받은 자로서 문책경고일로

부터 3년이 경과하지 아니한 자는 은행장, 상근감사위원, 상임이사, 외국은행지점 대표자가 될 수 없다고 규정하고 있어서, 문책경고는 그 상대방에 대한 직업선택의 자유를 직접 제한하는 효과를 발생하게 하는 등 상대방의 권리의무에 직접 영향을 미치는 행위로서 행정처분에 해당한다(대법원 2005. 2. 17. 선고 2003두14765 판결).

❷ 표창공적을 징계양정에 고려하지 않은 경우 징계절차를 지키지 않은 것으로서 위법하다.

경찰공무원에게 인정된 징계사유가 상훈감경 제외사유에 해당하지 아니함에도, 경찰공무원에 대한 징계위원회의 심의과정에서 징계의결이 요구된 비위행위가 상훈감경 제외사유에 해당한다는 이유로 그 공적 사항을 징계양정에 전혀 고려하지 아니한 때에는 그 징계양정이 결과적으로 적정한지와 상관없이 이는 관계 법령이 정한 징계절차를 지키지 아니한 것으로서 위법하다(대법원 2015. 11. 12. 선고 2014두35638 판결).

> **5급:일반행정09** A郡의 주택담당 지방공무원으로 근무하던 甲은 신규아파트가 1동의 건물로 되어 있기 때문에 동별(棟別) 사용승인이 부적합함에도 불구하고 동별 사용승인을 하였다.
> 이에 A군의 인사위원회는 이러한 사용승인으로 말미암아 민원이 야기됨은 물론, 건축 승인조건인 도로의 기부채납이 지연되거나 이행되지 않을 우려가 있음을 이유로 지방공무원법 제48조 성실의무 위반을 들어 甲을 징계의결하려고 한다. A郡의 인사위원회는, 「A郡지방공무원징계양정에 관한 규칙」 제2조 제1항 및 [별표 1] '징계양정기준'에 의하여 이 같은 비위사실에 대하여는 견책으로 징계를 하여야 할 것이지만, 동 규칙 제4조 제1항 및 [별표 3] '징계양정감경기준'에 따라 甲에게 표창공적이 있음을 이유로 그 징계를 감경하여 불문으로 하되, 甲에게 경고할 것을 권고하는 의결을 하였고, 이에 따라 A군의 군수는 甲을 '불문경고'에 처하였다. 한편 A郡이 소속된 B道 도지사의 「B道지방공무원인사기록및인사사무처리지침」에는 불문경고에 관한 기록은 1년이 경과한 후에 말소되어 또한 불문경고를 받은 자는 각종 표창의 선정대상에서 1년간 제외하도록 규정하고 있다.
> 1) 불문경고의 법적 성질 및 징계와의 관련성을 검토하시오. **(10점)** - 불문경고의 처분성 여부
> 2) 불문경고에 대한 甲의 행정쟁송상 권리구제 수단을 검토하시오. **(20점)** - 소청심사청구, 항고소송, 집행정지
>
> **5급:재경13** 甲은 1995. 1. 18. 서울특별시 지방공무원으로 임용된 후 근무하고 있다. 甲이 지방공무원으로 근무하던 중 업무와 관련하여 청탁을 받고 뇌물을 수수하였다는 이유로 서울북부지방법원에 기소되었다. 甲은 위 사안으로 2011. 7. 5. 무죄 선고를 받고 이후 그 판결이 확정되었다. 서울특별시장은 위 사실을 뒤늦게 알고 2013. 4. 9. 공무원의 품위손상 등의 이유로 적법한 절차를 거쳐 해임의 징계처분을 하였다. 이 경우 甲이 취할 수 있는 구제수단은? (징계시효 및 제소기간은 고려하지 아니함) **(10점)** - 징계처분에 대한 권리구제수단(소청심사청구, 항고소송, 집행정지)

이문옥 감사관 사건

□ 대법원 1996. 10. 11. 선고 94누7171 판결

[사실관계]

원고 甲을 반장으로 한 비업무용 토지 과세실태 감사반은 1989. 8. 16.부터 2주 예정으로 국세청에 대한 실지감사에 들어갔는데 같은 달 25. 甲이 소속된 감사원 과장은 법 개정 후에 새로운 기준에 의하여 감사를 실시하는 것이 타당하다는 이유로 더 이상의 감사를 진행하지 말고 정리할 것을 감사반에 지시하였고, 이에 따라 감사반 부감사관이었던 소외인은 더 이상의 확인조사 없이 그 때까지의 조사결과를 단순 취합하여 甲을 작성자로 한 실지감사귀청보고서를 작성하여 제출하였으며, 위 감사는 그 보고서가 국장의 결재를 거쳐 차기 감사자료로 등재됨에 따라 사실상 종결되었다.

그 후 위 감사가 부당하게 종결되고 감사자료도 사장되어 불만을 갖고 있던 甲은 한겨레신문사를 찾아가 위 감사의 부당한 처리과정을 밝힌 메모와 위 보고서 사본 1부를 건네주었는데, 이에 따라 보도된 위 한겨레신문의 주된 내용에는 "업계의 로비에 몰려 대기업 비업무용 부동산 취득실태 감사가 중단되었다.", "이는 고위간부의 지시로 중단된 것이며 감사반원들이 인사조치되었다.", "23개 재벌계열사의 비업무용 부동산 비율은 43%로서 은행감독원이 조사한 비율인 1.2%와 큰 차이가 난다."는 취지의 기사와 함께 감사원 감사에서 드러난 대기업의 비업무용 토지의 기업별 명세가 포함되어 있었다.

피고 乙(감사원장)은 甲이 위 보고서 내용을 누설하여 사회적 물의를 야기하였고, 공무원의 비밀엄수의무 등 직무상 의무를 위반하였다는 이유로 甲을 파면하는 처분을 하였다. 이에 甲은 소청심사를 거친 후 파면처분에 대한 취소소송을 제기하였다.

[판결요지]

[1] 국가공무원법상 '직무상 비밀'의 의미 및 그 판단기준

국가공무원법상 직무상 비밀이라 함은 국가 공무의 민주적, 능률적 운영을 확보하여야 한다는 이념에 비추어 볼 때 당해 사실이 일반에 알려질 경우 그러한 행정의 목적을 해할 우려가 있는지 여부를 기준으로 판단하여야 하며, 구체적으로는 행정기관이 비밀이라고 형식적으로 정한 것에 따를 것이 아니라 실질적으로 비밀로서 보호할 가치가 있는지, 즉 그것이 통상의 지식과 경험을 가진 다수인에게 알려지지 아니한 비밀성을 가졌는지, 또한 정부나 국민의 이익 또는 행정목적 달성을 위하여 비밀로서 보호할 필요성이 있는지 등이 객관적으로 검토되어야 한다고 한 원심판결을 수긍한 사례.

[2] 기업의 비업무용 부동산 보유실태에 관한 감사원의 감사보고서의 내용이 직무상 비밀에 해당하지 않는다고 본 사례.

[3] 감사보고서의 내용이 직무상 비밀에 속하지 않는다고 할지라도 그 보고서의 내용이 그대로 신문에 게재되게 한 감사원 감사관의 행위는 감사자료의 취급에 관한 내부수칙을 위반한 것이고, 이로 인하여 관련 기업이나 관계 기관의 신용에 적지 않은 피해를 입힌 것으로서 공무원의 성실의무 등 직무상의 의무를 위반한 것으로서 국가공무원법 제78조 소정의 징계사유에 해당하나, 그 감사관의 경력, 감사 중단의 경위, 공개된 보고서의 내용과 영향, 법령 위반의 정도 등을 참작하여 볼 때, 그 감사관에 대한 징계의 종류로 가장 무거운 파면을 선택한 징계처분은 감사관이라는 신분을 감안하더라도 지나치게 무거워 재량권을 일탈하였다고 본 사례.

심재륜 검사장 사건

□ 대법원 2001. 8. 24. 선고 2000두7704 판결

[사실관계]

대구고등검찰청 검사장으로 근무하던 원고 甲(심재륜)은 "이XX와의 대질신문을 위하여 1999.1.28. 오후에 대검찰청에 출석하라"는 검찰총장의 직무상의 명령을 전달받고도 정당한 이유 없이 출석을 거부하였다. 甲은 1999.1.27. 오후 근무지를 떠남에 있어 미리 검찰총장에게 그 사유를 보고하여 승인을 얻지 아니하고, 스스로 자신의 출장신청을 승인한 다음 바로 근무지를 떠났다(검찰근무규칙 제13조 제1항은 검찰청의 장이 출장 등의 사유로 근무지를 떠날 때에는 미리 바로 위 검찰청의 장 및 검찰총장의 승인을 얻어야 한다고 규정하고 있다).

甲은 1999.1.27. 18:00경 대검찰청 기자실에서 '국민 앞에 사죄하며'라는 제목의 기자회견문을 발표, 그 내용 중에는 "일부 검찰수뇌부는 검찰조직과 후배검사들을 담보로 권력에 영합하여 개인의 영달을 추구하여 왔다." "이 사건 수사는 심리적 공황상태에 있는 이XX의 일방적 진술에 의하여 '마녀사냥식'으로 진행되고 있다." "이 사건 수사의 목적이 검찰수뇌부가 특정인을 선별하여 제거하기 위한 데에 있고, 이를 위해 검찰수뇌부가 이XX와 야합하여 소위 '빅딜'을 하고 있다는 소문도 있다" 등의 내용이 있었다.

이에 피고 乙(법무부장관)은 甲을 면직처분하였고, 甲은 위 처분에 대하여 취소소송을 제기하였다.

[판결요지]

[1] 검찰총장이 검사에 대한 비리혐의를 내사하는 과정에서 해당 검사에게 참고인과 대질신문을 받도록 담당부서에 출석할 것을 지시한 경우, 검찰총장의 그 출석명령이 그 검사에게 복종의무를 발생시키는 직무상의 명령에 해당하는지 여부(소극)

상급자가 하급자에게 발하는 직무상의 명령이 유효하게 성립하기 위하여는 상급자가 하급자의 직무범위 내에 속하는 사항에 대하여 발하는 명령이어야 하는 것인바, 검찰총장이 검사에 대한 비리혐의를 내사하는 과정에서 해당 검사에게 참고인과 대질신문을 받도록 담당부서에 출석할 것을 지시한 경우, 검찰총장의 위 출석명령은 "검찰총장은 대검찰청의 사무를 맡아 처리하고 검찰사무를 통할하며 검찰청의 공무원을 지휘·감독한다."고 규정한 검찰청법 제12조 제2항을 근거로 하고 있으나, 위 규정은 검찰총장이 직무상의 명령을 발할 수 있는 일반적인 근거규정에 불과하고, 구체적으로 그러한 직무상의 명령이 유효하게 성립하기 위해서는 하급자인 그 검사의 직무범위 내에 속하는 사항을 대상으로 하여야 할 것인데, 그 검사가 대질신문을 받기 위하여 대검찰청에 출석하는 행위는 검찰청법 제4조 제1항에서 규정하고 있는 검사의 고유한 직무인 검찰사무에 속하지 아니할 뿐만 아니라, 또한 그 검사가 소속 검찰청의 구성원으로서 맡아 처리하는 이른바 검찰행정사무에 속한다고 볼 수도 없는 것이고, 따라서 위 출석명령은 그 검사의 직무범위 내에 속하지 아니하는 사항을 대상으로 한 것이므로 그 검사에게 복종의무를 발생시키는 직무상의 명령이라고 볼 수는 없다.

[2] 검찰청의 장이 출장 등의 사유로 근무지를 떠날 때에는 검찰총장의 승인을 얻어야 한다고 규정한 검찰근무규칙 제13조 제1항의 법적 성격(=행정규칙) 및 그 위반행위는 직무상의 의무위반으로 징계사유에 해당하는지 여부(적극)

검찰청법 제11조의 위임에 기한 검찰근무규칙 제13조 제1항은, 검찰청의 장이 출장 등의 사유로 근무지를 떠날 때에는 미리 바로 윗 검찰청의 장 및 검찰총장의 승인을 얻어야 한다고 규정하고 있는바, 이는 검찰조직 내부에서 검찰청의 장의 근무수칙을 정한 이른바 행정규칙으로서 검찰청의 장에 대하여 일반적인 구속력을 가지므로, 그 위반행위는 직무상의 의무위반으로 검사징계법 제2조 제2호의 징계사유에 해당한다.

[3] '검사로서의 체면이나 위신을 손상하는 행위'를 징계사유로 정한 검사징계법 제2조 제3호의 규정 취지 및 '검사로서의 체면이나 위신을 손상하는 행위'에 해당하는지 여부의 판단 기준

검사징계법 제2조 제3호에서 '직무의 내외를 막론하고 검사로서의 체면이나 위신을 손상하는 행위를 하였을 때'를 검사에 대한 징계사유의 하나로 규정하고 있는 취지는, 검사로서의 체면이나 위신을 손상하는 행위가 검사 본인은 물론 검찰 전체에 대한 국민의 신뢰를 실추시킬 우려가 있는 점을 고려하여, 검사로 하여금 직무와 관련된 부분은 물론 사적인 언행에 있어서도 신중을 기하도록 함으로써, 국민들로부터 신뢰를 받도록 하자는 데 있다고 할 것이므로, 어떠한 행위가 검사로서의 체면이나 위신을 손상하는 행위에 해당하는지는 앞서 본 규정 취지를 고려하여 구체적인 상황에 따라 건전한 사회통념에 의하여 판단하여야 한다.

[4] 검사가 외부에 자신의 상사를 비판하는 의견을 발표하는 행위가 검사징계법 제2조 제3호 소정의 징계사유인 '검사로서의 체면이나 위신을 손상하는 행위'에 해당하는지 여부(적극)

검사가 외부에 자신의 상사를 비판하는 의견을 발표하는 행위는 그것이 비록 검찰조직의 개선과 발전에 도움이 되고, 궁극적으로 검찰권 행사의 적정화에 기여하는 면이 있다고 할지라도, 국민들에게는 그 내용의 진위나 당부와는 상관없이 그 자체로 검찰 내부의 갈등으로 비춰져, 검찰에 대한 국민의 신뢰를 실추시키는 요인으로 작용할 수 있는 것이고, 특히 그 발표 내용 중에 진위에 의심이 가는 부분이 있거나 그 표현이 개인적인 감정에 휩쓸려 지나치게 단정적이고 과장된 부분이 있는 경우에는 그 자체로 국민들로 하여금 검사 본인은 물론 검찰조직 전체의 공정성·정치적 중립성·신중성 등에 대하여 의문을 갖게 하여 검찰에 대한 국민의 신뢰를 실추시킬 위험성이 더욱 크다고 할 것이므로, 그러한 발표행위는 검사로서의 체면이나 위신을 손상시키는 행위로서 징계사유에 해당한다.

[5] 이른바 '심재륜 사건'에서의 기자회견문 발표행위가 검사로서의 체면이나 위신을 손상시키는 행위로서 징계사유에 해당한다고 본 사례

이른바 '심재륜 사건'에서의 기자회견문 발표행위가, 그 자체로 국민들로 하여금 검찰 전체의 공정성·정치적 중립성·신중성 등을 의심케 하여 검찰에 대한 국민의 신뢰를 실추시킬 우려가 있다는 이유로, 검사로서의 체면이나 위신을 손상시키는 행위로서 징계사유에 해당한다고 본 사례.

[6] 징계처분의 재량권 남용에 대한 사법심사 방식 및 그 판단 기준

징계사유에 해당하는 행위가 있더라도, 징계권자가 그에 대하여 징계처분을 할 것인지, 징계처분을 하면 어떠한 종류의 징계를 할 것인지는 징계권자의 재량에 맡겨져 있다고 할 것이나, 그 재량권의 행사가 징계권을 부여한 목적에 반하거나, 징계사유로 삼은 비행의 정도에 비하여 균형을 잃은 과중한 징계처분을 선택함으로써 비례의 원칙에 위반하거나 또는 합리적인 사유 없이 같은 정도의 비행에 대하여 일반적으로 적용하여 온 기준과 어긋나게 공평을 잃은 징계처분을 선택함으로써 평등의 원칙에 위반한 경우에는, 그 징계처분은 재량권의 한계를 벗어난 것으로서 위법하고, 징계처분에 있어 재량권의 행사가 비례의 원칙을 위반하였는지 여부는, 징계사유로 인정된 비행의 내용과 정도, 그 경위 내지 동기, 그 비행이 당해 행정조

직 및 국민에게 끼치는 영향의 정도, 행위자의 직위 및 수행직무의 내용, 평소의 소행과 직무성적, 징계처분으로 인한 불이익의 정도 등 여러 사정을 건전한 사회통념에 따라 종합적으로 판단하여 결정하여야 한다.

[7] 이른바 '심재륜 사건'에서의 면직처분이 비례원칙에 위반된 재량권 남용으로서 위법하다고 본 사례

이른바 '심재륜 사건'에서의 면직처분이, 징계면직된 검사가 그 징계사유인 비행에 이르게 된 동기와 경위, 그 비행의 내용과 그로 인한 검찰조직과 국민에게 끼친 영향의 정도, 그 검사의 직위와 그 동안의 행적 및 근무성적, 징계처분으로 인한 불이익의 정도 등 제반 사정에 비추어, 비례의 원칙에 위반된 재량권 남용으로서 위법하다고 본 사례.

[8] 사정판결을 하기 위한 요건인 '현저한 공공복리 부적합' 여부의 판단 기준

위법한 행정처분을 존치시키는 것은 그 자체가 공공복리에 반하는 것이므로 행정처분이 위법함에도 이를 취소하는 것이 현저히 공공복리에 적합하지 아니하다고 인정하여 사정판결을 함에 있어서는 극히 엄격한 요건 아래 제한적으로 하여야 할 것이고, 그 요건인 현저히 공공복리에 적합하지 아니한가의 여부를 판단함에 있어서는 위법·부당한 행정처분을 취소·변경하여야 할 필요성과 그로 인하여 발생할 수 있는 공공복리에 반하는 사태 등을 비교·교량하여 그 적용 여부를 판단하여야 한다.

[9] 이른바 '심재륜 사건'에서의 징계면직된 검사의 복직이 검찰조직의 안정과 인화를 저해할 우려가 있다는 등의 사정은 현저히 공공복리에 반하는 사유라고 볼 수 없다는 이유로, 사정판결을 할 경우에 해당하지 않는다고 한 사례

이른바 '심재륜 사건'에서의 징계면직된 검사의 복직이 검찰조직의 안정과 인화를 저해할 우려가 있다는 등의 사정은 검찰 내부에서 조정·극복하여야 할 문제일 뿐이고 준사법기관인 검사에 대한 위법한 면직처분의 취소 필요성을 부정할 만큼 현저히 공공복리에 반하는 사유라고 볼 수 없다는 이유로, 사정판결을 할 경우에 해당하지 않는다고 한 사례.

[참고판례]

지방공무원의 징계와 관련된 규정을 종합해 보면, 징계권자이자 임용권자인 지방자치단체장은 소속 공무원의 구체적인 행위가 과연 지방공무원법 제69조 제1항에 규정된 징계사유에 해당하는지 여부에 관하여 판단할 재량은 있지만, 징계사유에 해당하는 것이 명백한 경우에는 관할 인사위원회에 징계를 요구할 의무가 있다(대법원 2007. 7. 12. 선고 2006도1390 판결).

군법무관 전역처분 사건

□ 대법원 2018. 3. 22. 선고 2012두26401 전원합의체 판결

[사실관계]

피고 국방부장관은 2008. 7. 15. 국군기무사령관으로부터 한국대학총학생회연합이 군 장병들에 대한 반정부·반미 의식화 사업을 강화하기 위하여 23종의 '교양도서 보내기 운동'을 추진한다는 정보를 보고받았다. 피고 국방부장관은 2008. 7. 22. 각 군 참모총장과 직할 부대장에게 23종의 도서가 부대 내에 반입되지 않도록 조치하라는 '군 내 불온서적 차단대책 강구(지시)'(이하 '이 사건 지시'라 한다)를 하달하였고, 피고 육군참모총장은 2008. 7. 24. 같은 내용의 지시를 예하부대 지휘관들에게 하달하였다.

원고를 비롯한 군법무관 6인(이하 이들을 통칭할 경우 '원고 등'이라 한다)은 2008. 10. 22. 이 사건 지시 및 그 근거 법령인 구 군인사법 제47조의2, 구 군인복무규율 제16조의2의 위헌확인을 구하는 헌법소원심판(헌법재판소 2008헌마638, 이하 '이 사건 헌법소원'이라 한다)을 청구하였고, 이 사실이 언론에 널리 보도되었다. 원고 등은 2009. 3. 18. 지휘계통을 통한 건의 절차를 거치지 않고 이 사건 지시에 대한 헌법소원을 제기하여 군 기강을 문란케 하였다는 등의 사유로 징계처분을 받았다. 그중 헌법소원제기에 주도적 역할을 한 원고는 파면처분을 받고 제적 및 보충역 편입되었다.

원고 등이 2009. 4. 15. 제기한 징계처분취소소송에서 원고에 대한 파면처분이 재량권 일탈·남용의 위법이 있다는 이유로 취소되었고(서울행정법원 2009구합14781), 항소심에서 그대로 확정되었다(서울고등법원 2010누15614). 피고 육군참모총장은 2011. 10. 20. 원고에게 동일한 징계사유로 정직 1월의 징계처분을 하였고(이하 '이 사건 징계처분'이라 한다), 피고 국방부장관은 2012. 1. 18. 원고에 대하여 군인사법 제37조 제1항 제4호에 따라 현역복무부적합자 조사를 거쳐 '본인의 의사에 따르지 아니한 전역'을 명하는 처분(이하 '이 사건 전역처분'이라 한다)을 하였다. 이에 원고는 이 사건 전역처분의 취소를 구하는 소송을 제기하였다.

[판결요지]

[1] 군인이 상관의 지시와 명령에 대하여 헌법소원 등 재판청구권을 행사하는 것이 군인의 복종의무에 위반되는지 여부(원칙적 소극)

[다수의견] 상명하복에 의한 지휘통솔체계의 확립이 필수적인 군의 특수성에 비추어 군인은 상관의 명령에 복종하여야 한다. 구 군인복무규율 제23조 제1항은 그와 같은 취지를 규정하고 있다. 군인이 일반적인 복종의무가 있는 상관의 지시나 명령에 대하여 재판청구권을 행사하는 경우에는 재판청구권이 군인의 복종의무와 외견상 충돌하는 모습으로 나타날 수 있다.

그러나 상관의 지시나 명령 그 자체를 따르지 않는 행위와 상관의 지시나 명령은 준수하면서도 그것이 위법·위헌이라는 이유로 재판청구권을 행사하는 행위는 구별되어야 한다. 법원이나 헌법재판소에 법적 판단을 청구하는 것 자체로는 상관의 지시나 명령에 직접 위반되는 결과가 초래되지 않으며, 재판절차가 개시되더라도 종국적으로는 사법적 판단에 따라 위법·위헌 여부가 판가름 나므로 재판청구권 행사가 곧바로 군에 대한 심각한 위해나 혼란을 야기한다고 상정하기도 어렵다. 상관의 지시나 명령을 준수하는 이상

그에 대하여 소를 제기하거나 헌법소원을 청구하였다는 사실만으로 상관의 지시나 명령을 따르지 않겠다는 의사를 표명한 것으로 간주할 수도 없다. 종래 군인이 상관의 지시나 명령에 대하여 사법심사를 청구하는 행위를 무조건 하극상이나 항명으로 여겨 극도의 거부감을 보이는 태도 역시 모든 국가권력에 대하여 사법심사를 허용하는 법치국가의 원리에 반하는 것으로 마땅히 배격되어야 한다.

따라서 군인이 상관의 지시나 명령에 대하여 재판청구권을 행사하는 경우에 그것이 위법·위헌인 지시와 명령을 시정하려는 데 목적이 있을 뿐, 군 내부의 상명하복관계를 파괴하고 명령불복종 수단으로서 재판청구권의 외형만을 빌리거나 그 밖에 다른 불순한 의도가 있지 않다면, 정당한 기본권의 행사이므로 군인의 복종의무를 위반하였다고 볼 수 없다.

[2] 구 군인복무규율 제24조와 제25조를 군인에게 건의나 고충심사를 청구하여야 할 의무를 부과한 조항 내지 군인의 재판청구권 행사에 앞서 반드시 거쳐야 하는 군 내 사전절차로서의 의미를 갖는 것으로 볼 수 있는지 여부(소극)

[다수의견] 구 군인사법의 위임에 따라 제정된 구 군인복무규율 제24조와 제25조는 건의와 고충심사에 관하여 규정하고 있다. 위 조항들은 군에 유익하거나 정당한 의견이 있는 경우 부하는 지휘계통에 따라 상관에게 건의할 수 있고(구 군인복무규율 제24조 제1항), 부당한 대우를 받거나 현저히 불편 또는 불리한 상태에 있다고 판단될 경우 지휘계통에 따라 상담, 건의 또는 고충심사를 청구할 수 있다(구 군인복무규율 제25조 제1항)는 내용이므로, 이를 군인에게 건의나 고충심사를 청구하여야 할 의무를 부과한 조항이라고 해석하는 것은 문언의 통상적인 의미를 벗어난다. 나아가 관련 법령의 문언과 체계에 비추어 보면, 건의 제도의 취지는 위법 또는 오류의 의심이 있는 명령을 받은 부하가 명령 이행 전에 상관에게 명령권자의 과오나 오류에 대하여 자신의 의견을 제시할 수 있도록 함으로써 명령의 적법성과 타당성을 확보하고자 하는 것일 뿐 그것이 군인의 재판청구권 행사에 앞서 반드시 거쳐야 하는 군 내 사전절차로서의 의미를 갖는다고 보기 어렵다.

[3] 구 군인복무규율 제13조 제1항에서 금지하는 '군무 외의 일을 위한 집단행위'의 의미 및 군인의 기본권 행사에 해당하는 행위가 이에 해당하는지 판단하는 방법

[다수의견] 구 군인복무규율(이하 '구 군인복무규율'이라 한다) 제13조 제1항은 "군인은 군무 외의 일을 위한 집단행위를 하여서는 아니 된다."라고 규정하고 있다. 여기에서 '군무 외의 일을 위한 집단행위'란 군인으로서 군복무에 관한 기강을 저해하거나 기타 본분에 배치되는 등 군무의 본질을 해치는 특정 목적을 위한 다수인의 행위를 말한다.

법령에 군인의 기본권 행사에 해당하는 행위를 금지하거나 제한하는 규정이 없는 이상, 그러한 행위가 군인으로서 군복무에 관한 기강을 저해하거나 기타 본분에 배치되는 등 군무의 본질을 해치는 특정 목적이 있다고 하기 위해서는 권리행사로서의 실질을 부인하고 이를 규범위반행위로 보기에 충분한 구체적·객관적 사정이 인정되어야 한다. 즉 군인으로서 허용된 권리행사를 함부로 집단행위에 해당하는 것이라고 단정하여서는 아니 된다.

[4] 원심은 군인복무규율의 관련 규정으로부터 헌법소원 제기에 앞서 지휘계통에 따라 상관에게 건의할 의무가 있다고 인정한 다음 원고가 이를 이행하지 않은 것이 법령준수의무 위반에 해당하고, 이 사건 헌법소원 청구가 군무 외의 집단행위로서 복종의무 위반에 해당하며, 헌법소원 청구 이후에 소송대리인이 언론의 인터뷰에 응한 행위를 두고 언론 접촉에 관한 법령준수의무 위반과 품위유지의무 위반에 해당한다고 판단하였다. 이러한 원심의 판단에는 군인사법상의 징계사유의 성립에 관한 법리를 오해하여 판결에 영향을 미친 잘못이 있다. 이 점을 지적하는 상고이유의 주장은 정당하다.

[참고판례]

❶ **연가신청에 대한 허가가 있기 전에 근무지를 이탈한 행위는 국가공무원법에 위반되는 징계사유**

공무원이 그 법정 연가일수의 범위 내에서 연가를 신청하였다고 할지라도 그에 대한 소속 행정기관의 장의 허가가 있기 이전에 근무지를 이탈한 행위는 특단의 사정이 없는 한 국가공무원법 제58조에 위반되는 행위로서 징계사유가 된다(대법원 1996. 6. 14. 선고 96누2521 판결).

❷ **집단행위 관련**

1) 집단행위의 판단기준

공무원이 집단적으로 행한 의사표현행위가 국가공무원법이나 공직선거법 등 개별 법률에서 공무원에 대하여 금지하는 특정의 정치적 활동에 해당하는 경우나, 특정 정당이나 정치세력에 대한 지지 또는 반대의사를 직접적으로 표현하는 등 정치적 편향성 또는 당파성을 명백히 드러내는 행위 등과 같이 공무원의 정치적 중립성을 침해할 만한 직접적인 위험을 초래할 정도에 이르렀다고 볼 수 있는 경우에, 그 행위는 공무원의 본분을 벗어나 공익에 반하는 행위로서 공무원의 직무에 관한 기강을 저해하거나 공무의 본질을 해치는 것이어서 직무전념의무를 해태한 것이므로, 국가공무원법 제66조 제1항에서 금지하는 '공무 외의 일을 위한 집단행위'에 해당한다. 여기서 어떠한 행위가 정치적 중립성을 침해할 만한 직접적인 위험을 초래할 정도에 이르렀다고 볼 것인지는 일률적으로 정할 수 없고, 헌법에 의하여 정치적 중립성이 요구되는 공무원 지위의 특수성과 아울러, 구체적인 사안에서 행위의 동기 또는 목적, 시기와 경위, 당시의 정치적·사회적 배경, 행위 내용과 방식, 특정 정치세력과의 연계 여부 등 행위와 관련된 여러 사정을 종합적으로 고려하여 판단하여야 한다. 그리고 이러한 법리는 '공무 외의 일을 위한 집단행위'를 금지한 구 지방공무원법 제58조 제1항의 경우에도 마찬가지로 적용된다(대법원 2017. 1. 12. 선고 2012도9220 판결).

2) 집단행위의 요건

공무원들의 어느 행위가 국가공무원법 제66조 제1항에 규정된 '집단행위'에 해당하려면, 그 행위가 반드시 같은 시간, 장소에서 행하여져야 하는 것은 아니지만, 공익에 반하는 어떤 목적을 위한 다수인의 행위로서 집단성이라는 표지를 갖추어야만 한다고 해석함이 타당하다. 따라서 여럿이 같은 시간에 한 장소에 모여 집단의 위세를 과시하는 방법으로 의사를 표현하거나 여럿이 단체를 결성하여 그 단체 명의로 의사를 표현하는 경우, 실제 여럿이 모이는 형태로 의사표현을 하는 것은 아니지만 발표문에 서명날인을 하는 등의 수단으로 여럿이 가담한 행위임을 표명하는 경우 또는 일제 휴가나 집단적인 조퇴, 초과근무 거부 등과 같이 정부활동의 능률을 저해하기 위한 집단적 태업 행위로 볼 수 있는 경우에 속하거나 이에 준할 정도로 행위의 집단성이 인정되어야 국가공무원법 제66조 제1항에 해당한다고 볼 수 있다(대법원 2017. 4. 13. 선고 2014두8469 판결).

3) 대한법률공단 임직원은 집단행위금지의무를 부담하지 않는다.

[1] 공무원은 국민 전체에 대한 봉사자로서 국민에 대하여 책임을 지고, 공무원의 신분과 정치적 중립성은 법률이 정하는 바에 의하여 보장된다(헌법 제7조 제1항, 제2항). 국가공무원법은 공무원의 헌법상 지위를 구현하기 위한 법률로서 공무원의 임용과 승진, 보수, 훈련과 근무성적의 평정, 신분과 권익의 보장, 징계 등을 규정하면서 공무원으로서 각종 의무를 규정하고 있는데, 제66조 제1항에서는 노동운동과 그 밖에 공무 외의 일을 위한 집단 행위를 하지 않을 의무를 규정하고 있다. 이러한 헌법과 국가공무원법의 입법 내용과

취지를 고려하면 국가공무원법 제66조 제1항의 의무는 원칙적으로 헌법과 국가공무원법에서 규정하는 책임을 부담하고 이를 위해 신분과 지위가 보장됨을 전제로 국가공무원에게 지우는 의무이다. 따라서 위와 같은 정도의 책임과 신분 및 지위 보장을 받는 정도가 아닌 경우에는 일률적으로 국가공무원법 제66조 제1항이 적용된다고 할 수 없다. 국가공무원법 제66조 제1항이 "공무원은 노동운동이나 그 밖에 공무 외의 일을 위한 집단 행위를 하여서는 아니 된다. 다만 사실상 노무에 종사하는 공무원은 예외로 한다."라고 규정하면서 사실상 노무에 종사하는 공무원의 경우 위와 같은 의무를 부담하지 않도록 하여 국가공무원법 제66조 제1항의 의무를 모든 공무원이 일률적으로 부담하여야 하는 의무로 규정하지 않은 것도 같은 취지에서 이해할 수 있다.

[2] 대한법률구조공단(이하 '공단'이라 한다)은 경제적으로 어렵거나 법을 몰라서 법의 보호를 충분히 받지 못하는 사람에게 법률구조를 할 목적으로 설립된 특수목적법인으로 그 임직원의 직무에는 공공성, 공익성이 인정되고, 소속 변호사의 경우 특정직 공무원인 검사에 준하여 급여를 받기는 하나, 공단 임직원의 지위나 직무 성격을 헌법과 법률에서 보장하는 국가공무원과 같은 정도의 것으로 규정하고 있다고 보기 어렵고, 법률구조법 등에서 공단 임직원에게 국가공무원법 제66조 제1항을 직접 적용한다고 규정하고 있지도 않으므로, 공단 임직원이 국가공무원법 제66조 제1항의 의무를 부담한다고 볼 수는 없다. 따라서 법률구조법 제32조의 "공단의 임직원은 형법이나 그 밖의 법률에 따른 벌칙을 적용할 때에는 공무원으로 본다."라는 규정을 근거로 공단 임직원에게 국가공무원법 제84조의2, 제66조 제1항을 적용하는 것은 이들의 구체적인 법적 지위에 대한 고려 없이 이들에 대한 권리를 지나치게 제한하는 것으로서 부당하다(대법원 2023. 4. 13. 선고 2021다254799 판결).

육군3사관학교 사관생도 퇴학처분 사건

□ 대법원 2018. 8. 30. 선고 2016두60591 판결

[사실관계]

원고는 2014. 1. 10. 육군3사관학교에 입교한 사관생도로서 학사과정을 이수하여 2016. 2. 24. 졸업을 하였다. 원고는 2014. 11. 중순 외박 중 소외 1과 함께 소주 1병을 나누어 마셨고, 2015. 4.경 가족과 함께 저녁 식사를 하면서 부모의 권유로 소주 2~4잔 정도를 마셨으며, 2015. 8. 하계휴가기간 중 친구인 소외 2와 함께 소주 4~5잔 정도를 마셨고, 2015. 9.경 추석 연휴에 집에서 차례를 지내고 정종 2잔을 음복하였다.

육군3사관학교 교육운영위원회는 2015. 11. 23. 생도대 위원회가 회부한 원고에 대한 품위유지의무 위반(음주)에 대하여 심의한 결과 원고에 대하여 퇴학을 의결하였다. 이에 따라 피고는 2015. 11. 24. 원고를 퇴학에 처하는 이 사건 처분을 하였다. 이에 원고는 퇴학처분에 대한 취소소송을 제기했다.

[판결요지]

[1] 육군3사관학교 사관생도의 경우 일반 국민보다 기본권이 더 제한될 수 있는지 여부(적극) 및 그 경우 기본권 제한의 한계

사관생도는 군 장교를 배출하기 위하여 국가가 모든 재정을 부담하는 특수교육기관인 육군3사관학교의 구성원으로서, 학교에 입학한 날에 육군 사관생도의 병적에 편입하고 준사관에 준하는 대우를 받는 특수한 신분관계에 있다(육군3사관학교 설치법 시행령 제3조). 따라서 그 존립 목적을 달성하기 위하여 필요한 한도 내에서 일반 국민보다 상대적으로 기본권이 더 제한될 수 있으나, 그러한 경우에도 법률유보원칙, 과잉금지원칙 등 기본권 제한의 헌법상 원칙들을 지켜야 한다.

[2] 육군3사관학교 설치법 및 시행령, 육군3사관학교 학칙 및 사관생도 행정예규 등에서 사관생도의 준수 사항과 징계를 규정할 수 있는지 여부(적극) 및 이러한 규율이 존중되어야 하는지 여부(적극)

육군3사관학교 설치법 및 시행령, 그 위임에 따른 육군3사관학교 학칙 및 사관생도 행정예규 등에서 육군3사관학교의 설치 목적과 교육 목표를 달성하기 위하여 사관생도가 준수하여야 할 사항을 정하고 이를 위반한 행위에 대하여는 징계를 규정할 수 있고 이러한 규율은 가능한 한 존중되어야 한다.

[3] 육군3사관학교 사관생도인 갑이 4회에 걸쳐 학교 밖에서 음주를 하여 '사관생도 행정예규' 제12조에서 정한 품위유지의무를 위반하였다는 이유로 육군3사관학교장이 교육운영위원회의 의결에 따라 갑에게 퇴학처분을 한 사안에서, 위 금주조항은 사관생도의 일반적 행동자유권, 사생활의 비밀과 자유 등 기본권을 과도하게 제한하는 것으로서 무효인데도 위 금주조항을 적용하여 내린 퇴학처분이 적법하다고 본 원심판결에 법리를 오해한 잘못이 있다고 한 사례

육군3사관학교 사관생도인 갑이 4회에 걸쳐 학교 밖에서 음주를 하여 '사관생도 행정예규' 제12조(이하 '금주조항'이라 한다)에서 정한 품위유지의무를 위반하였다는 이유로 육군3사관학교장이 교육운영위원회의 의결에 따라 갑에게 퇴학처분을 한 사안에서, 첫째 사관학교의 설치 목적과 교육 목표를 달성하기 위하여 사관학교는 사관생도에게 교내 음주 행위, 교육·훈련 및 공무 수행 중의 음주 행위, 사적 활동이라도 신분을 나타내는 생도 복장을 착용한 상태에서 음주하는 행위, 생도 복장을 착용하지 않은 상태에서 사적 활동을 하는

때에도 이로 인하여 사회적 물의를 일으킴으로써 품위를 손상한 경우 등에는 이러한 행위들을 금지하거나 제한할 필요가 있으나 여기에 그치지 않고 나아가 사관생도의 모든 사적 생활에서까지 예외 없이 금주의무를 이행할 것을 요구하는 것은 사관생도의 일반적 행동자유권은 물론 사생활의 비밀과 자유를 지나치게 제한하는 것이고, 둘째 예규 제12조에서 사관생도의 모든 사적 생활에서까지 예외 없이 금주의무를 이행할 것을 요구하면서 제61조에서 사관생도의 음주가 교육 및 훈련 중에 이루어졌는지 여부나 음주량, 음주 장소, 음주 행위에 이르게 된 경위 등을 묻지 않고 일률적으로 2회 위반 시 원칙으로 퇴학 조치하도록 정한 것은 사관학교가 금주제도를 시행하는 취지에 비추어 보더라도 사관생도의 기본권을 지나치게 침해하는 것이므로, 위 금주조항은 사관생도의 일반적 행동자유권, 사생활의 비밀과 자유 등 기본권을 과도하게 제한하는 것으로서 무효인데도 위 금주조항을 적용하여 내린 퇴학처분이 적법하다고 본 원심판결에 법리를 오해한 잘못이 있다고 한 사례

국립대학교 총장임용제청제외 사건

□ 대법원 2018. 6. 15. 선고 2016두57564 판결

[사실관계]

원고는 국립대학인 ○○대학교의 교수이다. ○○대학교는 '○○대학교 총장 임용후보자 선정에 관한 규정'에 따라 총장 임용후보자 선정관리위원회 구성, 총장후보자 공모, 정책토론회 등의 절차를 거쳐 총장 임용후보자 추천위원회 투표 결과 가장 많이 득표를 한 원고를 1순위 총장후보자로, 그 다음으로 많은 득표를 한 소외인을 2순위 총장후보자로 선정하였다. 이에 따라 ○○대학교는 2015. 8. 28. 피고에게 원고를 1순위 총장 임용후보자로, 소외인을 2순위 총장 임용후보자로 추천하였다. 피고(교육부장관)는 2015. 10. 17. 소외인을 ○○대학교의 총장으로 임용제청하였고, 대통령은 2015. 10. 21. 소외인을 ○○대학교의 총장으로 임용하였다.
이에 원고는 피고의 임용제청 제외처분에 대한 취소소송을 제기했다.

[판결요지]

[1] 대학의 장 임용에 관하여 교육부장관의 임용제청권을 인정한 취지 / 교육부장관이 대학에서 추천한 복수의 총장 후보자들 전부 또는 일부를 임용제청에서 제외하는 행위가 항고소송의 대상이 되는 처분에 해당하는지 여부(적극) / 교육부장관이 특정 후보자를 임용제청에서 제외하고 다른 후보자를 임용제청함으로써 대통령이 임용제청된 다른 후보자를 총장으로 임용한 경우, 임용제청에서 제외된 후보자가 행정소송으로 다툴 처분(=대통령의 임용 제외처분)

대학의 장 임용에 관하여 교육부장관의 임용제청권을 인정한 취지는 대학의 자율성과 대통령의 실질적인 임용권 행사를 조화시키기 위하여 대통령의 최종적인 임용권 행사에 앞서 대학의 추천을 받은 총장 후보자들의 적격성을 일차적으로 심사하여 대통령의 임용권 행사가 적정하게 이루어질 수 있도록 하기 위한 것이다.

대학의 추천을 받은 총장 후보자는 교육부장관으로부터 정당한 심사를 받을 것이라는 기대를 하게 된다. 만일 교육부장관이 자의적으로 대학에서 추천한 복수의 총장 후보자들 전부 또는 일부를 임용제청하지 않는다면 대통령으로부터 임용을 받을 기회를 박탈하는 효과가 있다. 이를 항고소송의 대상이 되는 처분으로 보지 않는다면, 침해된 권리 또는 법률상 이익을 구제받을 방법이 없다. 따라서 교육부장관이 대학에서 추천한 복수의 총장 후보자들 전부 또는 일부를 임용제청에서 제외하는 행위는 제외된 후보자들에 대한 불이익처분으로서 항고소송의 대상이 되는 처분에 해당한다고 보아야 한다. 다만 교육부장관이 특정 후보자를 임용제청에서 제외하고 다른 후보자를 임용제청함으로써 대통령이 임용제청된 다른 후보자를 총장으로 임용한 경우에는, 임용제청에서 제외된 후보자는 대통령이 자신에 대하여 총장 임용 제외처분을 한 것으로 보아 이를 다투어야 한다(대통령의 처분의 경우 소속 장관이 행정소송의 피고가 된다. 국가공무원법 제16조 제2항). 이러한 경우에는 교육부장관의 임용제청 제외처분을 별도로 다툴 소의 이익이 없어진다.

[2] 대학총장 임용에 관하여 임용권자에게 광범위한 재량이 주어져 있는지 여부(적극) 및 대학에서 추천한 후보자를 총장 임용제청이나 총장 임용에서 제외하는 결정이 대학의 장에 관한 자격을 정한 관련 법령 규정에 어긋나지 않고 사회통념에 비추어 불합리하다고 볼 수 없는 경우, 이를 위법하다고 판단할 수 있는지 여부(소극)

교육공무원법령은 대학이 대학의 장 후보자를 복수로 추천하도록 정하고 있을 뿐이고, 교육부장관이나 대통령이 대학이 정한 순위에 구속된다고 볼 만한 규정을 두고 있지 않다. 대학이 복수의 후보자에 대하여 순위를 정하여 추천한 경우 교육부장관이 후순위 후보자를 임용제청하더라도 단순히 그것만으로 헌법과 법률이 보장하는 대학의 자율성이 제한된다고 볼 수는 없다. 대학 총장 임용에 관해서는 임용권자에게 일반 국민에 대한 행정처분이나 공무원에 대한 징계처분에 비하여 광범위한 재량이 주어져 있다고 볼 수 있다. 따라서 대학에서 추천한 후보자를 총장 임용제청이나 총장 임용에서 제외하는 결정이 대학의 장에 관한 자격을 정한 관련 법령 규정에 어긋나지 않고 사회통념에 비추어 불합리하다고 볼 수 없다면 쉽사리 위법하다고 판단해서는 안 된다.

[3] 교육부장관이 부적격사유가 없는 후보자들 사이에서 어떤 후보자를 상대적으로 총장 임용에 더 적합하다고 판단하여 임용제청하는 경우, 임용제청 행위 자체로서 행정절차법상 이유제시의무를 다한 것인지 여부(적극) 및 여기에서 나아가 교육부장관에게 개별 심사항목이나 고려요소에 대한 평가 결과를 자세히 밝힐 의무가 있는지 여부(소극)

교육부장관이 어떤 후보자를 총장 임용에 부적격하다고 판단하여 배제하고 다른 후보자를 임용제청하는 경우라면 배제한 후보자에게 연구윤리 위반, 선거부정, 그 밖의 비위행위 등과 같은 부적격사유가 있다는 점을 구체적으로 제시할 의무가 있다. 그러나 부적격사유가 없는 후보자들 사이에서 어떤 후보자를 상대적으로 더욱 적합하다고 판단하여 임용제청하는 경우라면, 이는 후보자의 경력, 인격, 능력, 대학운영계획 등 여러 요소를 종합적으로 고려하여 총장 임용의 적격성을 정성적으로 평가하는 것으로 그 판단 결과를 수치화하거나 이유제시를 하기 어려울 수 있다. 이 경우에는 교육부장관이 어떤 후보자를 총장으로 임용제청하는 행위 자체에 그가 총장으로 더욱 적합하다는 정성적 평가 결과가 당연히 포함되어 있는 것으로, 이로써 행정절차법상 이유제시의무를 다한 것이라고 보아야 한다. 여기에서 나아가 교육부장관에게 개별 심사항목이나 고려요소에 대한 평가 결과를 더 자세히 밝힐 의무까지는 없다.

[4] 행정청의 전문적인 정성적 평가 결과는 특별한 사정이 없는 한 가급적 존중되어야 하는지 여부(적극) 및 재량권을 일탈·남용한 특별한 사정이 있다는 점에 관한 증명책임의 소재 / 이러한 법리가 총장 임용제청에서 제외된 후보자가 교육부장관의 임용제청 제외처분 또는 대통령의 임용 제외처분에 불복하여 제기한 소송에서도 마찬가지로 적용되는지 여부(적극) / 교육부장관이 총장 후보자에게 총장 임용 부적격사유가 있다고 밝히면서 임용제청에서 제외한 경우, 그 후보자가 처분이 위법하다고 하기 위해 주장·증명할 내용

행정청의 전문적인 정성적 평가 결과는 그 판단의 기초가 된 사실인정에 중대한 오류가 있거나 그 판단이 사회통념상 현저하게 타당성을 잃어 객관적으로 불합리하다는 등의 특별한 사정이 없는 한 법원이 그 당부를 심사하기에는 적절하지 않으므로 가급적 존중되어야 한다. 여기에 재량권을 일탈·남용한 특별한 사정이 있다는 점은 증명책임분배의 일반원칙에 따라 이를 주장하는 자가 증명하여야 한다.

이러한 법리는 임용제청에서 제외된 후보자가 교육부장관의 임용제청 제외처분 또는 대통령의 임용 제외처분에 불복하여 제기한 소송에서도 마찬가지이다. 교육부장관이 총장 후보자에게 총장 임용 부적격사유가 있다고 밝혔다면, 그 후보자는 그러한 판단에 사실오인 등의 잘못이 있음을 주장·증명함과 아울러, 임용제청되었거나 임용된 다른 후보자에게 총장 임용 부적격사유가 있다는 등의 특별한 사정까지 주장·증명하여야 한다. 이러한 주장·증명이 있을 때 비로소 그에 대한 임용제청 제외처분 또는 임용 제외처분이 위법하다고 볼 수 있다. 이러한 이유로 해당 처분을 취소하는 판결이 확정된 경우에는 교육부장관 또는 대통령에게 취소판결의 취지에 따라 두 후보자의 총장 임용 적격성을 다시 심사하여 임용제청 또는 임용을 할 의무가 발생한다.

5급19 甲은 국립 K대학교의 교수로 재직 중이다. K대학교는 「교육공무원법」 제24조 등 관계 법령 및 「K대학교 학칙」에 근거한 「K대학교 총장임용후보자 선정에 관한 규정」에 따라 총장임용후보자 선정관리위원회 구성, 총장임용후보자 공모, 정책토론회 등의 절차를 거쳐 총장임용추천위원회 투표 결과 가장 많은 득표를 한 甲을 1순위 총장임용후보자로, 그 다음으로 많은 득표를 한 乙을 2순위로 선정하였다. 이에 따라 K대학교는 교육부장관에게 총장임용후보자로 甲을 1순위, 乙을 2순위로 추천하였는데, 장관은 대통령에게 乙만을 총장임용후보자로 제청하였다. 甲은 1순위 임용후보자인 자신이 아닌 2순위 후보자인 乙을 총장으로 임용하는 것은 위법하다고 주장한다.

1) 임용제청을 받은 대통령은 乙을 총장으로 임용하려 한다. 대통령의 임용행위를 저지하기 위해 甲이 취할 수 있는 행정소송상의 수단을 검토하시오. **(15점)** - 교육부장관의 임용제청제외행위에 대한 취소소송 계속 중 대통령의 임용제청제외행위가 나온 경우 소의 이익 인정여부, 예방적 금지소송
2) 대통령은 교육부장관의 임용 제청에 따라 乙을 K대학교 총장으로 임용하였다. 대통령의 임용행위의 위법 여부를 검토하시오. (단, 절차적 하자는 제외함) **(20점)** - 재량의 일탈 남용
3) 대통령이 乙을 총장으로 임용한 것에 대하여 총장임용추천위원회 위원으로 학생위원을 추천한 총학생회가 취소소송을 제기한 경우, 총학생회의 원고적격 인정 여부를 검토하시오. **(15점)** - 민중소송의 원고적격과 항고소송의 원고적격

법전원 입학면접시간 변경신청거부 사건

□ 대법원 2024. 4. 4. 선고 2022두56661 판결

[사실관계]

원고는 C종교단체 신자이다. C종교단체는 금요일 일몰부터 토요일 일몰까지를 종교적 안식일로 여겨 직장·사업·학교 활동 및 시험 응시 등의 세속적 행위를 금지하고 있다.

피고(B대학교 총장)는 2020년 4월경 '2021학년도 법학전문대학원 전문석사 입학전형 기본계획'(이하 '이 사건 기본계획'이라 한다)을, 2020년 6월경 '2021학년도 B대학교 법학전문대학원 신입생 모집요강'(이하 '이 사건 모집요강'이라 한다)을 각 공고하였다. 위 각 공고에 따르면 2021학년도 B대학교 법학전문대학원(이하 'B대 법전원'이라 한다)의 입학생 선발은 서류전형으로 이루어진 1단계 평가를 거친 후 이에 합격한 학생들을 대상으로 면접평가와 논술평가를 실시하여 최종적으로 입학생을 선발하는 두 단계로 이루어진다. 면접평가는 토요일 오전반과 오후반으로 나누어 실시되고, 응시생들은 무작위로 각 면접반에 배정되는데, 면접 결시자는 불합격 처리하도록 되어 있다.

원고는 2021학년도 B대 법전원 전문석사 입학을 위한 입학원서를 제출하였는데, 면접일시가 토요일 일몰 전에 지정될 경우 안식일에 관한 원고의 종교적 신념을 지키면서 면접에 응시할 수 없었다. 이에 원고는 2020년 10월경 국가인권위원회에 대하여, 피고로 하여금 원고의 면접순서를 마지막으로 배치하는 등 원고의 종교적 양심을 제한하지 않을 수 있는 대체조치를 취할 것을 구하는 취지의 진정서를 제출하였다. 국가인권위원회는 2020. 10. 27. 피고에게 이에 관한 심의를 요청하였다. 그럼에도 피고는 2020. 11. 6. 원고에게 1단계 평가에 합격하였다고 통지하면서 원고의 면접고사 일정을 '2020. 11. 21. (토요일) 오전반'으로 지정하였다(이하 '이 사건 면접시간 지정행위'라 한다). 이에 원고는 2020. 11. 11. 피고에게 면접 일정을 토요일 오후 마지막 순번으로 변경하기를 희망한다는 취지의 이의신청서를 제출하였으나, 피고는 2020. 11. 20. 이를 거부하였다(이하 '이 사건 거부행위'라 한다).

원고는 2020. 11. 21. 실시된 2021학년도 B대 법전원 입학생 선발 면접평가(이하 '이 사건 면접'이라 한다)에 응시하지 않았고, 피고는 2020. 12. 10. 원고에 대하여 불합격 통지를 하였다(이하 '이 사건 불합격처분'이라 한다).

[판결요지]

[1] 국립대학교 법학전문대학원 입시 과정에서 제칠일안식일예수재림교 신자들이 종교적 신념을 이유로 불이익을 받게 되는 경우, 총장이 비례의 원칙에 따라 재림교 신자들이 받는 불이익을 해소하기 위한 적극적인 조치를 취할 의무가 있는지 여부(적극)

국립대학교 총장은 공권력을 행사하는 주체이자 기본권 수범자로서의 지위를 갖는다. 그 결과 사적 단체 또는 사인의 경우 차별처우가 사회공동체의 건전한 상식과 법감정에 비추어 볼 때 도저히 용인될 수 있는 한계를 벗어난 경우에 한해 사회질서에 위반되는 행위로서 위법한 행위로 평가되는 것과 달리, 국립대학교 총장은 헌법상 평등원칙의 직접적인 구속을 받고, 국민의 기본권을 보호 내지 실현할 책임과 의무를 부담하므로, 그 차별처우의 위법성이 보다 폭넓게 인정된다.

헌법 제11조 제1항은 "모든 국민은 법 앞에 평등하다. 누구든지 성별·종교 또는 사회적 신분에 의하여 정치적·경제적·사회적·문화적 생활의 모든 영역에 있어서 차별을 받지 아니한다."라고 규정하고 있는데, 여기서 말하는 평등은 형식적 의미의 평등이 아니라 실질적 의미의 평등을 의미한다. 한편 비례의 원칙은 법치국가 원리에서 당연히 파생되는 헌법상의 기본원리로서, 모든 국가작용에 적용된다.

위와 같은 법리에 비추어 볼 때, 국립대학교 법학전문대학원 입시 과정에서 제칠일안식일예수재림교(이하 '재림교'라 한다) 신자들이 종교적 신념을 이유로 결과적으로 불이익을 받게 되는 경우, 이를 해소하기 위한 조치가 공익이나 제3자의 이익을 다소 제한하더라도, 그 제한의 정도가 재림교 신자들이 받는 불이익에 비해 현저히 적다고 인정된다면, 헌법이 보장하는 실질적 평등을 실현할 의무와 책무를 부담하는 국립대학교 총장으로서는 재림교 신자들의 신청에 따라 그들이 받는 불이익을 해소하기 위한 적극적인 조치를 취할 의무가 있다.

[2] 국립대학교 법학전문대학원에 입학원서를 제출한 제칠일안식일예수재림교 신자 갑이 1단계 서류전형 평가 합격 통지와 함께 토요일 오전반으로 면접고사 일정이 지정되자, 토요일 일몰 전에 세속적 행위를 금지하는 안식일에 관한 종교적 신념을 지키기 위해 면접 일정을 토요일 오후 마지막 순번으로 변경해 달라는 취지의 이의신청서를 제출했으나, 총장이 이를 거부하고 면접평가에 응시하지 않은 갑에게 불합격 통지를 한 사안에서, 갑의 면접일시 변경을 거부함으로써 갑이 종교적 신념을 이유로 받게 된 중대한 불이익을 방치한 총장의 행위는 헌법상 평등원칙을 위반한 것으로 위법하고, 위법하게 지정된 면접일정에 응시하지 않았음을 이유로 한 불합격처분은 취소되어야 한다고 한 사례

국립대학교 법학전문대학원에 입학원서를 제출한 제칠일안식일예수재림교 신자 갑이 1단계 서류전형 평가 합격 통지와 함께 토요일 오전반으로 면접고사 일정이 지정되자, 토요일 일몰 전에 세속적 행위를 금지하는 안식일에 관한 종교적 신념을 지키기 위해 면접 일정을 토요일 오후 마지막 순번으로 변경해 달라는 취지의 이의신청서를 제출했으나, 총장이 이를 거부하고 면접평가에 응시하지 않은 갑에게 불합격 통지를 한 사안에서, 면접일시가 토요일 오전으로 정해진 갑이 지역 학생들에게 더 낮은 비용으로 법조인이 될 기회를 제공하고 있는 국립대학교 법학전문대학원에 입학하는 기회를 종교적 신념 때문에 박탈당하는 불이익이 결코 가볍다고 볼 수 없는 점, 지필시험의 경우 문제 유출을 방지하기 위해 모든 응시자들이 동시에 시험에 응시해야 할 공익적 요청이 높으므로 특정 응시자에게만 시험일정을 변경하기 어렵고, 특정 응시자의 종교적 신념을 보장하기 위해 다른 모든 응시자의 시험일정을 일괄적으로 변경할 경우 그로 인해 소요되는 비용과 혼란이 크지만, 면접평가의 경우 개별면접 방식으로 진행되므로 갑 개인의 면접시간만 토요일 일몰 후로 손쉽게 변경할 수 있고, 그 과정에서 다른 응시자들의 면접시간을 변경할 필요도 없는 점, 갑이 일몰 후에 면접을 실시할 수 있도록 늦은 순번으로 면접순번이 지정되더라도 다른 응시자들에 비해 면접평가 준비 시간을 더 많이 받는 등의 부당한 이익을 받는다고 보기도 어려운 점을 종합하면, 종교적 신념에 따라 갑이 입는 불이익을 해소하기 위해 면접시간을 변경하더라도 그로 인해 제한되는 공익이나 제3자의 이익은 갑이 받는 불이익에 비해 현저히 적음에도, 갑의 면접일시 변경을 거부함으로써 갑이 종교적 신념을 이유로 받게 된 중대한 불이익을 방치한 총장의 행위는 헌법상 평등원칙을 위반한 것으로 위법하고, 위법하게 지정된 면접일정에 응시하지 않았음을 이유로 한 불합격처분은 적법한 처분사유가 존재한다고 볼 수 없어 취소되어야 한다고 한 사례.

사립학교 부교수 승진임용거부 사건

□ 대법원 2023. 10. 26. 선고 2018두55272 판결

[사실관계]

대구경북과학기술원의 교원인사관리요령 제16조 제1항은 조교수 직급의 교원이 승진되지 않고 동일한 직급에 근무할 수 있는 연한을 5년으로 정하고 있고, 같은 조 제2항은 직급정년일까지 승진되지 않는 경우에는 임용기간 만료로 면직 처리한다고 규정하고 있다(이하 '이 사건 직급정년 규정'이라 한다). 참가인(대구경북과학기술원 총장)은 임용기간을 2011. 2. 1.부터 2013. 8. 31.까지로 정하여 원고를 대구경북과학기술원의 ○○공학 전공 조교수로 임용하였다. 원고는 2013. 9. 1. 임용기간을 1년으로 하여 조교수로 재임용된 후, 2014. 9. 1.에는 2015. 2. 28.까지로, 2015. 3. 1.에는 원고의 조교수 직급정년일이 속한 학기의 말인 2016. 2. 29.까지로 각각 재임용되었다.

원고는 2015. 5. 15.경 부교수 승진을 위한 심사를 신청하였으나 참가인은 교원인사위원회의 승진 심사를 거쳐 2015. 10. 1.경 원고의 부교수 승진 임용을 거부하기로 결정하였다. 참가인은 원고의 마지막 조교수 임용기간이 2016. 2. 29. 만료되자 별도의 재임용심사를 거치지 않고 원고를 면직 처리하였다. 이에 원고는 피고(교원소청심사위원회)에 소청심사를 청구하였고 피고는 이를 기각하는 결정을 하였다. 이에 원고는 교원소청심사위원회의 결정을 취소하는 소송을 행정법원에 제기하였다.

[판결요지]

[1] 사립대학 교원의 자격 심사기준으로서 교원이 갖추어야 할 능력과 자질 및 이는 재임용의 경우에도 마찬가지인지 여부(적극) / 임용기간이 만료된 대학교원을 재임용할 것인지는 임용권자의 재량행위에 속하는지 여부(적극) / 대학교원 기간임용제에 의해 임용되어 임용기간이 만료된 사립대학 교원은 재임용 여부에 관하여 합리적인 기준에 의한 공정한 심사를 요구할 권리를 가지는지 여부(적극) / 기간제로 임용된 대구경북과학기술원 교원에게도 사립대학 교원과 동일하게 위와 같은 재임용심사신청권을 인정해야 하는지 여부(적극)

사립대학의 교원은 관련 법령과 학교법인의 정관에서 교원의 자격 심사기준으로 삼고 있는 덕목인 학문연구, 학생교육, 학생지도, 교육관계 법령의 준수 및 기타 교원으로서의 품위유지에 관한 능력과 자질을 기본적으로 갖추고 있어야 하고, 이는 재임용의 경우에도 마찬가지이다. 대학교원의 임용기간이 만료되면 임용권자는 이러한 사정을 참작하여 재임용 여부를 심사할 필요성이 있으므로, 임용기간이 만료된 사람을 다시 임용할 것인지는 임용권자의 판단에 따른 재량행위에 속한다. 다만 대학교원 기간임용제에 의하여 임용되어 임용기간이 만료된 사립대학 교원으로서는 교원으로서의 능력과 자질에 관하여 합리적인 기준에 의한 공정한 심사를 받아 위 기준에 부합되면 특별한 사정이 없는 한 재임용되리라는 기대를 가지고 재임용 여부에 관하여 합리적인 기준에 의한 공정한 심사를 요구할 권리를 가진다.

대구경북과학기술원에 소속된 교원은 교육공무원이 아니므로 대구경북과학기술원과 소속 교원의 관계는 원칙적으로 사법상 계약에 의해 규율되는 관계로 보아야 하는 점, 헌법 제31조 제6항에서 정하고 있는 교원지위법정주의의 취지, 대구경북과학기술원법에 따라 설립된 대구경북과학기술원 교원의 지위, 역할 등

을 고려하면, 기간제로 임용된 대구경북과학기술원 교원에 대하여도 구 사립학교법 제53조의2 제4항 내지 제8항을 유추적용하여 사립대학 교원과 동일하게 재임용 여부에 관하여 합리적인 기준에 의한 공정한 심사를 요구할 권리를 인정하여야 한다.

[2] 직급정년에 관한 대구경북과학기술원의 교원인사관리요령 제16조 제1항이 대학교원에게 인정되는 재임용심사신청권을 침해하여 무효인지 여부(적극)

직급정년에 관한 대구경북과학기술원의 교원인사관리요령 제16조 제1항은 대학교원인 조교수가 동일 직급으로 근무할 수 있는 최대기간을 5년으로 설정해 두고 그 기간이 만료되기 전까지 상위 직급으로 승진하지 못한 채 임용기간이 만료되면 별도의 재임용심사 없이 당연퇴직하게 하는 내용으로서 이는 대학교원에게 인정되는 재임용심사신청권을 침해하므로 무효라고 보는 것이 타당하다.

[3] 사립학교의 교원이 교원소청심사위원회의 소청심사 기각결정에 불복하여 교원소청심사위원회를 피고로 하여 행정소송을 제기한 경우, 소청심사의 피청구인이었던 사립학교의 장이 피고보조참가인으로서 소송에 참여할 수 있는지 여부(적극)

구 교원지위향상을 위한 특별법 제10조 제1항에 따른 교원소청심사위원회의 소청심사 기각결정에 불복하려는 교원은 같은 조 제3항에 따라 행정소송을 제기할 수 있다. 국공립학교의 교원은 소청심사 결정의 고유한 위법을 주장하는 경우가 아닌 한 불리한 처분을 한 인사권자를 피고로 하여 행정소송을 제기해야 하므로 그 인사권자는 피고로서 소송에 참여한다. 사립학교의 교원은 교원소청심사위원회를 피고로 하여 행정소송을 제기해야 하는데, 사립학교의 장은 학교법인의 위임 등을 받아 교원에 대한 인사 관련 업무에 대해 독자적 기능을 수행하고 있고, 소청심사의 피청구인이었다면 피고보조참가인으로서 소송에 참여할 수 있다.

사립학교 교수 해임처분 사건

□ 대법원 2024. 2. 8. 선고 2022두50571 판결

[사실관계]

원고는 피고보조참가인(이하 '참가인'이라고 한다)이 운영하는 ○○대학교(이하 '이 사건 학교'라고 한다) △△대학 □□학과 교수로 근무하던 중 학내 연예인 부정입학 및 부정학위 수여 등의 비위행위를 이유로 2019. 2. 1. 이 사건 학교 총장으로부터 해임처분(이하 '이 사건 해임처분'이라고 한다)을 받았다. 원고는 이 사건 해임처분에 불복하여 2019. 3. 5. 피고(교원소청심사위원회)에게 소청심사를 청구하였다. 피고는 2019. 5. 22. 이 사건 해임처분이 위법하거나 부당하지 않다고 보아 원고의 소청심사청구를 기각하는 결정(이하 '이 사건 결정'이라고 한다)을 하였다. 원고는 2019. 10. 4. 이 사건 결정의 취소를 구하는 이 사건 소를 제기하였다.

한편 원고는 2019. 1. 17. 서울중앙지방법원에서 이 사건 해임처분의 징계사유와 관련한 업무방해죄로 징역 10개월 및 집행유예 2년의 유죄판결을 선고받아 2019. 4. 23. 그 판결이 확정되었다(이하 '관련 형사판결'이라고 한다).

[판결요지]

□ 사립학교 교원이 소청심사청구를 하여 해임처분의 효력을 다투던 중 형사판결확정 등 당연퇴직사유가 발생하여 교원의 지위를 회복할 수 없더라도 해임처분이 취소되거나 변경되면 해임처분일부터 당연퇴직사유 발생일까지 기간에 대한 보수 지급을 구할 수 있는 경우, 소청심사청구를 기각한 교원소청심사위원회 결정의 취소를 구할 법률상 이익이 있는지 여부(적극)

교원소청심사제도에 관한 '교원의 지위 향상 및 교육활동 보호를 위한 특별법'의 규정 내용과 목적 및 취지 등을 종합적으로 고려하면, 사립학교 교원이 소청심사청구를 하여 해임처분의 효력을 다투던 중 형사판결확정 등 당연퇴직사유가 발생하여 교원의 지위를 회복할 수 없더라도, 해임처분이 취소되거나 변경되면 해임처분일부터 당연퇴직사유 발생일까지의 기간에 대한 보수 지급을 구할 수 있는 경우에는 소청심사청구를 기각한 교원소청심사위원회 결정의 취소를 구할 법률상 이익이 있다. 그 이유는 다음과 같다.

1) 사립학교 교원은 해임처분의 효력이 없을 경우 해임처분일부터 당연퇴직사유의 발생으로 임용관계가 종료될 때까지 보수를 청구할 권리를 갖게 되므로, 해임처분이 무효인지 여부는 보수지급청구권의 존부와 직결된다. 사립학교 교원이 행정소송에서 소청심사청구 기각결정에 대한 취소판결을 받을 경우 그 취소판결의 기속력 등에 의하여 해임처분의 효력은 소멸될 수 있다. 따라서 사립학교 교원이 해임처분으로 교원이라는 지위 외에도 그 지위를 전제로 한 보수를 지급받을 권리 또는 이익에도 영향을 받을 경우에는 소청심사청구 기각결정의 취소를 구하는 행정소송을 유지할 법률상 이익이 있다고 보아야 한다.

2) 절차경제적 측면에서 보더라도, 사립학교 교원이 신속한 구제를 받기 위하여 행정적 구제절차인 교원소청심사제도를 이용하였는데 중간에 임용관계가 종료되었다는 이유로 그 청구인을 구제절차 및 쟁송절차에서 배제하여 그동안 당사자들이 한 주장과 증거제출, 교원소청심사위원회가 진행한 사실조사 및 심사, 법원의 심리 등을 모두 무위로 돌리는 것은 바람직하지 않다. 따라서 비록 원직복직이 불가능하더라도 사

립학교 교원이 해임기간 중의 보수를 지급받을 여지가 있다면, 분쟁의 신속하고 효율적인 해결을 위해서 소의 이익을 인정하는 것이 타당하다.

3) 해임기간 중의 보수 상당액을 지급받기 위하여 민사소송을 제기할 수 있다는 사정이 소의 이익을 부정할 이유가 되지는 않는다. 교원지위법은 민사소송을 통한 통상적인 권리구제방법에 따른 소송절차의 번잡성, 절차의 지연, 과다한 비용부담 등의 폐해를 지양하고 신속·간이하며 경제적인 권리구제를 도모하기 위하여 교원소청심사제도를 마련한 것으로 보인다. 따라서 사립학교 교원이 해임기간 중 받지 못한 보수를 지급받기 위하여 민사소송을 제기할 수 있음은 물론이지만, 그와 별개로 교원소청심사제도 및 행정소송을 통해 해임이 위법함을 확인받는 방법으로 보수 상당액의 손실을 사실상 회복할 수 있도록 할 필요가 있다.

4) 대법원은 국공립학교 교원(대법원 2009. 1. 30. 선고 2007두13487 판결, 대법원 2012. 2. 23. 선고 2011두5001 판결 등)이나 근로자(대법원 2020. 2. 20. 선고 2019두52386 전원합의체 판결)가 행정소송 계속 중에 원직복직이 불가능해진 경우에도 해임기간 또는 해고기간 중의 보수 내지 임금을 지급받을 이익을 법률상 이익으로 보아 소의 이익을 인정하고 있다. 사립학교 교원은 신분이 보장되는 교육공무원에 준하는 지위를 갖는다고 볼 수 있으므로, 그 형평이나 균형상 소의 이익을 판단할 때 국공립학교 교원 및 근로자의 경우와 유사하게 취급할 필요가 있다.

판례행정법 제5판

제7편
특별행정작용법

Verwaltungsrecht

제1장 | 경찰행정법

청원경찰관의 공무집행방해 사건

□ 대법원 1986. 1. 28. 선고 85도2448 판결

[사실관계]

경상남도 양산군 도시과 단속계 요원으로 근무하고 있는 청원경찰관인 공소외 김차성 및 이성주가 1984.12.29 경상남도 양산군 장안면에 있는 피고인의 집에서 피고인의 형 공소외 1이 허가없이 창고를 주택으로 개축하는 것을 단속한 것은 그들의 정당한 공무집행에 속한다고 할 것이므로 이를 폭력으로 방해한 피고인의 판시 소위를 공무집행방해죄에 해당한다고 주장하여 기소하였다.

[판결요지]

청원경찰법 제3조는 청원경찰은 청원주와 배치된 기관, 시설 또는 사업장등의 구역을 관할하는 경찰서장의 감독을 받아 그 경비구역 내에 한하여 경찰관직무집행법에 의한 직무를 행한다고 정하고 있고, 한편 경찰관직무집행법 제2조에 의하면 경찰관은 범죄의 예방, 진압 및 수사, 경비요인, 경호 및 대간첩작전 수행, 치안정보의 수집작성 및 배포, 교통의 단속과 위해의 방지, 기타 공공의 안녕과 질서유지등을 그 직무로 하고 있는 터이므로 경상남도 양산군 도시과 단속계 요원으로 근무하고 있는 청원경찰관인 공소외 김차성 및 이성주가 원심판시와 같이 1984. 12. 29 경상남도 양산군 장안면 임랑리 115에 있는 피고인의 집에서 피고인의 형 공소외 박무수가 허가없이 창고를 주택으로 개축하는 것을 단속한 것은 그들의 정당한 공무집행에 속한다고 할 것이므로 이를 폭력으로 방해한 피고인의 판시 소위를 공무집행방해죄로 다스린 원심조치는 정당하고 이에 소론과 같은 위법이 있다고 할 수 없다.

음주측정불응 사건

□ 대법원 1998. 3. 27. 선고 97누20755 판결

[사실관계]

원고는 1996. 8. 4. 11:00경 전북 장수군 번암면 사암리에 있는 방화동가족휴가촌 내 민박집 주차장에 승용차를 주차하여 둔 채 그 곳 잔디밭에 텐트를 치고 술을 마시다가 뒤에 주차되어 있던 다른 차량의 진로를 열어주기 위하여 자신의 승용차를 운전하여 그 바로 옆에 있는 다른 민박집의 마당으로 이동하던 중(이동거리 약 25m) 뒤따라오던 차량의 운전자와 시비가 벌어지자 2시간 가량 통로에 차량을 주차하여 후행차량의 통행을 방해하였다. 이에 출동한 경찰관이 같은 날 19:30경 인근 파출소로 동행하여 음주소란 및 교통방해의 혐의로 조사하다가 같은 날 20:55경, 21:15경, 21:20경의 3차례에 걸쳐 원고에 음주측정을 요구하였으나 이에 불응하였다. 이에 피고(전북지방경찰청장)는 이 사건 음주측정거부행위가 (구)도로교통법 제78조 제1항 제8호 소정의 음주측정불응에 해당됨을 전제로 한 이 사건 운전면허취소처분을 하였다.

이에 원고는 운전면허취소처분에 대한 취소를 구하는 소송을 제기하였다.

[참조조문]

도로교통법(일부개정 1997. 3. 7.)

제41조(주취중 운전금지) ② 경찰공무원은 교통안전과 위험방지를 위하여 필요하다고 인정하거나 제1항의 규정에 위반하여 술에 취한 상태에서 자동차등을 운전하였다고 인정할 만한 상당한 이유가 있는 때에는 운전자가 술에 취하였는지의 여부를 측정할 수 있으며, 운전자는 이러한 경찰공무원의 측정에 응하여야 한다.

제78조(면허의 취소·정지) ① 지방경찰청장은 운전면허(연습운전면허를 제외한다. 이하 이 조에서 같다)를 받은 사람이 다음 각호의 1에 해당하는 때에는 내무부령이 정하는 기준에 의하여 운전면허를 취소하거나 1년의 범위안에서 그 운전면허의 효력을 정지시킬 수 있다. 다만, 제1호·제3호·제6호 또는 제7호에 해당하는 때에는 그 운전면허를 취소하여야 한다.

    8. 제41조의 규정에 위반하여 술에 취한 상태에서 운전을 하거나 술에 취한 상태에 있다고 인정할만한 상당한 이유가 있음에도 불구하고 경찰공무원의 측정에 응하지 아니한 때

[판결요지]

[1] 구 도로교통법 제78조 제1항 제8호 소정의 "음주측정불응"이 성립하기 위한 요건

구 도로교통법(1997. 8. 30. 법률 제5405호로 개정되기 전의 것) 제78조 제1항 제8호 소정의 음주측정거부를 이유로 운전면허를 취소하려면, 같은 법 제41조 제2항의 규정에 위반하여 술에 취한 상태에 있다고 인정할 만한 상당한 이유가 있음에도 불구하고 경찰공무원의 측정에 불응하여야 하고, 한편 같은 법 제41조 제2항에서 규정하는 경찰공무원의 음주측정은 "교통안전과 위험방지를 위하여 필요하다고 인정하거나" 또는 "같은 법 제41조 제1항의 규정에 위반하여 술에 취한 상태에서 자동차를 운전하였다고 인정할 만한 상당한 이유가 있는 때"로 규정되어 있으므로, 경찰공무원은 교통안전과 위험방지의 필요성이 인정되지 아니한 경우에도 음주측정 요구 당시의 객관적 사정을 종합하여 볼 때 운전자가 술에 취한 상태에서 자동차 등을 운전하였다고 인정할 만한 상당한 이유가 있고 운전자의 주취운전 여부를 확인하기 위하여 필요한 경우에는 사후의 음주

측정에 의하여 주취운전 여부를 확인할 수 없음이 명백하지 않는 한 당해 운전자에 대하여 <u>음주측정을 여전히 요구할 수 있다.</u>

[2] 도로교통법 제2조 제1호 소정의 도로의 개념으로 정한 "일반교통에 사용되는 모든 곳"의 의미

구 도로교통법 제2조 제1호에서 도로의 개념으로 정한 "일반교통에 사용되는 모든 곳"이라 함은 현실적으로 불특정 다수의 사람 또는 차량의 통행을 위하여 공개된 장소로서 교통질서유지 등을 목적으로 하는 일반 교통경찰권이 미치는 공공성이 있는 곳을 의미하는 것이므로 <u>특정인들 또는 그들과 관련된 특정한 용건이 있는 자들만이 사용할 수 있고 자주적으로 관리되는 장소는 이에 포함된다고 볼 수 없다.</u>

[3] 민박집 앞에 사비로 개설한 교통로를 <u>도로교통법 제2조 제1호 소정의 도로에 해당한다고 본 사례</u>

민박집을 경영하는 개인이 사비를 들여 개설한 민박집 앞의 교통로가 현실적으로 불특정 다수의 사람 또는 차량의 통행을 위하여 공개된 장소로서 교통질서유지 등을 목적으로 하는 일반 교통경찰권이 미치는 공공성이 있는 구 도로교통법 제2조 제1호 소정의 도로에 해당한다고 본 사례.

[4] 운전직 지방공무원이 자신의 차량 뒤에 주차한 다른 차량의 진로를 열어주기 위하여 부득이 음주운전을 하게 되었고 그 운전 거리도 약 25m에 불과한 경우, 위 운전자의 음주측정거부를 이유로 한 운전면허취소처분이 재량권을 남용하였다고 본 원심판단을 수긍한 사례

기출문제

5급:일반행정08 자신의 차량을 이용하여 외판업을 하는 甲은 호프집 주인이 국도에 진입하기 위하여 사비를 들여서 개설한 사설도로 위에 자신의 차를 주차시켜 놓고 친구들과 함께 술을 마시고 있었다. 그러던 중 다른 손님의 차를 빼기 위하여 甲은 음주상태에서 위 사설도로상에서 약 10m 정도 운전을 하다가 때마침 순찰중인 교통경찰관이 음주측정을 요구하자 이를 거부하였다. 甲은 위 사설도로상에서 경찰관이 음주측정을 할 수 없고, 다른 손님의 차를 빼기 위하여 운전한 경우까지 음주측정을 요구한 것은 과도한 것이며, 더구나 경찰의 운전면허취소는 가족의 생계를 책임지고 있는 자신의 입장에서 너무 가혹하다고 주장한다.

1) 위 사안의 경우 경찰권의 한계에 대해서 설명하시오. **(15점)** - 경찰공공의 원칙, 경찰비례의 원칙
2) 甲 주장의 타당성을 검토하시오. **(15점)** - 경찰공공의 원칙 중 사주소불가침의 원칙 위반 여부, 경찰비례의 원칙 위반 여부

제2장 | 급부행정법

제주시 아라일동 시효취득 사건

□ 대법원 2009. 10. 15. 선고 2009다41533 판결

[사실관계]

원고 甲은 제주시 아라일동 (지번 5 생략) 대 1,646㎡의 전 소유자인 소외 1, 2, 3, 4의 점유를 승계하여, 또한 제주시 아라일동 (지번 6 생략) 임야 701㎡의 전 소유자인 소외 5의 점유를 승계하여 이 사건 (지번 4 생략) 계쟁 토지, 이 사건 (나) 부분 토지와 (사) 부분 토지를 각 20년 이상 점유하여 온 사실이 인정되고, 또한 원고가 소유의 의사로 평온·공연하게 점유하였음이 추정되는 이상, 특별한 사정이 없는 한 피고들은 원고에게 취득시효 완성을 원인으로 한 각 소유권이전등기절차를 이행할 의무가 있다고 주장하고 있다.

이에 대하여 피고 대한민국은 이 사건 (나), (사) 부분 토지는 행정재산인 도로에 해당되어 공물이므로 취득시효의 대상이 되지 아니한다고 항변하고 있다.

[판결요지]

국유재산법상의 행정재산이란 국가가 소유하는 재산으로서 직접 공용, 공공용, 또는 기업용으로 사용하거나 사용하기로 결정한 재산을 말하는 것이고(국유재산법 제4조 제2항 참조), 그 중 도로와 같은 인공적 공공용재산은 법령에 의하여 지정되거나 행정처분으로써 공공용으로 사용하기로 결정한 경우, 또는 행정재산으로 실제로 사용하는 경우의 어느 하나에 해당하여야 비로소 행정재산이 되는 것인데, 특히 도로는 도로로서의 형태를 갖추고, 도로법에 따른 노선의 지정 또는 인정의 공고 및 도로구역 결정·고시를 한 때 또는 도시계획법 또는 도시재개발법 소정의 절차를 거쳐 도로를 설치하였을 때에 공공용물로서 공용개시행위가 있다고 할 것이므로, 토지의 지목이 도로이고 국유재산대장에 등재되어 있다는 사정만으로 바로 그 토지가 도로로서 행정재산에 해당한다고 할 수는 없다.

[참고판례]

❶ 예정공물은 시효취득의 대상이 되지 않는다.

이 사건 토지에 관하여 도로구역의 결정, 고시 등의 공물지정행위는 있었지만 아직 도로의 형태를 갖추지 못하여 완전한 공공용물이 성립되었다고는 할 수 없으므로 일종의 예정공물이라고 볼 수 있는데, 국유재산법 제4조 제2항 및 같은법시행령 제2조 제1항, 제2항에 의하여 국가가 1년 이내에 사용하기로 결정한

재산도 행정재산으로 간주하고 있는 점, 도시계획법 제82조가 도시계획구역 안의 국유지로서 도로의 시설에 필요한 토지에 대하여는 도시계획으로 정하여진 목적 이외의 목적으로 매각 또는 양도할 수 없도록 규제하고 있는 점, 위 토지를 포함한 일단의 토지에 관하여 도로확장공사를 실시할 계획이 수립되어 아직 위 토지에까지 공사가 진행되지는 아니하였지만 도로확장공사가 진행중인 점 등에 비추어 보면 이와 같은 경우에는 예정공물인 토지도 일종의 행정재산인 공공용물에 준하여 취급하는 것이 타당하다고 할 것이므로 구 국유재산법 제5조 제2항이 준용되어 시효취득의 대상이 될 수 없다(대법원 1994. 5. 10. 선고 93다23442 판결).

❷ 국가 또는 지방자치단체가 도로부지를 소유하지 않아도 도로법의 적용을 받는 도로에 해당할 수 있다.

[1] 도로법 제5조는 도로를 구성하는 부지에 대하여는 사권을 행사할 수 없다고 규정하고 있고, 그 법조의 적용을 받는 도로는 적어도 도로법에 의한 노선인정과 도로구역결정 또는 이에 준하는 도시계획법 소정의 절차를 거친 도로를 말한다.
[2] 국가 또는 지방자치단체가 도로부지에 대하여 소유권을 취득하는 등 적법한 권원 없이 도로로 사용하고 있다고 하더라도, 이로 인하여 불법 점유로 인한 임료 상당의 손해배상의무가 성립하는 것은 별론으로 하고, 도로법 제5조의 적용을 배제할 것은 아니다(대법원 1999. 11. 26. 선고 99다40807 판결).

❸ 국유토지가 공원으로서 행정재산이 되기 위한 요건

국유재산법상의 행정재산이란 국가가 소유하는 재산으로서 직접 공용, 공공용, 또는 기업용으로 사용하거나 사용하기로 결정한 재산을 말한다. 그 중 도로, 공원과 같은 인공적 공공용 재산은 법령에 의하여 지정되거나 행정처분으로써 공공용으로 사용하기로 결정한 경우, 또는 행정재산으로 실제로 사용하는 경우의 어느 하나에 해당하면 행정재산이 되는 것인데, 1980. 1. 4. 법률 제3256호로 제정된 도시공원법이 시행되기 이전에 구 도시계획법상 공원으로 결정·고시된 국유토지라는 사정만으로는 행정처분으로써 공공용으로 사용하기로 결정한 것으로 보기는 부족하나, 서울특별시장이 구 공원법, 구 도시계획법에 따라 사업실시계획의 인가내용을 고시함으로써 공원시설의 종류, 위치 및 범위 등이 구체적으로 확정되거나 도시계획사업의 시행으로 도시공원이 실제로 설치된 토지라면 공공용물로서 행정재산에 해당한다(대법원 2014. 11. 27. 선고 2014두10769 판결).

❹ 지방자치단체가 부동산을 매수하여 공용개시하였으나 소유권이전등기를 하지 않은 경우, 이를 지방자치단체 소유의 공공용물로 볼 수 없다.

지방자치단체가 개인 소유의 부동산을 매수한 후 유지를 조성하여 공용개시를 하였다고 하더라도 법률의 규정에 의하여 등기를 거칠 필요 없이 부동산의 소유권을 취득하는 특별한 경우가 아닌 한 부동산에 대한 소유권이전등기를 거치기 전에는 소유권을 취득할 수 없는 것이므로 이를 지방자치단체 소유의 공공용물이라고 볼 수 없다(대법원 1992. 11. 24. 선고 92다26574 판결).

토지포락 사건

□ 대법원 2009. 12. 10. 선고 2006다87538 판결

[사실관계]

이 사건 토지는 1920년경 해면에 포락됨으로써 사권이 소멸되고 해면 아래의 지반이 되었다가 1973년 매립면허를 받은 소외 1이 제방을 축조함에 따라 매립면허 대상이었던 다른 매립지 부분과 유사한 형상을 가지게 되었다. 원고 甲은 1974. 10.말경부터 이 사건 변론 종결일까지 이 사건 토지 부분을 제방을 축조한 소외 1로부터 매수하여 점유하고 있다.

甲은 1973년경 위 제방 축조로 이 사건 각 토지가 사실상 자연공물로서의 성질을 상실하였고, 1974. 10. 25.자 준공인가의 취지에 위 제방 축조로 인하여 새로 생성된 답에 대하여 모두 공용폐지를 하는 취지가 포함되어 있는 것으로 보이며, 나아가 피고 대한민국이 위 준공인가 후 이 사건 각 토지가 자연공물임을 전제로 하는 어떠한 조치도 취하지 않았을 뿐만 아니라, 오히려 자연공물이 아님을 전제로 새로 형성된 지형을 기초로 작성된 지적도에 이 사건 각 토지의 지목을 답 혹은 잡종지로 기재하는 한편, 토지대장에도 지목을 답으로 변경하여 주기까지 하였다는 사정을 근거로 하여, 이 사건 각 토지는 1974. 10. 25. 묵시적으로 공용폐지되어 그때부터 잡종재산으로서 시효취득의 대상이 된다고 주장하며 피고 충청남도 및 대한민국에게 2002. 3. 3. 취득시효 완성을 원인으로 한 소유권이전등기절차의 이행을 구하고 있다.

[판결요지]

[1] 자연공물인 바다의 일부가 매립에 의해 토지로 변경된 경우 공용폐지가 가능한지 여부(적극) 및 그 의사표시를 묵시적으로 할 수 있는지 여부(적극)

공유수면으로서 자연공물인 바다의 일부가 매립에 의하여 토지로 변경된 경우에 다른 공물과 마찬가지로 공용폐지가 가능하다고 할 것이며, 이 경우 공용폐지의 의사표시는 명시적 의사표시뿐만 아니라 묵시적 의사표시도 무방하다.

[2] 공물의 공용폐지에 관하여 국가의 묵시적 의사표시가 있는지 여부의 판단 기준

공물의 공용폐지에 관하여 국가의 묵시적인 의사표시가 있다고 인정되려면 공물이 사실상 본래의 용도에 사용되고 있지 않다거나 행정주체가 점유를 상실하였다는 정도의 사정만으로는 부족하고, 주위의 사정을 종합하여 객관적으로 공용폐지 의사의 존재가 추단될 수 있어야 한다.

[3] 토지가 해면에 포락됨으로써 사권이 소멸하여 해면 아래의 지반이 되었다가 매립면허를 받은 자가 제방을 축조함에 따라 매립면허 대상이었던 다른 매립지 부분과 유사한 형상을 가지게 된 사안에서, 국가가 그 토지에 대하여 자연공물임을 전제로 한 아무런 조치를 취하지 않았다거나 토지대장상 지목을 답으로 변경하였다는 등의 사정만으로는 공용폐지에 관한 국가의 의사가 객관적으로 추단된다고 보기에 부족하다고 한 사례

[관련판례]

❶ 행정재산은 취득시효의 대상이 되지 않는다.

행정목적을 위하여 공용되는 행정재산은 공용폐지가 되지 않는 한 사법상 거래의 대상이 될 수 없으므로 취득시효의 대상도 될 수 없다(대법원 1983. 6. 14. 선고 83다카181 판결).

❷ 국유 하천부지가 사실상 대지화되어 그 본래의 용도에 공여되지 않은 상태에 놓인 것만으로 당연히 잡종재산(= 일반재산)이 되지 않는다.

국유 하천부지는 공공용 재산이므로 그 일부가 사실상 대지화되어 그 본래의 용도에 공여되지 않는 상태에 놓여 있더라도 국유재산법령에 의한 용도폐지를 하지 않은 이상 당연히 잡종재산으로 된다고는 할 수 없다(대법원 1997. 8. 22. 선고 96다10737 판결).

❸ 공유수면의 일부가 사실상 매립되어 대지화된 경우에도 법률상 공유수면으로서의 성질을 보유하고 있다.

공유수면은 소위 자연공물로서 그 자체가 직접 공공의 사용에 제공되는 것이므로 공유수면의 일부가 사실상 매립되어 대지화되었다 하더라도 국가가 공유수면으로서의 공용폐지를 하지 아니하는 이상 법률상으로는 여전히 공유수면으로서의 성질을 보유하고 있다(대법원 1995. 12. 5. 선고 95누10327 판결).

❹ 공용폐지의 의사표시 방법 및 그에 대한 입증책임 : 시효취득을 주장하는 자

공용폐지의 의사표시는 명시적 의사표시뿐만 아니라 묵시적 의사표시이어도 무방하나 적법한 의사표시이어야 하고, 행정재산이 본래의 용도에 제공되지 않는 상태에 놓여 있다는 사실만으로 관리청의 이에 대한 공용폐지의 의사표시가 있었다고 볼 수 없고, 원래의 행정재산이 공용폐지되어 취득시효의 대상이 된다는 입증책임은 시효취득을 주장하는 자에게 있다(대법원 1999. 1. 15. 선고 98다49548 판결).

❺ 공용물에 대한 묵시적 공용폐지를 인정한 사례

학교 교장이 학교 밖에 위치한 관사를 용도폐지한 후 재무부로 귀속시키라는 국가의 지시를 어기고 사친회 이사회의 의결을 거쳐 개인에게 매각한 경우, 이와 같이 교장이 국가의 지시대로 위 부동산을 용도폐지한 다음 비록 재무부에 귀속시키지 않고 바로 매각하였다고 하더라도 위 용도폐지 자체는 국가의 지시에 의한 것으로 유효하다고 아니할 수 없고, 그 후 오랫동안 국가가 위 매각절차상의 문제를 제기하지도 않고, 위 부동산이 관사 등 공공의 용도에 전혀 사용된 바가 없다면, 이로써 위 부동산은 적어도 묵시적으로 공용폐지 되어 시효취득의 대상이 되었다고 봄이 상당하다고 본 사례(대법원 1999. 7. 23. 선고 99다15924 판결).

❻ 공용물에 대한 묵시적 공용폐지를 부정한 사례

공용폐지의 의사표시는 묵시적인 방법으로도 가능하나 행정재산이 본래의 용도에 제공되지 않는 상태에 있다는 사정만으로는 묵시적인 공용폐지의 의사표시가 있다고 볼 수 없으며, 또한 공용폐지의 의사표시는 적법한 것이어야 하는바, 행정재산은 공용폐지가 되지 아니한 상태에서는 사법상 거래의 대상이 될 수 없으므로 관재당국이 착오로 행정재산을 다른 재산과 교환하였다 하여 그러한 사정만으로 적법한 공용폐지의 의사표시가 있다고 볼 수도 없다(대법원 1998. 11. 10. 선고 98다42974 판결).

5급:재경12 甲은 乙로부터 면적 300㎡인 토지에 건축면적 100㎡인 가옥과 담장을 1980. 12. 31일자로 매수하여 등기한 후 소유하고 있었다. 甲은 그 동안 해당 부동산에 대한 세금을 성실히 납부하였다. 그러나 토지가 소재하고 있는 지방자치단체 A시는 2012. 6. 1일자로 甲에게 도로를 침범하고 있는 담장을 철거하라는 통지서를 발부하였다. 철거통지서에는 甲이 점유하고 있는 토지의 30㎡는 A시 소유의 도로로 현재 甲은 이를 불법점유하고 있으므로 2012. 7. 31일까지 위 담장을 철거하라고 기재되어 있었다.

1) 甲은 아무런 하자 없이 乙로부터 토지와 가옥을 매수하여 소유권이전등기를 마쳐 평온히 소유하여 왔으나, 30여년이 지난 시점에서 A시는 토지의 일부가 A시 소유의 도로인 토지라고 주장하고 있다. 甲은 어떻게 항변할 수 있겠는가? **(15점)** - 공물에 대한 시효취득 여부(도로에 대한 공용폐지의 여부)

사시12 Y시 소재 20㎡토지(이하 '이 사건 토지'라 한다)는 일제강점기의 토지조사사업 당시 토지조사부나 토지대장에 등록되지 않은 채 미등록 상태로 있었다. 그런데 1912. 7. 11. 작성된 Y군(현재 Y시)의 지적원도에는 이 사건토지의 지목이 도로로 표시되어 있었다. 그러다가 관할 X행정청은 이 사건 토지에 관하여 1976. 12. 31. 처음으로 지번을 부여하고 토지대장을 작성하면서 토지대장에 지목을 도로로, 소유자를 국(國)으로 등록하였으며, 그 후 1995. 10. 20. 대한민국의 명의로 등기를 마쳤다. 한편 A는 이 사건 토지를 1950. 3. 1.부터 사찰부지의 일부로 사실상 점유하여 왔다.

1. A가 이 사건 토지를 사찰부지의 일부로 점유함에 따라 도로의 기능을 사실상 상실한 경우에 도로의 공용폐지를 인정할 수 있는가? **(10점)** - 도로의 공용폐지 인정여부

제2롯데월드 사건

□ 대법원 2019. 1. 17. 선고 2016두56721, 56738 판결

[사실관계]

롯데물산 주식회사(이하 '甲'이라 한다)는 서울 송파구 (주소 1 생략) 지상에 건축 중인 '제2롯데월드' 신축사업(이하 '이 사건 사업'이라 한다)의 사업시행자로서 위 토지 남측의 차량진출입로 등(이하 '이 사건 점용구간'이라 한다)에 관하여 서울특별시 송파구청장(이하 '乙'이라 한다)에게 도로점용허가를 신청하였고, 乙은 2014. 11. 6. 甲에 대하여 도로점용을 허가하였다(이하 '이 사건 점용허가'라 한다). 이에 따라 乙은 甲에 대하여, 2014. 11. 7. 2014년도 점용일인 79일을 기준으로 산정된 1,146,835,470원(부가가치세 포함)의 도로점용료를, 2015. 3. 13. 2015년도 점용일인 12개월을 기준으로 산정된 5,298,670,520원(부가가치세 포함)의 도로점용료를 각 부과하였다(이하 위 각 도로점용료 부과처분을 포괄하여 '이 사건 각 처분'이라 한다).

점용료 산출내역

○ 2014년도 도로점용료 1,146,835,470원 = 1,042,577,700원{33,800,000원[(주소 1 생략) 토지의 개별공시지가] × 7125.7㎡(점용면적) × 0.02(점용물별요율) × 79/365일, 100원 미만 버림} + 104,257,770(부가가치세)

○ 2015년도 도로점용료 5,298,670,520원 = 4,816,973,200원{33,800,000원[(주소 1 생략) 토지의 개별공시지가] × 7125.7㎡(점용면적) × 0.02(점용물별요율) × 12/12개월, 100원 미만 버림} + 481,697,320(부가가치세)

이에 대하여 甲은 "① 이 사건 점용구간은 주된 용도와 기능이 일반 시민의 교통편익을 위한 것이어서 甲이 도로법상 이 사건 점용구간을 특별사용하는 것으로 볼 수 없으므로 도로법상 점용료 부과의 대상에 해당하지 않는다. ② 이 사건 점용구간은 (주소 1 생략) 토지뿐만 아니라, 석촌호수공원 부지인 (주소 2 생략) 토지에도 맞닿아 있으므로, 乙은 위 각 토지의 개별공시지가의 산술평균가격을 기준으로 도로점용료를 산정하여야 함에도 불구하고 (주소 1 생략) 토지의 개별공시지가만을 기준으로 하여 甲에게 과도한 도로점용료를 부과하였으므로, 이 사건 각 처분은 위법하다."고 주장하면서 이 사건 각 처분에 대한 취소소송을 적법하게 제기하였다.

소송 계속 중 乙은 甲의 ②주장을 받아들여 2015. 9. 16. 甲에게 이 사건 점용허가의 점용면적을 7,101.7㎡로 감축(이 사건 돌출부분 24㎡ 제외)한다는 내용의 변경허가(이하 '이 사건 변경허가'라 한다)를 하고, 이에 따라 2014년도 점용료 중 3,862,650원, 2015년도 점용료 중 17,846,400원을 각 감면하여 반환한다는 내용을 2015. 9. 17. 甲에게 통보하였다. 이후 乙은 "① 이 사건 점용허가의 내용을 변경하는 이 사건 변경허가 및 이 사건 각 처분의 내용을 변경하는 이 사건 각 감액처분을 하였는데, 이는 모두 수익적 행정행위를 일부 취소하는 성격을 지닌 甲에게 불리한 처분이므로 이 사건 점용허가 및 이 사건 각 처분은 이 사건 변경허가 및 이 사건 각 감액처분에 흡수되어 이미 소멸하였다. 따라서 이 사건 소는 이미 소멸한 처분의 취소를 구하는 것으로서 부적법하다, ② 만약 이 사건 소가 여전히 적법하다 하더라도 이 사건 변경허가는 수익적 행정행위인 이 사건 점용허가의 범위를 축소하였다는 점에서 일부 직권취소의 성격을 갖는데, 직권취소의 대상이 수익적 행정행위인 경우에는 처분상대방에게 귀책사유가 있다는 등의 특별한 사정이 없는 한 그 효력은 장래를 향해서만 발생한다 할 것이므로 이 사건 변경허가는 이 사건 각 처분의 위법성 판단에 영향을 미칠 수 없다."고 주장하였다.

[판결요지]

[1] 구 도로법 제61조 제1항에 의한 도로점용허가의 법적 성질 / 도로관리청이 점용허가 여부 및 점용허가의 내용인 점용장소, 점용면적, 점용기간을 정할 수 있는 재량권을 갖는지 여부(적극)

구 도로법 제61조 제1항에 의한 도로점용허가는 일반사용과 별도로 도로의 특정 부분에 대하여 특별사용권을 설정하는 설권행위이다. 도로관리청은 신청인의 적격성, 점용목적, 특별사용의 필요성 및 공익상의 영향 등을 참작하여 점용허가 여부 및 점용허가의 내용인 점용장소, 점용면적, 점용기간을 정할 수 있는 재량권을 갖는다.

[2] 도로점용허가는 점용목적 달성에 필요한 한도로 제한되어야 하는지 여부(적극) / 도로관리청이 도로점용허가를 하면서 특별사용의 필요가 없는 부분을 점용장소 및 점용면적에 포함한 경우, 도로점용허가 중 위 부분은 위법한지 여부(적극) / 이 경우 도로관리청이 위와 같은 흠이 있다는 이유로 유효하게 성립한 도로점용허가 중 특별사용의 필요가 없는 부분을 직권취소할 수 있는지 여부(원칙적 적극) / 이때 행정청이 소급적 직권취소를 할 수 있는 경우 / 도로관리청이 도로점용허가 중 특별사용의 필요가 없는 부분을 소급적으로 직권취소한 경우, 이미 징수한 점용료 중 취소된 부분의 점용면적에 해당하는 점용료를 반환해야 하는지 여부(적극)

도로점용허가는 도로의 일부에 대한 특정사용을 허가하는 것으로서 도로의 일반사용을 저해할 가능성이 있으므로 그 범위는 점용목적 달성에 필요한 한도로 제한되어야 한다. 도로관리청이 도로점용허가를 하면서 특별사용의 필요가 없는 부분을 점용장소 및 점용면적에 포함하는 것은 그 재량권 행사의 기초가 되는 사실인정에 잘못이 있는 경우에 해당하므로 그 도로점용허가 중 특별사용의 필요가 없는 부분은 위법하다.

이러한 경우, 도로점용허가를 한 도로관리청은 위와 같은 흠이 있다는 이유로 유효하게 성립한 도로점용허가 중 특별사용의 필요가 없는 부분을 직권취소할 수 있음이 원칙이다. 다만 이 경우 행정청이 소급적 직권취소를 하려면 이를 취소하여야 할 공익상 필요와 그 취소로 당사자가 입을 기득권 및 신뢰보호와 법률생활 안정의 침해 등 불이익을 비교 교량한 후 공익상 필요가 당사자의 기득권 침해 등 불이익을 정당화할 수 있을 만큼 강한 경우여야 한다. 이에 따라 도로관리청이 도로점용허가 중 특별사용의 필요가 없는 부분을 소급적으로 직권취소하였다면, 도로관리청은 이미 징수한 점용료 중 취소된 부분의 점용면적에 해당하는 점용료를 반환하여야 한다.

[3] 도로점용료 부과처분에 취소사유에 해당하는 흠이 있는 경우, 점용료 부과처분에 대한 취소소송이 제기된 이후에 도로관리청이 당초 처분 자체를 취소하고 흠을 보완하여 새로운 부과처분을 하거나 흠 있는 부분에 해당하는 점용료를 감액하는 처분을 할 수 있는지 여부(원칙적 적극)

행정청은 행정소송이 계속되고 있는 때에도 직권으로 그 처분을 변경할 수 있고, 행정소송법 제22조 제1항은 이를 전제로 처분변경으로 인한 소의 변경에 관하여 규정하고 있다. 점용료 부과처분에 취소사유에 해당하는 흠이 있는 경우 도로관리청으로서는 당초 처분 자체를 취소하고 흠을 보완하여 새로운 부과처분을 하거나, 흠 있는 부분에 해당하는 점용료를 감액하는 처분을 할 수 있다. 한편 흠 있는 행정행위의 치유는 원칙적으로 허용되지 않을 뿐 아니라, 흠의 치유는 성립 당시에 적법한 요건을 갖추지 못한 흠 있는 행정행위를 그대로 존속시키면서 사후에 그 흠의 원인이 된 적법 요건을 보완하는 경우를 말한다. 그런데 앞서 본 바와 같은 흠 있는 부분에 해당하는 점용료를 감액하는 처분은 당초 처분 자체를 일부 취소하는 변경처분에 해당하고, 그 실질은 종래의 위법한 부분을 제거하는 것으로서 흠의 치유와는 차이가 있다.

그러므로 이러한 변경처분은 흠의 치유와는 성격을 달리하는 것으로서, 변경처분 자체가 신뢰보호 원칙에 반한다는 등의 특별한 사정이 없는 한 점용료 부과처분에 대한 취소소송이 제기된 이후에도 허용될 수 있다. 이에 따라 특별사용의 필요가 없는 부분을 도로점용허가의 점용장소 및 점용면적으로 포함한 흠이 있고 그로 인하여 점용료 부과처분에도 흠이 있게 된 경우, 도로관리청으로서는 도로점용허가 중 특별사용의 필요가 없는 부분을 직권취소하면서 특별사용의 필요가 없는 점용장소 및 점용면적을 제외한 상태로 점용료를 재산정한 후 당초 처분을 취소하고 재산정한 점용료를 새롭게 부과하거나, 당초 처분을 취소하지 않고 당초 처분으로 부과된 점용료와 재산정된 점용료의 차액을 감액할 수도 있다.

[4] 구 도로법 시행령 제69조 제1항 [별표 3] 비고 제2항의 '도로점용 부분과 닿아 있는 토지'에서 인근 토지가 도로점용 부분과 닿아 있는지 판단하는 기준

구 도로법 시행령 제69조 제1항 [별표 3] 비고 제2항은 점용료 산정의 기준이 되는 토지가격은 도로점용 부분과 닿아 있는 토지의 개별공시지가로 하되, 도로점용 부분과 닿아 있는 토지가 2필지 이상인 경우에는 각 필지 가격의 산술평균가격으로 하도록 규정하고 있다. 여기서 인근 토지가 도로점용 부분과 닿아 있는지는 인근 토지와 도로점용 부분이 물리적으로 닿아 있는지를 기준으로 판단하여야 한다.

[5] 도로점용허가를 받은 자가 구 도로법 제68조의 감면사유에 해당하는 경우, 도로관리청이 감면 여부에 관한 재량을 갖는지 여부(적극) 및 도로관리청이 감면사유로 규정된 것 이외의 사유를 들어 점용료를 감면할 수 있는지 여부(원칙적 소극)

구 도로법 제68조는 "도로관리청은 도로점용허가의 목적이 다음 각호의 어느 하나에 해당하면 대통령령으로 정하는 바에 따라 점용료를 감면할 수 있다."라고 규정하고 있다. 그 위임에 따른 구 도로법 시행령 제73조 제3항은 구 도로법 제68조에 열거된 감면 사유에 따른 감면비율을 규정하고 있다.

이러한 규정들의 문언, 내용 및 체계 등에 비추어 보면, 도로점용허가를 받은 자가 구 도로법 제68조의 감면사유에 해당하는 경우 도로관리청은 감면 여부에 관한 재량을 갖지만, 도로관리청이 감면사유로 규정된 것 이외의 사유를 들어 점용료를 감면하는 것은 원칙적으로 허용되지 않는다.

[참고판례]

❶ 공물의 일반사용권자가 도로의 용도폐지를 다툴 법률상 이익이 있는지 여부

일반적으로 도로는 국가나 지방자치단체가 직접 공중의 통행에 제공하는 것으로서 일반국민은 이를 자유로이 이용할 수 있는 것이기는 하나, 그렇다고 하여 그 이용관계로부터 당연히 그 도로에 관하여 특정한 권리나 법령에 의하여 보호되는 이익이 개인에게 부여되는 것이라고까지는 말할 수 없으므로, 일반적인 시민생활에 있어 도로를 이용만 하는 사람은 그 용도폐지를 다툴 법률상의 이익이 있다고 말할 수 없지만, 공공용재산이라고 하여도 당해 공공용재산의 성질상 특정개인의 생활에 개별성이 강한 직접적이고 구체적인 이익을 부여하고 있어서 그에게 그로 인한 이익을 가지게 하는 것이 법률적인 관점으로도 이유가 있다고 인정되는 특별한 사정이 있는 경우에는 그와 같은 이익은 법률상 보호되어야 할 것이고, 따라서 도로의 용도폐지처분에 관하여 이러한 직접적인 이해관계를 가지는 사람이 그와 같은 이익을 현실적으로 침해당한 경우에는 그 취소를 구할 법률상의 이익이 있다(대법원 1992. 9. 22. 선고 91누13212 판결).

❷ 공물의 인접주민이 공물에 대한 고양된 일반사용권을 가지는지 여부의 판단 방법

공물의 인접주민은 다른 일반인보다 인접공물의 일반사용에 있어 특별한 이해관계를 가지는 경우가 있고, 그러한 의미에서 다른 사람에게 인정되지 아니하는 이른바 고양된 일반사용권이 보장될 수 있으며, 이러한 고양된 일반사용권이 침해된 경우 다른 개인과의 관계에서 민법상으로도 보호될 수 있으나, 그 권리도 공물의 일반사용의 범위 안에서 인정되는 것이므로, 특정인에게 어느 범위에서 이른바 고양된 일반사용권으로서의 권리가 인정될 수 있는지의 여부는 당해 공물의 목적과 효용, 일반사용관계, 고양된 일반사용권

을 주장하는 사람의 법률상의 지위와 당해 공물의 사용관계의 인접성, 특수성 등을 종합적으로 고려하여 판단하여야 한다. 따라서 구체적으로 공물을 사용하지 않고 있는 이상 그 공물의 인접주민이라는 사정만으로는 공물에 대한 고양된 일반사용권이 인정될 수 없다(대법원 2006. 12. 22. 선고 2004다68311 판결).

❸ 도로의 특별사용

도로법 제40조에 규정된 도로의 점용이라 함은 일반공중의 교통에 공용되는 도로에 대하여 이러한 일반사용과는 별도로 도로의 지표뿐만 아니라 그 지하나 지상 공간의 특정 부분을 유형적, 고정적으로 특정한 목적을 위하여 사용하는 이른바 특별사용을 뜻하는 것이므로, 허가없이 도로를 점용하는 행위의 내용이 위와 같은 특별사용에 해당할 경우에 한하여 도로법 제80조의2의 규정에 따라 도로점용료 상당의 부당이득금을 징수할 수 있다(대법원 1998. 9. 22. 선고 96누7342 판결).

❹ 도로의 특별사용과 일반사용의 병존가능성

도로법 제40조, 제43조, 제80조의2에 규정된 도로의 점용이라 함은, 일반공중의 교통에 공용되는 도로에 대하여 이러한 일반사용과는 별도로 도로의 특정부분을 유형적, 고정적으로 사용하는 이른바 특별사용을 뜻하는 것이고, 그와 같은 도로의 특별사용은 반드시 독점적, 배타적인 것이 아니라 그 사용목적에 따라서는 도로의 일반사용과 병존이 가능한 경우도 있고, 이러한 경우에는 도로점용부분이 동시에 일반공중의 교통에 공용되고 있다고 하여 도로점용이 아니라고 말할 수 없는 것이며, 한편 당해 도로의 점용을 위와 같은 특별사용으로 볼 것인지 아니면 일반사용으로 볼 것인지는 그 도로점용의 주된 용도와 기능이 무엇인지에 따라 가려져야 한다(대법원 1995. 2. 14. 선고 94누5830 판결).

❺ 행정재산의 목적외 사용의 법적 성질

국유재산 등의 관리청이 하는 행정재산의 사용·수익에 대한 허가는 순전히 사경제주체로서 행하는 사법상의 행위가 아니라 관리청이 공권력을 가진 우월적 지위에서 행하는 행정처분으로서 특정인에게 행정재산을 사용할 수 있는 권리를 설정하여 주는 강학상 특허에 해당한다(대법원 2006. 3. 9. 선고 2004다31074 판결).

❻ 하천점용허가권은 공물의 특별사용으로서 채권적 효력만 인정된다.

하천의 점용허가권은 특허에 의한 공물사용권의 일종으로서 하천의 관리주체에 대하여 일정한 특별사용을 청구할 수 있는 채권에 지나지 아니하고 대세적 효력이 있는 물권이라 할 수 없다(대법원 1990. 2. 13. 선고 89다카23022 판결).

사시12 Y시 소재 20㎡ 토지(이하 '이 사건 토지'라 한다)는 일제강점기의 토지조사사업 당시 토지조사부나 토지대장에 등록되지 않은 채 미등록 상태로 있었다. 그런데 1912. 7. 11. 작성된 Y군(현재 Y시)의 지적원도에는 이 사건토지의 지목이 도로로 표시되어 있었다. 그러다가 관할 X행정청은 이 사건 토지에 관하여 1976. 12. 31. 처음으로 지번을 부여하고 토지대장을 작성하면서 토지대장에 지목을 도로로, 소유자를 국(國)으로 등록하였으며, 그 후 1995. 10. 20. 대한민국의 명의로 등기를 마쳤다. 한편 A는 이 사건 토지를 1950. 3. 1.부터 사찰부지의 일부로 사실상 점유하여 왔다.

2. A가 이 사건 토지의 점용허가를 받고 사찰부지의 일부로 사용한 경우에 일반인들도 당해 사찰부지의 일부를 통행할 수 있는가? **(10점)** - 공물의 일반사용과 특별사용의 병존

사시08 주유소를 경영하는 甲은 도로에서 자신의 주유소로 들어가는 진입로를 확보하기 위하여 도로관리청인 A시의 시장 乙에게 도로점용허가를 신청하였으나 반려되자 이 진입로에 해당하는 도로를 무단으로 사용하였다. 도로점용허가의 법적 성질을 설명하시오. **(10점)** - 공물의 특별사용, 강학상 특허, 재량행위

사시07 甲은 A시 청사의 지하층 일부에 대한 사용허가를 받아 식당을 운영하고 있다. A시의 시장은 청사의 사용허가에 관한 권한을 B국장에게 내부적으로 위임(위임전결)하였고, 이에 따라 B국장은 자신의 명의로 甲에 대한 청사의 사용허가를 취소하였다. 甲은 이러한 사용허가의 취소가 위법하다고 생각하여 이를 다투려고 한다. 甲은 어떠한 소송유형을 선택하여 이를 다툴 수 있는가? **(20점)** - 행정재산의 목적외 사용, 내부위임

5급20 甲은 A시가 주민들의 복리를 위하여 설치한 시립체육문화회관 내 2층에서 종합스포츠용품판매점을 운영하고자 「공유재산 및 물품 관리법」 제20조제1항에 따라 사용허가를 신청하였다. 이에 A시의 乙시장은 甲에게 사용허가를 하면서, 스포츠용품 구매고객의 증가로 인해 회관 내 주차공간이 부족해질 것을 우려하여 회관 인근에 소재한 甲의 소유 토지 중 일부에 주차대수 규모가 5대인 주차장의 설치를 내용으로 하는 조건을 붙였다. 乙시장이 甲에게 발급한 시립체육문화회관 사용허가의 법적 성질을 검토하시오. **(10점)** - 행정재산의 목적외 사용

5급:재경11 (중략)

3) 인근 주민 甲은 평소 시민체육공원의 배트민턴장을 정기적으로 이용하다가 A시의 자연환경개선계획으로 인해 이 시설을 더 이상 이용하지 못할 위험에 처했다. 이에 甲은 A시의 자연환경개선계획에 대해서 행정소송을 제기하려고 한다. 甲의 시민체육공원 시설이용의 법적 성질에 대해 검토하시오. **(10점)** - 공물의 일반사용

변시21 甲은 2010. 6. 실시된 지방선거에서부터 2018. 6. 실시된 지방선거에서까지 세 차례 연속하여 A시의 시장으로 당선되어 2022. 6.까지 12년간 연임하게 되었다. 한편, 甲의 후원회 회장은 자신이 운영하는 주유소 확장 공사를 위하여 보도의 상당 부분을 점하는 도로점용허가를 신청하였고, 甲은 이를 허가하였다. A시의 주민 丙은 甲이 도로 본래의 기능과 목적을 침해하는 과도한 범위의 도로점용을 허가하였다고 주장하며, 이 도로점용허가(이하 '이 사건 허가'라 한다)에 대하여 다투고자 한다.

3. 丙은 이 사건 허가에 대하여 취소소송을 제기하고자 한다. 丙의 원고적격을 검토하시오. **(15점)** - 공물의 일반사용과 취소소송의 원고적격

한국자산관리공사의 변상금부과 사건

□ 대법원 2014. 7. 16. 선고 2011다76402 전원합의체 판결

[사실관계]

피고는 무단으로 대한민국 소유의 서울 구로구(주소 생략) 대 116㎡(이하 '이 사건 토지'라 한다)를 2005. 7. 1.부터 2008. 12. 31.까지 점유하였다. 한편, 원고(한국자산관리공사)는 금융기관부실자산 등의 효율적 처리 및 한국자산관리공사의 설립에 관한 법률 제26조 제1항 제8호 및 국유재산법 제42조 제1항, 같은 법 시행령 제38조 제3항에 의하여 대한민국으로부터 이 사건 토지의 관리·처분 및 채권의 보전·추심의 권한을 위임받았다.

이에 원고는 2010. 4.경 피고에게 이 사건 토지를 무단점유하였음을 이유로 국유재산법 제51조 및 같은 법 시행령 56조에 의하여 변상금을 부과하였고, 별도로 민사상 부당이득반환청구의 소를 제기하였다. 이에 대하여 피고는 이 사건의 토지에 대해 점유취득시효가 완성되었다고 항변하고 있다.

[판결요지]

□ 국유재산의 무단점유자에 대하여 구 국유재산법 제51조 제1항, 제4항, 제5항에 의한 변상금 부과·징수권의 행사와 별도로 민사상 부당이득반환청구의 소를 제기할 수 있는지 여부(적극)

[다수의견] 국유재산의 무단점유자에 대한 변상금 부과는 공권력을 가진 우월적 지위에서 행하는 행정처분이고, 그 부과처분에 의한 변상금 징수권은 공법상의 권리인 반면, 민사상 부당이득반환청구권은 국유재산의 소유자로서 가지는 사법상의 채권이다. 또한 변상금은 부당이득 산정의 기초가 되는 대부료나 사용료의 120%에 상당하는 금액으로서 부당이득금과 액수가 다르고, 이와 같이 할증된 금액의 변상금을 부과·징수하는 목적은 국유재산의 사용·수익으로 인한 이익의 환수를 넘어 국유재산의 효율적인 보존·관리라는 공익을 실현하는 데 있다. 그리고 대부 또는 사용·수익허가 없이 국유재산을 점유하거나 사용·수익하였지만 변상금 부과처분은 할 수 없는 때에도 민사상 부당이득반환청구권은 성립하는 경우가 있으므로, 변상금 부과·징수의 요건과 민사상 부당이득반환청구권의 성립 요건이 일치하는 것도 아니다.

이처럼 구 국유재산법 제51조 제1항, 제4항, 제5항에 의한 변상금 부과·징수권은 민사상 부당이득반환청구권과 법적 성질을 달리하므로, 국가는 무단점유자를 상대로 변상금 부과·징수권의 행사와 별도로 국유재산의 소유자로서 민사상 부당이득반환청구의 소를 제기할 수 있다. 그리고 이러한 법리는 구 국유재산법 제32조 제3항, 구 국유재산법 시행령 제33조 제2항에 의하여 국유재산 중 잡종재산(현행 국유재산법상의 일반재산에 해당한다)의 관리·처분에 관한 사무를 위탁받은 원고(한국자산관리공사)의 경우에도 마찬가지로 적용된다. 따라서 원고는 무단점유자를 상대로 변상금 부과·징수권의 행사와 별도로 민사상 부당이득반환청구의 소를 제기할 수 있다.

[관련판례]

❶ 한국자산관리공사가 국유재산의 무단점유자에 대하여 변상금 부과·징수권을 행사한 경우 민사상 부당이득반환청구권의 소멸시효가 중단되지 않는다.

국유재산법 제72조 제1항, 제73조 제2항에 의한 변상금 부과·징수권이 민사상 부당이득반환청구권과 법적 성질을 달리하는 별개의 권리인 이상 한국자산관리공사가 변상금 부과·징수권을 행사하였다 하더라도 이로써 민사상 부당이득반환청구권의 소멸시효가 중단된다고 할 수 없다(대법원 2014. 9. 4. 선고 2013다3576 판결).

❷ 민사상 부당이득반환청구권이 만족을 얻어 소멸하면 그 범위 내에서 변상금 부과·징수권도 소멸한다.

구 국유재산법 제51조 제1항, 제4항, 제5항(현행 국유재산법 제72조 제1항, 제73조에 해당한다)에 의한 변상금 부과·징수권과 민사상 부당이득반환청구권은 동일한 금액 범위 내에서 경합하여 병존하게 되고, 민사상 부당이득반환청구권이 만족을 얻어 소멸하면 그 범위 내에서 변상금 부과·징수권도 소멸하는 관계에 있다(대법원 2014. 9. 4. 선고 2012두5688 판결).

[비교판례]

☐ 도로의 관리청은 도로부지에 대한 소유권을 취득하였는지 여부와는 관계없이 도로를 무단점용하는 자에 대하여 변상금을 부과할 수 있다.

도로법의 제반 규정에 비추어 보면, 같은 법 제80조의2의 규정에 의한 변상금 부과권한은 적정한 도로관리를 위하여 도로의 관리청에게 부여된 권한이라 할 것이지 도로부지의 소유권에 기한 권한이라고 할 수 없으므로, 도로의 관리청은 도로부지에 대한 소유권을 취득하였는지 여부와는 관계없이 도로를 무단점용하는 자에 대하여 변상금을 부과할 수 있다(대법원 2005. 11. 25. 선고 2003두7194 판결).

기출문제

사시08 주유소를 경영하는 甲은 도로에서 자신의 주유소로 들어가는 진입로를 확보하기 위하여 도로관리청인 A시의 시장 乙에게 도로점용허가를 신청하였으나 반려되자 이 진입로에 해당하는 도로를 무단으로 사용하였다.

2. 위 사례에서 A시가 도로부지의 소유권자가 아닌 경우, 乙이 甲에게 도로법상의 변상금을 부과할 수 있는지의 여부를 설명하시오. **(10점)** - 공물관리권의 법적 성격

[참고판례]

❶ 변상금 부과권과 연체료 부과권의 소멸시효기간 및 변상금 연체료 부과처분의 법적 성질

[1] 구 국유재산법상 변상금 부과권과 연체료 부과권의 소멸시효기간(=5년) 및 연체료 부과권의 소멸시효 기산점

구 국유재산법에서는 변상금 및 연체료의 부과권과 징수권을 구별하여 제척기간이나 소멸시효의 적용 대상으로 규정하고 있지 않으므로, 변상금 부과권 및 연체료 부과권도 모두 국가재정법 제96조 제1항에 따라 5년의 소멸시효가 적용된다. 그리고 구 국유재산법 제51조 제2항, 구 국유재산법 시행령 제56조 제5항, 제44조 제3항의 규정에 의하면, 변상금 납부의무자가 변상금을 기한 내에 납부하지 아니하는 때에는

국유재산의 관리청은 변상금 납부기한을 경과한 날부터 60월을 초과하지 않는 범위 내에서 연체료를 부과할 수 있고, 연체료 부과권은 변상금 납부기한을 경과한 날부터 60월이 될 때까지 날짜의 경과에 따라 그때그때 발생하는 것이므로, 소멸시효도 각 발생일부터 순차로 5년이 경과하여야 완성된다.

[2] 구 국유재산법 제51조 제2항에 따른 변상금 연체료 부과처분의 법적 성질(=기속행위)

구 국유재산법 제51조 제2항은 '변상금을 기한 내에 납부하지 아니하는 때에는 대통령령이 정하는 바에 따라 연체료를 징수할 수 있다'고 규정하고 있으나, 구 국유재산법 시행령 제56조 제5항에 의하여 준용되는 구 국유재산법 시행령 제44조 제3항은 '변상금을 납부기한 내에 납부하지 아니한 경우에는 소정의 연체료를 붙여 납부를 고지하여야 한다'고 규정하고 있고, 변상금 연체료 부과처분은 국유재산의 적정한 보호와 효율적인 관리·처분을 목적으로 하는 행정행위로서 국유재산 관리의 엄정성이 확보될 필요가 있으며, 변상금 납부의무를 지체한 데 따른 제재적 성격을 띠고 있는 침익적 행정행위이고, 연체료는 변상금의 납부기한이 경과하면 당연히 발생하는 것이어서 부과 여부를 임의로 결정할 수는 없으며, 구 국유재산법 시행령 제56조 제5항, 제44조 제3항은 연체료 산정기준이 되는 연체료율을 연체기간별로 특정하고 있어서 처분청에 연체료 산정에 대한 재량의 여지가 없다고 보이므로, 변상금 연체료 부과처분은 처분청의 재량을 허용하지 않는 기속행위이다(대법원 2014. 4. 10. 선고 2012두16787 판결).

❷ 변상금부과처분이 당연무효인 경우, 납부자가 납부하거나 징수당한 오납금은 부당이득에 해당한다.

지방재정법 제87조 제1항에 의한 변상금부과처분이 당연무효인 경우에 이 변상금부과처분에 의하여 납부자가 납부하거나 징수당한 오납금은 지방자치단체가 법률상 원인 없이 취득한 부당이득에 해당하고, 이러한 오납금에 대한 납부자의 부당이득반환청구권은 처음부터 법률상 원인이 없이 납부 또는 징수된 것이므로 납부 또는 징수시에 발생하여 확정되며, 그 때부터 소멸시효가 진행한다(대법원 2005. 1. 27. 선고 2004다50143 판결).

❸ 공유수면에 대한 적법한 사용인지 무단 사용인지의 여부에 관한 판단을 그르쳐 변상금 부과처분을 할 것을 사용료 부과처분을 하거나 반대로 사용료 부과처분을 할 것을 변상금 부과처분을 한 경우, 그 부과처분의 하자가 중대한 하자인지 여부(소극)

공유수면 점·사용 허가 등을 받아 적법하게 사용하는 경우에는 사용료 부과처분을, 허가를 받지 않고 무단으로 사용하는 경우에는 변상금 부과처분을 하는 것이 적법하다. 그러나 적법한 사용이든 무단 사용이든 그 공유수면 점·사용으로 인한 대가를 부과할 수 있다는 점은 공통된 것이고, 적법한 사용인지 무단 사용인지의 여부에 관한 판단은 사용관계에 관한 사실 인정과 법적 판단을 수반하는 것으로 반드시 명료하다고 할 수 없으므로, 그러한 판단을 그르쳐 변상금 부과처분을 할 것을 사용료 부과처분을 하거나 반대로 사용료 부과처분을 할 것을 변상금 부과처분을 하였다고 하여 그와 같은 부과처분의 하자를 중대한 하자라고 할 수는 없다(대법원 2013. 4. 26. 선고 2012두20663 판결).

서울광장 1인시위 무단점유 사건

□ 대법원 2019. 9. 9. 선고 2018두48298 판결

[사실관계]

원고는 2015. 7. 9.부터 주간에는 서울광장의 광장동편에 대형 천막이 설치된 자전거를 세워놓고 1인 시위를 하였고(이하 '이 사건 시위'라 한다), 야간에는 서울특별시청사 부지에 위 자전거를 옮기고 그 옆에 텐트를 설치한 후 그곳에서 취침을 하였다(이하 이 사건 시위와 청사 부지에서의 취침을 합쳐 '이 사건 원고의 행위'라 한다).

이 사건 시위에는 자전거 1대, 대형의자 2개, 소형의자 1개, 라바콘 1개, 아이스박스 3개, 천막 1개, 대형 스피커 등(이하 '이 사건 시위용품'이라 한다)이 사용되었는데, 원고가 이 사건 시위를 하는 동안 이 사건 시위용품이 차지한 공간의 면적은 $1.76m^2(= 1.6m^2 \times 1.1m^2)$이고, 원고가 취침 시 설치한 텐트의 면적은 $2.76m^2$이다.

피고(서울특별시장)는, 원고가 이 사건 원고의 행위를 통해 서울광장의 광장동편과 서울특별시청사 부지를 무단점유하고 있다고 판단한 후, 원고에게 두 차례에 걸쳐 공유재산 및 물품관리법(이하 '공유재산법'이라 한다) 제81조에 의한 변상금 부과처분을 하였다(이하 통틀어 '이 사건 처분'이라 한다). 피고는 그중 서울광장 무단점유에 따른 변상금을 '원고가 실제 무단점유한 면적 $1.76m^2$'를 기준으로 산정한 것이 아니라, 원고가 서울광장의 사용 및 관리에 관한 조례(이하 '서울광장조례'라 한다)에 따라 광장사용신고 수리를 받아 적법하게 사용하는 상황을 가정하여 그때 원고가 서울광장조례 제10조 제1항 [별표] '광장사용료 기준'에 따라 납부하여야 하는 '서울광장의 최소 사용면적 $500m^2$'에 관한 사용료를 먼저 산정한 다음 거기에 변상금 부과요율 120%를 곱하는 방식으로 산정하였다.

	처분일자	사용기간	사용면적	부과금액
1차 처분	2017. 5. 10	2017. 4. 5 ~ 2017. 4. 9	500m2(서울광장)	678,640원
			4.52m2(서울특별시청사부지)	
2차 처분	2017. 7. 12	2017. 4. 10 ~ 2017. 4. 28	500m2(서울광장)	2,257,140원
			4.52m2(서울특별시청사부지)	

이에 원고는 이 사건 처분에 대한 취소소송을 제기했다.

[판결요지]

[1] 사용·수익허가 없이 행정재산을 유형적·고정적으로 특정한 목적을 위하여 사용·수익하거나 점유하는 경우, 공유재산 및 물품관리법 제81조 제1항에서 정한 변상금 부과대상인 '무단점유'에 해당하는지 여부(적극)

공유재산 및 물품관리법(이하 '공유재산법'이라 한다) 제1조, 제6조 제1항, 제20조, 제22조, 제81조 제1항 본문의 내용과 변상금 제도의 입법 취지에 비추어 보면, 사용·수익허가 없이 행정재산을 유형적·고정적으로 특정한 목적을 위하여 사용·수익하거나 점유하는 경우 공유재산법 제81조 제1항에서 정한 변상금 부과대상인 '무단점유'에 해당하고, 반드시 그 사용이 독점적·배타적일 필요는 없으며, 점유 부분이 동시에 일반 공중의 이용에 제공되고 있다고 하여 점유가 아니라고 할 수는 없다.

[2] 서울광장의 사용 및 관리에 관한 조례에서 정한 바에 따라 광장사용신고 및 서울특별시장의 사용신고 수리를 거치지 않은 채 서울광장을 무단사용한 경우, 공유재산 및 물품관리법상 변상금 부과대상인 무단점유에 해당하는지 여부(적극)

서울광장의 사용 및 관리에 관한 조례(이하 '서울광장조례'라 한다) 제2조 제1호는 "사용"이란 서울광장의 일부 또는 전부를 이용함으로써 불특정 다수 시민의 자유로운 광장 이용을 제한하는 행위를 말한다고 규정하고 있으나, 서울광장의 일부를 유형적·고정적으로 점유하는 경우에는 점유 부분에 대한 불특정 다수 시민의 광장 이용이 제한될 것이므로, 서울광장조례에서 정한 바에 따라 광장사용신고 및 서울특별시장의 사용신고 수리를 거치지 않은 채 서울광장을 무단사용한 경우에는 공유재산 및 물품관리법상 변상금 부과대상인 무단점유에 해당한다고 보아야 한다. 즉, 서울광장조례의 서울광장 "사용" 정의규정에 따라 변상금 부과대상인 무단점유인지에 관한 판단이 달라진다고 볼 수는 없다.

[3] 공유재산 및 물품관리법 시행령 제14조 제2항의 위임에 따라 서울광장의 사용 및 관리에 관한 조례 제10조 제1항 [별표]에서 정한 '서울광장 사용료 기준'을 서울광장의 무단점유에 따른 변상금 산정·부과에 적용할 수 있는지 여부(소극) 및 서울광장의 무단점유에 따른 변상금을 산정하는 방법

서울광장의 사용 및 관리에 관한 조례(이하 '서울광장조례'라 한다)의 법적 성질과 변상금에 관한 법리를 기초로 공유재산 및 물품관리법 시행령 제14조 제2항의 위임에 따라 서울광장조례 제10조 제1항 [별표]에서 500m^2를 최소 사용면적으로 하여 서울광장의 광장사용료 기준을 정하고 있는 '서울광장 사용료 기준'의 규정 내용을 살펴보면, 서울광장 사용료 기준은 서울광장의 사용·수익허가 또는 사용신고 수리에 적용되는 기준일 뿐이고, 이를 서울광장의 무단점유에 따른 변상금 산정·부과에 적용할 수는 없다. 서울광장의 무단점유에 따른 변상금은 공유재산 및 물품관리법령에서 정한 '무단점유면적 × 해당 공유재산의 면적단위별 평정가격 × 무단점유기간/연 × 사용요율 × 120%'의 계산식에 실제 무단점유면적과 공유재산 및 물품관리법 시행령 제14조 제1항의 위임에 따라 서울특별시 공유재산 및 물품관리 조례 제22조에서 정한 사용요율을 적용하여 산정·부과하여야 한다.

보조금 반환청구 사건

□ 대법원 2011. 6. 9. 선고 2011다2951 판결

[사실관계]

피고 乙(주식회사 홍주미트)은 1997. 11. 13. 도축업, 식육가공업 등 축산물의 종합처리를 목적으로 하여 원고 및 영농법인 푸른축산이 출자하여 설립된 회사인데, 단기차입금 상환 등으로 인하여 생돈 구매자금 및 회사 운영자금이 부족해지자 2003. 12. 8. 원고 甲(홍성군)에게 5년 후에 원금만 상환하는 조건으로 보조금 15억 6,000만 원의 지원을 요청하였다. 이에 원고는 2003. 12. 11. 홍성군 의회의 의결을 거쳐 2003. 12. 29. 피고에게 축산물종합처리장 경영안정자금 지원 명목으로 보조금 15억 원을 지급하기로 결정하되, '보조일부터 5년이 되는 2008. 12. 31.까지 원금을 일시불로 반환'하도록 하는 보조금 교부조건을 붙여 피고에게 이 사건 보조금 지급결정을 통보하였고 피고는 2003. 12. 30. '피고의 경영안정자금으로 원고로부터 15억 원을 보조받아 경영안정에 최선을 다하고, 보조금 15억 원에 대하여 피고의 경영주체가 변경될 시에도 철저한 인계·인수로 보조금 교부조건에 명시된 바와 같이 2008. 12. 31.까지 일시에 반환할 것을 확약합니다'라는 내용의 확약서를 원고에게 제출하였고 원고는 2003. 12. 31. 9억 7,000만 원, 2004. 3. 12. 5억 3,000만 원 등 합계 15억 원의 보조금을 피고에게 교부하였다.

그런데 피고는 이 사건 확약에 따른 보조금의 반환기일인 2008. 12. 31.이 경과하였음에도 불구하고 이 사건 보조금의 반환을 지체하고 있는바, 원고는 피고에게 이 사건 확약에 따라 이 사건 보조금 및 이에 대한 지연손해금을 지급할 의무가 있음을 주장하며 소를 제기하였다.

[판결요지]

[1] 지방자치단체가 교부하는 보조금에 관하여 '보조금의 예산 및 관리에 관한 법률'을 적용할 수 있는지 여부(소극)

보조금의 예산 및 관리에 관한 법률 제2조 제1호는 "보조금이라 함은 국가 외의 자가 행하는 사무 또는 사업에 대하여 국가가 이를 조성하거나 재정상의 원조를 하기 위하여 교부하는 보조금·부담금 기타 상당한 반대급부를 받지 아니하고 교부하는 급부금으로서 대통령령으로 정하는 것을 말한다."라고 규정하고 있으므로, 위 법의 적용을 받는 보조금은 국가가 교부하는 보조금에 한정된다. 따라서 지방자치단체가 교부하는 보조금에 관하여는 위 법의 적용이 없고, 지방재정법 및 지방재정법 시행령 그리고 당해 지방자치단체의 보조금관리조례가 적용될 뿐이다.

[2] 지방자치단체가 보조사업자에게 금융이자의 부담 없이 보조금을 사용하도록 하되, 일정 기한 내에 보조금을 반환하도록 하는 조건으로 재정상 원조를 하는 것이 허용된다고 한 사례

지방자치단체가 보조금 지급결정을 하면서 일정 기한 내에 보조금을 반환하도록 하는 교부조건을 부가한 사안에서, 지방자치단체의 보조금관리조례 규정과 위 보조금 지급결정이 행정청 재량이 인정되는 수익적 행정행위의 성격을 지니고 있고 경제촉진을 위하여 다양한 형태의 보조금행정을 시행할 필요성도 있는 점 등을 종합하여 보면, 지방자치단체가 보조금 지급결정을 하면서 반드시 보조사업자에게 수익이 발생할 경우에 한하여 보조금을 반환하게 하는 조건을 붙일 수 있다고 볼 근거는 없고, 보조사업자의 보조금 신청 내용과 재정상태, 지방자치단체의 예산상태, 공익상·시책상 필요성, 보조금의 교부목적 등을 고려하여

금융이자의 부담 없이 보조금을 사용하도록 하되, 일정 기한 내에 보조금을 반환하도록 하는 조건의 재정상 원조를 하는 것도 허용될 수 있다고 해석되며, 이 경우 보조금의 예산 및 관리에 관한 법률 제18조 제2항이 유추 적용될 수는 없다고 한 사례.

[3] 지방자치단체가 보조금 지급결정을 하면서 일정 기한 내에 보조금을 반환하도록 하는 교부조건을 부가한 사안에서, 보조사업자에 대한 지방자치단체의 보조금반환청구는 행정소송법 제3조 제2호에 규정한 당사자소송의 대상이라고 한 사례

지방자치단체가 보조금 지급결정을 하면서 일정 기한 내에 보조금을 반환하도록 하는 교부조건을 부가한 사안에서, 보조사업자의 지방자치단체에 대한 보조금 반환의무는 행정처분인 위 보조금 지급결정에 부가된 부관상 의무이고, 이러한 부관상 의무는 보조사업자가 지방자치단체에 부담하는 공법상 의무이므로, 보조사업자에 대한 지방자치단체의 보조금반환청구는 공법상 권리관계의 일방 당사자를 상대로 하여 공법상 의무이행을 구하는 청구로서 행정소송법 제3조 제2호에 규정한 당사자소송의 대상이라고 한 사례.

[참고판례]

□ 중앙관서의 장이 보조금 반환을 구하는 경우, 민사소송의 방법으로 반환청구를 할 수 없다.

보조금의 예산 및 관리에 관한 법률은 제30조 제1항에서 중앙관서의 장은 보조사업자가 허위의 신청이나 기타 부정한 방법으로 보조금의 교부를 받은 때 등의 경우 보조금 교부결정의 전부 또는 일부를 취소할 수 있도록 규정하고, 제31조 제1항에서 중앙관서의 장은 보조금의 교부결정을 취소한 경우에 취소된 부분의 보조사업에 대하여 이미 교부된 보조금의 반환을 명하여야 한다고 규정하고 있으며, 제33조 제1항에서 위와 같이 반환하여야 할 보조금에 대하여는 국세징수의 예에 따라 이를 징수할 수 있도록 규정하고 있으므로, 중앙관서의 장으로서는 반환하여야 할 보조금을 국세체납처분의 예에 의하여 강제징수할 수 있고, 위와 같은 중앙관서의 장이 가지는 반환하여야 할 보조금에 대한 징수권은 공법상 권리로서 사법상 채권과는 성질을 달리하므로, 중앙관서의 장으로서는 보조금을 반환하여야 할 자에 대하여 민사소송의 방법으로는 반환청구를 할 수 없다고 보아야 한다(대법원 2012. 3. 15. 선고 2011다17328 판결).

□ 보조검 교부결정을 취소하고 보조금을 반환받는 의무로 교부기관의 업무에 포함된다.

구 직장어린이집 등 설치·운영 규정 제36조 제1항 제3호 및 [별표 3]은 고용보험법 제26조, 고용보험법 시행령 제38조 제5항의 위임범위 내에 있다고 보는 것이 타당하다. 이유는 다음과 같다.

① 보조금 교부는 수익적 행정행위로서 교부대상의 선정과 취소, 그 기준과 범위 등에 관하여 교부기관에 상당히 폭넓은 재량이 부여되어 있다. 또한 보조금 지출을 건전하고 효율적으로 운용하기 위해서는, 보조금 교부기관이 보조금 지급목적에 맞게 보조사업이 진행되는지 또는 보조사업의 성공가능성이 있는지에 관하여 사후적으로 감독하여 경우에 따라 교부결정을 취소하고 보조금을 반환받을 필요도 있다. 그리고 법령의 위임에 따라 교부기관이 보조금의 교부 및 사후 감독 등에 관한 업무를 수행할 수 있는 이상, 그 교부결정을 취소하고 보조금을 반환받는 업무도 교부기관의 업무에 포함된다.

② 직장어린이집 설치비용 지원에 관하여 필요한 사항을 고용노동부장관에게 위임하고 있는 고용보험법 제26조, 고용보험법 시행령 제38조 제5항의 문언에 의하더라도, 사후 감독에 따른 '지원결정 취소 및 지원금 반환'과 관련한 사항을 위임범위에 포함되는 것으로 본다고 하여 위 시행령 문언의 통상적인 의미에 따른 위임의 한계를 벗어난 것으로 단정할 수 없다.

③ 나아가 고용보험기금의 건전성 확보를 위하여 고용보험기금을 지출할 수 있는 경우를 제한적으로 정한 고용보험법 제80조 제1항과 고용노동부장관이 피보험자 등의 고용안정·고용촉진 및 사업주의 인력 확보를 지원하기 위하여 어린이집 등 시설을 설치·운영하는 자에게 지원을 하는 데 필요한 사항을 대통령령에 위임한 고용보험법 제26조, 고용노동부장관이 '직장어린이집 설치비용의 지원 및 지원금의 관리·운용에 관한 권한'을 근로복지공단에 위탁하는 것으로 규정한 고용보험법 시행령 제145조 제2항 제10호의 규정 내용에 비추어 보면, 고용보험법 시행령 제38조 제5항이 정한 위임범위에는, 지원금 지출을 건전하고 효율적으로 운용하기 위하여 필요한 사항으로서 설치비용을 지원받은 직장어린이집의 '관리'를 위해 사후적으로 감독하여 일정한 경우 지원결정을 취소하고 그 지원금을 반환받는 업무도 포함된다고 보는 것이 위임의 취지에 부합한다.

④ 국고보조금에 관한 일반법인 '보조금 관리에 관한 법'(이하 '보조금법'이라 한다)의 관련 규정 형식, 문언과 체계 역시 이러한 결론을 뒷받침한다. 보조금법은 보조금 예산의 적정한 관리를 도모함을 목적으로 보조금의 '교부 신청, 교부 결정 및 사용 등'에 관한 기본적인 사항을 규정한다고 하면서(제1조), 보조금의 교부 신청과 교부 결정(제3장) 이외에도 보조사업의 수행(제4장), 보조금의 반환 및 제재(제5장)를 내용으로 한다. 이러한 보조금법의 내용 및 체계에 비추어 보면, 보조금법 제1조의 '교부 신청, 교부 결정 및 사용 등'은 보조금 지원에 필요한 사항으로, 여기에는 보조사업의 수행 및 보조금의 반환에 관한 사항을 당연히 포함한다. 고용보험법 제26조, 고용보험법 시행령 제38조 제5항의 위임범위 해석에서도 이와 달리 볼 이유가 없다(대법원 2023. 8. 18. 선고 2021두41495 판결).

기출문제

5급14 A시 시장은 지역문화발전을 도모하는 비영리적 전통문화육성·개발사업을 지원하기 위하여 제정한 「A시 전통문화육성·개발사업지원에 관한 조례」에 따라 보조금을 받고자 하는 사업자를 공모하였다. 비영리법인 甲은 A시의 전통문화상품인 모시를 재료로 한 의복을 개발하기로 하고 A시의 공모에 응하였다. 한편 주식회사 乙은 전통시장의 현대화사업을 추진하려는 목적으로 위 공모에 응하였다. A시 시장은 甲을 사업자로 선정하고 보조금을 지급하기로 결정하였다. 乙은 응모사업이 영리성이 강하고 보조금예산이 한정되어 있으며 평가점수가 甲보다 낮음을 이유로 사업자로 선정되지 못하였다.

1) 당초 甲이 제출한 서류의 내용과 달리 甲의 사업은 A시의 모시를 이용하지도 않고, 영리적 목적만 가질 뿐 A시의 지역문화발전과는 무관하다는 이유로 A시 시장이 보조금지급결정을 취소하고자 하는 경우, 그 법적 가능성은? **(15점)** - 보조금지급결정의 법적 성질, 수익적 행정행위의 직권취소

제3장 | 공용부담법

수용재결 이후 협의 사건

□ 대법원 2017. 4. 13. 선고 2016두64241 판결

[사실관계]

피고 중앙토지수용위원회는 참가인 대한민국의 산하 기관인 원주지방국토관리청장(이하 '이 사건 사업시행자'라고 한다)이 시행하는 이 사건 공익사업을 위하여 2013. 1. 18. 원고 甲 소유인 경기도 광주시 (주소 생략) 임야 3,505㎡ 등 5필지(이하 '이 사건 토지'라고 한다)를 수용하고, 그 손실보상금은 합계 976,261,750원으로 하며, 수용개시일은 2013. 3. 13.로 한다는 내용의 수용재결(이하 '이 사건 수용재결'이라고 한다)을 하였다. 당시 이 사건 사업시행자는 이 사건 수용재결의 보상금액에 관하여 감액 청구소송을 제기할지를 검토하고 있었다. 한편 원고는 '50억 원이 넘는 대출금채무로 인해 매일 300만 원에 달하는 지연손해금 채무가 발생하고 있다'라고 언급하면서, 이 사건 사업시행자에게 하루라도 빨리 이 사건 토지의 손실보상금을 지급해 주고, 나아가 이 사건 토지에 인접한 잔여지 6필지(이하 '이 사건 잔여지'라고 한다)도 매수해 줄 것을 요청하였다. 이러한 상황에서 원고와 이 사건 사업시행자는 2013. 2. 18. 이 사건 토지에 관하여 보상금액을 943,846,800원으로, 이 사건 잔여지에 관하여 보상금액을 693,573,430원으로 정한 각 '공공용지의 취득협의서'를 작성하였고, 원고가 이 사건 사업시행자에게 위 각 금액을 청구하는 내용의 각 보상금청구서 및 같은 금액을 영수한다는 내용의 각 영수증을 작성·교부하였으며, 2013. 2. 21. 이 사건 토지 및 잔여지에 관하여 '2013. 2. 18. 공공용지의 협의취득'을 원인으로 참가인 명의의 소유권이전등기가 마쳐졌다. 한편 이 사건 토지에 관한 위 보상금청구서에는 이의를 유보한다는 취지와 함께 "보상금액이 너무 억울하여 이의 유보를 기재하고 향후 조치를 취하려 한다."는 내용이 기재되어 있다.

이에 원고는 수용재결의 무효확인을 구하는 소송을 제기했다.

[판결요지]

[1] 공익사업을 위한 토지 등의 취득 및 보상에 관한 법률상 토지수용위원회의 수용재결이 있은 후 토지소유자 등과 사업시행자가 다시 협의하여 토지 등의 취득이나 사용 및 그에 대한 보상에 관하여 임의로 계약을 체결할 수 있는지 여부(적극)

공익사업을 위한 토지 등의 취득 및 보상에 관한 법률(이하 '토지보상법'이라 한다)은 사업시행자로 하여금 우선 협의취득 절차를 거치도록 하고, 협의가 성립되지 않거나 협의를 할 수 없을 때에 수용재결취득 절차를 밟도록 예정하고 있기는 하다. 그렇지만 일단 토지수용위원회가 수용재결을 하였더라도 사업시행자로서는

수용 또는 사용의 개시일까지 토지수용위원회가 재결한 보상금을 지급 또는 공탁하지 아니함으로써 재결의 효력을 상실시킬 수 있는 점, 토지소유자 등은 수용재결에 대하여 이의를 신청하거나 행정소송을 제기하여 보상금의 적정 여부를 다툴 수 있는데, 그 절차에서 사업시행자와 보상금액에 관하여 임의로 합의할 수 있는 점, 공익사업의 효율적인 수행을 통하여 공공복리를 증진시키고, 재산권을 적정하게 보호하려는 토지보상법의 입법 목적(제1조)에 비추어 보더라도 수용재결이 있은 후에 사법상 계약의 실질을 가지는 협의취득 절차를 금지해야 할 별다른 필요성을 찾기 어려운 점 등을 종합해 보면, 토지수용위원회의 수용재결이 있은 후라고 하더라도 토지소유자 등과 사업시행자가 다시 협의하여 토지 등의 취득이나 사용 및 그에 대한 보상에 관하여 임의로 계약을 체결할 수 있다고 보아야 한다.

[2] 중앙토지수용위원회가 지방국토관리청장이 시행하는 공익사업을 위하여 갑 소유의 토지에 대하여 수용재결을 한 후, 갑과 사업시행자가 '공공용지의 취득협의서'를 작성하고 협의취득을 원인으로 소유권이전등기를 마쳤는데, 갑이 '사업시행자가 수용개시일까지 수용재결보상금 전액을 지급·공탁하지 않아 수용재결이 실효되었다'고 주장하며 수용재결의 무효확인을 구하는 소송을 제기한 사안에서, 갑이 수용재결의 무효확인 판결을 받더라도 토지의 소유권을 회복시키는 것이 불가능하고, 무효확인으로써 회복할 수 있는 다른 권리나 이익이 남아 있다고도 볼 수 없다고 한 사례

중앙토지수용위원회가 지방국토관리청장이 시행하는 공익사업을 위하여 갑 소유의 토지에 대하여 수용재결을 한 후, 갑과 사업시행자가 '공공용지의 취득협의서'를 작성하고 협의취득을 원인으로 소유권이전등기를 마쳤는데, 갑이 '사업시행자가 수용개시일까지 수용재결보상금 전액을 지급·공탁하지 않아 수용재결이 실효되었다'고 주장하며 수용재결의 무효확인을 구하는 소송을 제기한 사안에서, 갑과 사업시행자가 수용재결이 있은 후 토지에 관하여 보상금액을 새로 정하여 취득협의서를 작성하였고, 이를 기초로 소유권이전등기까지 마친 점 등을 종합해 보면, 갑과 사업시행자가 수용재결과는 별도로 '토지의 소유권을 이전한다는 점과 그 대가인 보상금의 액수'를 합의하는 계약을 새로 체결하였다고 볼 여지가 충분하고, 만약 이러한 별도의 협의취득 절차에 따라 토지에 관하여 소유권이전등기가 마쳐진 것이라면 설령 갑이 수용재결의 무효확인 판결을 받더라도 토지의 소유권을 회복시키는 것이 불가능하고, 나아가 무효확인으로써 회복할 수 있는 다른 권리나 이익이 남아 있다고도 볼 수 없다고 한 사례.

[관련판례]

❶ 사업인정

1) 사업인정의 법적 성격

사업인정이란 공익사업을 토지 등을 수용 또는 사용할 사업으로 결정하는 것으로서 공익사업의 시행자에게 그 후 일정한 절차를 거칠 것을 조건으로 일정한 내용의 수용권을 설정하여 주는 형성행위이므로, 해당 사업이 외형상 토지 등을 수용 또는 사용할 수 있는 사업에 해당한다고 하더라도 사업인정기관으로서는 그 사업이 공용수용을 할 만한 공익성이 있는지의 여부와 공익성이 있는 경우에도 그 사업의 내용과 방법에 관하여 사업인정에 관련된 자들의 이익을 공익과 사익 사이에서는 물론, 공익 상호간 및 사익 상호간에도 정당하게 비교·교량하여야 하고, 그 비교·교량은 비례의 원칙에 적합하도록 하여야 한다. 그뿐만 아니라 해당 공익사업을 수행하여 공익을 실현할 의사나 능력이 없는 자에게 타인의 재산권을 공권력적·강제적으로 박탈할 수 있는 수용권을 설정하여 줄 수는 없으므로, 사업시행자에게 해당 공익사업을 수행할 의사와 능력이 있어야 한다는 것도 사업인정의 한 요건이라고 보아야 한다(대법원 2011. 1. 27. 선고 2009두1051 판결).

2) 통지나 고시를 결한 사업인정의 효력(=취소사유) 및 사업인정과 수용재결 사이의 하자의 승계(=부정)

구 토지수용법 제16조(현 토지보상법 제20조) 제1항에서는 건설부장관이 사업인정을 하는 때에는 지체 없이 그 뜻을 사업시행자·토지소유자·관계인 및 관계도지사에게 통보하고 사업시행자의 성명 또는 명칭, 사업의 종류, 사업지 및 수용 또는 사용할 토지의 세목을 관보에 공시하여야 한다고 규정하고 있는바, 가령 건설부장관이 위와 같은 절차를 누락한 경우 이는 절차상의 위법으로서 수용재결 단계 전의 사업인정 단계에서 다툴 수 있는 취소사유에 해당하기는 하나, 더 나아가 그 사업인정 자체를 무효로 할 중대하고 명백한 하자라고 보기는 어렵고, 따라서 이러한 위법을 들어 수용재결처분의 취소를 구하거나 무효확인을 구할 수는 없다(대법원 2000. 10. 13. 선고 2000두5142 판결).

❷ 사업시행자가 진정한 토지소유자의 동의를 받지 못한 채 협의 성립의 확인을 신청하였으나 토지수용위원회가 신청을 수리한 경우, 항고소송으로 취소를 구할 수 있다.

공익사업을 위한 토지 등의 취득 및 보상에 관한 법률(이하 '토지보상법'이라 한다) 제29조에서 정한 협의 성립 확인제도는 수용과 손실보상을 신속하게 실현시키기 위하여 도입되었다. 토지보상법 제29조는 이를 위한 전제조건으로 협의 성립의 확인을 신청하기 위해서는 협의취득 내지 보상협의가 성립한 데에서 더 나아가 확인 신청에 대하여도 토지소유자 등이 동의할 것을 추가적 요건으로 정하고 있다. 특히 토지보상법 제29조 제3항은 공증을 받아 협의 성립의 확인을 신청하는 경우에 공증에 의하여 협의 당사자의 자발적 합의를 전제로 한 협의의 진정 성립이 객관적으로 인정되었다고 보아, 토지보상법상 재결절차에 따르는 공고 및 열람, 토지소유자 등의 의견진술 등의 절차 없이 관할 토지수용위원회의 수리만으로 협의 성립이 확인된 것으로 간주함으로써, 사업시행자의 원활한 공익사업 수행, 토지수용위원회의 업무 간소화, 토지소유자 등의 간편하고 신속한 이익실현을 도모하고 있다. 한편 토지보상법상 수용은 일정한 요건하에 그 소유권을 사업시행자에게 귀속시키는 행정처분으로서 이로 인한 효과는 소유자가 누구인지와 무관하게 사업시행자가 그 소유권을 취득하게 하는 원시취득이다. 반면, 토지보상법상 '협의취득'의 성격은 사법상 매매계약이므로 그 이행으로 인한 사업시행자의 소유권 취득도 승계취득이다. 그런데 토지보상법 제29조 제3항에 따른 신청이 수리됨으로써 협의 성립의 확인이 있었던 것으로 간주되면, 토지보상법 제29조 제4항에 따라 그에 관한 재결이 있었던 것으로 재차 의제되고, 그에 따라 사업시행자는 사법상 매매의 효력만을 갖는 협의취득과는 달리 확인대상 토지를 수용재결의 경우와 동일하게 원시취득하는 효과를 누리게 된다.

이처럼 간이한 절차만을 거치는 협의 성립의 확인에, 원시취득의 강력한 효력을 부여함과 동시에 사법상 매매계약과 달리 협의 당사자들이 사후적으로 그 성립과 내용을 다툴 수 없게 한 법적 정당성의 원천은 사업시행자와 토지소유자 등이 진정한 합의를 하였다는 데에 있다. 여기에 공증에 의한 협의 성립 확인 제도의 체계와 입법 취지, 그 요건 및 효과까지 보태어 보면, 토지보상법 제29조 제3항에 따른 협의 성립의 확인 신청에 필요한 동의의 주체인 토지소유자는 협의 대상이 되는 '토지의 진정한 소유자'를 의미한다. 따라서 사업시행자가 진정한 토지소유자의 동의를 받지 못한 채 단순히 등기부상 소유명의자의 동의만을 얻은 후 관련 사항에 대한 공증을 받아 토지보상법 제29조 제3항에 따라 협의 성립의 확인을 신청하였음에도 토지수용위원회가 신청을 수리하였다면, 수리 행위는 다른 특별한 사정이 없는 한 토지보상법이 정한 소유자의 동의 요건을 갖추지 못한 것으로서 위법하다. 진정한 토지소유자의 동의가 없었던 이상, 진정한 토지소유자를 확정하는 데 사업시행자의 과실이 있었는지 여부와 무관하게 그 동의의 흠결은 위 수리 행위의 위법사유가 된다. 이에 따라 진정한 토지소유자는 수리 행위가 위법함을 주장하여 항고소송으로 취소를 구할 수 있다(대법원 2018. 12. 13. 선고 2016두51719 판결).

수용재결신청청구거부 사건

□ 대법원 2019. 8. 29. 선고 2018두57865 판결

[사실관계]

국토해양부장관은 2009. 11. 19. 사업시행자를 피고(한국수자원공사)로, 사업시행지를 '창원시 ○○면, 밀양시 △△면, □□읍 일대 9,499,000㎡'로, 사업시행기간을 '2009. 11.부터 2011. 12.까지'로 하는 '◇◇◇◇ ◇◇ ◇◇공구(☆☆☆ · ☆☆☆지구) 사업'(이하 '이 사건 사업'이라 한다) 실시계획의 승인을 고시하였고(국토해양부 고시 제2009-1101호, 이하 '이 사건 고시'라 한다), 이 사건 사업시행기간은 이후 '2012. 12.까지'로 연장되었다.

원고와 원고의 형 소외인은 이 사건 사업시행지 내 창원시 (주소 1 생략) 하천 87,383㎡ 및 (주소 2 생략) 하천 5,137㎡(이하 위 각 하천을 통틀어 '이 사건 각 토지'라 한다)의 각 1/2 지분을 공유하고 있었는데, 대한민국은 2011. 4. 7. 원고 및 소외인으로부터 이 사건 각 토지에 대한 지분전부이전등기를 마쳤다. 원고는 2017. 10. 11. 피고에게 이 사건 각 토지의 수용과 관련하여 농업손실보상을 받기 위한 재결신청을 청구하였으나, 피고는 2018. 1. 5. 원고에게 '공익사업을 위한 토지 등의 취득 및 보상에 관한 법률(이하 '토지보상법'이라 한다) 제28조 및 한국수자원공사법 제24조에 따라 사업시행자의 재결신청 권한이 이미 시효가 만료되어 이를 수용할 수 없다'고 회신하였다(이하 '이 사건 회신'이라 한다).

이에 원고는 피고가 2018. 1. 5. 원고에 대하여 한 재결신청청구 거부처분을 취소한다는 내용의 취소소송을 제기했다.

[판결요지]

[1] 공익사업으로 농업의 손실을 입게 된 자가 공익사업을 위한 토지 등의 취득 및 보상에 관한 법률 제34조, 제50조 등에 규정된 재결절차를 거치지 않은 채 곧바로 사업시행자를 상대로 손실보상을 청구할 수 있는지 여부(소극)

공익사업을 위한 토지 등의 취득 및 보상에 관한 법률(이하 '토지보상법'이라 한다) 제26조, 제28조, 제30조, 제34조, 제50조, 제61조, 제83조 내지 제85조의 규정 내용 및 입법 취지 등을 종합하면, 공익사업으로 농업의 손실을 입게 된 자가 사업시행자로부터 토지보상법 제77조 제2항에 따라 농업손실에 대한 보상을 받기 위해서는 토지보상법 제34조, 제50조 등에 규정된 재결절차를 거친 다음 그 재결에 대하여 불복이 있는 때에 비로소 토지보상법 제83조 내지 제85조에 따라 권리구제를 받을 수 있을 뿐, 이러한 재결절차를 거치지 않은 채 곧바로 사업시행자를 상대로 손실보상을 청구하는 것은 허용되지 않는다.

[2] 편입토지 보상, 지장물 보상, 영업·농업 보상에 관하여 토지소유자나 관계인이 사업시행자에게 재결신청을 청구했음에도 사업시행자가 재결신청을 하지 않을 경우, 토지소유자나 관계인의 불복 방법 및 이때 사업시행자에게 재결신청을 할 의무가 있는지가 소송요건 심사단계에서 고려할 요소인지 여부(소극)

공익사업을 위한 토지 등의 취득 및 보상에 관한 법률 제28조, 제30조에 따르면, 편입토지 보상, 지장물 보상, 영업·농업 보상에 관해서는 사업시행자만이 재결을 신청할 수 있고 토지소유자와 관계인은 사업시행자에게 재결신청을 청구하도록 규정하고 있으므로 토지소유자나 관계인의 재결신청 청구에도 사업시행자가 재결신청을 하지 않을 때 토지소유자나 관계인은 사업시행자를 상대로 거부처분 취소소송 또는 부작위위법

확인소송의 방법으로 다투어야 한다. 구체적인 사안에서 토지소유자나 관계인의 재결신청 청구가 적법하여 사업시행자가 재결신청을 할 의무가 있는지는 본안에서 사업시행자의 거부처분이나 부작위가 적법한가를 판단하는 단계에서 고려할 요소이지, 소송요건 심사단계에서 고려할 요소가 아니다.

[3] 한국수자원공사법에 따른 사업을 수행하기 위한 토지 등의 수용 또는 사용으로 손실을 입게 된 토지소유자나 관계인이 공익사업을 위한 토지 등의 취득 및 보상에 관한 법률 제30조에 따라 한국수자원공사에 재결신청을 청구하는 경우, 위 사업의 실시계획을 승인할 때 정한 사업시행기간 내에 해야 하는지 여부(적극)

한국수자원공사법에 따르면, 한국수자원공사는 수자원을 종합적으로 개발·관리하여 생활용수 등의 공급을 원활하게 하고 수질을 개선함으로써 국민생활의 향상과 공공복리의 증진에 이바지함을 목적으로 설립된 공법인으로서(제1조, 제2조), 사업을 수행하기 위하여 필요한 경우에는 공익사업을 위한 토지 등의 취득 및 보상에 관한 법률 제3조에 따른 토지 등을 수용 또는 사용할 수 있고, 토지 등의 수용 또는 사용에 관하여 한국수자원공사법에 특별한 규정이 있는 경우 외에는 토지보상법을 적용한다(제24조 제1항, 제7항). 한국수자원공사법 제10조에 따른 실시계획의 승인·고시가 있으면 토지보상법 제20조 제1항 및 제22조에 따른 사업인정 및 사업인정의 고시가 있은 것으로 보고, 이 경우 재결신청은 토지보상법 제23조 제1항 및 제28조 제1항에도 불구하고 실시계획을 승인할 때 정한 사업의 시행기간 내에 하여야 한다(제24조 제2항).

위와 같은 관련 규정들의 내용과 체계, 입법 취지 등을 종합하면, 한국수자원공사가 한국수자원공사법에 따른 사업을 수행하기 위하여 토지 등을 수용 또는 사용하고자 하는 경우에 재결신청은 실시계획을 승인할 때 정한 사업의 시행기간 내에 하여야 하므로, 토지소유자나 관계인이 토지보상법 제30조에 의하여 한국수자원공사에 하는 재결신청의 청구도 위 사업시행기간 내에 하여야 한다.

[참고판례]

❶ 수용절차가 개시되지 않은 상태에서는 재결신청청구권을 인정할 수 없다.

문화재구역 내 토지 소유자 갑이 문화재청장에게 구 공익사업을 위한 토지 등의 취득 및 보상에 관한 법률(이하 '구 공익사업법'이라 한다) 제30조 제1항에 의한 재결신청 청구를 하였으나, 문화재청장은 구 공익사업법 제30조 제2항에 따른 관할 토지수용위원회에 대한 재결신청 의무를 부담하지 않는다는 이유로 거부 회신을 받은 사안에서, 문화재보호법 제83조 제2항 및 구 공익사업법 제30조 제1항은 문화재청장이 문화재의 보존·관리를 위하여 필요하다고 인정하여 지정문화재나 보호구역에 있는 토지 등을 구 공익사업법에 따라 수용하거나 사용하는 경우에 비로소 적용되는데, 문화재청장이 토지조서 및 물건조서를 작성하는 등 위 토지에 대하여 구 공익사업법에 따른 수용절차를 개시한 바 없으므로, 갑에게 문화재청장으로 하여금 관할 토지수용위원회에 재결을 신청할 것을 청구할 법규상의 신청권이 인정된다고 할 수 없어, 위 회신은 항고소송의 대상이 되는 거부처분에 해당하지 않는다(대법원 2014. 7. 10. 선고 2012두22966 판결).

❷ 지방토지수용위원회가 갑 소유의 토지 중 일부는 수용하고 일부는 사용하는 재결을 하면서 재결서에는 사용대상 토지에 관해서도 '수용'한다고만 기재한 사안에서, 위 재결 중 사용대상 토지에 관한 부분은 토지보상법 법률 제50조 제1항에서 정한 사용재결의 기재사항에 관한 요건을 갖추지 못한 흠이 있다.

지방토지수용위원회가 갑 소유의 토지 중 일부는 수용하고 일부는 사용하는 재결을 하면서 재결서에는 수용대상 토지 외에 사용대상 토지에 관해서도 '수용'한다고만 기재한 사안에서, 사용대상 토지에 관하여는 공익사업을 위한 토지 등의 취득 및 보상에 관한 법률(이하 '토지보상법'이라 한다)에 따라 사업시행자에게 사용권을 부여함으로써 송전선의 선하부지로 사용할 수 있도록 하기 위한 절차가 진행되어 온 점, 재결서의 주문과 이유에는 재결에 의하여 지방토지수용위원회에 설정하여 주고자 하는 사용권이 '구분지상권'이라거나 사용권이 설정될 토지의 구역 및 사용방법, 사용기간 등을 특정할 수 있는 내용이 전혀 기재되어 있지 않아 재결서만으로는 토지소유자인 갑이 자신의 토지 중 어느 부분에 어떠한 내용의 사용제한을 언제까지 받아야 하는지를 특정할 수 없고, 재결로 인하여 토지소유자인 갑이 제한받는 권리의 구체적인 내용이나 범위 등을 알 수 없어 이에 관한 다툼을 방지하기도 어려운 점 등을 종합하면, 위 재결 중 사용대상 토지에 관한 부분은 토지보상법 제50조 제1항에서 정한 사용재결의 기재사항에 관한 요건을 갖추지 못한 흠이 있음에도 사용재결로서 적법하다고 본 원심판단에 법리를 오해한 잘못이 있다고 한 사례(대법원 2019. 6. 13. 선고 2018두42641 판결).

❸ 토지수용위원회의 수용재결에 대한 이의신청은 실질적으로 행정심판이다.

토지수용위원회의 수용재결에 대한 이의절차는 실질적으로 행정심판의 성질을 갖는 것이므로 토지수용법에 특별한 규정이 있는 것을 제외하고는 행정심판법의 규정이 적용된다고 할 것이고, 행정심판법 제43조 제2항도 행정심판에 관하여 다른 법률에서 특례를 정한 경우에도 그 법률에서 규정하지 아니한 사항에 관하여는 이 법이 정하는 바에 의한다고 규정하고 있는바, 행정심판법 제42조(현 제58조) 제1항은 행정청이 처분을 서면으로 하는 경우에는 그 상대방에게 처분에 관하여 행정심판을 제기할 수 있는 지의 여부, 제기하는 경우의 재결청 경유절차 및 청구기간을 알려야 한다고 규정하고 있으므로 행정청이 처분을 서면으로 하는 경우에는 다른 법률에서 달리 수정한바 없는 이상 반드시 상대방에게 행정심판의 가부, 재결청, 경유절차 및 심판청구기간을 알려야 할 의무가 있으며, 특히 심판청구기간을 알리지 아니한 경우에는 다른 법률에서 달리 규정한바 없는 한 행정심판법 제18조(현 제27조) 제6항의 규정에 의하여 같은 조 제3항의 기간 즉 처분이 있은 날로부터 180일 이내에 그 처분에 대한 이의 또는 재결신청 등 심판청구를 할 수 있다고 보아야 한다(대법원 1992. 6. 9. 선고 92누565 판결).

❹ 토지소유자 등이 수용재결에 불복하여 이의신청을 거친 후 취소소송을 제기하는 경우 피고적격(=수용재결을 한 토지수용위원회) 및 소송대상(=수용재결)

공익사업을 위한 토지 등의 취득 및 보상에 관한 법률 제85조 제1항 전문의 문언 내용과 같은 법 제83조, 제85조가 중앙토지수용위원회에 대한 이의신청을 임의적 절차로 규정하고 있는 점, 행정소송법 제19조 단서가 행정심판에 대한 재결은 재결 자체에 고유한 위법이 있음을 이유로 하는 경우에 한하여 취소소송의 대상으로 삼을 수 있도록 규정하고 있는 점 등을 종합하여 보면, 수용재결에 불복하여 취소소송을 제기하는 때에는 이의신청을 거친 경우에도 수용재결을 한 중앙토지수용위원회 또는 지방토지수용위원회를 피고로 하여 수용재결의 취소를 구하여야 하고, 다만 이의신청에 대한 재결 자체에 고유한 위법이 있음을 이유로 하는 경우에는 그 이의재결을 한 중앙토지수용위원회를 피고로 하여 이의재결의 취소를 구할 수 있다고 보아야 한다(대법원 2010. 1. 28. 선고 2008두1504 판결).

❺ 잔여지 매수청구의 성격(=사법상의 매매계약의 청약)

구 토지수용법이 제25조에서 사업시행자의 협의취득을 규정하고 있지만 관할 토지수용위원회의 그 협의 성립확인은 재결로 간주되는 점에서 구 공공용지의취득및손실보상에관한특례법에 의한 협의취득과 다르며, 위 특례법은 잔여지에 관하여 제4조(보상시기·방법 및 기준) 제6항에서 '사업시행자는 잔여지 소유자의 청구에 의하여 이를 취득할 수 있다.'고 규정한 후 그 시행규칙 제26조에서 잔여지에 대한 평가

방법을 규정하고 있을 뿐인바, 이와 같은 위 특례법과 구 토지수용법의 관계, 공공용지의 사법상 매수취득절차 및 그 보상기준과 방법을 규정하고 있는 위 특례법의 특질, 구 토지수용법이 토지소유자에게 형성권으로서 잔여지 수용청구권을 인정하고 있는 근거와 취지, 잔여지에 관한 위 특례법의 규정형식, 이른바 형성권의 의의와 특질을 종합하면, 위 특례법이 토지소유자에게 그 일방적인 의사표시에 의하여 매매계약을 성립시키는 형성권으로서 잔여지 매수청구권을 인정하고 있다고 볼 수는 없고, 위 특례법에 의한 협의취득절차에서도 토지소유자가 사업시행자에게 잔여지 매수청구를 할 수 있음은 의문이 없으나, 이는 어디까지나 사법상의 매매계약에 있어 청약에 불과하다고 할 것이므로 사업시행자가 이를 승낙하여 매매계약이 성립하지 아니한 이상, 토지소유자의 일방적 의사표시에 의하여 잔여지에 대한 매매계약이 성립한다고 볼 수 없다(대법원 2004. 9. 24. 선고 2002다68713 판결).

❻ 잔여지수용청구권의 법적 성질(=형성권)과 그 행사기간의 법적 성질(=제척기간)

토지수용법에 의한 잔여지수용청구권은 그 요건을 구비한 때에는 토지수용위원회의 특별한 조치를 기다릴 것 없이 청구에 의하여 수용의 효과가 발생하는 형성권적 성질을 가지고, 그 행사기간은 제척기간으로서, 토지소유자가 그 행사기간 내에 잔여지수용청구권을 행사하지 아니하면 그 권리가 소멸하므로, 토지소유자는, 잔여지수용청구권의 행사기간에 관하여 제한이 없었던 구 토지수용법 제48조 제1항이 적용되던 당시에는 토지수용위원회에 대하여 토지수용의 보상가액을 다투는 방법에 의하여도 잔여지수용청구권을 행사할 수 있었던 것과 달리, 위 법 조항이 개정되어 행사기간에 관한 규정이 신설된 이후에는 그 규정에서 정한 바에 따라 재결신청의 공고일로부터 2주간의 열람기간 내 또는 관할 지방토지수용위원회의 재결이 있기 전까지 이를 행사하여야 하고, 도시계획법에 의한 토지수용이라 하여 달리 볼 것은 아니다(대법원 2001. 9. 4. 선고 99두11080 판결).

❼ 잔여지 수용청구 기각결정에 대한 불복수단은 보상금증감청구소송이다.

공익사업을 위한 토지 등의 취득 및 보상에 관한 법률 제74조 제1항에 규정되어 있는 잔여지 수용청구권은 손실보상의 일환으로 토지소유자에게 부여되는 권리로서 그 요건을 구비한 때에는 잔여지를 수용하는 토지수용위원회의 재결이 없더라도 그 청구에 의하여 수용의 효과가 발생하는 형성권적 성질을 가지므로, 잔여지 수용청구를 받아들이지 않은 토지수용위원회의 재결에 대하여 토지소유자가 불복하여 제기하는 소송은 위 법 제85조 제2항에 규정되어 있는 '보상금의 증감에 관한 소송'에 해당하여 사업시행자를 피고로 하여야 한다(대법원 2010. 8. 19. 선고 2008두822 판결).

❽ 사용하는 토지의 수용청구 기각결정에 대한 불복수단은 보상금증감청구소송이다.

공익사업을 위한 토지 등의 취득 및 보상에 관한 법률(이하 '토지보상법'이라고 한다) 제72조의 문언, 연혁 및 취지 등에 비추어 보면, 위 규정이 정한 수용청구권은 토지보상법 제74조 제1항이 정한 잔여지 수용청구권과 같이 손실보상의 일환으로 토지소유자에게 부여되는 권리로서 그 청구에 의하여 수용효과가 생기는 형성권의 성질을 지니므로, 토지소유자의 토지수용청구를 받아들이지 아니한 토지수용위원회의 재결에 대하여 토지소유자가 불복하여 제기하는 소송은 토지보상법 제85조 제2항에 규정되어 있는 '보상금의 증감에 관한 소송'에 해당하고, 피고는 토지수용위원회가 아니라 사업시행자로 하여야 한다(대법원 2015. 4. 9. 선고 2014두46669 판결).

❾ 잔여 영업시설에 손실을 입은 자가 재결절차를 거치지 않은 채 곧바로 사업시행자를 상대로 잔여 영업시설의 손실에 대한 보상을 청구할 수 없다. / 손실보상대상에 해당함에도 관할 토지수용위원회가 손실보상대상에 해당하지 않는다고 잘못된 내용의 재결을 한 경우, 피보상자는 사업시행자를 상대로 보상금증감소송을 제기하여야 한다.

[1] 구 공익사업을 위한 토지 등의 취득 및 보상에 관한 법률(이하 '토지보상법'이라 한다) 제26조, 제28조, 제30조, 제34조, 제50조, 제61조, 제83조 내지 제85조의 규정 내용과 입법 취지 등을 종합하면, 공익사업에 영업시설 일부가 편입됨으로 인하여 잔여 영업시설에 손실을 입은 자가 사업시행자로부터 구 공익사업을 위한 토지 등의 취득 및 보상에 관한 법률 시행규칙(2014. 10. 22. 국토교통부령 제131호로 개정되기 전의 것) 제47조 제3항에 따라 잔여 영업시설의 손실에 대한 보상을 받기 위해서는, 토지보상법 제34조, 제50조 등에 규정된 재결절차를 거친 다음 그 재결에 대하여 불복이 있는 때에 비로소 토지보상법 제83조 내지 제85조에 따라 권리구제를 받을 수 있을 뿐이다. 이러한 재결절차를 거치지 않은 채 곧바로 사업시행자를 상대로 손실보상을 청구하는 것은 허용되지 않는다.

이때, 재결절차를 거쳤는지 여부는 보상항목별로 판단하여야 한다. 피보상자별로 어떤 토지, 물건, 권리 또는 영업이 손실보상대상에 해당하는지, 나아가 보상금액이 얼마인지를 심리·판단하는 기초 단위를 보상항목이라고 한다. 편입토지·물건 보상, 지장물 보상, 잔여 토지·건축물 손실보상 또는 수용청구의 경우에는 원칙적으로 개별물건별로 하나의 보상항목이 되지만, 잔여 영업시설 손실보상을 포함하는 영업손실보상의 경우에는 '전체적으로 단일한 시설 일체로서의 영업' 자체가 보상항목이 되고, 세부 영업시설이나 영업이익, 휴업기간 등은 영업손실보상금 산정에서 고려하는 요소에 불과하다. 그렇다면 영업의 단일성·동일성이 인정되는 범위에서 보상금 산정의 세부요소를 추가로 주장하는 것은 하나의 보상항목 내에서 허용되는 공격방법일 뿐이므로, 별도로 재결절차를 거쳐야 하는 것은 아니다.

[2] 어떤 보상항목이 공익사업을 위한 토지 등의 취득 및 보상에 관한 법령상 손실보상대상에 해당함에도 관할 토지수용위원회가 사실을 오인하거나 법리를 오해함으로써 손실보상대상에 해당하지 않는다고 잘못된 내용의 재결을 한 경우에는, 피보상자는 관할 토지수용위원회를 상대로 그 재결에 대한 취소소송을 제기할 것이 아니라, 사업시행자를 상대로 공익사업을 위한 토지 등의 취득 및 보상에 관한 법률 제85조 제2항에 따른 보상금증감소송을 제기하여야 한다(대법원 2018. 7. 20. 선고 2015두4044 판결).

기출문제

사시10 A시는 택지개발사업을 위해 관련 법령에 따른 절차를 거쳐 甲 소유의 토지 등을 취득하고자 甲과 보상에 관하여 협의하였으나 협의가 성립되지 않았다. 이에 A시는 관할 토지수용위원회에 재결을 신청하여 "A시는 甲의 토지를 수용하고, 甲은 그 지상 공작물을 이전한다. A시는 甲에게 보상금으로 1억원을 지급한다"라는 취지의 재결을 받았다. 그러나 甲은 보상금이 너무 적다는 이유로 보상금 수령을 거절하였다. 그러자 A시는 보상금을 공탁하였고, A시장은 甲에게 보상 절차가 완료되었음을 이유로 위 토지 상의 공작물을 이전하고 토지를 인도하라고 명하였다.

1. 甲이 토지수용위원회의 재결에 불복할 경우 적절한 구제 수단은? **(20점)** - 보상금증감청구소송

5급15 A주식회사는 Y도지사에게 「산업입지 및 개발에 관한 법률」 제11조에 의하여 X시 관내 토지 3,261,281㎡에 대하여 산업단지지정요청서를 제출하였고, 해당 지역을 관할하는 X시장은 요청서에 대한 사전검토 의견서를 Y도지사에게 제출하였다. 이에 Y도지사는 A주식회사를 사업시행자로 하여 위 토지를 '○○ 제2일반지방산업단지'(이하 "산업단지"라고 한다)로 지정·고시한 후, A주식회사의 산업단지개발실시계획을 승인하였다. 그러나 Y도지사는 위 산업단지를 지정하면서, 주민 및 관계 전문가 등의 의견을 청취하지

않았다. 한편, 甲은 X시 관내에 있는 토지소유자로서 甲의 일단의 토지 중 90%가 위 산업단지의 지정·고시에 의해 수용의 대상이 되었다. A주식회사는 甲소유 토지의 취득 등에 대하여 甲과 협의하였으나 협의가 성립되지 아니하였다. 이에 A주식회사는 Y도(道) 지방토지수용위원회에 재결을 신청하였고, 동 위원회는 금 10억 원을 보상금액으로 하여 수용재결을 하였다.

1) 만약 A주식회사가 수용재결을 신청하기 이전에 甲과 합의하여 甲 소유의 토지를 협의취득한 경우, 그 협의취득의 법적 성질은? **(10점)** - 사법상의 법률행위, 승계취득
3) 한편, 甲은 중앙토지수용위원회의 이의신청을 거친 후, 재결에 대한 취소소송을 제기하고자 한다. 이 경우 취소소송의 대상과 피고를 검토하시오. **(10점)** - 토지보상법이 원처분주의인지 여부
4) 甲은 자신의 위 토지에 숙박시설을 신축하려고 하였으나 수용되고 남은 토지만으로 이를 실행하기 어렵게 되었고, 토지의 가격도 하락하였다. 이 경우 甲의 권리구제수단을 검토하시오 **(10점)** - 잔여지 손실보상, 잔여지 매수청구와 수용청구, 잔여지수용거부결정에 대한 불복절차

변시20 (중략)

4. 한편, 위 문화재보호구역 인근에서 관광단지 개발을 위해 2018. 5. 30. 관광진흥법상 사업인정을 받은 사업시행자 C건설은 2019. 8. 5. 문화재보호구역 인근에 소재한 丙 소유 토지의 일부를 수용하기 위해 재결신청을 하였고, 이에 대해 관할 경기도 토지수용위원회는 2019. 11. 20. 위 丙 소유 토지에 대한 수용재결을 하였다.

1) 丙이 수용재결에 대하여 불복하고자 하는 경우 불복방법을 논하시오. **(12점)** - 이의신청, 항고소송
3) 丙이 토지수용위원회가 결정한 보상금액이 너무 적다는 이유로 다투고자 하는 경우 그 구제수단을 논하시오. **(13점)** - 이의신청, 보상금증액청구소송

5급23 A 시는 A 시에 소재한 甲 소유 임야 10,620 m2(이하 '이 사건 토지'라 한다)가 포함된 일대의 토지에 대해 「공익사업을 위한 토지 등의 취득 및 보상에 관한 법률」(이하 '토지보상법'이라 한다)상 공익사업인 공원조성사업을 시행하기로 하였다. 공원조성사업의 시행자인 A 시의 시장은 甲과의 협의가 성립되지 아니하자 관할 X 지방토지수용위원회에 수용재결을 신청하였고, X 지방토지수용위원회는 이 사건 토지를 토지보상법에 따라 금 7억원의 보상금으로 수용하는 재결(이하 '수용재결'이라 한다)을 하였다. 그러나 甲은 "이 사건 토지는 공원용지로서 부적합하며, 인접 토지와의 사이에 경계, 위치, 면적, 형상 등을 확정할 수 없어 정당한 보상액의 산정은 물론 수용대상 토지 자체의 특정이 어려워 토지수용 자체가 불가능하므로 수용재결이 위법하다"는 이유로 토지보상법 제83조에 따라 X 지방토지수용위원회를 거쳐 중앙토지수용위원회에 이의를 신청하였다. 이에 중앙토지수용위원회는 이 사건 토지에 대한 수용 자체는 적법하다고 인정하면서 이 사건 토지에 대한 보상금을 금 8억원으로 하는 재결(이하 '이의재결'이라 한다)을 하였다. (각 문항은 상호독립적이다)

1) 甲은 자신의 토지는 수용대상 토지를 특정할 수 없어 수용 자체가 불가능하므로 수용재결과 이의재결은 위법하다고 주장하며 이의재결취소소송을 제기하였다. 이의재결이 취소소송의 대상이 될 수 있는지 검토하시오. (25점) -토지보상법이 원처분주의인지 여부
2) 토지보상금이 적음을 이유로 甲이 보상금의 증액을 청구하는 행정소송을 제기하는 경우, 본안판결 이전에 고려할 수 있는 「행정소송법」상 잠정적인 권리구제수단에 대하여 검토하시오. **(10점)** -보상금증액청구소송의 가구제로서 가처분
3) 甲은 보상금 산정의 전제가 된 표준지공시지가결정의 비교표준지 선정에 오류가 있고, 평가액 산정의 평가요인별 참작 내용의 정도 등이 불명확하여 적정성과 객관성이 담보되지 않았다는 이유로 표준지공시지가결정이 위법하다고 주장한다. 甲이 보상금증액청구소송에서 이를 주장할 수 있는지 검토하시오. (단, 표준지공시지가결정에 대해서는 제소기간이 도과하였음) **(15점)** -하자의 승계

이주대책에 의한 수분양권 사건

□ 대법원 1994. 5. 24. 선고 92다35783 전원합의체 판결

[사실관계]

피고 乙(대한주택공사)이 1987.경 택지개발사업을 시행함에 있어 그 사업지역 내에 있는 답 2,869평방미터를 위 사업의 시행을 위한 수용대상토지로 결정고시하고, 이에 따라 위 토지의 지상에 건립되어 있는 이 사건 가옥이 지장물로서 철거대상이 되었다. 乙은 위 사업의 시행으로 인한 지장물철거에 따른 손실보상의 한 방법으로서, 그 철거대상건물의 사실상 소유자를 대상으로 그가 무주택자일 경우에는 그를 공공용지의취득및손실보상에관한특례법(이하 '특례법'이라고 한다) 소정의 이주자로 보아 거주지에 관계없이 그에게 피고 공사가 건축하여 분양할 아파트의 특별분양권을 부여하기로 하는 내용의 이주대책을 수립하여 실시하였다. 그런데 이 사건 가옥은 원래 무주택세대주인 원고 甲이 사실상 소유하고 있던 것으로서 이를 A에게 임대하였던 것인데, A는 자신이 위 가옥의 사실상 소유자라는 광명시장 명의의 확인서를 발급받아 乙에게 제출하면서 이주대책신청을 하고, 乙은 위 확인서에 의거하여 이주대책에 따라 이 사건 아파트의 분양권을 부여하였고 A는 소유권이전등기까지 마쳤다.

이에 甲은 주위적으로는 乙로부터 위 아파트를 분양받을 권리가 자신에게 있음의 확인을 구하고, 예비적으로는 위 공특법상의 손실보상청구권이 원고에게 있음의 확인을 구하였다.

[판결요지]

[1] 공공용지의취득및손실보상에관한특례법 소정의 이주대책의 제도적 취지

공공용지의취득및손실보상에관한특례법상의 이주대책은 공공사업의 시행에 필요한 토지 등을 제공함으로 인하여 생활의 근거를 상실하게 되는 이주자들을 위하여 사업시행자가 기본적인 생활시설이 포함된 택지를 조성하거나 그 지상에 주택을 건설하여 이주자들에게 이를 그 투입비용 원가만의 부담하에 개별 공급하는 것으로서, 그 본래의 취지에 있어 이주자들에 대하여 종전의 생활상태를 원상으로 회복시키면서 동시에 인간다운 생활을 보장하여 주기 위한 이른바 생활보상의 일환으로 국가의 적극적이고 정책적인 배려에 의하여 마련된 제도이다.

[2] 같은 법 제8조 제1항에 의하여 이주자에게 이주대책상의 택지분양권이나 아파트 입주권 등을 받을 수 있는 구체적인 권리(수분양권)가 직접 발생하는지 여부

같은 법 제8조 제1항이 사업시행자에게 이주대책의 수립·실시의무를 부과하고 있다고 하여 그 규정 자체만에 의하여 이주자에게 사업시행자가 수립한 이주대책상의 택지분양권이나 아파트 입주권 등을 받을 수 있는 구체적인 권리(수분양권)가 직접 발생하는 것이라고는 도저히 볼 수 없으며, 사업시행자가 이주대책에 관한 구체적인 계획을 수립하여 이를 해당자에게 통지 내지 공고한 후, 이주자가 수분양권을 취득하기를 희망하여 이주대책에 정한 절차에 따라 사업시행자에게 이주대책대상자 선정신청을 하고 사업시행자가 이를 받아들여 이주대책대상자로 확인·결정하여야만 비로소 구체적인 수분양권이 발생하게 된다.

[3] 이주자의 이주대책대상자 선정신청에 대한 사업시행자의 확인·결정 및 사업시행자의 이주대책에 관한 처분의 법적 성질과 이에 대한 쟁송방법

가. 위와 같은 사업시행자가 하는 확인·결정은 곧 구체적인 이주대책상의 수분양권을 취득하기 위한 요건이 되는 행정작용으로서의 처분인 것이지, 결코 이를 단순히 절차상의 필요에 따른 사실행위에 불과한 것으로 평가할 수는 없다. 따라서 수분양권의 취득을 희망하는 이주자가 소정의 절차에 따라 이주대책대상자 선정신청을 한 데 대하여 사업시행자가 이주대책대상자가 아니라고 하여 위 확인·결정 등의 처분을 하지 않고 이를 제외시키거나 또는 거부조치한 경우에는, 이주자로서는 당연히 사업시행자를 상대로 항고소송에 의하여 그 제외처분 또는 거부처분의 취소를 구할 수 있다고 보아야 한다.

나. 사업시행자가 국가 또는 지방자치단체와 같은 행정기관이 아니고 이와는 독립하여 법률에 의하여 특수한 존립목적을 부여받아 국가의 특별감독하에 그 존립목적인 공공사무를 행하는 공법인이 관계법령에 따라 공공사업을 시행하면서 그에 따른 이주대책을 실시하는 경우에도, 그 이주대책에 관한 처분은 법률상 부여받은 행정작용권한을 행사하는 것으로서 항고소송의 대상이 되는 공법상 처분이 되므로, 그 처분이 위법부당한 것이라면 사업시행자인 당해 공법인을 상대로 그 취소소송을 제기할 수 있다.

[4] 같은 법상의 이주대책에 의한 수분양권의 법적 성질과 민사소송이나 공법상 당사자소송으로 이주대책상의 수분양권의 확인을 구할 수 있는지 여부

이러한 수분양권은 위와 같이 이주자가 이주대책을 수립·실시하는 사업시행자로부터 이주대책대상자로 확인·결정을 받음으로써 취득하게 되는 택지나 아파트 등을 분양받을 수 있는 공법상의 권리라고 할 것이므로, 이주자가 사업시행자에 대한 이주대책대상자 선정신청 및 이에 따른 확인·결정 등 절차를 밟지 아니하여 구체적인 수분양권을 아직 취득하지도 못한 상태에서 곧바로 분양의무의 주체를 상대방으로 하여 민사소송이나 공법상 당사자소송으로 이주대책상의 수분양권의 확인 등을 구하는 것은 허용될 수 없고, 나아가 그 공급대상인 택지나 아파트 등의 특정부분에 관하여 그 수분양권의 확인을 소구하는 것은 더더욱 불가능하다고 보아야 한다.

[참고판례]

❶ 이주대책 관련

1) 이주대책의 헌법적 근거는 헌법 제34조이다.

위 특례법상의 이주대책은 공공사업의 시행에 필요한 토지 등을 제공함으로 인하여 생활의 근거를 상실하게 되는 이주자들을 위하여 사업시행자가 '기본적인 생활시설이 포함된' 택지를 조성하거나 그 지상에 주택을 건설하여 이주자들에게 이를 '그 투입비용 원가만의 부담하에' 개별 공급하는 것으로서, 그 본래의 취지에 있어 이주자들에 대하여 종전의 생활상태를 원상으로 회복시키면서 동시에 인간다운 생활을 보장하여 주기 위한 이른바 생활보상의 일환으로 국가의 적극적이고 정책적인 배려에 의하여 마련된 제도라 할 것이다(대법원 2003. 7. 25. 선고 2001다57778 판결).

2) 이주대책을 규정하는 토지보상법 제78조는 강행법규이다.

구 공익사업을 위한 토지 등의 취득 및 보상에 관한 법률은 공익사업에 필요한 토지 등을 협의 또는 수용에 의하여 취득하거나 사용함에 따른 손실 보상에 관한 사항을 규정함으로써 공익사업의 효율적인 수행을 통하여 공공복리의 증진과 재산권의 적정한 보호를 도모함을 목적으로 하고 있고, 위 법에 의한 이주대책은 공익사업의 시행에 필요한 토지 등을 제공함으로 인하여 생활의 근거를 상실하게 되는 이주대책대상자

들에게 종전 생활상태를 원상으로 회복시키면서 동시에 인간다운 생활을 보장하여 주기 위하여 마련된 제도이므로, 사업시행자의 이주대책 수립·실시의무를 정하고 있는 구 공익사업법 제78조 제1항은 물론 이주대책의 내용에 관하여 규정하고 있는 같은 조 제4항 본문 역시 당사자의 합의 또는 사업시행자의 재량에 의하여 적용을 배제할 수 없는 강행법규이다(대법원 2011. 6. 23. 선고 2007다63089,63096 전원합의체 판결).

3) 사업시행자에게는 이주대책의 내용을 형성할 수 있는 재량권이 있다.

구 공공용지의 취득 및 손실보상에 관한 특례법 제8조 제1항 및 같은 법 시행령 제5조 제5항에 의하여 실시되는 이주대책은 공공사업의 시행으로 생활근거를 상실하게 되는 이주자에게 이주정착지의 택지를 분양하도록 하는 것이고, 사업시행자는 특별공급주택의 수량, 특별공급대상자의 선정 등에 있어 재량을 가진다(대법원 2007. 2. 22. 선고 2004두7481 판결).

4) 이주대책의 실시 여부는 입법자의 입법재량의 영역에 속한다.

이주대책은 헌법 제23조 제3항에 규정된 정당한 보상에 포함되는 것이라기보다는 이에 부가하여 이주자들에게 종전의 생활상태를 회복시키기 위한 생활보상의 일환으로서 국가의 정책적인 배려에 의하여 마련된 제도라고 볼 것이다. 따라서 이주대책의 실시 여부는 입법자의 입법정책적 재량의 영역에 속하므로 공익사업을위한토지등의취득및보상에관한법률시행령 제40조 제3항 제3호가 이주대책의 대상자에서 세입자를 제외하고 있는 것이 세입자의 재산권을 침해하는 것이라 볼 수 없다(헌법재판소 2006. 2. 23. 선고 2004헌마19 결정).

5) 사업시행자의 특별분양요구거부는 행정처분이다.

공공용지의취득및손실보상에관한특례법 제8조에 의하면 사업시행자는 공공사업의 시행에 필요한 토지 등을 제공함으로 인하여 생활근거를 상실하게 되는 자를 위하여 이주대책을 수립 실시하는바 택지개발촉진법에 따른 사업시행을 위하여 토지 등을 제공한 자에 대한 이주대책을 세우는 경우 위 이주대책은 공공사업에 협력한 자에게 특별공급의 기회를 요구할 수 있는 법적인 이익을 부여하고 있는 것이라고 보아야 할 것이므로 그들에게는 특별공급신청권이 인정되며 따라서 사업시행자가 위 조항에 해당함을 이유로 특별분양을 요구하는 자에게 이를 거부한 행위는 항고소송의 대상이 되는 거부처분이라 할 것이다(대법원 1992. 11. 27. 선고 92누3618 판결).

6) 주거이전비의 성격

[1] 구 공익사업을 위한 토지 등의 취득 및 보상에 관한 법률 제2조, 제78조에 의하면, 세입자는 사업시행자가 취득 또는 사용할 토지에 관하여 임대차 등에 의한 권리를 가진 관계인으로서, 같은 법 시행규칙 제54조 제2항 본문에 해당하는 경우에는 주거이전에 필요한 비용을 보상받을 권리가 있다. 그런데 이러한 주거이전비는 당해 공익사업 시행지구 안에 거주하는 세입자들의 조기이주를 장려하여 사업추진을 원활하게 하려는 정책적인 목적과 주거이전으로 인하여 특별한 어려움을 겪게 될 세입자들을 대상으로 하는 사회보장적인 차원에서 지급되는 금원의 성격을 가지므로, 적법하게 시행된 공익사업으로 인하여 이주하게 된 주거용 건축물 세입자의 주거이전비 보상청구권은 공법상의 권리이고, 따라서 그 보상을 둘러싼 쟁송은 민사소송이 아니라 공법상의 법률관계를 대상으로 하는 행정소송에 의하여야 한다.

[2] 구 공익사업을 위한 토지 등의 취득 및 보상에 관한 법률 제78조 제5항, 제7항, 같은 법 시행규칙 제54조 제2항 본문, 제3항의 각 조문을 종합하여 보면, 세입자의 주거이전비 보상청구권은 그 요건을 충족하는

경우에 당연히 발생하는 것이므로, 주거이전비 보상청구소송은 행정소송법 제3조 제2호에 규정된 당사자소송에 의하여야 한다. 다만, 구 도시 및 주거환경정비법 제40조 제1항에 의하여 준용되는 구 공익사업을 위한 토지 등의 취득 및 보상에 관한 법률 제2조, 제50조, 제78조, 제85조 등의 각 조문을 종합하여 보면, 세입자의 주거이전비 보상에 관하여 재결이 이루어진 다음 세입자가 보상금의 증감 부분을 다투는 경우에는 같은 법 제85조 제2항에 규정된 행정소송에 따라, 보상금의 증감 이외의 부분을 다투는 경우에는 같은 조 제1항에 규정된 행정소송에 따라 권리구제를 받을 수 있다(대법원 2008. 5. 29. 선고 2007다8129 판결).

❷ 생활대책 관련

1) 생활대책의 헌법적 근거는 헌법 제23조 제3항이며, 생활대책 대상자 선정거부는 행정처분에 해당한다.

공익사업을 위한 토지 등의 취득 및 보상에 관한 법률은 제78조 제1항에서 "사업시행자는 공익사업의 시행으로 인하여 주거용 건축물을 제공함에 따라 생활의 근거를 상실하게 되는 자(이하 '이주대책대상자'라 한다)를 위하여 대통령령으로 정하는 바에 따라 이주대책을 수립·실시하거나 이주정착금을 지급하여야 한다."고 규정하고 있을 뿐, 생활대책용지의 공급과 같이 공익사업 시행 이전과 같은 경제수준을 유지할 수 있도록 하는 내용의 생활대책에 관한 분명한 근거 규정을 두고 있지는 않으나, 사업시행자 스스로 공익사업의 원활한 시행을 위하여 필요하다고 인정함으로써 생활대책을 수립·실시할 수 있도록 하는 내부규정을 두고 있고 내부규정에 따라 생활대책대상자 선정기준을 마련하여 생활대책을 수립·실시하는 경우에는, 이러한 생활대책 역시 "공공필요에 의한 재산권의 수용·사용 또는 제한 및 그에 대한 보상은 법률로써 하되, 정당한 보상을 지급하여야 한다."고 규정하고 있는 헌법 제23조 제3항에 따른 정당한 보상에 포함되는 것으로 보아야 한다. 따라서 이러한 생활대책대상자 선정기준에 해당하는 자는 사업시행자에게 생활대책대상자 선정 여부의 확인·결정을 신청할 수 있는 권리를 가지는 것이어서, 만일 사업시행자가 그러한 자를 생활대책대상자에서 제외하거나 선정을 거부하면, 이러한 생활대책대상자 선정기준에 해당하는 자는 사업시행자를 상대로 항고소송을 제기할 수 있다고 보는 것이 타당하다(대법원 2011. 10. 13. 선고 2008두17905 판결).

2) 생활대책 대상자로 선정되지 않았다는 재심사 결과 통보는 행정처분에 해당한다.

한국토지주택공사가 택지개발사업의 시행자로서 택지개발예정지구 공람공고일 이전부터 영업 등을 행한 자 등 일정 기준을 충족하는 손실보상대상자들에 대하여 생활대책을 수립·시행하였는데, 직권으로 갑 등이 생활대책대상자에 해당하지 않는다는 결정(이하 '부적격통보'라고 한다)을 하고, 갑 등의 이의신청에 대하여 재심사 결과로도 생활대책대상자로 선정되지 않았다는 통보(이하 '재심사통보'라고 한다)를 한 사안에서, 부적격통보가 심사대상자에 대하여 한국토지주택공사가 생활대책대상자 선정 신청을 받지 아니한 상태에서 자체적으로 가지고 있던 자료를 기초로 일정 기준을 적용한 결과를 일괄 통보한 것이고, 각 당사자의 개별·구체적 사정은 이의신청을 통하여 추가로 심사하여 고려하겠다는 취지를 포함하고 있다면, 갑 등은 이의신청을 통하여 비로소 생활대책대상자 선정에 관한 의견서 제출 등의 기회를 부여받게 되었고 한국토지주택공사도 그에 따른 재심사과정에서 당사자들이 제출한 자료 등을 함께 고려하여 생활대책대상자 선정기준의 충족 여부를 심사하여 재심사통보를 한 것이라고 볼 수 있는 점 등을 종합하면, 비록 재심사통보가 부적격통보와 결론이 같더라도, 단순히 한국토지주택공사의 업무처리의 적정 및 갑 등의 편의를 위한 조치에 불과한 것이 아니라 별도의 의사결정 과정과 절차를 거쳐 이루어진 독립한 행정처분으로서 항고소송의 대상이 되므로, 이와 달리 본 원심판단에 법리오해의 잘못이 있다고 한 사례(대법원 2016. 7. 14. 선고 2015두58645 판결).

사시12 甲은 주택을 소유하고 있었는데 그 지역이 한국토지주택공사가 사업자가 되어 시행하는 주택건설사업의 사업시행지구로 편입되면서 甲의 주택도 수용되었다. 사업시행자인 한국토지주택공사는 「공익사업을 위한 토지 등의 취득 및 보상에 관한 법률」제78조에 따라 이주대책의 일환으로 주택특별공급을 실시하기로 하였다. 그 후 甲은 「주택공급에 관한 규칙」제19조 제1항 제3호 규정에 따라 A아파트입주권을 특별분양하여 줄 것을 신청하였다. 그런데 한국토지주택공사는 甲이 A아파트의 입주자모집공고일을 기준으로 무주택세대주가 아니어서 특별분양 대상자에 해당되지 않는다는 이유로 특별분양신청을 거부하였다.

1. 甲이 한국토지주택공사를 피고로 하여 특별분양신청 거부처분취소소송을 제기한 경우, 그 적법성은? (제소기간은 준수한 것으로 본다) **(15점)** – 이주대책, 거부처분의 처분성

사시07 A시는 10여 년 전까지 석탄 산업으로 번창하던 도시였으나, 최근 석탄 산업의 쇠퇴로 현저하게 인구가 줄어들고 있다. 건설교통부장관은 관광레저형 기업도시를 건설하려는 민간기업인 주식회사 甲과 지역 개발을 위해 이를 유치하려는 A시장의 공동 제안에 따라 A시 외곽 지역에 개발구역을 지정·고시하고, 甲을 개발사업의 시행자로 지정하였다. 그 후 甲은 개발사업의 시행을 위해 필요한 토지 면적의 55%를 확보한 후, 해당 지역의 나머지 토지에 대한 소유권을 취득하기 위하여 토지소유자 乙, 丙 등과 합의하였으나 협의가 성립되지 않자 중앙토지수용위원회에 수용재결을 신청하였고, 동 위원회는 수용재결을 하였다.

(1) 乙은 甲에게 생활대책에 필요한 대체용지의 공급을 포함하는 이주대책의 수립을 신청하였지만 상당한 기간이 경과했는데도 甲은 이주대책을 수립하지 않고 있다. 이에 乙은 이주대책의 수립을 구하는 의무이행심판을 청구하였다. 심판청구의 인용가능성 유무와 재결의 형식을 검토하시오. **(20점)** – 이주대책, 의무이행심판, 인용재결의 형식

(2) 丙은 자신의 토지가 위 개발사업에 필요한 토지가 아니므로 수용재결이 위법하다고 주장한다. 丙이 자신의 토지를 수용당하지 않기 위하여 제기할 수 있는 불복방법을 논하시오. **(20점)** – 수용재결에 대한 불복수단

호남고속철도 사건

□ 대법원 2019. 11. 28. 선고 2018두227 판결

[사실관계]

원고는 호남고속철도(오송~광주송정)가 통과하는 □□ ~ ◇◇ 구간(이하 '이 사건 노선'이라 한다) 중 6공구로부터 최소 25m부터 최대 45m 지점에 위치한 원고 소유의 김제시 (주소 생략) 목장용지 4,365㎡(이하 '이 사건 토지'라 한다) 지상에서 '☆☆잠업사'(이하 '이 사건 잠업사'라 한다)라는 상호로 양잠업을 하고 있는 사람이다. 피고 한국철도시설공단(이하 '피고 공단'이라 한다)은 철도산업발전기본법 및 한국철도시설공단법에 의하여 철도시설의 건설 및 관리와 그 밖에 이와 관련되는 사업을 효율적으로 시행함으로써 국민의 교통편의를 증진하고 국민경제의 건전한 발전에 이바지함을 목적으로 설립된 법인이다. 국토해양부장관은 2009. 4. 16. 국토해양부고시 제2009-185호로 충청북도 청원군, 충청남도 연기군, 공주시, 논산시, 전라북도 익산시, 김제시, 정읍시, 전라남도 장성군, 광주광역시 광산구 일원 7,765,426㎡에 피고 공단을 사업시행자로 하여 고속철도를 건설하는 내용의 '호남고속철도 건설사업(오송~광주송정)'(이하 '이 사건 사업'이라 한다)에 대한 실시계획을 승인하고 이를 고시하였다. 이 사건 토지는 이 사건 사업의 사업구역에 포함되지 아니하였다. 피고 공단은 2009. 12. 4.부터 2014. 9.경까지 노반, 궤도, 전차선 공사 등 이 사건 노선의 주요 구조물 시공을 완료하였고, 2014. 9. 1.부터 2014 9. 30.까지 사전 점검을 하였으며, 2014. 11. 10.부터 2015. 1. 23.까지 시설물 검증을, 2015. 1. 26.부터 2015. 2. 28.까지 영업시운전을 마친 뒤 2015. 4. 2. 호남고속철도를 개통하였다.

원고는 "① 피고의 호남고속철도 공사는 공익사업에 해당하므로, 피고는 원고에게 공익사업을 위한 토지 등의 취득 및 보상에 관한 법률(이하 '토지보상법'이라 한다) 제79조 제2항에서 정한 손실보상금(잠업사의 이전비 및 영업손실의 보상)을 지급할 의무가 있다. ② 피고 공단이 호남고속철도를 완공하고 이를 운행하여 수인한도를 초과하는 소음 및 진동이 발생하였고, 그로 인하여 원고의 손해가 발생하였으므로, 환경정책기본법 제44조 제1항에 따라 피고는 원고에게 손해배상금을 지급할 의무가 있다"고 주장하고 있다. 이에 원고는 중앙토지수용위원회에 이 사건 잠업사의 이전비 및 영업손실의 보상을 구하는 손실보상재결을 신청하였으나, 중앙토지위원회는 손실보상대상에 해당하지 않는다고 판단하여 2013. 7. 18. 기각재결을 하였다. 이에 원고는 피고 공단을 상대로 토지보상법 제85조 제2항에 따른 보상금증감청구소송을 제기하면서, 손해배상청구소송을 관련청구로 병합하였다.

[참조조문]

공익사업을 위한 토지 등의 취득 및 보상에 관한 법률

제79조(그 밖의 토지에 관한 비용보상 등) ② 공익사업이 시행되는 지역 밖에 있는 토지등이 공익사업의 시행으로 인하여 본래의 기능을 다할 수 없게 되는 경우에는 국토교통부령으로 정하는 바에 따라 그 손실을 보상하여야 한다.

공익사업을 위한 토지 등의 취득 및 보상에 관한 법률 시행규칙

제64조(공익사업시행지구밖의 영업손실에 대한 보상) ① 공익사업시행지구밖에서 제45조에 따른 영업손실의 보상대상이 되는 영업을 하고 있는 자가 공익사업의 시행으로 인하여 다음 각 호의 어느 하나에 해당하는 경우에는 그

영업자의 청구에 의하여 당해 영업을 공익사업시행지구에 편입되는 것으로 보아 보상하여야 한다.
1. 배후지의 3분의 2 이상이 상실되어 그 장소에서 영업을 계속할 수 없는 경우
2. 진출입로의 단절, 그 밖의 부득이한 사유로 인하여 일정한 기간 동안 휴업하는 것이 불가피한 경우

환경정책기본법

제44조(환경오염의 피해에 대한 무과실책임) ① 환경오염 또는 환경훼손으로 피해가 발생한 경우에는 해당 환경오염 또는 환경훼손의 원인자가 그 피해를 배상하여야 한다.

[판결요지]

[1] 공익사업을 위한 토지 등의 취득 및 보상에 관한 법률 시행규칙 제64조 제1항 제2호에서 정한 공익사업시행지구 밖 영업손실보상의 요건인 '공익사업의 시행으로 인한 그 밖의 부득이한 사유로 일정 기간 동안 휴업이 불가피한 경우'에 공익사업의 시행 결과로 휴업이 불가피한 경우가 포함되는지 여부(적극)

「공익사업을 위한 토지 등의 취득 및 보상에 관한 법률」(이하 '토지보상법'이라고 한다) 제79조 제2항의 위임에 따른 같은 법 시행규칙(이하 '시행규칙'이라고 한다) 제64조 제1항 제2호에 의하면, 공익사업시행지구 밖에서 영업손실의 보상대상이 되는 영업을 하고 있는 자가 공익사업의 시행으로 인하여 '진출입로의 단절, 그 밖의 부득이한 사유로 인하여 일정한 기간 동안 휴업하는 것이 불가피한 경우'에 해당하는 경우 그 영업자의 청구에 의하여 당해 영업을 공익사업시행지구에 편입되는 것으로 보아 보상하여야 한다. 이러한 보상청구권은 공익사업의 시행이라는 적법한 공권력의 행사로 발생한 재산상 특별한 희생에 대하여 전체적인 공평부담의 견지에서 공익사업의 주체가 보상하여 주는 손실보상의 일종으로서 공법상 권리에 해당하므로 그에 관한 쟁송은 민사소송이 아닌 행정소송 절차에 의하여야 한다.

모든 국민의 재산권은 보장되고, 공공필요에 의한 재산권의 수용 등에 대하여는 정당한 보상을 지급하여야 하는 것이 헌법의 대원칙이고(헌법 제23조), 법률도 그런 취지에서 공익사업의 시행 결과 공익사업의 시행이 공익사업시행지구 밖에 미치는 간접손실 등에 대한 보상의 기준 등에 관하여 상세한 규정을 마련해 두거나 하위법령에 세부사항을 정하도록 위임하고 있다.

이러한 공익사업시행지구 밖의 영업손실은 공익사업의 시행과 동시에 발생하는 경우도 있지만, 공익사업에 따른 공공시설의 설치공사 또는 설치된 공공시설의 가동·운영으로 발생하는 경우도 있어 그 발생원인과 발생시점이 다양하므로, 공익사업시행지구 밖의 영업자가 발생한 영업상 손실의 내용을 구체적으로 특정하여 주장하지 않으면 사업시행자로서는 영업손실보상금 지급의무의 존부와 범위를 구체적으로 알기 어려운 특성이 있다. 공익사업을 위한 토지 등의 취득 및 보상에 관한 법률 제79조 제2항에 따른 손실보상의 기한을 공사완료일부터 1년 이내로 제한하면서도 영업자의 청구에 따라 보상이 이루어지도록 규정한 것[공익사업을 위한 토지 등의 취득 및 보상에 관한 법률 시행규칙(이하 '시행규칙'이라 한다) 제64조 제1항]이나 손실보상의 요건으로서 공익사업시행지구 밖에서 발생하는 영업손실의 발생원인에 관하여 별다른 제한 없이 '그 밖의 부득이한 사유'라는 추상적인 일반조항을 규정한 것(시행규칙 제64조 제1항 제2호)은 간접손실로서 영업손실의 이러한 특성을 고려한 결과이다.

위와 같은 공익사업시행지구 밖 영업손실보상의 특성과 헌법이 정한 '정당한 보상의 원칙'에 비추어 보면, 공익사업시행지구 밖 영업손실보상의 요건인 '공익사업의 시행으로 인한 그 밖의 부득이한 사유로 일정 기간 동안 휴업이 불가피한 경우'란 공익사업의 시행 또는 시행 당시 발생한 사유로 휴업이 불가피한 경우만

을 의미하는 것이 아니라 공익사업의 시행 결과, 즉 그 공익사업의 시행으로 설치되는 시설의 형태·구조·사용 등에 기인하여 휴업이 불가피한 경우도 포함된다고 해석함이 타당하다.

[2] 실질적으로 같은 내용의 손해에 관하여 공익사업을 위한 토지 등의 취득 및 보상에 관한 법률 제79조 제2항에 따른 손실보상과 환경정책기본법 제44조 제1항에 따른 손해배상청구권이 동시에 성립하는 경우, 영업자가 두 청구권을 동시에 행사할 수 있는지 여부(소극) 및 '해당 사업의 공사완료일로부터 1년'이라는 손실보상 청구기간이 지나 손실보상청구권을 행사할 수 없는 경우에도 손해배상청구가 가능한지 여부(적극)

공익사업을 위한 토지 등의 취득 및 보상에 관한 법률(이하 '토지보상법'이라 한다) 제79조 제2항(그 밖의 토지에 관한 비용보상 등)에 따른 손실보상과 환경정책기본법 제44조 제1항(환경오염의 피해에 대한 무과실책임)에 따른 손해배상은 근거 규정과 요건·효과를 달리하는 것으로서, 각 요건이 충족되면 성립하는 별개의 청구권이다. 다만 손실보상청구권에는 이미 '손해 전보'라는 요소가 포함되어 있어 실질적으로 같은 내용의 손해에 관하여 양자의 청구권을 동시에 행사할 수 있다고 본다면 이중배상의 문제가 발생하므로, 실질적으로 같은 내용의 손해에 관하여 양자의 청구권이 동시에 성립하더라도 영업자는 어느 하나만을 선택적으로 행사할 수 있을 뿐이고, 양자의 청구권을 동시에 행사할 수는 없다. 또한 '해당 사업의 공사완료일로부터 1년'이라는 손실보상 청구기간(토지보상법 제79조 제5항, 제73조 제2항)이 도과하여 손실보상청구권을 더 이상 행사할 수 없는 경우에도 손해배상의 요건이 충족되는 이상 여전히 손해배상청구는 가능하다.

[3] 공익사업으로 인하여 공익사업시행지구 밖에서 영업을 휴업하는 자가 공익사업을 위한 토지 등의 취득 및 보상에 관한 법률 제34조, 제50조 등에 규정된 재결절차를 거치지 않은 채 곧바로 사업시행자를 상대로 공익사업을 위한 토지 등의 취득 및 보상에 관한 법률 시행규칙 제47조 제1항에 따라 영업손실에 대한 보상을 청구할 수 있는지 여부(소극)

공익사업을 위한 토지 등의 취득 및 보상에 관한 법률(이하 '토지보상법'이라 한다) 제26조, 제28조, 제30조, 제34조, 제50조, 제61조, 제79조, 제80조, 제83조 내지 제85조의 규정 내용과 입법 취지 등을 종합하면, 공익사업으로 인하여 공익사업시행지구 밖에서 영업을 휴업하는 자가 사업시행자로부터 공익사업을 위한 토지 등의 취득 및 보상에 관한 법률 시행규칙 제47조 제1항에 따라 영업손실에 대한 보상을 받기 위해서는, 토지보상법 제34조, 제50조 등에 규정된 재결절차를 거친 다음 그 재결에 대하여 불복이 있는 때에 비로소 토지보상법 제83조 내지 제85조에 따라 권리구제를 받을 수 있을 뿐이다. 이러한 재결절차를 거치지 않은 채 곧바로 사업시행자를 상대로 손실보상을 청구하는 것은 허용되지 않는다.

[4] 어떤 보상항목이 공익사업을 위한 토지 등의 취득 및 보상에 관한 법령상 손실보상대상에 해당함에도 관할 토지수용위원회가 사실을 오인하거나 법리를 오해함으로써 손실보상대상에 해당하지 않는다고 잘못된 내용의 재결을 한 경우, 피보상자가 제기할 소송과 그 상대방

어떤 보상항목이 공익사업을 위한 토지 등의 취득 및 보상에 관한 법령상 손실보상대상에 해당함에도 관할 토지수용위원회가 사실을 오인하거나 법리를 오해함으로써 손실보상대상에 해당하지 않는다고 잘못된 내용의 재결을 한 경우에는 피보상자는 관할 토지수용위원회를 상대로 그 재결에 대한 취소소송을 제기할 것이 아니라, 사업시행자를 상대로 공익사업을 위한 토지 등의 취득 및 보상에 관한 법률 제85조 제2항에 따른 보상금증감소송을 제기하여야 한다.

용인-서울 고속도로 건설사업 사건

□ 대법원 2015. 8. 19. 선고 2014다201391 판결

[사실관계]

한국토지주택공사(이하 '乙공사'라 한다)는 공익사업을 위한 토지 등의 취득 및 보상에 관한 법률(이하 '공익사업법'이라 한다) 제4조 제5호 소정의 공익사업인 용인흥덕택지개발사업(이하 '이 사건 택지개발사업'이라 한다)을 위하여 보상금 576,352,000원을 원고 甲에게 지급하고, 2005. 6. 3. 甲 소유의 용인시 기흥구 (주소 생략) 전 992㎡(이하 '이 사건 수용토지'라 한다)에 관하여 수용을 원인으로 한 소유권이전등기를 마쳤다. 한편 국토해양부 장관은 2006. 8. 22. 사업시행자를 '경수고속도로 주식회사'로 하여 사회기반시설에 대한 민간투자법 제15조에 따른 민간투자사업으로 '용인-서울 고속도로 건설사업' 2단계 구간에 대한 실시계획을 승인·고시하고, 2010. 3. 5. 위 사업실시계획의 변경을 승인하였다. 이 사건 수용토지 중 일부는 그 본래의 수용목적인 이 사건 택지개발사업에 사용되었으나, 나머지 일부가 포함된 용인시 기흥구 (주소 생략) 도로 10781.4㎡는 공익사업법 제4조 제2호 소정의 공익사업인 위 고속도로 건설사업(이하 '이 사건 고속도로 건설사업'이라 한다)을 위하여 대한민국에게 무상귀속되어 대한민국 명의로 소유권이전등기(이하 '이 사건 소유권이전등기'라 한다)가 경료되었다. 이에 甲은 2013. 11. 20. 이 사건 편입토지에 대한 환매권 행사를 목적으로 乙공사를 피공탁자로 하여 이 사건 편입토지에 대하여 받은 보상금에 상당하는 금액인 119,105,000원을 공탁하고, 2013. 11. 21. 乙공사에게 환매권을 행사하였다.

이에 원고는

가. 피고 대한민국은 피고 한국토지주택공사에게 용인시 기흥구 (주소 2 생략) 도로 10,781.4㎡ 중 별지 도면 표시 1, 11, 56, 16, 55, 1의 각 점을 차례로 연결한 선내 ㉮ 부분 205㎡에 관하여 수원지방법원 용인등기소 2011. 1. 19. 접수 제9139호로 마친 소유권이전등기의 말소등기절차를,

나. 피고 한국토지주택공사는 위 ㉮ 부분 205㎡에 관하여 원고에게 2013. 11. 22. 환매를 원인으로 한 소유권이전등기절차를

각 이행하라는 내용의 소송을 제기했다.

[판결요지]

□ 공익사업을 위한 토지 등의 취득 및 보상에 관한 법률 제91조 제6항에서 정한 '공익사업의 변환'은 변경된 공익사업의 시행자가 '국가·지방자치단체 또는 공공기관의 운영에 관한 법률 제4조에 따른 공공기관 중 대통령령으로 정하는 공공기관'이어야 인정되는지 여부(소극)

공익사업을 위한 토지 등의 취득 및 보상에 관한 법률(이하 '토지보상법'이라고 한다) 제91조 제6항 전문은 당초의 공익사업이 공익성의 정도가 높은 다른 공익사업으로 변경되고 그 다른 공익사업을 위하여 토지를 계속 이용할 필요가 있을 경우에는, 환매권의 행사를 인정한 다음 다시 협의취득이나 수용 등의 방법으로 그 토지를 취득하는 번거로운 절차를 되풀이하지 않게 하기 위하여 이른바 '공익사업의 변환'을 인정함으로써 환매권의 행사를 제한하려는 것이다. 토지보상법 제91조 제6항 전문 중 '해당 공익사업이 제4조 제1호부

터 제5호까지에 규정된 다른 공익사업으로 변경된 경우' 부분에는 별도의 사업주체에 관한 규정이 없음에도 그 앞부분의 사업시행 주체에 관한 규정이 뒷부분에도 그대로 적용된다고 해석하는 것은 문리해석에 부합하지 않는다. 토지보상법 제91조 제6항의 입법 취지와 문언, 1981. 12. 31. 구 토지수용법(2002. 2. 4. 법률 제6656호로 제정된 토지보상법 부칙 제2조에 의하여 폐지)의 개정을 통해 처음 마련된 공익사업 변환 제도는 기존에 공익사업을 위해 수용된 토지를 그 후의 사정변경으로 다른 공익사업을 위해 전용할 필요가 있는 경우에는 환매권을 제한함으로써 무용한 수용절차의 반복을 피하자는 데 주안점을 두었을 뿐 변경된 공익사업의 사업주체에 관하여는 큰 의미를 두지 않았던 점, 민간기업이 관계 법률에 따라 허가·인가·승인·지정 등을 받아 시행하는 도로, 철도, 항만, 공항 등의 건설사업의 경우 공익성이 매우 높은 사업임에도 사업시행자가 민간기업이라는 이유만으로 공익사업의 변환을 인정하지 않는다면 공익사업 변환 제도를 마련한 취지가 무색해지는 점, 공익사업의 변환이 일단 토지보상법 제91조 제6항에 정한 '국가·지방자치단체 또는 공공기관의 운영에 관한 법률 제4조에 따른 공공기관 중 대통령령으로 정하는 공공기관'(이하 '국가·지방자치단체 또는 일정한 공공기관'이라고 한다)이 협의취득 또는 수용한 토지를 대상으로 하고, 변경된 공익사업이 공익성이 높은 토지보상법 제4조 제1~5호에 규정된 사업인 경우에 한하여 허용되므로 공익사업 변환 제도의 남용을 막을 수 있는 점을 종합해 보면, 변경된 공익사업이 토지보상법 제4조 제1~5호에 정한 공익사업에 해당하면 공익사업의 변환이 인정되는 것이지, 변경된 공익사업의 시행자가 국가·지방자치단체 또는 일정한 공공기관일 필요까지는 없다.

[참고판례]

□ 사업시행자가 동일하지 않는 경우에도 공익사업의 변환이 허용된다.

이른바 "공익사업의 변환"이 국가·지방자치단체 또는 정부투자기관이 사업인정을 받아 토지를 협의취득 또는 수용한 경우에 한하여, 그것도 사업인정을 받은 공익사업이 공익성의 정도가 높은 토지수용법 제3조 제1호 내지 제4호에 규정된 다른 공익사업으로 변경된 경우에만 허용되도록 규정하고 있는 토지수용법 제71조 제7항 등 관계법령의 규정내용이나 그 입법이유 등으로 미루어 볼 때, 같은 법 제71조 제7항 소정의 "공익사업의 변환"이 국가·지방자치단체 또는 정부투자기관 등 사업시행자가 동일한 경우에만 허용되는 것으로 해석되지는 않는다(대법원 1994. 1. 25. 선고 93다11760 판결).

기출문제

사시17 A시는 도로사업 부지를 취득하기 위하여 「공익사업을 위한 토지 등의 취득 및 보상에 관한 법률」(이하 '토지보상법'이라 한다)에 따라 2013. 11. 15. 甲으로부터 토지를 협의취득하여 2013. 11. 22. A시 앞으로 소유권이전등기를 마쳤다. 그 후 A시의 시장은 甲의 토지를 포함한 이 사건 도로사업 부지를 택지개발사업에 이용하기 위해 2016. 4. 25. 도로사업을 토지보상법상 사업인정이 의제되는 택지개발사업으로 변경·고시하였다. 甲은 자신의 토지가 도로사업에 필요 없게 되었다고 판단하여 보상금에 상당하는 금액을 공탁한 후, 2017. 3. 24. A시에게 환매의사표시를 하고 소유권이전등기청구소송을 제기하였다. 이 청구는 인용될 수 있겠는가? **(20점)** - 공익사업의 변환과 환매권 행사 제한

우현1지구 토지구획정리조합 사건

□ 대법원 2016. 12. 15. 선고 2016다221566 판결

[사실관계]

피고 조합은 1996. 1. 27. 조합설립인가 및 사업시행인가를 받고 포항시 북구 우현동·학산동·창포동 일원 289,800㎡에 관하여 토지구획정리사업을 시행하고 있다. 피고 조합은 1997. 4. 24. 환지계획을 인가받으면서 포항시 북구 (주소 생략) 학교교지 16,463㎡(이하 '이 사건 토지'라고 한다)를 체비지[26] 겸 학교용지로 인가받고, 체비지대장에 피고 조합을 이 사건 토지의 소유자로 등재하였다. 피고 조합 대의원회는 2009. 5. 25. 피고 조합이 피고 선원건설 주식회사(이하 '피고 회사'라고 한다)에 부담하는 35,771,626,000원의 채무에 대하여 이 사건 토지를 대물변제하기로 결의하였고, 이에 따라 피고 조합은 2009. 7. 31. 체비지대장상 이 사건 토지의 소유자명의를 피고 회사 앞으로 이전해주었다. 한편 현재까지 위 토지구획정리사업에 대한 환지처분은 이루어지지 않은 상태이다.

이에 원고(경상북도)는

가. 원고와 피고 우현1지구 토지구획정리조합 사이에서, 원고가 포항시 북구 (주소 생략) 학교교지 16,463㎡에 관하여 구 토지구획정리사업법(2000. 1. 28. 법률 제6252호로 폐지되기 전의 것) 제63조에 규정된 환지처분의 공고가 있은 날의 익일에 원시적으로 소유권을 취득할 지위에 있음을 확인한다.

나. 피고 선원건설 주식회사는 원고에게 제1항 기재 토지에 관하여 체비지대장상 2009. 7. 31. 피고 선원건설 주식회사 명의로 소유권이전등재된 소유자명의의 말소절차를 이행하라.

는 내용의 소송을 제기하였다.

[판결요지]

□ 갑 토지구획정리조합이 환지계획을 인가받으면서 체비지 겸 학교용지로 인가받은 토지에 대하여 체비지대장에 갑 조합을 토지의 소유자로 등재한 후 소유자명의를 을 주식회사 앞으로 이전하였는데, 환지처분이 이루어지지 않은 상태에서 병 지방자치단체가 갑 조합을 상대로 환지처분의 공고 다음 날에 토지의 소유권을 원시취득할 지위에 있음의 확인을 구한 사안에서, 병 지방자치단체는 갑 조합을 상대로 위와 같은 지위 확인을 구할 확인의 이익이 있고, 이는 행정소송법상 당사자소송에 해당한다고 한 사례

갑 토지구획정리조합이 환지계획을 인가받으면서 체비지 겸 학교용지로 인가받은 토지에 대하여 체비지대장에 갑 조합을 토지의 소유자로 등재한 후 소유자명의를 을 주식회사 앞으로 이전하였는데, 환지처분이 이루어지지 않은 상태에서 병 지방자치단체가 갑 조합을 상대로 환지처분의 공고 다음 날에 토지의 소유권을 원시취득할 지위에 있음의 확인을 구한 사안에서, 위 토지가 환지계획에서 초등학교 및 중고등학교 교육에 필요한 학교용지로 지정되어 있으면 장차 환지처분 및 공고가 있게 되면 병 지방자치단체가 소유

---

[26] 사업시행자가 사업에 필요한 경비에 충당하거나 규약·정관·시행규정 또는 실시계획으로 정하는 목적을 위하여 일정한 토지를 환지로 정하지 아니하고 보류지로 정할 수 있는데, 이러한 보류지 중 사업시행자가 도시개발사업에 필요한 경비에 충당하기 위해 매각하여 처분할 수 있는 토지가 바로 체비지이다. 사업시 매각처분되지 않은 체비지는 환지처분의 공고가 있는 날의 다음날에 사업시행자에게 소유권이 귀속된다.

권을 원시취득하므로, 토지에 대한 병 지방자치단체의 이익은 비록 불확정적이라도 보호할 가치 있는 법적 이익에 해당하고, 구 토지구획정리사업법(2000. 1. 28. 법률 제6252호로 폐지) 제63조, 제80조 등의 취지는 학교교육이라는 중대한 공익의 실현에 필수적인 학교용지를 안정적이고 확실하게 확보할 수 있도록 하려는 것인데, 체비지대장상의 소유자명의대로 환지처분이 되어 갑 조합이나 을 회사 등 제3자 앞으로 토지의 소유권이 귀속된 것 같은 외관이 생기게 되면, 분쟁의 해결이 더욱 복잡해지고 학교용지의 확보에 차질을 빚게 될 수 있으므로, 확인소송을 통해 그러한 위험이나 불안을 제거할 이익과 필요가 있으며, 갑 조합이 토지를 체비지대장에 등재하는 등으로 병 지방자치단체의 지위를 다투고 있는 반면, 병 지방자치단체가 현재의 상태에서 토지에 대하여 물권 유사의 사용수익권이나 관리권 등을 행사할 수 없으므로, 사업시행자인 갑 조합을 상대로 확인판결을 받는 것은 병 지방자치단체의 법률상 지위에 대한 위험이나 불안을 제거하기 위한 유효적절한 수단이므로, 확인의 이익이 있고, 나아가 토지구획정리사업에 따른 공공시설용지의 원시취득으로 형성되는 국가 또는 지방자치단체와 사업시행자 사이의 관계는 공법관계이므로, 위와 같은 지위의 확인을 구하는 것은 행정소송법상 당사자소송에 해당한다고 한 사례.

[참고판례]

❶ 환지계획은 행정처분이 아니다.

토지구획정리사업법 제57조, 제62조 등의 규정상 환지예정지 지정이나 환지처분은 그에 의하여 직접 토지소유자 등의 권리의무가 변동되므로 이를 항고소송의 대상이 되는 처분이라고 볼 수 있으나, 환지계획은 위와 같은 환지예정지 지정이나 환지처분의 근거가 될 뿐 그 자체가 직접 토지소유자 등의 법률상의 지위를 변동시키거나 또는 환지예정지 지정이나 환지처분과는 다른 고유한 법률효과를 수반하는 것이 아니어서 이를 항고소송의 대상이 되는 처분에 해당한다고 할 수가 없다(대법원 1998. 8. 20. 선고 97누6889 판결).

❷ 환지처분의 공고 이후에는 환지예정지 지정처분의 취소를 구할 법률상 이익이 없다.

환지예정지지정처분은 사업시행자가 사업시행지구 내의 종전 토지 소유자로 하여금 환지예정지지정처분의 효력발생일로부터 환지처분의 공고가 있는 날까지 당해 환지예정지를 사용수익할 수 있게 하는 한편 종전의 토지에 대하여는 사용수익을 할 수 없게 하는 처분에 불과하고 환지처분이 일단 공고되어 효력을 발생하게 되면 환지예정지지정처분은 그 효력이 소멸되는 것이므로, 환지처분이 공고된 후에는 환지예정지지정처분에 대하여 그 취소를 구할 법률상 이익은 없다(대법원 1999. 10. 8. 선고 99두6873 판결).

❸ 환지처분의 일부에 대한 취소를 구할 법률상 이익은 없다.

토지구획정리사업법에 의한 환지처분이 일단 공고되어 그 효력을 발생한 이상 환지 전체의 절차를 처음부터 다시 밟지 않는 한 그 일부만을 따로 떼어 환지처분을 변경할 길이 없으므로 그 환지처분 중 일부 토지에 관하여 환지도 지정하지 아니하고 또 정산금도 지급하지 아니한 위법이 있다 하여도 이를 이유로 민법상의 불법행위로 인한 손해배상을 구할 수 있으므로 그 환지확정처분의 일부에 대하여 취소를 구할 법률상 이익은 없다(대법원 1985. 4. 23. 선고 84누446 판결).

청진구역 재개발 사건

□ 대법원 2013. 6. 13. 선고 2011두19994 판결

[사실관계]

건설부장관(현 국토해양부장관)은 1979. 11. 22. 건설부 고시 제1979-428호로 서울 종로구 청진동 및 종로1가, 공평동 일부 57,124㎡를 「청진구역」재개발구역으로 지정하였다. 이후 서울특별시장은 1997. 11. 3. 서울특별시 고시 제1997-339호로 청진구역의 사업시행지구를 19개로 세분하는 재개발구역변경결정을 고시하였고, 2008. 11. 13. 서울특별시 고시 제2008-409호로 청진구역의 사업시행지구 중 청진동 (지번 1 생략) 일대에 위치한 제12 내지 16지구를 통합하고, 그 지구의 사업명칭을 '청진구역 제12-16지구 도시환경정비사업(이하 '이 사건 사업')으로 정하고, 그 면적을 14,225.3㎡로 변경하는 내용의 정비구역 변경지정 및 지형도면을 고시하였다. 한편 지엘피에프브이원 주식회사(이하 乙)는 이 사건 사업구역에서 복합상업용 건물 신축 및 분양 사업을 시행하기 위하여 2007. 5. 28. 설립된 법인으로서, 乙은 2009. 3. 25. 이 사건 사업구역 내의 토지 및 건물소유자들을 대상으로 임시총회를 개최하여 이 사건 사업구역에서 도시환경정비사업을 시행하기 위한 규약 및 사업시행계획의 확정과 사업시행인가 신청을 의결하였다. 乙은 위 의결에 따라 서울특별시 종로구청장 丙에게 이 사건 사업구역 내의 토지등소유자 120명 중 99명(토지소유자 수 95인 중 75인, 건축물소유자수 25인 중 24인)의 동의를 받았다면서 구 도시 및 주거환경정비법(2009. 2. 6. 법률 제9444호로 개정되기 전의 것, 이하 '구 도시정비법') 제28조 제1항의 규정에 의하여 이 사건 사업시행인가신청을 하였다. 丙은 乙이 이 사건 사업시행에 대하여 토지등소유자의 4분의 3 이상의 동의를 얻은 것으로 보아, 2009. 5. 15. 乙에 대하여 사업시행인가처분을 한 후, 같은 달 22. 서울특별시 종로구 고시 제2009-27호로 이를 고시하였다. 이후 乙은 2009. 6. 30. 분양신청기간을 2009. 7. 1.부터 같은 해 7. 31.까지로 정하여 토지등소유자에게 이를 개별적으로 통지하였고, 관리처분계획을 수립한 다음 2008. 8. 26. 토지등소유자의 총회를 개최하여 이를 의결하였으며, 丙은 2009. 12. 31. 위와 같은 내용의 관리처분계획을 인가하고 서울특별시 종로구 고시 제2009-81호로 이를 고시하였다.

한편 甲은 이 사건 사업구역 내에 위치하고 있는 서울 종로구 종로 1가 (지번 2 생략)번지 177.9㎡, (지번 3 생략)번지 9.3㎡, (지번 4 생략)번지 0.7㎡ 각 토지 및 위 (지번 2 생략)번지, (지번 3 생략)번지 양 지상 목조 도단즙 영업용 92.64㎡ 건물을 소유하던 자로서, 甲은 乙이 이 사건 사업구역 내 토지등소유자로부터 이 사건 사업시행계획에 대한 동의를 받으면서 구 도시정비법 제30조, 같은 법 시행령 제41조 제2항 제5호 자금계획 내용을 누락하였으므로 위 사업시행계획에 대한 동의는 무효이고, 丙이 위와 같은 하자를 간과한 채 이 사건 사업시행인가처분을 한 이상, 이 사건 사업시행인가처분에도 중대, 명백한 하자가 존재한다고 주장하며 이 사건 사업시행인가처분에 대한 무효확인소송을 제기하였다.

[판결요지]

[1] 토지소유자들이 조합을 따로 설립하지 않고 직접 시행하는 도시환경정비사업에서 사업시행인가처분은 설권적 처분(=특허)의 성격을 가진다.

구 도시 및 주거환경정비법 제8조 제3항, 제28조 제1항에 의하면, 토지 등 소유자들이 그 사업을 위한 조합을 따로 설립하지 아니하고 직접 도시환경정비사업을 시행하고자 하는 경우에는 사업시행계획서에 정관

등과 그 밖에 국토해양부령이 정하는 서류를 첨부하여 시장·군수에게 제출하고 사업시행인가를 받아야 하고, 이러한 절차를 거쳐 사업시행인가를 받은 토지 등 소유자들은 관할 행정청의 감독 아래 정비구역 안에서 구 도시정비법상의 도시환경정비사업을 시행하는 목적 범위 내에서 법령이 정하는 바에 따라 일정한 행정작용을 행하는 행정주체로서의 지위를 가진다. 그렇다면 토지 등 소유자들이 직접 시행하는 도시환경정비사업에서 토지 등 소유자에 대한 사업시행인가처분은 단순히 사업시행계획에 대한 보충행위로서의 성질을 가지는 것이 아니라 구 도시정비법상 정비사업을 시행할 수 있는 권한을 가지는 행정주체로서의 지위를 부여하는 일종의 설권적 처분의 성격을 가진다.

[2] 도시환경정비사업을 직접 시행하려는 토지 등 소유자들이 사업시행인가를 받기 전에 작성한 사업시행계획은 항고소송의 대상이 되는 독립된 행정처분에 해당하지 않는다.

도시환경정비사업을 직접 시행하려는 토지 등 소유자들은 시장·군수로부터 사업시행인가를 받기 전에는 행정주체로서의 지위를 가지지 못한다. 따라서 그가 작성한 사업시행계획은 인가처분의 요건 중 하나에 불과하고 항고소송의 대상이 되는 독립된 행정처분에 해당하지 아니한다고 할 것이다.

[참고판례]

❶ 조합설립결의 및 조합설립인가처분의 법적 성격

[1] 행정청이 도시 및 주거환경정비법 등 관련 법령에 의하여 행하는 조합설립인가처분의 법적 성격 및 조합설립인가처분이 있은 후에 조합설립결의의 하자를 이유로 그 결의 부분만을 따로 떼어내어 무효 등 확인의 소를 제기하는 것이 허용되는지 여부(소극)

행정청이 도시 및 주거환경정비법 등 관련 법령에 근거하여 행하는 조합설립인가처분은 단순히 사인들의 조합설립행위에 대한 보충행위로서의 성질을 갖는 것에 그치는 것이 아니라 법령상 요건을 갖출 경우 도시 및 주거환경정비법상 주택재건축사업을 시행할 수 있는 권한을 갖는 행정주체(공법인)로서의 지위를 부여하는 일종의 설권적 처분의 성격을 갖는다고 보아야 한다. 그리고 그와 같이 보는 이상 조합설립결의는 조합설립인가처분이라는 행정처분을 하는 데 필요한 요건 중 하나에 불과한 것이어서, 조합설립결의에 하자가 있다면 그 하자를 이유로 직접 항고소송의 방법으로 조합설립인가처분의 취소 또는 무효확인을 구하여야 하고, 이와는 별도로 조합설립결의 부분만을 따로 떼어내어 그 효력 유무를 다투는 확인의 소를 제기하는 것은 원고의 권리 또는 법률상의 지위에 현존하는 불안·위험을 제거하는 데 가장 유효·적절한 수단이라 할 수 없어 특별한 사정이 없는 한 확인의 이익은 인정되지 아니한다.

[2] 도시 및 주거환경정비법상 주택재건축정비사업조합에 대한 행정청의 조합설립인가처분이 있은 후에 조합설립결의의 하자를 이유로 민사소송으로 그 결의의 무효 등 확인을 구한 사안에서, 그 소가 확인의 이익이 없는 부적법한 소에 해당한다고 볼 여지가 있으나, 재건축조합에 관한 설립인가처분을 보충행위로 보았던 종래의 실무관행 등에 비추어 그 소의 실질이 조합설립인가처분의 효력을 다투는 취지라고 못 볼 바 아니고, 여기에 소의 상대방이 행정주체로서의 지위를 갖는 재건축조합이라는 점을 고려하면, 그 소가 공법상 법률행위에 관한 것으로서 행정소송의 일종인 당사자소송으로 제기된 것으로 봄이 상당하고, 그 소는 이송 후 관할법원의 허가를 얻어 조합설립인가처분에 대한 항고소송으로 변경될 수 있어 관할법원인 행정법원으로 이송함이 마땅하다고 한 사례(대법원 2009. 9. 24. 선고 2008다60568 판결).

❷ 조합설립추진위원회 구성승인처분을 다투는 소송 계속 중 조합설립인가처분이 이루어진 경우, 조합설립추진위원회 구성승인처분에 대하여 취소 또는 무효확인을 구할 법률상 이익이 없다.

구 도시 및 주거환경정비법(이하 '구 도시정비법'이라고 한다) 제13조 제1항, 제2항, 제14조 제1항, 제15조 제4항, 제5항 등 관계 법령의 내용, 형식, 체제 등에 비추어 보면, 조합설립추진위원회(이하 '추진위원회'라고 한

다) 구성승인처분은 조합의 설립을 위한 주체인 추진위원회의 구성행위를 보충하여 그 효력을 부여하는 처분으로서 조합설립이라는 종국적 목적을 달성하기 위한 중간단계의 처분에 해당하지만, 그 법률요건이나 효과가 조합설립인가처분의 그것과는 다른 독립적인 처분이기 때문에, 추진위원회 구성승인처분에 대한 취소 또는 무효확인 판결의 확정만으로는 이미 조합설립인가를 받은 조합에 의한 정비사업의 진행을 저지할 수 없다. 따라서 추진위원회 구성승인처분을 다투는 소송 계속 중에 조합설립인가처분이 이루어진 경우에는 추진위원회 구성승인처분에 위법이 존재하여 조합설립인가 신청행위가 무효라는 점 등을 들어 직접 조합설립인가처분을 다툼으로써 정비사업의 진행을 저지하여야 하고, 이와는 별도로 추진위원회 구성승인처분에 대하여 취소 또는 무효확인을 구할 법률상의 이익은 없다고 보아야 한다(대법원 2013. 1. 31. 선고 2011두11112 판결).

❸ 조합설립추진위원회 구성승인처분의 하자를 들어 조합설립인가처분을 위법하다고 할 수 있는지 여부(원칙적 소극) 및 예외적으로 조합설립추진위원회의 구성이나 인가처분의 위법사유를 이유로 조합설립인가처분의 효력을 다툴 수 있는 경우

구 '도시 및 주거환경정비법'(이하 '구 도시정비법'이라고 한다) 제13조 제1항, 제2항, 제14조 제1항, 제15조 제4항, 제5항, 제16조 제1항, 제18조 제1항, 제2항, 제20조, 제21조 등의 체계, 내용 및 취지에 비추어 보면, 조합설립추진위원회(이하 '추진위원회'라고 한다)의 구성을 승인하는 처분은 조합의 설립을 위한 주체에 해당하는 비법인 사단인 추진위원회를 구성하는 행위를 보충하여 그 효력을 부여하는 처분인 데 반하여, 조합설립인가처분은 법령상 요건을 갖출 경우 도시정비법상 주택재개발사업을 시행할 수 있는 권한을 가지는 행정주체(공법인)로서의 지위를 부여하는 일종의 설권적 처분이므로, 양자는 그 목적과 성격을 달리한다. 추진위원회의 권한은 조합 설립을 추진하기 위한 업무를 수행하는 데 그치므로 일단 조합설립인가처분을 받아 추진위원회의 업무와 관련된 권리와 의무가 조합에 포괄적으로 승계되면, 추진위원회는 그 목적을 달성하여 소멸한다. 조합설립인가처분은 추진위원회 구성의 동의요건보다 더 엄격한 동의요건을 갖추어야 할 뿐만 아니라 창립총회의 결의를 통하여 정관을 확정하고 임원을 선출하는 등의 단체결성행위를 거쳐 성립하는 조합에 관하여 하는 것이므로, 추진위원회 구성의 동의요건 흠결 등 추진위원회구성승인처분상의 위법만을 들어 조합설립인가처분의 위법을 인정하는 것은 조합설립의 요건이나 절차, 그 인가처분의 성격, 추진위원회 구성의 요건이나 절차, 그 구성승인처분의 성격 등에 비추어 타당하다고 할 수 없다. 따라서 조합설립인가처분은 추진위원회구성승인처분이 적법·유효할 것을 전제로 한다고 볼 것은 아니므로, 구 도시정비법령이 정한 동의요건을 갖추고 창립총회를 거쳐 주택재개발조합이 성립한 이상, 이미 소멸한 추진위원회 구성승인처분의 하자를 들어 조합설립인가처분이 위법하다고 볼 수 없다. 다만 추진위원회구성승인처분의 위법으로 그 추진위원회의 조합설립인가 신청행위가 무효라고 평가될 수 있는 특별한 사정이 있는 경우라면, 그 신청행위에 기초한 조합설립인가처분이 위법하다고 볼 수 있다. 그런데 조합설립인가 신청행위는 앞서 보았듯이 법령이 정한 동의 요건을 갖추고 창립총회를 거쳐 조합의 실체가 형성된 이후에 이를 바탕으로 이루어지는 것이므로, 추진위원회 구성이나 그 인가처분의 위법사유를 이유로 그 추진위원회가 하는 조합설립인가 신청행위가 위법·무효로 된다고 볼 것은 아니고, 그 위법사유가 도시정비법상 하나의 정비구역 내에 하나의 추진위원회로 하여금 조합설립의 추진을 위한 업무를 수행하도록 한 추진위원회 제도의 입법취지를 형해화할 정도에 이르는 경우에 한하여 그 추진위원회의 조합설립인가 신청행위가 위법·무효이고, 나아가 이에 기초한 조합설립인가처분의 효력을 다툴 수 있게 된다(대법원 2013. 12. 26. 선고 2011두8291 판결).

❹ 조합설립추진위원회의 구성에 동의하지 아니한 정비구역 내의 토지 등 소유자가 조합설립추진위원회 설립승인처

분의 취소를 구할 원고적격이 인정되는지 여부(적극)

도시 및 주거환경정비법 제13조 제1항 및 제2항의 입법 경위와 취지에 비추어 하나의 정비구역 안에서 복수의 조합설립추진위원회에 대한 승인은 허용되지 않는 점, 조합설립추진위원회가 조합을 설립할 경우 같은 법 제15조 제4항에 의하여 조합설립추진위원회가 행한 업무와 관련된 권리와 의무는 조합이 포괄승계하며, 주택재개발사업의 경우 정비구역 내의 토지 등 소유자는 같은 법 제19조 제1항에 의하여 당연히 그 조합원으로 되는 점 등에 비추어 보면, 조합설립추진위원회의 구성에 동의하지 아니한 정비구역 내의 토지 등 소유자도 조합설립추진위원회 설립승인처분에 대하여 같은 법에 의하여 보호되는 직접적이고 구체적인 이익을 향유하므로 그 설립승인처분의 취소소송을 제기할 원고적격이 있다(대법원 2007. 1. 25. 선고 2006두12289 결정).

❺ 사업시행계획 및 총회결의 그리고 사업시행인가의 법적 성질27)

[1] 구 도시 및 주거환경정비법에 따른 주택재건축정비사업조합은 관할 행정청의 감독 아래 위 법상 주택재건축사업을 시행하는 공법인으로서, 그 목적 범위 내에서 법령이 정하는 바에 따라 일정한 행정작용을 행하는 행정주체의 지위를 가진다 할 것인데, 재건축정비사업조합이 이러한 행정주체의 지위에서 위 법에 기초하여 수립한 사업시행계획은 인가·고시를 통해 확정되면 이해관계인에 대한 구속적 행정계획으로서 독립된 행정처분에 해당하고, 이와 같은 사업시행계획안에 대한 조합 총회결의는 그 행정처분에 이르는 절차적 요건 중 하나에 불과한 것으로서, 그 계획이 확정된 후에는 항고소송의 방법으로 계획의 취소 또는 무효확인을 구할 수 있을 뿐, 절차적 요건에 불과한 총회결의 부분만을 대상으로 그 효력 유무를 다투는 확인의 소를 제기하는 것은 허용되지 아니하고, 한편 이러한 항고소송의 대상이 되는 행정처분의 효력이나 집행 혹은 절차속행 등의 정지를 구하는 신청은 행정소송법상 집행정지신청의 방법으로서만 가능할 뿐 민사소송법상 가처분의 방법으로는 허용될 수 없다(대법원 2009. 11. 2. 자 2009마596 결정).

[2] 구 도시 및 주거환경정비법 제16조 제2항의 가중된 의결 정족수에 의한 찬성결의로 결정된 재건축결의 사항은 대통령령이 정하는 경미한 사항의 변경에 해당하지 않는 한 위 법 제16조 제2항의 가중된 의결 정족수에 의한 찬성결의에 의하지 아니하고는 변경될 수 없고, 따라서 조합의 사업시행계획도 원칙적으로 재건축결의에서 결정된 내용에 따라 작성되어야 하지만, 조합이 사업시행계획을 재건축결의에서 결정된 내용과 달리 작성한 경우 이러한 하자는 기본행위인 사업시행계획 작성행위의 하자이고, 이에 대한 보충행위인 행정청의 인가처분이 그 근거 조항인 위 법 제28조의 적법요건을 갖추고 있는 이상은 그 인가처분 자체에 하자가 있는 것이라 할 수 없다(대법원 2008. 1. 10. 선고 2007두16691 판결).

❻ 주택재개발사업 조합설립인가 후 1인의 토지 등 소유자로부터 정비구역 안에 소재한 토지 또는 건축물의 소유권을 양수하여 수인이 소유하게 된 경우에는 원칙적으로 그 전원이 1인의 조합원으로서 1인의 분양대상자 지위를 가진다.

구 도시정비법 제19조 및 제48조 제2항 제6호는 2009. 2. 6. 법률 제9444호로 개정되었다. 종래에는 '토지 또는 건축물의 소유권과 지상권이 수인의 공유에 속하는 때'에만 조합원의 자격을 제한하였으므로, 조합설립인가 후 세대분리나 토지 또는 건축물 소유권 등의 양수로 인해 조합원이 증가하여 정비사업의 사업성이 저하되는 등 기존 조합원의 재산권 보호에 미흡한 측면이 있었다. 이에 2009. 2. 6. 개정된 구 도

---

27) 대법원은 원칙적으로 사업시행계획을 기본행위로, 사업시행계획인가를 강학상 인가로 보고 있다(대법원 2008. 1. 10. 선고 2007두16691 판결 참조). 다만, 대법원은 토지소유자들이 사업을 위한 조합을 따로 설립하지 아니하고 직접 도시환경정비사업을 시행하는 경우, 사업시행인가처분은 정비사업을 시행할 수 있는 권한을 가지는 행정주체로서의 지위를 부여하는 일종의 설권적 처분의 성격을 가진다고 보고 있다.

시정비법 제19조 및 제48조 제2항 제6호는 일정한 경우 수인의 토지 등 소유자에게 1인의 조합원 지위만 부여함과 동시에 분양대상자격도 제한함으로써 투기세력 유입에 의한 정비사업의 사업성 저하를 방지하고 기존 조합원의 재산권을 보호하고 있다.

이와 같은 구 도시정비법의 규정 내용과 취지, 체계 등을 종합하여 보면, 주택재개발사업 조합설립인가 후 1인의 토지 등 소유자로부터 정비구역 안에 소재한 토지 또는 건축물의 소유권을 양수하여 수인이 소유하게 된 경우에는 원칙적으로 그 전원이 1인의 조합원으로서 1인의 분양대상자 지위를 가진다고 보아야 한다(대법원 2023. 2. 23. 선고 2020두36724 판결).

❼ 주택재건축사업 조합설립인가 후 1세대에 속하는 수인의 토지 등 소유자로부터 각각 정비구역 안에 소재한 토지 또는 건축물 중 일부를 양수한 수인의 토지 등 소유자와 양도인들 사이에서는 원칙적으로 그 전원을 대표하는 1인을 조합원으로 보아야 한다.

구 도시정비법 제19조는 2009. 2. 6. 법률 제9444호로 개정되었다. 종래에는 "토지 또는 건축물의 소유권과 지상권이 수인의 공유에 속하는 때"에만 조합원의 자격을 제한하였으므로, 조합설립인가 후 세대분리나 토지 또는 건축물 소유권 등의 양수로 인해 조합원이 증가하여 정비사업의 사업성이 저하되는 등 기존 조합원의 재산권 보호에 미흡한 측면이 있었다. 이에 2009. 2. 6. 개정된 구 도시정비법 제19조는 일정한 경우 수인의 토지 등 소유자에게 1인의 조합원 지위만 부여함으로써 투기세력 유입에 의한 정비사업의 사업성 저하를 방지하고 기존 조합원의 재산권을 보호하고 있다.

이와 같은 구 도시정비법의 규정 내용과 취지, 체계 등을 종합하면, 주택재건축사업 조합설립인가 후 1세대에 속하는 수인의 토지 등 소유자로부터 각각 정비구역 안에 소재한 토지 또는 건축물 중 일부를 양수한 수인의 토지 등 소유자와 양도인들 사이에서는 구 도시정비법 제19조 제1항 제2호, 제3호가 중첩 적용되어 원칙적으로 그 전원을 대표하는 1인을 조합원으로 보아야 한다(대법원 2023. 6. 29. 선고 2022두56586 판결).

기출문제

사시14 A시의 X구(자치구 아닌 구) 주민들은 노후 주택재개발을 위하여 추진위원회를 구성하여 조합설립준비를 하였다. 추진위원회는 토지소유자 4분의 3 이상의 동의를 받아 조합설립결의를 거쳐 설립인가를 신청하였다. 한편, A시 시장 乙은 법령상 위임규정이 없으나, X구 구청장 丙에게 조합설립인가에 관한 권한을 내부위임하고 이에 따라 丙이 자신의 이름으로 조합설립인가를 하였다.

1. X구의 주민 甲 등은 추진위원회가 주민들의 동의를 받는 과정에 하자가 있음을 이유로 조합설립결의에 대해 다투고자 한다. 이 경우 조합설립인가 전에 제기할 소의 종류는 무엇이고, 조합설립인가 후에 제기할 소의 종류는 무엇인가? **(10점)** - 조합설립결의에 대한 쟁송수단

5급17 甲 등은 노후·불량건축물에 해당하는 공동주택이 밀집한 지역에 거주하고 있는데, 그 지역이 도시 및 주거환경정비법에 따라 정비구역으로 지정되어서 재개발사업을 추진하기 위해 재개발조합을 설립하기로 하였다. 그리하여 甲 등은 우선 그 정비구역에 위치한 건축물 및 그 부속토지의 소유자 과반수의 동의를 얻어 조합설립추진위원회를 구성하여 A시장의 승인을 받은 다음, 이 조합설립추진위원회가 상기 소유자 4분의 3 이상의 동의를 받아 A시장으로부터 조합설립인가를 받았다. 그 후 이 재개발조합은 A시장으로부터 재개발사업 시행인가를 받았는데, A시장은 인가조건으로 '지역발전협력기금 10억 원을 기부할 것'을 부가하였다.

1) 조합설립추진위원회 구성승인의 법적 성질을 검토하시오. **(10점)** - 강학상 인가, 중간행위
2) 조합설립인가의 법적 성질을 검토하시오. **(15점)** - 강학상 특허, 재량행위

총회결의무효확인 사건

□ 대법원 2009. 9. 17. 선고 2007다2428 전원합의체 판결

[사실관계]

피고(재건축정비사업조합)는 사업시행인가를 받은 다음 조합원들에게 분양공고 및 분양신청 안내문을 발송하고 2004. 5. 19.부터 2004. 6. 22.까지 조합원들로부터 조합원들 각자가 원하는 평형의 아파트에 대한 분양신청을 받았는데, 원고 및 선정자들은 모두 44평형 아파트에 대한 분양신청을 하였다. 피고는 2004. 12. 19. 관리처분 임시총회를 개최하여 관리처분계획에 대한 의결을 하였고, 그 후 임시총회에 참석하지 않은 조합원 20명으로부터 관리처분계획에 찬성한다는 동의서(인감증명서 포함)를 추가로 제출받은 다음, 2005. 3. 18. 서울 종로구청장으로부터 관리처분계획인가를 받았다.

피고는 2004. 12. 22. 조합원들에게 조합원들의 권리가액과 분양신청에 따른 평형 배정 결과를 통보하였는바, 원고, 선정자 2, 4, 5는 모두 (권리가액의 순서에 따라) 분양신청한 44평형의 아파트가 아닌 33평형의 아파트를 배정받았고, 선정자 3은 33평형의 아파트를 배정받았다가 후에 44평형의 보류분 아파트를 배정받았다. 피고는 1999. 9.경 종로구청에 25평형 214세대, 33평형 738세대, 43평형 136세대를 건축하는 내용으로 건축심의를 신청하였다가 2003. 8.경 서울 도시계획조례시행으로 인한 설계변경으로 25평형 84세대, 33평형 500세대, 44평형 195세대, 58평형 32세대를 신축하는 것으로 사업계획을 변경하여 인가신청을 하였고, 2004. 5. 3. 위 주택건설사업시행인가를 받았는데, 그 후 위 관리처분 임시총회에서 25평형 34세대, 33평형 549세대, 44평형 195세대, 58평형 32세대를 건축하는 것으로 설계를 변경하였다.

원고는 피고가 2004. 12. 19. 관리처분 임시총회에서 한 결의에 대하여 총회결의무효확인의 소를 제기하였다.

[판결요지]

[1] 관리처분계획안에 대한 총회결의의 무효확인을 구할 수 있는지 여부(소극)

가. 도시 및 주거환경정비법(이하 '도시정비법'이라고 한다)에 따른 주택재건축정비사업조합(이하 '재건축조합'이라고 한다)은 관할 행정청의 감독 아래 도시정비법상의 주택재건축사업을 시행하는 공법인(도시정비법 제18조)으로서, 그 목적 범위 내에서 법령이 정하는 바에 따라 일정한 행정작용을 행하는 행정주체의 지위를 갖는다. 그리고 재건축조합이 행정주체의 지위에서 도시정비법 제48조에 따라 수립하는 관리처분계획은 정비사업의 시행 결과 조성되는 대지 또는 건축물의 권리귀속에 관한 사항과 조합원의 비용 분담에 관한 사항 등을 정함으로써 조합원의 재산상 권리·의무 등에 구체적이고 직접적인 영향을 미치게 되므로, 이는 구속적 행정계획으로서 재건축조합이 행하는 독립된 행정처분에 해당한다.

그런데 관리처분계획은 재건축조합이 조합원의 분양신청 현황을 기초로 관리처분계획안을 마련하여 그에 대한 조합 총회결의와 토지 등 소유자의 공람절차를 거친 후 관할 행정청의 인가·고시를 통해 비로소 그 효력이 발생하게 되므로(도시정비법 제24조 제3항 제10호, 제48조 제1항, 제49조), 관리처분계획안에 대한 조합 총회결의는 관리처분계획이라는 행정처분에 이르는 절차적 요건 중 하나로, 그것이 위법하여 효력이 없다면 관리처분계획은 하자가 있는 것으로 된다.

나. 행정주체인 재건축조합을 상대로 관리처분계획안에 대한 조합 총회결의의 효력 등을 다투는 소송은 행정처분에 이르는 절차적 요건의 존부나 효력 유무에 관한 소송으로서 그 소송결과에 따라 행정처분의 위법 여부에 직접 영향을 미치는 공법상 법률관계에 관한 것이므로, 이는 행정소송법상의 당사자소송에 해당한다. 그리고 이러한 소송은, 관리처분계획이 인가·고시되기 전이라면 위법한 총회결의에 대해 무효확인 판결을 받아 이를 관할 행정청에 자료로 제출하거나 재건축조합으로 하여금 새로이 적법한 관리처분계획안을 마련하여 다시 총회결의를 거치도록 함으로써 하자 있는 관리처분계획이 인가·고시되어 행정처분으로서 효력이 발생하는 단계에까지 나아가지 못하도록 저지할 수 있고, 또 총회결의에 대한 무효확인판결에도 불구하고 관리처분계획이 인가·고시되는 경우에도 관리처분계획의 효력을 다투는 항고소송에서 총회결의 무효확인소송의 판결과 증거들을 소송자료로 활용함으로써 신속하게 분쟁을 해결할 수 있으므로, 관리처분계획에 대한 인가·고시가 있기 전에는 허용할 필요가 있다.

다. 그러나 나아가 관리처분계획에 대한 관할 행정청의 인가·고시까지 있게 되면 관리처분계획은 행정처분으로서 효력이 발생하게 되므로, 총회결의의 하자를 이유로 하여 행정처분의 효력을 다투는 항고소송의 방법으로 관리처분계획의 취소 또는 무효확인을 구하여야 하고, 그와 별도로 행정처분에 이르는 절차적 요건 중 하나에 불과한 총회결의 부분만을 따로 떼어내어 효력 유무를 다투는 확인의 소를 제기하는 것은 특별한 사정이 없는 한 허용되지 않는다고 보아야 한다.

라. 이와 달리 도시재개발법(2002. 12. 30. 법률 제6852호 도시 및 주거환경정비법 부칙 제2조로 폐지)상 재개발조합의 관리처분계획안에 대한 총회결의 무효확인소송을 민사소송으로 보고 또 관리처분계획에 대한 인가·고시가 있은 후에도 여전히 소로써 총회결의의 무효확인을 구할 수 있다는 취지로 판시한 대법원 2004. 7. 22. 선고 2004다13694 판결과 이와 같은 취지의 대법원 판결들은 이 판결의 견해에 배치되는 범위 내에서 이를 모두 변경하기로 한다.[28]

[2] 이 사건의 관할법원에 대하여

가. 원심판결 이유와 기록에 의하면, 이 사건 소는 도시정비법상의 재건축조합인 피고를 상대로 관리처분계획안에 대한 총회결의의 무효확인을 구하는 소로서 관리처분계획에 대한 인가·고시 전인 2005. 3. 11. 제기되었음을 알 수 있으므로, 위에서 본 바와 같이 이는 행정소송법상의 당사자소송에 해당하고, 따라서 이 사건의 제1심 전속관할법원은 서울행정법원이라 할 것이다. 즉, 도시 및 주거환경정비법상의 주택재건축정비사업조합을 상대로 관리처분계획안에 대한 총회결의의 무효확인을 구하는 소를 민사소송으로 제기한 사안에서, 그 소는 행정소송법상 당사자소송에 해당하므로 행정법원의 전속관할에 속한다.

그럼에도 제1심과 원심은 이 사건 소가 서울중앙지방법원에 제기됨으로써 전속관할을 위반하였음을 간과한 채 본안판단으로 나아갔으니, 이러한 제1심과 원심의 판단에는 행정소송법상 당사자소송에 관한 법리를 오해하여 전속관할에 관한 규정을 위반한 위법이 있다.

---

[28] 관리처분계획인가가 나오기 전에는 관리처분계획은 행정처분의 성격을 가지고 있지 아니하므로 이 경우에는 총회의결을 쟁송으로 다투어야 한다. 총회의결은 공법행위이지만 행정처분이 아니므로 당사자소송으로 총회의결무효확인의 소를 제기할 수 있으며, 이와 동시에 총회의결의 효력을 본안소송 판결 확정시까지 정지하는 결정을 구하는 내용의 가처분을 신청할 수 있다(대법원 2015. 8. 21. 자 2015무26 결정). 관리처분계획에 대하여 관할 행정청의 인가·고시까지 있게 되면 관리처분계획은 행정처분으로서 효력이 발생하게 되므로, 총회결의의 하자를 이유로 하여 행정처분의 효력을 다투는 항고소송의 방법으로 관리처분계획의 취소 또는 무효확인을 구하여야 하고, 그와 별도로 행정처분에 이르는 절차적 요건 중 하나에 불과한 총회결의 부분만을 따로 떼어내어 효력 유무를 다투는 확인의 소를 제기하는 것은 행정소송법상의 당사자소송으로서 확인의 이익이 없으므로 각하하여야 할 것이다. 또한 이와 같이 관리처분계획에 대한 항고소송을 제기하면서 행정소송법 제23조 제2항에 따라 집행정지를 신청할 수 있다.

한편, 이 사건 관리처분계획에 대하여 이 사건 소 제기 후인 2005. 3. 18. 관할 행정청의 인가·고시가 있었던 이상 따로 총회결의 무효확인만을 구할 수는 없게 되었다고 하겠으나, 이송 후 행정법원의 허가를 얻어 관리처분계획에 대한 취소소송 등으로 변경될 수 있음을 고려하면, 그와 같은 사정만으로 이송 후 이 사건 소가 부적법하게 되어 각하될 것이 명백한 경우에 해당한다고 보기는 어려우므로, 이 사건은 관할법원으로 이송함이 상당하다.

[참고판례]

❶ 전체 조합원의 일부인 개별 조합원과 재건축조합이 사적으로 약정을 체결한 경우, 재건축조합은 개별 조합원 사이의 사법상 약정에 직접적으로 구속되지 않는다.

[1] 도시 및 주거환경정비법(이하 '도시정비법'이라 한다)에 따른 주택재건축정비사업조합(이하 '재건축조합'이라 한다)은 관할 행정청의 감독 아래 도시정비법상의 주택재건축사업을 시행하는 공법인(도시정비법 제38조)으로서, 그 목적 범위 내에서 법령이 정하는 바에 따라 일정한 행정작용을 행하는 행정주체의 지위를 갖는다. 재건축조합이 행정주체의 지위에서 도시정비법 제74조에 따라 수립하는 관리처분계획은 정비사업의 시행 결과 조성되는 대지 또는 건축물의 권리귀속에 관한 사항과 조합원의 비용 분담에 관한 사항 등을 정함으로써 조합원의 재산상 권리·의무 등에 구체적이고 직접적인 영향을 미치게 되므로, 이는 구속적 행정계획으로서 재건축조합이 행하는 독립된 행정처분에 해당한다. 재건축조합이 행정주체의 지위에서 수립하는 관리처분계획은 행정계획의 일종으로서 이에 관하여는 재건축조합에 상당한 재량이 인정되므로, 재건축조합은 종전의 토지 또는 건축물의 면적·이용상황·환경 그 밖의 사항을 종합적으로 고려하여 대지 또는 건축물이 균형 있게 분양신청자에게 배분되고 합리적으로 이용되도록 그 재량을 행사해야 한다.

[2] 주택재건축정비사업조합(이하 '재건축조합'이라 한다)이 관리처분계획의 수립 혹은 변경을 통한 집단적인 의사결정 방식 외에 전체 조합원의 일부인 개별 조합원과 사적으로 그와 관련한 약정을 체결한 경우에도, 구속적 행정계획으로서 재건축조합이 행하는 독립된 행정처분에 해당하는 관리처분계획의 본질 및 전체 조합원 공동의 이익을 목적으로 하는 재건축조합의 행정주체로서 갖는 공법상 재량권에 비추어 재건축조합이 개별 조합원 사이의 사법상 약정에 직접적으로 구속된다고 보기는 어렵다. 따라서 그 개별 약정의 내용과 취지 등을 감안하여 유효·적법한 관리처분계획 수립의 범위 내에서 그 약정의 취지를 가능한 한 성실하게 반영하기 위한 조치를 취하여야 할 의무가 인정될 수 있음은 별론으로 하더라도, 이를 초과하여 개별 조합원과의 약정을 절대적으로 반영한 관리처분계획을 수립하여야만 하는 구체적인 민사상 의무까지 인정될 수는 없고, 약정의 당사자인 개별 조합원 역시 재건축조합에 대하여 약정 내용대로의 관리처분계획 수립을 강제할 수 있는 민사상 권리를 가진다고 볼 수 없다(대법원 2022. 7. 14. 선고 2022다206391 판결).

❷ 조합의 정관이 조합의 비용부담 등에 관한 총회의 소집절차나 의결방법에 대하여 상위법령인 구 도시정비법이 정한 것보다 더 엄격한 조항을 두지 않은 이상, 조합의 비용부담에 관한 정관을 변경하고자 하는 총회결의에는 조합원 3분의 2 이상의 의결정족수가 적용된다.

[1] 조합의 총회는 재건축정비사업조합의 최고의사결정기관이고 정관 변경이나 관리처분계획의 수립·변경은 총회의 결의사항이므로, 조합의 총회는 상위법령과 정관이 정한 바에 따라 새로운 총회결의로써 종전 총회결의의 내용을 철회하거나 변경할 수 있는 자율성과 형성의 재량을 가진다. 구 도시 및 주거환경정비법(이하 '구 도시정비법'이라 한다)은 '재건축정비사업조합이 조합의 비용부담에 관한 정관을 변경하고자 하는 경우

에는 제16조 제2항의 규정에도 불구하고 조합원 3분의 2 이상의 동의를 얻어 시장·군수의 인가를 받아야 한다'고 규정(제20조 제3항, 제1항 제8호)하고, '총회의 소집절차·시기 및 의결방법 등에 관하여는 정관으로 정한다'고 규정(제24조 제6항)하고 있으므로, 조합의 정관이 조합의 비용부담 등에 관한 총회의 소집절차나 의결방법에 대하여 상위법령인 구 도시정비법이 정한 것보다 더 엄격한 조항을 두지 않은 이상 조합의 비용부담에 관한 정관을 변경하고자 하는 총회결의에는 조합원 3분의 2 이상의 의결정족수가 적용되고, 변경되는 정관의 내용이 상가 소유자 등 특정 집단의 이해관계에 직접적인 영향을 미치는 경우라 할지라도 구 도시정비법 제16조 제2항이 적용되거나 유추적용된다고 볼 수는 없다.

[2] 단체의 총회에 소집공고 등 절차상 하자가 있더라도 구성원들의 총회 참여에 어떠한 지장도 없었다면 그와 같은 절차상 하자는 경미한 것이어서 총회결의는 유효하다(대법원 2020. 6. 25. 선고 2018두34732 판결).

❸ 이전고시는 행정처분이다.

도시 및 주거환경정비법에 따른 이전고시는 준공인가의 고시로 사업시행이 완료된 이후에 관리처분계획에서 정한 바에 따라 종전의 토지 또는 건축물에 대하여 정비사업으로 조성된 대지 또는 건축물의 위치 및 범위 등을 정하여 소유권을 분양받을 자에게 이전하고 가격의 차액에 상당하는 금액을 청산하거나 대지 또는 건축물을 정하지 않고 금전적으로 청산하는 공법상 처분이다(대법원 2016. 12. 29. 선고 2013다73551 판결).

❹ 이전고시의 효력이 발생한 후에는 조합원 등이 정비사업을 위하여 이루어진 수용재결이나 이의재결의 취소 또는 무효확인을 구할 법률상 이익이 없다.

도시 및 주거환경정비법 제54조 제1항, 제2항, 제55조 제1항에 따르면, 주택재개발정비사업을 시행하는 사업시행자는 준공인가와 공사의 완료에 관한 고시가 있은 때에는 지체 없이 대지확정측량과 토지의 분할절차를 거쳐 관리처분계획에 정한 사항을 분양받을 자에게 통지하고 대지 또는 건축물의 소유권을 이전하여야 하고, 그 내용을 당해 지방자치단체의 공보에 고시한 후 이를 시장·군수에게 보고하여야 하며, 대지 또는 건축물을 분양받을 자는 고시가 있는 날의 다음 날에 그 대지 또는 건축물에 대한 소유권을 취득하고, 이 경우 종전의 토지 또는 건축물에 설정된 지상권 등 등기된 권리 및 주택임대차보호법 제3조 제1항의 요건을 갖춘 임차권은 소유권을 이전받은 대지 또는 건축물에 설정된 것으로 본다. 이와 같이 대지 또는 건축물의 소유권 이전에 관한 고시의 효력이 발생하면 조합원 등이 관리처분계획에 따라 분양받을 대지 또는 건축물에 관한 권리의 귀속이 확정되고 조합원 등은 이를 토대로 다시 새로운 법률관계를 형성하게 되는데, 이전고시의 효력 발생으로 대다수 조합원 등에 대하여 권리귀속 관계가 획일적·일률적으로 처리되는 이상 그 후 일부 내용만을 분리하여 변경할 수 없고, 그렇다고 하여 전체 이전고시를 모두 무효화시켜 처음부터 다시 관리처분계획을 수립하여 이전고시 절차를 거치도록 하는 것도 정비사업의 공익적·단체법적 성격에 배치되어 허용될 수 없다. 위와 같은 정비사업의 공익적·단체법적 성격과 이전고시에 따라 이미 형성된 법률관계를 유지하여 법적 안정성을 보호할 필요성이 현저한 점 등을 고려할 때, 이전고시의 효력이 발생한 이후에는 조합원 등이 해당 정비사업을 위하여 이루어진 수용재결이나 이의재결의 취소 또는 무효확인을 구할 법률상 이익이 없다고 해석함이 타당하다(대법원 2017. 3. 16. 선고 2013두11536 판결).

기출문제

5급22 A 주택재건축정비사업조합(이하 'A 조합')은 B 시(市) 소재 아파트의 재건축사업을 시행할 목적으로 관계 법령에 따라 조합설립의 인가 및 등기를 마쳤다. A 조합은 조합총회에서 관리처분계획안을 의결하고, B 시 시장에게 관리처분계획의 인가를 신청하였다. 다음 물음에 답하시오.

1) B 시 시장은 위 관리처분계획에 대한 인가를 하였다. 이에 조합원 甲은 위 관리처분계획이 위법하다는 이유로 위 인가처분의 취소를 구하는 소송을 제기하였다. 협의의 소의 이익에 대하여 검토하시오. **(10점)** - 관리처분계획인가의 법적 성질, 협의의 소의 이익

2) B 시 시장의 관리처분계획에 대한 인가 전에 조합원 乙이 위 관리처분계획안에 대한 조합 총회결의의 효력을 다투고자 한다면 어떠한 소송에 의하여야 하는지 검토하시오. **(10점)** - 총회결의의 하자를 다투는 쟁송수단

인천 계양구 작전동 재개발 사건

□ 대법원 2021. 2. 10. 선고 2020두48031 판결

[사실관계]

피고(작전현대아파트구역주택재개발정비사업조합)는 2009. 6. 23. 인천 계양구 (주소 생략) 일대 63,813.30㎡에서 주택재개발사업(이하 '이 사건 사업'이라고 한다)을 시행하기 위하여 인천광역시 계양구청장으로부터 인가를 받아 설립된 주택재개발정비사업조합이고, 원고들은 이 사건 사업구역 내 부동산의 소유자들이다.

피고는 최초 사업시행계획을 수립하여 2011. 1. 25. 계양구청장으로부터 인가를 받은 다음, 분양신청기간을 2011. 4. 4.부터 같은 해 5. 23.까지로 정하여 분양신청절차를 진행하였으나(이하 '1차 분양신청절차'라고 한다), 분양신청기간 내에 전체 토지 등 소유자 807명 중 477명이 분양신청을 하였고, 원고들을 비롯한 330명은 분양신청을 하지 않았다. 이에 피고는 조합원 총수를 807명에서 477명으로 변경하는 신고를 하였고, 계양구청장은 2011. 8. 2. 이를 수리하였다. 피고는 총회의 결의를 거쳐 2017. 7. 21. 계양구청장에게 최초 사업시행계획의 폐지인가를 신청하였고, 계양구청장은 2017. 9. 13. 이를 인가하였다.

2018. 1. 27. 개최된 피고의 정기총회에서 피고의 정관 제9조 제6항에 "사업시행인가에 따라 행하여진 분양신청절차에서 분양신청기간 내에 분양신청을 하지 않은 자(현금청산대상자)는 사업시행인가 폐지 시 조합원 자격이 회복된다(단, 조합원 변경신고 수리일부터 회복되는 것으로 간주한다)."라는 조항(이하 '이 사건 정관조항'이라고 한다)을 신설하는 등의 정관변경결의(이하 '이 사건 정관변경결의'라고 한다)를 하였고, 2018. 2. 20. 계양구청장으로부터 정관변경인가를 받았다.

그 후 피고는 원고들을 비롯하여 최초 분양신청절차에서 분양신청을 하지 않음으로써 조합관계에서 탈퇴한 토지 등 소유자들이 이 사건 정관조항에 따라 다시 조합원의 지위를 회복하였음을 전제로 조합원 총수를 477명에서 799명으로 변경하는 신고를 하였고, 계양구청장은 2018. 3. 12. 이를 수리하였다. 위 799명에게 소집통지를 한 다음 2018. 4. 14. 개최된 피고의 임시총회(이하 '이 사건 총회'라고 한다)에서 참석인원 572명 중 570명의 찬성으로 의결함으로써(이하 '이 사건 총회결의'라고 한다) 새로운 사업시행계획을 수립하였고(이하 '이 사건 사업시행계획'이라고 한다), 계양구청장은 2018. 9. 19. 이를 인가하였다.

피고는 이 사건 사업시행계획에 근거하여 다시 분양신청기간을 2019. 1. 5.부터 같은 해 2. 26.까지로 정하여 분양신청절차를 진행하였으나, 원고들은 분양신청을 하지 않았다. 원고들은 이 사건 정관변경결의의 무효확인 및 이 사건 사업시행계획의 취소를 구하는 이 사건 소를 제기하였는데, 제1심법원은 2020. 1. 10. 원고들의 청구를 모두 인용하는 판결을 선고하였다. 이에 피고가 불복하여 항소하였으나, 2020. 4. 11. 개최된 피고의 정기총회에서 이 사건 정관조항을 "사업시행인가에 따라 행하여진 분양신청절차에서 분양신청기간 내에 분양신청을 하지 않은 자(현금청산대상자)는 사업시행인가 폐지 시 조합원 자격이 회복될 수 있다(단, 조합원 변경신고 수리일부터 회복되는 것으로 간주한다)."라고 변경하는 등의 정관변경결의를 하고 2020. 4. 24. 계양구청장으로부터 정관변경인가를 받은 다음, 항소심 계속 중인 2020. 5. 11. 제1심판결 중 이 사건 정관변경결의 무효확인 부분에 대한 항소를 취하함에 따라 이 부분은 그대로 확정되었다.

[판결요지]

[1] 기본행위인 주택재개발정비사업조합이 수립한 사업시행계획에 하자가 있는데 보충행위인 관할 행정청의 사업시행계획 인가처분에는 고유한 하자가 없는 경우, 사업시행계획의 무효를 주장하면서 곧바로 그에 대한 인가처분의 무효확인이나 취소를 구할 수 있는지 여부(소극)

　　구 도시 및 주거환경정비법에 기초하여 주택재개발정비사업조합이 수립한 사업시행계획은 관할 행정청의 인가·고시가 이루어지면 이해관계인들에게 구속력이 발생하는 독립된 행정처분에 해당하고, 관할 행정청의 사업시행계획 인가처분은 사업시행계획의 법률상 효력을 완성시키는 보충행위에 해당한다. 따라서 기본행위인 사업시행계획에는 하자가 없는데 보충행위인 인가처분에 고유한 하자가 있다면 그 인가처분의 무효확인이나 취소를 구하여야 할 것이지만, 인가처분에는 고유한 하자가 없는데 사업시행계획에 하자가 있다면 사업시행계획의 무효확인이나 취소를 구하여야 할 것이지 사업시행계획의 무효를 주장하면서 곧바로 그에 대한 인가처분의 무효확인이나 취소를 구하여서는 아니 된다.

[2] 분양신청절차의 근거가 된 사업시행계획이 실효된 후 주택재개발정비사업조합이 새로운 사업시행계획을 수립하면서 조합원의 지위를 상실한 현금청산대상자들의 의사와 무관하게 일방적으로 현금청산대상자들이 조합원의 지위를 회복하는 것으로 결정하는 것이 허용되는지 여부(소극)

　　주택재개발정비사업조합의 조합원이 분양신청절차에서 분양신청을 하지 않으면 분양신청기간 종료일 다음 날에 현금청산대상자가 되고 조합원의 지위를 상실한다. 그 후 그 분양신청절차의 근거가 된 사업시행계획이 사업시행기간 만료나 폐지 등으로 실효된다고 하더라도 이는 장래에 향하여 효력이 발생할 뿐이므로 그 이전에 발생한 조합관계 탈퇴라는 법적 효과가 소급적으로 소멸하거나 이미 상실된 조합원의 지위가 자동적으로 회복된다고 볼 수는 없다. 조합이 새로운 사업시행계획을 수립하면서 현금청산대상자들에게 새로운 분양신청 및 조합 재가입의 기회를 부여하는 것은 단체 자치적 결정으로서 허용되지만, 그 기회를 활용하여 분양신청을 함으로써 조합에 재가입할지 여부는 현금청산대상자들이 개별적으로 결정할 몫이지, 현금청산대상자들의 의사와 무관하게 조합이 일방적으로 현금청산대상자들이 조합원의 지위를 회복하는 것으로 결정하는 것은 현금청산사유가 발생하면 150일 이내에 현금청산을 하도록 규정한 구 도시 및 주거환경정비법 제47조 제1항의 입법 취지에도 반하고, 현금청산대상자들의 의사와 이익에도 배치되므로 허용되지 않는다고 보아야 한다.

[3] 이 사건의 경우

　　주택재개발정비사업조합의 최초 사업시행계획이 폐지인가를 받아 실효된 후 최초 사업시행계획에 따른 분양신청절차에서 분양신청을 하지 않아 조합원 자격을 상실한 현금청산대상자들 중 일부가 참여한 총회에서 새로운 사업시행계획이 수립되고 인가를 받자 주택재개발사업구역 내 부동산 소유자들이 사업시행계획의 취소를 구하는 소를 제기한 사안에서, 총회결의에 조합원 자격이 없는 현금청산대상자들이 참여하였으나 그들을 제외하더라도 사업시행계획 수립을 위한 의결정족수를 넉넉히 충족하여 사업시행계획 수립에 관한 총회결의의 결과에 어떤 실질적인 영향을 미쳤다고 볼 만한 특별한 사정이 없는 이상, 조합원 자격이 없는 현금청산대상자들에게 소집통지가 이루어졌고 그들이 총회결의에 일부 참여하였다는 점만으로 총회결의가 무효라거나 총회결의를 통해 수립된 사업시행계획에 이를 취소하여야 할 정도의 위법사유가 있다고 단정하기는 어렵다고 한 사례.

제4장 | 지역개발행정법

군산-새만금 송전선로 사건

□ 대법원 2019. 9. 9. 선고 2016다262550 판결

[사실관계]

군산-새만금 송전선로에 건설사업에 대한 사업시행자로 지정된 한국전력공사는 사업구역에 인접한 X토지를 재료적치장 또는 임시통로 용도로 한시적으로 이용할 필요가 있어 국토의 계획 및 이용에 관한 법률 제130조 제1항, 제3항에 따라 X토지의 소유자 甲에게 해당 토지의 '일시 사용'에 관한 동의를 구하였으나 甲은 일시 사용에 따른 손실보상금에 관하여 다툼이 있다는 이유로 동의를 거부하였다. 이에 한국전력공사는 甲을 상대로 동의의 의사표시를 구하는 소송을 일반법원에 제기하였다. 원심은 이 사건 소송이 행정소송법상의 당사자소송에 해당한다고 보아, 제1심판결에 전속관할을 위반한 위법이 있다고 판단하여, 제1심판결을 취소하고 이 사건을 행정소송 관할법원으로 이송하였고, 이에 원고 한국전력공사는 대법원에 상고하였다.

[판결요지]

[1] 국토의 계획 및 이용에 관한 법률상 도시·군계획시설사업의 사업시행자가 사업구역에 인접한 특정 토지를 재료적치장 또는 임시통로 용도로 한시적으로 이용할 필요가 있어 같은 법 제130조 제1항, 제3항에 따라 토지 소유자 등에게 해당 토지의 '일시 사용'에 관한 동의를 구하는 경우, 토지 소유자 등이 이를 수인하고 동의할 의무가 있는지 여부(원칙적 적극) 및 이때 일시 사용에 따른 손실보상금에 관하여 다툼이 있다는 사정이 동의를 거부할 정당한 사유가 되는지 여부(소극)

'국토의 계획 및 이용에 관한 법률'(이하 '국토계획법'이라 한다) 제130조 제1항, 제3항은, 도시·군계획시설사업의 시행자는 도시·군계획 등에 관한 기초조사, 도시·군계획시설사업에 관한 조사·측량 또는 시행 등을 하기 위하여 필요하면 타인의 토지를 재료적치장 또는 임시통로로 일시 사용할 수 있고, 이에 따라 타인의 토지를 일시 사용하려는 자는 토지의 소유자·점유자 또는 관리인(이하 '소유자 등'이라 한다)의 동의를 받아야 한다고 규정하고 있다.

국토계획법 제130조의 체계와 내용, 입법 목적과 함께 공익사업의 성격을 종합하면, 도시·군계획시설사업의 사업시행자가 사업구역에 인접한 특정 토지를 재료적치장 또는 임시통로 용도로 한시적으로 이용할 필요가 있는 경우, 사업시행자는 위 규정에 따라 해당 토지 소유자 등의 동의를 받아야 하고, 토지 소유자 등은 이를 거부할 정당한 사유가 없는 한 사업시행자의 '일시 사용'을 수인하고 동의할 의무가 있다. 한편 국토계획법 제96조에 따라 공익사업을 위한 토지 등의 취득 및 보상에 관한 법률 제62조가 준용되는 수

용·사용의 경우와 달리, 국토계획법 제130조에 따른 일시 사용의 경우에는 사전보상 원칙이 적용되지 않는다고 보아야 하므로, 그 손실보상금에 관한 다툼이 있다는 사정은 토지 소유자 등이 일시 사용에 대한 동의를 거부할 정당한 사유가 될 수 없다.

[2] 국토의 계획 및 이용에 관한 법률 제130조 제3항에서 정한 토지 소유자 등이 사업시행자의 일시 사용에 대하여 정당한 사유 없이 동의를 거부하는 경우, 사업시행자가 토지 소유자 등을 상대로 동의의 의사표시를 구하는 소를 제기할 수 있는지 여부(적극) / 토지의 일시 사용에 대한 동의의 의사표시를 할 의무의 존부에 관한 소송이 행정소송법상 당사자소송인지 여부(적극) 및 사인을 피고로 하는 당사자소송이 허용되는지 여부(적극) / 현저한 손해를 피하기 위해 필요한 경우, 사업시행자가 행정소송법 제8조 제2항, 민사집행법 제300조 제2항에 따라 '임시의 지위를 정하기 위한 가처분'을 신청할 수 있는지 여부(적극)

국토의 계획 및 이용에 관한 법률 제130조 제3항에서 정한 토지의 소유자·점유자 또는 관리인(이하 '소유자 등'이라 한다)이 사업시행자의 일시 사용에 대하여 정당한 사유 없이 동의를 거부하는 경우, 사업시행자는 해당 토지의 소유자 등을 상대로 동의의 의사표시를 구하는 소를 제기할 수 있다. 이와 같은 토지의 일시 사용에 대한 동의의 의사표시를 할 의무는 '국토의 계획 및 이용에 관한 법률'에서 특별히 인정한 공법상의 의무이므로, 그 의무의 존부를 다투는 소송은 '공법상의 법률관계에 관한 소송으로서 그 법률관계의 한쪽 당사자를 피고로 하는 소송', 즉 행정소송법 제3조 제2호에서 규정한 당사자소송이라고 보아야 한다.

행정소송법 제39조는, "당사자소송은 국가·공공단체 그 밖의 권리주체를 피고로 한다."라고 규정하고 있다. 이것은 당사자소송의 경우 항고소송과 달리 '행정청'이 아닌 '권리주체'에게 피고적격이 있음을 규정하는 것일 뿐, 피고적격이 인정되는 권리주체를 행정주체로 한정한다는 취지가 아니므로, 이 규정을 들어 사인을 피고로 하는 당사자소송을 제기할 수 없다고 볼 것은 아니다.

그리고 당사자소송에 대하여는 행정소송법 제8조 제2항에 따라 민사집행법상 가처분에 관한 규정이 준용되므로, 사업시행자는 민사집행법 제300조 제2항에 따라 현저한 손해를 피하기 위해 필요한 경우 '임시의 지위를 정하기 위한 가처분'을 통하여 공익사업을 신속하고 원활하게 수행할 수 있다.

축사건축허가취소 사건

□ 대법원 2020. 7. 23. 선고 2019두31839 판결

[사실관계]

원고는 「국토의 계획 및 이용에 관한 법률」(이하 '국토계획법'이라 한다)에 따라 농림지역 및 농업진흥구역으로 지정된 평택시 (주소 1 생략) 답 3,455㎡, (주소 2 생략) 답 1,402㎡, (주소 3 생략) 답 3,977㎡, (주소 4 생략) 답 2,450㎡ 4필지 합계 11,284㎡(이하 '이 사건 토지'라 한다) 중 7,457㎡ 부분에서 연면적 3,277.35㎡ 규모의 돼지 축사 10개 동(이하 '이 사건 축사'라 한다)을 건축하기 위하여 2016. 12. 14.경 피고(평택시 안중출장소장)에게 건축법상 건축허가를 신청하였다. 이와 동시에 건축사 소외인(원고의 의뢰에 따라 이 사건 축사를 설계한 자이다)은 '건축허가조사 및 검사조서'를 제출하였는데, 이 조서에는 이 사건 토지에서 이 사건 축사를 건축하기 위하여 '대지조성'이나 '형질변경'은 필요하지 않다고 기재되어 있었다.

피고는 위 조서의 기재를 그대로 믿고 이 사건 축사 건축을 위하여 국토계획법 제56조 제1항에 따른 개발행위허가가 필요한지 여부를 제대로 검토하지 않은 채, 2017. 1. 12. 원고의 신청을 그대로 받아들여 건축법상 건축허가를 발급하였다(이하 '이 사건 건축허가'라 한다).

그 후 이 사건 토지에서 약 1km 거리에 위치한 ○○신도시 주민들이 이 사건 건축허가에 반대하는 민원을 제기하자, 피고는 민원조정위원회 심의와 청문절차를 거친 후 2017. 9. 28. 원고에 대하여 다음과 같은 세 가지 사유로 이 사건 건축허가를 직권으로 취소하는 처분을 하였다(이하 '이 사건 직권취소 처분'이라 한다).

① 원고는 이 사건 축사 건축을 위하여 국토계획법 제56조 제1항에 따른 개발행위허가를 받지 않았다 (이하 '제1처분사유'라 한다).
② 이 사건 축사 건축은 환경영향평가법 시행령 제59조 [별표 4]에 따른 소규모 환경영향평가를 실시하지 않았다(이하 '제2처분사유'라 한다).
③ 이 사건 토지 합계 11,284㎡ 중 345㎡ 부분은 이 사건 축사 건축과 무관하므로 건축대지면적에서 제외한다는 취지에서 '제외지'라고 표시하고 장차 이 사건 토지에서 필지분할하겠다는 취지로 '대지 가분할도'를 제출하였으나, 이러한 농지 분할은 농지의 세분화를 금지하고 있는 농지법 제22조에 위배된다.

이 사건의 쟁점은, (1) 피고가 이 사건 직권취소 처분을 하면서 든 제1, 2처분사유가 인정되는지 여부, (2) 처분사유가 인정되는 경우라도 이 사건 직권취소 처분이 수익적 행정처분의 직권취소 제한 법리에 위배되는지 여부이다.

[판결요지]

[1] 건축물의 건축이 허용되기 위한 요건인 '부지 확보'의 의미 / 어떤 토지를 그 토지의 용도(지목)와 달리 이용하려는 경우, 해당 토지의 용도를 적법하게 변경하기 위하여 국토의 계획 및 이용에 관한 법률 제56조 제1항에 따른 개발행위(토지형질변경) 허가를 받아야 하는지 여부(적극) 및 이는 그 토지의 실제 현황이 어느 시점에 공부상의 지목과 달라졌거나 또는 토지의 물리적인 형상을 변경하기 위한 공사가 필요하지 않은 경우에도 마찬가지인지 여부(적극)

건축물의 건축은 건축주가 그 부지를 적법하게 확보한 경우에만 허용될 수 있다. 여기에서 '부지 확보'란 건축주가 건축물을 건축할 토지의 소유권이나 그 밖의 사용권원을 확보하여야 한다는 점 외에도 해당 토지가 관계 법령상 건축물의 건축이 허용되는 법적 성질을 지니고 있어야 한다는 점을 포함한다.

토지는 그 토지의 용도(지목)에 적합하게 이용되어야 한다. 어떤 토지를 그 지목과 달리 이용하기 위해서는 해당 토지의 용도를 적법하게 변경하기 위하여 국토의 계획 및 이용에 관한 법률 제56조 제1항에 따른 개발행위(토지형질변경) 허가를 받아야 한다. 그 토지의 실제 현황이 어느 시점에 공부상의 지목과 달라졌거나 또는 토지의 물리적인 형상을 변경하기 위한 공사가 필요하지 않더라도 마찬가지이다. 개발행위(토지형질변경) 허가를 통해 먼저 해당 토지의 용도(법적으로 허용된 이용가능성)를 적법하게 변경한 다음, 공간정보의 구축 및 관리 등에 관한 법률 제81조에 따라 지적소관청에 지목변경을 신청하여야 한다.

[2] 어떤 개발사업의 시행과 관련하여 인허가의 근거 법령에서 절차간소화를 위하여 관련 인허가를 의제 처리할 수 있는 근거 규정을 둔 경우, 사업시행자가 인허가를 신청하면서 반드시 관련 인허가 의제 처리를 신청할 의무가 있는지 여부(소극) / 건축주가 '부지 확보' 요건을 완비하지는 못한 상태이더라도 가까운 장래에 '부지 확보' 요건을 갖출 가능성이 높은 경우, 건축행정청이 추후 별도로 국토의 계획 및 이용에 관한 법률상 개발행위(토지형질변경) 허가를 받을 것을 명시적 조건으로 하거나 또는 묵시적인 전제로 하여 건축주에 대하여 건축법상 건축허가를 발급하는 것이 위법한지 여부(소극) 및 건축주가 건축법상 건축허가를 발급받은 후 위 개발행위 허가절차를 이행하기를 거부하거나 허가를 발급할 가능성이 사라진 경우, 건축행정청이 이미 발급한 건축허가를 직권으로 취소·철회하는 방법으로 회수할 필요가 있는지 여부(적극)

어떤 개발사업의 시행과 관련하여 여러 개별 법령에서 각각 고유한 목적과 취지를 가지고 요건과 효과를 달리하는 인허가 제도를 각각 규정하고 있다면, 그 개발사업을 시행하기 위해서는 개별 법령에 따른 여러 인허가 절차를 각각 거치는 것이 원칙이다. 다만 어떤 인허가의 근거 법령에서 절차간소화를 위하여 관련 인허가를 의제 처리할 수 있는 근거 규정을 둔 경우에는, 사업시행자가 인허가를 신청하면서 하나의 절차 내에서 관련 인허가를 의제 처리해줄 것을 신청할 수 있다. 관련 인허가 의제 제도는 사업시행자의 이익을 위하여 만들어진 것이므로, 사업시행자가 반드시 관련 인허가 의제 처리를 신청할 의무가 있는 것은 아니다. 만약 건축주가 '부지 확보' 요건을 완비하지는 못한 상태이더라도 가까운 장래에 '부지 확보' 요건을 갖출 가능성이 높다면, 건축행정청이 추후 별도로 국토의 계획 및 이용에 관한 법률(이하 '국토계획법'이라 한다)상 개발행위(토지형질변경) 허가를 받을 것을 명시적 조건으로 하거나 또는 당연히 요청되는 사항이므로 묵시적인 전제로 하여 건축주에 대하여 건축법상 건축허가를 발급하는 것이 위법하다고 볼 수는 없다.

그러나 건축주가 건축법상 건축허가를 발급받은 후에 국토계획법상 개발행위(토지형질변경) 허가절차를 이행하기를 거부하거나, 그 밖의 사정변경으로 해당 건축부지에 대하여 국토계획법상 개발행위(토지형질변경) 허가를 발급할 가능성이 사라졌다면, 건축행정청은 건축주의 건축계획이 마땅히 갖추어야 할 '부지 확보' 요건을 충족하지 못하였음을 이유로 이미 발급한 건축허가를 직권으로 취소·철회하는 방법으로 회수하는 것이 필요하다.

[3] 건축물의 건축을 위해서는 건축법상 건축허가절차에서 관련 인허가 의제 제도를 통해 건축법상 건축허가와 국토의 계획 및 이용에 관한 법률상 개발행위(건축물의 건축) 허가의 발급 여부가 동시에 심사·결정되어야 하는지 여부 (적극) / 국토의 계획 및 이용에 관한 법률상 개발행위 허가기준 충족 여부에 관한 심사가 누락된 채 건축법상 건축허가가 발급된 경우, 건축허가를 취소할 수 있는지 여부(적극) 및 이때 건축허가를 취소한 건축행정청이 취하여야 할 조치

건축법 제11조 제1항, 제5항 제3호, 국토의 계획 및 이용에 관한 법률(이하 '국토계획법'이라 한다) 제56조 제1항 제1호, 제57조 제1항의 내용과 체계, 입법 취지를 종합하면, 건축주가 건축물을 건축하기 위해서는 건축법상 건축허가와 국토계획법상 개발행위(건축물의 건축) 허가를 각각 별도로 신청하여야 하는 것이 아니라, 건축법상 건축허가절차에서 관련 인허가 의제 제도를 통해 두 허가의 발급 여부가 동시에 심사·결정되도록 하여야 한다. 즉, 건축주는 건축행정청에 건축법상 건축허가를 신청하면서 국토계획법상 개발행위(건축물의 건축) 허가 심사에도 필요한 자료를 첨부하여 제출하여야 하고, 건축행정청은 개발행위허가권자와 사전 협의절차를 거침으로써 건축법상 건축허가를 발급할 때 국토계획법상 개발행위(건축물의 건축) 허가가 의제되도록 하여야 한다.

이를 통해 건축법상 건축허가절차에서 건축주의 건축계획이 국토계획법상 개발행위 허가기준을 충족하였는지가 함께 심사되어야 한다. 건축주의 건축계획이 건축법상 건축허가기준을 충족하더라도 국토계획법상 개발행위 허가기준을 충족하지 못한 경우에는 해당 건축물의 건축은 법질서상 허용되지 않는 것이므로, 건축행정청은 건축법상 건축허가를 발급하면서 국토계획법상 개발행위(건축물의 건축) 허가가 의제되지 않은 것으로 처리하여서는 안 되고, 건축법상 건축허가의 발급을 거부하여야 한다. 건축법상 건축허가절차에서 국토계획법상 개발행위 허가기준 충족 여부에 관한 심사가 누락된 채 건축법상 건축허가가 발급된 경우에는 그 건축법상 건축허가는 위법하므로 취소할 수 있다. 이때 건축허가를 취소한 경우 건축행정청은 개발행위허가권자와의 사전 협의를 통해 국토계획법상 개발행위 허가기준 충족 여부를 심사한 후 건축법상 건축허가 발급 여부를 다시 결정하여야 한다.

[4] 환경영향평가법 시행령 제59조 [별표 4] 제1호 (다)목에서 소규모 환경영향평가의 대상으로 정한 '국토의 계획 및 이용에 관한 법률 제6조 제3호에 따른 농림지역의 경우 사업계획 면적이 7,500㎡ 이상인 개발사업'에서 '사업계획 면적'의 의미

환경영향평가법 제2조 제3호, 제43조 제1항, 제44조 제1항, 같은 법 시행령 제59조 [별표 4] 제1호 (다)목에 의하면, '소규모 환경영향평가'란 환경보전이 필요한 지역이나 난개발이 우려되어 계획적 개발이 필요한 지역에서 개발사업을 시행할 때에 입지의 타당성과 환경에 미치는 영향을 미리 조사·예측·평가하여 환경보전방안을 마련하는 것을 말한다. 국토의 계획 및 이용에 관한 법률 제6조 제3호에 따른 '농림지역'의 경우 사업계획 면적이 7,500㎡ 이상인 개발사업은 소규모 환경영향평가의 대상이며, 해당 개발사업을 하려는 사업자는 해당 개발사업의 승인 등을 받기 전에 소규모 환경영향평가서를 작성하여 승인기관의 장에게 제출하여야 한다.

여기에서 '사업계획 면적'은 소규모 환경영향평가의 대상을 판정하는 기준이 된다. 개발사업의 입지의 타당성과 개발사업이 환경에 미치는 영향을 미리 조사·예측·평가하여 환경보전방안을 마련하고자 하는 소규모 환경영향평가 제도의 취지를 고려하면, '사업계획 면적'이란 개발사업이 이루어지는 전체 면적으로서, 사업자가 해당 개발사업의 사업계획을 수립·시행하기 위하여 관계 법령상 행정청의 인허가를 받아야 할 필요가 있는 모든 토지 면적의 총합을 의미한다고 봄이 타당하다.

[5] 수익적 행정처분을 직권으로 취소할 수 있는 경우 및 수익적 행정처분의 하자가 처분상대방의 사실은폐나 그 밖의 부정한 방법에 의한 신청행위에 기인한 경우, 처분상대방의 처분에 관한 신뢰이익을 고려해야 하는지 여부(소극)

처분청은 행정처분에 하자가 있는 경우에는 별도의 법적 근거가 없더라도 스스로 이를 취소할 수 있고, 다만 수익적 행정처분을 취소할 때에는 이를 취소하여야 할 중대한 공익상 필요와 취소로 인하여 처분상대방이 입게 될 기득권과 법적 안정성에 대한 침해 정도 등 불이익을 비교·교량한 후 공익상 필요가 처분상대방이 입을 불이익을 정당화할 만큼 강한 경우에 한하여 취소할 수 있다. 수익적 행정처분의 하자가 처분상대방의 사실은폐나 그 밖의 부정한 방법에 의한 신청행위에 기인한 것이라면 처분상대방은 행정처분에 의한 이익을 위법하게 취득하였음을 스스로 알아 취소가능성도 예상하고 있었다고 보아야 하므로, 그 자신이 행정처분에 관한 신뢰이익을 원용할 수 없음은 물론이고, 행정청이 이를 고려하지 아니하였다고 하여도 재량권 일탈·남용에는 해당하지 않는다.

[6] 행정처분의 근거가 되는 개정 법령이 그 시행 전에 완성 또는 종결되지 않은 기존의 사실 또는 법률관계를 적용대상으로 하면서 국민의 재산권과 관련하여 종전보다 불리한 법률효과를 규정하고 있는 경우, 개정 법령의 적용이 소급입법에 의한 재산권 침해인지 여부(원칙적 소극)

행정처분은 그 근거 법령이 개정된 경우에도 경과 규정에서 달리 정함이 없는 한 처분 당시 시행되는 개정 법령과 그에서 정한 기준에 의하는 것이 원칙이고, 개정 법령이 기존의 사실 또는 법률관계를 적용대상으로 하면서 국민의 재산권과 관련하여 종전보다 불리한 법률효과를 규정하고 있는 경우에도 그러한 사실 또는 법률관계가 개정 법률이 시행되기 이전에 이미 완성 또는 종결된 것이 아니라면 이를 헌법상 금지되는 소급입법에 의한 재산권 침해라고 할 수는 없으며, 그러한 개정 법률의 적용과 관련하여서는 개정 전 법령의 존속에 대한 국민의 신뢰가 개정 법령의 적용에 관한 공익상의 요구보다 더 보호가치가 있다고 인정되는 경우에 그러한 국민의 신뢰보호를 보호하기 위하여 그 적용이 제한될 수 있는 여지가 있을 따름이다.

[7] 국토의 계획 및 이용에 관한 법률상 개발행위허가의 허가기준 및 금지요건에 해당하는지 여부가 행정청의 재량판단의 영역에 속하는지 여부(적극) 및 그에 대한 사법심사의 대상과 판단 기준 / 환경의 훼손이나 오염을 발생시킬 우려가 있는 개발행위에 대한 행정청의 허가와 관련하여 재량권의 일탈·남용 여부를 심사하는 방법

국토의 계획 및 이용에 관한 법률상 개발행위허가는 허가기준 및 금지요건이 불확정개념으로 규정된 부분이 많아 그 요건에 해당하는지 여부는 행정청의 재량판단의 영역에 속한다. 그러므로 그에 대한 사법심사는 행정청의 공익판단에 관한 재량의 여지를 감안하여 원칙적으로 재량권의 일탈·남용이 있는지 여부만을 대상으로 하고, 사실오인과 비례·평등원칙 위반 여부 등이 판단 기준이 된다. 특히 환경의 훼손이나 오염을 발생시킬 우려가 있는 개발행위에 대한 행정청의 허가와 관련하여 재량권의 일탈·남용 여부를 심사할 때에는 해당 지역 주민들의 토지이용실태와 생활환경 등 구체적 지역 상황과 상반되는 이익을 가진 이해관계자들 사이의 권익 균형 및 환경권의 보호에 관한 각종 규정의 입법 취지 등을 종합하여 신중하게 판단하여야 한다. '환경오염 발생 우려'와 같이 장래에 발생할 불확실한 상황과 파급효과에 대한 예측이 필요한 요건에 관한 행정청의 재량적 판단은 그 내용이 현저히 합리성을 결여하였다거나 상반되는 이익이나 가치를 대비해 볼 때 형평이나 비례의 원칙에 뚜렷하게 배치되는 등의 사정이 없는 한 폭넓게 존중하여야 한다.

[8] 갑이 국토의 계획 및 이용에 관한 법률에 따라 농림지역 및 농업진흥구역으로 지정된 지목이 '답'인 토지 중 7,457㎡ 부분에서 돼지 축사 10개 동을 건축하기 위하여 건축허가를 신청하였고, 관할 건축행정청이 갑의 의뢰에 따라 축사를 설계한 건축사 을이 제출한 '건축허가조사 및 검사조서'의 기재를 그대로 믿고 건축허가를 발급하였는데, 이후 건축허가에 대한 민원이 제기되자 건축허가를 직권으로 취소한 사안에서, 제반 사정에 비추어 건축행정청이 직권으로 건축허가를 취소할 수 있는 사유가 인정되고, 위 직권취소 처분이 수익적 행정처분 직권취소 제한 법리에 위배되지 않는다고 한 사례

갑이 국토의 계획 및 이용에 관한 법률(이하 '국토계획법'이라 한다)에 따라 농림지역 및 농업진흥구역으로 지정된 지목이 '답'인 토지 중 7,457㎡ 부분에서 돼지 축사 10개 동을 건축하기 위하여 건축허가를 신청하였고, 관할 건축행정청이 갑의 의뢰에 따라 축사를 설계한 건축사 을이 제출한 '건축허가조사 및 검사조서'의 기재를 그대로 믿고 건축허가를 발급하였는데, 이후 건축허가에 대한 민원이 제기되자 건축허가를 직권으로 취소한 사안에서, 지목이 '답'인 토지에서 축사를 건축하기 위해서는 건축법상 건축허가 외에도 국토계획법상 개발행위(토지형질변경) 허가를 받아야 하는데, 갑이 위 허가를 받지 않음으로써 축사의 '부지 확보' 요건을 충족하지 못하였을 뿐만 아니라, 건축허가 절차에서 국토계획법상 개발행위(건축물의 건축) 허가기준 충족 여부에 관한 심사가 누락되었으므로, 이는 건축행정청이 건축허가를 직권으로 취소할 수 있는 사유에 해당하고, 위 토지 중 '부지 제외지'(345㎡)와 '목적 외 사용승인허가 예정지'(135㎡)도 축사 자체의 부지는 아니지만 축사의 부속시설이나 진입도로의 부지에 해당하므로, 축사를 건축하는 개발사업은 그 '사업계획 면적'이 적어도 7,937㎡(=7,457㎡+345㎡+135㎡)가 되므로 환경영향평가법 시행령 제59조 [별표 4] 제1호 (다)목에서 정한 소규모 환경영향평가의 대상인 '농림지역에서 사업계획 면적이 7,500㎡ 이상인 개발사업'에 해당하는 것으로 보아야 함에도 이를 간과한 채 이루어진 건축허가는 환경영향평가법을 위반한 것이어서 위법하므로 이는 건축행정청이 건축허가를 직권으로 취소할 수 있는 사유에 해당하며, 위 건축허가는 건축행정청의 착오로 발급된 것이지만 건축사 을은 갑의 이익을 위하여 부정확한 내용으로 조서를 작성·제출하였고, 갑에게도 위 개발사업이 소규모 환경영향평가 대상이 아닌 것처럼 보이게 하려는 의도가 있었다고 인정할 수 있어, 건축행정청의 착오는 갑이 유발한 것이거나 갑에게도 책임이 있으므로, 건축허가의 존속에 대한 갑의 신뢰는 보호가치가 없는 점, 건축허가가 취소될 경우에 갑에게 발생하는 불이익 또는 회수할 수 없는 금전적 손해가 크다고 보기도 어려운 점 등에 비추어, 위 직권취소 처분이 수익적 행정처분 직권취소 제한 법리에 위배되지 않는데도, 이와 달리 본 원심판단에 법리오해의 잘못이 있다고 한 사례.

[참고판례]

❶ 환경의 훼손이나 오염을 발생시킬 우려가 있는 개발행위에 대한 행정청의 허가와 관련하여 재량권의 일탈·남용 여부를 심사할 때에는 해당 지역 주민들의 토지이용실태와 생활환경 등 구체적 지역 상황과 상반되는 이익을 가진 이해관계자들 사이의 권익 균형 및 환경권의 보호에 관한 각종 규정의 입법 취지 등을 종합하여 신중하게 판단하여야 한다. '환경오염 발생 우려'와 같이 장래에 발생할 불확실한 상황과 파급효과에 대한 예측이 필요한 요건에 관한 행정청의 재량적 판단은 그 내용이 현저히 합리성을 결여하였다거나 상반되는 이익이나 가치를 대비해 볼 때 형평이나 비례의 원칙에 뚜렷하게 배치되는 등의 사정이 없는 한 폭넓게 존중하여야 한다(대법원 2021. 3. 25. 선고 2020두51280 판결).

❷ 어떤 개발사업이 '자연환경·생활환경에 미치는 영향'과 같이 장래에 발생할 불확실한 상황과 파급효과에 대한 예측이 필요한 요건에 관한 행정청의 재량적 판단은 폭넓게 존중되어야 하며, 이 경우 행정청

의 당초 예측이나 평가와 일부 다른 내용의 감정의견이 제시되었다는 사정만으로 행정청의 판단을 위법하다고 할 수 없다(대법원 2020. 9. 3. 선고 2020두34346 판결).

❸ 주민 등의 도시관리계획 입안 제안을 거부한 처분에 이익형량의 하자가 있어 위법하다고 판단하여 취소하는 판결이 확정된 경우, 행정청에 그 입안 제안을 그대로 수용하는 내용의 도시관리계획을 수립할 의무가 있는 것은 아니며, 행정청이 다시 새로운 이익형량을 하여 도시관리계획을 수립한 경우, 취소판결의 기속력에 따른 재처분의 의무를 이행한 것에 해당한다. 이때 행정청이 다시 적극적으로 수립한 도시관리계획의 내용이 계획재량의 한계를 일탈한 것인지 여부는 별도로 심리·판단하여야 한다(대법원 2020. 6. 25. 선고 2019두56135 판결).

❹ 행정청이 복수의 민간공원추진자로부터 공원조성계획 입안 제안을 받은 후 도시·군계획시설사업 시행자지정 및 협약체결 등을 위하여 순위를 정하여 그 제안을 받아들이거나 거부하는 행위 또는 특정 제안자를 우선협상자로 지정하는 행위의 효력을 다투는 소송에서, 법원은 행정청이 공원조성계획 입안 제안의 수용 여부를 결정하기 위하여 마련한 심사기준에 대한 행정청의 해석이 재량권을 일탈·남용하였는지 여부만을 심사하여야 하며, 행정청의 심사기준에 대한 법원의 독자적인 해석을 근거로 그에 관한 행정청의 판단이 위법하다고 단정할 수는 없다. 또한 위 재량권 일탈·남용에 관한 증명책임의 소재는 행정행위의 효력을 다투는 사람에게 있다(대법원 2019. 1. 10. 선고 2017두43319 판결).

❺ 개발행위허가에 관한 사무를 처리하는 행정기관의 장이 일정한 개발행위를 허가하는 경우에는 국토계획법 제59조 제1항에 따라 도시계획위원회의 심의를 거쳐야 할 것이나, 개발행위허가의 신청 내용이 허가기준에 맞지 않는다고 판단하여 개발행위허가신청을 불허가하였다면 이에 앞서 도시계획위원회의 심의를 거치지 않았다고 하여 이러한 사정만으로 곧바로 그 불허가처분에 취소사유에 이를 정도의 절차상 하자가 있다고 보기는 어렵다. 다만 행정기관의 장이 도시계획위원회의 심의를 거치지 아니한 결과 개발행위 불허가처분을 함에 있어 마땅히 고려하여야 할 사정을 참작하지 아니하였다면 그 불허가처분은 재량권을 일탈·남용한 것으로서 위법하다고 평가할 수 있을 것이다(대법원 2015. 10. 29. 선고 2012두28728 판결).

Verwaltungsrecht

동물장묘시설 신축을 위한 건축허가신청불허가 사건

□ 대법원 2023. 2. 2. 선고 2020두43722 판결

[사실관계]

원고는 2017. 3. 8. 피고에게 대구 서구 (주소 생략) 외 1필지(이하 '이 사건 신청지'라고 한다) 지상에 동물장묘시설 1동(이하 '이 사건 동물장묘시설'이라고 한다)을 신축하기 위하여 개발행위허가신청 등이 포함된 복합민원 형태의 건축허가 신청을 하였다(이하 '이 사건 신청'이라고 한다).

피고(대구광역시 서구청장)는 2019. 4. 10. 원고에게 '교통 관련: 개발행위허가운영지침 중 3-3-2-1에 근거한 진입도로 확보와 관련한 자료 불충분', '입지의 적정성 관련: 동물보호법(2019. 3. 25. 시행)에 따른 학교와 동물장묘시설과의 거리제한 규정과 관련하여 입지의 적정성 기준에 부합하지 아니함'의 이유로 이 사건 신청을 불허가하는 처분을 하였다(이하 '이 사건 처분'이라고 한다).

한편 2018. 12. 24. 법률 제16075호로 일부 개정되어 2019. 3. 25.부터 시행된 동물보호법(이하 '개정 동물보호법'이라고 한다) 제32조 제1항, 제33조 제4항 제5호 (나)목은 20호 이상의 인가밀집지역, 학교, 그 밖에 공중이 수시로 집합하는 시설 또는 장소로부터 300m 이하 떨어진 곳에 동물장묘시설을 설치하려는 경우에는 원칙적으로 동물장묘업 등록을 할 수 없다고 규정하고 있다. 이 사건 신청지 남쪽으로 직선거리 200m 이내에 계성고등학교가 위치하고 있다.

[판결요지]

[1] 국토의 계획 및 이용에 관한 법률 시행령 제56조 제4항에 따라 국토교통부장관이 국토교통부 훈령으로 정한 '개발행위허가운영지침'의 법적 성격(=행정규칙) 및 대외적 구속력이 있는지 여부(소극) / 위 지침에 따라 이루어진 행정처분이 적법한지 판단하는 기준

국토의 계획 및 이용에 관한 법률(이하 '국토계획법'이라 한다) 제58조 제1항, 제3항은 개발행위허가의 신청 내용이 '주변지역의 토지이용실태 또는 토지이용계획, 건축물의 높이, 토지의 경사도, 수목의 상태, 물의 배수, 하천·호소·습지의 배수 등 주변 환경이나 경관과 조화를 이룰 것'이라는 기준에 맞는 경우에만 개발행위허가 또는 변경허가를 하여야 하고, 개발행위허가의 기준은 지역의 특성, 지역의 개발상황, 기반시설의 현황 등을 고려하여 다음 각호의 구분에 따라 대통령령으로 정한다고 규정하고 있다.

국토의 계획 및 이용에 관한 법률 시행령(이하 '국토계획법 시행령'이라 한다) 제56조 제1항 [별표 1의2] '개발행위허가기준'은 국토계획법 제58조 제3항의 위임에 따라 제정된 대외적으로 구속력 있는 법규명령에 해당한다. 그러나 국토계획법 시행령 제56조 제4항은 국토교통부장관이 제1항의 개발행위허가기준에 대한 '세부적인 검토기준'을 정할 수 있다고 규정하였을 뿐이므로, 그에 따라 국토교통부장관이 국토교통부 훈령으로 정한 '개발행위허가운영지침'은 국토계획법 시행령 제56조 제4항에 따라 정한 개발행위허가기준에 대한 세부적인 검토기준으로, 상급행정기관인 국토교통부장관이 소속 공무원이나 하급행정기관에 대하여 개발행위허가업무와 관련하여 국토계획법령에 규정된 개발행위허가기준의 해석·적용에 관한 세부 기준을 정하여 둔 행정규칙에 불과하여 대외적 구속력이 없다. 따라서 행정처분이 위 지침에 따라 이루어졌더라

도, 해당 처분이 적법한지는 국토계획법령에서 정한 개발행위허가기준과 비례·평등원칙과 같은 법의 일반원칙에 적합한지 여부에 따라 판단해야 한다.

[2] 국토의 계획 및 이용에 관한 법률 제56조 제1항에 따른 개발행위허가요건에 해당하는지 여부가 행정청의 재량판단 영역에 속하는지 여부(적극) 및 그에 대한 사법심사의 대상과 판단 기준 / 행정규칙이 행정기관의 재량에 속하는 사항에 관한 것인 경우, 법원은 이를 존중해야 하는지 여부(원칙적 적극)

국토의 계획 및 이용에 관한 법률(이하 '국토계획법'이라 한다) 제56조 제1항에 따른 개발행위허가요건에 해당하는지 여부는 행정청의 재량판단의 영역에 속하므로, 그에 대한 사법심사는 행정청의 공익판단에 관한 재량의 여지를 감안하여 원칙적으로 재량권의 일탈이나 남용이 있는지 여부만을 대상으로 하고, 사실오인과 비례·평등의 원칙 위반 여부 등이 그 판단 기준이 된다. 또한 행정규칙이 이를 정한 행정기관의 재량에 속하는 사항에 관한 것인 때에는 그 규정 내용이 객관적 합리성을 결여하였다는 등의 특별한 사정이 없는 한 법원은 이를 존중하는 것이 바람직하다.

[3] 행정처분의 근거 법령이 개정된 경우, 처분의 기준이 되는 법령 / 행정청이 신청을 수리한 후 정당한 이유 없이 처리를 지연하여 그 사이에 법령 및 보상 기준이 변경된 경우, 그 변경된 법령 및 보상 기준에 따라서 한 처분이 위법한지(적극) 및 이때 정당한 이유 없이 처리를 지연하였는지 판단하는 방법

행정처분은 그 근거 법령이 개정된 경우에도 경과 규정에서 달리 정함이 없는 한 처분 당시 시행되는 개정 법령과 거기에서 정한 기준에 의하는 것이 원칙이고, 개정 법령의 적용과 관련하여 개정 전 법령의 존속에 대한 국민의 신뢰가 개정 법령의 적용에 관한 공익상의 요구보다 더 보호가치가 있다고 인정되는 경우에 국민의 신뢰를 보호하기 위하여 개정 법령의 적용이 제한될 수 있는 여지가 있다. 행정청이 신청을 수리하고도 정당한 이유 없이 처리를 지연하여 그 사이에 법령 및 보상 기준이 변경된 경우에는 그 변경된 법령 및 보상 기준에 따라서 한 처분은 위법하고, '정당한 이유 없이 처리를 지연하였는지'는 법정 처리기간이나 통상적인 처리기간을 기초로 당해 처분이 지연되게 된 구체적인 경위나 사정을 중심으로 살펴 판단하되, 개정 전 법령의 적용을 회피하려는 행정청의 동기나 의도가 있었는지, 처분지연을 쉽게 피할 가능성이 있었는지 등도 아울러 고려할 수 있다.

기출문제

5급23 甲은 X 토지에 액화석유가스 충전시설을 설치하기 위하여 2023. 1. 5. A군 군수에게 「국토의 계획 및 이용에 관한 법률」에 따른 개발행위허가를 신청하였다. A군 군수는 2023. 2. 9. 甲에게 "X 토지 대부분이 마을로부터 100 m 이내에 위치하여 「A군 개발행위허가 운영지침」(이하 '이 사건 지침'이라 한다) 제6조 제1항 제1호에 저촉된다"는 이유로 거부처분을 하였다. 이 사건 지침 제6조 제1항 제1호는 액화석유가스 충전시설의 세부허가기준으로 "마을로부터 100 m 이내에 입지하지 아니할 것"을 규정하고 있다. 甲은 2023. 4. 12. A군 군수의 거부처분이 위법하다고 주장하며 그 취소를 구하는 소송을 제기하였다. (총 25점)

1) A군 군수가 甲에게 거부처분을 하기 전에 사전통지를 하지 않았다면 위법한지 검토하시오. **(10점)** -거부처분과 사전통지

2) A군 군수는 위 소송에서 "이 사건 지침 조항에 따라 거부처분을 한 것이므로 적법하다"고 주장한다. 그 주장의 당부에 관하여 검토하시오. **(15점)** -재량준칙이 위법성 판단의 기준이 되는지 여부

변시24 甲은 A도 B군에 있는 자기 소유 임야(이하 '이 사건 사업부지'라 한다)에 태양광 발전시설을 설치하기 위하여 B군수에게 「국토의 계획 및 이용에 관한 법률」(이하 '국토계획법'이라 한다)에 따른 개발행위(토지형질변경)허가를 신청하였다. 이 사건 사업부지는 B군을 지나는 고속국도(왕복 2차로 이상의 포장된 도

로임)로부터 100m 이내에 입지하고 있다.
국토교통부장관이 정한 「개발행위허가 운영지침」(국토교통부 훈령)은 "허가권자가 국토계획법령 및 이 지침에서 정한 범위 안에서 별도의 지침을 마련하여 개발행위허가제를 운영할 수 있고, 개발행위허가기준을 적용함에 있어 지역 특성을 감안하여 지방도시계획위원회의 자문을 거쳐 높이·거리·배치·범위 등에 관한 구체적인 기준을 정할 수 있다."라고 규정하고 있다. 이에 따라 B군수가 정한 「B군 개발행위허가 운영지침」(B군 예규)에는 태양광 발전시설의 세부허가기준으로 "왕복 2차로 이상의 포장된 도로로부터 100m 이내에 입지하지 아니할 것"을 규정하고 있다.
B군수는 "1. 토지형질변경을 허가할 경우 주변 환경이나 경관과 조화를 이루지 못하기 때문에 개발행위허가기준을 충족하지 못한다(이하 '제1거부사유'라 한다).", "2. 이 사건 사업부지가 왕복 2차로 이상의 포장된 도로로부터 100m 이내에 입지하여 「B군 개발행위허가 운영지침」에 저촉된다(이하 '제2거부사유'라 한다)."라는 이유로 거부처분(이하 '이 사건 거부처분'이라 한다)을 하였다. 이에 甲은 이 사건 거부처분을 다투는 취소소송(이하 '이 사건 소송'이라 한다)을 제기하였다.

1. 이 사건 거부처분의 제1거부사유에 대한 법원의 사법심사 방식과 그 한계에 관하여 설명하시오. **(20점)** - 판단여지와 재량의 관계
2. 이 사건 거부처분의 제2거부사유의 당부에 관하여 검토하시오. **(20점)** - 재량준칙이 위법성 판단의 기준이 되는지 여부

우사 신축 건축 신고 수리 사건

□ 대법원 2023. 9. 21. 선고 2022두31143 판결

〔사실관계〕

乙은 경사(傾斜)가 있는 이 사건 토지에 연면적 380제곱미터의 우사(牛舍)를 신축하겠다는 취지로 건축신고를 하였다. 이 사건 토지에 우사를 건축하기 위해서는 깊이 50cm 이상의 대규모 절토·성토가 필요함에도 불구하고 관할행정청 X는 우사의 건축이 개발행위허가의 대상임을 고려하지 않은 상태에서 건축신고를 수리하였다. 이에 이 사건 토지의 인근 주민인 甲은 그 수리처분의 취소를 구하는 소송을 제기하였다.

〔판결요지〕

[1] 국토의 계획 및 이용에 관한 법률 제56조 제4항 제3호, 국토의 계획 및 이용에 관한 법률 시행령 제53조 제3호 (다)목에 따라 개발행위허가가 면제되는 토지형질변경의 의미 및 여기에 건축물의 건축을 위해 별도의 절토, 성토, 정지작업 등이 필요한 경우가 포함되는지 여부(소극)

국토의 계획 및 이용에 관한 법률 제56조 제1항 제2호, 제4항 제3호, 국토의 계획 및 이용에 관한 법률 시행령 제53조 제3호 (다)목에 따라 개발행위허가가 면제되는 토지형질변경이란, 토지의 형질을 외형상으로 사실상 변경시킴이 없이 건축 부분에 대한 허가만을 받아 그 설치를 위한 토지의 굴착만으로 건설이 가능한 경우를 가리키고, 그 외형을 유지하면서는 원하는 건축물을 건축할 수 없고 그 밖에 건축을 위하여 별도의 절토, 성토, 정지작업 등이 필요한 경우는 포함되지 않는다.

[2] 조성이 완료된 기존 대지에 건축물을 설치하기 위하여 절토나 성토를 한 결과 최종적으로 지반의 높이가 50cm를 초과하여 변경되는 경우, 토지형질변경에 대한 별도의 개발행위허가를 받아야 하는지 여부(적극)

국토의 계획 및 이용에 관한 법률 제56조 제1항 제2호, 제4항 제3호, 제58조 제3항, 국토의 계획 및 이용에 관한 법률 시행령(이하 '국토계획법 시행령'이라 한다) 제53조 제3호 (가)목, (다)목, 제56조 제1항 [별표 1의 2] 제2호 (가)목, (나)목의 규정을 종합해 볼 때, 조성이 완료된 기존 대지에 건축물을 설치하기 위한 경우라 하더라도 절토나 성토를 한 결과 최종적으로 지반의 높이가 50cm를 초과하여 변경되는 경우에는 비탈면 또는 절개면이 발생하는 등 그 토지의 외형이 실질적으로 변경되므로, 토지형질변경에 대한 별도의 개발행위허가를 받아야 하고, 그 절토 및 성토가 단순히 건축물을 설치하기 위한 토지의 형질변경이라는 이유만으로 국토계획법 시행령 제53조 제3호 (다)목에 따라 개발행위허가를 받지 않아도 되는 경미한 행위라고 볼 수 없다.

[3] 어떤 개발사업의 시행과 관련하여 인허가의 근거 법령에서 절차간소화를 위하여 관련 인허가를 의제 처리할 수 있는 근거 규정을 둔 경우, 사업시행자가 인허가를 신청하면서 반드시 관련 인허가 의제 처리를 신청할 의무가 있는지 여부(소극)

건축법 제14조 제2항, 제11조 제5항 제3호에 따르면, 건축신고 수리처분이 이루어지는 경우 국토의 계획 및 이용에 관한 법률 제56조에 따른 개발행위(토지형질변경)의 허가가 있는 것으로 본다. 이처럼 어떤 개발사업의 시행과 관련하여 여러 개별 법령에서 각각 고유한 목적과 취지를 가지고 그 요건과 효과를 달리하는

인허가 제도를 각각 규정하고 있다면, 그 개발사업을 시행하기 위해서는 개별 법령에 따른 여러 인허가 절차를 각각 거치는 것이 원칙이다. 다만 어떤 인허가의 근거 법령에서 절차간소화를 위하여 관련 인허가를 의제 처리할 수 있는 근거 규정을 둔 경우에는, 사업시행자가 인허가를 신청하면서 하나의 절차 내에서 관련 인허가를 의제 처리해 줄 것을 신청할 수 있다. 관련 인허가 의제 제도는 사업시행자의 이익을 위하여 만들어진 것이므로, 사업시행자가 반드시 관련 인허가 의제 처리를 신청할 의무가 있는 것은 아니다.

[4] 건축물의 건축이 허용되기 위한 요건인 '부지 확보'의 의미 / 건축신고 수리처분 당시 건축주가 장래에도 토지형질변경허가를 받지 않거나 받지 못할 것이 명백하였음에도 '부지 확보' 요건을 완비하지 못한 상태에서 건축신고 수리처분이 이루어진 경우, 건축신고 수리처분이 적법한지 여부(소극)

건축물의 건축은 건축주가 그 부지를 적법하게 확보한 경우에만 허용될 수 있다. 여기에서 '부지 확보'란 건축주가 건축물을 건축할 토지의 소유권이나 그 밖의 사용권원을 확보하여야 한다는 점 외에도 해당 토지가 건축물의 건축에 적합한 상태로 적법하게 형질변경이 되어 있는 등 건축물의 건축이 허용되는 법적 성질을 지니고 있어야 한다는 점을 포함한다.

이에 수평면에 건축할 것으로 예정된 건물을 경사가 있는 토지 위에 건축하고자 건축신고를 하면서, 그 경사 있는 토지를 수평으로 만들기 위한 절토나 성토에 대한 토지형질변경허가를 받지 못한 경우에는 건축법에서 정한 '부지 확보' 요건을 완비하지 못한 것이 된다.

따라서 건축행정청이 추후 별도로 국토의 계획 및 이용에 관한 법률상 개발행위(토지형질변경)허가를 받을 것을 명시적 조건으로 하거나 또는 묵시적인 전제로 하여 건축주에 대하여 건축법상 건축신고 수리처분을 한다면, 이는 가까운 장래에 '부지 확보' 요건을 갖출 것을 전제로 한 경우이므로 그 건축신고 수리처분이 위법하다고 볼 수는 없지만, '부지 확보' 요건을 완비하지 못한 상태에서 건축신고 수리처분이 이루어졌음에도 그 처분 당시 건축주가 장래에도 토지형질변경허가를 받지 않거나 받지 못할 것이 명백하였다면, 그 건축신고 수리처분은 '부지 확보'라는 수리요건이 갖추어지지 않았음이 확정된 상태에서 이루어진 처분으로서 적법하다고 볼 수 없다.

제5장 | 환경행정법

도창리 사격훈련장 사건

□ 대법원 2006. 6. 30. 선고 2005두14363 판결

[사실관계]

육군 X부대장(이하 '사업자')은 강원도 철원군 김화읍 도창리(지번생략) 및 인근 부지에 박격포 사격장을 설치하기로 하는 "도창리 백골종합훈련장 피탄지조성사업계획(이하 '이 사건 사업계획')을 수립하였다. 그 후 사업자는 피고 乙(국방부장관)에게 사업실시계획을 제출하였고, 이에 乙은 이 사건 사업계획에 대한 승인(이하 '이 사건 승인처분')을 한 후 이를 고시하였다. 이에 따라 사업자는 사업부지에 대한 협의 및 보상 절차를 마친 후 설치 공사를 완료하였다.

원고인 甲 등은 이 사건 사업부지 인근인 도창리 마을에 거주하는 주민들로서, 이 사건 사업부지에 사격장이 설치되어 사격훈련이 실시될 경우 인근 식수원에 대한 수질오염 등 여러 가지 환경오염에 노출될 위험성이 크다는 등의 이유로 이 사건 사업계획에 반대하고 있다. 특히 甲 등은 이 사건 사업부지 중 보전임지인 Y부분의 전용에 관하여 관 계법령상 산림청장과의 협의를 거쳐야 함에도 이를 거치지 않은 채 피고 乙이 이 사건 승인처분을 하였고, 이 사건 사업계획은 환경영향평가법상의 환경영향평가대상사업에 해당함에도 환경영향평가를 전혀 실시하지 않은 채 乙이 이 사건 승인처분을 하였음을 이유로 승인처분의 무효를 주장하고 있다.

[판결요지]

[1] 구 환경영향평가법상 환경영향평가를 실시하여야 할 사업에 대하여 환경영향평가를 거치지 아니하였음에도 승인 등 처분을 한 경우, 그 처분의 하자가 행정처분의 당연무효사유에 해당하는지 여부(적극)

구 환경영향평가법 제1조, 제3조, 제9조, 제16조, 제17조, 제27조 등의 규정 취지는 환경영향평가를 실시하여야 할 사업(이하 '대상사업'이라 한다)이 환경을 해치지 아니하는 방법으로 시행되도록 함으로써 당해 사업과 관련된 환경공익을 보호하려는 데 그치는 것이 아니라, 당해 사업으로 인하여 직접적이고 중대한 환경피해를 입으리라고 예상되는 환경영향평가대상지역 안의 주민들이 전과 비교하여 수인한도를 넘는 환경침해를 받지 아니하고 쾌적한 환경에서 생활할 수 있는 개별적 이익까지도 보호하려는 데에 있는 것이다. 그런데 환경영향평가를 거쳐야 할 대상사업에 대하여 환경영향평가를 거치지 아니하였음에도 불구하고 승인 등 처분이 이루어진다면, 사전에 환경영향평가를 함에 있어 평가대상지역 주민들의 의견을 수렴하고 그 결과를 토대로 하여 환경부장관과의 협의내용을 사업계획에 미리 반영시키는 것 자체가 원천적으로 봉쇄되는바, 이렇게 되면 환경파괴를 미연에 방지하고 쾌적한 환경을 유지·조성하기 위하여 환경영향평가제

도를 둔 입법 취지를 달성할 수 없게 되는 결과를 초래할 뿐만 아니라 환경영향평가대상지역 안의 주민들의 직접적이고 개별적인 이익을 근본적으로 침해하게 되므로, 이러한 행정처분의 하자는 법규의 중요한 부분을 위반한 중대한 것이고 객관적으로도 명백한 것이라고 하지 않을 수 없어, 이와 같은 행정처분은 당연무효이다.

[2] 국방·군사시설 사업에 관한 법률 및 구 산림법에서 보전임지를 다른 용도로 이용하기 위한 사업에 대하여 승인 등 처분을 하기 전에 미리 산림청장과 협의를 하라고 규정한 의미 및 이러한 협의를 거치지 아니한 승인처분이 당연무효인지 여부(소극)

국방·군사시설 사업에 관한 법률 및 구 산림법에서 보전임지를 다른 용도로 이용하기 위한 사업에 대하여 승인 등 처분을 하기 전에 미리 산림청장과 협의를 하라고 규정한 의미는 그의 자문을 구하라는 것이지 그 의견을 따라 처분을 하라는 의미는 아니라 할 것이므로, 이러한 협의를 거치지 아니하였다고 하더라도 이는 당해 승인처분을 취소할 수 있는 원인이 되는 하자 정도에 불과하고 그 승인처분이 당연무효가 되는 하자에 해당하는 것은 아니라고 봄이 상당하다.

[관련판례]

☐ 협의 의견의 구속력은 부정된다.

국립공원 관리청이 국립공원 집단시설지구개발사업과 관련하여 그 시설물기본설계 변경승인처분을 함에 있어서 환경부장관과의 협의를 거친 이상, 환경영향평가서의 내용이 환경영향평가제도를 둔 입법 취지를 달성할 수 없을 정도로 심히 부실하다는 등의 특별한 사정이 없는 한, 공원관리청이 환경부장관의 환경영향평가에 대한 의견에 반하는 처분을 하였다고 하여 그 처분이 위법하다고 할 수는 없다(대법원 2001. 7. 27. 선고 99두2970 판결).

기출문제

사시15 甲은 환경영향평가 대상사업인 X건설사업에 관한 환경영향평가서 초안에 대하여 주민들의 의견을 수렴하고 그 결과를 반영하여 환경영향평가서를 작성한 후 국토교통부장관에게 제출하였다. 국토교통부장관은 환경부장관과의 협의 등 「환경영향평가법」상의 절차를 거쳐 X건설사업에 대한 승인처분을 하였다. 그러나 이후 환경영향평가서의 내용에 오류가 있고 환경부장관의 협의 내용에 따르지 않았다는 사실이 드러났다.

1. 주민 乙은 위와 같은 환경영향평가의 부실을 이유로 국토교통부장관의 사업승인처분은 위법하다고 주장한다. 그 주장의 당부를 검토하시오. **(10점)** - 환경영향평가와 행정쟁송
2. 환경영향평가 대상지역 밖에 거주하는 주민 丙은 사업승인처분의 취소를 구하는 소송을 제기할 수 있는가? **(10점)** - 환경영향평가 대상지역과 증명책임의 문제

제6장 | 조세행정법

주식회사 크라운뷰 사건

□ 대법원 2015. 4. 9. 선고 2012다69203 판결

[사실관계]

해산간주된 휴면회사이던 주식회사 크라운뷰가 회사계속등기를 마친 다음, 서울 소재 부동산을 매수하여 소유권이전등기를 마치고 위 부동산 취득이 중과세율 적용 대상이라는 관할구청의 통지에 따라 중과세율을 적용한 등록세 등을 신고·납부하였는데, 그 후 위와 같은 경우는 등록세의 중과 대상이 아니라는 취지의 대법원 판결이 선고되자 서울특별시를 상대로 부당이득반환청구소송을 제기하였다.

[판결요지]

[1] 등록세 등과 같은 신고납부방식의 조세에서 납세의무자가 신고·납부한 세액이 지방자치단체의 부당이득에 해당하는 경우 및 판단 방법

등록세 등과 같은 신고납부방식의 조세의 경우에는 원칙적으로 납세의무자가 스스로 과세표준과 세액을 정하여 신고하는 행위에 의하여 납세의무가 구체적으로 확정되고, 그 납부행위는 신고에 의하여 확정된 구체적 납세의무의 이행으로 하는 것이며, 지방자치단체는 그와 같이 확정된 조세채권에 기하여 납부된 세액을 보유한다. 따라서 납세의무자의 신고행위가 중대하고 명백한 하자로 인하여 당연무효로 되지 아니하는 한 그것이 바로 부당이득에 해당한다고 할 수 없고, 여기에서 신고행위의 하자가 중대하고 명백하여 당연무효에 해당하는지의 여부에 대하여는 신고행위의 근거가 되는 법규의 목적, 의미, 기능 및 하자 있는 신고행위에 대한 법적 구제수단 등을 목적론적으로 고찰함과 동시에 신고행위에 이르게 된 구체적 사정을 개별적으로 파악하여 합리적으로 판단하여야 한다.

[2] 신고납부방식의 조세와 관련된 과세요건이나 조세감면 등에 관한 법령 규정이 특정한 법률관계나 사실관계에 적용되는지가 명확하게 밝혀지지 않은 상태에서 납세의무자가 과세관청의 해석에 따라 과세표준과 세액을 신고·납부하였는데 나중에 그 해석이 잘못된 것으로 밝혀진 경우, 신고·납부행위가 당연무효라고 할 수 없다.

한편 신고납부방식의 조세채무와 관련된 과세요건이나 조세감면 등에 관한 법령의 규정이 특정 법률관계나 사실관계에 적용되는지 여부가 법리적으로 명확하게 밝혀져 있지 아니한 상태에서 과세관청이 그 중 어느 하나의 견해를 취하여 해석·운영하여 왔고 납세의무자가 그 해석에 좇아 과세표준과 세액을 신고·납부하였는데, 나중에 과세관청의 해석이 잘못된 것으로 밝혀졌더라도 그 해석에 상당한 합리적 근거가 있다고 인정되는 한 그에 따른 납세의무자의 신고·납부행위는 하자가 명백하다고 할 수 없어 이를 당연무효라고 할 것은 아니다.

[참고판례]

❶ 과세관청이 과세예고 통지 후 과세전적부심사 청구나 그에 대한 결정이 있기 전에 과세처분을 한 경우, 절차상 하자가 중대·명백하여 과세처분이 무효이다.

사전구제절차로서 과세전적부심사 제도가 가지는 기능과 이를 통해 권리구제가 가능한 범위, 이러한 제도가 도입된 경위와 취지, 납세자의 절차적 권리 침해를 효율적으로 방지하기 위한 통제 방법과 더불어, 헌법 제12조 제1항에서 규정하고 있는 적법절차의 원칙은 형사소송절차에 국한되지 아니하고, 세무공무원이 과세권을 행사하는 경우에도 마찬가지로 준수하여야 하는 점 등을 고려하여 보면, 국세기본법 및 국세기본법 시행령이 과세전적부심사를 거치지 않고 곧바로 과세처분을 할 수 있거나 과세전적부심사에 대한 결정이 있기 전이라도 과세처분을 할 수 있는 예외사유로 정하고 있다는 등의 특별한 사정이 없는 한, 과세예고 통지 후 과세전적부심사 청구나 그에 대한 결정이 있기도 전에 과세처분을 하는 것은 원칙적으로 과세전적부심사 이후에 이루어져야 하는 과세처분을 그보다 앞서 함으로써 과세전적부심사 제도 자체를 형해화시킬 뿐만 아니라 과세전적부심사 결정과 과세처분 사이의 관계 및 불복절차를 불분명하게 할 우려가 있으므로, 그와 같은 과세처분은 납세자의 절차적 권리를 침해하는 것으로서 절차상 하자가 중대하고도 명백하여 무효이다(대법원 2016. 12. 27. 선고 2016두49228 판결).

❷ 경정청구기간이 도과한 후 제기된 경정청구에 대한 거절은 행정처분이 아니다.

구 국세기본법 제45조의2 제2항은 '국세의 과세표준 및 세액의 결정을 받은 자는 각호의 어느 하나에 해당하는 사유가 발생하였을 때에는 그 사유가 발생한 것을 안 날부터 2개월 이내에 경정을 청구할 수 있다'고 규정하고 있는바, 경정청구기간이 도과한 후에 제기된 경정청구는 부적법하여 과세관청이 과세표준 및 세액을 결정 또는 경정하거나 거부처분을 할 의무가 없으므로, 과세관청이 경정을 거절하였다고 하더라도 이를 항고소송의 대상이 되는 거부처분으로 볼 수 없다(대법원 2017. 8. 23. 선고 2017두38812 판결).

❸ 과세처분에 관한 불복절차에서 불복사유가 옳다고 인정하고 이에 따라 필요한 처분을 하였을 경우, 동일 사항에 관하여 특별한 사유 없이 이를 번복하고 다시 종전의 처분을 되풀이할 수 없다.

구 국세기본법은 제81조에서 심판청구에 관하여는 심사청구에 관한 제65조를 준용한다고 규정하고, 제80조 제1항, 제2항에서 심판청구에 대한 결정의 효력에 관하여 제81조에서 준용하는 제65조에 따른 결정은 관계 행정청을 기속하고, 심판청구에 대한 결정이 있으면 해당 행정청은 결정의 취지에 따라 즉시 필요한 처분을 하여야 한다고 규정하고 있으며, 제65조 제1항 제3호에서 심사청구가 이유 있다고 인정될 때에는 그 청구의 대상이 된 처분의 취소·경정 결정을 하거나 필요한 처분의 결정을 한다고 규정하고 있다. 과세처분에 관한 불복절차에서 불복사유가 옳다고 인정하고 이에 따라 필요한 처분을 하였을 경우에는 불복제도와 이에 따른 시정방법을 인정하고 있는 위 법 규정의 취지에 비추어 동일 사항에 관하여 특별한 사유 없이 이를 번복하고 다시 종전의 처분을 되풀이할 수는 없다(대법원 2019. 1. 31. 선고 2017두75873 판결).

소득세 경정 사건

□ 대법원 2013. 2. 14. 선고 2011두25005 판결

[사실관계]

甲(원고)은 2001. 6. 1.경부터 하남시 창우동에서 'D실업'이라는 상호로 부동산매매업을 영위하는 사업자로서 2001년경부터 2005년경까지 광주시 및 하남시 일대 다수 필지의 부동산을 취득한 후 분할, 매도하였고 이천세무서장(피고)에게 그로 인한 종합소득세를 신고, 납부하였다([표] ㉮).

중부지방국세청은 2005. 8. 3.부터 2006. 6. 5.까지 甲에 대한 세무조사를 실시한 후 위반사항을 적발하여 이천세무서장에게 통보하였고, 이천세무서장은 이를 근거로 甲의 총수입금액을 파악하여 (부동산 매수자금 지급이자 등을 필요경비로 산입하지 아니하였다) 2006. 8. 1. 甲에게 2001~2005년 귀속 종합소득세액([표] ㉯)을 경정, 고지하였으며 甲은 위 경정, 고지에 따른 금액을 납부하였다.

甲은 위 경정, 고지가 사업과 관련하여 지출된 이자비용 등을 필요경비에 산입하지도 아니하고 자신이 명의신탁자가 아닌 부동산에 관한 소득금액을 포함하여 위법하다는 등의 이유로 2006. 10. 30. 심사청구를 하였으며, 심사진행 중에 이천세무서장은 감액경정 및 증액경정을 하였다([표] ㉰). 특히 2007. 5. 1. 증액경정처분은 2002년 종합소득세 부분 중 甲에게 인정상여가 추가로 인정되어 부과한 것이었다(이하 '이 사건 증액경정처분'이라 한다).

국세청은 2007. 12. 18. 甲의 이자비용에 관한 주장을 일부 받아들여 123,701,386원(2002년 귀속분 51,033,422원, 2003년 귀속분 27,542,083원, 2004년 귀속분 45,125,881원)을 필요경비로 추가산입하고 나머지 청구를 기각하는 내용의 결정을 내렸으며, 이천세무서장은 그에 따라 [표] ㉱ 기재와 같이 감액경정 하였다. 이에 원고는 2008. 3. 18. 이 사건 소를 제기하면서 그 소장에 취소를 구하는 대상을 제1차 증액경정처분 세액인 14,149,817원으로 기재하였다가, 제1심 소송계속 중인 2009. 11. 16. 비로소 최종 2002년 귀속 종합소득세 32,022,179원(=당초 신고·납부세액 20,722,315원+제1차 증액경정처분 14,149,817원+제2차 증액경정처분 26,480,805원-감액경정처분 29,330,758원)의 취소를 구하는 것으로 청구취지를 변경하였다.

[표]

과세연도	㉮ 당초 신고 총결정세액	㉯ 최초증액경정 (원) (2006.8.1.)	㉰ 증액 및 감액 경정 (원)	㉱ 심사청구후 감액 (원) (2008.1.8.)	㉲ 최종세액 (원)
2001	2,045,245	465,243,027	-	-	465,243,027
2002	20,722,315	14,149,817	26,480,805 (2007.5.1.)	△29,330,758	11,299,864
2003	102,901,553	2,636,781,298	-	△17,513,885	2,619,267,413
2004	205,634,434	1,285,637,317	-	△21,566,333	1,264,070,984
2005	부동산매매업 관련 무신고	200,968,313	△99,934,198 (2006.12.12.)	-	101,034,115
합계		4,602,779,772	△73,453,393	△68,410,976	4,460,915,403

[판결요지]

(1) 구 국세기본법 제56조 제3항 본문은 '위법한 처분에 대한 행정소송은 행정소송법 제20조의 규정에 불구하고 심사청구 또는 심판청구에 대한 결정의 통지를 받은 날부터 90일 이내에 제기하여야 한다'고 규정하고 있다.

그런데 당초의 과세처분을 다투는 적법한 전심절차의 진행 중에 증액경정처분이 이루어지면 당초의 과세처분은 증액경정처분에 흡수되어 독립적인 존재가치를 상실하므로, 납세자는 특별한 사정이 없는 한 증액경정처분에 맞추어 청구의 취지나 이유를 변경한 다음, 그에 대한 결정의 통지를 받은 날부터 90일 이내에 증액경정처분의 취소를 구하는 행정소송을 제기하여야 한다.

다만 당초의 과세처분에 존재하고 있다고 주장되는 위법사유가 증액경정처분에도 마찬가지로 존재하고 있어 당초의 과세처분이 위법하다고 판단되면 증액경정처분도 위법하다고 하지 않을 수 없는 경우라면, 당초의 과세처분에 대한 전심절차의 진행 중에 증액경정처분이 이루어졌음에도 불구하고 그대로 전심절차를 진행한 납세자의 행위 속에는 달리 특별한 사정이 없는 한 당초의 과세처분에 대한 심사청구 또는 심판청구를 통하여 당초의 과세처분을 흡수하고 있는 증액경정처분의 취소를 구하는 의사가 묵시적으로 포함되어 있다고 봄이 타당하다.

따라서 이러한 경우에는 설령 납세자가 당초의 과세처분에 대한 전심절차에서 청구의 취지나 이유를 변경하지 아니하였다고 하더라도 증액경정처분에 대한 별도의 전심절차를 거칠 필요 없이 당초 제기한 심사청구 또는 심판청구에 대한 결정의 통지를 받은 날부터 90일 이내에 증액경정처분의 취소를 구하는 행정소송을 제기할 수 있다고 할 것이다.

그리고 납세자가 이와 같은 과정을 거쳐 행정소송을 제기하면서 당초의 과세처분의 취소를 구하는 것으로 청구취지를 기재하였다 하더라도, 이는 잘못된 판단에 따라 소송의 대상에 관한 청구취지를 잘못 기재한 것이라 할 것이고, 그 제소에 이른 경위나 증액경정처분의 성질 등에 비추어 납세자의 진정한 의사는 증액경정처분에 흡수됨으로써 이미 독립된 존재가치를 상실한 당초의 과세처분이 아니라 증액경정처분 자체의 취소를 구하는 데에 있다고 보아야 할 것이다. 따라서 납세자는 그 소송계속 중에 청구취지를 변경하는 형식으로 증액경정처분의 취소를 구하는 것으로 청구취지를 바로잡을 수 있는 것이고, 이때 제소기간의 준수 여부는 형식적인 청구취지의 변경 시가 아니라 증액경정처분에 대한 불복의 의사가 담긴 당초의 소 제기 시를 기준으로 판단하여야 한다.

(2) 이 사건에서는 제1차 증액경정처분에 대한 심사청구절차의 진행 중에 제2차 증액경정처분이 이루어졌고, 원고가 일관되게 주장해 온 바와 같이 필요경비가 추가된다면 구 소득세법 제45조 제1항이 정한 사업소득금액의 계산에서 발생한 결손금의 공제 규정에 따라 소득처분 자체의 하자 여부에 관계없이 곧바로 제2차 증액경정처분의 당부에 영향을 미치게 된다는 점에서 그 위법사유도 공통된다.

이러한 사정을 앞서 본 법리에 비추어 살펴보면, 원고가 제1차 증액경정처분에 대한 심사청구절차에서 제1차 증액경정처분만을 다투겠다는 의사를 명백히 표시하였다고 볼 자료가 없는 이상, 제2차 증액경정처분이 이루어졌음에도 불구하고 제1차 증액경정처분에 대한 심사절차를 그대로 진행한 원고의 행위 속에는 제2차 증액경정처분의 취소를 구하는 의사가 묵시적으로 포함되어 있다고 봄이 타당하다.

그리고 원고는 제1차 증액경정처분의 취소를 구하는 것으로 청구취지를 기재하여 이 사건 소를 제기함으로써 그와 위법사유가 공통되는 제2차 증액경정처분을 다투는 의사를 표시하였다고 할 것이다. 따라서 원고가 이 사건 심사결정의 통지를 받은 날부터 90일 이내인 2008. 3. 18. 이 사건 소를 제기하였다가 2009. 11. 16. 제2차 증액경정처분에 의하여 증액된 한편 2008. 1. 11. 감액경정처분에 의하여 감액된 최종 2002년 귀속 종합소득세 32,022,179원의 취소를 구하는 것으로 청구취지를 변경한 것은 실질적으로는 잘못된 청구취지를 바로잡은 것에 불과할 뿐 그로써 원고가 취소를 구하는 대상이 제1차 증액경정처분에서 제2차 증액경정처분으로 변경되었다고 볼 것은 아니다. 결국 이 사건 소는 당초부터 최종 2002년 귀속 종합소득세의 취소를 구하는 의사로 제기된 것으로서 그 제소기간을 준수하였다고 할 것이다.

(3) 그럼에도 원심은, 이 사건 소가 제2차 증액경정처분에 대한 전심절차를 거치지 아니한 채 제기된 경우에 해당하고, 그 경우에는 구 국세기본법 제56조 제3항 본문에서 규정한 '심사청구 등에 대한 결정의 통지를 받은 날'이 없으므로 행정소송법 제20조에 따라 제2차 증액경정처분이 있음을 안 날부터 90일 또는 그 처분이 있은 날부터 1년 이내에 행정소송을 제기하여야 한다고 전제하여, 원고는 제2차 증액경정처분이 있은 2007. 5. 1.로부터 1년이 지난 2009. 11. 16. 비로소 제2차 증액경정처분에 의하여 증액된 한편 2008. 1. 11. 감액경정처분에 의하여 감액된 최종 2002년 귀속 종합소득세 32,022,179원의 취소를 구하는 것으로 청구취지를 변경하였으므로 그 변경 시를 기준으로 하면 이미 제소기간이 지나 부적법하다고 판단하고 말았으니, 이러한 원심판결에는 구 국세기본법 제56조 제3항이 정한 제소기간 등에 관한 법리를 오해하여 판결에 영향을 미친 위법이 있다.

[관련판례]

❶ 증액경정처분의 경우

① 증액경정처분은 당초 신고하거나 결정된 세액을 그대로 둔 채 탈루된 부분만을 추가하는 것이 아니라 증액되는 부분을 포함시켜 전체로서 하나의 세액을 다시 결정하는 것인 점, 부과처분취소소송 또는 경정거부처분취소소송의 소송물은 과세관청이 결정하거나 과세표준신고서에 기재된 세액의 객관적 존부로서 청구취지만으로 그 동일성이 특정되므로 개개의 위법사유는 자기의 청구가 정당하다고 주장하는 공격방어방법에 불과한 점과 국세기본법 제22조의2(현 제22조의3) 제1항의 주된 입법 취지는 증액경정처분이 있더라도 불복기간의 경과 등으로 확정된 당초 신고 또는 결정에서의 세액만큼은 그 불복을 제한하려는 데 있는 점 등을 종합하여 볼 때, 국세기본법 제22조의2의 시행 이후에도 증액경정처분이 있는 경우 당초 신고나 결정은 증액경정처분에 흡수됨으로써 독립된 존재가치를 잃게 된다고 보아야 할 것이므로, 원칙적으로는 당초 신고나 결정에 대한 불복기간의 경과 여부 등에 관계없이 증액경정처분만이 항고소송의 심판대상이 되고, 납세의무자는 그 항고소송에서 당초 신고나 결정에 대한 위법사유도 함께 주장할 수 있다고 해석함이 타당하다(대법원 2009. 5. 14. 선고 2006두17390 판결).

② 구 국세기본법 제22조의2 제1항은 "세법의 규정에 의하여 당초 확정된 세액을 증가시키는 경정은 당초 확정된 세액에 관한 이 법 또는 세법에서 규정하는 권리·의무관계에 영향을 미치지 아니한다."고 규정하고 있다. 위 규정의 문언 내용 및 그 주된 입법 취지가 증액경정처분이 있더라도 불복기간의 경과 등으로 확정된 당초 신고나 결정에서의 세액에 대한 불복은 제한하려는 데 있는 점을 종합하면, 증액경정처분이 있는 경우 당초 신고나 결정은 증액경정처분에 흡수됨으로써 독립한 존재가치를 잃게 되어 원칙적으로는 당초 신고나 결정에 대한 불복기간의 경과 여부 등에 관계없이 증액경정처분만이 항고소송의 심판대상이 되고, 납세자는 그 항고소송에서 당초 신고나 결정에 대한 위법사유도 함께 주장할 수 있으나, 확정된 당초 신고나 결정에서의 세액에 관하여는 취소를 구할 수 없고 증액경정처분에 의하여

증액된 세액을 한도로 취소를 구할 수 있다 할 것이다(대법원 2011. 4. 14. 선고 2008두22280 판결).

③ 증액경정처분이 있는 경우 당초처분은 증액경정처분에 흡수되어 소멸하고, 소멸한 당초처분의 절차적 하자는 존속하는 증액경정처분에 승계되지 아니한다(대법원 2010. 6. 24. 선고 2007두16493 판결).

❷ 감액경정처분의 경우

과세관청이 조세부과처분을 한 뒤에 그 불복절차과정에서 국세청장이나 국세심판소장으로부터 그 일부를 취소하도록 하는 결정을 받고 이에 따라 당초 부과처분의 일부를 취소, 감액하는 내용의 경정결정을 한 경우 위 경정처분은 당초 부과처분과 별개 독립의 과세처분이 아니라 그 실질은 당초 부과처분의 변경이고, 그에 의하여 세액의 일부 취소라는 납세자에게 유리한 효과를 가져오는 처분이라 할 것이므로 그 경정결정으로도 아직 취소되지 않고 남아 있는 부분이 위법하다고 하여 다투는 경우에는 항고소송의 대상이 되는 것은 당초의 부과처분 중 경정결정에 의하여 취소되지 않고 남은 부분이 된다 할 것이고, 경정결정이 항고소송의 대상이 되는 것은 아니라 할 것이므로, 이 경우 제소기간을 준수하였는지 여부도 당초처분을 기준으로 하여 판단하여야 할 것이다(대법원 1991. 9. 13. 선고 91누391 판결).

[참고판례]

❶ 환급거부결정의 행정처분성은 부정된다.

구 국세기본법 51조의 오납액과 초과납부액은 조세채무가 처음부터 존재하지 않거나 그 후 소멸되었음에도 불구하고 국가가 법률상 원인 없이 수령하거나 보유하고 있는 부당이득에 해당하고, 그 국세환급금결정에 관한 규정은 이미 납세의무자의 환급청구권이 확정된 국세환급금에 대하여 내부적 사무처리절차로서 과세관청의 환급절차를 규정한 것에 지나지 않고 위 규정에 의한 국세환급금결정에 의하여 비로소 환급청구권이 확정되는 것은 아니므로, 위 국세환급금결정이나 이 결정을 구하는 신청에 대한 환급거부결정은 납세의무자가 갖는 환급청구권의 존부나 범위에 구체적이고 직접적인 영향을 미치는 처분이 아니어서 항고소송의 대상이 되는 처분이라고 볼 수 없다(대법원 2009. 11. 26. 선고 2007두4018 판결).

❷ 환급가산금의 성질 및 그 내용

조세환급금은 조세채무가 처음부터 존재하지 않거나 그 후 소멸하였음에도 불구하고 국가가 법률상 원인 없이 수령하거나 보유하고 있는 부당이득에 해당하고, 환급가산금은 그 부당이득에 대한 법정이자로서의 성질을 가진다. 이때 환급가산금의 내용에 대한 세법상의 규정은 부당이득의 반환범위에 관한 민법 제748조에 대하여 그 특칙으로서의 성질을 가진다고 할 것이므로, 환급가산금은 수익자인 국가의 선의·악의를 불문하고 그 가산금에 관한 각 규정에서 정한 기산일과 비율에 의하여 확정된다. 한편 부당이득반환의무는 일반적으로 기한의 정함이 없는 채무로서, 수익자는 이행청구를 받은 다음날부터 이행지체로 인한 지연손해금을 배상할 책임이 있다. 그러므로 납세자가 조세환급금에 대하여 이행청구를 한 이후에는 법정이자의 성질을 가지는 환급가산금청구권 및 이행지체로 인한 지연손해금청구권이 경합적으로 발생하고, 납세자는 자신의 선택에 좇아 그 중 하나의 청구권을 행사할 수 있다(대법원 2009. 9. 10. 선고 2009다11808 판결).

기출문제

사시14 甲은 A시에서 개인 변호사 사무실을 운영하는 변호사로서 관할 세무서장 乙에게 2010년부터 2012년까지 3년간의 부가가치세 및 종합소득세를 자진신고 납부한 바 있다. 丙은 甲의 변호사 사무실에서 직원으로 근무하다가 2013년 3월경 사무장 직을 그만두면서 사무실의 형사약정서 복사본과 민사사건 접수부를 가지고 나와 이를 근거로 乙에게 甲의 세금탈루사실을 제보하였다. 이에 따라 乙은 2013년 6월 甲에 대하여 세무조사를 하기로 결정하고, 甲에게 조사를 시작하기 10일 전에 조사대상 세목, 조사기간 및 조사 사유, 그 밖에 대통령령으로 정하는 사항을 통지하였다. 그런데 통지를 받은 甲은 장기출장으로 인하여 세무조사를 받기 어렵다는 이유로 乙에게 연기해 줄 것을 신청하였으나 乙은 이를 거부하였다.

(4) 甲은 소득세부과처분에 대하여 취소소송을 제기하였으나 기각판결이 확정되었다. 만약 그 후 甲이 이전 과세처분상의 납부액이 법령상 기준을 초과하였다는 이유로 초과납부한 금액에 대한 국세환급결정을 신청하였지만 乙이 이를 거부하였다면, 이에 대하여 甲이 권리구제를 받을 수 있는 방안은 무엇인가? **(15점)**
  - 국세환급신청거부에 대한 권리구제수단

부가가치세 환급청구 사건

□ 대법원 2013. 3. 21. 선고 2011다95564 전원합의체 판결

〔사실관계〕

원고는 2009. 3. 11. 소외 제이비에스건설 주식회사(이하 '소외 회사'라 한다)와 사이에 사업관련하여 부가가치세 환급금채권을 소외 회사로부터 양수받기로 약정하였다. 원고는 소외 회사로부터 2009. 3.부터 2012. 1.까지 사이에 발생하는 소외 회사의 부가가치세환급금채권을 양도받고, 2009. 4. 15. 소외 회사를 대리하여 피고 산하 파주세무서장에게 위와 같은 내용의 채권양도통지를 하여 그 통지서가 그 무렵 파주세무서장에게 도달하였다.

이 사건 2008년 2기, 2009년 1기, 2009년 2기의 부가가치세 환급세액에 관하여 적용되는 구 부가가치세법 제24조 제1항 및 이 사건 2010년 1기의 부가가치세 환급세액에 관하여 적용되는 부가가치세법 제24조 제1항에 따라 각각 발생한 부가가치세 환급세액 지급청구권을 양수하였음을 내세워 원고는 환급세액의 반환을 부당이득반환청구소송으로 서울중앙지방법원에 제기하였다.

〔판결요지〕

부가가치세법령이 환급세액의 정의 규정, 그 지급시기와 산출방법에 관한 구체적인 규정과 함께 부가가치세 납세의무를 부담하는 사업자(이하 '납세의무자'라 한다)에 대한 국가의 환급세액 지급의무를 규정한 이유는, 입법자가 과세 및 징수의 편의를 도모하고 중복과세를 방지하는 등의 조세 정책적 목적을 달성하기 위한 입법적 결단을 통하여, 최종 소비자에 이르기 전의 각 거래단계에서 재화 또는 용역을 공급하는 사업자가 그 공급을 받는 사업자로부터 매출세액을 징수하여 국가에 납부하고, 그 세액을 징수당한 사업자는 이를 국가로부터 매입세액으로 공제·환급받는 과정을 통하여 그 세액의 부담을 다음 단계의 사업자에게 차례로 전가하여 궁극적으로 최종 소비자에게 이를 부담시키는 것을 근간으로 하는 전단계세액공제 제도를 채택한 결과, 어느 과세기간에 거래징수된 세액이 거래징수를 한 세액보다 많은 경우에는 그 납세의무자가 창출한 부가가치에 상응하는 세액보다 많은 세액이 거래징수되게 되므로 이를 조정하기 위한 과세기술상, 조세 정책적인 요청에 따라 특별히 인정한 것이라고 할 수 있다.

따라서 이와 같은 부가가치세법령의 내용, 형식 및 입법 취지 등에 비추어 보면, 납세의무자에 대한 국가의 부가가치세 환급세액 지급의무는 그 납세의무자로부터 어느 과세기간에 과다하게 거래징수된 세액 상당을 국가가 실제로 납부받았는지 여부와 관계없이 부가가치세법령의 규정에 의하여 직접 발생하는 것으로서, 그 법적 성질은 정의와 공평의 관념에서 수익자와 손실자 사이의 재산상태 조정을 위해 인정되는 부당이득 반환의무가 아니라 부가가치세법령에 의하여 그 존부나 범위가 구체적으로 확정되고 조세 정책적 관점에서 특별히 인정되는 공법상 의무라고 봄이 타당하다. 그렇다면 납세의무자에 대한 국가의 부가가치세 환급세액 지급의무에 대응하는 국가에 대한 납세의무자의 부가가치세 환급세액 지급청구는 민사소송이 아니라 행정소송법 제3조 제2호에 규정된 당사자소송의 절차에 따라야 한다.

판례색인

[대법원 결정]

대법원 1991. 5. 2. 자 91두15 결정	416
대법원 1992. 4. 29. 자 92두7 결정	415
대법원 1993. 2. 10. 자 92두72 결정	416
대법원 1998. 8. 23. 자 99무15 결정	416
대법원 1998. 12. 24. 자 98무37 결정	455
대법원 2000. 1. 8. 자 2000무35 결정	413
대법원 2001. 10. 10. 자 2001무29 결정	415
대법원 2002. 12. 11. 자 2002무22 결정	450
대법원 2003. 10. 9. 자 2003무23 결정	88, 320
대법원 2004. 1. 15. 자 2002무30 결정	444
대법원 2004. 5. 12. 자 2003무41 결정	412, 416
대법원 2006. 2. 23. 자 2005부4 결정	396
대법원 2006. 4. 28. 자 2003마715 결정	233, 234
대법원 2006. 12. 8. 자 2006마470 결정	39
대법원 2009. 11. 2. 자 2009마596 결정	615, 616
대법원 2010. 2. 5. 자 2009무153 결정	451, 462
대법원 2010. 5. 14. 자 2010무48 결정	412
대법원 2010. 11. 26. 자 2010무137 결정	6, 412
대법원 2011. 4. 21. 자 2010무111 전원합의체 결정	154, 410
대법원 2015. 8. 21. 자 2015무26 결정	469, 619
대법원 2018. 7. 12. 자 2018무600 결정	414
대법원 2022. 2. 11. 자 2021모3175 결정	205

[대법원 판례]

대법원 1967. 10. 23. 선고 67누126 판결	150
대법원 1968. 4. 30. 선고 68누8 판결	40
대법원 1972. 4. 28. 선고 72다337 판결	116
대법원 1975. 11. 11. 선고 75누97 판결	412
대법원 1978. 11. 14. 선고 78누320 판결	476
대법원 1982. 3. 9. 선고 80누105 판결	154
대법원 1982. 6. 8. 선고 80도2646 판결	117
대법원 1982. 9. 28. 선고 82누2 판결	436
대법원 1983. 6. 14. 선고 83누14 판결	122
대법원 1983. 6. 14. 선고 83다카181 판결	577
대법원 1983. 12. 27. 선고 81누366 판결	8
대법원 1984. 2. 28. 선고 82누154 판결	455
대법원 1984. 4. 10. 선고 83누393 판결	138
대법원 1984. 5. 9. 선고 84누116 판결	124
대법원 1985. 4. 23. 선고 84누446 판결	612
대법원 1985. 5. 28. 선고 84누289 판결	194
대법원 1986. 1. 28. 선고 85도2448 판결	571
대법원 1987. 4. 14. 선고 86누459 판결	538, 539
대법원 1987. 6. 9. 선고 86다카2756 판결	437, 438
대법원 1987. 7. 21. 선고 84누126 판결	292
대법원 1987. 9. 8. 선고 87누373 판결	29
대법원 1987. 11. 24. 선고 87누529 판결	297
대법원 1987. 12. 8. 선고 87누632 판결	428
대법원 1988. 2. 23. 선고 87누1046·1047 판결	11
대법원 1988. 2. 23. 선고 87도2358 판결	555
대법원 1989. 5. 8. 선고 88누5150 판결	296
대법원 1989. 6. 27. 선고 88누6283 판결	29
대법원 1989. 9. 12. 선고 88누9206 판결	106
대법원 1989. 9. 12. 선고 89누2103 판결	13
대법원 1989. 9. 12. 선고 89누671 판결	485
대법원 1989. 10. 24. 89누2431 판결	112
대법원 1989. 11. 14. 선고 89누4765 판결	485
대법원 1990. 2. 13. 선고 88누6610 판결	468
대법원 1990. 2. 13. 선고 89다카23022 판결	582
대법원 1990. 9. 11. 선고 90누1786 판결	193
대법원 1990. 9. 25. 선고 89누4758 판결	462
대법원 1991. 2. 12. 선고 90누5825 판결	311
대법원 1991. 6. 28. 선고 90누4402 판결	152
대법원 1991. 7. 12. 선고 90누8350 판결	45
대법원 1991. 8. 27. 선고 90누6613 판결	19, 512
대법원 1991. 9. 13. 선고 91주391 판결	645
대법원 1991. 9. 24. 선고 91누1400 판결	109
대법원 1991. 12. 13. 선고 90누8503 판결	111
대법원 1991. 12. 24. 선고 90다12243 전원합의체 판결	102
대법원 1992. 1. 21. 선고 91누1264 판결	112
대법원 1992. 4. 12. 선고 91누13564 판결	223
대법원 1992. 4. 24. 선고 91누11131 판결	387
대법원 1992. 4. 24. 선고 91누6634 판결	92
대법원 1992. 5. 8. 선고 91누11261 판결	66, 459, 462
대법원 1992. 5. 8. 선고 91누13274 판결	138, 356
대법원 1992. 6. 9. 선고 92누565 판결	597
대법원 1992. 8. 7. 선고 92두30 판결	413
대법원 1992. 8. 18. 선고 90도1709 판결	117
대법원 1992. 9. 14. 선고 92다3243 판결	273
대법원 1992. 9. 22. 선고 91누13212 판결	581
대법원 1992. 11. 24. 선고 92다26574 판결	575
대법원 1992. 11. 27. 선고 92누3618 판결	317, 603
대법원 1992. 12. 24. 선고 92누3335 판결	419, 466
대법원 1993. 1. 26. 선고 92다2684 판결	279
대법원 1993. 2. 12. 선고 91다43466 판결	262
대법원 1993. 2. 12. 선고 92다13707 판결	13
대법원 1993. 2. 12. 선고 92누4390 판결	97

대법원 1993. 5. 27. 선고 92누19033 판결	96, 438	대법원 1995. 11. 21. 선고 95누9099 판결	168
대법원 1993. 5. 27. 선고 93누2216 판결	97	대법원 1995. 11. 23. 선고 95두53 판결	416
대법원 1993. 5. 27. 선고 93누6621 판결	121, 397, 484	대법원 1995. 12. 12. 선고 95누7338 판결	103
대법원 1993. 6. 8. 선고 93누6164 판결	223	대법원 1995. 12. 22. 선고 95누4636 판결	162
대법원 1993. 6. 29. 선고 93누5635 판결	75	대법원 1996. 2. 15. 선고 95다38677 전원합의체 판결	244
대법원 1993. 7. 27. 선고 92누13998 판결	111	대법원 1996. 2. 27. 선고 95누9617 판결	537
대법원 1993. 8. 24. 선고 93누5673 판결	346	대법원 1996. 3. 22. 선고 95누5509 판결	455
대법원 1993. 10. 26. 선고 93다6409 판결	294	대법원 1996. 5. 16. 선고 95누4810 전원합의체 판결	104
대법원 1993. 11. 9. 선고 93누14271 판결	116, 224	대법원 1996. 5. 31. 선고 95누10617 판결	163
대법원 1993. 11. 26. 선고 93누7341 판결	399	대법원 1996. 6. 28. 선고 96누4374 판결	219
대법원 1994. 1. 25. 선고 93누16901 판결	345	대법원 1996. 8. 20. 선고 95누10877 판결	152
대법원 1994. 1. 25. 선고 93누8542 판결	129	대법원 1996. 9. 6. 선고 96누7427 판결	429
대법원 1994. 1. 25. 선고 93다11760 판결	610	대법원 1996. 9. 20. 선고 95누7994 판결	398
대법원 1994. 3. 8. 선고 92누1728 판결	111	대법원 1996. 9. 20. 선고 95누8003 판결	398
대법원 1994. 4. 26. 선고 93추175 판결	519	대법원 1996. 9. 20. 선고 96누6882 판결	92
대법원 1994. 5. 10. 선고 93다23442 판결	575	대법원 1996. 10. 11. 선고 94누7171 판결	549
대법원 1994. 5. 10. 선고 93추144 판결	512	대법원 1996. 10. 11. 선고 96누8086 판결	223
대법원 1994. 5. 24. 선고 92다35783 전원합의체 판결	601	대법원 1996. 11. 15. 선고 96다31406 판결	438
대법원 1994. 8. 12. 선고 94누2763 판결	397	대법원 1996. 11. 29. 선고 96추84 판결	507
대법원 1994. 8. 23. 선고 94누4882 판결	105	대법원 1997. 1. 21. 선고 96누3401 판결	150
대법원 1994. 10. 11. 선고 94두23 판결	399	대법원 1997. 2. 10. 선고 97다45919 판결	288
대법원 1994. 10. 25. 선고 93다42740 판결	127	대법원 1997. 3. 11. 선고 96다49650 판결	36
대법원 1994. 10. 28. 선고 92누9463 판결	125, 127	대법원 1997. 3. 14. 선고 96누16698 판결	110, 111
대법원 1994. 10. 28. 선고 94누5144 판결	223	대법원 1997. 3. 28. 선고 97다4036 판결	288
대법원 1994. 11. 11. 선고 94다28000 판결	117	대법원 1997. 4. 11. 선고 96추138 판결	520
대법원 1994. 11. 22. 선고 94다32924 판결	272	대법원 1997. 4. 17. 선고 96도3376 판결	3
대법원 1994. 11. 25. 선고 94누9672 판결	144	대법원 1997. 4. 22. 선고 97다3194 판결	273, 274
대법원 1994. 12. 9. 선고 94다38137 판결	279	대법원 1997. 4. 25. 선고 96추244 판결	505
대법원 1994. 12. 13. 선고 93다49482 판결	168	대법원 1997. 4. 25. 선고 96추251 판결	511
대법원 1995. 1. 12. 선고 94누2602 판결	399	대법원 1997. 4. 28. 선고 96두75 판결	413
대법원 1995. 1. 20. 선고 94누6529 판결	151	대법원 1997. 5. 16. 선고 97누2313 판결	121, 145
대법원 1995. 2. 14. 선고 94누5830 판결	582	대법원 1997. 5. 28. 선고 95누15735 판결	124
대법원 1995. 2. 24. 선고 94누9146 판결	53	대법원 1997. 5. 30. 선고 96누5773 판결	71
대법원 1995. 2. 24. 선고 94다57671 판결	280	대법원 1997. 5. 30. 선고 97누2627 판결	115
대법원 1995. 3. 10. 선고 94누14018 판결	458	대법원 1997. 8. 22. 선고 96다10737 판결	577
대법원 1995. 3. 10. 선고 94누7027 판결	150	대법원 1997. 9. 12. 선고 96누18380 판결	27
대법원 1995. 4. 14. 선고 94다12371 판결	381	대법원 1997. 11. 14. 선고 97누7325 판결	334
대법원 1995. 5. 12. 선고 94누13794 판결	322	대법원 1997. 12. 9. 선고 97다25521 판결	438
대법원 1995. 6. 9. 선고 94누10870 판결	12	대법원 1997. 12. 12. 선고 97누13962 판결	40
대법원 1995. 6. 13. 선고 94누15592 판결	342	대법원 1997. 12. 26. 선고 96누17745 판결	317
대법원 1995. 6. 13. 선고 94다56883 판결	113	대법원 1998. 1. 7. 선고 97두22 판결	443
대법원 1995. 6. 29. 선고 95누4674 판결	233	대법원 1998. 2. 27. 선고 97누1105 판결	12, 484
대법원 1995. 7. 11. 선고 94누4615 전원합의체 판결	121, 481	대법원 1998. 3. 10. 선고 97누4289 판결	97
대법원 1995. 8. 22. 선고 94누5694 판결	483	대법원 1998. 3. 13. 선고 96누6059 판결	130
대법원 1995. 10. 17. 선고 94누14148 전원합의체 판결	81	대법원 1998. 3. 27. 선고 97누20755 판결	572
대법원 1995. 11. 16. 선고 95누8850 전원합의체 판결	144	대법원 1998. 4. 10. 선고 98두2270 판결	436
		대법원 1998. 4. 24. 선고 97누17131 판결	344

대법원 1998. 4. 24. 선고 97도3121 판결	43	대법원 2001. 5. 8. 선고 2000두10212 판결	175
대법원 1998. 4. 28. 선고 97누21086 판결	371	대법원 2001. 5. 8. 선고 2000두6916 판결	297
대법원 1998. 5. 8. 선고 97누15432 판결	296	대법원 2001. 5. 29. 선고 99두10292 판결	341
대법원 1998. 7. 10. 선고 96다42819 판결	281	대법원 2001. 5. 29. 선고 99두7432 판결	103
대법원 1998. 7. 24. 선고 98다10854 판결	437	대법원 2001. 6. 15. 선고 99두509 판결	113
대법원 1998. 8. 20. 선고 97누6889 판결	612	대법원 2001. 6. 26. 선고 99두11592 판결	137
대법원 1998. 8. 25. 선고 98다16890 판결	254	대법원 2001. 7. 27. 선고 2000다56822 판결	275
대법원 1998. 9. 4. 선고 97누19588 판결 142, 152, 366, 369		대법원 2001. 7. 27. 선고 99두2970 판결	339, 345, 639
대법원 1998. 9. 22. 선고 96누7342 판결	582	대법원 2001. 8. 24. 선고 2000두7704 판결	550
대법원 1998. 10. 23. 선고 97누157 판결	220	대법원 2001. 8. 24. 선고 99두9971 판결	40
대법원 1998. 10. 23. 선고 98다18520 판결	254	대법원 2001. 9. 4. 선고 99두11080 판결	598
대법원 1998. 10. 23. 선고 98두12932 판결	538	대법원 2001. 9. 25. 선고 2001다41865 판결	282
대법원 1998. 12. 24. 선고 98무37 판결	451	대법원 2001. 9. 28. 선고 2000두8684 판결	428
대법원 1999. 1. 15. 선고 98다49548 판결	577	대법원 2001. 10. 12. 선고 2001다47290 판결	269
대법원 1999. 3. 9. 선고 98두18565 판결	426	대법원 2001. 10. 23. 선고 99다36280 판결	257
대법원 1999. 4. 27. 선고 97누6780 판결	224	대법원 2001. 11. 27. 선고 2001추57 판결	508, 513
대법원 1999. 4. 27. 선고 99추23 판결	509	대법원 2001. 12. 11. 선고 2001두7794 판결	163
대법원 1999. 5. 8. 선고 98두4061 판결	23	대법원 2001. 12. 11. 선고 2001두7541 판결	104
대법원 1999. 5. 25. 선고 98다53134 판결	113	대법원 2001. 12. 14. 선고 2000다12679 판결	257
대법원 1999. 6. 25. 선고 99다11120 판결	278	대법원 2002. 2. 9. 선고 98다52988 판결	258
대법원 1999. 7. 23. 선고 99다15924 판결	577, 586	대법원 2002. 2. 26. 선고 99다35300 판결	293
대법원 1999. 10. 8. 선고 99두6873 판결	612	대법원 2002. 5. 10. 선고 2000다39735 판결	289
대법원 1999. 10. 22. 선고 98두18435 판결	44	대법원 2002. 5. 24. 선고 2000두3641 판결	390
대법원 1999. 11. 23. 선고 98다11529 판결	293	대법원 2002. 6. 28. 선고 2000두4750 판결	463
대법원 1999. 11. 26. 선고 97다42250 판결	420, 473	대법원 2002. 7. 23. 선고 2000두9151 판결	297
대법원 1999. 11. 26. 선고 99다40807 판결	575	대법원 2002. 7. 26. 선고 2001두3532 판결	547
대법원 1999. 12. 7. 선고 97누17568 판결	314	대법원 2002. 8. 23. 선고 2001두5651 판결	64
대법원 2000. 2. 11. 선고 99다61675 판결	12	대법원 2002. 8. 23. 선고 2002다9158 판결	273
대법원 2000. 4. 21. 선고 98다10080 판결	378	대법원 2002. 9. 6. 선고 2002두554 판결	175
대법원 2000. 5. 30. 선고 99추85 판결	215, 508	대법원 2002. 10. 25. 선고 2001두4450 판결	352
대법원 2000. 6. 9. 선고 98두2621 판결	296	대법원 2002. 10. 25. 선고 2002두5795 판결	106
대법원 2000. 6. 13. 선고 98두5811 판결	435	대법원 2002. 11. 8. 선고 2001두1512 판결	24
대법원 2000. 10. 13. 선고 2000두5142 판결	594	대법원 2002. 11. 8. 선고 2001두3181 판결	127
대법원 2000. 10. 13. 선고 99두653 판결	122	대법원 2002. 11. 26. 선고 2002두5948 판결	162
대법원 2000. 10. 19. 선고 98두6265 전원합의체 판결	61	대법원 2003. 1. 15. 선고 2002두2444 판결	451
대법원 2001. 1. 5. 선고 98다39060 판결	247	대법원 2003. 2. 14. 선고 2001두7015 판결	52, 190
대법원 2001. 1. 16. 선고 2000다41349 판결	437	대법원 2003. 2. 14. 선고 2002다62678 판결	256
대법원 2001. 1. 16. 선고 99두10988 판결	203	대법원 2003. 3. 11. 선고 2001두6425 판결	215
대법원 2001. 2. 9. 선고 2000도2050 판결	53	대법원 2003. 3. 11. 선고 2001두6425 판결	204
대법원 2001. 2. 9. 선고 2000두6206 판결	236, 237	대법원 2003. 3. 14. 선고 2000두6114 판결	212
대법원 2001. 2. 9. 선고 98두17593 판결	89, 90	대법원 2003. 4. 22. 선고 2002두9391 판결	213
대법원 2001. 2. 15. 선고 96다42420 전원합의체 판결	290	대법원 2003. 4. 25. 선고 2000두7087 판결	206
대법원 2001. 2. 23. 선고 2000추67 판결	519	대법원 2003. 4. 25. 선고 2001다59842 판결	255, 256
대법원 2001. 3. 9. 선고 99두5207 판결	82	대법원 2003. 5. 16. 선고 2001다61012 판결	539
대법원 2001. 4. 13. 선고 2000두3337 판결	190	대법원 2003. 5. 30. 선고 2003다6422 판결	143
대법원 2001. 4. 24. 선고 2000다16114 판결	269	대법원 2003. 7. 11. 선고 2001두6289 판결	53
		대법원 2003. 7. 11. 선고 99다24218 판결	268

대법원 2003. 7. 25. 선고 2001다57778 판결 602, 604
대법원 2003. 9. 23. 선고 2001두10936 판결 158, 159
대법원 2003. 9. 26. 선고 2003두2274 판결 87
대법원 2003. 10. 10. 선고 2003두7767 판결 435
대법원 2003. 10. 23. 선고 2001다48057 판결 274
대법원 2003. 10. 23. 선고 2003두8005 판결 99, 237
대법원 2003. 11. 28. 선고 2003두674 판결 189
대법원 2003. 12. 11. 선고 2001두8827 판결 429
대법원 2003. 12. 11. 선고 2003두8395 판결 428
대법원 2003. 12. 12. 선고 2003두8050 판결 205
대법원 2003. 12. 26. 선고 2002두1342 판결 208, 214
대법원 2004. 3. 12. 선고, 2002두7517 판결 182
대법원 2004. 3. 18. 선고 2001두8254 전원합의체 판결 213
대법원 2004. 3. 25. 선고 2003두12837 판결 90, 94
대법원 2004. 3. 26. 선고 2003도7878 판결 3
대법원 2004. 4. 22. 선고 2000두7735 판결 312
대법원 2004. 4. 22. 선고 2003두9015 판결 108
대법원 2004. 4. 27. 선고 2003두8821 판결 316
대법원 2004. 4. 28. 선고 2003두1806 판결 157, 317
대법원 2004. 4. 9. 선고 2001두6197 판결 237
대법원 2004. 5. 28. 선고 2002두4716 판결 84
대법원 2004. 5. 28. 선고 2002두5016 107
대법원 2004. 6. 11. 선고 2001두7053 판례 312, 315
대법원 2004. 6. 11. 선고 2002다31018 판결 258, 259
대법원 2004. 7. 8. 선고 2002두8350 판결 191
대법원 2004. 9. 23. 선고 2003다49009 판결 252, 253
대법원 2004. 9. 23. 선고 2003두1370 판결 71
대법원 2004. 9. 24. 선고 2002다68713 판결 598
대법원 2004. 11. 26. 선고 2004두4482 판결 428
대법원 2004. 11. 26. 선고 2003두10251,10268 판결
　　　　　　　　　　　　　　　　　　　141, 144
대법원 2004. 12. 9. 선고 2003두12707 판결 207, 212
대법원 2004. 12. 24. 선고 2003두15195 판결 467
대법원 2005. 1. 14. 선고 2003두13045 판결 442
대법원 2005. 1. 14. 선고 2004다26805 판결 247
대법원 2005. 1. 27. 선고 2003다49566 판결 276
대법원 2005. 2. 17. 선고 2003두14765 판결 548
대법원 2005. 3. 10. 선고 2002두5474 판결 153
대법원 2005. 4. 28. 선고 2004두8828 판결 23, 159
대법원 2005. 7. 8. 선고 2005두487 판결 169
대법원 2005. 7. 14. 선고 2004두6181 판결 96
대법원 2005. 7. 28. 선고 2003두469 판결 538
대법원 2005. 7. 29. 선고 2003두3550 판결 96
대법원 2005. 8. 19. 선고 2003두9817,9824 판결 39
대법원 2005. 8. 19. 선고 2004다2809 판결 220
대법원 2005. 8. 19. 선고 2005추48 판결 519
대법원 2005. 9. 9, 선고 2004추10 판결 504

대법원 2005. 9. 9. 선고 2003두5402,5419 판결 389
대법원 2005. 11. 10. 선고 2004도2657 판결 234
대법원 2005. 11. 25. 선고 2004두6822,6839,6846 판결 22
대법원 2005. 12. 9. 선고 2003두7705 판결 296, 303
대법원 2005. 12. 23. 선고 2005두3554 판결 53, 388, 389
대법원 2006. 2. 9. 선고 2005두12848 판결 144
대법원 2006. 3. 9. 선고 2004다31074 판결 582
대법원 2006. 3. 16. 선고 2006두330 전원합의체 판결
　　　　　　　　　　　　　　　　　　　315, 361
대법원 2006. 4. 28. 선고 2005두14851 판결 406
대법원 2006. 5. 18. 선고 2004다6207 판결 293
대법원 2006. 5. 25. 선고 2006두3049 판결 207
대법원 2006. 6. 22. 선고 2003두1684 전원합의체 판결 377
대법원 2006. 6. 27. 선고 2003두4355 판결 80
대법원 2006. 6. 30. 선고 2004두701 판결 319
대법원 2006. 6. 30. 선고 2005두14363 판결 123, 638
대법원 2006. 7. 28. 선고 2004두6716 판결 354
대법원 2006. 8. 24. 선고 2004두2783 판결 206
대법원 2006. 8. 25. 선고 2004두2974 판결 96
대법원 2006. 9. 8. 선고 2003두5426 판결 154
대법원 2006. 9. 8. 선고 2004두947 판결 482
대법원 2006. 9. 22. 선고 2005두2506 판결 321
대법원 2006. 9. 28. 선고 2004두13639 판결 293
대법원 2006. 10. 12. 선고 2006추38 판결 507
대법원 2006. 10. 13. 선고 2006두7096 판결 221
대법원 2006. 11. 9. 선고 2006두1227 판결 111
대법원 2006. 11. 16. 선고 2003두12899 전원합의체 판결
　　　　　　　　　　　　　　　　　　　　　　32
대법원 2006. 12. 22. 선고 2004다68311 판결 582
대법원 2006. 12. 26. 선고 2006두12883 판결 103
대법원 2007. 2. 22. 선고 2004두7481 판결 603
대법원 2007. 3. 15. 선고 2006두15806 판결 122, 123, 200
대법원 2007. 3. 22. 선고 2005추62 전원합의체 판결 526
대법원 2007. 4. 12. 선고 2006두20150 판결 123
대법원 2007. 4. 27. 선고 2004두9302 판결 347
대법원 2007. 5. 10. 선고 2005두13315 판결 194
대법원 2007. 6. 14. 선고 2004두619 판결 63, 88, 405
대법원 2007. 6. 15. 선고 2006두15936 판결 213
대법원 2007. 7. 12. 선고 2006도1390 판결 552
대법원 2007. 7. 19. 선고 2006두19297 전원합의체 판결
　　　　　　　　　　　　　　　　　　　　　 380
대법원 2007. 9. 20. 선고 2005두6935 판결 533
대법원 2007. 9. 20. 선고 2007두6946 판결 378
대법원 2007. 9. 21. 선고 2006두20631 판결 174, 178
대법원 2007. 10. 11. 선고 2007두1316 판결 310
대법원 2007. 10. 12. 선고 2006두14476 판결 17
대법원 2007. 10. 29. 선고 2005두4649 판결 32

대법원 2007. 11. 29. 선고 2006다3561 판결	67, 267
대법원 2007. 12. 27. 선고 2005두9651 판결	382
대법원 2008. 1. 10. 선고 2007두16691 판결	104, 616
대법원 2008. 1. 31. 선고 2007도9220 판결	149
대법원 2008. 3. 20. 선고 2007두6342 전원합의체 판결	453
대법원 2008. 3. 27. 선고 2006두3742·3759 판결	86
대법원 2008. 3. 27. 선고 2007두23811 판결	354
대법원 2008. 4. 10. 선고 2005다48994 판결	253
대법원 2008. 4. 10. 선고 2007두4841 판결	86
대법원 2008. 4. 10. 선고 2008두402 판결	354, 355
대법원 2008. 4. 17. 선고 2005두16185 전원합의체 판결	465
대법원 2008. 5. 8. 선고 2007두10488 판결	306
대법원 2008. 5. 15. 선고 2007두26001 판결	146
대법원 2008. 5. 29. 선고 2004다33469 판결	266, 284
대법원 2008. 6. 12. 선고 2006두16328 판결	160
대법원 2008. 6. 12. 선고 2007다64365 판결	248, 258
대법원 2008. 6. 12. 선고 2007두1767 판결	190
대법원 2008. 6. 12. 선고 2008두3685 판결	454
대법원 2008. 6. 26. 선고 2007다24893 판결	13
대법원 2008. 7. 24. 선고 2007다25261 판결	16
대법원 2008. 8. 21. 선고 2007두13845 판결	131
대법원 2008. 9. 25. 선고 2006다18228 판결	168
대법원 2008. 11. 13. 선고 2008두13491 판결	307
대법원 2008. 12. 24. 선고 2008두8970 판결	92
대법원 2009. 1. 30. 선고 2006다1785 판결	43
대법원 2009. 1. 30. 선고 2007두13487 판결	520
대법원 2009. 1. 30. 선고 2007두7277 판결	108
대법원 2009. 1. 30. 선고 2008두16155 판결	122, 188
대법원 2009. 1. 30. 선고 2008두17936 판결	38
대법원 2009. 2. 12. 선고 2005다65500 판결	112
대법원 2009. 2. 26. 선고 2006두16243 판결	45
대법원 2009. 3. 12. 선고 2008두11525 판결	109
대법원 2009. 4. 9. 선고 2007추103 판결	519
대법원 2009. 4. 9. 선고 2008두23153 판결	419, 425
대법원 2009. 4. 23. 선고 2008두8918 판결	32
대법원 2009. 5. 14. 선고 2006두17390 판결	644
대법원 2009. 6. 18. 선고 2008두10997 전원합의체 판결	42
대법원 2009. 6. 25. 선고 2006다18174 판결	112
대법원 2009. 6. 25. 선고 2008두13132 판결	35, 37
대법원 2009. 7. 9. 선고 2008두11099 판결	73
대법원 2009. 7. 23. 선고 2008두10560 판결	460
대법원 2009. 9. 17. 선고 2007다2428 전원합의체 판결	618
대법원 2009. 9. 24. 선고 2008다60568 판결	388, 614
대법원 2009. 9. 24. 선고 2009두2825 판결	124
대법원 2009. 9. 24. 선고 2009두8946 판결	91
대법원 2009. 9. 24. 선고 2009추53 판결	518
대법원 2009. 10. 15. 선고 2009다41533 판결	574
대법원 2009. 10. 15. 선고 2009두11829 판결	346
대법원 2009. 11. 26. 선고 2007두4018 판결	645
대법원 2009. 12. 10. 선고 2006다87538 판결	576
대법원 2009. 12. 10. 선고 2009두12785 판결	215
대법원 2009. 12. 24. 선고 2009두14507 판결	228
대법원 2009. 12. 24. 선고 2009두7967 판결	34
대법원 2010. 1. 28. 선고 2007다82950,82967 판결	243
대법원 2010. 1. 28. 선고 2008두1504 판결	597
대법원 2010. 1. 28. 선고 2008두19987 판결	297
대법원 2010. 2. 11. 선고 2009두6001 판결	207, 215
대법원 2010. 4. 8. 선고 2009다90092 판결	116
대법원 2010. 4. 8. 선고 2009두17018 판결	98
대법원 2010. 4. 15. 선고 2007두16127 판결	363
대법원 2010. 4. 29. 선고 2008두5643 판결	206
대법원 2010. 4. 29. 선고 2009두16879 판결	376
대법원 2010. 4. 29. 선고 2009두18547 판결	201
대법원 2010. 5. 27. 선고 2008두22655 판결	109
대법원 2010. 5. 27. 선고 2008두5636 판결	466
대법원 2010. 6. 10. 선고 2010두2913 판결	208, 216
대법원 2010. 6. 24. 선고 2009다40790 판결	248
대법원 2010. 6. 24. 선고 2010두3978 판결	228
대법원 2010. 6. 24. 선고 2007두16493 판결	645
대법원 2010. 6. 25. 선고 2007두12514 전원합의체 판결	295
대법원 2010. 7. 22. 선고 2010다13527 판결	256
대법원 2010. 7. 29. 선고 2007두18406 판결	391, 393
대법원 2010. 8. 19. 선고 2008두822 판결	598
대법원 2010. 9. 9. 선고 2008두22631 판결	92, 360
대법원 2010. 10. 14. 선고 2008두23184 판결	322
대법원 2010. 10. 28. 선고 2010두6496 판결	106
대법원 2010. 11. 18. 선고 2008두167 전원합의체 판결	47
대법원 2010. 12. 9. 선고 22007두6571 판결	293
대법원 2010. 12. 09. 선고 2009두4555 판결	104
대법원 2010. 12. 23. 선고 2008두13101 판결	206
대법원 2010. 12. 23. 선고 2010두14800 판결	212
대법원 2011. 1. 13. 선고 2009다21058 판결	106
대법원 2011. 1. 20. 선고 2010두14954 전원합의체 판결	49, 201
대법원 2011. 1. 27. 선고 2009두1051 판결	593
대법원 2011. 3. 10. 선고 2010다85942 판결	288
대법원 2011. 4. 14. 선고 2008두22280 판결	645
대법원 2011. 6. 9. 선고 2011다2951 판결	589
대법원 2011. 6. 10. 선고 2010두7321 판결	48
대법원 2011. 6. 23. 선고 2007다63089,63096 전원합의체 판결	603

대법원 2011. 6. 30. 선고 2010두23859 판결 164
대법원 2011. 7. 28. 선고 2005두11784 판결 43
대법원 2011. 9. 8. 선고 2009두6766 판결 45, 359
대법원 2011. 9. 8. 선고 2011다34521 판결 247
대법원 2011. 9. 29. 선고 2009두10963 판결 419
대법원 2011. 10. 13. 선고 2008두17905 판결 604
대법원 2011. 10. 13. 선고 2011다36091 판결 284
대법원 2011. 10. 27. 선고 2011두14401 판결 444
대법원 2011. 11. 10. 선고 2011도11109 판결 117, 124, 195
대법원 2012. 1. 12. 선고 2010두12354 판결 109
대법원 2012. 2. 16. 선고 2010두10907 전원합의체 판결 126
대법원 2012. 2. 23. 선고 2010다91206 판결 13
대법원 2012. 3. 15. 선고 2011다17328 판결 590
대법원 2012. 3. 29. 선고 2011두26886 판결 297
대법원 2012. 6. 18. 선고 2011두2361 전원합의체 판결 213
대법원 2012. 6. 28. 선고 2010두2005 판결 368
대법원 2012. 7. 5. 선고 2010다72076 판결 87
대법원 2012. 7. 5. 선고 2011두13187,13194 판결 364
대법원 2012. 11. 15. 선고 2010두8676 판결 299
대법원 2013. 1. 16. 선고 2011두30687 판결 174
대법원 2013. 1. 31. 선고 2011두11112 판결 615
대법원 2013. 2. 14. 선고 2011두25005 판결 642
대법원 2013. 2. 28. 선고 2010두22368 판결 13
대법원 2013. 2. 28. 선고 2012두22904 판결 397
대법원 2013. 3. 21. 선고 2011다95564 전원합의체 판결 468, 647
대법원 2013. 5. 23. 선고 2011추56 판결 528
대법원 2013. 6. 13. 선고 2011두19994 판결 104, 613
대법원 2013. 6. 27. 선고 2009추206 판결 533
대법원 2013. 7. 25. 선고 2011두1214 판결 349
대법원 2013. 9. 12. 선고 2011두10584 판결 71
대법원 2013. 10. 24. 선고 2011두13286 판결 109
대법원 2013. 11. 28. 선고 2012추15 판결 535
대법원 2013. 12. 12. 선고 2012두20397 판결 227
대법원 2013. 12. 26. 선고 2011두4930 판결 322
대법원 2014. 1. 23. 선고 2012두6629 판결 383
대법원 2014. 2. 13. 선고 2013두20899 판결 166
대법원 2014. 2. 21. 선고 2011두29052 판결 364
대법원 2014. 2. 27. 선고 2012두22980 판결 351
대법원 2014. 2. 27. 선고 2012추183 판결 527
대법원 2014. 4. 10. 선고 2011두6998 판결 45
대법원 2014. 4. 10. 선고 2012두16787 판결 586
대법원 2014. 4. 24. 선고 2013두6244 판결 163
대법원 2014. 4. 24. 선고 2013두10809 판결 373
대법원 2014. 4. 24. 선고 2013두26552 판결 30
대법원 2014. 5. 16. 선고 2012두26180 판결 173
대법원 2014. 5. 16. 선고 2013두26118 판결 427, 475
대법원 2014. 7. 16. 선고 2011다76402 전원합의체 판결 584
대법원 2014. 7. 24. 선고 2011두14227 판결 297
대법원 2014. 7. 24. 선고 2013두20301 판결 216
대법원 2014. 8. 20. 선고 2012다54478 판결 244
대법원 2014. 8. 20. 선고 2012두19526 판결 63
대법원 2014. 9. 4. 선고 2012두5688 판결 585, 586
대법원 2014. 9. 4. 선고 2013다3576 판결 585
대법원 2014. 9. 26. 선고 2012두5619 판결 105
대법원 2014. 9. 26. 선고 2013두2518 판결 335
대법원 2014. 10. 15. 선고 2014두37658 판결 44
대법원 2014. 10. 27. 선고 2012두15920 판결 509
대법원 2014. 11. 27. 선고 2014두10769 판결 575
대법원 2014. 11. 27. 선고 2014두37665 판결 438
대법원 2014. 12. 11. 선고 2012두28704 판결 12, 165
대법원 2014. 12. 11. 선고 2013두15750 판결 227
대법원 2014. 12. 24. 선고 2010두6700 판결 7, 12
대법원 2014. 12. 24. 선고 2014두9349 판결 211
대법원 2015. 1. 15. 선고 2013다215133 판결 9
대법원 2015. 1. 29. 선고 2013두24976 판결 387
대법원 2015. 2. 12. 선고 2013두987 판결 372
대법원 2015. 4. 9. 선고 2012다69203 판결 640
대법원 2015. 4. 9. 선고 2014두46669 판결 598
대법원 2015. 4. 23. 선고 2012두26920 판결 3, 336
대법원 2015. 5. 14. 선고 2013추98 판결 516
대법원 2015. 5. 28. 선고 2013다41431 판결 257
대법원 2015. 6. 24. 선고 2013두26408 판결 19, 399
대법원 2015. 6. 25. 선고 2007두4995 전원합의체 판결 70
대법원 2015. 7. 23. 선고 2012두19496,19502 판결 383
대법원 2015. 8. 19. 선고 2014다201391 판결 609
대법원 2015. 8. 27. 선고 2015두41449 판결 164
대법원 2015. 9. 10. 선고 2013두16746 판결 491
대법원 2015. 9. 10. 선고 2013추517 판결 530
대법원 2015. 9. 24. 선고 2014추613 판결 525
대법원 2015. 10. 29. 선고 2012두28728 판결 199, 632
대법원 2015. 10. 29. 선고 2013두23935 판결 237
대법원 2015. 10. 29. 선고 2013두27517 판결 306, 355, 357
대법원 2015. 10. 29. 선고 2015두44288 판결 438
대법원 2015. 11. 12. 선고 2014두35638 판결 548
대법원 2015. 11. 12. 선고 2015두47195 판결 387
대법원 2015. 11. 19. 선고 2015두295 전원합의체 판결 337
대법원 2015. 12. 10. 선고 2011두32515 판결 199
대법원 2015. 12. 24. 선고 2015두264 판결 164
대법원 2016. 1. 28. 선고 2013두21120 판결 92, 96
대법원 2016. 1. 28. 선고 2015두53121 판결 65

대법원 2016. 3. 24. 선고 2015두48235 판결	440	대법원 2017. 12. 5. 선고 2016추5162 판결	535
대법원 2016. 5. 24. 선고 2013두14863 판결	467	대법원 2017. 12. 21. 선고 2012다74076 전원합의체 판결	161
대법원 2016. 5. 27. 선고 2014두8490 판결	490	대법원 2018. 1. 25. 선고 2015두35116 판결	225
대법원 2016. 6. 9. 선고 2014두1369 판결	294	대법원 2018. 2. 13. 선고 2014두11328 판결	9
대법원 2016. 6. 9. 선고 2015다200258 판결	283	대법원 2018. 2. 28. 선고 2017두67476 판결	145
대법원 2016. 7. 14. 선고 2014두47426 판결	319	대법원 2018. 3. 13. 선고 2016두33339 판결	176
대법원 2016. 7. 14. 선고 2015두46598 판결	227	대법원 2018. 3. 22. 선고 2012두26401 전원합의체 판결	553
대법원 2016. 7. 14. 선고 2015두48846 판결	106	대법원 2018. 3. 27. 선고 2015두47492 판결	333
대법원 2016. 7. 14. 선고 2015두58645 판결	299, 604	대법원 2018. 4. 12. 선고 2014두5477 판결	208
대법원 2016. 7. 22. 선고 2012추121 판결	524	대법원 2018. 4. 26. 선고 2015두53824 판결	353
대법원 2016. 7. 27. 선고 2015두45953 판결	298	대법원 2018. 5. 15. 선고 2014두42506 판결	366
대법원 2016. 8. 30. 선고 2014두46034 판결	436	대법원 2018. 5. 15. 선고 2016두57984 판결	77
대법원 2016. 9. 22. 선고 2014추521 전원합의체 판결	534	대법원 2018. 6. 15. 선고 2016두57564 판결	559
대법원 2016. 10. 13. 선고 2016다221658 판결	468, 472	대법원 2018. 7. 12. 선고 2015두3485 판결	365
대법원 2016. 10. 13. 선고 2016두43077 판결	23	대법원 2018. 7. 12. 선고 2017두48734 판결	203
대법원 2016. 11. 10. 선고 2016두44674 판결	208	대법원 2018. 7. 20. 선고 2015두4044 판결	599
대법원 2016. 11. 24. 선고 2014두47686 판결	202	대법원 2018. 8. 1. 선고 2014두35379 판결	351
대법원 2016. 12. 15. 선고 2013두20882 판결	205	대법원 2018. 8. 30. 선고 2016두60591 판결	557
대법원 2016. 12. 15. 선고 2016다221566 판결	611	대법원 2018. 10. 25. 선고 2016두33537 판결	5
대법원 2016. 12. 27. 선고 2014두46850 판결	230, 231	대법원 2018. 11. 15. 선고 2016두48737 판결	409
대법원 2016. 12. 27. 선고 2016두49228 판결	641	대법원 2018. 11. 29. 선고 2015두52395 판결	7
대법원 2016. 12. 29. 선고 2013다73551 판결	621	대법원 2018. 11. 29. 선고 2016두38792 판결	200
대법원 2016. 12. 29. 선고 2013추36 판결	508	대법원 2018. 12. 13. 선고 2016두51719 판결	594
대법원 2017. 1. 12. 선고 2012도9220 판결	555	대법원 2019. 1. 10. 선고 2017두43319 판결	424, 632
대법원 2017. 1. 12. 선고 2015두2352 판결	373	대법원 2019. 1. 10. 선고 2017두75606 판결	44
대법원 2017. 2. 3. 선고 2014두40012 판결	289	대법원 2019. 1. 17. 선고 2014두41114 판결	464
대법원 2017. 3. 15. 선고 2014두41190 판결	317	대법원 2019. 1. 17. 선고 2015두46512 판결	213
대법원 2017. 3. 16. 선고 2013두11536 판결	621	대법원 2019. 1. 17. 선고 2016두56721,56738 판결	579
대법원 2017. 3. 16. 선고 2014두8360 판결	229	대법원 2019. 1. 31. 선고 2013두14726 판결	435
대법원 2017. 3. 30. 선고 2016추5087 판결	520, 528	대법원 2019. 1. 31. 선고 2016두64975 판결	194
대법원 2017. 4. 7. 선고 2016두63224 판결	191	대법원 2019. 1. 31. 선고 2017두40372 판결	131
대법원 2017. 4. 13. 선고 2013다207941 판결	221	대법원 2019. 1. 31. 선고 2017두68110 판결	322
대법원 2017. 4. 13. 선고 2014두8469 판결	555	대법원 2019. 1. 31. 선고 2017두75873 판결	641
대법원 2017. 4. 13. 선고 2016두64241 판결	592	대법원 2019. 2. 14. 선고 2017두62587 판결	541
대법원 2017. 4. 28. 선고 2016다213916 판결	220	대법원 2019. 4. 3. 선고 2017두52764 판결	299
대법원 2017. 5. 11. 선고 2012다200486 판결	540	대법원 2019. 4. 3. 선고 2017두52764 판결	401
대법원 2017. 5. 30. 선고 2017두34087 판결	46	대법원 2019. 4. 11. 선고 2018두42955 판결	226
대법원 2017. 6. 15. 선고 2013두2945 판결	318	대법원 2019. 5. 10. 선고 2015두46987 판결	8
대법원 2017. 6. 15. 선고 2014두46843 판결	164	대법원 2019. 5. 30. 선고 2016두49808 판결	196
대법원 2017. 6. 15. 선고 2015두39156 판결	234	대법원 2019. 6. 13. 선고 2018두42641 판결	597
대법원 2017. 7. 11. 선고 2013두25498 판결	417	대법원 2019. 6. 27. 선고 2018두49130 판결	239
대법원 2017. 7. 11. 선고 2016두35120 판결	136	대법원 2019. 7. 4. 선고 2018두58431 판결	408
대법원 2017. 7. 18. 선고 2016두49938 판결	135	대법원 2019. 7. 4. 선고 2018두66869 판결	422
대법원 2017. 8. 23. 선고 2017두38812 판결	641	대법원 2019. 7. 11. 선고 2017두38874 판결	328, 367
대법원 2017. 8. 23. 선고 2017두42453 판결	226	대법원 2019. 8. 9. 선고 2019두38656 판결	403
대법원 2017. 8. 29. 선고 2016두44186 판결	165		
대법원 2017. 10. 31. 선고 2015두45045 판결	343, 390		

대법원 2019. 8. 29. 선고 2018두57865 판결	595
대법원 2019. 8. 30. 선고 2018두47189 판결	331
대법원 2019. 9. 9. 선고 2016다262550 판결	625
대법원 2019. 9. 9. 선고 2018두48298 판결	587
대법원 2019. 10. 17. 선고 2018두104 판결	493
대법원 2019. 10. 17. 선고 2018두40744 판결	501
대법원 2019. 10. 31. 선고 2017두74320 판결	431
대법원 2019. 11. 14. 선고 2015두52531 판결	313
대법원 2019. 11. 28. 선고 2018두227 판결	606
대법원 2019. 12. 13. 선고 2018두41907 판결	197
대법원 2020. 1. 16. 선고 2019다264700 판결	319, 496
대법원 2020. 2. 13. 선고 2017추5039 판결	503
대법원 2020. 2. 20. 선고 2019두52386 전원합의체 판결	395
대법원 2020. 2. 27. 선고 2019두39611 판결	139
대법원 2020. 3. 26. 선고 2019두38830 판결	57
대법원 2020. 3. 27. 선고 2017추5060 판결	533
대법원 2020. 4. 9. 선고 2015다34444 판결	325
대법원 2020. 4. 9. 선고 2019두49953 판결	374
대법원 2020. 4. 9. 선고 2019두61137 판결	305
대법원 2020. 4. 29. 선고 2015다224797 판결	248
대법원 2020. 4. 29. 선고 2017두31064 판결	8
대법원 2020. 4. 29. 선고 2019두52799 판결	24
대법원 2020. 5. 28. 선고 2017다211559 판결	255
대법원 2020. 5. 28. 선고 2017두66541 판결	10
대법원 2020. 6. 4. 선고 2015다233807 판결	248
대법원 2020. 6. 4. 선고 2015두39996 판결	101
대법원 2020. 6. 11. 선고 2020두34384 판결	105
대법원 2020. 6. 25. 선고 2018두34732 판결	621
대법원 2020. 6. 25. 선고 2019두52980 판결	93
대법원 2020. 6. 25. 선고 2019두56135 판결	447, 632
대법원 2020. 7. 9. 선고 2020두31798 판결	93
대법원 2020. 7. 23. 선고 2017두66602 판결	184
대법원 2020. 7. 23. 선고 2019두31839 판결	627
대법원 2020. 7. 23. 선고 2020두33824 판결	25
대법원 2020. 7. 23. 선고 2020두36007 판결	92
대법원 2020. 7. 29. 선고 2017두63467 판결	498
대법원 2020. 7. 29. 선고 2019두30140 판결	455
대법원 2020. 8. 27. 선고 2019두60776 판결	68
대법원 2020. 9. 3. 선고 2016두32992 판결	20
대법원 2020. 9. 3. 선고 2019두58650 판결	383
대법원 2020. 9. 3. 선고 2020두34070 판결	417
대법원 2020. 9. 3. 선고 2020두34346 판결	156, 632
대법원 2020. 10. 15. 선고 2017다278446 판결	249
대법원 2020. 10. 15. 선고 2019두45739 판결	91
대법원 2020. 11. 12. 선고 2017두36212 판결	72
대법원 2020. 11. 26. 선고 2020두42262 판결	72
대법원 2020. 12. 24. 선고 2018두45633 판결	180
대법원 2020. 12. 24. 선고 2020두30450 판결	385
대법원 2021. 1. 14. 선고 2020두50324 판결	319
대법원 2021. 1. 28. 선고 2019다260197 판결	245
대법원 2021. 2. 4. 선고 2015추528 판결	486
대법원 2021. 2. 4. 선고 2020두48390 판결	235
대법원 2021. 2. 10. 선고 2020두47564 판결	323
대법원 2021. 2. 10. 선고 2020두48031 판결	623
대법원 2021. 3. 11. 선고 2020두42569 판결	202
대법원 2021. 3. 25. 선고 2020두51280 판결	631
대법원 2021. 4. 29. 선고 2016두45240 판결	522
대법원 2021. 6. 30. 선고 2021두35681 판결	107
대법원 2021. 7. 21. 선고 2018두49789 판결	54
대법원 2021. 7. 21. 선고 2021두33838 판결	264
대법원 2021. 7. 29. 선고 2015다221668 판결	249
대법원 2021. 7. 29. 선고 2021두33593 판결	157
대법원 2021. 7. 29. 선고 2021두34756 판결	433
대법원 2021. 8. 12. 선고 2020두40693 판결	91
대법원 2021. 8. 19. 선고 2020두55701 판결	199
대법원 2021. 9. 16. 선고 2019도11826 판결	120
대법원 2021. 9. 16. 선고 2020추5138 판결	520
대법원 2021. 10. 28. 선고 2017다219218 판결	251
대법원 2021. 11. 11. 선고 2021두43491 판결	6
대법원 2021. 12. 16. 선고 2019두45944 판결	471, 472
대법원 2022. 1. 14. 선고 2019다282197 판결	284
대법원 2022. 1. 27. 선고 2020두39365 판결	100
대법원 2022. 1. 27. 선고 2021다219161 판결	472
대법원 2022. 2. 11. 선고 2021도13197 판결	544
대법원 2022. 2. 11. 선고 2021두40720 판결	301
대법원 2022. 3. 17. 선고 2019다226975 판결	269
대법원 2022. 4. 14. 선고 2020두58427 판결	523
대법원 2022. 4. 14. 선고 2020추5169 판결	508
대법원 2022. 4. 14. 선고 2021두60960 판결	79
대법원 2022. 4. 28. 선고 2017다233061 판결	258
대법원 2022. 5. 12. 선고 2022두31433 판결	54
대법원 2022. 5. 13. 선고 2018두50147 판결	134
대법원 2022. 5. 26. 선고 2022두33439 판결	210
대법원 2022. 6. 30. 선고 2021두57124 판결	51
대법원 2022. 6. 30. 선고 2021두62171 판결	147
대법원 2022. 6. 30. 선고 2022다209383 판결	7
대법원 2022. 7. 14. 선고 2017다266771 판결	250
대법원 2022. 7. 14. 선고 2017다290538 판결	250
대법원 2022. 7. 14. 선고 2020두54852 판결	395
대법원 2022. 7. 14. 선고 2021두62287 판결	148
대법원 2022. 7. 14. 선고 2022다206391 판결	620
대법원 2022. 7. 28. 선고 2019두63447 판결	307
대법원 2022. 7. 28. 선고 2022다225910 판결	275

대법원 2022. 8. 25. 선고 2022두35671 판결	382
대법원 2022. 8. 30. 선고 2018다212610 전원합의체 판결	286
대법원 2022. 9. 16. 선고 2021두58912 판결	72
대법원 2022. 9. 29. 선고 2018다224408 판결	287
대법원 2022. 10. 14. 선고 2021두45008 판결	222
대법원 2022. 10. 14. 선고 2022두45623 판결	545
대법원 2022. 11. 17. 선고 2021두44425 판결	409
대법원 2023. 1. 12. 선고 2021다201184 판결	285
대법원 2023. 2. 2. 선고 2020두43722 판결	633
대법원 2023. 2. 2. 선고 2020두48260 판결	308
대법원 2023. 2. 23. 선고 2020두36724 판결	617
대법원 2023. 2. 23. 선고 2021두44548 판결	309
대법원 2023. 3. 16. 선고 2022두58599 판결	421
대법원 2023. 4. 13. 선고 2021다254799 판결	556
대법원 2023. 6. 1. 선고 2019두41324 판결	214
대법원 2023. 6. 15. 선고 2021두55159 판결	55
대법원 2023. 6. 29. 선고 2020두46073 판결	456
대법원 2023. 6. 29. 선고 2022두44262 판결	474
대법원 2023. 6. 29. 선고 2022두56586 판결	617
대법원 2023. 6. 29. 선고 2023다205968 판결	270
대법원 2023. 7. 13. 선고 2022추5149 판결	521
대법원 2023. 7. 27. 선고 2022두52980 판결	298
대법원 2023. 8. 18. 선고 2021두41495 판결	591
대법원 2023. 9. 21. 선고 2022두31143 판결	636
대법원 2023. 9. 21. 선고 2023두39724 판결	186
대법원 2023. 10. 26. 선고 2018두55272 판결	564
대법원 2023. 11. 16. 선고 2022두61816 판결	155
대법원 2023. 11. 30. 선고 2019두38465 판결	430
대법원 2023. 12. 21. 선고 2020두50348 판결	238
대법원 2023. 12. 21. 선고 2023두42904 판결	425
대법원 2023. 12. 28. 선고 2020두49553 판결	439
대법원 2024. 1. 4. 선고 2022두65092 판결	543
대법원 2024. 2. 8. 선고 2022두50571 판결	566
대법원 2024. 3. 12. 선고 2021두58998 판결	365
대법원 2024. 3. 12. 선고 2022두60011 판결	24
대법원 2024. 4. 4. 선고 2022두56661 판결	562

[헌법재판소 결정]

헌법재판소 1994. 12. 29. 선고 93헌바2 결정	290
헌법재판소 1995. 4. 20. 선고 92헌마264 결정	64
헌법재판소 1995. 4. 20. 선고 92헌마264,279(병합) 결정	500
헌법재판소 1995. 11. 30. 선고 93헌바32 전원재판부 결정	457
헌법재판소 1996. 2. 29. 선고 93헌마186 결정	3
헌법재판소 1996. 2. 29. 선고 94헌마213 결정	64
헌법재판소 1997. 5. 29. 선고 94헌마33 결정	37
헌법재판소 1998. 5. 28. 선고 96헌바4 결정	233
헌법재판소 1998. 12. 24. 선고 89헌가214, 90헌바16, 97헌바78(병합) 전원재판부 결정	291
헌법재판소 1999. 5. 27. 선고 98헌바70 결정	14
헌법재판소 2001. 5. 31. 선고 99헌마413 결정	86
헌법재판소 2003. 6. 26. 선고 2002헌마337 결정	169
헌법재판소 2004. 1. 29. 선고 2001헌마894 결정	87
헌법재판소 2004. 2. 26. 선고 2001헌마718 결정	66
헌법재판소 2004. 2. 26. 선고 2001헌바80 결정	227
헌법재판소 2004. 4. 29. 선고 2003헌마814 결정	4
헌법재판소 2004. 10. 21. 선고 2004헌마554 결정	4
헌법재판소 2004. 10. 28. 선고 99헌바91 결정	86
헌법재판소 2006. 3. 30. 선고 2005헌마31 결정	64
헌법재판소 2008. 2. 28. 선고 2006헌바70 결정	15
헌법재판소 2009. 2. 26. 선고 2008헌마371·373·374(병합) 결정	371
헌법재판소 2011. 8. 30. 선고 2009헌바128 결정	19

[기타 판례]

부산고등법원 2003. 4. 11. 선고 2002누5283 판결	81
서울행정법원 2005. 10. 2. 선고 2005구합10484 판결	205
서울고등법원 2012. 10. 18. 선고 2011누45612 판결	174

신봉기

저자 약력
- 현 경북대학교 법학전문대학원 교수 / 전 법학전문대학원장(2012-2014), 법학연구원장
- 독일 뮌스터(Münster)대학교(법학박사, 1989) / 헌법재판소 헌법연구관보(1989-1997)
- 동아대학교 법과대학 교수(1997-2006.2)
- 국무총리행정심판위원회/중앙행정심판위원회 위원, 법제처 법령해석심의위원회 위원
- 헌법재판소사무처 행정심판위원회/도서및판례심의위원회 위원, 국회 입법지원위원, 국민권익위원회 자문위원/한국부패방지법학회 회장
- 한국공법학회 학술장려상(1998), 한국비교공법학회 제1회 우수논문상(2009), 한국토지공법학회 학술상(2013) 수상
- 제1회 및 제2회 변호사시험(2012, 2013) 출제 및 채점위원
- 사법시험(2005, 2007), 행정고시(2001, 2003) 2차 시험위원, 입법고시, 5급승진시험 등 각종 국가고시 시험위원, 관세사·노무사·감정평가사시험 등 각종 자격시험위원

주요 저서
- 판례행정법(필통북스,공저,제5판,2024)
- 행정판례백선(공저, 제2판, 2020)
- 판례교재 행정법(공저, 제3판, 법문사, 2013) / 행정법의 주요판례(대명출판사, 2009)
- 행정법개론(삼영사, 제2판, 2012) / 도해 행정법(공저, 박영사, 1990)
- 자치분쟁법(동방문화사, 2011) / 지방자치법주해(공저, 박영사, 2004)
- 신토지공법론(공저, 삼영사, 2010)
- Planungsermessen und Abwagungsgebot(EHS Bd. II/879, 1989)
- 세계 각국의 헌법재판제도(공저, 삼선, 1994) / 법령별 헌법재판소 판례분석(고시연구사, 1998)
- 기타 다수 논문 및 저서

정선균

저자 약력
- 고려대학교 법과대학 법학과 졸업
- 서강대학교 일반대학원 법학과 졸업(법학박사, 행정법/환경법 전공)
- 한국규제법학회 재무이사/한국환경법학회 이사
- 한국부패방지법학회 홍보이사
- 서강대학교 법학전문대학원 대우교수

주요저서
- 행정법 강해(필통북스, 제12판, 2024)
- 행정법 사례연습(필통북스, 제10판, 2022)
- 행정법 엑기스 핸드북(필통북스, 제12판, 2024)
- 행정법 선택형 연습(필통북스, 제7판, 2024)
- 행정법 5개년 최신판례(필통북스, 제6판, 2022)
- 행정법전(필통북스, 제8판, 2024)
- 행정법 입문자를 위한 Basic 행정법(필통북스, 제2판, 2022)
- 판례행정법(필통북스, 공저, 제5판, 2024)
- 행정판례백선(필통북스, 공저, 제2판, 2020)

판례행정법 제5판

초판발행	2015년 03월 09일
2판발행	2017년 05월 31일
3판발행	2020년 07월 24일
4판발행	2023년 03월 15일
5판발행	2024년 06월 28일

지 은 이	신봉기 정선균
디 자 인	이나영
발 행 처	주식회사 필통북스
등 록	제2019-000085호
주 소	서울특별시 관악구 신림로59길 23, 1201호(신림동)
전 화	1544-1967
팩 스	02-6499-0839
homepage	http://www.feeltongbooks.com/

ISBN 979-11-6792-172-7 [13360]   정가 45,000

삼원사는 교육미디어그룹 필통북스의 임프린트입니다.

| 이 책은 저자와의 협의 하에 인지를 생략합니다.
| 이 책은 저작권법에 의해 보호를 받는 저작물이므로 주식회사 필통북스의 허락 없는 무단전제 및 복제를 금합니다.